Bayerisches Personalvertretungsgesetz
Basiskommentar

Rudolf Aufhauser
Norbert Warga
Peter Schmitt-Moritz
(Hrsg.)

Bayerisches Personalvertretungsgesetz

Basiskommentar
mit Wahlordnung

4. Auflage

Bund-Verlag

Bibliografische Information Der Deutschen Bibliothek
Die Deutsche Bibliothek verzeichnet diese Publikation
in der Deutschen Nationalbibliografie;
detaillierte bibliografische Daten sind im Internet
über **http://dnb.ddb.de** abrufbar.

4., aktualisierte Auflage 2003
© 1994 by Bund-Verlag GmbH, Frankfurt am Main
Herstellung: Inga Tomalla, Frankfurt am Main
Umschlag: Angelika Richter, Heidesheim
Satz: Satzbetrieb Schäper GmbH, Bonn
Druck: Ebner & Spiegel, Ulm
Printed in Germany
ISBN 3-7663-3494-8

Alle Rechte vorbehalten,
insbesondere die des öffentlichen Vortrags,
der Rundfunksendung
und der Fernsehausstrahlung,
der fotomechanischen Wiedergabe,
auch einzelner Teile.

Hinweise

Das Werk wurde im Rahmen der Neuauflage gründlich überarbeitet. Die einschlägigen Gesetze, Vorschriften und Entscheidungen der Gerichte sind auf dem Stand vom 31. 10. 2002 berücksichtigt und eingearbeitet.

Die Art. 1 bis 43, 47 bis 56 und Art. 79 bis 97 wurden von Rudolf Aufhauser bearbeitet, die Art. 44 bis 46 und Art. 57 bis 64 von Peter Schmitt-Moritz und die Art. 67 bis 78 von Norbert Warga.

Alle Autoren sind langjährige hauptamtliche Mitarbeiter der Gewerkschaft ver.di, zuvor ÖTV, und verfügen über einen breiten Erfahrungsschatz aus ihrer praktischen Tätigkeit.

Da der große Erfolg der Vorauflagen nicht zuletzt auf die enge Zusammenarbeit der Autoren mit Praktikern in den Verwaltungen und Betrieben zurückzuführen ist, bitten wir alle Kolleginnen und Kollegen, auch künftig durch kritische Anregungen, Hinweise und durch Änderungsvorschläge die weitere Arbeit an dem Kommentar zu unterstützen.

Die Herausgeber

Inhaltsverzeichnis

Hinweise 5
Abkürzungs- und Literaturverzeichnis 13
Die Charta der Grundrechte der Europäischen Union 19

**Gesetzestext und Kommentierung
zum Bayerischen Personalvertretungsgesetz** 33

ERSTER TEIL: Allgemeine Vorschriften 33

Art. 1	Geltungsbereich..................................	33
Art. 2	Zusammenarbeit – Koalitionen	36
Art. 3	Ausschließlichkeit des Gesetzes	42
Art. 4	Beschäftigte	43
Art. 5	Gruppenbildung	50
Art. 6	Dienststelle	51
Art. 7	Vertretung der Dienststelle	57
Art. 8	Keine Vor- oder Nachteile für Mitglieder des Personalrats	60
Art. 9	Schutz der Auszubildenden	62
Art. 10	Schweigepflicht	68
Art. 11	Unfallfürsorge	72

**ZWEITER TEIL: Personalrat, Stufenvertretung,
Gesamtpersonalrat, Personalversammlung** 75

**Erster Abschnitt: Wahl und Zusammensetzung
des Personalrats** 75

Art. 12	Bildung von Personalräten	75
Art. 13	Wahlberechtigung	77
Art. 14	Wählbarkeit	82
Art. 15	Erleichterung der Wählbarkeit	85
Art. 16	Größe des Personalrats	87
Art. 17	Verteilung der Sitze auf die Gruppen	88
Art. 18	Abweichende Verteilung der Sitze, Vertretung ...	93
Art. 19	Wahlgrundsätze	96
Art. 20	Bestellung oder Wahl des Wahlvorstands	104
Art. 21	Wahl des Wahlvorstands in personalratslosen Dienststellen	107

Art. 22	Bestellung des Wahlvorstands auf Antrag	108
Art. 23	Aufgaben des Wahlvorstands	109
Art. 24	Schutz und Kosten der Wahl	111
Art. 25	Wahlanfechtung	116

Zweiter Abschnitt: Amtszeit des Personalrats 120

Art. 26	Dauer der Amtszeit	123
Art. 27	Vorzeitige Neuwahl	124
Art. 28	Ausschluß eines Mitglieds, Auflösung	128
Art. 29	Erlöschen der Mitgliedschaft	130
Art. 30	Ruhen der Mitgliedschaft	134
Art. 31	Ersatzmitglieder	135

Dritter Abschnitt: Geschäftsführung des Personalrats, Aufgaben der Schwerbehindertenvertretung 139

Art. 32	Vorstand – Vorsitzender	139
Art. 33	Erweiterter Vorstand	147
Art. 34	Sitzungen des Personalrats	150
Art. 35	Nichtöffentlichkeit und Zeitpunkt der Sitzungen	155
Art. 36	Teilnahme von Gewerkschaftsbeauftragten	156
Art. 37	Beschlußfähigkeit und Beschlußfassung	157
Art. 38	Gemeinsame Beschlüsse – Gruppenbeschlüsse	161
Art. 39	Aussetzung von Beschlüssen	162
Art. 40	Teilnahme an Personalratssitzungen	164
Art. 41	Niederschrift	167
Art. 42	Geschäftsordnung	169
Art. 43	Sprechstunden	171
Art. 44	Kostentragung, Anschläge	172
Art. 45	Verbot von Beiträgen	182

Vierter Abschnitt: Rechtsstellung der Personalratsmitglieder 183

Art. 46	Ehrenamt, Arbeitsversäumnis, Freistellung	183
Art. 47	Schutz bei Kündigungen, Versetzungen und Abordnungen	202

Fünfter Abschnitt: Personalversammlung 207

Art. 48	Zusammensetzung und Leitung	207
Art. 49	Ordentliche und außerordentliche Personalversammlung	211
Art. 50	Zeitpunkt der Personalversammlung	214
Art. 51	Zuständigkeit der Personalversammlung	216
Art. 52	Teilnahme der Koalitionen und des Dienststellenleiters	219

Sechster Abschnitt: Stufenvertretungen und Gesamtpersonalrat 222

Art. 53	Bildung von Stufenvertretungen	222

Art. 53a	Anfechtung der Wahl der Stufenvertretungen	228
Art. 54	Amtszeit, Geschäftsführung und Rechtsstellung	228
Art. 55	Bildung des Gesamtpersonalrats	230
Art. 56	Anwendbare Vorschriften	232

DRITTER TEIL: Jugend- und Auszubildendenvertretung 233

Art. 57	Bildung und Aufgaben	233
Art. 58	Wahlberechtigung und Wählbarkeit	239
Art. 59	Zusammensetzung	242
Art. 60	Wahl, Amtszeit und Vorsitzender	243
Art. 61	Befugnisse	247
Art. 62	Anwendbare Vorschriften	251
Art. 63	Jugend- und Auszubildendenversammlung	254
Art. 64	Jugend- und Auszubildendenstufenvertretung, Gesamt-Jugend- und Auszubildendenvertretung	257

VIERTER TEIL: Vertrauensperson der ausländischen Beschäftigten, die nicht die Staatsangehörigkeit eines Mitgliedstaats der Europäischen Gemeinschaft besitzen 259

| Art. 65 | (aufgehoben) | 259 |
| Art. 66 | (aufgehoben) | 259 |

FÜNFTER TEIL: Beteiligung der Personalvertretung 259

Erster Abschnitt: Allgemeines 259

Art. 67	Grundsätze der Zusammenarbeit	259
Art. 68	Gebot der Gleichbehandlung; Verbot der parteipolitischen Betätigung	267
Art. 69	Allgemeine Aufgaben des Personalrats	275

Zweiter Abschnitt: Formen und Verfahren der Mitbestimmung und Mitwirkung 284

Art. 70	Verfahren bei der Mitbestimmung des Personalrats	284
Art. 70a	Schriftlicher Antrag des Personalrats bei Mitbestimmung	304
Art. 71	Bildung und Verfahren der Einigungsstelle	307
Art. 72	Verfahren bei der Mitwirkung des Personalrats	312
Art. 73	Dienstvereinbarungen	316
Art. 74	Durchführung von beteiligungspflichtigen Entscheidungen	319

Dritter Abschnitt: Angelegenheiten, in denen der Personalrat zu beteiligen ist 320

| Art. 75 | Mitbestimmung in Personalangelegenheiten und sozialen Angelegenheiten | 320 |
| Art. 75a | Mitbestimmung bei Organisationsmaßnahmen zur Personalverwaltung | 450 |

Art. 76	Mitwirkung in sozialen und persönlichen Angelegenheiten	467
Art. 77	Mitwirkung bei Kündigungen und Entlassungen	499
Art. 78	Keine Beteiligung an Angelegenheiten bestimmter Beschäftigter	519
Art. 79	Beteiligung bei Unfallverhütung und Arbeitsschutz	523

Vierter Abschnitt: Beteiligung der Stufenvertretungen und des Gesamtpersonalrats 538

Art. 80	Beteiligung der Stufenvertretungen und des Gesamtpersonalrats	538

SECHSTER TEIL: Gerichtliche Entscheidungen 543

Art. 81	Zuständigkeit und Verfahren	543
Art. 82	Besetzung der Fachkammern und des Fachsenats	549

SIEBTER TEIL: Vorschriften für besondere Verwaltungszweige und die Behandlung von Verschlußsachen 552

Erster Abschnitt: Vorschriften für besondere Verwaltungszweige und für den Bayerischen Rundfunk 552

Art. 83	Bayerischer Rundfunk	552
Art. 83 a	Beschäftigte des Bayerischen Jugendrings	555
Art. 83 b	Allgemeine Ortskrankenkasse – AOK – Bayern	555
Art. 84	Gemeinsame Angelegenheiten bei Gerichten	556
Art. 85	Bayerische Bereitschaftspolizei	557
Art. 86	Bayerisches Landesamt für Verfassungsschutz	561
Art. 86 a	Personalvertretung für Staatsanwälte	562
Art. 87	Dienststellen im Ausland	563

Zweiter Abschnitt: Vorschriften für die Behandlung von Verschlußsachen 563

Art. 88	Behandlung von Verschlußsachen	563

ACHTER TEIL: Strafvorschriften 566

Art. 89	(gegenstandslos)	566

NEUNTER TEIL: Ergänzende Vorschriften 566

Art. 90	Durchführungsvorschriften – Wahlordnung	566
Art. 91	Personalvertretung bei Um- oder Neubildung von Dienststellen	566
Art. 92	Religionsgemeinschaften	568

ZEHNTER TEIL: Schlußvorschriften 571

Art. 93	(aufgehoben)	571
Art. 94	(aufgehoben)	571

Art. 95	Verweisungen oder Bezeichnungen in anderen Vorschriften	571
Art. 96	(aufgehoben)	571
Art. 97	Inkrafttreten	571

Wahlordnung (WO-BayPVG) 572

Stichwortverzeichnis 603

Abkürzungs- und Literaturverzeichnis

a. A.	anderer Ansicht
a. a. O.	am angegebenen Ort
ABI	Aufhauser/Brunhöber/Igl, Arbeitssicherheitsgesetz, Kommentar, 2. Aufl., Baden-Baden 1997
ABM	Arbeitsbeschaffungsmaßnahme
Abs.	Absatz, Absätze
Abschn.	Abschnitt
ABW	Aufhauser/Brunhöber/Warga, Bayerisches Personalvertretungsgesetz, Kommentar für die Praxis, Köln 1988
ADO	Allgemeine Dienstordnung
aF	alte Fassung
AFG	Arbeitsförderungsgesetz
AiB	Arbeitsrecht im Betrieb (Zeitschrift)
Alt.	Alternative
Altvater u. a.	Altvater/Bacher/Hörter/Peiseler/Sabottig/Schneider/Vohs Bundespersonalvertretungsgesetz, Kommentar für die Praxis, Köln 1996
AMBl	Amtsblatt
Anm.	Anmerkung
AP	Arbeitsrechtliche Praxis
ArbG	Arbeitsgericht
ArbGG	Arbeitsgerichtsgesetz
ArbplSchG	Arbeitsplatzschutzgesetz
ARSW	Aufhauser/Reimann/Schuster/Wimmer, Beamtenrecht, Darstellung f. d. Praxis
Art.	Artikel
ASiG	Arbeitssicherheitsgesetz
AU	Arbeitsunfähigkeit
AuR	Arbeit und Recht (Zeitschrift)
AZO	Arbeitszeitordnung
AzV	Verordnung über die Arbeitszeit für den bayerischen öffentlichen Dienst
BAG	Bundesarbeitsgericht

BAGE	Entscheidungssammlung des Bundesarbeitsgerichts
BAnz	Bundesanzeiger
BAT	Bundes-Angestelltentarifvertrag
BAU	Bundesanstalt für Arbeitsschutz und Unfallforschung
BayBesG	Bayerisches Besoldungsgesetz
BayBFHG	Bayerisches Beamtenfachhochschulgesetz
BayBG	Bayerisches Beamtengesetz
BayDO	Bayerische Disziplinarordnung
BayDSG	Bayerisches Datenschutzgesetz
BayEUG	Bayerisches Gesetz über das Erziehungs- und Unterrichtswesen
BayGO	Bayerische Gemeindeordnung
BayHSchG	Bayerisches Hochschulgesetz
BayHSchLG	Bayerisches Hochschullehrergesetz
BayKWBG	Gesetz über kommunale Wahlbeamte (Bayern)
BayPVG	Bayerisches Personalvertretungsgesetz
BayRiG	Bayerisches Richtergesetz
BayRKG	Bayerisches Reisekostengesetz
BayStF	Bayerisches Staatsministerium für Finanzen
BayVBl.	Bayerische Verwaltungsblätter
BayVfGH	Bayerischer Verfassungsgerichtshof
BayVGH	Bayerischer Verwaltungsgerichtshof
BB	Betriebs-Berater (Zeitschrift)
BBesG	Bundesbesoldungsgesetz
BBG	Bundesbeamtengesetz
BBiG	Berufsbildungsgesetz
BBZ	Bayerische Beamtenzeitung
Bd	Band
BDiG	Bundesdisziplinargericht
BDSG	Bundesdatenschutzgesetz
BeamtVG	Beamtenversorgungsgesetz
Bek	Bekanntmachung
BeschFG	Beschäftigungsförderungsgesetz
BesGr	Besoldungsgruppe
BetrVG	Betriebsverfassungsgesetz
BezO	Bezirksordnung
BGB	Bürgerliches Gesetzbuch
BGBl.	Bundesgesetzblatt
BGH.	Bundesgerichtshof
BLV	Bundeslaufbahnverordnung
BMA	Bundesministerium für Arbeit und Sozialordnung
BMFT	Bundesminister für Forschung und Technik

BMI	Bundesminister des Innern
BMT-G	Bundesmanteltarif für Arbeiter gemeindlicher Verwaltungen und Betriebe
BPersVG	Bundespersonalvertretungsgesetz
BR	Betriebsrat
BRK	Bayerisches Rotes Kreuz
BRRG	Beamtenrechtsrahmengesetz
BSFE	Ballerstedt/Schleicher/Faber/Eckinger, Bayerisches Personalvertretungsgesetz, Kommentar, Loseblatt
Bt.-Drucks.	Bundestagsdrucksache
Buchst.	Buchstabe(n)
BUrlG	Bundesurlaubsgesetz
BV	Bayerische Verfassung
BVerfGE	Entscheidungssammlung des Bundesverfassungsgerichts
BVerwG	Bundesverwaltungsgericht
BVerwGE	Entscheidungssammlung des Bundesverwaltungsgerichts
BZRG	Bundeszentralregistergesetz
bzw.	beziehungsweise
DB	Der Betrieb (Zeitschrift)
DBB	Der Bayerische Beamte (Zeitschrift)
DFVLR	Deutsche Forschungs- und Versuchsanstalt für Luft- und Raumfahrt e.V.
d.h.	das heißt
DJT	Deutscher Juristentag
DKK	Däubler/Kittner/Klebe (Hrsg.), Betriebsverfassungsgesetz, Kommentar für die Praxis, 8. Aufl., Frankfurt 2002
DO	Dienstordnung
DÖD	Der Öffentliche Dienst (Zeitschrift)
DÖV	Die Öffentliche Verwaltung (Zeitschrift)
DV	Datenverarbeitung
DVBl	Deutsches Verwaltungsblatt (Zeitschrift)
EDV	Elektronische Datenverarbeitung
EDVG	EDV-Gesetz
Erl.	Erläuterung
EU	Europäische Union
evtl.	eventuell
f.; ff.	folgende; fortfolgende
fgr.	Fundgrube (Zeitschrift)

FMBek	Bekanntmachungen des Bayerischen Staatsministeriums der Finanzen
FMBl.	Finanz-Ministerial-Blatt
gem.	gemäß
GewO	Gewerbeordnung
GG	Grundgesetz für die Bundesrepublik Deutschland
ggf.	gegebenenfalls
Gnade u. a.	Gnade/Kehrmann/Schneider/Blanke/Klebe, Betriebsverfassungsgesetz, Basiskommentar, 10. Aufl., Frankfurt 2002
GO	Gemeindeordnung
GPR	Gesamtpersonalrat
Grabendorff u. a.	Grabendorff/Windscheid/Ilbertz/Widmaier, Bundespersonalvertretungsgesetz, Kommentar, 9. Aufl., Stuttgart 1999
GVBl.	Gesetz- und Verordnungsblatt
GVG	Gerichtsverfassungsgesetz
HA	Heilmann/Aufhauser, Arbeitsschutzgesetzbuch, Kommentar, Baden-Baden 1999
Hess. VGH	Hessischer Verwaltungsgerichtshof
h. M.	herrschende Meinung
HPR	Hauptpersonalrat
HRG	Hochschulrahmengesetz
i.	in, im
IAO	Internationale Arbeits-Organisation
i. d. F.	in der Fassung
i. d. R.	in der Regel
i. d. S.	in diesem Sinne
i. K.	in Kraft
i. S. (v.)	im Sinne (von)
i. V. m.	in Verbindung mit
JA-	Jugend- und Auszubildenden-
JuS	Juristische Schulung (Zeitschrift)
JZ	Juristenzeitung
KAV	Kommunale arbeitsrechtliche Vereinigungen; Kommunaler Arbeitgeberverband Bayerns e. V.
KGSt	Kommunale Gemeinschaftsstelle für Verwaltungsvereinfachung
KSchG	Kündigungsschutzgesetz

LAG	Landesarbeitsgericht
LbV	Laufbahnverordnung
LG	Landgericht
LKA	Landeskriminalamt
LKrO	Landkreisordnung
LPVG	Landespersonalvertretungsgesetz
MDR	Monatsschrift für Deutsches Recht
m. E.	meines Erachtens
MTArb	Manteltarifvertrag für Arbeiter bei Verwaltungen und Betrieben des Bundes und der Länder
m. w. A.	mit weiteren Angaben
m. w. N.	mit weiteren Nachweisen
NJW	Neue Juristische Wochenschrift
Nr.	Nummer(n)
NRW	Nordrhein-Westfalen
n. v.	nicht veröffentlicht
NZA	Neue Zeitschrift für Arbeits- und Sozialrecht
OVG	Oberverwaltungsgericht
OWiG	Ordnungswidrigkeitengesetz
PC	Personal Computer
PersR	Der Personalrat (Zeitschrift)
PersV	Die Personalvertretung (Zeitschrift)
PersVG	Personalvertretungsgesetz
PR	Personalrat
PVG	Polizeiverwaltungsgesetz
Rappl/Scheidler	Rappl/Scheidler, Bayerisches Personalvertretungsgesetz mit Wahlordnung, Textausgabe mit Erläuterungen, 18. Aufl. 2002
RdA	Recht der Arbeit (Zeitschrift)
Rdschr.	Rundschreiben
RE	Regierungsentwurf
RGBl.	Reichsgesetzblatt
RiA	Das Recht im Amt (Zeitschrift)
Rn.	Randnummer
Rspr.	Rechtsprechung
RVO	Reichsversicherungsordnung
s.	siehe
S.	Seite
s. a.	siehe auch

Schelter/Seiler	Schelter/Seiler, Bayerisches Personalvertretungsgesetz, Kommentar, 3. Aufl., München 2000
SchwbG	Schwerbehindertengesetz
SGB VI	Sozialgesetzbuch, Gesetzliche Rentenversicherung
SGB IX	Sozialgesetzbuch, Rehabilitation und Teilhabe behinderter Menschen
sog.	sogenannte(r/s)
StGB	Strafgesetzbuch
StPO	Strafprozeßordnung
TdL	Tarifgemeinschaft deutscher Länder
TVG	Tarifvertragsgesetz
TzBfG	Teilzeit- und Befristungsgesetz
u.	und
u. a.	und andere
u. ä.	und ähnliches
u. a. m.	und anderes mehr
u. U.	unter Umständen
u. v. m.	und vieles mehr
UVV	Unfallverhütungsvorschriften
v.	von, vom
Verf.	Verfasser
VG	Verwaltungsgericht
VGH	Verwaltungsgerichtshof
vgl.	vergleiche
VkA	Vereinigung kommunaler Arbeitgeberverbände
VO	Verordnung
Vorbem.	Vorbemerkung
VV	Verwaltungsvorschriften
VwGO	Verwaltungsgerichtsordnung
Weiß u. a.	Weiß/Niedermaier/Summer/Zängl, Bayerisches Beamtengesetz, Kommentar, Loseblatt
WO	Wahlordnung
WRV	Weimarer Reichsverfassung
z. B.	zum Beispiel
ZBR	Zeitschrift für Beamtenrecht
ZDG	Zivildienstgesetz
Ziff.	Ziffer
ZPO	Zivilprozeßordnung
ZTR	Zeitschrift für Tarifrecht

Die Charta der Grundrechte der Europäischen Union

In der Charta der Grundrechte der Europäischen Union ist zum ersten Mal in der Geschichte der Europäischen Union in einem einzigen Text die Gesamtheit der bürgerlichen, politischen, wirtschaftlichen und sozialen Rechte der europäischen Bürger sowie aller im Hoheitsgebiet der Union lebenden Personen zusammengefaßt.

Diese Rechte sind in sechs große Kapitel unterteilt:

- **Würde des Menschen**
- **Freiheiten**
- **Gleichheit**
- **Solidarität**
- **Bürgerrechte**
- **Justizielle Rechte.**

Sie beruhen insbesondere auf den in der Europäischen Menschenrechtskonvention anerkannten Rechten und Grundfreiheiten, den Verfassungstraditionen der Mitgliedstaaten der Europäischen Union, der Europäischen Sozialcharta des Europarates und der Gemeinschaftscharta der sozialen Grundrechte der Arbeitnehmer sowie anderen internationalen Übereinkommen, denen die Europäische Union oder ihre Mitgliedstaaten angehören.

Diese Charta ist das Ergebnis eines eigens dafür eingeführten – und in der Geschichte der Europäischen Union beispiellosen – Verfahrens, das sich wie folgt zusammenfassen läßt:

- Der Europäische Rat von Köln (3./4. Juni 1999) beauftragte einen Konvent mit der Ausarbeitung eines Entwurfs.
- Dieser Konvent konstituierte sich im Dezember 1999 und nahm den Entwurf am 2. Oktober 2000 an.
- Der Europäische Rat von Biarritz (13./14. Oktober 2000) stimmte diesem Entwurf einstimmig zu und übermittelte ihn dem Europäischen Parlament und der Kommission.
- Das Europäische Parlament billigte den Entwurf am 14. November 2000, die Kommission am 6. Dezember 2000.

Die Charta der Grundrecht der Europäischen Union

- Die Präsidentin des Europäischen Parlaments, der Präsident des Rates und der Präsident der Kommission unterzeichneten und proklamierten die Charta im Namen ihrer jeweiligen Institutionen feierlich am 7. Dezember 2000 in Nizza.

1. Präambel

Die Völker Europas sind entschlossen, auf der Grundlage gemeinsamer Werte eine friedliche Zukunft zu teilen, indem sie sich zu einer immer engeren Union verbinden.

In dem Bewußtsein ihres geistig-religiösen und sittlichen Erbes gründet sich die Union auf die unteilbaren und universellen Werte der Würde des Menschen, der Freiheit, der Gleichheit und der Solidarität. Sie beruht auf den Grundsätzen der Demokratie und der Rechtsstaatlichkeit. Sie stellt die Person in den Mittelpunkt ihres Handelns, indem sie die Unionsbürgerschaft und einen Raum der Freiheit, der Sicherheit und des Rechts begründet.

Die Union trägt zur Erhaltung und zur Entwicklung dieser gemeinsamen Werte unter Achtung der Vielfalt der Kulturen und Traditionen der Völker Europas sowie der nationalen Identität der Mitgliedstaaten und der Organisation ihrer staatlichen Gewalt auf nationaler, regionaler und lokaler Ebene bei. Sie ist bestrebt, eine ausgewogene und nachhaltige Entwicklung zu fördern und stellt den freien Personen-, Waren-, Dienstleistungs- und Kapitalverkehr sowie die Niederlassungsfreiheit sicher.

Zu diesem Zweck ist es notwendig, angesichts der Weiterentwicklung der Gesellschaft, des sozialen Fortschritts und der wissenschaftlichen und technologischen Entwicklungen den Schutz der Grundrechte zu stärken, indem sie in einer Charta sichtbarer gemacht werden.

Diese Charta bekräftigt unter Achtung der Zuständigkeiten und Aufgaben der Gemeinschaft und der Union und des Subsidiaritätsprinzips die Rechte, die sich vor allem aus den gemeinsamen Verfassungstraditionen und den gemeinsamen internationalen Verpflichtungen der Mitgliedstaaten, aus dem Vertrag über die Europäische Union und den Gemeinschaftsverträgen, aus der Europäischen Konvention zum Schutze der Menschenrechte und Grundfreiheiten, aus den von der Gemeinschaft und dem Europarat beschlossenen Sozialchartas sowie aus der Rechtsprechung des Gerichtshofs der Europäischen Gemeinschaften und des Europäischen Gerichtshofs für Menschenrechte ergeben.

Die Ausübung dieser Rechte ist mit Verantwortlichkeiten und Pflichten sowohl gegenüber den Mitmenschen als auch gegenüber der menschlichen Gemeinschaft und den künftigen Generationen verbunden.

Daher erkennt die Union die nachstehend aufgeführten Rechte, Freiheiten und Grundsätze an.

Die Charta der Grundrecht der Europäischen Union

KAPITEL I
Würde des Menschen

Artikel 1
Würde des Menschen

Die Würde des Menschen ist unantastbar. Sie ist zu achten und zu schützen.

Artikel 2
Recht auf Leben

(1) Jede Person hat das Recht auf Leben.

(2) Niemand darf zur Todesstrafe verurteilt oder hingerichtet werden.

Artikel 3
Recht auf Unversehrtheit

(1) Jede Person hat das Recht auf körperliche und geistige Unversehrtheit.

(2) Im Rahmen der Medizin und der Biologie muß insbesondere folgendes beachtet werden:

- die freie Einwilligung der betroffenen Person nach vorheriger Aufklärung entsprechend den gesetzlich festgelegten Modalitäten,
- das Verbot eugenischer Praktiken, insbesondere derjenigen, welche die Selektion von Personen zum Ziel haben,
- das Verbot, den menschlichen Körper und Teile davon als solche zur Erzielung von Gewinnen zu nutzen,
- das Verbot des reproduktiven Klonens von Menschen.

Artikel 4
Verbot der Folter und unmenschlicher oder erniedrigender Strafe oder Behandlung

Niemand darf der Folter oder unmenschlicher oder erniedrigender Strafe oder Behandlung unterworfen werden.

Artikel 5
Verbot der Sklaverei und der Zwangsarbeit

(1) Niemand darf in Sklaverei oder Leibeigenschaft gehalten werden.

(2) Niemand darf gezwungen werden, Zwangs- oder Pflichtarbeit zu verrichten.

(3) Menschenhandel ist verboten.

Die Charta der Grundrecht der Europäischen Union

KAPITEL II

Freiheiten

Artikel 6
Recht auf Freiheit und Sicherheit

Jede Person hat das Recht auf Freiheit und Sicherheit.

Artikel 7
Achtung des Privat- und Familienlebens

Jede Person hat das Recht auf Achtung ihres Privat- und Familienlebens, ihrer Wohnung sowie ihrer Kommunikation.

Artikel 8
Schutz personenbezogener Daten

(1) Jede Person hat das Recht auf Schutz der sie betreffenden personenbezogenen Daten.

(2) Diese Daten dürfen nur nach Treu und Glauben für festgelegte Zwecke und mit Einwilligung der betroffenen Person oder auf einer sonstigen gesetzlich geregelten legitimen Grundlage verarbeitet werden. Jede Person hat das Recht, Auskunft über die sie betreffenden erhobenen Daten zu erhalten und die Berichtigung der Daten zu erwirken.

(3) Die Einhaltung dieser Vorschriften wird von einer unabhängigen Stelle überwacht.

Artikel 9
Recht, eine Ehe einzugehen und eine Familie zu gründen

Das Recht, eine Ehe einzugehen, und das Recht, eine Familie zu gründen, werden nach den einzelstaatlichen Gesetzen gewährleistet, welche die Ausübung dieser Rechte regeln.

Artikel 10
Gedanken-, Gewissens- und Religionsfreiheit

(1) Jede Person hat das Recht auf Gedanken-, Gewissens- und Religionsfreiheit. Dieses Recht umfaßt die Freiheit, seine Religion oder Weltanschauung zu wechseln, und die Freiheit, seine Religion oder Weltanschauung einzeln oder gemeinsam mit anderen öffentlich oder privat durch Gottesdienst, Unterricht, Bräuche und Riten zu bekennen.

(2) Das Recht auf Wehrdienstverweigerung aus Gewissensgründen wird nach den einzelstaatlichen Gesetzen anerkannt, welche die Ausübung dieses Rechts regeln.

Die Charta der Grundrecht der Europäischen Union

Artikel 11
Freiheit der Meinungsäußerung und Informationsfreiheit

(1) Jede Person hat das Recht auf freie Meinungsäußerung. Dieses Recht schließt die Meinungsfreiheit und die Freiheit ein, Informationen und Ideen ohne behördliche Eingriffe und ohne Rücksicht auf Staatsgrenzen zu empfangen und weiterzugeben.

(2) Die Freiheit der Medien und ihre Pluralität werden geachtet.

Artikel 12
Versammlungs- und Vereinigungsfreiheit

(1) Jede Person hat das Recht, sich insbesondere im politischen, gewerkschaftlichen und zivilgesellschaftlichen Bereich auf allen Ebenen frei und friedlich mit anderen zu versammeln und frei mit anderen zusammenzuschließen, was das Recht jeder Person umfaßt, zum Schutz ihrer Interessen Gewerkschaften zu gründen und Gewerkschaften beizutreten.

(2) Politische Parteien auf der Ebene der Union tragen dazu bei, den politischen Willen der Unionsbürgerinnen und Unionsbürger zum Ausdruck zu bringen.

Artikel 13
Freiheit von Kunst und Wissenschaft

Kunst und Forschung sind frei. Die akademische Freiheit wird geachtet.

Artikel 14
Recht auf Bildung

(1) Jede Person hat das Recht auf Bildung sowie auf Zugang zur beruflichen Ausbildung und Weiterbildung.

(2) Dieses Recht umfaßt die Möglichkeit, unentgeltlich am Pflichtschulunterricht teilzunehmen.

(3) Die Freiheit zur Gründung von Lehranstalten unter Achtung der demokratischen Grundsätze sowie das Recht der Eltern, die Erziehung und den Unterricht ihrer Kinder entsprechend ihren eigenen religiösen, weltanschaulichen und erzieherischen Überzeugungen sicherzustellen, werden nach den einzelstaatlichen Gesetzen geachtet, welche ihre Ausübung regeln.

Artikel 15
Berufsfreiheit und Recht zu arbeiten

(1) Jede Person hat das Recht, zu arbeiten und einen frei gewählten oder angenommenen Beruf auszuüben.

(2) Alle Unionsbürgerinnen und Unionsbürger haben die Freiheit, in jedem Mitgliedstaat Arbeit zu suchen, zu arbeiten, sich niederzulassen oder Dienstleistungen zu erbringen.

Die Charta der Grundrecht der Europäischen Union

(3) Die Staatsangehörigen dritter Länder, die im Hoheitsgebiet der Mitgliedstaaten arbeiten dürfen, haben Anspruch auf Arbeitsbedingungen, die denen der Unionsbürgerinnen und Unionsbürger entsprechen.

Artikel 16
Unternehmerische Freiheit

Die unternehmerische Freiheit wird nach dem Gemeinschaftsrecht und den einzelstaatlichen Rechtsvorschriften und Gepflogenheiten anerkannt.

Artikel 17
Eigentumsrecht

(1) Jede Person hat das Recht, ihr rechtmäßig erworbenes Eigentum zu besitzen, zu nutzen, darüber zu verfügen und es zu vererben. Niemandem darf sein Eigentum entzogen werden, es sei denn aus Gründen des öffentlichen Interesses in den Fällen und unter den Bedingungen, die in einem Gesetz vorgesehen sind, sowie gegen eine rechtzeitige angemessene Entschädigung für den Verlust des Eigentums. Die Nutzung des Eigentums kann gesetzlich geregelt werden, soweit dies für das Wohl der Allgemeinheit erforderlich ist.

(2) Geistiges Eigentum wird geschützt.

Artikel 18
Asylrecht

Das Recht auf Asyl wird nach Maßgabe des Genfer Abkommens vom 28. Juli 1951 und des Protokolls vom 31. Januar 1967 über die Rechtsstellung der Flüchtlinge sowie gemäß dem Vertrag zur Gründung der Europäischen Gemeinschaft gewährleistet.

Artikel 19
Schutz bei Abschiebung, Ausweisung und Auslieferung

(1) Kollektivausweisungen sind nicht zulässig.

(2) Niemand darf in einen Staat abgeschoben oder ausgewiesen oder an einen Staat ausgeliefert werden, in dem für sie oder ihn das ernsthafte Risiko der Todesstrafe, der Folter oder einer anderen unmenschlichen oder erniedrigenden Strafe oder Behandlung besteht.

KAPITEL III
Gleichheit

Artikel 20
Gleichheit vor dem Gesetz

Alle Personen sind vor dem Gesetz gleich.

Die Charta der Grundrecht der Europäischen Union

Artikel 21
Nichtdiskriminierung

(1) Diskriminierungen, insbesondere wegen des Geschlechts, der Rasse, der Hautfarbe, der ethnischen oder sozialen Herkunft, der genetischen Merkmale, der Sprache, der Religion oder der Weltanschauung, der politischen oder sonstigen Anschauung, der Zugehörigkeit zu einer nationalen Minderheit, des Vermögens, der Geburt, einer Behinderung, des Alters oder der sexuellen Ausrichtung, sind verboten.

(2) Im Anwendungsbereich des Vertrags zur Gründung der Europäischen Gemeinschaft und des Vertrags über die Europäische Union ist unbeschadet der besonderen Bestimmungen dieser Verträge jede Diskriminierung aus Gründen der Staatsangehörigkeit verboten.

Artikel 22
Vielfalt der Kulturen, Religionen und Sprachen

Die Union achtet die Vielfalt der Kulturen, Religionen und Sprachen.

Artikel 23
Gleichheit von Männern und Frauen

Die Gleichheit von Männern und Frauen ist in allen Bereichen, einschließlich der Beschäftigung, der Arbeit und des Arbeitsentgelts, sicherzustellen.

Der Grundsatz der Gleichheit steht der Beibehaltung oder der Einführung spezifischer Vergünstigungen für das unterrepräsentierte Geschlecht nicht entgegen.

Artikel 24
Rechte des Kindes

(1) Kinder haben Anspruch auf den Schutz und die Fürsorge, die für ihr Wohlergehen notwendig sind. Sie können ihre Meinung frei äußern. Ihre Meinung wird in den Angelegenheiten, die sie betreffen, in einer ihrem Alter und ihrem Reifegrad entsprechenden Weise berücksichtigt.

(2) Bei allen Kinder betreffenden Maßnahmen öffentlicher oder privater Einrichtungen muß das Wohl des Kindes eine vorrangige Erwägung sein.

(3) Jedes Kind hat Anspruch auf regelmäßige persönliche Beziehungen und direkte Kontakte zu beiden Elternteilen, es sei denn, dies steht seinem Wohl entgegen.

Artikel 25
Rechte älterer Menschen

Die Union anerkennt und achtet das Recht älterer Menschen auf ein würdiges und unabhängiges Leben und auf Teilnahme am sozialen und kulturellen Leben.

Die Charta der Grundrecht der Europäischen Union

Artikel 26
Integration von Menschen mit Behinderung

Die Union anerkennt und achtet den Anspruch von Menschen mit Behinderung auf Maßnahmen zur Gewährleistung ihrer Eigenständigkeit, ihrer sozialen und beruflichen Eingliederung und ihrer Teilnahme am Leben der Gemeinschaft.

KAPITEL IV
Solidarität

Artikel 27
Recht auf Unterrichtung und Anhörung der Arbeitnehmerinnen und Arbeitnehmer im Unternehmen

Für die Arbeitnehmerinnen und Arbeitnehmer oder ihre Vertreter muß auf den geeigneten Ebenen eine rechtzeitige Unterrichtung und Anhörung in den Fällen und unter den Voraussetzungen gewährleistet sein, die nach dem Gemeinschaftsrecht und den einzelstaatlichen Rechtsvorschriften und Gepflogenheiten vorgesehen sind.

Artikel 28
Recht auf Kollektivverhandlungen und Kollektivmaßnahmen

Die Arbeitnehmerinnen und Arbeitnehmer sowie die Arbeitgeberinnen und Arbeitgeber oder ihre jeweiligen Organisationen haben nach dem Gemeinschaftsrecht und den einzelstaatlichen Rechtsvorschriften und Gepflogenheiten das Recht, Tarifverträge auf den geeigneten Ebenen auszuhandeln und zu schließen sowie bei Interessenkonflikten kollektive Maßnahmen zur Verteidigung ihrer Interessen, einschließlich Streiks, zu ergreifen.

Artikel 29
Recht auf Zugang zu einem Arbeitsvermittlungsdienst

Jede Person hat das Recht auf Zugang zu einem unentgeltlichen Arbeitsvermittlungsdienst.

Artikel 30
Schutz bei ungerechtfertigter Entlassung

Jede Arbeitnehmerin und jeder Arbeitnehmer hat nach dem Gemeinschaftsrecht und den einzelstaatlichen Rechtsvorschriften und Gepflogenheiten Anspruch auf Schutz vor ungerechtfertigter Entlassung.

Artikel 31
Gerechte und angemessene Arbeitsbedingungen

(1) Jede Arbeitnehmerin und jeder Arbeitnehmer hat das Recht auf gesunde, sichere und würdige Arbeitsbedingungen.

Die Charta der Grundrecht der Europäischen Union

(2) Jede Arbeitnehmerin und jeder Arbeitnehmer hat das Recht auf eine Begrenzung der Höchstarbeitszeit, auf tägliche und wöchentliche Ruhezeiten sowie auf bezahlten Jahresurlaub.

Artikel 32
Verbot der Kinderarbeit und Schutz der Jugendlichen am Arbeitsplatz

Kinderarbeit ist verboten. Unbeschadet günstigerer Vorschriften für Jugendliche und abgesehen von begrenzten Ausnahmen darf das Mindestalter für den Eintritt in das Arbeitsleben das Alter, in dem die Schulpflicht endet, nicht unterschreiten.

Zur Arbeit zugelassene Jugendliche müssen ihrem Alter angepasste Arbeitsbedingungen erhalten und vor wirtschaftlicher Ausbeutung und vor jeder Arbeit geschützt werden, die ihre Sicherheit, ihre Gesundheit, ihre körperliche, geistige, sittliche oder soziale Entwicklung beeinträchtigen oder ihre Erziehung gefährden könnte.

Artikel 33
Familien- und Berufsleben

(1) Der rechtliche, wirtschaftliche und soziale Schutz der Familie wird gewährleistet.

(2) Um Familien- und Berufsleben miteinander in Einklang bringen zu können, hat jede Person das Recht auf Schutz vor Entlassung aus einem mit der Mutterschaft zusammenhängenden Grund sowie den Anspruch auf einen bezahlten Mutterschaftsurlaub und auf einen Elternurlaub nach der Geburt oder Adoption eines Kindes.

Artikel 34
Soziale Sicherheit und soziale Unterstützung

(1) Die Union anerkennt und achtet das Recht auf Zugang zu den Leistungen der sozialen Sicherheit und zu den sozialen Diensten, die in Fällen wie Mutterschaft, Krankheit, Arbeitsunfall, Pflegebedürftigkeit oder im Alter sowie bei Verlust des Arbeitsplatzes Schutz gewährleisten, nach Maßgabe des Gemeinschaftsrechts und der einzelstaatlichen Rechtsvorschriften und Gepflogenheiten.

(2) Jede Person, die in der Union ihren rechtmäßigen Wohnsitz hat und ihren Aufenthalt rechtmäßig wechselt, hat Anspruch auf die Leistungen der sozialen Sicherheit und die sozialen Vergünstigungen nach dem Gemeinschaftsrecht und den einzelstaatlichen Rechtsvorschriften und Gepflogenheiten.

(3) Um die soziale Ausgrenzung und die Armut zu bekämpfen, anerkennt und achtet die Union das Recht auf eine soziale Unterstützung und eine Unterstützung für die Wohnung, die allen, die nicht über ausreichende Mittel verfügen, ein menschenwürdiges Dasein sicherstellen sollen, nach

Die Charta der Grundrecht der Europäischen Union

Maßgabe des Gemeinschaftsrechts und der einzelstaatlichen Rechtsvorschriften und Gepflogenheiten.

Artikel 35
Gesundheitsschutz

Jede Person hat das Recht auf Zugang zur Gesundheitsvorsorge und auf ärztliche Versorgung nach Maßgabe der einzelstaatlichen Rechtsvorschriften und Gepflogenheiten. Bei der Festlegung und Durchführung aller Politiken und Maßnahmen der Union wird ein hohes Gesundheitsschutzniveau sichergestellt.

Artikel 36
Zugang zu Dienstleistungen von allgemeinem wirtschaftlichen Interesse

Die Union anerkennt und achtet den Zugang zu Dienstleistungen von allgemeinem wirtschaftlichen Interesse, wie er durch die einzelstaatlichen Rechtsvorschriften und Gepflogenheiten im Einklang mit dem Vertrag zur Gründung der Europäischen Gemeinschaft geregelt ist, um den sozialen und territorialen Zusammenhalt der Union zu fördern.

Artikel 37
Umweltschutz

Ein hohes Umweltschutzniveau und die Verbesserung der Umweltqualität müssen in die Politiken der Union einbezogen und nach dem Grundsatz der nachhaltigen Entwicklung sichergestellt werden.

Artikel 38
Verbraucherschutz

Die Politiken der Union stellen ein hohes Verbraucherschutzniveau sicher.

KAPITEL V
Bürgerrechte

Artikel 39
Aktives und passives Wahlrecht bei den Wahlen zum Europäischen Parlament

(1) Die Unionsbürgerinnen und Unionsbürger besitzen in dem Mitgliedstaat, in dem sie ihren Wohnsitz haben, das aktive und passive Wahlrecht bei den Wahlen zum Europäischen Parlament, wobei für sie dieselben Bedingungen gelten wie für die Angehörigen des betreffenden Mitgliedstaats.

(2) Die Mitglieder des Europäischen Parlaments werden in allgemeiner, unmittelbarer, freier und geheimer Wahl gewählt.

Die Charta der Grundrecht der Europäischen Union

Artikel 40
Aktives und passives Wahlrecht bei den Kommunalwahlen

Die Unionsbürgerinnen und Unionsbürger besitzen in dem Mitgliedstaat, in dem sie ihren Wohnsitz haben, das aktive und passive Wahlrecht bei Kommunalwahlen, wobei für sie dieselben Bedingungen gelten wie für die Angehörigen des betreffenden Mitgliedstaats.

Artikel 41
Recht auf eine gute Verwaltung

(1) Jede Person hat ein Recht darauf, daß ihre Angelegenheiten von den Organen und Einrichtungen der Union unparteiisch, gerecht und innerhalb einer angemessenen Frist behandelt werden.

(2) Dieses Recht umfaßt insbesondere

– das Recht einer jeden Person, gehört zu werden, bevor ihr gegenüber eine für sie nachteilige individuelle Maßnahme getroffen wird;

– das Recht einer jeden Person auf Zugang zu den sie betreffenden Akten unter Wahrung des legitimen Interesses der Vertraulichkeit sowie des Berufs- und Geschäftsgeheimnisses;

– die Verpflichtung der Verwaltung, ihre Entscheidungen zu begründen.

(3) Jede Person hat Anspruch darauf, daß die Gemeinschaft den durch ihre Organe oder Bediensteten in Ausübung ihrer Amtstätigkeit verursachten Schaden nach den allgemeinen Rechtsgrundsätzen ersetzt, die den Rechtsordnungen der Mitgliedstaaten gemeinsam sind.

(4) Jede Person kann sich in einer der Sprachen der Verträge an die Organe der Union wenden und muß eine Antwort in derselben Sprache erhalten.

Artikel 42
Recht auf Zugang zu Dokumenten

Die Unionsbürgerinnen und Unionsbürger sowie jede natürliche oder juristische Person mit Wohnsitz oder satzungsmäßigem Sitz in einem Mitgliedstaat haben das Recht auf Zugang zu den Dokumenten des Europäischen Parlaments, des Rates und der Kommission.

Artikel 43
Der Bürgerbeauftragte

Die Unionsbürgerinnen und Unionsbürger sowie jede natürliche oder juristische Person mit Wohnsitz oder satzungsmäßigem Sitz in einem Mitgliedstaat haben das Recht, den Bürgerbeauftragten der Union im Fall von Mißständen bei der Tätigkeit der Organe und Einrichtungen der Gemeinschaft, mit Ausnahme des Gerichtshofs und des Gerichts erster Instanz in Ausübung ihrer Rechtsprechungsbefugnisse, zu befassen.

Die Charta der Grundrecht der Europäischen Union

Artikel 44
Petitionsrecht

Die Unionsbürgerinnen und Unionsbürger sowie jede natürliche oder juristische Person mit Wohnsitz oder satzungsmäßigem Sitz in einem Mitgliedstaat haben das Recht, eine Petition an das Europäische Parlament zu richten.

Artikel 45
Freizügigkeit und Aufenthaltsfreiheit

(1) Die Unionsbürgerinnen und Unionsbürger haben das Recht, sich im Hoheitsgebiet der Mitgliedstaaten frei zu bewegen und aufzuhalten.

(2) Staatsangehörigen dritter Länder, die sich rechtmäßig im Hoheitsgebiet eines Mitgliedstaats aufhalten, kann gemäß dem Vertrag zur Gründung der Europäischen Gemeinschaft Freizügigkeit und Aufenthaltsfreiheit gewährt werden.

Artikel 46
Diplomatischer und konsularischer Schutz

Die Unionsbürgerinnen und Unionsbürger genießen im Hoheitsgebiet eines Drittlandes, in dem der Mitgliedstaat, dessen Staatsangehörigkeit sie besitzen, nicht vertreten ist, den Schutz der diplomatischen und konsularischen Stellen eines jeden Mitgliedstaats unter denselben Bedingungen wie Staatsangehörige dieses Staates.

KAPITEL VI
Justizielle Rechte

Artikel 47
Recht auf einen wirksamen Rechtsbehelf und ein unparteiisches Gericht

Jede Person, deren durch das Recht der Union garantierte Rechte oder Freiheiten verletzt worden sind, hat das Recht, nach Maßgabe der in diesem Artikel vorgesehenen Bedingungen bei einem Gericht einen wirksamen Rechtsbehelf einzulegen.

Jede Person hat ein Recht darauf, daß ihre Sache von einem unabhängigen, unparteiischen und zuvor durch Gesetz errichteten Gericht in einem fairen Verfahren, öffentlich und innerhalb angemessener Frist verhandelt wird. Jede Person kann sich beraten, verteidigen und vertreten lassen.

Personen, die nicht über ausreichende Mittel verfügen, wird Prozesskostenhilfe bewilligt, soweit diese Hilfe erforderlich ist, um den Zugang zu den Gerichten wirksam zu gewährleisten.

Artikel 48
Unschuldsvermutung und Verteidigungsrechte

(1) Jede angeklagte Person gilt bis zum rechtsförmlich erbrachten Beweis ihrer Schuld als unschuldig.

(2) Jeder angeklagten Person wird die Achtung der Verteidigungsrechte gewährleistet.

Artikel 49
Grundsätze der Gesetzmäßigkeit und der Verhältnismäßigkeit im Zusammenhang mit Straftaten und Strafen

(1) Niemand darf wegen einer Handlung oder Unterlassung verurteilt werden, die zur Zeit ihrer Begehung nach innerstaatlichem oder internationalem Recht nicht strafbar war. Es darf auch keine schwerere Strafe als die zur Zeit der Begehung angedrohte Strafe verhängt werden. Wird nach Begehung einer Straftat durch Gesetz eine mildere Strafe eingeführt, so ist diese zu verhängen.

(2) Dieser Artikel schließt nicht aus, daß eine Person wegen einer Handlung oder Unterlassung verurteilt oder bestraft wird, die zur Zeit ihrer Begehung nach den allgemeinen, von der Gesamtheit der Nationen anerkannten Grundsätzen strafbar war.

(3) Das Strafmaß darf gegenüber der Straftat nicht unverhältnismäßig sein.

Artikel 50
Recht, wegen derselben Straftat nicht zweimal strafrechtlich verfolgt oder bestraft zu werden

Niemand darf wegen einer Straftat, derentwegen er bereits in der Union nach dem Gesetz rechtskräftig verurteilt oder freigesprochen worden ist, in einem Strafverfahren erneut verfolgt oder bestraft werden.

KAPITEL VII
Allgemeine Bestimmungen

Artikel 51
Anwendungsbereich

(1) Diese Charta gilt für die Organe und Einrichtungen der Union unter Einhaltung des Subsidiaritätsprinzips und für die Mitgliedstaaten ausschließlich bei der Durchführung des Rechts der Union. Dementsprechend achten sie die Rechte, halten sie sich an die Grundsätze und fördern sie deren Anwendung gemäß ihren jeweiligen Zuständigkeiten.

(2) Diese Charta begründet weder neue Zuständigkeiten noch neue Auf-

Die Charta der Grundrecht der Europäischen Union

gaben für die Gemeinschaft und für die Union, noch ändert sie die in den Verträgen festgelegten Zuständigkeiten und Aufgaben.

Artikel 52
Tragweite der garantierten Rechte

(1) Jede Einschränkung der Ausübung der in dieser Charta anerkannten Rechte und Freiheiten muß gesetzlich vorgesehen sein und den Wesensgehalt dieser Rechte und Freiheiten achten. Unter Wahrung des Grundsatzes der Verhältnismäßigkeit dürfen Einschränkungen nur vorgenommen werden, wenn sie notwendig sind und den von der Union anerkannten dem Gemeinwohl dienenden Zielsetzungen oder den Erfordernissen des Schutzes der Rechte und Freiheiten anderer tatsächlich entsprechen.

(2) Die Ausübung der durch diese Charta anerkannten Rechte, die in den Gemeinschaftsverträgen oder im Vertrag über die Europäische Union begründet sind, erfolgt im Rahmen der darin festgelegten Bedingungen und Grenzen.

(3) Soweit diese Charta Rechte enthält, die den durch die Europäische Konvention zum Schutze der Menschenrechte und Grundfreiheiten garantierten Rechten entsprechen, haben sie die gleiche Bedeutung und Tragweite, wie sie ihnen in der genannten Konvention verliehen wird. Diese Bestimmung steht dem nicht entgegen, daß das Recht der Union einen weiter gehenden Schutz gewährt.

Artikel 53
Schutzniveau

Keine Bestimmung dieser Charta ist als eine Einschränkung oder Verletzung der Menschenrechte und Grundfreiheiten auszulegen, die in dem jeweiligen Anwendungsbereich durch das Recht der Union und das Völkerrecht sowie durch die internationalen Übereinkommen, bei denen die Union, die Gemeinschaft oder alle Mitgliedstaaten Vertragsparteien sind, darunter insbesondere die Europäische Konvention zum Schutze der Menschenrechte und Grundfreiheiten, sowie durch die Verfassungen der Mitgliedstaaten anerkannt werden.

Artikel 54
Verbot des Mißbrauchs der Rechte

Keine Bestimmung dieser Charta ist so auszulegen, als begründe sie das Recht, eine Tätigkeit auszuüben oder eine Handlung vorzunehmen, die darauf abzielt, die in der Charta anerkannten Rechte und Freiheiten abzuschaffen oder sie stärker einzuschränken, als dies in der Charta vorgesehen ist.

Art. 1

Gesetzestext und Kommentierung zum Bayerischen Personalvertretungsgesetz

In der Fassung der Bekanntmachung vom 11. November 1986 (GVBl. S. 349), zuletzt geändert durch Gesetz vom 24. Juli. 1998 (GVBl. S. 443)

ERSTER TEIL
Allgemeine Vorschriften

Artikel 1
Geltungsbereich

In den Verwaltungen, Gerichten, Schulen und Betrieben des Staates, der Gemeinden, Gemeindeverbände und der sonstigen der Aufsicht des Staates unterliegenden oder nicht bundesunmittelbaren Körperschaften, Anstalten und Stiftungen des öffentlichen Rechts werden Personalvertretungen gebildet.

Der Gesetzgeber legt in Art. 1 den **räumlichen Geltungsbereich** des BayPVG fest und regelt, in welchen Bereichen des öffentlichen Dienstes des Freistaates Personalvertretungen zu errichten sind. Die Vorschrift folgt der Rahmenbestimmung des Bundes in § 95 Abs. 1 BPersVG, wo die Bildung von Personalvertretungen in den Verwaltungen und Betrieben der Länder, Gemeinden, Gemeindeverbände und der sonstigen nicht bundesunmittelbaren Körperschaften, Anstalten und Stiftungen des öffentlichen Rechts sowie in den Gerichten der Länder vorgesehen ist. Die Begriffe Verwaltungen, Gerichte, Schulen und Betriebe sind in Art. 6 unter dem Begriff »Dienststelle« zusammengefaßt. **1**

Die Vorschrift, daß Personalvertretungen zu errichten sind, ist zwingend, falls die Voraussetzungen des Art. 12 vorliegen (vgl. Art. 12 Rn. 1 ff.).

Verwaltungen sind alle Behörden und Einrichtungen (wie z. B. Ämter und Verwaltungsstellen) des Freistaates Bayern, der Gemeinden und Gemeindeverbände (Landkreise und Bezirke) sowie der sonstigen unter das Gesetz fallenden Körperschaften, Anstalten und Stiftungen des öffentlichen Rechts, soweit es sich nicht um Organe der Gesetzgebung oder der Rechtsprechung handelt. **2**

Staat ist insoweit der Freistaat Bayern.

Für zwischen- und überstaatliche Stellen, wie z. B. das Europäische Patentamt in München, gilt das BayPVG nicht.

Art. 1

Ausgeklammert sind auch die ausländischen Einrichtungen in Bayern, wie z. B. die Konsulate.

Gemeinden und Gemeindeverbände sind kommunale Gebietskörperschaften (Art. 1 GO, Art. 1 LKrO, Art. 1 BezO). **Gemeindeverbände** sind die **Landkreise** und die **Bezirke**. Zweckverbände oder sonstige gemeinsame Einrichtungen der Gemeinden zur Erledigung gemeinsamer Aufgaben, z. B. Abwasserverbände, Müllbeseitigungsverbände u. ä., sind Körperschaften des öffentlichen Rechts.

Körperschaften des öffentlichen Rechts sind Verbände, in denen die ihnen Zugehörigen als Mitglieder zusammengefaßt sind, z. B. die Industrie- und Handelskammern, Handwerkskammern, Hochschulen, der Bayerische Jugendring, das Bayerische Rote Kreuz und die Verwaltungsgemeinschaften und Zweckverbände der Gemeinden und Kreise.

Anstalten des öffentlichen Rechts sind zur Rechtsperson erhobene Bestände von sachlichen und persönlichen Verwaltungsmitteln, die einem besonderen öffentlichen Zweck dienen sollen, wie z. B. die Sparkassen, die Anstalt für Kommunale Datenverarbeitung in Bayern, der Bayerische Rundfunk und die Bayerische Landesbank.

Stiftungen sind mit Rechtspersönlichkeit ausgestattete Organisationen zur Verwaltung und Verwertung einer Vermögensmasse für den durch den Stifter gesetzten Zweck, wie z. B. die Bayerische Landesstiftung.

Nichtbundesunmittelbare Körperschaften, Anstalten und Stiftungen des öffentlichen Rechts sind nur solche, die nicht als bundesunmittelbare Körperschaften der Aufsicht des Bundes unterliegen, wie dies z. B. bei der Bundesanstalt für Arbeit und der Bundesversicherungsanstalt für Angestellte der Fall ist.

Keine bundesunmittelbaren Anstalten sind also z. B. die Landesversicherungsanstalten Oberbayern, Oberfranken und Mittelfranken, der Bayerische Gemeinde-Unfallversicherungsverband u. ä., weil deren Zuständigkeitsbereich über Bayern nicht hinausgeht.

Das BayPVG ist nicht anwendbar auf **Religionsgemeinschaften** und ihre karitativen und erzieherischen Einrichtungen (vgl. Art. 92 Rn. 1 ff.). Deshalb fallen Krankenhäuser, Waisenhäuser, Kinderheime, Altersheime, Schulen usw. nicht unter das Gesetz, wenn sie von einer religiösen Gemeinschaft betrieben werden. Die rechtliche Form, in der dies geschieht, ist hierbei unerheblich: Auch der Status einer öffentlich-rechtlichen Körperschaft würde die Geltung des BayPVG nicht begründen können.

Gerichte sind alle organisatorisch selbständigen Dienststellen, durch welche die rechtsprechende Gewalt des Freistaates ausgeübt wird, also nicht die Gerichte des Bundes.

Schulen sind alle Lehranstalten, die in Art. 5 des Bayerischen Gesetzes über das Erziehungs- und Unterrichtswesen (BayEUG v. 10. 9. 1982)

Art. 1

aufgezählt sind und die entweder staatlich oder kommunal betrieben werden. Das ist der Fall, wenn der Dienstherr des Lehrpersonals entweder der Freistaat Bayern oder eine Kommune (Gemeinde, Gemeindeverbände, d. h. Landkreis und Bezirk) oder eine kommunale Körperschaft des öffentlichen Rechts (Zweckverband) ist.

Außerdem gelten als Schulen im Sinne der Vorschrift alle staatlichen Hochschulen, die in Art. 1 Abs. 2 des Bayerischen Hochschulgesetzes (BayHSchG v. 7. 11. 1978) aufgezählt sind, und die Bayerische Beamtenfachhochschule (vgl. Art. 1 BayBFHG v. 8. 8. 1974).

Betriebe sind die Betriebe, deren rechtlicher Träger eine der in Art. 1 genannten Personen des öffentlichen Rechts ist. Insoweit kommt es nicht darauf an, ob es sich um Regiebetriebe oder sogenannte Eigenbetriebe handelt, die von den in Art. 1 genannten Trägern unmittelbar geführt werden. Die Abgrenzung zum Geltungsbereich des Betriebsverfassungsgesetzes ergibt sich ausschließlich daraus, daß dieses stets dann Anwendung findet, wenn Betriebe privatrechtlich organisiert sind, also als AG, GmbH, KG u. ä. So gilt z. B. für die »Flughafen München GmbH« des Freistaates Bayern das Betriebsverfassungsgesetz, für die Krankenhäuser der Landeshauptstadt München das BayPVG.

Sind an einem gemeinschaftlichen Betrieb sowohl eine juristische Person des Privatrechts als auch eine Körperschaft des öffentlichen Rechts beteiligt, findet nicht das BayPVG, sondern des BetrVG Anwendung, wenn sich die Betriebsführung mangels entgegenstehender Anhaltspunkte z. B. auf der Grundlage einer privatrechtlichen Vereinbarung in der Rechtsform einer (privaten) BGB-Gesellschaft vollzieht und hinsichtlich wesentlicher Arbeitgeberfunktionen eine einheitliche Leitung praktiziert wird (BAG, Beschluß v. 24. 1. 1996 – 7 ABR 10/95 –, PersR 1997, 26 ff.)

Das BayPVG gilt in allen Dienststellen der oben bezeichneten Art. **3**

Der **räumliche Geltungsbereich** ist also nicht auf das Territorium des Freistaates beschränkt.

Der **persönliche Geltungsbereich**, d. h. der Kreis der Personen, die durch **4** das BayPVG mit Rechten und Pflichten ausgestattet sind, ergibt sich aus Art. 4 (Beschäftigte) und Art. 7 (Vertretung der Dienststelle).

Unter den Begriff **Personalvertretung**, der auch in § 15 Abs. 2 KSchG **5** verwendet wird, fallen die örtlichen Personalräte, die Stufenvertretungen mit den Bezirks- und Hauptpersonalräten, die Gesamtpersonalräte.

Für bestimmte Verwaltungszweige enthält das Gesetz **Sondervorschrif- 6 ten**. Sie beziehen sich auf Beschäftigte des Bayerischen Rundfunks (Art. 83), die Allgemeine Ortskrankenkasse – AOK – Bayern (Art. 83 b), Beschäftigte der Bayerischen Bereitschaftspolizei (Art. 85), das Bayerische Landesamt für Verfassungsschutz (Art. 86), Dienststellen des Freistaates im Ausland (Art. 87), Angelegenheiten, die sowohl Richter oder Staatsanwälte als auch andere Beschäftigte des Gerichts bzw. der Staats-

Art. 1, 2

anwaltschaft betreffen (Art. 84) und auf die Personalvertretung der Staatsanwälte (Art. 86a). Wegen der Einzelheiten zu diesen Bestimmungen vgl. jeweils die dortigen Anmerkungen.

7 **Streitigkeiten** hinsichtlich der Geltung des BayPVG entscheiden die Verwaltungsgerichte nach § 106 BPersVG oder als Vorfrage in anderen Rechtsstreitigkeiten nach Art. 25 und Art. 81 Abs. 1.

Artikel 2
Zusammenarbeit – Koalitionen

(1) Dienststelle und Personalvertretung arbeiten im Rahmen der Gesetze und Tarifverträge vertrauensvoll und im Zusammenwirken mit den in der Dienststelle vertretenen Gewerkschaften und Arbeitgebervereinigungen zum Wohl der Beschäftigten und zur Erfüllung der dienstlichen Aufgaben zusammen.

(2) Zur Wahrnehmung der in diesem Gesetz genannten Aufgaben und Befugnisse der in der Dienststelle vertretenen Gewerkschaften ist deren Beauftragten nach Unterrichtung des Dienststellenleiters oder seines Vertreters Zugang zu der Dienststelle zu gewähren, soweit dem nicht unumgängliche Notwendigkeiten des Dienstablaufs, zwingende Sicherheitsvorschriften oder der Schutz von Dienstgeheimnissen entgegenstehen.

(3) Die Aufgaben der Gewerkschaften und der Vereinigungen der Arbeitgeber werden durch dieses Gesetz nicht berührt.

(4) Die Personalvertretung wird bei Maßnahmen, bei deren Vorbereitung eine Beteiligung nach Art. 104 des Bayerischen Beamtengesetzes (BayBG) vorgesehen ist, nicht beteiligt.

1 Art. 2 und vor allem sein Abs. 1 begründet mit der Pflicht zur **vertrauensvollen Zusammenarbeit** nicht nur einzelne Rechte und Pflichten (vgl. Rn. 2ff.), sondern bezeichnet in Verbindung mit Art. 1 und den anderen Vorschriften des BayPVG auch das **Gesamtkonzept** bzw. den Gesamtplan, nach welchem die vom Gesetzgeber in den Dienststellen und Betrieben erkannten und anerkannten Interessen »Erfüllung der dienstlichen Aufgaben« und »Wohl der Beschäftigten« mit- bzw. gegeneinander zum Ausgleich gebracht werden sollen.

Dies geschieht entsprechend den »Rahmenvorschriften für die Landesgesetzgebung« in §§ 94 bis 106 BPersVG und dort speziell in § 97 (Verbot abweichender Regelung) und § 104 (Beteiligungsrechte) in der Weise, daß diesen häufig gegenläufigen Interessen durch das BayPVG **Interessenvertreter** zugeordnet werden, denen jeweils bestimmte Aufgaben, Rechte und Pflichten zugewiesen sind. Dies ist im Hinblick auf »Erfüllung der dienstlichen Aufgaben« wegen seiner dienstlichen Stellung der **Dienststellenleiter,** hinsichtlich des »Wohles der Beschäftigten« sind es die nach dem BayPVG zu bildenden **Personalvertretungen.** Beide sollen nach Art. 2 Abs. 1 jeweils mit den in der Dienststelle vertretenen Arbeitgebervereinigungen bzw. Gewerkschaften zusammenwirken.

Falls insoweit das »Wohl der Beschäftigten« nicht angemessen berücksichtigt wird, hat dies unmittelbare Folgen für die durch das BayPVG geschützten Rechtspositionen der Beschäftigten aus Art. 1 Abs. 1 GG (Würde des Menschen), Art. 2 Abs. 1 GG (Recht auf freie Entfaltung der Persönlichkeit) und Art. 20 Abs. 1 GG (Sozialstaatsprinzip).

(**Abs. 1**) Die Regelung bezeichnet mit dem »**Grundsatz der vertrauensvollen Zusammenarbeit**« zunächst die **Art und Weise,** wie der Interessengegensatz zwischen der »Erfüllung der dienstlichen Aufgaben« und dem »Wohle der Beschäftigten« bei der täglichen Interessenvertretung in Dienststellen und Betrieben zum Ausgleich gebracht werden soll. Dies geschieht so, daß den am »Mit- und Gegeneinander« (= Interaktion) Beteiligten (vor allem Dienststellenleiter, Personalvertretungen, Arbeitgeberverbände und Gewerkschaften) bestimmte, aus dem Grundsatz der vertrauensvollen Zusammenarbeit fließende Verhaltensregeln auferlegt werden.

In allen Fällen, in denen Befugnisse nach dem BayPVG wahrgenommen werden, beinhaltet dies zunächst die Pflicht, sich stets zu bemühen, für alle Angelegenheiten, Konflikte und sonstigen Probleme eine einvernehmliche Lösung zu finden. Beide Seiten müssen gesprächs- und verhandlungsbereit sein und müssen ihre gegensätzlichen Interessen offen und mit dem ernsten Willen zur Einigung austragen. Dies schließt eine Verfahrensweise ein, die ohne jede Schikane, nicht mutwillig und schon gar nicht rechtsmißbräuchlich ist. Die aus dem Grundsatz von Treu und Glauben abgeleiteten Verhaltensregeln, wie z. B. das Verbot, sich absprachewidrig zu verhalten, und das Gebot, nichts Unmögliches zu verlangen, sind selbstverständlich stets zu beachten: So ist z. B. mit dem Grundsatz der vertrauensvollen Zusammenarbeit unvereinbar, in einen von den Beschäftigten anonym zu beantwortenden Fragebogen des Dienststellenleiters über die gemeinsame Arbeit und Zusammenarbeit in der Dienststelle Fragen aufzunehmen, in denen eine Überprüfung der Personalratsarbeit durch den Dienststellenleiter gesehen werden kann (BayVGH, Beschluß v. 18. 12. 1985 – Nr. CE 85 A. 3161 –, n. v.). Daneben verstößt der Dienststellenleiter z. B. aber auch dann gegen den Grundsatz der vertrauensvollen Zusammenarbeit, wenn er eine von ihm zur Information der Beschäftigten einberufene Versammlung als »Personalversammlung« oder als »Personal-Versammlung« bezeichnet (BVerwG, Beschluß v. 23. 5. 1986 – 6 P 23.83 –, PersR 1986, 223).

Die Pflicht zur vertrauensvollen Zusammenarbeit hindert die Personalvertretungen nicht daran, **die Interessen** der von ihnen repräsentierten Beschäftigten im Rahmen der gegebenen gesetzlichen Möglichkeiten **engagiert zu vertreten.** Das ist vielmehr nach dem Gesamtkonzept des Gesetzes im Gegenteil geradezu Voraussetzung dafür, daß der Zweck

Art. 2

eines optimalen und angemessenen Ausgleichs der gegenläufigen Interessen erreicht wird und geschützte Rechtspositionen der Beschäftigten nicht beeinträchtigt werden (vgl. Rn. 1). Die Personalvertretungen bzw. ihre Mitglieder müssen bei ihrer Interessenvertretung allerdings stets beachten, daß auch die dienstlichen Aufgaben der Dienststelle erfüllt werden müssen. Daneben begründet das Prinzip der vertrauensvollen Zusammenarbeit Rechte der Personalvertretung auf Information sowie das Recht, zu allen Gegenständen, auch soweit sie nicht ausdrücklich in dem Mitbestimmungskatalog aufgeführt sind, dem Leiter der Dienststelle Vorschläge zu unterbreiten. Diese sind vom Dienststellenleiter auf ihre Brauchbarkeit hin zu prüfen und soweit wie möglich zu verwirklichen. Eine Erweiterung der Mitbestimmungs- bzw. Mitwirkungsrechte über die im Gesetz ausdrücklich vorgesehenen hinaus kann dem Grundsatz der vertrauensvollen Zusammenarbeit aber nicht entnommen werden (BVerfG, Beschluß v. 26. 5. 1970 – 2 BvR 311/67 –, AP Nr. 18 zu Art. 9 GG).

4 Ziel und Zweck der Zusammenarbeit zwischen Dienststelle und den Personalvertretungen ist es, das Interesse am »**Wohl der Beschäftigten**« und die Verpflichtung zur »**Erfüllung der dienstlichen Aufgaben**« zu einem angemessenen Ausgleich zu bringen, der beide Belange weitestgehend berücksichtigt. Das BayPVG 1958 ist in Art. 55 Abs. 1 noch von einer anderen Reihenfolge ausgegangen. Die geänderte Reihenfolge läßt die nach altem Recht verschiedentlich erfolgte Interpretation, bei der Zusammenarbeit seien in erster Linie die dienstlichen Aufgaben und dann erst das Wohl der Beschäftigten zu beachten, nun nicht mehr zu. Vielmehr müssen Dienststelle und Personalvertretung **gleichermaßen** beide Belange bei ihrer Arbeit berücksichtigen.

Soweit es in der täglichen Praxis nicht möglich ist, beide Interessen in gleicher Weise zum Tragen kommen zu lassen, ist es Aufgabe des Personalrats, die Belange der Beschäftigten geltend zu machen und dafür zu sorgen, daß diese in der letztlich ergehenden Entscheidung – gleichgültig, ob diese durch die Dienststelle selbst, die Einigungsstelle oder eine übergeordnete Dienststelle erfolgt – **so weitgehend wie nur möglich** berücksichtigt werden.

5 Die ausdrückliche Verweisung auf den **Rahmen der Gesetze und Tarifverträge** betont die Bindung der staatlichen Verwaltung an Gesetz und Recht und ist damit Ausfluß des Rechtsstaatsprinzips (Art. 20 Abs. 3 GG). Die Bindung an die Tarifverträge (z. B. BAT, BMT-G) erstreckt sich sowohl auf den normativen Teil als auch auf die schuldrechtlichen Regelungen. Sie ergibt sich regelmäßig aus der Zugehörigkeit der Dienststelle zu einer Tarifvertragspartei. Dienststellenleiter und Personalvertretungen dürfen sich auch im Rahmen der vertrauensvollen Zusammenarbeit nicht über die bezeichneten Normen hinwegsetzen. Verstöße dürfen von keiner Seite geduldet werden.

6 Art. 2 Abs. 1 begründet auch die Pflicht und das Recht der Personalver-

Art. 2

tretungen, mit den **Gewerkschaften zusammenzuwirken**. Insoweit wird auch den Gewerkschaften vom Gesetz eine Aufgabe bei der Erfüllung der Gesamtzielsetzung des BayPVG zugewiesen. Diese besteht vor allem darin, die Personalvertretungen zu beraten und zu unterstützen, wobei die oft bessere Sachkunde und größere Erfahrung der Gewerkschaft in den einzelnen Bereichen nutzbar gemacht werden soll (vgl. BVerwG, Beschluß v. 27. 4. 1979 – 6 P 45.78 –, PersV 1980, 19). In gleicher Weise kann sich die Dienststelle der Unterstützung durch die jeweiligen Arbeitgeberverbände (in der Regel der Vereinigung kommunaler Arbeitgeberverbände – VkA – oder der Tarifgemeinschaft deutscher Länder – TdL –) bedienen.

Der Begriff **Gewerkschaft** wird weder im BayPVG noch in anderen Gesetzen definiert. Der Gesetzgeber geht aber erkennbar von dem historischen und traditionell vorgezeichneten Begriff der Gewerkschaft aus, wie er durch die klassischen Arbeitnehmerorganisationen entstanden ist, die sich als Gegengewicht zur wirtschaftlichen Übermacht der Arbeitgeber herausgebildet haben (vgl. Gnade u. a., § 2 Rn. 2 BetrVG). Ihr vorrangiges Ziel ist die tarifautonome Gestaltung und sinnvolle Ordnung des Arbeits- und Wirtschaftslebens. Zweck der gewerkschaftlichen Organisation ist es also, ihre Mitglieder bei der Gestaltung der beamten- und arbeitsrechtlichen Beziehungen zu vertreten und sich gegenüber den öffentlichen Arbeitgebern für ihre wirtschaftlichen Belange einzusetzen. Der Gewerkschaftsbegriff deckt sich nicht mit dem **allgemeinen Koalitionsbegriff** des Art. 9 Abs. 3 GG, da er enger ist. Die Gewerkschaftseigenschaft kommt nur überbetrieblichen Vereinigungen von Arbeitnehmern zu, die auf einem freiwilligen Zusammenschluß ihrer Mitglieder beruhen, auf Dauer angelegt, gegnerunabhängig und gegnerfrei sind und die es sich ferner zur Aufgabe gemacht haben, die Arbeits- und Wirtschaftsbedingungen ihrer Mitglieder zu wahren und zu diesem Zweck bereit und auch mächtig genug sind, Tarifverträge abzuschließen und Arbeitskämpfe durchzuführen (vgl. BAG, Beschluß v. 16. 1. 1990 – 1 ABR 10/89 u. 1 ABR 93/88; s. a. BAG v. 25. 11. 1986 – 1 ABR 22/85 –, AuR 1988, 222). **7**

Als Gewerkschaften im Sinne des Gesetzes gelten auch Orts-, Kreis- und Bezirksverwaltungen einer Gewerkschaft, wenn sie eine kooperative Verfassung, ein eigenes Vermögen und die Befugnis zum Abschluß von Tarifverträgen haben (BAG, Urteil v. 22. 12. 1960, AP Nr. 25 zu § 11 ArbGG).

Arbeitgebervereinigungen sind freiwillige Zusammenschlüsse von Arbeitgebern, die sich satzungs- und übungsgemäß mit der Vertretung der Interessen der Arbeitgeber durch den Abschluß von Tarifverträgen u. ä. befassen. Im Geltungsbereich des BayPVG sind dies z. B. der Kommunale Arbeitgeberverband e. V. (KAV) und die Tarifgemeinschaft deutscher Länder (TdL).

(**Abs. 2**) Die Vorschrift, die das **Zugangsrecht von Gewerkschaftsbe-** **8**

Art. 2

auftragten zur Dienststelle und den Arbeitsplätzen zusichert, damit die Gewerkschaften ihre Aufgaben und Befugnisse nach dem BayPVG wahrnehmen können, ist eine Ausprägung des bereits in Abs. 1 zum Ausdruck gebrachten Gesamtkonzeptes, wonach die Gewerkschaften eine wesentliche Funktion im Hinblick auf die Zielsetzung und den Gesamtplan das BayPVG zugewiesen erhalten haben.

Dieses Zugangsrecht ist deshalb durch die Zwecksetzung des Art. 2 Abs. 1 begrenzt, d. h. die Beauftragten müssen Aufgaben nach Abs. 1 wahrnehmen.

9 Weitere Befugnisse der Gewerkschaft im Rahmen ihrer personalvertretungsrechtlichen Unterstützungsfunktion sind die Einreichung von Wahlvorschlägen für die Personalratswahl (Art. 19 Abs. 4), Antrag auf Einberufung einer Personalversammlung zur Wahl eines Wahlvorstandes, falls sechs Wochen vor Ablauf der Amtszeit des Personalrats kein Wahlvorstand gebildet wurde (Art. 20 Abs. 2), Antrag auf Bestellung eines Wahlvorstandes durch den Dienststellenleiter, falls eine Personalversammlung (Art. 20 Abs. 2, Art. 21) nicht stattfindet oder die Personalversammlung keinen Wahlvorstand wählt (Art. 22), Antrag auf Einberufung einer Personalversammlung zur Wahl eines neuen Wahlvorstands bei untätigem Wahlvorstand (Art. 23 Abs. 1), Recht auf Übersendung einer Abschrift der Niederschrift über das Ergebnis der Wahl durch den Wahlvorstand (Art. 23 Abs. 2), Anfechtung der Personalratswahl (Art. 25 Abs. 1), Antrag auf Ausschluß eines Mitgliedes aus dem Personalrat oder Auflösung des Personalrats (Art. 28 Abs. 1), Teilnahme je eines Gewerkschaftsbeauftragten an Sitzungen der Personalvertretungen, falls der Dienststellenleiter Vertreter der zuständigen Arbeitgebervereinigung beizieht (Art. 34 Abs. 4), Teilnahme je eines Gewerkschaftsbeauftragten an Sitzungen der Personalvertretungen mit beratender Stimme, falls ein entsprechender Beschluß des Personalrats gefaßt wurde (Art. 36), Teilnahme an der Konfliktlösung nach einem Aussetzungsantrag (Art. 39 Abs. 1), Recht auf Übersendung einer Niederschrift über die Verhandlung des Personalrats, für den Fall, daß daran teilgenommen wurde (Art. 41 Abs. 2), Teilnahme je eines Vertreters mit beratender Stimme an der Personalversammlung, falls ein entsprechender Beschluß des Personalrats oder der Personalversammlung gefaßt wurde (Art. 52 Abs. 1) oder falls der Dienststellenleiter Vertreter der zuständigen Arbeitgebervereinigung zuzieht (Art. 52 Abs. 2), entsprechende Rechte bei der JA-Versammlung (Art. 63), Recht der Mitglieder von Personalvertretungen, sich für ihre Gewerkschaft zu betätigen (Art. 68 Abs. 2).

Die Aufstellung macht unmittelbar deutlich, daß nach der Konzeption des Gesetzes Personalvertretungen und Gewerkschaften **umfassend** zusammenwirken sollen und daß das Zugangsrecht der Gewerkschaftsbeauftragten nicht davon abhängt, daß in der Dienststelle eine Personalvertretung besteht. Das Zugangsrecht ist auch nicht nur auf die im BayPVG ausdrücklich genannten Fälle beschränkt (a. A. BVerwG v. 8. 6. 1962 –

Art. 2

VII P 7.61 –, PersV 1962, 236; wie hier BAG v. 26. 6. 1973 – 1 ABR 24/72 –, AP Nr. 2 zu § 2 BetrVG 1972). Zum weitergehenden Zugangsrecht von Gewerkschaftsbeauftragten zum Zweck der Werbung und Betreuung von Mitgliedern vgl. BVerfG v. 14. 11. 1995 – 1 BvR 601/92 –, AuR 1996, 151 ff. Die Gewerkschaft entscheidet selbst, wer als Beauftragter in die Dienststelle entsandt wird (BVerwG, Beschluß v. 14. 6. 1968 – VII P 21.66 –, PersV 1968, 276).

Der Dienststellenleiter muß zwar davon unterrichtet werden, daß ein **10** Gewerkschaftsbeauftragter sein Zugangsrecht wahrnimmt, der Zweck des Besuches braucht im einzelnen aber nicht angegeben zu werden. Regelmäßig genügt es, wenn der Dienststellenleiter **unmittelbar vor Beginn** des Besuchs informiert wird. Das erübrigt sich, wenn er ausdrücklich oder stillschweigend auf die Unterrichtung verzichtet hat, wobei sich ein solcher Verzicht auch aus einer entsprechenden Gepflogenheit ergeben kann. Im Hinblick auf **Häufigkeit** und **Dauer** der Anwesenheit von Gewerkschaftsfunktionären ergeben sich Beschränkungen rein aus der Natur der Sache.

Nur aus Gründen, die im **zweiten Halbsatz des Abs. 2** ausdrücklich genannt sind, kann den Gewerkschaftsbeauftragten der Zugang verweigert werden. Die Versagungsgründe sind dem Charakter der Regelung als **Ausnahmevorschrift** eng auszulegen.

»**Unumgängliche Notwendigkeiten des Dienstablaufes**« sind nur dann **11** anzunehmen, wenn durch den Besuch eine schwerwiegende und nachhaltige, durch andere Maßnahmen nicht vermeidbare Störung erfolgt.

»**Zwingende Sicherheitsvorschriften**« stehen dem Zugang nicht entge- **12** gen, wenn bestimmte Räumlichkeiten ganz allgemein für dort nicht Beschäftigte verboten sind: Gewerkschaftsvertreter dürfen nicht stärker eingeschränkt werden als die in der Dienststelle Beschäftigten.

Der »**Schutz von Dienstgeheimnissen**« ist im Hinblick darauf einge- **13** schränkt, daß die Gewerkschaftsbeauftragten nach Art. 10 ebenfalls der Verschwiegenheitspflicht unterliegen. Der Dienststellenleiter hat das Vorliegen der bezeichneten Gründe konkret darzulegen und gegebenenfalls zu beweisen. Der **Grundsatz der Verhältnismäßigkeit** gebietet unter Umständen nach der Schwere der Beeinträchtigung des Zugangsrechts abgestufte Regelungen, wie z. B. das Verbot des Zutritts zu bestimmten Zeiten u. ä.

(**Abs. 3**) Nach dieser Bestimmung werden die sich unmittelbar aus Art. 9 **14** Abs. 3 GG ergebenden **koalitionsspezifischen Aufgaben**, wie z. B. Mitgliederwerbung, Mitgliedervertretung und -betreuung, durch die Regelung in Art. 2 Abs. 2 BayPVG nicht berührt. Die Gewerkschaften dürfen folglich die Interessen ihrer Mitglieder uneingeschränkt auch in den Dienststellen und Betrieben des öffentlichen Dienstes vertreten (so BVerfG v. 14. 11. 1995 – 1 BVR 601/92 –, AuR 1996, 151 unter Aufgabe der Kernbereichslehre des BVerfG v. 17. 2. 1981 – 2 BVR 384/78 –, AP

Nr. 9 zu Art. 140 GG). Unstreitig war schon vorher, daß die Gewerkschaften beispielsweise vor Personalratswahlen auch in Dienststellen werben dürfen, wo sie keine Mitglieder besitzen. Gewerkschaftsbeauftragte können z. B. nach vorheriger Unterrichtung des Schulleiters oder seines Vertreters im Lehrerzimmer Werbematerial auslegen, an die anwesenden Lehrer verteilen und an dem für Berufsverbände vorgesehenen Schwarzen Brett anbringen (BayVGH, Beschluß v. 17. 7. 1974 – Nr. 3 X 74 –, PersV 1975, 220). Die koalitionsspezifischen Aufgaben der Gewerkschaft werden häufig durch **gewerkschaftliche Vertrauensleute** wahrgenommen, die in Dienststellen und Betrieben tätig werden. Diese Vertrauensleute dürfen wegen ihrer gewerkschaftlichen Betätigung gegenüber anderen Beschäftigten nicht schlechter behandelt, benachteiligt oder gemaßregelt werden (vgl. das Übereinkommen der IAO Nr. 135 v. 23. 6. 1971, BGBl. II 1973, 953, 1956).

15 (Abs. 4) »**Maßnahmen, bei deren Vorbereitung eine Beteiligung nach Art. 104 BayBG vorgesehen ist«,** sind Regelungen der beamtenrechtlichen Verhältnisse durch die oberste Landesbehörde (z. B. Neuordnung des Besoldungsrechts). Bei solchen Maßnahmen sind die Berufsorganisationen zu hören. (Rechtspolitisch gesehen sollte die Regelung in Art. 2 Abs. 4 entfallen, weil sie ohnehin nur der Klarstellung dient, in der Praxis aber evtl. zu Mißverständnissen und einer damit verbundenen Schmälerung der Rechte der Personalvertretung führen könnte.)

16 **Streitigkeiten** im Hinblick auf Verständnis und Auswirkungen des Grundsatzes der vertrauensvollen Zusammenarbeit entscheiden die Verwaltungsgerichte nach Art. 81 Abs. 1 Nr. 3. Über die Voraussetzungen und den Umfang des gewerkschaftlichen Zugangsrechts nach Abs. 2 entscheiden die Verwaltungsgerichte gegebenenfalls zunächst im Wege einer einstweiligen Verfügung. Über die koalitionsspezifischen Rechte der Gewerkschaften (vgl. Abs. 3) entscheiden die Arbeitsgerichte im Beschlußverfahren ggf. ebenfalls zunächst durch eine einstweilige Verfügung.

Artikel 3
Ausschließlichkeit des Gesetzes

Durch Tarifvertrag kann das Personalvertretungsrecht nicht abweichend von diesem Gesetz geregelt werden.

1 Die Vorschrift verwirklicht die bundesweit gültige Regelung in § 97 BPersVG (Rahmenvorschriften für die Landesgesetzgebung) und verbietet es, in Tarifverträgen eine abweichende Regelung vom BayPVG vorzunehmen. Damit ist diese Gestaltungsmöglichkeit zwar eingeschränkt, aber **keineswegs völlig ausgeschlossen**. Daß es nicht der Wille des Gesetzgebers war, überhaupt jegliche Regelung des Personalvertretungsrechts **durch Tarifverträge** auszuschließen, ergibt sich daraus, daß die Vorschrift dann anders hätte formuliert werden müssen.

Tarifvertragliche Regelungen sind nach dem Wortlaut der Vorschrift insoweit zulässig, als sie sich an die Grundsätze halten, die durch das BayPVG vorgegeben sind. Aus diesem Grunde ist es nicht zulässig, durch Tarifvertrag grundlegende Vorschriften, wie z.B. solche, die auf dem Grundsatz der vertrauensvollen Zusammenarbeit oder dem Gruppenprinzip basieren, oder aber auch solche, welche die Größe des Personalrats und seine Beteiligung an bestimmten Maßnahmen der Dienststelle usw. betreffen, anders als das BayPVG zu gestalten. **2**

Zulässig sind hingegen Regelungen, welche bereits durch das BayPVG vorgegebene Rechte und Pflichten nur näher konkretisieren und ausgestalten oder mit dem Gesetz nicht im Widerspruch stehen. So ist z.B. zulässig eine über Art. 46 hinausgehende Regelfreistellung, eine über Art. 46 Abs. 5 hinausgehende Freistellung für Schulungs- und Bildungsveranstaltungen, die Bereitstellung von Mitteln, die über die von Art. 44 ausdrücklich erfaßten hinausgehen, die Beteiligung an Vorstellungsgesprächen mit Bewerbern und an Beratungen und Maßnahmen anderer Art der Dienststelle. **3**

Selbstverständlich ist die Gewährung zusätzlicher Rechte stets auch formlos durch die Dienststelle möglich und zulässig, mag nun ein Tarifvertrag oder eine Dienstvereinbarung vorliegen oder nicht. Hierdurch werden aber keine dauerhaften Rechtspositionen begründet.

Im Hinblick auf **Dienstvereinbarungen,** die in Art. 3 **nicht genannt** sind, ist deren Abschluß durch die Regelung in Art. 73 insoweit eingeschränkt, als solche überhaupt nur in den Fällen zulässig sind, die das BayPVG ausdrücklich vorsieht. Dies sind die Fälle der Art. 75 Abs. 4, Art. 75a Abs. 1 und Art. 76 Abs. 2 Nrn. 1 bis 3. Der Abschluß von Dienstvereinbarungen ist hierbei nur zulässig, wenn der Gegenstand nicht tariflich oder nicht üblicherweise tariflich geregelt wird. **4**

Bei **Streitigkeiten** über den Inhalt eines Tarifvertrages entscheidet das Arbeitsgericht gemäß § 2 Abs. 1 Nr. 1 ArbGG. Streitigkeiten über die Vereinbarkeit eines Tarifvertrages oder einer Dienstvereinbarung mit dem BayPVG sowie Streitigkeiten über den Inhalt einer Dienstvereinbarung entscheidet das Verwaltungsgericht im Beschlußverfahren nach Art. 81 Abs. 1 Nr. 3 oder Nr. 4. **5**

Artikel 4
Beschäftigte

(1) Beschäftigte im Sinn dieses Gesetzes sind die Beamten, Angestellten und Arbeiter einschließlich der zu ihrer Berufsausbildung Beschäftigten. Richter sind nicht Beschäftigte im Sinn dieses Gesetzes.

Art. 4

(2) Wer Beamter ist, bestimmen die Beamtengesetze. Dienstanfänger stehen den Beamten gleich.

(3) Angestellte im Sinn dieses Gesetzes sind Beschäftigte, die eine durch § 1 i.V.m. § 133 SGB VI und die hierzu erlassenen Vorschriften über die Versicherungspflicht der Angestellten als Angestelltentätigkeit bezeichnete Beschäftigung ausüben, auch wenn sie nicht versicherungspflichtig sind. Als Angestellte gelten auch Beschäftigte, die sich in der Ausbildung zu einem Angestelltenberuf befinden. Als Angestellte gelten ferner Beschäftigte, die eine in der Rentenversicherung der Arbeiter versicherungspflichtige Beschäftigung ausüben, aber einer tariflichen Regelung für Angestellte unterstellt sind.

(4) Arbeiter im Sinn dieses Gesetzes sind Beschäftigte einschließlich der zu ihrer Berufsausbildung Beschäftigten, die eine in der Rentenversicherung der Arbeiter versicherungspflichtige Beschäftigung ausüben, auch wenn sie nicht versicherungspflichtig sind. Als Arbeiter gelten ohne Rücksicht auf die Versicherungspflicht auch Beschäftigte, die auf Grund eines Tarifvertrags als Arbeiter beschäftigt werden.

(5) Als Beschäftigte im Sinn dieses Gesetzes gelten nicht

a) die in Art. 2 Abs. 1 Nrn. 1 bis 3 sowie Abs. 2 Nrn. 1 bis 3 des Bayerischen Hochschullehrergesetzes (BayHSchLG) genannten Personen,

b) in Lehre und Forschung tätige habilitierte Personen an Forschungsstätten, die nicht wissenschaftliche Hochschulen sind,

c) Personen, deren Beschäftigung vorwiegend durch Beweggründe karitativer oder religiöser Art bestimmt ist, ohne auf Grund eines Dienst- oder Arbeitsvertrages im Arbeitsverbund mit anderen Beschäftigten einer Dienststelle tätig zu sein,

d) Personen, die vorwiegend zu ihrer Heilung, Wiedereingewöhnung, sittlichen Besserung oder Erziehung beschäftigt werden.

1 (Abs. 1) **Beschäftigte** im Sinn des Abs. 1 sind alle Personen, die in einer der Einrichtungen, die in Art. 1 bezeichnet wurden (vgl. Art. 1 Rn. 1 ff.), tätig sind, soweit die Beschäftigung aufgrund eines **abhängigen Dienst- oder Arbeitsverhältnisses** erfolgt. Dies sind alle Beamten, Arbeiter und Angestellten sowie die Auszubildenden, wobei es nicht darauf ankommt, in welchem Rechtsverhältnis die Ausbildung stattfindet.

2 Zu den Beschäftigten gehören auch Personen, die in die Dienststelle eingegliedert sind und im Rahmen eines **Leiharbeitsverhältnisses** entweder vom **Träger der Dienststelle** an den **Inhaber eines Betriebes** der freien Wirtschaft oder umgekehrt vom **Inhaber eines Betriebes** der freien Wirtschaft an den **Träger der Dienststelle** »verliehen« werden. Beschäftigte der Dienststelle, bei der die Wahl des Personalrats stattfindet, sind nur die Angestellten, Arbeiter und Beamten, die an der Erfüllung der dieser Dienststelle obliegenden Aufgaben teilnehmen. Die Polizeiratsanwärter, die an der Polizei-Führungsakademie ausgebildet werden, sind deshalb keine Beschäftigten dieser Dienststelle (BVerwG, Beschluß v. 19. 6. 1980 – 6 P 1.80 –, PersR 1986, 239). Der Umstand, daß Leiharbeitnehmer nach dem BetrVG daneben auch Beschäftigte des Verleiherbetriebes bleiben und evtl. nach dem BetrVG dort den Betriebsrat mitwählen bzw. für den Fall, daß von der Dienststelle Beschäftigte verliehen werden, im Entleiherbetrieb das Wahlrecht zum Betriebsrat haben können, ändert an der Beschäftigteneigenschaft im Sinne des BayPVG nichts (vgl. BAG v. 10. 4. 1958 – 1 ABR 2/57 –, AP Nr. 1 zu § 6 BetrVG; BAG v. 28. 4. 1964 – 1 ABR 1/64 –, AP Nr. 3 zu § 4 BetrVG; zu Wahlberechtigung und Wählbarkeit vgl. die Anmerkungen in Art. 13 und 14). Es muß nur jeweils eine Tätigkeit von kurzer Dauer ausgeübt werden, damit die Beschäftigteneigenschaft entsteht. Wird eine Dienststelle beispielsweise aber nur im Rahmen von Kundendiensttätigkeiten aufgesucht, so werden diese Monteure nicht Beschäftigte im Sinne von Art. 4.

Es kommt nicht darauf an, welchen **Umfang oder Dauer** die jeweilige Beschäftigung hat: Teilzeit-, Vertretungs- und Aushilfskräfte sind ebenfalls Beschäftigte. **3**

Richter sind keine Beschäftigten (Beamte) im Sinne des BayPVG (**Abs. 1 Satz 2**). Für sie gelten die Vorschriften des Bayerischen Richtergesetzes (BayRiG) i.d.F. der Bekanntmachung vom 11. 1. 1977 (Art. 17 bis 34 BayRiG) über die Errichtung von Richterräten (vgl. Anm. zu Art. 84 und Art. 86a BayPVG). **4**

Staatsanwälte gelten zwar als Beamte, bilden aber nach Art. 46 bis 55 Bayerisches Richtergesetz sogenannte Staatsanwaltsvertretungen. **5**

Nach Art. 17 Abs. 2 BayRiG bzw. Art. 46 Abs. 2 BayRiG i. V. m. Art. 17 Abs. 2 BayRiG gelten die Regelungen des BayPVG für diese Vertretungen aber entsprechend (vgl. Anm. zu Art. 84 und Art. 86a). Richter, die zur **Leistung nichtrichterlicher Tätigkeit** an eine in Art. 1 bezeichnete Verwaltungsbehörde abgeordnet sind, gelten als Beschäftigte (Beamte) im Sinne der Vorschrift.

Schülerinnen und Schüler sind keine Beschäftigten. Zu beachten ist aber, daß Schülerinnen und Schüler einer kommunalen Krankenpflegeschule im Hinblick darauf, daß sie für den praktischen Teil ihrer Ausbildung voll in den Dienstbetrieb des kommunalen Krankenhauses eingegliedert sind und tatsächlich Vergütungen nach Tarifvertragsrecht unter Abführung von Lohnsteuer erhalten sowie Zulagen, Zuwendungen, Urlaubsgeld und Lohnfortzahlung bei Erholungsurlaub und Arbeitsunfähigkeit bekommen und sozialversichert sind usw., selbst dann als **Beschäftigte i. S. v. Art. 4** gelten, wenn die Krankenpflegeschule als Berufsfachschule organisatorisch und inhaltlich allen wesentlichen Vorschriften des bayerischen Schulrechts unterliegt (vgl. BayVGH, Beschlüsse v. 28. 4. 1982 – Nr. 17 C 82 A. 556 und Nr. 17 CE 82 A, 722 –, beide n. v.). **5a**

Art. 4

Dasselbe gilt auch für Schülerinnen und Schüler der z. B. bei einem Bezirkskrankenhaus eingerichteten Berufsfachschule des Bezirks Oberbayern, gleichgültig ob die Anleitung der Auszubildenden durch didaktisch besonders ausgebildetes Personal erfolgt oder nicht (vgl. BayVGH, Beschlüsse v. 26. 3. 1982 – Nr. M 1314 XIV b 82 – und v. 23. 4. 1982 – Nr. M 1674 XIV b 82 –, beide n. v.).

5b **Auszubildende** müssen in einem Ausbildungsverhältnis zum Träger der Dienststelle stehen (BVerwG, Beschluß v. 21. 6. 1982 – 6 P 4.81). Für die Beurteilung, ob ein Beschäftigungsverhältnis zum Zwecke der Berufsausbildung i. S. d. Art. 4 besteht, ist maßgebend, ob die Dienststelle den Betreffenden aufgenommen hat, um ihn in einem entsprechend eingerichteten Ausbildungsgang in eigener rechtlicher und tatsächlicher Verantwortung zu einer auf ihre eigenen Bedürfnisse oder die weitergefaßten Bedürfnisse ihres Trägers zugeschnittenen beruflichen Qualifikation zu führen. Daran mangelt es, wenn die Dienststelle lediglich ihre personellen und sachlichen Mittel zur Verfügung stellt, um einzelne, unselbständige Ausbildungsleistungen im Rahmen einer Berufsausbildung zu erbringen, die von einer anderen Dienststelle oder einem Privaten geleitet wird und zu verantworten ist.

6 Nicht als Beschäftigte gelten die Angehörigen des in **Art. 4 Abs. 5** umrissenen Personenkreises (vgl. Rn. 10 bis 14).

Die von kommunalen Dienststellen in Bayern als sogenannte **Sachwalter** mit der Sorge für kommunales Schulvermögen beauftragten staatlichen Lehrer sind i. S. v. Abs. 1 Satz 1 keine Beschäftigten der kommunalen Dienststelle (vgl. BayVGH, Beschluß v. 14. 12. 1983 – Nr. 17 C 83 A. 2201 –, n. v.).

6a Zur Beschäftigungseigenschaft von Selbständigen (z.B. freie Mitarbeiter) vgl. ausführlich Mayer, PersR 2001, 9 (11).

7 (**Abs. 2**) Diese Regelung bestimmt nicht selbst, wer **Beamter** ist, sondern verweist insoweit auf die Beamtengesetze, hier auf das Bayerische Beamtengesetz (BayBG) i. d. F. der Bekanntmachung vom 11. 5. 1987.

Nach Art. 1 und 2 BayBG ist Beamter, wer zum Freistaat Bayern, zu einer Gemeinde, einem Gemeindeverband oder zu einer sonstigen unter der Aufsicht des Staates stehenden Körperschaft, Anstalt oder Stiftung des öffentlichen Rechts in einem öffentlich-rechtlichen Dienst- und Treueverhältnis (Beamtenverhältnis) steht. Dies ist nur anzunehmen, wenn der betreffende Beschäftigte nach Art. 7 BayBG zum Beamten ernannt wurde und ihm nach Art. 8 BayBG eine Ernennungsurkunde ausgehändigt wurde, in der die Worte »unter Berufung in das Beamtenverhältnis« mit dem die Art des Beamtenverhältnisses bestimmenden Zusatz »auf Lebenszeit«, »auf Probe«, »auf Widerruf«, »als Ehrenbeamter« oder »auf Zeit« verwendet wurden und die Angabe der Dauer der Berufung erfolgte. Beide Voraussetzungen müssen zwingend erfüllt sein (vgl. Einzelheiten bei ABW, Art. 4 Rn. 7).

Art. 4

Keine Beamten sind die Dienstordnungsangestellten (DO-Angestellten), wie sie z. B. bei den Sozialversicherungsträgern beschäftigt sind. Keine Beamten sind auch die Ruhestandsbeamten, die über ihre Pensionierung hinaus weiterbeschäftigt werden. Sie sind je nach ihrer versicherungsrechtlich erheblichen Tätigkeit Angestellte oder Arbeiter. Auch Mitglieder der Staatsregierung sind keine Beamten i. S. v. Art. 4.

Abs. 2 Satz 2 stellt die Dienstanfänger den Beamten gleich. Damit gehören auch die Beamtenanwärter, wie z. B. Dienstanfänger nach § 5 a der Verordnung über die Laufbahnen der bayerischen Polizeivollzugsbeamten des einfachen und mittleren Dienstes (vgl. Art. 27 BayBG) zur Gruppe der Beamten. Die Studierenden an der Bayerischen Beamtenfachhochschule sind Beschäftigte (Beamte) i. S. v. Art. 4. Die Beschäftigteneigenschaft ist hierbei auch gegeben, wenn die Ausbildung im Angestelltenverhältnis durchgeführt wird (wie hier Rappl/Scheidler, BayPVG, Art. 4 Erl. 1).

(**Abs. 3**) Diese Regelung bestimmt, wer **Angestellter** im Sinne des BayPVG ist. Die Vorschrift stellt hierbei in erster Linie auf die Qualität der Tätigkeit ab, indem sie auf die §§ 1 und 133 SGB VI sowie die hierzu erlassenen Vorschriften verweist (**Satz 1**), ordnet aber zusätzlich auch diejenigen in der Dienststelle Tätigen den Angestellten zu, die einer tariflichen Regelung für Angestellte unterstellt sind (**Satz 3**), und betrachtet daneben alle in Ausbildung zu einem dieser Berufe Befindlichen als Angestellte im Sinne des BayPVG (**Satz 2**). **8**

Nach § 1 i. V. m. § 133 SGB VI sind in der Rentenversicherung der Angestellten alle Personen versichert, die als Angestellte gegen Entgelt oder im Beruf eines Angestellten beschäftigt sind. Hierzu gehören insbesondere leitende Angestellte, technische Angestellte, Werkmeister, Büroangestellte, Handlungsgehilfen, Angestellte in Berufen der Erziehung, des Unterrichts, der Fürsorge, der Kranken- und Wohlfahrtspflege, Bühnenmitglieder und Musiker ohne Rücksicht auf den künstlerischen Wert ihrer Leistung. Der Katalog ist nicht erschöpfend.

Soweit das BayPVG auf die zu o. g. Regelungen erlassenen Vorschriften über die Versicherungspflicht der Angestellten verweist, handelt es sich um die Rechtsverordnung vom 8. 3. 1924 (RGBl. I S. 274, 410) i. d. F. v. 4. 2. und 15. 7. 1927 (RGBl. I S. 58, 222). Diese Verordnung enthält eine umfassende Aufzählung von Angestelltentätigkeiten.

Wer als Angestellter oder Arbeiter anzusehen ist, kann darüber hinaus im allgemeinen aufgrund der Verkehrsanschauung bestimmt werden. Steht eine **manuelle Tätigkeit** im Vordergrund, so ist der Beschäftigte versicherungsrechtlich als Arbeiter anzusehen, während bei überwiegend **geistiger oder beaufsichtigender Tätigkeit** davon auszugehen ist, daß es sich um einen Angestellten handelt. Indem die Vorschrift zusätzlich auf den für die Dienststelle maßgeblichen **Tarifvertrag** abstellt, entspricht sie weitgehend auch den gewerkschaftlichen Vorstellungen. Es muß sich hier um ein tatsächliches Angestelltenverhältnis handeln, was anzuneh-

Art. 4

men ist, wenn der Angestellte nach seinen Tätigkeitsmerkmalen unter den für den Arbeitgeber jeweils geltenden Tarifvertrag fällt. Dies wird regelmäßig der Bundes-Angestelltentarifvertrag (BAT) sein (vgl. nähere Einzelheiten bei ABW, Art. 4 Rn. 8). In der Dienststelle tätige Personen, die sich in einer Berufsausbildung zu einem Angestelltenberuf befinden, gehören zu den Angestellten i. S. v. Art. 4 Abs. 3. Dies sind z. B. auch Volontäre, Praktikanten und Umschüler, wenn die Ausbildung auf das bezeichnete Ziel hin ausgerichtet ist.

9 (**Abs. 4**) **Arbeiter** i. S. v. **Art. 4 Abs. 4** sind in erster Linie diejenigen, die eine Beschäftigung ausüben, die in der Rentenversicherung der Arbeiter versicherungspflichtig ist, auch wenn sie nicht versicherungspflichtig sind (**Satz 1**). Hinzu kommen auch hier die in der Dienststelle Tätigen, die aufgrund eines Tarifvertrages als Arbeiter beschäftigt werden (**Satz 2**), und die Personen, die auf einen solchen Beruf hin ausgebildet werden (**Satz 1**).

Im Hinblick auf die Versicherungspflicht gilt, daß Arbeiter ist, **wer nicht Angestellter ist,** und damit trifft das unter Rn. 8 Ausgeführte entsprechend zu. Aufgrund eines **Tarifvertrages** wird derjenige als Arbeiter beschäftigt, dessen Tätigkeit den Merkmalen entspricht, die in den für Arbeiter geltenden Tarifvertrag fallen. Dies wird in der Regel der Bundesmanteltarifvertrag für Arbeiter gemeindlicher Verwaltungen und Betriebe (BMT-G II) oder der Manteltarifvertrag für die Arbeiter und Arbeiterinnen des Bundes und der Länder (MTArb) sein. Die Personen, die sich in der Ausbildung zu einem solchen Beruf befinden, gehören ebenfalls hierher. In der Regel handelt es sich um eine Ausbildung zum Handwerker.

10 (**Abs. 5**) Diese Vorschrift enthält einen **Ausnahmekatalog**, der denjenigen in der Dienststelle Tätigen die Beschäftigteneigenschaft nicht zuerkennt, die eine Tätigkeit ausüben, wie sie unter Buchst. a bis d bezeichnet ist.

11 Der in **Abs. 5 Buchst. a** umrissene Personenkreis ergibt sich unmittelbar aus Art. 2 Abs. 1 Nrn. 1 bis 3 sowie Abs. 2 Nrn. 1 bis 3 des **Gesetzes über die Rechtsverhältnisse der Hochschullehrer sowie des weiteren wissenschaftlichen und künstlerischen Personals in den Hochschulen** (Bayerisches Hochschullehrergesetz – BayHSchLG – v. 24. 8. 1978). Dies sind die zum hauptberuflichen, wissenschaftlichen und künstlerischen Personal gehörenden Professoren und die Hochschulassistenten sowie die zu den nebenberuflich wissenschaftlich und künstlerisch Tätigen gehörenden Honorar-Professoren, Privatdozenten und außerplanmäßigen Professoren und die Lehrbeauftragten.

12 Zum Kreis der in **Abs. 5 Buchst. b** genannten Personen gehören nur solche, die sich habilitiert haben und an Forschungsstätten tätig sind, die keine wissenschaftlichen Hochschulen i. S. v. Art. 1 Abs. 2 Ziff. 1 (BayHSchG) i. d. F. der Bekanntmachung v. 7. 11. 1978 sind. Dies sind

Art. 4

z. B. die Bayerische Akademie der Wissenschaften und die Staatlichen Forschungsinstitute in Regensburg und Bamberg.

Nach **Abs. 5 Buchst. c** gelten Personen nicht als Beschäftigte i. S. d. BayPVG, deren Tätigkeit vorwiegend durch **karitative** oder **religiöse** Beweggründe geprägt ist. Es kommt hier nicht darauf an, mit welcher subjektiven Einstellung der Beschäftigte seine Tätigkeit wahrnimmt, sondern darauf, ob die Tätigkeit objektiv solche Beweggründe verlangt, d. h., daß diese Befugnis die Tätigkeit überwiegend oder gar ausschließlich bestimmen muß. Freie Krankenschwestern und Pfleger, die in einem unmittelbaren Arbeitsverhältnis zum Träger eines Krankenhauses stehen und nach dem Bundesangestelltentarifvertrag vergütet werden, fallen nicht unter diese Ausnahmeregelung (BAG v. 4. 7. 1979 – 5 AZR 8/78 –, AP Nr. 10 zu § 611 BGB Rotes Kreuz). Sind sie jedoch von einem Orden oder einem Mutterhaus entsandt, so ist die Beschäftigteneigenschaft nach höchstrichterlicher Rechtsprechung nicht gegeben, weil die Betreffenden nicht in einem Arbeitsverhältnis zum Krankenhaus stehen, sondern aufgrund eines sogenannten **Gestellungsvertrages** zwischen Krankenhausträger und dem Orden oder Mutterhaus dort tätig werden (BVerwG, Beschluß v. 29. 4. 1966 – VII P 16.64 –, PersV 1966, 131; BAG v. 20. 2. 1986 – 6 ABR 5/85 –, AuR 1986, 282; BVerwG v. 3. 9. 1990 – 6 P 20.88 –, PersR 1991, 22). Diese Rechtsprechung berücksichtigt zu Unrecht nicht, daß zwischen dem Krankenhausträger und den dort tätigen Schwestern zumindest vertragsähnliche Beziehungen dadurch begründet werden, daß die Schwestern in den Betrieb des Krankenhauses tatsächlich eingegliedert werden, und ist deshalb abzulehnen.

Nach **Buchst. c Halbs. 2** muß der Beweggrund karitativer oder religiöser Art auch dadurch zum Ausdruck kommen, daß nicht ein normales Arbeitsverhältnis abgewickelt wird, in dem der besondere Beweggrund sich in keiner Weise manifestiert hat.

Nach **Abs. 5 Buchst. d** sind Beschäftigte im personalvertretungsrechtlichen Sinn auch solche Personen nicht, die überwiegend zu ihrer Heilung, Wiedereingewöhnung, sittlichen Besserung oder Erziehung beschäftigt werden. Aus **medizinischen Gründen** sind solche Personen beschäftigt, die aus medizinisch indizierten therapeutischen Gründen (z. B. Rehabilitation) arbeiten. Dies gilt nicht, wenn ein Arbeitsverhältnis begründet wurde. Die subjektive Motivation spielt insoweit keine Rolle.

»Erzieherische Gründe« liegen z. B. vor, wenn Nervenkranke, Insassen von Entziehungsanstalten oder Teilnehmer am Strafvollzug und Beschäftigte in arbeitstherapeutischen Einrichtungen und Anstalten Arbeiten verrichten, ohne daß dies dem Broterwerb dient. Sogenannte ABM-Beschäftigte – das sind aufgrund von Arbeitsbeschaffungsmaßnahmen der Bundesanstalt für Arbeit eingestellte Personen – gehören nicht hierher. Diese Personen haben ein normales Arbeitsverhältnis mit dem öffentlichen Arbeitgeber, der von der Bundesanstalt nur einen Zuschuß zu dem von ihm zu zahlenden Lohn erhält.

Art. 4, 5

15 **Streitigkeiten** im Hinblick auf die Beschäftigteneigenschaft entscheiden die Verwaltungsgerichte als **Vorfrage** in den Verfahren nach Art. 81 Abs. 1 Nr. 1 (Wahlberechtigung und Wählbarkeit), Nr. 2 (Wahl und Zusammensetzung der Personalvertretungen) und Nr. 3 (Zuständigkeit und Geschäftsführung der Personalvertretungen) sowie in Fällen des Art. 25 (Wahlanfechtung).

Artikel 5
Gruppenbildung

Die Beamten, Angestellten und Arbeiter bilden je eine Gruppe.

1 Die Regelung bestimmt, in welche **Gruppen** sich die Beschäftigten des öffentlichen Dienstes gliedern. Als **Gruppe** im Sinne des BayPVG gelten die Arbeiter, Beamten und Angestellten. Welcher Gruppe die jeweiligen Beschäftigten zugeordnet sind, ergibt sich aus Art. 4 Abs. 2 bis 4 (vgl. Art. 4 Rn. 7 bis 9).

Die Vorschrift findet ihre Ausprägung in einer ganzen Reihe von Regelungen des BayPVG:

2 So ist das **Gruppenprinzip** beispielsweise bestimmend für die Rechte und Pflichten der Angehörigen der Beamten-, Arbeiter- und Angestelltengruppen sowohl hinsichtlich der Zusammensetzung der Personalvertretungen (vgl. Art. 17 Rn. 1 bis 14 und Art. 18 Rn. 1 ff.) als auch bereits hinsichtlich der Vertretung der Gruppen im Wahlvorstand (vgl. Art. 20 Rn. 4). Ebenso ist das Prinzip prägend für die Rechte und Pflichten der gewählten Gruppenvertreter, wenn es darum geht, wer im Vorstand der jeweiligen Personalvertretung vertretungsbefugt ist, wer bei der Erledigung von laufenden Geschäften in Gruppenangelegenheiten Vertretungsmacht hat (vgl. Art. 32 Rn. 2 ff. und Art. 33 Rn. 1 ff.), wer verlangen kann, daß eine Sitzung anberaumt wird (vgl. Art. 34 Rn. 18 f.), und wer über bestimmte Angelegenheiten beschließen darf (vgl. Art. 38 Rn. 3 f.). Außerdem kann nach Art. 39 die Mehrheit der Vertreter einer Gruppe verlangen, daß ein Personalratsbeschluß auf die Dauer von einer Woche ausgesetzt wird, wenn sie zu dem Ergebnis kommt, daß der Beschluß wichtige Interessen der Gruppenangehörigen erheblich beeinträchtigt (vgl. Art. 39 Rn. 1 ff.).

3 Daneben sind die in Art. 17 Abs. 6 und 7, Art. 19 Abs. 4, Art. 20 Abs. 1 festgeschriebenen **Rechte der Frauen** und der **Angehörigen verschiedener Beschäftigungsgruppen** im Hinblick auf die Zusammensetzung der Personalvertretungen (vgl. Art. 17 Rn. 14) als Ausdruck des Gruppenprinzips zu erkennen. Auch die in Art. 39 und Art. 40 niedergelegten besonderen Beratungs- und Abstimmungsrechte der JA-Vertreter lassen sich wie eine ganze Reihe anderer Vorschriften, welche die Rechte und Pflichten der Angehörigen und Interessenvertreter dieser Gruppen betreffen, ohne weiteres als auf dem Gruppenprinzip fußend erkennen.

4 **Rechtsdogmatisch gesehen** ist die übersteigerte Ausprägung des Grup-

Art. 5, 6

penprinzips gerade im Hinblick auf eine Trennung der Beamten, Arbeiter und Angestellten, wie sie in der jüngsten Rechtsprechung des Bundesverwaltungsgerichts festzustellen ist, einer einheitlichen Vertretung der Interessen der Beschäftigten durch die Personalvertretung nur hinderlich. Insoweit wird übersehen, daß Beamte, Arbeiter und Angestellte, unabhängig von ihrem unterschiedlichen rechtlichen Status, alle **abhängig Beschäftigte** sind. Zur Sicherung einer einheitlichen Vertretung der grundsätzlich gleichgelagerten Interessen und mit Rücksicht darauf, daß die Unterscheidung von Arbeitern und Angestellten nicht mehr zeitgemäß ist (vgl. BVerfG v. 19. 12. 1994 – 2 BvL 8/88 –, PersR 1995, 165), sollte das Gruppenprinzip in diesem Punkt mit den entsprechenden unnötigen Unterscheidungen von der Rechtsprechung und vom Gesetzgeber überprüft werden.

Bei **Streitigkeiten** über die Gruppenzugehörigkeit entscheiden die Verwaltungsgerichte nach Art. 81 Abs. 1. 5

Artikel 6
Dienststelle

(1) Die einzelnen Behörden, Verwaltungsstellen, Gerichte, Schulen und Betriebe des Staates bilden je eine Dienststelle im Sinn dieses Gesetzes.

(2) Die einer Mittelbehörde unmittelbar nachgeordnete Behörde bildet mit den ihr nachgeordneten Stellen eine Dienststelle; dies gilt nicht, soweit auch die weiter nachgeordneten Stellen im Verwaltungsaufbau nach Aufgabenbereich und Organisation selbständig sind. Mittelbehörde im Sinn dieses Gesetzes ist die der obersten Dienstbehörde unmittelbar nachgeordnete Behörde, der andere Dienststellen nachgeordnet sind.

(3) Nebenstellen und Teile einer staatlichen Dienststelle, die räumlich weit von dieser entfernt liegen oder durch Aufgabenbereich und Organisation eigenständig sind, gelten als selbständige Dienststellen, wenn die Mehrheit ihrer wahlberechtigten Beschäftigten dies in geheimer Abstimmung beschließt. Der Beschluß kann nur für den Ablauf der Amtszeit etwa bestehender Personalvertretungen gefaßt oder wieder aufgehoben werden, es sei denn, die Nebenstelle oder der Teil einer Dienststelle wird neu errichtet.

(4) Die Gesamtheit der Volksschulen innerhalb des Bereichs eines staatlichen Schulamts und die Gesamtheit der der Aufsicht einer Regierung unterstehenden Sonderschulen bilden je eine Dienststelle im Sinn dieses Gesetzes; Absatz 3 findet keine Anwendung.

(5) Die Gemeinden, Gemeindeverbände und die sonstigen Körperschaften, Anstalten und Stiftungen des öffentlichen Rechts bilden je eine Dienststelle im Sinn dieses Gesetzes. Absatz 3 gilt entsprechend, für Gemeinden jedoch mit der Maßgabe, daß nur durch Aufgaben-

Art. 6

bereich und Organisation eigenständige Nebenstellen und Teile der Dienststelle als selbständige Dienststellen gelten können. Bei Gemeinden und Gemeindeverbänden kann die Entscheidung nach Absatz 3 auch durch das in ihrer Verfassung vorgesehene oberste Organ getroffen werden; der Beschluß kann nur von der Seite aufgehoben werden, die ihn gefaßt hat.

(6) Gemeinsame Dienststellen verschiedener, in Art. 1 genannter Körperschaften, Anstalten und Stiftungen des öffentlichen Rechts gelten jeweils als eine Dienststelle im Sinn dieses Gesetzes.

(7) Absatz 3 findet auf Dienststellen der staatlichen Polizei keine Anwendung.

(8) Die Klinika gemäß Art. 52 a des Bayerischen Hochschulgesetzes (BayHSchG) bilden je eine Dienststelle im Sinn des Gesetzes.

1 (Abs. 1) Die Regelung bestimmt, welche räumlich-organisatorischen Einheiten jeweils eine Dienststelle im Sinne des BayPVG bilden. Dies sind die in Art. 1 bereits aufgezählten Einrichtungen der öffentlichen Hand, wobei die in Art. 1 genannten »Verwaltungen« dadurch näher spezifiziert werden, daß in Art. 6 Abs. 1 von **Behörden** und Verwaltungsstellen gesprochen wird.

2 (a) Der Begriff **»Behörde«** wird im verwaltungsrechtlichen Sinne gebraucht. Dies hat zur Folge, daß eine solche nur anzunehmen ist, wenn es sich um eine selbständige organisatorische Einheit der öffentlichen Verwaltung handelt, die hoheitliche Aufgaben wahrnimmt und einen eigenständigen Aufgabenbereich hat (vgl. BVerwG v. 20. 6. 1978 – 6 P 5.78 –, PersV 1979, 289; BVerwG, Beschluß v. 13. 8. 1986, PersR 1987, 20). Letzteres wird in der Regel anzunehmen sein, wenn dem Leiter dieser Einheit Aufgaben und Befugnisse von Gewicht zugewiesen und diese für den Leiter einer Behörde typisch sind. Fehlt dem Leiter einer Einrichtung der für die verantwortliche Zusammenarbeit mit dem Personalrat erforderliche Entscheidungs- und Handlungsspielraum, so erweist sich hieran, daß die von ihm geleitete Einrichtung organisatorisch regelmäßig nicht in dem für eine Dienststelle zu fordernden Maße verselbständigt ist, mag sie auch räumlich und hinsichtlich ihrer Aufgabenstellung von anderen Verwaltungseinrichtungen desselben Verwaltungsträgers abgetrennt sein (BVerwG, Beschluß v. 13. 8. 1986, a.a.O.). Eine Behörde besteht regelmäßig unabhängig von den in ihr tätigen Personen und ist nach außen selbständig (BVerwG, Beschluß v. 19. 4. 1978 – 6 P 22.78 –; BVerwG, Beschluß v. 10. 3. 1982 – 6 P 36.80 –, PersV 1983, 65). Zu beachten ist, daß es nicht darauf ankommt, wo die jeweilige Behörde in der Verwaltungshierarchie des Freistaates angesiedelt ist, so daß beispielsweise die Staatsministerien in gleicher Weise Behörden sind wie die Regierungen und die diesen nachgeordneten Behörden. Der Umstand, daß einzelne Aufgaben derselben Verwaltung an verschiedenen Orten wahrgenommen werden, begründet noch keine neuen Behörden. Die Befugnis der obersten

Art. 6

Dienstbehörde bzw. anderer unter das Gesetz fallender juristischer Personen des öffentlichen Rechts, im Rahmen ihrer Organisationsgewalt Dienststellen zu bilden oder voneinander abzugrenzen, wird durch das BayPVG nicht berührt.

(b) **Verwaltungsstellen** sind Einrichtungen der staatlichen Verwaltung, die keinen Behördencharakter haben, jedoch in sich selbständig sind. Der Unterschied zu den Behörden besteht darin, daß diese Einrichtungen keine hoheitlichen, sondern **sonstige** verwaltungsmäßige Aufgaben erfüllen, wie z. B. Forschungseinrichtungen u. ä. (vgl. BVerwG, Beschluß v. 13. 8. 1986, a. a. O.).

(c) **Gericht** im Sinne der Vorschrift sind alle staatlichen Gerichte wie die Amtsgerichte, Arbeitsgerichte, Sozialgerichte, Verwaltungsgerichte und Finanzgerichte, die Landgerichte, Landesarbeitsgerichte, Landessozialgerichte und der Verwaltungsgerichtshof sowie die Oberlandesgerichte und das Oberste Landesgericht, denen die rechtsprechende Gewalt anvertraut ist. Staatsanwaltschaften gelten als Behörden.

(d) **Schulen** sind im Sinne des BayPVG nur diejenigen Lehrinstitute, bei denen der Freistaat Bayern Schulträger ist. Privatschulen gehören nicht hierher, auch wenn sie staatlich anerkannt sind. Schulen der Gemeinden sind Teil dieser Dienststellen.

(e) **Betriebe** sind diejenigen organisatorischen Einheiten, denen die Befriedigung von Bedürfnissen der Allgemeinheit mit betrieblichen Arbeitsmitteln übertragen ist und die vornehmlich arbeitstechnische Zwecke erfüllen (vgl. BVerwG, Beschluß v. 13. 8. 1986, a. a. O.). Ist mit der arbeitstechnischen Aufgabenstellung eine hoheitliche Tätigkeit verbunden, handelt es sich personalvertretungsrechtlich um eine Behörde.

(**Abs. 2**) Die Vorschrift bestimmt, welche Verwaltungseinheiten im hierarchischen **Aufbau der mehrstufigen Verwaltung** des Freistaates als Dienststelle im personalvertretungsrechtlichen Sinne gelten, und legt damit diejenigen Verwaltungseinheiten fest, bei denen nach Art. 53 Stufenvertretungen zu bilden sind. Es sind dies die Oberste Dienstbehörde (wie z. B. die Staatsministerien, die Staatskanzlei, das Präsidium des Senats und der Oberste Rechnungshof), die Mittelbehörden (wie z. B. die Oberlandesgerichte, Oberfinanzdirektionen, Regierungen der Bezirke) und die Dienststellen der unteren Verwaltungsstufe, die diesen Mittelbehörden unmittelbar nachgeordnet sind, ohne selbst Teil derselben zu sein (z. B. die Landgerichte, die Finanzämter und die Landratsämter). Die Dienststellen, die diesen Behörden der unteren Verwaltungsstufe unmittelbar nachgeordnet sind, bilden nur dann eigene Dienststellen i. S. d. BayPVG, wenn sie nach Aufgabenbereich und Organisation eine selbständige Verwaltungseinheit bilden, was regelmäßig auch zur Folge hat, daß dort Entscheidungen fallen, die im Mitbestimmungskatalog aufgeführt sind (z. B. ggf. die Amtsgerichte neben den Landgerichten). Mittelbehörde ist

Art. 6

nur eine solche der obersten Dienststelle nachgeordnete Behörde, der selbst Dienststellen unmittelbar nachgeordnet sind.

8 (Abs. 3) Abs. 3 Satz 1 bestimmt, daß auch **Nebenstellen** und **Teile staatlicher Dienststellen** als solche im personalvertretungsrechtlichen Sinne gelten, wenn diese entweder räumlich weit voneinander entfernt liegen **oder** durch Aufgabenbereich und Organisation eigenständig sind **und** die Mehrheit der wahlberechtigten Beschäftigten dies in **geheimer** Abstimmung beschlossen hat.

9 »**Räumlich weit entfernt**« ist eine Nebenstelle bzw. ein Teil einer Dienststelle nicht bereits dann, wenn eine bestimmte Kilometerentfernung gegeben ist. Es kommt vielmehr darauf an, ob die Verkehrsverhältnisse es gewährleisten, daß der Personalrat einer Dienststelle seine Aufgaben auch gegenüber der Teil- oder Nebendienststelle erfüllen kann. Vor allem muß er sich im Hinblick auf die Verkehrsverhältnisse mit den persönlichen Angelegenheiten der Beschäftigten tatsächlich genügend befassen können (h. M., vgl. BVerwG v. 11. 7. 1977 – VII P 31.77 –; BayVGH v. 11. 7. 1990 – 17 P 90.01063 –, PersR 1991, 32).

10 »**Eigenständigkeit**« durch Aufgabenbereich und Organisation liegt vor, wenn die Neben- oder Teildienststelle einen abgegrenzten Aufgabenbereich zu erledigen hat und hierfür auch die erforderlichen sachlichen und personellen Mittel zur Verfügung stehen. Die Eigenständigkeit muß im Verhältnis zur Hauptdienststelle gegeben sein. Nach der früheren Rspr. des BayVGH war eine Teildienststelle nach Aufgabenbereich und Organisation nicht eigenständig, wenn ihr im Verhältnis zur Gesamtdienststelle nicht wesentliche Entscheidungskompetenzen in personellen und sozialen Angelegenheiten zugewiesen waren (BayVGH, Beschluß v. 16. 6. 1994 – 17 P 94.1116 –, PersR 1995, 189 f.). Diese Rechtsprechung wurde ausdrücklich aufgegeben. Nach dem Beschluß des BayVGH v. 26. 11. 1997 (– 17 P 97.1167 –, PersR 1998, 337 ff.) ist für die Frage, ob eine Teildienststelle nach Aufgabenbereich und Organisation eigenständig ist, nicht mehr darauf abzustellen, ob ihr im Verhältnis zur Gesamtdienststelle wesentliche Entscheidungskompetenzen in personellen und sozialen Angelegenheiten zugewiesen sind.

10a Die **Abstimmung** muß den Grundanforderungen an eine geheime Abstimmung genügen, d. h. sie muß schriftlich mit Wahlurnen durchgeführt werden usw.

Eine ohne einen solchen Beschluß bei einer solchen Stelle durchgeführte Wahl ist nichtig (BAG v. 11. 7. 1991 – 2 AZR 633/90 –, PersR 1992, 35).

10b Hat der Leiter der räumlich weit entfernt liegenden, verselbständigten Dienststelle keine Entscheidungsbefugnis in mitbestimmungs- bzw. beteiligungspflichtigen Angelegenheiten, kann die Personalvertretung wenig Wirksamkeit entfalten, d. h. der Schwerpunkt der personalvertretungsrechtlichen Rechte und Pflichten liegt dann auf der allgemeinen Funktion des Dienststellenleiters als Gesprächspartner des Personalrats (Art. 2 Abs. 1, Art. 7

Abs. 1, Art. 52 Abs. 2 usw.). Hierin sind auf der Linie der oben bezeichneten Rspr. des BayVGH bereits personalvertretungsrechtlich **bedeutsame Befugnisse** des Leiters der Nebenstelle zu erkennen (vgl. zu dieser Voraussetzung auch BVerwG v. 10. 3. 1982 – 6 P 36.80 –, PersV 1983, 65 ff.; vgl. auch BVerwG v. 26. 11. 1982 – 6 P 18.80 –, PersV 1983, 158 und zuletzt BVerwG v. 29. 3. 2001 – 6 P 7.00 –, PersR 2001, 298).

Der Personalrat der verselbständigten Neben- oder Teildienststelle bestimmt lediglich im Verhältnis zum Leiter der Neben- oder Teildienststelle mit, nicht aber bei Entscheidungen des Leiters der Hauptdienststelle (BVerwG v. 14. 4. 1961 – VII P 4.60 –, ZBR 1961, 186; BayVGH, Beschluß v. 6. 7. 1979, ZBR 1980, 259), da insoweit der stets zu bildende Gesamtpersonalrat oder der bei der Hauptdienststelle gebildete Personalrat zu beteiligen ist (vgl. wie hier BSFE, BayPVG, Art. 6 Anm. 31).

Abs. 3 Satz 2 verhindert, daß sich Nebenstellen während der laufenden Amtszeit des bestehenden Personalrats verselbständigen. Ein Beschluß gilt nicht nur für die Wahl der folgenden Amtszeit, sondern so lange, bis er durch einen gegenteiligen Beschluß aufgehoben wird. **11**

(Abs. 4) Die Regelung entspricht der bestehenden Organisation im Bereich der **Volks- und Sonderschulen**. Die landwirtschaftlichen Berufsschulen unterliegen den allgemeinen Vorschriften. **12**

(Abs. 5) (a) **Abs. 5 Satz 1** stellt klar, daß die **Gemeinden** und die **Gemeindeverbände** (Kreise und Bezirke) sowie die sonstigen **Körperschaften, Anstalten** und **Stiftungen des öffentlichen Rechts**, die in den Anmerkungen zu Art. 1 näher bezeichnet sind, jeweils **eine Dienststelle** im personalvertretungsrechtlichen Sinne bilden. Dies gilt unabhängig von der Größe, der Gliederung und der Zahl der jeweiligen Beschäftigten. **13**

(b) **Abs. 5 Satz 2** erklärt Abs. 3 als auf diese Verwaltungseinheiten entsprechend anwendbar, d. h. Verselbständigungen sind – anders als in Abs. 4 – möglich, macht jedoch für die Kreise und Gemeinden bestimmte **Einschränkungen**: So dürfen bei diesen selbständige Teil- bzw. Nebendienststellen im personalvertretungsrechtlichen Sinne nicht gebildet werden, wenn sie nur räumlich weit voneinander entfernt liegen. Vielmehr haben nur durch Aufgabenbereich und Organisation eigenständige Teile von Dienststellen das Recht, sich zu verselbständigen.

(c) **Abs. 5 Satz 3** bestimmt, daß bei den Kreisen und Gemeinden sowie den Gemeindeverbänden neben den Beschäftigten auch das oberste Organ der Gemeinde oder eines Gemeindeverbandes (Gemeinderat, Kreistag, Bezirkstag) das Recht hat, eine Verselbständigung zu beschließen. Diese Organe haben damit die Möglichkeit, die Organisation der Personalvertretung an die Organisation der Kommunalverwaltung anzupassen. Der Wille der Beschäftigten, eine Nebenstelle zu verselbständigen, ist aber auch für diese Organe verbindlich. Sie können einen entsprechenden Beschluß der Beschäftigten nicht aufheben (vgl. BayVGH v. 26. 9. 1975 – Nr. 3 X 75 –, PersV 1977, 26 ff.; BSFE, BayPVG, Art. 6

Art. 6

Anm. 54). Aus dem gleichen Grund können die Beschäftigten den Beschluß des obersten Organs, eine Nebenstelle personalvertretungsrechtlich zu verselbständigen, nicht rückgängig machen. Bei der Aufhebung eines Verselbständigungsbeschlusses haben die Beschäftigten der Stammdienststelle kein Mitspracherecht. Es stimmen nur die Beschäftigten der Teildienststelle ab (BayVGH, Beschluß v. 1. 2. 1995 – 17 PC 94.3991 –, PersR 1996, 29). Wird bei der (Haupt-)Dienststelle eine vorzeitige Neuwahl des Personalrates nach Art. 27 Abs. 1 notwendig, führt dies nicht dazu, daß damit zugleich der bei einem Dienststellenteil gefaßte Verselbständigungsbeschluß seine Wirkung verliert und die Amtszeit des dort gebildeten Personalrats endet (OVG Hamburg, Beschluß v. 15. 9. 1995 – OVG Bs PB 2/94 –, PersR 1996, 438). Für den Fall von Verselbständigungsbeschlüssen in den Gemeinden ist im Hinblick auf die Auswirkungen bei der Bildung von Gesamtpersonalräten die Regelung in Art. 55 Satz 2 zu beachten: Nach diesen Bestimmungen sind in Gemeinden auch für Bereiche unterhalb der Ebene des Gemeinderates bzw. Stadtrates ein oder mehrere weitere Gesamtpersonalräte zu errichten (z.B. bei den Sachreferaten), falls innerhalb des Referatsbereiches weitere Verselbständigungsbeschlüsse gefaßt wurden. Die sogenannten Referatspersonalräte im Bereich der Landeshauptstadt München sind z.B. solche weiteren Gesamtpersonalräte (vgl. hierzu auch Art. 55 Rn. 2).

14 (**Abs. 6**) Die Vorschrift bestimmt, daß **gemeinsame Dienststellen** verschiedener der in Art. 1 bezeichneten Körperschaften usw. jeweils nur als eine Dienststelle im Sinne des BayPVG gelten. Dadurch wird verhindert, daß beispielsweise bei den Landratsämtern und bei den Hochschulen jeweils zwei Personalvertretungen gebildet werden. Straßenmeistereien sind unter Umständen gemeinsame Dienststellen im Sinne der Vorschrift, wenn dort auch bei den Landratsämtern beschäftigte Straßenbauarbeiter tätig sind (vgl. das Rundschreiben der Obersten Baubehörde Nr. IV P – 9049 i.32, 4. 5. 1959). Die Fiktion der gemeinsamen Dienststelle gilt jeweils nur für die Bildung des örtlichen Personalrats, nicht auch für die Bildung der Stufenvertretungen und Gesamtpersonalräte. Bei gemeinsamen Dienststellen des Bundes und des Freistaates oder anderer Körperschaften bilden die jeweiligen Bediensteten im Bundesdienst oder Landesdienst jeweils eigene Personalräte, z.B. bei den Oberfinanzdirektionen (vgl. § 6 Abs. 4 BPersVG). Werden zwei Dienststellen zusammengelegt, so hören sie beide mit dem Wirksamwerden der Zusammenlegung auf zu bestehen (vgl. OVG Berlin v. 27. 7. 1998 – OVG PV 9.98 –, PersR 1999, 76 f.).

Ein gemeinsamer Betrieb zwischen einer Körperschaft des öffentlichen Rechts und einem Unternehmen/Betrieb in privater Rechtsform ist zulässig. Die von der öffentlichen Stelle in den gemeinsamen Betrieb entsandten Arbeitnehmer gehören betriebsverfassungsrechtlich ausschließlich zum gemeinsamen Betrieb. Ihre Interessen werden dann von dem dort gebildeten Betriebsrat wahrgenommen. Der Personalrat der ursprüng-

Art. 6, 7

lichen Dienststelle ist nicht mehr zuständig (BVerwG v. 13. 6. 2001 – 6 P 8.00 –, PersR 2002, 418 ff.). Beamte sind zu dem Betriebsrat – ohne ausdrückliche Regelung – nicht wahlberechtigt (BAG v. 28. 3. 2001 – 7 ABR 1/00 –, PersR 2002, 42 ff.).

Die **fehlerhafte Feststellung** von Dienststellen, wenn es um die Durchführung von Personalratswahlen geht, kann in der Regel nicht die Nichtigkeit, wohl aber die Anfechtbarkeit der Wahl nach Art. 25 begründen (vgl. Art. 25 Rn. 1 ff. und Art. 13 Rn. 25). Unter Umständen ist die Feststellung auch gesondert möglich, etwa, wenn es darum geht, einen Verselbständigungsbeschluß zu fassen (vgl. BayVGH, Beschluß v. 16. 6. 1994 – 17 P 94.1116 –, PersR 1995, 189). **15**

(Abs. 8) Die Vorschrift bestimmt, daß Kliniken nach Art. 52a BayHSchG je eine eigene Dienststelle bilden. **16**

Artikel 7
Vertretung der Dienststelle

(1) Für die Dienststelle handelt ihr Leiter. Er kann sich bei Verhinderung durch seinen ständigen Vertreter, bei obersten Dienstbehörden auch durch den Ministerialdirektor oder den Leiter der Verwaltungs- oder Personalabteilung, bei Mittelbehörden auch durch den Leiter der Verwaltungs- oder Personalabteilung, bei Hochschulen auch durch den leitenden Beamten der Hochschulverwaltung, dessen ständigen Vertreter oder den Leiter der Personalabteilung vertreten lassen. Soweit der leitende Beamte der Hochschulverwaltung als Dienstvorgesetzter für Maßnahmen zuständig ist, handelt er für die Hochschule; er kann sich bei Verhinderung durch seinen ständigen Vertreter oder den Leiter der Personalabteilung vertreten lassen. Bei einem Klinikum gemäß Art. 52a BayHSchG ist der Verwaltungsdirektor Leiter der Dienststelle im Sinn des Gesetzes. Satz 3 Halbsatz 2 gilt entsprechend.

(2) Bei Gemeinden, Gemeindeverbänden und sonstigen Körperschaften, Anstalten, Stiftungen des öffentlichen Rechts richtet sich die Vertretung nach den hierfür geltenden Vorschriften.

(3) In Zweifelsfällen bestimmt die oberste Dienstbehörde oder, falls eine oberste Dienstbehörde nicht vorhanden ist oder nicht entscheidet, die Aufsichtsbehörde den Leiter der Dienststelle und seinen Vertreter.

(Abs. 1) **Leiter der Dienststelle** ist der Leiter derjenigen Behörde, Verwaltung, Dienststelle usw., für deren Bereich die jeweilige Personalvertretung gewählt ist. Insoweit ist der Dienststellenleiter »**Repräsentant des Dienstherrn**« der befugt ist, für die jeweilige Dienststelle planmäßig eine nach außen wirkende Entscheidung letztverbindlich zu treffen. Ob eine übergeordnete Dienststelle Weisungen für die Ausübung der Entscheidungsbefugnis erteilt bzw. erteilt hat, ist unerheblich. **1**

Art. 7

Es kommt also nicht darauf an, ob der Dienststellenleiter aus eigener Machtvollkommenheit ohne fremde Beratung und Mitwirkung entscheiden kann (wie hier OVG Münster, Beschluß v. 30. 1. 1961 – CL 19/60 –, PersV 1962, 221; OVG Hamburg, Beschluß v. 10. 1. 1983 – OVG Bs PB 8/82 –, ÖTV RS C II 7). Der Dienststellenleiter ist Gesprächspartner des Personalrats bzw. der anderen Personalvertretungen, wenn diese in der Dienststelle ihre Aufgaben und Befugnisse wahrnehmen (vgl. BVerwG, Beschluß v. 14. 1. 1983 – 6 P 93.78 –, ZBR 1983, 213).

2 Wer konkret in jedem Einzelfall als Dienststellenleiter fungiert, ergibt sich aus der **Organisation** der Dienststelle und dem **Aufbau der Behörde** (vgl. VGH Mannheim v. 21. 10. 1980 – 13 S 1056/80).

3 Bei **verselbständigten Dienststellen** nach Art. 6 Abs. 3 und 5 ist Dienststellenleiter im Sinne von Art. 7 der Leiter, der nach dem Organisations- oder Geschäftsverteilungsplan die mitbestimmungsrechtlich erheblichen Entscheidungen gegenüber der jeweiligen Personalvertretung verantwortet, und zwar unabhängig davon, ob der betreffenden Person organisationsrechtlich evtl. nur eine bestimmte Entscheidungsfreiheit übertragen ist. Bei Unklarheiten entscheidet die oberste Dienstbehörde oder, falls eine solche nicht vorhanden ist oder nicht entscheidet, die Aufsichtsbehörde (vgl. Abs. 3).

4 Nach **Abs. 1 Satz 2** darf lediglich im Falle einer **tatsächlichen Verhinderung** des Dienststellenleiters ein durch die vorgesetzte Dienstbehörde eingesetzter **ständiger Vertreter** für die Dienststelle handeln (vgl. OVG Münster, Beschluß v. 25. 10. 1976 – CL 11/76 –, ZBR 1977, 378). Ein nur von Zeit zu Zeit eingesetzter sogenannter **Abwesenheitsvertreter** kommt hierfür nicht in Frage. Vielmehr kommt nur ein Vertreter in Betracht, der auch bei Anwesenheit des Dienststellenleiters zur Vertretung befugt ist. Unzulässig ist die Bestellung eines ständigen Vertreters, dessen Befugnisse auf die Rechte des Dienststellenleiters aus dem Personalvertretungsgesetz beschränkt sind.

5 Über diese Vertretungsregelung hinausgehend können bei den Mittel- und obersten Dienstbehörden auch die **Leiter der Verwaltungs- und Personalabteilungen** sowie bei den obersten Dienstbehörden zusätzlich der **zuständige Ministerialdirektor** Vertreter des Dienststellenleiters in dem »Mit- und Gegeneinander« mit den jeweiligen Personalvertretungen sein.

6 Bei den Hochschulen und Universitäten handelt für die Dienststelle gegenüber dem Personalrat der **Präsident** oder, wenn die Hochschule von einem **Präsidialkollegium** geleitet wird, dessen **Vorsitzender**. Ist nach der Satzung Dienststellenvorgesetzter der Beschäftigten der **Kanzler**, so handelt er in diesen Angelegenheiten als Dienststellenleiter. Die Vertretung erfolgt in den ersten beiden Fällen zunächst durch den ständigen Vertreter, also z. B. den **Vizepräsidenten** oder die **zur Vertretung bestimmten Mitglieder des Präsidialkollegiums**; in der Folge sodann durch den **Kanzler** als leitenden Beamten der Hochschulverwaltung,

Art. 7

dessen ständigen Vertreter oder durch den Leiter der Personalabteilung der Hochschule. Im dritten Fall (Kanzler als Dienststellenleiter) erfolgt die Vertretung durch den ständigen Vertreter des Kanzlers oder den **Leiter der Personalabteilung der Hochschule**.

Bei einem Klinikum gemäß Art. 52a BayHSchG ist der Verwaltungsdirektor Leiter der Dienststelle (Abs. 1 Satz 4).

Der Fall einer **Verhinderung** liegt nur vor, wenn der Dienststellenleiter bei objektiver Betrachtung nicht in der Lage ist, seine Aufgaben und Pflichten aus dem BayPVG selbst wahrzunehmen. **7**

Der Personalrat kann – wie von der herrschenden Meinung zu Recht angenommen wird – die Bekanntgabe des **Verhinderungsgrundes** verlangen, wenn begründeter Anlaß für die Annahme besteht, daß der Dienststellenleiter nicht durch anderweitige dienstliche Verpflichtungen verhindert ist (vgl. BAG, Urteil v. 31. 3. 1983 – 2 AZR 384/81 –, a.a.O.; BSFE, BayPVG, Art. 7 Anm. 26). Begründeter Anlaß kann z.B. anzunehmen sein, wenn wiederholt Verhinderungsgründe angegeben werden, ohne daß diese näher erläutert werden. Der ständige Vertreter, der im Falle der Verhinderung tätig wird, muß in der Lage und befugt sein, **verbindliche Entscheidungen** zu treffen.

(**Abs. 2**) Bei den **Gemeinden** ist der Bürgermeister handlungsbefugt (Art. 37 BayGO), bei den **Kreisen** der Landrat (Art. 34, 35 LKrO), bei den **Bezirken** der Bezirkstagspräsident (Art. 30, 33 BezO). Die Befugnis zur Leitung der Dienststelle liegt damit nicht beim verfassungsmäßig jeweils obersten Organ der betreffenden Gebietskörperschaft, also nicht beim Gemeinderat usw. Bei den **Körperschaften**, **Anstalten** und **Stiftungen des öffentlichen Rechts** ergeben sich die zur Vertretung berechtigten Personen aus den jeweils maßgeblichen Vorschriften, also in der Regel der Satzung. Bei verselbständigten Dienststellenteilen ist der dort eingesetzte Dienststellenleiter vertretungsbefugt. **8**

Als Vertreter kommen jeweils in Betracht **9**

(a) für den Bürgermeister die weiteren Bürgermeister,

(b) für den Landrat sein Stellvertreter,

(c) für den Bezirkstagspräsidenten der stellvertretende Bezirkstagspräsident,

(d) bei den anderen Körperschaften oder Anstalten ergibt sich die Vertretungsbefugnis jeweils aus der Satzung.

Bei verselbständigten Dienststellenteilen ist im Verhinderungsfall des eingesetzten Dienststellenleiters sein **ständiger Vertreter** zur Vertretung befugt.

(**Abs. 3**) Die Vorschrift regelt, wer in **Zweifelsfällen** den Leiter der Dienststelle bestimmt. Sie hat praktische Bedeutung bei Verselbständigungen nach Art. 6 Abs. 3. Oberste Dienstbehörde ist bei den Behörden des Freistaates regelmäßig das zuständige Ministerium, in den sonstigen **10**

Art. 7, 8

Fällen die Aufsichtsbehörde, also z. B. bei den kreisangehörigen Gemeinden das Landratsamt und bei den kreisfreien Gemeinden die jeweilige Bezirksregierung.

11 Werden andere Personen als der nach Art. 7 zuständige Dienststellenleiter tätig, so wird z. B. das Mitbestimmungs- bzw. Mitwirkungsverfahren nach Art. 70, 72 nicht rechtswirksam in Gang gesetzt, d. h., daß die dort genannten Fristen nicht zu laufen beginnen und etwa gefaßte Beschlüsse **rechtsunwirksam** sind (wie hier OVG Münster, Beschluß v. 14. 12. 1964 – CL 4/64 – n. v.; vgl. Näheres bei ABW Art. 7 Rn. 11). Erforderlich ist aber, daß der Personalrat dies rügt. Nimmt er rügelos z. B. zu einer Kündigung abschließend Stellung, so hat dies nicht die Unwirksamkeit zur Folge (vgl. BAG, Urteil v. 27. 2. 1997 – 2 AZR 513/96 –, PersR 1997, 314).

Artikel 8
Keine Vor- oder Nachteile für Mitglieder des Personalrats

Personen, die Aufgaben oder Befugnisse nach diesem Gesetz wahrnehmen, dürfen darin nicht behindert und wegen ihrer Tätigkeit nicht benachteiligt oder begünstigt werden; dies gilt auch für ihre berufliche Entwicklung.

1 Die Vorschrift sichert die »**äußere Unabhängigkeit**« der Personen, die Aufgaben oder Befugnisse nach dem BayPVG wahrnehmen, und schafft hierdurch eine wesentliche Grundlage dafür, daß alle Personen, denen Aufgaben, Rechte und Pflichten durch das BayPVG zugewiesen sind, diese unabhängig und objektiv wahrnehmen bzw. ausschöpfen und erfüllen können. Die Regelung gewährleistet insoweit, daß das Gesamtkonzept des BayPVG, wie es vor allem in Art. 2 Abs. 1 zum Ausdruck kommt und das darauf aufbaut, daß alle nach dem Gesetz zugewiesenen Aufgaben und Befugnisse auch wahrgenommen werden, in der täglichen Praxis in die Tat umgesetzt und verwirklicht werden kann. Im Hinblick auf die Tätigkeit der Personalräte sowie der Stufen- und Gesamtpersonalräte wird die Regelung des Art. 8 ergänzt durch die Vorschrift des Art. 44, der die »**materielle Grundlage**« für eine wirkungsvolle Personalratsarbeit sicherstellt, die Art. 45 und Art. 46 Abs. 1, welche die »**innere Unabhängigkeit**« der Interessenvertretung gewährleisten, und die Art. 46 Abs. 2 bis 5 und Art. 47, welche gemeinsam mit Art. 8 speziell die »**äußere Unabhängigkeit**« der Interessenvertreter des Personals sicherstellen (vgl. jeweils Rn. 1 zu diesen Vorschriften). Die »**äußere Unabhängigkeit**« der Auszubildenden als **JA-Vertreter** ist außer durch Art. 8 auch durch Art. 9 geschützt. Zur »äußeren Unabhängigkeit« und zu den »materiellen Grundlagen« der Tätigkeit der **Wahlvorstandsmitglieder** vgl. Art. 24 Rn. 5 f.

2 Die durch das Behinderungs- und Benachteiligungsverbot begründeten

Art. 8

Rechte haben alle Personen, die Aufgaben und Befugnisse nach dem BayPVG wahrnehmen, also neben den **Mitgliedern der Personalvertretungen** auch diejenigen der **JA-Vertretungen,** der **Einigungsstelle** usw. **Wahlvorstandsmitglieder** und **Wahlbewerber** sind in gleicher Weise geschützt wie **Teilnehmer an Personalversammlungen, Besucher von Sprechstunden** und solche **Personen, die sich um Hilfe an den Personalrat oder einzelne Interessenvertreter wenden.**

Die durch das Benachteiligungs- und Behinderungs- bzw. Begünstigungsverbot begründete Pflicht, Behinderungen, Benachteiligungen und Begünstigungen zu unterlassen, trifft nicht nur den öffentlichen Arbeitgeber und seine Repräsentanten, sondern **jedermann**, mit Ausnahme des Gesetzes selbst. **3**

Die Gewährung besonderer Vergünstigungen ist ebenso unzulässig wie Benachteiligungen aller Art, also etwa die Weigerung des Dienstherrn, einem Beamten nach dessen Freistellung den Zusatzurlaub nach § 6 Abs. 1 Satz 2 UrlV zu gewähren. (Für den Fall, daß hierdurch Art. 46 Abs. 2 Satz 1 BayPVG nicht verletzt wird, ist dies aber auch nicht als Verstoß gegen das allgemeine Benachteiligungsverbot des Art. 8 BayPVG zu bewerten [vgl. BayVGH, Beschluß v. 27. 6. 1980 – Nr. 129 III 78 –, n. v.].) Andererseits verstößt es gegen das Benachteiligungsverbot des Art. 8 BayPVG, wenn einem Personalratsmitglied deshalb außerordentlich gekündigt werden soll, weil diesem in Unkenntnis der rechtlichen Grenzen des Amtes, in das es gewählt wurde, bei seiner Amtsführung Fehler unterlaufen sind (vgl. BayVGH, Beschluß v. 22. 12. 1982 – Nr. 17 C 82 A. 1979 –, PersV 1984, 159 [161]). Das Recht des bezeichneten Personenkreises, wegen der in der Vorschrift genannten Tätigkeiten nicht benachteiligt zu werden, richtet sich ausdrücklich auch auf das berufliche Fortkommen. Diese Absicherung ist vor allem für Mitglieder der Personalvertretungen wichtig, die nach Art. 46 Abs. 4 bzw. Art. 54 Abs. 2 oder Art. 56 BayPVG von ihrer beruflichen Tätigkeit freigestellt wurden, um sich ganz der Interessenvertretung der Beschäftigten widmen zu können (vgl. Art. 46 Rn. 14 bis 18).

So ist z. B. die Versetzung an einen weniger guten Arbeitsplatz oder der Entzug von Vergünstigungen u. ä. unzulässig; die Erwähnung der Tätigkeit in der dienstlichen Beurteilung ist unzulässig (BAG v. 19. 8. 1992 – 7 AZR 262/91 –, PersR 1993, 85). Wird ein freigestelltes Personalratsmitglied von berufsbezogenen Fortbildungsveranstaltungen ausgeschlossen, obwohl die im Rahmen der Fortbildung vermittelten Kenntnisse für die dienstliche Aufgabenwahrnehmung erforderlich sind und eine Rückkehr an den Arbeitsplatz wahrscheinlich ist, verstößt dies gegen das Benachteiligungsverbot (Hess. VGH, Beschluß v. 16. 1. 1997 – 22 TL 756/96 –, PersR 1997, 213). Zur Vergabe von Beförderungsposten vgl. LAG Köln, Urteil v. 28. 8. 1996 – 2 Sa 551/96 –, PersR 1997, 178.

Das durch die Vorschrift begründete Recht wirkt überdies nach, d. h., daß **4** es nicht mit dem Ausscheiden aus einer Personalvertretung ohne weiteres erlöschen muß (wie hier ArbG München, Urteil v. 8. 11. 1983 – 21 Ca 4618/83 – rechtskräftig, wonach die Versetzung wegen Schlechtleistung nach Beendigung einer mehrere Wahlperioden dauernden Freistellung als Personalratsmitglied innerhalb einer angemessenen Schonfrist unzulässig ist). Der bezeichnete Personenkreis darf wegen seiner Tätigkeit z. B. auch nicht vom Bewährungsaufstieg ausgeschlossen werden (BAG v. 15. 5. 1968 – 4 AZR 356/67 –, AP Nr. 1 zu § 23a BAT).

5   Ein Handeln oder Unterlassen, durch welches **Art. 8 verletzt** wird, ist unzulässig. Der Betroffene kann sich um Schutz an die Verwaltungs- bzw. Arbeitsgerichte wenden, wobei von Fall zu Fall zu entscheiden ist, wie sich dieser gestaltet (vgl. ausführlich ABW, Art. 8 Rn. 4). Art. 8 begründet unmittelbare gesetzliche Ansprüche der Betroffenen. Sogar Erfüllungsansprüche, wie z.B. Zahlung aus einer höheren Vergütungsgruppe, kommen in Betracht, falls die Verweigerung als Benachteiligung zu werten ist (BAG v. 27. 6. 2001 – 7 AZR 496/99 –, PersR 2002, 39, 40).

Artikel 9
Schutz der Auszubildenden

(1) Beabsichtigt der Arbeitgeber, einen in einem Berufsausbildungsverhältnis nach dem Berufsbildungsgesetz, dem Krankenpflegegesetz oder dem Hebammengesetz stehenden Beschäftigten (Auszubildenden), der Mitglied einer Personalvertretung oder einer Jugend- und Auszubildendenvertretung ist, nach erfolgreicher Beendigung des Berufsausbildungsverhältnisses nicht in ein Arbeitsverhältnis auf unbestimmte Zeit zu übernehmen, so hat er dies drei Monate vor Beendigung des Berufsausbildungsverhältnisses dem Auszubildenden schriftlich mitzuteilen.

(2) Verlangt ein in Absatz 1 genannter Auszubildender innerhalb der letzten drei Monate vor Beendigung des Berufsausbildungsverhältnisses schriftlich vom Arbeitgeber seine Weiterbeschäftigung, so gilt zwischen dem Auszubildenden und dem Arbeitgeber im Anschluß an das erfolgreiche Berufsausbildungsverhältnis ein Arbeitsverhältnis auf unbestimmte Zeit als begründet.

(3) Die Absätze 1 und 2 gelten auch, wenn das Berufsausbildungsverhältnis vor Ablauf eines Jahres nach Beendigung der Amtszeit der Personalvertretung oder der Jugend- und Auszubildendenvertretung erfolgreich endet.

(4) Der Arbeitgeber kann spätestens bis zum Ablauf von zwei Wochen nach Beendigung des Berufsausbildungsverhältnisses beim Verwaltungsgericht beantragen

1. festzustellen, daß ein Arbeitsverhältnis nach den Absätzen 2 oder 3 nicht begründet wird, oder

Art. 9

2. das bereits nach den Absätzen 2 oder 3 begründete Arbeitsverhältnis aufzulösen,

wenn Tatsachen vorliegen, auf Grund derer dem Arbeitgeber unter Berücksichtigung aller Umstände die Weiterbeschäftigung nicht zugemutet werden kann. In dem Verfahren vor dem Verwaltungsgericht ist die Personalvertretung, bei einem Mitglied der Jugend- und Auszubildendenvertretung auch diese beteiligt.

(5) Die Absätze 2 bis 4 sind unabhängig davon anzuwenden, ob der Arbeitgeber seiner Mitteilungspflicht nach Absatz 1 nachgekommen ist.

Die Vorschrift begründet für Mitglieder von Personal- und JA-Vertretungen, die sich in einem Ausbildungsverhältnis befinden, soweit ihre Amtszeit über ihre Ausbildungszeit hinaus dauert oder bis zu einem Jahr vor Abschluß der Ausbildung geendet hat, zusätzliche Schutzrechte zu denen, die bereits durch Art. 8 begründet sind. 1

Die Regelung sichert insoweit die **»äußere Unabhängigkeit«** der Personal- und JA-Vertreter, die noch in einem Ausbildungsverhältnis stehen bzw. standen. Diese »äußere Unabhängigkeit« die außerdem durch die unmittelbar (für den Fall, daß der Auszubildende Mitglied eines Personalrats ist) bzw. entsprechend anwendbaren (für den Fall einer Mitgliedschaft des Auszubildenden in einer JA-Vertretung) Regelungen in Art. 46 und 47 sowie Art. 24 (Verbot der Wahlbehinderung) und natürlich Art. 8 sichergestellt wird, bildet neben der **»materiellen Grundlage«** für die Arbeit der Interessenvertretungen, die durch Art. 44 gewährleistet ist, und die **»innere Unabhängigkeit«** die durch Art. 45 und Art. 46 Abs. 1 gesichert wird, die Grundvoraussetzung für eine wirkungsvolle Interessenvertretung in der Dienststelle (vgl. Einzelheiten in Rn. 1 zu den genannten Vorschriften). Damit ist die Grundlage dafür geschaffen, daß das Gesamtkonzept des BayPVG, das darauf aufbaut, daß alle durch das BayPVG zugewiesenen Aufgaben, Rechte und Pflichten auch wahrgenommen bzw. ausgeschöpft und erfüllt werden, in den Dienststellen und Betrieben des Freistaates auch in die Tat umgesetzt und verwirklicht werden kann. Durch Art. 9 werden vor allem Nachteile im Hinblick auf die berufliche Entwicklung von Interessenvertretern ausgeschaltet, die sich in der Ausbildung befinden. Das Interesse hieran wiegt nach dem Ausgeführten erkennbar schwerer als der Umstand, daß der geschützte Personenkreis hinsichtlich eines Dauerarbeitsplatzes gegenüber anderen Beschäftigten evtl. bevorzugt werden könnte (BVerwG, Beschluß v. 26. 6. 1981 – 6 P 71.78 –, ZBR 1982, 187 [189]). 2

(**Abs. 1**) Die Regelung legt dem öffentlichen Arbeitgeber die Pflicht auf, einen Auszubildenden, der **Mitglied einer Personalvertretung, JA-Vertretung, JA-Stufenvertretung oder Gesamt-JA-Vertretung** ist und der nach erfolgreicher Beendigung des Ausbildungsverhältnisses nicht in ein dauerndes Arbeitsverhältnis übernommen werden soll, diese Absicht drei 3

Art. 9

Monate vor Beendigung des Ausbildungsverhältnisses **schriftlich** mitzuteilen.

4 Diese Pflicht trifft den Arbeitgeber auch, wenn es sich um **Ersatzmitglieder** handelt, falls diese während der Amtsperiode der jeweiligen Vertretung nur ordnungsgemäß nachgerückt und zumindest vorübergehend in der jeweiligen Vertretung tätig geworden sind (vgl. wie hier BAG, Urteil v. 13. 3. 1986 – 6 AZR 381/85 –, PersR 1986, 216 ff.). Es genügt, wenn das Ersatzmitglied **während des letzten Ausbildungsjahres** ein ordentliches Mitglied der JA-Vertretung vorübergehend vertreten hat, was anzunehmen ist, wenn das Ersatzmitglied einmal an einer Personalratssitzung teilgenommen hat (BAG, Urteil v. 13. 3. 1986, a. a. O.; etwas enger BVerwG, Beschluß v. 18. 9. 1996 – 6 P 16.94 –, PersR 1997, 161 ff., wo vorausgesetzt wird, daß die Ersatzmitglieder zeitlich getrennte Vertretungstätigkeiten in einer so großen Zahl von Einzelfällen ausgeübt haben, daß diese in ihrer Gesamtheit einer über einen längeren, in sich abgeschlossenen Zeitraum bestehenden Ersatzmitgliedschaft gleichkommen, und wenn sich eine mißbräuchliche Begünstigung ausschließen läßt. Ein Anteil von 20 % der Wahlperiode genügt hierbei auf jeden Fall; ebenso BayVGH, Beschluß v. 23. 4. 1997 – 17 P 96.2260 – PersR 1998, 196 ff.).

Da § 9 BPersVG nach der unmittelbar für die Länder geltenden Vorschrift des § 107 Satz 2 BPersVG in dem Anwendungsbereich des BayPVG entsprechend gilt und hinsichtlich des nachwirkenden Schutzes überdies mit § 78 a BetrVG inhaltlich übereinstimmt, hat die divergierende Rechtsprechung von BAG und BVerwG für das gesamte Personalvertretungs- und Betriebsverfassungsrecht Bedeutung. Es spricht einiges dafür, daß bei nächster Gelegenheit der Gemeinsame Senat der obersten Gerichtshöfe des Bundes zur endgültigen Entscheidung der Rechtsfrage angerufen wird. Bis zur endgültigen Klärung ist zu befürchten, daß sich zumindest öffentliche Arbeitgeber auf die Rechtsprechung des Bundesverwaltungsgerichts berufen und Weiterbeschäftigungsansprüche von Ersatzmitgliedern von JA- oder Personalvertretungen von vornherein bestreiten und deshalb auch nicht nach § 9 Abs. 4 BPersVG das Verwaltungsgericht zur Entbindung von der Weiterbeschäftigungspflicht anrufen werden. In solchen Fällen muß der Auszubildende die **Initiative** ergreifen und seinen Weiterbeschäftigungsanspruch durch Anrufung des Arbeitsgerichts durchzusetzen versuchen.

5 **Auszubildender** ist, wer aufgrund eines Berufsausbildungsvertrages nach §§ 3, 4 BBiG oder einem der in Abs. 1 bezeichneten Gesetze in einem Ausbildungsberuf ausgebildet wird (BAG, Urteil v. 23. 8. 1984 – 6 AZR 519/82 –). Wer eine Berufsumschulung im Rahmen eines besonderen Umschulungsverhältnisses absolviert, kann ebenfalls in den Schutzbereich der Vorschrift fallen. Dies ist jedenfalls dann anzunehmen, wenn die Umschulung für einen anerkannten Ausbildungsberuf erfolgt.

6 (**Abs. 2**) Die Bestimmung berechtigt den in Abs. 1 beschriebenen Perso-

Art. 9

nenkreis, bei dem öffentlichen Arbeitgeber einen **schriftlichen** Antrag auf Weiterbeschäftigung zu stellen, der zur Folge hat, daß ein Arbeitsverhältnis auf unbestimmte Zeit begründet wird. Die Rechtsfolge rechtfertigt sich aus dem Benachteiligungsverbot aus Art. 8 (vgl. BVerwG, Beschluß v. 15. 10. 1985 – 6 P 13.84 – und BVerwG, Urteil v. 26. 6. 1981 – 6 P 71.78 –).

Der Arbeitgeber genügt seiner Weiterbeschäftigungspflicht uneingeschränkt nur dann, wenn er dem (früheren) Mitglied der JA-Vertretung oder Personalvertretung eine auf Dauer angelegte Beschäftigung ermöglicht, die dessen Ausbildung entspricht und dieses sowohl hinsichtlich der rechtlichen Ausgestaltung des Arbeitsverhältnisses als auch der Bezahlung und der beruflichen Entwicklungsmöglichkeiten einem Beschäftigten gleichstellt, der vom Arbeitgeber für eine vergleichbare Tätigkeit ausgewählt und eingestellt worden ist. Dem (früheren) Mitglied der JA- oder Personalvertretung darf unter der Voraussetzung, daß eine Weiterbeschäftigung unter solchen Voraussetzungen objektiv nicht möglich ist, zugemutet werden, eine Beschäftigung anzunehmen, die nicht allen bezeichneten Anforderungen genügt. Dem Arbeitgeber ist es nur dann zuzumuten, ein (früheres) Mitglied einer JA- und Personalvertretung nach Abschluß der Berufsausbildung weiterzubeschäftigen, wenn ihm dafür eine Planstelle oder ein Arbeitsplatz zur Verfügung steht, auf dem der Weiterbeschäftigungsberechtigte dauernd beschäftigt werden kann. Der Arbeitgeber ist nicht verpflichtet, eine Planstelle oder einen Arbeitsplatz einzurichten, um seiner Pflicht zur Weiterbeschäftigung nachkommen zu können (vgl. BVerwG, Beschluß v. 15. 10. 1985 – 6 P 13.84 –, NJW 1986, 1825). Eine von der obersten Dienstbehörde verhängte Einstellungssperre macht die Weiterbeschäftigung nicht unzumutbar. Vielmehr müssen drei Voraussetzungen erfüllt sein: 1. Der Einstellungsstopp muß auf einer Vorgabe des Haushaltsgesetzgebers beruhen; 2. Es müssen organisatorisch angemessene und sozialverträgliche Kriterien der Verwaltung für die Stellenbesetzung bei einer Trennung von Dienstposten- und Stellenbewirtschaftung vorhanden sein und 3. Es dürfen praktisch keine Ausnahmen zulässig sein, um den Verdacht einer Benachteiligungsabsicht auszuschließen (vgl. BVerwG, Beschluß v. 2. 11. 1994 – 6 P 39.93 – und – 6 P 48.93 –, PersR 1995, 170 ff.).

Der Antrag muß **drei Monate** vor Beendigung des Berufsausbildungsverhältnisses gestellt, d. h. dem Arbeitgeber, mit dem der Ausbildungsvertrag geschlossen wurde und von dem das Mitglied der Personal- oder JA-Vertretung nach dem Berufsbildungsgesetz seine Ausbildung erhalten hat, zugegangen sein. Die Dreimonatsfrist endet mit dem Zeitpunkt der Bekanntgabe des Prüfungsergebnisses der Abschlußprüfung. Ein danach gestellter Antrag des JA-Vertreters ist verspätet (BAG v. 31. 10. 1985 – 6 AZR 557/84 –, AuR 1986, 157). Ein vor Fristbeginn schriftlich gestelltes Weiterbeschäftigungsverlangen ist regelmäßig nicht wirksam. Zu Ausnahmen vgl. die Ausführungen in BVerwG, Beschluß v. 2. 11. 1994, a.a.O. 7

Art. 9

8 Die **Schriftform** ist zwingend, weil der Arbeitgeber eine verläßliche Mitteilung erwarten darf.

Das von dem Auszubildenden zu **unterzeichnende Schreiben** muß seinen Willen erkennen lassen, daß er weiterbeschäftigt werden will. Das Berufsausbildungsverhältnis endet nach § 14 Abs. 1 BBiG entweder mit dem Ablauf der Ausbildungszeit oder nach § 14 Abs. 2 BBiG mit dem Bestehen der Abschlußprüfung. Wird die Abschlußprüfung vor dem Ende der Ausbildungszeit bestanden, was anzunehmen ist, wenn das Prüfungsverfahren abgeschlossen und das Ergebnis der Prüfung mitgeteilt wurde (so BAG v. 7. 10. 1971 – 5 AZR 265/71 –, AP Nr. 1 zu § 14 BBiG), so besteht das unbefristete Arbeitsverhältnis von diesem Zeitpunkt an, kraft einer rechtlichen Fiktion. Bei Nichtbestehen der Abschlußprüfung wird das Ausbildungsverhältnis von diesem Zeitpunkt an zum Zwecke der Verlängerung fortgesetzt.

9 (**Abs. 3**) Die Regelung begründet einen erweiterten, bis zu einem Jahr nachwirkenden Schutz für den in Abs. 1 bezeichneten Personenkreis (vgl. Rn. 5 bis 7) und begründet dessen Recht, nach Abs. 1 unterrichtet zu werden, falls die Beendigung des Arbeitsverhältnisses vom öffentlichen Arbeitgeber beabsichtigt ist. Außerdem wird auch für diese Personen das Recht begründet, durch einen Antrag, wie er in Abs. 2 vorgesehen ist, ein unbefristetes Arbeitsverhältnis zu schaffen, und zwar im erlernten Beruf der Dienststelle, bei der das Ehrenamt besteht bzw. bestand (vgl. BayVGH, Beschluß v. 17. 7. 1985 – Nr. 18 C 85 A. 12.72 –, n. v.).

10 (**Abs. 4**) Die Bestimmung begründet das Recht des öffentlichen Arbeitgebers, sich spätestens bis zum Ablauf von zwei Wochen nach Beendigung des Ausbildungsverhältnisses durch das **Verwaltungsgericht** von seiner Pflicht zur Weiterbeschäftigung befreien zu lassen. Dem Antrag darf nur stattgegeben werden, wenn die Weiterbeschäftigung unter Berücksichtigung aller Umstände nicht zumutbar ist. Der Antrag nach Nr. 1 kommt in Betracht, wenn das unbefristete Arbeitsverhältnis noch nicht begonnen hat, der nach Nr. 2, wenn dies bereits der Fall ist. Die in der Vorschrift genannten **Fristen** sind Ausschlußfristen, d. h., daß der Antrag nach Ablauf dieser Frist keine Rechtsfolgen hat. Der Antrag hat keine aufschiebende Wirkung, so daß bis zur rechtskräftigen Entscheidung des Gerichts ein Arbeitsverhältnis besteht.

11 **Unzumutbar** ist eine Weiterbeschäftigung für den öffentlichen Arbeitgeber nicht bereits dann, wenn eine solche für jeden vernünftig und gerecht denkenden Arbeitgeber eine nicht mehr tragbare Belastung darstellen würde. Vielmehr sind auch die schützenswerten Belange der jeweils betroffenen Personal- oder Jugendvertretung und die des betroffenen Auszubildenden in die Abwägung einzubeziehen. Dies folgt unter anderem daraus, daß die betroffene Personal- oder Jugendvertretung in dem Verfahren vor dem Verwaltungsgericht beteiligt ist bzw. der durch Art. 9 bezweckte Schutz des Auszubildenden und die Kontinuität der Arbeit in der Jugend- und Personalvertretung auf dem Spiel steht. Wie

Art. 9

die Rechtsprechung des BayVGH zu Recht annimmt, ist das gesetzliche Dauerarbeitsverhältnis nur dann nicht begründet oder aufgelöst, wenn **ausnahmsweise** im Einzelfall besondere Gründe vorliegen, welche die Weiterbeschäftigung rechtlich oder tatsächlich ausschließen oder doch wenigstens unter einer gänzlich unzumutbaren Gestaltung der Verhältnisse zulassen. Maßgebend für diese Entscheidung ist stets nur der Zeitpunkt, in dem die Ausbildung endete (vgl. BayVGH, Beschluß v. 17. 7. 1985 – 18 C 85 A. 1272 –; BayVGH, Beschluß v. 20. 10. 1983 – 18 C 83 A. 1877 –, beide Urteile sind rechtskräftig, aber n. v.; u. BayVGH, Beschluß vom 8. 9. 1993, a. a. O., und zuletzt BVerwG, Beschluß v. 28. 6. 1996 – 6 PB 11.95 –, PersR 1997, 76 und v. 13. 9. 2001 – 6 PB 9.01 –, PersR 2001, 524 f., wonach sich die Unzumutbarkeit auch aus einer Stellenbesetzungssperre ergeben kann, die vom Haushaltsgesetzgeber veranlaßt wurde).

Konsum von Haschisch rechtfertigt auch in einem besonderen Arbeitssicherheit erfordernden Arbeitsbereich die Befreiung von der Weiterbeschäftigungspflicht jedenfalls dann nicht, wenn keine Auswirkungen des Haschischkonsums auf die Arbeitsleistung festgestellt wurden, eine Drogenabhängigkeit nicht erhärtet ist, keine Abmahnungen erfolgt sind und an der Arbeitsstelle keine Drogenaufklärung mit Sanktionsandrohung stattfindet (OVG Saarland v. 11. 12. 1998 – 4 P 1/98 –, PersR 1999, 214).

Ausnahmsweise liegen »im Einzelfall besondere Gründe« z. B. vor, wenn keine hinreichende Arbeit zur Verfügung steht oder wenn einem anderen Arbeitnehmer gekündigt oder ein deutlich besserer anderer Bewerber abgewiesen werden müßte (vgl. BayVGH v. 17. 7. 1985, a. a. O.; BayVGH v. 20. 10. 1983, a. a. O., vgl. auch Rn. 6).

(**Abs. 5**) Die Regelung bestimmt, daß die in Abs. 2 bis 4 begründeten **12** Rechte der Auszubildenden bzw. des öffentlichen Arbeitgebers nicht davon berührt werden, daß letzterer seiner ihm durch Art. 9 Abs. 1 auferlegten Pflicht, nämlich die Mitteilung der Absicht, das Beschäftigungsverhältnis zu beenden, nicht nachkommt. Der Antrag nach Abs. 2 und 3 kann mit allen für den Auszubildenden günstigen Rechtsfolgen also auch noch gestellt werden, wenn die beabsichtigte Beendigung des Ausbildungs- bzw. Arbeitsverhältnisses nicht oder nicht ordnungsgemäß mitgeteilt wurde. Die Abwehr nach Abs. 4 bleibt dann aber selbstverständlich ebenfalls noch möglich.

Über das Bestehen des Weiterbeschäftigungsanspruches entscheiden die **13** Arbeitsgerichte gegebenenfalls durch einstweilige Verfügung (wie hier BAG, Urteil v. 23. 8. 1984 – 6 AZR 519/82 –). Darüber, ob die Voraussetzungen des Abs. 4 vorliegen, entscheiden die Verwaltungsgerichte, wobei es dem Dienststellenleiter obliegt, die Tatsachen darzulegen und zu beweisen, welche die Weiterbeschäftigung nach Abs. 4 unzumutbar machen (vgl. BayVGH, Beschluß v. 20. 10. 1983 – 18 C 83 A. 1877 –, n. v.). Ruft der Arbeitgeber nach § 9 Abs. 4 BPersVG das VG an, so kommt vor Beendigung des Berufsausbildungsverhältnisses nur ein Feststellungsantrag, danach nur ein Auflösungsantrag in Betracht (im Anschluß an BVerwG v. 26. 6. 1981 – 6 P 71.78 – BayVGH, Beschluß v. 20. 10. 1983, a. a. O.). Die Fachgerichte für Personalvertretungssachen haben auch dann, wenn ihre Entscheidung zeitlich nach der Beendigung des Ausbildungsverhältnisses ergeht, über den **Feststellungsantrag** i. S. v. § 9 Abs. 4 Satz 1 Nr. 1 zu entscheiden. Dieser Antrag wandelt sich nicht automatisch in einen Auflösungsantrag i. S. v. § 9 Abs. 4 Satz 1 Nr. 2 und muß in einen solchen Antrag umgestellt werden (BayVGH, Beschluß v. 17. 7. 1985 – 18 C A. 1272 –, n. v.).

Artikel 10
Schweigepflicht

(1) Personen, die Aufgaben oder Befugnisse nach diesem Gesetz wahrgenommen haben oder wahrnehmen, haben über die ihnen dabei bekanntgewordenen Angelegenheiten und Tatsachen Stillschweigen zu bewahren. Abgesehen von den Fällen des Art. 69 Abs. 2 Satz 4 und Art. 88 gilt die Schweigepflicht nicht für

1. die Mitglieder der Personalvertretung und der Jugend- und Auszubildendenvertretung gegenüber den übrigen Mitgliedern der Vertretung,

2. die in Satz 1 bezeichneten Personen gegenüber der zuständigen Personalvertretung sowie der zuständigen Jugend- und Auszubildendenvertretung,

3. den Personalrat gegenüber der vorgesetzten Dienststelle, gegenüber der bei ihr gebildeten Stufenvertretung und gegenüber dem Gesamtpersonalrat, wenn der Personalrat sie im Rahmen ihrer Befugnisse anruft,

4. die Stufenvertretung und den Gesamtpersonalrat gegenüber dem Personalrat, dem nach Art. 80 Abs. 2 Satz 2 oder Abs. 3 Satz 3 Gelegenheit zur Äußerung gegeben wird,

5. für die Anrufung der Einigungsstelle.

(2) Die Schweigepflicht besteht nicht für Angelegenheiten oder Tatsachen, die offenkundig sind oder ihrer Bedeutung nach keiner Geheimhaltung bedürfen.

1 (Abs. 1) Satz 1 bezeichnet den **Personenkreis**, den die Pflicht zur Verschwiegenheit trifft. Das sind alle Personen, die Aufgaben nach dem BayPVG wahrnehmen oder wahrgenommen haben.

2 Die **Schweigepflicht,** die dem bezeichneten Personenkreis auferlegt ist, bezieht sich auf alle dienstlichen Angelegenheiten und Tatsachen, die einen Bezug zur Dienststelle oder zu deren Angehörigen haben (vgl. Rn. 2 a bis 12).

Art. 10

Die Schweigepflicht endet nicht mit der Amtszeit oder dem Zeitpunkt, von dem an keine Aufgaben und Befugnisse nach dem BayPVG mehr wahrgenommen werden. Da die Schweigepflicht auch die Teilnehmer an Personalversammlungen trifft, dürfen in Personalversammlungen, die nach Art. 48 ff. durchgeführt werden, auch Angelegenheiten behandelt werden, die der Geheimhaltung unterliegen (vgl. Art. 48 Rn. 1; wie hier Helmes, PersR 1986, 45 ff.).

2a

Von der Pflicht zur Verschwiegenheit ausgenommen sind nach **Satz 2** ausdrücklich geheimzuhaltende Vorgänge in folgenden Beziehungen:

3

– Nach **Nr. 1** gilt die Schweigepflicht nicht im Verhältnis zwischen den Mitgliedern der Personalvertretung und der JA-Vertretung gegenüber den übrigen Mitgliedern der jeweiligen Vertretung, d. h., daß insoweit keine Pflicht zur Verschwiegenheit besteht.

Dies gilt auch für den Fall, daß Mitglieder der betreffenden Vertretungsorgane neu hinzugewählt wurden, da die Regelung auch der Kontinuität der Arbeit dieser Organe dient und die Neugewählten ohnehin alles in Erfahrung bringen können, was sie wollen, wenn die Protokolle der zurückliegenden Sitzungen, Besprechungen usw. eingesehen werden. Auch gegenüber zeitweilig verhinderten Mitgliedern und nachgerückten Ersatzmitgliedern besteht keine Schweigepflicht.

– Nach **Nr. 2** besteht auch keine Schweigepflicht im Verhältnis zwischen dem durch Abs. 1 Satz 1 umrissenen Personenkreis und der zuständigen Personalvertretung, da die Mitglieder dieser Organe jeweils ihrerseits der Schweigepflicht unterliegen, d. h., daß z. B. der Dienststellenleiter oder ein Beauftragter der Gewerkschaft mit der jeweiligen Personalvertretung offen sprechen kann. Soweit es sich um Angelegenheiten einzelner Beschäftigter handelt, denen Vertraulichkeit zugesichert wurde, dürfen und brauchen diese Personen der Dienststelle nicht mitgeteilt zu werden. Ohne besonderen Beschluß der Personalvertretung ist ein einzelnes Mitglied des Gremiums nicht befugt, dem Dienststellenleiter Auskünfte zu erteilen, weil dies nach Art. 32 Abs. 3 dem bzw. der Personalratsvorsitzenden allein vorbehalten ist. Gewerkschaftsbeauftragte, denen der Schweigepflicht unterliegende Tatsachen zur Kenntnis gelangt sind, brauchen hierüber gegenüber ihrer Organisation deshalb nicht zu schweigen, weil die Befugnisse nach dem BayPVG nicht einzelnen Beauftragten, sondern der Organisation selbst zustehen (a. A. VGH München v. 9. 12. 1965 – Nr. 4 IX 65 –, PersV 1966, 256; wie hier Altvater u. a., BPersVG, § 10 Rn. 11 m. w. N.).

– Nach **Nr. 3** gilt die Schweigepflicht auch nicht im Verhältnis zwischen dem Personalrat und der übergeordneten Dienststelle sowie der bei dieser gebildeten Stufenvertretung und gegenüber dem Gesamtpersonalrat, wenn der Personalrat diese im Rahmen seiner Befugnisse anruft. Andernfalls würde das in Art. 70 bis 74 vorgesehene Verfahren der

Art. 10

Mitwirkung bzw. Mitbestimmung nur unnötig gehemmt oder sogar vollständig unmöglich gemacht.

- Nach **Nr. 4** gilt die Schweigepflicht auch nicht im Verhältnis zwischen dem örtlichen Personalrat und der Stufenvertretung bzw. dem Gesamtpersonalrat, wenn die bei der übergeordneten Dienststelle gebildete Personalvertretung (Stufenvertretung oder Gesamtpersonalrat) in einer Angelegenheit beteiligt wird und dem örtlichen Personalrat nach Art. 80 Abs. 2 Satz 2 oder Abs. 3 Satz 3 Gelegenheit gibt, sich zu äußern. Im Verhältnis zwischen örtlichem Personalrat und dem Gesamtpersonalrat gilt dies vor allem in den Fällen, in denen der Gesamtpersonalrat deshalb beteiligt wird, weil diesem bestimmte Angelegenheiten vom örtlichen Personalrat übertragen wurden (vgl. Art. 80 Abs. 3 Satz 2).

- Nach **Nr. 5** gilt die Schweigepflicht auch nicht im Verhältnis zwischen den Personalvertretungen bzw. Dienststellen und der Einigungsstelle, die nach Art. 70 Abs. 5 angerufen wurde. Dies ergibt sich ohne weiteres daraus, daß auch die Mitglieder der Einigungsstellen, die gemäß der Regelung in Art. 71 zu bilden sind, zu dem Personenkreis gehören, der Aufgaben und Befugnisse nach dem BayPVG wahrnimmt bzw. wahrgenommen hat, also ihrerseits der Schweigepflicht unterliegen: Mitglieder von Einigungsstellen dürfen geheimhaltungsbedürftige Tatsachen und Angelegenheiten, die ihnen aus anderen Dienststellen bekannt sind, ebenfalls nicht Dritten mitteilen.

4 Die bezeichneten **Ausnahmen** von der Schweigepflicht gelten nicht, wenn es sich um Angelegenheiten und Tatsachen handelt, die dem in Abs. 1 Satz 1 bezeichneten Personenkreis und nach Art. 69 Abs. 2 Satz 4 im Rahmen einer erlaubten **Einsichtnahme in die Personalakte** eines Beschäftigten bekanntgeworden sind, oder wenn es um Angelegenheiten und Tatsachen geht, die nach Art. 88 als **Verschlußsachen** gelten (vgl. Art. 88 Rn. 1 ff.).

5 Von der Schweigepflicht erfaßt werden alle Tatsachen, die dem umrissenen Personenkreis während der Ausübung des jeweiligen Amtes bekanntgeworden sind. Außer den in Personalratssitzungen erworbenen Kenntnissen sind dies auch die bei anderen Anlässen, z. B. bei den monatlichen Besprechungen mit dem Dienststellenleiter (Art. 67 Abs. 1), in Sprechstunden, Sitzung von Einigungsstellen usw. in Erfahrung gebrachten Tatsachen, soweit diese geheimhaltungsbedürftig sind. Über Tatsachen, die Mitgliedern von Personalvertretungen z. B. dadurch bekanntgeworden sind, daß sie zum Vertrauenskörper der Gewerkschaft gehören oder Mitglied eines Gemeinderates sind u. ä., braucht nach Art. 10 nicht geschwiegen zu werden. Es kommt nicht darauf an, ob Tatsachen ausdrücklich als geheimhaltungsbedürftig bezeichnet wurden (z. B. vom Dienststellenleiter), sondern darauf, ob es sich objektiv um geheimhaltungsbedürftige Angelegenheiten handelte.

Art. 10

Wird eine Angelegenheit später **offenkundig**, entfällt auch die Geheimhaltungspflicht. Private Informationen fallen selbst dann nicht unter die Schweigepflicht, wenn sie offiziell als geheimhaltungsbedürftig bezeichnet wurden. Abstimmungsergebnisse und Beratungsgegenstände nur dann, wenn durch die Verbreitung auch Dienstliches bekannt wird. **6**

(**Abs. 2**) Die Vorschrift schränkt die Schweigepflicht des in Abs. 1 bezeichneten Personenkreises ausdrücklich insoweit ein, als Angelegenheiten und Tatsachen, die offenkundig sind oder wegen ihrer **Bedeutung** deshalb keiner Geheimhaltung bedürfen, weil schützenswerte Belange der Dienststelle unmöglich berührt sein können, jedem Dritten mitgeteilt werden dürfen. »**Offenkundig**« sind Tatsachen, die gerichtsbekannt oder allgemein bekannt bzw. erkennbar sind. Es ist dabei ohne Bedeutung, ob die Tatsache der Dienststelle bereits bekannt ist, wenn sie nur ohne weiteres in Erfahrung gebracht werden kann, wie z.B. der Inhalt von Zeitungsmeldungen oder von Büchern in öffentlichen Bibliotheken und Archiven usw. (vgl. wie hier BayVGH, Beschluß v. 10. 2. 1961 – 9 IX 60 –, BayVBl. 1961, 160). Tatsachen, die nur einer beschränkten Öffentlichkeit bekannt sind (z.B. nur innerhalb der Dienststelle), unterliegen ebenfalls nicht der Verschwiegenheitspflicht, es sei denn, daß sie z.B. gerade den Mitgliedern einer Personalversammlung unter dem Siegel der Verschwiegenheit mitgeteilt wurden (vgl. hierzu Art. 48 Rn. 1 ff.; wie hier OVG Münster vom 8. 4. 1981 – CB 28/80 –, ZBR 1962, 162). **7**

»Tatsachen, **die wegen ihrer Bedeutung** keiner Geheimhaltung bedürfen«, sind solche von geringer Tragweite, deren Bekanntwerden Belange der Dienststelle oder der dort Beschäftigten unmöglich berühren können.

Die Schweigepflicht zwingt nicht dazu, **Gesetzesverstöße** zu decken, doch ist mit Rücksicht auf den Grundsatz der vertrauensvollen Zusammenarbeit bzw. der Pflicht zum kollegialen Verhalten in diesen Fällen zunächst zu versuchen, dienststellenintern Abhilfe zu schaffen. **8**

Mitglieder von Personalvertretungen unterliegen nach § 376 Abs. 1 ZPO und § 54 Abs. 1 StPO einem **Aussageverbot,** das sich aus der Schweigepflicht des Art. 10 ergibt. Die unter diesen Voraussetzungen für eine Aussage z.B. in einem Strafverfahren erforderliche Aussagegenehmigung kann nur vom Dienstherrn **und** dem Personalrat als »den Trägern des Geheimhaltungsinteresses« gemeinsam erklärt werden (vgl. ausführlich ABW, Art. 10 Rn. 10 ff.). **9**

In personalvertretungsrechtlichen Beschlußverfahren vor dem **Verwaltungsgericht** gelten nach Art. 81 Abs. 2 die Vorschriften des Arbeitsgerichtsgesetzes über das Beschlußverfahren. Dies gilt auch für Aussagen von Mitgliedern der Personalvertretungen in **Arbeitsrechtsstreitigkeiten** und Verfahren vor den **Sozialgerichten** (vgl. ausführlich ABW, a.a.O.). **10**

Neben der Schweigepflicht aus § 10 besteht für Mitglieder von Personalvertretungen nach der Regelung über den **Datenschutz** auch eine Verschwiegenheitspflicht nach Art. 14 BayDSG, wenn Mitglieder von Perso- **11**

Art. 10, 11

nalvertretungen über geschützte personenbezogene Daten Informationen erlangt haben (z. B. bei der Mitbestimmung in einer personellen Angelegenheit). Die Nutzung dieser Daten im Hinblick auf die Wahrnehmung von Personalratsaufgaben ist allerdings niemals unbefugt im Sinne der bezeichneten Vorschrift. Zu beachten ist, daß die **Weitergabe** solcher Daten an den Personalrat durch den Dienststellenleiter unbeschränkt zulässig ist. Der Personalrat ist gegenüber dem Dienststellenleiter nicht Dritter im Sinne von Art. 5 Abs. 3 Nr. 2 BayDSG. Vielmehr handelt es sich um einen rein innerdienstlichen Vorgang, wenn solche Daten an den Personalrat weitergegeben werden. Mitglieder von Personalvertretungen brauchen sich nicht nach § 5 Abs. 2 BDSG auf das Datengeheimnis verpflichten zu lassen, weil sie nicht der Überwachung durch den Datenschutzbeauftragten unterliegen. Letzteres würde zu einer Kontrolle führen, die mit der Unabhängigkeit des Personalrats nicht zu vereinbaren wäre.

12 Die Verletzung der Schweigepflicht kann nach §§ 203 bis 205 StGB und § 353 b StGB mit Freiheitsstrafe geahndet werden. Für eine Verfolgung erforderliche Strafanträge können sowohl vom Dienststellenleiter als auch von der Personalvertretung gestellt werden. Eine Verletzung der Schweigepflicht kann außerdem einen Ausschluß aus der Personalvertretung nach Art. 28 zur Folge haben, was aber eine **grobe** Pflichtverletzung voraussetzt (vgl. wie hier VG Ansbach, Beschluß v. 5. 7. 1976, PersV 1977, 226 f.; Hess. VGH, Beschluß des 9. Senats v. 10. 5. 1978 – BPV TK 4/78 – und zuletzt BayVGH v. 8. 12. 1999 – 17 P 99.1582 –, PersR 2000, 423 ff. wo ein großzügiger Maßstab angelegt wird, um den Ausschluss zu vermeiden). Über Streitigkeiten zwischen Mitgliedern von Personalvertretungen und der jeweiligen Dienststelle darüber, ob eine Tatsache oder Angelegenheit geheimzuhalten ist, entscheidet nach Art. 81 Abs. 1 Nr. 3 die zuständige Fachkammer des Verwaltungsgerichts.

Artikel 11
Unfallfürsorge

Erleidet ein Beamter anläßlich der Wahrnehmung von Rechten oder Erfüllung von Pflichten nach diesem Gesetz einen Unfall, der im Sinn der beamtenrechtlichen Unfallfürsorgevorschriften ein Dienstunfall wäre, so sind diese Vorschriften entsprechend anzuwenden.

1 Die Vorschrift begründet für diejenigen Beamten, die in Wahrnehmung von Rechten oder Pflichten nach dem Personalvertretungsgesetz einen **Unfall** erleiden, einen Anspruch darauf, Versorgung und Fürsorge vom Dienstherrn nach den beamtenrechtlichen Fürsorgevorschriften zu erhalten (zum Begriff des Beamten vgl. Art. 4 Rn. 7).

Beamte, die z. B. als Wahlvorstandsmitglieder, Wahlbewerber, Personalratsmitglieder oder Teilnehmer an Personalversammlungen usw. einen

Art. 11

Unfall erleiden, sind rechtlich so gestellt, als hätten sie einen Dienstunfall erlitten, falls sich der Unfall bei der Ausübung dieser Tätigkeit ereignete. Für diesen Fall erhalten die Beamten also die Unfallfürsorge, die nach §§ 30 bis 46 und § 87 des »Gesetzes über die Versorgung der Beamten und Richter in Bund und Ländern« (BeamtVG) i. d. F. der Bekanntmachung vom 12. 2. 1987 (BGBl. I S. 570/1339) für die Fälle vorgesehen ist, in denen Beamte einen Unfall bei der Ausübung ihres Dienstes erleiden. Die weiteren Voraussetzungen dafür, daß die Fürsorgeleistung nach dem Gesetz eingreift, müssen selbstverständlich erfüllt sein.

Als »**Unfall**« hat nach § 31 BeamtVG jedes auf äußerer Einwirkung beruhende, plötzliche, örtlich und zeitlich bestimmbare, einen **Körperschaden** verursachende Ereignis zu gelten. Unfälle müssen nach § 45 Abs. 1 BeamtVG innerhalb einer **Ausschlußfrist** von zwei Jahren nach dem Unfall beim Dienstvorgesetzten angemeldet werden. **2**

Bei bloßen **Sachschäden** findet die Vorschrift des Art. 11 keine Anwendung (vgl. § 32 BeamtVG). Zu beachten ist für den Fall eines Sachschadens, daß bei einem Mitglied des Personalrats, und zwar unabhängig davon, ob es sich um einen Arbeiter, Angestellten oder Beamten handelt, ein in Wahrnehmung von Rechten und Erfüllung von Pflichten nach dem BayPVG eingetretener Sachschaden, für den nicht nach Art. 11 oder den Vorschriften der Unfallfürsorge (bzw. dem Sozialversicherungsrecht – § 537 ff. RVO – bei den Arbeitern und Angestellten) Ersatz zu leisten ist, nach Art. 44 Abs. 1 Satz 1 von der Dienststelle zu ersetzen ist (wie hier wohl BSFE, BayPVG, Art. 11 Anm. 35). **3**

Soweit ein Ersatzanspruch nach Art. 44 Abs. 1 geltend gemacht wird, entscheiden die Verwaltungsgerichte nach Art. 81 Abs. 1 Nr. 3. Die Ansprüche des Beamten aus Art. 11 sind ebenfalls – nach Durchführung des erforderlichen Vorverfahrens – vor den Verwaltungsgerichten geltend zu machen. **4**

Art. 12

ZWEITER TEIL
Personalrat, Stufenvertretung, Gesamtpersonalrat, Personalversammlung

Erster Abschnitt
Wahl und Zusammensetzung des Personalrats

Artikel 12
Bildung von Personalräten

(1) In allen Dienststellen, die in der Regel mindestens fünf Wahlberechtigte beschäftigen, von denen drei wählbar sind, werden Personalräte gebildet.

(2) Dienststellen, bei denen die Voraussetzungen des Absatzes 1 nicht gegeben sind, werden von der übergeordneten Dienststelle im Einvernehmen mit der Stufenvertretung einer benachbarten Dienststelle zugeteilt.

(**Abs. 1**) Nach dieser Regelung haben die Beschäftigten der in Art. 6 bezeichneten Dienststellen (vgl. Art. 6 Rn. 1 ff.) das Recht, dort einen Personalrat zu wählen, wenn bei der Dienststelle in der Regel mindestens fünf Wahlberechtigte im Sinne von Art. 13 beschäftigt sind und von diesen fünf Wahlberechtigten mindestens drei wählbar im Sinne von Art. 14 und 15 sind. Beide Voraussetzungen müssen nebeneinander gegeben sein. Liegen sie nicht oder nicht mehr vor, ergeben sich die Rechte der Beschäftigten aus Art. 12 Abs. 2 (vgl. auch Art. 21 und 22). **1**

Soweit die Vorschrift den Begriff »**in der Regel**« verwendet, wird auf die Beschäftigten abgestellt, die üblicherweise ständig beschäftigt werden. Stellenpläne und Stellenübersichten können hier nur Anhaltspunkte liefern. Sind die dort ausgeworfenen Stellen ständig unter- oder überbesetzt, so ist von den tatsächlichen Gegebenheiten auszugehen und eine länger andauernde **Verwaltungspraxis** an der Dienststelle zu berücksichtigen (vgl. wie hier BVerwG, Beschluß v. 15. 3. 1968 – VII P 5.67 –, ZBR 1968, 262; BAG v. 29. 5. 1991 – 7 ABR 27/90 –, PersR 1992, 77 und zuletzt OVG NW v. 24. 1. 2002 – 1 A 993/01.PVB –, PersR 2002, 348). **2**

Aushilfskräfte, die in einer bestimmten Anzahl regelmäßig für eine Zeitdauer von mehr als sechs Monaten im Jahr beschäftigt werden, sind ebenso mitzuzählen wie vorübergehend wegen Urlaub, Krankheit, Ausbildung, Abordnung (vgl. hierzu aber Art. 13) oder wegen vorübergehenden Absinkens des Arbeitsanfalls abwesende Beschäftigte. Sogenannte **3**

Art. 12

»ABM-Kräfte«, die nur vorübergehend beschäftigt werden, dürfen auch nur insoweit berücksichtigt werden. Sind die »ABM-Kräfte« individuell gesehen zwar nur vorübergehend, über einen längeren Zeitraum aber ständig in der Dienststelle tätig, so ist von einer ständigen Beschäftigung auszugehen. Sinkt die Zahl der regelmäßig Beschäftigten nicht nur vorübergehend unter fünf Wahlberechtigte, so ist die Dienststelle nicht mehr personalratsfähig, und das Amt des Personalrats endet damit. Wird die vorgesehene Regelstärke erneut oder erstmalig erreicht, ist die Wahl des Personalrats vorzubereiten, falls der zu wählende Personalrat vorhersehbar auch tätig werden kann. Das Absinken der wählbaren Beschäftigten unter drei hat keine Folgen. Der Dienststellenleiter hat die Pflicht, ständig zu prüfen, ob die Voraussetzungen für die Wahl vorliegen und diese ggf. nach Art. 21 einzuleiten.

4 (**Abs. 2**) Die Vorschrift bestimmt, daß kleine **Dienststellen,** welche die in Abs. 1 bezeichneten Voraussetzungen nicht erfüllen, von der übergeordneten Dienststelle im Einvernehmen mit der dort gebildeten Stufenvertretung einer benachbarten Dienststelle zuzuteilen sind, damit die Beschäftigten der Kleindienststelle auf diese Weise in den Schutzbereich des BayPVG gelangen. Eine Kleindienststelle kann über den ausdrücklichen Wortlaut der Vorschrift hinausgehend auch einer übergeordneten Dienststelle zugeteilt werden. Das ergibt sich aufgrund einer rechtlich zulässigen sogenannten teleologischen Reduktion (vgl. wie hier Altvater u. a., BPersVG, § 12 Rn. 6). Ohne das Einverständnis der zuständigen Stufenvertretung, ob und wohin eine Zuteilung erfolgt, muß eine solche unterbleiben.

Mit der Zuteilung sind die Beschäftigten der Kleindienststelle bei der Dienststelle, der sie zugeteilt wurden, wahlberechtigt und wählbar. (Beachte die weiteren Voraussetzungen in Art. 13, 14 und 15.) Zugeteilt wird durch die Anordnung der übergeordneten Dienststelle unter Beteiligung der dort gebildeten Stufenvertretung. Nur diese Stelle kann die Zuteilung auch – wiederum nur mit Zustimmung der Stufenvertretung – wieder aufheben. Wächst die Kleindienststelle durch Zunahme der Beschäftigten so weit an, daß die Voraussetzungen des Abs. 1 erfüllt sind, so verliert die Zuteilung ihre Wirkung. Zuständig für die Vertretung der Beschäftigten der Kleindienststelle ist von diesem Zeitpunkt an nicht mehr der Personalrat der Dienststelle, der zugeteilt wurde, sondern der bei der angewachsenen Dienststelle neu zu wählende Personalrat. Zu beachten ist, daß die Zuteilung auch an eine **benachbarte Kleindienststelle** erfolgen kann, wenn diese hierdurch die Personalratsfähigkeit nach Art. 12 Abs. 1 erwirbt.

5 **Streitigkeiten** über die Personalratsfähigkeit einer Dienststelle entscheiden die Verwaltungsgerichte nach Art. 81 Abs. 1 Nr. 2 für den Fall einer Wahlanfechtung nach Art. 25. Fehlt das Einverständnis der Stufenvertretung zur Zuteilung einer Kleindienststelle, oder unterläßt die übergeordnete Dienststelle eine solche, so können solche Versäumnisse von der

Art. 12, 13

Stufenvertretung oder den betroffenen Beschäftigten nach Art. 81 Abs. 1 Nr. 1 zum Gegenstand eines Beschlußverfahrens gemacht werden. Zur Möglichkeit, in solchen Fällen eine einstweilige Verfügung zu beantragen, vgl. OVG Berlin, Beschluß v. 3. 11. 1976 – OVG PV Bln 17.76 – und Art. 13 Rn. 24.

Artikel 13
Wahlberechtigung

(1) Wahlberechtigt sind alle Beschäftigten, es sei denn, daß ihnen infolge Richterspruchs das Recht aberkannt ist, in öffentlichen Angelegenheiten zu wählen oder zu stimmen. Beschäftigte, die am Wahltag länger als sechs Monate unter Wegfall der Bezüge beurlaubt sind, sind nicht wahlberechtigt.

(2) Wer zu einer Dienststelle abgeordnet ist, wird in ihr wahlberechtigt, sobald die Abordnung länger als drei Monate gedauert hat; im gleichen Zeitpunkt verliert er das Wahlrecht bei der alten Dienststelle. Das gilt nicht für Beschäftigte, die als Mitglieder einer Stufenvertretung oder des Gesamtpersonalrats freigestellt sind, sowie für Abordnungen zur Teilnahme an Lehrgängen. Satz 1 gilt ferner nicht, wenn feststeht, daß der Beschäftigte binnen weiterer sechs Monate in die alte Dienststelle zurückkehren wird.

(3) Nicht wahlberechtigt sind

a) Beschäftigte, die für die Erfüllung einer bestimmten Aufgabe für eine Dauer von höchstens sechs Monaten eingestellt sind, es sei denn, daß sie regelmäßig wiederkehrend beschäftigt werden,

b) Dienstanfänger, Beamte im Vorbereitungsdienst und Beschäftigte in entsprechender Berufsausbildung, die ausschließlich zum Zweck der Ausbildung ohne engere Bindung zur Dienststelle beschäftigt werden.

Die Regelung bestimmt den Kreis der Beschäftigten, die das **aktive** **1** **Wahlrecht** in der Dienststelle haben und damit die Zusammensetzung des Personalrats bestimmen können. Von Bedeutung ist die Vorschrift außerdem für die Rechte bei Abstimmungen im Rahmen eines Verselbständigungsbeschlusses nach Art. 6 Abs. 3 und 5, und wenn es darum geht, ob in der Dienststelle ein Personalrat zu bilden ist (Art. 12), ferner für die Wählbarkeit (Art. 14), die Größe des Personalrats (Art. 16), die Abstimmung über die gemeinsame Wahl (Art. 19 Abs. 2), die Einreichung und Unterstützung von Wahlvorschlägen (Art. 19 Abs. 4 und 7), die Bestellung zum Wahlvorstand (Art. 20 Abs. 1), das Antragsrecht nach Art. 22 und 23 wegen Bildung eines Wahlvorstandes, das Recht zur Wahlanfechtung (Art. 25), das Recht, einen Antrag auf Ausschluß eines Personalratsmitgliedes und Auflösung des Personalrats zu stellen (Art. 28

Art. 13

Abs. 1) und wenn es um das Recht geht, die Einberufung einer Personalversammlung zu beantragen (Art. 49 Abs. 2).

2 **(Abs. 1)** Die Vorschrift bestimmt in **Satz 1**, daß nur Beschäftigte wählen dürfen, die das Recht, in öffentlichen Angelegenheiten zu wählen oder zu stimmen, nicht durch Richterspruch verloren haben. Außerdem darf kein Ausnahmetatbestand eingreifen (vgl. Rn. 17).

3 **Beschäftigte** im Sinne der Vorschrift sind die in Art. 4 bezeichneten in der Dienststelle tätigen Personen (vgl. Art. 4 Rn. 1). Nicht wahlberechtigt sind danach die in Art. 4 Abs. 5 bezeichneten Personen (vgl. dazu Art. 4 Rn. 10 bis 14). Der Dienststellenleiter, sein ständiger Vertreter (vgl. Art. 7 Abs. 1) sowie die Beschäftigten, die zu selbständigen Personalentscheidungen in der Dienststelle befugt sind (Art. 14 Abs. 3), haben aufgrund ihrer Beschäftigteneigenschaft grundsätzlich das aktive Wahlrecht, dürfen nach Art. 19 Abs. 4 Satz 4 aber keine Wahlvorschläge machen oder unterzeichnen (wie hier BayVfGH, Entscheidung v. 4. 12. 1975 – Vf.11 – VII 74 –, PersV 1977, 99). Zum **passiven Wahlrecht** dieses Personenkreises vgl. Art. 14 Rn. 11.

4 Die **Dauer der Zugehörigkeit zur Dienststelle** oder die **tägliche Arbeitszeit** der Beschäftigten hat keine Auswirkungen auf die Wahlberechtigung, die mit der Eingliederung in die Dienststelle beginnt. Beschäftigte, die am Wahltag in die Dienststelle eingestellt werden, sind also ebenso wahlberechtigt wie Beschäftigte, die regelmäßig nur einzelne Stunden oder einzelne Tage in der Dienststelle beschäftigt werden (wie hier BVerwG, Beschluß v. 25. 9. 1995 – 6 P 44.93 –, PersR 1996, 147 ff.). Die Ansicht, daß bei **geringfügiger Beschäftigung** von weniger als 15 Stunden wöchentlich keine Beschäftigteneigenschaft vorliegt (vgl. BVerwG, Beschluß v. 11. 2. 1981 – 6 P 14.80 –, PersV 1982, 110–112), wird hier mit Rücksicht auf die Zunahme solcher Beschäftigungsverhältnisse ausdrücklich aufgegeben. Die Dauer der Tätigkeit soll aber über zwei Monate hinausgehen. Nach Eintritt in die Freistellungsphase im Altersteilzeitverhältnis (Blockmodell) erlischt die Wahlberechtigung (BVerwG v. 15. 5. 2002 – 6 P 18.01 –, PersR 2002, 438).

5 Ist ein Beschäftigter wegen **Krankheit, Erholungsurlaub oder aus dienstlichen Gründen** abwesend (z. B. im Rahmen einer Dienstreise), so wird dadurch seine Berechtigung zu wählen nicht aufgehoben.

6 **Ausländische Beschäftigte** sind, da die Vorschrift hinsichtlich der Staatsangehörigkeit keine Einschränkungen vorsieht, uneingeschränkt wahlberechtigt. Dasselbe gilt für Staatenlose.

7 Die Wahlberechtigung besteht auch unabhängig davon, ob **Beschäftigungsverbote nach dem Mutterschutzgesetz** bestehen oder **Elternzeit** (früher Erziehungsurlaub) gewährt wurde.

8 Die Wahlberechtigung besteht außerdem weiter, wenn ein Beschäftigter aufgrund des Wehrpflichtgesetzes zum **Grundwehrdienst** oder zu einer **Wehrübung** oder zum Ersatzdienst einberufen wird, da in diesen Fällen nach dem Arbeitsplatzschutzgesetz vom 30. 3. 1957 i. d. F. vom 21. 5. 1968 (BGBl. I S. 511) bei Arbeitnehmern das Arbeits- oder Dienstverhältnis lediglich ruht (vgl. BAG v. 29. 3. 1974, AP Nr. 2 zu § 19 BetrVG 72; a. A. bei Abwesenheit von der Dienststelle, die am Wahltag bereits sechs Monate übersteigt, BSFE, Art. 13 Anm. 23; BVerwG, Beschluß v. 20. 11. 1979 – 6 P 12.79 –, PersV 1991, 285).

Beschäftigte, die in **mehreren Dienststellen** beschäftigt sind, dürfen in jeder Dienststelle wählen. Der Betreffende muß nur in jede der Dienststellen tatsächlich eingegliedert, d. h. tatsächlich dort beschäftigt sein. **9**

Beamte, gegen die ein **förmliches Disziplinarverfahren** eingeleitet ist, unabhängig davon, ob damit die vorläufige Dienstenthebung verbunden ist, oder ob das Verbot ausgesprochen wurde, Dienstgeschäfte zu führen, dürfen ebenfalls wählen. Auch **Beamte,** deren **Entlassung** nach dem Bayerischen Beamtengesetz (BayBG) verfügt ist, sind wahlberechtigt, solange die Entlassung noch nicht wirksam geworden ist. **10**

Dasselbe gilt für **gekündigte Beschäftigte,** deren Kündigungsfrist noch nicht abgelaufen ist, bis zu dem Zeitpunkt, zu welchem die Kündigung wirksam wird. **11**

Das Recht, in öffentlichen Angelegenheiten zu wählen und zu stimmen, ist nicht gleichbedeutend mit dem Besitz der bürgerlichen Ehrenrechte. Es kommt vielmehr darauf an, ob dem Beschäftigten durch rechtskräftige Entscheidung eines Gerichts das jedem Volljährigen zustehende Recht, in öffentlichen Angelegenheiten zu wählen und zu stimmen, aberkannt wurde. Etwas anderes gilt nur in den Fällen des § 45 Abs. 5 StGB. **12**

(Abs. 2) Satz 1 bestimmt, daß diejenigen Beschäftigten, die zu einer Dienststelle abgeordnet sind, wählen dürfen, wenn sie am Wahltag länger als drei Monate aus dienstlichen Gründen zu dieser Dienststelle abgeordnet sind. **13**

Unter **Abordnung** ist hierbei die nur vorübergehend zugewiesene Tätigkeit oder tatsächliche Beschäftigung eines Beschäftigten bei einer anderen Dienststelle zu verstehen (BVerwG, Beschluß v. 2. 9. 1983 – 6 P 29.82 –, ZBR 1984, 80). Abgeordnete Beschäftigte gehören weiter zu ihrer ursprünglichen Dienststelle, verlieren dort aber nach Abs. 2 Satz 1 Halbs. 2 das Recht, Personalvertretungen zu wählen nach Ablauf von drei Monaten und erwerben statt dessen das Wahlrecht an der Dienststelle, der sie zugewiesen und damit eingegliedert sind. Endet die Abordnung, so besteht das Wahlrecht wieder bei der ursprünglichen Dienststelle.

Auf die wahlberechtigten Anwärter in Bedarfsausbildung ist Art. 13 Abs. 2 nicht anwendbar: Die dem Ausbildungsplan entsprechende Zuweisung der Anwärter zu den jeweiligen Ausbildungsdienststellen entspricht mehr einer **Versetzung** als einer Abordnung (ausdrücklich offengelassen BayVGH, Beschluß v. 2. 3. 1983 – Nr. 17 C 82 A. 2753 –, ZBR 1983, 277). **14**

Art. 13

15 Die – im BayPVG nicht geregelte – Entsendung von Beschäftigten des öffentlichen Dienstes an eine private Einrichtung (GmbH, KG, AG usw.) wird vom BayVGH im Wege der Analogie wie eine Abordnung behandelt (vgl. BayVGH, Beschluß v. 23. 4. 1997 – 17 P 96.4014 – und v. 16. 6. 1999 – 17 P 98.2843 –, PersR 1999, 503 ff.). Der Auffassung kann mit Rücksicht auf die entstehende Beteiligungslücke bei Entscheidungen der verleihenden Dienststelle und die Häufigkeit solcher Fälle bei Privatisierung nicht gefolgt werden. Richtigerweise ist anzunehmen, daß die Wahlberechtigung auch nach drei Monaten noch erhalten bleibt.

16 Satz 2 stellt klar, daß anders als bei einer Abordnung aus dienstlichen Gründen bei einer **Freistellung, welche der Wahrnehmung von Aufgaben in einer Stufenvertretung bzw. einem Gesamtpersonalrat dient**, das Recht, bei der alten Dienststelle zu wählen, nicht verlorengeht.

17 Dasselbe gilt bei allen Abordnungen, welche die **Teilnahme an Lehrgängen** ermöglichen sollen (z. B. das Studium an der Bayerischen Beamtenfachhochschule und die Ausbildung der Polizeiratsanwärter an der Polizeiführungsakademie; diese Beamtenanwärter bleiben bei ihrer Stammbehörde wahlberechtigt und wählen nicht die Personalvertretungen mit, die bei der Beamtenfachhochschule gebildet werden).

18 (Abs. 3) **Abs. 1 Satz 2** schließt ein aktives Wahlrecht derjenigen Beschäftigten aus, die am Wahltag länger als sechs Monate unter Wegfall der Bezüge beurlaubt sind, weil in diesen Fällen die Bindung an die Dienststelle nicht gegeben ist. Längere Krankheit, auch falls keine Bezüge mehr bezahlt werden oder sogar die Aussteuerung erfolgt ist, ist keine Beurlaubung im Sinne dieser Vorschrift.

19 **Abs. 3 Buchst. a** bestimmt darüber hinaus, daß Beschäftigte, die zur Erfüllung einer bestimmten Aufgabe für höchstens sechs Monate eingestellt sind, nicht wählen dürfen, falls sie nicht regelmäßig wiederkehrend beschäftigt werden; das trifft z. B. auf Kräfte zu, die in landwirtschaftlichen oder Forstbetrieben der öffentlichen Hand jeweils für die Saison eingestellt werden (vgl. SR 2 y BAT, SR 2 a MTL II).

Abs. 3 Buchst. b schließt aus, daß **Dienstanfänger, Beamte im Vorbereitungsdienst und Beschäftigte in entsprechender Ausbildung**, die ausschließlich zum Zweck der Ausbildung **und ohne engere Bindung zur Dienststelle** beschäftigt werden, wählen dürfen. Der Begriff »engere Bindung zur Dienststelle« ist hierbei nicht so sehr durch ein zeitliches Moment geprägt, sondern im wesentlichen durch Art und Umfang der organisatorischen und tatsächlichen Einbindung in die Dienststelle. Der Begriff der Stammbehörde ist dem BayPVG fremd und hat weder rechtlich noch faktisch Einfluß auf Art und Maß der Bindung zur Dienststelle (vgl. BayVGH, Beschluß v. 2. 3. 1983 – 17 C 82 A. 2753 –, ZBR 1983, 277). **Auszubildende**, die in einem Ausbildungsverhältnis nach dem Berufsbildungsgesetz (BBiG) stehen, fallen nicht unter Abs. 3 Buchst. b, wenn die hinreichende Bindung an die Dienststelle gewährleistet ist (vgl. BayVGH, Beschluß v. 23. 1. 1985 – 17 C 84 A. 2284 –, n. v.).

Art. 13

Kein Wahlrecht haben nach Abs. 3 Buchst. b die **Referendare im juristischen Vorbereitungsdienst** und die **Studienreferendare ohne Lehrauftrag**. Entgegengesetzten rechtspolitischen Vorschlägen des Deutschen Gewerkschaftsbundes hat der Gesetzgeber in Bayern bisher nicht entsprochen. **20**

Bei **sonstigen Anwärtern**, insbesondere den Beamtenanwärtern für den mittleren und gehobenen Dienst, ist das Wahlrecht bei der Stammdienststelle regelmäßig deshalb gegeben, weil diese meistens ihren Arbeitsplatz in der Dienststelle haben, Dienststunden einhalten müssen und in dienstlichen Beziehungen zu den übrigen Beschäftigten stehen (beachte zum passiven Wahlrecht aber Art. 14 Abs. 2). **21**

Die mit Rücksicht auf die Ausführungen in Rn. 2 bis 21 wahlberechtigten Beschäftigten sind bei derjenigen Dienststelle wahlberechtigt, bei der sie beschäftigt werden (BVerwG v. 21. 11. 1958 – VII P 3.58 –, ZBR 1959, 337). Für den Fall eines Verselbständigungsbeschlusses nach Art. 6 Abs. 3 und 5 ist **Ort der Wahlberechtigung** die als selbständig geltende Dienststelle. Beschäftigte von Dienststellen, die nach Art. 12 Abs. 2 einer benachbarten Dienststelle zugeteilt wurden, sind bei dieser wahlberechtigt. **22**

Leiharbeitnehmer, welche die Beschäftigteneigenschaft nach dieser Vorschrift haben, sind vorbehaltlich des Vorliegens der übrigen Voraussetzungen in der Dienststelle wahlberechtigt, in der sie aufgrund eines Entleiherverhältnisses eingegliedert sind. Daneben besteht das Wahlrecht bei der verleihenden Dienststelle bzw. dem Verleiherbetrieb (z. B. bei dauernd in die Dienststelle eingegliedertem Wartungspersonal einer Fremdfirma). – Zu den Beschäftigten des öffentlichen Dienstes, die »verliehen« werden, vgl. Rn. 13 bis 15 –. Dies gilt nur dann nicht, wenn es sich um Leiharbeitnehmer handelt, die von der Dienststelle aufgrund des Arbeitnehmerüberlassungsgesetzes (AÜG) von einem konzessionierten Zeitarbeitsunternehmen im Rahmen eines sogenannten **»unechten Leiharbeitsverhältnisses«,** also gewerbsmäßig, überlassen wurden. **23**

Diese Beschäftigten sind nur beim Verleihunternehmen wahlberechtigt (dies ist z. B. bei Büropersonal, das von einer Verleihfirma gestellt wird, der Fall). **24**

Über **Verstöße** gegen die Vorschriften zum aktiven Wahlrecht entscheiden nach Art. 81 Abs. 1 Nr. 1 BayPVG die Verwaltungsgerichte auch auf Antrag einzelner, u. U. im Wege der einstweiligen Anordnung auch während des laufenden Wahlverfahrens. Insoweit ist zu beachten, daß sich ein Verfügungsgrund aus dem bevorstehenden Wahltermin herleiten läßt. Ein Verfügungsanspruch ist gegeben, wenn ein Wahlanfechtungsgrund vorliegt. **25**

Ein gerichtlicher Eingriff in das laufende Wahlverfahren wird vom BayVGH indessen zu Unrecht abgelehnt. Dem Verwaltungsgericht ist es danach versagt, durch einstweilige Verfügung in ein laufendes Wahlverfahren einzugreifen, sofern kein Grund für eine Nichtigkeit der Wahl vorliegt (vgl. BayVGH, Beschluß v. 13. 3. 1996 – 17 PC 96.160 –, PersR 1996, 443). Richtigerweise muß die einstweilige Verfügung zulässig sein, wenn dadurch eine aufwendige Aufhebung und Wiederholung der Wahl vermieden werden kann. Voraussetzung ist, daß schon eine summarische Prüfung ergibt, daß ein Wahlfehler droht, der zu einer erfolgreichen Anfechtung der Wahl führen könnte (wie hier OVG Rheinland-Pfalz v. 16. 2. 2000 – 4 B 10280/00.OVG –, PersR 2000, 123).

Artikel 14
Wählbarkeit

(1) **Wählbar sind alle Wahlberechtigten, die am Wahltage**

a) **seit sechs Monaten dem Geschäftsbereich ihrer obersten Dienstbehörde angehören und**

b) **seit einem Jahr in öffentlichen Verwaltungen oder von diesen geführten Betrieben beschäftigt sind.**

Nicht wählbar ist, wer infolge Richterspruchs die Fähigkeit, öffentliche Ämter zu bekleiden und Rechte aus öffentlichen Wahlen zu erlangen, nicht besitzt.

(2) **Nicht wählbar sind Beschäftigte, die wöchentlich regelmäßig weniger als 18 Stunden beschäftigt sind, und Lehrkräfte mit weniger als 12 Pflichtstunden je Woche. Dienstanfänger, Beamte im Vorbereitungsdienst und Beschäftigte in entsprechender Berufsausbildung sind mit Ausnahme derjenigen, die ausschließlich zum Zwecke der Ausbildung ohne engere Bindung zur Dienststelle beschäftigt werden, in den Personalrat wählbar.**

(3) **Nicht wählbar sind für die Personalvertretung ihrer Dienststelle die in Art. 7 genannten Personen sowie Beschäftigte, die zu selbständigen Entscheidungen in Personalangelegenheiten der Dienststelle befugt sind.**

(4) **Nicht wählbar sind für die Personalvertretungen der Dienststellen von Gemeinden und Gemeindeverbänden Beschäftigte, die dem in ihrer Verfassung vorgesehenen obersten Organ angehören.**

1 (Abs. 1) **Wählbar** sind nach **Abs. 1 Satz 1** alle Beschäftigten, welche die in **Buchst. a und b** bezeichneten Voraussetzungen erfüllen (beachte die besonderen Bedingungen nach Art. 15 und die Anmerkungen hierzu), soweit nicht einer der Ausnahmetatbestände in Art. 14 Abs. 2 bis 4 vorliegt.

2 **Wählbar** ist also nur, wer zunächst einmal die Voraussetzungen erfüllt, die in Art. 13 hinsichtlich des aktiven Wahlrechts bezeichnet sind (vgl. Art. 13 Rn. 2 ff.).

Art. 14

Zweite Voraussetzung für die Wählbarkeit ist nach **Abs. 1 Buchst. a**, daß der Beschäftigte mindestens sechs Monate dem Geschäftsbereich der obersten Dienstbehörde der betreffenden Dienststelle angehört. Diese Voraussetzung braucht nach Art. 15 Abs. 1 aber dann nicht vorzuliegen, wenn die oberste Dienstbehörde oder die Dienststelle weniger als ein Jahr besteht oder die Arbeit in ihr regelmäßig wiederkehrend unterbrochen wird. Die Zeit muß von dem Beschäftigten vor dem Wahltag ohne Unterbrechung erfüllt und nachgewiesen sein. Auf die Zugehörigkeit zu einer bestimmten Dienststelle kommt es hier nicht an, wenn diese nur im Geschäftsbereich der obersten Dienstbehörde oder einer dieser nachgeordneten Dienststelle gehörte bzw. gehört (vgl. Art. 6 Rn. 7). Für die Berechnung der **Frist** kommt es auf den Wahltag an. Unterbrechungen, die durch Krankheit, Urlaub, selbst wenn dieser unbezahlt gewährt wurde, oder Abordnungen, die auf das aktive Wahlrecht keinen Einfluß haben, verursacht sind, können unbeachtet bleiben (vgl. wie hier BVerwG, Beschluß v. 9. 10. 1959 – VII P 17.58 –, PersV 1959, 330). Beachtliche Unterbrechungen führen dazu, daß die Frist neu zu laufen beginnt (BVerwG v. 9. 10. 1959, a. a. O.). 3

Dritte Voraussetzung für die Wählbarkeit ist nach **Abs. 1 Buchst. b**, daß der Beschäftigte mindestens ein Jahr in öffentlichen Verwaltungen oder von diesen geführten Betrieben beschäftigt war. Erforderlich ist insoweit eine Beschäftigung bei öffentlichen Arbeitgebern. Letzteres ist ausgeschlossen, wenn Betriebe als KG, GmbH u. ä. organisiert sind. Die Ausführungen zur Zugehörigkeit zum Geschäftsbereich der obersten Dienstbehörde gelten hier entsprechend. Zu beachten ist, daß diese Voraussetzung nach Art. 15 Abs. 2 nicht vorzuliegen braucht, wenn nicht mindestens fünfmal soviel wählbare Beschäftigte jeder Gruppe vorhanden sind, als nach Art. 16 und 17 gewählt werden müssen. Auch diese Zeit muß ohne Unterbrechung zurückgelegt worden sein. Die Ausführungen zur zweiten Voraussetzung gelten entsprechend. 4

(Abs. 1 Satz 2) Beschäftigte, denen durch rechtskräftige Entscheidung eines Gerichts die Fähigkeit, Rechte aus öffentlichen Wahlen zu erlangen, abgesprochen wurde, sind nicht wählbar. Es handelt sich insoweit in der Regel um strafrechtliche Entscheidungen nach § 45 Abs. 1 und Abs. 2 StGB, in denen diese Folge wegen ehrenrührigen Verhaltens ausgesprochen wurde. 5

Wurde eine Person einmal aus dem Personalrat **ausgeschlossen**, so ist sie trotzdem weiterhin wählbar (vgl. BVerwG v. 23. 11. 1962 – VII 2.62 –, ZBR 1963, 24). 6

Die Mitgliedschaft und Betätigung im **Wahlvorstand** beseitigt das passive Wahlrecht ebenfalls nicht (BVerwG v. 12. 1. 1962 – VII P 10.60 –, ZBR 1962, 88; BAG, Beschluß v. 12. 10. 1976 – 1 ABR 1/76 –, NJW 1977, 647). 7

(Abs. 2) Nicht gewählt werden können Beschäftigte, die wöchentlich 8

Art. 14

regelmäßig weniger als 18 Stunden beschäftigt sind. Solche Beschäftigte dürfen zwar wählen, können aber nicht gewählt werden. Eine gelegentliche Unterschreitung der 18stündigen Beschäftigungszeit ist unerheblich. Ebenfalls nicht gewählt werden dürfen Lehrkräfte, wenn sie wöchentlich weniger als 12 Pflichtstunden leisten. Die Vorschrift diskriminiert mittelbar teilzeitbeschäftigte Frauen und ist deshalb im Hinblick auf Art. 3 GG wohl verfassungswidrig. Die Ausführungen zur gelegentlichen Unterschreitung der 18stündigen Beschäftigungszeit gelten ebenfalls.

9 Nicht gewählt werden dürfen außerdem **Dienstanfänger, Beamte im Vorbereitungsdienst** und **Beschäftigte in entsprechender Berufsausbildung**, denen bei ihrer Beschäftigung die **enge Bindung** zur Dienststelle fehlt. Dies sind in der Praxis die Referendare im juristischen Vorbereitungsdienst und die Studienreferendare ohne Lehrauftrag (vgl. Art. 13 Rn. 20). Diejenigen Dienstanfänger, Beamten im Vorbereitungsdienst und Beschäftigten in entsprechender Berufsausbildung, bei denen anders als beispielsweise bei den Rechtsreferendaren die erforderliche **Bindung an die Dienststelle** vorhanden ist, etwa weil sie dort einen Arbeitsplatz haben, besitzen nach Abs. 2 zwar das passive Wahlrecht für den Personalrat, dürfen nach Abs. 2 Satz 2 aber nicht in den Gesamtpersonalrat und die Stufenvertretung gewählt werden. Damit sind z. B. die Beamtenanwärter, die an der Bayerischen Beamtenfachhochschule ausgebildet werden, zwar berechtigt, in den Personalrat ihrer Dienststelle gewählt zu werden, nicht aber auch in Stufenvertretungen und den Gesamtpersonalrat. Die Mitgliedschaft im Personalrat ruht ggf. nach Art. 47 Abs. 4 Satz 3 bei längeren Studienzeiten in Hof, Herrsching, Starnberg oder München usw. Dasselbe gilt für die JA-Vertretungen auf allen Ebenen. Diese Sonderregelung ist nach obergerichtlicher Rechtsprechung sowohl mit der Rahmenregelung in § 95 Abs. 1, Halbs. 2 BPersVG und § 98 BPersVG als auch mit dem Gleichbehandlungsgebot des Art. 3 GG und des Art. 118 der Bayerischen Verfassung in Einklang (vgl. BayVGH, Beschluß v. 23. 1. 1985 – Nr. 17 C 84 A. 2284 –, n. v.).

10 **Leiharbeitnehmer,** die nach dem Arbeitnehmerüberlassungsgesetz (AÜG) »verliehen« werden, sind nach § 14 Abs. 2 Satz 1 AÜG in der Entleiherdienststelle nicht wählbar (vgl. Art. 13 Rn. 23 f.).

11 **(Abs. 3)** Die Regelung schließt aus, daß diejenigen **Personen, die nach Art. 7 zur Vertretung der Dienststelle gegenüber der Personalvertretung befugt sind**, gewählt werden können, und verhindert dadurch Interessen- und Gewissenskonflikte bei diesem Personenkreis, der die Interessen der Dienststelle gegenüber den Personalvertretungen zu vertreten hat (vgl. zu den Einzelheiten Art. 7 Rn. 2 ff.). Nicht wählbar sind daneben auch diejenigen **Beschäftigten, die in Personalangelegenheiten der Dienststelle selbständig entscheiden dürfen**. Unter »Personalangelegenheiten« im Sinne der Vorschrift sind hierbei zunächst diejenigen Angelegenheiten zu verstehen, die auch in den übrigen Vorschriften des BayPVG als solche bezeichnet werden, also nur die in Art. 75 Abs. 1

Art. 14, 15

Nrn. 1 bis 14, Art. 76 Abs. 1 Satz 1 Nrn. 4 bis 7 und Art. 77 genannten personellen Angelegenheiten (wie hier BVerwG, Beschluß v. 11. 3. 1982 – 6 P 8.80 –, PersV 1983, 405). Wer nur befugt ist, Disziplinarmaßnahmen zu verhängen (Verwarnung, Verweis), dienstliche Beurteilungen abzugeben, Urlaub oder Dienstbefreiung zu erteilen oder Beschäftigte in arbeitsrechtlich erheblicher Weise abzumahnen, gehört deshalb nicht schon zu dem Personenkreis, dessen passives Wahlrecht eingeschränkt ist (BVerwG, Beschluß v. 10. 5. 1982 – 6 P 2.81 –, PersV 1983, 194; BVerwG, Beschluß v. 11. 3. 1982 – 6 P 8.80 –, a. a. O.). Wer nur **vertretungsweise** oder nur durch **Tätigkeiten von untergeordneter Bedeutung** mit personellen Angelegenheiten befaßt ist, etwa weil er an das Einverständnis von Vorgesetzten gebunden ist, verliert das Recht, gewählt zu werden, ebenfalls nicht (vgl. OVG Münster v. 20. 8. 1962 – CB 8/62 –, ZBR 1962, 391). Vielmehr muß der betreffende Beschäftigte in diesen personellen Angelegenheiten zu selbständigen Entscheidungen befugt sein. Diese Voraussetzung liegt bei einem Beschäftigten, der lediglich als Sachbearbeiter in diesem Bereich tätig ist, nicht vor. Erforderlich ist insoweit das Recht zur sogenannten »Schlußzeichnung«. Eine leitende Unterrichtskraft an einer Krankenpflegeschule gehört zwar nicht zur Krankenhausleitung, hat aber umfangreiche Entscheidungsbefugnisse. Sie ist deshalb nicht wählbar (VG Schleswig-Holstein, Beschluß v. 22. 3. 1996 – PL 24/95 –, PersR 1996, 400 ff.).

(Abs. 4) Beschäftigte bei Dienststellen von Gemeinden und Gemeindeverbänden (vgl. Art. 1 Rn. 2), die deren oberste Organe bilden – das sind insbesondere die **Gemeinderäte** und die **Bürgermeister** –, dürfen nach Art. 14 Abs. 4 nicht in Personalvertretungen gewählt werden. Wird ein Beschäftigter, der Mitglied des Personalrats ist, in einen Gemeinderat gewählt oder wird ihm das Amt des Bürgermeisters übertragen, so muß er sein Amt als Mitglied des Personalrats niederlegen. **12**

Über **Verstöße** gegen die Vorschriften zum passiven Wahlrecht entscheiden nach Art. 81 Abs. 1 Nr. 1 die Verwaltungsgerichte, ggf. auch im Rahmen einer Wahlanfechtung nach Art. 25 Abs. 1 BayPVG. **13**

Artikel 15
Erleichterung der Wählbarkeit

(1) Besteht die oberste Dienstbehörde oder die Dienststelle weniger als ein Jahr oder wird in ihr die Arbeit regelmäßig wiederkehrend unterbrochen, so bedarf es für die Wählbarkeit nicht der Voraussetzungen des Art. 14 Abs. 1 Buchst. a.

(2) Die Voraussetzung des Art. 14 Abs. 1 Buchst. b entfällt, wenn nicht mindestens fünfmal soviel wählbare Beschäftigte jeder Gruppe vorhanden wären, als nach den Art. 16 und 17 zu wählen sind.

(Abs. 1) Die Vorschrift macht eine Ausnahme von der in Art. 14 Abs. 1 **1**

Art. 15

Buchst. a bezeichneten Wählbarkeitsvoraussetzung, wonach in Personalvertretungen nur gewählt werden darf, wer am Wahltag mindestens sechs Monate im Geschäftsbereich der obersten Dienststelle tätig ist.

Das Recht, gewählt zu werden, hat danach auch, wer diesem Geschäftsbereich weniger als sechs Monate angehört, falls entweder die oberste Dienstbehörde selbst oder die Dienststelle, in welcher der Beschäftigte tätig ist, am Wahltage **weniger als ein Jahr** besteht. Hierdurch soll die Bildung von Personalvertretungen bei neu eingerichteten Dienststellen erleichtert werden.

2 Für das »**Bestehen**« der Dienststellen kommt es darauf an, wann die Tätigkeit in derselben aufgenommen, nicht darauf, zu welchem Zeitpunkt der die Dienststelle begründende Verwaltungsakt erlassen wurde.

3 Wählbar ist nach § 15 Abs. 1 außerdem ausnahmsweise auch, wer dem Geschäftsbereich der in Art. 14 Abs. 1 bezeichneten Dienststelle noch nicht sechs Monate ununterbrochen angehört, falls die Tätigkeit in der Dienststelle **regelmäßig wiederkehrend unterbrochen** wird (wie z. B. in landwirtschaftlichen und forstwirtschaftlichen Betrieben der öffentlichen Hand), so daß mangels Wählbarkeit der Beschäftigten nach Art. 14 Abs. 1 Buchst. a keine Personalvertretungen gebildet werden könnten. Auch in den Fällen des Art. 15 Abs. 1 müssen alle sonstigen Voraussetzungen für die Wählbarkeit (vgl. Art. 14 Rn. 2 bis 12) vorliegen.

4 (**Abs. 2**) Die Vorschrift normiert eine Ausnahme von der in Art. 14 Abs. 1 Buchst. b bezeichneten Wählbarkeitsvoraussetzung, wonach nur solche Beschäftigte in Personalvertretungen gewählt werden dürfen, die am Wahltage seit mindestens einem Jahr ununterbrochen bei einem öffentlichen Arbeitgeber beschäftigt sind. Das Recht, gewählt zu werden, hat nach Abs. 2 auch, wer diese Voraussetzung nicht erfüllt, aber in einer Dienststelle kandidieren will, in der **nicht mindestens fünfmal so viele Beschäftigte jeder Gruppe vorhanden sind, als nach Art. 16 und 17 zu wählen sind**. Das Erfordernis der einjährigen Zugehörigkeit zum öffentlichen Dienst entfällt unter diesen Voraussetzungen für alle wahlberechtigten Beschäftigten auch aller anderen Gruppen. Die in Art. 15 Abs. 2 bezeichnete Voraussetzung ist z. B. erfüllt, wenn sich der Personalrat bei einer Dienststelle nach Art. 16 Abs. 1 aus fünf Mitgliedern zusammensetzt, von denen nach Art. 17 Abs. 3 mindestens zwei der Gruppe der Arbeiter, zwei der Gruppe der Angestellten und einer der Gruppe der Beamten angehören müssen, aber nicht mindestens zehn wählbare Arbeiter und Angestellte sowie fünf wählbare Beamte der Dienststelle angehören, etwa weil alle Angestellten, die lange genug im öffentlichen Dienst beschäftigt sind, dem in Art. 14 Abs. 2 und 3 bezeichneten Personenkreis zuzurechnen sind. Wählbar sind in diesen und allen gleichgelagerten Fällen dann auch alle Beschäftigten, die noch nicht ein Jahr dem öffentlichen Dienst angehören. Alle sonstigen Voraussetzungen der Wählbarkeit müssen aber selbstverständlich vorliegen (vgl. Art. 14 Rn. 2 bis 12).

Art. 15, 16

Streitigkeiten entscheiden die Verwaltungsgerichte nach Art. 81 Abs. 1 Nr. 1 oder im Rahmen einer Wahlanfechtung nach Art. 25. Zur Möglichkeit, vorläufigen Rechtsschutz zu erlangen, vgl. Art. 13 Rn. 25.   5

**Artikel 16
Größe des Personalrats**

(1) Der Personalrat besteht in den Dienststellen mit in der Regel

5 bis 20 wahlberechtigten Beschäftigten aus einer Person,

21 wahlberechtigten Beschäftigten bis 50 Beschäftigten aus drei Mitgliedern,

51 bis 150 Beschäftigten aus fünf Mitgliedern,

151 bis 300 Beschäftigten aus sieben Mitgliedern,

301 bis 600 Beschäftigten aus neun Mitgliedern,

601 bis 1 000 Beschäftigten aus elf Mitgliedern.

Die Zahl der Mitglieder erhöht sich in Dienststellen mit 1 001 bis 5 000 Beschäftigten um je zwei für je weitere angefangene 1 000, mit 5 001 und mehr Beschäftigten um je zwei für je weitere angefangene 2 000.

(2) Die Höchstzahl der Mitglieder beträgt fünfundzwanzig.

Art. 16 legt die zahlenmäßige Stärke und damit **die Größe der zu bil-** **1** **denden Personalräte** fest (zur Größe von Stufenvertretungen und Gesamtpersonalräten vgl. Anm. zu Art. 53 Abs. 2 und Art. 56). Die Anzahl der zu wählenden Personalratsmitglieder wird vom **Wahlvorstand** in der Regel anhand der Unterlagen, welche von der Dienststelle zur Verfügung gestellt werden, festgestellt und im Wahlausschreiben bekanntgegeben (vgl. § 6 Abs. 2 b WO-BayPVG). Die fehlerhafte Feststellung der Stärke des zu bildenden Personalrats kann die Anfechtung der Wahl nach Art. 25 Abs. 1 rechtfertigen. Eine Feststellung während der laufenden Wahlvorbereitung durch das Verwaltungsgericht kann von Fall zu Fall möglich und geboten sein (vgl. Art. 13 Rn. 25).

(**Abs. 1**) Die Vorschrift bestimmt, daß sich die zahlenmäßige Zusammen- **2** setzung und Größe des Personalrats aus der Zahl der in der Dienststelle **in der Regel** Beschäftigten ergibt. Wer »in der Regel« beschäftigt ist, folgt hierbei aus Art. 12 (vgl. zum Begriff der Regelstärke Art. 12 Rn. 2 f.).

Für die erste Stufe der in der Vorschrift angegebenen Tabelle kommt es hierbei auf die Zahl der **wahlberechtigten** Beschäftigten an. Dasselbe gilt für die untere Grenze der zweiten Stufe. In der Folge wird dann nur noch auf die Beschäftigteneigenschaft abgestellt (vgl. zur Wahlberechtigung der Beschäftigten Art. 13 Rn. 3 bis 24, ferner zum Begriff der **Beschäftigten** Art. 4 Rn. 1). Nur Dienststellen, bei denen mindestens 5 wahlberechtigte Beschäftigte und nicht mehr als 20 Wahlberechtigte tätig sind, haben also einen Personalrat, der aus einer Person besteht. Bei Dienst-

Art. 16, 17

stellen mit mindestens 21 wahlberechtigten Beschäftigten und nicht mehr als 50 Beschäftigten (auf die Wahlberechtigung kommt es hier nicht mehr an) besteht der Personalrat aus drei Mitgliedern. Bei Dienststellen mit 51 und mehr Beschäftigten besteht der Personalrat dann aus fünf und mehr Mitgliedern. Von der in der Vorschrift vorgesehenen Größe der Personalräte kann grundsätzlich nur nach unten abgewichen werden, und dies auch nur unter der Voraussetzung, daß sich nicht genügend Wahlbewerber zur Verfügung stellen, obwohl genügend wählbare Beschäftigte vorhanden sind, **oder** daß nicht genügend Beschäftigte das Recht haben, sich wählen zu lassen. In diesen Fällen ist der Personalrat mit der höchstmöglichen Zahl von Mitgliedern zu besetzen.

Für Dienststellen mit mehr als 1 000 Beschäftigten ergeben sich folgende Größen der zu bildenden Personalräte:

1 000 bis 2 000 Beschäftigte = 13 Mitglieder

2 001 bis 3 000 Beschäftigte = 15 Mitglieder

3 001 bis 4 000 Beschäftigte = 17 Mitglieder

4 001 bis 5 000 Beschäftigte = 19 Mitglieder

5 001 bis 7 000 Beschäftigte = 21 Mitglieder

7 001 bis 9 000 Beschäftigte = 23 Mitglieder

9 001 und mehr Beschäftigte = 25 Mitglieder.

Maßgeblicher Zeitpunkt für die Ermittlung der **Zahl der in der Regel Beschäftigten** ist der Tag, an dem das Wahlausschreiben erlassen wird. Es kommt darauf an, wie ein objektiver und verständiger Beobachter an diesem Tag die Regelstärke unter Berücksichtigung aller bekannter Umstände festgelegt hätte.

3 **(Abs. 2)** Hiernach wird die Höchstzahl der Mitglieder eines Personalrats auf fünfundzwanzig begrenzt (vgl. die Tabelle in Rn. 2).

4 **Streitigkeiten** über die Stärke eines Personalrats entscheiden die Verwaltungsgerichte nach Art. 81 Abs. 1 Nr. 2 (vgl. Rn. 1).

Für den Fall, daß der Wahlvorstand bei Durchführung der Wahl die Stärke bzw. Größe des Gremiums fehlerhaft feststellt, besteht die Möglichkeit, die Wahl anzufechten (vgl. Art. 25 Rn. 1 ff.; vgl. ferner zur Möglichkeit, vorläufigen Rechtsschutz zu erlangen, Art. 13 Rn. 25).

Artikel 17
Verteilung der Sitze auf die Gruppen

(1) Sind in der Dienststelle Angehörige verschiedener Gruppen beschäftigt, so muß jede Gruppe entsprechend ihrer Stärke im Personalrat vertreten sein, wenn dieser aus mindestens drei Mitgliedern besteht. Bei gleicher Stärke der Gruppen entscheidet das Los. Macht eine Gruppe von ihrem Recht, im Personalrat vertreten zu sein, keinen Gebrauch, so verliert sie ihren Anspruch auf Vertretung.

Art. 17

(2) Der Wahlvorstand errechnet die Verteilung der Sitze auf die Gruppen nach den Grundsätzen der Verhältniswahl und stellt den Anteil an Frauen und Männern bei den wahlberechtigten Beschäftigten insgesamt und in den einzelnen Gruppen fest.

(3) Eine Gruppe erhält mindestens

bei weniger als 51 Gruppenangehörigen einen Vertreter,

bei 51 bis 200 Gruppenangehörigen zwei Vertreter,

bei 201 bis 600 Gruppenangehörigen drei Vertreter,

bei 601 bis 1 000 Gruppenangehörigen vier Vertreter,

bei 1 001 und mehr Gruppenangehörigen fünf Vertreter.

(4) Ein Personalrat, für den in Art. 16 Abs. 1 drei Mitglieder vorgesehen sind, besteht aus vier Mitgliedern, wenn eine Gruppe mindestens ebensoviel Beschäftigte zählt wie die beiden anderen Gruppen zusammen. Das vierte Mitglied steht der stärksten Gruppe zu.

(5) Eine Gruppe, der in der Regel nicht mehr als fünf Beschäftigte angehören, erhält nur dann eine Vertretung, wenn sie mindestens ein Zwanzigstel der Beschäftigten der Dienststelle umfaßt. Erhält sie keine Vertretung und findet Gruppenwahl statt, so kann sich jeder Angehörige dieser Gruppe durch Erklärung gegenüber dem Wahlvorstand einer anderen Gruppe anschließen.

(6) Der Personalrat soll sich aus Vertretern der verschiedenen Beschäftigungsarten zusammensetzen.

(7) Frauen und Männer sollen bei der Bildung des Personalrats entsprechend ihrem Anteil an den wahlberechtigten Beschäftigten der Dienststelle berücksichtigt werden.

Durch die Vorschrift wird das Recht der in Art. 5 bezeichneten Gruppenangehörigen begründet, in dem zu bildenden Personalrat entsprechend der Stärke der jeweiligen Gruppe durch Personalräte vertreten zu sein. Die Gruppenangehörigen müssen von diesem Recht aber Gebrauch machen (vgl. Art. 17 Abs. 1 Satz 3 und Art. 18). Das bezeichnete Recht wird einerseits zugunsten eines weitergehenden Anspruchs von Minderheitsgruppen, andererseits zugunsten einer weitergehenden Berechtigung von besonders starken Gruppen eingeschränkt: **1**

Im ersten Fall garantiert das Gesetz den Angehörigen von **Minderheitsgruppen** eine bestimmte Anzahl von Sitzen im Personalrat, gegebenenfalls auch zu Lasten einer stärkeren Gruppe, falls die Minderheit nicht so klein ist, daß sie zahlenmäßig vernachlässigt werden kann (vgl. Art. 17 Abs. 3 und 5). **2**

Im zweiten Fall wird bei Personalräten, die nur aus drei Mitgliedern bestehen, einer besonders **starken Gruppe** ein zusätzlicher Platz im Personalrat (4. Platz) zugestanden (vgl. Art. 17 Abs. 4). **3**

Art. 17

4 Ein nur »moralischer Anspruch«, im Personalrat vertreten zu sein, wird in Abs. 6 und 7 für die Angehörigen der verschiedenen Beschäftigungsarten und die Geschlechter begründet (zu den weiteren Auswirkungen des »Gruppenprinzips« vgl. Art. 5 Rn. 2).

5 **(Abs. 1)** **Abs. 1 Satz 1** bestimmt, daß in Dienststellen, in denen der Personalrat nach Art. 16 aus drei und mehr Mitgliedern besteht, und in denen Angehörige der verschiedenen Gruppen (Arbeiter, Angestellte und Beamte) beschäftigt sind, jede dieser **Gruppen** das Recht hat, entsprechend ihrer **zahlenmäßigen Stärke** im Personalrat vertreten zu sein.

6 Was die Stärke der einzelnen Gruppen betrifft, so ist entscheidend, wie viele Gruppenangehörige »**in der Regel**« beschäftigt werden, und nicht, wie viele am Wahltag tatsächlich beschäftigt sind (zur »Regelstärke« vgl. Art. 12 Rn. 2 und Art. 16 Rn. 2). Zur Berechnung der Anzahl der auf die Gruppen entfallenden Sitze vgl. Rn. 10. Die Anzahl der auf die einzelnen Gruppen entfallenden Sitze ist vom Wahlvorstand zu ermitteln und im Wahlausschreiben bekanntzugeben (vgl. § 6 Abs. 2 Buchst. b WO-BayPVG).

7 Nach **Abs. 1 Satz 2** entscheidet das Los darüber, welcher Gruppe ein nach dem d'Hondtschen Verfahren zuzuordnender Sitz im Personalrat zusteht, wenn zwei Gruppen wegen ihrer gleichen Stärke diesen Sitz beanspruchen können. Dies ist der Fall, wenn die Zuteilung eines oder mehrerer Sitze nach dem in Abs. 2 beschriebenen »Höchstzahlverfahren« deshalb nicht eindeutig ist, weil mehrere Gruppen nach ihrer »Höchstzahl« Anspruch auf diesen Sitz haben und nicht mehr genügend Sitze zur Verfügung stehen, um all diesen Gruppen gerecht werden zu können (vgl. hierzu das zweite Beispiel in Rn. 10). Der unter solchen Voraussetzungen erforderliche Losentscheid ist vom Wahlvorstand in der Wahlvorstandssitzung vorzunehmen, in der das Wahlausschreiben erarbeitet wird. Für den Losentscheid ist keine besondere Form vorgesehen.

8 **Abs. 1 Satz 3** bestimmt, daß eine Gruppe bzw. die ihr angehörenden Beschäftigten das Recht, im Personalrat entsprechend der Gruppenstärke vertreten zu sein, dann verlieren, wenn alle Gruppenangehörigen auf dieses Recht durch ausdrückliche Erklärung (z. B. gegenüber dem Wahlvorstand) verzichtet haben **oder** die wahlberechtigten Beschäftigten bzw. eine im Betrieb vertretene Gewerkschaft keinen Wahlvorschlag gemacht hat (vgl. hierzu Rn. 13 zu Art. 19 Abs. 4) **oder** kein passiv Wahlberechtigter als Wahlbewerber kandidiert.

Die betreffende Gruppe ist unter solchen Voraussetzungen für die Amtszeit des zu wählenden Personalrats nicht selbständig in diesem Gremium vertreten. Die der Gruppe zustehenden Sitze werden nach den Grundsätzen der Verhältniswahl mit Personalratsmitgliedern der anderen Gruppe besetzt (vgl. BVerwG, Beschluß v. 23. 10. 1970 – VII P 9.70 –, ZBR 1971, 120), welche, ohne hierzu verpflichtet zu sein, die Interessen der dieser Gruppe angehörenden Beschäftigten mitvertreten. Letztere haben

Art. 17

nicht das Recht aus Art. 17 Abs. 5, sich einer anderen Gruppe anzuschließen, wie das diejenigen Gruppenangehörigen tun können, die zu einer Gruppe mit nicht mehr als fünf Beschäftigten gehören (vgl. Art. 17 Rn. 13).

(**Abs. 2**) Die Regelung schreibt vor, daß die Verteilung der nach Art. 16 zur Verfügung stehenden Sitze nach dem »**Höchstzahlensystem**« (d'Hondtsches System) vorzunehmen ist. Wird das zahlenmäßige Verhältnis der Gruppen zueinander festgestellt, so werden nicht nur die Wahlberechtigten, sondern alle Arbeiter, Angestellten und Beamten mitgezählt, die **Beschäftigte** im Sinne von Art. 4 sind (vgl. Art. 4 Rn. 1 ff.). **9**

Hierbei ist das »**Höchstzahlverfahren**« so anzuwenden, wie dies in § 5 Abs. 2 WO-BayPVG beschrieben ist (vgl. die Beispiele bei ABW, Art. 17 Rn. 10). **10**

Abweichungen der auf diese Weise zu ermittelnden Sitzverteilung ergeben sich nur in folgenden Fällen:

– Eine Gruppe macht von ihrem Anspruch, im Personalrat vertreten zu sein, keinen Gebrauch (Fall des Art. 17 Abs. 1 Satz 3, vgl. Rn. 8).

– Eine Gruppe erreicht nicht die in Abs. 5 bezeichnete Mindestzahl – die Mitglieder können dem Wahlvorstand gegenüber erklären, welcher Gruppe sie sich anschließen.

– Es wurde nach Art. 18 eine abweichende Verteilung der Mitglieder des Personalrats auf die Gruppen beschlossen (vgl. Art. 18 Rn. 1 ff.).

Die Feststellung des Frauenanteils dient als Grundlage für die »Sollvorschrift« in Abs. 7 (vgl. Rn. 14).

(**Abs. 3**) Nach **Abs. 3** muß jede Gruppe mindestens mit so vielen Sitzen im Personalrat vertreten sein, wie dies die Regelung vorsieht. Dies geschieht gemäß § 5 Abs. 3 WO-BayPVG in der Weise, daß eine Gruppe, die bei einer Berechnung der Sitze nach Abs. 2 weniger Sitze erhält, als ihr nach Abs. 3 zustehen, die in Abs. 3 vorgeschriebene Mindestzahl von Sitzen erhält. In der Folge wird dann die Zahl der Sitze, die bei einer Berechnung nach dem Höchstzahlverfahren den übrigen Gruppen zusteht, entsprechend wie folgt gekürzt: **11**

Die jeweils zuletzt zugeteilten Sitze werden zuerst gekürzt. Für den Fall, daß bei gleichen Höchstzahlen nur ein Sitz zu kürzen ist, entscheidet das Los darüber, welche Gruppe den Sitz abgeben muß (vgl. Rn. 7). Hierbei ist nur zu beachten, daß die nach Abs. 3 vorgegebene Mindestzahl an Sitzen nicht dadurch unterschritten werden darf, daß Sitze an andere Gruppen abgegeben werden.

(**Abs. 4**) Nach **Abs. 4** besteht ein Personalrat, der sich nach Art. 16 Abs. 1 eigentlich nur aus drei Mitgliedern zusammensetzt (vgl. Art. 16 Rn. 2), dann ausnahmsweise aus vier Mitgliedern, wenn eine der vertretenen Gruppen mindestens ebenso viele regelmäßig Beschäftigte zählt wie die **12**

Art. 17

beiden anderen Gruppen zusammen (zur Beschäftigteneigenschaft vgl. Art. 4 Rn. 1 ff.).

Der zusätzliche Sitz steht der **Mehrheitsgruppe** zur Verfügung.

Zu beachten ist, daß eine Einbuße der stärksten Gruppe nach Abs. 3 für den Fall, daß die Voraussetzungen des Abs. 4 vorliegen, bei Personalräten mit nur drei Mitgliedern dadurch wieder auszugleichen ist, daß die Zahl der Personalratssitze auf vier erhöht wird.

13 (**Abs. 5**) Nach **Abs. 5** haben Kleinstgruppen, denen in der Regel nicht mehr als fünf Beschäftigte angehören, **nur dann** ein Recht darauf, im Personalrat vertreten zu sein, wenn die Mitglieder der Gruppe mindestens **ein Zwanzigstel** aller Beschäftigten der Dienststelle ausmachen.

Hat eine Gruppe in der Regel mehr als fünf Beschäftigte, kommt es nicht mehr darauf an, wie groß der Anteil dieser Beschäftigten in der Dienststelle ist. Ist eine Gruppe wegen ihrer geringen Zahl im Personalrat nicht vertreten, besteht für den Fall, daß Gruppenwahl stattfindet, für jeden einzelnen die Möglichkeit, sich durch Erklärung gegenüber dem Wahlvorstand einer anderen Gruppe seiner Wahl anzuschließen. Dies kann von der anderen Gruppe nicht verweigert werden.

Nach höchstrichterlicher Rechtsprechung hat der Anschluß an eine andere Gruppe keinen Einfluß auf die Sitzverteilung der Gruppen untereinander (BVerwG, Beschluß v. 10. 5. 1982 – 6 P 40.80 –, PersV 1983, 155).

14 (**Abs. 6, 7**) Nach **Abs. 6** soll sich der Personalrat aus Vertretern der verschiedenen **Beschäftigungsarten** und nach **Abs. 7** aus den Angehörigen der **Geschlechter** entsprechend dem Zahlenverhältnis in der Dienststelle zusammensetzen. Die »**Sollvorschrift**« begründet kein einklagbares Recht, sondern nur einen »moralischen« Anspruch auf Vertretung der bezeichneten Gruppen. Die Vorschrift ist als Appell an die Verantwortlichen zu verstehen, schon bei der Aufstellung der Wahlkandidaten zu berücksichtigen, daß die Sachkunde des Personalrats steigt, wenn Vertreter der verschiedenen Beschäftigungsarten (wie z.B. Mitarbeiter im Innen- und Außendienst) vorhanden sind. Dadurch, daß mehr weibliche Kandidaten aufgestellt werden, kann sichergestellt werden, daß die besonderen Belange der weiblichen Beschäftigten angemessen ins Bewußtsein des Personalratsgremiums gerückt werden.

15 Die unrichtige Verteilung der Personalratssitze auf die einzelnen Gruppen kann nach der Wahl nur im Wege der Wahlanfechtung nach Art. 25 oder im Verfahren nach Art. 81 Abs. 1 Nr. 2 angegriffen werden (wie hier BVerwG, Beschluß v. 15. 3. 1968 – VII P 5.67 –, AP Nr. 1 zu § 13 PersVG = ZBR 1968, 262). Sie führt zur Ungültigkeit der Wahl insgesamt (vgl. OVG Rheinland-Pfalz, Urteil v. 9. 8. 1994 – 5 A 10021/94 OVG –, PersR 1995, 430). Eine Verletzung der Sollvorschriften aus Abs. 6 und 7 ist kein Anfechtungsgrund. Zur Möglichkeit einer gerichtlichen Klärung während des laufenden Wahlverfahrens vgl. Art. 13 Rn. 25.

Artikel 18
Abweichende Verteilung der Sitze, Vertretung

(1) Die Verteilung der Mitglieder des Personalrats auf die Gruppen kann abweichend von Art. 17 geordnet werden, wenn jede Gruppe dies vor der Neuwahl in getrennter geheimer Abstimmung beschließt.

(2) Für jede Gruppe können auch Angehörige anderer Gruppen vorgeschlagen werden. Die Gewählten gelten als Vertreter derjenigen Gruppe, für die sie vorgeschlagen worden sind.

Art. 18 Abs. 1 begründet das Recht der in der Dienststelle vertretenen 1
Gruppen (Angestellte, Arbeiter, Beamte) zu beschließen, daß die im Personalrat zu besetzenden Sitze in anderer Weise auf die einzelnen Gruppen verteilt werden, als dies in Art. 17 vorgesehen ist.

Art. 18 Abs. 2 begründet das Recht einzelner Wahlbewerber, sich als Vertreter einer anderen Gruppe, der sie selbst nicht angehören, zur Wahl vorschlagen zu lassen (»gruppenfremde Kandidatur«) und für den Fall der Wahl als Vertreter dieser Gruppe tätig zu werden.

(**Abs. 1**) Die in der Dienststelle vorhandenen Gruppen können bestim- 2
men, daß die nach Art. 17 vorgesehenen Gruppensitze in anderer Weise aufgeteilt werden. Hierbei darf aber die Höchstzahl der zu vergebenden Sitze nicht überschritten werden.

Diese Möglichkeit besteht unabhängig davon, ob der Personalrat in Gruppenwahl (Art. 19 Abs. 2) oder gemeinsamer Wahl (Art. 19 Abs. 5 – vgl. hierzu den Überblick bei Art. 19 Rn. 1 ff.) gewählt wird (wie hier Hess. VGH, Beschluß v. 26. 4. 1978 – HPV TL 13/76 –, PersV 1980, 507; BSFE, BayPVG, Art. 18 Anm. 13; Grabendorff u. a., BPersVG, § 18 Anm. 13). Die Abstimmung setzt voraus, daß in den einzelnen Gruppen ein konkreter Vorschlag zur Wahl gestellt wird, wie die vorhandenen Sitze auf die einzelnen Gruppen verteilt werden sollen. Die abweichende Verteilung der Sitze muß vor jeder Personalratswahl durchgeführt werden und gilt nur jeweils für die bevorstehende Wahl.

Ein besonderes Verfahren ist nicht vorgesehen, doch handelt es sich bei 3
der Entscheidung der Gruppenangehörigen um eine Vorabstimmung i.S.v. § 4 WO-BayPVG. Nach dieser Vorschrift muß zur Durchführung der Entscheidung, welche in geheimen, nach Gruppen getrennten Abstimmungen der wahlberechtigten Beschäftigten erfolgen muß, zunächst ein sogenannter **Abstimmungsvorstand** gebildet werden. Diesem Abstimmungsvorstand kann eine beliebige Zahl von Mitgliedern angehören, er muß aber mindestens aus **drei wahlberechtigten Beschäftigten** bestehen, und ihm muß mindestens ein Mitglied jeder in der Dienststelle vertretenen Gruppe angehören. Der Abstimmungsvorstand wird von der Gruppe eingerichtet bzw. organisiert, von der die Initiative zu der Abstimmung ausgeht. Ihm können auch Mitglieder des Wahlvorstandes angehören. Ein bereits gewählter Wahlvorstand kann auch als Abstimmungsvorstand

Art. 18

fungieren (Einzelheiten vgl. BVerwG v. 21. 7. 1980 – 6 P 13.80 –, PersV 1981, 501).

4 Der Abstimmungsvorstand kann auch aus Mitgliedern nur einer Gewerkschaft bestehen (BVerwG, Beschluß v. 21. 7. 1980, a. a. O.; BayVGH, Beschluß v. 18. 1. 1980 – Nr. 18. C 1433/79 –, bisher n. v.).

Eine **Werbung durch Mitglieder des Abstimmungsvorstands** ist nicht ausgeschlossen (wie hier BayVGH v. 18. 1. 1980, a. a. O.).

5 Eine **geheime Abstimmung** setzt voraus, daß die Stimmabgabe so erfolgen kann, daß kein Dritter Kenntnis von der Entscheidung der Wählenden bzw. Abstimmenden erlangen kann (wie hier BayVGH, Beschluß v. 27. 4. 1979 – Nr. 18. C – 423/79 –, PersV 1980, 332). Der Abstimmende muß außerdem objektiv beim Ausfüllen des Stimmzettels und dessen Hineinlegen in den Wahlumschlag den Blicken aller weiteren Personen so entzogen sein, daß er auch subjektiv das Gefühl hat, er könne bei der Vornahme der Abstimmung nicht beobachtet werden (wie hier BayVGH v. 18. 1. 1980 – Nr. 18. C – 1433/79 –, a. a. O.). Der **Abstimmungsvorgang** an sich ist für die einzelnen Gruppen getrennt durchzuführen, auch wenn zuvor schon gemeinsame Wahl beschlossen wurde, weil nur auf diese Weise festgestellt werden kann, ob von der Mehrheit der Gruppenmitglieder eine anderweitige Verteilung der Personalratssitze auf die Gruppen gewollt ist. Die getrennt durchzuführende Abstimmung kann für die verschiedenen Gruppen zu unterschiedlichen Zeiten durchgeführt werden.

6 **Abstimmungsberechtigt** sind alle Gruppenangehörigen, unabhängig davon, ob auch die Wahlberechtigung nach Art. 12 vorliegt (h. M., vgl. z. B. BSFE, BayPVG, Art. 18 Anm. 12 m. w. N.). Auch bei Vorabstimmungen ist die Anordnung der schriftlichen Stimmabgabe in räumlich abgesonderten Dienststellenbereichen zulässig. Ist die **Anordnung der schriftlichen Stimmabgabe** vom Abstimmungsvorstand nicht ordnungsgemäß bekanntgemacht, so kann dies allenfalls den Erfolg der Urabstimmung beeinträchtigen, nicht aber zu einer irgendwie gearteten anderen Verfälschung ihres Ergebnisses oder gar des Ergebnisses der Personalratswahl führen.

7 Die Übersendung der **Abstimmungsunterlagen** kann nicht nur auf dem Postwege oder auf dem Dienstpostwege, sondern auch durch Boten bewirkt werden, sofern gegen deren Zuverlässigkeit (nach pflichtgemäßer Auffassung des Abstimmungsvorstandes) keine Bedenken bestehen. Beim Rücklauf der Abstimmungsunterlagen an den Abstimmungsvorstand kann ebenso verfahren werden. § 17 WO-BayPVG schreibt ein Datum für die vom Wähler abzugebende Erklärung, in der dieser gegenüber dem Abstimmungsvorstand versichert, daß er den Stimmzettel persönlich gekennzeichnet hat, nicht vor.

8 Wird die Stimmabgabe bei angeordneter schriftlicher Abstimmung durch den Abstimmungsvorstand so gestaltet, wie eine Abstimmung im Wahllokal, so müssen auch dieselben Vorkehrungen, die dabei nötig sind (**Abstimmungskabine, Abstimmungsurne, ständige Anwesenheit mindestens zweier Mitglieder des Abstimmungsvorstandes**), getroffen werden.

Bei der **Stimmenauszählung** und der **Feststellung des Stimmergebnisses** muß der Abstimmungsvorstand ständig versammelt sein (vgl. BayVGH, Beschluß v. 18. 1. 1980, a. a. O.). Die abweichende Sitzverteilung ist beschlossen, wenn jede der in der Dienststelle vertretenen Gruppen mehrheitlich an der Abstimmung teilgenommen und die Mehrheit der Gruppen sich für den Vorschlag, der die abweichende Verteilung bezeichnet, ausgesprochen hat. 9

Der Abstimmungsvorstand hat über den Verlauf der Wahl eine **Niederschrift** anzufertigen, die Ausführungen zu den bezeichneten Punkten enthält. Das **Ergebnis** muß dem Wahlvorstand vom Abstimmungsvorstand innerhalb einer Woche nach der Bekanntgabe der Namen der Mitglieder des Wahlvorstandes zugegangen sein (vgl. § 4 WO-BayPVG). 10

Die **Kosten der Vorabstimmung** muß nach Art. 24 Abs. 2 die Dienststelle tragen, da das Abstimmungsverfahren Teil des Wahlverfahrens nach der Wahlordnung des BayPVG ist. **Die Initiative** zur Einleitung der Vorabstimmung kann von jedem Beschäftigten der Dienststelle, Mitgliedern des Wahlvorstandes oder einer in der Dienststelle vertretenen Gewerkschaft ausgehen. 11

(**Abs. 2**) Die Vorschrift begründet das Recht der Vorschlagsberechtigten (vgl. Art. 19), auch Angehörige fremder Gruppen als Kandidaten für die Vertretung einer Gruppe (Arbeiter, Angestellte, Beamte) vorzuschlagen. Einzelne Bewerber haben das Recht einer entsprechenden Kandidatur, falls die sonstigen Voraussetzungen erfüllt sind. Einer Bewerbung steht nicht entgegen, daß genügend gruppeneigene Bewerber vorhanden sind. Da jeder Beschäftigte nach Art. 19 nur auf einem Wahlvorschlag genannt werden kann, ist eine Kandidatur in der eigenen Gruppe dann aber ausgeschlossen. Eine **gruppenfremde Kandidatur** ist sowohl bei der Gruppenwahl (vgl. Art. 19 Rn. 1 ff.) als auch bei der gemeinsamen Wahl (vgl. Art. 19 Rn. 1 ff.) möglich (wie hier BSFE, BayPVG, Art. 18 Anm. 15). Der gruppenfremde Bewerber vertritt die Interessen derjenigen Gruppen im Personalrat (Stufenvertretung, Gesamtpersonalrat), für die er kandidiert hat und für die er gewählt wurde. Bei Gruppenentscheidungen stimmt er mit dieser Gruppe ab. Bei den Wahlen zum Vorstand ist der Gruppenfremde der Gruppe zuzurechnen, die er vertritt. Also kann beispielsweise ein Beamter Vorstandsmitglied der Arbeitergruppe sein, für welche er in die Personalvertretung gewählt wurde. Da die Wahl des gruppenfremden Beschäftigten keinen Einfluß auf sein Beschäftigungsverhältnis zum Arbeitgeber als Arbeiter, Angestellter oder Beamter hat, sondern nur die kollektivrechtliche Seite des Beschäftigungsverhältnisses betrifft, bleibt der Kandidat für die Gruppe wahlberechtigt, der er auch angehört. 12

Art. 18, 19

13 **Streitigkeiten** über die Wirksamkeit einer Vorabstimmung und die Stellung gruppenfremder Bewerber entscheiden nach Art. 81 Abs. 1 Nr. 2 die Verwaltungsgerichte. Während des laufenden Wahlverfahrens und unter Umständen sogar während der Vorabstimmung kommt in engen Grenzen auch vorläufiger Rechtsschutz im Wege einer einstweiligen Verfügung in Betracht (vgl. Art. 13 Rn. 25). Nach Abschluß der Wahl kommt auch eine Anfechtung nach Art. 25 in Betracht, da zu den in dieser Regelung genannten Vorschriften über das Wahlverfahren auch die Bestimmungen gehören, die sich auf die Vorabstimmungen nach Art. 18 Abs. 1 und Art. 19 Abs. 2 beziehen (vgl. BayVGH, Beschluß v. 18.1.1980 – Nr. 18. C–1433/79 –, rechtskräftig, n.v.).

Artikel 19
Wahlgrundsätze

(1) Der Personalrat wird in geheimer und unmittelbarer Wahl gewählt.

(2) Besteht der Personalrat aus mehr als einer Person, so wählen die Beamten, Angestellten und Arbeiter ihre Vertreter (Art. 17) je in getrennten Wahlgängen, es sei denn, daß die wahlberechtigten Angehörigen jeder Gruppe vor der Neuwahl in getrennten geheimen Abstimmungen die gemeinsame Wahl beschließen. Der Beschluß bedarf der Mehrheit der Stimmen aller Wahlberechtigten jeder Gruppe.

(3) Die Wahl wird nach den Grundsätzen der Verhältniswahl durchgeführt. Wird nur ein Wahlvorschlag eingereicht, so findet Personenwahl statt. In Dienststellen, deren Personalrat aus einer Person besteht, wird dieser mit einfacher Stimmenmehrheit gewählt. Das gleiche gilt für Gruppen, denen nur ein Vertreter im Personalrat zusteht.

(4) Zur Wahl des Personalrats können die wahlberechtigten Beschäftigten und die in der Dienststelle vertretenen Gewerkschaften Wahlvorschläge machen. Die Wahlvorschläge sollen mindestens so viele Bewerberinnen und Bewerber enthalten, wie erforderlich sind, um die anteilige Verteilung der Sitze im Personalrat auf Frauen und Männer zu erreichen. Jeder Wahlvorschlag der Beschäftigten muß von mindestens einem Zwanzigstel der wahlberechtigten Gruppenangehörigen, jedoch von mindestens drei Wahlberechtigten unterzeichnet sein. In jedem Fall genügt die Unterzeichnung durch 50 wahlberechtigte Gruppenangehörige. Die nach Art. 14 Abs. 3 nicht wählbaren Beschäftigten dürfen keine Wahlvorschläge machen oder unterzeichnen.

(5) Ist gemeinsame Wahl beschlossen worden, so muß jeder Wahlvorschlag der Beschäftigten von mindestens einem Zwanzigstel der

wahlberechtigten Beschäftigten unterzeichnet sein; Absatz 4 Sätze 3 bis 5 gelten entsprechend.

(6) Werden bei gemeinsamer Wahl für eine Gruppe gruppenfremde Bewerber vorgeschlagen, muß der Wahlvorschlag von mindestens einem Zwanzigstel der wahlberechtigten Angehörigen der Gruppe unterzeichnet sein, für die sie vorgeschlagen sind. Absatz 4 Sätze 4 und 5 gelten entsprechend.

(7) Jeder Wahlvorschlag einer Gewerkschaft muß von zwei Beauftragten unterzeichnet sein; die Beauftragten müssen Beschäftigte der Dienststelle sein und einer in der Dienststelle vertretenen Gewerkschaft angehören. Bei Zweifeln an der Beauftragung kann der Wahlvorstand verlangen, daß die Gewerkschaft die Beauftragung bestätigt.

(8) Jeder Beschäftigte kann nur auf einem Wahlvorschlag benannt werden.

(9) Findet Verhältniswahl statt, hat der Wahlberechtigte so viele Stimmen, wie bei getrennter Wahl Gruppenvertreter, bei gemeinsamer Wahl Personalratsmitglieder zu wählen sind. Der Wahlberechtigte kann seine Stimme nur Bewerbern geben, deren Namen in demselben Wahlvorschlag enthalten sind. Er kann durch Kennzeichnung eines Wahlvorschlags diesen unverändert annehmen. Innerhalb der Gesamtzahl der für jede Gruppe zulässigen Stimmen kann er einem Bewerber bis zu drei Stimmen geben.

Art. 19 Abs. 2 bezeichnet zwei verschiedene Formen, in welchen die Wahl des Personalrats erfolgen kann. Es handelt sich um die **Gruppenwahl** (vgl. Rn. 2) und die **gemeinsame Wahl** (vgl. Rn. 3). **1**

Außerdem werden in Abs. 3 zwei Grundsätze festgelegt, nach denen diese beiden Wahlformen abgewickelt werden können. Dabei geht es um die sogenannte **Verhältniswahl** (= Listenwahl) und die **Personenwahl**.

Vereinfacht ausgedrückt, wird bei der **Gruppenwahl** die Wahl der Personalratsmitglieder getrennt nach Gruppen (Arbeiter, Angestellte, Beamte) durchgeführt, wobei jede Gruppe ihre Vertreter aus den Kandidaten ermittelt, die der Gruppe angehören oder für diese Gruppe kandidieren. **2**

Bei der **gemeinsamen Wahl** wird die Wahl der Personalratsmitglieder gemeinsam durchgeführt, d.h. alle Wahlberechtigten ermitteln ohne Rücksicht auf ihre Gruppenzugehörigkeit die Kandidaten und wählen die Personalratsmitglieder gemeinsam. Beamte können hier also z.B. Kandidaten wählen, die Arbeiter oder Angestellte sind, und Angestellte können Kandidaten wählen, die der Gruppe Arbeiter oder derjenigen der Beamten angehören bzw. sich für eine Vertretung der jeweiligen Gruppe im Personalrat bewerben. **3**

Beide Formen der Wahl sind entweder nach den Grundsätzen der **Verhältniswahl** oder nach denen der **Personenwahl** abzuwickeln. Unter **4**

Art. 19

welchen Voraussetzungen die Wahl als **Verhältniswahl** durchzuführen ist, ergibt sich für die beiden Wahlformen aus § 25 WO-BayPVG, falls mehrere gültige Wahlvorschläge vorliegen. Die Voraussetzungen, unter denen die Wahl nach den Grundsätzen der **Personenwahl** erfolgen muß, ergeben sich aus § 28 WO-BayPVG (nur ein gültiger Wahlvorschlag bei Gruppen- und Verhältniswahl, bei Gruppenwahl oder bei gemeinsamer Wahl ist nur ein Personalratsmitglied zu wählen).

5 (Abs. 1) Nach **Abs. 1** wird der Personalrat in **geheimer Wahl** gewählt. Die Vorschrift begründet das Recht eines jeden Wählers, seine Stimme unbeobachtet abgeben zu können, so daß niemand in der Lage ist festzustellen, wie er abgestimmt hat. Deshalb drängt sich die Einrichtung von Wahlkabinen und Wahlurnen ebenso auf wie vorgedruckte Wahlzettel, die nur angekreuzt zu werden brauchen. Wegen der Einzelheiten vgl. § 15 ff. WO-BayPVG. Für die **Stimmzettel** ist keine bestimmte Form vorgeschrieben. Sie müssen aber so beschaffen sein, daß sich daraus der Wille des Wählers klar ergeben kann (vgl. BayVGH, Beschluß v. 2. 3. 1983 – 17 C 82 A. 2588 –, AP Nr. 1 zu Art. 25 LPVG Bayern). Eine Wahl durch **Handaufheben** u. ä. verletzt das Recht der Wähler auf geheime Wahl und ist deshalb unzulässig.

6 Soweit Abs. 1 vorschreibt, daß in **unmittelbarer Wahl** gewählt wird, begründet die Regelung das Recht der Wähler, den von ihnen gewünschten Kandidaten unmittelbar und nicht über Wahlmänner oder Delegierte zu bestimmen. Kehrseite dieses Rechts ist die Pflicht, die Stimme **persönlich** abzugeben. Wer blind oder schreibbehindert ist, weicht sinnvollerweise auf die Möglichkeit der schriftlichen Stimmabgabe nach § 17 WO-BayPVG aus.

7 (Abs. 2) Die Vorschrift bestimmt, daß die Wahl eines Personalrats, der sich aus mehr als drei Mitgliedern zusammensetzt, in der Form der **Gruppenwahl** zu erfolgen hat, falls solche Gruppen (vgl. Art. 5) in der Dienststelle vorhanden sind, begründet aber gleichzeitig auch das Recht der Wahlberechtigten in nach Gruppen getrennten, geheimen Abstimmungen zu beschließen, daß die Wahl in der Form der **gemeinsamen Wahl** durchgeführt wird. Erforderlich ist insoweit, daß sich die Mehrheit der Wahlberechtigten **jeder Gruppe** in einer Vorabstimmung nach § 4 WO-BayPVG für die gemeinsame Wahl ausspricht. (Der Fall, daß der Personalrat nur aus einer Person besteht, ist in Art. 19 Abs. 3 geregelt: Es wird mit einfacher Stimmenmehrheit in gemeinsamer Wahl gewählt.)

8 Für den Fall, daß die Wahl in der Form der **Gruppenwahl** durchgeführt wird, werden für die jeweiligen Gruppen Kandidaten aufgestellt, über die in Wahlgängen, die nach Gruppen getrennt durchgeführt werden, von den wahlberechtigten Gruppenangehörigen abgestimmt wird. Nach § 14 Abs. 2 WO-BayPVG müssen bei der Gruppenwahl die Stimmzettel und Wahlumschläge für jede Gruppe dieselbe Größe, Farbe und Beschaffenheit sowie Beschriftung haben. Zu den Voraussetzungen, unter denen die Gruppenwahl eines mindestens dreiköpfigen Gremiums nach den Grund-

Art. 19

sätzen der Verhältniswahl (Listenwahl) oder als Personenwahl durchzuführen ist, vgl. §§ 25 und 28 WO-BayPVG und Rn. 10 bis 12.

Die Initiative zur Abstimmung darüber, ob die Beschäftigten von ihrem Recht Gebrauch machen wollen, **gemeinsame Wahl** zu beschließen, kann von jedem Wahlberechtigten, von Mitgliedern des Wahlvorstands oder einer in der Dienststelle vertretenen Gewerkschaft ausgehen (zu dem weiteren Verfahren der Vorabstimmung nach § 4 WO-BayPVG vgl. Art. 18 Rn. 3 bis 11). **9**

Abstimmungsberechtigt bei der Vorabstimmung sind nur die **wahlberechtigten** Gruppenangehörigen. Die gemeinsame Wahl ist beschlossen, wenn sich jede in der Dienststelle vertretene Gruppe mit der Mehrheit aller wahlberechtigten Mitglieder dafür ausgesprochen hat. Findet sich in nur einer Gruppe keine Mehrheit, so erfolgt Gruppenwahl. Nach § 4 WO-BayPVG wird die Entscheidung für die gemeinsame Wahl nur berücksichtigt, wenn das Ergebnis dem Wahlvorstand innerhalb einer Woche seit Bekanntgabe seiner Mitglieder vorliegt und darüber hinaus glaubhaft gemacht wird, daß das Ergebnis unter Leitung eines aus drei wahlberechtigten Beschäftigten bestehenden Abstimmungsvorstandes in geheimen, nach Gruppen getrennten Abstimmungen zustande gekommen ist. Dies geschieht am einfachsten durch Vorlage der von den Wahlvorstandsmitgliedern unterzeichneten Niederschrift über die Durchführung der Vorabstimmung, deren Richtigkeit von den Betreffenden an Eides Statt versichert wird. **Wahlvorschläge** sollen nach § 8 WO-BayPVG doppelt so viele Bewerber enthalten, als Personalratsmitglieder zu wählen sind. Die Bewerber sind nach Gruppen zusammenzufassen, und auch die in gemeinsamer Wahl Gewählten müssen dem Verhältnis der in der Dienststelle beschäftigten Arbeiter, Angestellten und Beamten entsprechen. Die Regelung über den Minderheitenschutz (vgl. Art. 17) gilt entsprechend: Jede Gruppe muß auch bei der gemeinsamen Wahl entsprechend ihrer Stärke im Gremium vertreten sein. Befinden sich unter den Vorgeschlagenen keine Vertreter einer Gruppe, so gilt dies als Verzicht auf eine Vertretung (vgl. Art. 17 Abs. 1 Satz 3).

(Abs. 3) Nach **Abs. 3 Satz 1** wird die Wahl prinzipiell nach den Grundsätzen der Verhältniswahl durchgeführt. **10**

Für den Fall, daß eine **Gruppenwahl** stattfindet, ist diese als **Verhältniswahl** (Listenwahl) durchzuführen, falls für die betreffende Gruppe mehrere Gruppenvertreter zu wählen und mehrere gültige Wahlvorschläge eingegangen sind (vgl. § 25 Abs. 1 Buchst. a WO-BayPVG). Für den Fall, daß die Beschäftigten von ihrem Recht auf **gemeinsame Wahl** Gebrauch machen, ist die Wahl ebenfalls als **Verhältniswahl** (Listenwahl) durchzuführen, wenn mehrere gültige Wahlvorschläge beim Wahlvorstand eingereicht wurden (= mindestens zwei Listen; vgl. § 25 Abs. 1 Buchst. b WO-BayPVG). Die **Regeln der Verhältniswahl** sind in Art. 19 Abs. 8 und §§ 25 bis 27 WO-BayPVG festgelegt. Danach hat jeder Wähler so viele Stimmen, wie bei der Gruppenwahl Vertreter der Gruppe, der er

Art. 19

angehört, bei gemeinsamer Wahl Personalratsmitglieder insgesamt zu wählen sind. Bei gemeinsamer Wahl können für die Bewerber der einzelnen Gruppen aber nur so viele Stimmen abgegeben werden, als Vertreter dieser Gruppe zu wählen sind (vgl. auch § 25 Abs. 2 WO-BayPVG). Jeder Wähler kann außerdem seine Stimme nur Bewerbern geben, deren Namen auf **demselben** Wahlvorschlag (auch Liste) enthalten sind. Außer der Möglichkeit, den Wahlvorschlag (Liste) unverändert anzunehmen, besteht auch die Möglichkeit der Stimmenhäufung. Der Wähler kann insoweit innerhalb der Gesamtzahl der für jede Gruppe zulässigen Stimmen einem Bewerber bis zu drei Stimmen geben. Zu beachten ist insoweit, daß nur Bewerber auf derselben Liste mit bis zu drei Stimmen versehen werden dürfen (vgl. § 25 Abs. 2 WO-BayPVG). Die gewählten Vertreter werden bei der Verhältniswahl nach dem sogenannten »Höchstzahlsystem« ermittelt (= d'Hondtsches Verfahren). Der Grundsatz dieses Systems ist, daß keine Gruppe bzw. Liste einen Sitz oder einen weiteren Sitz erhalten soll, solange nicht eine andere Gruppe mit einer höheren Stimmenzahl einen Sitz oder einen weiteren Sitz erhalten hat. Zur Errechnung der Höchstzahlen werden für den Fall der Gruppenwahl nach § 26 WO-BayPVG, die nach den Grundsätzen einer Verhältniswahl durchgeführt wird, die auf die einzelnen Listen entfallenden Stimmen der Reihe nach durch 1, 2, 3, 4, 5, 6 usw. geteilt (vgl. Einzelheiten in ABW, Art. 19 Rn. 10).

11 Für den Fall, daß **gemeinsame Wahl** nach den Grundsätzen der **Verhältniswahl** (Listenwahl) stattgefunden hat, werden die Höchstzahlen nach § 27 WO-BayPVG wie folgt errechnet:

Es werden zunächst die auf sämtliche Bewerber gleicher Gruppenzugehörigkeit entfallenden Stimmen einer jeden Liste zusammengezählt. Sodann wird die Gesamtstimmenzahl der Bewerber jeder Gruppe und jeder Wahlvorschlagsliste nebeneinandergestellt. Anschließend werden die Zahlen sodann wieder durch 1, 2, 3 usw. geteilt (vgl. Beispiel in ABW, Art. 19 Rn. 11).

Nach § 27 Abs. 2 WO-BayPVG fallen die Sitze, die nach den Höchstzahlen den Gruppenbewerbern einer Liste zufallen würden, für welche aber keine Kandidaten mehr zur Verfügung stehen, den Angehörigen derselben Gruppe auf den übrigen Vorschlagslisten entsprechend der Reihenfolge der nächsten Höchstzahlen zu (vgl. Beispiel in ABW, Art. 17 Rn. 11).

12 Personenwahl findet in den in **Abs. 3 Satz 2 und 3** bezeichneten Fällen statt. Danach ist die Wahl als Personenwahl durchzuführen, wenn

– bei Gruppenwahl für die betreffende Gruppe nur ein gültiger Wahlvorschlag eingegangen ist (Art. 19 Abs. 3 Satz 2, § 38 Abs. 1 Buchst. a WO-BayPVG),

– bei gemeinsamer Wahl nur ein gültiger Wahlvorschlag eingegangen ist (Art. 19 Abs. 3 Satz 2, § 38 Abs. 1 Buchst. b WO-BayPVG),

Art. 19

– bei Gruppenwahl nur ein Vertreter zu wählen ist (Art. 19 Abs. 3 Satz 3, § 38 Abs. 1 Buchst. a WO-BayPVG),
– bei gemeinsamer Wahl nur ein Personalratsmitglied zu wählen ist (Art. 19 Abs. 3 Satz 3, § 38 Abs. 1 Buchst. b WO-BayPVG).

Das durch Abs. 9 begründete Recht der Wahlberechtigten, Stimmen zu kumulieren, gilt nur für die **Verhältniswahl,** so daß eine Stimmenhäufung bei der Personenwahl unzulässig ist.

Der Wähler hat hier so viele Stimmen, als Vertreter zu wählen sind. Er kann weniger ankreuzen. Werden mehr Kandidaten angekreuzt, als Bewerber zu wählen sind, ist der Stimmzettel ungültig (vgl. die Beispiele bei ABW, Art. 19 Rn. 12).

(Abs. 4) Nach **Abs. 4** können Wahlvorschläge zur Wahl des Personalrats **13**

(a) von wahlberechtigten Beschäftigten und
(b) von den in den Dienststellen vertretenen Gewerkschaften gemacht werden.

Im ersten Fall muß, wenn eine Gruppenwahl stattfindet, jeder Wahlvorschlag von mindestens einem Zwanzigstel der wahlberechtigten Gruppenangehörigen, **wenigstens aber** von drei wahlberechtigten Gruppenangehörigen unterzeichnet sein. Wahlbewerber können einen Wahlvorschlag, auf dem sie benannt sind, unterzeichnen.

Beispiel 1:

Zu wählen ist in einer Dienststelle mit 100 Beschäftigten, davon 50 Arbeitern, 22 Angestellten und 28 Beamten, ein Personalrat, bestehend aus 5 Mitgliedern, in der Wahlform der Gruppenwahl.

Werden von den Beschäftigten Wahlvorschläge eingereicht (die Vorschläge für die Gruppenvertreter sollen nach § 8 Abs. 1 WO-BayPVG doppelt so viele Bewerber enthalten, als Gruppenvertreter zu wählen sind), so genügen in jedem Fall 50 Unterschriften von wahlberechtigten Gruppenangehörigen, gleichgültig ob diese ein Zwanzigstel der wahlberechtigten Gruppenangehörigen ausmachen oder nicht. Beim Beispielsfall, in dem die Gruppe der Arbeiter überhaupt nur so viele Beschäftigte hat, ist diese Regelung allenfalls (rein theoretisch) für den Wahlvorschlag aus der Gruppe der Arbeiter von Gewicht. Die Wahlvorschläge aus der Gruppe der Angestellten und Beamten müssen mindestens von einem Zwanzigstel der Gruppenangehörigen unterzeichnet sein, also im Falle der Angestellten von 1,1 und im Falle der Beamten von 1,4 Unterschriften. Da diese Zahl unter der Mindestzahl von drei Unterschriften aus Abs. 4 Satz 2 liegt, müssen die Wahlvorschläge der Beamten und Angestellten in diesem Fall jeweils von drei und der Wahlvorschlag der Arbeiter – ein Zwanzigstel wären 2,5 Unterschriften – ebenfalls von drei wahlberechtigten Gruppenangehörigen unterschrieben sein.

(Abs. 5) Ist **gemeinsame Wahl** beschlossen worden, so muß nach **Abs. 5**

Art. 19

jeder Wahlvorschlag der Beschäftigten von mindestens einem Zwanzigstel aller **wahlberechtigten Beschäftigten** der Dienststelle, mindestens aber von drei Wahlberechtigten unterzeichnet sein. Es genügt auch hier stets die Unterzeichnung durch 50 wahlberechtigte Beschäftigte. Auch hier können Wahlkandidaten den Wahlvorschlag mit einer Stützunterschrift versehen, auf dem sie auch kandidieren.

Beispiel 2:

Zu wählen sind in einer Dienststelle mit 300 wahlberechtigten Beschäftigten in gemeinsamer Wahl 7 Personalratsmitglieder.

14 Reicht eine in der Dienststelle vertretene Gewerkschaft einen Vorschlag ein, so braucht dieser von wahlberechtigten Beschäftigten nicht unterschrieben zu sein (§ 8 WO-BayPVG ist jeweils selbstverständlich zu beachten, vgl. auch Rn. 15). Werden von **Beschäftigten** Wahlvorschläge eingereicht (die Vorschläge sollen, müssen aber nicht, nach § 8 WO-BayPVG doppelt so viele Bewerber enthalten, als insgesamt Personalratsmitglieder zu wählen sind, auch sind in dem Wahlvorschlag die Bewerber jeweils nach Gruppen zusammenzufassen), so genügen in jedem Fall 50 Unterschriften von wahlberechtigten **Beschäftigten**, gleich ob diese ein Zwanzigstel aller wahlberechtigten Beschäftigten ausmachen oder nicht.

Weist der Vorschlag weniger als 50 Unterschriften auf, muß er mindestens von einem Zwanzigstel der wahlberechtigten Beschäftigten (vgl. Art. 19 Abs. 5) unterschrieben sein, also im Beispielsfall von 15 Wahlberechtigten. (Vgl. zur Problematik der Mindestzahl von drei Unterschriften das Beispiel 1, Rn. 13).

In **Abs. 5** wird bestimmt, daß es bei gemeinsamer Wahl auf **wahlberechtigte Beschäftigte** und nicht auf Gruppenangehörige ankommt.

15 Kein Recht, Wahlvorschläge zu machen oder zu unterzeichnen, haben diejenigen Personen, die zu dem Kreis der in Art. 14 Abs. 3 bezeichneten Personen gehören (vgl. Anm. zu dieser Vorschrift).

Im zweiten Fall – **Wahlvorschlag einer Gewerkschaft** – muß dieser Vorschlag nach § 8 Abs. 7 WO-BayPVG von Beauftragten der in der Dienststelle vertretenen Gewerkschaft unterzeichnet sein, welche die in Abs. 7 bezeichneten Voraussetzungen erfüllen. Die Beauftragten brauchen nicht wahlberechtigt zu sein (vgl. BVerwG, Beschluß v. 3. 2. 1995 – 6 P 5.93 –, PersR 1995, 522; vgl. auch Rn. 14).

16 (**Abs. 6**) Nach **Abs. 6** hat jeder wählbare Beschäftigte bei **gemeinsamer Wahl** das Recht, als Vertreter auch einer anderen Beschäftigtengruppe zu kandidieren und als Wahlbewerber aufzutreten. (Für den Fall, daß sie gewählt werden, vertreten die Gewählten die Interessen der Gruppe, für die sie kandidiert haben.) Der Wahlvorschlag muß in diesem Fall – abweichend von der Regelung in Abs. 5 – nicht nur von einem Zwanzigstel der wahlberechtigten Beschäftigten, sondern wie bei einer Gruppenwahl von einem Zwanzigstel der **Angehörigen** derjenigen **Gruppe** unter-

Art. 19

zeichnet sein, für die der Bewerber sich als gruppenfremder Interessenvertreter bewirbt. Er darf deshalb, weil er nicht Angehöriger der Gruppe ist, den Wahlvorschlag selbstverständlich nicht selbst unterzeichnen (vgl. ABW, Art. 19 Rn. 17).

Zu beachten ist, daß die auf die gruppenfremde Bewerbung entsprechend anwendbaren Vorschriften aus Abs. 4 Satz 4 und 5 auf die Mindestanforderung von drei Stützunterschriften keinen Bezug nehmen. Es ist also nicht erforderlich, daß die eingereichten Wahlvorschläge mindestens drei Unterschriften aufweisen, wenn nur ein Zwanzigstel erreicht ist. Kein Recht, Wahlvorschläge zu machen oder Stützunterschriften zu leisten, haben auch für den Fall einer gruppenfremden Bewerbung diejenigen Personen, die in Abs. 4 Satz 5 (= der Personenkreis aus Art. 14 Abs. 3) genannt sind (vgl. Art. 14 Rn. 11).

Das **Unterschriftenquorum** von einem Zwanzigstel in **Abs. 4 Satz 3, Abs. 5** und **Abs. 6 Satz 1** wurde durch die Gesetzesänderung vom 1. 8. 1986 neu festgelegt und damit der Feststellung des BVerfG, Beschluß v. 16. 10. 1984 – 2 PvL 20/82 und 21/82 –, PersV 1985, 22 = PersR 1984, 93, entsprochen, wonach die bis dahin geltende Regelung im Bundespersonalvertretungsgesetz, nach welcher ein Zehntel der Unterschriften genügte, für verfassungswidrig (Verstoß gegen Art. 3 Abs. 1 GG) erklärt wurde. Das gilt auch für die Zahl von 50 Stützunterschriften in Abs. 4 Satz 4, die bis zur Änderung des Gesetzes 100 betrug.

17

(**Abs. 7**) Vorschlagsberechtigt sind außer den wahlberechtigten Beschäftigten die in der Dienststelle vertretenen Gewerkschaften (Art. 19 Abs. 4 Satz 1). Eine Gewerkschaft ist in der Dienststelle im Sinne von Abs. 7 vertreten, wenn sie dort mindestens ein Mitglied hat. Wahlvorschläge der Gewerkschaften müssen von zwei in der Dienststelle beschäftigten Beauftragten unterschrieben sein. Die Auswahl der Beauftragten ist Sache der Gewerkschaft. Die Beauftragten müssen lediglich Beschäftigte der Dienststelle sein (in Fällen von verselbständigten Dienststellenteilen oder Nebenstellen genügt die Beschäftigung in der Gesamtdienststelle) und einer in der Dienststelle vertretenen Gewerkschaft angehören. Sie müssen weder wahlberechtigt noch wählbar sein (vgl. BVerwG vom 3. 2. 1995 – 6 P 5.93 –, PersR 1995, 522).

17a

Der Wahlvorstand hat zu prüfen, ob tatsächlich ein Wahlvorschlag einer Gewerkschaft vorliegt: Gewerkschaften müssen frei gebildet, gegnerfrei, unabhängig, auf überbetrieblicher Grundlage organisiert und mächtig sein. Mächtig ist eine Gewerkschaft nur, wenn sie Durchsetzungskraft gegenüber dem sozialen Gegenspieler hat und in der Regel ein Tarifvertrag zustande kommt (BAG vom 14. 3. 1978 – 1 ABR 2/76 –, bestätigt durch die Beschlüsse vom 16. 1. 1990 – 1 ABR 10/89 und 1 ABR 93/88).

(**Abs. 8**) Nach **Abs. 8** darf jeder Beschäftigte höchstens auf einem Wahlvorschlag benannt werden. Die Vorschrift hat Bedeutung für die Fälle einer gruppenfremden Kandidatur nach Abs. 6. Ein Beschäftigter kann

18

Art. 19, 20

nicht für seine eigene Gruppe und gleichzeitig als Gruppenfremder für eine andere Gruppe kandidieren. Eine **mehrfache Kandidatur** ist verboten.

19 (Abs. 9) Erfolgt eine Wahl (Gruppenwahl oder gemeinsame Wahl) in der **Form der Verhältniswahl,** so hat jeder Wähler **so viele Stimmen,** wie bei der Gruppenwahl Vertreter der Gruppen, der er angehört, bei gemeinsamer Wahl Personalratsmitglieder insgesamt zu wählen sind. Bei gemeinsamer Wahl können für die Bewerber der einzelnen Gruppen aber nur so viele Stimmen abgegeben werden, als Vertreter dieser Gruppe zu wählen sind (vgl. § 14 Abs. 3 und § 25 Abs. 1 WO-BayPVG). Der Wähler kann außerdem seine Stimme nur Bewerbern geben, deren Namen auf demselben Wahlvorschlag (Liste) enthalten sind. In diesem Rahmen kann der Wähler »**kumulieren**«, d.h. er hat die Möglichkeit der Stimmenhäufung. Er kann dann innerhalb der Gesamtzahl der für jede Gruppe zulässigen Stimmen einem Bewerber **bis zu drei** Stimmen geben (vgl. auch § 25 Abs. 2 WO-BayPVG).

20 **Verstöße** gegen die Vorschriften aus Art. 19 können evtl. eine Wahlanfechtung nach Art. 25 rechtfertigen (vgl. Art. 25 Rn. 1 ff.). Zur Möglichkeit vorläufigen Rechtsschutzes während eines laufenden Wahlverfahrens vgl. Art. 13 Rn. 25.

Artikel 20
Bestellung oder Wahl des Wahlvorstands

(1) Spätestens fünf Monate vor Ablauf seiner Amtszeit bestellt der Personalrat drei Wahlberechtigte als Wahlvorstand und einen von ihnen als Vorsitzenden. Im Wahlvorstand sollen Frauen und Männer vertreten sein. Die Mehrheit der Mitglieder des Wahlvorstands soll dem Geschlecht angehören, auf das die Mehrheit der in der Dienststelle Beschäftigten entfällt. Sind in der Dienststelle Angehörige verschiedener Gruppen beschäftigt, so soll jede Gruppe im Wahlvorstand vertreten sein.

(2) Besteht vier Monate vor Ablauf der Amtszeit des Personalrats kein Wahlvorstand, so beruft der Leiter der Dienststelle auf Antrag von mindestens drei Wahlberechtigten oder einer in der Dienststelle vertretenen Gewerkschaft eine Personalversammlung zur Wahl des Wahlvorstands ein. Absatz 1 gilt entsprechend. Die Personalversammlung wählt sich einen Versammlungsleiter.

1 (Abs. 1) Die Regelung begründet die Pflicht eines amtierenden Personalrats, **spätestens fünf Monate** vor Ablauf seiner Amtszeit einen **Wahlvorstand zu bestellen**, der die Neuwahl durchführt. Es handelt sich insoweit um eine »Sollvorschrift«, die verhindert, daß eine personalratslose Zeit eintritt.

2 Die **regelmäßige Amtszeit** eines Personalrats endet nach Art. 26 Abs. 2

Art. 20

am 31. 7. des Jahres, in dem nach Art. 26 Abs. 3 die regelmäßigen Personalratswahlen stattfinden (= alle 4 Jahre in der Zeit vom 1. 5.– 31. 7.). Die Regelung hinsichtlich des Endes der Amtszeit gilt nach Art. 26 Abs. 4 auch für die Personalräte, die ausnahmsweise während der regelmäßigen Amtszeit gewählt wurden.

Die Verpflichtung des Art. 20 Abs. 1 besteht auch für den Fall, daß die Amtszeit des Personalrats nicht wegen Ablaufs der regelmäßigen Amtszeit endet. Dies sind die Fälle, die in Art. 27 Abs. 1 Buchst. a bis d genannt sind (erhebliches Absinken oder Ansteigen der Beschäftigtenzahl mit Ablauf von zwei Jahren; Anstieg der Beschäftigtenzahl nach drei Jahren sechs Monaten in einer Weise, daß sich die Zahl der zu wählenden Personalratsmitglieder bei einer Neuwahl um mindestens vier erhöhen würde; Absinken der Gesamtzahl der Personalratsmitglieder um mehr als ein Viertel der vorgeschriebenen Zahl; Rücktritt des Personalrats), und der Fall des Art. 27 Abs. 3 (bisher vertretene Gruppe ist durch kein Mitglied mehr im Personalrat vertreten). Wurde der Personalrat durch gerichtliche Entscheidung aufgelöst (Art. 27 Abs. 1 Buchst. e), ist es nicht die Pflicht des aufgelösten Personalrats, einen Wahlvorstand zu bestellen. Vielmehr wird der Wahlvorstand nach Art. 28 Abs. 2 für diesen Fall durch den Vorsitzenden der zuständigen Fachkammer des Verwaltungsgerichtes eingesetzt. **3**

Die **Bestellung des Wahlvorstandes** durch den amtierenden Personalrat erfolgt in der Weise, daß in gemeinsamer Abstimmung aller Gruppen (= gemeinsame Angelegenheit) mehrheitlich drei Wahlberechtigte als Wahlvorstand eingesetzt werden (BVerwG, Beschluß v. 5. 2. 1965 – VII P 10.64 –, ZBR 1965, 94 = AP Nr. 1 zu § 17 BPersVG). Die m. E. halbherzige »Sollvorgabe«, die keine rechtliche Pflicht begründet und die der Gesetzgeber in Abs. 1 Sätze 2 und 3 eingefügt hat, ist ebenfalls zu beachten. **4**

In einem zweiten Beschluß entscheidet der Personalrat sodann, welches der drei Mitglieder des Wahlvorstandes den **Vorsitz** führt. Es ist nicht zulässig, daß es der Personalrat den Mitgliedern des Wahlvorstandes überläßt, aus ihrer Mitte einen Vorsitzenden zu bestimmen.

Was die Auswahl der Mitglieder des Wahlvorstandes betrifft, so ist darauf zu achten, daß diese in der Dienststelle **wahlberechtigt** sein müssen. Des weiteren muß jede in der Dienststelle vertretene **Gruppe** im Wahlvorstand vertreten sein. Darauf, ob die Gruppe im Personalrat vertreten sein wird, kommt es nicht an. Sind nur zwei Gruppen in der Dienststelle vertreten oder ist kein Angehöriger einer Gruppe bereit, Mitglied des Wahlvorstandes zu werden, so kann das weitere Mitglied des Wahlvorstandes auch abweichend von der Gruppenzugehörigkeit bestimmt werden. Ist der Wahlvorstand nicht entsprechend diesen Bestimmungen zusammengesetzt, rechtfertigt dies die Anfechtung der Wahl nach Art. 25 (vgl. BVerwG, Beschluß v. 27. 11. 1959 – VII P 18.58 –, ZBR 1960, 125).

Die **Bestellung von Ersatzmitgliedern** ist zulässig und erscheint im **5**

Art. 20

Hinblick darauf sinnvoll, daß während des Wahlverfahrens ein Mitglied des Wahlvorstandes einmal ausfallen kann, so daß Mehrheitsentscheidungen dann nicht mehr möglich wären.

Es ist zulässig, daß sich der Wahlvorstand nur aus Mitgliedern einer Gewerkschaft zusammensetzt (BVerwG v. 23. 9. 1966 – VII P 14.65 –, ZBR 1967, 26).

6 Die Mitglieder des Wahlvorstandes gehören zu dem Personenkreis, dessen »**äußere Unabhängigkeit**« nach Art. 8 geschützt ist (zum Umfang dieses Schutzes und zur Möglichkeit, die Verwaltungsgerichte anzurufen, vgl. Art. 8 Rn. 3 bis 5). Neben dem Schutz aus Art. 8 greift nach Art. 24 Abs. 1 Satz 3 auch der besondere Kündigungsschutz des Art. 47 Abs. 1 und 2 und der Schutz vor Versetzungen des Art. 47 Abs. 3 Satz 1 und 2 ein (vgl. Art. 24 Rn. 5). Eine Minderung der Dienstbezüge oder des Arbeitsentgeltes muß nach Art. 24 Abs. 2 außer Betracht bleiben. Die »**innere Unabhängigkeit**« der Mitglieder des Wahlvorstandes ergibt sich daraus, daß sie ihr Amt unentgeltlich als Ehrenamt führen. Zur »**materiellen Grundlage**« der Tätigkeit des Wahlvorstandes (Wahlkosten) vgl. Art. 24 Rn. 7. Die Möglichkeit von Mitgliedern des Wahlvorstandes, neben ihrer Tätigkeit im Wahlvorstand als Wahlbewerber aufzutreten, ist nicht eingeschränkt.

7 (**Abs. 2**) Die Vorschrift begründet für den Fall, daß der Personalrat seiner Pflicht zur Bestellung eines Wahlvorstandes nach Art. 20 Abs. 1 vier Monate vor Ablauf der Amtszeit nicht nachgekommen ist, das Recht der in der Dienststelle vertretenen Gewerkschaften oder von mindestens drei Wahlberechtigten, beim Leiter der Dienststelle zu beantragen, daß eine **Personalversammlung** einberufen wird, welche einen Wahlvorstand wählt. Den Dienststellenleiter trifft für den Fall eines entsprechenden Antrages die Pflicht, eine Personalversammlung zur Wahl des Wahlvorstandes einzuberufen. Für den Fall, daß die Amtszeit des Personalrats »unregelmäßig« nach Art. 27 Abs. 1 Buchst. a bis e endet oder eine Wahl nach Art. 27 Abs. 3 erforderlich wird (vgl. Art. 27 Rn. 8), bestehen das Antragsrecht und die Verpflichtung des Dienststellenleiters, die Personalversammlung einzuberufen, wenn der amtierende Personalrat mindestens zwei Wochen lang seiner Pflicht, einen Wahlvorstand zu bestellen, nicht nachgekommen ist.

8 Die unverzüglich einzuberufende Personalversammlung findet während der Arbeitszeit statt (Argument aus Art. 24 Abs. 2). Die **Kosten** trägt die Dienststelle, weil es sich bei der Versammlung um einen Abschnitt des Wahlverfahrens handelt (Art. 24 Abs. 2 Satz 1). Einzuladen sind alle Beschäftigten. Zeit und Ort der einzuberufenden Personalversammlung müssen nach Art. 52 Abs. 1 den in der Dienststelle vertretenen Gewerkschaften mitgeteilt werden. Die Personalversammlung ist nach Art. 48 Abs. 1 Satz 2 nicht öffentlich. Die Personalversammlung wählt nach **Art. 20 Abs. 2 Satz 3** zunächst einen **Versammlungsleiter**. Empfehlenswert ist die Bestellung eines **Protokollführers** durch den Versammlungs-

Art. 20, 21

leiter oder durch formlose Abstimmung der Personalversammlung. Dieser hält alle wichtigen Ereignisse der Versammlung fest und liefert damit die Grundlage für die vom Versammlungsleiter anzufertigende **Niederschrift** über die Bestellung des Wahlvorstandes. Die Niederschrift dient ebenso wie die Stimmzettel, die sinnvollerweise bis zum Ende zur Anfechtbarkeit der Wahl aufbewahrt werden, der **Beweissicherung** (zur Zusammensetzung des Wahlvorstandes und seiner Größe vgl. Rn. 4).

Die Personalversammlung wählt in einem beliebigen Verfahren zunächst die Mitglieder des Wahlvorstandes und bestimmt in der Folge, welches Mitglied den Vorsitz übernehmen soll. Wahlberechtigt sind hierbei alle Beschäftigten (vgl. zum Beschäftigtenbegriff Art. 4 Rn. 1 bis 14). Gewählt werden können auch Abwesende, doch sollte sichergestellt werden, daß diese das Amt für den Fall einer Wahl auch annehmen. Verlangt auch nur ein Teilnehmer an der Wahl eine **geheime Abstimmung**, so ist die Wahl über Stimmzettel und geheim durchzuführen. Der Versammlungsleiter schließt die Versammlung, sobald der Wahlvorstand und ein Vorsitzender feststehen. Weitere Tagesordnungspunkte als die Wahl dürfen nicht behandelt werden. Kommt eine Personalversammlung mangels Beteiligung nicht zustande, oder wird von ihr kein Wahlvorstand gewählt oder die Wahl von den Gewählten nicht angenommen, so hat der **Dienststellenleiter** auf Antrag von drei Wahlberechtigten oder einer in der Dienststelle vertretenen Gewerkschaft den Wahlvorstand zu bestellen (Art. 22). Eine Verpflichtung zur Übernahme des Amtes besteht in diesem Falle ebenfalls nicht.

Streitigkeiten über die Pflicht des Personalrats, einen Wahlvorstand zu bestellen, und die Pflicht des Dienststellenleiters, eine Personalversammlung zur Wahl des Wahlvorstandes einzuberufen, entscheidet nach Art. 81 Abs. 1 Nr. 2 das Verwaltungsgericht. 9

Nach Abschluß der Wahl kommt eine Anfechtung nach Art. 25 in Betracht.

Wegen der Möglichkeit, Streitfragen evtl. vor Beginn des Wahlverfahrens zu klären, vgl. Art. 13 Rn. 25.

Artikel 21
Wahl des Wahlvorstands in personalratslosen Dienststellen

Besteht in einer Dienststelle, die die Voraussetzungen des Art. 12 erfüllt, kein Personalrat, so beruft der Leiter der Dienststelle eine Personalversammlung zur Wahl des Wahlvorstands ein. Art. 20 Abs. 2 Satz 3 gilt entsprechend.

Satz 1 der Vorschrift begründet die Pflicht des Leiters einer Dienststelle, die in der Regel mindestens fünf Wahlberechtigte beschäftigt, von denen drei wählbar sind (vgl. Art. 12 Rn. 1 ff.) und bei der kein Personalrat besteht, **eine Personalversammlung** zur Wahl eines Wahlvorstandes 1

Art. 21, 22

einzuberufen. Die Pflicht des Dienststellenleiters kann z. B. in folgenden Fällen aktuell werden:

Neuerrichtung einer Dienststelle, z. B. durch Zusammenlegung, Erfüllung der Voraussetzungen des Art. 12, wonach eine bestimmte Mindestzahl der Beschäftigten gegeben sein muß, erstmalige Verselbständigung einer Dienststelle nach Art. 6 Abs. 3, nach Art. 26 Abs. 3 sind regelmäßige Wahlen durchzuführen und bei der Dienststelle besteht kein Personalrat, alle Mitglieder des Personalrats haben ihr Amt niedergelegt, ihre Wählbarkeit nach Art. 13 verloren, das Dienstverhältnis beendet oder sind aus der Dienststelle ausgeschieden, und Ersatzmitglieder stehen nicht mehr zur Verfügung (Art. 29 Abs. 1 Buchst. b bis d), es wurde kein Antrag nach Art. 20 Abs. 2 gestellt, obwohl die Amtszeit des Personalrats abgelaufen ist, in einer Dienststelle wurde mangels Interesse der Beschäftigten kein Personalrat gewählt, ein solches Interesse wurde zwischenzeitlich aber objektiv sichtbar, die Wahl des Personalrats wurde erfolgreich angefochten oder für nichtig erklärt (Art. 25).

Der Dienststellenleiter muß stets von sich aus prüfen, ob die Voraussetzungen des Art. 12 vorliegen, damit er seinen Pflichten nach Art. 21 ordnungsgemäß nachkommen kann. Er darf nicht einfach einen Antrag nach Art. 22 abwarten.

2 Die Bestellung des Wahlvorstandes durch die Personalversammlung erfolgt nach **Satz 2** in derselben Weise wie in der Personalversammlung, die nach Art. 20 Abs. 2 einberufen wurde. Die Ausführungen zu dieser Bestimmung gelten deshalb hier entsprechend (vgl. Art. 20 Rn. 7f.); es ist also auch hier zunächst ein Versammlungsleiter zu wählen (Art. 21 Satz 2), Kandidaten für das Amt des Wahlvorstandes müssen ermittelt werden usw.

3 **Streitfragen** über die Bestellung des Wahlvorstandes entscheiden nach Art. 81 Abs. 1 Nr. 2 die Verwaltungsgerichte. Vgl. zu anderen Streitigkeiten Art. 20 Rn. 9 und zur Möglichkeit vorläufigen Rechtsschutzes Art. 13 Rn. 25.

Artikel 22
Bestellung des Wahlvorstands auf Antrag

Findet eine Personalversammlung (Art. 20 Abs. 2, Art. 21) nicht statt oder wählt die Personalversammlung keinen Wahlvorstand, so bestellt ihn der Leiter der Dienststelle auf Antrag von mindestens drei Wahlberechtigten oder einer in der Dienststelle vertretenen Gewerkschaft. Art. 20 Abs. 1 gilt entsprechend.

1 Art. 22 begründet das Recht von mindestens drei Wahlberechtigten und/oder einer in der Dienststelle vertretenen Gewerkschaft, die Bestellung eines Wahlvorstandes durch den Dienststellenleiter zu beantragen, falls eine Personalversammlung nach Art. 20 Abs. 2 oder Art. 21 nicht stattgefunden **oder** auf dieser Versammlung kein Wahlvorstand gewählt wurde. Den Dienststellenleiter trifft für den Fall eines solchen Antrages die Pflicht, einen Wahlvorstand zu bestellen. Praktische Bedeutung kann diese Regelung in den Fällen erlangen, in denen die nach Art. 20 Abs. 2 oder Art. 21 einberufene Personalversammlung nicht besucht wurde oder die Teilnehmenden nicht bereit oder in der Lage waren, einen Wahlvorstand zu bestellen.

Die Auswahl der zu bestellenden Mitglieder des Wahlvorstandes obliegt ebenso wie diejenige des Vorsitzenden des Wahlvorstandes dem Dienststellenleiter. Die für die Zusammensetzung des Wahlvorstandes geltenden Regeln aus Art. 20 Abs. 1 muß er hierbei ebenso beachten wie diejenigen, die für die Personalversammlung gelten (vgl. Art. 20 Rn. 1 bis 5, 7 f.).

Streitigkeiten entscheiden nach Art. 81 Abs. 1 Nr. 2 die Verwaltungsgerichte. **2**

Artikel 23
Aufgaben des Wahlvorstands

(1) Der Wahlvorstand hat die Wahl unverzüglich einzuleiten; sie soll spätestens nach sechs Wochen stattfinden. Kommt der Wahlvorstand dieser Verpflichtung nicht nach, so beruft der Leiter der Dienststelle auf Antrag von mindestens drei Wahlberechtigten oder einer in der Dienststelle vertretenen Gewerkschaft eine Personalversammlung zur Wahl eines neuen Wahlvorstands ein. Art. 20 Abs. 2 Satz 3 und Art. 22 gelten entsprechend.

(2) Unverzüglich nach Abschluß der Wahl nimmt der Wahlvorstand öffentlich die Auszählung der Stimmen vor, stellt deren Ergebnis in einer Niederschrift fest und gibt es den Angehörigen der Dienststelle durch Aushang bekannt. Dem Dienststellenleiter und den in der Dienststelle vertretenen Gewerkschaften ist eine Abschrift der Niederschrift zu übersenden.

(Abs. 1) Die Vorschrift begründet die Pflicht des Wahlvorstandes, die **1** Wahl **unverzüglich**, d. h. ohne schuldhaftes Zögern, einzuleiten. Die Regelung in Abs. 1 Satz 1, Halbs. 2 soll den Wahlvorstand hierbei anhalten, seine Aufgaben rechtzeitig aufzunehmen und zügig durchzuführen.

Die gesetzliche **Sechswochenfrist** ist dementsprechend keine Ausschlußfrist (vgl. BVerwG, Beschluß v. 27. 11. 1959 – VII P 18.58 –, PersV 1960, 18). Je früher die Wahl abgeschlossen ist, desto mehr Zeit hat der neugewählte Personalrat, sich noch vor Beginn seiner Amtszeit zu konstituieren (Art. 34 Abs. 1). Dies setzt aber voraus, daß die Wahl möglichst schon mehr als elf Wochen vor Ablauf der Amtszeit eingeleitet worden sein muß. Insgesamt sind für die Durchführung der Wahl nämlich mindestens zehn Wochen erforderlich. Dies ergibt sich u. a. auch daraus, daß nach § 6 Abs. 1 WO-BayPVG das Wahlausschreiben spätestens siebenundsiebzig

Art. 23

Kalendertage vor dem letzten Tag der Stimmabgabe zu erlassen ist. Vor dem Erlaß des Wahlausschreibens ist aber mindestens noch eine Woche erforderlich, um die **Vorabstimmungen** nach § 4 WO-BayPVG durchzuführen, in denen es darum geht, ob gemeinsame Wahl stattfindet oder ob eine abweichende Verteilung der Sitze auf die Gruppen erfolgt.

Was die einzelnen Pflichten betrifft, die den Wahlvorstand im Laufe des Wahlverfahrens treffen, so ergeben sich diese aus den jeweiligen Vorschriften der WO zum BayPVG (vgl. §§ 1 und 2 WO-BayPVG). Wegen der den Wahlvorstand treffenden Pflichten sind insofern vor allem die §§ 4, 6, 7, 10 und 13 WO-BayPVG zu beachten. Die Tätigkeit des Wahlvorstandes beginnt mit der Bekanntgabe der Namen seiner Mitglieder nach § 1 Abs. 5 WO-BayPVG und endet damit, daß in der vom Wahlvorstand geleiteten konstituierenden Sitzung des neugewählten Personalrats nach Art. 34 Abs. 1 ein Wahlleiter bestellt wurde. Von diesem Zeitpunkt an steht der Wahlvorstand dann auch nicht mehr als Beteiligter an einer denkbaren Anfechtung der Wahl zur Verfügung (vgl. Art. 25 Rn. 3 bis 8).

2 Abs. 1 Satz 2 begründet das Recht dreier Wahlberechtigter oder einer in der Dienststelle vertretenen Gewerkschaft, für den Fall, daß die Einleitung der Wahl nicht nur geringfügig verzögert wird, beim Dienststellenleiter die Einberufung einer Personalversammlung zu beantragen, in welcher ein neuer Wahlvorstand gewählt wird. Der Dienststellenleiter muß dem Antrag entsprechen. Für die Tätigkeit der nach § 23 Abs. 1 Satz 2 einzuberufenden Personalversammlung gelten nach Abs. 1 Satz 3 die Regelungen in Art. 20 Abs. 2 Satz 3 und Art. 22 entsprechend (vgl. Art. 20 Rn. 1 bis 5, 7 f. und Art. 22 Rn. 1 f.). Die Bestellung des neuen Wahlvorstandes sollte so frühzeitig erfolgen, daß der neugewählte Personalrat möglichst noch vor Ablauf der Amtszeit des bisherigen Personalrats feststeht und sich konstituieren kann. Mit der Bestellung des neuen Wahlvorstandes durch die Personalversammlung endet das Amt des ursprünglich bestellten.

3 **(Abs. 2)** Abs. 2 begründet in Verbindung mit § 20 Abs. 5 WO-BayPVG das Recht der Beschäftigten, an der öffentlichen Auszählung der Stimmen durch den Wahlvorstand teilzunehmen. Die Auszählung muß **unverzüglich**, spätestens am vierten Kalendertag nach Beendigung der Stimmabgabe in einer öffentlichen Sitzung des Wahlvorstandes erfolgen. Wegen der **Öffentlichkeit** der Auszählung können auch Beauftragte der in der Dienststelle vertretenen Gewerkschaften daran teilnehmen. Das Ergebnis der Wahl ist in einer **Niederschrift** festzustellen, welche zu allen in § 21 Abs. 1 Buchst. a bis f, Abs. 2 WO-BayPVG bezeichneten Punkten Feststellungen enthalten muß. Dem Dienststellenleiter und den in der Dienststelle vertretenen Gewerkschaften ist nach § 21 Abs. 3 WO-BayPVG vom Wahlvorstand eine **Abschrift der Niederschrift** zu übersenden.

Den **Gewählten** ist ihre Wahl nach § 22 WO-BayPVG unverzüglich mitzuteilen. Die Namen der Gewählten müssen nach § 23 WO-BayPVG in einem zweiwöchigen Aushang bekanntgegeben werden. Die öffentliche Bekanntmachung des Wahlergebnisses muß hierbei Angaben zu den in § 23 Abs. 2 WO-BayPVG bezeichneten Gegenständen enthalten. Nach § 6 Abs. 2 Buchst. r WO-BayPVG müssen Ort und Zeit der öffentlichen Sitzung, in welchen das Wahlergebnis festgestellt wird, bereits im Wahlausschreiben des Wahlvorstandes enthalten sein, das siebenundsiebzig Kalendertage vor dem letzten Tag der Stimmabgabe erlassen sein muß.

Streitigkeiten aus Art. 23 entscheiden die Verwaltungsgerichte nach Art. 81 Abs. 1 Nr. 2, 1. Alt. Nach Abschluß der Wahl kommt ggf. eine Anfechtung nach Art. 25 in Betracht. Wegen der Möglichkeit, die Gerichte während des laufenden Wahlverfahrens mit dem Antrag auf Erlaß einer einstweiligen Verfügung anzurufen, vgl. Art. 13 Rn. 25. 4

Artikel 24
Schutz und Kosten der Wahl

(1) Niemand darf die Wahl des Personalrats behindern oder in einer gegen die guten Sitten verstoßenden Weise beeinflussen. Insbesondere darf kein Wahlberechtigter in der Ausübung des aktiven und passiven Wahlrechts beschränkt werden. Art. 47 Abs. 1, 2, 3 Sätze 1 und 2 gelten für Mitglieder des Wahlvorstands und Wahlbewerber entsprechend.

(2) Die Kosten der Wahl trägt die Dienststelle. Notwendige Versäumnis von Arbeitszeit infolge der Ausübung des Wahlrechts, der Teilnahme an den in den Art. 20 bis 23 genannten Personalversammlungen oder der Betätigung im Wahlvorstand hat keine Minderung der Dienstbezüge oder des Arbeitsentgelts zur Folge. Für die Mitglieder des Wahlvorstands gelten Art. 44 Abs. 1 Sätze 2 und 3 und Art. 46 Abs. 2 Sätze 2 und 3 und Abs. 5 Satz 1 entsprechend.

(3) Die Dienststelle erstattet dem Beschäftigten die notwendigen Fahrkosten für die Reise vom dienstlichen Wohnsitz zum Wahlort und zurück nach den Vorschriften über Reisekostenvergütung der Beamten.

(Abs. 1) Abs. 1 Satz 1 verbietet es **jedermann**, die Wahl des Personalrats zu behindern oder diese in einer gegen die guten Sitten verstoßenden Art und Weise zu beeinflussen. Das Verbot, das sich außer auf den Dienststellenleiter u. a. auch auf die in der Dienststelle vertretenen Verbände und andere Wahlbewerber bezieht, ist durch die Rahmenvorschriften des Bundes in § 99 Abs. 1 BPersVG und § 100 Abs. 2 BPersVG bundesweit vorgegeben und begründet die Pflicht eines jeden, alles zu unterlassen, was die Wahl des Personalrats behindern, verhindern, erschweren, stören oder in rechtlich nicht erlaubter Weise beeinflussen könnte. Diese Pflicht besteht vom Zeitpunkt an, zu dem das Wahlverfahren eingeleitet wird, also der Bestellung des Wahlvorstandes über den Abstimmungsvorgang 1

Art. 24

hinaus bis zur Neukonstituierung des neugewählten Personalrats (vgl. BayVGH, Beschluß v. 24. 4. 1979 – Nr. 18 C–564/79 –, PersV 1980, 333).

2 Eine **Wahlbehinderung** ist beispielsweise gegeben, wenn der Dienststellenleiter sich weigert, die Unterlagen zur Wahlvorbereitung (Beschäftigtenverzeichnis, Stellenplan usw.) an den Wahlvorstand herauszugeben, keine brauchbaren Räume für die Vorbereitung und Durchführung der Wahl zur Verfügung gestellt werden, Abstimmungen und Wahlen während der Arbeitszeit verboten werden u. ä., der Wahlvorstand das Wahlverfahren ohne Grund verzögert, willkürlich gültige Wahlvorschläge zurückgewiesen oder Kandidaten gestrichen werden, ein Boykott der Wahl durch die Beschäftigten dadurch verstärkt wird, daß Posten aufgestellt oder Wähler auf andere Weise behindert werden, Wahlunterlagen wie Stimmzettel, Urnen, Kabinen usw. entfernt oder zerstört werden.

3 Eine unzulässige **sittenwidrige Wahlbeeinflussung** liegt zunächst in allen Fällen vor, in denen bei einer Wahl zu Organen des Staates Straftatbestände wie derjenige der Wählernötigung (§ 108 StGB), Wählertäuschung (§ 108a StGB) und der Wählerbestechung (§ 108b StGB) erfüllt sind. Liegen solche Tatbestände vor, so steht fest, daß ihre Erfüllung auch das Anstands- und Rechtsgefühl aller billig und gerecht Denkenden verletzt, so daß das **Urteil der Rechtsordnung**, welches das Verhalten als sittenwidrig kennzeichnet, in allen diesen Fällen von vornherein gerechtfertigt ist.

In anderen Fällen ist eine unzulässige Wahlbeeinflussung, d. h. ein von der Rechtsordnung nicht gebilligtes Einwirken auf die freie Willensbildung und -äußerung des Wählers anzunehmen, wenn z. B. der Dienststellenleiter Vorteile im dienstlichen Bereich wie Beförderung, Versetzung an einen besseren Arbeitsplatz, Höhergruppierung oder höheren Lohn für ein spezielles Wahlverhalten verspricht, der Wahlvorstand das Wahlergebnis fälscht, die Neutralität bei der Behandlung von Wahlvorschlägen verletzt oder die irreführende Kennzeichnung von Wahlvorschlägen duldet, jemand Wahlkandidaten verleumdet oder den Straftatbestand der üblen Nachrede erfüllt, Stimmen gekauft werden usw.

4 Nach **Abs. 1 Satz 2** darf insbesondere kein Wahlberechtigter in der **Ausübung des aktiven und passiven Wahlrechts beschränkt** werden. Die Regelung hebt insoweit eine spezielle Fallgruppe der sittenwidrigen Wahlbeeinflussung noch besonders hervor. Gemeint sind z. B. Fälle von Versetzungen, Abordnungen oder Kündigungen, die den Zweck haben zu verhindern, daß bestimmte Beschäftigte von ihrem Recht zu wählen oder gewählt zu werden Gebrauch machen. Verlangt eine Gewerkschaft von ihren Mitgliedern ein Mindestmaß an Geschlossenheit, so liegt hierin kein Verstoß gegen das Benachteiligungs- und Beeinflussungsverbot (vgl. OLG Celle, AuR 1981, 30).

5 Vgl. zum Schutz der Mitglieder des Wahlvorstandes hinsichtlich ihrer **»inneren und äußeren Unabhängigkeit«** zunächst Art. 8 Rn. 1 und

Art. 24

Art. 20 Rn. 6, zu den **materiellen Grundlagen** der Tätigkeit als Wahlvorstandsmitglied Rn. 7 und 8.

Abs. 1 Satz 3 begründet zum Zwecke der Sicherung der äußeren Unabhängigkeit dieselben Rechte, die den Mitgliedern des Personalrats nach Art. 47 Abs. 1, 2 und 3 Satz 1 und 2 hinsichtlich eines gewissen Schutzes vor Kündigungen, Versetzungen und Abordnungen eingeräumt sind, auch für die Mitglieder des Wahlvorstandes und die Wahlbewerber. Danach haben die Mitglieder des Wahlvorstandes einen Anspruch darauf, vom Zeitpunkt ihrer Bestellung an bis zur Bekanntgabe des Wahlergebnisses und danach noch sechs Monate nicht ordentlich gekündigt zu werden. Eine Kündigung für diesen Personenkreis kommt also in der Schutzfrist nur in Betracht, falls Gründe vorliegen, welche den Arbeitgeber zu einer Kündigung aus wichtigem Grund berechtigen (§ 15 Abs. 3 KSchG). Außerdem muß auch noch der zuständige Personalrat der außerordentlichen Kündigung zustimmen oder das Verwaltungsgericht die fehlende Zustimmung dieses Gremiums ersetzt haben. Besteht bei der Dienststelle kein Personalrat, so ist die außerordentliche Kündigung nur zulässig, wenn der Dienststellenleiter vorher im Beschlußverfahren die Zustimmung des Verwaltungsgerichts zu dieser außerordentlichen Kündigung eingeholt hat (vgl. BAG v. 30. 5. 1978 – 2 AZR 637/76 –, RdA 1979, 58).

Wahlbewerber sind von dem Zeitpunkt, zu dem der Wahlvorschlag **6** aufgestellt ist, auf dem sie bezeichnet sind, bis zur Bekanntgabe des Wahlergebnisses bzw. dem Ausscheiden als Wahlbewerber und darüber hinaus noch sechs weitere Monate in gleicher Weise geschützt wie die Mitglieder des Wahlvorstandes (vgl. § 15 Abs. 3 KSchG). Der Wahlvorschlag gilt als aufgestellt, sobald der Vorschlag die erforderliche Mindestzahl von Stützunterschriften aufweist. Darauf, daß der Vorschlag beim Wahlvorstand auch eingereicht wurde, kommt es nicht an (vgl. BAG v. 4. 3. 1976 – 2 AZR 620/74 –, NJW 1976, 1652). Nach § 16 KSchG besteht die Möglichkeit, daß eine Person aus dem geschützten Personenkreis, der zu Unrecht gekündigt wurde (z.B. mit einer durch das Verwaltungsgericht ersetzten Zustimmung), die hiergegen mit Erfolg geklagt hat, binnen einer Woche nach Rechtskraft des Urteils erklären kann, daß die Weiterbeschäftigung bei dem alten Arbeitgeber verweigert werde. Voraussetzung für diese Erklärung ist, daß ein neues Arbeitsverhältnis eingegangen wurde. Die Regelung ermöglicht es, die Rechtsunwirksamkeit einer Kündigung, die jemanden aus dem geschützten Personenkreis betrifft, auch für den Fall gerichtlich feststellen zu lassen, daß der bzw. die Betroffene zwischenzeitlich schon einen anderen Arbeitsplatz gefunden hat und deshalb nicht gewillt ist, in die ursprüngliche Dienststelle/Betrieb zurückzukehren. Nach Art. 47 Abs. 3 Satz 1 und 2 ist der bezeichnete Personenkreis außerdem auch davor geschützt, daß **Versetzungen** und **Abordnungen** vorgenommen werden, ohne daß der Betroffene hiermit einverstanden ist. Dasselbe gilt für Umsetzungen, die mit einem Wechsel des Dienstortes verbunden sind. Das Einzugsgebiet im Sinne des Um-

Art. 24

zugskostenrechts gehört zum Dienstort. Zulässig ist eine Versetzung oder Abordnung in diesen Fällen ausnahmsweise nur dann, wenn die personelle Maßnahme **aus dienstlichen Gründen** unvermeidbar, d. h. **unumgänglich** ist.

7 (Abs. 2) Nach **Abs. 2 Satz 1** trägt die Dienststelle die **Kosten der Wahl**. Die Dienststelle trifft danach die Pflicht, alle im Zusammenhang mit der Wahl anfallenden Kosten, die für eine ordnungsgemäße Vorbereitung und Durchführung erforderlich sind, zu tragen. Dies sind zum Beispiel die Sachkosten für Geschäftsbedarf des Wahlvorstandes, Kosten für die Stimmzettel, für die Beschaffung der Wahlurnen und -kabinen, für Büropersonal des Wahlvorstandes und evtl. Kosten eines notwendigen Rechtsstreites, den der Wahlvorstand führen muß. Auch die außergerichtlichen Kosten einer erfolgreich durchgeführten Wahlanfechtung sind »Kosten der Wahl« (BVerwG v. 29.8.2000 – 6 P 7.99 –, PersR 2000, 513).

8 Abs. 2 Satz 2 begründet einen Anspruch der Beschäftigten auf ihr **Arbeitsentgelt** bzw. ihre **Dienstbezüge** auch für die Zeiten, in denen sie ihr Wahlrecht ausgeübt oder sich an Personalversammlungen nach Art. 20 bis 23 beteiligt oder sich als Mitglieder des Wahlvorstandes betätigt haben. Danach darf der umrissene Personenkreis finanziell nicht schlechter gestellt werden als vergleichbare Beschäftigte, die während dieser Zeit gearbeitet bzw. ihren Dienst verrichtet haben. Der zuständige Vorgesetzte braucht über Abwesenheiten im bezeichneten Zusammenhang nur so frühzeitig informiert zu werden, wie dies nach den Umständen möglich ist. Alle bezeichneten Tätigkeiten dürfen während der Dienstzeit abgewickelt werden. Ist dies aus zwingenden dienstlichen Gründen ausnahmsweise nicht möglich, so muß die Dienststelle einen entsprechenden Ausgleich durch Dienstbefreiung schaffen. Jedes Wahlvorstandsmitglied, das erstmals mit dieser Aufgabe betraut wird, hat überdies nach Abs. 2 Satz 2 i. V. m. Art. 46 Abs. 5 Satz 1 das Recht, an einer mindestens halbtägigen **Schulung** teilzunehmen (vgl. BAG, Urteil v. 7. 6. 1984 – 6 AZR 3/83 –, AuR 1984, 347). Es braucht in diesem Fall nicht dargelegt zu werden, daß ausreichende Kenntnisse der Wahlvorschriften fehlen. Darüber hinaus hat auch ein Wahlvorstandsvorsitzender, der bereits früher als Mitglied von Wahlvorständen tätig gewesen ist, Anspruch auf eine wiederholende und auffrischende Schulung. Eine solche ist deshalb erforderlich, weil die Wahlvorschriften derart kompliziert sind, daß sich bei jeder Wahl jeweils eine ganze Reihe neuer Fragen stellen kann, die nach Abschluß der Wahl zu Wahlanfechtungen führen können, wenn sie nicht vorher behandelt und richtig beantwortet wurden.

Nach **Abs. 2 Satz 3** haben Mitglieder des Wahlvorstandes über diese bezeichneten Rechte hinaus auch die Ansprüche, die sich aus Art. 44 Abs. 1 Sätze 2 und 3 und Art. 46 Abs. 2 Sätze 2 und 3 und Abs. 5 Satz 1 ergeben. Sie werden also im Hinblick auf **Reisekostenvergütung** und **Freizeitausgleich** den Personalratsmitgliedern gleichgestellt. Folglich haben Mitglieder des Wahlvorstandes auch einen Rechtsanspruch darauf,

Art. 24

daß sie bei Reisen, die zur Erfüllung ihrer Aufgaben notwendig sind, Reisekostenvergütung nach den Vorschriften über die Reisekostenvergütung der Beamten erhalten, wobei die Vergütung nach den Bestimmungen zu bemessen ist, welche für die Beamten der Besoldungsgruppe A 15 gelten (BayRKG). Sie erhalten bei Reisen, die zur Erfüllung ihrer Aufgaben notwendig sind, auch Ersatz der Sachschäden an ihren privateigenen Kraftfahrzeugen. Werden Mitglieder des Wahlvorstandes, weil dies aus dienstlichen Gründen unumgänglich ist, durch die Erfüllung ihrer Aufgaben über die regelmäßige Arbeitszeit hinaus erheblich mehr beansprucht, so erhalten sie Dienstbefreiung in entsprechender Anwendung des Art. 80 Abs. 2 Satz 2 BayBG (vgl. Art. 46 Rn. 11 f.) und Freizeitausgleich entsprechend den beamtenrechtlichen Regelungen.

(Abs. 3) Die Vorschrift begründet einen Anspruch derjenigen Beschäftigten, denen **Fahrkosten vom Dienstort zum Wahlort** entstehen, auf Erstattung dieser Kosten entsprechend den Vorschriften über die Reisekostenvergütung der Beamten (BayRKG). **9**

Verstöße gegen das in Abs. 1 Satz 1 und 2 verankerte Verbot der Wahlbehinderung oder Wahlbeeinflussung sind solche gegen wesentliche Vorschriften über das Wahlverfahren (vgl. BayVGH, Beschluß v. 28. 3. 1984 – Nr. 18 C 83 A. 2174 –). Sie haben die Anfechtbarkeit nach Art. 25 und in schweren Fällen die Nichtigkeit der Wahl zur Folge. Im Fall einer möglichen Nichtigkeit (vgl. BayVGH, Beschluß v. 13. 3. 1996 – 17 PC 96.160 –, PersR 1996, 443) ist in diesen Fällen der Erlaß einer einstweiligen Verfügung auch während des laufenden Wahlverfahrens angebracht, um etwa eine Störung durch Dritte abzuwehren oder eine frühzeitige Heilung des Fehlers oder den Neubeginn des gesamten Wahlvorganges zu ermöglichen (vgl. Art. 13 Rn. 25 m. w. N.). Einschränkend hier wohl der BayVGH, der gerichtliche Eingriffe in das laufende Wahlverfahren ablehnt: Der Wahlvorstand kann grundsätzlich nicht verpflichtet werden, eine von seinem Willen nicht mehr getragene Wahlhandlung, wie z. B. die Festsetzung des Wahltermins oder der Frist für die Einreichung von Wahlvorschlägen, die durch spätere Wahlhandlungen ersetzt wurden, als wirksam zu behandeln oder die späteren Wahlhandlungen aufzuheben (BayVGH, Beschluß v. 16. 6. 1994 – 17 PC 94.1934 –, PersR 1995, 191). **10**

Antragsberechtigt ist neben den in Art. 25 genannten Anfechtungsberechtigten jeder, der durch eine Maßnahme des Wahlvorstandes in seinem aktiven oder passiven Wahlrecht betroffen ist. Ein **Verfügungsanspruch** ist gegeben, wenn ein Wahlanfechtungsgrund vorliegt. Ein **Verfügungsgrund** läßt sich aus dem bevorstehenden Wahltermin herleiten. Zuständig sind nach Art. 81 Abs. 1 Nr. 2 die Verwaltungsgerichte.

Artikel 25
Wahlanfechtung

(1) Mindestens drei Wahlberechtigte, jede in der Dienststelle vertretene Gewerkschaft oder der Leiter der Dienststelle können binnen einer Frist von 14 Tagen, vom Tage der Bekanntgabe des Wahlergebnisses an gerechnet, die Wahl beim Verwaltungsgericht anfechten, wenn gegen wesentliche Vorschriften über das Wahlrecht, die Wählbarkeit oder das Wahlverfahren verstoßen worden und eine Berichtigung nicht erfolgt ist, es sei denn, daß durch den Verstoß das Wahlergebnis nicht geändert oder beeinflußt werden konnte.

(2) Bis zur rechtskräftigen Entscheidung des Verwaltungsgerichts und bis zur Feststellung des Wahlergebnisses bei der Wiederholungswahl führt der Personalrat die Geschäfte weiter. Wird die Wahl für ungültig erklärt, so bleiben die vorher gefaßten Beschlüsse des Personalrats in Kraft.

1 Wurde während eines abgeschlossenen Wahlverfahrens entweder gegen wesentliche Vorschriften über

– das **Wahlrecht** oder

– die **Wählbarkeit** oder

– das **Wahlverfahren**

verstoßen, so ist die Wahl entweder **nichtig**, wenn es sich um besonders schwerwiegende offenkundige Verstöße handelt, oder **anfechtbar**, wenn es sich um einfache Verstöße handelt und im zweiten Fall der Verstoß nicht noch während des laufenden Wahlverfahrens geheilt (d.h. rückgängig gemacht oder kompensiert) wurde und die theoretische Möglichkeit besteht, daß ein solcher nicht geheilter Verstoß Auswirkungen auf das Wahlergebnis gehabt haben kann. Der Nachweis einer tatsächlichen Beeinflussung des Wahlergebnisses durch den Verfahrensfehler ist nicht erforderlich (wie hier BayVGH, Beschluß v. 19. 10. 1983 – Nr. 18 C 83 A. 2206 –, rechtskräftig, n. v.; etwas einschränkend BayVGH, Beschluß v. 28. 3. 1984 – Nr. 18 C 83 A. 3205 –, n. v., wo eine konkrete Möglichkeit einer Änderung oder Beeinflussung des Wahlergebnisses verlangt wird). Nur wenn im Falle der Anfechtbarkeit alle diese Voraussetzungen vorliegen, erklärt das Verwaltungsgericht mit Blick auf den Zweck der Verfahrensregeln, ein dem Wählerwillen entsprechendes Ergebnis der Wahl sicherzustellen, die Wahl für ungültig.

2 Im Falle der **Nichtigkeit** ist davon auszugehen, daß eine Heilung besonders schwerwiegender offenkundiger Verstöße während des laufenden Verfahrens nicht möglich ist und die erforderlichen Auswirkungen auf das Wahlergebnis stets ohne weiteres auf der Hand liegen, so daß es außer aus präventiven Gründen auch schon deshalb nicht darauf ankommen kann, ob außer dem besonders schwerwiegenden offenkundigen Verstoß auch zusätzliche Voraussetzungen erfüllt sind.

Art. 25

(**Abs. 1**) Die Vorschrift begründet das Recht mindestens dreier Wahlberechtigter, des Dienststellenleiters oder einer in der Dienststelle vertretenen Gewerkschaft, eine abgeschlossene Wahl binnen einer Frist von 14 Tagen, vom Tage der Bekanntgabe des Wahlergebnisses an gerechnet, beim Verwaltungsgericht anzufechten. Eine in der Dienststelle vertretene Gewerkschaft wird hierbei durch das Organ vertreten, das nach Gesetz oder Satzung dazu berufen ist (wie hier BayVGH, Beschluß v. 28. 3. 1984 – Nr. 18 C 83 A. 3205 – n. v.). Das ist je nach Satzung die Kreisverwaltung, die Bezirksverwaltung oder die Hauptverwaltung.

Die **Frist von 14 Tagen** ist eine **Ausschlußfrist.** Fristverlängerungen kommen daher nicht in Betracht (vgl. BayVGH, Beschluß v. 23. 2. 1983 – Nr. 17 C 82 A. 2754 –, PersV 1984, 502). Nach Ablauf der Frist kann nur noch die Nichtigkeit der Wahl geltend gemacht werden, was aber nur bei besonders schwerwiegenden, offenkundigen Verfahrensfehlern Aussicht auf Erfolg hat. Die Frist beginnt mit der Bekanntgabe des Wahlergebnisses nach § 23 Abs. 2 Satz 1 WO-BayPVG zu laufen. Für den Fall, daß die Dienststelle in mehreren Gebäuden untergebracht ist, mit dem letzten Termin, zu welchem in einem der Gebäude das Wahlergebnis bekanntgemacht wurde. Die Wahlanfechtungsfrist wird also nicht erst mit dem in der Wahlniederschrift genannten Tag, sondern durch den tatsächlichen Aushang des Wahlergebnisses ausgelöst (wie hier auch BayVGH, Beschluß v. 23. 2. 1983, a. a. O.). Bei der Fristberechnung nach § 187 Abs. 1 BGB wird der Tag der Bekanntgabe des Wahlergebnisses nicht mitgerechnet. Die Frist endet nach § 188 Abs. 1 BGB mit dem Ablauf des letzten Tages der Frist. Fällt dieser Tag auf einen Sonntag, Feiertag oder Sonnabend, so tritt nach § 193 BGB an die Stelle dieses Tages der nächste Werktag.

Die **Anfechtung der Wahl** erfolgt durch Antrag beim Verwaltungsgericht, der schriftlich oder zu Protokoll der Geschäftsstelle zu stellen ist. Er muß eindeutig erkennen lassen, in welchem Umfang und mit welchem Ziel die Personalratswahl angefochten wird (Wahl eines Personalrats oder Wahl einer Gruppe), und einen Sachverhalt darlegen, der möglicherweise die Anfechtung der Wahl rechtfertigen kann. Nach Ablauf der 14-Tage-Frist kann ein ordnungsgemäßer Antrag, welcher den Rahmen für die **Amtsermittlung** des Gerichts und auch dessen Entscheidung vorgibt, nicht mehr nachgeholt werden (vgl. BayVGH, Beschluß v. 23. 2. 1983 – 17 C 82 A. 2754 –, a. a. O.).

Beteiligter der Wahlanfechtung – das Verfahren kennt keinen Anfechtungsgegner – ist der aus der Wahl hervorgegangene Personalrat, weil der Wahlvorstand mit der Bestellung eines Wahlleiters durch den Personalrat in dessen konstituierender Sitzung nach Art. 34 Abs. 1 seine Tätigkeit beendet hat.

Bei Anfechtung der Wahl einer Gruppe ist Beteiligter die betreffende Gruppe.

Art. 25

7 Die **Zulässigkeit der Anfechtung** ist gegeben, wenn behauptet wird, daß bei der Wahl

– gegen wesentliche Vorschriften des **Wahlrechts**,
– gegen wesentliche Vorschriften der **Wählbarkeit** oder
– gegen wesentliche Vorschriften des **Wahlverfahrens**

(wie z. B. Bestellung des Wahlvorstandes, Bestimmungen der Wahlordnung, Fristen usw.) verstoßen wurde, und außerdem diese Mängel jeweils nicht so geheilt wurden, daß Auswirkungen auf das Ergebnis der Wahl ausgeschlossen sind und auch nicht die Möglichkeit besteht, daß sich die Verstöße auf das Ergebnis der Wahl ausgewirkt haben könnten. Darauf, ob der Verstoß das Wahlergebnis tatsächlich geändert oder beeinflußt hat, kommt es nicht an (vgl. wie hier BVerwG v. 21. 12. 1983 – 6 PB 18.83 –).

8 Begründet ist die Anfechtung, falls das Verwaltungsgericht zu dem Ergebnis gelangt, daß ein Verstoß der oben bezeichneten Art vorliegt, der Fehler auch nicht rechtzeitig geheilt oder kompensiert wurde und die Möglichkeit besteht, daß Fehler der bezeichneten Art möglicherweise Auswirkungen auf das Wahlergebnis haben können (vgl. zuletzt VGH Bd.-Württemberg, Beschluß v. 25. 10. 1994 – PL 15 S 1054/94 –, PersR 1995, 136). Entgegen der Auffassung mancher Obergerichte ist die Anfechtung m. E. immer dann gerechtfertigt, wenn die nur theoretische Möglichkeit besteht, daß das Wahlergebnis beeinflußt worden sein könnte. Bei der Entscheidung über einen zulässig erhobenen Anfechtungsantrag betreffend eine Personalratswahl sind auch nicht innerhalb der Anfechtungsfrist geltend gemachte Anfechtungsgründe zu berücksichtigen (vgl. zuletzt BVerwG, Beschluß v. 13. 5. 1998 – 6 P 9.97 – PersR 1998, 516).

Die Anfechtung richtet sich grundsätzlich gegen die Wahl im Ganzen. Bei Gruppenwahl kann sie sich auf die Vertreter einer Gruppe oder zweier Gruppen beschränken, wenn die die Anfechtung begründenden Mängel nur bei einer Gruppe oder bei zwei Gruppen vorliegen (BVerwG v. 23. 1. 1959 – VII P.28 –; BSFE, BayPVG, Art. 25 Anm. 13). Die Anfechtung der Wahl nur eines Mitgliedes ist nach obergerichtlicher Rechtsprechung hingegen nicht zulässig (BVerwG, Beschluß v. 8. 6. 1962 – VII P 7.61 –, ZBR 1962, 283). Diese Sicht verkennt insoweit Wesentliches, als die Anfechtung der Wahl eines einzelnen Mitgliedes durchaus sinnvoll sein kann, z. B. wenn die Voraussetzungen für die Wählbarkeit fehlen; hier ist nicht einzusehen, warum in einem solchen Falle die Wahl als Ganzes bzw. die Wahl einer ganzen Gruppe angefochten werden muß (wie hier BayVGH, Beschluß v. 29. 1. 1959 – Nr. 7 FS – 58 –, AP Nr. 2 zu § 22 BPersVG; BAG, Beschluß v. 28. 11. 1977 – 1 ABR 40/76 –, AP Nr. 2 zu § 8 BetrVG 72).

Verstöße gegen das **Wahlrecht** und die **Wählbarkeit** liegen vor, wenn die in den Art. 13 und 14 enthaltenen Bestimmungen nicht beachtet wurden. Verstöße gegen das **Wahlverfahren** sind dann anzunehmen,

Art. 25

wenn zwingende Vorschriften der Wahlordnung nicht eingehalten worden sind.

Eine Reihe von Beispielen, mit denen die Gerichte bereits befaßt wurden, findet sich in PersR 1999, 515 ff. – Personalratswahl in der Rechtsprechung –.

(**Abs. 2**) Nach **Abs. 2 Satz 1** führt der Personalrat, dessen Wahl angefochten wurde, zunächst seine Geschäfte weiter, bis die Entscheidung des Verwaltungsgerichts über die Anfechtung rechtskräftig und das Ergebnis der Wiederholungswahl festgestellt ist.

9

Mit der Rechtskraft der Entscheidung des Verwaltungsgerichts, das die Wahl für ungültig erklärt, endet das Amt des fehlerhaft gewählten Personalrats, der bis zu diesem Zeitpunkt als Anfechtungsgegner Beteiligter an dem Verfahren war, nach dem ausdrücklichen Wortlaut der Vorschrift noch nicht. Vielmehr führt dieser die Geschäfte noch so lange weiter, bis das Wahlergebnis der Wiederholungswahl festgestellt ist.

Da das Gericht – anders als nach dem BPersVG und den Personalvertretungsgesetzen anderer Länder (vgl. z. B. § 22 Abs. 2 LPersVG NW) – nicht von sich aus einen Wahlvorstand einsetzt, der die Wiederholung der Wahl durchführt, ist der Wahlvorstand nach Art. 21 sodann in einer vom Dienststellenleiter einzuberufenden Personalversammlung zu wählen bzw. gegebenenfalls nach Art. 22 vom Leiter der Dienststelle zu bestellen (vgl. zu diesem Verfahren Art. 21 Rn. 1 ff. und Art. 22 Rn. 1 ff.). Der so gebildete Wahlvorstand führt die **Wiederholung** der angefochtenen Wahl entsprechend Art. 23 und §§ 1 ff. WO-BayPVG durch. Er muß diese Wiederholung der Wahl **unverzüglich** einleiten. Wurde nur die **Wahl einer Gruppe** für ungültig erklärt, bestellt der verbleibende Restpersonalrat einen Wahlvorstand nach Art. 20 (vgl. Art. 20 Rn. 1 bis 5). Für den Fall, daß dieser Verpflichtung nicht nachgekommen wird, gelten die Bestimmungen der Art. 20 Abs. 2 bis Art. 22.

Zu beachten ist, daß sowohl bei **Wiederholung der Wahl** insgesamt, als auch bei der Wiederholung der Wahl einer Gruppe von derselben Größe und Zusammensetzung des Personalrats im Hinblick auf die Gruppen auszugehen ist wie bei der erfolgreich angefochtenen Wahl. Dies gilt selbst für den Fall, daß sich die Beschäftigtenzahl oder die Stärke der Gruppe in der Zwischenzeit verändert hat (vgl. BVerwG v. 13. 6. 1969 – VII P 10.68 –, ZBR 1969, 355). Änderungen hinsichtlich neu hinzugekommener Wahlberechtigter und Änderungen der Gruppenzugehörigkeit, die während des Anfechtungsverfahrens vor dem Verwaltungsgericht erfolgten, sind bei der Wiederholung der Wahl zu berücksichtigen. Es dürfen auch neue Wahlvorschläge gemacht werden. Bereits bei der ursprünglichen Wahl durchgeführte Vorabstimmungen nach § 4 WO-BayPVG dürfen nur dann wiederholt werden, wenn sich dies aus der gerichtlichen Entscheidung ergibt.

10

Erfolgt die Neuwahl eines Personalrats im Rahmen einer Wiederholung einer erfolgreich angefochtenen Wahl, so endet dessen Amtszeit zu dem Zeitpunkt, zu dem diejenige des ursprünglich (fehlerhaft) gewählten Personalrats geendet hätte (vgl. Art. 26 Rn. 1 ff.).

11 Nach **Abs. 2 Satz 2** bleiben die von dem Personalrat, dessen Wahl angefochten wurde, **gefaßten Beschlüsse** gültig, soweit sie vor Rechtskraft der Entscheidung des Verwaltungsgerichts getroffen wurden. Hieraus folgt, daß der Personalrat auch nach der Anfechtung der Wahl seine Amtstätigkeiten in vollem Umfang wahrnimmt und nicht etwa nur die Geschäfte führt, bis das Verwaltungsgericht entschieden hat.

12 Zur Möglichkeit einer einstweiligen Verfügung vor oder während des laufenden Wahlverfahrens vgl. Art. 13 Rn. 25 und Art. 24 Rn. 10.

Zweiter Abschnitt
Amtszeit des Personalrats

Vorbemerkung zu Art. 26 bis 28

Die Art. 26 bis 28 regeln mit Ausnahme von Art. 28 Abs. 1, der sich mit dem gerichtlichen Ausschluß eines Mitgliedes aus dem Personalrat bzw. der gerichtlichen Auflösung dieses Gremiums befaßt, die **Amtszeit** des Personalrats. Im einzelnen geht es vor allem um deren **Beginn, Dauer** und **Ende**.

1. Beginn der Amtszeit

1 Die Amtszeit einer Personalvertretung beginnt in der Regel mit dem Tage der Wahl (Art. 26 Abs. 1 Satz 2 BayPVG). Hierbei sind die grundlegenden Verhältnisse in der Dienststelle maßgebend, d. h. es kommt darauf an, ob am Tage der Wahl noch eine Personalvertretung im Amt ist. In diesem Fall beginnt die Amtszeit der neugewählten Personalvertretung erst mit Ablauf der Amtszeit der bisherigen.

Mit dem Tage der Wahl beginnt nach Art. 26 Abs. 1 Satz 2, 1. Alt. die Amtszeit des Personalrats z. B. in folgenden Fällen:

– der Personalrat wird erstmalig gewählt;

– die Amtszeit des bisherigen Personalrats ist schon vor dem Tage der Wahl abgelaufen;

– die Wahl des im Amt befindlichen Personalrats war nichtig (vgl. hierzu Art. 25 Rn. 1 f.);

– die Wahl des im Amt befindlichen Personalrats wurde nach Art. 25 BayPVG erfolgreich angefochten;

– es liegt einer der Fälle des Art. 27 Abs. 2 (vorzeitige Neuwahl) vor, was anzunehmen ist, wenn entweder

Vor Art. 26–28

(a) mit Ablauf von zwei Jahren (»Stichtagsprinzip«) – vom Tage der vorherigen Wahl an gerechnet – die Zahl der regelmäßig Beschäftigten um die Hälfte, mindestens aber um 50 gestiegen oder gesunken ist (Art. 27 Abs. 1 Buchst. a) oder

(b) innerhalb von drei Jahren sechs Monaten, vom Tag der Wahl gerechnet, die Zahl der regelmäßig Beschäftigten derart gestiegen ist, daß die Zahl der Mitglieder des Personalrates bei einer Neuwahl um mindestens vier Mitglieder erhöht wäre (Art. 27 Abs. 1 Buchst. b) oder

(c) die Gesamtzahl der Mitglieder des Personalrats auch nach Eintreten sämtlicher Ersatzmitglieder um mehr als ein Viertel der vorgeschriebenen Zahl gesunken ist (Art. 27 Abs. 1 Buchst. c) oder

(d) der Personalrat mit der Mehrheit seiner Mitglieder seinen Rücktritt beschlossen hat (Art. 27 Abs. 1 Buchst. d);

– der Personalrat wurde durch gerichtliche Entscheidung nach Art. 28 Abs. 1 aufgelöst und die Neuwahl durch den vom Gericht eingesetzten Wahlvorstand durchgeführt (Art. 27 Abs. 1 Buchst. e, Art. 28 Abs. 2 Satz 2).

Wird der Personalrat an **mehreren Tagen** gewählt, so beginnt die Amtszeit des neugewählten Personalrats am letzten Tag der Wahl.

Mit dem Tage des Ablaufs der Amtszeit eines noch im Amt befindlichen Personalrats beginnt die Amtszeit einer neugewählten Personalvertretung, wenn die Amtszeit des bisherigen Personalrats am Tage der Wahl noch nicht abgelaufen ist (Art. 26 Abs. 1 Satz 2 2. Alt.). In diesem Fall tritt der neugewählte Personalrat sein Amt erst nach Ablauf der Amtszeit des bisherigen Personalrats an.

2. Dauer der Amtszeit

Die Amtszeit des Personalrats beträgt nach **Art. 26 Abs. 1 Satz 1** regelmäßig vier Jahre.

2

Die **Amtszeit verkürzt sich** in folgenden Fällen auf die Zeit vom Zeitpunkt der Wahl bis zum Ablauf der regelmäßigen Amtszeit nach **Art. 26 Abs. 4**:

– ein bestehender Personalrat wurde während der regelmäßigen Amtszeit, die in Art. 26 Abs. 3 vorgegeben ist, erstmals gewählt;

– eine Neuwahl erfolgte während der regelmäßigen Amtszeit, weil

(a) mit Ablauf von zwei Jahren, vom Tag der Wahl an gerechnet, die Zahl der regelmäßig Beschäftigten um die Hälfte, mindestens aber um 50 gestiegen oder gesunken ist und kein Fall des Art. 27 Abs. 4 vorlag (vgl. Art. 27 Abs. 1 Buchst. a);

(b) innerhalb von drei Jahren sechs Monaten, vom Tag der Wahl gerechnet, die Zahl der regelmäßig Beschäftigten derart gestiegen

Vor Art. 26–28

ist, daß die Zahl der Mitglieder des Personalrats bei einer Neuwahl um mindestens vier Mitglieder erhöht wäre (Art. 27 Abs. 1 Buchst. b);

(c) die Gesamtzahl der Mitglieder des Personalrats auch nach Eintreten sämtlicher Ersatzmitglieder um mehr als ein Viertel der vorgeschriebenen Zahl gesunken ist (vgl. Art. 27 Abs. 1 Buchst. c);

(d) der Personalrat während der laufenden Amtszeit mit der Mehrheit seiner Mitglieder seinen Rücktritt beschlossen hat (vgl. Art. 27 Abs. 1 Buchst. d);

(e) der Personalrat durch gerichtliche Entscheidung nach Art. 28 Abs. 1 aufgelöst wurde (vgl. Art. 27 Abs. 1 Buchst. e);

– während der regelmäßigen Amtszeit erfolgte eine Wahlwiederholung, weil eine Wahl nach Art. 25 erfolgreich angefochten wurde;

– während der regelmäßigen Amtszeit erfolgte eine Wahlwiederholung, weil eine Wahl nichtig war.

3. Ende der Amtszeit

3 Die Amtszeit des Personalrats endet in der Regel mit Ablauf der regelmäßigen Amtszeit nach Art. 26 Abs. 1 und 2 (i. V. m. Abs. 3 nach vier Jahren), und zwar auch in den Fällen, in denen eine erfolgreich angefochtene Wahl wiederholt wurde.

In den Fällen, in denen während der laufenden regelmäßigen Amtszeit ein Personalrat neu gewählt wurde – es handelt sich um die Fälle einer verkürzten Amtszeit, die unter Rn. 2 »Dauer der Amtszeit« aufgeführt sind –, endet die Amtszeit nach Art. 26 Abs. 4 zum selben Zeitpunkt. Unabhängig vom Ablauf der regelmäßigen Amtszeit nach Art. 26 Abs. 1 endet die Amtszeit solcher Personalvertretungen, die durch vorzeitige Neuwahlen oder eine Wahlwiederholung abgelöst wurden. Es handelt sich insoweit um die Fälle, die in Rn. 2 genannt sind.

4 Zu beachten ist, daß der Personalrat in den in Art. 27 Abs. 2 bezeichneten Fällen seine Geschäfte weiterführt, bis der neue Personalrat gewählt ist. In allen anderen Fällen endet mit dem Ablauf der Amtszeit auch die Befugnis des betreffenden Organs, weiter rechtswirksam die Geschäfte zu führen.

Die Amtszeit des Personalrats endet auch, wenn die Dienststelle, bei der er gebildet wurde, aufgelöst wird (BayVGH v. 28. 6. 2000 – 18 P 98.2995 –, PersR 2001, 86). Erfolgt eine Umwandlung eines Betriebs bzw. einer Dienststelle in eine private Rechtsform (z.B. GmbH, AG u.ä.), so ist dort ein Betriebsrat zu wählen. Ein Übergangsmandat des Personalrats bis zur Wahl dieses Gremiums wird vom LAG Köln zu Unrecht verneint (LAG Köln v. 11. 2. 2000 – 4 TaBV 2/00 –, PersR 2000, 378 ff. und v. 10. 3. 2000 – TaBV 9/00 –, PersR 2000, 380 ff.). Nach Art. 6 RL 2001/23/EG steht die Notwendigkeit einer kontinuierlichen kollektiven Interessenvertretung für den nationalen Gesetzgeber wie die zur Lückenschließung aufgerufenen Gerichte fest (vgl. v. Roetteken, NZA 2001, 414, 421 f. und Blanke, PersR 2000, 43, 52).

Werden zwei Dienststellen zusammengelegt, so hören beide mit dem Wirksamwerden der Zusammenlegung auf zu bestehen. Daher endet zu diesem Zeitpunkt auch das Amt der dort jeweils gewählten Personalräte (OVG Berlin v. 27. 7. 1998 – OVG PV 9.98 –, PersR 1999, 76 f.). Zu einem etwaigen Übergangsmandat gilt das oben Gesagte.

Artikel 26
Dauer der Amtszeit

(1) **Die regelmäßige Amtszeit des Personalrats beträgt vier Jahre. Die Amtszeit beginnt mit dem Tag der Wahl oder, wenn zu diesem Zeitpunkt noch ein Personalrat besteht, mit dem Ablauf seiner Amtszeit.**

(2) **Die Amtszeit des Personalrats endet am 31. Juli des Jahres, in dem nach Absatz 3 die regelmäßigen Personalratswahlen stattfinden.**

(3) **Die regelmäßigen Personalratswahlen finden alle vier Jahre in der Zeit vom 1. Mai bis 31. Juli statt.**

(4) **Für die während der regelmäßigen Amtszeit gewählten Personalräte endet die Amtszeit am 31. Juli des Jahres, in dem die regelmäßigen Personalratswahlen stattfinden.**

Vgl. hierzu zunächst die »Vorbemerkung zu Artikel 26 bis 28«.

(**Abs. 1**) Nach **Abs. 1 Satz 1** beträgt die regelmäßige Amtszeit im Interesse einer kontinuierlichen Arbeit des Personalrats vier Jahre. **Amtszeit** ist hierbei der Zeitraum, in welchem der Personalrat die ihm obliegenden Geschäfte tatsächlich ausüben darf und rechtswirksam Handlungen vornehmen kann. Zu beachten ist insoweit aber die Zulässigkeit einer Geschäftsführung in den Fällen, die in Art. 27 Abs. 2 genannt sind.

Nach **Abs. 1 Satz 2 beginnt** die Amtszeit mit dem Tage der Wahl (Bekanntgabe des Wahlergebnisses). Dies gilt aber nur für die Fälle, in denen am Wahltag kein Personalrat besteht, z.B. weil die Dienststelle die erforderliche Mindestgröße nach Art. 12 Abs. 1 erst während der laufenden Wahlperiode erreicht hat oder die Beschäftigten erst in dieser Zeit eine Vertretung wollten. Ist am Wahltag noch ein Personalrat im Amt, beginnt die Amtszeit der neugewählten Vertretung der Beschäftigten erst mit dem Ablauf der vierjährigen Amtszeit des vorherigen Gremiums. Die Fristen werden hierbei nach §§ 187 Abs. 1, 188 Abs. 2 BGB berechnet. Findet eine Wahl an mehreren Tagen statt, ist der letzte Tag der Wahl für die jeweilige Fristberechnung maßgeblich.

(**Abs. 2, 3**) Nach **Abs. 2 endet die Amtszeit** des Personalrats am 31. Juli des Jahres, in dem nach Abs. 3 die **regelmäßigen Personalratswahlen** stattfinden. Das geschieht alle vier Jahre in der Zeit vom 1. Mai bis 31. Juli;

Art. 26, 27

konkret liegen diese durch Art. 26 Abs. 1 Satz 1 vorgegebenen Wahlzeiträume in den Jahren 2002, 2006, 2010 usw. Folglich endet die Amtszeit der Personalräte normalerweise jeweils am 31. Juli des Wahljahres.

4 **(Abs. 4)** Die Vorschrift bestimmt, daß auch die Amtszeit der Personalräte, die nicht in diesem Turnus (s. Rn. 3), sondern aus bestimmten Gründen während der regelmäßigen Amtszeit gewählt wurden, zu den unter Rn. 3 bezeichneten Zeitpunkten endet. Es handelt sich insoweit um die Fälle einer verkürzten Amtszeit, die in Rn. 2 der »Vorbemerkung zu Art. 26 bis 28« aufgeführt sind (mit Ausnahme des Falles einer Wahlwiederholung wegen erfolgreicher Anfechtung der Wahl nach Art. 25, der bereits unter Art. 26 Abs. 2 fällt).

5 **Streitigkeiten** über die Dauer der Amtszeit eines Personalrats entscheiden die Verwaltungsgerichte nach Art. 81 Abs. 1 Nr. 2 2. Alt. Über Meinungsverschiedenheiten hinsichtlich der Befugnis eines Personalrats, rechtswirksam Handlungen vorzunehmen, entscheiden die Verwaltungsgerichte ggf. nach Art. 81 Abs. 1 Nr. 3 2. und 3. Alt.

Artikel 27
Vorzeitige Neuwahl

(1) Der Personalrat ist neu zu wählen, wenn

a) mit Ablauf von zwei Jahren, vom Tag der Wahl gerechnet, die Zahl der regelmäßig Beschäftigten um die Hälfte, mindestens aber um 50 gestiegen oder gesunken ist oder

b) innerhalb von drei Jahren sechs Monaten, vom Tag der Wahl gerechnet, die Zahl der regelmäßig Beschäftigten derart gestiegen ist, daß die Zahl der Mitglieder des Personalrats bei einer Neuwahl um mindestens vier Mitglieder erhöht wäre oder

c) die Gesamtzahl der Mitglieder des Personalrats auch nach Eintreten sämtlicher Ersatzmitglieder um mehr als ein Viertel der vorgeschriebenen Zahl gesunken ist oder

d) der Personalrat mit der Mehrheit seiner Mitglieder seinen Rücktritt beschlossen hat oder

e) der Personalrat durch gerichtliche Entscheidung aufgelöst ist.

(2) In den Fällen des Absatzes 1 Buchst. a bis d führt der Personalrat die Geschäfte weiter, bis der neue Personalrat gewählt ist.

(3) Ist eine in der Dienststelle vorhandene Gruppe, die bisher im Personalrat vertreten war, durch kein Mitglied des Personalrats mehr vertreten, so wählt diese Gruppe neue Mitglieder.

(4) Absatz 1 Buchst. a und b gelten nicht für jahreszeitlich oder durch die Witterung bedingte Änderungen der Zahl der regelmäßig Beschäftigten.

Art. 27

Vgl. hierzu zunächst die »Vorbemerkung zu Art. 26 bis 28«.

(**Abs. 1**) Die Vorschrift bezeichnet unter Buchst. a bis e die Fälle, in denen – abgesehen von der Wiederholung einer Wahl infolge erfolgreicher Anfechtung nach Art. 25 (vgl. Art. 25 Rn. 1 ff.) – der Personalrat unabhängig vom Ablauf der regelmäßigen Amtszeit zu wählen ist. Die Einleitung der Neuwahl durch Bestellung eines Wahlvorstandes obliegt hierbei in den Fällen des Art. 27 Abs. 1 Buchst. a bis d dem Personalrat, der gemäß Art. 27 Abs. 2 seine Geschäfte weiterführt. Im Falle des Art. 27 Abs. 1 Buchst. e wird der Wahlvorstand nach Art. 28 Abs. 2 Satz 1 vom Vorsitzenden der Fachkammer des Verwaltungsgerichts eingesetzt, welche den Personalrat aufgelöst hat. Kommt der geschäftsführende Personalrat seiner Verpflichtung nicht oder nur zögernd nach, stehen dem Dienststellenleiter, drei Wahlberechtigten oder einer in der Dienststelle vertretenen Gewerkschaft die Bestimmungen der Art. 20 bis Art. 23 zur Verfügung, um die erforderliche Neuwahl in Gang zu setzen. **1**

Nach **Abs. 1 Buchst. a** ist der Personalrat neu zu wählen, wenn zwei Jahre nach der Wahl, vom Tag der Wahl (Stichtag) gerechnet, die von der Vorschrift bezeichneten Änderungen vorliegen. Änderungen, die vor dem Stichtag nur vorübergehend vorlagen, bleiben ebenso unberücksichtigt wie solche, die später erfolgen. **2**

Es muß sich um Veränderungen bei den **regelmäßig** Beschäftigten handeln. Veränderungen durch nur **vorübergehend Beschäftigte** führen nicht zur Neuwahl.

Unerheblich ist, ob die Veränderungen in der Beschäftigtenzahl für den Fall einer Neuwahl Auswirkungen auf die Zahl der Personalratssitze, deren Verteilung auf die Gruppen bzw. die Größe der im Personalrat vertretenen Gruppen hat. Bei der Berechnung des Stichtages ist der **Wahltag** (Tag der Wahlhandlung) mitzurechnen. War die Wahl also zum Beispiel am 3. Juni 2002, ist der Stichtag der 2. Juni 2004 usw. Wurde an zwei Tagen gewählt, ist auf den letzten Wahltag abzustellen.

Es muß am Stichtag

– die Zahl der Beschäftigten um die Hälfte gestiegen oder gesunken sein und

– die Zahl, um welche die Zahl der Beschäftigten gestiegen oder gesunken ist, 50 oder mehr betragen.

Beispiel:

Die Personalratswahl in einer Dienststelle mit 120 Beschäftigten fand am 3. Juni 2002 statt. Am Stichtag (2. Juni 2004) sind in der Dienststelle 172 Beschäftigte tätig. In diesem Falle findet eine Neuwahl nicht statt, weil am Stichtag zwar mehr als 50 Beschäftigte zusätzlich in der Dienststelle arbeiten, ihre Zahl aber nicht um die Hälfte gestiegen ist. Dies wäre erst der Fall, wenn sie am 2. Juni 2004 auf 180 angewachsen wäre.

Art. 27

Außerdem ist stets zu prüfen, ob nicht der Ausnahmetatbestand des Art. 27 Abs. 4 – jahreszeitliches oder witterungsbedingtes Absinken der Zahl der regelmäßigen Beschäftigten – vorliegt, da dann nicht neu gewählt werden kann.

3 **Abs. 1 Buchst. b** bestimmt, daß der Personalrat auch dann neu zu wählen ist, wenn innerhalb von drei Jahren und sechs Monaten, vom Wahltag an gerechnet, die Zahl der regelmäßig Beschäftigten so gestiegen ist, daß bei einer Neuwahl mindestens vier Personalratsmitglieder mehr zu wählen wären als bei der ursprünglichen Wahl.

Die Zahl der Mitglieder des Personalrats ist hierbei nach Art. 16 zu ermitteln (vgl. hierzu Art. 16 Rn. 1 ff.).

Die Voraussetzungen wären z. B. erfüllt, wenn sich die Beschäftigtenzahl aufgrund einer Neuorganisation von 200 (= siebenköpfiger Personalrat) auf 650 (= elfköpfiger Personalrat) erhöht hat.

Sechs Monate vor Ablauf der regelmäßigen Amtszeit findet eine solche Neuwahl wegen der ohnehin bevorstehenden Wahlen nicht mehr statt.

4 **Abs. 1 Buchst. c** bestimmt, daß der Personalrat außerdem dann neu zu wählen ist, wenn die Gesamtzahl der Mitglieder des Personalrats selbst für den Fall um **ein Viertel** gesunken ist, daß alle Ersatzmitglieder in das Gremium eingetreten sind. Unter »einem Viertel« ist das rechnerische Viertel zu verstehen (wie hier BayVGH, Beschluß v. 26. 10. 1994 – 17 PC 94.2893 – und – 94.2485 –, PersR 1995, 433).

Die Zahl der Mitglieder des Vertretungsorgans – maßgebend ist die Größe des Gremiums zum Zeitpunkt der Wahl – kann sich z.B. infolge Amtsniederlegung, Ausschluß aus dem Personalrat durch Gerichtsbeschluß nach Art. 28 Abs. 1, Ausscheiden von Personalratsmitgliedern aus der Dienststelle usw. verringern (zu weiteren Gründen des Erlöschens der Mitgliedschaft im Personalrat vgl. Art. 29 Rn. 1 f.). Ist ein Personalratsmitglied nur zeitweilig verhindert, etwa infolge Krankheit, Urlaub oder dienstlicher Abwesenheit, so **sinkt** die Zahl der Mitglieder des Gremiums nicht. Dies gilt selbst für den Fall, daß ein Ersatzmitglied im konkreten Einzelfall nicht mehr zur Verfügung steht, wenn und solange nur allgemein für dauernd ausgeschiedene Mitglieder noch so viele Ersatzmitglieder zur Verfügung stehen, daß mit Blick auf diese Vertretung die Gesamtzahl auf Dauer um **weniger als ein Viertel** abgenommen hat. Ersatzmitglieder dürfen hierbei aber jeweils nur nach Maßgabe von Art. 31 Abs. 1 und 2 nachrücken. Dies beinhaltet, daß sie nur insoweit als vorhandene Ersatzmitglieder gelten können, als sie aus den nicht gewählten Beschäftigten der Vorschlagsliste entnommen werden können, denen das ausgeschiedene Mitglied der jeweiligen Personalvertretung angehörte. Für den Fall, daß Personenwahl stattgefunden hat, können solche Bewerber nachrücken, die derselben Gruppe wie das ausgeschiedene Personalratsmitglied angehören.

5 Nach **Abs. 1 Buchst. d** findet eine Neuwahl statt, falls der Personalrat **mit**

Art. 27

der Mehrheit seiner Mitglieder seinen Rücktritt beschlossen hat.
Der Beschluß ist nur wirksam, wenn sich die Mehrheit **aller** Mitglieder des Gremiums in einer Abstimmung hierfür ausgesprochen hat. Anders als bei der Amtsniederlegung durch einzelne Personalratsmitglieder muß der Personalrat hier als Kollektivorgan seinen Rücktritt beschließen (vgl. BayVGH, a.a.O.). Die Mehrheit der anwesenden Mitglieder an einer Sitzung genügt hier nicht. Die Regelung des Art. 37 zur Wirksamkeit von Beschlüssen des Personalrats findet also insoweit keine Anwendung, als maßgeblich hier nicht die **Ist-**, sondern die **Sollstärke** des Organs ist. Aus welchen Gründen die Mehrheit des Personalrats den Rücktritt beschließt, ist unerheblich und unterliegt keiner gerichtlichen Nachprüfung hinsichtlich möglicher Ermessensfehler, weil vom Personalrat nicht verlangt werden kann, daß er seine Motive preisgibt. Der Personalrat wird hier nicht anders als z.B. ein Rechtsanwalt behandelt, der, obwohl Organ der Rechtspflege, ebenfalls die Gründe, aus denen er ein Mandat niederlegt, nicht anzugeben braucht.

Vom Rücktritt des Personalrats zu unterscheiden ist der Fall, daß alle oder einige Personalratsmitglieder ihr Amt niederlegen und keine oder nicht mehr genügend Ersatzmitglieder zur Verfügung stehen, um die Mindeststärke nach Art. 27 Abs. 1 Buchst. c zu gewährleisten. Legen alle Mitglieder des Personalrats und die Ersatzmitglieder ihr Amt nieder, so besteht kein Personalrat mehr, und die Neuwahl erfolgt nach Art. 21 (wie hier BSFE, BayPVG Art. 27 Anm. 23).

Nach **Abs. 1 Buchst. e** ist der Personalrat neu zu wählen, wenn er durch **6** **gerichtliche Entscheidung nach Art. 28 aufgelöst** wurde. Der Fall der Wahlanfechtung nach Art. 25 fällt nicht unter diese Vorschrift, da die ursprüngliche, angefochtene Wahl für diesen Fall nur **wiederholt** wird (Art. 25 Rn. 10).

Der nach Art. 28 Abs. 2 vom Vorsitzenden der Fachkammer des Verwaltungsgerichts eingesetzte Wahlvorstand führt die Geschäfte des aufgelösten Personalrats bis zum Abschluß der unverzüglich einzuleitenden Neuwahl weiter.

(Abs. 2) Die Vorschrift begründet in den Fällen des Abs. 1 Buchst. a bis d **7** die Pflicht des bisherigen Personalrats, die Geschäfte bis zum Abschluß der Neuwahl fortzuführen. Für den Fall des Abs. 1 Buchst. e obliegt dies dem nach Art. 28 Abs. 2 eingesetzten Wahlvorstand. Zu den Geschäften, die weiterzuführen sind, gehört in den Fällen des Abs. 1 Buchst. a bis d beispielsweise die Bestellung des Wahlvorstandes.

(Abs. 3) Nach **Abs. 3** hat eine in der Dienststelle vertretene Gruppe, die **8** bisher im Personalrat vertreten war, das Recht, neue Mitglieder in den Personalrat zu wählen, wenn sie in diesem durch kein Mitglied mehr vertreten ist. Liegen die Voraussetzungen vor, was anzunehmen ist, wenn die Mitgliedschaft aller Personalratsmitglieder und aller Ersatzmitglieder der Gruppe nach Art. 29 erloschen ist (vgl. hierzu Art. 29 Rn. 1 ff.), findet eine **Neuwahl für diese Gruppe** statt. Dies gilt jedoch nicht, wenn die Gruppe durch Mehrheitsbeschluß ihren Rücktritt festgelegt hat. Wenn in einem solchen Fall die Gesamtzahl des Personalrats um ein Viertel der vorgeschriebenen Zahl sinkt, führt das nicht zur Neuwahl des gesamten Organs, da man es andernfalls einer einzelnen Gruppe überlassen würde, ob eine Neuwahl des gesamten Personalrats erfolgt. Der rechtlich zulässige Weg, den Beschäftigten wieder eine vollständige Vertretung zu geben, ist auch für diesen Fall die Neuwahl der Gruppe (a. A. aber BVerwG, Beschluß v. 18. 3. 1982 – 6 P 30.80 –, PersV 1983, 71).

9 (Abs. 4) Die Regelung enthält einen **Ausnahmetatbestand** zu Abs. 1 Buchst. a und b. Sie stellt klar, daß eine Änderung der Zahl der regelmäßig Beschäftigten unbeachtlich ist, wenn sie jahreszeitlich oder durch die Witterung bedingt ist.

10 Bei **Streitigkeiten** über die Tatbestände des Abs. 1 Buchst. a bis d und Abs. 3 entscheiden die Verwaltungsgerichte nach Art. 81 Abs. 1 Nr. 2, über die Weiterführung der Geschäfte nach Art. 81 Abs. 1 Nr. 3.

11 Zu beachten ist, daß für den Fall, daß bei der Hauptdienststelle i. S. v. Art. 6 die vorzeitige Neuwahl des Personalrats erforderlich ist, dies nicht dazu führt, daß der Personalrat auch an den verselbständigten Teildienststellen neu gewählt werden muß, wenn die Voraussetzungen des Art. 27 hier nicht vorliegen (OVG Hamburg, Beschluß v. 15. 9. 1995 – OVG Bs PB 2/94 –, PersR 1996, 438).

Artikel 28
Ausschluß eines Mitglieds, Auflösung

(1) Auf Antrag eines Viertels der Wahlberechtigten, des Leiters der Dienststelle oder einer in der Dienststelle vertretenen Gewerkschaft kann das Verwaltungsgericht den Ausschluß eines Mitglieds aus dem Personalrat oder die Auflösung des Personalrats wegen grober Vernachlässigung seiner gesetzlichen Befugnisse oder wegen grober Verletzung seiner gesetzlichen Pflichten beschließen. Der Personalrat kann aus den gleichen Gründen den Ausschluß eines Mitglieds beantragen.

(2) Ist der Personalrat aufgelöst, so setzt der Vorsitzende der Fachkammer des Verwaltungsgerichts einen Wahlvorstand ein. Dieser hat unverzüglich eine Neuwahl einzuleiten. Bis zur Neuwahl nimmt der Wahlvorstand die dem Personalrat nach diesem Gesetz zustehenden Befugnisse und Pflichten wahr.

1 (Abs. 1) Abs. 1 Satz 1 begründet das Recht eines **Viertels der Wahlberechtigten,** des **Dienststellenleiters** oder einer in der Dienststelle vertretenen **Gewerkschaft,** beim zuständigen **Verwaltungsgericht** die Auflösung des Personalrats zu beantragen. Der Antrag ist zulässig, wenn die Möglichkeit besteht, daß der Personalrat **in grober Weise**

Art. 28

seine gesetzlichen Befugnisse vernachlässigt oder seine gesetzlichen Pflichten verletzt hat. Beteiligter in dem Verfahren vor dem Verwaltungsgericht (Antragsgegner) ist der Personalrat, dessen Auflösung betrieben wird.

Möglich ist auch der Ausschluß eines Mitglieds des Personalrats. **Antragsberechtigt** ist in diesem Fall neben einem **Viertel der Wahlberechtigten**, dem **Dienststellenleiter** und einer in der Dienststelle vertretenen **Gewerkschaft** nach Abs. 1 Satz 2 auch der **Personalrat**. Der Antrag, der sich gegen das Mitglied richtet, das ausgeschlossen werden soll (Antragsgegner), ist zulässig, wenn die Möglichkeit besteht, daß das betreffende Mitglied seine gesetzlichen Befugnisse **grob** vernachlässigt oder seine gesetzlichen Pflichten **in grober Weise** verletzt hat. 2

Eine »grobe Vernachlässigung« der gesetzlichen Befugnisse liegt vor, wenn die durch das Gesetz eingeräumten Rechte, die im Interesse der Beschäftigten gewährt wurden, in unverantwortlicher Weise nicht ausgeschöpft werden. Grobe Vernachlässigungen sind hierbei solche, die für jeden, der die Materie des Gesetzes kennt, **evident** sind. 3

Eine **»grobe Verletzung der gesetzlichen Pflichten«** liegt bei Verstößen gegen solche Pflichten vor, die für jeden evident sind. Eine konsequente und aktive Interessenvertretung zugunsten der Beschäftigten kann hierbei niemals eine solche Pflichtverletzung sein (vgl. hierzu die zu den jeweiligen Vorschriften herausgearbeiteten Pflichten). **Zusätzlich** sind auch die Rechte und Pflichten, die in anderen Gesetzen, z. B. dem Grundgesetz, dem Strafgesetzbuch oder andere Normen – wie etwa Tarifverträgen und Dienstvereinbarungen –, eingeräumt bzw. auferlegt wurden, vom Personalrat bzw. seinen Mitgliedern zu erfüllen. Rechte und Pflichten individualrechtlicher Art, z. B. aus dem Arbeitsvertrag, Tarifvertrag usw., haben für den Fall der Verletzung individualrechtliche Konsequenzen, nicht aber solche aus Art. 28 Abs. 1 (vgl. hierzu BayVGH, Beschluß v. 27. 1. 1981 – Nr. 18 C 80. A. 1026 –, PersV 1982, 287, wo ausdrücklich darauf hingewiesen wird, daß die Verletzung von Pflichten, die sich aus dem Dienstverhältnis eines Personalratsmitgliedes ergeben, eine Amtsenthebung nicht begründen können). Zum Umfang und dem Recht der Personalratsmitglieder, sich gewerkschaftlich zu betätigen, vgl. ausführlich Plander, Gewerkschaftliche Betätigung von Personalratsmitgliedern, PersR 1986, 25 ff., dessen Ausführungen beizupflichten ist. 4

Nur die **schuldhafte** Vernachlässigung bzw. Verletzung kann die Rechtsfolgen des Art. 28 Abs. 1 herbeiführen. Verschulden setzt insoweit Vorsatz oder grobe Fahrlässigkeit voraus. Einfache oder mittlere Fahrlässigkeit gilt deshalb nicht als Verschulden, weil dies mit der Qualität der Personalratsarbeit als »Ehrenamt« nicht zu vereinbaren wäre. Wiederholte einfache Fahrlässigkeit, z. B. Versäumnis von Fristen im Mitbestimmungsverfahren, kann aber den Vorwurf grober Fahrlässigkeit rechtfertigen. Eine bloß objektive Pflichtverletzung oder Vernachlässigung der 5

Art. 28, 29

gesetzlichen Befugnisse genügt in keinem Fall, um die Rechtsfolgen des Art. 28 auszulösen.

6 Ist das angerufene Gericht zu der Erkenntnis gelangt, daß eine schuldhafte, grobe Vernachlässigung der gesetzlichen Befugnisse oder Verletzung der gesetzlichen Pflichten vorliegt, löst es nach Art. 28 Abs. 2 den Personalrat auf bzw. es schließt ein bestimmtes Mitglied aus diesem Gremium aus. Das Amt des Personalrats bzw. des betreffenden Mitgliedes endet mit der Rechtskraft des Beschlusses. Für den Fall, daß der Personalrat aufgelöst wird, tritt ab Rechtskraft der Entscheidung eine personalratslose Zeit ein. Wird ein Mitglied ausgeschlossen, rückt von diesem Zeitpunkt an – soweit vorhanden – ein Ersatzmitglied nach (vgl. hierzu Art. 31 Rn. 1 ff.). Das ausgeschlossene Mitglied kann bei der folgenden Wahl wieder kandidieren und gewählt werden (BAG, Beschluß v. 29. 4. 1969 – 1 ABR 19/68 –, AuR 1970, 93). Legen sämtliche ordentlichen Mitglieder des Personalrats und alle Ersatzmitglieder bei einem Antrag, der sich gegen den Personalrat richtet oder ein betroffenes Mitglied, während des laufenden Verfahrens ihr Amt nieder, wird das Verfahren gegenstandslos.

7 **(Abs. 2)** Nach **Abs. 2 Satz 1** setzt der Vorsitzende der Fachkammer, welche die Auflösung des Personalrats verfügt hat, einen Wahlvorstand ein, der nach **Abs. 2 Satz 2** unverzüglich die Neuwahl einzuleiten hat. Von diesem Zeitpunkt an treffen den Wahlvorstand die Pflichten aus Art. 23 i. V. m. §§ 1 ff. WO-BayPVG. Nach **Abs. 2 Satz 3** führt dieser Wahlvorstand in der personalratslosen Zeit die Geschäfte, die eigentlich dem Personalrat obliegen. Der Wahlvorstand hat alle Befugnisse und Pflichten eines Personalrats.

8 Gegen die Entscheidung des Vorsitzenden der Fachkammer bezüglich der Einsetzung des Wahlvorstandes nach Abs. 2 ist **Beschwerde** zulässig.

9 Ein vorläufiges Amtsverbot gegenüber einem einzelnen Personalratsmitglied im Wege der einstweiligen Verfügung kommt nur in Betracht, wenn eine weitere Zusammenarbeit mit ihm auch unter Anlegung eines strengen Maßstabs nicht einmal mehr vorübergehend zumutbar erscheint (Nds OVG, Beschluß v. 20. 9. 1995 – 17 M 826/95 –, PersR 1996, 35).

Artikel 29
Erlöschen der Mitgliedschaft

(1) Die Mitgliedschaft im Personalrat erlischt durch

a) **Ablauf der Amtszeit,**

b) **Niederlegung des Amts,**

c) **Beendigung des Dienstverhältnisses,**

d) **Ausscheiden aus der Dienststelle,**

e) **Verlust der Wählbarkeit mit Ausnahme der Fälle des Art. 14 Abs. 2 Satz 1,**

Art. 29

f) gerichtliche Entscheidung nach Art. 28,

g) Feststellung nach Ablauf der in Art. 25 bezeichneten Frist, daß der Gewählte nicht wählbar war.

(2) Die Mitgliedschaft im Personalrat wird durch einen Wechsel der Gruppenzugehörigkeit eines Mitglieds nicht berührt; dieses bleibt Vertreter der Gruppe, die es gewählt hat.

(3) Absatz 1 Buchst. c gilt nicht für betrieblich bedingte Unterbrechungen des Dienstverhältnisses.

(Abs. 1) Abs. 1 Buchst. a bis g bezeichnet abschließend die Fälle, in denen die **Mitgliedschaft im Personalrat erlischt**. Mit dem Erlöschen der Mitgliedschaft unterliegt das (ehemalige) Mitglied mit Ausnahme der Schweigepflicht aus Art. 10 keinerlei **Pflichten** mehr. **Rechte**, die nach diesem Zeitpunkt weiterbestehen, sind die nachwirkenden Rechtspositionen aus Art. 47 (insbesondere der Kündigungsschutz aus §§ 15 und 16 KSchG bis zum Ablauf eines Jahres nach dem Ausscheiden) und aus Art. 8. Dieser Schutz greift nicht ein, wenn der Personalrat nach Art. 28 Abs. 1 aufgelöst oder die Wahl nach Art. 25 erfolgreich angefochten wurde und wiederholt werden muß. Gehören Mitglieder eines Personalrats gleichzeitig auch einer Stufenvertretung bzw. einem Gesamtpersonalrat an, so tritt mit dem Erlöschen der Mitgliedschaft im Personalrat die Beendigung dieser anderen Ämter nur ein, falls die Voraussetzungen des Erlöschens der Mitgliedschaft auch hinsichtlich dieser Vertretungsorgane erfüllt sind. Legt zum Beispiel ein Gesamtpersonalrat, der auch Mitglied in einem örtlichen Personalrat ist, sein Amt im Personalrat nach Art. 29 Abs. 1 Buchst. b nieder, so beendet er hierdurch nicht auch seine Mitgliedschaft im Gesamtpersonalrat. Ein Personalratsmitglied, das einem Personalrat und einer Stufenvertretung angehört, beendet im Falle des Ausscheidens aus der Dienststelle, bei welcher der Personalrat gebildet wurde, nicht auch sein Amt in der Stufenvertretung, wenn er an einer anderen Dienststelle im Zuständigkeitsbereich dieser Stufenvertretung weiter tätig ist. Erlischt die Mitgliedschaft, so rückt außer in den Fällen der Art. 29 Abs. 1 Buchst. a und Art. 28 Abs. 1 sowie Art. 25 nach Art. 31 Abs. 1 und 2 ein **Ersatzmitglied** nach. Im Fall des Art. 29 Abs. 1 Buchst. a führt der bisherige Personalrat die Geschäfte nur weiter, bis die Entscheidung rechtskräftig geworden ist; beim personalratslosen Zustand im Falle einer erfolgreichen Wahlanfechtung gilt dies nach Art. 25 Abs. 2 ebenfalls, bis die Wahl wiederholt ist. Für den Fall einer Auflösung des Personalrats nach Art. 28 Abs. 1 führt ein vom Vorsitzenden der Fachkammer des Verwaltungsgerichts eingesetzter Wahlvorstand die Geschäfte bis zur Neuwahl des Personalrats. **1**

Die **Amtszeit endet** gemäß Art. 26 Abs. 1 in der Regel nach vier Jahren. Sie kann ausnahmsweise verkürzt sein. Unter welchen Voraussetzungen dies anzunehmen ist, ergibt sich abschließend aus den unter Rn. 2 der »Vorbemerkung zu Art. 26 bis 28« aufgezählten Gründe. **2**

Art. 29

3 Jeder Personalrat kann ohne jede Begründung sein **Amt** jederzeit **niederlegen** (BVerwG v. 16. 7. 1963 – VII P 10.62 –, PersV 1963, 233). Es bedarf nur einer formlosen Erklärung gegenüber dem Vorsitzenden des Personalrats. Die Angabe von Gründen ist nicht erforderlich. Die Entscheidung ist gerichtlich nicht nachprüfbar (BVerwG, Beschluß v. 16. 7. 1963, a. a. O.). Die Amtsniederlegung ist unwiderruflich und unanfechtbar (BVerwG v. 9. 10. 1959 – VII P 1.59 –, ZBR 1959, 399).

4 Da eine ordentliche Kündigung gegenüber Personalratsmitgliedern nicht zulässig und die außerordentliche nur bedingt möglich ist (vgl. Art. 47 Abs. 1 und 2), kommen als **Beendigungsgründe** für **Arbeiter und Angestellte** praktisch nur Fristablauf, Auflösungsvertrag, das Ausscheiden wegen Erreichens der Altersgrenze oder vorzeitige Rentengewährung sowie der Tod in Betracht. Wird über die wirksame Beendigung eines Arbeitsverhältnisses ein Kündigungsrechtsstreit geführt, weil der Personalrat der außerordentlichen Kündigung nicht zugestimmt, das Verwaltungsgericht aber die fehlende Zustimmung ersetzt hat (vgl. Art. 47 Abs. 2), so ist das Personalratsmitglied bis zum rechtskräftigen Abschluß dieses Rechtsstreites in der Ausübung seines Amtes gehindert. Es tritt so lange ein Ersatzmitglied ein.

Stellt das Arbeitsgericht fest, daß die außerordentliche Kündigung individualrechtlich rechtsunwirksam war, so bleibt der ursprünglich Gekündigte Personalratsmitglied. Andernfalls erlischt die Mitgliedschaft mit der Rechtskraft der gerichtlichen Entscheidung, welche die Kündigungsschutzklage abweist. **Streik und Aussperrung** haben nur suspendierende Wirkung, beenden das Dienstverhältnis und damit auch das Personalratsamt also nicht. Auch die **Einberufung zum Grundwehrdienst oder zivilen Ersatzdienst** sowie zu **Wehrübungen** beenden das Beschäftigungsverhältnis und das Personalratsamt ebensowenig wie die **Gewährung von Sonderurlaub** oder die **Suspendierung vom Dienst**. Das **Dienstverhältnis der Beamten** endet durch Entlassung, Entfernung aus dem Dienst, Eintritt in den Ruhestand, Verlust der Beamtenrechte, Berufung zum Mitglied der Bayerischen Staatsregierung und den Tod. Wird einem Beamten nur verboten, seine Dienstgeschäfte zu führen, oder wird er vorläufig des Dienstes enthoben, so beendet dies sein Dienstverhältnis und damit auch sein Personalratsamt nicht. Die Mitgliedschaft des Beamten im Personalrat ruht aber für die Zeit der Suspendierung (Art. 30).

5 Ein Ausscheiden aus der Dienststelle kommt soweit es sich nicht um eine Beendigung des Dienst- bzw. Arbeitsverhältnisses handelt infolge von **Versetzung, Abordnung** oder **Umsetzung** in Betracht. Letzteres ist nach Art. 47 Abs. 3 nur bedingt zulässig, so daß hier vor allem die **Auflösung von Dienststellen** und die **Fusionierung** zum Erlöschen des Amtes führen. Wird eine Dienststelle in eine privatrechtliche Gesellschaft umgewandelt und widerspricht ein Arbeitnehmer, der bis zur Umwandlung dem Personalrat der Dienststelle (z.B. Krankenhaus) angehörte, dem Übergang des Arbeitsverhältnisses auf die neue Gesellschaft, so geht

Art. 29

damit gleichzeitig das Personalratsamt verloren (BAG v. 25. 5. 2000 – 8 AZR 416/99 –, PersR 2001, 92 ff.). Erforderlich ist die endgültige Auflösung der Dienststelle (BayVGH, Beschluß v. 31. 7. 1996 – 17 P 96.916 –, PersR 1997, 79). Werden aufgelöste Dienststellen einer anderen Dienststelle zugeordnet, ohne daß sich deren Rechtscharakter ändert, führt dies bei der aufnehmenden Dienststelle unter Umständen zur Neuwahl nach Art. 27 Abs. 1 Buchst. a. Bei gleichzeitiger Mitgliedschaft in mehreren Personalräten (z. B. örtlicher Personalrat und Gesamtpersonalrat) erlischt immer nur das Amt in der Personalvertretung bei der Dienststelle, aus welcher das Mitglied des Personalrats ausscheidet. Nach der Rspr. des BVerwG ist bei Arbeitern und Angestellten auch der Eintritt in die Freistellungsphase im Altersteilzeitverhältnis als Ausscheiden aus der Dienststelle zu bewerten (vgl. BVerwG v. 15. 5. 2002 – 6 P 8.01 u. 6 P 18.01 –, PersR 2002, 434 u. 438). Ebenso BayVGH v. 14. 11. 2001 – 17 P 01.638 –, PersR 2002, 173 in einer Analogie zu Art. 29 Abs. 1 Buchst. c, d und e.

Verliert ein Personalratsmitglied während der Amtszeit eine der Voraussetzungen, die in Art. 13 und 14 (mit Ausnahme der Fälle des Art. 14 Abs. 2 Satz 1) zur **Wahlberechtigung** und zur **Wählbarkeit** aufgestellt sind, so erlischt das Amt ebenfalls. **6**

Die Mitgliedschaft erlischt zu dem Zeitpunkt, zu dem der **Beschluß des Verwaltungsgerichts**, durch welchen das Personalratsmitglied ausgeschlossen wird, Rechtskraft erlangt. Während des laufenden Beschlußverfahrens bestehen alle Rechte und Pflichten fort, so daß ein Ausschluß von Sitzungen rechtswidrig ist. Für den Fall, daß der Personalrat aufgelöst wird, erlischt die Mitgliedschaft im selben Zeitpunkt. **7**

Die Feststellung, daß ein in den Personalrat Gewählter nicht wählbar war, ist auch nach Ablauf der Anfechtungsfrist nach Art. 25 Abs. 1 noch zulässig. Das Fehlen der in Art. 14 genannten Voraussetzungen muß zum Zeitpunkt der Wahl vorgelegen haben und zum Zeitpunkt der gerichtlichen Entscheidung nicht dadurch geheilt sein, daß die Voraussetzungen der Wählbarkeit inzwischen erfüllt sind, weil für diesen Fall das Verfahren gegenstandslos wird (BVerwG, Beschluß v. 8. 6. 1962 – VII P 7.61 –, ZBR 1962, 283). Hat ein Personalratsmitglied die Wählbarkeit nach der Wahl verloren, so handelt es sich um einen Fall des Art. 29 Abs. 1 Buchst. e. **8**

(**Abs. 2**) Die Vorschrift stellt klar, daß die Änderung eines Beschäftigungsverhältnisses, welches nur eine Änderung der Gruppenzugehörigkeit zur Folge hat, auf die Mitgliedschaft im Personalrat **keine Auswirkungen** hat. Das betreffende Mitglied bleibt bis zum Ende der Amtszeit Vertreter derjenigen Gruppe, für welche es in das Vertretungsorgan gewählt wurde. **9**

(**Abs. 3**) Nach **Abs. 3** führen **betrieblich bedingte Unterbrechungen** des Dienstverhältnisses nicht zu dessen Beendigung im Sinne von **10**

Art. 29, 30

Abs. 1 Buchst. c. Aktuell können solche Fälle z. B. werden, wenn jahreszeitlich bedingt die Tätigkeit einer Dienststelle oder einer Körperschaft des öffentlichen Rechts usw. **unterbrochen** wird.

11 **Streitigkeiten**, mit Ausnahme der Fälle des Abs. 1 Buchst. g, entscheiden die Verwaltungsgerichte nach Art. 81 Abs. 1 Nr. 2, solche nach Art. 29 Abs. 1 Buchst. g jedoch nach Art. 81 Abs. 1 Nr. 1.

Artikel 30
Ruhen der Mitgliedschaft

Die Mitgliedschaft eines Beamten im Personalrat ruht, solange ihm die Führung der Dienstgeschäfte zeitweilig verboten oder er wegen eines gegen ihn schwebenden förmlichen Disziplinarverfahrens vorläufig des Dienstes enthoben ist.

1 Nach Art. 30 **ruht die Mitgliedschaft eines Beamten** im Personalrat, solange

– ihm zeitweilig verboten wurde, seine Dienstgeschäfte zu führen, oder

– der Beamte wegen eines gegen ihn schwebenden Disziplinarverfahrens vorläufig des Dienstes enthoben wurde.

2 **Das zeitweilige Verbot, seine Dienstgeschäfte zu führen**, kann dem Beamten gegenüber nach Art. 68 Abs. 1 Satz 1 des Bayerischen Beamtengesetzes (BayBG) nur von der obersten Dienstbehörde oder einer von dieser bestimmten Behörde ausgesprochen werden. Zulässig ist das Verbot nur, wenn **zwingende dienstliche Gründe** vorliegen. Der Beamte soll nach Art. 68 Abs. 2 BayBG vor Erlaß des Verbotes gehört werden. Das Verbot erlischt nach Art. 68 Abs. 1 BayBG, wenn nicht bis zum Ablauf von drei Monaten gegen den Beamten ein förmliches Disziplinarverfahren oder ein sonstiges auf Rücknahme der Ernennung oder auf Beendigung des Beamtenverhältnisses gerichtetes Verfahren eingeleitet worden ist.

3 **Wegen eines gegen ihn schwebenden Disziplinarverfahrens vorläufig vom Dienst enthoben werden** kann der Beamte nach Art. 80 Bayerische Disziplinarordnung (BayDO) von der Behörde, die das förmliche Disziplinarverfahren gegen ihn einleitet (Einleitungsbehörde). Erforderlich ist insoweit nach Art. 34 BayDO eine **schriftliche Verfügung** der Einleitungsbehörde. Wirksam wird diese Verfügung mit ihrer **Zustellung** an den Beamten. **Widersprüche** gegen das zeitweilige Verbot, die Dienstgeschäfte zu führen, und die Klagen hiergegen haben nach § 80 Abs. 1 VwGO aufschiebende Wirkung, falls nicht die sofortige Vollziehung der Verfügung nach § 80 Abs. 2 Nr. 4 VwGO angeordnet wurde. **Keine aufschiebende Wirkung** hat der Antrag des Beamten auf Entscheidung der Disziplinarkammer über die vorläufige Dienstenthebung (vgl. Art. 84 Abs. 3 Satz 3 BayDO). **Das Ruhen der Mitgliedschaft** des Beamten, bei dem die Voraussetzungen hierfür vorliegen, führt nicht zum **Erlöschen**

Art. 30, 31

der **Mitgliedschaft** und der damit verbundenen Rechte aus Art. 8 und Art. 47 Abs. 2 BayPVG.

Für die Dauer des Ruhens tritt nach Art. 31 Abs. 1 Satz 2 BayPVG ein **4** **Ersatzmitglied** an die Stelle des Beamten im Personalrat.

Wegen des eindeutigen Wortlauts ist die Regelung auf **andere Beschäf- 5 tigte**, die nicht in einem Beamtenverhältnis stehen, auch nicht entsprechend anwendbar.

Streitigkeiten entscheiden die Verwaltungsgerichte nach Art. 81 Abs. 1 **6** Nr. 2 (Zusammensetzung der Personalvertretung).

Artikel 31
Ersatzmitglieder

(1) Scheidet ein Mitglied aus dem Personalrat aus, so tritt ein Ersatzmitglied ein. Das gleiche gilt, wenn ein Mitglied des Personalrats zeitweilig verhindert ist, für die Dauer der Verhinderung.

(2) Die Ersatzmitglieder werden der Reihe nach aus den nicht gewählten Beschäftigten derjenigen Vorschlagslisten entnommen, denen die zu ersetzenden Mitglieder angehören. Ist das ausgeschiedene oder verhinderte Mitglied mit einfacher Stimmenmehrheit gewählt, so tritt der nichtgewählte Beschäftigte mit der nächsthöheren Stimmenzahl als Ersatzmitglied ein. Bei gleicher Stimmenzahl entscheidet das Los.

(3) Art. 29 Abs. 2 gilt entsprechend bei einem Wechsel der Gruppenzugehörigkeit vor dem Eintritt des Ersatzmitgliedes in den Personalrat.

(4) Im Falle des Art. 27 Abs. 1 Buchst. e treten Ersatzmitglieder nicht ein.

(Abs. 1) Abs. 1 Satz 1 begründet das Recht etwaiger vorhandener **Er- 1 satzmitglieder** für den Fall in den Personalrat nachzurücken, daß ein Mitglied dieses Gremiums **ausscheidet**. Abs. 1 Satz 2 begründet dasselbe Recht in einer zeitlichen Einschränkung, was die Dauer des Nachrückens betrifft, falls ein Personalratsmitglied **zeitweilig** verhindert ist. **Zweck der Regelung** ist es, stets einen funktionsfähigen Personalratskörper zu erhalten.

Ein **Ausscheiden eines Mitgliedes aus dem Personalrat** ist in den Fällen **2** des Art. 29 Abs. 1 Buchst. b bis g denkbar (vgl. hierzu die Anm. zu Art. 29). Ist allerdings der Personalrat nach Art. 28 durch gerichtliche Entscheidung aufgelöst worden oder ist die Wahl wegen einer erfolgreichen Wahlanfechtung nach Art. 25 zu wiederholen, rücken Ersatzmitglieder nicht nach. Dies gilt sinngemäß für die Gruppen.

Eine **zeitweilige Verhinderung** liegt insbesondere vor bei Krankheit, **3** Urlaub, dienstlicher Abwesenheit, Ruhen der Mitgliedschaft eines Beamten nach Art. 30, Ableistung des Wehr- oder Ersatzdienstes, Zeiten gemäß

§§ 3 und 6 des MuSchG usw. Ein Fall der zeitweiligen Verhinderung ist auch dann gegeben, wenn ein Personalratsmitglied nach Art. 37 Abs. 4 wegen **Befangenheit** an der Beratung und Abstimmung nicht teilnehmen darf (wie hier BAG, Urteil v. 23. 8. 1984 – 2 AZR 391/83 –, AuR 1986, 92). Dasselbe gilt für den Fall, daß ein Mitglied des Personalrats vorübergehend mit Befugnissen der in Art. 7 bezeichneten Personen ausgestattet wurde. Nimmt ein Mitglied des Personalrats nur aus Verärgerung oder anderen persönlichen Gründen nicht an einer Sitzung teil, so liegt kein Fall der Verhinderung vor. Eine **zeitweilige Verhinderung** liegt bereits vor, wenn ein Mitglied **an einer Sitzung** nicht teilnehmen kann (BVerwG, Beschluß v. 24. 10. 1975 – VII P 14.73 –, PersV 1977, 18). Ist trotz Befangenheit des ordentlichen Mitglieds kein Ersatzmitglied eingeladen worden und nimmt das betroffene Personalratsmitglied z. B. an der Beratung über seine eigene Kündigung teil, so ist der Personalratsbeschluß über diese Kündigung **nichtig**. Unschädlich ist es aber, wenn bei der Teilnahme des Ersatzmitgliedes das betroffene Personalratsmitglied Gelegenheit erhält, zu den Vorwürfen des Arbeitgebers Stellung zu nehmen (wie hier auch BAG, Urteil v. 23. 8. 1984 – 2 AZR 391/83 –, AuR 1986, 92).

4 Ist dem Vorsitzenden bereits zu dem Zeitpunkt, zu dem er zu einer Sitzung einlädt, die **Verhinderung** eines Mitgliedes bekannt, so muß er das Ersatzmitglied zu der Sitzung laden. Tritt die Verhinderung erst nach der Ladung ein oder wird sie erst zu diesem Zeitpunkt bekannt, so hat der Vorsitzende des Personalrats das Ersatzmitglied **unverzüglich** zu verständigen und diesem den Termin der Sitzung und die Gegenstände, die behandelt werden sollen, mitzuteilen. Ist dies geschehen, kann sich das Ersatzmitglied nicht darauf berufen, es sei nicht rechtzeitig geladen worden. Da das Ersatzmitglied für den Fall der zeitweiligen Verhinderung des Personalratsmitglieds kraft Gesetzes in das Gremium eintritt, darf es auch im Falle einer unterbliebenen Ladung oder Mitteilung an der betreffenden Sitzung teilnehmen (wie hier BVerwG, Beschluß v. 24. 10. 1975 – VII P 14.73 –, ZBR 1976, 195). Wird für ein zeitweilig verhindertes Personalratsmitglied kein Ersatzmitglied geladen, so ist der Personalrat an einer wirksamen Beschlußfassung gehindert. Dies gilt nur dann nicht, wenn ein Personalratsmitglied plötzlich verhindert ist und das Ersatzmitglied unmöglich geladen werden konnte (wie hier BAG, Urteil v. 23. 8. 1984 – 2 AZR 391/83 – AuR 1986, 92).

Der Vorsitzende ist nur dann zur Ladung verpflichtet, wenn ihm die Verhinderung rechtzeitig bekannt wird. Es müssen aber alle noch möglichen Anstrengungen unternommen werden (SächsOVG v. 7. 4. 1998 – P 5 S 20/97 –, PersR 1999, 455 ff.).

5 Während der Zeit der Vertretung hat das Ersatzmitglied alle Rechte und Pflichten des ordentlichen Personalratsmitgliedes. Für die Dauer der Vertretung besteht deshalb auch ein Anspruch auf Freistellung nach Art. 46 Abs. 2 bis 5. Dasselbe gilt für den nachwirkenden Schutz aus

Art. 47 und die nachwirkende Pflicht aus Art. 10.

Vgl. zu den verschiedenen Wahlformen und die möglichen Wahlgrundsätze zunächst Art. 19 Rn. 1 (Überblick). **6**

(**Abs. 2**) Wurde die Wahl zum Personalrat in der **Wahlform der Gruppenwahl** durchgeführt, so sind Ersatzmitglieder der betreffenden Gruppe jeweils die Kandidaten, die bei einer Wahl nach den **Grundsätzen der Verhältniswahl** (Listenwahl) auf derselben Vorschlagsliste standen, auf der auch das ausgeschiedene bzw. zeitweilig verhinderte Mitglied des Personalrats kandidiert hat, die aber nicht selbst genügend Stimmen für eine Mitgliedschaft erhalten haben. Voraussetzung ist aber, daß die Liste mindestens eine Stimme erhielt. **7**

Für den Fall der Verhinderung rückt zunächst das Ersatzmitglied nach, das auf der Liste als nächstes unter dem gewählten oder bereits nachgerückten Mitglied steht. Ist das nächstfolgende Ersatzmitglied ebenfalls verhindert, rückt das hierauf folgende nach, bis die Verhinderung des vorausgehenden beendet ist. Ist die Liste erschöpft, darf auf andere Wahlvorschläge **nicht** zurückgegriffen werden.

Wurde die Wahl zum Personalrat in der **Wahlform der gemeinsamen Wahl** nach den **Grundsätzen der Verhältniswahl** (Listenwahl) durchgeführt, so rückt als Ersatzmitglied dasjenige nach, das auf der Liste hinter dem verhinderten Mitglied bzw. nachgerückten Ersatzmitglied aufgeführt war und derselben Gruppe wie das verhinderte Mitglied bzw. Ersatzmitglied angehört. Die weiteren Ausführungen zu Rn. 7 gelten sinngemäß. **8**

Wurde die Wahl in der Wahlform der **Gruppenwahl** nach den **Grundsätzen der Personenwahl** abgewickelt, so rückt für den Fall, daß nur eine Liste eingereicht wurde (§ 28 WO-BayPVG), als Ersatzmitglied der Bewerber der Gruppe, der die nächsthöhere Stimmenzahl erhalten hat, für das verhinderte oder ausgeschiedene Mitglied in die Gruppe nach. Bei Stimmengleichheit entscheidet nach Abs. 2 Satz 3 das Los. Ist auch dieses Ersatzmitglied verhindert, so rückt das hierauf folgende bzw. das in der Abstimmung unterlegene nach. **9**

Wurde nur ein Vertreter gewählt (§ 28 WO-BayPVG), so rückt als Ersatzmitglied der Gruppe in die Gruppe nach, wer die nächsthöhere Stimmenzahl erhalten hat. Bei Stimmengleichheit entscheidet auch hier das Los.

Wurde die Wahl in der **Wahlform der gemeinsamen Wahl** und nach den **Grundsätzen der Personenwahl** vorgenommen, so rückt für den Fall, daß nur eine Liste eingereicht wurde (Fall des § 28 WO-BayPVG), als Ersatzmitglied derjenige Bewerber nach, der die nächsthöhere Stimmenzahl erreicht hat und derselben Gruppe angehört. Bei Stimmengleichheit entscheidet auch hier nach **Abs. 2 Satz 3** das Los. War nur ein Personalratsmitglied zu wählen, so rückt das Mitglied nach, das die nächsthöhere Stimmenzahl erreicht hat. Ist auch dieses Mitglied verhindert, rückt das **10**

Art. 31

hierauf folgende nach. Die Regelung hinsichtlich des Losverfahrens gilt auch in bezug auf diese Fälle. Als Gruppenangehöriger i. S. der obigen Ausführungen gelten selbstverständlich auch Gruppenfremde, die für die betreffende Gruppe kandidiert haben. Stets, mit Ausnahme derjenigen Fälle, in denen nur ein Personalratsmitglied zu wählen war, gilt, daß, wenn Ersatzmitglieder aus derselben Gruppe nicht mehr zur Verfügung stehen, auch auf Ersatzmitglieder zurückgegriffen werden darf, die einer anderen Gruppe angehören bzw. für eine solche kandidiert haben (a. A. BVerwG v. 16. 7. 1963 – VII P 10.62 –, ZBR 64, 90).

11 **(Abs. 3)** Ein **Wechsel der Gruppenzugehörigkeit**, der nach Abschluß der Wahl erfolgte, ist nicht zu beachten. Das betreffende Ersatzmitglied vertritt die Beschäftigten der Gruppe, welcher es zum Zeitpunkt der Wahl angehört bzw. für die es als Gruppenfremder kandidiert hat. Art. 29 Abs. 2 gilt insoweit auch für die Ersatzmitglieder.

12 **(Abs. 4)** Die Vorschrift stellt nochmals ausdrücklich klar, daß für den Fall, daß der Personalrat nach Art. 28 durch Entscheidung des Verwaltungsgerichts aufgelöst wurde, und für den Fall der Wiederholung der Wahl nach erfolgreicher Wahlanfechtung gemäß Art. 25 Ersatzmitglieder nicht nachrücken.

13 **Ersatzmitglieder** haben alle Rechte und Pflichten wie Mitglieder des Personalrats und genießen auch den sogenannten nachwirkenden Kündigungsschutz nach § 15 Abs. 2 Satz 2 KSchG, falls sie in der Amtszeit nur wenigstens einmal an einer Personalratssitzung teilgenommen haben (vgl. hierzu BAG v. 13. 3. 1986 – 6 AZR 381/85 –). Vgl. zur **»inneren und äußeren Unabhängigkeit«** sowie zur **»materiellen Grundlage«** der Tätigkeit auch der Ersatzmitglieder Art. 8 Rn. 1 und die dortigen Verweisungen.

14 **Streitigkeiten** aus Art. 31 können die Verwaltungsgerichte nach Art. 81 Abs. 1 Nr. 2 (Zusammensetzung der Personalvertretung) im Beschlußverfahren entscheiden.

Dritter Abschnitt

Geschäftsführung des Personalrats, Aufgaben der Schwerbehindertenvertretung

Artikel 32
Vorstand – Vorsitzender

(1) Der Personalrat bildet aus seiner Mitte den Vorstand. Diesem gehört ein Mitglied jeder im Personalrat vertretenen Gruppe an. Frauen und Männer sollen dabei gleichermaßen berücksichtigt werden. Die Vertreter jeder Gruppe wählen das auf sie entfallende Vorstandsmitglied und ein stellvertretendes Vorstandsmitglied. Bei Stimmengleichheit entscheidet das Los.

(2) Der Personalrat wählt mit einfacher Stimmenmehrheit in geheimer Wahl aus den Mitgliedern des Vorstands einen Vorsitzenden und bis zu zwei stellvertretende Vorsitzende. Dabei sind die Gruppen zu berücksichtigen, denen der Vorsitzende nicht angehört, es sei denn, daß die Vertreter dieser Gruppe darauf verzichten.

(3) Der Vorsitzende führt die laufenden Geschäfte und vertritt den Personalrat im Rahmen der von diesem gefaßten Beschlüsse. In Angelegenheiten, die nur eine Gruppe betreffen, vertritt ein der Gruppe angehörendes Vorstandsmitglied im Benehmen mit dem Vorsitzenden den Personalrat.

(4) Soweit der Personalrat an Maßnahmen beteiligt ist, kann durch einstimmigen Beschluß dem Vorsitzenden die Entscheidung im Einvernehmen mit den übrigen Vorstandsmitgliedern übertragen werden. In diesem Fall beteiligt der Vorsitzende in Angelegenheiten, die nur die Angehörigen einer Gruppe betreffen, nur die dieser Gruppe angehörenden Vorstandsmitglieder; dies gilt entsprechend für Angelegenheiten, die die Angehörigen nur zweier Gruppen betreffen. Wird im Vorstand kein Einvernehmen erzielt, so entscheidet der Personalrat nach Maßgabe der Art. 37 bis 39.

Abs. 1 verpflichtet den Personalrat, aus seiner Mitte einen Vorstand zu bilden, dem ein Mitglied jeder im Personalrat vertretenen Gruppe angehören muß. Frauen und Männer sollen gleichermaßen berücksichtigt werden. **Abs. 2** begründet die Pflicht des Personalrats zu bestimmen, welches Vorstandsmitglied den Vorsitz übernimmt und wer den stellvertretenden Vorsitz übernehmen soll. **Abs. 3** regelt dann die Rechte und Pflichten des Vorstandsvorsitzenden. **Abs. 4** begründet das Recht des Personalrats zu bestimmen, daß der Vorsitzende des Personalrats in bestimmten Fällen Beschlüsse in Abstimmung mit den übrigen Vorstandsmitgliedern rechtswirksam fassen kann.

Art. 32

2 Die in Art. 32 vorgesehenen Wahlen finden in der konstituierenden Sitzung des Personalrats statt, die nach Art. 34 vom Wahlvorstand einzuberufen und bis zur Bestellung eines Wahlleiters zu leiten ist (zu Einzelheiten hierzu vgl. Art. 34 Rn. 1 ff.). Erst mit den Wahlen, die in Art. 32 geregelt sind, wird der Personalrat, dessen Amtszeit in der Regel bereits mit dem Tag der Wahl begonnen hat, **handlungsfähig**, d. h. erst nach Durchführung der Wahlen kann der Personalrat auch Beschlüsse fassen und seine Beteiligungsrechte nach dem BayPVG wahrnehmen.

3 **(Abs. 1)** Hat der Personalrat nach Art. 34 Abs. 1 aus seiner Mitte einen **Wahlleiter** bestellt, müssen die Mitglieder des Wahlvorstandes die (konstituierende) Sitzung verlassen, weil die Funktion des Wahlvorstandes von diesem Zeitpunkt an erlischt. Jede im Personalrat vertretene Gruppe (Angestellte, Beamte, Arbeiter) wählt sodann das auf sie entfallende Vorstandsmitglied. Es ist keine bestimmte **Wahlform** vorgesehen. Zum Gruppenvertreter im Vorstand können alle Mitglieder der Gruppe kandidieren.

Die »Sollvorschrift« aus Art. 32 Abs. 1 Satz 3 ist aus Gründen der Gleichberechtigung der Geschlechter zu beachten, auch wenn kein einklagbarer Rechtsanspruch besteht.

4 **Gruppenfremde Mitglieder** des Personalrats gelten nach Art. 18 Abs. 2 BayPVG als Vertreter der Gruppe, für die sie kandidiert haben und für die sie in den Personalrat gewählt wurden.

4a Die Kandidaten für den Vorstand können sich an der Abstimmung beteiligen. Erhalten zwei Kandidaten die gleiche Stimmenzahl, entscheidet das Los (vgl. hierzu OVG Thür. v. 20. 3. 2001 – 5 PO 407/00 –, PersR 2002, 213). Wählt eine Gruppe im Personalrat das ihr zustehende Mitglied des Vorstandes nicht oder verzichtet sie auf die Wahl des Vorstandsmitgliedes, so geht sie ihres Rechtes verlustig, im Vorstand vertreten zu sein (wie hier BVerwG, Beschluß v. 20. 6. 1958 – VII P 13.57 –, AP Nr. 12 zu § 31 PersVG). Die Gruppe kann keinen Vertreter einer anderen Gruppe als das auf sie entfallende Vorstandsmitglied wählen (wie hier BVerwG, Beschluß v. 3. 10. 1958 – VII P 12.57 –, AP Nr. 13 zu § 31 BPersV), es sei denn, daß ein Gruppenfremder kandidiert hat, der als Gruppenmitglied gilt (vgl. Rn. 4).

4b Die Gruppen wählen für das auf sie entfallende Vorstandsmitglied einen **Stellvertreter**, damit der Vorstand immer funktionsfähig ist.

5 **Gewählt ist**, wer bei Anwesenheit von mindestens der Hälfte der Gruppenmitglieder im Personalrat die **einfache Stimmenmehrheit** erhält. Besteht die Gruppe nur aus einem Mitglied, hat sich dieses für den Vorstand zu benennen. Bei Stimmengleichheit mehrerer Kandidaten entscheidet das Los.

Auch der **Rücktritt vom Vorstandsamt** ist jederzeit möglich. Er hat durch Erklärung gegenüber dem Vorsitzenden zu erfolgen und ist nicht widerruflich. Es findet dann eine Neuwahl in der Gruppe statt, hinsichtlich der die obigen Ausführungen gelten. Dasselbe gilt für eine Abberu-

Art. 32

fung der Vorstandsmitglieder durch die entsendende Gruppe. **Besteht der Personalrat nur aus drei Mitgliedern oder ist nur ein Obmann zu wählen**, so ist Art. 32 Abs. 1 nicht anwendbar. Bei drei Mitgliedern verschiedener Gruppen bilden diese ohne Wahl auch den Vorstand, wählen den Vorsitzenden und beschließen über die Reihenfolge seiner Stellvertreter. Ein Ersatzmitglied für einen Obmann rückt im Vertretungsfalle in alle Rechte und Pflichten des Obmanns ein. Die Größe des Vorstands ergibt sich daraus, wie viele Gruppen im Personalrat vertreten sind. Sind im Personalrat alle Gruppen (Arbeiter, Beamte, Angestellte) vertreten, so besteht der Vorstand aus den drei (zuvor gewählten) Gruppenvertretern.

Wählt eine Gruppe kein Vorstandsmitglied, so bleibt sie im Vorstand unberücksichtigt. Auf die Entsendung kann aber nicht von vornherein verzichtet werden. Die Wahl muß versucht werden. Führt das nicht zum Erfolg, so verkleinert sich der Vorstand entsprechend.

(Abs. 2) Nach st. Rspr. wählen alle Personalratsmitglieder gemäß **Abs. 2 Satz 1** mit einfacher Stimmenmehrheit zunächst den **Vorsitzenden** aus den nach Abs. 1 gewählten Vorstandsmitgliedern.   **6**

Diese nach Abs. 1 gewählten Vorstandsmitglieder sind nach der Rechtsprechung die sogenannten »geborenen« Mitglieder des Vorstandes, also die von der Gruppe in den Vorstand entsandten Mitglieder des Vorstandes (vgl. BayVGH, Beschluß v. 22. 12. 1982 – Nr. 17 C 82 A. 1851 –, PersV 1984, 416 – unter Berufung auf das Gruppenprinzip; BayVGH, Beschluß v. 27. 5. 1981 – Nr. 18 C 80 A. 2347 – PersV 1984, 411; BayVGH, Beschluß v. 26. 9. 1974 – Nr. 1 X 75 –, PersV 1977, 25, bestätigt durch Beschluß v. 8. 12. 1999 – 17 P 98.3412 –, PersR 2000, 251). Die nach Art. 33 vom Personalrat zugewählten Vorstandsmitglieder können nach dieser Rechtsprechung nur in den Fällen berücksichtigt werden, in denen eine Gruppe nicht mit einem von ihr gewählten Vertreter im Vorstand repräsentiert ist oder Gruppenvorstandsmitglieder das Amt des Vorsitzenden (oder stellvertretenden Vorsitzenden) abgelehnt oder niedergelegt haben (vgl. BayVGH, Beschluß v. 26. 9. 1975 – Nr. 1 X 75 –, PersV 1977, 25). Für die Wahl der **Stellvertreter des Vorsitzenden** gelten nach dieser Rechtsprechung dieselben Grundsätze (vgl. die Rspr. a. a. O.). Für den Fall, daß auch die nach Art. 33 zugewählten Mitglieder verzichten, die nur gewählt werden können, wenn sie derselben Gruppe angehören wie das Vorstandsmitglied, das verzichtet oder sein Amt niedergelegt hat, kann nach der Rechtsprechung des Bundesverwaltungsgerichts **jeder andere Gruppenangehörige** im Personalrat zum Vorsitzenden oder auch zu dessen Stellvertreter gewählt werden (vgl. BVerwG v. 7. 6. 1984 – 6 P 29.83 –, AuR 1985, 31; a. A. BayVGH, Beschluß v. 22. 12. 1982 – Nr. 17 C 82 A.1851 –, PersV 1984, 416). **Die Zahl der Stellvertreter** ist gemäß dieser Rechtsprechung nicht ausdrücklich an die Zahl der im Personalrat vertretenen Gruppen, denen der Vorsitzende nicht angehört, geknüpft; doch hat der Personalrat nicht die Wahl, die geborenen Stellver-

Art. 32

treter des Vorsitzenden durch eine Begrenzung der Zahl der Stellvertreter auszuschließen (BayVGH, Beschluß v. 27. 5. 1981 – Nr. 18 C 80 A. 2347 –, PersV 1985, 117). Die Zahl der Stellvertreter des Vorsitzenden richtet sich folglich nach der Zahl der im Personalrat vertretenen Gruppen, denen der Personalratsvorsitzende nicht angehört (BayVGH, Beschluß v. 21. 9. 1983 – Nr. 17 C 82 A. 2655 –, PersV 1985, 117). Die Zahl der Stellvertreter ist auf höchstens zwei begrenzt.

Diese Rechtsprechung ist insoweit abzulehnen, als sie die Wahl der Stellvertreter des Vorsitzenden nur aus den sogenannten »geborenen« Vorstandsmitgliedern zuläßt. Eine solche Auslegung weicht vom ausdrücklichen Wortlaut des Art. 32 Abs. 2 Satz 1 ab und ist auf eine m. E. übersteigerte Anwendung des Gruppenprinzips zurückzuführen, das sich inzwischen überlebt hat hinsichtlich der Unterscheidung in Arbeiter und Angestellte. Zutreffenderweise ist deshalb entgegen der Rechtsprechung des BayVGH davon auszugehen, daß entsprechend dem Wortlaut des Art. 32 Abs. 2 Satz 1 alle Vorstandsmitglieder – auch die gemäß Art. 33 zugewählten – für die Wahl des Vorsitzenden und seiner Stellvertreter in Betracht kommen (wie hier BSFE, BayPVG, Art. 32 Anm. 27 ff.; Schelter, BayPVG, Art. 32 Rn. 7, und VG München – M 14 b P 86.02623 – aufgehoben durch BayVGH Nr. 17 C 86.02077, n. v.; vgl. Art. 33 Rn. 5). Daß das Gruppenprinzip nicht durch verfassungsrechtliche Grundsätze vorgegeben ist, folgt aus dem Beschluß des BVerfG vom 19. 12. 1994 (2 BvL 8/88, PersR 1995, 165).

7 Die Wahl des Vorsitzenden gehört zu der **Geschäftsführung des Personalrats**. Diese Wahl ist eine **gemeinsame Angelegenheit**. Die Wahl des Vorsitzenden ist kein Beschluß, sondern eine Wahl (BVerwG, Beschluß v. 13. 6. 1957 – VII CO 3.56 –, AP Nr. 4 zu § 31 BPersVG). Deshalb kann eine Gruppe im Personalrat nicht die Aussetzung der Wahl für eine Woche nach Art. 39 Abs. 1 BayPVG beantragen.

Sind im Personalrat nur zwei Gruppen vertreten, so wählt der Personalrat den Vorsitzenden und dessen Stellvertreter **in einem Wahlgang**. Das Vorstandsmitglied, das die meisten Stimmen erhalten hat, ist Vorsitzender (wie hier VG Arnsberg v. 14. 10. 1957 – PV 2/57 –, ZBR 1958, 285). Anderes gilt nur dann, wenn der Personalrat zwei Stellvertreter wählen möchte, was nach Art. 32 Abs. 2 ohne weiteres zulässig ist.

8 **Wahlvorschläge** zur Wahl des Vorsitzenden und seiner Stellvertreter können von allen Mitgliedern des Personalrats eingereicht werden. Gewählt ist, wer die Mehrheit der Stimmen der anwesenden Personalratsmitglieder erhalten hat (wie hier BVerwG v. 3. 8. 1983 – 6 P 15.81 –, ZBR 1984, 128).

9 Ergibt sich für mehrere Kandidaten **Stimmengleichheit**, so ist die Wahl zu wiederholen. Ein Losentscheid ist nicht zulässig. Verzichten alle Vorstandsmitglieder (auch die nach Art. 33 zugewählten Mitglieder), die derselben Gruppe wie der zu wählende Stellvertreter angehören, auf eine

Kandidatur, kann sich auch jeder andere Gruppenangehörige zum Stellvertreter des Vorsitzenden wählen lassen (wie hier BVerwG v. 7. 6. 1984 – 6 P 29.83 –, AuR 1985, 31).

Eine **Beschränkung des Rechts der Personalratsmitglieder, die Stellvertreter frei zu bestimmen,** ergibt sich bei der Wahl des bzw. der Stellvertreter aus **Abs. 2 Satz 2.** Nach dieser Vorschrift sind bei der Wahl des bzw. der stellvertretenden Vorsitzenden diejenigen Gruppen zu berücksichtigen, denen der Vorsitzende nicht angehört. Diese Regelung ist eine **Muß-Vorschrift.** Ist allerdings im Personalrat nur eine Gruppe vertreten, so kann der Stellvertreter derselben Gruppe angehören wie der Vorsitzende. Alle nach Art. 32 Abs. 1 und 2 Gewählten – also nicht nur die Vorstandsmitglieder (vgl. hierzu Rn. 5), sondern auch der Vorsitzende und seine Stellvertreter sowie alle Ersatzmitglieder – können in der gleichen Weise, in der sie gewählt wurden, jederzeit auch wieder abgewählt werden. Für diesen Fall ist unverzüglich eine Neuwahl durchzuführen. **10**

(Abs. 3) Nach **Abs. 3 Satz 1** führt – anders als im Geltungsbereich des BPersVG – nicht der Vorstand, sondern der **Vorsitzende** des Personalrats die **laufenden Geschäfte.** **11**

»**Laufende Geschäfte**« sind nur solche Angelegenheiten, die erforderlich sind, damit die Aufgaben des Personalrats im Rahmen der von diesem gefaßten Beschlüsse ordnungsgemäß erledigt werden. Dies sind also insbesondere die **Vorbereitung der Beschlüsse** des Personalrats und die damit verbundenen Tätigkeiten (vgl. Beispiele in ABW, Art. 32 Rn. 11).

Nicht zu den laufenden Geschäften gehören die Angelegenheiten der Mitbestimmung, Mitwirkung oder sonstigen Beteiligung des Personalrats. Diese sind – auch in ihrer schwächsten Form eines bloßen Anhörungs- oder Vorschlagsrechts – allein dem Personalrat als Organ der Personalvertretung vorbehalten (wie hier BVerwG, Beschluß v. 5. 2. 1971 – VII P 17.70 –, PersV 1971, 271). Dasselbe gilt für alle anderen Angelegenheiten, über welche der Personalrat durch Beschluß zu entscheiden hat. Auch die monatlichen Besprechungen nach Art. 67 Abs. 1 (vgl. Art. 67 Rn. 1 ff.) mit dem Dienststellenleiter werden vom Personalrat als Gremium und nicht vom Vorsitzenden allein geführt (BVerwG, Beschluß v. 5. 8. 1983 – 6 P 11.81 –, ZBR 1984, 72). Der Vorsitzende kann allein nur den Termin vereinbaren. Die laufenden Geschäfte können durch die Geschäftsordnung nicht über den im BayPVG vorgesehenen Umfang hinaus erweitert oder eingeschränkt werden (BVerwG, Beschluß v. 5. 2. 1971 – VII P 17.70 –, ZBR 1971, 285).

Neben der **Führung der laufenden Geschäfte** sind dem Vorsitzenden außerdem folgende Aufgaben durch das BayPVG ausdrücklich übertragen: **12**

Art. 32

- er setzt den Zeitpunkt der Personalratssitzungen fest (Art. 34 Abs. 2 Satz 1);
- er verständigt den Dienststellenleiter über den Zeitpunkt der Sitzung (Art. 35 Satz 3);
- er legt die Tagesordnung der Sitzungen fest (Art. 34 Abs. 2 Satz 2);
- er muß alle Mitglieder des Personalrats rechtzeitig unter Mitteilung der Tagesordnung zu den Sitzungen einladen (Art. 34 Abs. 2 Satz 2 und 3);
- er hat die Ersatzmitglieder zu den Sitzungen des Personalrats einzuladen, wenn ihm bekannt ist, daß ein ordentliches Mitglied verhindert ist, an den betreffenden Sitzungen teilzunehmen (Art. 31 Abs. 1 und 2);
- er muß den Vertrauensleuten der schwerbehinderten Menschen sowie der Jugend- und Auszubildendenvertretung den Zeitpunkt und die Tagesordnung der Sitzung bekanntgeben (Art. 34 Abs. 3);
- er hat gegebenenfalls den Dienststellenleiter zu den Sitzungen einzuladen (Art. 34 Abs. 4);
- er hat nach Art. 34 Abs. 3 die Sitzungen des Personalrats einzuberufen und einen beantragten Gegenstand auf die Tagesordnung zu setzen, wenn der Antrag
  - entweder von einem Viertel der Personalratsmitglieder oder
  - der Mehrheit der Vertreter einer Gruppe oder
  - dem Leiter der Dienststelle gestellt wurde oder
  - es sich um Angelegenheiten handelt, die besonders schwerbehinderte Beschäftigte betreffen und die Schwerbehindertenvertretung den Antrag gestellt hat, oder
  - in Angelegenheiten, die besonders jugendliche und auszubildende Beschäftigte betreffen, die Mehrheit der Mitglieder der Vertretung einen solchen Antrag gestellt hat.

  Es ist dem bezeichneten Personenkreis hierbei unbenommen, entweder den Antrag, **einen bestimmten Tagesordnungspunkt auf die Tagesordnung zu setzen** oder **eine Sitzung anzuberaumen**, zu stellen;
- der Personalratsvorsitzende leitet die Sitzungen des Personalrats (Art. 34 Abs. 2);
- er hat die im Personalrat vertretenen Gewerkschaften zu den Personalratssitzungen rechtzeitig einzuladen, wenn der Leiter der Dienststelle einen Vertreter der für die Dienststelle zuständigen Arbeitgebervereinigung hinzuzieht (Art. 34 Abs. 4);
- er muß im Auftrag des Personalrats die Personalversammlung oder Teilversammlung einberufen und leiten (Art. 48 Abs. 1 und 2);
- er muß schließlich die Gewerkschaften rechtzeitig verständigen, wenn entsprechende Beschlüsse vorliegen (Art. 36 und Art. 52).

13 Abs. 3 Satz 1 begründet ferner das Recht und die Pflicht des Vorsitzen-

Art. 32

den, den Personalrat als Gremium im Rahmen der von diesem gefaßten Beschlüsse nach außen, d.h. gegenüber Dritten, zu vertreten. Der Vorsitzende hat insoweit vor allem die vom Personalrat gefaßten Beschlüsse in Beteiligungsangelegenheiten an die zuständigen Stellen unverändert weiterzuleiten. Er vertritt insoweit den Personalrat nach außen, aber auch nur im Hinblick auf Erklärungen, die Dritten gegenüber abgegeben werden. Eine Vertretung des Personalrats als Gremium **in der Willensbildung** ist unzulässig. Der Vorsitzende kann für den Personalrat keine Beschlüsse fassen. Nach der zutreffenden Auffassung der h. M. in Rechtsprechung und Schrifttum ist die Personalvertretung an unrichtige Erklärungen des Vorsitzenden nicht gebunden (vgl. BAG v. 23. 8. 1984 – 3 AZR 391/83 –, AuR 1986, 92; Schelter, BayPVG, Art. 32 Rn. 16). Die Personalvertretung hat aber die Möglichkeit, eine unrichtige Erklärung des Vorsitzenden zu genehmigen (vgl. z.B. Schelter, BayPVG, Art. 32 Rn. 16; BAG v. 23. 8. 1984, a.a.O.).

Nach Ansicht eines Teils des Schrifttums und der Rechtsprechung macht ein Mangel bei der internen Willensbildung des Personalrats eine **Maßnahme der Dienststelle** aber nur dann rechtsfehlerhaft, wenn für den Dienststellenleiter **nicht unzweifelhaft** sein konnte, daß der Erklärung des Vorsitzenden oder eines sonstigen Repräsentanten ein ordnungsgemäßer Beschluß des Gremiums zugrunde lag und Nachforschungen nicht angestellt wurden (vgl. BVerwG, Urteil v. 24. 6. 1965 – VI C 176.61 –, PersV 1966, 113; OVG NRW v. 14. 10. 1991 – CL 57/90 –, PersR 1992, 158).

Eine Erkundigungspflicht des Arbeitgebers wird insoweit aber ausgeschlossen (vgl. BAG, Urteil v. 23. 8. 1984 – 2 AZR 391/83 –, AuR 1986, 92). Überschreitet der Vorsitzende seine Befugnisse, kann sich der Personalrat einen neuen Vorsitzenden wählen. Bei groben Verstößen besteht überdies die Möglichkeit, daß der Personalrat beim Verwaltungsgericht den Ausschluß des Vorsitzenden aus dem Personalrat beantragt (vgl. hierzu ausführlich Art. 28 Rn. 2).

Hat der Personalrat seine Zustimmung zu einer Maßnahme des Dienststellenleiters beschlossen und diesem durch den Vorsitzenden übermittelt, so ist diese Erklärung jedenfalls nach Ablauf der gesetzlichen Erklärungsfrist nicht mehr rücknehmbar oder widerrufbar (VG Köln v. 18. 8. 1999 – 33 L 1799/99.PVB –, PersR 1999, 541).

Im **Innenverhältnis**, d.h. in Beziehung zu den übrigen Personalratsmitgliedern, ist der Vorsitzende nicht zur Vertretung befugt. Er ist insoweit **Erster unter Gleichen**. (Vgl. zu etwaigen Verstößen im Innen- und Außenverhältnis auch ausführlich Rn. 18.) **14**

Abs. 3 Satz 2 regelt die Vertretung nach außen für diejenigen Angelegenheiten abweichend von Abs. 3 Satz 1, die **nur eine Gruppe** betreffen. Für diesen Fall erfolgt die **Vertretung nach außen** nicht durch den Vorsitzenden, sondern durch ein **Vorstandsmitglied dieser Gruppe**, das sich **15**

Art. 32

mit dem Vorsitzenden »**ins Benehmen setzen**«, d. h. diesen von der Entscheidung der Gruppe unterrichten und einen Meinungsaustausch vornehmen muß. Hierbei spielt keine Rolle, ob der Vorsitzende mit dem Beschluß oder der Vertretung einverstanden ist. Erklärungen in Gruppenangelegenheiten müssen nicht nur vom Personalratsvorsitzenden, sondern außerdem von dem Gruppenvertreter der beteiligten Gruppe im Vorstand unterzeichnet sein. Andernfalls sind die Erklärungen unwirksam (wie hier BVerwG, Beschluß v. 14. 7. 1986 – 6 P 12.84 –, PersR 1986, 234; BAG, Urteil v. 13. 10. 1982 – 7 AZR 617/80 –, AP Nr. 1 zu § 40 LPVG Niedersachsen). Betrifft eine Angelegenheit **zwei Gruppen**, so ist die Vorschrift des Abs. 3 Satz 2 **nicht** entsprechend anzuwenden. In diesen Fällen vertritt wieder ausschließlich der Vorsitzende den Personalrat (a. A. für den Fall, daß zwei Gruppen betroffen sind: BSFE, Art. 32 Anm. 46).

16 Ist der Vorsitzende des Personalrats wegen Krankheit, Urlaub, Dienstreise oder aus anderen Gründen an der Ausübung seiner Tätigkeit gehindert, gehen dessen Befugnisse auf den oder die stellvertretenden Vorsitzenden über. Hat der Personalrat zwei Stellvertreter bestellt, kann er in der Geschäftsordnung regeln, wer von den beiden Stellvertretern tätig wird bzw. in welcher Reihenfolge sie die Funktion ausüben. Der Stellvertreter ist kein Vorsitzender mit eigenen Befugnissen, sondern er tritt nur an die Stelle des verhinderten Vorsitzenden. **Scheidet der Vorsitzende** aus dem Personalrat **aus** oder legt er sein Amt nieder, so tritt der Stellvertreter nicht automatisch an seine Stelle. In diesem Fall **ist ein neuer Vorsitzender zu wählen**. Bis zu dessen Wahl nimmt der stellvertretende Vorsitzende die Funktion des Vorsitzenden wahr.

17 (**Abs. 4**) Die Vorschrift erlaubt es dem Personalrat als Organ, durch **einstimmigen Beschluß** seine Rechte an einer bestimmten beteiligungspflichtigen Maßnahme auf den Vorsitzenden und die übrigen Vorstandsmitglieder zu übertragen. Es handelt sich insoweit um Beteiligungsrechte nach Art. 75 ff. Vorausgesetzt wird ein **einstimmiger Beschluß aller** Personalratsmitglieder (nichtanwesende Mitglieder oder Stimmenthaltungen hindern eine wirksame Delegation). Einstimmigkeit der anwesenden Mitglieder genügt nicht. Der Personalrat kann die Übertragung seiner Befugnisse auf demselben Wege (einstimmiger Beschluß) jederzeit wieder rückgängig machen. Soweit ein entsprechender Beschluß vorliegt, wird über die mitbestimmungs-, mitwirkungs- und beteiligungspflichtige Maßnahme vom Vorsitzenden im Einvernehmen, d. h. mit Zustimmung der übrigen Vorstandsmitglieder, beraten und entschieden.

Handelt es sich hierbei um **gemeinsame Angelegenheiten**, ist nach Abs. 4 Satz 2 der gesamte Vorstand zu beteiligen.

Betrifft eine Maßnahme **nur eine Gruppe**, so sind nach Abs. 4 Satz 2 nur die dieser Gruppe angehörigen Vorstandsmitglieder zu beteiligen. Im Hinblick auf die Rechtswirksamkeit von Erklärungen in Gruppenangelegenheiten vgl. Rn. 15. Die Ausführungen gelten entsprechend.

Handelt es sich um eine Angelegenheit, die **mehrere Gruppen** betrifft. aber keine **gemeinsame Angelegenheit** ist, so berät der Vorsitzende mit den Vorstandsmitgliedern, die diesen Gruppen angehören, und entscheidet im Einvernehmen mit diesen.

Zu beachten ist in diesem Zusammenhang, daß zur Mitentscheidung nur das von der Gruppe gewählte Vorstandsmitglied berufen ist (wie hier BVerwG, Beschluß v. 16. 9. 1977 – VII P 1.75 –, ZBR 1978, 203 = PersV 1978, 353).

Hinsichtlich des **Verfahrens, in dem die Beschlüsse gefaßt werden**, ist in diesen Fällen vor allem folgendes zu beachten: **17a**

a) **Mehrheitsbeschlüsse** nach Art. 37 Abs. 1 entfalten keine rechtliche Wirkung, solange nicht das Einvernehmen aller Entscheidungsberechtigten hergestellt wurde (vgl. Art. 32 Abs. 4 Satz 1).

b) **Beschlußfähigkeit** ist nur gegeben, wenn alle zur Entscheidung befugten Vorstandsmitglieder anwesend sind.

c) Wird Einvernehmen nicht hergestellt, so ist wieder das **Personalratsgremium** zur Entscheidung berufen.

Wirkung der Beschlüsse des Vorstandes: Die Entscheidung des Vorstandes stellt gegenüber Dritten eine Entscheidung des Personalrats dar. **17b**

Entscheidungen, die **nicht übertragen** wurden, trifft das Personalratsgremium. **17c**

Die fehlerhafte Wahl der Vorstandsmitglieder bzw. der Gruppenvertreter kann gemäß Art. 34 Abs. 1 Satz 3 durch Anfechtung dieser Wahlen entsprechend Art. 25 geltend gemacht werden (vgl. insoweit auch Art. 34 Rn. 21 und Art. 25 Rn. 1 ff.). **18**

Sonstige Streitigkeiten betreffen die Geschäftsführung des Personalrats, so daß nach Art. 81 Abs. 1 Nr. 3 die Verwaltungsgerichte insoweit zur Entscheidung berufen sind.

Artikel 33
Erweiterter Vorstand

Hat der Personalrat elf oder mehr Mitglieder, so wählt er aus seiner Mitte mit einfacher Stimmenmehrheit zwei weitere Mitglieder in den Vorstand. Sind Mitglieder des Personalrats aus Wahlvorschlagslisten mit verschiedenen Bezeichnungen gewählt worden und sind im Vorstand Mitglieder aus derjenigen Liste nicht vertreten, die die zweitgrößte Anzahl aller von den Angehörigen der Dienststelle abgegebenen Stimmen erhalten hat, so ist eines der weiteren Vorstandsmitglieder aus dieser Liste zu wählen.

Satz 1 der Vorschrift bestimmt, daß der nach Art. 32 Abs. 1 zu bildende Vorstand sich **um zusätzliche zwei Mitglieder vergrößert**, wenn der **1**

Art. 33

Personalrat aus elf oder mehr Mitgliedern besteht (sog. **erweiterter Vorstand**). Letzteres ist nach Art. 16 Abs. 1 immer dann der Fall, wenn die Dienststelle **in der Regel** aus 601 oder mehr Beschäftigten besteht.

Die bezeichneten Vorstandsmitglieder werden mit einfacher Stimmenmehrheit aus der Mitte des Personalrats gewählt.

Für diese Wahl ist keine bestimmte Form vorgeschrieben. Auf die Gruppenzugehörigkeit dieser Vorstandsmitglieder kommt es anders als bei der Wahl der Vorstandsmitglieder, die nach Art. 32 Abs. 1 zu wählen sind, nicht an. Zu beachten ist nur die Regelung in Satz 2 der Vorschrift, die unter bestimmten Voraussetzungen etwas anderes vorschreibt.

2 Nach **Satz 2** ist eines der beiden hinzuzuwählenden Vorstandsmitglieder aus einer bestimmten Liste zu wählen, wenn a) der Personalrat nach den Grundsätzen der Verhältniswahl (Listenwahl) gewählt wurde (vgl. hierzu Art. 19 Rn. 1 ff.), b) diese Wahlvorschlagslisten verschiedene Bezeichnungen hatten und c) Mitglieder der Listen mit derselben Bezeichnung, welche die zweitmeisten Stimmen erreicht haben, in dem nach Art. 34 Abs. 1 gewählten Vorstand nicht vertreten sind. Alle Voraussetzungen müssen **nebeneinander** vorliegen.

Nach den Grundsätzen der Verhältniswahl (Listenwahl) wurde der Personalrat gewählt, wenn die Wahl entweder in der Form der Gruppenwahl oder der gemeinsamen Wahl durchgeführt wurde und mehrere gültige Wahlvorschläge vorlagen. Bei Gruppenwahl genügt es, daß **eine** Gruppe nach dem Grundsatz der Verhältniswahl gewählt hat.

3 Als **Wahlvorschlagsliste** im Sinne dieser Vorschrift sind nicht die jeweils für einzelne Gruppen aufgestellten Listen, sondern – über die Gruppengrenzen hinweg – die Listen **mit dem gleichen Kennwort** anzusehen. Liegt nicht dieselbe Bezeichnung der Listen vor, sondern nur ein gemeinsamer verbandspolitischer Ursprung der einzelnen Wahlvorschläge für die einzelnen Gruppen, so handelt es sich nicht um Wahlvorschläge im Sinne von Art. 33 Satz 2 (wie hier auch BayVGH, Beschluß v. 6. 7. 1979 – Nr. 17 C – 459/79 –, PersV 1980, 335). Das Bundesverwaltungsgericht will darüber hinausgehend nicht nur Listen mit derselben Bezeichnung und demselben Kennwort als eine Liste im Sinne dieser Vorschrift gelten lassen, sondern auch solche Listen, die nur eine gemeinsame dienststelleninterne Ausrichtung oder ein gemeinsames Interesse erkennen lassen (vgl. BVerwG, Beschluß v. 23. 2. 1979 – 6 P 39.78 –, ZBR 1979, 273).

Dieser Auffassung kann mit der obergerichtlichen bayerischen Rechtsprechung deshalb nicht gefolgt werden.

4 Welche Liste den **zweithöchsten Stimmenanteil** erreicht hat, ergibt sich, wenn alle Stimmen, die für die einzelnen Listen – gleichgültig für welche Gruppenbewerber und unabhängig von den Gruppen – bei der Gruppenwahl abgegeben wurden, zusammengezählt und miteinander verglichen werden.

Art. 33

Wenn Angehörige der so ermittelten Liste nach Abschluß der Wahl nach Art. 32 Abs. 1 noch nicht im Vorstand vertreten sind, so muß eines der nach Art. 33 hinzuzuwählenden Vorstandsmitglieder auf dieser Liste **kandidiert** haben. Auf die Zugehörigkeit zu einer bestimmten Gruppe kommt es nicht an.

Nach Beschluß des Bayerischen Verwaltungsgerichtshofes vom 16. 3. 1978 – Nr. 3 XVIII 76 – (BayVBl. 1978, S. 638) haben die nach Art. 33 zugewählten Vorstandsmitglieder bei der Wahl des Vorsitzenden insoweit nicht dieselben Rechte wie die nach Art. 32 Abs. 1 gewählten sogenannten »geborenen« Vorstandsmitglieder, als letztere ein Vorrecht auf die Funktion des Vorsitzenden oder seines Stellvertreters haben sollen. Nur wenn diese Vorstandsmitglieder auf ihre Rechte verzichten, sollen die zugehörigen Vorstandsmitglieder in diese Funktionen gewählt werden können. Sie müssen aber, was die Wahl zum Stellvertreter betrifft, derselben Gruppe angehören wie das Vorstandsmitglied, das auf eine Wahl verzichtet hat. In ähnlicher Weise hat sich auch das Bundesverwaltungsgericht in seinem Beschluß vom 7. 6. 1984 – 6 P 29.83 – (AuR 1984, 31) geäußert. Die vom BayVGH vertretene Meinung führt dazu, daß Art. 33 keinen Sinn mehr ergibt, weil die zugewählten Vorstandsmitglieder – die laufenden Geschäfte führt nach dem BayPVG der Vorsitzende und nicht der Vorstand – praktisch keine Aufgaben mehr haben. Hinzu kommt, daß der Minderheiten- und Gruppenschutz nicht so weit gehen kann, daß z. B. eine Gruppe von sechs Personen in einer Dienststelle mit 2000 Beschäftigten nicht nur ein Personalratsmitglied, sondern auch noch einen der beiden stellvertretenden Vorsitzenden stellen könnte. Aus diesem Grunde erscheint es nicht gerechtfertigt, zwischen **sogenannten »geborenen«** und **zugewählten** Vorstandsmitgliedern zu unterscheiden und damit Vorstandsmitglieder erster und zweiter Klasse zu schaffen (wie hier auch BayVerwG, Beschluß v. 7. 7. 1986 – M 14 b P 86.2623 –; a. A. BayVGH – Nr. 17 C 86.02077, n. v.). Für die **Repräsentanz der Gruppen** im Rahmen von Art. 32 Abs. 3 und 4 kommen die zugewählten Vorstandsmitglieder deshalb nicht in Betracht, weil sie nicht von einer bestimmten Gruppe in den Vorstand delegiert wurden. Ansonsten haben die zugewählten Vorstandsmitglieder dieselben Rechte und Pflichten wie die sogenannten »geborenen«.

Für die Anfechtung der Wahl gilt nach Art. 34 Abs. 1 Satz 3 Art. 25 entsprechend (vgl. Art. 34 Rn. 6 und Art. 25 Rn. 1 ff.). Statt der drei Wahlberechtigten aus Art. 25 kann hier jedes Personalratsmitglied die Wahl anfechten. Über sonstige Streitigkeiten entscheiden die Verwaltungsgerichte nach Art. 81 Abs. 1 Nr. 3.

Art. 34

Artikel 34
Sitzungen des Personalrats

(1) Spätestens zwei Wochen nach dem Wahltag sind die Mitglieder des Personalrats durch den Wahlvorstand zur Vornahme der nach Art. 32 oder 33 vorgeschriebenen Wahlen einzuberufen und die Wahlen durchzuführen. Der Wahlvorstand leitet die Sitzung, bis der Personalrat aus seiner Mitte einen Wahlleiter bestellt hat. Für die Anfechtung dieser Wahlen gilt Art. 25 entsprechend mit der Maßgabe, daß an Stelle der in Art. 25 Abs. 1 genannten drei Wahlberechtigten jedes Mitglied des Personalrats die Wahl anfechten kann.

(2) Die weiteren Sitzungen beraumt der Vorsitzende des Personalrats an. Er setzt die Tagesordnung fest und leitet die Verhandlung. Er hat die Mitglieder des Personalrats zu den Sitzungen rechtzeitig unter Mitteilung der Tagesordnung zu laden sowie der Jugend- und Auszubildendenvertretung, der Schwerbehindertenvertretung den Zeitpunkt und die Tagesordnung der Sitzung bekanntzugeben.

(3) Auf Antrag eines Viertels der Mitglieder des Personalrats, der Mehrheit der Vertreter einer Gruppe, des Leiters der Dienststelle, in Angelegenheiten, die besonders Schwerbehinderte betreffen, der Schwerbehindertenvertretung oder in Angelegenheiten, die besonders Beschäftigte im Sinn von Art. 58 Abs. 1 betreffen, der Mehrheit der Mitglieder der Jugend- und Auszubildendenvertretung hat der Vorsitzende eine Sitzung anzuberaumen und den Gegenstand, dessen Beratung beantragt ist, auf die Tagesordnung zu setzen.

(4) Der Leiter der Dienststelle nimmt an den Sitzungen, die auf sein Verlangen anberaumt sind, und an den Sitzungen, zu denen er ausdrücklich eingeladen ist, teil. Er kann einen Vertreter der für die Dienststelle zuständigen Arbeitgebervereinigung hinzuziehen; in diesem Fall ist je einem Vertreter der unter den Mitgliedern des Personalrats vertretenen Gewerkschaften die Teilnahme an den Sitzungen zu ermöglichen.

1 (Abs. 1) **Abs. 1 Satz 1** verpflichtet den Wahlvorstand, spätestens zwei Wochen nach dem Wahltag (Tag der Stimmabgabe) die gewählten Mitglieder des Personalrats zur Vornahme der nach Art. 32 oder 33 vorgeschriebenen Wahlen einzuberufen und diese Wahlen durchzuführen (vgl. hierzu Art. 32 Rn. 1 ff., Art. 33 Rn. 1 ff.). Das muß Tagesordnungspunkt der konstituierenden Sitzung sein. Außerdem wird der Wahlvorstand in **Abs. 1 Satz 2** verpflichtet, die konstituierende Sitzung des Personalrats zu leiten, bis der Personalrat aus seiner Mitte einen **Wahlleiter** bestellt hat. Anschließend müssen die **Mitglieder des Wahlvorstandes,** soweit sie nicht auch Mitglieder des neugewählten Personalrats sind, die Sitzung verlassen (BVerwG, Beschluß v. 18. 4. 1978 – 6 P 34.78 –, ZBR 1978, 345).

2 Ein geringfügiges **Überschreiten der Zweiwochenfrist,** innerhalb derer die konstituierende Sitzung einberufen werden muß, ist unerheblich,

Art. 34

wenn sie deshalb erfolgt, weil sich Schwierigkeiten bei der Auszählung ergeben haben u. ä. Die Frist beginnt im übrigen mit dem Tag zu laufen, der dem letzten Tag der Stimmabgabe folgt (vgl. § 187 Abs. 1 BGB), und endet mit Ablauf des Tages, der durch seine Benennung dem ersten Tag der Frist entspricht (vgl. § 188 Abs. 2 BGB). Die Frist endet nach diesen Vorschriften also z.B., wenn der erste Wahltag ein Montag ist, an dem zwei Wochen später folgenden Dienstag.

Für die Stufenvertretungen und die Gesamtpersonalräte gilt die **verlängerte Frist von drei Wochen** (Art. 54 Abs. 1 Satz 2, Art. 56). **3**

Kommt der Wahlvorstand seiner Verpflichtung nicht nach, kann zum Beispiel auch ein einzelnes Personalratsmitglied zu der Sitzung einladen. **4**

Tagesordnungspunkte der vom Wahlvorstand einzuberufenden Sitzung sind die Bestellung des Wahlleiters und die Durchführung der Wahlen nach Art. 32 und 33 (vgl. ausführlich Rn. 1 ff. zu diesen Vorschriften). Das Amt des Wahlvorstandes erlischt mit der Bestellung des Wahlleiters, das des Wahlleiters mit dem Abschluß der Wahlen, die nach Art. 32 und 33 durchzuführen sind. **5**

Abs. 1 Satz 3 begründet das Recht des bezeichneten Personenkreises, die Wahlen nach Art. 32 und 33 in derselben Weise **anzufechten** wie die Wahlen zum Personalrat. Insoweit gelten die Ausführungen zu Art. 25 bei der Anfechtung von Wahlen nach Art. 34 entsprechend (vgl. zu den Einzelheiten Art. 25 Rn. 1 ff.). **Abweichungen von Art. 25** ergeben sich aus Abs. 1 Satz 3 nur insoweit, als anfechtungsberechtigt hier nicht drei Wahlberechtigte, sondern statt dessen jedes Mitglied des Personalrats ist. **6**

(Abs. 2) Nach **Abs. 2** ist der Vorsitzende des Personalrats berechtigt und verpflichtet, die weiteren Sitzungen des Gremiums nach der konstituierenden Sitzung anzuberaumen, wenn dies erforderlich ist (zum Kreis der Berechtigten, die das ebenfalls beantragen können, vgl. Rn. 18). Dies beinhaltet, daß der Vorsitzende den **Zeitpunkt** der Sitzungen festlegt (es ist zu beachten, daß diese grundsätzlich **während der Arbeitszeit** stattfinden, wobei auf die Erfordernisse der Dienststelle Rücksicht zu nehmen ist) und diese **einberuft.** **7**

Der Leiter der Dienststelle ist vom Zeitpunkt der Sitzung zu verständigen (vgl. Art. 35 Rn. 1 ff.), muß diesen jedoch nicht genehmigen. Er ist nämlich nicht berechtigt, dem Personalrat zu verbieten, seine Sitzung zu einem bestimmten Zeitpunkt abzuhalten, solange nicht **wichtige dienstliche Erfordernisse** der Abhaltung der Sitzung gerade zu diesem Zeitpunkt entgegenstehen. Änderungswünsche muß der Dienststellenleiter dem Vorsitzenden des Personalrats vortragen. Die einzelnen Mitglieder des Personalrats können ihren Arbeitsplatz verlassen, wenn es darum geht, daß Aufgaben nach dem BayPVG (z.B. Teilnahme an Sitzungen) wahrgenommen werden. Einer ausdrücklichen Erlaubnis des Leiters der Dienststelle bedarf es auch hier nicht. Der jeweilige Vorgesetzte muß von **8**

Art. 34

der Sitzung nur unterrichtet werden, d. h. das Personalratsmitglied muß sich abmelden.

9 Notwendige Dienstreisen (insbesondere zu Sitzungen) bedürfen keiner Genehmigung des Dienststellenleiters (vgl. wie hier BVerwG v. 22. 6. 1962 – VII P 8.61 –, AP Nr. 2 zu § 44 BPersVG).

10 Nach **Abs. 2 Satz 2** setzt der Vorsitzende die **Tagesordnung** der anzuberaumenden Sitzung fest. Diese muß er nach Abs. 2 den Personalratsmitgliedern mit der Einladung **rechtzeitig** bekanntgeben.

Die Anforderungen, die an eine Tagesordnung gestellt werden, sind streng: Sie muß es den Mitgliedern ermöglichen, sich ein Bild über die zur Beschlußfassung anstehende Entscheidung zu machen und sich entsprechend vorzubereiten. Dieser Forderung entsprechend kann es nicht als ausreichend angesehen werden, wenn die Tagesordnung nur global und zahlenmäßig die Beratungsgegenstände der Sitzung angibt. Vielmehr sind die einzelnen Beratungsgegenstände genau zu bezeichnen (vgl. BVerwG, Beschluß v. 29. 8. 1975 – VII P 2.74 –, PersV 1976, 385).

11 Entspricht die Tagesordnung diesen Anforderungen nicht, so kann sich jedes Personalratsmitglied der Beratung und Beschlußfassung der betreffenden Tagesordnungspunkte **widersetzen** und ggf. die Feststellung im Beschlußverfahren betreiben, daß wesentliche Verfahrensvorschriften nicht eingehalten wurden. Die Tagesordnung kann in der Sitzung zwar noch ergänzt werden, allerdings nur, wenn **alle** Mitglieder des Personalrats anwesend und **alle** damit einverstanden sind (vgl. BVerwG, Beschluß v. 10. 10. 1957, ZBR 1958, 24; BayVGH v. 23. 1. 1964 – Nr. 4 IX –, PersV 1964, 278). Wird in einer Sitzung beschlossen, in der nächsten Sitzung bestimmte Punkte zu behandeln, ist der Vorsitzende an einen solchen Beschluß gebunden. Einzelne Mitglieder des Personalrats können vor der Aufstellung der Tagesordnung beim Vorsitzenden anregen, daß bestimmte Punkte in die Tagesordnung aufgenommen werden. Erzwingen kann ein einzelnes Personalratsmitglied die Aufnahme eines bestimmten Punktes in die **Tagesordnung** freilich nicht.

12 Nach **Abs. 3** können dies nur

– ein Viertel der Mitglieder des Personalrats,

– die Mehrheit der Vertreter einer Gruppe,

– der Leiter der Dienststelle,

– in Angelegenheiten, die besonders schwerbehinderte Beschäftigte betreffen, die Schwerbehindertenvertretung oder

– in Angelegenheiten, die besonders Beschäftigte i. S. v. Art. 58 Abs. 1 betreffen, die Mehrheit der Mitglieder der JA-Vertretung.

Abs. 3 bestimmt insoweit abschließend den **Kreis der Antragsberechtigten** und stellt auf diese Weise sicher, daß der Personalrat funktionsfähig bleibt. Der Antrag, einen bestimmten **Beratungsgegenstand auf die**

Tagesordnung zu setzen, ist auch zulässig, ohne daß gleichzeitig der Antrag gestellt wird, eine Sitzung anzuberaumen, wie dies in Abs. 3 vorgesehen ist (wie hier BVerwG, Beschluß v. 29. 8. 1975 – VII P 2.74 –, ZBR 1976, 124 ff.; vgl. auch Rn. 18).

Abs. 2 Satz 3 begründet die Pflicht des Personalratsvorsitzenden, die Mitglieder des Personalrats unter Mitteilung der bezeichneten Tagesordnung **rechtzeitig zu laden.** Dies beinhaltet, daß alle zu Ladenden die einzelnen **Tagesordnungspunkte** so frühzeitig erfahren, daß sie sich hierzu in Vorbereitung auf die Sitzung eine eigene Meinung bilden können. **13**

Außer den zu ladenden Mitgliedern des Personalrats hat der Vorsitzende

– der Schwerbehindertenvertretung und

– den Beauftragten der JA-Vertretung oder der gesamten Jugendvertretung

den Zeitpunkt und die Tagesordnung der Sitzung bekanntzugeben. Für den Fall, daß unter den Voraussetzungen des Abs. 4 weitere Personen an der betreffenden Sitzung teilnehmen, sind auch diese zu laden (vgl. hierzu Rn. 20).

Können ein Mitglied des Personalrats bzw. andere Geladene an der Personalratssitzung nicht teilnehmen, so haben sie dies unter Angabe der Gründe dem Vorsitzenden unverzüglich mitzuteilen. Dieser hat für das verhinderte Mitglied das **Ersatzmitglied** einzuladen. Lädt der Vorsitzende die Ersatzmitglieder nicht ein, obwohl ihm bekannt war, daß ein Mitglied des Personalrats oder der JA-Vertretung an der Teilnahme gehindert ist, verstößt er gegen seine gesetzlichen Pflichten. Das Ersatzmitglied kann unter solchen Voraussetzungen auch ohne Einladung an der Sitzung teilnehmen (wie hier BVerwG v. 29. 8. 1975 – VII P 2.74 –, ZBR 1976, 124). **14**

Verletzt der Vorsitzende die bezeichneten Pflichten mehrfach, kann er nach Art. 28 Abs. 1 aus dem Personalrat ausgeschlossen werden. Daneben haben die Mitglieder des Personalrats in einem solchen Fall das Recht, selbständig die Initiative zu ergreifen und eine Sitzung einzuberufen. **15**

Nach **Abs. 2 Satz 2** leitet der Vorsitzende die Beratung und Verhandlung der Tagesordnungspunkte der jeweiligen Sitzung. Im einzelnen beinhaltet dies folgende Aufgaben: Der Vorsitzende eröffnet die Sitzung, gibt deren Tagesordnung nochmals bekannt, führt die Rednerliste, erteilt und entzieht den Teilnehmern das Wort, leitet die Abstimmungen, stellt das Ergebnis eines Beschlusses fest und schließt die Sitzung. **16**

Während der Sitzung hat der Vorsitzende selbst für den Fall das **Hausrecht,** daß der Leiter der Dienststelle persönlich anwesend ist. Ist der Vorsitzende verhindert, an der Sitzung teilzunehmen, übt sein **Stellvertreter** diese Funktion aus. Die näheren Einzelheiten über die Durchfüh- **17**

Art. 34

rung einer Sitzung kann der Personalrat in einer **Geschäftsordnung** genau festlegen.

18 (Abs. 3) Nach **Abs. 3** ist der Vorsitzende verpflichtet, eine Sitzung anzuberaumen und den Gegenstand, dessen Beratung beantragt wird, auf die Tagesordnung zu setzen, wenn dies

– von einem Viertel der Mitglieder des Personalrats,

– von der Mehrheit der Vertreter einer Gruppe,

– vom Leiter der Dienststelle,

– von der Schwerbehindertenvertretung (wenn es sich um eine Angelegenheit handelt, die besonders schwerbehinderte Beschäftigte betrifft) oder

– von der Mehrheit der Mitglieder der JA-Vertretung (wenn es sich um eine Angelegenheit handelt, die besonders Beschäftigte i. S. v. Art. 58 betrifft)

beim Vorsitzenden beantragt wurde.

Die Antragsberechtigten können sich nicht darauf beschränken, nur eine Sitzung zu verlangen, ohne gleichzeitig anzugeben, **welcher Tagesordnungspunkt** behandelt werden soll.

19 Es ist zu prüfen, ob der Gegenstand zu den Aufgaben des Personalrats gehört.

20 (Abs. 4) Die Vorschrift begründet das Recht und die Pflicht des Leiters der Dienststelle, an denjenigen Sitzungen des Personalrats teilzunehmen, die entweder auf sein Verlangen anberaumt wurden oder zu denen er ausdrücklich eingeladen wurde. Für einen solchen Fall hat der Dienststellenleiter das Recht, einen Vertreter der für die Dienststelle zuständigen Arbeitgebervereinigung (z. B. einen Vertreter des kommunalen Arbeitgeberverbandes) hinzuzuziehen. Tut er das, so ist auch je einem Vertreter der unter den Mitgliedern des Personalrats vertretenen Gewerkschaften die Teilnahme an der betreffenden Sitzung zu ermöglichen. Der Vorsitzende muß diese dann unter Mitteilung der Tagesordnung **rechtzeitig laden.**

Wer für den Fall, daß ein Teilnahmerecht der Gewerkschaft besteht, an der betreffenden Sitzung des Personalrats teilnimmt, entscheidet allein und ausschließlich die betreffende Gewerkschaft (wie hier BVerwG, Beschluß v. 14. 6. 1968 – VII P 21.66 –, PersV 1968, 276). Das Recht der Gewerkschaft, unter den Voraussetzungen des Art. 36 einen Beauftragten mit beratender Stimme in die Sitzung zu entsenden, bleibt neben dieser Berechtigung aus Art. 34 Abs. 4 ungeschmälert bestehen.

21 Zur Möglichkeit der Wahlanfechtung vgl. Rn. 6. Schwerwiegende Verstöße gegen die Pflichten des Vorsitzenden können u. U. einen Ausschluß aus dem Personalrat nach Art. 28 Abs. 1 rechtfertigen. Sonstige Streitigkeiten, wie z. B. hinsichtlich des Teilnahmerechts von Gewerkschaftsbeauftragten u.ä., entscheiden die Verwaltungsgerichte nach Art. 81 Abs. 1 Nr. 3.

Artikel 35
Nichtöffentlichkeit und Zeitpunkt der Sitzungen

Die Sitzungen des Personalrats sind nicht öffentlich; sie finden in der Regel während der Arbeitszeit statt. Der Personalrat hat bei der Anberaumung seiner Sitzungen auf die dienstlichen Erfordernisse Rücksicht zu nehmen. Der Leiter der Dienststelle ist vom Zeitpunkt der Sitzung vorher zu verständigen.

Nach **Satz 1 Halbs. 1** der Vorschrift sind die Sitzungen des Personalrats nicht öffentlich. Außer den Mitgliedern des Personalrats bzw. nachrückenden Ersatzmitgliedern, dem Leiter der Dienststelle in den Fällen des Art. 34 Abs. 4, oder wenn er dazu eingeladen wurde, der Schwerbehindertenvertretung, dem Vertrauensmann der Zivildienstleistenden (Art. 40 Abs. 1), dem beauftragten Mitglied der JA-Vertretung bzw. der gesamten Jugendvertretung, wenn Angelegenheiten behandelt werden, die besonders jugendliche Beschäftigte betreffen, den Beauftragten der im Personalrat vertretenen Gewerkschaft(en) in den Fällen des Art. 34 Abs. 4 und Art. 36 sowie Sachverständigen oder anderen Auskunftspersonen, die der Personalrat hinzugezogen hat, dürfen an den Sitzungen des Personalrats keine Dritten anwesend sein. So ist es beispielsweise nach höchstrichterlicher Rechtsprechung nicht einmal gestattet, eine **Schreibkraft** zu den Personalratssitzungen hinzuzuziehen, die diesem Gremium nicht angehört (vgl. BVerwG, Beschluß v. 14. 7. 1977 – VII P 24.76 –, PersV 1978, 126; BVerwG, Beschluß v. 27. 11. 1981 – 6 P 38.79 –, PersV 1983, 408).

Haben nicht berechtigte Personen an der Sitzung teilgenommen, so werden die in der Sitzung gefaßten Beschlüsse unwirksam, wenn diese Personen auf das Beratungs- und Beschlußergebnis Einfluß genommen haben (SächsOVG v. 7. 4. 1998 – P 5 S 20/97 –, PersR 1999, 455 ff.).

Sitzungsniederschriften dürfen solchen Personen nach dieser Rechtsprechung aber selbstverständlich diktiert werden.

Gemäß **Satz 1 Halbs. 2** finden die Sitzungen des Personalrats in der Regel während der Dienst- bzw. Arbeitszeit statt. Von diesem Grundsatz darf nur dann abgewichen werden, wenn **dringende betriebliche Gründe** vorliegen. Arbeiten Beschäftigte einer Dienststelle im **Schichtdienst,** ist es oft unvermeidlich, daß für einzelne Mitglieder die Personalratssitzungen außerhalb ihrer Dienst- oder Arbeitszeit stattfinden. In diesen Fällen hat das betroffene Mitglied Anspruch auf Dienstbefreiung nach Art. 46 Abs. 2, jedoch nur im Rahmen und in entsprechender Anwendung des Art. 80 Abs. 2 Satz 2 des Bayerischen Beamtengesetzes. Auf einen aus anderen Gründen bereits vorhandenen »Überstundensockel« ist bei der Berechnung nach Art. 80 Abs. 2 »aufzubauen«.

3 Nach **Satz 2** hat der Personalratsvorsitzende die Pflicht, auf die **dienstlichen Erfordernisse** Rücksicht zu nehmen, wenn er eine Sitzung anberaumt. Dies beinhaltet, daß der Vorsitzende prüft, welcher Termin mit Rücksicht auf die Anwesenheit aller möglichen Teilnehmer an der Sitzung die dienstlichen bzw. betrieblichen Belange am wenigsten beeinträchtigt. Es ist grundsätzlich Sache der Dienststelle, für eine **Vertretung** abwesender Personalratsmitglieder zu sorgen oder andere **Überbrückungsmaßnahmen** einzuleiten. Das betreffende Personalratsmitglied braucht den Vorgesetzten über seine Abwesenheit **nur zu informieren,** d.h. es muß sich **abmelden,** damit der Personaleinsatz anderweitig disponiert werden kann. Um Erlaubnis braucht nicht gefragt zu werden (vgl. BAG v. 15. 3. 1995 – 7 AZR 643/94 –, AuR 1996, 37).

4 **Satz 3** begründet die Pflicht des Personalratsvorsitzenden, den Leiter der Dienststelle vom Zeitpunkt der Sitzung vorher zu unterrichten, damit dieser rechtzeitig umfassend genug disponieren kann. Ein Recht des Leiters der Dienststelle, dem vorgesehenen Zeitpunkt der bevorstehenden Sitzung zu widersprechen, besteht nicht. Der Dienststellenleiter kann aber Verlegung auf einen anderen Zeitpunkt **anregen.**

5 **Streitigkeiten**, z.B. über den Zeitpunkt einer anzuberaumenden Personalratssitzung, entscheiden die Verwaltungsgerichte nach Art. 81 Abs. 1 Nr. 3.

Artikel 36
Teilnahme von Gewerkschaftsbeauftragten

Der Personalrat kann von Fall zu Fall beschließen, daß je ein Beauftragter der unter den Mitgliedern des Personalrats vertretenen Gewerkschaften berechtigt ist, an den Sitzungen mit beratender Stimme teilzunehmen.

1 Nach dem **Gesamtkonzept,** das Art. 2 Abs. 1 für die Tätigkeit von Dienststelle und Personalvertretung sowie Arbeitgebervereinigungen und in der Dienststelle vertretenen Gewerkschaften vorgegeben hat, wirken Dienststelle und Arbeitgebervereinigung auf der einen und Personalvertretung und Gewerkschaften auf der anderen Seite zusammen.

Darüber hinausgehend wird der Dienststelle in Art. 2 aber die zusätzliche Pflicht auferlegt, auch mit den in der Dienststelle vertretenen Gewerkschaften zusammenzuwirken.

Unter solchen Voraussetzungen ist das nach Art. 36 begründete Recht und die statuierte Pflicht der Gewerkschaften, unter bestimmten Voraussetzungen einen Beauftragten in Personalratssitzungen zu entsenden, um den Personalrat zu beraten, wesentliches Mittel des Gesetzes zur Verwirklichung seines Gesamtplanes (vgl. hierzu Art. 2 Rn. 1).

2 Erforderlich ist jeweils ein besonderer **Beschluß,** der mit der Mehrheit der

Art. 36, 37

Stimmen der **Anwesenden** gefaßt wird. Die Teilnahme von Gewerkschaftsbeauftragten kann nicht für **mehrere** bestimmte Sitzungen im voraus beschlossen werden.

Die **Anregung**, einen Beschluß nach Art. 36 zu fassen, kann von jedem **2a** Personalratsmitglied ausgehen, gleichgültig, ob dieses Mitglied einer solchen Organisation der Arbeit angehört oder nicht. Sinnvollerweise wird ein Antrag schon in der letzten Sitzung vor einer Beratung gestellt, doch ist dies auch in einer laufenden Sitzung möglich.

Der Personalrat kann nicht bestimmen, welche der Gewerkschaften, de- **3** nen mindestens ein Mitglied oder nachgerücktes Ersatzmitglied des Personalrats angehört, um Beratung gebeten wird. Vielmehr kann der Beschluß nur dahin gehen, daß **alle** Gewerkschaften, die im Personalrat vertreten sind, **je einen** Beauftragten entsenden können. Der Vorsitzende hat dann den Zeitpunkt der Sitzung und die Tagesordnung der Gewerkschaft rechtzeitig mitzuteilen (vgl. hierzu im einzelnen Art. 34 Rn. 10 bis 20). Wen die betreffende Gewerkschaft entsendet, entscheidet sie allein (wie hier BVerwG, Beschluß v. 14. 6. 1968 – VII P 21.66 –, PersV 1968, 276 = ZBR 1968, 357). Die Entsandten nehmen mit **beratender Stimme** an der Sitzung teil, können also das Wort ergreifen und ihre Meinung zum Beratungsgegenstand äußern. Die Schranken der Meinungsfreiheit sind ausschließlich aus Art. 5 GG zu entnehmen.

Bei Abstimmungen können Gewerkschaftsbeauftragte zugegen sein. **4**

Streitigkeiten entscheiden die Verwaltungsgerichte im Beschlußverfah- **5** ren nach Art. 81 Abs. 1 Nr. 3. An diesem Verfahren können der Dienststellenleiter, die Personalvertretung und die im Personalrat vertretenen Gewerkschaften beteiligt sein. Den Gewerkschaften steht ein **Antragsrecht** zu.

Artikel 37
Beschlußfähigkeit und Beschlußfassung

(1) Die Beschlüsse des Personalrats werden mit einfacher Stimmenmehrheit der anwesenden Mitglieder gefaßt. Bei Stimmengleichheit ist ein Antrag abgelehnt.

(2) Der Personalrat ist nur beschlußfähig, wenn mindestens die Hälfte seiner Mitglieder anwesend ist; Stellvertretung durch Ersatzmitglieder ist zulässig.

(3) In einfachen Angelegenheiten kann der Vorsitzende im schriftlichen Umlaufverfahren abstimmen lassen, wenn kein Mitglied des Personalrats diesem Verfahren widerspricht.

(4) Bei der Beratung und Abstimmung über Angelegenheiten eines Mitglieds des Personalrats darf dieses Mitglied nicht anwesend sein. Dasselbe gilt für Angelegenheiten, bei denen es auf seiten der Dienst-

Art. 37

stelle mitgewirkt hat, sowie für Angelegenheiten von Angehörigen eines Mitglieds des Personalrats, hinsichtlich deren ihm nach § 383 Abs. 1 Nrn. 1 bis 3 der Zivilprozeßordnung ein Zeugnisverweigerungsrecht zusteht.

1 (**Abs. 1**) Nach **Abs. 1 Satz 1** werden Beschlüsse des Personalrats mit einfacher Stimmenmehrheit der anwesenden Mitglieder gefaßt. Dies ist grundsätzlich nur in ordentlichen **Personalratssitzungen,** nicht auch in **Gruppensitzungen** möglich und zulässig.

Zu einer ordnungsgemäßen **Beschlußfassung** gehören

a) die **rechtzeitige Ladung** aller Personalratsmitglieder zur Sitzung nach Art. 34 Abs. 3 und, falls erforderlich, die der Ersatzmitglieder nach Art. 31 Abs. 1 sowie die der stimmberechtigten Mitglieder der JA-Vertretung;

b) die rechtzeitige **Übersendung** der vollständigen **Tagesordnung,** in der alle Beratungspunkte einzeln aufgeführt sind, nach Art. 34 Abs. 3 (vgl. wie hier BVerwG v. 29. 8. 1975 – VII P 12.74 –);

c) daß der **Sachverhalt,** der der Entscheidung zugrunde liegt, vollständig und richtig **ermittelt** wurde (vgl. OVG Berlin v. 11. 9. 1959 – VII PBV 1.59 –);

d) die **Beschlußfähigkeit** des Personalrats nach Art. 37 Abs. 2 (vgl. hierzu auch Rn. 3) und

e) daß die **einfache Stimmenmehrheit** der anwesenden Mitglieder des Personalrats oder der abstimmungsberechtigten Gruppe dem Beratungsgegenstand zustimmt nach Art. 37 Abs. 1 i. V. m. Art. 38.

Sind eine oder mehrere dieser aufgeführten Voraussetzungen nicht erfüllt, so ist ein Beschluß nicht oder nicht ordnungsgemäß zustande gekommen. Er kann dann **rechtsunwirksam** (nichtig) oder **rechtswidrig** sein. Die Nichtigkeit oder Rechtswidrigkeit stellt das Verwaltungsgericht auf Antrag im Beschlußverfahren fest (vgl. hierzu ausführlich Rn. 3). Nach **Abs. 1 Satz 2** ist bei Stimmengleichheit in der Abstimmung über den betreffenden Beratungsgegenstand der Antrag abgelehnt. Stimmenthaltungen wirken de facto als »Nein-Stimmen«, denn auch Personalratsmitglieder, die sich der Stimme enthalten, sind »anwesend« (OVG Sachsen-Anhalt v. 25. 4. 2001 – 5 L 12/00 –, PersR 2001, 485).

2 (**Abs. 2**) Nach **Abs. 2** ist der Personalrat nur beschlußfähig, wenn mindestens die Hälfte seiner Mitglieder anwesend ist. Grundlage für die Feststellung der Beschlußfähigkeit des Personalrats ist die Zahl seiner Mitglieder nach Art. 16, d. h. die **Sollstärke.** Hat sich im Laufe der Amtszeit die Zahl der Personalratsmitglieder verringert, weil auf einer Vorschlagsliste kein Ersatzmitglied vorhanden war, das nachrücken könnte, ist für die Feststellung der Beschlußfähigkeit die Zahl der noch besetzten Sitze maßgebend.

Art. 37

Beispiel:
Der Personalrat besteht aus 15 Mitgliedern. Er ist bei Anwesenheit von acht Mitgliedern beschlußfähig.

Die Ersatzmitglieder sind bei der Feststellung der Beschlußfähigkeit mitzurechnen. Die stimmberechtigten Mitglieder der JA-Vertretung werden nicht bei der Feststellung der Beschlußfähigkeit, sondern erst dann mitgezählt, wenn es darum geht, das **Abstimmungsergebnis** festzustellen.

Die Hälfte der Personalratsmitglieder muß bei der **Abstimmung** und nicht bereits bei der vorausgehenden **Erörterung** anwesend sein.

Weitere Voraussetzung für die **Beschlußfähigkeit** ist, daß alle Personalratsmitglieder **rechtzeitig** eingeladen wurden. **Rechtzeitig** erfolgt eine Einladung, wenn die Personalratsmitglieder rechtzeitig und pünktlich zur Sitzung erscheinen können und darüber hinaus noch genügend Zeit haben, sich auf die Beratungsgegenstände vorzubereiten sowie gegebenenfalls noch Erkundigungen einzuziehen. **3**

Weitere Voraussetzung dafür, daß die **Beschlußfähigkeit** des Gremiums angenommen werden kann, ist, daß alle Personalratsmitglieder unter **rechtzeitiger Mitteilung der Tagesordnung** geladen wurden (vgl. hierzu auch Rn. 2 und Art. 34 Rn. 13). Hierher gehört auch die Einladung eines Ersatzmitgliedes, falls ein ordentliches Personalratsmitglied an der Sitzung nicht teilnehmen kann. Handelt es sich um eine Angelegenheit, die überwiegend Beschäftigte i.S.v. Art. 58 betrifft, sind nach Art. 40 auch deren Vertreter rechtzeitig einzuladen (vgl. hierzu Art. 34 Rn. 13).

Der Vorsitzende hält die Zahl der geladenen und anwesenden sowie der sonstigen stimmberechtigten Mitglieder ebenso wie das Wahlergebnis in der nach Art. 41 aufzunehmenden **Sitzungsniederschrift** zur Beweissicherung fest. **4**

(Abs. 3) Nach **Abs. 3** hat der Vorsitzende das Recht, im **schriftlichen** Umlaufverfahren abstimmen zu lassen, wenn es sich um **einfache Angelegenheiten** handelt und **kein Mitglied** des Personalrats dem Abstimmungsverfahren **widerspricht**. Welche Vorgänge als »einfache Angelegenheiten« anzusehen sind, wird am zweckmäßigsten durch den Personalrat in der Geschäftsordnung geregelt. In Frage kommen hierfür aber nur Sachen, die keiner Erörterung bedürfen. Einfache Angelegenheiten liegen folglich stets vor, wenn ein bestimmter Gegenstand bereits abschließend beraten und erörtert wurde oder nach Ansicht eines vorurteilsfreien und vernünftigen Beobachters keiner Erörterung bedarf. **5**

Widerspricht auch nur **ein Personalratsmitglied** oder ein **abstimmungsberechtigter JA-Vertreter** der Abstimmung im Umlaufverfahren, so ist auf einer gesondert einzuberufenden oder der nächsten Personalratssitzung über den betreffenden Gegenstand abzustimmen. Dieser ist auf die Tagesordnung der Sitzung zu setzen. Durch den Widerspruch kann das Umlaufverfahren jedoch **nicht generell,** sondern nur für den **Einzelfall** **6**

Art. 37

verhindert werden. Zu beachten ist, daß das Umlaufverfahren **schriftlich** durchgeführt werden muß (§ 125 BGB gilt insoweit entsprechend). Ein **telefonisches** oder **telegrafisches** Umlaufverfahren ist unzulässig und führt dazu, daß Beschlüsse, die auf diese Weise gefaßt wurden, **rechtsunwirksam** sind. Eine Niederschrift über den Ablauf der Abstimmung im Umlaufverfahren ist vernünftig und geboten.

7 (**Abs. 4**) Nach **Abs. 4 Satz 1** dürfen Mitglieder des Personalrats, **die von einer Angelegenheit betroffen** sind, über die im Personalrat beraten und abgestimmt wird, weder an der **Beratung** noch an der **Abstimmung** teilnehmen (wie hier BAG, Urteil v. 23. 8. 1984 – 2 AZR 391/83 –, AuR 1986, 92 ff.). Erforderlich ist eine **unmittelbare** Betroffenheit, die regelmäßig nur angenommen werden kann, wenn es konkret um Belange des jeweiligen Mitgliedes geht, also z. B. um dessen Versetzung, Beförderung, Höhergruppierung usw. Den Angelegenheiten, in denen das Personalratsmitglied selbst betroffen ist, stehen nach **Abs. 4 Satz 2** die **Angelegenheiten von Angehörigen eines Mitgliedes** gleich, bei denen es auf seiten der Dienststelle mitgewirkt hat, sowie für Angelegenheiten von Angehörigen des Mitgliedes, hinsichtlich deren ihm nach § 383 Abs. 1 Nr. 1 bis 3 ZPO ein **Zeugnisverweigerungsrecht** zusteht. Dies sind: der Verlobte, der Ehegatte, auch wenn die Ehe nicht mehr besteht, diejenigen, die in gerader Linie verwandt oder verschwägert, in der Seitenlinie bis zum dritten Grad verwandt und bis zum zweiten Grad verschwägert sind oder waren.

8 Ist ein Mitglied des Personalrats nach Abs. 4 von der **Beratung und Beschlußfassung** ausgeschlossen, so rückt für das Mitglied das nach Art. 31 in Betracht kommende **Ersatzmitglied** nach (wie hier BAG, Urteil v. 23. 8. 1984 – 2 AZR 391/83 –, AuR 1986, 93). Wurde kein Ersatzmitglied für das betroffene Personalratsmitglied eingeladen und hat dieses selbst an der Beratung teilgenommen, so ist der Beschluß **nichtig** (wie hier BAG, Urteil v. 23. 8. 1984 – 2 AZR 391/83 –, a. a. O.). Selbstverständlich ist es unschädlich, wenn das Personalratsmitglied in der entscheidenden Sitzung Gelegenheit **zur Stellungnahme** erhält.

9 Verstöße gegen die Bestimmungen des Art. 37, über die gegebenenfalls das Verwaltungsgericht im Beschlußverfahren nach Art. 81 Abs. 1 Nr. 3 entscheidet, führen zur Unwirksamkeit von Beschlüssen, wenn bei Verstößen dieser Art Auswirkungen auf das Ergebnis von Beschlüssen bzw. Abstimmungen, auch nur abstrakt, möglich sind. Da Beschlüsse des Personalrats keine Verwaltungsakte sind, scheidet ihre Anfechtung aus. Allenfalls können einzelne Personalratsmitglieder ihre Willenserklärungen nach §§ 119, 123 BGB anfechten. Unbenommen ist es darüber hinaus allen, die durch **die Verfahrensregeln davor geschützt** werden, daß die Willensbildung im Personalrat nicht ordnungsgemäß erfolgt, dies vor dem Verwaltungsgericht geltend zu machen.

Da der Personalrat sich in seinen Entscheidungen zwar am Interesse der von ihm vertretenen Dienststellenangehörigen ausrichten soll, anderer-

Art. 37, 38

seits seine Erwägungen aber Dritten gegenüber nicht zu offenbaren braucht, scheidet eine **Inhaltskontrolle** solcher Beschlüsse weitestgehend aus (einschränkend insoweit BVerwG, Beschluß v. 10. 10. 1957 – II C 01/ 57 –, ZBR 1958, 24).

Artikel 38
Gemeinsame Beschlüsse – Gruppenbeschlüsse

(1) Über die gemeinsamen Angelegenheiten der Beamten, Angestellten und Arbeiter wird vom Personalrat gemeinsam beraten und beschlossen.

(2) In Angelegenheiten, die Angehörige nur einer Gruppe betreffen, sind allein die Vertreter dieser Gruppe zur Beratung und Beschlußfassung berufen, es sei denn, daß sie gemeinsame Beratung im Personalrat beschließen. Dies gilt nicht für eine Gruppe, die im Personalrat nicht vertreten ist.

(3) Absatz 2 gilt entsprechend für Angelegenheiten, die lediglich die Angehörigen zweier Gruppen betreffen.

(Abs. 1) Nach **Abs. 1** werden Angelegenheiten, welche Beamte, Arbeiter **1** und Angestellte gleichermaßen betreffen, im Personalratsgremium **gemeinsam** beraten. Anschließend wird ebenfalls **gemeinsam** abgestimmt. Der Vorstand bzw. der Vorsitzende einer Personalvertretung ist nicht berechtigt, die Mitglieder des Gremiums in getrennte Vorberatungen je nach Gruppen- oder Gewerkschaftszugehörigkeit über die einzelnen Punkte der Tagesordnung zu unterrichten (BayVGH, Beschluß v. 13. 7. 1994 – 18 P 94.2 –, PersR 1995, 87).

Gemeinsame Angelegenheiten sind vor allem die sozialen Angelegenheiten des Art. 75 Abs. 4 sowie die organisatorischen Angelegenheiten, **2** die in Art. 76 aufgeführt sind. In Betracht kommen aber auch z. B. der Zeitpunkt von Personalversammlungen, die Freistellung von Personalratsmitgliedern und Fragen, welche die Geschäftsführung betreffen, wie z. B. die Entscheidung über eine Geschäftsordnung.

(Abs. 2) Nach **Abs. 2** sind in Angelegenheiten, die Angehörige nur einer **3** Gruppe betreffen, grundsätzlich allein die Vertreter dieser Gruppe zur Beratung und Beschlußfassung berufen. Die Gruppenangehörigen haben aber das Recht zu beschließen, daß **gemeinsame Beratung** im Personalrat erfolgt. Nur für den Fall eines solchen **Beschlusses** findet eine gemeinsame Beratung der betreffenden Angelegenheit statt. Eine gemeinsame Beschlußfassung ist stets unzulässig. »**Gruppenangelegenheiten**« liegen immer vor, wenn Beschäftigte nur einer Gruppe **unmittelbar** betroffen sind (wie hier BVerwG, Beschluß v. 5. 2. 1971 – VII P 11.70 –, ZBR 1971, 249). Dies sind i. d. R. personelle Einzelmaßnahmen. Z. B. sind solche Angelegenheiten, die den Übergang eines Beschäftigten aus der einen in die andere Gruppe (z. B. Arbeiter wird Beamter, Angestellter wird Arbeiter) oder die Ausschreibung von Stellen für Angehörige mehrerer Gruppen zum Gegenstand haben, solche Sachen, die nur die Angehörigen einer Gruppe betreffen. Zuständig ist hier nur die Gruppe, die nach der Eigenart der betreffenden Maßnahme in Betracht kommt, also z. B. bei der Ernennung oder Beförderung eines Beamten die Vertreter der Beamtengruppe oder bei der Einstellung oder Höhergruppierung eines Angestellten die Vertreter der Angestelltengruppe oder bei einem Gruppenwechsel die Vertreter der aufnehmenden Gruppe (vgl. wie hier BayVGH, Beschluß v. 14. 12. 1983 – Nr. 17 C 83 A. 1282 –, PersV 1985, 340; BVerwG v. 6. 3. 1962 – VII P 5.60 –, AP Nr. 1 zu § 37 BPersVG = ZBR 1962, 156). In Angelegenheiten von Angehörigen einer Gruppe, die im Personalrat nicht vertreten ist, weil sie entweder die Voraussetzungen des Art. 17 Abs. 5 nicht erfüllt oder von ihrem Recht, im Personalrat vertreten zu sein, keinen Gebrauch gemacht hat (vgl. Art. 17 Abs. 1), entscheidet der gesamte Personalrat.

Bei **Gruppenwechsel** (z. B. Arbeiter wird Angestellter) sind nur die Vertreter der aufzunehmenden Gruppe zu beteiligen (wie hier BVerwG, Beschluß v. 6. 3. 1962 – VII P 5.60 = ZBR 1962, 156).

Die Bestimmung ändert nichts daran, daß auch Gruppenbeschlüsse nicht in von sog. **Gruppenvertretern im Vorstand** anzuberaumenden und zu ladenden Gruppensitzungen gefaßt werden dürfen.

4 (**Abs. 3**) Nach **Abs. 3** gilt Abs. 2 entsprechend in Angelegenheiten, die **nur zwei im Personalrat vertretene Gruppen** betreffen. Die Vorschrift greift natürlich nur dann, wenn im Personalrat alle drei Gruppen vertreten sind.

5 **Verstöße** gegen die Gebote aus Art. 38 haben zur Folge, daß die Entscheidung unwirksam ist. Ein Beschluß in einer Gruppenangelegenheit, der entgegen Art. 38 aufgrund gemeinsamer Beratung und gemeinsamer Abstimmung aller Personalratsmitglieder gefaßt worden ist, ist für den Fall der Einstimmigkeit ausnahmsweise wirksam. Wegen weiterer Einzelheiten vgl. Art. 37 Rn. 8.

Artikel 39
Aussetzung von Beschlüssen

(1) Erachtet die Mehrheit der Vertreter einer Gruppe oder der Mitglieder der Jugend- und Auszubildendenvertretung einen Beschluß des Personalrats als eine erhebliche Beeinträchtigung wichtiger Interessen der durch sie vertretenen Beschäftigten, so ist auf ihren Antrag der Beschluß auf die Dauer von einer Woche vom Zeitpunkt der Beschlußfassung an auszusetzen. In dieser Frist soll, gegebenenfalls mit Hilfe der unter den Mitgliedern des Personalrats oder der Jugend- und Auszubildendenvertretung vertretenen Gewerkschaften, eine Verständigung versucht werden. Die Aussetzung eines Beschlusses nach Satz 1 hat keine Verlängerung einer Frist zur Folge.

Art. 39

(2) Nach Ablauf der Frist ist über die Angelegenheit neu zu beschließen. Wird der erste Beschluß bestätigt, so kann der Antrag auf Aussetzung nicht wiederholt werden.

(3) Die Absätze 1 und 2 gelten entsprechend, wenn die Schwerbehindertenvertretung einen Beschluß des Personalrats als eine erhebliche Beeinträchtigung wichtiger Interessen der Schwerbehinderten erachtet.

(**Abs.** 1) Die Regelung begründet das Recht **1**

a) der Mehrheit der Vertreter einer Gruppe oder zweier Gruppen oder

b) der Mehrheit der Mitglieder der JA-Vertretung

unter den in den Rn. 2 f. näher bezeichneten Voraussetzungen die Aussetzung eines bereits gefaßten Beschlusses des Personalrats für die Dauer von **einer Woche** zu beantragen.

Nach Abs. 3 hat dieses Recht auch die Schwerbehindertenvertretung.

Die Vorschrift gibt dem antragsberechtigten Kreis ein Instrument in die Hand, mit welchem bewirkt werden kann, daß nach einer Aussetzung eines Beschlusses durch den Personalrat und Vermittlung durch die Gewerkschaft eine **erneute Beratung und Abstimmung** über ein bestimmtes Thema erfolgt.

Das **Antragsrecht einer Gruppe** kann z.B. gegeben sein bei gemeinsamen Beschlüssen, bei Beschlüssen zweier Gruppen, wobei die antragsberechtigte Gruppe beteiligt war, bei Beschlüssen einer oder zweier anderer Gruppen (z.B. Besetzung einer Beamtenstelle mit einem Angestellten, wobei die Beamtengruppe der Einstellung zugestimmt hat; die Arbeitergruppe kann z.B. beeinträchtigt sein, wenn dies die Entlassung eines Arbeiters zur Folge hat). Das Antragsrecht hängt nicht davon ab, daß der bzw. die Antragsteller in einer vorher erfolgten Abstimmung auch gegen den Beschluß gestimmt haben, der nun ausgesetzt werden soll.

Beantragt eine Gruppe oder eine JA-Vertretung die Aussetzung eines Beschlusses des Personalrats, ist jeweils ein **Mehrheitsbeschluß innerhalb der Gruppe** bzw. der JA-Vertretung erforderlich. Erforderlich ist die Mehrheit **aller,** d. h. nicht nur der anwesenden Gruppenmitglieder. Der Antrag ist nicht an eine bestimmte **Form** oder **Frist** gebunden, muß aber dem Beschluß, der ausgesetzt werden soll, zeitlich so knapp wie möglich folgen. Andernfalls verkürzt sich die einwöchige Frist, für welche der Beschluß ausgesetzt werden muß, so daß der Zweck nicht mehr erreicht werden kann. Hat der Beschluß bereits **Außenwirkung** entfaltet, etwa indem er dem Dienststellenleiter übermittelt wurde, scheidet ein Antrag nach Art. 39 aus.

Der Antrag ist nur **zulässig** und hat nur dann die in Abs. 1 bezeichnete **2** rechtliche Wirkung, wenn die Antragsberechtigten **subjektiv** im Beschluß des Personalrats eine erhebliche Beeinträchtigung wichtiger Interessen der durch sie vertretenen Beschäftigten erblicken. Eine **objektive** Beeinträchtigung dieser Interessen muß nicht unbedingt vorliegen. Andererseits reichen **geringfügige Beeinträchtigungen** nicht aus. Unter welchen Voraussetzungen letzteres anzunehmen ist, kann nur von Fall zu Fall und mit Rücksicht auf die speziellen Besonderheiten in der Dienststelle und im Personalrat festgestellt werden. Auch eine am Beschluß nicht beteiligte Gruppe kann den Antrag stellen (BVerwG v. 29. 10. 1992 – 6 P 17.89 –, PersR 1992, 208). Der Personalrat hat nicht das Recht, den Aussetzungsantrag inhaltlich dahin zu überprüfen, ob die vorgetragenen Einwände auch begründet sind. Vielmehr muß der Beschluß **für eine Woche** vom Zeitpunkt der Beschlußfassung an ausgesetzt werden. **Nicht ausgesetzt werden kann** die Wahl des Vorsitzenden des Personalrats und der Gruppenmitglieder im Vorstand sowie der weiteren Vorstandsmitglieder. Dies ergibt sich daraus, daß es sich in diesen Fällen nicht um einen Beschluß des Personalrats, sondern um eine Wahl handelt (vgl. wie hier OVG Münster v. 19. 12. 1960 –, ZBR 1961, 187).

3 Ist der Aussetzungsantrag gestellt und liegen die Voraussetzungen einer Aussetzung vor, muß der Personalrat den Beschluß für eine Woche **aussetzen**. Die Aussetzung ist nicht gleichzusetzen mit der Aufhebung, so daß der Beschluß vollzogen werden kann, sobald der Antrag zurückgenommen wird. Innerhalb der Aussetzungsfrist soll versucht werden, evtl. mit Hilfe der in der Dienststelle vertretenen Gewerkschaft(en), eine Verständigung herbeizuführen. Die Frist beginnt mit dem Zeitpunkt der Beschlußfassung, die Beteiligung der Gewerkschaft(en) bedarf keines Beschlusses des Personalrats. Sie ist vielmehr unmittelbar nach Art. 39 Abs. 1 Satz 2 vorgesehen und ohne Formalitäten jederzeit erlaubt. Die Vorschrift verwirklicht auch insoweit das Gesamtkonzept des BayPVG, wie es in Art. 2 Abs. 1 zum Ausdruck kommt (vgl. Art. 2 Rn. 1). Die Aussetzung hat nach Abs. 1 Satz 3 nicht die Wirkung, daß laufende Fristen im Mitbestimmungsverfahren gehemmt oder verlängert werden. Es ist deshalb darauf zu achten, daß nicht durch eine zögerliche Bearbeitung des Aussetzungsantrages die Zustimmung des Gremiums nach Art. 70 Abs. 2 Satz 5 fingiert wird.

4 Streitigkeiten entscheiden die Verwaltungsgerichte nach Art. 81 Abs. 1 Nr. 3. Insoweit ist zu beachten, daß das Gericht nur nachprüfen kann, ob die erhebliche Beeinträchtigung wichtiger Interessen **behauptet** wurde.

Artikel 40
Teilnahme an Personalratssitzungen

(1) Ein Vertreter der Jugend- und Auszubildendenvertretung, der von dieser benannt wird, und die Schwerbehindertenvertretung sollen an allen Sitzungen des Personalrats beratend teilnehmen. An der Behandlung von Angelegenheiten, die besonders Beschäftigte im Sinn von Art. 58 Abs. 1 betreffen, kann die gesamte Jugend- und Aus-

zubildendenvertretung beratend teilnehmen. Die **Vertrauensperson der Zivildienstleistenden** kann an Sitzungen des Personalrats der Dienststelle beratend teilnehmen, wenn Angelegenheiten behandelt werden, die auch die Zivildienstleistenden betreffen.

(2) Bei Beschlüssen, die überwiegend Beschäftigte im Sinn von Art. 58 Abs. 1 betreffen, haben die Mitglieder der Jugend- und Auszubildendenvertretung Stimmrecht; dies gilt für die Schwerbehindertenvertretung entsprechend.

(Abs. 1) Die **JA-Vertretung** hat nach Abs. 1 Satz 1 das Recht und die Pflicht, eine(n) Vertreter(in) zu jeder Personalratssitzung zu entsenden, wobei die Entsandten an der Sitzung mit beratender Stimme teilnehmen können. Die JA-Vertretung braucht nicht ihre(n) Vorsitzenden(e) zu entsenden. Die Entsandten müssen auch nicht bei allen Sitzungen dieselben sein. Es steht der JA-Vertretung vielmehr frei, in jedem Einzelfall festzustellen, wen sie mit der Teilnahme beauftragt. **1**

Das Recht, **beratend** an der Sitzung teilzunehmen, umfaßt die Berechtigung, sich zu den einzelnen Beratungsgegenständen zu äußern, Vorschläge zu unterbreiten, Stellung zu nehmen und auch Kritik an anderen vorgetragenen Meinungen zu äußern, um die Mitglieder des Personalrats von der eigenen Auffassung zu überzeugen. An der auf die Beratung folgenden **Abstimmung** wird der JA-Vertreter dann aber nicht beteiligt. Gegen eine Anwesenheit bei der Abstimmung bestehen allerdings keine Einwände. **2**

Nach **Abs. 1 Satz 2** hat die **gesamte JA-Vertretung** das Recht, an solchen Sitzungen des Personalrats **mit beratender Stimme** teilzunehmen, wenn und soweit Angelegenheiten beraten werden, welche **besonders** Beschäftigte i. S. v. Art. 58 Abs. 1 betreffen. Solche Angelegenheiten liegen vor, wenn sich im Falle einer Entscheidung über den Beratungsgegenstand Auswirkungen auf die schützenswerten Interessen dieser Beschäftigten ergeben. Es genügt aber nicht, wenn solche Interessen nur allgemein berührt sein könnten. Darauf, daß neben den besonderen Interessen der Jugendlichen auch solche der übrigen Beschäftigten betroffen sind oder betroffen sein könnten, kommt es in diesem Zusammenhang nicht an. Anders als der/die nach Abs. 1 in den Personalrat entsandte Vertreter(in) der Jugendvertretung hat die **JA-Vertretung als Gremium** nur so lange das Recht, an der jeweiligen Personalratssitzung teilzunehmen, wie die betreffende Angelegenheit auch tatsächlich erörtert und beraten wird. Es besteht allerdings keine Pflicht des Personalrats, die Anwesenheit der JA-Vertretung während der Behandlung der weiteren Tagesordnungspunkte unter allen Umständen zu verhindern. Eine einvernehmlich erfolgende weitere Teilnahme ist zulässig. **3**

(Abs. 2 Halbs. 1) Faßt der Personalrat in einer Angelegenheit, die **überwiegend** Beschäftigte i. S. v. Art. 58 Abs. 1 betrifft, einen Beschluß, so haben die JA-Vertreter das Recht, **mit abzustimmen.** »Überwiegend« **4**

Art. 40

betrifft ein Beschluß diese Belange, wenn die Angelegenheit, um die es bei dem betreffenden Beratungsgegenstand geht, nicht nur Auswirkungen auf die schützenswerten Interessen der Beschäftigten i. S. v. Art. 58 Abs. 1 hat, sondern darüber hinaus auch andere Beschäftigte von dem Beschluß in weniger gravierender Weise betroffen sind als diese. Bei dem Vergleich der Interessen der Jugendlichen mit denen der übrigen Beschäftigten kommt es darauf an, welche Qualität die Beeinträchtigung hat (vgl. ausführlich ABW, Art. 40 Rn. 4).

5 (**Abs. 1**) Die **Schwerbehindertenvertretung** hat nach **Abs. 1 Satz 1** das Recht und die Pflicht, an **allen Sitzungen** des Personalrats mit beratender Stimme teilzunehmen. Dasselbe Recht wird auch bereits durch § 95 Abs. 4 Satz 1 SGB IX begründet. In § 95 SGB IX sind in Abs. 1 bis 3 auch die **Aufgaben der Schwerbehindertenvertretung** festgehalten, deren Erfüllung durch die Möglichkeit, an Sitzungen des Personalrats mit beratender Stimme teilzunehmen, in der jeweiligen Dienststelle bzw. Betrieb erleichtert wird. In Verbindung mit der Möglichkeit, nach Art. 34 Abs. 3 eine Sitzung des Personalrats anberaumen zu lassen, und dem Recht, nach Art. 39 die Aussetzung von Beschlüssen des Personalrats zu bewirken, sowie dem Stimmrecht nach Art. 40 Abs. 2 und den Rechten aus Art. 41 und 43 steht damit das ausdrücklich festgestellte Instrumentarium fest, das den Schwerbehindertenvertretern vom Gesetzgeber eingeräumt ist, um den Belangen und Interessen der schwerbehinderten Menschen in Dienststelle und Betrieb Geltung zu verschaffen. Hinzu treten noch die verschiedenen **Informations-, Beratungs-** und **Handlungsrechte** gegenüber dem Dienststellenleiter, die in § 95 Abs. 2 und § 99 SGB IX festgehalten sind und ohne die eine wirksame Interessenvertretung ebenfalls undenkbar ist.

Was die Zusammenarbeit mit dem Personalrat betrifft, so ist dieser nach § 99 SGB IX **verpflichtet,** u. a. mit der Schwerbehindertenvertretung zum Wohle dieser Gruppe in Betrieb bzw. Dienststelle eng zusammenzuarbeiten. Nach § 93 SGB IX hat auch der Personalrat zusätzlich die Eingliederung schwerbehinderter Menschen zu fördern und insbesondere darauf zu achten, daß der Arbeitgeber bzw. Dienstherr seinen Pflichten aus § 71 (Beschäftigungspflicht), § 72 (Beschäftigung besonderer Gruppen schwerbehinderter Menschen) und § 81 SGB IX (Pflichten des Arbeitgebers gegenüber den schwerbehinderten Menschen) nachkommt. Diese Vorschriften verleihen der **beratenden Stimme** der Schwerbehindertenvertretung in den Personalratssitzungen stets dort ein besonderes Gewicht, wo Angelegenheiten der schwerbehinderten Beschäftigten verhandelt werden. Die Teilnahme des Interessenvertreters der schwerbehinderten Menschen an allen Personalratssitzungen ist deshalb unverzichtbar (wegen weiterer Einzelheiten zum Beratungsrecht vgl. Rn. 2).

6 (**Abs. 2 Halbs. 2**) Die Vorschrift begründet das Recht der Vertrauensleute der Schwerbehinderten bei Beschlüssen, die überwiegend schwerbehinderte Beschäftigte betreffen, nicht nur beratend teilzunehmen, sondern über den betreffenden Gegenstand auch **abzustimmen**. Dies hat zur Folge, daß die Schwerbehindertenvertreter, die gleichzeitig auch Mitglieder des Personalrats sind, bei solchen Angelegenheiten zwei Stimmen haben.

Nach **Abs. 1 Satz 3** hat der **Vertrauensmann der Zivildienstleistenden** das Recht, an Sitzungen des Personalrats **mit beratender Stimme** teilzunehmen, wenn und soweit Angelegenheiten behandelt werden, die auch die Zivildienstleistenden betreffen. Für den Fall, daß ein bestimmter Beratungsgegenstand die Belange der Zivildienstleistenden in der Dienststelle auch **nur berührt,** darf sich der Vertrauensmann der Zivildienstleistenden folglich an der Erörterung im Plenum beteiligen und die Interessen der von ihm Vertretenen geltend machen. 7

An einer ggf. auf die Erörterung folgenden **Abstimmung** darf der Vertrauensmann der Zivildienstleistenden **nicht** teilnehmen. Er hat für den Fall seines Teilnahmerechts nach § 37 Abs. 5 ZDG (Zivildienstgesetz) einen Anspruch darauf, unter Mitteilung der Tagesordnung vom Personalratsvorsitzenden rechtzeitig zu der betreffenden Sitzung geladen zu werden (vgl. hierzu auch Art. 34 Rn. 10 bis 12, 15). 8

Der Vorsitzende ist nach **Art. 34 Abs. 2 Satz 3** verpflichtet, das von der JA-Vertretung benannte Mitglied bzw. die JA-Vertretung und die Vertrauensperson der schwerbehinderten Menschen sowie ggf. den Vertrauensmann der Zivildienstleistenden rechtzeitig und unter Mitteilung der Tagesordnung zu den Personalratssitzungen zu laden. Alle JA-Vertreter können sich im Verhinderungsfall durch ihre(n) Stellvertreter(in) bzw. einen anderen JA-Vertreter, der von der JA-Vertretung als Ersatzmitglied benannt wurde, vertreten lassen. Die **Ersatzmitglieder** dürfen ggf. auch abstimmen. Für den Fall, daß die gesamte Vertretung an einer Sitzung teilnimmt, dürfen für den Verhinderungsfall ebenfalls Ersatzmitglieder mit abstimmen (vgl. zum Schutz der betreffenden Ersatzmitglieder Art. 9 Rn. 2 und BVerwG, Beschluß v. 15. 10. 1985 – 6 P 13/84 –, NJW 1986, 1825). 9

Streitigkeiten im Zusammenhang mit Art. 40 entscheiden die Verwaltungsgerichte nach Art. 81 Abs. 1 Nr. 3 als Fragen der Geschäftsführung des Personalrats. 10

Artikel 41
Niederschrift

(1) Über jede Verhandlung des Personalrats ist eine Niederschrift aufzunehmen, die mindestens den Wortlaut der Beschlüsse und das Stimmenverhältnis, mit dem sie gefaßt sind, enthält. Die Niederschrift ist vom Vorsitzenden und einem weiteren Mitglied zu unterzeichnen. Der Niederschrift ist eine Anwesenheitsliste beizufügen, in die sich jeder Teilnehmer eigenhändig einzutragen hat.

Art. 41

(2) Die Mitglieder des Personalrats erhalten einen Abdruck der Niederschrift. Haben der Leiter der Dienststelle, Beauftragte von Gewerkschaften und Arbeitgebervereinigungen, die Mitglieder der Jugend- und Auszubildendenvertretung, die Schwerbehindertenvertretung oder die Vertrauensperson der Zivildienstleistenden an den Sitzungen teilgenommen, so ist ihnen der entsprechende Teil der Niederschrift im Abdruck zuzuleiten. Einwendungen gegen die Niederschrift sind unverzüglich schriftlich zu erheben und der Niederschrift beizufügen.

1 (Abs. 1) Nach **Abs. 1 Satz 1** ist der Personalrat verpflichtet, über jede Verhandlung eine **Niederschrift** aufzunehmen, in welcher wenigstens der **Wortlaut der Beschlüsse** und das **Verhältnis der Stimmen**, mit welchen der Beschluß gefaßt wurde, festzuhalten sind. Niederschriften sind über **alle Verhandlungen** des Personalrats aufzunehmen, also nicht nur über ordentliche Personalratssitzungen, sondern auch über die monatlichen Besprechungen mit dem Dienststellenleiter nach Art. 67 Abs. 1, die Gruppensitzungen (Art. 38 Abs. 2) und die Vorstandssitzungen.

2 In Art. 41 ist nicht geregelt, wer die Niederschrift anzufertigen hat. Insoweit bietet es sich aber an, daß der Personalrat ein Mitglied aus seiner Mitte zum Schriftführer bestellt, was für längere Zeit oder auch von Verhandlung zu Verhandlung geschehen kann. Bestimmt das Gremium keinen Schriftführer oder ist das bestellte Mitglied nicht bereit, diese Tätigkeit zu übernehmen, hat der Personalratsvorsitzende die Pflicht, die Niederschrift zu erstellen.

Es ist nach höchstrichterlicher Rechtsprechung nicht zulässig, daß das Büropersonal des Personalrats damit beauftragt wird, in der Sitzung Protokoll zu führen.

3 Nach **Abs. 1 Satz 2** besteht die Pflicht, daß der Vorsitzende **und** ein weiteres Mitglied des Personalrats die Niederschrift **unterzeichnen.** Welches Mitglied des Personalrats die Niederschrift mit unterzeichnen kann, ist nicht festgelegt. Es muß sich aber um ein Personalratsmitglied handeln, das bei der betreffenden Verhandlung auch **anwesend** war. Sinnvollerweise erfolgt die **Bestätigung** in der jeweils nächsten Personalratssitzung, nachdem der Inhalt der Niederschrift den anderen Personalratsmitgliedern vorgelesen und ggf. nach Beanstandungen erweitert bzw. korrigiert wurde (vgl. zu den Beanstandungen auch Abs. 2 Satz 2). Mit der Unterzeichnung wird die Niederschrift, die zunächst nur ein Entwurf war, eine Privaturkunde nach § 416 ZPO, deren Fälschung nach § 267 StGB wegen Urkundenfälschung bestraft wird.

4 Nach **Abs. 1 Satz 3** besteht die Pflicht, jeder Niederschrift eine **Anwesenheitsliste** beizufügen, in welche sich jeder, der an der betreffenden Verhandlung teilgenommen hat, **eigenhändig** eingetragen haben muß. War die Anwesenheit nur auf einen Teil der jeweiligen Verhandlung beschränkt, so wird sinnvollerweise die **Anwesenheitszeit** mit eingetragen.

(Abs. 2) **Abs. 2 Satz 1** begründet einen Anspruch der Personalratsmitglieder auf einen Abdruck (Fotokopie) der Niederschrift.

Abs. 2 Satz 2 verpflichtet den Vorsitzenden, der im Rahmen der laufenden Geschäfte nach Art. 32 Abs. 3 auch dafür verantwortlich ist, daß die Niederschrift ordnungsgemäß erstellt wird, eine **Abschrift** der unterzeichneten Niederschrift den dort genannten Personen zuzuleiten, falls diese an einer Personalratssitzung teilgenommen haben.

Diese Verpflichtung ist nicht von einem entsprechenden Antrag abhängig. Die Niederschrift ist aber auf die Verhandlungsgegenstände zu beschränken, bei denen die Anwesenheit gegeben war.

Andere Personen haben weder einen Anspruch darauf, daß ihnen eine Abschrift der Niederschrift zugeleitet wird, noch haben sie wegen der Nichtöffentlichkeit der Sitzungen, die sich aus Art. 35 Satz 1 Halbs. 1 ergibt, das Recht, in die Niederschrift Einsicht zu nehmen. Dieses Recht steht hingegen allen Mitgliedern des Personalrats uneingeschränkt auch im Hinblick auf solche Verhandlungen des Personalrats zu, die schon länger zurückliegen, mag es sich auch um Verhandlungen handeln, die noch vor der Amtszeit des betreffenden Personalratsmitglieds liegen (vgl. wie hier auch BayVGH, Beschluß v. 21. 11. 1975 – Nr. 1 VII 74 –, ZBR 1976, 373).

Der **einzelne Beschäftigte** hat selbst dann keinen Anspruch auf die Abschrift einer Niederschrift, wenn in einer Angelegenheit, die rein ihn betraf, ein Beschluß gefaßt wurde (vgl. wie hier BVerwG, Beschluß v. 24. 10. 1969, VII P 9.68 –, ZBR 1970, 98).

Nach **Abs. 2 Satz 3** müssen Einwendungen gegen die Niederschrift **unverzüglich**, d. h. ohne schuldhaftes Zögern, und **schriftlich** dem Personalrat oder seinem Vorsitzenden gegenüber erhoben werden. Letzterer ist nicht befugt oder gar verpflichtet, die Niederschrift abzuändern. Vielmehr muß er diese Einwendungen der Niederschrift beifügen, falls nicht eine einvernehmliche Änderung der Niederschrift durch das Personalrats**gremium** erfolgt.

Streitigkeiten entscheiden nach Art. 81 Abs. 1 Nr. 3 die Verwaltungsgerichte. Insoweit ist zu beachten, daß eine fehlende oder mangelhafte Niederschrift nicht zur **Unwirksamkeit** von Beschlüssen führt.

Artikel 42
Geschäftsordnung

Sonstige Bestimmungen über die Geschäftsführung können in einer Geschäftsordnung getroffen werden, die der Personalrat mit der Mehrheit der Stimmen seiner Mitglieder beschließt.

Art. 42 begründet das Recht (aber nicht die Pflicht) des Personalrats, weitere Bestimmungen hinsichtlich der ansonsten in Art. 32 bis 45

Art. 42

(2. Teil, 3. Abschn. des BayPVG) geregelten Geschäftsführung des Personalrats zu treffen. Schranken ergeben sich insoweit nur aus den in den Art. 32 bis 45 enthaltenen zwingenden Vorschriften, welche durch keine Geschäftsordnung umgangen oder außer Kraft gesetzt werden können (vgl. insoweit die Anmerkungen zu den bezeichneten Vorschriften und BayVGH, Beschluß v. 14. 12. 1983 – Nr. 17 C 83 A. 1282 –, PersV 1985, 340). Eine **Ergänzung** dieser zwingenden Vorschriften ist zulässig, doch kann die Geschäftsordnung dem Personalrat auch keine zusätzlichen Aufgaben übertragen, die nicht schon durch die ausdrücklichen Regelungen des BayPVG begründet wurden (BVerwG v. 5. 2. 1971 – VII P 17.70 –, AP Nr. 1 zu § 58 PersVG = ZBR 1971, 285). Vorschriften in der Geschäftsordnung, welche diese zwingenden Vorgaben des Gesetzes unberücksichtigt lassen, sind rechtswidrig und nichtig. Unter den bezeichneten Voraussetzungen kann in einer Geschäftsordnung z.B. festgelegt werden, wann die Personalratssitzungen stattfinden, ferner die Regeln und Fristen der Ladung zu Sitzungen, der Ablauf von Sitzungen, die Beschlußfassung und Art und Reihenfolge der Abstimmungen sowie Vorschriften über den Inhalt von Niederschriften, die Aufbewahrung der Personalratsakten, die Einführung von Sprechstunden, die Art von Bekanntmachungen des Personalrats und Regelungen über die Vertraulichkeit von Sitzungen.

2 Der **Beschluß** über die Annahme einer bestimmten Geschäftsordnung kann nur mit der Mehrheit der Stimmen **aller** Personalratsmitglieder gefaßt werden. Die Mehrheit der Stimmen aller **anwesenden** Mitglieder genügt wegen der Bedeutung, welche die Geschäftsordnung für die Arbeit des Personalrats hat, nicht. Maßstab für die Frage, ob die Mehrheit aller Mitglieder für die Geschäftsordnung gestimmt hat, ist hierbei nicht die gesetzliche **Sollstärke,** sondern die **Regelstärke** des Personalrats, die z.B. für den Fall, daß nicht genügend Kandidaten zur Verfügung standen, auch unter der Sollstärke liegen kann. Der Inhalt der Geschäftsordnung, über welche beschlossen wird, muß schriftlich festgehalten sein und den Personalratsmitgliedern vorliegen. Ist die Geschäftsordnung beschlossen, so ist sie »**statuarisches Recht**« (BVerwG v. 7. 11. 1969 – VII P 3.69 –, ZBR 1970, 331). Sie begründet deshalb im **Innenverhältnis** zwischen den Personalratsmitgliedern bzw. diesen und dem Vorsitzenden oder dem Vorstand usw. **unmittelbar verbindliche Rechte und Pflichten.**

Die Geschäftsordnung gilt in der Folge für die Dauer der Amtszeit des Personalrats, der sie beschlossen hat. Sie kann durch Beschluß der Mehrheit aller Mitglieder auch jederzeit geändert oder aufgehoben werden.

3 **Streitigkeiten** über den zulässigen Inhalt von Geschäftsordnungen und deren Verbindlichkeit entscheiden die Verwaltungsgerichte nach Art. 81 Abs. 1 Nr. 3. Zu beachten ist, daß Verstöße gegen die Geschäftsordnung, die nicht zugleich Gesetze verletzten, Beschlüsse des Personalrats nicht unwirksam machen, weil insoweit lediglich Ordnungsvorschriften verletzt werden.

Artikel 43
Sprechstunden

(1) Der Personalrat kann Sprechstunden während der Arbeitszeit einrichten. Zeit und Ort bestimmt er im Einvernehmen mit dem Leiter der Dienststelle.

(2) An Sprechstunden des Personalrats kann ein Mitglied der Jugend- und Auszubildendenvertretung zur Beratung von Beschäftigten im Sinn von Art. 58 Abs. 1 teilnehmen, sofern die Jugend- und Auszubildendenvertretung keine eigenen Sprechstunden einrichtet; dies gilt entsprechend für die Schwerbehindertenvertretung.

(3) Notwendige Versäumnis von Arbeitszeit wegen des Besuchs der Sprechstunden oder sonstiger Inanspruchnahme des Personalrats hat keine Minderung der Dienstbezüge oder des Arbeitsentgelts zur Folge.

(Abs. 1) Nach **Abs. 1 Satz 1** kann der Personalrat unabhängig von der Größe der jeweiligen Dienststelle bzw. des Betriebes **Sprechstunden** einrichten. Diese sollen es dem Personalrat ermöglichen bzw. erleichtern, den unmittelbaren Kontakt und den Informationsaustausch mit den Beschäftigten zu pflegen und insbesondere Wünsche, Anregungen, Beschwerden und Anträge der Beschäftigten entgegenzunehmen. Außerdem soll es dem Personalrat ermöglicht werden, Auskünfte und Ratschläge zu erteilen. Der Personalrat beschließt, daß Sprechstunden eingerichtet werden, wenn er dies für erforderlich hält, was aber in aller Regel der Fall sein dürfte. Die Sprechstunden können und sollen, müssen aber nicht während der **Dienst- bzw. Arbeitszeit** stattfinden. **1**

Über den **Zeitpunkt** und den **Ort** der Sprechstunden ist nach **Abs. 1 Satz 2** Einvernehmen mit dem Dienststellenleiter herzustellen. Hinsichtlich der Häufigkeit der Sprechstunden ist ein solches Einvernehmen aber nicht erforderlich. Kommt keine Einigung zustande, entscheidet das Verwaltungsgericht nach Art. 81 Abs. 1 Nr. 3 (Geschäftsführung des Personalrats). Sprechstunden außerhalb der Arbeitszeit können jederzeit und ohne jegliches Einvernehmen mit dem Dienststellenleiter durchgeführt werden.

(Abs. 2) Nach **Abs. 2** können an den Sprechstunden des Personalrats auch ein Mitglied der JA-Vertretung und der Schwerbehindertenvertretung teilnehmen, falls diese nicht von ihrem Recht Gebrauch machen, selbständig Sprechstunden abzuhalten. **2**

Die **Durchführung der Sprechstunden** gehört nicht zu den **laufenden Geschäften** des Personalrats, die nach Art. 32 Abs. 3 vom Vorsitzenden wahrzunehmen sind. Es steht dem Personalrat als Gremium somit frei, welches Personalratsmitglied er dauernd oder von Fall zu Fall damit betraut, die Sprechstunden durchzuführen. Selbstverständlich können auch mehrere Personalratsmitglieder bestimmt werden. Ist der Personalrat **3** der Ansicht, daß hinsichtlich einer speziellen Beratung die Anwesenheit von Gewerkschaftsvertretern erforderlich ist, kann von Fall zu Fall der Beschluß gefaßt werden, daß je ein Beauftragter der in der Dienststelle vertretenen Gewerkschaft(en) hierzu eingeladen wird. Dasselbe gilt im Hinblick auf Sachverständige, wenn es z. B. um Probleme der Eingruppierung u. ä. geht. Für **falsche Auskünfte,** die im Rahmen von Sprechstunden erteilt werden, haften die Betreffenden nur nach den Grundsätzen über die unerlaubte Handlung (vgl. §§ 676, 823 ff. BGB). Die Personalvertretung als Organ haftet nicht, weil sie nicht vermögens- und deliktfähig ist. Die Dienststelle haftet deshalb nicht, weil die Personalratsmitglieder keine Amtsträger sind.

4 **(Abs. 3)** Suchen Beschäftigte die Sprechstunden des Personalrats auf, so hat dies nach **Abs. 3 1. Alt.** nicht zur Folge, daß die jeweiligen Beschäftigten Einbußen bei ihren Dienstbezügen oder ihrem Arbeitsentgelt erleiden. Die Vergütung ist für den Fall eines Besuches während der Arbeitszeit so **fortzuzahlen,** als hätte der Beschäftigte gearbeitet. Zu zahlen sind deshalb auch etwaige Zuschläge u. ä., die vergleichbare andere Beschäftigte für ihre Tätigkeit während des betreffenden Zeitraumes erhalten haben.

Nach **Abs. 3 2. Alt.** darf auch die **sonstige Inanspruchnahme** des Personalrats bzw. eines Personalratsmitglieds des Vertrauens nicht dazu führen, daß die Bezüge gemindert werden. Auch wenn sich ein Beschäftigter telefonisch oder mündlich an den Personalrat wendet, weil die Angelegenheit nicht in der Sprechstunde erledigt werden kann (z. B. wegen Dringlichkeit), darf **keine Schlechterstellung** im Verhältnis zu anderen vergleichbaren Arbeitnehmern der Dienststelle bzw. des Betriebes erfolgen.

Die Frage, ob die Versäumnis der Arbeitszeit »**notwendig**« war, kann vom Dienststellenleiter nicht im einzelnen nachgeprüft werden, weil der Beschäftigte seine Motive nicht aufdecken, d. h. Auskunft darüber geben muß, warum er sich im einzelnen an den Personalrat gewandt hat. Dem unmittelbaren Dienstvorgesetzten müssen die Beschäftigten, die sich an den Personalrat wenden wollen, nur **Bescheid** geben. Sie benötigen keine Erlaubnis. Anspruch auf Ersatz von Fahrtkosten, um die Sprechstunden aufzusuchen, besteht nicht.

5 **Streitigkeiten** entscheiden die Verwaltungsgerichte nach Art. 81 Abs. 1 Nr. 3 (Geschäftsführung des Personalrats).

Artikel 44
Kostentragung, Anschläge

(1) Die durch die Tätigkeit des Personalrats entstehenden Kosten trägt die Dienststelle. Mitglieder des Personalrats erhalten bei Reisen, die zur Erfüllung ihrer Aufgaben notwendig sind, Reisekostenvergütung nach den Vorschriften über die Reisekostenvergütung der Be-

Art. 44

amten mit der Maßgabe, daß die Reisekostenvergütung nach den für Beamte der Besoldungsgruppe A 15 geltenden Bestimmungen zu bemessen ist. Sie erhalten bei Reisen, die zur Erfüllung ihrer Aufgaben notwendig sind, auch Ersatz der Sachschäden an ihren privateigenen Kraftfahrzeugen in dem Umfang und bis zu der Höhe, wie er Beamten des Dienstherren gewährt wird.

(2) Für die Sitzungen, die Sprechstunden und die laufende Geschäftsführung hat die Dienststelle in erforderlichem Umfang Räume, den Geschäftsbedarf und, soweit erforderlich, Schreibkräfte zur Verfügung zu stellen.

(3) Dem Personalrat werden in allen Dienststellen geeignete Plätze für Bekanntmachungen und Anschläge zur Verfügung gestellt.

(Abs. 1) Nach **Abs. 1 Satz 1** trägt die Dienststelle die Kosten, die durch **1** die Tätigkeit des Personalrats entstehen. Die Vorschrift bestimmt i. V. m. anderen Regelungen die **Ausstattung** der Personalratsmitglieder bzw. des Personalrats als Gremium. Hierdurch soll der Personalrat in die Lage versetzt werden, die ihm nach dem BayPVG zugewiesenen Aufgaben, Rechte und Pflichten ordnungsgemäß zu erfüllen. Die Vorschrift stellt also in Verbindung mit den anderen Regelungen sicher, daß der Personalrat die ihm nach dem in Art. 2 Abs. 1 zum Ausdruck gekommenen Gesamtkonzept zugewiesenen Aufgaben auch erfüllen kann, die Voraussetzung dafür sind, daß bei der Tätigkeit der Dienststelle bzw. des Betriebes das **Wohl der Beschäftigten** und die **Erfüllung der dienstlichen Aufgaben** gleichermaßen und optimal erreicht werden (vgl. hierzu ausführlich Art. 2 Rn. 2). Die Verpflichtung der Dienststelle, alle Kosten zu tragen, die durch die Tätigkeit des Personalrats entstehen, schafft insoweit also die **materielle Grundlage** dafür, daß der Personalrat die ihm übertragenen Rechte und Pflichten ordnungsgemäß erfüllen und eine wirksame Interessenvertretung der Beschäftigten gewährleisten kann. Die in diesem Zusammenhang in gleicher Weise bedeutsame »**innere**« und »**äußere**« Unabhängigkeit des Personalrats und seiner Mitglieder wird durch andere ergänzende Vorschriften sichergestellt (vgl. hierzu Art. 45 Rn. 1 und vor allem Art. 46 Rn. 1, Art. 47 Rn. 1 und Art. 8 Rn. 1 ff.).

Da die Dienststelle für die »**materielle Grundlage**« der Personalratstätigkeit zu sorgen hat, ist sie nicht nur verpflichtet, diejenigen Kosten zu tragen, die dem **Personalrat als Organ** entstehen, sondern sie ist auch für solche Kosten verantwortlich, die dadurch entstehen, daß **einzelne Mitglieder** diejenigen Rechte und Pflichten wahrnehmen, die ihnen nach dem BayPVG zugewiesen sind (vgl. wie hier BVerwG v. 21. 12. 1973 – ZBR 1974, 111; BVerwG v. 22. 6. 1962 – VII P 8.61 –, ZBR 1962, 286; BVerwG v. 24. 10. 1969 – VII P 14.68 –, ZBR 1970, 193; BVerwG v. 6. 3. 1959 – VII P 5.58 –, ZBR 1959, 163.)

Aus der bezeichneten Zwecksetzung der Vorschrift ergibt sich ebenso unmittelbar, daß die Dienststelle nur diejenigen Kosten trägt, die auch

Art. 44

notwendig und **erforderlich** sind, um zu gewährleisten, daß die dem Personalrat bzw. den einzelnen Personalräten zugewiesenen Rechte und Pflichten auch wahrgenommen werden.

Zu den **erforderlichen Kosten** der Personalratstätigkeit gehören z. B. die Kosten für Post- und Fernsprechbenutzung, Prozeßkosten, die Personalversammlungen u. a. m.

Notwendige Kosten in einem gerichtlichen Beschlußverfahren zur Durchsetzung, Klärung und Wahrung der Personalratsrechte sind grundsätzlich die Kosten einer anwaltschaftlichen Vertretung, es sei denn, das Verfahren wurde mutwillig oder aus haltlosen Gründen geführt (OVG NRW, Beschluß v. 29. 11. 2000 – 1 A 5863/98 PVL – PersR 2001, 214; vgl. BVerwG, Beschlüsse v. 9. 3. 1992 – 6 P 11.90 –, PersV 1992, 429 und v. 12. 7. 1991 – 6 PB 10.91 –. Buchholz 250 § 44 BPersVG Nr. 24). **Haltlosigkeit** ist unter dem Gesichtspunkt der Erfolgsaussichten dann gegeben, wenn es an jeglichem rechtlich vertretbaren Ansatz zur Stützung des geltend gemachten Anspruchs fehlt. Eine haltlose Rechtsverfolgung liegt vor, wenn im Beschlußverfahren die isolierte Feststellung eines Verstoßes gegen den Grundsatz der vertrauensvollen Zusammenarbeit bzw. einer abstrakten, aus dem Grundsatz abgeleiteten Verhaltensanforderung verfolgt wird, da es sich um eine objektive Handlungspflicht ohne korrespondierende subjektive Ansprüche handelt (OVG NRW, Beschluß v. 29. 11. 2000 – 1 A 4383/98.PVL –, PersR 2001, 304), **Mutwilligkeit** liegt vor, wenn ein verständiger, sachgerecht handelnder kostentragungspflichtiger Beteiligter in einem gleichgelagerten Fall die Rechtsverfolgung in der gewählten Form unterlassen hätte bzw. wenn bei zwei gleichwertigen prozessualen Wegen der kostspieligere beschritten wird (OVG Hamburg, Beschluß v. 11. 6. 2001 – 8 Bf 370/00.PVL –, PersR 2002, 255).

Sind zwischen Dienststelle und Personalrat mehrere Maßnahmen streitig, muß der Personalrat prüfen, ob die Verfolgung seiner Ansprüche in einem Gruppen- oder Musterverfahren nicht kostenmäßig günstiger geltend gemacht werden könnte, vorausgesetzt die prozessualen Möglichkeiten sind gleichwertig.

Die Dienststelle muß die Kosten der Beauftragung eines Rechtsanwalts durch den Personalrat nur denn tragen, wenn die Gebührenforderung mit den Bestimmungen der Bundesrechtsanwaltsgebührenordnung (BRAGO) in Einklang steht und eine entsprechende Rechnung gem. § 18 BRAGO an den Personalrat gerichtet wurde (OVG Hamburg a.a.O.) Die Kostentragung für die Hinzuziehung eines Rechtsanwalts im außergerichtlichen Verfahren erfordert regelmäßig im Vorfeld einen ernsthaften Einigungsversuch mit dem Leiter der Dienststelle (OVG Berlin, Beschluß v. 3. 3. 1999 – OVG 60 PV 16.97 –, PersR 1999, 501).

2 Die **Prozeßkosten** des Personalrats hat die Dienststelle selbst dann zu ersetzen, wenn sie Prozeßgegner ist und den Prozeß gewinnt.

Die Einschaltung eines Rechtsanwalts, die Kosten verursacht, bedarf stets

Art. 44

eines Beschlusses des Personalrats (vgl. wie hier BayVGH, Beschluß v. 19. 2. 1992 – 18 P 91.3327 –, PersR 1993, 143). Die Beauftragung muß vor Durchführung des gerichtlichen Verfahrens und für jede Instanz gesondert beschlossen werden (BVerwG, Beschluß v. 19. 12. 1996 – 6 P 10.94 –, PersR 1997, 309).

Zu den von der Dienststelle zu tragenden notwendigen Kosten gehört auch die kostenpflichtige Heranziehung dienststellenfremder Personen durch den Personalrat zum Zwecke der Unterrichtung, Beratung oder gutachterlichen Stellungnahme (vgl. BVerwG, Beschlüsse v. 8. 11. 1989 – 6 P 7.87 –, BVerwGE 84, 58, PersV 1990, 342, PersR 1990, 86 und v. 18. 6. 1991 – 6 P 3.90 –, NVwZ-RR 1992, 316, PersR 1991, 341). Die Kostentragungspflicht entsteht, wenn der Personaltrat sich objektiv innerhalb seines ihm gesetzlich zugewiesenen Rahmens bewegt und er die Aufwendungen bei pflichtgemäßer Würdigung der Sachlage für erforderlich halten darf. Dabei ist der Personalrat auch den haushaltsrechtlichen Grundsätzen der Sparsamkeit und Wirtschaftlichkeit unterworfen. Eine extreme Beratung kann daher erst dann geltend gemacht werden, wenn vorher alle Möglichkeiten einer Unterrichtung durch die Dienststelle selbst ausgeschöpft wurden. Des weiteren muß vor der Heranziehung festgestellt werden, ob andere, weniger kostenintensive Informationsquellen verfügbar sind und die anfallenden Kosten in einem angemessenen Verhältnis zum Nutzen stehen. Für die Feststellung einer angemessenen Kosten-Nutzen-Relation ist es erforderlich, daß die Notwendigkeit der beabsichtigten Beratung aus Anlaß einer oder mehrerer konkreter Einzelmaßnahmen oder Initiativen dargelegt wird (OVG NRW, Beschluß v. 8. 11. 2000 – 1 A 5943/98.PVL –, PersR 2001, 211).

Nach der bezeichneten Rechtsprechung sind auch die außergerichtlichen Kosten, die dem Personalrat im Rahmen eines **Wahlanfechtungsverfahrens** entstehen, zu übernehmen – wie z. B. Kosten, welche durch die notwendige Hinzuziehung eines Rechtsanwalts durch den Personalrat oder eines seiner Mitglieder entstehen. Diese Kosten sind hier aber nur dann von der Dienststelle zu tragen, wenn die Angelegenheit nach der Sach- und Rechtslage Schwierigkeiten aufweist, welche die Hinzuziehung eines Anwalts rechtfertigen (vgl. wie hier BayVGH, Beschluß v. 26. 10. 1983, a. a. O.; OVG Lüneburg v. 15. 10. 1958 – ZBR 1958, 380; BAG v. 3. 10. 1978 – MDR 1979, 435). Der Personalrat hat in einer solchen Lage die **Wahl**, ob er einen **Anwalt** oder einen **Beauftragten der Gewerkschaft** hinzuzieht.

Informationsblätter des Personalrats, die in seinen Aufgabenbereich **3** fallende Abhandlungen enthalten, darf der Personalrat in einer in der Dienststelle vorhandenen Druckerei vervielfältigen lassen.

Der Anspruch des Personalrats auf Vervielfältigung von Informationsblättern durch die Dienststelle kann auch im Verfahren der einstweiligen Verfügung durchgesetzt werden, wenn dem Personalrat durch die Weigerung der Dienststelle nicht hinnehmbare Nachteile, wie z. B. die nicht

Art. 44

rechtzeitige Information der Beschäftigten durch den Personalrat, für seine Tätigkeit entstehen (wie hier VG Mainz, Beschluß v. 27. 11. 1985 – 6 L 1/85 –, PersR 1986, 80).

3a Aus Abs. 1 Satz 1 ergibt sich auch die Kostenerstattungspflicht der Dienststelle für die Teilnahme an **Schulungsveranstaltungen**.

Grundsätzlich sind **alle** aus Anlaß der Schulung entstandenen personellen und sachlichen Kosten zu erstatten. Nicht erstattungsfähig sind jedoch nach ständiger Rechtsprechung die sogenannten »**Vorhaltekosten**« (Generalunkosten) gewerkschaftlicher Schulungsveranstalter, weil es hierdurch zu einer Finanzierung des sozialen Gegenspielers kommen könnte. Demzufolge dürfen Arbeitnehmerkoalitionen aus der Zahlungspflicht der Arbeitgeber keine Gewinne erzielen, sondern lediglich die ihnen entstandenen Selbstkosten verlangen (vgl. BAG, Beschluß v. 28. 5. 1976 – 1 ABR 44/76 –, PersR 1995, 535). Zusätzliche schulungsbedingte Kosten in gewerkschaftlichen Einrichtungen, wie etwa Strom, Wasser, Reinigung (sogenannte Grenzkosten), die von den Vorhaltekosten abgrenzbar sind, sind jedoch ebenfalls erstattungsfähig (BAG, Beschluß v. 28. 6. 1995 – 7 ABR 55/94 –, PersR 1995, 533). Eine Abrechnung nach Pauschalgebühren ist daher in der Regel für Gewerkschaften ausgeschlossen, da eine Nachprüfbarkeit für die Arbeitgeber dann ausgeschlossen wäre (BAG, Beschluß v. 17. 6. 1998 – 7 ABR 22/97 –, NZA 1999, 161). Zulässig ist die Ermittlung der Selbstkosten im Wege einer Mischkalkulation. Der koalitionsrechtliche Grundsatz, daß Gewerkschaften aus Schulungsveranstaltungen keinen Gewinn erzielen dürfen, ist kein – neben dem Grundsatz der Verhältnismäßigkeit bestehendes – Korrektiv zur Verringerung der Kostentragungspflicht (BAG, Beschluß v. 17. 6. 1998 – 7 ABR 25/97 –, NZA 1999, 163).

Beschränkt sich ein in der Rechtsform eines gemeinnützigen Vereins geführter gewerkschaftlicher Schulungsveranstalter jedoch auf die Durchführung betriebs- bzw. personalvertretungsrechtlicher Schulungen, kommt eine Aufschlüsselung pauschaler Schulungsgebühren erst bei Vorliegen konkreter Anhaltspunkte für eine Gegnerfinanzierung in Betracht (BAG, Beschluß v. 17. 6. 1998 – 7 ABR 22/97 –, NZA 1999, 161).

4 Nach **Abs. 1 Satz 2** ist die Dienststelle außerdem verpflichtet, **Reisekostenersatz** für die notwendige Teilnahme z. B. an Sitzungen der Einigungsstelle, eines Ausschusses des Personalrats, der Personal- bzw. Teilversammlungen und für Schulungs- und Bildungsveranstaltungen zu tragen. Es ist jeweils darauf abzustellen, ob die Reise auf Grund der jeweiligen Gegebenheiten für vertretbar oder erforderlich gehalten werden durfte (VGH Baden-Württemberg, Beschluß v. 11. 4. 1995 – PL 15 S 54/94 –, PersR 1996, 30). Insoweit wird Reisekostenvergütung nach den Vorschriften über die Reisekostenvergütung der Beamten des jeweiligen Dienstherrn gewährt, wobei die Höhe der Vergütung nach den Bestimmungen zu bemessen ist, die für die Beamten der Besoldungsgruppe A 15 gelten (vgl. hierzu ausführlich Art. 8 BayRKG). Die Kosten können unter

Art. 44

Anwendung der Pauschalisierungsregelung des § 17 BayRKG berechnet werden (BayVGH v. 25. 4. 1990 – 18 P 90.00597 –, PersR 1991, 192).

Keine Reisekosten können verlangt werden, wenn ein im Krankenhaus liegender Beschäftigter besucht wird.

Ein freigestelltes Personalratsmitglied das seine personalvertretungsrechtlichen Aufgaben an einem anderen Ort als dem arbeitsrechtlichen Beschäftigungsort zu erfüllen hat, hat Anspruch auf Erstattung der täglichen Fahrtkosten in der Form des Trennungsgeldes (vgl. BVerwG, Beschluß v. 14. 2. 1990 – 6 P 13.88 –, PersR 1990, 130; VGH Baden-Württemberg, Beschluß v. 30. 6. 1992 – 15 S 2778/91 –, PersR 1993, 454). Eine Freistellung des Personalratsmitglieds mit der Folge der vorübergehenden, vollständigen Aufgabe der Tätigkeit und Aufnahme der Personalratstätigkeit an einem anderen Ort (unter Beibehaltung und auf Grundlage seiner arbeitsrechtlichen Stellung) kommt in ihren Auswirkungen einer Abordnung eines Beamten gleich (Sächs. OVG, Beschluß v. 13. 10. 1998 – P 5 S 16/96 –, PersR 1999, 498).

Da die Dienststelle die Kosten kraft Gesetzes trägt, bedürfen die einzelnen Ausgaben, soweit sie durch Reisen entstehen, keiner **Genehmigung** durch den Dienststellenleiter (wie hier BVerwG v. 22. 6. 1962 – VII P 8.61 –, ZBR 1962, 286; BayVGH, Beschluß v. 4. 11. 1969 – Nr. 1 X 68 –, DBB 1969, Nr. 3, 22).

Die Versagung der Kostenübernahme für objektiv notwendige Personalratstätigkeiten wegen Erschöpfung der Haushaltsmittel ist nur insoweit zulässig als zuvor der voraussichtliche Mittelbedarf vollständig ermittelt und in die Aufstellung des Haushaltsplans eingebracht worden ist, sämtliche verfügbare Titel des haushaltsrechtlichen Deckungskreises nachweisbar erschöpft sind und etwaige Möglichkeiten der haushaltsrechtlichen Umschichtung ebenfalls ausgeschöpft wurden (VG Koblenz, Beschluß v. 1. 3. 2001 – 4 PK 2877/00.KO –, PersR 2001, 260).

Abs. 1 Satz 3 regelt den Ersatz von Schäden an privateigenen Kraftfahrzeugen. Die Benutzung solcher privaten Fahrzeuge für Dienstreisen muß **vorher** genehmigt worden sein. 5

(Abs. 2) Nach **Abs. 2** ist die Dienststelle auch verpflichtet, im erforderlichen Umfang **Räume**, den **Geschäftsbedarf** und, soweit erforderlich, **Schreibkräfte** zur Verfügung zu stellen, um die **materielle Grundlage** für die Durchführung der Sitzungen, der Sprechstunden und die laufende Geschäftsführung des Personalrats sicherzustellen. 6

Je nach Größe der Dienststelle hat sie dem Personalrat einen oder mehrere Räume zur Verfügung zu stellen. Diese Räume benötigt er für seine Sitzungen, Sprechstunden, zur Erledigung der anfallenden Arbeit und für Versammlungen. In kleineren Dienststellen, vor allem bei begrenzten Raumverhältnissen, wird sich der Personalrat mit der Mitbenutzung eines bestimmten Raumes begnügen müssen und können. Bei der **Mitbenutzung** eines Raumes ist dafür Sorge zu tragen, daß der Personalrat seine 7

Art. 44

Akten in einen Schrank **einschließen** kann. Das gilt sowohl für seine Hilfsmittel (Gesetze, Kommentare, Bücher, Zeitschriften usw.) als auch für die Personalratsunterlagen, die durch seine Tätigkeit entstanden sind.

In den Räumen, die dem Personalrat zur Verfügung gestellt werden, hat er das **Hausrecht**. Benutzt er zeitweilig einen Raum mit, so steht ihm dieses Hausrecht nur während der Sitzung oder der sonstigen Geschäftsführung zu. Zu den erforderlichen Räumen gehört auch ein **Saal für die Personal- oder Teilversammlungen.**

Bei der Auswahl der Räume ist Einvernehmen zwischen Personalrat und Dienststelle erforderlich, wobei von seiten der Dienststelle darauf zu achten ist, daß die Personalratsarbeit nicht unzulässig behindert und damit gegen Art. 8 verstoßen wird (vgl. Rspr. bei Vohs, PersR 1991, 55).

8 Zu den sachlichen Mitteln gehört die Einrichtung des Personalratszimmers, Licht, Heizung, für den anfallenden Schriftverkehr das notwendige Schreibmaterial, Schreibmaschine, Stempel, Telefon, Anrufbeantworter, ein Schwarzes Brett für Bekanntmachungen und die für die Dienststelle geltenden Gesetze, Tarifverträge, Kommentare, Unfallschutzbestimmungen sowie beamten- und arbeitsrechtliche Literatur.

8a Auch der Einsatz von Computern zum Zwecke der Informationsverarbeitung und Datenerfassung durch den Personalrat kommt bei entsprechender Größe der Dienststelle in Frage (vgl. BVerwG, Beschluß v. 4. 9. 1990 – 6 P 28.87 – rechtskräftig –, PersR 1990, 329).

Die Beurteilung der Erforderlichkeit eines **EDV-Systems** obliegt zunächst dem Personalrat, dem hierbei auch ein Beurteilungsspielraum eingeräumt ist. Dabei ist die Entscheidung nicht nach seinem subjektiven Ermessen zu treffen, sondern vielmehr sind auch die Interessen der Belegschaft und insbesondere des Arbeitgebers an einer Kostenbegrenzung angemessen zu berücksichtigen. Der Personalrat hat eine umfassende Interessenabwägung unter Berücksichtigung aller Umstände des Einzelfalles vorzunehmen und die Erforderlichkeit unabhängig von der Betriebsgröße anhand konkreter betrieblicher Verhältnisse darzulegen (BAG, Beschluß v. 11. 11. 1998 – 7 ABR 57/97 –, PersR 1999, 406). Es genügt nicht, daß durch den Einsatz die Geschäftsführung lediglich erleichtert wird bzw. sich rationeller gestalten läßt. Vielmehr ist Erforderlichkeit dann gegeben, wenn ohne den Einsatz die Wahrnehmung anderer Rechte und Pflichten des Personalrats vernachlässigt werden müßten (BAG, Beschluß v. 11. 3. 1998 – 7 ABR 59/96 –, AP Nr. 46 und 47 zu § 40 BetrVG).

Der Personalrat kann ein eigenständiges, vom Netzwerk der Dienststelle unabhängiges EDV-System nicht schon deshalb beanspruchen, weil er auf diese Weise die Daten seiner Tätigkeit vor der Kenntnisnahme durch andere Mitarbeiter der Dienststelle bewahren und ihre Vertraulichkeit absichern will, wenn der erforderliche Schutz auch durch die Vergabe von Paßwörtern/Nutzerrechten hinreichend gewährleistet werden kann

Art. 44

(VGH Baden-Württemberg, Beschluß v. 9. 10. 2001 – PL 15 S 2437/00 –, PersR 2002, 126).

Der Umfang der zur Verfügung zu stellenden Gesetze, Kommentare und sonstiger beamtenrechtlicher oder arbeitsrechtlicher Literatur richtet sich nach den Notwendigkeiten bzw. nach den Umständen des Einzelfalles. Jeder Personalrat hat Anspruch auf einen Kommentar zum Personalvertretungsgesetz; den Verfasser bestimmt er selbst. Sind viele Frauen in der Dienststelle beschäftigt, dann wird auch die Anschaffung eines Kommentars zum Mutterschutzgesetz notwendig (vgl. BVerwG v. 25. 7. 1979 – 6 P 29.78 –, ZBR 1980, 152). Ein Kommentar zum Personalvertretungsgesetz **nach Wahl** des Personalrats ist diesem auch dann zur Verfügung zu stellen, wenn er bereits über einen anderen Kommentar zum Personalvertretungsrecht verfügt (vgl. ArbG Mönchengladbach, Beschluß v. 5. 6. 1986 – 1 BV 10/86 –, PersR 1986, 238). Der Personalrat muß sich nicht darauf verweisen lassen, daß er einen Kommentar bei der **Rechtsabteilung** des Dienstherrn oder einer übergeordneten Behörde mitbenutzen kann, wenn Engpässe abzusehen sind (BVerwG v. 16. 5. 1991 – 6 P 13.90 –, PersR 1991, 333). **9**

Bei seinen Entscheidungen im Rahmen des Personalvertretungsgesetzes hat der Personalrat die Entwicklung der Rechtsprechung insbesondere auf dem Gebiet des Beamten-, Besoldungs- und Arbeitsrechts zu beachten. Aus diesem Grunde sind ihm außerdem **beamten-, besoldungs- und arbeitsrechtliche Werke** ebenso zur Verfügung zu stellen wie **Fachzeitschriften** und **Entscheidungssammlungen.** Die Auswahl ist auch hier Sache des Personalrats (vgl. BAG v. 21. 4. 1983 – 6 AZR 70/82 –, AuR 1983, 184; vgl. die Nachweise bei Vohs, PersR 1991, 56). Bei der Betätigung seines Auswahlrechts braucht sich der Personalrat nicht ausschließlich am Interesse des Arbeitgebers an einer geringen Kostenbelastung leiten zu lassen (BAG, Urteil v. 24. 1. 1996 – 7 ABR 22/95 –, PersR 1996, 457). **10**

Die Zeitschriften »Arbeitsrecht im Betrieb« und »Der Personalrat« sind dem Personalrat auf Verlangen zur Verfügung zu stellen (vgl. BAG, Beschluß v. 21. 4. 1983, a.a.O.; VG Oldenburg, Beschluß v. 11. 3. 1986 – PB 16/85 – rechtskräftig –, PersR 1986, 118, mit Anm. von Altvater; VG Ansbach, Beschluß v. 22. 7. 1985 – AN 7 P 85 A.328 – rechtskräftig –, PersR 1987, 22; BVerwG, Beschluß v. 12. 9. 1989 – 6 P 15.87 – rechtskräftig –, PersR 1989, 293; und die zahlreichen Nachweise bei Vohs, a.a.O.). Es bleibt dem Personalrat überlassen, für welche Fachzeitschrift er sich entscheidet (BVerwG v. 29. 6. 1988 – 6 P 18.86 –, PersR 1989, 293). **11**

Bei mehreren kleineren Dienststellen ist ein **Umlaufverfahren** möglich (BVerwG v. 12. 9. 1989 – 6 P 14.87 –, PersR 1989, 293). In Dienststellen mit einer größeren Anzahl von Arbeitern und Angestellten ist ein Kommentar zum BAT und BMT-G bzw. MTArb zu stellen (BVerwG, Beschluß v. 16. 5. 1991 – 6 P 13.90 – rechtskräftig –, PersR 1991, 333; **12**

Art. 44

BayVGH, Beschluß v. 13. 4. 1994 – 18 P 93.3738 – rechtskräftig –, PersR 1994, 525). Auch evtl. anfallende Ergänzungslieferungen zu den Kommentaren sind von der Dienststelle zur Verfügung zu stellen und die entstehenden Kosten zu erstatten (vgl. VG Bremen, Beschluß v. 28. 5. 1984 – PV 38/83 –, PersR 1986, 77). Selbstverständlich kommt es bei der Prüfung der Frage, ob der Bezug einer Fachzeitschrift für den Personalrat notwendig ist, nicht darauf an, wie viele Beschäftigte der Personalrat zu betreuen hat oder ob er eine Freistellung in Anspruch nehmen kann (vgl. BVerwG, a.a.O, und die Nachweise bei Vohs, PersR 1991, 56).

13 Die vom Personalrat angeschaffte Literatur bleibt **Eigentum der Dienststelle.** Das gleiche gilt auch für die **Personalratsakten.** Endet die Amtszeit eines Personalrats, so hat er seine Akten dem neugewählten Personalrat zu übergeben.

14 Durch die Tätigkeit des Personalrats fallen Büroarbeiten an. Die Personalratsmitglieder sind nicht verpflichtet, diese Arbeiten selbst zu verrichten. Deshalb ist ihnen je nach Größe der Dienststellen **Personal zur Erledigung der anfallenden Büroarbeit** zur Verfügung zu stellen. Dem Personalrat ist es z. B. nicht zuzumuten, die Niederschriften über Sitzungen selbst anzufertigen, und das schon gar nicht mit der Hand (vgl. ArbG Dortmund – 1 BV 82, 85 –). In kleineren Dienststellen, in denen der Anfall von Büroarbeiten des Personalrats nicht so umfangreich ist, hat die Dienststelle zeitweilig für den Schriftverkehr Personal zuzuweisen, das die anfallenden Arbeiten erledigt. Der Personalrat hat einen Anspruch auf Zuweisung einer Bürokraft im **erforderlichen Umfang**. Maßgeblich ist, welche Arbeiten für den Personalrat in der Dienststelle konkret anfallen. Hierzu gehören u.a. Dokumentation des Postein- und -ausgangs, Einladungen und Protokolle, Schriftverkehr, Terminvereinbarung und Telefondienst. Die Größe der Dienststelle kann für den Umfang ein Indiz sein. So wird im Schrifttum die Auffassung vertreten, daß einem fünfzehnköpfigen Personalrat mit drei Freistellungen eine vollbeschäftigte Bürokraft zustehe (Altvater u.a., BPersVG, § 44 Rn. 34 m. Hinweis auf LAG Stuttgart, Beschluß v. 25. 11. 1987 – 2 TaBV 3/87). Der Personalrat muß sich zur Erfüllung seines Anspruchs auch nicht auf die zusätzliche Freistellung eines seiner Mitglieder verweisen lassen. Die Zuweisung hat sich an den Grundsätzen einer sparsamen Haushaltsführung zu orientieren. Doch kann die Zuweisung nicht schon deshalb abgelehnt werden, weil im Haushaltsplan keine Stelle ausgewiesen ist. Steht dem Personalrat eine Bürokraft zu, hat die Dienststelle darauf hinzuwirken, daß die haushaltsrechtlichen Voraussetzungen geschaffen werden (OVG Sachsen-Anhalt, Beschluß v. 30. 8. 2000 – A 5 S 4/99 –, PersR 2001, 118).

Bei der Auswahl des Personals sind die Wünsche des Gremiums zu berücksichtigen. Der Dienststellenleiter kann dem Personalrat kein Personal **aufzwingen,** zu dem dieser kein Vertrauen hat.

15 **(Abs. 3)** Nach **Abs. 3** ist die Dienststelle außerdem verpflichtet, dem

Art. 44

Personalrat in allen Dienststellen geeignete **Plätze für Bekanntmachungen und Anschläge** zur Verfügung zu stellen. Der Personalrat erhält insoweit eine weitere **materielle Grundlage** für die ihm obliegende Pflicht, die Beschäftigten zu informieren. Das Recht des Personalrats, daneben zusätzliche schriftliche Informationen an die Beschäftigten herauszugeben, bleibt unberührt (vgl. BAG v. 21. 11. 1978 – 6 ABR 85/76 –, AuR 1979, 283; vgl. die Nachweise bei Vohs, PersR 1991, 55). Welche Anschläge und Bekanntmachungen angebracht werden, entscheidet **allein** der Personalrat. Auch kritische Äußerungen gegenüber der Dienststelle bzw. sachliche Kritik am Dienststellenleiter sind zulässig. Der Dienststellenleiter darf diese Veröffentlichungen nicht eigenmächtig entfernen (vgl. OVG Bln, Beschluß v. 25. 10. 1995 – OVG (Bln) 15.94 – rechtskräftig –, PersR 1996, 396). Da der Personalrat nach dem Gesamtkonzept des BayPVG, das in Art. 2 Abs. 1 seinen Ausdruck gefunden hat, mit den Gewerkschaften zusammenarbeitet, um zu gewährleisten, daß neben den dienstlichen Interessen auch das Wohl der Beschäftigten gewahrt ist, kann er auch Informationen und Bekanntmachungen einer Gewerkschaft in gewerkschaftlichen Angelegenheiten zum Aushang bringen. Das Recht der Gewerkschaften, daneben im Rahmen des durch Art. 9 Abs. 3 GG und Art. 2 Nr. 2 BayPVG vorgegebenen Freiraumes in der Dienststelle zu **informieren** und zu **werben,** wofür der Dienststellenleiter den erforderlichen Werberaum zur Verfügung stellen muß, besteht **neben** den bezeichneten Rechten des Personalrats.

Hinsichtlich der Frage, wie viele und welche konkreten Plätze für Bekanntmachungen und Anschläge von der Dienststelle zur Verfügung zu stellen sind, besteht weder für die Dienststelle noch für den Personalrat ein Ermessensspielraum. Entscheidend ist, daß im konkreten Fall sichergestellt ist, daß die Bekanntmachungen des Personalrats für alle Beschäftigten leicht zugänglich und leicht wahrnehmbar sind. Ggf. sind hierfür mehrere Stellen erforderlich. Es ist nicht Aufgabe des Personalrats, sondern der Dienststelle durch Überwachung der Anschlagtafeln dafür Sorge zu tragen, daß die Veröffentlichungen für die Bediensteten leicht zugänglich und lesbar bleiben. Ggf. hat die Dienststelle hierfür mit besonderen Schutzmaßnahmen, z.B. verschließbarer Glaskasten, Sorge zu tragen. Der Personalrat muß sich auch nicht auf Anschlagmöglichkeiten, die für Bekanntmachungen aller Art genutzt werden, verweisen lassen (OVG Hamburg, Beschluß v. 22. 5. 2000 – 8 Bf 436/99.PVL –, PersR 2001, 43). **15a**

Können sich Dienststelle und Personalrat über die Notwendigkeit entstandener Kosten nach Abs. 1 nicht einigen, entscheiden die Verwaltungsgerichte im Beschlußverfahren nach Art. 81 Abs. 1 Nr. 3. Dasselbe gilt im Blick auf **Streitigkeiten** über das Stellen von Räumen, sachlichen Mitteln und Büropersonal sowie die Größe und den Inhalt von Anschlagtafeln usw. **16**

Artikel 45
Verbot von Beiträgen

Der Personalrat darf für seine Zwecke von den Beschäftigten keine Beiträge erheben oder annehmen.

1 Die Regelung in Art. 45 sichert gemeinsam mit Art. 46 Abs. 1 die »**innere Unabhängigkeit**« der Personalratsmitglieder und gewährleistet insoweit in Verbindung mit Art. 44, wo die »**materielle Grundlage**« der Personalratsarbeit sichergestellt wird, und Art. 46 Abs. 2 bis 6 und Art. 47 sowie weiteren Vorschriften, welche die »**äußere Unabhängigkeit**« der Personalratsmitglieder gewährleisten, eine wirkungsvolle Interessenvertretung der Beschäftigten, wie diese von dem in Art. 2 Abs. 1 zum Ausdruck gekommenen Gesamtkonzept des Gesetzes vorausgesetzt wird (vgl. zur »**materiellen Grundlage**« der Tätigkeit des Personalrats Art. 44 Rn. 1 ff. und zur »**äußeren Unabhängigkeit**« der Personalratsmitglieder Art. 8, 46 und 47 jeweils Rn. 1).

2 Alle durch die Personalratstätigkeit entstehenden Kosten trägt die Dienststelle. Deshalb darf der Personalrat für seine Zwecke **keine Beiträge** bei den Beschäftigten der Dienststelle erheben. Selbst **freiwillige Geldsammlungen** für Zwecke des Personalrats sind unzulässig (vgl. zuletzt BVerwG v. 10. 10. 1990 – 6 P 22.88 –, PersR 1991, 27). Sammeln Personalratsmitglieder für **andere Zwecke** Geld in der Dienststelle (z. B. für Geburtstags-, Hochzeits- und Jubiläumsgeschenke oder für Kranzspenden sowie andere betriebliche Angelegenheiten), so handeln sie **nicht als Mitglieder des Personalrats**, sondern sie werden als Beschäftigte der Dienststelle tätig. Diese Geldsammlungen, die in vielen Dienststellen üblich sind, haben mit der Personalratstätigkeit **nichts zu tun** und werden von den Personalratsmitgliedern privat für fremde Zwecke durchgeführt. Dasselbe gilt im Hinblick auf die **Verwaltung** solcher Gelder.

3 Das Verbot, Beiträge zu erheben oder anzunehmen, ist zwingendes Recht und kann weder durch Vereinbarungen mit dem Dienststellenleiter noch durch Regelungen in der Geschäftsordnung oder durch Beschlüsse anderer Art des Personalratsgremiums umgangen werden.

4 **Verstöße** können Folgen nach Art. 28 haben (Pflichtverstoß).

5 **Streitigkeiten** entscheiden die Verwaltungsgerichte nach Art. 81 Abs. 1 Nr. 3 (Geschäftsführung des Personalrats).

Art. 46

Vierter Abschnitt
Rechtsstellung der Personalratsmitglieder

Artikel 46
Ehrenamt, Arbeitsversäumnis, Freistellung

(1) Die Mitglieder des Personalrats führen ihr Amt unentgeltlich als Ehrenamt.

(2) Versäumnis von Arbeitszeit, die zur ordnungsgemäßen Durchführung der Aufgaben des Personalrats erforderlich ist, hat keine Minderung der Dienstbezüge oder des Arbeitsentgelts zur Folge. Werden Personalratsmitglieder durch die Erfüllung ihrer Aufgaben über die regelmäßige Arbeitszeit hinaus erheblich mehr beansprucht, so ist ihnen Dienstbefreiung in entsprechender Anwendung des Art. 80 Abs. 2 Satz 2 BayBG zu gewähren. Bei Reisen, die zur Erfüllung ihrer Aufgaben notwendig sind, erhalten sie Freizeitausgleich entsprechend den für Beamte geltenden Regelungen.

(3) Mitglieder des Personalrats sind auf Antrag des Personalrats von ihrer dienstlichen Tätigkeit freizustellen, wenn und soweit es nach Umfang und Art der Dienststelle zur ordnungsgemäßen Durchführung ihrer Aufgaben erforderlich ist. Bei der Auswahl der freizustellenden Mitglieder hat der Personalrat zunächst die nach Art. 32 Abs. 2 gewählten Vorstandsmitglieder, sodann die übrigen Vorstandsmitglieder zu berücksichtigen. Bei weiteren Freistellungen sind die im Personalrat vertretenen Wahlvorschlagslisten nach den Grundsätzen der Verhältniswahl zu berücksichtigen. Dabei sind die nach Satz 2 freigestellten Vorstandsmitglieder von den auf jede Wahlvorschlagsliste entfallenden Freistellungen abzurechnen. Die Freistellung darf nicht zur Beeinträchtigung des beruflichen Werdegangs führen.

(4) Auf Antrag des Personalrats sind mindestens freizustellen in Dienststellen mit in der Regel

400 bis 800 Beschäftigten ein Personalratsmitglied,

801 bis 1 600 Beschäftigten zwei Personalratsmitglieder,

1 601 bis 2 400 Beschäftigten drei Personalratsmitglieder.

In Dienststellen mit über 2 400 Beschäftigten ist für je angefangene 1 500 Beschäftigte ein weiteres Personalratsmitglied ganz freizustellen. Eine entsprechende teilweise Freistellung mehrerer Mitglieder ist möglich.

(5) Die Mitglieder des Personalrats und das jeweilige erste Ersatzmitglied sind unter Fortzahlung der Bezüge für die Teilnahme an Schulungs- und Bildungsveranstaltungen vom Dienst freizustellen,

Art. 46

soweit diese Kenntnisse vermitteln, die unmittelbar für die Tätigkeit im Personalrat erforderlich sind; dabei sind die dienstlichen Interessen angemessen zu berücksichtigen. In der Regel umfaßt die Freistellung nach Satz 1

1. bei erstmals in den Personalrat gewählten Mitgliedern fünf Kalendertage,
2. darüber hinaus bis zu fünf Kalendertage für Mitglieder des Personalrats, denen innerhalb ihrer Personalvertretung besondere in der Schulung zu behandelnde Aufgaben zugewiesen sind.

1 (Abs. 1) Nach Abs. 1 führen die Mitglieder des Personalrats ihr Amt unentgeltlich als Ehrenamt. Die Regelung sichert zusammen mit Art. 45 die »**innere Unabhängigkeit**« der Personalratsmitglieder und schafft in Verbindung mit anderen Vorschriften, welche die »**äußere Unabhängigkeit**« (vgl. z. B. Art. 8, 46 Abs. 2 ff., Art. 47 und Art. 9 sowie Art. 24 BayPVG) gewährleisten und die »**materielle Grundlage**« der Personalratsmitglieder sicherstellen (vgl. hierzu Art. 44 Rn. 1), die Voraussetzungen dafür, daß der Personalrat die ihm durch das BayPVG zugewiesenen Aufgaben, Rechte und Pflichten ordnungsgemäß erfüllen kann. Die Regelung ist damit auch eine zwingende Voraussetzung dafür, daß das Gesamtkonzept des Gesetzes, wie es in Art. 2 Abs. 1 seinen Ausdruck gefunden hat (vgl. hierzu ausführlich Art. 2 Rn. 1), in den Dienststellen und Betrieben auch verwirklicht wird.

2 Die Personalratsmitglieder üben ein **Ehrenamt** mit öffentlich-rechtlichem Charakter ähnlich dem der Wahlhelfer und Schöffen aus. Die Rechte und Pflichten ergeben sich aber ausschließlich aus dem BayPVG. Beamtenrecht ist nicht auf diese Tätigkeit – auch nicht entsprechend – anwendbar. Die **Unentgeltlichkeit** des Ehrenamtes sichert die Unabhängigkeit der Personalratsmitglieder von möglichen Geldgebern. Es ist deshalb z. B. unzulässig, daß Mitglieder des Personalrats von der Dienststelle **direkte Zuwendungen** dafür erhalten, daß sie ihr Amt ausüben. In gleicher Weise werden aber auch **indirekte Vorteile**, wie z. B. die Zuweisung eines besseren Arbeitsplatzes, Bevorzugung bei Beförderungen, Zahlung überhöhter Aufwandsentschädigungen u. ä., von dem Verbot, ein Entgelt zu nehmen, zwanglos erfaßt. Auch jede sonstige Abhängigkeit des Personalrats oder einzelner Personalratsmitglieder zum Leiter der Dienststelle, wie etwa nur eine andeutungsweise vorhandene **Über- oder Unterordnung** verstößt gegen den Grundsatz der Unentgeltlichkeit des Amtes, nach welchem das Amt in »**innerer Unabhängigkeit**« unbestechlich und neutral auszuüben ist. Auf derselben Linie liegt es, daß die Personalratstätigkeit kein Dienst für die Dienststelle ist, weshalb in Art. 11 ausdrücklich geregelt wurde, daß ein Beamter, der anläßlich der Wahrnehmung von Rechten und Pflichten nach dem BayPVG einen Unfall erleidet, entsprechend den Vorschriften der Unfallfürsorge zu behandeln ist. Wegen der Folgen des Unfalles anderer Personalratsmitglieder vgl. Art. 1 Rn. 1 ff.

Art. 46

(Abs. 2) Abs. 2 begründet das Recht der Personalratsmitglieder, **ohne** 3
finanzielle Nachteile Arbeitszeit zu versäumen, falls diese erforderlich
ist, um die Aufgaben des Personalrats ordnungsgemäß zu erfüllen. Welche Abwesenheiten »**erforderlich**« sind, ist nicht allein der subjektiven
Entscheidung des Personalrats oder seiner Mitglieder überlassen, sondern
es muß sich um Arbeitsversäumnis handeln, die nach Art und Umfang der
Dienststelle unter Berücksichtigung der dienstlichen Belange objektiv
geboten ist, um Aufgaben des Personalrats wahrzunehmen. Es genügt
hierbei aber, wenn das Personalratsmitglied die konkrete Tätigkeit zum
Zeitpunkt, als es sich abmeldete, für erforderlich im Sinne der Vorschrift
halten durfte (vgl. wie hier BAG, Urteil v. 19. 9. 1985 – 6 AZR 476/83,
AuR 1986, 91 = st. Rspr. des BAG zu § 37 Abs. 2 BetrVG). Entscheidend
ist insoweit, ob ein vernünftig denkender Dritter unter Berücksichtigung
der Interessen der Dienststelle einerseits sowie des Personalrats und der
Beschäftigten andererseits die Arbeitsversäumnis für sachlich geboten
halten durfte (vgl. wie hier BAG v. 6. 7. 1962 – AZR 488/60 –, AP
Nr. 7 zu § 37 BetrVG). Das Personalratsmitglied hat bei der Prüfung der
Erforderlichkeit einen **Beurteilungsspielraum** (vgl. BAG v. 1. 3. 1963 –
1 ABR 3/62 –, AP Nr. 8 zu § 37 BetrVG, und BAG v. 6. 11. 1973 – 1 ABR
8/73 –, AP Nr. 5 zu § 37 BetrVG 1972; BayVGH, Beschluß v. 22. 12. 1982
– Nr. 17 C 82 A. 1979 –, PersV 1984, 159 m. Anm. v. Thiemann; Altvater
u. a., BPersVG, § 46 Rn. 7).

Der Arbeitgeber muß bereits bei der Zuteilung des Arbeitspensums erforderliche Arbeitsversäumnis berücksichtigen (BAG v. 27. 6. 1990 – 4
7 ABR 43/89 –, PersR 1992, 76).

Die Arbeitsversäumnis verursachende Personalratstätigkeit kann sowohl 5
innerhalb als auch **außerhalb** der Dienststelle erfolgen. **Innerhalb der
Dienststelle** kommt die Teilnahme an Sitzungen etwa des Personalrats,
des Vorstandes, eines Ausschusses des Personalrats, der Einigungsstelle
sowie die Teilnahme an Besprechungen mit dem Dienststellenleiter, die
Durchführung von Sprechstunden und die Teilnahme der Personalratsmitglieder an Personal- oder Teilversammlungen in Betracht.

Außerhalb der Dienststelle gehört zur Tätigkeit des Personalrats der 6
Besuch von den Dienststellen, die ausgelagert sind, die aber ebenfalls
betreut werden müssen. An Sitzungen des Gesamtpersonalrats oder einer
Stufenvertretung, den Verhandlungen an Arbeits- oder Verwaltungsgerichten sowie Verhandlungen mit Behörden usw. können die Personalratsmitglieder ebenfalls wenn nötig teilnehmen. Desgleichen gehört es auch
zur Personalratstätigkeit, wenn Personalratsmitglieder Auskünfte bei ihrer Gewerkschaft einholen, wenn dies notwendig wird. Ein Personalratsmitglied kann nicht darauf verwiesen werden, die von ihm ausgeübte
Tätigkeit habe auch von einem freigestellten Mitglied verrichtet werden
können. Maßgeblich ist vielmehr, ob das Personalratsmitglied die Tätigkeit für erforderlich halten konnte (vgl. wie hier BAG, Urteil v. 19. 9. 1985
– 6 AZR 476/83 –, a. a. O. und Rn. 3). Für diese außerhalb der Dienststelle

Art. 46

durchzuführende Personalratstätigkeit sind die Mitglieder des Personalrats berechtigt, den Arbeitsplatz zu verlassen. Eine besondere **Genehmigung** durch den Dienststellenleiter **ist** insoweit **nicht erforderlich.** Die Mitglieder des Personalrats müssen sich aber beim Leiter der Dienststelle bzw. dem unmittelbaren Vorgesetzten **abmelden** (BVerwG, Beschluß v. 12. 6. 1984 – 6 P 34.82 –, PersR 1999, 29). Die Dienstbefreiung ist für das einzelne Personalratsmitglied durch die gesetzliche Vorschrift erteilt, sobald die Voraussetzungen für die Arbeitsversäumnis vorliegen (vgl. wie hier BAG v. 12. 6. 1984 – 6 P 34.82 –, AuR 1985, 31; BAG, Urteil v. 19. 9. 1985 – 6 AZR 476/83 –, a.a.O.). Die Personalratsmitglieder, welche den Arbeitsplatz verlassen, brauchen den näheren Inhalt ihrer Tätigkeit dem Vorgesetzten gegenüber nicht offenzulegen, weil dies eine unzulässige Kontrolle ermöglichen würde, die durch den Zweck der Abmeldepflicht – der Arbeitgeber soll anderweitig disponieren können – nicht gerechtfertigt wird (wie hier auch BAG v. 23. 6. 1983 – 6 ABR 65/80 –, AP Nr. 45 zu § 37 BetrVG 1972). Stichpunktartige Angaben zur Art der beabsichtigten Tätigkeit werden vom Zweck der Abmeldung nicht gedeckt und können nicht verlangt werden (BAG v. 15. 3. 1995 – 7 AZR 643/94 – AuR 1996, 37).

7 Verletzt ein Personalratsmitglied dadurch seine Pflicht, daß es sich nicht ordnungsgemäß **abmeldet,** so hat dies auf den Vergütungsanspruch keine Auswirkung. Dem Dienststellenleiter bleibt es aber unbenommen, deshalb eine Abmahnung auszusprechen oder das Personalratsmitglied wegen eines etwaigen schuldhaft verursachten Schadens in Regreß zu nehmen (vgl. BAG, Urteil v. 19. 9. 1985 – 6 AZR 476/83 –, a.a.O.). Je nach Lage des Falles kann außerdem eine Pflichtverletzung nach Art. 28 vorliegen (vgl. hierzu Art. 28 Rn. 1 ff.).

8 Nach **Abs. 2 Satz 1** hat eine zulässige Versäumnis von Arbeitszeit im Sinne von Rn. 3 bis 6 **keine Minderung des Arbeitsentgelts** oder der Dienstbezüge zur Folge. Die Personalratsmitglieder sollen erforderliche Abwesenheiten nicht deshalb zurückstellen, weil dies Vermögenseinbußen mit sich bringen könnte (vgl. LAG München v. 23. 6. 1976 – 4 Sa 229/76 –, rechtskräftig). Sie sind deshalb nach dem **Lohnausfallprinzip** so zu stellen, als hätten sie in der Zeit während ihrer Abwesenheit gearbeitet. Konkret hat dies zur Folge, daß Personalratsmitglieder nicht nur das eigentliche Arbeitsentgelt zu erhalten haben, das sie ohne die Abwesenheit erhalten hätten, sondern auch alle Zulagen, wie z.B. Erschwerniszuschläge, Zuschläge für Mehr-, Nacht- oder Sonntagsarbeit und Zuschläge wie Schmutzzulagen, Lärmzulagen u.ä. (vgl. BVerwG, Urteil v. 11. 9. 1984 – 2 C 58.81 Buchholz 238.37 § 42 Nr. 5; LAG München v. 23. 6. 1976 – 4 Sa 229/76 –; BAG v. 18. 9. 1973 – AZR 120/73 – und v. 23. 4 1974 – 1 AZR 139/73). So ist einem vom Dienst freigestellten Personalratsmitglied eine bisher gewährte Erschwerniszulage für Dienst zu ungünstigen Zeiten weiterzuzahlen. Die Höhe der weiterzuzahlenden Zulage bestimmt sich nach der Anzahl der Stunden, die das Personalrats-

Art. 46

mitglied geleistet hätte, wenn es nicht vom Dienst freigestellt worden wäre (BVerwG, Beschluß v. 13. 9. 2001 – 2 C 34.00 –, PersR 2002, 162). Wären während der Abwesenheit **Überstunden** angefallen, so sind auch diese von der Dienststelle zu bezahlen. Ist dies insbesondere bei längeren Freistellungen nicht mehr ohne weiteres zu ermitteln, weil vergleichbare andere Arbeitnehmer mit derselben Tätigkeit nicht mehr zu finden sind, ist auf das tatsächlich erzielte Arbeitsentgelt von Arbeitnehmern mit einer **vergleichbaren Tätigkeit** abzustellen (vgl. BAG v. 17. 5. 1977 – 1 AZR 458/74 –, AP Nr. 28 zu § 37 BetrVG 1972).

Werden **Zuschläge**, die vor der Freistellung bezahlt wurden, während der 9 Freistellung von der Dienststelle **versteuert** und von diesen Bezügen Sozialabgaben entrichtet, was eine Verringerung des Nettoeinkommens des Personalratsmitgliedes zur Folge hat, so ist dies nach der Rechtsprechung des BAG nicht zu beanstanden (vgl. BAG, Urteile v. 22. 8. 1985 – 6 AZR 520/83 – und 6 AZR 504/83, AuR 1986, 91). Der Arbeitgeber ist nicht zum Ausgleich verpflichtet (BAG, Urteil v. 15. 1. 1997 – 7 AZR 873/95 –, PersR 1997, 372).

Zahlungen, mit denen lediglich ein besonderer, durch die Freistellung 10 oder Arbeitsversäumnis entfallender Aufwand, wie z. B. **Fahrtkosten, Tagesspesen** u. ä., abgegolten wurden, brauchen während der Arbeitsversäumnis nicht weiter geleistet zu werden (vgl. BVerwG, Beschluß v. 11. 9. 1984 – 2 C 58.81 –, AuR 1986, 349).

Nach **Abs. 2 Satz 2** haben Personalratsmitglieder Anspruch auf Dienst- 11 befreiung in entsprechender Anwendung des Art. 80 Abs. 2 Satz 2 BayBG, wenn sie durch die Erfüllung ihrer Aufgaben über die regelmäßige Arbeitszeit hinaus beansprucht werden. Unter »**regelmäßiger Arbeitszeit**« ist die persönliche Arbeitszeit des jeweiligen Personalratsmitglieds zu verstehen, die sich aus dem Arbeitsvertrag oder aus dem jeweiligen Tarifvertrag ergeben kann. Das Personalratsmitglied hat dem Grunde nach Anspruch auf entsprechende **Dienstbefreiung,** wenn es über diese Zeit hinaus – gemessen an seiner **individuellen** Arbeits- bzw. Dienstzeit – Personalratstätigkeit ausgeübt hat. Es kommt also ausschließlich darauf an, ob Personalratsmitglieder **außerhalb ihrer regelmäßigen Arbeits- bzw. Dienstzeit** und über diese hinausgehend für den Personalrat tätig waren (BVerwG v. 30. 1. 1986 – 2 C 18.83 –, 2 C 19.83 –, AuR 1983, 349; zum Freizeitausgleich teilzeitbeschäftigter Personalratsmitglieder vgl. Richardi in PersR 1991, 397 ff.).

Tätigkeiten, die zwar selbst keine Personalratstätigkeit sind, aber im notwendigen und sachlichen Zusammenhang damit stehen, werden insoweit mitgerechnet (vgl. BayVGH v. 27. 1. 1981 – Nr. 18 C 80 A. 1027 –). Insbesondere ist auch für Reisezeiten Freizeitausgleich zu gewähren. Wegzeiten zwischen Wohnung und Dienststelle, die außerhalb der Dienstzeit zurückgelegt werden, sind nach jüngster Rechtsprechung nicht mitzurechnen (vgl. BayVGH v. 7. 1. 1986 – 3 B 83 A. 1377 –).

Art. 46

Die Auffassung ist wegen Unzumutbarkeit in der Praxis aber abzulehnen.

12 Die **Höhe** des zu gewährenden **Freizeitausgleichs** ergibt sich aus Art. 80 Abs. 2 BayBG. Freizeit wird danach erst gewährt, wenn **mindestens fünf Überstunden** im Monat anfallen (vgl. auch BayVGH, Beschluß v. 14. 12. 1983 – Nr. 17 CE 83 A. 1944 – nicht veröffentlicht –, wo davon ausgegangen wird, daß eine spürbare Belastung erst ab fünf Stunden Mehrarbeit eintritt). Liegt die Mehrarbeit über fünf Stunden, ist Freizeitausgleich in voller Höhe, also einschließlich der ersten fünf Stunden zu gewähren. Bei der Berechnung der Mindestgrenze von fünf Stunden ist die Gesamtbeanspruchung aus Dienst und Personalratstätigkeit zusammenzuzählen (wie hier Weiß u. a., BayBG, Art. 80 Anm. 11).

13 Die Regelung in Abs. 2 gilt nicht für Personalratsmitglieder, die nach Abs. 5 zur Teilnahme an Schulungsveranstaltungen freigestellt sind, wohl aber für generell nach Abs. 3 freigestellte Personalratsmitglieder (vgl. zur Freistellung wegen Bildungs- und Schulungsveranstaltungen BVerwG, Urteil v. 23. 10. 1980 – 2 C 43/78 –, ZBR 1981, 288, wonach Abs. 2 Satz 2 auf Schulungs- und Bildungsveranstaltungen nicht anwendbar sein soll).

14 (**Abs. 3**) Nach **Abs. 3** sind Mitglieder des Personalrats über die Regelung in Abs. 2 hinausgehend nicht nur aus einem **konkreten Anlaß** und von Fall zu Fall freizustellen, wenn dies erforderlich ist, sondern **generell**, wenn und soweit dies nach Umfang und Art der Dienststelle zur ordnungsgemäßen Durchführung ihrer Aufgabe erforderlich ist und der Personalrat einen entsprechenden Antrag gestellt hat.

Zweck auch dieser Freistellung ist es, sicherzustellen, daß die Personalvertretung die ihr obliegenden Aufgaben ordnungsgemäß und wirksam wahrnehmen kann. Der Umfang der Freistellung richtet sich nach den anfallenden Arbeiten in der Dienststelle; sie kann ganz-, halbtägig oder stundenweise erforderlich sein, um zu gewährleisten, daß die durch das Gesetz zugewiesenen Rechte und Pflichten und die sich daraus ergebenden Aufgaben des Personalrats ordnungsgemäß durchgeführt werden (vgl. BayVGH, Beschluß v. 14. 12. 1983 – Nr. 17 CE 83 A. 1944 – n. v. –; BVerwG, Beschluß v. 26. 10. 1977 – 7 C 23.76 –, ZBR 1978, 240). Insoweit kommt es u. a. auf die Zahl der zu vertretenden Beschäftigten, der vom Personalrat wahrzunehmenden Aufgaben, die räumliche Ausdehnung der Dienststelle, die Frage, ob Schichtarbeit geleistet werden muß, und die Zahl etwaiger Nebenstellen usw. an (vgl. BVerwG v. 16. 5. 1980 – 6 P 82.78 –, ZBR 1981, 106). Zu den Aufgaben zählen u. a. Verhandlungen mit der Dienststelle, Abhaltung von Sprechstunden, Erledigen von Schriftverkehr, Vorbereitungen für die Personalratssitzungen, nicht jedoch die Sitzungen des Personalrats oder des Vorstands selbst (BVerwG, Beschluß v. 22. 4. 1987 – 6 P 29.84 –).

15 (**Abs. 4**) Die **Mindestzahl** der freizustellenden Personalratsmitglieder

Art. 46

ergibt sich unmittelbar aus der **Freistellungsstaffel** in **Abs. 4**. Zu beachten ist, daß diese Staffel aber nur für die örtlichen Personalräte gilt und nicht auch für Stufen- und Gesamtpersonalräte, wo sich die Höhe der Mindestfreistellungsquote nach Art. 54 Abs. 2 aus der Anzahl der Mitglieder ergibt. Bei diesen Personalvertretungen sind auch zwingend Vorstandsmitglieder freizustellen, was bei den örtlichen Personalräten, um die es hier geht, nicht der Fall ist (vgl. ausführlich Art. 54 Rn. 2).

Unterhalb der Mindeststaffel aus Abs. 4 (400 Beschäftigte) sind im Organisationsbereich des Freistaates Bayern folgende Richtwerte im Hinblick auf Teilfreistellungen anerkannt: **16**

Zahl der Beschäftigten in der Dienststelle	Umfang der Freistellung in % der wöchentl. Arbeitszeit
bis 99	20
100 bis 199	40
200 bis 299	60
300 bis 399	80

(Vgl. hierzu Rundschreiben des Bayerischen Staatsministeriums der Finanzen zum Vollzug des BayPVG vom 17. 11. 1998 – IMBeK. vom 1. 3. 1999, Nr. I Z – 0382.1 – 61, AllMBl. S. 183). In dem bezeichneten Rundschreiben wird ganz zu Recht ausdrücklich darauf hingewiesen, daß darüber hinausgehende höhere Freistellungen gewährt werden können, wenn der Personalrat Umstände bei der Dienststelle, ihrem Aufgabenbereich und ihren Beschäftigten (z.B. besondere räumliche Verhältnisse, Vorhandensein von Nebenstellen, besonders starke Fluktuation der Beschäftigten o.ä.) darlegt, die ein Abweichen von den Richtwerten erfordern (vgl. Entschließung des BayStF a.a.O.).

Über die **Auswahl** der freizustellenden Personalratsmitglieder entscheidet der Personalrat durch gemeinsamen Beschluß mit **einfacher Mehrheit** in der Regel für die laufende Amtsperiode. Es ist zulässig, daß ein sogenannter »**rollierender Wechsel**« der freigestellten Personalratsmitglieder eingerichtet wird, was dann anzunehmen ist, wenn einzelne Personalratsmitglieder nur jeweils für eine bestimmte Zeit freigestellt werden, um dann vorübergehend oder vollständig wieder an ihren Arbeitsplatz zurückzukehren, bevor die Amtszeit abgelaufen ist. Darin ist kein Verstoß gegen den Grundsatz der vertrauensvollen Zusammenarbeit zu erkennen (vgl. wie hier BVerwG, Beschluß v. 10. 5. 1984 – 6 P 33.83 – PersR 1986, 15 ff. = ZBR 1984, 379, und BayVGH, Beschluß v. 20. 7. 1983 – Nr. 18 C 83 A. 862 –, wonach kein Dienststellenleiter einwenden kann, daß durch einen solchen rollierenden Wechsel zusätzliche Freistellungen erforderlich werden könnten). **17**

Ebenso ist es auch außerhalb der Freistellungen nach Abs. 4 zulässig, daß der Personalrat statt einer vollen Freistellung entsprechende **Teilfreistellungen** wählt. Zu Unrecht hält das Bundesverwaltungsgericht letzteres **18**

Art. 46

nur für zulässig, falls nicht genügend Personalratsmitglieder bereit sind, sich voll freistellen zu lassen, oder eine Vollfreistellung aus dienstlichen Gründen nicht möglich ist (vgl. hierzu BVerwG v. 25. 2. 1983 – 6 P 15.80 –, ZBR 1983, 212). Der Personalrat darf selbst gegen den Willen der gewählten Vorstandsmitglieder nach Art. 32 Abs. 2 eine nur zeitweise Freistellung beschließen (BayVGH, Beschluß v. 30. 1. 1992 – 17 P 91.3312 –, PersR 1993, 13).

Ohne gewichtige sachliche Gründe darf der Personalrat weder ganz noch teilweise auf die mögliche Freistellung eines seiner Mitglieder verzichten (BVerwG, Beschluß v. 11. 7. 1996 – 6 P 4.95 –, PersR 1997, 22).

Der Personalrat kann auf die Inanspruchnahme einer nach Abs. 4 zustehenden Freistellung namentlich dann nicht verzichten, wenn ein Freistellungsbedarf tatsächlich gegeben ist und dadurch (nur) die Berücksichtigung einer Gruppe bzw. eines Mitglieds einer Konkurrenzgewerkschaft verhindert werden soll (OVG NRW, Beschluß v. 19. 2. 2001 – 1 B 1591/00.PVL –, PersR 2001, 470; vgl. OVG NRW, Beschluß v. 27. 1. 1993 – 1 A 2524/91/PVB –, PersR 1993, 398; nachfolgend BVerwG, Beschluß v. 22. 12. 1994 –6 P 13/93).

19 Jeder neugewählte Personalrat entscheidet selbst über seine Freistellungen. Einschränkungen bei der Freistellung von Personalräten ergeben sich für das Gremium aus **Abs. 3 Sätze 2, 3 und 4:**

Soweit nach Art. 32 Abs. 2 gewählte Vorstandsmitglieder vorhanden sind (vgl. insoweit zum Meinungsstand zunächst Art. 32 Rn. 6 und BayVGH, Beschluß v. 19. 4. 1974 – Nr. 1 IX 74 –, PersV 1975, 304 ff.), dürfen diese vom Personalrat bei seinem Vorschlag hinsichtlich der Freistellung nicht übergangen werden. Es handelt sich insoweit um den Vorsitzenden und seine Stellvertreter (vgl. BayVGH, Beschluß v. 19. 4. 1974 – Nr. 1 IX 74 –, PersV 1975, 43, wonach der Personalrat für Freistellungen in der Regel Vorstandsmitglieder vorschlagen muß, und zwar in erster Linie die gewählten Gruppenvertreter, weil diese vom Vertrauen ihrer Gruppe getragen sind. Abweichungen von diesem Grundsatz will das Gericht nur bei triftigen Gründen zulassen). Bei weiteren Freistellungen, d. h. für den Fall, daß die bezeichneten Vorstandsmitglieder verzichten oder die Zahl der Vorstandsmitglieder bei den Freistellungen überschritten wird, dürfen auch die nicht zum Vorsitzenden oder stellvertretenden Vorsitzenden sowie die nach Art. 33 zugewählten Vorstandsmitglieder freigestellt werden. Nur falls aus diesem Personenkreis keiner bereit ist, sich freistellen zu lassen, kommen auch die übrigen Personalratsmitglieder für eine Freistellung in Betracht: Für diesen Fall weiterer Freistellungen sind die gewählten Kandidaten der Wahlvorschlagslisten nach den Grundsätzen der Verhältniswahl zu berücksichtigen (BayVGH, Beschluß v. 20. 1. 1992 – 17 P 91.3374 –, PersR 1993, 240). Hierbei sind bereits freigestellte Vorstandsmitglieder in der Reihenfolge entsprechend dem d'Hondtschen Höchstzahlverfahren insoweit zu berücksichtigen, als diese bereits freigestellten Personalratsmitglieder angerechnet werden. Eine Freistellung überträgt sich bei Ausscheiden eines Personalratsmitgliedes nicht automatisch auf den Nachrücker. Es muß eine neuen Auswahlentscheidung getroffen werden (BayVGH, Beschluß v. 30. 11. 1994 – 18 PL 94.3730 –, PersR 1995, 435).

Beantragt der Personalrat eine Freistellung nach Abs. 3 beim Dienststellenleiter, so darf dieser die Freistellung der vom Personalrat ausgewählten Mitglieder nur ablehnen, wenn die Voraussetzungen des Art. 46 Abs. 3 bzw. Abs. 4 nicht gegeben sind, unabweisbare dienstliche Belange entgegenstehen oder die eigene personalvertretungsrechtliche Stellung des Dienststellenleiters durch die Freistellung beeinträchtigt würde (vgl. BVerwG, Beschluß v. 10. 5. 1984 – 6 P 33.83 –, PersR 1986, 15 ff. = ZBR 1984, 379). Der Dienststellenleiter ist nicht befugt, einen Freistellungsbeschluß des Personalrats uneingeschränkt auf seine Vereinbarkeit mit dem Personalvertretungsrecht zu überprüfen (BVerwG, Beschluß v. 10. 5. 1984 – 6 P 33.83 –, a. a. O.). **20**

Nach **Abs. 3 Satz 5** darf die Freistellung nicht dazu führen, daß der **berufliche Werdegang** des Freigestellten beeinträchtigt wird. Konkret wird hierdurch die Pflicht des Dienststellenleiters begründet, das freigestellte Personalratsmitglied z. B. an Fortbildungsveranstaltungen und Lehrgängen teilnehmen zu lassen, die vergleichbare Beschäftigte besuchen. Hinsichtlich des beruflichen Aufstiegs sind Freigestellte so zu behandeln, als seien sie beruflich tätig. Dies gilt insbesondere für Beförderungen und den Bewährungsaufstieg nach dem Bundesangestellten-Tarifvertrag-VKA sowie den Zeitaufstieg nach diesem und anderen Tarifverträgen (vgl. BAG, Urteil v. 26. 9. 1990 – 7 AZR 208/89 –, PersR 91, 305). **21**

Maßgeblich sind insoweit **vergleichbare Beschäftigte,** die nicht freigestellt wurden. Sind solche nicht vorhanden, muß der tarifliche Werdegang der freigestellten Personalratsmitglieder fiktiv nachgezeichnet werden (BAG Urteil v. 27. 6. 2001 – 7 AZR 496/99 – PersR 2002, 39; vgl. OVG Rheinland-Pfalz, Urteil v. 16. 12. 1994 – 13 A 12 271/93.OVG –, PersR 1996, 123). Die Personalratstätigkeit darf in der dienstlichen Beurteilung nicht erwähnt werden.

(Abs. 4) Nach **Abs. 4 Satz 1 und 2** sind auf Antrag des Personalrats zwingend freizustellen in Dienststellen mit in der Regel **22**

400 bis 800 Beschäftigten 1 Personalratsmitglied,

801 bis 1 600 Beschäftigten 2 Personalratsmitglieder,

1 601 bis 2 400 Beschäftigten 3 Personalratsmitglieder,

2 401 bis 3 900 Beschäftigten 4 Personalratsmitglieder,

für jeweils weitere 1 500 Beschäftigte 1 Personalratsmitglied mehr.

Freistellungen über diese Mindestquoten hinaus sind nur unter den Voraussetzungen des Abs. 3 Satz 1 möglich (vgl. hierzu Rn. 14). Liegen die Voraussetzungen des Abs. 3 nicht vor, bleibt nur die Möglichkeit der bezahlten Arbeitsversäumnis nach Abs. 2 für nicht generell freigestellte

Art. 46

Personalratsmitglieder, um die ihnen zugewiesenen Rechte und Pflichten wahrzunehmen (vgl. Rn. 8 bis 13).

23 Nach **Abs. 4 Satz 3** ist es zulässig, daß der Personalrat statt Vollfreistellungen **mehrere Teilfreistellungen** bis zur Obergrenze der Mindestquote vornimmt. Für die Auswahl der freizustellenden Personalratsmitglieder ist auch hier das Gremium zuständig, das mit einfacher Mehrheit der anwesenden Mitglieder entscheidet. Die Einschränkungen in Abs. 3 Satz 3 und 4 hinsichtlich der Reihenfolge, in welcher die Vorstandsmitglieder, Angehörige der Listen usw. vorgeschlagen werden können, gelten auch hier bei der Regelfreistellung nach Abs. 4 (vgl. hierzu Rn. 14; vgl. zum Problem derselben Liste auch Art. 33 Rn. 4 – Mehrheitsschutz – und BayVGH, Beschluß v. 7. 7. 1979 – Nr. 17 C – 459/79 –, ferner zum Begriff »in der Regel« Beschäftigte Art. 12 Rn. 2f.).

24 Beantragt der Personalrat einer Dienststelle mit weniger als 400 Beschäftigten eine Voll- oder Teilfreistellung, so ist dies nur möglich, wenn die Voraussetzungen des Abs. 3 Satz 1 vorliegen. Es ist je nach den Gegebenheiten jedoch durchaus denkbar, daß auch in kleineren Dienststellen mit weniger als 400 Beschäftigten Vollfreistellungen oder Teilfreistellungen notwendig sind (vgl. hierzu Rn. 14).

Es ist insoweit z.B. auch rechtlich zulässig, daß eine auf vier Stunden an einem bestimmten Tag in der Woche begrenzte Freistellung beantragt wird und erfolgt (so auch BVerwG v. 16. 5. 1980 – 6 P 82/78 –, PersV 1981, 366).

25 **(Abs. 5)** **Abs. 5 Satz 1** begründet das Recht und die Pflicht der Personalratsmitglieder für den Fall eines entsprechenden **Entsendungsbeschlusses** des Personalrats, ohne Einbußen an den Bezügen an Schulungs- und Bildungsveranstaltungen teilzunehmen, wenn auf diesen Veranstaltungen Kenntnisse vermittelt werden, die unmittelbar für die Tätigkeit im Personalrat erforderlich sind, wobei allerdings die dienstlichen Interessen in angemessener Weise berücksichtigt werden müssen. Die Regelung zur Freistellung der Personalratsmitglieder für Schulungs- und Fortbildungsmaßnahmen ergibt sich notwendigerweise aus dem Gesamtkonzept des BayPVG. Insbesondere der in Art. 2 zum Ausdruck gebrachte Grundsatz der vertrauensvollen Zusammenarbeit (vgl. Art. 2 Rn. 1 bis 4) zum Wohl der Beschäftigten und zur Erfüllung dienstlicher Aufgaben setzt einen »gleichwertigen Gesprächspartner« voraus. Für das Verhältnis Dienststelle – Personalrat gilt der Grundsatz der intellektuellen Waffengleichheit, der den informierten, sach- und fachkundigen Personalrat verlangt (vgl. hierzu Däubler/Peter, Schulung und Fortbildung von betrieblichen Interessenvertretern, S. 61 ff. und S. 236 ff.).

Das Recht einzelner Personalratsmitglieder, an Schulungs- und Bildungsveranstaltungen teilzunehmen, entsteht mit dem **Entsendungsbeschluß** des Personalrats als Gremium, in welchem darüber entschieden wird, ob ein bestimmtes Personalratsmitglied zu einer bestimmten Schulungs- oder

Art. 46

Bildungsveranstaltung entsandt wird (vgl. wie hier BayVGH, Beschluß v. 14. 12. 1982 – Nr. 17 CE 82 A. 2789 –, n. v.).

Hinsichtlich der Fortzahlung der Bezüge gilt das Lohnausfallprinzip. **26** Die Frage, ob teilzeitbeschäftigte Personalratsmitglieder mittelbar diskriminiert werden, wenn sie nur einen Ausgleich entsprechend ihrer individuellen Arbeitszeit erhalten, während Vollzeitbeschäftigte einen Ausgleich nach Maßgabe ihrer Arbeitszeit erhalten, wurde vom Europäischen Gerichtshof bejaht, sofern keine legitime, sozialpolitische Zielsetzung mit dieser Regelung verfolgt werde (EuGH, Urteil v. 7. 3. 1996 – Rs. C-278/93 –, PersR 1996, 237). Folgerichtig wird in der Vollzugsbekanntmachung zum BayPVG (IMBek. vom 1. 3. 1999) unter Abschnitt C. Nr. II Abs. 3 geregelt, daß teilzeitbeschäftigte Personalratsmitglieder Freizeitausgleich für die die individuelle Arbeitszeit übersteigenden Zeiten erhalten.

Der **Entsendungsbeschluß,** der vom Personalrat nicht begründet zu **27** werden braucht, begründet nicht nur das Recht, sondern auch die Pflicht des betreffenden Personalratsmitgliedes, an der Schulungs- bzw. Bildungsveranstaltung teilzunehmen. Rechtlich zulässig ist die Teilnahme allerdings erst, wenn zu dem Beschluß des Gremiums auch noch als dienstrechtliche Maßnahme die **Freistellung** des Betreffenden durch die Dienststelle erfolgt ist (vgl. BayVGH, Beschluß v. 25. 7. 1984 – Nr. 17 C 84 A. 1310 –, ZBR 1985, 57; BVerwG, Beschluß v. 27. 4. 1979 – 6 P 45.78 –, PersV 1980, 19).

Während der Personalrat einen Beurteilungsspielraum im Hinblick auf die **28** Frage der **Erforderlichkeit,** die **zeitliche Lage** und **Dauer** sowie die **Zahl** der zu entsendenden Teilnehmer hat, ist der Dienststellenleiter verpflichtet, die Freistellung vorzunehmen, falls die gesetzlichen Voraussetzungen vorliegen (wie hier BayVGH v. 25. 7. 1984 – Nr. 17 C 84 A. 1310 –, ZBR 1985, 57). Als Maßstab kann gewertet werden, wenn Ersatzmitglieder für einen längeren Zeitraum zu etwa 50 Prozent der Personalratssitzungen herangezogen werden und mit einer entsprechenden Verfahrensweise auch künftig zu rechnen ist (LAG Köln, Beschluß v. 10. 2. 2000 – 5 TaBV 63/99 –, ZTR 2000, 527).

Der Personalrat kann bei seinem Entsendungsbeschluß alle in das Gre- **29** mium gewählten Beschäftigten und das jeweilige erste Ersatzmitglieder berücksichtigen. Ersatzmitglieder, die dem Gremium **vorübergehend** angehören, können nur dann entsandt werden, wenn sie nicht nur ganz kurzfristig dem Personalrat angehören, sondern aufgrund ihrer Vertreterstellung häufig und langandauernd tätig werden. Ein Schulungsanspruch für Grundlagenseminare ist jedenfalls dann gegeben, wenn das Ersatzmitglied überwiegend, d. h. mehr als das normale Mitglied, zur Personalratstätigkeit herangezogen wird (BayVGH, Beschluß v. 3. 11. 1993 – 17 P 93.2535 –, PersR 1994, 233; vgl. auch BVerwG v. 7. 7. 1993 – 6 P 15.91 –, PersR 1993, 457; vgl. die ausführlichen Nachweise bei Schneider, PersR 1991, 57 ff.). Als Maßstab kann gewertet werden, wenn Ersatzmitglieder

Art. 46

für einen längeren Zeitraum zu etwa 50 Prozent der Personalratssitzungen herangezogen werden und mit einer entsprechenden Verfahrensweise auch künftig zu rechnen ist (LAG Köln, Beschluß v. 10. 2. 2000 – 5 TaBV 63/99 –, ZTR 2000, 527).

30 Wer **Träger** der Schulungs- und Bildungsveranstaltung ist und welchen Personenkreis er zuläßt (z. B. nur Gewerkschaftsmitglieder), ist für die Wirksamkeit des Entsendungsbeschlusses unerheblich. Es muß nur Gewähr dafür gegeben sein, daß die Schulung ordentlich und sachgerecht erfolgt. Ausschlaggebend ist nur der darzubietende bzw. dargebotene Schulungsstoff. Die **Gewerkschaften** bieten in jeder Hinsicht die Gewähr für eine ordnungsgemäße Schulung und kommen für die Erfüllung dieser Aufgaben in erster Linie in Betracht (wie hier BVerwG, Beschluß v. 27. 4. 1979 – 6 P 45.78 –, PersV 1980, 19). Sie brauchen ihre Schulungsveranstaltungen aber nicht für nicht oder anders Organisierte zu öffnen (BVerwG, Beschluß v. 27. 4. 1979 – 6 P 45.78 –, a. a. O.; BSFE, BayPVG, Art. 46 Anm. 144; Grabendorff u. a., BPersVG, § 46 Anm. 32).

31 Dem Begriff der **Erforderlichkeit** der Schulung kommt eine **sach-** und eine **personenbezogene Bedeutung** zu. Die **Sachbezogenheit** stellt auf die objektive Erforderlichkeit der Schulung, die **Personenbezogenheit** hingegen auf das Schulungsbedürfnis des zu entsendenden Mitglieds ab (vgl. wie hier BVerwG, Beschluß v. 27. 4. 1979 – 6 P 45.78, a. a. O.).

Eine Schulungsmaßnahme ist folglich dann **erforderlich,** wenn

a) sie von ihrer Thematik her Sachgebiete betrifft, die zur Tätigkeit des Personalrats gehören, der das Mitglied zur Schulungsveranstaltung entsendet (= **sachliche Erforderlichkeit**) und

b) gerade das zu entsendende Mitglied der Schulung in den Themenbereichen bedarf, die den Gegenstand der Veranstaltung bilden (= **persönliche Erforderlichkeit**) (wie hier BayVGH, Beschluß v. 27. 1. 1981 – Nr. 18 C 80 A. 2053 –, PersV 1982, 292).

32 Die **persönliche Erforderlichkeit** einer Schulung kann sich zum einen daraus ergeben, daß das Personalratsmitglied einer personalvertretungsrechtlichen **Grundschulung** bedarf, um seine Tätigkeit im Personalrat überhaupt sachgemäß ausüben zu können, und zum anderen daraus, daß eine **Spezialschulung** benötigt wird, um den besonderen Aufgaben, die ihm innerhalb der Personalvertretung zukommen, gerecht werden zu können (vgl. wie hier BVerwG, Beschluß v. 27. 4. 1979 – 6 P 45.78 –, PersV 1980, 19).

Personalratsmitglieder, die **erstmals** in den Personalrat gewählt sind oder die diesem Gremium noch nicht allzu lange Zeit angehören, müssen mit dem **Personalvertretungsrecht** vertraut gemacht werden.

Letzteres ist durch die Regelung in Abs. 5 Satz 2 auch anerkannt, wenn das Gesetz nunmehr ausdrücklich davon ausgeht, daß erstmalig gewählte

Mitglieder des Personalrats einer Schulung von fünf Kalendertagen bedürfen. Es ist außerdem davon auszugehen, daß nicht nur alle erstmals in eine Personalvertretung gewählten Mitglieder eine Grundschulung benötigen, sondern auch solche Mitglieder, die zum zweiten Mal in eine Personalvertretung gewählt sind, während ihrer ersten Amtszeit aber noch nicht an einer Grundschulung teilgenommen haben. Kurz vor dem Ende der Amtszeit ist eine solche Schulung nicht mehr erforderlich (BVerwG v. 25. 6. 1992 – 6 P 29.90 –, PersR 1992, 364).

Dasselbe gilt für die Vermittlung von Grundkenntnissen über einzelne **Spezialgebiete des Personalvertretungsrechts,** wie z. B. vertiefend Mitbestimmungsfragen, Aufgaben der Personalvertretungen beim Unfallschutz, geänderte und klärende Rechtsprechung zu bisher umstrittenen einschlägigen Rechtsproblemen u. ä. (offengelassen in BVerwG, Beschluß v. 27. 4. 1979 – 6 P 76.78 –, PersV 1981, 68; wie hier OVG Niedersachsen v. 21. 5. 1997 – 17 L 2371/96 –, PersR 1998, 241 f.; LAG Düsseldorf v. 15. 4. 1980 – 8 TaBV 3/80 –, DB 1981, 119).

Desgleichen müssen auch sogenannte **auffrischende personalvertretungsrechtliche Schulungen** für langjährige Personalratsmitglieder jederzeit in angemessener Dauer zulässig sein. Dies gilt vor allem, wenn in der Dienststelle neue oder besondere Konflikte auftreten. Letzeres kann z. B. der Fall sein, weil sich einschlägige Gesetze geändert haben (vgl. zur Rspr. des BayVGH ausführlich ABW, Art. 46 Rn. 22).

Auch Spezialkenntnisse, welche die Personalratsmitglieder z. B. benötigen, um ihre Überwachungs- und Kontrollaufgaben aus Art. 68 und Art. 69 ordnungsgemäß wahrnehmen zu können, können Gegenstand von Schulungs- und Bildungsveranstaltungen nach Abs. 5 Satz 1 sein. Insoweit kommen z. B. Veranstaltungen über das Bayerische Beamtengesetz, die Tarifverträge des öffentlichen Dienstes wie BAT, MTArb und BMT-G, aber auch Fragen der neueren Rechtsprechung, Probleme des Arbeitsschutzes und der Arbeitssicherheit u. ä. in Betracht.

33

Die **Erforderlichkeit** ist nach Ansicht der Obergerichte mit Blick auf die **jeweilige Dienststelle** festzustellen, d. h. mit Rücksicht auf die konkrete Situation der Dienststelle und den Wissensstand der dort tätigen Personalratsmitglieder. Dabei genügt es, wenn der **überwiegende Teil** der Schulung erforderliche Inhalte betrifft (VG Schleswig, Beschluß v. 24. 4. 1987, PersR 1988. 112; Schleswig-Holsteinisches VG, Beschluß v. 21. 2. 1990, PersR 1990, 193; vgl. auch Grabendorff u. a., BPersVG, § 46 Rn. 34). Eine Schulungsveranstaltung vermittelt nur dann Kenntnisse, die unmittelbar für die Tätigkeit des Personalrats **erforderlich** sind, wenn ein konkreter, **aktueller** Anlaß besteht und das zu entsendende Personalratsmitglied subjektiv einer solchen Schulung bedarf sowie die Gewähr für eine ordnungs- und sachgemäße Schulung besteht; liegen diese Voraussetzungen vor, so ist nur noch zu prüfen, ob die Freistellung dieses Personalratsmitgliedes bei angemessener Berücksichtigung der dienstlichen Interessen vertretbar ist. Eine Verweisung auf die Freizeit ist auch bei Lehrern nicht zulässig (vgl. BayVGH, Beschluß v. 21. 5. 1984 – Nr. 17 CE 84 A 1289 –, n. v.). Für den Grundsatz der Aktualität ist es ausreichend, daß dem Personalrat in absehbarer Zeit entsprechende Aufgaben zuwachsen (vgl. Altvater u. a., BPersVG, § 46 Rn. 46; a. A. BVerwG, Beschluß v. 27. 4. 1979, E 58, 54).

Soweit in Rechtsprechung und Schrifttum davon ausgegangen wird, daß sich der Personalrat auf vorhandene Kapazitäten verweisen lassen muß, so daß z. B. zu prüfen ist, ob schon ein anderes Personalratsmitglied mit der Materie vertraut ist (vgl. BVerwG, Beschlüsse v. 27. 4. 1979 – 6 P 3.78 –, PersV 1981, 242), muß eine solche Sicht deshalb abgelehnt werden, weil der Personalrat die Aufgabenverteilung frei festlegen und auch wieder verändern darf, ohne Rechtsverluste hinnehmen zu müssen (ähnlich wie hier BAG v. 15. 5. 1986 – 6 ABR 74/83 –, DB 1986, 2496).

34 **Weitere Beispiele für Spezialschulungen:**

35 – *Einführung in das Arbeitsrecht*

Alle Personalratsmitglieder müssen schon wegen ihrer allgemeinen Kontrollaufgaben zumindest über Grundkenntnisse des Arbeitsrechts verfügen. Entbehrlich ist eine Schulung demnach nur bei solchen Personalratsmitgliedern, die aufgrund einer früheren Schulung oder wegen ihrer spezifischen dienstlichen Tätigkeit mit der Materie des Arbeitsrechts vertraut sind. Folgerichtig behandelt das BAG im Gegensatz zum BayVGH Schulungen zur Einführung in das Arbeitsrecht als Grundwissen, das in der Regel bei jedem Betriebsratsmitglied vorhanden sein soll (vgl. BAG, Beschluß v. 15. 5. 1986 – 6 ABR 74/83 –; DKK, BetrVG, § 37 Rn. 75 m. w. N.; etwas enger BayVGH, Beschluß v. 23. 1. 1996 – 18 P 95.770 –, PersR 1996, 499).

36 – *Tarifrecht*

Ob Kenntnisse über die Anpassung der Tarifverträge des öffentlichen Dienstes an das Bundeskindergeldgesetz in der jeweiligen Personalvertretung benötigt werden, hängt von der Besonderheit der Dienststelle ab. Daß sich viele betroffene Beschäftigte an den Personalrat wandten, um entsprechende Auskünfte zu erhalten, reicht nach höchstrichterlicher Auffassung allein nicht aus, die Notwendigkeit einer Schulung darzutun. Es müsse vielmehr zusätzlich geprüft werden, ob nicht bereits Mitglieder im Personalrat waren, die aufgrund ihrer Tätigkeit in der Dienststelle auf diesen Gebieten bereits über ausreichende Kenntnisse verfügten, um die entsprechenden Auskünfte zu erteilen (vgl. BVerwG, Beschluß v. 27. 4. 1979 – 6 P 3.78 –, a. a. O). Diese Rechtsprechung verdient insoweit Ablehnung, als sich die Tätigkeit des Personalrats nicht auf bloße Rechtsauskünfte reduzieren läßt.

37 – *Stellung der Gewerkschaften im Betrieb*

Eine Schulung über die Stellung der Gewerkschaften im Betrieb ist für jeden Personalrat, in dessen Dienststelle Gewerkschaften vertreten sind, erforderlich, weil dieser Schulungsstoff Probleme betrifft, die in nahezu übereinstimmender Weise im Betriebsverfassungsbereich und im Personalvertretungsbereich vorkommen und deren rechtliche Lösung im Betriebsverfassungsrecht einerseits und im Personalvertretungsrecht andererseits weitgehend bzw. völlig übereinstimmen. Ob es bereits konkrete Probleme im Hinblick auf die Stellung der Gewerkschaften im Rahmen der Personalvertretung gegeben hat, ist insoweit ohne Belang. Es ist nach Auffassung des BayVGH durchaus sachgemäß, zu einer Schulung über ein derart zentrales Thema auch den Personalratsvorsitzenden zu entsenden (vgl. wie hier BayVGH, Beschluß v. 27. 1. 1981 – Nr. 18 C 80 A. 2053 –, PersV 1982, 292. Die Ansicht verdient uneingeschränkte Unterstützung).

– *Arbeitssicherheit, Arbeitswissenschaft* **38**

Die Fragen der Arbeitssicherheit sind nach ganz h. M. eine Materie, mit welcher der Personalrat vertraut sein muß, weil ihm auf diesem Gebiet zahlreiche Aufgaben zukommen (vgl. z. B. Art. 79, Art. 69, Art. 75 Abs. 4 Nr. 7 und 8 BayPVG und § 11 ASiG und §§ 1 ff. ArbSchG; vgl. ferner wie hier BVerwG, Beschluß v. 27. 4. 1979 – 6 P 30.78 –, PersV 1981, 29).

Im Hinblick darauf, daß zu dieser **objektiven Erforderlichkeit** der Schulung auch noch die **subjektive Erforderlichkeit** hinzutreten muß, wird von der Rechtsprechung verlangt, daß der Personalrat nicht bereits über ein mit der Materie vertrautes Mitglied verfügt und daß das zu entsendende Mitglied aufgrund einer sinnvollen Aufgabenteilung damit betraut ist, sich mit der Arbeitssicherheit besonders zu befassen. Der Personalrat kann nach dieser Rechtsprechung nicht ohne genaue Prüfung auch der subjektiven Voraussetzungen wiederholt und sogar mehrere Mitglieder zu solchen Schulungsveranstaltungen entsenden (BVerwG, Beschluß v.27. 4. 1979 – 6 P 30.78 –, a.a.O.). Diese Rechtsprechung verdient insoweit Kritik, als die besonders schützenswerten Rechtsgüter Leben und Gesundheit, die für den Fall mehrerer ungeschulter Personalratsmitglieder weniger stark geschützt sind, nicht hoch genug bewertet wurden. Zutreffenderweise muß **jedes** Personalratsmitglied in der Lage sein, die nicht ohne weiteres überschaubaren Regelungen zum Arbeitsschutz und zur Arbeitssicherheit anzuwenden bzw. deren Einhaltung zu kontrollieren. Insoweit bedarf es somit aber auch **subjektiv** stets einer entsprechenden Schulung. Wie die ganz allgemeine Auffassung zu Recht annimmt, ist es unschädlich, wenn in dem Seminar zum Arbeitsschutzrecht bzw. zur Arbeitssicherheit auch noch andere Fragen behandelt werden (vgl. BVerwG, Beschluß v. 27. 4. 1979 – 6 P 62.78 –, a.a.O.).

– *Rationalisierung in der Textbe- und -verarbeitung* **39**

Erforderlichkeit ist gegeben, falls entsprechende Planung der Dienststelle vorliegt (vgl. BayVG München, Beschluß v. 13. 5. 1985 – M 5695 XIV b 83 –, n. v.).

Art. 46

40 – *Lohnsteuerrecht*

Es gehört nach Ansicht der Rspr. nicht zu den Aufgaben des Personalrats, darüber zu wachen, daß der Arbeitgeber bei der Berechnung des Lohnes die Vorschriften des Lohnsteuerrechts beachtet, oder einzelne Beschäftigte in steuerrechtlichen Fragen zu beraten (BAG v. 11. 12. 1973 – 1 ABR 37/73 –, AP Nr. 5 zu § 80 BetrVG 1972). Diese Rechtsprechung verdient insoweit Kritik, als es auch bei Fragen des Lohnsteuerrechts um Belange der Beschäftigten geht, deren Interessen der Personalrat zu vertreten hat.

41 – *Rhetorik*

Nach Auffassung des BVerwG ist eine Schulung hier nicht erforderlich (vgl. BVerwG, Beschluß v. 27. 4. 1979 – 6 P 36.78 –, ZBR 1981, 26; a. A. BAG, Beschluß v. 15. 2. 1995 – 7 AZR 670/94 –). Diese Sicht verkennt die Bedürfnisse der Praxis gerade in Bayern und ist deshalb abzulehnen.

42 – *Wahlordnung*

Kenntnisse der Wahlordnung zum BayPVG sind zwar für den Wahlvorstand von Bedeutung, werden jedoch für die Tätigkeit im Personalrat nicht benötigt (vgl. wie hier BVerwG, Beschluß v. 27. 4. 1979 – 6 P 3.78 –, PersV 1981, 242 = ZBR 1981, 230).

43 – *Datenverarbeitung*

Schulungen im Hinblick auf Fragen der elektronischen Datenverarbeitung sind dann erforderlich, wenn in einer Dienststelle Maßnahmen mit besonders normierten Beteiligungsrechten z. B. im Zusammenhang mit Rationalisierungsmaßnahmen in der Textbe- und -verarbeitung aktuell werden können (vgl. BayVG München v. 13. 5. 1985 – M 5695 XIV b 83 –, n. v.; BVerwG, Beschluß v. 28. 2. 1984 – 6 P 36.82 –, AuR 1984, 380).

44 – *Personalplanung – Arbeitsorganisation*

Eine Schulung ist erforderlich (OVG Rheinland-Pfalz v. 9. 4. 1991 – 4 A 1191/90. OVG –, PersR 1992, 156).

45 – *PC-Schulungen*

Schulungen über den Einsatz von PCs in der Betriebsratsarbeit können erforderlich sein (BAG, Beschluß vom 19. 7. 1995 – 7 ABR 49/94).

45a – *Betriebliche Öffentlichkeitsarbeit*

Für eine größere Dienststelle wird die Erforderlichkeit bejaht (VG Köln, Beschluß v. 23. 6. 1997 – 34 K 1018/96.PVL –, PersR 1997, 541 f.).

45b – *Mediation*

Die Teilnahme eines Personalratsmitglieds an einer Schulung zum Thema »**Mediation**« ist dann nicht erforderlich, wenn ein systematischer Bezug zur Durchführung der Aufgaben des Personalrats fehlt. Zur Erfüllung seiner Aufgaben ist es sinnvoll und wünschenswert, daß der Personalrat auch über Kenntnisse über moderne Methoden der Konfliktbewältigung verfügt. Insoweit ist die Methode der Mediation durchaus ein geeignetes

Art. 46

Instrument für den Personalrat. Die Erforderlichkeit einer solchen Schulung setzt aber voraus, daß neben Grundsätzen auch die Anwendung bei der Durchführung von Personalratsaufgaben systematisch behandelt wird (OVG Berlin, Beschluß v. 20. 12. 1999 – OVG 60 PV 5.98 –, PersV 2000, 406).

Es kann sich auch um Schulungen handeln, die sich in erster Linie an Betriebsräte wenden, soweit sie sich auf Gegenstände beziehen, die im BetrVG und BPersVG (BayPVG) auf identische oder nahezu identische Weise geregelt sind (BayVGH, Beschluß v. 27. 1. 1981, PersV 1982, 292). **46**

Nach der Rechtsprechung des Bundesverwaltungsgerichts gilt für die Personalvertretung als Bestandteil der öffentlichen Verwaltung der **Grundsatz der Verhältnismäßigkeit,** insbesondere das Gebot der sparsamen Verwendung öffentlicher Mittel. Dieser Grundsatz verlange, daß möglichst günstige und wirksame Schulungsmöglichkeiten wahrgenommen werden. Aus diesem Grunde sei den von der Dienststelle oder den Dienststellen durchgeführten Schulungsveranstaltungen nicht stets der Vorzug vor gewerkschaftlichen Veranstaltungen zu geben. Vielmehr sei zu prüfen, welche von den entsendenden Personalratsmitglied zugängliche Veranstaltung von ihrer Thematik her die besten Voraussetzungen für eine erforderliche Schulung bietet (hierzu BVerwG, Beschluß v. 27. 4. 1979 – 6 P 45.78 –, PersV 1980, 19; BVerwG, Beschluß v. 27. 4. 1979 – 6 P 3.78 –, PersV 1981, 242 = ZBR 1981, 230; vgl. auch BAG, Beschluß v. 28. 6. 1995 – 7 ABR 56/94 –, PersR 1995, 533). Abgeleitet aus der grundgesetzlich geschützten Koalitionsfreiheit ergibt sich, daß Mitglieder einer Gewerkschaft sich nicht allein aus Kostengründen auf Fortbildungsveranstaltungen anderer Gewerkschaften verweisen lassen müssen (OVG Berlin, Beschluß v. 20. 12. 1999 – OVG 60 PV 5.98 –, PersV 2000, 406). **47**

Nach dieser Auffassung können **zentrale Schulungsveranstaltungen** nicht ohne weiteres als unverhältnismäßig kostenverursachend angesehen werden. Der Personalrat muß prüfen, ob die zu erwartenden Schulungskosten verhältnismäßig sind, insbesondere ob der Schulungszweck in angemessenem Verhältnis zu den aufgewendeten Mitteln steht (vgl. BAG, Beschluß v. 8. 2. 1977 – 1 ABR 124/74 – AP Nr. 26 –, PersR 1995, 535). Nicht verlangt werden kann, daß der Personalrat eine umfassende Marktanalyse zur Ermittlung des günstigsten Anbieters durchführt. Die Auswahlentscheidung kann er bei vergleichbaren Seminarinhalten auch vom Veranstalter selbst abhängig machen und in diesem Zusammenhang berücksichtigen, daß beispielsweise gewerkschaftliche Anbieter eine an den praktischen Bedürfnissen ausgerichtete Wissensvermittlung erwarten lassen und gemeinsame Gewerkschaftszugehörigkeit ein Klima des Vertrauens schafft, welches den Schulungserfolg fordert (vgl. BAG, Beschluß v. 28. 6. 1995 – 7 ABR 55/94 –, PersR 1995, 533).

Bei seiner Beschlußfassung muß der Personalrat nach **Abs. 5 Satz 1 Halbs. 2** auch stets die **dienstlichen Interessen** angemessen berücksich- **48** tigen. Es kommt insoweit entscheidend auf die besonderen Verhältnisse in der jeweiligen Dienststelle an. Die Dienststelle kann aus **Haushaltsgründen** eine Kostenübernahme einer an sich erforderlichen Schulungsmaßnahme ablehnen (grundlegend BVerwG, Beschluß v. 24. 11. 1986 – 6 P 3.85 –, PersR 1987, 84 und Beschluß v. 7. 12. 1994 – 6 P 36.93 –, PersR 1995, 179). Es ist aber zwischen der Entscheidung auf Freistellung und der Kostenübernahme zu trennen. Voraussetzung für eine Ablehnung der Kostenübernahme ist allerdings, daß **alle haushaltsmäßigen Möglichkeiten**, wie z. B. Mittelnachbewilligung, ausgeschöpft wurden (vgl. OVG Magdeburg vom 1. 2. 1996 – 5 L 2/95 –, PersR 1996, 290). Der Kostenerstattungsanspruch aus Art. 44 BayPVG kann nicht durch den Haushaltsplan aufgehoben werden; insoweit besteht hier eine eingeschränkte Dispositionsfreiheit des Haushaltsgesetzgebers (vgl. ausführlich Schrimpf, PersR 1996, 257 ff.). Aus dem Gebot der vertrauensvollen Zusammenarbeit kann sich für die Dienststelle die Verpflichtung zur Übertragung von Haushaltsmitteln ergeben (OVG Sachsen-Anhalt, Beschluß v. 1. 2. 1996 – 5 L 2/95 –, PersR 1996, 290). Die Verwaltung ist verpflichtet, für notwendige Schulungen objektiv ausreichend Vorsorge zu treffen (VG Schleswig v. 24. 4. 1998 – PB 11/98 –, PersR 1999, 33). Ausgehend von dem Grundsatz der Bindung des Personalrats an den jeweiligen Haushaltsplan halten die Gerichte es für nicht zulässig, daß bereits zu Beginn eines Haushaltsjahres die Erschöpfung der für Grundschulungen neuer Personalratsmitglieder erforderlichen Mittel gegen die Kostenübernahme und die Schulungsteilnahme angeführt werden (VG Köln, Beschluß v. 8. 1. 1998 – 33 L 4426/97.PVL –, PersR 1999, 32; VG Schleswig-Holstein, Beschluß v. 24. 4. 1998 – PB 11/98 –, PersR 1999, 33). Bei objektiv notwendigen Schulungen kann sich die Verwaltung nicht auf fehlende Haushaltsmittel berufen, weil der Zielkonflikt zwischen Schulungsanspruch und Haushaltsbindung nicht einseitig zu Lasten der Personalräte gelöst werden darf. Sofern keine inhaltlich gleichwertigen dienstlichen (internen) Schulungen (in Abstimmung mit den Gewerkschaften) angeboten werden, bleibt der Anspruch auf **externe Schulung** bestehen (OVG Münster v. 26. 2. 1998 – 1 A 4407/96.PVB –, PersR 1998, 243 = NZWehrr 1998, 174).

49 Nach **Abs. 5 Satz 2 Nr. 1** umfaßt die Freistellung nach Satz 1 bei einem erstmals in den Personalrat gewählten Mitglied **fünf** Kalendertage. Allgemein muß deshalb eine einwöchige Schulungsveranstaltung, in der ein umfassender Überblick über das **Personalvertretungsgesetz** gegeben wird und in dem Einzelfragen behandelt werden, für erstmals in den Personalrat gewählte Mitglieder als angemessen angesehen werden (wie hier BVerwG, Beschluß v. 27. 4. 1979 – 6 P 45.78 –, a. a. O.). **Längerdauernde** Schulungsveranstaltungen können je nach behandelter Thematik sowie Wissens- und Kenntnisstand der Teilnehmer erforderlich und zulässig sein (BVerwG v. 14. 11. 1990 – 6 P 4.89 –, PersR 1991, 29).

50 Nach **Abs. 5 Satz 2 Nr. 2** umfaßt die Freistellung für **Spezialschulungen**

Art. 46

für Personalratsmitglieder, denen innerhalb ihrer Personalvertretung besondere Aufgaben zugewiesen sind, **darüber hinaus** bis zu fünf Kalendertage, falls in der Schulung Kenntnisse vermittelt werden, die der Bewältigung dieser Aufgaben dienen. Auch in diesem Fall können je nach der behandelten Thematik sowie dem Wissens- und Kenntnisstand der Teilnehmer auch länger als fünf Kalendertage dauernde Schulungsveranstaltungen nach Abs. 5 Satz 1 gerechtfertigt sein. Die Schulung nach Nr. 1 kann zu einer Schulung nach Nr. 2 hinzutreten, so daß z. B. ein neugewähltes Personalratsmitglied, das vom Personalratsgremium auch mit Aufgaben des Arbeitsschutzes beauftragt wurde, u. U. zunächst eine fünftägige Grundschulung und anschließend eine fünftägige Spezialschulung zu Fragen der Arbeitssicherheit und des Arbeitsschutzes besuchen kann.

Die **Teilnahme** an einer Schulungsveranstaltung nach Art. 46 Abs. 5 ist keine Tätigkeit des Personalrats im Sinne des Art. 44 Abs. 1 Satz 1. Der Schulung ist die Tätigkeit auch nicht rechtlich gleichgestellt. Hingegen ist die **Entsendung** zu einer Schulungsveranstaltung eine Tätigkeit im Sinne von Art. 44 Abs. 1 Satz 1 BayPVG, welche die Kosten der Teilnahme verursacht (vgl. wie hier BVerwG, Beschluß v. 27. 4. 1979 – 6 P 45.78 –, a. a. O.). Hierher gehören Fahrtkosten, Kosten für Verpflegung und Übernachtung für die Zeit der Teilnahme sowie Teilnehmergebühren, Seminarkosten für Schulungsunterlagen etc., soweit sie nicht Vorhaltekosten sind (vgl. hierzu Art. 44 Rn. 3 a). Höchstgrenzenregelungen aus dem Reisekostenrecht sowie Erlasse und Rundschreiben der Dienststelle stellen verwaltungsinterne Regelungen dar, die die Gerichte nicht binden. Die Dienststelle kann Schulungskosten daher nicht pauschal begrenzen, da die Teilnahme eines Mitglieds der Personalvertretung aufgrund eines Entsendungsbeschlusses nicht gleichzusetzen ist mit einer persönlichen Fortbildung eines Beschäftigten (BVerwG, Beschluß v. 7. 12. 1994 – 6 P 36.93 –, Beschluß v. 20. 3. 1995 – 6 P 46.93 –, PersR 1995, 317). **51**

Der Erstattungsanspruch nach Art. 44 Abs. 1 steht dem einzelnen Personalratsmitglied zu, dem die zu erstattenden Aufwendungen entstanden sind (BVerwG, Beschluß v. 27. 4. 1979, 6 P 17.78 – PersV 1981, 161 = ZBR 1980, 27; BayVGH, Beschluß v. 14. 12. 1982 – 17 CE 82 A 2789 –, ZBR 1980, 27). Die Tatsache, daß sich das Personalratsmitglied verpflichtet hat, den Erstattungsanspruch unverzüglich an die Gewerkschaft abzuführen, berührt den rechtlichen Bestand dieses Erstattungsanspruches nicht (vgl. BVerwG. Beschluß v. 27. 4. 1979 – 6 P 45.78 –, a. a. O.). **52**

Während einer Schulungs- und Bildungsmaßnahme nach Art. 46 Abs. 5 hat das Personalratsmitglied Anspruch auf die **Fortzahlung seiner Vergütung**, weil es sich um notwendige Arbeitsversäumnis nach Abs. 2 handelt. Das Personalratsmitglied ist so zu stellen, als wenn es in der Dienststelle gearbeitet hätte (vgl. Lohnausfallprinzip – BAG v. 18. 9. 1973 – 1 AZR 120/73 und v. 23. 4. 1974 – 1 AZR 139/73 und Rn. 8). Hätte ein Personalratsmitglied während der Zeit der Schulungsveranstaltung Mehr-, **53**

Nacht- oder Feiertagsarbeit geleistet, so ist auch diese Zeit mit den betriebsüblichen Zuschlägen zu vergüten (vgl. auch Rn. 8 - 10.).

Auch während einer Schulungsveranstaltung sind die vermögenswirksamen Leistungen weiterzugewähren, und zwar selbst dann, wenn eine tarifliche Regelung auf die tatsächliche Arbeitsleistung abstellt (BayVGH, Beschluß v. 14. 12. 1982 – Nr. 17 CE A. 2789).

54 Erleidet ein Mitglied der Personalvertretung oder der Jugendvertretung auf dem Wege zu oder von einer oder während einer Schulungs- und Bildungsveranstaltung nach Art. 46 Abs. 5 einen **Unfall**, so handelt es sich grundsätzlich um einen Dienst- oder Arbeitsunfall, der nach beamtenrechtlichen Grundsätzen (§ 31 BeamtVG) oder nach § 539 Abs. 1 Nr. 1 RVO dem gesetzlichen Versicherungsschutz unterliegt.

55 **Verstöße** gegen die Verpflichtung, das Amt unentgeltlich zu führen, können den Ausschluß aus dem Personalrat bzw. die Auflösung des Gremiums nach Art. 28 Abs. 1 zur Folge haben. Streitigkeiten über Zeit und Umfang von Freistellungen sowie die Personen, welche freigestellt werden sollen, entscheiden die Verwaltungsgerichte nach Art. 81 Abs. 1 Nr. 3 im Beschlußverfahren. Streitigkeiten wegen Fortzahlung der Bezüge und die Gewährung von Freizeitausgleich nach Grund und Höhe entscheiden die Verwaltungsgerichte, falls es sich um die Rechte von Beamten handelt und die Arbeitsgerichte für den Fall, daß Arbeiter und Angestellte Ansprüche geltend machen (vgl. ausführlich ABW, Art. 46 Rn. 38).

Artikel 47
Schutz bei Kündigungen, Versetzungen und Abordnungen

(1) Für die Mitglieder des Personalrats, die in einem Arbeitsverhältnis stehen, gelten die §§ 15 und 16 des Kündigungsschutzgesetzes entsprechend.

(2) Die außerordentliche Kündigung von Mitgliedern des Personalrats, die in einem Arbeitsverhältnis stehen, bedarf der Zustimmung des Personalrats. Verweigert der Personalrat seine Zustimmung oder äußert er sich nicht innerhalb von drei Tagen nach Eingang des Antrags, so kann das Verwaltungsgericht sie auf Antrag des Dienststellenleiters ersetzen, wenn die außerordentliche Kündigung unter Berücksichtigung aller Umstände gerechtfertigt ist. In dem Verfahren vor dem Verwaltungsgericht ist der betroffene Arbeitnehmer Beteiligter.

(3) Mitglieder des Personalrats dürfen gegen ihren Willen nur versetzt oder abgeordnet werden, wenn dies auch unter Berücksichtigung der Mitgliedschaft im Personalrat aus wichtigen dienstlichen Gründen unvermeidbar ist. Als Versetzung im Sinne des Satzes 1 gilt

Art. 47

auch die mit einem Wechsel des Dienstorts verbundene Umsetzung in derselben Dienststelle; das Einzugsgebiet im Sinne des Umzugskostenrechts gehört zum Dienstort. Die Versetzung oder Abordnung von Mitgliedern des Personalrats bedarf der Zustimmung des Personalrats; Abs. 2 Sätze 2 und 3 gelten entsprechend mit der Maßgabe, daß für die Frist Art. 70 Abs. 2 Sätze 3 und 4 gelten.

(4) Für Dienstanfänger, Beamte im Vorbereitungsdienst und Beschäftigte in entsprechender Berufsausbildung gelten die Absätze 1 bis 3 nicht. Die Absätze 2 und 3 gelten ferner nicht bei der Versetzung oder Abordnung dieser Beschäftigten zu einer anderen Dienststelle im Anschluß an das Ausbildungsverhältnis. Die Mitgliedschaft der in Satz 1 bezeichneten Beschäftigten im Personalrat ruht unbeschadet des Art. 29, solange sie entsprechend den Erfordernissen ihrer Ausbildung zu einer anderen Dienststelle versetzt oder abgeordnet sind.

Die Vorschrift sichert im Zusammenwirken mit Art. 8, Art. 46 Abs. 2 ff., Art. 9 und Art. 24 die **äußere Unabhängigkeit** des geschützten Personenkreises und schafft gemeinsam mit Art. 45 und Art. 46 Abs. 1, welche die **innere Unabhängigkeit** der Interessenvertreter gewährleisten, sowie Art. 44, in dem die **materielle Grundlage** für eine wirkungsvolle Vertretung der Beschäftigten sichergestellt wird, die Voraussetzung dafür, daß das Gesamtkonzept des BayPVG, welches darauf aufbaut, daß alle Aufgaben, Rechte und Pflichten, die das Gesetz zuweist, auch wirklich wahrgenommen und ausgeschöpft werden – auch betriebliche Wirklichkeit werden kann (vgl. zum Gesamtkonzept ausführlich Art. 2 Rn. 1). **1**

(Abs. 1) Abs. 1 begründet für die Mitglieder des Personalrats dieselben Rechte, wie sie nach §§ 15 und 16 KSchG u. a. den Betriebsräten eingeräumt werden. **2**

Für Beamte gilt das Kündigungsschutzgesetz nicht, da diese nicht in einem Arbeitsverhältnis stehen. **3**

Der Kündigungsschutz wirkt nach bis zum Ablauf eines Jahres nach Auslaufen der Amtszeit bzw. anderweitiger Beendigung des Personalratsamtes wie z.B. Niederlegung des Amtes. Kein nachwirkender Schutz tritt ein, wenn die Mitgliedschaft durch gerichtliche Entscheidung durch Art. 28 Abs. 1 oder Art. 25 erlischt. In diesen Fällen endet der Kündigungsschutz mit Rechtskraft der gerichtlichen Entscheidung. **4**

Bei **Ersatzmitgliedern** beginnt der Kündigungsschutz des Abs. 1 mit dem Eintreten für ein verhindertes Mitglied in das Gremium, wobei der Kündigungsschutz entsprechend dem Schutzzweck, die äußere Unabhängigkeit des Ersatzmitgliedes zu gewährleisten, davon abhängt, daß Personalratstätigkeit auch wahrgenommen wurde. Die Teilnahme an einer Sitzung genügt (wie hier BVerwG, Beschluß v. 27. 9. 1984 – 6 P 38/83 –, NJW 1985, 2842). Die Frist für den nachwirkenden Kündigungsschutz beginnt **5**

Art. 47

zu laufen, sobald die Vertretungstätigkeit endet. Darauf, wie lange die Vertretungstätigkeit gedauert hat, kommt es nicht an.

6 **Änderungskündigungen** sind ordentliche Kündigungen, so daß sie gegenüber den Angehörigen des geschützten Personenkreises ebenfalls unzulässig sind. Dies gilt auch für **Gruppen- und Massenkündigungen** bzw. **Massenänderungskündigungen** (vgl. BAG v. 29. 1. 1981 – 2 AZR 178/78 –, AP Nr. 10 zu § 15 KSchG 1969; BAG v. 6. 5. 1971 – 2 AZR 223/70 –).

7 **Für Mitglieder des Wahlvorstandes und Wahlbewerber,** auf welche Abs. 1 nach Art. 24 Abs. 1 Satz 3 entsprechend anwendbar ist, dauert der **nachwirkende Kündigungsschutz** nur **sechs Monate** nach Bekanntgabe des Wahlergebnisses. Dies gilt nach § 15 Abs. 3 Satz 2 Halbs. 2 KSchG nur dann nicht, wenn ein Mitglied des Wahlvorstands durch gerichtliche Entscheidung durch einen anderen Wahlvorstand ersetzt wurde. Mit **Personalrat** im Sinne von § 47 Abs. 1 ist derjenige Personalrat gemeint, dem der von der Kündigung bedrohte Arbeitnehmer angehört. In Fällen des Art. 47 kann diejenige Personalvertretung, der das von der Kündigung bedrohte Personalratsmitglied angehört und deren Zustimmung zur Kündigung erforderlich ist, auch eine Personalvertretung sein, die nicht auf der Ebene des Dienststellenleiters begründet ist, der über die Kündigung zu entscheiden hat.

8 **(Abs. 2)** Nach **Abs. 2** sind die Angehörigen des nach Art. 47 geschützten Personenkreises auch vor außerordentlichen Kündigungen insoweit geschützt, als solche Kündigungen nur zulässig sind, wenn der Personalrat ihnen zugestimmt hat oder die verweigerte Zustimmung vom Verwaltungsgericht auf Antrag des Dienststellenleiters ersetzt wurde. Die Vorschrift gilt ebenfalls nicht für Beschäftigte im Beamtenverhältnis. Sie wirkt nicht nach, d.h. der Schutz des Abs. 2 endet mit der Beendigung des Amtes bzw. bei Wahlvorstandsmitgliedern und Wahlbewerbern mit der Bekanntgabe des Wahlergebnisses. Erforderlich ist die Zustimmung der Personalvertretung, welcher das zu kündigende Mitglied angehört. Sind dies mehrere Gremien, müssen alle ihre Zustimmung erteilen.

Die Verweigerung der Zustimmung des Personalrats braucht nicht begründet zu werden. Sie kann nach Abs. 2 Satz 2 auch dadurch erfolgen, daß sich der Personalrat nicht innerhalb von 3 Tagen nach Eingang des Antrags dem Dienststellenleiter gegenüber zu der beantragten Kündigung äußert. Für das betroffene Personalratsmitglied nimmt ein Ersatzmitglied an Beratung und Beschlußfassung teil (LAG München v. 23. 1. 1991 – 5 Sa 253/90 –, PersR 1991, 428).

9 Nach **Abs. 2 Satz 2** kann der Dienststellenleiter, der die Zustimmung zu einer beabsichtigten außerordentlichen Kündigung nicht erhalten hat, beim Verwaltungsgericht beantragen, daß die Zustimmung zu der außerordentlichen Kündigung ersetzt wird. In diesem Verfahren sind das Mitglied, dem gekündigt werden soll, und das Personalratsgremium, welches

Art. 47

die Zustimmung verweigert hat, **Beteiligte**. Das Verwaltungsgericht darf die Zustimmung nur ersetzen, wenn es einem vernünftig und gerecht denkenden Arbeitgeber unter Berücksichtigung aller Umstände nicht zugemutet werden kann, das Arbeitsverhältnis noch bis zum **Ablauf der ordentlichen Kündigungsfrist** fortzusetzen, d. h. statt der außerordentlichen eine ordentliche Kündigung auszusprechen. Nur unter dieser Voraussetzung ist eine Kündigung aus wichtigem Grund nach § 626 BGB gerechtfertigt. Die außerordentliche Kündigung stellt das äußerste Mittel des Dienststellenleiters dar. Selbst eine Beleidigung kann eine fristlose Kündigung nicht generell rechtfertigen (so VG Düsseldorf, Beschluß v. 18. 5. 1995 – 34 K 2385/95 PVL –, PersR 1995, 496). Zu beachten ist, daß Verstöße gegen Rechte und Pflichten, die den Betroffenen nur mit Blick auf die Stellung als Personalrat treffen, nur dann eine Kündigung rechtfertigen können, wenn hierin zugleich auch ein Verstoß gegen arbeitsvertragliche Verpflichtungen der oben bezeichneten Art liegt (BAG, Beschluß v. 22. 8. 1974 – 2 ABR 17/74 –, AP Nr. 1 zu § 103 BetrVG 1972; vgl. zu den Einzelheiten des Zustimmungsersetzungsverfahrens ABW, Art. 47 Rn. 9).

Für die Einhaltung der Ausschlußfrist von zwei Wochen ist der Arbeitgeber darlegungs- und beweispflichtig. Er muß begründet darlegen, wann er Kenntnis erlangt hat (vgl. BayVGH, Beschluß v. 13. 5. 1982 – Nr. 17 C 82 A. 908 – und Nr. 17 C 82 A. 244 –, n. v.). Innerhalb dieses Zeitraums muß auch der Antrag auf Zustimmungsersetzung beim Verwaltungsgericht gestellt sein. Dieser kann anderenfalls keinen Erfolg haben (vgl. OVG Mecklenburg-Vorpommern, Beschluß v. 2. 4. 1997 – 8 L 83/96 – PersR 1998, 29, 30; HessVGH, Beschluß v. 11. 3. 1997 – 22 TL 3298/96 – PersR 1998, 22).

Die Kündigung von Wahlbewerbern und Mitgliedern von Wahlvorständen in Dienststellen, in denen noch kein Personalrat gebildet wurde, bedarf ebenfalls der Zustimmung durch das Verwaltungsgericht (vgl. Art. 24 Abs. 1 Satz 3).

(**Abs. 3**) Nach **Abs. 3 Satz 1** sind die Angehörigen des oben bezeichneten geschützten Personenkreises auch davor geschützt, daß sie gegen ihren Willen **versetzt** oder **abgeordnet** werden. Die Vorschrift gilt auch für Beschäftigte im Beamtenverhältnis. **Versetzung** ist hierbei eine dauernde Beschäftigung des Arbeitnehmers an einem anderen als dem bisherigen Arbeitsplatz bzw. bei Beamten die auf Dauer angelegte Übertragung einer Amtsstelle bei einer anderen Dienststelle.

Nach **Abs. 3 Satz 2** gilt als Versetzung auch die **Umsetzung** in derselben Dienststelle, wenn diese den Wechsel des Dienstortes mit sich bringt. Unter Umsetzung ist hierbei die auf Dauer angelegte Übertragung eines anderen Arbeitsplatzes ohne Änderung der Dienststelle zu verstehen. Ein Wechsel des Dienstortes ist nach Abs. 3 Satz 2 nur anzunehmen, wenn der neue Arbeitsplatz nicht mehr zum bisherigen Einzugsgebiet im Sinne des Umzugskostenrechts gehört.

Art. 47

Abordnung ist die vorübergehende Zuweisung einer Beschäftigung in einer anderen Dienststelle als der ständigen Dienststelle des Beschäftigten bzw. bei Beamten die Zuweisung einer anderen Amtsstelle bei einer anderen Behörde ohne Verlust der bisherigen Planstelle.

Die Versetzung oder Abordnung ist nur zulässig, wenn dies aus **wichtigen dienstlichen Gründen** unvermeidbar ist. Die Grenze der **Unvermeidbarkeit** ist insoweit mit Rücksicht auf die Bedeutung des Versetzungs- und Abordnungsschutzes für die äußere Unabhängigkeit der Personalratsmitglieder zu ermitteln, d. h., daß die Frage der Unvermeidbarkeit streng zu prüfen ist. Letzteres hat zur Folge, daß die erforderlichen dienstlichen Gründe z. B. nur vorliegen, wenn objektiv keine andere Lösung eines konkreten dienstlichen Problems der Dienststelle möglich ist, auch wenn dies mit zusätzlichen Kosten verbunden ist.

11 Die Versetzung bzw. Abordnung des Personalratsmitgliedes ist nach **Abs. 3 Satz 3** weiter nur zulässig, wenn das zuständige Vertretungsorgan, dem der Betroffene angehört, der Maßnahme auch **zugestimmt** hat, oder das Verwaltungsgericht diese Zustimmung ersetzt hat. Die Ausführungen unter Rn. 9 gelten entsprechend.

12 Nach **Abs. 3 Satz 3 Halbs. 2** gilt für die Verweigerung der Zustimmung des Personalrats aber die Frist des Art. 70 Abs. 2 Sätze 3 und 4, was bedeutet, daß das zuständige Gremium seinen Beschluß dem Dienststellenleiter innerhalb von zwei Wochen mitteilen muß, wobei der Dienststellenleiter diese Frist auch noch auf eine Woche verkürzen kann. Nach Ablauf der Frist kann der Dienststellenleiter die fehlende Zustimmung durch das Verwaltungsgericht ersetzen lassen. Wird die Zustimmung durch das Verwaltungsgericht nicht ersetzt, muß die Versetzung oder Abordnung unterbleiben.

13 **Ersatzmitglieder** können den Abordnungs- und Versetzungsschutz nach Auffassung des BVerwG nur in Anspruch nehmen, wenn und solange sie für ein ordentliches Personalratsmitglied bzw. Mitglied eines anderen Vertretungsorgans tatsächlich nachgerückt sind (BVerwG, Beschluß v. 27. 9. 1984 – 6 P 38/83 –, NJW 1985, 2842).

Diese Auffassung schützt den Personalrat nicht vor dauernden oder vorübergehenden Änderungen seiner Zusammensetzung und ist deshalb **abzulehnen,** weil sie gerade bei Ersatzmitgliedern, die häufig nachrücken (sogenannte erste und zweite Ersatzmitglieder), was bei Stufenvertretungen regelmäßig der Fall ist, zu Ergebnissen führt, die den Bedürfnissen der Praxis nicht entsprechen (wie hier OVG Berlin, Beschluß v. 14. 6. 1990 – OVG 8 V Bln 11.88 –, PersR 1991, 140).

14 Abordnung und Versetzungen von Mitgliedern einer Stufenvertretung oder eines Gesamtpersonalrats sind selbst dann nur unter den Voraussetzungen des Abs. 3 zulässig, wenn die Betroffenen aus dem Gremium durch die Versetzung oder Abordnung nicht zwangsläufig ausscheiden, etwa weil sie zu einer anderen Dienststelle im Zuständigkeitsbereich einer

Stufenvertretung versetzt werden (wie hier BVerwG, Beschluß v. 29. 4. 1981 – 6 P 37.79 –, ZBR 1982, 185).

(Abs. 4) Nach **Abs. 4** sind Dienstanfänger, Beamte im Vorbereitungsdienst und Beschäftigte in entsprechender Berufsausbildung im Hinblick auf Versetzungen und Abordnungen im Sinne von Abs. 3 nicht geschützt. Diese Regelung berücksichtigt die durch die Berufsausbildung vorgegebenen Ziele, wonach dieser Beschäftigtenkreis aus ausbildungstechnischen Gründen häufig zu anderen Dienststellen wechseln muß, so daß der Schutz vor Abordnungen und Versetzungen das **Ausbildungsziel** gefährden könnte. Für den Fall einer Abordnung oder Versetzung ruht in diesen Fällen das Personalratsamt. Art. 29 bleibt aber unberührt, soweit die Voraussetzungen für ein Erlöschen der Mitgliedschaft vorliegen. Für die Beschäftigten, die in einem Beamtenverhältnis ausgebildet werden, fehlt es darüber hinaus auch am Kündigungsschutz. Auszubildende nach dem Berufsbildungsgesetz fallen allerdings nicht unter Abs. 4. Für sie gilt der Schutz des Abs. 1 uneingeschränkt. **15**

Streitigkeiten, welche die Geschäftsführung des Personalrats betreffen (Inhalt und Umfang der Zustimmungsrechte), entscheiden die Verwaltungsgerichte nach Art. 81 Abs. 1 Nr. 3. Wenden sich einzelne gegen eine bestimmte Maßnahme, so entscheiden die Verwaltungsgerichte, falls es sich um Beamte handelt, und die Arbeitsgerichte, soweit Arbeiter oder Angestellte in ihren Rechten beeinträchtigt sind. **16**

Fünfter Abschnitt
Personalversammlung

Artikel 48
Zusammensetzung und Leitung

(1) Die Personalversammlung besteht aus den Beschäftigten der Dienststelle. Sie wird vom Vorsitzenden des Personalrats geleitet. Sie ist nicht öffentlich.

(2) Kann nach den dienstlichen Verhältnissen eine gemeinsame Versammlung aller Beschäftigten nicht stattfinden, so sind Teilversammlungen abzuhalten. Das Teilnahmerecht an den Teilversammlungen steht allen Mitgliedern des Personalrats sowie den Beschäftigten zu, für die sie abgehalten werden.

(Abs. 1) Die Personalversammlung besteht nach **Abs. 1 Satz 1** aus den **Beschäftigten** der Dienststelle. **Dienststellen** sind die in Art. 6 bezeichneten Organisationseinheiten der staatlichen Verwaltung (vgl. hierzu aus- **1**

Art. 48

führlich Art. 6 Rn. 1 ff.). Beschäftigte sind die in Art. 4 genannten Personen (vgl. hierzu Art. 4 Rn. 1 ff.). Da nicht zwischen wahlberechtigten und nichtwahlberechtigten Beschäftigten unterschieden wird, dürfen auch Jugendliche und Auszubildende und andere nichtwahlberechtigte Beschäftigte teilnehmen und abstimmen. Eine Verpflichtung der Beschäftigten zur Teilnahme an der Personalversammlung besteht nicht, doch dürfen Beschäftigte, die an einer Versammlung, die während der Arbeitszeit stattfindet, nicht teilnehmen, ihren Arbeitsplatz nicht verlassen. Die Arbeitsleistung muß erbracht werden, soweit dies möglich ist.

2 Nach Art. 52 Abs. 2 BayPVG hat der **Dienststellenleiter** das Recht, an ordentlichen und außerordentlichen Personalversammlungen teilzunehmen. Eine entsprechende Pflicht besteht nur insoweit, als er zur Teilnahme immer dann **verpflichtet** ist, wenn es sich um Personalversammlungen handelt, die **auf seinen Wunsch** einberufen wurden oder zu denen er ausdrücklich **eingeladen** wurde (vgl. hierzu ausführlich Art. 52 Rn. 1 ff.). Im **Verhinderungsfall** kann sich der Dienststellenleiter nur nach Maßgabe der Regelung in Art. 7 vertreten lassen (vgl. hierzu ausführlich Art. 7 Rn. 4 bis 10).

3 Gehört die Dienststelle einer Arbeitgebervereinigung an (z. B. VKA oder TdL), kann nach Art. 52 Abs. 1 oder 2 evtl. ein **Beauftragter** derselben an der Personalversammlung **beratend** teilnehmen. Zur Beratung gehört nicht nur die schlichte Anwesenheit, sondern auch die Möglichkeit, an den Erwägungen und Diskussionen in der Personalversammlung teilzunehmen. Dem Beauftragten der Arbeitgebervereinigung ist darum auf sein Verlangen hin das Wort zu erteilen. Die im Gesetz vorgeschriebene Beschränkung auf die beratende Teilnahme hat aber zur Folge, daß **keine Anträge** gestellt werden können und nicht an Abstimmungen teilgenommen werden darf. Der Beauftragte der Arbeitgebervereinigung unterliegt wie alle Teilnehmer der Personalversammlung der **Schweigepflicht** nach Art. 10 Abs. 1 (vgl. hierzu ausführlich Art. 10 Rn. 1 ff.).

4 Der Personalrat oder die Personalversammlung hat das Recht, von Fall zu Fall zu beschließen, daß je ein **Beauftragter der in der Dienststelle vertretenen Gewerkschaften** und ein Beauftragter der zuständigen Arbeitgebervereinigung berechtigt sind, mit beratender Stimme an der Personalversammlung teilzunehmen (vgl. hierzu auch ausführlich Art. 52 Rn. 3). Die Einberufung der Personalversammlung ist den in Satz 1 genannten Gewerkschaften und der Arbeitgebervereinigung nach Art. 52 Abs. 1 Satz 2 mitzuteilen. Wen die Gewerkschaften als Beauftragten entsenden, liegt in ihrem Ermessen. Gewerkschaftsbeauftragte nehmen **beratend** an der Personalversammlung teil. Ihnen ist auf ihr Verlangen in der Personalversammlung das Wort zu erteilen, damit sie zu offenstehenden Fragen Stellung nehmen können. Außerdem haben die Gewerkschaftsbeauftragten die Möglichkeit, von sich aus zu allen Punkten, die sich im zulässigen Themenbereich der Personalversammlung bewegen, Ausführungen zu machen. Zieht der Dienststellenleiter nach

Art. 48

Art. 52 Abs. 2 Satz 2 einen Vertreter der zuständigen Arbeitgebervereinigung hinzu, besteht ebenfalls das Recht jeweils eines Gewerkschaftsbeauftragten, an der Personalversammlung teilzunehmen.

Andere Personen als die Bezeichneten haben wegen der in Abs. 1 Satz 3 **5** festgelegten Nichtöffentlichkeit der Personalversammlung kein Teilnahmerecht. Dies gilt z. B. im Hinblick auf Berichterstatter für Funk, Film oder Fernsehen selbst für den Fall, daß insoweit Einvernehmen zwischen dem Personalrat und dem Dienststellenleiter besteht. Der Personalrat ist aber berechtigt, zu seiner Unterstützung bei der Unterrichtung der Beschäftigten über Themen, die gemäß Art. 49 Abs. 2 Gegenstand der Beratung der Personalversammlung sind, für die Dauer der Erörterung des Themas eine **dienststellenfremde Auskunftsperson** zur Personalversammlung hinzuzuziehen, die sich sachkundig zu dem Thema äußert und ergänzende Fragen beantwortet (wie hier BVerwG, Beschluß v. 6. 9. 1984 – 6 P 17.82 –, ZBR 1985, 55 ff. = PersR 1985, 44 ff., wo die Teilnahme allerdings davon abhängig gemacht wird, daß kein anderer Teilnehmer der Personalversammlung die erforderliche Information geben kann; weitergehend insoweit zu Recht BAG, Beschluß v. 13. 9. 1977 –, AP Nr. 1 zu § 42 BetrVG 1972, und BAG v. 28. 11. 1978 –, AP Nr. 2 zu § 43 BetrVG).

Nach höchstrichterlicher Rspr. ist es nicht zulässig, wenn – zumal in Wahlkampfzeiten – Landtagsabgeordnete verschiedener politischer Parteien zur Behandlung besoldungs- und sozialpolitischer Fragen hinzugezogen werden, wenn nicht durch die Themenstellung sowie die konkrete Organisation der Befragung eine ausschließlich sachbezogene Information der Beschäftigten aus aktuellem, gewichtigem Anlaß gewährleistet ist. Parteipolitische Darstellungen müssen vermieden werden (vgl. BVerwG, Beschluß v. 10. 3. 1995 – 6 P 15.93 –, PersR 1995, 489).

Ein beauftragtes Mitglied der Stufenvertretung und/oder des Gesamtpersonalrates darf teilnehmen (OVG NW, Beschluß v. 10. 6. 1994 – 1 A 941/91 PVB –, PersR 1996, 27).

Ein bei einer Kreisverwaltung gebildeter Personalrat ist nicht berechtigt, Mitglieder des Kreistages zu einer Personalversammlung einzuladen (OVG NW, Beschluß v. 24. 2. 1994 – 1 A 35/91 –, PersR 1995, 24).

Die ordentliche und außerordentliche Personalversammlung wird nach **6** **Abs. 1 Satz 2** vom **Vorsitzenden des Personalrats geleitet,** für den Fall seiner Verhinderung von seinem Stellvertreter. Finden Personalversammlungen zur Wahl des Wahlvorstandes statt, wird die Versammlung von einem eigens zu wählenden Versammlungsleiter geleitet (vgl. hierzu Art. 20 Rn. 8). Niemand außer den Vorgenannten kann die ordentliche und außerordentliche Personalversammlung leiten. Letzteres ist selbst dann nicht zulässig, wenn dies vom Personalrat oder durch die Personalversammlung beschlossen wird. Die Versammlung darf nicht vom Dienststellenleiter geleitet werden.

Art. 48

7 Der Personalratsvorsitzende hat alle Rechte eines Versammlungsleiters, also auch das **Hausrecht.** Dieses besteht auch gegenüber dem Dienststellenleiter. Das Hausrecht gilt für die gesamte Dauer der Personalversammlung, aber nur, soweit sie sich im Rahmen des BayPVG bewegt, und erfaßt auch die Zugangswege zum Versammlungsraum (vgl. BAG v. 18. 3. 1964 – 1 ABR 12/65 –, AP Nr. 1 zu § 45 BetrVG 1952). Zur Leitung der Sitzung gehören außer der Ausübung des Hausrechts das Recht und die Pflicht, die Versammlung **zu eröffnen** und **zu schließen** und dazwischen die **Tagesordnung durchzuführen**, sowie **das Wort zu erteilen und zu entziehen,** darüber **zu wachen,** daß das Gebot der **Nichtöffentlichkeit** eingehalten wird und daß hinsichtlich der Thematik der durch das BayPVG vorgegebene Rahmen nicht überschritten wird.

8 Außer dem in Rn. 2 bis 5 bezeichneten Personenkreis dürfen keine weiteren Personen an der Personalversammlung teilnehmen. **Tonbandaufnahmen oder Aufzeichnungen auf Bildträger** (Video, Film usw.) sind nach vorheriger Ankündigung und der Erlaubnis des Versammlungsleiters, aller anderen Teilnehmer sowie derjenigen, deren Wortbeitrag aufgenommen werden soll, zulässig. Da die Verhandlung in der Personalversammlung **nicht öffentlich** ist, sind unbefugte Tonaufnahmen nach § 201 StGB strafbar. Verstöße gegen das Gebot der Nichtöffentlichkeit machen die Personalversammlung nicht ohne weiteres zur »öffentlichen Versammlung« mit der Folge, daß die Teilnehmer nicht mehr geschützt sind.

9 (**Abs. 2**) Die **Vollversammlung** aller Beschäftigten der Dienststelle ist vom Gesetz als **Regelfall** vorgesehen. Grundsätzlich muß der Personalrat deshalb versuchen, alle Beschäftigten in einer gemeinsamen Personalversammlung zu vereinen. Nur wenn dies **ausnahmsweise** wegen der Eigenart der Dienststelle, z. B. wenn im Schichtdienst gearbeitet wird oder ein großes Einzugsgebiet vorliegt, nicht möglich ist, können nach Abs. 2 **Teilversammlungen** durchgeführt werden. Entscheidend ist insoweit stets die Eigenart der Dienststelle und keinesfalls der Wunsch oder der Wille von Dienststellenleiter oder Personalrat. Nach Gruppen getrennte Versammlungen sind unzulässig. **Kosten,** die z. B. dadurch entstehen, daß Räume angemietet werden müssen, sind kein Grund, eine Teil- statt einer Vollversammlung durchzuführen. Darüber, ob Teilversammlungen stattfinden, entscheidet der Personalrat durch **Beschluß,** der sowohl die Zahl der Teilversammlungen als auch die Abgrenzung der Teilnehmer regelt. Nach Möglichkeit ist eine Vollversammlung bzw. eine oder mehrere Teilversammlungen für die aus den oben bezeichneten Gründen verhinderten Beschäftigten durchzuführen.

10 **Keine Personalversammlungen** im Sinne des BayPVG sind Versammlungen von Beschäftigten, die vom Dienststellenleiter aus dienstlichen Gründen einberufen werden (vgl. BVerwG, Beschluß v. 23. 5. 1986 – 6 P 23.83 –, PersR 1986, 233). Der Dienststellenleiter verstößt gegen den Grundsatz der vertrauensvollen Zusammenarbeit, wenn er eine von ihm zur Information der Beschäftigten einberufene Versammlung als »Personalversammlung oder als Personal-Versammlung« bezeichnet (vgl. BVerwG, Beschluß v. 23. 5. 1986, a. a. O.).

Ein Recht, an der Teilversammlung teilzunehmen, haben nach **Abs. 2** **11**
Satz 2 alle Personalratsmitglieder. Außerdem haben nach Abs. 2 Satz 2 alle Beschäftigten das Recht, an der Teilversammlung teilzunehmen, für welche diese einberufen wurde, also z.b. die Beschäftigten einer bestimmten Schicht, für die diese Teilversammlung durchgeführt wird. Auch die Leitung von Teilversammlungen obliegt dem Vorsitzenden des Personalrats.

Streitigkeiten wegen der Zusammensetzung der Personalversammlung, **12**
dem Grundsatz der Nichtöffentlichkeit, der Pflicht, Kosten zu tragen, und der Zulässigkeit von Teilversammlungen entscheiden die Verwaltungsgerichte nach Art. 81 Abs. 1 Nr. 3 (Geschäftsführung der Personalvertretung).

Artikel 49
Ordentliche und außerordentliche Personalversammlung

(1) Der Personalrat hat einmal in jedem Kalenderhalbjahr in einer Personalversammlung einen Tätigkeitsbericht zu erstatten.

(2) Der Personalrat ist berechtigt und auf Wunsch des Leiters der Dienststelle oder eines Viertels der wahlberechtigten Beschäftigten verpflichtet, eine Personalversammlung einzuberufen und den Gegenstand, dessen Beratung beantragt ist, auf die Tagesordnung zu setzen.

(Abs. 1) Nach **Abs. 1** hat der Personalrat die Pflicht, einmal in jedem **1**
Kalenderhalbjahr eine Personalversammlung durchzuführen. Der Personalrat bestimmt hierbei durch Beschluß, ob und wann eine Personalversammlung stattfindet. Diese kann nur dann stattfinden, wenn der Personalrat sie auch einberuft. Ausnahmen bestehen nur hinsichtlich der Versammlungen, die nach Art. 20 Abs. 2 und Art. 21 zur Bestellung eines Wahlvorstandes vom Leiter der Dienststelle einberufen werden (vgl. hierzu ausführlich die Ausführungen zu diesen Vorschriften).

Ein fixer Zeitpunkt oder ein bestimmter zeitlicher Abstand der einzelnen Versammlungen zueinander ist nicht erforderlich. Bleibt Art. 49 Abs. 1 (Halbjahresrhythmus) unbeachtet, so ist hierin eine grobe Verletzung der gesetzlichen Pflichten zu erkennen, die auf Antrag auch zur Auflösung des Personalrats nach Art. 28 Abs. 1 BayPVG führen kann. Geringfügige Über- oder Unterschreitungen sind aber unschädlich. Jeder neugewählte Personalrat muß prüfen, ob in dem Kalenderhalbjahr, in dem seine Amtszeit beginnt, schon eine Personalversammlung stattgefunden hat. War dies nicht der Fall, so muß er sie einberufen, auch wenn er nur noch wenige Monate in diesem Kalenderjahr amtiert.

Art. 49

Der Beschluß, wonach eine Personalversammlung (Teilversammlung) durchgeführt werden soll, muß so frühzeitig gefaßt werden, daß die organisatorischen Vorbereitungen und die Bekanntgabe von Zeit, Ort und Tagesordnung der Personalversammlung an die Beschäftigten noch erfolgen können.

2 Obgleich das Gesetz nichts ausdrücklich darüber sagt, sollte die Einberufung unter gleichzeitiger Bekanntgabe der Tagesordnung erfolgen, weil sich regelmäßig nur so die Teilnehmer auf die zu behandelnden Fragen einstellen und sich gegebenenfalls vorbereiten können. Findet die Versammlung während der Arbeitszeit statt, so ist der Leiter der Dienststelle so frühzeitig von dem Termin und der voraussichtlichen Dauer der Versammlung zu unterrichten, daß er für den Dienst- bzw. Verwaltungsablauf rechtzeitig entsprechende Vorbereitungen treffen kann. Die vorgesehene Tagesordnung kann durch Beschluß um weitere Themen, die zum Zuständigkeitsbereich der Personalvertretung gehören, ergänzt werden. Antragsberechtigt ist insoweit jeder Teilnehmer der Versammlung. Die Mitteilung an die Beschäftigten (Zeit, Ort, Tagesordnung) muß an den Anschlagtafeln des Personalrats erfolgen. Weitergehende Information (z. B. durch Handzettel) ist zulässig.

3 **Hauptzweck** der halbjährlichen Personalversammlung ist es, nach Abs. 1 dem Personalrat Gelegenheit zu geben, seinen **Tätigkeitsbericht** zu erstatten. Form und Inhalt des Tätigkeitsberichts müssen zumindest in allen Grundzügen vom Personalrat beschlossen werden (wie hier BVerfG v. 26. 5. 1970 – 2 BvR 311/67 –, AP Nr. 18 zu Art. 9 GG; BVerwG v. 8. 10. 1975 – VII P 16.75 –, PersV 1976, 420). In der Regel erstattet der Personalratsvorsitzende den Tätigkeitsbericht. Es ist aber auch zulässig, daß der Bericht von mehreren Mitgliedern des Personalrats arbeitsteilig erstattet wird. Letzteres bietet sich vor allem in den Fällen an, in denen einzelne Mitglieder des Personalrats mit speziellen Problemen besonders befaßt waren. Der **Tätigkeitsbericht** muß über die Arbeit in dem jeweiligen Berichtszeitraum einen umfassenden Überblick geben, muß also zu Anzahl, Inhalt und Problematik der Beteiligungsfälle, die Zusammenarbeit des Gremiums mit dem Dienststellenleiter und den Gewerkschaften sowie das Zusammenwirken mit Stufenvertretungen, Gesamtpersonalräten, Vertrauensleuten der schwerbehinderten Menschen und der Zivildienstleistenden usw. so umfassend wie nur möglich informieren. Soweit es um Tarif- und Sozialfragen sowie Probleme der Besoldung geht, die in den Zuständigkeitsbereich der Gewerkschaften fallen, sind die Ergebnisse eines diesbezüglichen Zusammenwirkens von Personalrat und Gewerkschaften ebenfalls Gegenstand des Tätigkeitsberichts. Die **Schweigepflicht** des Personalrats aus Art. 10 hindert das Gremium nicht, die Teilnehmer an der Personalversammlung auch über Angelegenheiten zu informieren, die Außenstehenden gegenüber der Geheimhaltung bedürfen. Letzteres ergibt sich daraus, daß die Teilnehmer an der Personalversammlung ihrerseits der Schweigepflicht unterliegen, so daß die Informationen nicht an außenstehende Dritte gelangen können (Geffken, Die

Art. 49

Personalversammlung – Forum freier Meinungsäußerung –, PersR 1986, 129/130). Ausgenommen sind insoweit aber Tatsachen, welche die Persönlichkeitssphäre eines Beschäftigten betreffen, der Inhalt von Personalakten (Art. 69 Abs. 2 Satz 2), der Prozeß der Willensbildung in einer Personalratssitzung und Angelegenheiten, die als Verschlußsachen mindestens des Geheimhaltungsgrades »VS-Vertraulich« eingestuft sind (vgl. hierzu auch die Anm. zu Art. 88).

Alle durch die Personalversammlung entstehenden **Kosten** trägt die Dienststelle. 4

Entsprechend Art. 41 Abs. 1 empfiehlt es sich, auch über den Ablauf der Personalversammlung (Teilversammlung) eine **Niederschrift** anzufertigen, in welcher die wichtigsten Anträge, Diskussionsbeiträge usw. stichpunktartig festgehalten werden. 5

(**Abs. 2**) Nach **Abs. 2** hat der Personalrat das Recht, jederzeit von sich aus eine Personalversammlung einzuberufen, und die Pflicht, neben den Personalversammlungen, die in jedem Kalenderhalbjahr durchzuführen sind, auf Wunsch eines **Viertels der wahlberechtigten Beschäftigten** der Dienststelle (maßgeblich ist insoweit der Zeitpunkt der Antragstellung) eine **außerordentliche Personalversammlung** einzuberufen. Dasselbe gilt auch, wenn der **Dienststellenleiter** eine solche außerordentliche Personalversammlung fordert. Der Personalrat muß dem Wunsch auf Einberufung einer Personalversammlung unverzüglich, d. h. **ohne schuldhaftes Zögern,** nachkommen. Er hat den Gegenstand, dessen Beratung von den Beschäftigten oder dem Dienststellenleiter gefordert wird, auf die Tagesordnung der anzuberaumenden Versammlung zu setzen. Antragsteller, die eine Personalversammlung beantragen, müssen diesen Gegenstand stets genau bezeichnen. Es steht dem Personalrat frei, auch andere Besprechungspunkte auf die Tagesordnung zu setzen. Kein schuldhaftes Zögern bei der Einberufung der Personalversammlung liegt vor, wenn der Personalrat die Versammlung in einer Weise vorbereitet, die es ihm erlaubt, eine Stellungnahme sowie die notwendigen Erläuterungen und Auskünfte zu geben. 6

Der Personalrat muß beachten, daß die auf Wunsch des Dienststellenleiters nach Abs. 2 einberufenen Personalversammlungen **während der Arbeitszeit** stattfinden und daß nur in besonders begründeten Fällen davon abgewichen werden darf. Bei den **außerordentlichen Personalversammlungen,** die **auf Wunsch eines Viertels der Beschäftigten** einberufen werden, ist mit dem Dienststellenleiter darüber zu verhandeln, ob diese Versammlung während der Arbeitszeit stattfinden können. Nur wenn dies nicht zum Erfolg führt, findet auch die auf Wunsch der Beschäftigten einzuberufende Personalversammlung außerhalb der Arbeitszeit statt (vgl. hierzu Art. 50 Abs. 2 und ausführlich Art. 50 Rn. 8). Für die Teilnahme an solchen Versammlungen besteht weder Anspruch auf Lohn- oder Gehaltszahlung noch auf Reisekostenvergütung (vgl. Art. 50 Abs. 1). Kommt der Personalrat dem Verlangen der Antragsberechtigten nach 7

Art. 49, 50

Abs. 2 nicht nach, kann gemäß Art. 28 die Auflösung des Personalrats oder der Ausschluß des Personalratsvorsitzenden aus dem Gremium beantragt werden.

8 Im Hinblick auf die **Einladung und den Ablauf der außerordentlichen Personalversammlung** gelten die Ausführungen zur ordentlichen Personalversammlung entsprechend (vgl. Art. 48 Rn. 1 ff.).

9 Streitigkeiten entscheiden die Verwaltungsgerichte nach Art. 81 Abs. 1 Nr. 3, schwerwiegende Verstöße können einen Antrag nach Art. 28 rechtfertigen.

Artikel 50
Zeitpunkt der Personalversammlung

(1) Die in den Art. 20 bis 23 und in Art. 49 Abs. 1 bezeichneten und die auf Wunsch des Leiters der Dienststelle einberufenen Personalversammlungen finden während der Arbeitszeit statt, soweit nicht die dienstlichen Verhältnisse zwingend eine andere Regelung erfordern. Die Teilnahme an der Personalversammlung hat keine Minderung der Dienstbezüge oder des Arbeitsentgeltes zur Folge. Notwendige Fahrkosten werden nach den Vorschriften über Reisekostenvergütungen der Beamten erstattet. Soweit in den Fällen des Satzes 1 Personalversammlungen aus dienstlichen Gründen außerhalb der Arbeitszeit stattfinden müssen, ist den Teilnehmern Dienstbefreiung in entsprechender Anwendung des Art. 80 Abs. 2 Satz 2 BayBG zu gewähren.

(2) Andere Personalversammlungen finden außerhalb der Arbeitszeit statt. Hiervon kann im Einvernehmen mit dem Leiter der Dienststelle abgewichen werden.

1 (Abs. 1) Nach **Abs. 1 Satz 1** finden die ordentlichen (Kalenderhalbjahresversammlungen) nach Art. 49 Abs. 1 und die außerordentlichen auf Wunsch des Dienststellenleiters einberufenen Personalversammlungen (Art. 49 Abs. 2) sowie die Wahlversammlungen nach Art. 20 bis 23 regelmäßig **während der Arbeitszeit** statt. Der **Zeitpunkt** der Personalversammlung wird vom Personalrat bestimmt, der auch allein darüber entscheidet, ob dienstliche Verhältnisse gegeben sind, die eine Verlegung der Personalversammlung außerhalb der Arbeitszeit erfordern (vgl. hierzu auch Art. 49 Rn. 1 bis 3, 7). Der **Zeitpunkt** ist so zu wählen, daß die Personalversammlung während der Arbeitszeit beginnt und endet. Im Hinblick auf die Dauer der Personalversammlung ist zu beachten, daß das Gesetz eine zeitliche Grenze nicht vorsieht. Der Personalrat ist deshalb berechtigt, die für eine ordnungsgemäße Abwicklung der Tagesordnung erforderliche Zeit in Anspruch zu nehmen. Es ist zulässig, eine Personalversammlung an einem anderen Tag fortzusetzen (Vertagung), wenn die nach der Tagesordnung abzuhandelnden Themen bei regulärem Dienstschluß noch nicht erledigt sind (vgl. wie hier LAG Baden-Württemberg v. 12. 12. 1985 – 14 Ta BV 22/85 –, AiB 1986, 67 ff.; ArbG Stuttgart v. 10. 12. 1985 – 4 BV Ga 2/85 –, AiB 1986, 67 ff.). Personalversammlungen der Lehrer können nach höchstrichterlicher Rechtsprechung nicht vormittags während der Unterrichtszeit stattfinden, sondern sie sind stets erst unmittelbar nach der letzten Unterrichtsstunde zulässig, so daß die Anfahrt zu der Personalversammlung u. ä. regelmäßig während der sechsten Unterrichtsstunde erfolgen darf (vgl. BVerwG, Beschluß v. 25. 6. 1984 – 6 P 2.83 –, PersV 1984, 500 m. Anm. von Kupferschläger in PersR 1985, 26, der inhaltlich gefolgt wird).

Stehen der Durchführung der Personalversammlung während der Arbeitszeit dienstliche Notwendigkeiten, wie z. B. Schichtbetrieb oder zwingende Tätigkeiten im Schalterdienst, entgegen, wird der Personalrat **Teilversammlungen** abhalten, die ebenfalls in die Arbeitszeit zu legen sind (vgl. zur Teilversammlung auch ausführlich Art. 48 Rn. 9 f.). **2**

Dienstliche Verhältnisse, die eine Verlegung außerhalb der Arbeitszeit erfordern, sind nicht schon Unzuträglichkeiten und vorübergehende Beeinträchtigungen für den Dienstablauf. Es muß sich vielmehr um zwingende dienstliche Verhältnisse handeln, die eine Verlegung einfach **unabweisbar** machen (vgl. wie hier BAG v. 9. 3. 1976, 1 ABR 74/74 –, AP Nr. 3 zu § 44 BetrVG 1972). Einvernehmen mit dem Dienststellenleiter über den Zeitpunkt der Personalversammlung ist nicht erforderlich. Im Rahmen der vertrauensvollen Zusammenarbeit nach Art. 2 erscheint es aber angebracht, den Dienststellenleiter über den Termin rechtzeitig zu informieren und über die zeitliche Lage eine Verständigung herbeizuführen. **3**

Nach **Abs. 1 Satz 2** erhalten Beschäftigte, die an den unter Rn. 2 f. bezeichneten Personalversammlungen sowie an außerordentlichen Personalversammlungen teilgenommen haben, die mit der Zustimmung des Dienststellenleiters während der Arbeitszeit stattgefunden haben (Art. 50 Abs. 2 Satz 2), als Beamte ihre Dienstbezüge und als Arbeiter und Angestellte ihr Arbeitsentgelt weiter. Die Beschäftigten sind so zu stellen, als hätten sie in der fraglichen Zeit gearbeitet, erhalten also Zuschläge, Zulagen u. ä., wie sie diese erhalten hätten, wenn sie ihren Dienst verrichtet bzw. gearbeitet haben würden. Als Arbeitszeit werden auch die zusätzlichen Wegezeiten, die durch die Teilnahme an der Versammlung verursacht wurden, vergütet. **4**

Entstehen den Beschäftigten durch die Teilnahme an ordentlichen oder ihnen gleichgestellten Versammlungen (vgl. Art. 49 Rn. 1 und 7) **Fahrtkosten**, dann sind diese Kosten vom Dienststellenleiter nach **Abs. 1 Satz 3** zu erstatten. Der Anspruch auf Erstattung der Fahrtkosten besteht jedoch nur dann, wenn solche Kosten tatsächlich entstanden sind. Im einzelnen richtet sich die Erstattung nach den Vorschriften des Bayerischen Reisekostengesetzes (BayRKG). Unerheblich ist es, ob die bezeichneten Personalversammlungen innerhalb oder außerhalb der Arbeitszeit stattgefunden hatten. **5**

6 **Unfallschutz** erfolgt für Beamte nach Art. 11, für Angestellte und Arbeiter nach § 2 Abs. 1 Nr. 2 SGB VII.

7 Beschäftigte, die an einer Personalversammlung teilnehmen, die wegen der dienstlichen Verhältnisse außerhalb der Arbeitszeit stattfinden muß (vgl. Rn. 3), erhalten nach **Abs. 1 Satz 4 Dienstbefreiung** in entsprechender Anwendung des Art. 80 Abs. 2 Satz 2 BayBG: Danach ist Dienstbefreiung innerhalb von drei Monaten zu erteilen, wenn der Beschäftigte durch die ganz oder teilweise außerhalb der Arbeitszeit stattfindenden Personalversammlungen mehr als fünf Stunden im Monat über die regelmäßige Arbeitszeit hinaus beansprucht worden ist. Es wird also **kein** Freizeitausgleich gewährt, falls die Tätigkeit außerhalb der Arbeitszeit fünf Stunden nicht überschritten hat. Die Regelung gilt für Angestellte, Arbeiter und Beamte gleichermaßen (vgl. hierzu ausführlich auch Art. 46 Rn. 12). Es kommt darauf an, ob jeweils individuell die Mehrbeanspruchung aus Dienst- und Personalversammlungen über fünf Stunden im Monat hinausgeht (wie hier Weiß u. a., BayPVG, Art. 80 Anm. 11). Soweit Beschäftigte an Personalversammlungen teilnehmen, die gänzlich außerhalb der Arbeitszeit stattfinden, wird für Wegzeiten keine Dienstbefreiung gewährt, und auch eine Zahlung von Bezügen unterbleibt (vgl. BVerwG v. 28. 10. 1982 – 2 C 1. 80 –, ZBR 1983, 191; zu weiteren Einzelheiten vgl. ABW, Art. 50 Rn. 5).

8 (Abs. 2) Nach **Abs. 2 Satz 1** finden **außerordentliche Personalversammlungen,** die vom Personalrat zusätzlich oder auf Wunsch eines Viertels der wahlberechtigten Beschäftigten einberufen werden, **außerhalb der Arbeitszeit** statt. Beschäftigte, die an solchen Personalversammlungen teilnehmen, haben weder Anspruch auf Fortzahlung der Bezüge noch auf Dienstbefreiung oder Fahrtkostenerstattung. Nach **Abs. 2 Satz 2** kann mit dem Dienststellenleiter vereinbart werden, daß die bezeichneten außerordentlichen Personalversammlungen während der Arbeitszeit stattfinden. Für diesen Fall gelten die Ausführungen zu Rn. 4f. und 7 hinsichtlich der zu zahlenden Bezüge, der zu gewährenden Dienstbefreiung usw. entsprechend (vgl. weitere Einzelheiten bei ABW, Art. 50 Rn. 8).

9 **Streitigkeiten** nach Art. 50 über die zeitliche Lage der Personalversammlung u. ä. entscheiden die Verwaltungsgerichte nach Art. 81 Abs. 1 Nr. 3. Ansprüche auf Dienstbezüge, Fahrtkostenerstattung usw. sind von Beamten nach Durchführung des erforderlichen Vorverfahrens vor den Verwaltungsgerichten und von Arbeitern und Angestellten vor den Arbeitsgerichten geltend zu machen.

Artikel 51
Zuständigkeit der Personalversammlung

Die Personalversammlung kann dem Personalrat Anträge unterbreiten und zu seinen Beschlüssen Stellung nehmen. Sie kann alle Ange-

Art. 51

legenheiten behandeln, die die Dienststelle oder ihre Beschäftigten unmittelbar betreffen, einschließlich Fragen des Beamten-, Tarif-, Arbeits- und Sozialrechts. Die Erörterung parteipolitischer Angelegenheiten ist unzulässig; Art. 67 Abs. 2 und Art. 68 Abs. 1 Satz 2 gelten für die Personalversammlung entsprechend.

Die Personalversammlung hat nach **Satz 1** das Recht, dem Personalrat **Anträge** zu unterbreiten. Der Personalrat muß deshalb in der Personalversammlung Gelegenheit geben, über solche Anträge zu beraten, zu verhandeln und zu beschließen. Hat die Personalversammlung einen bestimmten Antrag angenommen, so ist hierin zwar keine verbindliche Weisung an den Personalrat zu sehen, weil die Personalversammlung dem Personalrat nicht übergeordnet ist, der Personalrat muß sich aber in seiner Sitzung mit solchen Anträgen befassen (vgl. wie hier BVerwG, Beschluß v. 24. 10. 1975 – VII P 11.73 –, PersV 1976, 422). Der Personalrat muß auf der nächsten Personalversammlung auch Rechenschaft darüber abgeben, wie er die Anträge behandelt und erledigt hat. Das gilt insbesondere auch für den Fall, daß berechtigte Beschwerden oder Anregungen Gegenstand eines Antrags der Personalversammlung waren (vgl. Art. 69 Abs. 1 Buchst. c). Bei Anträgen einzelner Beschäftigter entscheidet die Personalversammlung, ob sie sich diese zu eigen macht. Es empfiehlt sich, bereits vor der Personalversammlung auf diese Möglichkeit hinzuweisen, damit die Tagesordnung entsprechend gestaltet werden kann. Die in den Anträgen erhobenen Forderungen sind nicht auf die Zuständigkeit des Dienststellenleiters beschränkt. Es können also z. B. auch Anträge der Personalversammlung beschlossen werden, die den Personalrat veranlassen sollen, Initiativanträge zu stellen oder sich mit den für den Arbeitsschutz zuständigen Behörden nach Art. 79 Abs. 1 in Verbindung zu setzen (wie hier Altvater u. a., BPersVG, § 51 Rn. 1). 1

Die Personal- und Teilversammlungen haben nach **Satz 2** das Recht, alle Fragen zu behandeln, die zum Aufgabenbereich des Personalrats gehören oder das Verhältnis zwischen Dienststellenleiter und Beschäftigten der Dienststelle betreffen. Voraussetzung ist, daß diese Angelegenheiten die Beschäftigten **oder** die Dienststelle unmittelbar betreffen. Es muß eine Beziehung zu den Angelegenheiten entweder der Dienststelle oder der Beschäftigten der Dienststelle vorhanden sein. Es ist nicht erforderlich, daß der Dienststellenleiter oder eine vorgesetzte Dienststelle im Hinblick auf diese Fragen zuständig sind bzw. die Möglichkeit haben, Einfluß zu nehmen. 2

Themen, welche die Dienststelle nur mittelbar, die Beschäftigten aber unmittelbar betreffen (z. B. die Fahrpreise der öffentlichen Verkehrsmittel, die von den Beschäftigten benutzt werden, um die Dienststelle zu erreichen), und auch solche, welche die Dienststelle unmittelbar, aber die Beschäftigten nur mittelbar betreffen, wie z. B. Beschlüsse des Stadt- oder Gemeinderates über die Verwendung von Steuermitteln mit Blick auf die Aufgabenstellung der Dienststelle, können verhandelt werden, ebenso 3

Art. 51

nach Satz 2 auch Fragen des Beamten-, Tarif-, Arbeits- und Sozialrechts. Hierunter sind alle Maßnahmen tarifrechtlicher und gesetzlicher Art oder sonstige Regelungen zu verstehen, die dem Schutz und der Verbesserung der Rechtsstellung der Beschäftigten dienen. Hierzu gehören auch gewerkschaftliche Pläne und Absichten. Der Grundsatz des Verbots der parteipolitischen Betätigung im Betrieb gilt bei der Behandlung der vorgenannten Angelegenheiten nicht. Die Einhaltung eines solchen Verbots wäre schon deshalb kaum zu verwirklichen, weil die Darstellung von entsprechenden Gesetzesinitiativen, Plänen und Absichten ohne eine abwägende Stellungnahme praktisch so gut wie unmöglich ist.

4 Nach **Satz 3 Halbs. 1** ist die Erörterung parteipolitischer Angelegenheiten in der Personalversammlung unzulässig. Das Gebot der parteipolitischen Neutralität ergibt sich aus Art. 68 Abs. 1 Satz 2. Danach dürfen in der Personalversammlung keine parteipolitischen Angelegenheiten beraten werden, und niemand darf sich parteipolitisch betätigen. Das Gebot hindert nicht die Erörterung von Tarif-, Besoldungs- und Sozialangelegenheiten, von denen die Dienststelle oder die Beschäftigten unmittelbar betroffen sind, mögen diese Themen auch gleichzeitig parteipolitischen Charakter haben. Gewerkschaftliche Betätigung ist auch in der Personalversammlung im allgemeinen Rahmen des Art. 68 Abs. 2 unbeschränkt zulässig (vgl. hierzu ausführlich Art. 68 Rn. 1 ff. und Plander, Gewerkschaftliche Betätigung von Personalratsmitgliedern, PersR 1986, 25). Nach **Satz 3 Halbs. 2** gilt außerdem das Gebot der betrieblichen Friedenspflicht aus Art. 67 Abs. 2 für Personal- und Teilversammlungen. Maßnahmen des Arbeitskampfes, wie z. B. Abstimmungen über die Beteiligung an Streiks, dürfen deshalb nicht Gegenstand der Erörterung und der Beschlüsse von Personalversammlungen sein. Bei der Behandlung von Themen in einer Personal- oder Teilversammlung haben die Beschäftigten das Recht der freien Meinungsäußerung. Das gilt nicht nur für betriebliche Angelegenheiten. Die Beschäftigten haben auch das Recht, Mißstände in der Dienststelle zu kritisieren und dabei auch Personen in ihre Kritik einzubeziehen, die für diese Mißstände verantwortlich sind. Kritisiert werden darf also auch der Dienststellenleiter, sein ständiger Vertreter und andere leitende Beschäftigte. Selbstverständlich darf die Kritik weder unsachlich noch ehrverletzend sein (wie hier BAG, Beschluß v. 22. 10. 1964 – 2 AZR 479/63, AP Nr. 4 zu § 1 KSchG – Verhaltensbedingte Kündigung –, wonach Kritik, die den bezeichneten Rahmen überschreitet, auch ein Kündigungsgrund sein kann).

5 Bei **Streitigkeiten** über den Aufgabenbereich, die Gültigkeit und Bedeutung von Beschlüssen der Personalversammlung entscheidet das Verwaltungsgericht im Beschlußverfahren nach Art. 81 Abs. 1 Nr. 3 ebenso wie über die Zulässigkeit von Themen u. ä.

Artikel 52
Teilnahme der Koalitionen und des Dienststellenleiters

(1) Der Personalrat oder die Personalversammlung kann von Fall zu Fall beschließen, daß je ein Beauftragter der in der Dienststelle vertretenen Gewerkschaften und ein Beauftragter der zuständigen Arbeitgebervereinigung berechtigt sind, mit beratender Stimme an der Personalversammlung teilzunehmen. Der Personalrat hat gegebenenfalls die Einberufung der Personalversammlung den in Satz 1 genannten Gewerkschaften und der Arbeitgebervereinigung mitzuteilen.

(2) Der Leiter der Dienststelle kann an den Personalversammlungen teilnehmen. An den Versammlungen, die auf seinen Wunsch einberufen sind oder zu denen er ausdrücklich eingeladen ist, hat er teilzunehmen. Er kann einen Vertreter der zuständigen Arbeitgebervereinigung hinzuziehen; in diesem Fall kann auch je ein Beauftragter der in der Dienststelle vertretenen Gewerkschaften an der Personalversammlung teilnehmen.

Die Vorschrift begründet in **Abs. 1** das Recht (a) des Personalrats und (b) der Personalversammlung, von Fall zu Fall zu beschließen, daß je ein Beauftragter der in der Dienststelle vertretenen Gewerkschaften und ein Beauftragter der zuständigen Arbeitgebervereinigung an der Personalversammlung mit **beratender** Stimme teilnehmen. Für den Fall eines solchen Beschlusses besteht auch ein entsprechendes Teilnahmerecht des bezeichneten Personenkreises und ein Recht der entsendenden Organisationen, über Ort und Zeitpunkt der Personalversammlung rechtzeitig unterrichtet zu werden.

In **Abs. 2** begründet die Vorschrift das Recht des Dienststellenleiters, an allen Personalversammlungen teilzunehmen. Hinsichtlich der Teilnahme an Personalversammlungen, die auf Wunsch des Dienststellenleiters einberufen wurden, und solcher, zu denen er ausdrücklich eingeladen hat, wird in **Abs. 2 Satz 2** darüber hinausgehend auch eine **Teilnahmepflicht** begründet. Außerdem wird in **Abs. 2 Satz 3 Halbs. 1** das Recht des Dienststellenleiters begründet, einen Vertreter der zuständigen Arbeitgebervereinigung hinzuzuziehen. Für diesen Fall entsteht nach **Abs. 2 Satz 3 Halbs. 2** auch das Teilnahmerecht der Gewerkschaftsbeauftragten, und zwar unabhängig davon, daß ein entsprechender Beschluß der Personalversammlung gefaßt wird.

Andere Personen als die bezeichneten sind daneben nicht berechtigt, an Personalversammlungen teilzunehmen (vgl. hierzu noch Art. 48 Rn. 1 bis 5).

(Abs. 1 Satz 1) Faßt entweder

(a) der Personalrat oder

(b) die Personalversammlung

Art. 52

den Beschluß, daß Gewerkschaften und zuständige Arbeitgebervereinigung zur Personalversammlung eingeladen werden, so entsteht das Recht der in der Dienststelle vertretenen Gewerkschaften, jeweils einen Beauftragten zu der Versammlung zu entsenden. In der Dienststelle bzw. dem Betrieb **vertreten** ist eine Gewerkschaft, wenn ihr dort wenigstens ein Mitglied angehört. Wen die Gewerkschaft als Beauftragten entsendet, entscheidet ausschließlich und alleine sie selbst. Die entsandte Person nimmt Aufgaben und Befugnisse nach dem BayPVG wahr und ist deshalb nach Art. 8 geschützt, darf also u. a. weder behindert noch benachteiligt werden (vgl. hierzu ausführlich Art. 8 Rn. 1 ff.). Der Beauftragte ist – anders als in Fällen des Art. 2 Abs. 2 – nicht verpflichtet, den Dienststellenleiter über seine Teilnahme an der Personalversammlung vorher zu unterrichten. Der Dienststellenleiter kann den Zutritt auch nicht mit der Begründung verweigern, daß unumgängliche Notwendigkeiten des Dienstablaufs oder zwingende Sicherheitsvorschriften oder der Schutz von Dienstgeheimnissen entgegenstehen (wie hier vgl. Altvater u.a., BPersVG, § 52 Rn. 3). Zum Begriff der Gewerkschaft vgl. Art. 2 Rn. 7. Das Recht des Gewerkschaftsbeauftragten, mit **beratender** Stimme an der Versammlung teilzunehmen, ist nicht auf einzelne Tagesordnungspunkte beschränkt.

4 Personalrat oder Personalversammlung können stets nur über die Teilnahme beider Vertreter gleichzeitig und in der gleichen Weise beschließen. Erforderlich ist jeweils ein mit einfacher Stimmenmehrheit gefaßter Beschluß des Personalrats (= eine gemeinsame Angelegenheit). Zu beachten ist, daß ein positiver Beschluß des einen Organs durch einen negativen Beschluß des anderen nicht aufgehoben werden kann, weil beide **gleichberechtigt** einladen können.

Unzulässig ist ein Beschluß über die generelle Zulassung z. B. für die laufende Amtsperiode. Vielmehr darf ein Beschluß jeweils nur **von Fall zu Fall** gefaßt werden, d. h. stets nur für eine vorher bestimmte Personalversammlung. Die Zulassung erstreckt sich dann auch auf alle Teilversammlungen zu dieser Versammlung. Die Personalversammlung beschließt am zweckmäßigsten über die jeweils folgende Versammlung. Möglich und zulässig ist es allerdings auch, einen Beschluß hinsichtlich einer bereits laufenden Versammlung zu fassen, die dann vertagt werden kann. Dem Erfordernis, daß alle Gewerkschaften die Möglichkeit haben müssen, einen Beauftragten zu entsenden, wird auch auf diese Weise genügt. Eine Beschränkung des Beschlusses auf einzelne Tagesordnungspunkte ist zulässig.

5 Nach **Abs. 1 Satz 2** ist der Personalrat für den Fall eines entsprechenden Beschlusses eines der oben bezeichneten Gremien verpflichtet, den Teilnahmeberechtigten rechtzeitig Zeit, Ort und Tagesordnung der bevorstehenden Personalversammlung bzw. der Fortsetzung einer vertagten Personalversammlung mitzuteilen (zum Problem der rechtzeitigen Unterrichtung vgl. Art. 34 Rn. 10 und 13).

Art. 52

Zuständige Arbeitgebervereinigung ist im Organisationsbereich des Frei- **6**
staates Bayern die »Tarifgemeinschaft deutscher Länder« (TdL), im Bereich der Gemeinden und Städte die »Vereinigung der kommunalen Arbeitgeberverbände« (VkA) bzw. der »Kommunale Arbeitgeberverband Bayern e. V.« (KAV).

(**Abs. 2**) Der **Dienststellenleiter** kann an allen Personalversammlungen **7**
teilnehmen. Bei Verhinderung kann er sich nach Maßgabe von Art. 7 vertreten lassen (vgl. hierzu Art. 7 Rn. 1 ff.). Eine gleichzeitige Teilnahme des Dienststellenleiters und seines Vertreters ist unzulässig. Es liegt im Ermessen des Dienststellenleiters, ob er teilnimmt, es sei denn, daß es sich um eine Personalversammlung handelt, die entweder (a) auf seinen Wunsch hin einberufen wurde oder (b) zu der er ausdrücklich eingeladen wurde. In diesen beiden Fällen ist der Dienststellenleiter verpflichtet, an den betreffenden Versammlungen teilzunehmen.

Der Dienststellenleiter hat in der Personalversammlung das Recht, Anregungen zu geben und Anträge zur Geschäftsordnung zu stellen. Soweit er als Repräsentant des öffentlichen Arbeitgebers teilnimmt und nicht als einfacher Beschäftigter, hat er auch kein weitergehendes Antragsrecht und auch kein Stimmrecht. Das **Hausrecht** in der Versammlung liegt beim Vorsitzenden des Personalrats, der die Sitzung leitet. In Versammlungen, die auf Wunsch des Dienststellenleiters einberufen werden oder zu denen er ausdrücklich eingeladen wurde, ist diesem Gelegenheit zu geben, sich umfassend zu dem Gegenstand zu äußern, dessen Beratung er beauftragt hat, bzw. wegen dem er eingeladen wurde.

Zieht der Dienststellenleiter zu seiner Unterstützung einen Verbandsver- **8**
treter hinzu, entsteht für die in der Dienststelle vertretenen Gewerkschaften unmittelbar ein ebenso weitgehendes Teilnahme- und Beratungsrecht, damit auch die Gewerkschaften ihrer Unterstützungsfunktion im Sinne des Gesamtkonzeptes BayPVG nachkommen können (vgl. zu diesem Gesamtkonzept Art. 2 Rn. 1). Der Dienststellenleiter muß den Personalrat von seiner Absicht, einen Verbandsvertreter hinzuzuziehen, rechtzeitig verständigen, damit auch die Gewerkschaften noch frühzeitig unterrichtet werden können.

Verstöße gegen Art. 52 durch den Personalrat können zum Ausschluß aus **9**
diesem Gremium oder zu dessen Auflösung nach Art. 28 führen. **Streitigkeiten** darüber, ob und in welchem Umfang die Teilnahme an den Versammlungen möglich ist, entscheiden die Verwaltungsgerichte nach Art. 81 Abs. 1 Nr. 3.

Art. 53

Sechster Abschnitt
Stufenvertretungen und Gesamtpersonalrat

Artikel 53
Bildung von Stufenvertretungen

(1) Für den Geschäftsbereich mehrstufiger Verwaltungen des Staates werden bei den Mittelbehörden Bezirkspersonalräte, bei den obersten Dienstbehörden Hauptpersonalräte gebildet. Oberste Dienstbehörde im Sinne dieser Vorschrift sind auch die Oberste Baubehörde im Staatsministerium des Innern und der Bereich Forsten im Staatsministerium für Ernährung, Landwirtschaft und Forsten.

(2) Die Mitglieder des Bezirkspersonalrats werden von den zum Geschäftsbereich der Mittelbehörde, die Mitglieder des Hauptpersonalrats von den zum Geschäftsbereich der obersten Dienstbehörde gehörenden Beschäftigten gewählt. Bei weniger als 1501 Beschäftigten bestehen die Stufenvertretungen aus sieben,

bei 1501 bis 3000 Beschäftigten aus neun,

bei 3001 bis 5000 Beschäftigten aus elf,

bei 5001 bis 7000 Beschäftigten aus dreizehn,

bei 7001 bis 10000 Beschäftigten aus fünfzehn,

bei 10000 und mehr Beschäftigten aus siebzehn Mitgliedern.

Für den Hauptpersonalrat beim Staatsministerium für Unterricht und Kultus und für den Hauptpersonalrat beim Staatsministerium des Innern erhöht sich bei 10001 und mehr Beschäftigten die Zahl der Mitglieder um je zwei für je weitere angefangene 5000 Beschäftigte bis zu insgesamt fünfundzwanzig Mitgliedern.

(3) Die Art. 13 bis 15, 17 Abs. 1, 2, 6 und 7, Art. 18 bis 21, 23 und 24 gelten entsprechend. Art. 14 Abs. 3 gilt nur für die Beschäftigten der Dienststelle, bei der die Stufenvertretung zu errichten ist. Eine Personalversammlung zur Bestellung des Bezirks- oder Hauptwahlvorstands findet nicht statt. An ihrer Stelle übt der Leiter der Dienststelle, bei der die Stufenvertretung zu errichten ist, die Befugnis zur Bestellung des Wahlvorstands nach den Art. 20 Abs. 2, Art. 21 und 23 aus. In den Fällen des Absatzes 6 erhöht sich die Zahl der Mitglieder der Bezirks- und Hauptwahlvorstände entsprechend.

(4) Werden in einer Verwaltung die Personalräte und Stufenvertretungen gleichzeitig gewählt, so führen die bei den Dienststellen bestehenden Wahlvorstände die Wahlen der Stufenvertretungen im Auftrag des Bezirks- oder Hauptwahlvorstands durch; andernfalls bestellen auf sein Ersuchen die Personalräte oder, wenn solche nicht

Art. 53

bestehen, die Leiter der Dienststellen die örtlichen Wahlvorstände für die Wahl der Stufenvertretungen.

(5) In den Stufenvertretungen erhält jede Gruppe mindestens einen Vertreter. Besteht die Stufenvertretung aus mehr als neun Mitgliedern, erhält jede Gruppe mindestens zwei Vertreter. Art. 17 Abs. 5 gilt entsprechend.

(6) Für die Bildung der Bezirkspersonalräte bei den Regierungen gelten die Lehrer an Volksschulen und die Lehrer an beruflichen Schulen mit Ausnahme der Fachoberschulen, für die Bildung des Hauptpersonalrats beim Staatsministerium für Unterricht und Kultus je die Lehrer an Gymnasien, Realschulen und beruflichen Schulen, Volksschulen sowie Sonderschulen und für die Bildung des Hauptpersonalrats beim Staatsministerium des Innern je die Beamten der Landespolizei, der Grenzpolizei und der Bereitschaftspolizei als besondere Gruppen; hierbei sind die Beamten des Landeskriminalamts, des Polizeiverwaltungsamts und der Polizeischule der Gruppe der Beamten der Landespolizei zuzurechnen.

(Abs. 1) Abs. 1 Satz 1 begründet die Pflicht, im Geschäftsbereich mehrstufiger Verwaltungen des Staates bei den Mittelbehörden **Bezirkspersonalräte** und bei den obersten Dienstbehörden **Hauptpersonalräte** zu bilden. Die Errichtung dieser Personalvertretungen ist zwingend vorgeschrieben, sobald die gesetzlichen Voraussetzungen vorliegen. Die Bestimmung findet nur auf Dienststellen des Freistaates Bayern Anwendung, da nur hier der bezeichnete Verwaltungsaufbau vorzufinden ist, auf welchen sich die Regelung bezieht. Die Verwaltungen der Gemeinden und Gemeindeverbände wie der sonstigen der Aufsicht des Staates unterliegenden oder nicht bundesunmittelbaren Körperschaften, Anstalten und Stiftungen des öffentlichen Rechts sind einstufig organisiert. Die Verwaltungseinheiten mit dem hierarchischen Aufbau der mehrstufigen Verwaltungen des Staates, bei denen nach Art. 53 Stufenvertretungen zu bilden sind, sind in Art. 6 Abs. 2 festgelegt (vgl. hierzu Art. 6 Rn. 7). **1**

Oberste Dienstbehörden im Sinne der Vorschrift sind nach **Abs. 1 Satz 2** neben den Staatsministerien die Staatskanzlei, neben dem Obersten Rechnungshof usw. (vgl. hierzu Art. 6 Rn. 7) auch die Oberste Baubehörde im Staatsministerium des Innern und der Bereich Forsten im Staatsministerium für Ernährung, Landwirtschaft und Forsten. **2**

Mittelbehörden sind nach Art. 6 Abs. 2 nur solche der obersten Dienststelle nachgeordnete Behörden, denen selbst wieder Dienststellen unmittelbar nachgeordnet sind (vgl. hierzu Art. 6 Rn. 7).

Ist eine Verwaltung nur **zweistufig** aufgebaut, ist nur ein örtlicher Personalrat und bei der obersten Dienststelle ein Hauptpersonalrat zu wählen. Eine Stufenvertretung auf der Ebene der Mittelbehörde wird z. B. bei der Staatlichen Schule für Gehörlose nicht errichtet. Sind Verwaltungen **vier- und fünfstufig** (z. B. im Bereich der Justizverwaltung mit dem Justiz-

Art. 53

ministerium, den Oberlandesgerichten, den Landgerichten und den Amtsgerichten) aufgebaut, ist nicht bei den vorhandenen Stufen eine zusätzliche Stufenvertretung zu den jeweiligen örtlichen Personalräten, also z. B. eine Stufenvertretung für die Amtsgerichte bei den Landgerichten, zu errichten, sondern es ist davon auszugehen, daß der dreistufige Aufbau den Personalvertretungen die **gesetzliche Obergrenze** vorgibt. Somit sind also z. B. Stufenvertretungen für die Personalräte bei den Amtsgerichten erst bei den Oberlandesgerichten und nicht bereits bei den Landgerichten zu bilden.

Ist einer obersten Dienstbehörde keine Dienststelle nachgeordnet, liegt eine **einstufige Verwaltung** vor, bei der nur ein örtlicher und mangels Vorliegen einer mehrstufigen Verwaltung kein Hauptpersonalrat zu wählen ist.

3 Zu beachten ist, daß zwar im Verhältnis der übergeordneten zur nachgeordneten Behörde ein Weisungsrecht und Weisungsgebundenheit besteht, keineswegs aber im Verhältnis der Stufenvertretungen zu den örtlichen Personalvertretungen und umgekehrt (wie hier BVerwG v. 14. 4. 1961 – VII P 8.60 –, ZBR 1961, 356; BVerwG v. 24. 11. 1961 – VII P 10.59 –, ZBR 1962, 281).

4 Die Stufenvertretungen werden tätig, wenn entweder die Entscheidungsbefugnis in der beteiligungspflichtigen Angelegenheit nach Art. 80 Abs. 2 bei der Mittelbehörde oder der obersten Dienstbehörde (vgl. Art. 80 Rn. 4 bis 6) liegt oder ein Fall von Art. 80 Abs. 6 oder Abs. 7 vorliegt (vgl. hierzu Art. 80 Rn. 13 f.) oder auf der Ebene zwischen Dienststellenleiter und Personalrat keine Einigung erzielt und deshalb nach Art. 70 und 72 die übergeordnete Dienststelle angerufen wurde. Im letzteren Fall handelt es sich um eine sogenannte **mittelbare Beteiligung,** in den ersteren Fällen um eine sogenannte **unmittelbare Beteiligung.**

5 (Abs. 2) Nach **Abs. 2 Satz 1** werden die Mitglieder des **Bezirkspersonalrats** von den Beschäftigten gewählt, die im Geschäftsbereich dieser Mittelbehörde tätig sind. Die Wahl erfolgt im Wege der **Urwahl,** also nicht über Wahlmänner oder indirekt über die örtlichen Personalräte. Auch die Beschäftigten der Dienststelle der Mittelbehörde sind bei der Wahl zum Bezirkspersonalrat wahlberechtigt (wie hier BVerwG v. 18. 10. 1978 – 6 P 7.78 –, PersV 1979, 500). Die Wahl erfolgt in der Praxis meist gleichzeitig mit der Wahl zu den örtlichen Personalräten, was rechtlich auch zulässig ist. Die Beschäftigten von Kleindienststellen nach Art. 12 Abs. 1 sind zum Bezirkspersonalrat wahlberechtigt.

6 Die Mitglieder des **Hauptpersonalrats** werden nach **Abs. 2 Satz 1** von den Beschäftigten gewählt, die im Geschäftsbereich der obersten Dienstbehörde tätig sind. Die Wahl erfolgt ebenfalls als **Urwahl.** Die Beschäftigten der obersten Dienstbehörde haben das Recht, den Hauptpersonalrat mitzuwählen (vgl. wie hier BVerwG v. 14. 9. 1977 – VII P 45.77 –, PersV 1980, 102). Zu den weiteren Voraussetzungen hinsichtlich des aktiven

Art. 53

Wahlrechts der bezeichneten Beschäftigten vgl. Art. 13 Rn. 1 ff.

In **Abs. 2 Satz 2 und 3** wird die **Größe** der zu wählenden Personalvertretungen festgelegt. Art. 16 ist hier nicht anwendbar. Die Zahl der zu wählenden Vertreter wird von dem nach § 33 WO-BayPVG zu bildenden Bezirks- bzw. dem nach § 46 WO-BayPVG zu bildenden Haupt- bzw. dem nach § 53 zu bildenden Gesamtwahlvorstand oder dem nach Art. 53 Abs. 4 zuständigen Wahlvorstand jeweils nach § 36 Abs. 2 WO-BayPVG ermittelt und im Wahlausschreiben bekanntgegeben.

7

Nach § 35 Abs. 1 WO-BayPVG kommt es für die Anzahl der zu Wählenden auf die Zahl der regelmäßig Beschäftigten zum Zeitpunkt des Wahlausschreibens an (zum Begriff »in der Regel« vgl. Art. 12 Rn. 2 f.).

(**Abs. 3**) Nach **Abs. 3** gelten im Hinblick auf das aktive Wahlrecht der Beschäftigten Art. 13 und hinsichtlich des passiven Wahlrechts Art. 14 mit seiner Modifizierung in Art. 15 entsprechend (vgl. hierzu Art. 13, 14 und 15, jeweils Rn. 1 ff.). Gewählt werden kann damit also u. a. beispielsweise nur, wer mindestens sechs Monate dem Geschäftsbereich angehört, für den die betreffende Personalvertretung zu wählen ist. Nicht wählbar ist nach Abs. 3 Satz 2 i. V. m. Art. 14 Abs. 3 in die Stufenvertretung der Leiter der Behörden, bei denen die Vertretungen gebildet werden, deren ständiger Vertreter sowie Beschäftigte, die zu selbständigen Entscheidungen in Personalangelegenheiten der Mittelbehörde oder der obersten Dienstbehörden befugt sind (vgl. hierzu Art. 14 Rn. 11, Art. 7 Rn. 1 ff.). Nach Art. 17 Abs. 1, 2, 6 und 7 und Art. 18 i. V. m. Art. 53 Abs. 3, 5 und 6 sind die Beschäftigtengruppen hinsichtlich der Zusammensetzung der Personalvertretung wie folgt zu berücksichtigen: Die Sitze in den bezeichneten Personalvertretungen sind nach Art. 17 Abs. 1 zu verteilen, wobei die Verteilung im einzelnen nach Art. 17 Abs. 2 erfolgen muß (vgl. hierzu Art. 17 Rn. 9 bis 11).

8

(**Abs. 5**) Der Minderheitenschutz ist hier nicht nach Art. 17 Abs. 3, 4 und 5, sondern nach Art. 53 Abs. 5 und 6 zu gewährleisten: Gemäß Art. 53 Abs. 5 ist er für die Stufenvertretungen abweichend von Art. 17 Abs. 3 in der Weise festgelegt, daß jede Gruppe mindestens einen Vertreter erhält, solange die Stufenvertretung aus weniger als zehn Mitgliedern besteht. Mindestens zwei Vertreter erhält jede Gruppe, falls sich die betreffende Personalvertretung aus mindestens zehn Mitgliedern zusammensetzt, Art. 17 Abs. 5 ist zu beachten.

9

Beispiel:
In Geschäftsbereichen, in denen z. B. nicht mehr als 1 500 Beschäftigte tätig sind (= sieben Mitglieder der Stufenvertretung), besteht nur ein Anspruch auf einen Sitz für jede Gruppe.

(**Abs. 6**) Nach **Abs. 6** gelten als **Gruppe** im Sinne von **Art. 53 Abs. 5**, d. h. wenn es darum geht, die Mindestzahl der auf die Gruppe entfallenden Sitze zu ermitteln, folgende Beschäftigtengruppen als besondere Gruppen:

10

Art. 53

a) für die Bildung von Bezirkspersonalräten bei den Regierungen
   - die Lehrer an Volksschulen und
   - die Lehrer an beruflichen Schulen mit Ausnahme der Fachhochschulen;

b) für die Bildung des Hauptpersonalrats beim Staatsministerium für Unterricht und Kultus jeweils
   - die Lehrer an Gymnasien,
   - die Lehrer an Realschulen,
   - die Lehrer an beruflichen Schulen,
   - die Lehrer an Volksschulen und
   - die Lehrer an Sonderschulen;

c) für die Bildung des Hauptpersonalrats beim Staatsministerium des Innern jeweils
   - die Beamten der Landespolizei (mit den Beamten des LKA, des Polizeiverwaltungsamtes und der Polizeischule),
   - die Beamten der Grenzpolizei,
   - die Beamten der Bereitschaftspolizei.

Beispiel:
Für den Hauptpersonalrat beim Staatsministerium des Innern bestehen die Gruppen der Beamten der Landespolizei, der Grenzpolizei und der Bereitschaftspolizei mit der Maßgabe, daß die Beamten des Landeskriminalamtes, des Polizeiverwaltungsamtes und der Polizeischule der Gruppe der Landespolizei zuzurechnen sind.

Der Hauptpersonalrat beim Staatsministerium des Innern besteht demnach aus sechs Gruppen: der Gruppe der Beamten (ohne Polizeibeamte), der Angestellten und der Arbeiter im Sinne von Art. 4 und den genannten drei Polizeigruppen.

11 Die Verweisung auf Art. 17 in Art. 53 Abs. 3 hat zur Folge, daß die Sitze auf die sechs Gruppen nach dem Verhältnis der Stärke der einzelnen Gruppen zueinander zu verteilen sind. Nach Abs. 5 ist der **Minderheitenschutz** der Gruppen für die Stufenvertretungen aber abweichend von Art. 17 Abs. 3 geregelt.

Da die Stufenvertretung aus mehr als neun Mitgliedern besteht, erhält jede Gruppe mindestens zwei Vertreter. Die insoweit vorzunehmende Korrektur des sich aus der Anwendung des d'Hondtschen Verfahrens ergebenden Verteilerschlüssels geht zu Lasten derjenigen Gruppe, auf welche die niedrigste Höchstzahl entfällt. Art. 17 Abs. 6 und 7 ist auch zu berücksichtigen, wenn es darum geht, die Sitzverteilung auf die Gruppen zu ermitteln. Desgleichen ist Art. 18 anzuwenden, der die abweichende Verteilung der Personalratssitze auf die Gruppen und die gruppenfremde Kandidatur für zulässig erklärt.

Art. 53

Die verfahrensmäßige Durchführung und Abwicklung der **Wahl** richtet sich nach Art. 19 (vgl. hierzu ausführlich die Anmerkungen zu Art. 19). Die Vorschriften des Art. 24 hinsichtlich des Schutzes der Wahl und die Regelungen zu den Kosten der Wahl gelten für die Wahl der nach Art. 53 zu wählenden Personalvertretungen entsprechend (vgl. hierzu ausführlich Art. 24 Rn. 1 ff.). Die **Anfechtung der Wahl** kann nach Maßgabe des ausdrücklich für anwendbar erklärten Art. 25 erfolgen (vgl. hierzu ausführlich Art. 25 Rn. 1 ff.). **12**

Nach **Abs. 3 Satz 3 und 4** finden die in Satz 1 für entsprechend anwendbar erklärten Art. 20, 21 und 23 Abs. 1, wenn es darum geht, daß Wahlvorstände gebildet werden, nur insoweit Anwendung, als keine **Personalversammlungen** stattfinden, um einen Wahlvorstand zu wählen. Vielmehr hat in allen Fällen, in denen nach den oben bezeichneten Vorschriften eigentlich eine Personalversammlung einzuberufen wäre (vgl. Art. 20 Abs. 2, Art. 21 und Art. 23 Abs. 1), der Leiter der Dienststelle, bei der die Stufenvertretung zu bilden ist, das Recht und die Pflicht, einen **Wahlvorstand zu bestellen.** **13**

In den Fällen des Abs. 6 erhöht sich die Zahl der Mitglieder des jeweiligen Wahlvorstandes nach Abs. 3 Satz 5.

Betroffen hiervon ist die Bestellung des Wahlvorstandes in folgenden Fällen:

– Art. 20 Abs. 2
Es besteht 6 Wochen vor Ablauf der Amtszeit der jeweiligen Stufenvertretung kein Wahlvorstand, so daß dieser bestellt werden muß.

– Art. 21
Es fehlt eine Stufenvertretung, und der Wahlvorstand muß bestellt werden.

– Art. 23 Abs. 1
Ein eingesetzter Wahlvorstand kommt seiner Verpflichtung, die Wahl einzuleiten, nicht nach, so daß deshalb ein neuer Wahlvorstand bestellt werden muß.

(Abs. 4) Neben den bezeichneten Fällen der Bestellung eines Wahlvorstandes durch den zuständigen Dienststellenleiter, die nur unter der bezeichneten Voraussetzung erfolgen kann, ist nach Abs. 4 der Wahlvorstand (wohl ganz regelmäßig) in der Weise zu bestellen, daß die jeweilige Stufenvertretung bei der Behörde der Mittelstufe für die Wahl des Bezirkspersonalrats und die Stufenvertretung bei der obersten Dienstbehörde für die Wahl des Hauptpersonalrats jeweils einen Bezirkswahlvorstand bzw. einen Hauptwahlvorstand bestellt. Falls die Wahlen zu den Stufenvertretungen gleichzeitig mit den Wahlen zu den örtlichen Personalräten stattfinden, so haben die örtlichen Wahlvorstände bei den Dienststellen die Wahl zu den Stufenvertretungen im Auftrag des Bezirkswahlvorstands und des Hauptwahlvorstands durchzuführen. Ist letzteres nicht möglich, weil in den Dienststellen keine örtlichen Personalräte gewählt werden **14**

Art. 53, 53a, 54

oder weil dies nicht bei allen Dienststellen geschieht, so haben die Stufenvertretungen das Recht, die örtlichen Personalräte – soweit vorhanden – zu ersuchen, einen örtlichen Wahlvorstand speziell für die Durchführung der Wahl zu den Stufenvertretungen zu bestellen. Bestehen keine örtlichen Personalräte, bestellen die Leiter der jeweiligen Dienststelle örtliche Wahlvorstände, welche die Wahl zu den Stufenvertretungen organisieren.

15 Vgl. zum **Minderheitenschutz** nach Abs. 5 und 6 ausführlich Rn. 9 und 10.

16 Zu **Streitigkeiten** vgl. Art. 13 Rn. 25 und Art. 25 Rn. 1 ff. und die Ausführungen zu Art. 53 a, wo die Möglichkeiten des Schutzes durch die staatlichen Gerichte bei einer fehlerhaften Wahl nachdrücklich und ausführlich dargestellt sind.

Artikel 53a
Anfechtung der Wahl der Stufenvertretungen

(1) Art. 25 gilt für die Wahl der Stufenvertretungen entsprechend.

(2) Bezieht sich ein Verstoß der in Art. 25 genannten Art nur auf einzelne Dienststellen, so ist sie nur für diesen Bereich für ungültig zu erklären und nach Maßgabe der Entscheidung zu wiederholen. Die Wiederholungswahl findet nach denselben Vorschriften, denselben Wahlvorschlägen und auf Grund derselben Wählerverzeichnisse statt, soweit nicht die Entscheidung hinsichtlich der Wahlvorschläge und Wählerverzeichnisse Abweichungen vorschreibt. Die Wahl soll binnen sechzig Tagen nach Rechtskraft der Entscheidung stattfinden.

(3) Bis zur Feststellung des Wahlergebnisses auf Grund der Wiederholungswahl führt die Stufenvertretung die Geschäfte weiter. Die vorher gefaßten Beschlüsse bleiben in Kraft.

1 Die Vorschrift gewährleistet, daß bei den Wahlen zu den Stufenvertretungen die Nichtigkeit oder Anfechtbarkeit nicht zur Wiederholung der Wahl in allen Dienststellen führt, sondern nur in denjenigen, in denen die Verfahrensfehler zu verzeichnen waren. Nur in den betroffenen Dienststellen ist die Wahl nach Maßgabe von **Abs. 2 Satz 2** zu wiederholen.

2 **Abs. 3** enthält eine Übergangsregelung bis zur Feststellung des Wahlergebnisses der Wiederholungswahl.

3 Zur Anfechtbarkeit vgl. Art. 25 Rn. 1 ff.

Artikel 54
Amtszeit, Geschäftsführung und Rechtsstellung

(1) Für die Stufenvertretungen gelten die Art. 26 bis 42, 44, 45, 46 Abs. 1, 2, 3 und 5, Art. 47 entsprechend. Bei der entsprechenden

Art. 54

Anwendung von Art. 34 Abs. 1 tritt an die Stelle der Frist von zwei Wochen die Frist von drei Wochen.

(2) Auf Antrag der Stufenvertretung sind mindestens freizustellen bei einer Stufenvertretung mit

9 bis 11 Mitgliedern ein Vorstandsmitglied,

13 bis 15 Mitgliedern zwei Vorstandsmitglieder,

17 und mehr Mitgliedern drei Vorstandsmitglieder.

(3) Art. 32 Abs. 4 und Art. 38 Abs. 2 und 3 gelten entsprechend für die Angelegenheiten, die Angehörige der in Art. 53 Abs. 6 genannten Gruppen betreffen.

(Abs. 1) Nach **Abs. 1 Satz 1** gelten die Vorschriften und Regelungen des Zweiten und Dritten Abschnitts des Zweiten Teils des BayPVG entsprechend (a) für die Amtszeit, (b) die Geschäftsführung und (c) die Rechtsstellung der Mitglieder der Stufenvertretungen. **1**

Nicht anwendbar auf die Stufenvertretungen sind nur

– **Art. 43** – woraus folgt, daß die Stufenvertretungen keine Sprechstunden abhalten können;

– **Art. 46 Abs. 4** – die dort bezeichneten Quoten für die Freistellung von Mitgliedern der Stufenvertretungen sind nicht anwendbar. Es gilt insoweit die Freistellungsstaffel aus Art. 54 Abs. 2 (vgl. hierzu Rn. 2);

– **Art. 34 Abs. 1** – nach Art. 54 Abs. 1 Satz 2 tritt an die Stelle der in Art. 34 Abs. 1 vorgesehenen Frist von zwei Wochen eine solche von drei Wochen, innerhalb welcher der Wahlvorstand nach dem Wahltag die konstituierende Sitzung einberufen muß.

Alle anderen Vorschriften gelten entsprechend, so daß auf die ausführlichen Erläuterungen zu diesen Bestimmungen verwiesen werden kann. Bei den auf die Stufenvertretung entsprechend anwendbaren Vorschriften ist dies nach der Inhaltsübersicht jeweils ausdrücklich vermerkt. Zu beachten ist, daß **Personalversammlungen** für den Bereich von Stufenvertretungen nicht stattfinden (vgl. für die Schwerbehindertenvertretungen aber § 27 Abs. 7 SchwbG).

(Abs. 2) Nach **Abs. 2** i. V. m. Art. 53 Abs. 2 sind in Geschäftsbereichen mit 1501 bis 5000 Beschäftigten 1 Vorstandsmitglied, 5001 bis 10000 Beschäftigten 2 Vorstandsmitglieder und in Geschäftsbereichen mit mehr als 10000 Beschäftigten 3 Vorstandsmitglieder mindestens freizustellen. Die Ausführungen zur Freistellung von Personalratsmitgliedern unter Art. 46 Rn. 8 bis 13 gelten mit Rücksicht auf diese Besonderheiten entsprechend. Über die **Freistellungsstaffel** in Abs. 2 hinausgehend sind wegen des entsprechend anwendbaren Art. 46 Abs. 3 Satz 1 weitere Freistellungen möglich, wenn und soweit dies nach Umfang und Art der Dienststelle zur ordnungsgemäßen Durchführung der Aufgaben der Mit- **2**

Art. 54, 55

glieder der Stufenvertretung erforderlich ist (vgl. hierzu ausführlich Art. 46 Rn. 14).

3 **(Abs. 3)** Nach **Abs. 3** gelten Art. 32 Abs. 4 und Art. 38 Abs. 2 und 3, welche die Beschlußfassung in Angelegenheiten regeln, in denen nur Angehörige einer (oder zweier) Gruppe(n) betroffen sind, auch für die Behandlung von Angelegenheiten der in Art. 53 Abs. 6 bezeichneten Gruppen (vgl. hierzu Art. 53 Rn. 10). Auch bei Stufenvertretungen kann also in beteiligungspflichtigen Angelegenheiten der Vorsitzende im Einvernehmen mit den übrigen Vorstandsmitgliedern (in Gruppenangelegenheiten denen der betreffenden Gruppe) entscheiden, wenn diese Befugnis durch einstimmigen Beschluß der Mitglieder – erforderlich ist die Mehrheit aller und nicht nur der anwesenden Personalratsmitglieder – übertragen wurde. Es gilt Art. 80 inhaltlich auch, was die Möglichkeit betrifft, die Initiative zu ergreifen (Initiativrecht).

4 **Streitigkeiten** im Hinblick auf Amtszeit, Geschäftsführung und Rechtsstellung der Mitglieder der Stufenvertretungen entscheiden die Verwaltungsgerichte nach Art. 81 Abs. 1 Nr. 2 bzw. Nr. 3, da die Stufenvertretungen Personalvertretungen im Sinne dieser Vorschrift sind.

Artikel 55
Bildung des Gesamtpersonalrats

Soweit gemäß Art. 6 Abs. 3 und 5 Sätze 2 und 3 einzelne Dienststellen gebildet werden, wird neben den einzelnen Personalräten ein Gesamtpersonalrat errichtet. Bei Gemeinden wird ein Gesamtpersonalrat auch für den Bereich einer Nebenstelle oder eines Dienststellenteils errichtet, die gemäß Art. 6 Abs. 5 Sätze 2 und 3 als selbständige Dienststellen gelten, wenn in diesem Bereich weitere Nebenstellen oder Dienststellenteile gemäß Art. 6 Abs. 5 Sätze 2 und 3 verselbständigt werden.

1 Nach **Satz 1** ist neben den einzelnen Personalräten ein Gesamtpersonalrat zu errichten, wenn einzelne Dienststellen nach Art. 6 Abs. 3 **oder** Abs. 5 Sätze 2 und 3 gebildet werden.

Einzelne Dienststellen nach Art. 6 Abs. 3 sind solche Nebenstellen und Teile staatlicher Dienststellen, die **entweder** räumlich weit voneinander entfernt liegen **oder** durch Aufgabenbereich und Organisation selbständig sind, wobei die Mehrheit der wahlberechtigten Beschäftigten jeweils in geheimer Abstimmung einen Verselbständigungsbeschluß gefaßt haben muß (vgl. hierzu ausführlich Art. 6 Rn. 8 bis 11). **Einzelne Dienststellen** nach Art. 6 Abs. 5 Sätze 2 und 3 sind nur solche Nebenstellen und Teile staatlicher Dienststellen, die durch Aufgabenbereich und Organisation eigenständig sind, gleichgültig ob sie räumlich auch weit voneinander entfernt liegen, wobei entweder ein **Verselbständigungsbeschluß** gefaßt worden sein muß **oder** das **oberste Organ** eines **Kreises**, einer **Gemein-**

Art. 55

de oder eines **Gemeindeverbandes** (Kreistag, Gemeinderat, Bezirkstag) die **Verselbständigung** in geheimer Abstimmung **beschlossen** haben muß (vgl. hierzu ausführlich Art. 6 Rn. 13). Finden sich Dienststellen der bezeichneten Art, so ist neben den einzelnen örtlichen Personalräten bei den bezeichneten Dienststellen zwingend ein **Gesamtpersonalrat** für den Bereich all dieser Dienststellen **bei der Gesamtdienststelle** einzurichten.

Nach **Satz 2** sind ein oder mehrere weitere Gesamtpersonalräte auch für Bereiche unterhalb der Ebene des Gemeinderates bzw. Stadtrates usw. für den Bereich einer Nebenstelle oder eines Dienststellenteils zu errichten, wenn innerhalb des betreffenden Bereichs weitere Verselbständigungen nach Art. 6 Abs. 5 Satz 2 und 3 erfolgt sind (z. B. bei einzelnen Sachreferaten u. ä.). Die sogenannten »Referatspersonalräte« im Bereich der Landeshauptstadt München sind z. B. solche weiteren Gesamtpersonalräte bei den einzelnen Sachreferaten, die nur für diesen Teilbereich zuständig sind und zusätzlich und neben dem Gesamtpersonalrat, der bei der Verwaltungsspitze (Stadtrat/Oberbürgermeister) eingerichtet wurde, bestehen. Sie bestimmen in den Angelegenheiten mit, in denen das Sachreferat die Entscheidungskompetenz hat. **2**

Für den Bereich der Universitätskliniken hat der BayVGH entschieden, daß die bei den einzelnen Kliniken Beschäftigten nicht wahlberechtigt zum Gesamtpersonalrat der Hochschule sind. Der dort gebildete Gesamtpersonalrat ist für die Kliniken nicht zuständig (BayVGH v. 3. 5. 2000 – 17 P 99.3599 –, PersR 2001, 254).

Die **Beteiligung des Gesamtpersonalrats** ist in Art. 80 Abs. 3 geregelt (vgl. ausführlich Art. 80 Rn. 8). Der Gesamtpersonalrat ist keine Stufenvertretung, sondern ein Personalrat auf gleicher Ebene neben den anderen Personalräten in der jeweiligen Dienststelle (vgl. Art. 80 Abs. 3). Die Zuständigkeitsabgrenzung für den kommunalen Bereich und die sonstigen unter das BayPVG fallenden Körperschaften des öffentlichen Rechts erfolgen in derselben Weise wie zwischen örtlichen Personalräten und Stufenvertretungen, d. h., daß immer die Personalvertretung mitbestimmt, auf deren Ebene die Dienststelle entscheidet (vgl. Art. 80 Abs. 2 Satz 1). Letzteres hat z. B. im Bereich der Gemeinden wegen der dem obersten Organ bzw. dem Bürgermeister nach der Bayerischen Gemeindeordnung (BayGO) zustehenden Entscheidungsbefugnis in »Personellen Angelegenheiten« zur Folge, daß die bei den verselbständigten Teilen bestehenden örtlichen Personalräte kein eigentliches Beteiligungsrecht, sondern nur ein Anhörungsrecht in diesen Fällen haben. Die Mitbestimmung erfolgt hier durch den Gesamtpersonalrat. **3**

Eine Sonderstellung nimmt insoweit allerdings der Personalrat der Stammdienststelle – »**Rathauspersonalrat**« genannt – ein. Er ist in den Personalangelegenheiten der bei ihm Beschäftigten an Stelle des Gesamtpersonalrats zu beteiligen, gleichgültig ob die Entscheidung durch den Bürgermeister, den Stadtrat oder den Personalausschuß erfolgt (vgl. **4**

231

Art. 55, 56

BayVGH, Beschluß v. 16. 1. 1978 – Nr. 4 XVII 76 –, soweit ersichtlich n. v.).

Neben der bezeichneten Zuständigkeitsregelung besteht die Möglichkeit, daß die örtlichen Personalräte Angelegenheiten, die in ihren Zuständigkeitsbereich fallen, allgemein oder für den Einzelfall dem Gesamtpersonalrat übertragen, der dem betreffenden örtlichen Personalrat dann vor jedem Beschluß Gelegenheit gibt, sich zu äußern (vgl. **Art. 80 Abs. 3 Sätze 2 und 3**).

5 **Streitigkeiten** hinsichtlich der Errichtung, des Aufgabenbereichs und der Zuständigkeit der Gesamtpersonalräte entscheiden die Verwaltungsgerichte nach Art. 81 Abs. 1 Nr. 2 und 3.

Artikel 56
Anwendbare Vorschriften

Für den Gesamtpersonalrat gelten Art. 53 Abs. 2 bis 5, Art. 53a und Art. 54 Abs. 1 und 2 entsprechend.

1 Für die **Wahl** und die **Zusammensetzung der Gesamtpersonalräte** gelten die Bestimmungen des Art. 53 Abs. 2 bis 5 entsprechend (vgl. hierzu ausführlich Art. 53 Rn. 5 bis 9, allerdings mit der Maßgabe, daß Art. 53 Abs. 6 nicht entsprechend anwendbar ist, so daß außer den Gruppen der Angestellten, Arbeiter und Beamten keine weiteren Gruppen zu bilden und zu berücksichtigen sind).

2 Im Hinblick auf die Anfechtung der Wahl gilt Art. 53a entsprechend.

3 Im Hinblick auf **Amtszeit** und **Geschäftsführung des Gesamtpersonalrats** sowie die **rechtliche Stellung seiner Mitglieder** gilt Art. 54 Abs. 1 und hinsichtlich der Staffel für die Freistellungen der Gesamtpersonalräte gilt Art. 54 Abs. 2 entsprechend (vgl. hierzu Art. 54 Rn. 2).

Art. 57

DRITTER TEIL
Jugend- und Auszubildendenvertretung

Artikel 57
Bildung und Aufgaben

(1) In Dienststellen, bei denen Personalvertretungen gebildet sind und in denen in der Regel mindestens fünf zur Jugend- und Auszubildendenvertretung wahlberechtigte Beschäftigte tätig sind, werden Jugend- und Auszubildendenvertretungen gebildet.

(2) Die Jugend- und Auszubildendenvertretung hat folgende allgemeine Aufgaben:

1. Maßnahmen, die den Beschäftigten im Sinn von Art. 58 Abs. 1 dienen, insbesondere in Fragen der Berufsbildung, beim Personalrat zu beantragen,

2. Maßnahmen, die der Gleichbehandlung von weiblichen und männlichen Jugendlichen und Auszubildenden dienen, zu beantragen,

3. darüber zu wachen, daß die zugunsten der Beschäftigten im Sinn von Art. 58 Abs. 1 geltenden Gesetze, Verordnungen, Unfallverhütungsvorschriften, Tarifverträge, Dienstvereinbarungen und Verwaltungsanordnungen durchgeführt werden,

4. Anregungen und Beschwerden von Beschäftigten im Sinn von Art. 58 Abs. 1, insbesondere in Fragen der Berufsbildung, entgegenzunehmen und, falls sie berechtigt erscheinen, beim Personalrat auf eine Erledigung hinzuwirken; die Jugend- und Auszubildendenvertretung hat die betroffenen Beschäftigten im Sinn von Art. 58 Abs. 1 über den Stand und das Ergebnis der Verhandlungen zu informieren.

(3) Die Jugend- und Auszubildendenvertretung nimmt ihre Aufgaben in Zusammenarbeit mit der Personalvertretung wahr. Sie ist zur Durchführung ihrer Aufgaben von der Personalvertretung rechtzeitig und umfassend zu unterrichten. Die Jugend- und Auszubildendenvertretung kann verlangen, daß ihr der Personalrat die zur Durchführung ihrer Aufgaben erforderlichen Unterlagen zur Verfügung stellt.

(Abs. 1) Die Bildung einer JA-Vertretung ist zwingend vorgeschrieben (Abs. 1), wenn zwei Voraussetzungen vorliegen: (1) In der Dienststelle muß bereits eine Personalvertretung bestehen, d.h. zumindest zum Zeitpunkt der Bildung des Wahlvorstandes muß ein Personalrat im Amt sein. Wird er später rechtskräftig aufgelöst oder tritt er zurück, hat dies zwar zunächst keinen Einfluß auf den Bestand der JA-Vertretung. Da sie jedoch nur über die Angelegenheiten der Jugendlichen und Auszubildenden

1

Art. 57

beraten, Personalratsbeschlüsse jedoch nicht ersetzen kann, ist die unverzügliche Neubildung des Personalrats für die Arbeit der JA-Vertretung unverzichtbar. Existiert in der Dienststelle kein Personalrat – aus welchen Gründen auch immer –, kann eine JA-Vertretung nicht gebildet werden.
(2) In der Dienststelle müssen **mindestens fünf Wahlberechtigte** i. S. d. Art. 58 Abs. 1 Nr. 1 und 2 beschäftigt sein. Die Formulierung »in der Regel mindestens fünf« Wahlberechtigte bedeutet, daß in der Dienststelle **üblicherweise fünf** Jugendliche oder Auszubildende i. S. d. Art. 58 tätig sind. Weder zu Beginn der Wahlvorbereitung (Bestellung des Wahlvorstandes) noch im Laufe des Wahlverfahrens müssen von daher tatsächlich fünf Jugendliche oder Auszubildende in der Dienststelle geführt werden. Das Amt der JA-Vertretung endet, wenn die Zahl der Wahlberechtigten auf Dauer unter fünf absinkt.

2 Welche Dienststellen in Betracht zu ziehen sind, bei denen JA-Vertretungen gebildet werden, ergibt sich aus der Begriffsbestimmung in Art. 6 (vgl. Art. 6 Rn. 1 bis 14). Gem. Art. 85 Abs. 1 Nr. 5 gelten die Vorschriften über JA-Vertretungen jedoch nicht für Polizeivollzugsbeamte.

3 (**Abs. 2**) Die **allgemeinen Aufgaben** sind ähnlich abgestuft wie die Beteiligungsrechte des Personalrats (vgl. Art. 69 Rn. 1 ff.). Es gibt Initiativrechte (Nr. 1 und 2), Überwachungsaufgaben (Nr. 3) und die Verpflichtung, Anregungen und Beschwerden weiterzuleiten (Nr. 4). Damit sollen grundsätzlich alle Fragen die jugendliche Beschäftigte und Auszubildende betreffend in sozialer, personeller und wirtschaftlicher Hinsicht umfaßt sein. Die in Abs. 2 Nr. 1 bis 4 aufgeführten Aufgaben stellen dabei **keine abschließende Aufzählung** dar, sondern nur eine Konkretisierung der allgemeinen Aufgabenstellung der JA-Vertretung.

Dabei nimmt die JA-Vertretung ihre Aufgaben nicht selbständig gegenüber dem Dienststellenleiter, sondern nur **vermittelt über den Personalrat** wahr.

4 Nach **Abs. 2 Nr. 1** hat die JA-Vertretung bei allen Maßnahmen, die in irgendeiner Weise den jugendlichen Beschäftigten oder Auszubildenden dienen, gegenüber dem Personalrat initiativ zu werden. Das Gesetz nennt hier insbesondere Berufsbildungsmaßnahmen. Darunter fallen z. B.: jeweilige Nutzung der Ausbildungskapazitäten, Veränderung der Zahl der Ausbilder, Fassung von Ausbildungsanweisungen, Weiterbeschäftigung nach Beendigung der Ausbildung usw. Darüber hinaus kommen aber auch alle sonstigen, allgemein jugendliche Beschäftigte und Auszubildende betreffenden Maßnahmen in Betracht, wie z. B. Festlegung der täglichen Arbeitszeit unter Berücksichtigung der Vorschriften des Jugendarbeitsschutzgesetzes, Aufstellung von besonderen Urlaubsregelungen, Gestaltung von Sozialeinrichtungen, die besonders dieser Personengruppe dienen (Sportplätze, Freizeitzentren) usw. Allgemein dienen Maßnahmen jugendlichen Beschäftigten und Auszubildenden dann, wenn sie geeignet sind, ihre Stellung und ihre Interessen zu unterstützen, zu wahren oder zu fördern. Am Beispiel der Einstellung (vgl. Art. 75 Rn. 4 ff.) befaßt sich die

Art. 57

JA-Vertretung dementsprechend mit dem Auswahlverfahren, den Einstellungszahlen, der Überprüfung der Ausbildungszahlen im Vergleich zu vorhergehenden Jahren, der Ausschöpfung der Ausbildungskapazitäten oder der Frage, ob Angestellten- zugunsten von Beamtenstellen abgebaut werden. Weiterhin können überprüft werden: die Eingangsvoraussetzungen für Hauptschüler, Hauptschüler mit qualifiziertem Abschluß, Realschüler und Gymnasiasten, das Verhältnis der jeweiligen Einstellungszahlen zueinander, die jeweils damit verbundenen Berufsperspektiven usw.

Die JA-Vertretung muß beim Personalrat zu beantragende Maßnahmen 5 vorher beschließen. Dieser Beschluß wird dem Personalratsvorsitzenden zugeleitet. Eine besondere Form ist nicht vorgeschrieben. Zweckmäßigerweise wird dies jedoch schriftlich erfolgen.

Der Personalrat wiederum ist verpflichtet, die von der JA-Vertretung 6 vorgelegten Anträge zu behandeln (vgl. Art. 69 Abs. 1 Buchst. a und g) und sie auf die Tagesordnung zu setzen. Dabei kann der Antrag ganz oder teilweise durch Beschlußfassung übernommen, abgeändert oder ergänzt werden. Wird eine entsprechende Unterstützung oder Weiterverfolgung durch den Personalrat abgelehnt, so ist dies gegenüber der JA-Vertretung zu begründen, falls diese nicht selbst an der Beratung teilgenommen hat.

In Angelegenheiten, die besonders Beschäftigte i. S. v. Art. 58 Abs. 1 7 betreffen, kann die JA-Vertretung mit der Mehrheit ihrer Mitglieder beantragen, daß eine Personalratssitzung anzuberaumen und ein von ihr bestimmter Antrag zu behandeln ist (vgl. Art. 34 Abs. 3).

»Besonders« im Sinn des Art. 34 Abs. 3 bedeutet dabei nicht, daß die 8 Angelegenheit ausschließlich oder überwiegend nur Jugendliche oder Auszubildende betreffen muß. Es kommt vielmehr auf den qualitativen Gehalt der Angelegenheit an, also darauf, ob die besondere Interessenlage der Jugendlichen oder Auszubildenden nach objektiven Gesichtspunkten durch die Maßnahme tangiert wird.

In diesem Fall kann die gesamte JA-Vertretung beratend an der Personal- 9 ratssitzung teilnehmen (vgl. Art. 40 Abs. 1). Betrifft die Angelegenheit **»überwiegend«** Beschäftigte im Sinne von Art. 58 Abs. 1, haben alle Mitglieder der JA-Vertretung Stimmrecht (vgl. Art. 40 Abs. 2 Halbs. 1).

Werden Angelegenheiten, die besonders die Belange der Jugendlichen 10 oder Auszubildenden betreffen, in Besprechungen zwischen Personalrat und Dienststelle nach Art. 67 erörtert, so ist die gesamte JA-Vertretung durch den Personalrat hieran zu beteiligen (vgl. Art. 67 Abs. 1 Nr. 2).

Werden im übrigen beantragte Maßnahmen, die durch Beschlußfassung verändert oder ergänzt wurden, weiterverfolgt, so ist es Aufgabe des Personalrats, an den Dienststellenleiter heranzutreten bzw. das erforderliche formelle Verfahren einzuleiten.

Da die JA-Vertretung kein selbständiges Informationsrecht gegenüber der 11 Dienststelle besitzt, ist sie vom Personalrat zur Durchführung ihrer Auf-

Art. 57

gaben **rechtzeitig und umfassend zu informieren**. Die Verpflichtung zur umfassenden Information ist nicht von einem Antrag abhängig, sondern eine Pflicht des Personalrats. Der Personalrat muß alle Informationen und Unterlagen, die ihm vorliegen, weitergeben und auf Antrag weitere Informationen bei der Dienststelle beschaffen. »**Rechtzeitig**« bedeutet, daß die JA-Vertretung noch genügend Zeit haben muß, sich mit der Angelegenheit zu beschäftigen, und daß noch keine abschließenden Entscheidungen getroffen werden, die JA-Vertretung also noch Einfluß nehmen und ggf. Veränderungen erwirken kann.

12 Nach **Abs. 2 Nr. 2** hat die JA-Vertretung Maßnahmen, die der Gleichbehandlung der Geschlechter dienen, zu beantragen. Für die JA-Vertretung kann dies beispielsweise bei Neueinstellungen von Auszubildenden, Übernahme nach der Ausbildung oder bei Beurteilungen von Bedeutung sein.

13 Der JA-Vertretung werden in **Abs. 2 Nr. 3** Überwachungsaufgaben bezüglich aller Vorschriften übertragen, die zugunsten der jugendlichen Beschäftigten und Auszubildenden bestehen. Nicht erforderlich ist, daß diese Vorschriften ausschließlich nur für diesen Personenkreis gelten; es reicht aus, wenn sie ihn miterfassen.

Die Wahrnehmung der Überwachungspflichten setzt zunächst voraus, daß der JA-Vertretung alle Schutzvorschriften zugänglich, d. h. zur Kenntnis gebracht worden sind. Die Dienststelle ist daher verpflichtet, gemäß Art. 44 die durch die Anschaffung der entsprechenden Rechtsvorschriften bzw. Kommentierungen entstehenden Kosten zu tragen.

14 Im folgenden werden beispielhaft für die JA-Vertretung wichtige Rechtsnormen zugunsten von jugendlichen Beschäftigten und Auszubildenden aufgeführt, geordnet nach Gesetzen, Verordnungen, Tarifverträgen, Dienstvereinbarungen und Verwaltungsanordnungen.

a) Neben dem BayPVG, das die gesamte Tätigkeit der JA-Vertretung regelt, ist entsprechend ihrem besonderen Auftrag, insbesondere in Fragen der Berufsbildung initiativ zu werden, vor allem das Berufsbildungsgesetz (BBiG) zu nennen. Das BBiG regelt Grundsätze und Gliederung der Berufsausbildung, Inhalt und Anerkennung von Ausbildungsordnungen, Ausbildungsdauer, Pflichten des Ausbildenden und Auszubildenden, Durchführung der Prüfungen, Beendigung von Ausbildungsverhältnissen usw.

Daneben sind von Bedeutung: das Jugendarbeitsschutzgesetz (regelt tägliche und wöchentliche Arbeitszeit, Ruhepausen, Beschäftigungsverbote, Freistellungen, Urlaub, Gefahren- und Gesundheitsschutz usw.), das Mutterschutzgesetz (Beschäftigungsverbote von werdenden Müttern und Wöchnerinnen, Gestaltung der Arbeitsplätze, Kündigungsschutz usw.), das Gesetz zur Freistellung von Arbeitnehmern für Zwecke der Jugendarbeit (regelt den Anspruch auf Sonderurlaub für Jugendleiter), das Gesetz über das berufliche Schulwesen (Vorschriften für Berufsschulen), das

Art. 57

Krankenpflegegesetz (Vorschriften über die Ausbildung in der Krankenpflege).

b) Bei den Verordnungen sind insbesondere zu beachten die nach dem Berufsausbildungsgesetz erlassenen

– Beurteilungsrichtlinien und Ausbildungsrahmenpläne sowie die

– Unfallverhütungsvorschriften: Der jeweils zuständige Unfallversicherungsträger erläßt nach Berufsbereichen die zu beachtenden Unfallverhütungsvorschriften. Da jugendliche Beschäftigte und Auszubildende Neulinge im Betrieb und am Arbeitsplatz sind, und als besonders unfallgefährdet gelten, sind sie in besonderem Maße zu informieren und zu schützen.

c) Tarifverträge sind nach dem Tarifvertragsgesetz (TVG) ausgehandelte Verträge zwischen Arbeitgebern und Gewerkschaften. Sie gelten grundsätzlich nur zwischen den abschließenden Arbeitgebern bzw. Mitgliedern der Gewerkschaften. Es kommt also darauf an, ob der einzelne jugendliche Beschäftigte bzw. Auszubildende Mitglied der tarifvertragschließenden Gewerkschaft und daher nach § 3 Abs. 1 TVG tarifgebunden ist. Im öffentlichen Dienst gilt allerdings die Besonderheit, daß im Arbeitsvertrag immer die Geltung des einschlägigen Tarifvertrages vereinbart wird, also insbesondere die folgenden Tarifverträge sind zu beachten: MTV-A (Manteltarifvertrag für Auszubildende bei Bund, Ländern und Gemeinden), BAT (Bundes-Angestelltentarifvertrag), BMT-G (Bundesmanteltarifvertrag Gemeinden), MTArb (Manteltarifvertrag Bund und Länder).

d) Dienstvereinbarungen werden durch Dienststelle und Personalrat gemeinsam beschlossen, von beiden Seiten unterzeichnet sowie in geeigneter Weise bekanntgemacht (vgl. Art. 73). Die JA-Vertretung kann sich vom Personalrat darüber informieren lassen, welche Dienstvereinbarungen jeweils gelten. Dienstvereinbarungen werden beispielsweise abgeschlossen über Arbeitszeit, Urlaubsplan, Beurteilungsrichtlinien, Personalfragebogen, Sozialeinrichtungen usw.

e) Der **betriebliche Ausbildungsplan**, der den konkreten Ablauf der Ausbildung aufgrund des Ausbildungsrahmenplans regelt, kann z. B. auch als Verwaltungsanordnung erlassen worden sein.

Um ihrer **Überwachungspflicht** ordnungsgemäß nachkommen zu können, stehen der JA-Vertretung u. a. folgende Möglichkeiten zur Verfügung: Sie kann die von ihr vertretene Personengruppe über bestehende Vorschriften schriftlich unterrichten; sie verfügt – wie der Personalrat – über die Möglichkeit, Bekanntmachungen und Anschläge zu veröffentlichen (vgl. Art. 44) und Sprechstunden abzuhalten (vgl. Art. 43); sie nimmt an den Sitzungen des Personalrats und den Besprechungen zwischen Personalrat und Dienststellenleiter, soweit ihre Aufgaben dies erfordern, teil; sie beschafft sich über den Personalrat Muster der betrieblichen Ausbildungsverträge, Beurteilungsbögen und Anordnungen über

15

Art. 57

die Durchführung interner Prüfungen; desgleichen – soweit nötig – Kommentare zu den einschlägigen Gesetzen, und sie nimmt regelmäßige Besuche am Arbeits- und Ausbildungsplatz vor.

16 Ein Teil der Literatur nimmt an, daß die JA-Vertretung erst dann eingreifen kann, wenn konkrete Anhaltspunkte für einen Rechtsverstoß vorliegen. Demgegenüber bleibt festzuhalten, daß die JA-Vertretung ihrer in Art. 57 geregelten Überwachungspflicht nur dann ordnungsgemäß und verantwortungsvoll nachkommen kann, wenn sie auch die Möglichkeit hat, eigene Untersuchungen vorzunehmen. Über die Einhaltung der zugunsten der jugendlichen Beschäftigten und Auszubildenden bestehenden Rechtsnormen kann die JA-Vertretung nur wirksam wachen, wenn sie – auch unangemeldet – Stichproben machen, Ausbildungsplätze vor Ort kontrollieren und Gespräche mit Jugendlichen führen kann. Dies muß gelten, selbst wenn konkrete Verdachtsmomente für einen Verstoß gegen einschlägige Vorschriften noch nicht bestehen sollten. Als Voraussetzung sollte aber beachtet werden, daß die Untersuchung mit dem Personalrat abgesprochen ist und kein Eingriff in den Dienstbetrieb erfolgt.

17 Nach **Abs. 2 Nr. 4** hat die JA-Vertretung die Pflicht, Anregungen und Beschwerden jugendlicher Beschäftigter und Auszubildender entgegenzunehmen, ihre Berechtigung in einer Sitzung zu überprüfen und sie gegebenenfalls an den Personalrat zur Weiterverfolgung bzw. Erledigung weiterzuleiten. Über das jeweilige Ergebnis sind die Betroffenen regelmäßig zu unterrichten. Kann dies in angemessener Frist nicht geschehen, so ist ein Zwischenbescheid angebracht. Abgesehen von persönlichen Mitteilungen kann die Angelegenheit auch in JA-Versammlungen oder durch Aushang bekanntgemacht werden.

18 (Abs. 3) In **Abs. 3** wird generell geregelt, daß die JA-Vertretung ihre Aufgaben grundsätzlich in **Zusammenarbeit mit dem Personalrat** wahrnimmt. Der Personalrat kann der JA-Vertretung keine Weisungen erteilen. Die JA-Vertretung nimmt ihre Aufgaben und deren Bearbeitung eigenverantwortlich vor. Dadurch wird berücksichtigt, daß jugendliche Beschäftigte und Auszubildende von einzelnen Vorgängen in der Verwaltung, etwa der Ausbildungsplanung oder der Organisation der Lehrbereiche, besonders betroffen sind.

19 Eine Schweigepflicht gegenüber der JA-Vertretung kann der Personalrat nicht geltend machen (vgl. Art. 10 Rn. 1 ff.). Zur rechtzeitigen Unterrichtung gehört auch, daß sich die JA-Vertretung frühzeitig und ausführlich mit einer Angelegenheit befassen, Stellungnahmen einholen oder selbst eine Sitzung anberaumen kann.

20 Über **Streitigkeiten** und Verstöße entscheiden die zuständigen Fachkammern der Verwaltungsgerichte (vgl. Art. 81 Abs. 1 Nr. 3, insbesondere zur Rechtsstellung der JA-Vertretung).

Artikel 58
Wahlberechtigung und Wählbarkeit

(1) Wahlberechtigt sind alle Beschäftigten, die
1. das 18. Lebensjahr noch nicht vollendet haben (jugendliche Beschäftigte) oder
2. als Dienstanfänger, Beamte im Vorbereitungsdienst oder Auszubildende das 25. Lebensjahr noch nicht vollendet haben.

Art. 13 gilt entsprechend.

(2) Wählbar sind die wahlberechtigten Beschäftigten im Sinn von Absatz 1 und die nach Art. 13 wahlberechtigten Beschäftigten, die am Wahltag noch nicht das 25. Lebensjahr vollendet haben. Art. 14 Abs. 1 Satz 1 Buchst. a, Satz 2, Abs. 2 Sätze 1 und 2 und Abs. 3 gelten entsprechend. Die Mitglieder der Personalvertretung können nicht zu Mitgliedern der Jugend- und Auszubildendenvertretung gewählt werden.

Die **Wahlberechtigung** ist auf Dienstanfänger, Beamte im Vorbereitungsdienst oder Auszubildende, die das 25. Lebensjahr noch nicht vollendet haben, ausgedehnt. **1**

Damit ist der Charakter der früheren Jugendvertretung (bis 22. 12. 1989) als Jugend- und Auszubildendenvertretung gestärkt worden. Gleichzeitig wird auf die Verschiebung des Berufseinstiegsalters reagiert, die in vielen Bereichen dazu führte, daß keine Jugendvertretungen mehr eingerichtet werden konnten. Das **aktive Wahlrecht** steht also jugendlichen Beschäftigten bis zum 18. Lebensjahr zu, darüber hinaus Auszubildenden, Dienstanfängern und Beamten im Vorbereitungsdienst bis zur Vollendung des 25. Lebensjahres. Das **passive Wahlrecht** wird ebenfalls ausgedehnt, und zwar bis zur Vollendung des 25. Lebensjahres. Auf die Wahlberechtigung zur JA-Vertretung kommt es demnach nicht an.

Darüber hinaus ist nunmehr auch die Staatsangehörigkeit ohne Belang.

Die **Doppelmitgliedschaft** in der Personalvertretung und JA-Vertretung – langjähriger Streitgegenstand – wird nun durch Art. 58 Abs. 2 Satz 3 gesetzlich geregelt: Mitglieder der Personalvertretung können nicht zu JA-Vertretern gewählt werden. Es ist also nur die Mitgliedschaft in **einem** Personalvertretungsorgan möglich. Insgesamt gilt die Vorschrift des Art. 58 auch für JA-Stufenvertretungen und die Gesamt-JA-Vertretung (Art. 64). **2**

Dienstanfänger, Beamte im Vorbereitungsdienst und Beschäftigte in entsprechender Berufsausbildung sind in die Gesamt-JA-Vertretungen und in die JA-Stufenvertretungen wählbar. Vgl. auch Anm. zu Art. 14.

(Abs. 1) Die Wahlberechtigung jugendlicher Beschäftigter bedeutet, daß gem. Art. 58 Abs. 1 Nr. 1 alle diejenigen **Beschäftigten wahlberechtigt sind,** die **das 18. Lebensjahr am letzten Wahltag noch nicht vollendet** **3**

Art. 58

haben, d. h. ausschlaggebend ist das Alter am Wahltage, bei mehrtägiger Wahl am letzten Wahltag. Das gilt auch für Briefwähler.

Wählen können auch die **Dienstanfänger, Beamte im Vorbereitungsdienst und Auszubildende,** die am Wahltage **das 25. Lebensjahr noch nicht vollendet haben.** Auszubildende sind alle diejenigen Beschäftigten, die in einem Ausbildungs- oder Anlernverhältnis nach dem Berufsbildungsgesetz, nach spezialgesetzlichen Vorschriften über die Ausbildung (z. B. dem Krankenpflegegesetz) sowie nach Programmen des Arbeitsförderungsgesetzes oder Tarifverträgen als Auszubildende oder Anzulernende beschäftigt sind. Beamtenanwärter im Vorbereitungsdienst können Nachwuchskräfte für die Beamtenlaufbahn des mittleren bzw. gehobenen Dienstes sein. Dienstanfänger sind zum einen Verwaltungspraktikanten, Praktikanten im Erziehungs- und Krankenpflegedienst, aber dem weiten Begriff entsprechend auch all diejenigen, die auch ohne besondere Ausbildung ihren Dienst aufnehmen. Hierzu zählen auch Beamte, die sich in einer Ausbildung für eine andere Laufbahn (Aufstieg) befinden, nicht aber Beamte, die innerhalb ihrer Laufbahn durch eine »Zusatzausbildung« lediglich gefördert werden sollen (BVerwG, Beschluß v. 10. 2. 1967 – VII P 6.66 und v. 10. 2. 1967 – VII P 18.66 –).

4 Die zur JA-Vertretung Wahlberechtigten sind auch für die Wahl der Personalvertretung wahlberechtigt. Sie haben ein **doppeltes aktives Wahlrecht.**

5 Nicht wählen können Beschäftigte, die am Wahltag länger als sechs Monate unter Wegfall der Bezüge beurlaubt sind (vgl. Art. 13 Abs. 1 Satz 2). Auch wer zu einer anderen Dienststelle abgeordnet ist, verliert das Wahlrecht bei der alten Dienststelle, wenn die Abordnung länger als drei Monate gedauert hat. Er erhält dann allerdings die Wahlberechtigung für die neue Dienststelle (vgl. Art. 13 Abs. 2 Satz 1). Diese Regel gilt nicht für Beschäftigte, die als Mitglieder einer Stufenvertretung oder des Gesamtpersonalrats freigestellt sind. Sie gilt auch nicht für Abordnungen zur Teilnahme an Lehrgängen (vgl. Art. 13 Abs. 2 Satz 2). Die Vorschrift des Art. 13 Abs. 2 Satz 1 findet auch dann keine Anwendung, wenn feststeht, daß der Beschäftigte binnen weiterer sechs Monate in die alte Dienststelle zurückkehren wird (vgl. Art. 13 Abs. 2 Satz 3).

Keine Wahlberechtigung haben Beschäftigte, die für die Erfüllung einer bestimmten Aufgabe für eine Dauer von höchstens sechs Monaten eingestellt sind, es sei denn, daß sie regelmäßig wiederkehrend beschäftigt werden (vgl. Art. 13 Abs. 3 Buchst. a).

Ebenfalls nicht wahlberechtigt sind Dienstanfänger, Beamte im Vorbereitungsdienst und Beschäftigte in entsprechender Berufsausbildung, die **ausschließlich** zum Zweck der Ausbildung ohne engere Bindung zur Dienststelle beschäftigt werden (vgl. Art. 13 Abs. 3 Buchst. b). Es handelt sich in erster Linie um Rechtsreferendare und Studienreferendare (vgl. wegen weiterer Einzelheiten Art. 13 Rn. 18–21). Entscheidend ist die

Art. 58

Eingliederung in die Dienststelle, und daß die Auszubildenden für Aufgaben in dieser, wenn auch nicht ausschließlich, vorbereitet werden (BVerwG, Beschluß v. 19. 6. 1980 – 6 P 1.80, 2 BR 81, 69). Daran mangelt es, wenn die Dienststelle lediglich ihre personellen und sachlichen Mittel zur Verfügung stellt, um Ausbildungsleistungen zu erbringen, die von einer anderen Dienststelle oder Privaten geleitet und verantwortet wird (BVerwG, Beschluß v. 3. 7. 1984 – 6 P. 39.82 –, PersR 1986, 239). Abgelehnt wurde vom BVerwG deshalb die Beschäftigteneigenschaft von Auszubildenden, die im Rahmen eines Berufsausbildungsprogramms in staatlichen Ausbildungsstätten eine »außerbetriebliche« Ausbildung erhalten (BVerwG, Beschluß v. 23. 10. 1984 – 6 P 15.84 –, PersR 1986, 239; a. A. BAG, Beschluß v. 26. 11. 1987 – 6 ABR 8/83 – ArbuR 1988, 220).

(Abs. 2) Zur JA-Vertretung **wählbar** sind die Beschäftigten i. S. d. Abs. 1 **6** und die Wahlberechtigten i. S. d. Art. 13, die am Wahltag das 25. Lebensjahr noch nicht vollendet haben, mit der über die bisherigen Einschränkungen hinausgehenden Bedingung, daß ihnen infolge Richterspruchs das Recht nicht aberkannt ist, öffentliche Ämter zu bekleiden und Rechte aus öffentlichen Wahlen zu erlangen (vgl. Art. 14 Abs. 1 Satz 2). Vollendet ein Mitglied der JA-Vertretung während der Amtszeit das 25. Lebensjahr, so bleibt es bis zum Ablauf der Periode im Amt.

Die Wählbarkeit ist weiterhin eingeschränkt durch die Voraussetzung, mindestens seit sechs Monaten dem Geschäftsbereich der obersten Dienstbehörde anzugehören (vgl. Art. 14 Abs. 1 Buchst. a) und seit einem Jahr in öffentlichen Verwaltungen oder von diesen geführten Betrieben beschäftigt zu sein (vgl. Art. 14 Abs. 1 Buchst. b). Nicht wählbar sind auch diejenigen Beschäftigten, die wöchentlich weniger als 18 Stunden beschäftigt werden, oder Lehrkräfte mit weniger als 12 Pflichtstunden (vgl. Art. 19 Rn. 1 ff.). Im übrigen gilt für Dienstanfänger, Beamte im Vorbereitungsdienst und Beschäftigte in entsprechender Berufsausbildung die Voraussetzung der engeren Bindung zur Dienststelle (vgl. Rn. 5).

Wählen können die Beschäftigten, die durch den Wahlvorstand in das **7** **Wählerverzeichnis** bis zum Abschluß der Stimmabgabe aufgenommen wurden. Wird dabei gegen die Vorschriften über die Wahlberechtigung verstoßen, oder liegt ein Verstoß gegen die Wählbarkeit zur JA-Vertretung vor, so berechtigt dies zur Wahlanfechtung (vgl. Art. 60 Abs. 1).

Ein **verwaltungsgerichtliches Verfahren** kommt im Rahmen des Art. 81 **8** in Betracht (vgl. Art. 13 Rn. 25).

Art. 59

Artikel 59
Zusammensetzung

(1) Die Jugend- und Auszubildendenvertretung besteht in Dienststellen mit in der Regel

5 bis 20 Beschäftigten im Sinn von Art. 58 Abs. 1
aus einem Mitglied,

21 bis 50 Beschäftigten im Sinn von Art. 58 Abs. 1
aus drei Mitgliedern,

51 bis 200 Beschäftigten im Sinn von Art. 58 Abs. 1
aus fünf Mitgliedern,

mehr als 200 Beschäftigten im Sinn von Art. 58 Abs. 1
aus sieben Mitgliedern.

(2) Die Jugend- und Auszubildendenvertretung soll sich aus Vertretern der verschiedenen Beschäftigungsarten der der Dienststelle angehörenden Beschäftigten im Sinn von Art. 58 Abs. 1 zusammensetzen.

(3) Frauen und Männer sollen bei der Jugend- und Auszubildendenvertretung entsprechend ihrem Anteil an den nach Art. 58 Wahlberechtigten berücksichtigt werden.

1 Die **Größe der JA-Vertretung** bestimmt sich nach der Zahl der wahlberechtigten beschäftigten Jugendlichen bzw. Auszubildenden. Dabei sollen die verschiedenen Beschäftigungsarten und die Geschlechter bei der Zusammensetzung entsprechend berücksichtigt werden. Eine Aufteilung nach Gruppen gibt es bei der JA-Vertretung jedoch nicht.

2 (**Abs. 1**) Die **Anzahl der Mitglieder der JA-Vertreter** ist gem. Art. 59 Abs. 1 zwingend vorgeschrieben entsprechend der vorgegebenen Tabelle. Sie richtet sich nach den Beschäftigten i. S. v. Art. 58 Abs. 1, d. h. den Jugendlichen und Auszubildenden, die **in der Regel** in der Dienststelle beschäftigt sind. Es kommt also nicht auf die tatsächliche Anzahl der jugendlichen Beschäftigten und Auszubildenden zum Zeitpunkt der Wahl allein an, sondern geplante Veränderungen bzw. außergewöhnliche Abweichungen müssen berücksichtigt werden (vgl. zu dem Begriff »in der Regel« Art. 12 Rn. 2).

3 (**Abs. 2**) Gem. Abs. 2 soll die JA-Vertretung aus Vertretern der verschiedenen Beschäftigungsarten sowie aus den der Dienststelle angehörenden Beschäftigten i. S. v. Art. 58 Abs. 1 zusammengesetzt sein. Das ist aber keine zwingende Bestimmung über die **Zusammensetzung der JA-Vertretung,** so daß die Nichtbefolgung ohne Einfluß auf die Gültigkeit der Wahl bleibt. Es findet also eine gemeinsame Wahl statt (vgl. Art. 19 Rn. 7). Ist nur ein JA-Vertreter zu wählen, dann gilt einfache Stimmenmehrheit. Wird nur ein Wahlvorschlag eingereicht, ist eine Personenwahl durchzuführen (vgl. Art. 19 Rn. 12). Im übrigen erfolgt die Wahl nach den Grundsätzen der Verhältniswahl (vgl. Art. 19 Rn. 1 und 10).

Art. 59, 60

(**Abs. 3**) Auch die Berücksichtigung der Geschlechter (Abs. 3) ist nicht zwingend vorgeschrieben. Die JA-Vertretung soll entsprechend ihrem Zahlenverhältnis die Geschlechter berücksichtigen. Es bleibt allerdings die freie Entscheidung des Wählers, wie diese Sollvorschrift im Wahlvorschlag und im Wahlergebnis ihren Ausdruck findet (vgl. allgemein zur Wahl Art. 19 Rn. 1 ff.).

Gerichtlich überprüfbar sind die Sollvorschriften in Abs. 2 und 3 nicht. **4**
Die Größe der JA-Vertretung wird i. d. R. in Wahlanfechtungsverfahren überprüft (vgl. Art. 13 Rn. 25). Da nachträgliche Änderungen der Zahl der jugendlichen Beschäftigten grundsätzlich unberücksichtigt bleiben, sind Streitigkeiten vor dem Verwaltungsgericht die Ausnahme. Denkbar wären Streitigkeiten über die Frage, ob in der Dienststelle überhaupt eine JA-Vertretung zu wählen ist oder was geschieht, wenn die Zahl der der Dienststelle angehörenden Jugendlichen oder Auszubildenden unter fünf sinkt und infolgedessen die Voraussetzung für die Bildung einer JA-Vertretung entfällt (vgl. Art. 81 Abs. 1 Nr. 2).

Artikel 60
Wahl, Amtszeit und Vorsitzender

(1) Der Personalrat bestellt den Wahlvorstand und seinen Vorsitzenden. Art. 19 Abs. 1, 3, 4 Sätze 1 und 2, Abs. 5, 7, 8 und 9, Art. 24 Abs. 1 und 2 und Art. 25 gelten entsprechend.

(2) Die regelmäßige Amtszeit der Jugend- und Auszubildendenvertretung beträgt zwei Jahre. Art. 26, 27 Abs. 1 Buchst. c bis e, Abs. 2 und Art. 28 bis 31 gelten sinngemäß. Die Mitgliedschaft in der Jugend- und Auszubildendenvertretung erlischt nicht dadurch, daß ein Mitglied im Lauf der Amtszeit das 25. Lebensjahr vollendet.

(3) Besteht die Jugend- und Auszubildendenvertretung aus drei oder mehr Mitgliedern, so wählt sie aus ihrer Mitte einen Vorsitzenden und dessen Stellvertreter. Frauen und Männer sollen dabei gleichermaßen berücksichtigt werden.

Grundsätzlich finden die **für den Personalrat geltenden Wahlvorschrif-** **1**
ten Anwendung. Geregelt wird die Bestellung des Wahlvorstands, die Wahl und die Amtszeit der JA-Vertretung sowie die gegebenenfalls erforderliche Wahl des Vorsitzenden. Die Bestimmungen sind auf die Wahl der JA-Stufenvertretungen und der Gesamt-JA-Vertretungen entsprechend anwendbar.

(**Abs. 1**) Ausschließlich dem Personalrat obliegt die Bestellung des **2**
Wahlvorstandes und die Bestimmung des Vorsitzenden. Es handelt sich um eine gemeinsame Angelegenheit (vgl. Art. 38 Abs. 1) unabhängig von der Verteilung der Jugendlichen und Auszubildenden auf die Beschäftigtengruppen. Mitglieder einer noch bestehenden JA-Vertretung haben dabei Stimmrecht (vgl. Art. 40 Abs. 2). Soweit in einer Dienststelle kein

Art. 60

Personalrat besteht, kann auch kein Wahlvorstand gebildet werden und es gibt keine JA-Vertretung. Bildet der Personalrat keinen Wahlvorstand, obwohl die Voraussetzungen dafür gegeben sind, handelt es sich um eine Pflichtverletzung, die zur Auflösung des Personalrats führen kann (Art. 28). Umstritten ist, ob durch einstweilige Verfügung die Bestellung eines Wahlvorstandes beim Verwaltungsgericht erzwungen werden kann. Zumindest in Zusammenhang mit dem Verfahren nach Art. 28 wird eine Weigerung des Gremiums bzw. einzelner Personalratsmitglieder zum gewünschten Erfolg führen.

Mitglied des Wahlvorstandes kann auch ein Wahlbewerber sein. Dem Wahlvorstand muß mindestens eine nach Art. 14 wählbare Person angehören, die nicht zur JA-Vertretung wahlberechtigt ist. Für Stufen-JA-Vertretungen und Gesamt-JA-Vertretungen gilt dies entsprechend (§§ 32 Abs. 1 Satz 2, 44 Satz 2, 51 Satz 2, 53 Abs. 2 Satz 3 WO-BayPVG). Neben der Bestellung des Vorsitzenden des Wahlvorstandes sollten auch von vornherein Ersatzmitglieder vorgesehen werden.

Soweit in der Dienststelle eine JA-Vertretung besteht, muß der Wahlvorstand so rechtzeitig bestellt werden, daß die Wahl der neuen JA-Vertretung abgeschlossen ist, bevor die Amtszeit der bisherigen JA-Vertretung endet.

3 Entsprechend der **Wahlgrundsätze** für den Personalrat (Art. 19) wird die JA-Vertretung in geheimer und unmittelbarer Wahl gewählt. Abweichend von der Personalratswahl sind all diejenigen Bestimmungen nicht entsprechend anwendbar, die die Gruppenwahl betreffen und den damit verbundenen Minderheitenschutz. Die Wahl findet also nach den Grundsätzen der Verhältniswahl statt (vgl. Art. 19 Rn. 10f.). Wird allerdings nur ein Wahlvorschlag eingereicht, dann findet eine Personenwahl statt. Wird nur ein einziger JA-Vertreter gewählt, so gilt die einfache Stimmenmehrheit. Wahlvorschläge können nicht nur die wahlberechtigten Beschäftigten einreichen, sondern auch die in der Dienststelle vertretenen Gewerkschaften. Dabei ist es nicht erforderlich, daß sie auch jugendliche oder auszubildende Beschäftigte in der Dienststelle organisiert haben. Es genügt vielmehr, wenn mindestens ein Beschäftigter der Dienststelle Mitglied der Gewerkschaft ist. Grundsätzlich kann jeder Beschäftigte nur auf einem Wahlvorschlag benannt werden (vgl. im übrigen Art. 19 Rn. 13 bis 17).

4 Entsprechend den Bestimmungen für die Personalratswahl darf niemand die Wahl der JA-Vertretung behindern oder in einer gegen die guten Sitten verstoßenden Weise beeinflussen. Insbesondere darf kein Wahlberechtigter in der Ausübung des aktiven und passiven Wahlrechts beschränkt werden (vgl. Art. 24 Abs. 1 Sätze 1 und 2; Art. 24 Rn. 4). Für die Mitglieder des Wahlvorstandes und die Wahlbewerber gilt der Schutz bei Kündigungen, Versetzungen und Abordnungen entsprechend dem Schutz der Personalratsmitglieder (vgl. Art. 47 Abs. 1, 2, 3 Sätze 1 und 2; Art. 47 Rn. 1 ff.).

Art. 60

Die **Kosten der Wahl** trägt die Dienststelle (Art. 24 Abs. 2; Art. 24 Rn. 7). Die notwendige Versäumnis von Arbeitszeit darf keine Minderung der Dienstbezüge oder des Arbeitsentgelts zur Folge haben, soweit sie infolge der Ausübung des Wahlrechts, der Teilnahme an Jugend- und Auszubildendenversammlungen oder der Betätigung im Wahlvorstand entsteht (vgl. Art. 24 Abs. 2; Art. 44 Rn. 1; Art. 46 Rn. 1). Für die Mitglieder des Wahlvorstandes ist darüber hinaus Reisekostenvergütung vorgesehen (vgl. Art. 44 Rn. 4) und Freizeitausgleich (vgl. Art. 46 Abs. 2 Satz 2 u. Rn. 11 zu dieser Vorschrift). Anders als bei der Personalratswahl, wo den Beschäftigten die notwendigen Fahrtkosten für die Reise vom dienstlichen Wohnsitz zum Wahlort und zurück erstattet werden, ist diese Zuwendung bei der Wahl der JA-Vertretung **nicht** vorgesehen: Art. 24 Abs. 3 wurde nicht für entsprechend anwendbar erklärt.

5

Studierende an der Bayerischen Beamtenfachhochschule und Lehrgangsteilnehmer an der Bayerischen Verwaltungsschule und den Verwaltungsschulen des Freistaates Bayern können nur mit schriftlicher Stimmabgabe (Briefwahl) wählen (§ 17 Abs. 3 WO-BayPVG).

6

In Entsprechung zur Personalratswahl ist die **Wahlanfechtung** gem. Art. 25 vorgesehen (vgl. Art. 25 Rn. 1 ff.; Art. 13 Rn. 25).

7

(**Abs. 2**) Sinngemäß gelten die Vorschriften über die **Amtszeit** des Personalrats entsprechend, allerdings mit dem wesentlichen Unterschied, daß die regelmäßige Amtszeit der JA-Vertretung **zwei Jahre** beträgt (vgl. Art. 60 Abs. 2 Sätze 1 und 2). Außerdem führt eine Veränderung der Zahl der jugendlichen und auszubildenden Beschäftigten in der Dienststelle nicht zur Neuwahl. Das Amt der JA-Vertretung endet, wenn die Zahl der jugendlichen bzw. auszubildenden Beschäftigten nicht nur vorübergehend, sondern auf Dauer unter fünf absinkt. Der Beginn der zweijährigen Amtszeit am Tage der Wahl ist die Regel, wenn zu diesem Zeitpunkt noch keine JA-Vertretung bestand. Ansonsten ist der Ablauf der Amtszeit der vorhergehenden JA-Vertretung maßgebend (vgl. Art. 26 Rn. 1 ff.). Die Amtszeit **endet am 31. Juli**.

8

Eine **Neuwahl** findet statt, wenn die JA-Vertretung mit der Mehrheit ihrer Mitglieder ihren Rücktritt beschlossen hat (vgl. Art. 27 Abs. 1 Buchst. d; Art. 27 Rn. 5) oder die Gesamtzahl der Mitglieder der JA-Vertretung auch nach Eintreten sämtlicher Ersatzmitglieder um mehr als ein Viertel der vorgeschriebenen Zahl gesunken ist (vgl. Art. 27 Abs. 1 Buchst. c; Art. 27 Rn. 4). In diesen Fällen führt die bisherige JA-Vertretung die Geschäfte weiter, bis eine neue gewählt ist (vgl. Art. 27 Rn. 6). Der Fall des Art. 27 Abs. 1 Buchst. e (Auflösung des Personalrats durch gerichtliche Entscheidung) gründet auf Art. 28 (vgl. Art. 28 Rn. 6). Nicht gemeint ist damit die Wahlanfechtung gem Art. 25.

Entsprechend Art. 28 kann das Verwaltungsgericht den **Ausschluß** eines Mitglieds aus der JA-Vertretung oder die **Auflösung** der JA-Vertretung

9

Art. 60

wegen grober Vernachlässigung ihrer gesetzlichen Befugnisse oder wegen grober Verletzung ihrer gesetzlichen Pflichten beschließen (vgl. Art. 28 Rn. 1 ff.). Antragsberechtigt sind, wie dort ausgeführt, der Leiter der Dienststelle, ein Viertel der wahlberechtigten jugendlichen bzw. auszubildenden Beschäftigten, die in der Dienststelle vertretene Gewerkschaft und die JA-Vertretung, die bei entsprechender Anwendung des Art. 28 an die Stelle des Personalrats tritt. Strittig ist eine Antragsberechtigung des Personalrats (vgl. für das BetrVG FKHE, § 65 Rn. 3): Da in Art. 60 Abs. 2 Satz 2 lediglich ein Verweis auf Art. 28 erfolgt, ohne Hinweis oder Ergänzung, ist anstelle des Personalrats lediglich die JA-Vertretung antragsberechtigt. Eine Antragsberechtigung des Personalrats ist sinngemäß nicht vorgesehen und auch nicht gerechtfertigt, da sie lediglich die Gefahr birgt, das Instrument der Auflösung zur Disziplinierung der JA-Vertretung heranzuziehen. Die JA-Vertretung besteht selbständig neben dem Personalrat und ist nicht dessen Organ, sie sollte auch nicht als dessen verlängerter Arm genutzt werden können.

10 Wird die JA-Vertretung **gerichtlich aufgelöst**, setzt der Vorsitzende der Fachkammer des Verwaltungsgerichts den Wahlvorstand ein (vgl. Art. 28 Abs. 2; Art. 28 Rn. 7 f.).

11 Das **Erlöschen** der Mitgliedschaft in der JA-Vertretung für das Mitglied bestimmt sich nach Art. 29, das **Ruhen** der Mitgliedschaft nach Art. 30 (vgl. Art. 29 Rn. 1; Art. 30 Rn. 1 bis 4; ferner zum Ablauf der Amtszeit vgl. Art. 29 Rn. 2; zur Niederlegung des Amts vgl. Art. 29 Rn. 3; zur Beendigung des Dienstverhältnisses vgl. Art. 29 Rn. 4; zum Ausscheiden aus der Dienststelle vgl. Art. 29 Rn. 5; zum Verlust der Wählbarkeit vgl. Art. 29 Rn. 6; zu gerichtlichen Entscheidungen vgl. Art. 29 Rn. 7; zur Feststellung, daß der Gewählte nicht wählbar war, vgl. Art. 29 Rn. 8).

12 Für die Ersatzmitglieder der JA-Vertretung gelten dieselben Vorschriften wie für den Personalrat. Nachrücken im Falle des Ausscheidens und Eintreten bei zeitweiliger Verhinderung richten sich nach Art. 31 (vgl. Art. 31 Rn. 1 bis 7). Bei der Auswahl bleibt die Gruppenzugehörigkeit ohne Bedeutung. Eine ausdrückliche Regelung findet das Problem, daß ein JA-Vertreter im Laufe seiner Amtszeit das 25. Lebensjahr vollendet. Die Mitgliedschaft in der JA-Vertretung erlischt dadurch nicht (vgl. Art. 60 Abs. 2 Satz 3).

13 (Abs. 3) Die **Wahl eines Vorsitzenden** und seines Stellvertreters ist nach Abs. 3 zwingend vorgeschrieben, wenn die JA-Vertretung aus drei oder mehr Mitgliedern besteht. Es bestehen keine besonderen Formvorschriften, er ist mit einfacher Mehrheit gewählt. Der Vorsitzende ist Vertreter der Beschlüsse des Personalvertretungsorgans JA-Vertretung und gleichzeitig für alle Anfragen, Einladungen, ähnlich wie der Personalratsvorsitzende, empfangszuständig. Er führt die laufenden Geschäfte der JA-Vertretung, beraumt die Sitzungen an und leitet die Verhandlungen (vgl. Art. 32 Rn. 11 bis 13).

Hinsichtlich der **Streitigkeiten**, die die Wahl, Amtszeit, Geschäftsführung des Vorsitzenden und die Rechtsstellung der JA-Vertretung betreffen, entscheiden die Verwaltungsgerichte gemäß Art. 81 Abs. 1 Nr. 2, ebenso über die Ansprüche der wahlberechtigten Beamten und der verbeamteten Mitglieder des Wahlvorstandes auf Lohn- und Gehaltsfortzahlung. Bei den übrigen Beschäftigten sind in diesen Fällen die Arbeitsgerichte zuständig.

Artikel 61
Befugnisse

(1) Die Befugnisse der Jugend- und Auszubildendenvertretung gegenüber dem Personalrat bestimmen sich nach Art. 34 Abs. 3, Art. 39 und 40.

(2) Die Jugend- und Auszubildendenvertretung kann nach Verständigung des Personalrats Sitzungen abhalten; Art. 34 Abs. 1 und 2, Art. 35 Sätze 1 und 2 und Art. 37 gelten sinngemäß. Der Leiter der Dienststelle ist durch den Personalrat vom Zeitpunkt der Sitzung vorher zu verständigen. An den Sitzungen kann ein vom Personalrat beauftragtes Personalratsmitglied teilnehmen.

Deklaratorisch wird in Abs. 1 auf Art. 34 Abs. 3, Art. 39 und Art. 40 Bezug genommen, wo das Teilnahmerecht an Personalratssitzungen sowie Aussetzung von Beschlüssen und Anberaumung von Personalratssitzungen geregelt sind. Im übrigen wird der JA-Vertretung die Abhaltung von Sitzungen eingeräumt.

(Abs.) 1) Art. 34 Abs. 3 räumt der JA-Vertretung das Recht ein, auf Antrag der Mehrheit ihrer Mitglieder zu verlangen, daß der Vorsitzende des Personalrats eine Sitzung in Angelegenheiten anberaumt, die besonders (vgl. Art. 57 Rn. 8) Beschäftigte i. S. v. Art. 58 Abs. 1 (Jugendliche und Auszubildende) betreffen. Die JA-Vertretung kann den Gegenstand, dessen Beratung beantragt ist, bestimmen. Der Vorsitzende hat diesen Gegenstand auf die Tagesordnung zu setzen (vgl. Art. 34 Abs. 3; Art. 34 Rn. 18).

Nach Art. 39 Abs. 1 Satz 1 ist auf Antrag der JA-Vertretung ein Beschluß des Personalrats auf die Dauer von einer Woche vom Zeitpunkt der Beschlußfassung an auszusetzen, wenn die **absolute Mehrheit** der Mitglieder der JA-Vertretung diesen Beschluß als eine erhebliche Beeinträchtigung wichtiger Interessen der durch sie vertretenen Beschäftigten erachtet. Der Antrag muß sich auf einen Beschluß des Personalrats oder einer Personalratsgruppe (vgl. BayVGH, Beschluß v. 14. 12. 1983 – Nr. 17 C 82 A 1282) beziehen, der nach mehrheitlicher Auffassung der Mitglieder der JA-Vertretung wichtige Interessen von Jugendlichen oder Auszubildenden beeinträchtigt. Die Beeinträchtigung wichtiger Interessen muß **erheblich** sein. Dabei genügt jedoch eine tatsächliche Betroffen-

Art. 61

heit. Auf die objektive Beeinträchtigung kommt es nicht an (vgl. Art. 39 Rn. 2). Es genügt, wenn die Mehrheit der JA-Vertreter eine solche Beeinträchtigung annimmt. Der Antrag ist nach Beschlußfassung dem Personalratsvorsitzenden oder dem Personalratsplenum zu übergeben. Der Antrag ist an keine Form gebunden. Die Aussetzung der Durchführung des Beschlusses bedeutet insbesondere, daß in Beteiligungsangelegenheiten der Beschluß nicht an die Dienststelle weitergeleitet wird. In der Zwischenzeit soll, gegebenenfalls mit Hilfe der unter den Mitgliedern des Personalrats oder der JA-Vertretung vertretenen Gewerkschaften, eine Verständigung versucht werden (Art. 39 Abs. 1 Satz 2). Der Verständigungsversuch ist nicht in das freie Belieben des Personalrats gestellt, sondern eine **Verpflichtung**. Nach Ablauf der Frist ist über die Angelegenheit neu zu beschließen. Wird der erste Beschluß bestätigt, so kann der Antrag auf Aussetzung nicht wiederholt werden. Wird er allerdings wesentlich abgeändert oder gänzlich neu gefaßt, kann die JA-Vertretung wieder gem. Art. 39 vorgehen. Der Aussetzungsantrag hat keine Verlängerung von Äußerungsfristen im Beteiligungsverfahren zur Folge (Art. 39 Abs. 1 Satz 3).

4 Nach Art. 40 Abs. 1 Satz 1 ist die JA-Vertretung berechtigt und verpflichtet (vgl. Art. 40 Abs. 1 Satz 1 = Soll-Vorschrift; Art. 40 Rn. 1 bis 4), zu **allen Sitzungen des Personalrats einen Vertreter** zu entsenden. Dementsprechend ist der Vorsitzende des Personalrats der JA-Vertretung gegenüber verpflichtet, Zeitpunkt und Tagesordnung der Personalratssitzungen rechtzeitig bekanntzugeben. Der Vertreter kann allgemein oder von Fall zu Fall bestimmt werden. Sein Teilnahmerecht an den Sitzungen des Personalrats ist unbeschränkt, d. h. er kann zu allen Tagesordnungspunkten seine Meinung äußern bzw. Stellungnahmen und Vorschläge abgeben. Seine Wortmeldungen sind also wie die anderer Personalratsmitglieder zu allen Tagesordnungspunkten zu berücksichtigen (vgl. Art. 40 Rn. 2 bis 4).

5 Die **gesamte JA-Vertretung kann beratend** an einer Personalratssitzung teilnehmen, wenn die Behandlung von Angelegenheiten ansteht, die besonders Beschäftigte i. S. v. Art. 58 Abs. 1, also Jugendliche und Auszubildende, betreffen (vgl. Art. 40 Rn. 3, Art. 57 Rn. 8). Bei Beschlüssen, die überwiegend Beschäftigte i. S. v. Art. 58 Abs. 1 betreffen, haben die JA-Vertreter **Stimmrecht** (vgl. Art. 40 Abs. 2 Satz 1; Art. 40 Rn. 4). Der Begriff »überwiegend« schließt den Begriff »besonders« ein; er stellt ihm gegenüber eine Steigerung dar. Es genügt nicht, daß die Interessen der Beschäftigten im Sinne von Art. 58 Abs. 1 neben den Interessen anderer Beschäftigter berührt sind, sondern sie müssen bei Abwägung der Interessen **größeres Gewicht** haben. Dabei kann es von Bedeutung sein, ob die Interessen mittelbar oder unmittelbar berührt sind (BVerwG, Beschluß v. 28. 10. 1993 – 6 P 25.91; Beschluß v. 8. 7. 1977 – VII P 22.75). Entscheidend ist also nicht nur die quantitative Betroffenheit, sondern vielmehr die qualitative Bewertung.

Art. 61

In Angelegenheiten, die **Angehörige nur einer Beschäftigtengruppe** 6
betreffen, sind allein die Vertreter dieser Gruppe zur Beratung und Beschlußfassung berufen (es sei denn, daß die Gruppe generell oder im Einzelfall gemeinsame Beratung im Personalrat beschlossen hat, vgl. Art. 38 Rn. 3). Eine gemeinsame Beschlußfassung durch den Personalrat kommt nie in Betracht. Der JA-Vertretung steht aber immer das gesamte Stimmrecht zur Verfügung, z. B. wird in einer Personalratssitzung die praktische Ausbildung von Angestellten behandelt. Da es sich um eine Gruppenangelegenheit der Angestellten handelt, ist nur diese Gruppe zur Beschlußfassung berufen. Handelt es sich gleichzeitig um eine Angelegenheit, die überwiegend jugendliche Angestellte betrifft, ist die gesamte JA-Vertretung beratungs- und stimmberechtigt. Sind die Interessen jugendlicher Angestellter nur besonders betroffen, ist die gesamte JA-Vertretung an der Beratung zu beteiligen, nicht jedoch an der Beschlußfassung.

Im übrigen wird bei Gruppenangelegenheiten ein Mitglied der JA-Vertretung nur zur Beratung hinzugezogen.

Gem. Art. 67 Abs. 1 Satz 4 Nr. 2 hat der Personalrat die JA-Vertretung zu 7
den monatlichen Besprechungen mit dem Leiter der Dienststelle beizuziehen, wenn Angelegenheiten erörtert werden, die besonders die Interessen der Beschäftigten im Sinn von Art. 58 Abs. 1 betreffen. Hierbei handelt es sich um eine Verpflichtung des Personalrats. Treten bei einer derartigen Besprechung unvorhergesehen Fragen auf, die besonders die Jugendlichen und Auszubildenden betreffen, und ist die JA-Vertretung nicht beigezogen worden, so ist die Behandlung der Angelegenheit zu vertagen. Das Teilnahmerecht besteht für die gesamte JA-Vertretung.

(**Abs. 2**) Die JA-Vertretung kann in eigener Verantwortung Sitzungen 8
abhalten. Erforderlich ist lediglich die Verständigung des Personalrats, die rechtzeitig vor der Sitzung vorzunehmen ist, damit an den Sitzungen ein vom Personalrat beauftragtes Personalratsmitglied beratend teilnehmen kann (vgl. Art. 61 Abs. 2 Satz 3). Die Unterrichtungspflicht ist Ordnungsvorschrift, Verständigung bedeutet also nicht, daß Einvernehmen mit dem Personalrat hergestellt werden muß. Der oder die Vorsitzende der JA-Vertretung beraumt also eine Sitzung an und lädt die Mitglieder der JA-Vertretung rechtzeitig unter Mitteilung der Tagesordnung ein (vgl. Art. 34 Abs. 2). Gleichzeitig verständigt er den Personalratsvorsitzenden. Zweckmäßig ist es, Tagesordnung und Zeitpunkt auf der jeweils vorhergehenden Sitzung festzulegen, damit rechtzeitige Information und Vorbereitung möglich ist. Die Einladungen sollten dann grundsätzlich schriftlich erfolgen. Die Dienststelle hat in erforderlichem Umfang Geschäftsbedarf und Schreibkräfte zur Verfügung zu stellen (vgl. Art. 44 Abs. 2). Für dringende Sitzungen besteht die Möglichkeit zu kurzfristigen fernmündlichen Einladungen ebenfalls. Der Leiter der Dienststelle ist durch den Personalrat vom Zeitpunkt der Sitzung zu verständigen, er erhält grundsätzlich keine Tagesordnung. Den Vertrau-

Art. 61

ensleuten der schwerbehinderten Menschen ist Zeitpunkt und Tagesordnung der Sitzung bekanntzugeben (vgl. Art. 34 Abs. 2). Der Personalrat, die Vertrauensleute der schwerbehinderten Menschen und der Leiter der Dienststelle haben keinen Anspruch auf Einberufung einer Sitzung der JA-Vertretung (Art. 34 Abs. 3 ist nicht entsprechend anwendbar).

9 Auch für die Sitzungen der JA-Vertretung gilt der Grundsatz der **Nichtöffentlichkeit** (vgl. Art. 35 Rn. 1). An der Sitzung der JA-Vertretung nehmen also außer dem vom Personalrat beauftragten Mitglied des Personalrats grundsätzlich keine sonstigen Personen teil. Das gilt auch für Dienststellenleiter, Schwerbehindertenvertreter und Gewerkschaftsbeauftragte. Es sollte auch beachtet werden, daß selbst eine Schreibkraft zur Protokollführung das Gebot der Nichtöffentlichkeit verletzen würde, wenn sie nicht selbst Mitglied der JA-Vertretung ist. Es ist aber möglich, daß Sachverständige oder sonstige Auskunftspersonen zu den Sitzungen hinzugezogen werden (vgl. Art. 35 Satz 1 Halbs. 1 und Art. 35 Rn. 1). Die Sitzungen finden i. d. R. während der Arbeitszeit unter Fortzahlung des Entgelts statt, wobei auf die dienstlichen Erfordernisse Rücksicht zu nehmen ist (vgl. Art. 35 Rn. 2f.).

10 Für die JA-Vertretung gelten die Vorschriften des Art. 37 wie für den Personalrat. Die Sitzungen werden von der/dem Vorsitzenden geleitet. Grundsätzlich werden Beschlüsse mit einfacher Mehrheit gefaßt, bei Stimmengleichheit ist ein Antrag abgelehnt (vgl. Art. 37 Rn. 1 bis 5). Beschlußfähig ist die JA-Vertretung nur, wenn mindestens die Hälfte ihrer Mitglieder anwesend sind. Eine Stellvertretung durch Ersatzmitglieder ist zulässig. In einfachen Angelegenheiten kann im schriftlichen Umlaufverfahren abgestimmt werden, wenn kein Mitglied des Gremiums diesem Verfahren widerspricht (vgl. Art. 37 Rn. 6f.). Grundsätzlich darf ein Mitglied der Vertretung nicht beraten und abstimmen, wenn die Angelegenheit dieses Mitglied selbst betrifft. Das gilt auch für die Angelegenheiten, bei denen das Mitglied auf seiten der Dienststelle mitgewirkt hat (vgl. Art. 37 Rn. 7).

11 Die Anfertigung von Sitzungsprotokollen ist zwar nicht vorgeschrieben, aber empfehlenswert. Der Vorsitzende bestimmt ein Mitglied der JA-Vertretung vor Beginn einer jeden Sitzung für die Protokollführung; die angefertigte Niederschrift ist vom Vorsitzenden und von einem weiteren Mitglied zu unterzeichnen. Es sollte eine Anwesenheitsliste beigefügt werden. Mindestens die Beschlüsse im Wortlaut und das Stimmverhältnis sollte die Niederschrift enthalten.

12 In den Sitzungen der JA-Vertretung sind alle Angelegenheiten zu behandeln, die zum Aufgabenbereich der JA-Vertretung nach Art. 57 Abs. 2 gehören. Ferner alle Angelegenheiten, mit denen sich der Personalrat befaßt, da eine oder ein Vertreter/in der JA-Vertretung bei allen Sitzungen des Personalrats mit beratender Stimme teilnehmen kann. Dies setzt eine entsprechende Meinungsbildung der JA-Vertretung voraus.

Streitigkeiten über die Befugnisse der JA-Vertretung entscheiden die Verwaltungsgerichte nach Art. 81 Abs. 1. Nr. 3.

Artikel 62
Anwendbare Vorschriften

Für die Jugend- und Auszubildenenvertretung gelten Art. 32 Abs. 3 Satz 1, Art. 43 bis 45, Art. 46 Abs. 1, 2 und 3 Sätze 1 und 5, Abs. 5, Art. 47 Abs. 1 und Art. 68 Abs. 1 Satz 2 sinngemäß. Art. 47 gilt entsprechend mit der Maßgabe, daß die außerordentliche Kündigung, die Versetzung und Abordnung von Mitgliedern der Jugend- und Auszubildendenvertretung der Zustimmung des Personalrats bedürfen. Für Mitglieder des Wahlvorstands und Wahlbewerber gelten Art. 47 Abs. 1, 2, 3 Sätze 1 und 2 entsprechend.

Die Vorschriften für die Personalvertretung sind gem. Art. 62 in der folgenden Auswahl sinngemäß auch auf die JA-Vertretung anwendbar.

Art. 62 Satz 1 erklärt die Regeln über die **Geschäftsführung** des Personalrats (vgl. Art. 32 Abs. 3 Satz 1) sinngemäß auch auf die JA-Vertretung für anwendbar. Hieraus folgt, daß der Vorsitzende der JA-Vertretung die laufenden Geschäfte führt und die JA-Vertretung im Rahmen der von ihr gefaßten Beschlüsse nach außen vertritt (vgl. Art. 32 Rn. 11 bis 14). Der Vorsitzende der JA-Vertretung hat die Geschäftsführungsbefugnis. Dazu gehört u.a.: die Erledigung des Schriftverkehrs, die Zusammenstellung der Unterlagen für die Mitglieder der JA-Vertretung, die Organisation des Büros (Ablage usw.), die technische Abwicklung der Zusammenarbeit mit dem Personalrat.

Grundsätzlich ist die JA-Vertretung ein Kollegialorgan, wenn sie nicht nur aus einem JA-Vertreter besteht. Von daher sind alle Mitglieder gleichermaßen an der Arbeit zu beteiligen. Entscheidungen, die die JA-Vertretung als Ganze binden, kommen deshalb nur durch Beschlußfassung zustande. Beschlüsse können mit einfacher Stimmenmehrheit der bei einer Sitzung anwesenden Mitglieder gefaßt werden, wenn das Organ beschlußfähig ist, d.h. wenn mindestens die Hälfte seiner Mitglieder, ggf. Ersatzmitglieder, anwesend ist. Der Vorsitzende hat dafür zu sorgen, daß eine ordnungsgemäße Beschlußfassung zustande kommen kann. Insofern hat er vor allem die Arbeit der JA-Vertretung zu koordinieren. Dazu gehört u.a. die Festsetzung des Sitzungszeitpunkts, die Aufstellung der Tagesordnung, die Einladung der Mitglieder, die Information des Personalrats und der Schwerbehindertenvertreter, die Leitung der Sitzungen, die Unterzeichnung der Niederschriften, die Leitung der JA-Versammlungen. Die ordnungsgemäß gefaßten Beschlüsse hat er nach außen, d.h. insbesondere gegenüber dem Personalrat zu vertreten.

Die JA-Vertretung kann entsprechend Art. 43 Abs. 1 Satz 1 eigene **Sprechstunden** während der Arbeitszeit abhalten. Sie kann aber auch

Art. 62

gem. Art. 43 Abs. 2 an Stelle eigener Sprechstunden ein Mitglied zur Beratung jugendlicher Beschäftigter und Auszubildender in die Sprechstunden des Personalrats delegieren. Zwischen diesen beiden Möglichkeiten entscheidet die JA-Vertretung selbständig. Eine Zustimmung des Personalrats ist nicht erforderlich. Hält sie eigene Sprechstunden ab, ist gem. Art. 43 Abs. 1 Satz 2 über Zeit und Ort das Einvernehmen mit dem Leiter der Dienststelle herzustellen. Die Dienststelle hat jedoch nicht das Recht, Sprechstunden grundsätzlich abzulehnen. Da die JA-Vertretung gemäß ihrer Rechtsstellung nur vermittelnd nach außen tätig werden kann, ist dieses Einvernehmen durch den Personalrat herzustellen. Die Dienststelle hat der JA-Vertretung für die Durchführung ihrer Sprechstunden in erforderlichem Umfang Räume und Geschäftsbedarf zur Verfügung zu stellen. Häufigkeit und Dauer der Sprechstunden bestimmen sich nach der ordnungsgemäßen Durchführung der der JA-Vertretung durch das BayPVG zugewiesenen Aufgaben.

Gegenstände der Sprechstunden können Auskunftserteilungen, Beratungen, Entgegennahme von Anregungen und Beschwerden von jugendlichen Beschäftigten und Auszubildenden sein. Soweit dies für eine sachkundige Beratung erforderlich ist, können Gewerkschaftsbeauftragte eingeladen werden, z. B. wenn Tariffragen geklärt werden sollen. Die JA-Vertretung bestimmt ein Mitglied zur Durchführung der Sprechstunden. Dieser JA-Vertreter bedarf keiner formellen Dienstbefreiung. Die JA-Vertretung informiert jedoch den unmittelbaren Vorgesetzten über die Dauer der Arbeitsversäumnis. Jugendliche Beschäftigte und Auszubildende, die die Sprechstunde besuchen, müssen dies ebenfalls dem Vorgesetzten mitteilen. Den Grund für den Besuch der Sprechstunde brauchen sie nicht anzugeben. Die damit verbundene Arbeitsversäumnis hat keine Minderung der Dienstbezüge zur Folge (vgl. Art. 43 Abs. 3).

6 Die Tätigkeit der JA-Vertretung besteht in der ordnungsgemäßen Erfüllung ihrer Aufgaben, Befugnisse und Pflichten nach dem BayPVG. Soweit dadurch dem Gremium oder einzelnen Mitgliedern **Kosten** entstehen, hat dies die Dienststelle zu tragen (vgl. Art. 44 Abs. 1). Der JA-Vertretung sind also in erforderlichem Umfang Räume, Geschäftsbedarf und Schreibkräfte (vgl. Art. 44 Abs. 2) sowie geeignete Plätze für Bekanntmachungen und Anschläge zur Verfügung zu stellen (vgl. Art. 44 Abs. 3, ferner Art. 44 Rn. 6 bis 14). Für ihre Zwecke darf die JA-Vertretung von den Beschäftigten keine Beiträge erheben oder annehmen (vgl. Art. 45 Rn. 1 ff.). Bei der Geltendmachung von Kosten gegenüber der Dienststelle genügt es, daß diese bei pflichtgemäßer Beurteilung und vernünftiger Würdigung aller Umstände durch die JA-Vertretung für erforderlich gehalten werden. Die JA-Vertretung ist ein Hilfsorgan des Personalrats. Folglich gehören die Kosten der JA-Vertretung zu den Kosten des Personalrats. Dazu zählen auch die in einem außergerichtlichen Verfahren auf Ausschluß aus dem Organ entstehenden notwendigen Kosten (BAG, Beschluß v. 5. 4. 2000 – 7 ABR 6/99 –, ZTR 2000, 574).

Art. 62

Die Mitglieder der JA-Vertretung führen ihr Amt als **unentgeltliches Ehrenamt** (vgl. Art. 46 Abs. 1, Art. 46 Rn. 1 f.); es sollen ihnen daraus keine Nachteile entstehen. Arbeitszeitversäumnisse wegen ordnungsgemäßer Durchführung der Aufgaben haben **keine Minderung der Dienstbezüge** oder des Arbeitsentgelts zur Folge (vgl. Art. 46 Abs. 2 Satz 1, ferner Art. 46 Rn. 3 bis 21); bei erheblicher Mehrbeanspruchung ist **Dienstbefreiung** zu gewähren (vgl. Art. 46 Abs. 2 Satz 2). 7

Auch für JA-Vertreter kommt eine **pauschale Freistellung** in Betracht (vgl. Art. 46 Abs. 3 Satz 1); diese darf aber nicht zur Beeinträchtigung des beruflichen Werdegangs führen (vgl. Art. 46 Abs. 3 Satz 5, ferner Art. 46 Rn. 21); ein entsprechender Antrag ist über den Personalrat zu stellen. In Anbetracht der besonderen Situation Auszubildender ist für diese eine Freistellung nur sehr begrenzt möglich. Eine Orientierung über mögliche Teilfreistellungen können die Richtwerte des Bayer. Staatsministeriums der Finanzen zum Vollzug des BayPVG geben. 8

Auch den Mitgliedern der JA-Vertretung ist unter Fortzahlung der Dienstbezüge die **Teilnahme an Schulungs- und Bildungsveranstaltungen** zum Erwerb der für die JA-Vertretung erforderlichen Kenntnisse zu ermöglichen (vgl. Art. 46 Abs. 5, ferner Art. 46 Rn. 25 bis 48). 9

Alle Mitglieder der JA-Vertretung sowie das erste Ersatzmitglied haben während ihrer ersten Amtszeit Anspruch auf eine Freistellung von fünf Kalendertagen zum Besuch einer Grundlagenschulung. Diejenigen Mitglieder der JA-Vertretung, denen eine besondere Aufgabe innerhalb der JA-Vertretung zugewiesen ist, haben einen Anspruch auf weitere fünf Kalendertage zum Besuch einer Spezialschulung. Auf Antrag der JA-Vertretung entscheidet der Personalrat über die Entsendung zu einer solchen Veranstaltung, wobei der JA-Vertretung in der einschlägigen Sitzung ein Stimmrecht zusteht.

Mit der Verweisung auf Art. 47 wird klargestellt, daß die **Schutzvorschriften** für Personalräte ebenso für Mitglieder der JA-Vertretung gelten, allerdings mit Einschränkungen für Beamte im Vorbereitungsdienst, Dienstanfänger und Beschäftigte in entsprechender Berufsausbildung. Außerordentliche Kündigungen, Versetzungen und Abordnungen gegen den Willen des Betroffenen bedürfen allerdings in jedem Falle gem. Art. 47 Abs. 2 bzw. 3 und Art. 62 Satz 2 (vgl. Art. 47 Rn. 2 bis 9) der Zustimmung des Personalrats. Zu beteiligen ist dabei diejenige Personalvertretung, bei der die jeweilige JA-Vertretung besteht. Bei der Beschlußfassung haben die Mitglieder der JA-Vertretung Stimmrecht. Auch für Mitglieder des Wahlvorstandes und Wahlbewerber für die Wahl der JA-Vertretung gelten diese Bestimmungen. Lediglich unvermeidbare Versetzungen und Abordnungen aus wichtigem dienstlichen Grunde sind ohne Zustimmung des Personalrats möglich (vgl. Art. 47 Abs. 3). Im übrigen ordnet Art. 9 an, daß einem Auszubildenden, der Personalratsmitglied oder Mitglied der JA-Vertretung ist und von seinem Dienstherrn 10

Art. 62, 63

verlangt, nach Abschluß der Ausbildung weiterbeschäftigt zu werden, ein Weiterbeschäftigungsanspruch zusteht (vgl. Art. 9 Rn. 3 bis 13).

11 Die für Dienststellenleiter und Personalvertretung geltende Verpflichtung, in der Dienststelle **parteipolitische Betätigungen** zu unterlassen, gilt auch für die JA-Vertretung (vgl. Art. 68 Abs. 1 Satz 2); unberührt bleibt jedoch die Behandlung von Tarif-, Besoldungs- und Sozialangelegenheiten (vgl. Art. 68 Rn. 3 bis 8).

12 Über **Streitigkeiten** entscheiden die Verwaltungsgerichte, auch insoweit, als es sich um kollektivrechtliche Erstattungsansprüche von Aufwendungen usw. handelt nach Art. 81 Abs. 1 Nr. 3. Außerdem entscheiden über individualrechtliche Ansprüche bei Beamten ebenfalls die Verwaltungsgerichte, im übrigen über die Fortzahlung des Arbeitsentgelts, die Rechtmäßigkeit von Kündigungen, Versetzungen und Abordnungen die Arbeitsgerichte.

Artikel 63
Jugend- und Auszubildendenversammlung

Die Jugend- und Auszubildendenvertretung hat einmal in jedem Kalenderjahr eine Jugend- und Auszubildendenversammlung durchzuführen. Diese soll möglichst unmittelbar vor oder nach einer ordentlichen Personalversammlung stattfinden. Sie wird vom Vorsitzenden der Jugend- oder Auszubildendenvertretung geleitet. Der Personalratsvorsitzende oder ein vom Personalrat beauftragtes anderes Mitglied soll an der Jugend- und Auszubildendenversammlung teilnehmen. Die für die Personalversammlung geltenden Vorschriften sind sinngemäß anzuwenden.

1 Die JA-Versammlung gibt den jugendlichen Beschäftigten und Auszubildenden i. S. v. Art. 58 die Möglichkeit, ihre besonderen Angelegenheiten in ihrem Kreise zu besprechen. Sie soll das Verständnis für die personalvertretungsrechtliche Arbeit bei den jugendlichen Bediensteten fördern und folgt den Vorschriften über die Personalversammlung. Die JA-Versammlung ist wie die Personalversammlung ein Organ der Dienststellenverfassung, das aus den jugendlichen Beschäftigten und Auszubildenden i. S. d. Art. 58 besteht. Der gleiche Unterschied wie zwischen JA-Versammlung und Personalversammlung besteht jedoch auch hier insofern, als die JA-Versammlung **kein selbständiges Organ** ist. Sie ist kein Entscheidungsorgan, sondern bietet lediglich Gelegenheit zu Aussprache und Beratung. Die Ausgestaltung ist gegenüber dem § 71 BetrVG insofern stärker, als dort vorgeschrieben ist, daß die JA-Vertretung vor und nach jeder Betriebsversammlung im Einvernehmen mit dem Betriebsrat eine JA-Versammlung einberufen kann.

2 Die für die Personalversammlung geltenden Vorschriften der Art. 48 ff. sind sinngemäß für die **JA-Versammlung** anzuwenden (**Satz 5**), so daß

Art. 63

auf die dortige Kommentierung verwiesen werden kann. Im folgenden wird auf Besonderheiten der JA-Versammlung eingegangen.

Anders als die Personalversammlung ist nach **Satz 1** eine JA-Versammlung **einmal in jedem Kalenderjahr** durchzuführen. Diese ordentliche JA-Versammlung ist eine zwingende Verpflichtung der JA-Vertretung. Für die Terminierung ist ein enger zeitlicher Zusammenhang mit der Personalversammlung vorgeschrieben: Sie soll möglichst unmittelbar vor oder nach einer ordentlichen Personalversammlung stattfinden (**Satz 2**). Sie muß aber ebenfalls grundsätzlich während der Arbeitszeit abgehalten werden. Der Zusammenhang ist nicht zwingend vorgeschrieben, d. h. die JA-Vertretung kann abweichende Beschlüsse fassen, wenn sachliche Erwägungen vorliegen.   3

Wie bei der ordentlichen Personalversammlung ist ein **Tätigkeitsbericht** der JA-Vertretung zu erstatten (vgl. Art. 49 Rn. 3). Die JA-Versammlung bietet der JA-Vertretung Gelegenheit, die jugendlichen Beschäftigten und Auszubildenden, die sie gewählt und mit der Wahrung ihrer Interessen beauftragt haben, über ihre Tätigkeit umfassend zu informieren. Der Tätigkeitsbericht ist zugleich Rechenschaftsbericht; es sollte daher Gelegenheit zu Kritik sowie zu Anregungen und Vorschlägen gegeben werden. Gründliche Information ist die Voraussetzung dafür, daß sich die Jugendlichen und Auszubildenden eine Meinung zu allen sie spezifisch betreffenden Fragen bilden können. Es kann Klarheit geschaffen werden über die Situation, in der gelernt und gearbeitet werden muß, wie sie mit Hilfe der JA-Vertretung verändert und verbessert werden kann usw.   4

In **entsprechender Anwendung des Art. 49 Abs. 2** können jederzeit **außerordentliche** JA-Versammlungen durchgeführt werden, wenn besondere Probleme anstehen. Diese finden grundsätzlich außerhalb der Arbeitszeit statt, sofern nicht im Einvernehmen mit der Dienststellenleitung hiervon abgewichen wird bzw. die außerordentliche JA-Versammlung auf Antrag des Dienststellenleiters zustande kommt.   5

Antragsberechtigt sind die JA-Vertretungen durch Beschluß, der Leiter der Dienststelle oder ein Viertel der Wahlberechtigten i. S. v. Art. 58 unter Angabe eines bestimmten Beratungsgegenstandes (zu den weiteren Einzelheiten vgl. Art. 49 Abs. 2; Art. 49 Rn. 6 bis 8).

Entsprechend der Anwendung des Art. 48 Abs. 2 kann eine JA-Versammlung auch in Form von Teilversammlungen abgehalten werden (vgl. Art. 48 Rn. 9, 11).   6

Die JA-Versammlung wird auf Beschluß der JA-Vertretung durch den Vorsitzenden einberufen und von diesem geleitet (vgl. **Satz 3**). Er erteilt das Wort und führt die Rednerliste, d. h. er kann einem Redner auch das Wort entziehen. Darüber hinaus übt er das Hausrecht aus. Das gilt auch dann, wenn der Arbeitgeber anwesend ist und die Versammlung in einem Raum der Dienststelle durchgeführt wird. Bezüglich der näheren Aufga-   7

Art. 63

ben und Befugnisse des Vorsitzenden der JA-Vertretung als Versammlungsleiter wird auf Art. 48 Rn. 7 f.

8 Der Leiter der Dienststelle ist durch den Personalrat vom Zeitpunkt der JA-Versammlung zu unterrichten.

9 **Räumlichkeiten** hat der Arbeitgeber zur Verfügung zu stellen, aber nicht jede Räumlichkeit eignet sich als Versammlungsraum. Die JA-Vertretung kann sachliche Kriterien wie richtige Raumgröße im Verhältnis zur Anzahl der Teilnehmer, ausreichende Akustik und zweckmäßige Anordnung von Tischen und Stühlen zur Prüfung anlegen (vgl. Art. 44 Rn. 7).

10 **Teilnehmer** sind alle Jugendlichen und Auszubildenden i.S.d. Art. 58 Abs. 1, unabhängig von ihrer Wahlberechtigung, abhängig lediglich von der Dienststellenzugehörigkeit (wegen des Rechts zur Teilnahme an Personalversammlungen vgl. Art. 48 Rn. 3 bis 5). Dieser Teilnehmerkreis ist rechtzeitig einzuladen und über die Tagesordnung zu informieren. Einzuladen ist der Personalratsvorsitzende. Anstelle des Personalratsvorsitzenden kann auch ein anderes Mitglied des Personalrats durch den Personalrat mit der Teilnahme beauftragt werden (vgl. **Satz 4**). Der Dienststellenleiter kann an der JA-Versammlung teilnehmen (vgl. Art. 52 Abs. 2 Satz 1; Art. 52 Rn. 7).

11 Beauftragte der in der Dienststelle vertretenen **Gewerkschaften** und ein **Beauftragter der Arbeitgebervereinigung,** der die Dienststelle angehört, sind berechtigt, mit beratender Stimme an der JA-Versammlung teilzunehmen, wenn ein Beschluß der JA-Vertretung oder -Versammlung vorliegt. »Je ein Beauftragter« der in den Dienststellen vertretenen Gewerkschaften besagt, daß die Vertreter derjenigen Gewerkschaften eingeladen werden können, in denen die Jugendlichen und Auszubildenden organisiert sind (vgl. Art. 52 Rn. 3 bis 5).

12 Im übrigen ist die Versammlung **nicht öffentlich** (vgl. Art. 48 Abs. 1 Satz 3, ferner Art. 48 Rn. 1); d.h. es kann kein weitergehendes als das ausdrücklich geregelte Teilnahmerecht eingeräumt werden. Daher haben auch die Mitglieder der Stufenjugendvertretungen kein Teilnahmerecht. Möglich ist nur die auf ein Thema beschränkte Zuziehung einer dienststellenfremden Person als sachverständige Auskunftsperson.

13 Die Teilnahme an der JA-Versammlung hat keine Minderung des Entgelts zur Folge. Notwendige Fahrtkosten sind zu erstatten. Findet die ordentliche JA-Versammlung außerhalb der Arbeitszeit statt bzw. dehnt sich deren Ende über das Ende der Arbeitszeit aus, so ist Freizeitausgleich nur dann zu gewähren, wenn die regelmäßige monatliche Arbeitszeit um mehr als fünf Stunden überschritten wurde.

14 Für **Streitigkeiten** in Zusammenhang mit der Durchführung von JA-Versammlungen sind die Verwaltungsgerichte nach Art. 81 Abs. 1 Nr. 3 zuständig.

Artikel 64
Jugend- und Auszubildendenstufenvertretung,
Gesamt-Jugend- und Auszubildendenvertretung

(1) Für den Geschäftsbereich mehrstufiger Verwaltungen werden, soweit Stufenvertretungen bestehen, bei den Behörden der Mittelstufe Bezirks-Jugend- und Auszubildendenvertretungen und bei den obersten Dienstbehörden Haupt-Jugend- und Auszubildendenvertretungen gebildet; Art. 43 findet keine Anwendung. Für die Jugend- und Auszubildendenstufenvertretungen gelten die Art. 53 Abs. 2 Satz 1 und Abs. 4, Art. 53a, Art. 57 bis 62 entsprechend.

(2) Soweit gemäß Art. 6 Abs. 3 und Abs. 5 Sätze 2 und 3 einzelne Dienststellen gebildet werden, wird neben den einzelnen Jugend- und Auszubildendenvertretungen eine Gesamt-Jugend- und Auszubildendenvertretung gebildet. Abs. 1 Satz 2 gilt entsprechend.

Art. 64 räumt den jugendlichen Beschäftigten sowie den Auszubildenden, Dienstanfängern und Beamten im Vorbereitungsdienst die Möglichkeit ein, auch bei den übergeordneten Verwaltungen ihre Interessen wahrzunehmen. Entsprechend dem mehrstufigen Verwaltungsaufbau werden bei den Behörden der Mittelstufe Bezirks-JA-Vertretungen, bei den obersten Dienstbehörden Haupt-JA-Vertretungen gebildet (vgl. Art. 53 Rn. 1). **1**

Für die staatliche Verwaltung gem. Art. 6 Abs. 3 wie auch für die Verwaltungen gem. Art. 6 Abs. 5 Sätze 2 und 3 wird die Bildung von Gesamt-JA-Vertretungen vorgesehen (vgl. Art. 64 Abs. 2, ferner Art. 55 Rn. 1f.).

(**Abs. 1**) Da die Verwaltungen des Staates i.d.R. mehrstufig aufgebaut sind, z.B. Landratsamt, Regierung, Staatsministerium des Innern oder Finanzamt, Oberfinanzdirektion, Staatsministerium der Finanzen oder Amts-/Landgericht, Oberlandesgericht, Staatsministerium der Justiz, werden entsprechend Bezirks-JA-Vertretungen bei den Mittelbehörden wie dem Oberlandesgericht, Oberfinanzdirektion oder der Regierung gebildet, Haupt-JA-Vertretungen bei den Ministerien. **2**

Bei allen Behörden der Mittelstufe und bei allen obersten Dienstbehörden müssen JA-Vertretungen errichtet werden, soweit dort Bezirks- oder Hauptpersonalräte bestehen. Im jeweiligen Geschäftsbereich müssen darüber hinaus fünf jugendliche Beschäftigte oder Auszubildende i.S.d. Art. 58 Abs. 1 tätig sein. Wahlberechtigung und Wählbarkeit sowie die Durchführung der Wahl richten sich nach den Regeln der JA-Vertreterwahl, desgleichen Amtszeit, Geschäftsführung und Vertretung. Ebenso ist die Rechtsstellung der Mitglieder der JA-Stufenvertretung an derjenigen der JA-Vertretung ausgerichtet.

Ansprechpartner der JA-Stufenvertretung ist der jeweilige Bezirks- oder Hauptpersonalrat, dem die Stufenvertretung zugeordnet ist.

(**Abs. 2**) Voraussetzung für die Bildung einer Gesamt-JA-Vertretung sind **3**

Art. 64

einerseits verselbständigte Dienststellen, bei denen einzelne JA-Vertretungen bestehen. Entsprechend Art. 6 Abs. 3 für staatliche Dienststellen bzw. Art. 6 Abs. 5 Sätze 2 und 3 für die dort bezeichneten Verwaltungen können Nebenstellen und Dienststellenteile verselbständigt werden. Werden in den verselbständigten Dienststellen Personalräte gebildet, so wird ein Gesamtpersonalrat errichtet. Er ist die zweite Voraussetzung für die Bildung einer Gesamt-JA-Vertretung. Sind diese Voraussetzungen erfüllt, gelten dieselben Regeln wie für die JA-Stufenvertretungen.

4 Für die JA-Stufen- und Gesamt-JA-Vertretungen gilt im Verhältnis zu den JA-Vertretungen eine wesentliche Einschränkung: Art. 64 Abs. 1 Satz 1 nimmt Art. 43 von der Anwendung aus, so daß keine eigenen Sprechstunden eingerichtet werden können. Ebenso wie bei den Stufen- bzw. Gesamtpersonalräten können auch keine Personalversammlungen stattfinden.

5 Im hierarchischen Verwaltungsaufbau haben JA-Stufenvertretungen die Aufgabe, die Interessen der Jugendlichen und Auszubildenden gegenüber der Entscheidungsbehörde auf der jeweiligen Ebene über die entsprechende Personalvertretung zur Geltung zu bringen. Welche JA-Vertretung tätig wird, richtet sich danach, welche Dienstbehörde zur Entscheidung befugt ist. Es kann also bei allen Problemen, die der Leiter der einzelnen Dienststelle nicht entscheiden kann, z. B. die bei der Mittelbehörde gebildete Bezirks-JA-Vertretung in Zusammenarbeit mit dem Bezirkspersonalrat tätig werden, wenn die Entscheidungsbefugnis bei der übergeordneten Behörde liegt. Liegt die Entscheidungsbefugnis bei der obersten Dienstbehörde, so ist die dort gebildete Stufenvertretung einzuschalten. Die örtliche Vertretung leitet also Anregungen und Beschwerden mit der Aufforderung weiter, daß die jeweilige Stufenvertretung gegenüber dem entsprechenden Personalvertretungsgremium tätig werden kann.

6 Für **Streitigkeiten** aus diesen Bestimmungen sind die Verwaltungsgerichte nach Art. 81 Abs. 1 Nr. 3 zuständig.

VIERTER TEIL
(aufgehoben)

Vertrauensperson der ausländischen Beschäftigten, die nicht die Staatsangehörigkeit eines Mitgliedstaats der Europäischen Gemeinschaft besitzen

Artikel 65
(aufgehoben)

Artikel 66
(aufgehoben)

FÜNFTER TEIL
Beteiligung der Personalvertretung

Erster Abschnitt
Allgemeines

Artikel 67
Grundsätze der Zusammenarbeit

(1) Der Leiter der Dienststelle und die Personalvertretung sollen einmal im Monat, bei Bedarf auch öfter, zu gemeinschaftlichen Besprechungen zusammentreten. In ihnen soll auch die Gestaltung des Dienstbetriebs behandelt werden, insbesondere alle Vorgänge, die die Beschäftigten wesentlich berühren. Sie haben über strittige Fragen mit dem ernsten Willen zur Einigung zu verhandeln und Vorschläge für die Beilegung von Meinungsverschiedenheiten zu machen. Der Personalrat hat zur gemeinschaftlichen Besprechung

1. die Schwerbehindertenvertretung,

2. die Jugend- und Auszubildendenvertretung, wenn Angelegenheiten behandelt werden, die besonders Beschäftigte im Sinn von Art. 58 Abs. 1 betreffen,

3. (aufgehoben)

beizuziehen.

Art. 67

(2) **Dienststelle und Personalvertretung haben alles zu unterlassen, was geeignet ist, die Arbeit und den Frieden der Dienststelle zu gefährden. Insbesondere dürfen Dienststelle und Personalvertretung keine Maßnahmen des Arbeitskampfes gegeneinander durchführen. Arbeitskämpfe tariffähiger Parteien werden hierdurch nicht berührt.**

(3) **Außenstehende Stellen dürfen erst angerufen werden, nachdem eine Einigung in der Dienststelle nicht erzielt worden ist.**

1 Bevor das Personalvertretungsgesetz die Mitwirkungs- und Mitbestimmungsrechte des Personalrats in sozialen, personellen und wirtschaftlichen Angelegenheiten regelt, sind in den **Art. 67 bis 69 allgemeine Grundsätze über die Zusammenarbeit zwischen Personalrat und Dienststelle** festgehalten. Sie sind geprägt durch den Grundsatz der »vertrauensvollen Zusammenarbeit« des Art. 2 Abs. 1. Nach dieser Vorschrift arbeiten Dienststelle und Personalvertretung »im Rahmen der Gesetze und Tarifverträge **vertrauensvoll** und im Zusammenwirken mit den in der Dienststelle vertretenen Gewerkschaften und Arbeitgebervereinigungen **zum Wohl der Beschäftigten** und zur **Erfüllung der dienstlichen Aufgaben** zusammen«. Diese Vorschrift, die sich wortgleich auch im BPersVG und BetrVG findet, begründet nicht nur einzelne Rechte und Pflichten, sondern bezeichnet in Verbindung mit den anderen Vorschriften der Personalvertretungsgesetze auch das Gesamtkonzept, nach dem die vom Gesetzgeber in den Dienststellen und Betrieben anerkannten Interessen »Erfüllung der dienstlichen Aufgaben« und »Wohl der Beschäftigten« mit- bzw. gegeneinander zum Ausgleich gebracht werden sollen.

Voraussetzung dafür, daß die bezeichneten, auch gegenläufigen Zielvorstellungen und Interessen in angemessener Weise berücksichtigt werden, ist, daß sowohl die Dienststellen als auch die Personalvertretungen die durch das Gesetz zugewiesenen Aufgaben wahrnehmen, den übertragenen Pflichten nachkommen und die eingeräumten Rechte ausschöpfen. Hierbei sollen die in den Dienststellen vertretenen Gewerkschaften und Arbeitgebervereinigungen wesentliche Hilfestellung geben.

In diesem **Mit- und Gegeneinander**, in dem sich die verschiedenen, mit Rechten und Pflichten ausgestatteten Rechtssubjekte gegenseitig kontrollieren, in ihren Möglichkeiten beschränken und sich für die ihnen jeweils anvertrauten Belange einsetzen, ist die verfahrensrechtliche Struktur der Personalvertretungsgesetze zu erkennen. Dazu kommt das dementsprechende Verbot, die Tätigkeit dieser Rechtssubjekte zu behindern oder zu stören, sowie die Verpflichtung des öffentlichen Arbeitgebers, außer der materiellen Grundlage für die Tätigkeit der Interessenvertretungen auch die innere und äußere Unabhängigkeit der betreffenden Rechte zu gewährleisten.

Soweit in diesem Zusammenhang das »Wohl der Beschäftigten« keine angemessene Berücksichtigung findet, hat dies wegen des verfahrensrechtlichen Charakters der Personalvertretungsgesetze zwangsläufig Folgen für die durch das Personalvertretungsrecht geschützten **Rechtspositionen der Beschäftigten** aus Art. 1 Abs. 1 GG (Würde des Menschen), Art. 2 Abs. 1 GG (Recht auf freie Entfaltung der Persönlichkeit) und Art. 20 Abs. 1 GG (Sozialstaatsprinzip) (vgl. Aufhauser, Die verfahrensrechtliche Struktur des Personalvertretungsrechts, in »Arbeit und Recht, Festschrift für A. Gnade« mit weiteren Schlußfolgerungen für das Verständnis und die Auslegung der personalvertretungsrechtlichen Bestimmungen).

Abs. 2 beinhaltet das Gebot der **Friedenspflicht** und den Ausschluß von Maßnahmen des **Arbeitskampfes**. In der Praxis werden diese Bestimmungen denn auch häufig ausschließlich in bezug auf den Personalrat und nicht auch auf die Dienststellen angewendet, obwohl der Wortlaut des Gesetzes an sich dagegen spricht. Auch die Einschränkung der Möglichkeit, außenstehende Stellen anzurufen, trifft in der Praxis fast ausschließlich den Personalrat. Sie kann zur Beeinträchtigung der Zusammenarbeit mit den Gewerkschaften führen. Demgegenüber bleibt festzuhalten, daß das Gebot der »vertrauensvollen Zusammenarbeit« aus Art. 2 (Art. 2 Rn. 1 ff.) schon vom Wortlaut des Gesetzes her eine **Generalklausel** darstellt, durch die Dienststelle und Personalvertretung bei ihrer gesamten Tätigkeit gleichermaßen gebunden sind. Dies bedeutet aber, daß auch der Dienststellenleiter sich daran zu halten hat. Eine etwaige Verletzung seiner Pflichten kann nicht nur zur gerichtlichen Feststellung oder Dienstaufsichtsbeschwerde, sondern auch zur Verschärfung der Auseinandersetzung durch den Personalrat führen. Dies impliziert natürlich nicht, daß der Personalrat mit dem Dienststellenleiter keine Verhandlungen führen oder keine Kompromisse schließen soll. Selbstverständlich macht dies den Hauptteil seiner Arbeit aus. Fraglich ist gleichwohl, ob der Personalrat auf jedes Verhalten seines Dienststellenleiters von vornherein »konfliktfrei« reagiert und damit möglicherweise zu früh Zugeständnisse auf Kosten der Belegschaftsinteressen macht; oder ob er zu Auseinandersetzungen bereit ist, um möglichst viel für die Beschäftigten dann zu erwirken, wenn er ihre Forderungen als berechtigt ansieht.

(Abs. 1) Diese Regelung ist zwar als Soll-Vorschrift formuliert, hat aber zwingenden Charakter. Demgemäß muß mindestens einmal im Monat eine Besprechung stattfinden. Es handelt sich um eine Mindestregelung, die bei Bedarf sogar überschritten werden muß. Unterschreitungen sind dagegen nur ausnahmsweise zulässig, wenn objektiv nichts zu besprechen ist. Die Abweichung ist also grundsätzlich nur im gegenseitigen Einvernehmen möglich. **2**

Wird also das **Monatsgespräch** oder – bei angemeldetem Bedarf – eine zusätzliche Besprechung verweigert, liegt i. d. R. ein Pflichtverstoß des Dienststellenleiters gegen das Gebot der »vertrauensvollen Zusammenarbeit« vor.

Art. 67

Die gerichtliche Feststellung eines solchen Verstoßes ist im Beschlußverfahren nach Art. 81 Abs. 1 Nr. 3 möglich; gegebenenfalls kann auch der verwaltungsinterne Weg der Dienstaufsichtsbeschwerde gewählt werden, wenn die Behinderung der Personalratstätigkeit gerügt werden soll (Art. 8).

3 Personalratssitzungen i. S. d. Art. 34 ff. sind keine Besprechungen i. S. d. Art. 67. Zu den Personalratssitzungen kann der Dienststellenleiter ebenfalls geladen werden (vgl. Art. 34 Abs. 4; Art. 34 Rn. 20). Die gemeinsamen Besprechungen erfolgen mit dem gesamten Personalrat, sie können daher auch im Rahmen einer Personalratssitzung abgehalten werden. Der Personalrat soll jedoch im Rahmen seiner ordnungsgemäßen Aufgabenwahrnehmung auf die deutliche Trennung zwischen Sitzung und Besprechung achten. Er hat in jedem Fall die Schwerbehindertenvertretung und die JA-Vertretung dann heranzuziehen, wenn Tatbestände behandelt werden, die besonders ihre Angelegenheit betreffen.

Der Dienststellenleiter hat den Personalrat von sich aus über alle Angelegenheiten, die die Dienststelle und die Beschäftigten betreffen, zu informieren. Es müssen die Angelegenheiten erörtert werden, deren Behandlung der Personalrat wünscht, soweit sie sich auf den Zuständigkeitsbereich der Dienststelle beziehen (z. B. geplante Rationalisierungsmaßnahmen, Überprüfung von Tätigkeiten, Stellenbesetzung – insbesondere Vorgesetzten- oder Leiterstellen –, Einsparungsmaßnahmen, aber auch Beschwerden und Anregungen von Beschäftigten). Von seiten des Personalrats wird die gemeinschaftliche Besprechung dann richtig genutzt, wenn sie sich besonders auf Angelegenheiten bezieht, die die Beschäftigten berühren, bei denen aber kein förmliches Beteiligungsrecht für die Personalvertretung besteht. Für diese besteht jederzeit die Möglichkeit, den Dienststellenleiter zur Personalratssitzung gemäß Art. 34 einzuladen bzw. Rahmen der Mitbestimmung/Mitwirkung zur Stellungnahme zu veranlassen.

4 Im Unterschied zur förmlichen Personalratssitzung nach Art. 34 ff. ist für die Besprechung in diesem Artikel nicht ausdrücklich bestimmt, wer sie leitet und ob eine Niederschrift anzufertigen ist. Nach dem Wortlaut der Bestimmung des Art. 41 Abs. 1 Satz 1 ist jedoch über jede Verhandlung des Personalrats eine Niederschrift aufzunehmen. Da die gemeinschaftlichen Besprechungen i. S. d. Art. 67 Abs. 1 Verhandlungen sind oder zumindest sein können bzw. solche beinhalten, ist davon auszugehen, daß die Niederschriftsbestimmungen des Art. 41 hier gleichermaßen gelten. In jedem Fall sind die Niederschriftsbestimmungen für die gesamte jeweilige Besprechung anzuwenden, wenn die gemeinsamen Besprechungen Verhandlungen sind oder zumindest für den Verhandlungsteil der gemeinsamen Besprechungen. Dabei sollte der Personalrat hinsichtlich der **Verhandlungsleitung** und **Protokollführung** die Initiative ergreifen und auch den Gegenstand der Gespräche vereinbaren. Streitigkeiten darüber sollten allerdings vermieden werden, da in jedem Falle ein sach-

Art. 67

gerechter Kompromiß gesucht werden muß. Unterschiedliche Interessen können zu Streitigkeiten führen, die zunächst mit dem Ziel der Lösung verhandelt werden sollen. Dabei soll der Personalrat dem Dienststellenleiter seine Forderungen unterbreiten und die Abhilfe von Mißständen verlangen. Demgegenüber darf der Dienststellenleiter die Verhandlungen nicht zu einer bloß formellen Anhörung verkommen lassen. Vielmehr sind konkrete Vorschläge zur Beilegung der Meinungsverschiedenheiten zu erwarten, die die jeweiligen Argumente ernsthaft berücksichtigen. Dabei sind Vorschläge und Anregungen des Personalrats selbstverständlich von seiner vorrangigen Aufgabe her bestimmt, die Interessen der Beschäftigten zur Geltung zu bringen. Ein ernsthafter Wille zur Einigung schließt jedoch nicht aus, an einer als richtig erkannten Meinung festzuhalten (vgl. BayVGH v. 26. 3. 1986, PersR 1987, 41 ff.). Tagesordnung und Protokoll zu übernehmen, empfiehlt sich für den Personalrat, da im Verlauf der Besprechungen Fälle, die der Mitbestimmung bzw. Mitwirkung unterliegen, zur Sprache kommen können. Es muß dann festgehalten werden, ob die entsprechenden Fristen bereits in Gang gesetzt werden. Sind Meinungsverschiedenheiten nicht behebbar, so sind zunächst vorgesetzte Dienststelle und Stufenvertretung einzuschalten, bevor durch einseitige Handlungen vollendete Tatsachen geschaffen werden (vgl. AuR 1977, 281 zu BAG-Beschluß v. 8. 2. 1977).

Ebenso wie der gesamte Personalrat nimmt grundsätzlich der **Leiter der** 5 **Dienststelle persönlich** an den Gesprächen teil, da er verantwortlich für die Dienststelle handelt. Außer der in Art. 7 genannten **Vertretung** (vgl. Art. 7 Rn. 2 bis 11) kommt eine weitere Delegation nicht in Betracht. Die Hinzuziehung weiterer Beschäftigter ist grundsätzlich nicht möglich, da die Besprechungen nicht öffentlich sind. Strittig ist, ob der Teilnehmerkreis am Monatsgespräch abschließend geregelt ist (so z. B. BVerwG, Beschluß v. 5. 8. 1983, ZBR 1984, 72, und PersV 1985, 71). In gemeinsamer Abstimmung aller derjenigen Beteiligten, die ein gesetzliches Teilnahmerecht haben, werden jedoch weitere Personen an den Besprechungen dann teilnehmen können, wenn dies die Gegenstände der Besprechung erforderlich machen. Dies gilt sowohl für Sachbearbeiter als auch für Gewerkschaftsbeauftragte. Darüber hinaus kann nach richtiger Auffassung der Dienststellenleiter die Teilnahme von Gewerkschaftsvertretern nicht ohne sachliche Gesichtspunkte verweigern, da er zur Zusammenarbeit mit den in der Dienststelle vertretenen Gewerkschaften grundsätzlich verpflichtet ist (vgl. Art. 2 Rn. 6 und 7). Die Teilnahme der JA-Vertretung kann nicht auf den Vorsitzenden oder einzelne Vertreter beschränkt werden. Vielmehr hat das Gremium als Ganzes ein Recht auf Beteiligung, Frage und Äußerung.

(**Abs. 2**) Bereits der Wortlaut des Abs. 2 verwundert: Wie kann die 6 »Dienststelle« die Arbeit und den Frieden der Dienststelle gefährden? Gemeint ist wohl, daß der Dienststellenleiter und seine Vertreter den Frieden und die ungestörte Arbeit der Beschäftigten nicht beeinträchtigen sollen. In diesem Sinne könnte die überwiegend einseitig als Disziplinierungsmittel des Personalrats ausgelegte Bestimmung gegen den Dienstherrn gewendet werden. So kann der Personalrat, wenn aufgrund von Maßnahmen des Dienststellenleiters Unruhe und Empörung in der Dienststelle entstehen, von »Störung des Friedens« in der Dienststelle sprechen und ihm einen schriftlichen Protest zukommen lassen. Eine Auflistung derartiger Verstöße und ihre Behandlung in der Personalversammlung könnten somit gegen die einseitige Wendung dieser Vorwürfe ausschließlich gegen den Personalrat hilfreich sein. Nicht der Personalrat, sondern der Dienststellenleiter verstößt somit gegen die Pflicht des Abs. 2, wenn beispielsweise Tarife und Dienstvereinbarungen nicht eingehalten werden, Disziplinierung der Belegschaft angedroht oder Rechte des Personalrats verletzt werden.

7 **Adressat der Vorschrift** ist nach Rechtsprechung und überwiegender Kommentierung jedoch – entgegen dem Wortlaut – ausschließlich der Personalrat: Dabei sollen zum Begriff der Personalvertretung ... nicht nur die Personalvertretungen auf sämtlichen Verwaltungsebenen in ihrer Gesamtheit (örtliche Personalräte, Gesamtpersonalräte, Stufenvertretung), sondern auch die einzelnen Mitglieder derselben zählen. Es sollen also möglichst auch die einzelnen Mitglieder in hier angeblich gebotener weiter Auslegung des Gesetzes sowie die JA-Vertretung einschließlich ihrer einzelnen Mitglieder verpflichtet sein. Friedenspflicht soll dann nicht lediglich »Unterlassungspflicht« sein, sondern darüber hinaus »Gebotsnorm«, d. h. Verpflichtung zu positivem Handeln darstellen.

8 Eine derartige Auslegung geht nach zutreffender Auffassung gleichwohl zu weit. Wenn auch der Gesetzgeber mit Sicherheit das Ziel der **Disziplinierung** hatte, ist eindeutig dennoch nur geregelt, daß die Personalvertretung als Organ die Arbeit und den Frieden der Dienststelle nicht gefährden darf. Dabei wird gerade nicht auf die abstrakte Gefährdung abgestellt (umstritten), sondern auf die konkrete, also mit Sicherheit vorhersehbare Beeinträchtigung (so auch Altvater u. a., BPersVG, § 66 Rn. 7). Dementsprechend braucht sich der Personalrat nicht auf Auslegungsdebatten darüber einzulassen, ob eine geplante Handlung, wie z. B. Besichtigung und Überprüfung von Frauenarbeitsplätzen geeignet ist, Betriebsfrieden oder Arbeitsablauf zu beeinträchtigen. Das Handeln des Personalrats im Rahmen der ihm gesetzlich zugewiesenen Aufgaben oder die Durchführung vorgeschriebener Tätigkeiten (Information der Belegschaft, außerordentliche Betriebsversammlung, Rundgänge im Betrieb, Abteilungsversammlungen, Verweigerung der Zustimmung in Mitbestimmungsfragen) kann von daher keine Verletzung der Friedenspflicht darstellen (vgl. Altvater u. a., a. a. O.). Führt also die Wahrnehmung der berechtigten Interessen der Beschäftigten durch den Personalrat zu Auseinandersetzungen mit dem Dienststellenleiter, so liegt darin an sich noch keine Störung des Dienstfriedens.

9 **Verstöße** gegen die **Friedenspflicht** führen bei grober Verletzung zu den Konsequenzen des Art. 28, also zur Auflösung des Personalrats oder dem

Art. 67

Ausschluß eines Mitglieds (vgl. aber die Kommentierung zu Art. 28). Disziplinarmaßnahmen, Abmahnungen oder Kündigungen kommen daher prinzipiell nicht in Betracht, da der Personalrat als Gremium verpflichtet ist. Ebensowenig können gegen die Personalräte **Schadensersatzansprüche** geltend gemacht werden, von deren Durchsetzung in der Praxis den Verfassern im übrigen bisher nichts bekannt ist. Obwohl der Dienststellenleiter jederzeit als handelnde Person identifizierbar ist, anders als die Mitglieder des Personalrats, die durch das Organ handeln, sind auch gegen ihn weder disziplinarische Maßnahmen noch Abmahnungen oder gar Kündigungen zu erwarten. Eine entsprechende Sanktionsmöglichkeit wie nach Art. 28 fehlt.

Die Personalvertretung als Organ darf **keine Maßnahmen des Arbeitskampfes**, wie Streik oder Boykott, gegen die Dienststelle durchführen. Auseinandersetzungen auf der Betriebsebene sollen nur in Verhandlungen, vor der Einigungsstelle oder letztlich den Gerichten ausgetragen werden. Insofern können einzelne Beschäftigte, insbesondere die gewerkschaftlichen Vertrauensleute, bei der notwendigen Mobilisierung der Belegschaft zur Durchsetzung ihrer Anliegen zwar vielfältige Initiativen entwickeln, sie müssen aber darauf achten, daß sie der Dienststelle keine Handhabe zu Sanktionen wegen Verletzung arbeitsvertraglicher Pflichten geben. **Gewerkschaftliche Arbeitskämpfe** werden durch diese Bestimmung nicht berührt. An diesen können sich von daher auch die einzelnen Mitglieder des Personalrats beteiligen, unabhängig davon, ob es sich dabei um freigestellte oder nicht freigestellte Mitglieder handelt (vgl. Altvater u. a., BPersVG, § 66 Rn. 9). So kann sich jeder, also auch ein Personalratsmitglied, an der Organisation und Durchführung von Urabstimmungen beteiligen, der Streikleitung angehören oder als Streikposten einsetzen lassen. Der Personalrat als Organ muß sich allerdings »neutral« verhalten. Von seiner Seite aus darf also weder ein **Streikaufruf** ergehen, noch die Aufforderung, nicht mitzustreiken. Ein freigestelltes beamtetes Personalratsmitglied kann durch einen an Arbeiter und Angestellte gerichteten Aufruf zum Streik in seiner Dienststelle auch dann eine disziplinar zu verfolgende innerdienstliche **Pflichtverletzung** begehen, wenn es unter ausdrücklichem Hinweis auf seine Mitgliedschaft in der Gewerkschaft auftritt (vgl. BVerwG, Urteil v. 23. 2. 1994 – 1 D 65.91 –, PersR 1994, 515).

Grundsätzlich bleibt der Personalrat während eines Streiks existent und funktionsfähig (vgl. Altvater u. a., BPersVG, § 66 Rn. 10), seine Rechte und Pflichten gelten also weiter. Selbst bei einer Aussperrung kann die Durchführung von Personalratssitzungen erforderlich sein, auch streikende Personalratsmitglieder können an diesen Sitzungen teilnehmen. Deshalb darf ihnen der Zutritt zur Dienststelle nicht verwehrt werden. Der Abschluß von **Notdienstvereinbarungen** und dem **Maßregelungsverbot** liegt in der Zuständigkeit der Tarifparteien, so daß die Beschäftigten, also auch die Mitglieder des Personalrats, nur über ihre Gewerkschaft darauf

Art. 67

Einfluß nehmen. Im übrigen werden in Literatur und Rechtsprechung dieselben Streitigkeiten wie zur Friedenspflicht ausgetragen, so daß auch hinsichtlich der Verstöße auf die dortigen Ausführungen verwiesen wird. Eine teilweise auch vertretene Unterscheidung von Beamten-, Angestellten- und Arbeiter-Personalräten entbehrt jedoch jeder Grundlage. Die Beteiligung von Beamten an einem Streik ist ausschließlich unter verfassungs- bzw. beamtenrechtlichen Gesichtspunkten zu würdigen.

11 (Abs. 3) Die Regelung räumt der Personalvertretung das Recht ein, **außenstehende Stellen** anzurufen. Wenn sie i. d. R. einschränkend gegenüber dem Personalrat ausgelegt wird, so wird ihr positiver Regelungsgehalt zu Unrecht in den Schatten gestellt. Vorausgesetzt wird lediglich ein Einigungsversuch in der Dienststelle, der von beiden Seiten gesucht werden muß. Es sollten also Vorschläge für die Beilegung von Meinungsverschiedenheiten gemacht und mit dem ernsten Willen zur Einigung behandelt werden. Kommt in angemessener Zeit eine Regelung nicht zustande, oder bricht eine Seite die Verhandlungen ab bzw. ist eine Einigung endgültig nicht mehr zu erwarten, so können amtliche oder nichtamtliche Stellen außerhalb der Dienststelle angerufen werden. Dies betrifft sowohl andere Dienststellen wie auch die dortigen Personalvertretungen oder die Parlamente.

Nicht berührt wird von dieser Regelung das Recht zur Einholung von **Sach- und Rechtsauskünften** im Interesse einer sachgerechten Meinungsbildung (vgl. Altvater u. a., BPersVG, § 66 Rn. 12). Sie betrifft auch nicht Vertreter der Gewerkschaften und der Arbeitgeberverbände, wenn sie an der Willensbildung beteiligt werden. Dies ergibt sich aus der Verpflichtung des Art. 2, mit den in der Dienststelle vertretenen Gewerkschaften zusammenzuwirken, aus deren Teilnahmerecht an der Personalratssitzung, ihrer verfassungsrechtlichen Stellung und der gesetzlichen Kompetenzregelung für Gewerkschaften und Arbeitgeberverbände.

12 **Streitigkeiten** über die Zusammenarbeit entscheiden die Verwaltungsgerichte gem. Art. 81 Abs. 1 Nr. 3. Verstöße des Dienststellenleiters gegen seine Pflichten sollte der Personalrat als Organ – nicht etwa der Vorsitzende oder ein einzelnes Mitglied – vom Verwaltungsgericht feststellen lassen.

Hilfsweise steht die Dienstaufsichtsbeschwerde zur Verfügung, wenn ein Fehlverhalten des Dienststellenleiters gerügt werden soll. Verstößt der Personalrat oder einzelne Mitglieder gegen die vorgenannten Pflichten, so kann dies bei grober Verletzung zum Auflösungs- oder Ausschlußverfahren führen.

Grundsätzlich besteht die Möglichkeit, auch vorläufigen Rechtsschutz zu erwirken (BayVGH v. 26. 3. 1986, PersR 1987, 41 ff.).

Artikel 68
Gebot der Gleichbehandlung;
Verbot der parteipolitischen Betätigung

(1) Dienststelle und Personalvertretung haben dafür zu sorgen, daß alle in der Dienststelle tätigen Personen nach Recht und Billigkeit behandelt werden, insbesondere, daß jede unterschiedliche Behandlung von Personen wegen ihrer Abstammung, Religion, Nationalität, Herkunft, politischen oder gewerkschaftlichen Betätigung oder Einstellung oder wegen ihres Geschlechts unterbleibt. Der Leiter der Dienststelle und die Personalvertretung dürfen sich in der Dienststelle nicht parteipolitisch betätigen; die Behandlung von Tarif-, Besoldungs- und Sozialangelegenheiten wird dadurch nicht berührt.

(2) Soweit sich Beschäftigte, die Aufgaben nach diesem Gesetz wahrnehmen, auch in der Dienststelle für ihre Gewerkschaft betätigen, müssen sie sich so verhalten, daß das Vertrauen der Verwaltungsangehörigen in die Objektivität und Neutralität ihrer Amtsführung nicht beeinträchtigt wird.

(3) Die Personalvertretung hat sich für die Wahrung der Vereinigungsfreiheit der Beschäftigten einzusetzen.

Das Gesetz spricht zu Beginn anonym von der »Dienststelle«, gemeint ist aber, wie später richtig benannt, deren Leiter. Er und die Personalvertretung – umfassend verstanden als örtlicher Personalrat oder Gesamtpersonalrat, Stufenvertretung, JA-Vertretung usw. – haben eine Überwachungspflicht (vgl. Abs. 1 Satz 1) im Hinblick darauf, daß bei der Behandlung der in der Dienststelle tätigen Personen nach den Grundsätzen von **Recht und Billigkeit** zu verfahren ist, mit anderen Worten, im wesentlichen die Grundrechte bzw. der Gerechtigkeits- und Verhältnismäßigkeitsgedanke einzuhalten sind. Im übrigen enthält das Gesetz (vgl. Abs. 1 Satz 2) ein parteipolitisches Betätigungsverbot für Dienststellenleiter und Personalvertretung innerhalb der Dienststelle und legt die Bedingungen für gewerkschaftliche Aktivitäten der Personalvertretung in der Dienststelle fest (vgl. Abs. 2 und 3). Das verfassungsmäßig garantierte Recht auf politische und gewerkschaftliche Betätigung ist hierdurch nicht berührt. Auch im öffentlichen Dienst ist die Diskriminierung wegen einer bestimmten politischen oder gewerkschaftlichen Aktivität und Einstellung untersagt. Ausdrücklich wird sogar festgehalten, daß sich der Personalrat für die Wahrung der Vereinigungsfreiheit der von ihm vertretenen Beschäftigten einzusetzen hat (vgl. Abs. 3).

(**Abs. 1**) Das hier bezeichnete Gebot richtet sich nicht nur an den Personalrat, sondern an alle Personalvertretungen und auch nicht nur an den Leiter der Dienststelle, sondern an alle Personen, die Vorgesetztenfunktionen innehaben. Geschützt werden nicht nur die Beschäftigten, wie die übliche Formulierung in diesem Gesetz heißt, sondern alle in der Dienststelle Tätigen. Dem Personalrat und dem Leiter der Dienststelle ist also

Art. 68

auferlegt, das gegenseitige Verhalten und Behandeln Dritter am Grundsatz von **Recht und Billigkeit** zu orientieren und diskriminierende Maßnahmen zu unterbinden. Der vom Gesetzgeber geforderte Behandlungsmaßstab »Recht und Billigkeit« gebietet dabei, daß sich Handlungen und Maßnahmen nicht nur im Rahmen des für die Verwaltung sowieso grundsätzlich bindenden Rechts bewegen, sondern, daß sie auch mit dem allgemeinen Gerechtigkeits- und Verhältnismäßigkeitsgedanken in Einklang stehen. So kann u. U. eine gesetzlich oder tariflich durchaus zulässige Übertragung einer anderweitigen Tätigkeit daran scheitern, daß es sich bei dem Betroffenen um einen älteren oder gesundheitsgefährdeten Kollegen handelt, der der in Aussicht genommenen Tätigkeit kaum mehr gewachsen wäre. Der Personalrat müßte sich unter Bezugnahme auf seine Verpflichtung aus dieser Bestimmung aktiv dafür einsetzen, daß aus diesem Grund eine derartige Maßnahme unterbleibt.

Der Begriff »Billigkeit« kann daher als Richtschnur zur sozialen Ausgestaltung der Arbeitsverhältnisse und der »Humanisierung des Arbeitslebens« dienen. **Schutzwürdige Belange** der Beschäftigten sind dabei u. a. die menschlichere Gestaltung der Arbeit, des Arbeitsplatzes und der Arbeitsbedingungen wie z. B. Einschränkung der Schichtarbeit, ausreichende Pausengestaltung, Schutz vor Gesundheitsgefahren durch Lärm, Klima oder Schadstoffe, Vermeidung negativer Auswirkungen durch EDV-Rationalisierung, Bildschirmarbeit und Computer-Einsatz usw. Ist der Arbeitgeber infolge von **Witterungseinflüssen** nicht in der Lage, den Arbeitnehmer zu beschäftigen, hat er seine Verpflichtung, das vereinbarte Entgelt zu zahlen, weiter zu erfüllen (vgl. BAG, Urteil v. 18. 5. 1999 – 9 AZR 13/98 –, AiB 1999, 706). Im Hinblick auf die Dienststelle handelt es sich hierbei im übrigen um die besondere Ausprägung der arbeits- und beamtenrechtlichen Fürsorgepflicht.

2 Das Gesetz zitiert einleitend »insbesondere« die aus dem **Gleichheitsgedanken** folgenden Formulierungen des Art. 3 Abs. 3 GG. Es handelt sich dabei um eine beispielhafte Aufzählung all der Bereiche, in denen auf Gleichbehandlung besonders zu achten ist.

Im einzelnen betrifft das **»Diskriminierungsverbot«**: Abstammung (Rasse, Volkstum, Sprache); Religion (konfessionelles Bekenntnis, Weltanschauung, Atheismus); Nationalität (Ausländer); Herkunft (örtliche, soziale); politische Betätigung oder Einstellung (Parteizugehörigkeit, Weltanschauung, Meinung, Aktivitäten); gewerkschaftliche Betätigung oder Einstellung (Koalitionsfreiheit, Vertrauensleutearbeit); Geschlecht. Diese Angaben finden sich auch als sensitive, besonders schutzwürdige Daten in dem neuen **Bundesdatenschutzgesetz** (BDSG). Mit der Novellierung des BDSG (BGBl. I vom 22. 5. 2001, S. 904, in Kraft am 23. Mai 2001) wurden die Bestimmungen der europäischen Datenschutzrichtlinie 95/46/EG vom Oktober 1995 in der Bundesrepublik als nationales Recht umgesetzt. Als sensitive Daten werden im **Bayerischen Datenschutzgesetz** (BayDSG, zuletzt geändert am 25. 10. 2000 [GVBl. S. 752]) in

Art. 68

Art. 15 Abs. 7 personenbezogene Daten bestimmt, aus denen die rassische und ethnische Herkunft, politische Meinungen, religiöse oder philosophische Überzeugungen oder die Gewerkschaftszugehörigkeit hervorgehen, sowie von Daten über Gesundheit oder Sexualleben. Diese Daten sind gesetzlich besonders geschützt und erfordern besondere Verarbeitungsbefugnisse.

So wurde bereits vor der Novellierung des Datenschutzrechtes gem. § 242 BGB i. V. m. Art. 2 GG und § 5 Transsexuellengesetz (TSG) erkannt, daß die nachvertragliche Fürsorgepflicht eines ehemaligen Arbeitgebers besteht, einem früheren, **transsexuellen Arbeitnehmer** eine Abschrift seines ursprünglichen **Arbeitszeugnisses** mit geändertem Vornamen bzw. Geschlecht des Arbeitnehmers zu erteilen (vgl. ArbG Gelsenkirchen, Urteil v. 8. 5. 1998 – Ca 122/98 –, AiB 1999, 478).

Das Verbot der unterschiedlichen Behandlung bezieht sich also auf all jene Lebensbezüge, die in der Vergangenheit erfahrungsgemäß besonderen Diskriminierungen ausgesetzt waren und es häufig heute noch sind. Dabei werden gerade Andersartigkeiten und Unterschiede zur Rechtfertigung der Ungleichbehandlung benutzt. Die Ausstrahlung der verfassungsrechtlichen Gleichheitsgebots auf das Arbeitsleben hat dem die Grundlage entzogen. Das arbeitsrechtliche Diskriminierungsverbot beinhaltet dabei auch die Forderung nach Objektivität und Neutralität gegenüber allen Bediensteten (VG Ansbach, Beschluß v. 3. 2. 1959 – ZBR 1959, 132).

In der Regel ist es der Dienststellenleiter, der Entscheidungen fällt und Maßnahmen trifft, so daß sich das Gebot der Behandlung nach Recht und Billigkeit bzw. der Gleichbehandlung in erster Linie an ihn richtet. Insbesondere bei der Handhabung seines Ermessens muß er den Grundsätzen von **Treu und Glauben**, des Schutzes des sozial oder persönlich Schwächeren und der Gleichberechtigung entsprechen. Der Arbeitgeber muß im Rahmen seiner Fürsorgepflicht, die ihrer Natur nach ein Ausfluß des in § 242 BGB niedergelegten Gedankens von Treu und Glauben ist, dafür Sorge tragen, daß die **Personalakten** ein richtiges Bild des Arbeitnehmers in den arbeitsrechtlich relevanten Beziehungen vermitteln (grundlegend dazu BAG, Urteil v. 25. 5. 1999, AP Nr. 6 zu § 611 BGB Fürsorgepflicht). So verletzt ein ohne Anhörung des Arbeitnehmers zu den Personalakten genommenes Abmahnungsschreiben das allgemeine Persönlichkeitsrecht des Arbeitnehmers und ist ersatzlos aus der Personalakte zu entfernen (vgl. ArbG Frankfurt/O., Urteil v. 7. 4. 1999 – 6 Ca 61/99 – AiB 2000, 366).

Die Dienststelle ist verpflichtet, das allgemeine Persönlichkeitsrecht der bei ihr Beschäftigten einmal nicht selbst durch Eingriffe in deren **Persönlichkeits- oder Freiheitssphäre** zu verletzen, diese aber auch vor **Belästigungen durch Mitarbeiter oder Dritte**, auf die sie einen Einfluß hat, zu schützen, einen menschengerechten Arbeitsplatz zur Verfügung zu stellen und die Arbeitnehmerpersönlichkeit zu fördern. Zur Einhaltung dieser Pflichten kann der Arbeitgeber als Störer nicht nur dann in An-

Art. 68

spruch genommen werden, wenn er selbst den Eingriff begeht oder steuert, sondern auch dann, wenn er es unterläßt, Maßnahmen zu ergreifen oder die Dienststelle so zu organisieren, daß eine Verletzung des Persönlichkeitsrechts ausgeschlossen wird.

Eine Verletzung des allgemeinen Persönlichkeitsrechts des Arbeitnehmers kann nicht nur im Totalentzug der Beschäftigung liegen. Eine solche Rechtsverletzung liegt vor, wenn der Totalentzug oder die Zuweisung einer bestimmten Beschäftigung nicht bloß den Reflex einer rechtlich erlaubten Vorgehensweise darstellt, sondern zielgerichtet als Mittel der Zermürbung eines Arbeitnehmers eingesetzt wird, um diesen selbst zur Aufgabe seines Arbeitsplatzes zu bringen. Aus dem Umstand, daß bloß für einen vorübergehenden Zeitraum in das allgemeine Persönlichkeitsrecht des Arbeitnehmers eingegriffen wird oder dem Arbeitnehmer dadurch keine finanziellen Nachteile entstehen, kann kein diesen Eingriff rechtfertigendes, überwiegendes schutzwürdiges Interesse des Arbeitgebers hergeleitet werden (vgl. LAG Thüringen, Urteil v. 10. 4. 2001 – 5 Sa 403/2000 –, PersR 2001, 532).

Der Begriff **Mobbing** beschreibt nicht einen eigenständigen juristischen Tatbestand. Im arbeitsrechtlichen Verständnis erfaßt der Begriff des »Mobbing« fortgesetzte, aufeinander aufbauende oder ineinander übergreifende, der Anfeindung, **Schikane** oder **Diskriminierung** dienende Verhaltensweisen, die nach Art und Ablauf im Regelfall einer übergeordneten, von der Rechtsordnung nicht gedeckten Zielsetzung förderlich sind und jedenfalls in ihrer Gesamtheit das allgemeine Persönlichkeitsrecht oder andere ebenso geschützte Rechte, wie die **Ehre** oder die **Gesundheit** des Betroffenen verletzen. Ein vorgefaßter Plan ist nicht erforderlich. Eine Fortsetzung des Verhaltens unter schlichter Ausnutzung der Gelegenheiten ist ausreichend. Zur rechtlich zutreffenden Einordnung kann dem Vorliegen von falltypischen Indiztatsachen (mobbingtypische Motivation des Täters, mobbingtypischer Geschehensablauf, mobbingtypische Veränderung des Gesundheitszustands des Opfers) eine ausschlaggebende Rolle zukommen, wenn ein Zusammenhang zu den von dem Betroffenen vorgebrachten Mobbinghandlungen besteht. Ein wechselseitiger Eskalationsprozeß, der keine klare **Täter-Opfer-Beziehung** zuläßt, steht regelmäßig der Annahme eines Mobbingsachverhaltes entgegen (vgl. LAG Thüringen, Urteil v. 10. 4. 2001 – 5 Sa 403/2000 –, a. a. O.).

Die vielfach dadurch entstehende **Beweisnot** des Betroffenen, daß dieser allein und ohne Zeugen Verhaltensweisen ausgesetzt ist, die in die Kategorie Mobbing einzustufen sind, ist durch eine Art. 6 Abs. 1 EMRK und damit den Grundsätzen eines fairen und auf Waffengleichheit achtenden Verfahrens entsprechende Anwendung der §§ 286, 448 141 Abs. 1 Satz 1 ZPO auszugleichen. Dabei muß die im Zweifel erforderliche Anhörung einer Partei bei der gerichtlichen Überzeugungsbildung berücksichtigt werden (vgl. LAG Thüringen, Urteil v. 10. 4. 2001 – 5 Sa 403/2000 –, a. a. O.).

Art. 68

Aber auch der Personalrat ist gefordert, nicht nur durch allgemeine Appelle, sondern durch konkreten Einsatz die Einhaltung des Gleichbehandlungsgrundsatzes in der Betriebspraxis zu überwachen. Er sollte daher z. B. die Benachteiligung von Ausländern oder Frauen, die Ausnutzung von Jugendlichen als billige Arbeitskräfte ebenso wie Disziplinierungsversuche von gewerkschaftlich oder politisch aktiven Kollegen unterbinden.

Der **Gleichbehandlungsgrundsatz** ist dabei im Sinne der BAG-Rechtsprechung einzuhalten (vgl. BAG in AP Nr. 40, 42 und 44 zu § 242 BGB – Gleichbehandlung –). Demnach verbietet er, bestimmte Gruppen oder einzelne ohne vernünftigen sachlichen Grund von günstigeren Regelungen auszunehmen oder durch gesonderte Regeln schlechter zu stellen.

Der arbeitsrechtliche Gleichbehandlungsgrundsatz wird inhaltlich durch den verfassungsrechtlichen **Gleichheitssatz** des Art. 3 Abs. 1 GG bestimmt. Er gewährt dem einzelnen ein subjektiv öffentliches Recht gegen den Staat auf Rechtsgleichheit. An ihn sind Gesetzgebung, Rechtsprechung und Verwaltung gebunden (Art. 1 Abs. 3 GG) und haben ihn als Teil der objektiven Wertordnung zu beachten. Dies gilt auch im Arbeitsrecht, soweit kollektive Ordnungs- und Regelungsbereiche vorliegen (vgl. BAG, Urteil v. 28. 7.1992 – 3 AZR 173/92 –, AP Nr. 18 zu § 1 BetrAVG Gleichbehandlung).

Der arbeitsrechtliche Gleichbehandlungsgrundsatz bindet den Träger eines Ordnungs- und Regelungsbereiches nur in dessen eigenem **Zuständigkeitsbereich**. Der allgemeine Gleichheitssatz findet darüber hinaus keine Anwendung, wenn die Vergleichsfälle in den Kompetenzbereich unterschiedlicher Träger fallen und daher die Schutzpflicht jeweils nur von diesem Träger eigenverantwortlich zu erfüllen ist. Der Schutzbereich des allgemeinen Gleichheitssatzes nach Art. 3 Abs. 1 GG, wesentlich Gleiches gleich zu behandeln, wird jedoch dann nicht eröffnet, wenn die Vergleichsfälle verschiedenen Ordnungsbereichen angehören und damit in anderen systematischen Gesamtzusammenhängen stehen. Der allgemeine Gleichheitssatz enthält daher kein verfassungsrechtliches Gebot, ähnliche Sachverhalte in verschiedenen Ordnungsbereichen gleich zu regeln bzw. zu behandeln. Die Anforderungen an eine gleichheitsgerechte Behandlung einzelner Personengruppen beinhaltet zwar auch eine Systemgerechtigkeit, d. h. ein hinreichendes Maß an folgerichtiger Wertung, jedoch nur innerhalb des gleichen Ordnungsbereichs. **Systemwidrigkeit** stellt darüber hinaus für sich allein noch keinen Gleichheitsverstoß dar, sondern kann einen solchen Verstoß allenfalls indizieren (vgl. BAG, Urteil v. 3. 12. 1997 – 10 AZR 563/96 –, AP Nr. 149 zu § 242 BGB Gleichbehandlung).

Der arbeitsrechtliche **Gleichbehandlungsgrundsatz** verbietet es nicht, **Lehrkräfte** mit der Befähigung für das Lehramt an Sonderschulen und Lehrkräfte ohne diese Befähigung verschiedenen Vergütungsgruppen zuzuordnen (Bestätigung der Rechtsprechung des Senats, Urteil v. 23. 2.

Art. 68

1994 – 4 AZR 219/93 – BAGE 76, 44 = AP Nr. 51 zu Art. 119 EWG-Vertrag). Er enthält auch kein Gebot zur Gleichbehandlung von Arbeitnehmern in verschiedenen Ordnungs- oder Regelungsbereichen; ein Eingruppierungserlaß eines Bundeslandes für angestellte Lehrkräfte und der BAT betreffen verschiedene Ordnungsbereiche (vgl. BAG, Urteil v. 30. 9. 1998 – 4 AZR 547/97 –, PersR 1999, 408; Bestätigung der Rechtsprechung des Zehnten Senats, Urteil v. 3. 12. 1997 – 10 AZR 563/96 –, AP Nr. 149 zu § 242 BGB Gleichbehandlung).

Allerdings ist der öffentliche Arbeitgeber aufgrund des arbeitsrechtlichen Gleichbehandlungsgrundsatzes gehindert, durch eine sachfremde **Gruppenbildung**, z. B. Arbeitnehmer, von der Ausgabe eines Job-Tickets auszuschließen. Sind jedoch die in den Außenstellen einer Dienststelle beschäftigten Bediensteten nur zu einem geringen Teil bereit, sich an den Kosten eines Job-Tickets zu beteiligen, ist es nicht sachfremd, das **Job-Ticket** nur an Beschäftigte in der Hauptstelle auszugeben, wenn sich dort eine bedeutend größere Anzahl beteiligt als in den Außenstellen (vgl. BAG, Urteil v. 11. 8. 1998 – 9 AZR 39/97 –, PersR 1999, 182).

Gegen den Gleichbehandlungsgrundsatz verstoßen nicht nur unmittelbare sondern auch mittelbare **Diskriminierungen** aufgrund des Geschlechts. So ist der Ausschluß unselbständig Erwerbstätiger, die eine sozialversicherungsfreie Beschäftigung von regelmäßig weniger als 15 Stunden in der Woche ausüben, von einer vorgesehenen Jahressonderzuwendung, der zwar unabhängig vom Geschlecht der Arbeitnehmer erfolgt, jedoch im Ergebnis prozentual erheblich mehr Frauen als Männer trifft, eine mittelbare Diskriminierung aufgrund des Geschlechts (vgl. EuGH, Urteil v. 9. 9. 1999 – R. C-281/97 – zum Tarifrecht, PersR 1999, 549).

Art. 2 Absätze 1 und 3 der Richtlinie 76/207/EWG des Rates vom 9. 2. 1976 zur Verwirklichung des Grundsatzes der Gleichbehandlung von Männern und Frauen verbietet es, eine Schwangere deshalb nicht auf eine unbefristete Stelle einzustellen, weil sie für die Dauer der **Schwangerschaft** wegen eines aus ihrem Zustand folgenden gesetzlichen Beschäftigungsverbotes auf dieser Stelle von Anfang an nicht beschäftigt werden darf (vgl. EuGH, Urteil v. 3. 2. 2000 – Rs. C-207/98 –, PersR 2000, 340).

Vor dem Hintergrund – trotz staatlich-rechtlicher Gleichbehandlungsgrundsätze – nach wie vor bestehender tatsächlicher Gleichstellungsdefizite von Frauen im Arbeitsleben sind Bestrebungen zu sehen, die Grundsätze der Behandlung nach Recht, Billigkeit und Gleichberechtigung auf den gezielten Abbau dieser Benachteiligungen mit Hilfe von **Frauenförderplänen** u. a. auszudehnen Die konkrete Entwicklung und Umsetzung von Frauenförderplänen in öffentlichen Einrichtungen bedeutet für den Personalrat die Aufgabe, in der Dienststelle eine Erhebung über Anteil der Frauen, Entgelt, Stellung in der innerbetrieblichen Hierarchie, Einstellungszahlen von weiblichen Auszubildenden, Fortbildungs- und Aufstiegsmöglichkeiten usw. durchzuführen, dabei festgestellte Benachteiligungen von weiblichen gegenüber männlichen Beschäftigten zu do-

Art. 68

kumentieren, entsprechende Gegenmaßnahmen in einem Frauenförderplan mit Berichtspflicht zu entwickeln sowie mit dem Diensthern eine entsprechende Dienstvereinbarung abzuschließen und auf deren Einhaltung zu achten.

Eine innerdienstliche **Frauenförderung** verstößt nicht gegen den Gleichbehandlungsgrundsatz. Hierzu stellte der EuGH fest, daß Art. 2 Absätze a und 4 der Richtlinie 76/207/EWG des Rates vom 9. 2. 1976 zur Verwirklichung des Grundsatzes der Gleichbehandlung von Männern und Frauen hinsichtlich des Zugangs zur Beschäftigung, zur Berufsbildung und zum beruflichen Aufstieg sowie in Bezug auf die Arbeitsbedingungen einer nationalen Regelung nicht entgegensteht,

– die in Bereichen des öffentlichen Dienstes, in denen Frauen unterrepräsentiert sind, die bei gleicher Qualifikation von Bewerberinnen und Bewerbern den Bewerberinnen Vorrang einräumt, wenn dies zur Erfüllung der Zielvorgaben des Frauenförderplans erforderlich ist und keine Gründe von größerem rechtlichen Gewicht entgegenstehen, sofern diese Regelung gewährleistet,

– daß die Bewerbungen Gegenstand einer objektiven Beurteilung sind, bei der die besondere persönliche Lage aller Bewerberinnen und Bewerber berücksichtigt wird;

– nach der die verbindlichen Zielvorgaben des Frauenförderplans für befristete Stellen des wissenschaftlichen Dienstes und für wissenschaftliche Hilfskräfte mindestens den Anteil an Frauen vorzusehen haben, den diese an den Absolventinnen und Absolventen, Promovierten und Studierenden des jeweiligen Fachbereichs stellen;

– mit der eine Unterrepräsentation von Frauen beseitigt werden soll, indem in Ausbildungsberufen, in denen Frauen unterrepräsentiert sind und in denen nicht ausschließlich der Staat ausbildet, Frauen mindestens die Hälfte der Ausbildungsplätze erhalten müssen, es sei denn, daß nicht genügend Bewerbungen von Frauen um freie Ausbildungsplätze vorliegen, obwohl diese durch geeignete Maßnahmen darauf aufmerksam gemacht wurden;

– die in Bereichen, in denen Frauen unterrepräsentiert sind, bei gleicher Qualifikation von Bewerberinnen und Bewerbern sicherstellt, daß qualifizierte Frauen, die alle gesetzlich oder sonst vorgesehenen Voraussetzungen erfüllen, zu Vorstellungsgesprächen eingeladen werden;

– die die Besetzung von Vertretungsorganen der Arbeitnehmer sowie der Verwaltungs- und Aufsichtsräte betrifft und nach der bei den Rechtsvorschriften zu ihrer Durchführung das Ziel einer zumindest hälftigen Beteiligung von Frauen an diesen Organen berücksichtigt werden soll.

(Vgl. EuGH, Urteil v. 28. 3. 2000 – Rs. C-158/97 –, PersR 2000, 382, mit einer Besprechung von Prof. Dr. Dagmar Schiek in PersR 2000, 361.)

Art. 68

3 Grundsätzlich ist die **politische Betätigung oder Einstellung der Beschäftigten** geschützt. Dies gilt auch für den Dienststellenleiter und die Personalräte. Das sie ausdrücklich treffende Verbot der parteipolitischen Betätigung kann von daher keine allgemeine politische Neutralisierung bedeuten. Abgesehen vom in Abs. 1 Satz 1 garantierten Schutz politischer Einstellungen und Tätigkeiten ergibt sich dies auch aus **Abs. 1 Satz 2**. Dort ist ausdrücklich festgehalten, daß die Behandlung von Tarif-, Besoldungs- und Sozialangelegenheiten nicht von der Einschränkung berührt werden soll. In diesen Punkten kann also durchaus eine Auseinandersetzung mit den Auffassungen der einzelnen Parteien stattfinden.

4 Insofern wird deutlich, daß **parteipolitische Aktivitäten** von Dienststellenleiter oder Personalvertretung lediglich im Hinblick auf ihre exponierte Stellung oder Mitgliedschaft im Organ untersagt wird. Verhindert werden soll die Ausnutzung des jeweiligen Amtes und der damit verbundenen Stellung für eine parteipolitische Beeinflussung der Beschäftigten. Im übrigen ergibt sich diese Beschränkung auch aus der Verpflichtung von Dienststellenleiter und Personalvertretung, über die Freiheit der politischen Betätigung und Einstellung der Angehörigen der Dienststelle zu wachen. Dabei ist insbesondere das **Grundrecht der freien Meinungsäußerung** zu beachten und zu schützen (Art. 5 GG; zu den Grenzen politischer Betätigungsfreiheit vgl. Altvater u. a., BPersVG, § 67 Rn. 10f.).

5 Grundsätzlich ist auch die **gewerkschaftliche Betätigung** oder Einstellung geschützt, d.h. Übernahme von gewerkschaftlichen Funktionen, Tätigkeit als gewerkschaftlicher Vertrauensmann(-frau), Teilnahme an gewerkschaftlichen Aktionen, aber auch die Kundgabe der Einstellung nach außen durch das Vertreten gewerkschaftlicher Positionen im Gespräch oder in Personalversammlungen sind hiervon umfaßt. Besonderheiten gelten lediglich für das Verteilen von Informations- und Werbematerial (vgl. W. Däubler, Gewerkschaftsrechte im Betrieb, Argumentationshilfen für die Praxis in Betrieb und Verwaltung, Stuttgart 1980).

6 (Abs. 2) Abweichend von § 67 Abs. 2 BPersVG wird in der bayerischen Bestimmung betont, daß neben der selbstverständlichen gewerkschaftlichen Betätigungsfreiheit das **Gebot zur objektiven und neutralen Amtsführung** besteht. Mögliche Kollisionen dadurch können sich im wesentlichen bei der gewerkschaftlichen Werbetätigkeit ergeben. Verboten ist somit bei der Mitgliederwerbung, unter Ausnutzung eines Amtes nach dem PersVG auf den Bei- oder Übertritt zu einer bestimmten Gewerkschaft Druck auszuüben. Dagegen greift das BayPVG nicht in die **Koalitionsfreiheit** des Art. 9 Abs. 3 GG ein, da die gewerkschaftliche Betätigungsfreiheit ausdrücklich geschützt wird. Wenn vielfach die geforderte Objektivität und Neutralität der Amtsführung des Personalrats benutzt wird, daraus einen prinzipiellen Widerspruch zur gewerkschaftlichen Betätigungsfreiheit zu machen, so findet dies keine Rechtfertigung in der Formulierung des Gesetzestextes. Sie unterscheidet sich damit dem Grunde nach auch nicht von der Formulierung des BPersVG (vgl. zur

Art. 68, 69

Auslegung dort Altvater u.a., BPersVG, § 67 Rn. 12f., 15f. und 19 bis 23).

(**Abs. 3**) Ausdrückliches Gebot für die Personalvertretung ist die Wahrung der **Vereinigungsfreiheit** der Beschäftigten (Art. 9 Abs. 3 GG). Sie ist also verpflichtet, sämtlichen Gruppen der Beschäftigten, insbesondere auch den Beamten, die Freiheit zu gewährleisten, sich gewerkschaftlich zu organisieren. Sind dem Personalrat also im Rahmen seiner Tätigkeit für das Organ Grenzen für eigene gewerkschaftliche Tätigkeit gesetzt, so hat er sie andererseits auf Seiten der von ihm vertretenen Beschäftigten besonders zu fördern und sich gegen jede Behinderung einzusetzen. Das gilt in erster Linie gegenüber dem Dienststellenleiter (vgl. Altvater u.a., BPersVG, § 67 Rn. 24 f.; Däubler, Gewerkschaftsrechte im Betrieb, a.a.O.). 7

Streitigkeiten über die parteipolitische oder gewerkschaftliche Betätigung entscheiden die Verwaltungsgerichte gem. Art. 81 Abs. 1 Nr. 3. **Verstöße** des Dienststellenleiters gegen seine Pflichten sollte der Personalrat als Organ – nicht etwa der Vorsitzende oder ein einzelnes Mitglied – vom Verwaltungsgericht feststellen lassen. Hilfsweise steht die Dienstaufsichtsbeschwerde zur Verfügung, wenn ein Fehlverhalten des Dienststellenleiters gerügt werden soll. Verstößt der Personalrat oder einzelne Mitglieder gegen die vorgenannten Pflichten, so kann dies bei grober Verletzung zum Auflösungs- oder Ausschlußverfahren nach Art. 28 führen. Grundsätzlich besteht die Möglichkeit, einen vorläufigen Rechtsschutz zu erwirken (BayVGH v. 26. 3. 1985, PersR 1987, 41 ff.). 8

Artikel 69
Allgemeine Aufgaben des Personalrats

(1) **Der Personalrat hat folgende allgemeine Aufgaben:**

a) **Maßnahmen, die der Dienststelle und ihren Angehörigen dienen, zu beantragen,**

b) **dafür zu sorgen, daß die zugunsten der Beschäftigten geltenden Gesetze, Verordnungen, Tarifverträge, Dienstvereinbarungen und Verwaltungsanordnungen durchgeführt werden,**

c) **Anregungen und Beschwerden von Beschäftigten entgegenzunehmen und, falls sie berechtigt erscheinen, durch Verhandlung mit dem Leiter der Dienststelle auf ihre Erledigung hinzuwirken,**

d) **die Eingliederung Schwerbehinderter und sonstiger schutzbedürftiger, insbesondere älterer Personen in die Dienststelle zu fördern und für eine ihren Fähigkeiten und Kenntnissen entsprechende Beschäftigung zu sorgen; die Schwerbehindertenvertretung ist vor einer Entscheidung zu hören,**

Art. 69

e) Maßnahmen zur beruflichen Förderung Schwerbehinderter zu beantragen; die Schwerbehindertenvertretung ist vor einer Entscheidung zu hören,

f) die Eingliederung ausländischer Beschäftigter in die Dienststelle und das Verständnis zwischen ihnen und den deutschen Beschäftigten zu fördern,

g) mit der Jugend- und Auszubildendenvertretung zur Förderung der Belange der Beschäftigten im Sinn von Art. 58 Abs. 1 eng zusammenzuarbeiten,

h) bei Einstellung, Beschäftigung, Aus-, Fort- und Weiterbildung und beim beruflichen Aufstieg auf die Gleichbehandlung von Frauen und Männern zu achten und entsprechende Maßnahmen zu beantragen.

(2) Der Personalrat ist zur Durchführung seiner Aufgaben rechtzeitig und umfassend zu unterrichten. Ihm sind die hierfür erforderlichen Unterlagen zur Verfügung zu stellen. Von dienstlichen Beurteilungen ist nur die abschließende Bewertung bekanntzugeben. Personalakten dürfen nur mit schriftlicher Zustimmung des Beschäftigten und nur von einem von ihm bestimmten Mitglied des Personalrats eingesehen werden.

(3) Zu Anträgen und Vorschlägen des Personalrates soll der Dienststellenleiter innerhalb von vier Wochen Stellung nehmen. Entspricht die Dienststelle einem Antrag des Personalrats nicht, so ist die Ablehnung schriftlich zu begründen.

(4) Bei Prüfungen, die eine Dienststelle von den Beschäftigten ihres Bereichs abnimmt, kann ein Mitglied der für diesen Bereich zuständigen Personalvertretung, das von dieser benannt ist, mit beratender Stimme teilnehmen. Dies gilt nicht für Prüfungen der Hochschulen. Satz 1 gilt auch für Prüfungen, die oberste Dienstbehörden für ihren Geschäftsbereich und gleichzeitig für andere Dienststellen abhalten.

1 (Abs. 1 Buchst. a) Diese »Generalklausel« eröffnet dem Personalrat zwar nicht die Möglichkeit, rechtlichen Druck auszuüben, er kann sich jedoch durchaus offensiv, aktiv und mit Nachdruck für die Interessen und Probleme der Beschäftigten einsetzen.

2 Der Fragenkatalog, der in diesem Zusammenhang in Betracht kommt, reicht von der internen Organisation und der allgemeinen Hausverwaltung über den Geschäftsablauf und die Dienstordnung bis hin zu Einzelproblemen und persönliche Angelegenheiten. Nach den Grundsätzen der Zusammenarbeit (Art. 67) wird der Dienststellenleiter Antrag und Vorschläge entgegennehmen, sich mit ihnen sachlich auseinandersetzen und mit einer Begründung Stellung nehmen. Er ist nach Abs. 3 Satz 2 verpflichtet, schriftlichen Bescheid im Falle einer Ablehnung zu erteilen. Soweit die Entscheidungsbefugnis bei einer anderen Dienststelle liegt,

Art. 69

kann sich der Personalrat an die dortige Personalvertretung wenden, z. B. an die Stufenvertretung, die für die übergeordnete Dienststelle zuständig ist (vgl. Art. 80 Rn. 1 ff.).

(Abs. 1 Buchst. b) Die öffentliche Verwaltung ist auch in ihrem internen Handeln an Gesetz und Recht gebunden, der Personalrat übt aber gegenüber dem Dienststellenleiter zugunsten der Beschäftigten eine zusätzliche Kontrolle aus, überwacht die ordnungsgemäße Durchführung und **Einhaltung von zugunsten der Beschäftigten geltenden Gesetzen, Verordnungen, Tarifverträgen, Dienstvereinbarungen und Verwaltungsanordnungen.** 3

Neue Tarifverträge über Eingruppierungen können dem Personalrat das Recht geben, bei der insoweit erforderlichen Überprüfung von Arbeitsplätzen und Stellen in einer paritätisch besetzten Bewertungskommission beteiligt zu werden. 4

Besonders achten sollte der Personalrat auf die Einhaltung der entsprechenden Vorschriften zum Datenschutz, Arbeitsschutz, zur Arbeitszeit, Jugendschutz, Mutter- und Schwerbehindertenschutz.

Mit dem Datenschutz als dem Recht auf informationelle Selbstbestimmung wären eine Gesellschaftsordnung und eine diese ermöglichende Rechtsordnung nicht vereinbar, in der Bürger nicht mehr wissen können, **wer was wann** und **bei welcher Gelegenheit** über sie weiß. Bürger in ihrer Eigenschaft als Arbeitnehmer, die nicht mehr wissen können, wer was, wann und bei welcher Gelegenheit über sie weiß, sind unsicher, ob abweichende Verhaltensweisen jederzeit notiert und als Informationen dauerhaft gespeichert, verwendet und weitergegeben werden. Wer z. B. damit rechnet, daß die Teilnahme an einer Versammlung oder Initiative behördlich registriert wird und daß ihm hierdurch Risiken entstehen, wird möglicherweise auf die Ausübung der entsprechenden Grundrechte (Art. 8, 9 GG) verzichten. Durch ein solches Verhalten würden aber nicht nur die individuellen Entfaltungschancen des Einzelnen beeinträchtigt, sondern auch das Gemeinwohl, weil Selbstbestimmung eine elementare Funktionsbedingung eines auf Handlungs- und Mitwirkungsfähigkeit seiner Bürger begründeten Gemeinwesens ist (vgl. BVerfG, Urteil v. 15. 12. 1983, BVerfGE 65, 1 ff. = NJW 1984, 422).

Nach dem sog. Volkzählungsurteil des BVerfG vom 15. 12. 1983, in dem dem **Datenschutz**, dem Recht auf informationelle Selbstbestimmung **Verfassungsrang** zuerkannt wurde, hat sich das bis dahin geltende Datenschutzrecht grundlegend geändert. Dies hatte zur Folge, daß der Gesetzgeber das Bundesdatenschutzgesetz auf der Grundlage der Vorgaben des BVerfG zu novellieren hatte. Die Bestimmungen des Datenschutzrechtes gewinnen sowohl mittels der Rechte der Beschäftigten als auch zu den Erlaubnisregelungen der Datenverarbeitung durch die Novellierung des Datenschutzrechtes nach der europäischen Datenschutzrichtlinie 95/46/EG vom Oktober 1995 und durch die zunehmende Verarbeitung perso-

Art. 69

nenbezogener (Beschäftigten-)Daten an ständig wachsender Bedeutung. Eine Bedeutung, die nicht nur allgemein gesellschaftlich sondern auch in den Dienststellen durch die dortigen Akteure wie der Dienststellenleitung als verantwortliche Stelle i. S. des Datenschutzrechtes aber auch den Personalvertretungen und allen hiermit befaßten Beschäftigten zukommt.

Die **Rechtsquellen des Datenschutzes** sind nach dem Verfassungsrecht, dem Grundgesetz (GG) – Art. 2 Abs. 2, Art. 1 Abs. 1, auch Art. 10 – die allgemeinen Datenschutzgesetze des Bundes und der Länder, die bereichsspezifischen Datenschutzgesetze wie z. B. SGB X, Polizeigesetze, Friedhofsgesetz aber auch arbeitsrechtliche Regelungen in **Dienstvereinbarungen** und in **Arbeitsverträgen**. Bei der Anwendung der datenschutzrechtlichen Bestimmungen ist also nicht nur von der Geltung des **BayDSG,** sondern auch von der des BDSG auszugehen. Nach § 1 Abs. 2 BDSG gilt es für die Erhebung, Verarbeitung und Nutzung personenbezogener Daten durch

1. öffentliche Stellen des Bundes,

2. **öffentliche Stellen der Länder**, soweit der Datenschutz nicht durch Landesgesetz geregelt ist und soweit sie

   a) Bundesrecht ausführen oder

   b) als Organe der Rechtspflege tätig werden und es sich nicht um Verwaltungsangelegenheiten handelt,

3. **nicht öffentliche Stellen**, soweit sie die Daten unter Einsatz von Datenverarbeitungsanlagen verarbeiten, nutzen oder dafür erheben oder die Daten in oder aus nicht automatisierten Dateien verarbeiten, nutzen oder dafür erheben, es sei denn, die Erhebung, Verarbeitung oder Nutzung der Daten erfolgt ausschließlich für persönliche oder familiäre Tätigkeiten.

Für Dienststelle und Personalvertretung ist beachtlich, daß von den Rechten der Betroffenen, in § 6 BDSG als die unabdingbaren Rechte des Betroffenen bestimmt, weder in Dienstvereinbarungen noch in Arbeitsverträgen abgewichen werden kann. Die Rechte des Betroffenen auf Auskunft und auf Berichtigung, Löschung oder Sperrung können nicht durch Rechtsgeschäft ausgeschlossen oder beschränkt werden.

Nach dem BayDSG sind diese Rechte geregelt in Art. 9 (Anrufung des Landesbeauftragten für den Datenschutz), Art. 10 (Auskunft und Benachrichtigung), Art. 11 (Berichtigung), Art. 12 (Löschung, Sperrung), Art. 13 (Benachrichtigung nach Datenübermittlung) und Art. 14 (Schadensersatz).

Die **Überwachungspflicht** erstreckt sich auch auf Fälle und Angelegenheiten, in denen noch kein begründeter Zweifel im Hinblick auf einen Verstoß gegen geltende Rechtsnormen besteht. Insofern kann der Personalrat jederzeit gezielte Überprüfungen vornehmen, etwa ob an bestimm-

Art. 69

ten Arbeitsplätzen die Unfallschutzvorrichtungen dem neuesten Standard entsprechen. Er kann dabei auf eigene Initiative oder auf Anregung bzw. infolge von Informationen durch die Beschäftigten tätig werden. Stellt der Personalrat Verstöße fest, ist er nicht darauf beschränkt, diese dem Dienststellenleiter mitzuteilen. Voraussetzung für die Erfüllung dieser Aufgaben ist, daß der Personalrat sich sachkundig macht. Dies geschieht durch Heranziehung von jeweils erforderlichen Arbeitsmitteln bzw. der Fachliteratur (vgl. Art. 44 Abs. 2) sowie durch entsprechende Schulungen (vgl. Art. 46 Abs. 5).

Der Personalrat hat hinsichtlich fester monatlicher Gehälter der von ihm vertretenen Mitarbeiter ein Recht auf **Einsichtnahme** in die Bruttogehaltslisten, um seinen Auftrag erfüllen zu können, darüber zu wachen, daß die Tarifverträge durchgeführt werden. Hingegen kann ein Bühnenpersonalrat eine solche Einsichtnahme nicht zu dem Zweck beanspruchen, daß er ein Initiativrecht in Fragen der Gestaltung von Gehältern und Gagen vorbereiten wolle. In Angelegenheiten der durch Bühnendienstvertrag oder Gastspielvertrag verpflichteten Mitglieder von Theatern sowie durch Sondervertrag verpflichtete Personen in leitender Stellung an Theatern ist ein solches Initiativrecht nach Art. 78 Abs. 1 Buchst. d i. V. m. Art. 70a Abs. 2 ausgeschlossen (vgl. BVerwG, Beschluß v. 22. 4. 1998 – 6 P 4.97 –, PersR 1998, 461).

(**Abs. 1 Buchst. c**) Unbenommen vom Recht, direkt mit dem Dienststellenleiter in Kontakt zu treten, kann jeder **Beschäftigte**, eine **Betriebsgruppe** oder der **Vertrauensleutekörper einer Gewerkschaft** Anregungen oder Beschwerden ohne Rücksicht auf den sonst üblichen Dienstweg dem Personalrat vorlegen. Wenn sie diesem berechtigt erscheinen, wirkt der Personalrat durch Verhandlungen mit dem Dienststellenleiter auf ihre Erledigung hin. Dieser ist verantwortlich für die Abhilfe der Mißstände, soweit dies in seinen Zuständigkeitsbereich fällt. Ansonsten ist gegebenenfalls die Stufenvertretung einzuschalten. 5

Allein im Hinblick auf diese Aufgabe empfiehlt es sich für den Personalrat, eine **Sprechstunde** einzurichten. Auch Besuche am Arbeitsplatz sind erforderlich, bei denen die Gelegenheit zum Gespräch gesucht werden sollte.

(**Abs. 1 Buchst. d**) Die Förderung der Eingliederung und der beruflichen Entwicklung **schwerbehinderter Menschen** und sonstiger schutzbedürftiger, insbesondere älterer Personen, ist eine besondere Verpflichtung des Personalrats. Eingliederung wäre z. B. die Zuweisung einer Tätigkeit, die auf Art und Grad der Behinderung Rücksicht nimmt. Voraussetzung ist, daß Arbeitsplätze entsprechend gestaltet und erleichternde Arbeitshilfen zur Verfügung gestellt werden. 6

(**Abs. 1 Buchst. e**) Darüber hinaus wird der Personalrat das Verständnis zwischen den behinderten Menschen und anderen Beschäftigten fördern, 7

Art. 69

sie mit der Arbeitsumgebung vertraut machen und ihnen Förderungsmöglichkeiten bekanntgeben (vgl. § 95 SGB IX) bzw. diese für sie beantragen.

Außerdem soll der Personalrat auf die Wahl der Schwerbehindertenvertretung hinwirken und bei der Erledigung der o. a. Aufgaben eng zusammenarbeiten.

8 Der Kreis der besonders schutzbedürftigen Personen i. S. v. **Abs. 1 Buchst. d**, um deren Rechte und menschenwürdige Behandlung sich der Personalrat bemühen muß, ist nicht eindeutig bestimmt. Neben den herkömmlich zu diesem Kreis gezählten Ausländern und Frauen werden neuerdings zu dieser Gruppe kurzzeitig oder befristet Beschäftigte, Teilzeitbeschäftigte und die wiedereinzugliedernden Arbeitslosen (ABM-Maßnahmen), im weiteren Sinne auch alleinstehende Väter und Mütter, Frauen in sog.»Männerberufen« usw. gerechnet. Der Personalrat wird diesem Personenkreis bei der Sicherung des Arbeitsplatzes behilflich sein, ihre Entwicklung fördern und Verständnis für ihre Situation bei den Kollegen zu wecken suchen. Das Gesetz schreibt dies ausdrücklich vor für die **ausländischen Beschäftigten** (vgl. **Abs. 1 Buchst. f).**

9 Zur Verbesserung des Verständnisses ausländischer Beschäftigter und zum Abbau von Vorurteilen ist auch die Aufklärung über nationalitäts- und herkunftsbedingte Denk- und Lebensgewohnheiten zu betreiben und die Überwindung sprachlicher Verständigungsschwierigkeiten zu fördern (vgl. BVerwG, ZBR 1971, 118). Der Personalrat kann Maßnahmen zur Qualifikation und fachlichen Ausbildung beantragen. Ausländerfeindlichen Tendenzen und Vorurteilen hat er entschieden zu begegnen.

10 (**Abs. 1 Buchst. g**) Die geforderte Zusammenarbeit ist im Gesetz bereits ausdrücklich vorgeschrieben. Die Rechte der **JA-Vertretung** sollen dabei großzügig erfüllt werden. Im einzelnen fallen darunter: das Recht auf umfassende und rechtzeitige Information, das Antragsrecht auf Einräumung einer Personalratssitzung, Teilnahmerechte an allen Personalratssitzungen – eine entsprechende Beschlußfassung ist empfehlenswert, das Stimmrecht bei Beschlüssen, die überwiegend jugendliche Beschäftigte betreffen, das Teilnahmerecht an den Sprechstunden des Personalrats, sofern die JA-Vertretung keine eigenen einrichtet, das Antragsrecht auf Aussetzung von Personalratsbeschlüssen, das Teilnahmerecht an Besprechungen zwischen Dienststellenleiter und Personalrat nach Art. 67 Abs. 1 Satz 4, der Anspruch auf Abschrift der Niederschrift von Sitzungen, an denen ein JA-Vertreter teilgenommen hat. Der Personalrat kann sich einen eigenen Überblick über die Lage und die Forderungen der Jugendlichen und Auszubildenden beschaffen, er kann aber auch die JA-Vertretung auffordern, selbst einen Katalog von Mängeln einerseits und Maßnahmen zur Verbesserung andererseits aufzustellen. Zur Durchführung einer Fragebogenaktion muß eine Beschlußfassung im Personalrat erfolgen (vgl. BAG v. 8. 2. 1977 – 1 ABR 82/74).

11 (**Abs. 1 Buchst. h**) Mit der Novellierung zum 1. 9. 1994 wurde diese

Art. 69

Personalratsaufgabe neu und damit weiter gefaßt. Die Personalräte haben nun bei Einstellung, Beschäftigung, Aus-, Fort- und Weiterbildung und beim beruflichen Aufstieg auf die **Gleichbehandlung** von Frauen und Männern zu achten und entsprechende Maßnahmen zu beantragen. Diese Aufzählung stellt keinen Ausschließlichkeitskatalog dar, da alle Aspekte einer Gleichbehandlungsproblematik, auch wenn sie nicht ausdrücklich benannt sind, unter dem Begriff der Beschäftigung zu subsumieren sind. Für diese Aufgabe sind insbesondere die EU-Richtlinien zur Gleichbehandlung, die §§ 611a, 611b, 612 Abs. 3 BGB und ggf. das Beschäftigtenschutzgesetz i. V. m. Art. 69 Abs. 1 Buchst. b BayPVG beachtlich.

(**Abs. 2 Satz 1**) Der Dienststellenleiter hat grundsätzlich den Personalrat ohne entsprechende Aufforderung so rechtzeitig und umfassend zu unterrichten, daß der Personalrat seine Aufgaben ordnungsgemäß durchführen kann. Dies ergibt sich bereits aus dem Gebot der vertrauensvollen Zusammenarbeit in Art. 2 (BVerwGE v. 19. 12. 1975, PersV 1976, 457). **12**

»**Rechtzeitig**« ist eine Unterrichtung jedenfalls nur dann, wenn den einzelnen Personalratsmitgliedern ausreichend Zeit zur Verfügung steht, sich detailliert mit den Auswirkungen einer beabsichtigten Maßnahme – und zwar noch vor einer diesbezüglichen Beratung und Beschlußfassung im Personalrat – vertraut zu machen. Die beabsichtigte Maßnahme muß auch noch gestaltungsfähig sein (vgl. Art. 72 Rn. 2). **13**

»**Umfassend**« ist der Personalrat dann unterrichtet, wenn ihm alle diejenigen Unterlagen zugänglich gemacht wurden, die auch dem Dienststellenleiter bzw. den zuständigen Verwaltungsstellen für ihre Meinungsbildung zur Verfügung stehen (vgl. Art. 72 Rn. 3).

Die Personalvertretung darf nicht vor vollendete Tatsachen gestellt werden. Der **Willensbildungsprozeß** in der Dienststelle darf also noch nicht abgeschlossen sein. Insofern löst auch der bloße Entschluß zur versuchsweisen Durchführung einer Maßnahme bereits die Pflicht zur Information aus. Da vorbereitende Tätigkeiten in jedem Fall die Entscheidung voraussetzen, bestimmte organisatorische Maßnahmen bei Vorliegen bestimmter Ergebnisse zu treffen, ist der Personalrat auch hier zu unterrichten. **14**

Abgesehen von der Unterrichtungspflicht des Dienststellenleiters bleibt es dem Personalrat selbstverständlich unbenommen, eine entsprechende Initiative zu ergreifen und notwendige Informationen zu fordern, wenn er von Untersuchungen oder Vorbereitungen eines **Planungsvorhabens** von seiten der Beschäftigten erfährt. Im Rahmen seiner Überwachungsaufgaben kann er auch ohne konkrete Hinweise rein vorsorgliche Anfragen stellen.

(**Abs. 2 Satz 2**) Es müssen dem Personalrat alle erforderlichen Unterlagen zugänglich gemacht werden, die auch dem Dienststellenleiter bzw. den zuständigen Verwaltungsstellen zu ihrer Meinungsbildung zur Verfügung stehen. Neue Informationen und Ergänzungen hat der Dienststel- **15**

Art. 69

lenleiter unaufgefordert nachzureichen. Dabei reicht es nicht aus, daß dem Personalrat Einsicht in die Unterlagen gewährt wird, da das Gesetz ausdrücklich von »zur Verfügung stellen« spricht. Dem Personalrat müssen also die entsprechenden Originalunterlagen oder Fotokopien derselben überlassen werden. Unterlagen, die der Personalrat immer wieder benötigt, sind ihm in Kopie auf Dauer zu überlassen. So benötigt ein Personalrat bei der Wahrnehmung seines Mitbestimmungsrechts bei personellen Einzelangelegenheiten (Art. 75) z. b. die dauerhafte Aushändigung der **Personalbedarfsberechnung** und des **Stellenplans**. Denn nur wenn er diese ständig zur Verfügung hat, kann er die vorgeschlagenen Maßnahmen hinsichtlich einer evtl. Benachteiligung (Art. 75 Abs. 2 Nr. 2) überprüfen. Da diese Maßnahmen immer wieder vorkommen, kann ein Personalrat nicht auf eine jeweilige Einsichtnahme oder zeitweise Aushändigung der Unterlagen verwiesen werden. Dies widerspräche dem Grundsatz der vertrauensvollen Zusammenarbeit, dessen Konkretisierung die hier bestimmte Informationspflicht darstellt. Der Personalrat kann nicht in die Rolle eine »Bittstellers« gezwängt werden (vgl. BVerwG, Beschluß v. 23. 1. 2002 – 6 P 5.01 –, PersR 2002, 201).

Das eingehende oder umfassende Informationsrecht soll dem Personalrat die notwendigen rechtlichen und tatsächlichen Grundlagen vermitteln, die ihn zu einer sachgerechten Entscheidung befähigen. **Umfassend** ist die Unterrichtung der Personalvertretung durch die Dienststelle, wenn ihr das Entscheidungsmaterial in derselben Vollständigkeit zugänglich gemacht wird, in der es dem Dienststellenleiter bei seiner Meinungsbildung zur Verfügung gestanden hat (vgl. OVG Niedersachsen, Beschluß v. 24. 2. 1993 – 18 L 8484/91 –, PersR 1993, 460).

Ob Unterlagen wegen eines eigenständigen Informationsgehalts dem Personalrat vorzulegen sind, beurteilt sich nach Auffassung des BVerwG vom Standpunkt eines dies verständig würdigenden Personalrats. So kann der Personalrat anläßlich der Mitbestimmung bei der Versetzung eines Beamten auf einen ausgeschriebenen Dienstposten auch die Vorlage von Unterlagen verlangen, in denen vorhandene Erkenntnisse oder eingeholte Auskünfte zur Eignung, Befähigung und fachlichen Leistung der Bewerber zusammengestellt und abgewogen werden, wenn ihm diese Informationen sonst nicht zur Verfügung stehen. Auch der Umstand, daß ein Versetzungsbewerber mit Beförderungsbewerbern konkurriert, läßt den Vorlageanspruch jedenfalls dann nicht entfallen, wenn und soweit feststeht, daß der ausgeschriebene Dienstposten im Wege der Bestenauslese besetzt werden soll (vgl. BVerwG, Beschluß v. 26. 1. 1994 – 6 P 21.92 –, PersR 1994, 213).

Zu den Sachakten gehören auch einschlägige Literatur- und Gesetzestexte, soweit sie dem Personalrat nicht ohnehin schon zur Verfügung stehen (Art. 44). Das gleiche gilt für Tarifverträge und Verwaltungsvorschriften sowie ergänzende Erlasse, wenn sie für die zu behandelnde Angelegenheit einen Regelungsrahmen darstellen. Dieser gesetzliche An-

Art. 69

spruch darf nicht durch den häufig verwendeten Hinweis auf technische Schwierigkeiten der Vervielfältigung oder den unangemessenen Verwaltungsaufwand unterlaufen werden. Bei der beabsichtigten Einstellung eines Bewerbers hat der Personalrat z. B. Anspruch darauf, daß der Dienststellenleiter ihm die Unterlagen **aller** Mitbewerber in vollem Umfang vorlegt. Falls er nicht selbst am Vorstellungsgespräch beteiligt wird, sind die dort gewonnenen Eindrücke festzuhalten und ihm gegebenenfalls mit den Vorschlägen der Auswahlkommission zuzuleiten.

Grundsätzlich werden die Rechte des Personalrats nach diesem Gesetz durch das **Bayerische Datenschutzgesetz** nicht beeinträchtigt. Dem Personalrat sind auch diejenigen Informationen zugänglich zu machen, die mit den Mitteln der Datenverarbeitung gespeichert werden, soweit er diese Daten zur Durchführung seiner Aufgaben benötigt. Die Einschränkungen des Bayerischen Datenschutzgesetzes berühren den Datenfluß zwischen Verwaltung und Personalrat deshalb nicht, weil der Personalrat im Verhältnis zur Dienststelle nicht »Dritter« i. S. d. Art. 5 Abs. 3 Nr. 2 des BayDSG ist. Die **Datenweitergabe** an den Personalrat ist also ein innerbetrieblicher Vorgang; er selbst stellt einen Teil der speichernden Stelle dar, insbesondere dann, wenn er selbst Daten speichert oder speichern läßt. Adressat für Fragen des Datenschutzes in der Verwaltung ist der Landesbeauftragte für den Datenschutz. Soweit in Behörden oder Verwaltungen ein Beauftragter für den Datenschutz bestellt wird, unterstützt er den Dienststellenleiter. Für den Personalrat ist die Überwachung des Datenschutzes in der Dienststelle im Interesse der Beschäftigten daher eine genuin eigene Aufgabe. **16**

(Abs. 2 Satz 4) Beschränkt wird die Verpflichtung zur Vorlage von Unterlagen für die **Personalakten**: Da es sich hierbei um eine Sammlung von Urkunden und Aktenvorgängen handelt, in denen Aufzeichnungen über die dienstlichen und persönlichen Verhältnisse des Beschäftigten enthalten sind, dürfen sie nur mit schriftlicher Zustimmung des Beschäftigten und nur einem von ihm bestimmten Mitglied des Personalrats eingesehen werden. Ohne diese Einschränkung ist von dienstlichen Beurteilungen nur die abschließende Bewertung bekanntzugeben (vgl. **Abs. 2 Satz 3**). Gleichwohl sind bei Bewerbungen sämtliche Unterlagen mit **Prüfungs- und Disziplinarakten** als Sachakten ohne Einschränkung vorzulegen. Dies gilt auch, obwohl sie später selbst zum Bestandteil von Personalakten werden können. **17**

(Abs. 4) Einem Mitglied des Personalrats wird gem. **Abs. 4 Satz 1** die Anwesenheit und seit 1. 9. 1994 auch die Beratung bei **Prüfungen** gestattet, soweit es sich nicht um Prüfungen der Hochschulen handelt (vgl. **Abs. 4 Satz 2**). Grundsätzlich erstreckt sich dieses Recht nur auf solche Prüfungen, die eine Dienststelle von den Beschäftigten ihres Bereichs abnimmt (vgl. **Abs. 4 Satz 1**). Diese Beschränkung des Anwesenheits- und Beratungsrechts des Personalrats gilt aber gem. **Abs. 4 Satz 3** nicht für Prüfungen, die die oberste Dienstbehörde für ihren Geschäfts- **18** bereich und gleichzeitig für andere Dienststellen abhält. Damit ist die Teilnahme und Beratung des Personalrats hier zugelassen, auch wenn Prüflinge anderer Dienststellen gleichzeitig teilnehmen sollten.

Besonderes Augenmerk des Personalrats dürfte dem **Fairneßgebot** zu teil werden. Dieses gebietet einen einwandfreien, die Prüfung nicht unnötig belastenden **Prüfungsverlauf**. Es ist verletzt, wenn ein Prüfer dem Prüfling in herabsetzender Weise begegnet. Kein Prüfling braucht ein Prüfungsverfahren zu dulden, das ihn der Lächerlichkeit preisgibt, mögen seine Leistungen auch noch so unzulänglich sein. Wird eine mündliche Prüfung atmosphärisch dadurch von den (männlichen) Prüfern beeinflußt, daß sie durch abfällige Bemerkungen und anzügliches Lachen weibliche Auszubildende der Lächerlichkeit preisgeben, kann dies zur Unwirksamkeit eines negativen Prüfungsbescheids führen (vgl. VG Braunschweig, Urteil v. 3. 2. 1999 – 1 A 1131/97 – zu § 34 BBiG, AiB 1999, 594).

Das Teilnahme- und Beratungsrecht des Personalrats erstreckt sich grundsätzlich auf alle Prüfungen, seien es Laufbahnprüfungen, Prüfungen für Schreibkräfte o. ä. Im Rahmen der Verwaltungsmodernisierungsprozesse haben auch »neue« Begriffe in die Verwaltungspraxis Einzug gehalten. So wird der Begriff des **Assessment-Center** (AC), das bereits 1920 als Prüfungsverfahren von dem psychologischen Institut der Berliner Universität entwickelt und zunächst militärisch, später in der Industrie genutzt wurde, nunmehr auch zunehmend im öffentlichen Dienst für Prüfungen und Auswahlverfahren genutzt. Dabei werden über einen ein- bis mehrtägigen Zeitraum in Fallbeispielen, Rollenübungen und Situationstests Fähigkeiten, Kenntnisse und Verhalten geprüft und bewertet. Soweit solche Assessment-Center als Prüfungsverfahren eingesetzt bzw. genutzt werden, ist das hier begründete Teilnahmerecht des Personalrats gegeben. Von der Ausgestaltung her handelt es sich um ein bloßes Anwesenheitsrecht.

19 **Streitigkeiten** aus dieser Bestimmung werden durch die Verwaltungsgerichte im Beschlußverfahren entschieden (vgl. Art. 81 Abs. 1 Nr. 3).

Zweiter Abschnitt
Formen und Verfahren der Mitbestimmung und Mitwirkung

Artikel 70
Verfahren bei der Mitbestimmung des Personalrats

(1) Soweit eine Maßnahme der Mitbestimmung des Personalrats unterliegt (Art. 75, 75 a Abs. 1), kann sie nur mit seiner Zustimmung getroffen werden. Das gilt, ausgenommen in den Fällen des Art. 75

Art. 70

Abs. 1, auch, soweit eine Maßnahme nur als Versuch oder zur Erprobung durchgeführt werden soll. Die beabsichtigte Maßnahme ist auf Antrag des Personalrats vor der Durchführung mit dem Ziel einer Verständigung eingehend mit ihm zu erörtern. Bei Gemeinden und Gemeindeverbänden, sonstigen Körperschaften, Anstalten und Stiftungen des öffentlichen Rechts soll die Mitbestimmung des Personalrats erfolgen, bevor das zuständige Organ endgültig entscheidet. Der Beschluß des Personalrats ist dem zuständigen Organ zur Kenntnis zu bringen.

(2) Der Leiter der Dienststelle unterrichtet den Personalrat schriftlich von der beabsichtigten Maßnahme und beantragt seine Zustimmung. Die Gründe für die beabsichtigte Maßnahme sollen angegeben werden. Der Beschluß des Personalrats über die beantragte Zustimmung ist dem Leiter der Dienststelle innerhalb von zwei Wochen mitzuteilen. In dringenden Fällen kann der Leiter der Dienststelle diese Frist auf eine Woche abkürzen. Die Maßnahme gilt als gebilligt, wenn nicht der Personalrat innerhalb der genannten Frist die Zustimmung unter Angabe der Gründe schriftlich verweigert. Soweit der Personalrat dabei Beschwerden oder Behauptungen tatsächlicher Art vorträgt, die für einen Beschäftigten ungünstig sind oder ihm nachteilig werden können, hat der Leiter der Dienststelle dem Beschäftigten Gelegenheit zur Äußerung zu geben; die Äußerung ist aktenkundig zu machen.

(3) Der Leiter der Dienststelle teilt dem Personalrat schriftlich mit, wenn die Dienststelle eine Maßnahme, die der Personalrat gebilligt hat oder die nach Absatz 2 Satz 5 als gebilligt gilt, nicht durchführt.

(4) Kommt eine Einigung nicht zustande, so kann der Leiter der Dienststelle oder der Personalrat die Angelegenheit binnen zwei Wochen auf dem Dienstweg den übergeordneten Dienststellen, bei denen Stufenvertretungen bestehen, vorlegen. Bei Gemeinden und Gemeindeverbänden, sonstigen Körperschaften, Anstalten und Stiftungen des öffentlichen Rechts mit einem Gesamtpersonalrat ist die Angelegenheit der Dienststelle vorzulegen, bei der der Gesamtpersonalrat besteht. In Zweifelsfällen bestimmt die Aufsichtsbehörde die anzurufende Stelle. Absatz 2 gilt entsprechend. Legt der Leiter der Dienststelle die Angelegenheit nach Satz 1 der übergeordneten Dienststelle vor, teilt er dies dem Personalrat mit. Legt der Personalrat die Angelegenheit der übergeordneten Dienststelle vor, unterrichtet er den Leiter der Dienststelle.

(5) Ergibt sich zwischen der obersten Dienstbehörde und der bei ihr bestehenden zuständigen Personalvertretung keine Einigung, so entscheidet die Einigungsstelle (Art. 71); in den Fällen des Art. 75 Abs. 2 stellt sie fest, ob ein Grund zur Verweigerung der Zustimmung vorliegt. Die Einigungsstelle soll binnen zwei Monaten nach der Erklä-

Art. 70

rung eines der Beteiligten, die Entscheidung der Einigungsstelle herbeiführen zu wollen, entscheiden.

(6) Soweit es sich in den Fällen des Art. 75 Abs. 1 und 4 Satz 1 Nrn. 7, 10, 11 und 13 um Angelegenheiten von Beamten handelt und in den Fällen des Art. 75a Abs. 1 beschließt die Einigungsstelle abweichend von Absatz 5 eine Empfehlung an die oberste Dienstbehörde, wenn sie sich deren Auffassung nicht anschließt. Die oberste Dienstbehörde entscheidet sodann endgültig.

(7) Der Leiter der Dienststelle kann bei Maßnahmen, die der Natur der Sache nach keinen Aufschub dulden, bis zur endgültigen Entscheidung vorläufige Regelungen treffen. Er hat dem Personalrat die vorläufige Regelung mitzuteilen und zu begründen und unverzüglich das Verfahren nach den Absätzen 2, 4 und 5 einzuleiten oder fortzusetzen.

1 Die Personalvertretungsgesetze von Bund und Ländern haben einen besonderen verfahrensrechtlichen Charakter. Im öffentlichen Dienst befindet sich die »Schnittstelle« zwischen politischer Demokratie (Erfüllung der dienstlichen Aufgaben) und der wirtschaftlich-sozialen Demokratie (Wohl der Beschäftigten). Konkret geht es darum, die **Grundrechte der im öffentlichen Dienst Beschäftigten** gerade durch die spezifischen verfahrensrechtlichen Grundsätze des BayPVG zu berücksichtigen. Im Personalvertretungsrecht geht es hinsichtlich der verfahrensrechtlichen Gesichtspunkte also vor allem um die Ausgestaltung des Weges, der zu einer Verwaltungsentscheidung führt, die sowohl dem »Wohl der Beschäftigten« als auch der »Erfüllung der dienstlichen Aufgaben« in optimaler Weise entspricht. Danach kontrollieren sich die am Zustandekommen der Verwaltungsentscheidung Beteiligten wie Dienststellenleiter, Personalrat, Gewerkschaften usw. wechselseitig. In einem »Mit- und Gegeneinander« (= Interaktion) erarbeiten sie diejenigen Verwaltungsentscheidungen in internen Angelegenheiten, welche die beiden gesetzlich vorgegebenen Zielvorstellungen in optimaler Weise miteinander zum Ausgleich bringen.

Das Einhalten der personalvertretungsrechtlichen Verfahren gewährleistet, daß mit den Grundrechten der Beschäftigten aus Art. 1, 2, 5 und 20 GG der demokratische Wille, der auf die optimale Erfüllung der dienstlichen Aufgaben abzielt, angemessen zum Ausgleich gebracht wird. Das Wohl der Beschäftigten wird bei der Erfüllung der dienstlichen Aufgaben in angemessener Weise berücksichtigt.

Der verfahrensrechtliche Charakter der Personalvertretungsgesetze hat erhebliche Auswirkungen hinsichtlich des Verständnisses und der Auslegung des Personalvertretungsgesetze. Erkennt man die Normen des Personalvertretungsrechts zutreffend als Verfahrensnormen, so läßt sich das Verhältnis von Mitbestimmung im öffentlichen Dienst zu den verfassungsrechtlich geschützten Grundsätzen der Volkssouveränität, der parlamentarischen Verantwortlichkeit der Regierung sowie des Selbstver-

Art. 70

waltungsrechts der Gemeinden exakt definieren: Eine unzulässige Beeinträchtigung dieser Grundsätze ist ausgeschlossen.

Die bezeichnete (vgl. Rn. 1) verfahrensrechtliche Struktur der Personalvertretungsgesetze von Bund und Ländern hat indessen nicht nur Auswirkungen auf die Beurteilung des Spannungsfeldes zwischen politischer Demokratie und sozialer Mitbestimmung der Beschäftigten, sondern zeigt auch eine Vielzahl von Folgen im Hinblick auf das Verständnis und die Auslegung der bezeichneten Vorschriften.

Dies gilt gerade für das Verständnis des Art. 2 Abs. 1, wonach Dienststelle und Personalvertretung »im Rahmen der Gesetze und Tarifverträge **vertrauensvoll** und im Zusammenwirken mit den in der Dienststelle vertretenen Gewerkschaften und Arbeitgebervereinigungen **zum Wohl der Beschäftigten** und **zur Erfüllung der dienstlichen Aufgaben** zusammenarbeiten« (vgl. Art. 2 Rn. 1 ff. und Art. 67 Rn. 1 ff.), und seine Folgewirkungen hinsichtlich aller Beteiligungsrechte.

Beachtlich ist zunächst diesbezüglich die Verpflichtung des öffentlichen Arbeitgebers, die Interessenvertretung der Beschäftigten rechtzeitig und umfassend zu informieren und zu unterrichten (vgl. Art. 69 Abs. 2 Satz 1). Diese rechtzeitige und umfassende Information schafft die erforderliche Grundlage für die Meinungsbildung der Interessenvertretung und ihre Beratung, ob und ggf. welche Schritte zu unternehmen sind, damit das »Wohl der Beschäftigten« bei der bevorstehenden Verwaltungsentscheidung in angemessener Weise berücksichtigt wird.

Im Wissen um die verfahrensrechtliche Struktur, welche die Personalvertretungsgesetze von Bund und Ländern aufweisen, kann der staatliche Gesetzgeber sehr weitgehende Mitbestimmungs-, Mitwirkungs- und sonstige Beteiligungsrechte der Personalvertretungen gesetzlich verankern, ohne daß dies zu einer unzulässigen Beeinträchtigung von verfassungsrechtlich geschützten Grundsätzen der Volkssouveränität, der parlamentarischen Verantwortlichkeit der Regierung und des Selbstverwaltungsrechts der Gemeinden führt. – Dem bayerischen Gesetzgeber bleiben hier folglich noch weitere Gestaltungsmöglichkeiten.

Darüber hinaus ergeben sich auch sehr weitgehende Folgerungen im Hinblick auf die für alle geltende Verpflichtung, die Tätigkeit der Interessenvertretungen nicht zu stören (vgl. Art. 8), sowie die Verpflichtung des öffentlichen Arbeitgebers, die materielle Grundlage dafür zur Verfügung zu stellen, daß die Personalvertretungen die ihnen zugewiesenen Rechte ausschöpfen und den ihnen übertragenen Pflichten und Aufgaben in innerer und äußerer Unabhängigkeit nachkommen können (vgl. Art. 44, 46 und 47). Schließlich ergibt sich auch aus der verfahrensrechtlichen Struktur der Personalvertretungsgesetze auch die Verpflichtung aller mit Rechten und Pflichten ausgestatteten Rechtssubjekte, die ihnen zugewiesenen Rechte soweit wie möglich auszuschöpfen und den ihnen übertragenen Pflichten nachzukommen (vgl. Aufhauser, Die verfahrensrechtliche

Art. 70

Struktur des Personalvertretungsrechts in Arbeit und Recht, Festschrift für A. Gnade).

4 Die Vorschrift regelt in **Abs. 1 bis 7** das Verfahren bei der **Ausübung** der Mitbestimmung durch den Personalrat: Nach **Abs. 1** kann der Dienststellenleiter eine mitbestimmungspflichtige Maßnahme grundsätzlich nur mit Zustimmung des Personalrats treffen; das gilt auch, wenn eine Maßnahme nur als **Versuch** oder zur **Erprobung** durchgeführt werden soll. Wie die Zustimmung einzuholen ist, sowie Frist und Form der Zustimmungserteilung regelt **Abs. 2**. Wird eine gebilligte Maßnahme nicht durchgeführt, so wird dies dem Personalrat gem. **Abs. 3** schriftlich mitgeteilt. **Abs. 4** regelt die Anrufung und das Verfahren bei übergeordneten Dienststellen, **Abs. 5** die Zwangsschlichtung durch die Einigungsstelle. **Abs. 6** behält in einer weitergehenden Einschränkung die Entscheidungen der obersten Dienstbehörde vor. **Abs. 7** eröffnet dem Dienststellenleiter die Möglichkeit, in Eilfällen vorläufige Regelungen zu treffen.

5 Das BVerfG hat mit seinem Beschluß vom 24. 5. 1995 – 2 BvF 1/92 – zum **Mitbestimmungsgesetz Schleswig-Holstein** die Entscheidungsbefugnisse der Einigungsstelle enger gefaßt als in seiner bisherigen Rechtsprechung und mit dieser Entscheidung die Mitbestimmungsrechte der Personalräte über Schleswig-Holstein hinaus eingegrenzt. Die **Leitsätze** im Wortlaut:

1. Als Ausübung von Staatsgewalt, die demokratischer Legitimation bedarf, stellt sich jedenfalls alles amtliche Handeln mit Entscheidungscharakter dar (BVerfGE 83, 60 [73]). Es kommt nicht darauf an, ob es unmittelbar nach außen wirkt oder nur behördenintern die Voraussetzungen für die Wahrnehmung der Amtsaufgaben schafft. Will der Gesetzgeber die Beschäftigten an Entscheidungen über innerdienstliche Maßnahmen mit Rücksicht auf deren spezifische Interessen als Dienst- und Arbeitnehmer beteiligen, so sind ihm durch das Erfordernis hinreichender demokratischer Legitimation Grenzen gesetzt.

2. In welcher Art und in welchen Fällen die Mitbestimmung oder eine andere Form der Beteiligung der Personalvertretung verfassungsrechtlich zulässig ist, ist unter Würdigung der Bedeutung der beteiligungspflichtigen Maßnahmen sowohl für die Arbeitssituation der Beschäftigten und deren Dienstverhältnis als auch für die Erfüllung des Amtsauftrags zu bestimmen: Die Mitbestimmung darf sich einerseits nur auf innerdienstliche Maßnahmen erstrecken und nur so weit gehen, als die spezifischen, in dem Beschäftigungsverhältnis angelegten Interessen der Angehörigen der Dienststelle sie rechtfertigen (Schutzzweckgrenze). Andererseits verlangt das Demokratieprinzip für die Ausübung von Staatsgewalt bei Entscheidungen von Bedeutung für die Erfüllung des Amtsauftrages jedenfalls, daß die Letztentscheidung

Art. 70

eines dem Parlament verantwortlichen Verwaltungsträgers gesichert ist (Verantwortungsgrenze).

Weiterhin hat das BVerfG danach dogmatisch Grundsätze und Fallgruppen der Beteiligung geschaffen. So soll innerhalb dieses Rahmens gelten: Je weniger die zu treffende Entscheidung typischerweise die verantwortliche Wahrnehmung des Amtsauftrages und je nachhaltiger sie die Interessen der Beschäftigten berührt, desto weiter kann die Beteiligung der Personalvertretung reichen. Der Amtsauftrag selbst muß stets in Verantwortung gegenüber Volk und Parlament wahrgenommen werden, weil die Ausübung staatlicher Herrschaft gegenüber dem Bürger – unbeschadet möglicher Einschränkungen bei Aufgaben von besonders geringem Entscheidungsgehalt – stets den demokratisch legitimierten Amtsträgern vorbehalten ist. Hieraus folgen für die Beteiligung der Personalvertretung unterschiedliche Möglichkeiten und Grenzen, je nachdem, ob es sich handelt um

(a) Angelegenheiten, die in ihrem Schwerpunkt die Beschäftigten in ihrem Beschäftigungsverhältnis betreffen, typischerweise aber nicht oder nur unerheblich die Wahrnehmung von Amtsaufgaben gegenüber dem Bürger berühren,

(b) Maßnahmen, die den Binnenbereich des Beschäftigungsverhältnisses betreffen, die Wahrnehmung des Amtsauftrages jedoch typischerweise nicht nur unerheblich berühren

oder

(c) Maßnahmen, die schwerpunktmäßig die Erledigung von Amtsaufgaben betreffen, unvermeidlich aber auch die Interessen der Beschäftigten berühren.

Das BVerfG hat danach folgende **drei Fallgruppen der Mitbestimmung** der Personalräte gebildet:

Fallgruppe a)
Bei der Regelung von Angelegenheiten, die in ihrem Schwerpunkt die Beschäftigten in ihrem Beschäftigungsverhältnis betreffen, typischerweise aber nicht oder nur unerheblich die Wahrnehmung von Amtsaufgaben gegenüber dem Bürger berühren – hierzu rechnen **soziale Angelegenheiten**, wie sie in § 75 Abs. 2 BPersVG umschrieben sind, und etwa der in § 75 Abs. 3 (ausgenommen Nrn. 10, 14 und 17) BPersVG umschriebene Kreis innerdienstlicher Angelegenheiten –, gestattet das Demokratieprinzip eine weitreichende Mitwirkung der Beschäftigten. Der Gesetzgeber kann vorsehen, daß solche Maßnahmen an die Mitbestimmung der Personalvertretung gebunden und, sofern Dienststelle und Personalvertretung nicht zu einer Einigung gelangen, der Entscheidung einer weisungsunabhängigen Einigungsstelle überlassen werden. Auch in diesen Fällen bedarf es aber einer – wenngleich abgeschwächten – demokratischen Legitimation. Diese wird im Personalvertretungsrecht üblicherweise dadurch

sichergestellt, daß Personalrat und Einigungsstelle bei ihrer Tätigkeit an Gesetz und Recht gebunden sind, zumindest die Mehrheit der Mitglieder der im Nichteinigungsfalle entscheidenden Einigungsstelle jedenfalls in gewissem Maße personell demokratisch legitimiert ist und zusätzlich Entscheidungen, die im Einzelfall wegen ihrer Auswirkungen auf das Gemeinwohl wesentlicher Bestandteil der Regierungsgewalt sind, einem parlamentarisch verantwortlichen Amtsträger vorbehalten bleiben (vgl. § 104 Satz 3 BPersVG). Zusätzlich kann die demokratische Legitimation der Entscheidung gestärkt werden, wenn die Verweigerung der Zustimmung der Personalvertretung an bestimmte Versagungsgründe gebunden wird.

Fallgruppe b)
Maßnahmen, die den Binnenbereich des Beschäftigungsverhältnisses betreffen, die Wahrnehmung des Amtsauftrages jedoch typischerweise nicht nur unerheblich berühren, bedürfen eines höheren Maßes an demokratischer Legitimation, die freilich auf unterschiedliche Weise bewirkt werden kann. Zu solchen Maßnahmen rechnen etwa die in § 75 Abs. 3 Nr. 14 und 17, § 78 Abs. 1 Nr. 1 BPersVG genannten. Solche Maßnahmen werden in aller Regel normativ nicht soweit vorstrukturiert sein, daß sie sich auf eine meßbar richtige Plan- oder Gesetzesdurchführung beschränken. Deshalb muß jedenfalls die **Möglichkeit der verbindlichen Letztentscheidung stets einem gegenüber Volk und Parlament verantwortlichen Amtsträger vorbehalten** bleiben. Die Kompetenz einer Einigungsstelle zur abschließenden Entscheidung kann hier nur unter der Voraussetzung hingenommen werden, daß die Mehrheit ihrer Mitglieder uneingeschränkt personell demokratisch legitimiert ist und die Entscheidung darüber hinaus von einer Mehrheit der so legitimierten Mitglieder getragen wird (Prinzip der sogenannten doppelten Mehrheit; vgl. hierzu erläuternd E.-W. Böckenförde, Demokratie als Verfassungsprinzip, in: Isensee/Kirchhof, Handbuch des Staatsrechts, Bd. 1, 1987, 22, S. 899, Fußnote 25). Allerdings kann der Gesetzgeber den der Einigungsstelle anhaftenden Mangel demokratischer Legitimation bei den in Rede stehenden Angelegenheiten durch das Letztentscheidungsrecht einer in parlamentarischer Verantwortung stehenden oder dem Weisungsrecht eines parlamentarisch verantwortlichen Amtsträgers unterliegenden Stelle ausgleichen. Die Ausübung des Letztentscheidungsrechts darf insoweit nicht von der Darlegung abhängig gemacht werden, daß der jeweilige Mitbestimmungsfall wegen seiner Auswirkungen auf das Gemeinwohl Bestandteil der Regierungsverantwortung sei.

Fallgruppe c)
Innerdienstliche Maßnahmen, insbesondere **organisatorische, personelle und** – in Einzelfällen – **soziale Maßnahmen**, die schwerpunktmäßig die Erledigung von Amtsaufgaben betreffen, unvermeidlich aber auch die Interessen der Beschäftigten berühren, sind stets von so großer Bedeutung für die Erfüllung des Amtsauftrages, daß die parlamentarische Verant-

Art. 70

wortlichkeit der Regierung für sie keine substantielle Einschränkung erfahren darf. Solche Maßnahmen dürfen nicht auf Stellen zur Alleinentscheidung übertragen werden, die Parlament und Regierung nicht verantwortlich sind. Sollen in diesen Fällen Personalvertretung und Einigungsstelle in die Willensbildung und Entscheidungsfindung einbezogen werden, so kann dies – jedenfalls auf der letzten Stufe – allenfalls in der Form der sogenannten eingeschränkten Mitbestimmung geschehen (vgl. § 69 Abs. 4 Satz 3 und 4 BPersVG): Die Entscheidung der Einigungsstelle darf nur den Charakter einer Empfehlung an die zuständige Dienstbehörde haben. Zu den hier in Rede stehenden Maßnahmen gehören insbesondere solche der Personalpolitik, also alle Maßnahmen, die den Rechtsstatus von Beamten, Angestellten und Arbeitern des öffentlichen Dienstes betreffen (vgl. z. B. §§ 75 Abs. 1, 76, 78 Abs. 1 Nr. 2 bis 4, 79 BPersVG), sowie alle organisatorischen Maßnahmen der Dienststelle, die für die Wahrnehmung des Amtsauftrages von erheblicher Bedeutung sind.

Im übrigen ergibt sich auch aus der Rahmenvorschrift des § 104 Satz 3 BPersVG, daß der Landesgesetzgeber Entscheidungen, die wegen ihrer Auswirkungen auf das Gemeinwesen wesentlicher Bestandteil der Regierungsgewalt sind, nicht den der Volksvertretung verantwortlichen Stellen entziehen darf. In diese Regelung ist die vom BVerfG getroffene Feststellung eingegangen, daß entsprechend hergebrachten Grundsätzen des Berufsbeamtentums über Personalangelegenheiten eines Beamten in der Regel allein die ihm vorgesetzten Dienstbehörden entscheiden, die in einem hierarchischen Über- und Unterordnungsverhältnis stehen (vgl. BVerfG, Beschluß v. 24. 5. 1995 – 2 BvF 1/92 –, PersR 1995, 483 mit Besprechungen von Neumann in PersR 1995, 449; von Albers in PersR 1995, 501; von Richter in PersR 1996, 216; von Schmidt in PersR 1996, 472; von Edinger in PersR 1997, 241; Gutachten Funktionsfähigkeit und Mitbestimmung von Schuppert in PersR 1997, 137).

Die Entscheidungen des BVerfG binden die **Verfassungsorgane des Bundes und der Länder** gem. § 31 Abs. 1 BVerfGG hinsichtlich der **tragenden Entscheidungsgründe,** welche die Auslegung und die Anwendung des **Grundgesetzes** betreffen. Im o. a. Beschluß hat das BVerfG zwar in seinen tragenden Entscheidungsgründen entschieden, inwieweit Art. 28 Abs. 1 Satz 1 i. V. m. Art. 20 Abs. 2 GG einer Beteiligung der Personalvertretung an Maßnahmen im Bereich von Regierung und Verwaltung verfassungsrechtliche Grenzen setzt. Dennoch ist die Geltung des derzeit in Kraft befindlichen BayPVG unstrittig, da der o. a. Beschluß des BVerfG nur zum Mitbestimmungsgesetz Schleswig-Holstein vom 11. 12. 1990 ergangen ist.

Die Bestimmungen des **BayPVG** sind so lange als verfassungsrechtlich wirksam anzusehen, bis hierzu das BVerfG anders entschieden hat. Deshalb kann in Bayern insbesondere die Dienststellenleitung mit Rücksicht auf ihre Bindung an das Gesetz (Art. 20 Abs. 3 GG) Beschlüsse des

Art. 70

Personalrats oder der Einigungsstelle, die aufgrund der derzeit geltenden Regelungen des BayPVG ordnungsgemäß zustande gekommen sind, nicht deswegen als unbeachtlich behandeln, weil angenommen nach ihrer Auffassung Bestimmungen des geltenden BayPVG gegen Art. 28 Abs. 1 Satz 1 i. V. m. Art. 20 Abs. 2 GG verstoßen.

Für eine solche Annahme bietet das BayPVG allerdings hinsichtlich der demokratischen Legitimation der **Einigungsstelle** nach Art. 71 BayPVG auch keinen Grund. Problematischer wirkt dagegen das für erforderlich gehaltene Prinzip der doppelten Mehrheit, nämlich der Mehrheit der so legitimierten Mitglieder für die Entscheidungstatbestände der Fallgruppe b). Dies würde bedeuten, daß eine Entscheidung der doppelten Mehrheit nicht nur von der Mehrheit der Einigungsstelle (mindestens vier von sieben Mitgliedern), sondern gleichzeitig auch noch von der Mehrheit der demokratisch legitimierten Mitglieder – die drei von der Dienststellenseite bestellten Beisitzer und der Vorsitzende – getragen sein müßte. Um hier eine Mehrheit zu bilden, müßten ihr aber mindestens drei der vier zustimmen. Bei einer geringeren Zustimmungszahl bliebe es bei der von der Verwaltung beabsichtigten Maßnahme. Der Vorsitzende könnte danach zwar eine relative Gegenmehrheit von 2 : 1 zu Fall bringen, aber nicht einer abweichenden Minderheit von 1 : 2 zur Mehrheit verhelfen. Folglich könnte daher selbst eine Gesamtmehrheit von 5 : 2 an der von der Verwaltung beabsichtigten Maßnahme niemals etwas ändern, selbst nicht einmal dann in dem praktisch kaum vorstellbaren Fall, wenn sie von zwei Beisitzern der Dienstbehörde mitgetragen würde. In dem Denkmodell des BVerfG wäre für die Praxis das Vorliegen beider Mehrheiten – derjenigen des Gremiums im ganzen (mindestens vier von sieben) und derjenigen der personell demokratisch legitimierten Mitglieder (mindestens drei von vier) – jeweils extra festzustellen. Diese Konstruktion dürfte in der Praxis eher kontraproduktiv wirken. Dafür bietet das BayPVG aber wegen seiner Eindeutigkeit keinen Auslegungsraum.

Der nur noch eingeschränkten Mitbestimmung der Fallgruppe c) will das BVerfG die personellen Angelegenheiten der Angestellten und Arbeiter zuordnen. Selbst wenn diese nicht alle im einzelnen gemeint sein könnten, so sind dies nach seinen Erläuterungen doch all diejenigen Rechtshandlungen mit arbeitsrechtlicher Wirkung, die – wie Einstellung, Anstellung, Beförderung und Entlassung – den Rechtsstatus von Angestellten und Arbeitern betreffen. Für die **Praxis** der Personalvertretungen und Dienststellen ist bis zu einer wirksam gewordenen Gesetzesänderung weiterhin von der geltenden Gesetzeslage auszugehen (vgl. mit weiteren Nachweisen und Ausführungen Albers in PersR 1995, 501 und Richter in PersR 1996, 216).

6 (**Abs. 1**) Das **stärkste Beteiligungsrecht** der Personalvertretung ist die **Mitbestimmung**. Ihr unterliegen die Maßnahmen gem. Art. 75 und Art. 75a. Sie können nach **Abs. 1** nur mit Zustimmung des Personalrats

Art. 70

durchgeführt werden. Die Zustimmung muß vorliegen, ehe die Maßnahme von der Dienststelle durchgeführt wird (**vorherige Zustimmung**). Eine Ausnahme regelt Abs. 7 für Maßnahmen, die der Natur der Sache nach keinen Aufschub dulden.

Wird die **Maßnahme** vom Dienststellenleiter **ohne vorherige Zustimmung** des Personalrats durchgeführt, ist sie **rechtswidrig**. 7

Bei **rechtsgeschäftlichen Maßnahmen** ist die Zustimmung des Personalrats Wirksamkeitsvoraussetzung. Ohne vorherige Zustimmung durchgeführt, sind diese Maßnahmen grundsätzlich unwirksam (vgl. BAG, AP Nr. 569 zu § 1 TVG; AP Nr. 11 zu § 71 PersVG). Auf dem Gebiet des Arbeitsrechts ist also die nicht ordnungsgemäße Beteiligung des Personalrats **Gesetzesverstoß** (BAG v. 5. 7. 1967 – 4 AZR 162/66 –, AP Nr. 10 zu § 1 TVG Tarifverträge). 8

Anders ist die Rechtsfolge, wenn die Maßnahme als **Verwaltungsakt** durchgeführt wird. Verwaltungsakte bleiben grundsätzlich wirksam, auch dann, wenn sie rechtswidrig zustande gekommen sind (Nichtigkeit wird nur bei besonders schwerwiegenden und offenkundigen Fehlern angenommen). Die fehlerhaften Verwaltungsakte können also nur durch den in seinen Rechten Verletzten **angefochten** werden. Dem Personalrat steht das Anfechtungsrecht nicht zu, da er zwar in seinen Mitbestimmungsrechten, aber nicht durch den Verwaltungsakt selbst verletzt wird. Ihm bleibt nur das Mittel der Dienstaufsichtsbeschwerde oder des verwaltungsgerichtlichen Beschlußverfahrens zur Feststellung der Rechtswidrigkeit seiner Nichtbeteiligung. Nach der Rechtsprechung der Verwaltungsgerichte hat der Personalrat keinen Anspruch, mit dem der Dienststellenleiter zur Rücknahme oder Unterlassung der beteiligungspflichtigen Maßnahme gezwungen werden kann, die er unter Verletzung der Mitbestimmungsrechte vollzieht. Die Verwaltungsgerichte klären im Beschlußverfahren nur objektiv die Rechtspositionen. Dieser Rechtsprechung (z. B. BVerwG, Beschluß v. 15. 12. 1978, PersV 1980, 145) kann nicht gefolgt werden, weil damit der Begriff der Mitbestimmung ausgehöhlt wird. Das Sozialstaatsprinzip des Grundgesetzes gibt dem Personalrat einen durchsetzbaren Mitbestimmungsanspruch, der zur Durchsetzung einklagbar sein muß (vgl. Dütz, Unterlassungs- und Beseitigungsanspruch des Betriebsrats gegen den Arbeitgeber, Düsseldorf 1983). Da das BayPVG – anders als das BetrVG – keine Sanktionen, noch nicht einmal Straf- und Bußgeldvorschriften kennt (vgl. §§ 23, 119, 121 BetrVG), muß dem Personalrat ein Abwehr- und Unterlassungsanspruch zustehen. Nach der Rechtsprechung bliebe ihm nur die Möglichkeit, die disziplinarische Ahndung des Leiters der Dienststelle aufgrund einer Dienstpflichtverletzung zu betreiben. In jüngster Zeit wurde die Rechtsprechung der Verwaltungsgerichte dahingehend modifiziert, daß der **Erlaß einer einstweiligen Verfügung** zur Sicherung des **Mitbestimmungsverfahrens** für möglich und zulässig erachtet wird (BVerwG, Beschluß v. 22. 7. 1993 – 6 PB 12.89 –, n. v.). 9

Art. 70

10 Selbst wenn eine Maßnahme nur als **Versuch oder zur Erprobung** durchgeführt werden soll, unterliegt sie nach **Abs. 1 Satz 2** der Mitbestimmung des Personalrats (personelle Angelegenheiten werden von dieser Erweiterung der Mitbestimmung ausdrücklich ausgenommen). Diese Erweiterung wird ergänzt durch Art. 75a, der in Abs. 2 den Zeitpunkt der Mitbestimmung auf die Erteilung von Aufträgen für Organisationsuntersuchungen vorverlegt, die die Einführung technischer Einrichtungen oder automatisierter Verfahren zur Personalverwaltung betreffen. Damit können die Personalvertretungen bei der Einführung neuer Techniken frühzeitig Einfluß nehmen und haben eine Chance, wirksam mitzubestimmen.

11 Eine **nachträgliche Zustimmung** des Personalrats mit rückwirkender Kraft ist nicht zulässig. Im Gegenteil: Jede beabsichtigte Maßnahme ist auf Antrag des Personalrats vor der Durchführung mit dem Ziel einer Verständigung eingehend mit ihm zu erörtern (**Abs. 1 Satz 3**).

12 Ist die Verletzung oder das Fortbestehen eines Mitbestimmungsrechts rechtskräftig festgestellt und die getroffene Maßnahme noch rückgängig zu machen, so kann der Personalrat die nachträgliche Einleitung des Mitbestimmungsverfahrens bei Weigerung des Dienststellenleiters in einem Beschlußverfahren durchsetzen (vgl. OVG NW, Beschluß v. 8. 5. 1995 – 1 A 144/92.PVL –, PersR 1995, 305).

Wenn es möglich ist, eine mitbestimmungspflichtige Maßnahme abzuändern oder rückgängig zu machen, entfällt mit ihrem Vollzug das Rechtsschutzinteresse an der Feststellung der Mitbestimmungspflichtigkeit der Maßnahme nicht. Wird die Verletzung oder das Fortbestehen eines Mitbestimmungsrechts rechtskräftig festgestellt, hat der Dienststellenleiter die Maßnahme entweder rückgängig zu machen oder das nachzuholende Mitbestimmungsverfahren unverzüglich einzuleiten. Die **nachträgliche Einleitung** eines Mitbestimmungsverfahrens kann der Personalrat auf der Grundlage der rechtskräftigen Entscheidung, die die Verletzung seines Mitbestimmungsrechts festgestellt hat, notfalls gerichtlich durchsetzen (vgl. BVerwG, Beschluß v. 16. 9. 1994 – 6 P 32.92 –, PersR 1995, 16).

Ist eine mitbestimmungspflichtige **Maßnahme ohne Beteiligung des Personalrats** durchgeführt worden, so kann dieser unter der Voraussetzung, daß die Maßnahme tatsächlich und rechtlich rücknehmbar oder abänderbar ist, vom Dienststellenleiter die nachträgliche Einleitung des Mitbestimmungsverfahrens und eine vollständige Unterrichtung verlangen. Soweit wirksamer Rechtsschutz nicht ausnahmsweise etwas anderes erfordert, kann dieser verfahrensrechtliche Anspruch im Beschlußverfahren mit einem Feststellungsantrag zur entsprechenden Verpflichtung des Dienststellenleiters geltend gemacht werden (vgl. BVerwG, Beschluß v. 15. 3. 1995 – 6 P 31.93 –, PersR 1995, 423).

Eine Zustimmung des Personalrats im Beteiligungsverfahren ist eine **öffentlich-rechtliche Erklärung**, die jedenfalls nach Ablauf der Erklä-

Art. 70

rungsfrist nicht mehr widerruflich ist (vgl. VG Köln, Beschluß v. 18. 8. 1999 – 33 L 1799/99.PVB –, PersR 1999, 541).

Es berührt die Personalvertretung nicht in ihren Rechten, wenn sie das Organ, das auf Seiten des Dienstherrn die endgültige Entscheidung trifft, dazu rechtlich nicht für berufen hält (vgl. BVerwG, Beschluß v. 17. 3. 1987 – 6 P 15.85 –, PersR 1987, 188).

Betont wird das Mitbestimmungsrecht bei Gemeinden und Gemeindeverbänden, sonstigen Körperschaften, Anstalten und Stiftungen des öffentlichen Rechts. Soll eine wirksame Mitbestimmung des Personalrats erfolgen, muß er beteiligt werden, **bevor** das zuständige Organ endgültig entscheidet. Der Beschluß des Personalrats ist dem zuständigen Organ (z. B. Gemeinde- oder Stadtrat) zur Kenntnis zu bringen (Vorlagepflicht). **13**

Dem Wortlaut nach ist eine mitbestimmungspflichtige Maßnahme entweder einvernehmlich durchzuführen oder mit dem Ziel einer Verständigung eingehend zu erörtern. Dieser Grundsatz ist in **Art. 70 Abs. 1 Satz 3** gesetzlich in der Form festgeschrieben, daß der Personalrat einen entsprechenden **Antrag** stellen kann. Für den Fall nichtüberwindlicher Differenzen sind sehr **unterschiedliche Verfahrensregeln** aufgestellt. **14**

Nur der erste Weg verdient die Bezeichnung »Mitbestimmung«; er wird im folgenden in Rn. 17 dargestellt. Die »eingeschränkte Mitbestimmung«, in Rn. 18 entwickelt, ist durch einen verbindlichen Versagungskatalog von vornherein formal begrenzt. Der dritte Weg des eingeschränkten Mitbestimmungsrechts (s. Rn. 19) endet mit einer bloßen Empfehlung der Einigungsstelle in Fragen, die Beamte betreffen. Die bloße Empfehlung des vierten Weges (s. Rn. 20) gilt auch für den neu eingeführten Art. 75a bei der Einführung und Anwendung technischer Einrichtungen.

Grundsätzlich von diesen Mitbestimmungsrechten zu unterscheiden sind die **Mitbestimmungsrechte,** bei denen von vornherein die **Entscheidung der obersten Dienstbehörde** vorbehalten bleibt, und die **Unterrichtungsrechte** (vgl. Art. 69 Abs. 2 und Art. 79 Abs. 2). Zu den Beteiligungsrechten der Personalvertretung gehören auch die Aushändigungspflicht gem. Art. 79 Abs. 4 und 5, das Anwesenheits- und Beratungsrecht gem. Art. 69 Abs. 4, das Teilnahmerecht gem. Art. 79 Abs. 3 sowie die Anhörungspflicht gem. Art. 76 Abs. 3, 77 Abs. 3 und 67 Abs. 1. **15**

Wesentlich ergänzt wird das Mitbestimmungsrecht, das zunächst vom **Zustimmungserfordernis** durch die Personalvertretung bei mitbestimmungspflichtigen Maßnahmen ausgeht, durch das **Initiativrecht des Personalrats** (vgl. Art. 70a). **16**

Der Mitbestimmungstatbestand des Art. 70 bleibt von vornherein auf den Katalog der Mitbestimmungsrechte in Art. 75 Abs. 3 und 4 beschränkt. Er betrifft also die drei Fälle der Mitbestimmung in sozialen Angelegenheiten nach **Art. 75 Abs. 3**, d. h. **17**

Art. 70

(1) die Gewährung von Unterstützungen und entsprechenden sozialen Zuwendungen, wenn der Beschäftigte es beantragt (vgl. Art. 75 Abs. 3 Nr. 1);

(2) die Zuweisung und Kündigung von Wohnungen, über die die Dienststelle verfügt (vgl. Art. 75 Abs. 3 Nr. 2);

(3) die Zuweisung von Dienst- und Pachtland und die Festsetzung der Nutzungsbedingungen (vgl. Art. 75 Abs. 3 Nr. 3).

Gem. **Art. 75 Abs. 4** besteht in bezug auf betriebliche Angelegenheiten ein Mitbestimmungsrecht – unter der Einschränkung, daß eine gesetzliche oder tarifliche Regelung nicht besteht – für die folgenden Fälle:

(1) Beginn und Ende der täglichen Arbeitszeit und der Pausen sowie die Verteilung der Arbeitszeit auf die einzelnen Wochentage;

(2) Zeit, Ort und Art der Auszahlung der Dienstbezüge und Arbeitsentgelte;

(3) Aufstellung des Urlaubsplans;

(4) Fragen der Lohngestaltung innerhalb der Dienststelle;

(5) Errichtung, Verwaltung und Auflösung von Sozialeinrichtungen;

(6) Durchführung der Berufsausbildung bei Angestellten und Arbeitern;

(7) Bestellung von Vertrauens- und Betriebsärzten;

(8) Maßnahmen zur Verhütung von Dienst- und Arbeitsunfällen und sonstigen Gesundheitsschädigungen;

(9) Grundsätze über die Bewertung, betriebliches Vorschlagswesen;

(10) Inhalt von Personalfragebogen;

(11) Beurteilungsrichtlinien;

(12) Aufstellung von Sozialplänen;

(13) Erlaß von Richtlinien über die personelle Auswahl.

Nur in diesem eng begrenzten Umfang und der eingeschränkten Tragweite der Tatbestände läßt der Gesetzgeber die bindende Entscheidung der Einigungsstelle zu, wobei nicht übersehen werden darf, daß i. d. R. auch noch das Stufenverfahren durchlaufen sein muß. Man darf andererseits den Spielraum der Personalvertretung nicht unterschätzen, wenn man den Katalog auch im Hinblick auf das Initiativrecht des Personalrats gem. Art. 70a Abs. 1, in den Fällen des Art. 75 Abs. 4 Nrn. 1 bis 6 und 8 bis 9 betrachtet.

18 Die **eingeschränkte Mitbestimmung** betrifft **Art. 75 Abs. 1** mit zahlreichen Einschränkungen, der insgesamt unter dem Vorbehalt des Versagungskatalogs in **Art. 75 Abs. 2** steht. Ein Initiativrecht des Personalrats gem. Art. 70a Abs. 2 besteht sowieso nur für die Fälle des Art. 75 Abs. 1 Nr. 2, 4 und 9; es ist außerdem durch den Vorbehalt begrenzt, daß die

Art. 70

oberste Dienstbehörde endgültig entscheidet, ohne daß eine Einigungsstelle gebildet werden kann (vgl. Art. 70a Abs. 2).

Art. 75 Abs. 1 betrifft Personalangelegenheiten, die letztlich – unter Beachtung des Versagungskatalogs in Art. 75 Abs. 2 – verbindlich von der Einigungsstelle entschieden werden können, allerdings nur für Arbeiter und Angestellte. Dies betrifft die Fragen der Einstellung (Nr. 1), Höhergruppierung (Nr. 4), Rückgruppierung (Nr. 5), Versetzung (Nr. 6), Abordnung (Nr. 7), Weiterbeschäftigung über die Altersgrenze hinaus (Nr. 9), Anordnungen zur Wahl der Wohnung (Nr. 10), Nebentätigkeit (Nr. 11) und Geltendmachung von Ersatzansprüchen gegen Beschäftigte (Nr. 13).

Auf Beamte zugeschnitten ist die **eingeschränkte Mitbestimmung** **19** **durch Versagungskatalog** entsprechend wie bei Arbeitern und Angestellten, mit der besonderen Ergänzung, daß der Einigungsstelle ein bloßes Empfehlungsrecht bleibt. Ein Initiativrecht des Personalrats kommt nur in den Fällen der Beförderung, Übertragung eines anderen Amts mit höherem Endgrundgehalt ohne Änderung der Amtsbezeichnung, Verleihung eines anderen Amts mit anderer Amtsbezeichnung beim Wechsel der Laufbahngruppe in Betracht (vgl. Art. 75 Abs. 1 Nr. 2). Die oberste Dienstbehörde entscheidet in diesen Fällen endgültig, ohne daß eine Einigungsstelle gebildet werden kann.

Sind **Beamte** betroffen, ist die Mitbestimmung der Personalvertretung in **20** Fällen des Art. 75 Abs. 4 Nr. 7, 10, 11 und 13 ebenfalls eingeschränkt: Bei Personalfragebogen, Beurteilungsrichtlinien und Erlaß von Richtlinien über die personelle Auswahl sowie bei der Bestellung von Vertrauens- und Betriebsärzten als Beamte kann die Einigungsstelle verbindlich entscheiden, wenn sie sich der Auffassung der obersten Dienstbehörde anschließt. Kommt die Einigungsstelle zu einer anderen Auffassung, so kann sie nur eine **Empfehlung** aussprechen, die endgültige Entscheidung bleibt der obersten Dienstbehörde vorbehalten.

Darüber hinaus ist diese Form der eingeschränkten Mitbestimmung gewählt worden für den neu eingeführten Art. 75a Abs. 1, der die Einführung und Anwendung technischer Einrichtungen zur Überwachung des Verhaltens oder der Leistung der Beschäftigten sowie von automatisierten Verfahren zur Personalverwaltung betrifft. Alle Initiativen der Dienststelle können bei abweichender Auffassung des Personalrats und der Einigungsstelle letztlich nur mit einer Empfehlung enden. Bei Initiativen des Personalrats entscheidet die oberste Dienstbehörde endgültig, ohne daß eine Einigungsstelle gebildet werden müßte.

Die mitbestimmungspflichtigen Maßnahmen insgesamt unterliegen nicht **21** der Beteiligungspflicht, soweit sie den Kreis der in Art. 78 Abs. 1 aufgezählten Personen betreffen. Das Verfahren ist nur dann einzuleiten, wenn dies gem. Art. 78 Abs. 2 von den einzelnen Beschäftigten beantragt wird (vgl. im übrigen Art. 78 Rn. 2 ff.).

Art. 70

22 (Abs. 2) Der Leiter der Dienststelle hat zunächst in Berücksichtigung des Art. 80 die **Unterrichtungspflicht** gegenüber dem bereichsmäßig zuständigen Personalrat. Auf eine etwaige Zustimmung der vorgesetzten Behörde im Falle einer Entscheidung kommt es für die personalvertretungsrechtliche Zuständigkeit nicht an. Nur im Verhinderungsfall handelt an Stelle des Dienststellenleiters (vgl. Art. 7 Rn. 2 ff.) seine Vertretung. Für den Antrag auf Zustimmung ist die **Schriftform** vorgeschrieben. Da es sich um eine gesetzliche Formvorschrift handelt, führt die Verletzung zur **Nichtigkeit**.

Da Art. 70 Abs. 2 so auszulegen ist, daß im **Regelfall** der Dienststellenleiter die Gründe für die beabsichtigte Maßnahme schriftlich anzugeben hat und er nur in unabweisbaren Ausnahmefällen von einer schriftlichen Begründung absehen kann, beginnt auch die Zustimmungsfrist des Personalrates mit der Kenntnis der **schriftlichen Begründung** der Maßnahme z. B. bei der Auswahlentscheidung einer Einstellung. Eine ohne schriftliche Begründung eingeleitete Maßnahme ist schon formell mangelhaft, so daß die **Erklärungsfrist** nicht zu laufen beginnen kann (vgl. VG Ansbach, Beschluß v. 6. 11. 2001 – AN 8 P 01.01096 –, PersR 2002, 221 im Anschluß an BVerwG, Beschluß v. 10. 8. 1987 – 6 P 22.84 –, PersR 1988, 18). Hier hatte das BVerwG weiterhin festgestellt, daß die Dienststelle, die eine mitbestimmungspflichtige Maßnahme treffen will, dem Personalrat zugleich mit ihrem Zustimmungsantrag die für die Meinungs- und Willensbildung des Personalrats erforderlichen Informationen und Unterlagen übermitteln muß. Geschieht dies erst nachträglich, beginnt die Erklärungsfrist erst mit dem Zeitpunkt zu laufen, in dem der Personalrat ausreichend unterrichtet worden ist.

23 Für den Lauf der Frist ist der Eingang des Antrags bei dem zuständigen Personalratsvorsitzenden (im Verhinderungsfall bei dessen Stellvertreter) maßgeblich (vgl. Art. 32 Rn. 16). Für die Fristberechnung gelten die §§ 187 bis 193 BGB entsprechend. Die schriftliche Zustimmungsverweigerung wird wirksam, wenn sie innerhalb der Fristen dem Dienststellenleiter zugeht, also in seinen gewöhnlichen Empfangsbereich gelangt. Die Zweiwochenfrist ist eine **Ausschlußfrist**. Sie wird in ihrem Lauf durch einen Aussetzungsantrag nicht gehemmt oder unterbrochen.

24 Eine **Verlängerung** der Frist ist durch Vereinbarung zwischen dem Dienststellenleiter und dem Personalrat möglich (vgl. BAG, AP Nr. 10 zu § 103 BetrVG). Gem. **Abs. 2 Satz 3** ist eine **Zweiwochenfrist** einzuhalten. Die **Abkürzung der Frist auf eine Woche** wird dem Dienststellenleiter in dringenden Fällen eingeräumt (**Abs. 2 Satz 4**). Auf der Ebene der Stufenvertretung verkürzt sich die Frist für diesen Fall entsprechend auf zwei Wochen (vgl. Art. 80 Abs. 2 Satz 3). Der **Dringlichkeitsfall** ist durch den Dienststellenleiter bereits bei der Antragstellung geltend zu machen und zu begründen. Der Dienststellenleiter darf die Äußerungsfrist des Personalrats nur dann wegen Dringlichkeit des Vorhabens abkürzen, wenn wichtige Gründe vorliegen, insbesondere ein (weiterer)

Art. 70

Aufschub zu erheblichen Nachteilen führen würde. Das Ziel, die Unterbrechung der Beschäftigung eines Zeitangestellten möglichst kurz zu halten, kann eine solche Abkürzung rechtfertigen (vgl. BVerwG, Beschluß v. 15. 11. 1995 – 6 P 4.94 –, PersR 1996, 157).

Kein dringender Fall liegt z. B. vor, wenn der Personalrat im letzten Augenblick unterrichtet wird, weil die Angelegenheit durch die Dienststelle selbst schuldhaft verzögert wurde. In diesem Fall kann der Personalrat der Abkürzung widersprechen und innerhalb der normalen Fristen seine Entscheidung treffen. Die vom Dienststellenleiter durchgeführte Maßnahme ist unwirksam bzw. anfechtbar, worüber das Verwaltungsgericht auf Antrag im Beschlußverfahren entscheiden muß.

Die ausdrückliche Zustimmung erfordert gem. Art. 37 und 38 eine ordnungsgemäße Beschlußfassung. Erfolgt sie vor Ablauf der Frist, ist die Dienststelle zur Durchführung der Maßnahme berechtigt, ohne den Ablauf der Frist abzuwarten. Läßt der Personalrat die **Frist verstreichen,** gilt die Maßnahme als gebilligt (Abs. 2 Satz 5), ohne daß es auf den tatsächlichen Willen des Personalrats ankommt. Die **Fiktion** führt dazu, daß an diesem Ergebnis auch eine Zustimmungsverweigerung des Personalrats, die nach Ablauf der Frist bei der Dienststelle eingeht, nichts ändert. Voraussetzung für diese Folge ist allerdings, daß das Mitbestimmungsverfahren ordnungsgemäß eingeleitet wurde. **25**

Will der Personalrat zu einer beabsichtigten Maßnahme seine Zustimmung verweigern, muß er dies schriftlich tun und schriftlich begründen (vgl. **Abs. 2 Satz 5**). Diese **Formvorschrift** ist zwingend, so daß die Zustimmungsverweigerung in einer vom Vorsitzenden eigenhändig unterzeichneten Urkunde niedergelegt sein muß. Sofern dem Personalrat nur ein Vetorecht nach dem Katalog der Versagungsgründe zusteht, muß einer der Versagungstatbestände in der Begründung angegeben werden. Die Begründung muß einerseits auf den konkreten Sachverhalt abgestellt sein, andererseits einem der **Versagungstatbestände** entsprechen (Subsumtion ist gegebenenfalls Aufgabe der gerichtlichen Überprüfung). Es reicht aber nicht als Begründung aus, wenn der Versagungskatalog formelhaft wiederholt wird. Es muß vielmehr dargelegt werden, welche konkreten Aspekte der Maßnahme **aus welchen Gründen** den Versagungsgrund erfüllen sollen. Will der Dienststellenleiter die Ablehnung nicht gelten lassen, so ist das Einigungsstellenverfahren durchzuführen. Innerhalb der Frist können Zustimmungsverweigerung und Begründung in getrennten Urkunden vorgelegt werden, ohne Begründung ist die Zustimmungsverweigerung aber unbeachtlich. **26**

Faustformel für den Personalrat: **27**

Zustimmungsverweigerung durch

1. **Beschlußfassung** (vgl. Art. 37, 38),
2. innerhalb der Frist (i. d. R. **zwei Wochen,** verlängert drei Wochen, abgekürzt eine Woche),

Art. 70

3. in **Schriftform** mit Unterzeichnung durch den Personalratsvorsitzenden,

4. mit **Begründung,** im Falle des Versagungskatalogs mit Hinweis auf die in Bezug genommene Bestimmung.

Soweit der Personalrat bei der Zustimmungsverweigerung Beschwerden oder Behauptungen tatsächlicher Art vorträgt, die für einen Beschäftigten ungünstig sind oder ihm nachteilig werden können, hat der Leiter der Dienststelle dem Beschäftigten Gelegenheit zur Äußerung zu geben und diese Äußerung aktenkundig zu machen (**Abs. 2 Satz 6**). Es handelt sich um eine Schutzvorschrift für den einzelnen, die aufgrund des Versagungskatalogs gem. Art. 75 Abs. 2 erforderlich ist, da der Personalrat bei der Anwendung gezwungen sein kann, auch nachteilige **Äußerungen über Beschäftigte** zu machen. Es handelt sich dabei um eine Nachbildung beamtenrechtlicher Regelung der Personalaktenführung.

28 (**Abs. 3**) Wird eine gebilligte oder als gebilligt geltende Maßnahme nicht durchgeführt, so hat nach Abs. 3 der Leiter der Dienststelle dies dem Personalrat schriftlich mitzuteilen. Der Personalrat darf die Durchführung der Maßnahme nicht betreiben (Art. 74).

29 (**Abs. 4**) Kommt es zu keiner Einigung und gibt die Dienststelle den Einwendungen des Personalrats nicht nach, so kann nach **Abs. 4** der Leiter der Dienststelle, aber auch der Personalrat die Angelegenheit binnen zwei Wochen auf dem Dienstweg den **übergeordneten Stellen** vorlegen, soweit bei ihnen Stufenvertretungen bestehen. Die Vorschrift gilt entsprechend für den Gesamtpersonalrat. Von der Vorlage ist der Personalrat bzw. der Leiter der Dienststelle jeweils zu unterrichten. Da der Dienstweg vorgeschrieben ist, gelten die Vorschriften der ADO. In der Regel wird daher der Personalrat seine Vorlage über den örtlichen Dienststellenleiter weiterreichen. Insofern erfüllt er seine Unterrichtungspflicht (Abs. 4 Satz 6). Der Dienststellenleiter wird die Mitteilung gesondert machen (Abs. 4 Satz 5), wobei nach dem Grundsatz der vertrauensvollen Zusammenarbeit ein Abdruck der ihm obliegenden Stellungnahme nach der ADO zur Verfügung gestellt werden muß.

30 Die Angelegenheit ist der übergeordneten Dienststelle vorzulegen, so daß der Leiter dieser Dienststelle das Mitbestimmungsverfahren weiterzuführen hat. Das Verfahren verläuft dann entsprechend dem Abs. 2 (vgl. Rn. 22 bis 27). Das Stufenverfahren wird erst zu dem Zeitpunkt wirksam eingeleitet, zu dem die übergeordnete Dienststelle die Stufenvertretung über die ihr vorgelegte streitige Maßnahme unterrichtet. Bricht die übergeordnete Dienststelle vor der Unterrichtung der Stufenvertretung über die ihr vorgelegte streitige Maßnahme das Mitbestimmungsverfahren ab, so bleibt der örtliche Personalrat antragsbefugt und kann die Verletzung seiner Beteiligungsrechte im personalvertretungsrechtlichen Beschlußverfahren geltend machen (vgl. BVerwG, Beschluß v. 2. 11. 1994 – 6 P 28.92 –, PersR 1995, 83; Fortentwicklung der Rspr. des Senats, vgl.

Beschluß v. 20. 1. 1993 – 6 P 21.90 –, PersR 1993, 310). Bei Entscheidungen auf der Ebene der Mittelbehörde kann entweder der Leiter der Mittelbehörde oder der Bezirkspersonalrat das Stufenverfahren weiterbetreiben, wenn es zu keiner Einigung kommt. Auf der Ebene der obersten Dienstbehörde findet das Mitbestimmungsverfahren mit dem Hauptpersonalrat statt. Wird eine Vorlagefrist versäumt und will der Dienststellenleiter die Maßnahme dennoch durchführen, muß er erneut die Zustimmung des örtlichen Personalrats nach Abs. 2 beantragen. Sogenannte »**Vorbehaltsbeschlüsse**« des Hauptpersonalrats, die vor Eingang der Stellungnahme des örtlichen Personalrats getroffen werden, verletzen die Informationsrechte und Entscheidungsbefugnisse der Mitglieder des Hauptpersonalrats (vgl. BVerwG, Beschluß v. 19. 7. 1994 – 6 P 12.92 –, PersR 1994, 518).

(**Abs. 5**) Kommt es am jeweiligen Ende des Stufenverfahrens zu keiner Einigung, kann nach Abs. 5 von beiden Seiten die Einigungsstelle angerufen werden (Art. 71). Die Einigungsstelle entscheidet **endgültig**. In den Fällen der eingeschränkten Mitbestimmung trifft sie ihre Entscheidung auf der Grundlage des Versagungskatalogs. Entsprechend der weiteren Einschränkung beschließt sie gegebenenfalls eine Empfehlung an die oberste Dienstbehörde bzw. an das oberste Organ der Anstalt, Körperschaft oder Stiftung. **31**

Mehrere Streitfälle, die in Zusammenhang stehen und sich aus demselben Lebenssachverhalt zwischen der Dienststelle und einem bestimmten Personalrat ergeben, können bei Anrufung der Einigungsstelle oder später verbunden werden, mit der Folge, daß es nur ein einziges einheitliches Einigungsverfahren mit einer einzigen Entscheidung gibt und die dem Einigungsstellenvorsitzenden für die Vor- und Nachbereitung der Sitzungen zustehende Pauschale nur einmal zu gewähren ist (vgl. OVG Hamburg, Beschluß v. 23. 2. 1995 – OVG Bs PH 8/93 –, PersR 1995, 343).

(**Abs. 6**) Die Einschränkung der Entscheidungskompetenz der Einigungsstelle wird mit den Bedenken gegen die Verfassungsmäßigkeit der Mitbestimmungsregelungen bei Personalangelegenheiten der Beamten gerechtfertigt. Das Gesetz geht über diese Begründung indessen weit hinaus, indem der Kreis der Angelegenheiten, die der Entscheidung der Einigungsstelle entzogen sind, de facto auf Arbeiter und Angestellte sowie auf weitere Angelegenheiten ausgedehnt wird.

(**Abs. 7**) Wegen der Dauer des Mitbestimmungsverfahrens und weil selbst bei Einhaltung der Zweimonatsfrist durch die Einigungsstelle das Verfahren ein Vierteljahr leicht überschreiten kann, hat der Gesetzgeber in Abs. 7 im Interesse der Funktionsfähigkeit der Verwaltung bei Maßnahmen, die der Natur nach keinen Aufschub dulden, dem Dienststellenleiter das Recht zu einer **vorläufigen Regelung** eingeräumt. Da diese Vorschrift in die Beteiligungsrechte des Personalrats erheblich eingreift, ist sie entsprechend eng auszulegen und gerichtlich nachprüfbar. **32**

Art. 70

33 Von zwei **Voraussetzungen** hängt es ab, ob eine **vorläufige Regelung** zulässig ist:

(1) Die beabsichtigte Maßnahme muß der **Natur der Sache** nach einer vorläufigen Regelung überhaupt zugänglich sein. Nicht vorläufig sind deshalb z. B. personelle Maßnahmen wie die Einstellung (wenn sie ohne Vorbehalt geschieht), Ernennung oder Versetzung, weil dies die endgültige Regelung unwiderruflich vorwegnehmen würde (vgl. OVG Münster v. 25. 5. 1959 – CB 188/58 –, ZBR 1959, 340). Es können also nur Maßnahmen Gegenstand einer vorläufigen Regelung sein, die jederzeit sofort aufgehoben werden können oder bei endgültiger Entscheidung gegenstandslos werden (statt Versetzung könnte deshalb z. B. Abordnung gewählt werden, statt Einstellung Beschäftigung unter Vorbehalt oder mit Befristung usw.).

(2) Die vorläufige Regelung muß so sehr geboten sein, daß dahinter die Beeinträchtigung des Mitbestimmungsrechts zurücktreten kann (der Personalrat kann eine entsprechende Abwägung fordern). Eilbedürftigkeit allein reicht also nicht aus. **Wichtige dienstliche Gründe** für die Unaufschiebbarkeit können z. b. darin liegen, daß die Funktionsfähigkeit der Verwaltung ernstlich ohne die vorläufige Regelung gefährdet wäre. Die Möglichkeit der Fristverkürzung muß zuvor ausgeschöpft sein. Die Unaufschiebbarkeit muß sich aus der Natur der Sache ergeben, was nicht der Fall ist, wenn der Dienststellenleiter in Kenntnis der Notwendigkeit einer Regelung das Mitbestimmungsverfahren erst zu einem Zeitpunkt einleitet, zu dem es nicht mehr ordnungsgemäß durchgeführt werden kann (»hausgemachte« Eilbedürftigkeit).

Da die vorläufige Regelung weder rechtlich noch tatsächlich vollendete Tatsachen schaffen darf, kann auf diese Weise z. B. keine Anordnung erfolgen, an bestimmten Tagen **Über-Zeit-Arbeit** zu leisten. Die erbrachte Arbeitsleistung wäre nicht rückholbar (BVerwGE v. 20. 7. 1984 – 6 P 16.83 –, ZBR 1984, 379).

Voraussetzung für eine **vorläufige Regelung** (im Anschluß an den Beschluß v. 20. 7. 1984 – 6 P 16.83 –, PersR 1985, 58) ist, daß der zu regelnde Sachverhalt seinem Gegenstand nach eine einstweilige Regelung zuläßt, die weder rechtlich noch tatsächlich vollendete Tatsachen schafft. Eine vorläufige Regelung, die die von der Verwaltung beabsichtigte und vom Personalrat abgelehnte Maßnahme praktisch vorwegnimmt, ist regelmäßig mit dem gebotenen Schutz des Mitbestimmungsrechts des Personalrats nicht in Einklang zu bringen. Eine vorläufige Regelung darf daher weder dazu führen, daß die gesetzlich vorgeschriebene Mitbestimmung des Personalrats bei der endgültigen Maßnahme tatsächlich verhindert wird, noch dazu, daß hinsichtlich dieser Maßnahme kein Raum mehr für eine im Beteiligungsverfahren zu treffende modifizierte Regelung verbleibt.

Art. 70

Die vorläufige Regelung ist eine **Ausnahmeregelung**, die sich sachlich wie zeitlich auf das unbedingt Notwendige beschränken und deshalb in aller Regel in der Sache soweit hinter der beabsichtigten endgültigen Maßnahme zurückbleiben muß, daß eine wirksame Ausübung des Mitbestimmungsrechts möglich bleibt. Die Grenzen der Ausgestaltung vorläufiger Regelungen darf der Dienststellenleiter nur ausnahmsweise dann überschreiten, wenn die durch die Beteiligung des Personalrats eintretende Verzögerung zu einer Schädigung überragender Gemeinschaftsgüter oder -interessen führen würde, hinter denen der in der Mitbestimmung liegende Schutz der Beschäftigten ausnahmsweise gänzlich zurücktreten muß (vgl. BVerwG, Beschluß v. 22. 8. 1988 – 6 P 27.85 –, PersR 1988, 269).

Verweigert ein Personalrat seine Zustimmung zu einer mitbestimmungspflichtigen Maßnahme und gibt zugleich zu erkennen, wie seine Bedenken gegen die Maßnahme oder ihre Ausgestaltung ausgeräumt werden könnten, so darf ihm die Ausübung seines Mitbestimmungsrechts mittels einer vorläufigen Regelung abgeschnitten werden, wenn sich seine Vorschläge zur Umgestaltung der Maßnahme nicht verwirklichen lassen (vgl. BVerwG, Beschluß v. 19. 4. 1988 – 6 P 33.85 –, PersR 1988, 158).

Eine vorläufige Regelung muß sich sachlich wie zeitlich auf das **unbedingt Notwendige** beschränken und deshalb in aller Regel in der Sache so weit hinter der beabsichtigten endgültigen Maßnahme zurückbleiben, daß eine wirksame Ausübung des Mitbestimmungsrechts möglich bleibt (wie o. a. Beschlüsse vom 19. 4. 1988 und vom 22. 8. 1988). Unzulässig ist es z. B. einen **Dienststundenplan** zwar formell »vorläufig«, aber sachlich und zeitlich unbeschränkt in Kraft zu setzen, es sein denn, daß die Dienststelle den Nachweis erbringt, daß anderenfalls eine Schädigung übertragener Gemeinschaftsgüter oder -interessen eintritt, hinter denen die Mitbestimmung ausnahmsweise gänzlich zurücktreten muß. Dies ist nur dann der Fall, wenn ohne vollständige Durchführung einer Maßnahme die **Dienststelle funktionsunfähig** würde (vgl. BVerwG, Beschluß v. 14. 3. 1989 – 6 P 4.86 –, PersR 1989, 230).

Bei der Beurteilung, ob eine **Maßnahme ohne Aufschub** geboten ist, ist allein auf die **objektiven Gegebenheiten** abzustellen, nicht hingegen darauf, ob die Dringlichkeit die Folge vorausgegangener **Versäumnisse der Dienststelle** ist (vgl. BVerwG, Beschluß v. 4. 2. 1992 – 6 P 20.91 –, PersR 1993, 384). Diese Auffassung ermöglicht Konstruktionen, die mit den gesetzgeberischen Gedanken der Mitbestimmung und der vertrauensvollen Zusammenarbeit wohl kaum in Einklang zu bringen sind.

In der Mitteilung, eine Maßnahme erfolge zunächst vorläufig bis zu einer endgültigen Entscheidung (ohne terminliche Befristung) im einzuleitenden Stufenverfahren, liegt **keine zeitliche Begrenzung** der Regelung. Die allgemeinen **Grenzen** für die Ausgestaltung einer vorläufigen Regelung dürfen ausnahmsweise dann überschritten werden, wenn nicht nur ein unverzügliches Handeln des Dienststellenleiters nachweisbar geboten ist, die von ihm beabsichtigte Maßnahme der Natur der Sache nach Einschränkungen in sachlicher oder zeitlicher Hinsicht nicht zuläßt und schließlich die durch die Beteiligung des Personalrats eintretende Verzögerung zu einer Schädigung oder konkreten Gefährdung überragender Gemeinschaftsgüter oder -interessen führen würde, hinter denen der in der Mitbestimmung liegende Schutz der Beschäftigten ausnahmsweise gänzlich zurücktreten muß.

Von den Möglichkeiten einer **sachlichen oder zeitlichen Einschränkung** einer vorläufigen Regelung muß der Dienststellenleiter zur Vermeidung einer gänzlichen Verdrängung der Mitbestimmung Gebrauch machen. Eine vorläufige Regelung, mit der ein Lehrer zur Abdeckung des Unterrichtsbedarfs an eine andere Schule umgesetzt wird, ist regelmäßig in der Weise zu befristen, daß sie spätestens mit dem Ablauf des jeweiligen Schulhalbjahres endet. Während der Frist ist das Mitbestimmungsverfahren mit dem Ziel bestmöglich zu beschleunigen und zu fördern, die vorläufige Regelung durch eine endgültige »mitbestimmte« Maßnahme zu ersetzen (vgl. BVerwG, Beschluß v. 16. 12. 1992 – 6 P 6.91 –, PersR 1993, 123).

Eine vorläufige Regelung, mit der ein **Lehrer** zur Abdeckung des Unterrichtsbedarfs an einer anderen Schule hinsichtlich eines Teils der von ihm zu gebenden Unterrichtsstunden an diese abgeordnet wird, ist ausnahmsweise zulässig, wenn ihre **Geltungsdauer** bis zum Abschluß des tätig zu gestaltenden Mitbestimmungsverfahrens begrenzt wird und wenn nach Lage des Falles mit diesem Abschluß bis zum Ende des Schulhalbjahres zu rechnen ist (vgl. BVerwG, Beschluß v. 2. 8. 1993 – 6 P 20.92 –, PersR 1993, 395 im Anschluß an den Beschluß v. 16. 12. 1992 – 6 P 6.91 –, PersR 1993, 123).

Streitigkeiten werden von den Verwaltungsgerichten nach Art. 81 Abs. 1 Nr. 3 BayPVG im Beschlußverfahren entschieden. Eine **einstweilige Verfügung** gegenüber einer im Mitbestimmungsverfahren ergangenen vorläufigen Regelung des Dienststellenleiters scheidet aus, wenn diese verfahrensgerecht erfolgt ist und keine irreparablen Verhältnisse schafft (vgl. OVG Saarlouis, Beschluß v. 8. 3. 1993 – 5 W 3/93 –, PersR 1994, 121).

Artikel 70a
Schriftlicher Antrag des Personalrats bei Mitbestimmung

(1) Beantragt der Personalrat eine Maßnahme, die nach Art. 75 Abs. 4 Satz 1 Nrn. 1 bis 6, 8 und 9 seiner Mitbestimmung unterliegt, so hat er sie schriftlich dem Leiter der Dienststelle vorzuschlagen. Entspricht der Leiter der Dienststelle dem Antrag nicht oder nicht in vollem Umfang, so teilt er dem Personalrat seine unverzüglich zu treffende Entscheidung unter Angabe der Gründe schriftlich mit. Das weitere Verfahren bestimmt sich nach Art. 70 Abs. 4 und 5.

Art. 70a

(2) Beantragt der Personalrat eine Maßnahme, die nach Art. 75 Abs. 1 Satz 1 Nrn. 2, 4 und 9, Abs. 4 Satz 1 Nr. 7 oder nach Art. 75a Abs. 1 seiner Mitbestimmung unterliegt, so gelten Absatz 1 Sätze 1 und 2 entsprechend. Entspricht der Leiter der Dienststelle dem Antrag nicht, so bestimmt sich das weitere Verfahren nach Art. 70 Abs. 4; die oberste Dienstbehörde entscheidet endgültig.

(3) Beantragt der Personalrat eine Maßnahme, die nach Art. 76 Abs. 2 Nrn. 1 bis 3 seiner Mitwirkung unterliegt, so hat er sie schriftlich dem Leiter der Dienststelle vorzuschlagen. Absatz 1 Satz 2 gilt entsprechend. Das weitere Verfahren bestimmt sich nach Art. 72 Abs. 4.

Das **Initiativrecht** gibt der Personalvertretung die Möglichkeit, nicht nur auf die Absichten des Leiters der Dienststelle zu reagieren, sondern selbst Vorschläge einzubringen, deren Regelungen in drei Varianten weiterverfolgt und im Falle des Verfahrens vor der Einigungsstelle gegen den Willen der Dienststelle durchgesetzt werden können. Die Stärke des Initiativrechts hängt von der Stärke des zugrundeliegenden Mitbestimmungsrechts ab, wird aber aufgrund der Tatsache, daß die Personalvertretung die Initiative ergriffen hat, in Art. 70a nochmals abgeschwächt. **1**

(Abs. 1) Initiativrechte nach Abs. 1 mit bindender Entscheidung der Einigungsstelle für die in der Regelung bezeichneten Mitbestimmungstatbestände des Art. 75 Abs. 4 Satz 1. **2**

Die Entscheidung liegt in diesen Fällen – gegebenenfalls nach Durchführung des Stufenverfahrens – bei der Einigungsstelle gem. Art. 70 Abs. 5 Satz 1. Voraussetzung ist ein schriftlicher Vorschlag des Personalrats. Er muß auf ordnungsgemäßer Beschlußfassung beruhen. Dem Leiter der Dienststelle ist der **Vorschlag schriftlich** zu unterbreiten. Das Gesetz setzt dem Dienststellenleiter keine ausdrückliche Frist, innerhalb deren er seine Entscheidung zu treffen hat. Er hat sich jedoch unverzüglich sachlich mit dem Antrag zu befassen und eine Entscheidung zu treffen. Wird dem Antrag nicht oder nicht in vollem Umfang entsprochen, so hat sich der Dienststellenleiter **unverzüglich,** d. h. ohne schuldhaftes Zögern, schriftlich zu äußern. Die Gründe für seine Entscheidung sind dann ebenfalls schriftlich anzugeben. Der Personalrat kann sich mit der Angelegenheit erneut befassen und das weitere Verfahren gem. **Art. 70 Abs. 4** einleiten. Die Angelegenheit ist also binnen zwei Wochen auf dem Dienstweg der **übergeordneten Dienststelle,** bei der eine Stufenvertretung besteht, vorzulegen. Das Stufenverfahren ist durchzuführen (vgl. Art. 70 Rn. 29). Ergibt sich auch zwischen der obersten Dienstbehörde und der bei ihr bestehenden zuständigen Personalvertretung keine Einigung, so entscheidet die Einigungsstelle endgültig (zum Verfahren vgl. Art. 71).

(Abs. 2) Eingeschränkte Mitbestimmung durch Versagungskatalog und Letztentscheidung durch die oberste Dienstbehörde ist bei den **3**

305

Art. 70 a

folgenden Mitbestimmungstatbeständen des Art. 75 Abs. 1 Satz 1 gegeben. Hier kann nach **Art. 70 a Abs. 2** ebenfalls das Verfahren auf der Ebene der Stufenvertretungen weiterverfolgt werden, und zwar bei den dort angeführten Tatbeständen:

Nr. 2: Beförderung, Übertragung eines anderen Amtes usw. bei Beamten;

Nr. 4: Höhergruppierung, Übertragung einer höher zu bewertenden Tätigkeit auf Dauer bei Arbeitern und Angestellten;

Nr. 9: Weiterbeschäftigung von Arbeitern und Angestellten über die Altersgrenze hinaus.

In diesen Fällen ist der **Versagungskatalog** zu beachten.

Unterläßt eine Behörde aus Sparsamkeitsgründen Beförderungen von Beamten, so kann der Personalrat jedenfalls auch nach dem BayPVG im Wege der Wahrnehmung seines **Initiativrechts** generell darauf hinwirken, daß von den Beförderungsmöglichkeiten Gebrauch gemacht wird. Er kann jedoch nicht die Beförderung bestimmter Beamter verlangen, auch wenn diese nach den Vorstellungen des Dienststellenleiters zur Beförderung anstehen (BVerwG, Beschluß v. 11. 7. 1995 – 6 P 22.93 – zum Personalvertretungsrecht des Saarlandes, PersR 1995, 524).

Ein Vorschlagsrecht besteht nach Abs. 2 auch bezüglich der Bestellung von Vertrauens- und Betriebsärzten (vgl. Art. 75 Abs. 4 Nr. 7).

Die besondere Bedeutung des förmlichen Initiativrechts für den Abs. 2 des Art. 75 a Abs. 1, Einführung und Anwendung technischer Einrichtungen sowie automatisierter Verfahren zur Personalverwaltung, liegt nicht nur darin, daß die Personalvertretung derartige Einrichtungen fordern kann. Vielmehr können bereits eingeführte und angewendete Einrichtungen bis hin zur Frage der Abschaffung zur Diskussion gestellt werden. Wenn auch die oberste Dienstbehörde endgültig entscheiden kann, so ergibt sich für die Personalvertretung dennoch eine Reihe von Handlungsansätzen (vgl. Art. 75 a Rn. 1 ff.).

Insgesamt ist das Verfahren bis zur Ebene der Stufenvertretung durchzuführen. Es kann jedoch nicht die Einigungsstelle angerufen werden, sondern die oberste Dienstbehörde entscheidet endgültig.

4 **(Abs. 3)** Aufgenommen in den Katalog der förmlichen **Initiativrechte** sind die **Mitwirkungstatbestände** des Art. 76 Abs. 2, die im folgenden aufgeführt werden, und zwar:

Nr. 1: Einführung grundlegend neuer Arbeitsmethoden;

Nr. 2: Maßnahmen zur Hebung der Arbeitsleistung und Erleichterung des Arbeitsablaufs;

Nr. 3: Gestaltung der Arbeitsplätze.

In diesen Fällen hat auf **schriftlichen Vorschlag der Personalvertretung** der Leiter der Dienststelle unverzüglich schriftlich unter Angabe von

Gründen zu antworten, falls er dem Antrag nicht oder nicht in vollem Umfang entsprechen will. Die Angelegenheit kann dann auf dem Dienstweg den übergeordneten Dienststellen, bei denen Stufenvertretungen bestehen, mit dem Antrag auf Entscheidung vorgelegt werden. Deren Entscheidung ist nach Verhandlung mit der bei ihnen bestehenden Stufenvertretung endgültig.

Artikel 71
Bildung und Verfahren der Einigungsstelle

(1) Die Einigungsstelle wird von Fall zu Fall bei der obersten Dienstbehörde gebildet. Sie besteht aus je drei Beisitzern, die von der obersten Dienstbehörde und der bei ihr bestehenden zuständigen Personalvertretung bestellt werden, und einem unparteiischen Vorsitzenden, auf dessen Person sich beide Seiten einigen. Die Beisitzer sind unverzüglich zu bestellen, sobald einer der Beteiligten erklärt hat, die Entscheidung der Einigungsstelle herbeiführen zu wollen. Der Einigungsstelle sollen Frauen und Männer angehören. Der Vorsitzende muß die Befähigung zum Richteramt besitzen oder die Voraussetzungen des § 110 Satz 1 des Deutschen Richtergesetzes erfüllen. Die Beisitzer müssen als Beamte, Angestellte oder Arbeiter dem öffentlichen Dienst angehören. Unter den Beisitzern, die von der Personalvertretung bestellt werden, muß sich je ein Beamter und ein Angestellter oder Arbeiter befinden; betrifft die Angelegenheit nur die Beamten oder die im Arbeitsverhältnis stehenden Beschäftigten, kann die Personalvertretung die drei Beisitzer aus der betroffenen Gruppe bestellen. Kommt eine Einigung über die Person des Vorsitzenden nicht zustande, so bestellt ihn der Präsident des Verwaltungsgerichtshofs.

(2) Die Verhandlung ist nicht öffentlich. Der obersten Dienstbehörde und der zuständigen Personalvertretung ist Gelegenheit zur mündlichen Äußerung zu geben. Im Einvernehmen mit den Beteiligten kann die Äußerung schriftlich erfolgen.

(3) Die Einigungsstelle entscheidet durch Beschluß. Sie kann den Anträgen der Beteiligten auch teilweise entsprechen. Der Beschluß wird mit Stimmenmehrheit gefaßt. Er muß sich im Rahmen der geltenden Rechtsvorschriften, insbesondere des Haushaltsrechts, halten.

(4) Bestellt die oberste Dienstbehörde oder der zuständige Personalrat keine Beisitzer oder bleiben die von einer Seite bestellten Beisitzer trotz rechtzeitiger Einladung der Sitzung fern, so entscheiden der Vorsitzende und die erschienenen Beisitzer nach Maßgabe des Absatzes 3 allein.

(5) Der Beschluß ist den Beteiligten zuzustellen. Er bindet, abgesehen

Art. 71

von den Fällen des Art. 70 Abs. 6, die Beteiligten, soweit er eine Entscheidung im Sinn des Absatzes 3 enthält.

(6) Art. 44 Abs. 1 und 2 und Art. 46 Abs. 2 gelten entsprechend.

1 (Abs. 1) Die **Einigungsstelle** ist keine »Rechtsinstanz«, sondern eine personalvertretungsrechtliche Einrichtung mit dem Auftrag zum Ausgleich und zum Abbau von Spannungen (vgl. BVerwG, Beschluß v. 10. 3. 1987 – 6 P 17.85 –, PersR 1987, 171). Sie wird nur bei der obersten Dienstbehörde gebildet. Der Begriff wird untechnisch gebraucht und meint immer diejenige Behörde, die nach Gesetz oder Satzung letztlich in personalrechtlichen Angelegenheiten entscheidungsbefugt ist. Für den Weg zur Einigungsstelle ist deshalb nicht entscheidend, ob ein ein-, zwei- oder dreistufiger Verwaltungsaufbau vorliegt (vgl. 6. Abschn.: Stufenvertretungen und Gesamtpersonalrat, Art. 53 bis 56). Die Frage, wer »oberste Dienstbehörde« bzw. das oberste Organ ist, wird i. d. R. im Mitbestimmungsverfahren geklärt.

Die Einigungsstelle wird von **Fall zu Fall** gebildet. Eine ständige Einrichtung ist damit ausgeschlossen.

2 Tätig wird die Einigungsstelle nur auf **Antrag** des Personalrats oder der entsprechenden »obersten Dienstbehörde«.

3 Die Personalvertretung, die zuletzt am Einigungsverfahren beteiligt war, und die entsprechende »oberste Dienstbehörde« bestellen jeweils drei **Beisitzer.** Sie sind unverzüglich zu bestellen, sobald die Entscheidung der Einigungsstelle beantragt ist.

4 Grundsätzlich ist jede Seite bei der **Wahl** ihrer **Beisitzer** frei. Sie müssen allerdings als Beamte, Angestellte oder Arbeiter dem öffentlichen Dienst angehören, also aus dem Geschäftsbereich der obersten Dienstbehörde kommen, aber auch aus anderen Verwaltungen (vgl. Art. 1) oder überhaupt dem öffentlichen Dienst angehören, da die Vorschrift keine Beschränkung auf den Geltungsbereich des BayPVG enthält. Dementsprechend können auch Beschäftigte des Bundes i. S. d. § 1 BPersVG Beisitzer sein. Mit der Novellierung zum 1. 9. 1994 wurde die Bestimmung aufgenommen, daß der Einigungsstelle Frauen und Männer angehören sollen. Diese Soll-Bestimmung richtet sich gleichermaßen an die Dienststellenleitung und die Personalvertretung hinsichtlich der von ihnen zu entsendenden Beisitzer und Beisitzerinnen.

Für die von den Personalvertretungen zu bestellenden Beisitzer sind weitere Bedingungen zu berücksichtigen: Handelt es sich um eine Angelegenheit, die die Personalvertretung gemeinsam beschließt, muß sich unter den Beisitzern mindestens ein Beamter und ein Angestellter oder Arbeiter befinden. Die Auswahl des Dritten ist frei. Betrifft die Angelegenheit nur die Beamten, können die Beisitzer ausschließlich aus der betroffenen Gruppe bestellt werden. Betrifft die Angelegenheit Beschäftigte in einem Arbeitsverhältnis, kann die Personalvertretung drei Beisitzer aus dieser Gruppe bestellen. Die Personalvertretung bestellt ihre Beisitzer durch Beschluß, entweder gemeinsam oder bei Gruppenangelegenheiten von den Gruppenvertretern (vgl. dort).

Eine Verpflichtung zur Übernahme des Beisitzeramtes besteht nur für die vom Leiter der obersten Dienstbehörde angewiesenen Beamten und für die durch Beschluß der zuständigen Personalvertretung bestellten eigenen Mitglieder. Bei anderen Beschäftigten richtet sich die Übernahmepflicht nach den Vorschriften der Nebentätigkeitsverordnung. Sie gilt auch für Angestellte (§ 11 BAT). Bei Arbeitern gilt § 13 MTArb und § 11 BMT-G II. Sie können zur Übernahme nicht verpflichtet werden.

Ein **unparteiischer Vorsitzender** ist zu bestellen, auf den sich beide Seiten einigen müssen. Die Einigung erfolgt durch Personalvertretung und Dienststelle, nicht durch die Beisitzer, es sei denn, ihnen ist die Bestellung des unparteiischen Vorsitzenden überlassen. Für die Wahl des Vorsitzenden sind durch die Bestimmung keine Einschränkungen gemacht, insbesondere muß er nicht dem öffentlichen Dienst angehören. Er kann Richter sein, muß aber nach der Bestimmung lediglich die Befähigung zum Richteramt besitzen oder die Voraussetzung des § 110 des Deutschen Richtergesetzes erfüllen, d.h. jeder Jurist mit erfolgreich abgeschlossenem Zweiten Juristischen Staatsexamen und jeder Professor einer Hochschule der Rechtswissenschaften kommen in Betracht. 5

Beide Seiten haben über die Person des Vorsitzenden mit dem ernsten Willen zur Einigung zu verhandeln. Kommt trotz ernsthafter Verhandlung keine Einigung durch die Person des Vorsitzenden zustande, bestellt ihn der **Präsident des Bayerischen Verwaltungsgerichtshofs.** Beide Seiten können gegebenenfalls an ihn herantreten. 6

Für die **Mitglieder der Einigungsstelle** gilt Art. 8; sie dürfen wegen dieser Tätigkeit nicht benachteiligt oder bevorzugt werden, sind unabhängig und nicht an Weisungen gebunden. Die Verpflichtung zur Verschwiegenheit gem. Art. 10 gilt entsprechend. Die durch die Tätigkeit der Einigungsstelle entstehenden Kosten trägt die Dienststelle. Dazu gehören auch die an die Mitglieder der Einigungsstelle zu zahlenden Vergütungen (Art. 44). Das Gesetz sieht zwar keinen Honoraranspruch vor, er kann aber durch gesonderte Vereinbarung entstehen. Einen **Honoraranspruch** für den dienststellenfremden Beisitzer einer Einigungsstelle sieht das Gesetz nicht als Regelfall vor. Eine Vereinbarung mit der Dienststelle über eine entsprechende Vergütung ist zwar möglich, kann aber allein zwischen dem Beisitzer und der ihn bestellenden Personalvertretung nicht wirksam getroffen werden. Auch ohne Vereinbarung besteht ein Anspruch auf **Aufwendungsersatz** in Höhe der üblichen Vergütung, wenn dies zuvor geltend gemacht worden ist, die Beisitzertätigkeit in das weitere berufliche Tätigkeitsfeld des Beisitzers fällt und erforderlich ist. Der **Kostenaufwand** muß nach dem Anlaß angemessen und vertretbar sein; dies beurteilt sich aus der Sicht des Personalrats. Erforderlich ist der Kostenaufwand 7

Art. 71

nur, wenn die Personalvertretung auf andere zumutbare Weise keine qualifizierten Personen gewinnen kann, die ihr Vertrauen genießen; insoweit steht der Personalvertretung ein Beurteilungsspielraum zu, trifft sie aber auch eine Nachweispflicht. Der Anspruch auf Aufwendungsersatz kann von dem Beisitzer unmittelbar gegen die Dienststelle geltend gemacht werden (vgl. BVerwG, Beschluß v. 9. 10. 1991 – 6 P 1.90 –, PersR 1992, 52).

Eine offensichtliche **Unzuständigkeit der Einigungsstelle** ergibt sich nicht aus einem Zeitversäumnis bei der Bestellung. Eine offensichtliche Unzuständigkeit der Einigungsstelle ist nur dann zu bejahen, wenn ihre Zuständigkeit unter keinem denkbaren rechtlichen Gesichtspunkt als möglich erscheint. Eine offensichtliche Unzuständigkeit ist dann nicht gegeben, wenn unterschiedliche bedenkenswerte Rechtsauffassungen im Schrifttum vertreten werden und eine höchstrichterliche Klärung noch aussteht (vgl. LAG Köln, Beschluß v. 13. 1. 1998 – 13 TaBV 60/97 – zu § 113 Abs. 3 BetrVG, AiB 1998, 593).

8 (Abs. 2) Die **Verhandlung** der Einigungsstelle ist **nicht öffentlich**. Teilnehmen können als Beteiligte der Leiter der obersten Dienstbehörde und die Mitglieder der zuständigen Personalvertretung sowie ihre bevollmächtigten Vertreter, da ihnen Gelegenheit zur mündlichen Äußerung gegeben ist.

(Abs. 3) **Beratung** und **Beschlußfassung** erfolgen ausschließlich durch die Mitglieder der Einigungsstelle. Die mündliche Verhandlung leitet der Vorsitzende. Die Entscheidung fällt mehrheitlich durch Beschluß. Dabei kann den Anträgen der Beteiligten auch teilweise entsprochen werden. Eine Beschlußfassung ist auch in den Fällen erforderlich, in denen die Einigungsstelle nur eine **Empfehlung** an die oberste Dienstbehörde abgibt.

(Abs. 4) Sind von der obersten Dienstbehörde oder dem zuständigen Personalrat keine Beisitzer benannt oder bleiben die von einer Seite bestellten Beisitzer trotz rechtzeitiger Einladung der Sitzung fern, kann der Vorsitzende mit den erschienenen Beisitzern mehrheitlich durch Beschlußfassung entscheiden.

9 (Abs. 5) Der Beschluß wird schriftlich abgefaßt und den Beteiligten zugestellt. Die Einigungsstelle ist zwar nicht verpflichtet, das Ergebnis ihrer Beratungen in einer schriftlichen Begründung niederzulegen, dies ist aber für eine Nachvollziehbarkeit der Beschlüsse oder deren evtl. gerichtlichen Überprüfung empfehlenswert, auch wenn dabei nur die Beschlußformel überprüft wird. Das Formerfordernis der Schriftform des Beschlusses ist erfüllt, wenn die Beschlußformel schriftlich niedergelegt und von allen Mitgliedern der Einigungsstelle unterzeichnet wird. Es ist nicht erforderlich, daß eine etwa doch gegebene schriftliche Begründung von allen Mitgliedern der Einigungsstelle unterzeichnet wird (vgl. BVerwG, Beschluß v. 10. 3. 1987 – 6 P 17.85 –, PersR 1987, 171).

Art. 71

Die Einigungsstelle hat nicht darüber zu entscheiden, welches kommunalverfassungsrechtlich zuständige Organ ihre Entscheidung zu vollziehen bzw. über die Empfehlung zu befinden hat (vgl. BVerwG, Beschluß v. 17. 3. 1987 – 6 P 15.85 –, PersR 1987, 188).

Die Einigungsstelle hat zu prüfen, ob und inwieweit die zu regelnde Angelegenheit der **Mitbestimmung** unterliegt. Für die jeweiligen Mitbestimmungstatbestände ersetzt der Spruch der Einigungsstelle die fehlgeschlagene Einigung zwischen oberster Dienstbehörde und Personalvertretung. Bei der eingeschränkten Mitbestimmung in Personalangelegenheiten ist der **Versagungskatalog** zu beachten. In Personalangelegenheiten von Beamten wird lediglich eine Empfehlung an die oberste Dienstbehörde beschlossen. Dasselbe gilt für die eingeschränkte Mitbestimmung mit bloßem Empfehlungsrecht der Einigungsstelle, insbesondere bei der Einführung und Anwendung technischer Einrichtungen zur Überwachung des Verhaltens oder der Leistung der Beschäftigten und von automatisierten Verfahren zur Personalverwaltung. Die Einigungsstelle darf sich bei ihren Beschlüssen nicht über geltende Rechtsvorschriften hinwegsetzen.

10 Entsprechend den vorangehenden Ausführungen kann die Entscheidung der Einigungsstelle durch das Verwaltungsgericht nach Art. 81 Abs. 1 Nr. 5 auf Vereinbarkeit mit geltenden Rechtsvorschriften und insbesondere das Haushaltsgesetz überprüft werden. Soweit die Einigungsstelle eine Ermessensentscheidung getroffen hat, beschränkt sich die Kontrolle auf die Einhaltung der Ermessensgrenzen. Zur Nachprüfung der Rechtmäßigkeit von Entscheidungen der Einigungsstelle sind die Fachkammern der Verwaltungsgerichte für Personalvertretungssachen befugt. Die gerichtliche Kontrolle erstreckt sich jedoch nur auf die Frage, ob die Entscheidung der Einigungsstelle geltendes Recht verletzt; als Entscheidung ist dabei allein die **Beschlußformel** zu verstehen (vgl. VG Berlin, Beschluß v. 29. 6. 1994 – VG FK (Bln)-B-27.93 –, PersR 1994, 574).

Der Personalrat kann **Einigungsstellenbeschlüsse** gerichtlich auf ihre **Rechtmäßigkeit** überprüfen lassen, da die entsprechenden Rechtsvorschriften auch dem Schutz der Beschäftigten dienen. Nach Art. 81 Abs. 1 Nr. 5 BayPVG bezieht sich die Zuständigkeit der Verwaltungsgerichte eben nicht nur auf die Verpflichtung der Einhaltung des hervorgehobenen Haushaltsrechts, sondern auf **alle geltenden Rechtsvorschriften**, wie z. B. des BayPVG, der Arbeitsschutzgesetze, des Tarifrechts, Beamtenrechts, Datenschutzrechts, Sozialrechts etc. Auf Antrag des Personalrats muß das Verwaltungsgericht einen Einigungsstellenbeschluß aufheben, mit dem eine Zustimmungsverweigerung des Personalrats ersetzt wird, obwohl die beabsichtigte Maßnahme rechtswidrig ist und die Zustimmungsverweigerung daher rechtlich geboten war (vgl. VG Frankfurt/Main, Beschluß v. 3. 12. 1999 – 22 K 4462/99 (V) –, PersR 2000, 124).

Die Befugnis des Personalrats, einen Beschluß der Einigungsstelle ge-

Art. 71, 72

richtlich überprüfen zu lassen, erstreckt sich nur auf die die Beteiligten bindenden **Beschlüsse** (hier zu § 54 Abs. 4 Satz 3 MBG S-H), nicht aber auf bloße **Empfehlungen** (vgl. BVerwG, Beschluß v. 24. 1. 2001 – 6 PB 15.00 –, PersR 2001, 204).

Artikel 72
Verfahren bei der Mitwirkung des Personalrats

(1) Soweit der Personalrat an Entscheidungen mitwirkt (Art. 76 Abs. 1 und 2, Art. 77 Abs. 1), ist die beabsichtigte Maßnahme vor der Durchführung mit dem Ziel einer Verständigung rechtzeitig und eingehend mit ihm zu erörtern. Dies gilt auch, soweit eine Maßnahme nur als Versuch oder zur Erprobung durchgeführt werden soll. Art. 70 Abs. 1 Sätze 4 und 5 gelten entsprechend.

(2) Äußert sich der Personalrat nicht innerhalb von zwei Wochen oder hält er bei Erörterungen seine Einwendungen oder Vorschläge nicht aufrecht, so gilt die beabsichtigte Maßnahme als gebilligt. Erhebt der Personalrat Einwendungen, so hat er dem Leiter der Dienststelle die Gründe mitzuteilen. Art. 70 Abs. 2 Satz 6 gilt entsprechend.

(3) Entspricht die Dienststelle den Einwendungen des Personalrats nicht oder nicht in vollem Umfang, so teilt sie dem Personalrat ihre Entscheidung unter Angabe der Gründe schriftlich mit. Eine schriftliche Mitteilung erfolgt auch dann, wenn die Dienststelle eine Maßnahme, die der Personalrat gebilligt hat oder die nach Absatz 2 Satz 1 als gebilligt gilt, nicht durchführt.

(4) Der Personalrat einer nachgeordneten Dienststelle kann die Angelegenheit innerhalb von zwei Wochen, in den Fällen des Art. 77 Abs. 1 binnen einer Woche nach Zugang der Mitteilung auf dem Dienstweg den übergeordneten Dienststellen, bei denen Stufenvertretungen bestehen, mit dem Antrag auf Entscheidung vorlegen. Diese entscheiden nach Verhandlung mit der bei ihnen bestehenden Stufenvertretung. Art. 70 Abs. 4 Sätze 2 und 3 gelten entsprechend.

(5) Ist ein Antrag gemäß Absatz 4 gestellt, so ist die beabsichtigte Maßnahme bis zur Entscheidung der angerufenen Dienststelle auszusetzen.

(6) Art. 70 Abs. 7 gilt entsprechend.

1 Die **Mitwirkung** ist selbst gegenüber der **eingeschränkten Mitbestimmung** das schwächere Beteiligungsrecht, sie ist allerdings stärker als die übrigen Formen der Beteiligung ausgestaltet, wie z.B. die **Unterrichtungs- und Anwesenheitsrechte,** die **Aushändigungspflicht** oder das **Beratungsrecht.** Die Durchführung einer Maßnahme ist von der **Billigung** durch den Personalrat abhängig. Einwendungen haben die Aus-

Art. 72

setzung der Maßnahme zur Folge, bis sie gem. Abs. 3 und 4 behandelt sind. Ist die Angelegenheit in dem mehrstufigen Verfahren erörtert, wird sie – spätestens bei der obersten Dienstbehörde – endgültig entschieden. Vorläufige Regelungen sind wie bei der Mitbestimmung (vgl. Art. 70 Abs. 7) möglich. Durch die Ausdehnung der Mitwirkung auf Versuchs- und Erprobungsmaßnahmen kann daher der Personalvertretung ein gewisser Einfluß auf die Entscheidungen der Verwaltung gelingen, insbesondere dann, wenn die Betroffenen selbst in die Auseinandersetzung einbezogen werden. Ansonsten ist das Beratungsrecht im Mitwirkungsverfahren nur bei der ordentlichen Kündigung mit Rechtsfolgen ausgestattet, die die Rechtsstellung des Betroffenen verbessern.

(Abs. 1) Das Mitwirkungsverfahren wird in der Regel auf Initiative der Dienststelle in Gang gesetzt. Der Personalrat hat ein Initiativrecht (vgl. Art. 70a Abs. 3) bei der 2

– Einführung grundlegend neuer Arbeitsmethoden (vgl. Art. 76 Abs. 2 Nr. 1);
– Maßnahmen zur Hebung der Arbeitsleistung und zur Erleichterung des Arbeitsablaufs (vgl. Art. 76 Abs. 2 Nr. 2);
– Gestaltung der Arbeitsplätze (vgl. Art. 76 Abs. 2 Nr. 3).

Bereits aufgrund des Art. 69 Abs. 2 Sätze 1 und 2 ist der Personalrat zunächst umfassend **zu unterrichten** und sind ihm die dafür erforderlichen **Unterlagen** zur Verfügung zu stellen. Die beabsichtigte Maßnahme muß noch **gestaltungsfähig** sein, damit sie mit dem Ziel einer Verständigung erörtert werden kann.

Rechtzeitig ist der Personalrat unterrichtet, wenn ihm mindestens zwei Wochen Zeit bleiben, Einwendungen oder Vorschläge zu äußern (vgl. Abs. 2). Die Äußerungsfrist im Mitwirkungsverfahren nach § 72 Abs. 2 Satz 1 BPersVG beginnt mit der ordnungsgemäßen, d. h. vollständigen Unterrichtung des Personalrats durch die Dienststelle. Sie wird durch eine Erörterung nach § 72 Abs. 1 BPersVG weder unterbrochen noch gehemmt (vgl. BVerwG, Beschluß v. 27. 1. 1995 – 6 P 22.92 –, PersR 1995, 185).

Umfassend ist der Personalrat erst dann **unterrichtet,** wenn ihm alle 3 diejenigen Unterlagen zugänglich gemacht wurden, die auch dem Dienststellenleiter bzw. den zuständigen Verwaltungsstellen für ihre Meinungsbildung zur Verfügung stehen. Ist der Personalrat der Auffassung, er sei nicht entsprechend unterrichtet worden, so muß er dem Dienststellenleiter unverzüglich darüber Mitteilung machen.

Wird durch die **verspätete Vorlage notwendiger Informationen** die 4 Beratung des Personalrats verzögert, so sollte er dem Dienststellenleiter die durch ihn notwendig gewordene Verlängerung der Äußerungspflicht mitteilen. Dementsprechend muß auch der Zeitpunkt der eingehenden Erörterung verschoben werden. Damit kann aber die Fiktion des Abs. 2, nach der eine Maßnahme dann als gebilligt gilt, wenn keine Einwendun-

Art. 72

gen oder Vorschläge geäußert werden, jedenfalls nicht mehr innerhalb der ersten Äußerungsfrist von zwei Wochen eintreten.

5 Nur der Personalrat entscheidet, ob er nach der Unterrichtung über die beabsichtigte mitwirkungspflichtige Maßnahme eine **Erörterung** durchführt. Er kann auf sein Äußerungsrecht ausdrücklich verzichten, so daß die Maßnahme nach Ablauf der Zweiwochenfrist aus Abs. 2 als gebilligt gilt. Er kann aber auch Einwendungen machen bzw. eigene Vorschläge einbringen, wenn er sie dem Leiter der Dienststelle entsprechend begründet mitteilt. Dann ist die beabsichtigte Maßnahme mit dem Ziel der Verständigung eingehend zu erörtern. Ebenso wie die Dienststelle ordnungsgemäß durch den Dienststellenleiter vertreten werden muß (Art. 7), ist auf seiten des Personalrats die Erörterung – auch in Gruppenangelegenheiten – durch das Plenum erforderlich. Die Erörterung ist auch **kein laufendes Geschäft**, so daß ordnungsgemäße Beschlußfassung erfolgen muß. Das Verfahren der Mitwirkung beginnt also mit der Unterrichtung des Personalratsvorsitzenden und wird durch die Entscheidung des Personalrats eingeleitet, eine entsprechende Erörterung durchzuführen. Die Erörterung findet in einer Personalratssitzung mit dem Dienststellenleiter statt. Nach Abschluß der Erörterung kann der Personalrat seine Einwendungen oder Vorschläge aufrechterhalten, muß dies dann dem Leiter der Dienststelle allerdings begründet mitteilen. Andernfalls gilt die Maßnahme als gebilligt (Abs. 2).

Die Dienststelle kann den Einwendungen und Vorschlägen des Personalrats entsprechen und die beabsichtigte Maßnahme entweder überhaupt nicht oder aber in entsprechend abgewandelter Form durchführen. Entspricht die Dienststelle den Einwendungen jedoch nicht oder jedenfalls nicht in vollem Umfang, bzw. führt sie eine gebilligte Maßnahme nicht durch, so hat sie dem Personalrat schriftliche Mitteilung unter Angabe von Gründen zu machen. Die Angelegenheit hat damit ihr Bewenden, wenn der Personalrat nicht das weitere Verfahren einleitet.

6 (Abs. 2) Innerhalb von zwei Wochen – in den Fällen des Art. 77 Abs. 1 binnen einer Woche – nach Zugang der Mitteilung der Dienststelle kann der Personalrat auf dem Dienstweg bei den übergeordneten Stellen Antrag auf Entscheidung der Angelegenheit stellen. Der Antrag setzt einen entsprechenden Beschluß des Personalrats voraus.

7 Maßgebend für die **Frist** ist dabei der Zugang der schriftlichen Mitteilung beim Personalrat. Für die Fristenberechnung gelten die §§ 187 ff. BGB. Die Frist gilt demnach dann als eingehalten, wenn die Vorlage am entsprechenden Tag der Folgewoche beim Dienststellenleiter eingeht. Die **Äußerungsfrist im Mitwirkungsverfahren** beginnt mit der ordnungsgemäßen, d. h. vollständigen Unterrichtung des Personalrats durch die Dienststelle. Sie wird durch eine Erörterung nach Art. 72 Abs. 1 weder unterbrochen noch gehemmt (vgl. BVerwG, Beschluß v. 27. 1. 1995 – 6 P 22.92 –, PersR 1995, 185). Erklärt also der örtliche Dienststellenleiter, er werde den Einwendungen des Personalrats nicht oder zumindest nicht in vollem Umfang entsprechen, so könnte er dies z.B. dem Personalrat schriftlich (vgl. **Abs. 3**) an einem Mittwoch mitteilen. Die Berechnung der Wochenfrist beginnt dann am Donnerstag, so daß der Ablauf der Frist auf den gleichen Wochentag fällt wie der Zugang der Erklärung, nämlich auf den Mittwoch. (**Abs. 4**) Am Mittwoch muß also der Antrag der Personalvertretung auf Entscheidung bei dem Leiter der örtlichen Dienststelle eingehen (vgl. § 18 Abs. 1 ADO). Nicht erforderlich ist also, daß die Vorlage des Personalrats innerhalb der Frist bei der übergeordneten Dienststelle eingeht. Die Anrufung der **übergeordneten Dienststelle** muß also lediglich bei der nachgeordneten, örtlichen Dienststelle rechtzeitig eingehen. (**Abs. 5**) Dadurch wird der Dienststellenleiter verpflichtet, die beabsichtigte Maßnahme bis zur Entscheidung der übergeordneten Dienststelle auszusetzen. Er ist allerdings nicht gehindert, weiterhin zu versuchen, mit der örtlichen Personalvertretung eine Einigung zu erzielen. Erfolgt eine solche noch vor Abschluß des Stufenverfahrens, so wird dieses gegenstandslos.

Die zur Entscheidung angerufenen übergeordneten Dienststellen entscheiden nach Verhandlungen mit der bei ihnen bestehenden Stufenvertretung. Dabei müssen sie die gleichen Verfahrensregelungen beachten, wie sie für die nachgeordneten Dienststellen gelten, d.h., daß das Verfahren auf der Ebene der Mittel- wie auch der obersten Dienstbehörde in der bereits beschriebenen Weise abzuwickeln ist. **8**

(**Abs. 6**) Wie im Mitbestimmungsverfahren (vgl. Art. 70 Abs. 7) kann der zuständige Dienststellenleiter nach Art. 73 Abs. 6 dann eine **vorläufige Regelung** treffen, wenn die beabsichtigte mitwirkungspflichtige Maßnahme der Natur der Sache nach keinen Aufschub duldet (vgl. Art. 70 Rn. 32 f.). Unter Angabe von Gründen hat der Dienststellenleiter dem Personalrat die vorläufige Regelung mitzuteilen. **9**

Nur für den Fall eines **Fehlers im Mitwirkungsverfahren** bei der ordentlichen Kündigung (vgl. Art. 77 Abs. 1) sind die Rechtsfolgen ausdrücklich geregelt (vgl. Art. 77 Abs. 4). Eine Kündigung ist demnach dann unwirksam, wenn der Personalrat nicht beteiligt worden ist (vgl. Art. 77 Rn. 40). Im Mitwirkungsverfahren nach Art. 76 Abs. 1 und 2 sind die Rechtsfolgen nicht ausdrücklich festgelegt. Wird in diesen Fällen der zuständige Personalrat nicht oder nicht ordnungsgemäß beteiligt, so hat dies dennoch Folgen für die Rechtswirksamkeit der Maßnahme, ähnlich wie im Falle der nicht ordnungsgemäßen Durchführung des Mitbestimmungsverfahrens (vgl. Art. 70 Rn. 8 bis 13). Rechtsgeschäftliche Maßnahmen sind demnach grundsätzlich unwirksam. Wird eine Maßnahme als Verwaltungsakt durchgeführt, so ist dieser fehlerhaft und kann erfolgreich angefochten werden. Das Anfechtungsrecht steht dabei nicht dem Personalrat, sondern dem in seinen Rechten Verletzten zu. **10**

Artikel 73
Dienstvereinbarungen

(1) Dienstvereinbarungen sind, soweit eine gesetzliche oder tarifliche Regelung nicht besteht, in den Fällen der Art. 75 Abs. 4, Art. 75a Abs. 1 und Art. 76 Abs. 2 Nrn. 1 bis 3 zulässig. Arbeitsentgelte und sonstige Arbeitsbedingungen, die üblicherweise durch Tarifvertrag geregelt werden, können nicht Gegenstand einer Dienstvereinbarung sein; dies gilt nicht, wenn ein Tarifvertrag den Abschluß ergänzender Dienstvereinbarungen ausdrücklich zuläßt.

(2) Dienstvereinbarungen werden durch Dienststelle und Personalrat gemeinsam beschlossen. Sie sind von beiden Seiten zu unterzeichnen und in geeigneter Weise bekanntzumachen.

(3) Dienstvereinbarungen, die für einen größeren Bereich gelten, gehen den Dienstvereinbarungen für einen kleineren Bereich vor.

(4) Dienstvereinbarungen können, soweit nichts anderes vereinbart ist, mit einer Frist von drei Monaten gekündigt werden. Nach Ablauf einer Dienstvereinbarung gelten ihre Regelungen weiter, wenn und soweit dies ausdrücklich vereinbart worden ist.

1 (Abs. 1 Satz 1) Die **Zulässigkeit** der Dienstvereinbarungen umfaßt die **Regelungstatbestände** der Art. 75 Abs. 4, Art. 75a Abs. 1 und Art. 76 Abs. 2 Nrn. 1 bis 3.

Für Dienstvereinbarungen kommen gem. **Art. 75 Abs. 4** Regelungen in Frage zu:

1. Beginn und Ende der täglichen Arbeitszeit und der Pausen sowie der Verteilung der Arbeitszeit auf die einzelnen Wochentage (z.B. Einführung der gleitenden Arbeitszeit);
2. Zeit, Ort und Art der Auszahlung der Dienstbezüge und Arbeitsentgelte;
3. Aufstellung des Urlaubsplans;
4. Fragen der Lohngestaltung innerhalb der Dienststelle;
5. Errichtung, Verwaltung und Auflösung von Sozialeinrichtungen;
6. Durchführung der Berufsausbildung bei Angestellten und Arbeitern;
7. Bestellung von Vertrauens- und Betriebsärzten;
8. Maßnahmen zur Verhütung von Dienst- und Arbeitsunfällen;
9. Grundsätzen über die Bewertung von anerkannten Vorschlägen im Rahmen des betrieblichen Vorschlagswesens;
10. Inhalt von Personalfragebogen;
11. Beurteilungsrichtlinien;
12. Aufstellung von Sozialplänen;

Art. 73

13. Erlaß von Richtlinien über die personelle Auswahl bei Einstellungen, Versetzungen, Umgruppierungen und Kündigungen.

Wesentlich erweitert wird durch die Novellierung das Recht zum Abschluß der **Dienstvereinbarungen zu Art. 75a Abs. 1** (Mitbestimmung bei der Einführung, Anwendung und erheblicher Änderung technischer Einrichtungen zur Überwachung des Verhaltens oder der Leistung der Beschäftigten und automatisierter Verfahren zur Personalverwaltung). **2**

Auch die bisher nur der Mitwirkung unterliegenden Angelegenheiten des **Art. 76 Abs. 2** werden in drei Fällen der Dienstvereinbarung zugänglich gemacht: **3**

1. Einführung grundlegend neuer Arbeitsmethoden;
2. Maßnahmen zur Hebung der Arbeitsleistung und zur Erleichterung des Arbeitsablaufs;
3. Gestaltung der Arbeitsplätze.

Damit sind die Regelungstatbestände gesetzlich abschließend festgelegt. Vereinbarungen über Angelegenheiten, die über diesen Rahmen hinausgehen, sind dementsprechend begrifflich keine Dienstvereinbarungen, auch wenn sie so bezeichnet werden. Es kann sich allenfalls um **Dienstabsprachen** handeln, die keine normative Wirkung auf den Inhalt der Arbeits- und Dienstverhältnisse sowie auf innerdienstliche Angelegenheiten und die Beziehungen zwischen Personalrat und Dienststellenleiter haben. Derartige Vereinbarungen können allerdings für Dienststelle und Personalrat eine Art Selbstbindung für ihre Arbeit sein. **4**

Der Abschluß von Dienstvereinbarungen wird durch den **Vorrang bestehender gesetzlicher oder tarifvertraglicher Regelungen** beschränkt, soweit diese Regelungen abschließend sind. Gegenstand einer Dienstvereinbarung können nur kumulativ nach Art. 73 Abs. 1 Sätze 1 und 2 zulässige Inhalte sein. Sie müssen unter den abschließend aufgeführten Beteiligungstatbeständen (vgl. Rn. 1–3) zu subsumieren sein und dürfen nicht abschließend tarifvertraglich ohne weiteren Gestaltungsraum geregelt sein (vgl. BayVGH, Beschluß v. 23. 3. 1994 – 17 P 93.3656 –, PersR 1994, 470). Darüber hinaus können Arbeitsentgelte und sonstige Arbeitsbedingungen, die üblicherweise durch Tarifvertrag geregelt werden, nicht Gegenstand einer Dienstvereinbarung sein (**Abs. 1 Satz 2 Halbs. 1**). Eine ergänzende Dienstvereinbarung ist in diesen Fällen nur möglich, wenn ein Tarifvertrag den Abschluß ausdrücklich zuläßt (**Abs. 1 Satz 2 Halbs. 2**). Besteht eine tarifliche Öffnungsklausel, kann durch Dienstvereinbarung nur eine günstigere Regelung getroffen werden, es sei denn, der Tarifvertrag sieht auch ausdrücklich die Möglichkeit des Abschlusses verschlechternder Dienstvereinbarungen vor. Durch eine tarifvertragliche Regelung der Zahlung von **Kassenverlustentschädigung** wird der Abschluß einer Dienstvereinbarung über die Zahlung einer **Leistungsprämie** an die Kassierer einer Sparkasse nicht ausgeschlossen (vgl. OVG NW, Beschluß v. 8. 5. 1995 – 1 A 295/93 –, PersR 1996, 67). Bei **5**

Art. 73

Kündigung einer derartigen Dienstvereinbarung gelten in Bayern ihre Regelungen nur weiter, sofern eine Nachwirkung vereinbart wurde.

6 **Dienstvereinbarung** ist die generelle Regelung von Beteiligungsangelegenheiten durch Übereinkunft zwischen Dienststellenleiter und Personalrat. Sie ist formgebunden und schafft für Dienststelle, Personalrat und Beschäftigte unmittelbar geltendes Recht, zuzuordnen dem Bereich des öffentlichen Rechts, da auch Angelegenheiten von Beamten geregelt werden. Damit ist für die Praxis der Rechtscharakter der Dienstvereinbarungen ausreichend bestimmt.

7 (Abs. 2) Die Initiative zum **Abschluß einer Dienstvereinbarung** kann vom Dienststellenleiter wie auch vom Personalrat ausgehen; sie wird in jedem Fall gemeinsam beschlossen und von beiden Seiten unterzeichnet. Sie ist in geeigneter Weise bekanntzumachen (Abs. 2).

8 Gegebenenfalls **im Mitbestimmungsverfahren** ist die Dienstvereinbarung **erzwingbar**; sie kann also durch Spruch der Einigungsstelle zustande kommen, soweit diese zu einer endgültigen Entscheidung befugt ist. Der Einigungsstellenspruch hat dann dieselbe Wirkung wie eine von Dienststellenleiter und Personalrat unterzeichnete Urkunde.

9 Die **Bekanntmachung** erfolgt durch Aushang, Umlaufverfahren oder Informationsblatt.

10 Umstritten ist die Verletzung der Formvorschriften des Abs. 2 Satz 2.

11 Die **Schriftform** ist konstitutives Formerfordernis, d. h. beide Seiten müssen auf der gleichen Urkunde unterzeichnen, sonst ist die Dienstvereinbarung nichtig (§ 125 Satz 1 BGB). Demgegenüber ist die **Bekanntmachung** lediglich Ordnungsvorschrift, so daß die Wirksamkeit der Dienstvereinbarung dadurch nicht beeinträchtigt werden kann.

12 (Abs. 3) Der **Geltungsbereich von Dienstvereinbarungen** ergibt sich aus ihrem Inhalt. Dienstvereinbarungen, die für einen größeren Bereich gelten, gehen den Dienstvereinbarungen in einem kleineren Bereich vor. Die Dienstvereinbarungen in einem solchen Bereich werden damit, selbst wenn sie günstigere Regelungen enthalten, gegenstandslos. Für einen größeren Bereich gelten Dienstvereinbarungen, die nicht nur für eine, sondern mehrere Dienststellen abgeschlossen wurden. Ihre Vereinbarung erfolgt zwischen der höheren Dienststelle und der bei ihr gebildeten Stufenvertretung. **Unzulässig** ist eine Dienstvereinbarung auf höherer Ebene, die lediglich zum Ziel hat, Dienstvereinbarungen im unteren Bereich außer Kraft zu setzen.

13 (Abs. 4) Dienstvereinbarungen können sowohl vom Personalrat als auch vom Dienststellenleiter gekündigt, sie können aber auch von vornherein befristet abgeschlossen werden, so daß sie mit dem Ablauf der Zeit enden, für die sie eingegangen worden sind. Sie können aber auch eine **Kündigungsfrist** enthalten, so daß die Kündigung nur unter Einhaltung dieser Frist zulässig ist.

Art. 73, 74

Soweit nichts anderes vereinbart ist, können Dienstvereinbarungen nach **14**
Abs. 4 Satz 1 mit einer Frist von drei Monaten gekündigt werden.

Nicht beendet wird die Geltung einer Dienstvereinbarung durch die **Neu-** **15**
wahl des Personalrats, durch den Wechsel in der Person des Dienststellenleiters oder einen Wechsel des Rechtsträgers der Dienststelle.

Sowohl eine neue als auch der Abschluß einer ranghöheren Dienstver- **16**
einbarung für einen größeren Bereich können eine Dienstvereinbarung
außer Kraft setzen. Die gleiche Wirkung erzielen Gesetz oder Tarifvertrag, die den gleichen Gegenstand abschließend regeln; es sei denn, sie
lassen ergänzende Dienstvereinbarungen ausdrücklich zu oder bestimmen, daß bestehende bis zu ihrer Kündigung weitergelten sollen.

Die **Nachwirkung** der Dienstvereinbarung ist anders als im BPersVG im **17**
BayPVG **Abs. 4 Satz 2** insofern geregelt, als sie dann zugelassen sein soll,
wenn und soweit dies ausdrücklich vereinbart worden ist. Die Vereinbarung wird zweckmäßig bei Abschluß der Dienstvereinbarung aufgenommen, eine entsprechende Ergänzung ist aber auch nach Abschluß möglich,
oder die Vereinbarung kann selbst bei der Kündigung getroffen werden,
und zwar in derselben Form, die in der Dienstvereinbarung zu beachten
war. Dementsprechend kann sowohl eine begrenzte Weitergeltung wie
auch die sofortige Ablösung durch eine andere Abmachung vereinbart
werden.

Streiten Dienststelle und Personalrat über Bestehen oder Nichtbestehen **18**
von Dienstvereinbarungen, entscheidet das Verwaltungsgericht im Beschlußverfahren nach Art. 81 Abs. 1 Nr. 4. In diesem Verfahren ist nach
Art eines **Normenkontrollverfahrens** nur über Bestehen oder Nichtbestehen von Dienstvereinbarungen zu entscheiden; für Streitigkeiten über
Auslegung und Durchführung von Dienstvereinbarungen steht dieses
Verfahren nicht zur Verfügung (vgl. OVG NW, Beschluß v. 27. 1. 1995
– 1 A 3556/92.PVL – zu § 79 Abs. 1 Nr. 5 LPVG NW = § 83 Abs. 1 Nr. 4
BPersVG, PersR 1995, 383).

Artikel 74
Durchführung von beteiligungspflichtigen Entscheidungen

(1) Entscheidungen, an denen der Personalrat beteiligt war, führt die
Dienststelle durch, es sei denn, daß im Einzelfall etwas anderes ver-
einbart ist.

(2) Der Personalrat darf nicht durch einseitige Handlungen in den
Dienstbetrieb eingreifen.

(**Abs. 1**) Für die Dienststelle handelt ihr Leiter. Diese Befugnis ergibt **1**
sich aus dem Aufbau des öffentlichen Dienstes und gilt auch bei allen
Maßnahmen, an denen der Personalrat beteiligt war. Nur die **Entschei-**
dungsfreiheit, nicht die Entscheidungsgewalt des Leiters der Dienststelle

Art. 74, 75

kann durch die Beteiligungsrechte eingeschränkt werden. Die Mitbestimmungs- und Mitwirkungsrechte schränken also seine Entscheidungsmöglichkeiten ein, berühren aber nicht seine Stellung als Repräsentant des Arbeitgebers gegenüber den Beschäftigten. Als Repräsentant des jeweiligen Dienstherrn obliegt es ihm allein, nach erfolgter Beteiligung eine Maßnahme **durchzuführen** und zu verantworten.

2 Die grundsätzlich der Dienststelle zustehende **Durchführungsbefugnis** kann auf die Personalvertretung **übergehen,** wenn dies im Einzelfall vereinbart ist. Diese Bestimmung ist unabhängig von den übrigen Handlungsmöglichkeiten des Personalrats nach diesem Gesetz. So kann der Personalrat etwa bei der Vorbereitung und Durchführung von Personalratswahlen und im Rahmen seiner Geschäftsführung handeln, Personalversammlungen abhalten, zu seinen Sitzungen Gewerkschaftsbeauftragte hinzuziehen u. ä.

Mit Vorbehalt sollte die Übertragung bei der Organisation von Betriebsausflügen o. ä. behandelt werden.

3 **(Abs. 2)** Dem Personalrat ist es nach Abs. 2 verboten, einseitig in den **Dienstbetrieb einzugreifen.** Er hat also keine dem Dienststellenleiter vergleichbare Stellung, kein Weisungsrecht und keine Vorgesetztenfunktion. Dies sollte jeden Personalrat vor der Illusion bewahren, sich in seinen Überlegungen an die Stelle des Dienstherrn oder Dienststellenleiters zu setzen. Der Personalrat sollte sich als Repräsentant der Gesamtheit der Beschäftigten begreifen und deren Interessen gegenüber der Dienststelle, ihrem Leiter und dem jeweiligen Dienstherrn vertreten. Das Personalvertretungsrecht stellt hierfür das Instrumentarium zur Verfügung.

4 In den zu Art. 74 angesprochenen Problemen entscheiden die Verwaltungsgerichte im Beschlußverfahren (vgl. Art. 81 Abs. 1 Nr. 3.

Dritter Abschnitt

Angelegenheiten, in denen der Personalrat zu beteiligen ist

Artikel 75
Mitbestimmung in Personalangelegenheiten und sozialen Angelegenheiten

(1) **Der Personalrat hat mitzubestimmen in Personalangelegenheiten bei**

1. **Einstellung – mit Ausnahme der Fälle, in denen das Beamtenverhältnis nach Ablegung der Laufbahnprüfung aufgrund von Rechtsvorschriften endet (Art. 43 Abs. 2 BayBG) und der Vorbereitungsdienst eine allgemeine Ausbildungsstätte im Sinn des**

Art. 12 Abs. 1 Satz 1 des Grundgesetzes ist – Anstellung, Ernennung zum Beamten auf Lebenszeit;

2. Beförderung, Übertragung eines anderen Amts mit höherem Endgrundgehalt ohne Änderung der Amtsbezeichnung, Verleihung eines anderen Amts mit anderer Amtsbezeichnung beim Wechsel der Laufbahngruppe;

3. Übertragung der Dienstaufgaben eines anderen Amts mit höherem oder niedrigerem Endgrundgehalt für eine Dauer von mehr als sechs Monaten, Zulassung zum Aufstieg in die nächsthöhere Laufbahngruppe;

4. Höhergruppierung, Übertragung einer höher zu bewertenden Tätigkeit für eine Dauer von mehr als sechs Monaten;

5. Rückgruppierung, Übertragung einer niedriger zu bewertenden Tätigkeit für eine Dauer von mehr als sechs Monaten;

6. Versetzung, Umsetzung innerhalb der Dienststelle, wenn sie mit einem Wechsel des Dienstorts verbunden ist (das Einzugsgebiet im Sinn des Umzugskostenrechts gehört zum Dienstort), es sei denn, daß der Beschäftigte mit der Versetzung oder Umsetzung einverstanden ist;

7. Abordnung für eine Dauer von mehr als drei Monaten, es sei denn, daß der Beschäftigte mit der Abordnung einverstanden ist;

8. Hinausschiebung des Eintritts in den Ruhestand wegen Erreichens der Altersgrenze;

9. Weiterbeschäftigung von Angestellten und Arbeitern über die Altersgrenze hinaus;

10. Anordnungen, welche die Freiheit in der Wahl der Wohnung beschränken;

11. Versagung oder Widerruf der Genehmigung einer Nebentätigkeit, soweit es sich nicht um Beschäftigte handelt, bei deren Einstellung das Mitbestimmungsrecht des Personalrats nach Nummer 1 ausgeschlossen ist;

12. Ablehnung eines Antrags auf Teilzeitbeschäftigung, Ermäßigung der Arbeitszeit oder Urlaub oder Widerruf einer genehmigten Teilzeitbeschäftigung;

13. Geltendmachung von Ersatzansprüchen gegen einen Beschäftigten;

14. Zuweisung nach § 123a des Beamtenrechtsrahmengesetzes für eine Dauer von mehr als drei Monaten.

Bei der Geltendmachung von Ersatzansprüchen gegen einen Beschäftigten (Satz 1 Nr. 13) wird der Personalrat nur auf Antrag des Be-

Art. 75

schäftigten beteiligt; dieser ist von der beabsichtigten Maßnahme rechtzeitig vorher in Kenntnis zu setzen.

(2) Der Personalrat kann die Zustimmung zu einer Maßnahme nach Absatz 1 nur verweigern, wenn

1. die Maßnahme gegen ein Gesetz, eine Verordnung, eine Bestimmung in einem Tarifvertrag, eine gerichtliche Entscheidung oder eine Verwaltungsanordnung oder gegen eine Richtlinie im Sinn des Absatzes 4 Satz 1 Nr. 13 verstößt oder

2. die durch Tatsachen begründete Besorgnis besteht, daß durch die Maßnahme der betroffene Beschäftigte oder andere Beschäftigte benachteiligt werden, ohne daß dies aus dienstlichen oder persönlichen Gründen gerechtfertigt ist oder

3. die durch Tatsachen begründete Besorgnis besteht, daß der Beschäftigte oder Bewerber den Frieden in der Dienststelle durch unsoziales oder gesetzwidriges Verhalten stören werde.

(3) Der Personalrat hat mitzubestimmen in sozialen Angelegenheiten bei

1. Gewährung von Unterstützungen, Vorschüssen, Darlehen und entsprechenden sozialen Zuwendungen, wenn der Beschäftigte es beantragt;

2. Zuweisung und Kündigung von Wohnungen, über die die Dienststelle verfügt;

3. Zuweisung von Dienst- und Pachtland und Festsetzung der Nutzungsbedingungen.

In den Fällen des Satzes 1 Nr. 1 bestimmt auf Verlangen des Antragstellers nur der Vorstand des Personalrats mit. Die Dienststelle hat dem Personalrat nach Abschluß jedes Kalenderjahres einen Überblick über die Unterstützungen und entsprechenden sozialen Zuwendungen zu geben. Dabei sind die Anträge und die Leistungen gegenüberzustellen. Auskunft über die von den Antragstellern angeführten Gründe wird hierbei nicht erteilt.

(4) Der Personalrat hat, soweit eine gesetzliche oder tarifliche Regelung nicht besteht, ferner mitzubestimmen über

1. Beginn und Ende der täglichen Arbeitszeit und der Pausen sowie die Verteilung der Arbeitszeit auf die einzelnen Wochentage;

2. Zeit, Ort und Art der Auszahlung der Dienstbezüge und Arbeitsentgelte;

3. Aufstellung des Urlaubsplans;

4. Fragen der Lohngestaltung innerhalb der Dienststelle, insbesondere die Aufstellung von Entlohnungsgrundsätzen, die Einführung und Anwendung von neuen Entlohnungsmethoden und deren Änderung sowie die Festsetzung der Akkord- und

Art. 75

Prämiensätze und vergleichbarer leistungsbezogener Entgelte, einschließlich der Geldfaktoren;
5. Errichtung, Verwaltung und Auflösung von Sozialeinrichtungen ohne Rücksicht auf ihre Rechtsform;
6. Durchführung der Berufsausbildung bei Angestellten und Arbeitern;
7. Bestellung von Vertrauens- und Betriebsärzten;
8. Maßnahmen zur Verhütung von Dienst- und Arbeitsunfällen und sonstigen Gesundheitsschädigungen;
9. Grundsätze über die Bewertung von anerkannten Vorschlägen im Rahmen des betrieblichen Vorschlagswesens;
10. Inhalt von Personalfragebogen;
11. Beurteilungsrichtlinien;
12. Aufstellung von Sozialplänen einschließlich Plänen für Umschulungen zum Ausgleich oder zur Milderung von wirtschaftlichen Nachteilen, die dem Beschäftigten infolge von Rationalisierungsmaßnahmen entstehen;
13. Erlaß von Richtlinien über die personelle Auswahl bei Einstellungen, Versetzungen, Umgruppierungen und Kündigungen.

Muß für Gruppen von Beschäftigten die tägliche Arbeitszeit (Satz 1 Nr. 1) nach Erfordernissen, die die Dienststelle nicht voraussehen kann, unregelmäßig und kurzfristig festgesetzt werden, so beschränkt sich die Mitbestimmung auf die Grundsätze für die Aufstellung der Dienstpläne.

Art. 75, ergänzt durch Art. 75a, stellt das Kernstück des **Mitbestimmungsrechts** der Personalvertretung nach dem BayPVG dar. **1**

Der Grundsatz der vertrauensvollen Zusammenarbeit (Art. 2 Abs. 1) verpflichtet den Dienststellenleiter, alles in seiner Macht Stehende zu unternehmen, um sicherzustellen, daß der Personalrat seine Beteiligungsrechte wahrnehmen kann. Die Einholung einer **nachträglichen Zustimmung** des Personalrats zu einer mitbestimmungspflichtigen Maßnahme im Sinne einer Genehmigung ist nicht zulässig (vgl. BVerwG, Beschluß v. 15. 11. 1995 – 6 P 2.94 –, PersR 1996, 278; vgl. auch Art. 70 Rn. 7).

Über das **Bestehen oder Nichtbestehen** eines Mitbestimmungsrechts **2** entscheiden die Verwaltungsgerichte gemäß dem Arbeitsgerichtsgesetz im Beschlußverfahren nach Art. 81 Abs. 1 Nr. 3 BayPVG, ggf. auch vorläufig. Im Beschlußverfahren kann das Bestehen, der Inhalt oder der Umfang eines Beteiligungsrechts auch dann geklärt werden, wenn der konkrete **Ausgangsfall** abgeschlossen ist, sich aber voraussichtlich in gleicher Weise künftig wiederholen wird. An dem in § 256 Abs. 1 ZPO vorausgesetzten Feststellungsinteresse fehlt es aber, wenn es um die bloße **gutachterliche Klärung** einer alle Beteiligten interessierende Rechts-

Art. 75

frage geht (vgl. BAG, Beschluß v. 11. 12. 2001 – 1 ABR 9/01 –, PersR 2002, 351). Bei personalvertretungsrechtlichen Maßnahmen im Zusammenhang mit der Einstellung von Angestellten tritt eine Erledigung des konkreten Streitfalls selbst dann nicht ein, wenn die Einstellung durch Abschluß des Arbeitsvertrages bereits vollzogen ist (vgl. BVerwG, Beschluß v. 7. 12. 1994 – 6 P 35.92 –, PersR 1995, 296).

Die **Kosten einer anwaltlichen Rechtsvertretung** in einem gerichtlichen Beschlußverfahren aus Anlaß der Durchsetzung, Klärung und Wahrung der dem Personalrat zustehenden personalvertretungsrechtlichen Befugnisse und Rechte hat die Dienststelle nach Art. 44 zu tragen, es sei denn, das Verfahren wurde mutwillig oder aus haltlosen Gründen eingeleitet. **Haltlosigkeit** der Einleitung eines gerichtlichen Verfahrens ist unter dem Gesichtspunkt der Erfolgsaussichten gegeben, wenn es an jeglichem rechtlich vertretbaren Ansatz zur Stützung des geltend gemachten Anspruchs fehlt und ein verantwortungsbewußter Rechtsanwalt deswegen die Erfolgsaussichten als evident negativ beurteilt sowie von der Einleitung eines gerichtlichen Verfahrens abgeraten hätte. **Mutwilligkeit** liegt einschließlich der Fälle des Rechtsmißbrauchs vor, wenn ein verständiger, sachgerecht handelnder Beteiligter, der für die Kosten der Prozeßführung selbst einstehen muß, in einem gleichgelagerten Fall die Rechtsverfolgung in der gewählten Form unterlassen hätte. Die Rechtsverfolgung einzelner Ansprüche in nur einem Beschlußverfahren ist dem Personalrat nur zumutbar, wenn die gegebenen prozessualen Möglichkeiten hinsichtlich der Durchsetzung, Klärung und Wahrung der geltend gemachten personalvertretungsrechtlichen Befugnisse und Rechte gleichwertig sind (vgl. OVG NW, Beschluß v. 29. 11. 2000 – 1 A 5863/98.PVL –, PersR 2001, 215).

Angesichts der **Haushaltsentwicklungen** im öffentlichen Dienst ist der Hinweis auf »leere Kassen« auch für Personalräte kein Grund im Streitfall auf die Beteiligungsrechte zum Wohle der Beschäftigten zu verzichten. So erkannte das LAG München im Falle eines Betriebsrate, daß diesem **Prozeßkostenhilfe** zu bewilligen und zur Wahrnehmung seiner Rechte ein Rechtsanwalt beizuordnen ist, wenn der Arbeitgeber nach seinen persönlichen und wirtschaftlichen Verhältnissen i. S. d. § 114 ZPO nicht in der Lage ist, die Kosten für die Prozeßführung aufzubringen (vgl. LAG München, Beschluß v. 30. 11. 1999 – 7 TaBV 42/99 –, AiB 2000, 179).

Das Bestehen eines Beteiligungsrechts kann im personalvertretungsrechtlichen Beschlußverfahren durch eine einstweilige Verfügung vorläufig festgestellt werden. Voraussetzung für eine solche **einstweilige Verfügung** ist neben einem **eindeutigen Verfügungsanspruch** ein wichtiger Verfügungsgrund. Ein **wichtiger Verfügungsgrund** liegt vor, wenn der rechtsschutzsuchende Personalrat im Rahmen des geltend gemachten Beteiligungsrechts bedeutsame Belange des von ihm vertretenen Personals wahrnehmen möchte und wahrnehmen darf und wenn es ihm bei einer Verweisung auf ein inhaltsgleiches Hauptverfahren erheblich er-

Art. 75

schwert oder gar ganz verwehrt würde, diese Belange wirksam zur Geltung zu bringen (vgl. VG Hamburg, Beschluß v. 17. 11. 1995 – 1 VG FL 11/95 –, PersR 1996, 162; Bestätigung der bisherigen Rspr. der Fachkammer, vgl. Beschluß v. 23. 2. 1989, PersR 1989, 204).

Verweigert der Personalrat bei einer mitbestimmungspflichtigen Maßnahme (hier Versetzung) form- und fristgerecht seine Zustimmung und läßt diese Zustimmungsverweigerung das Vorliegen eines Versagungstatbestands des Abs. 2 als offensichtlich möglich erscheinen, so ist der Dienststellenleiter oder die vorgesetzte Dienststelle nicht berechtigt, das Mitbestimmungsverfahren abzubrechen. Wird das Mitbestimmungsverfahren trotzdem durch die oberste Dienstbehörde abgebrochen, so steht dem Personalrat ein im Wege der **einstweiligen Verfügung** geltend zu machender verfahrensrechtlicher Anspruch auf Fortsetzung des Stufenverfahrens und ggf. Einigungsverfahrens in der Mitbestimmungsangelegenheit zu (vgl. VG Ansbach, Beschluß v. 28. 1. 1991 – AN 7 PE 90.02061 –, PersR 1991, 103 im Anschluß an BVerwG v. 27. 7. 1990 – 6 PB 12.89 –, PersR 1990, 297).

Die Beteiligungsbefugnis des Personalrats (Stufenvertretung) folgt der Entscheidungszuständigkeit der Dienststelle (vgl. Art. 80 Rn. 1 ff.). Dabei bleibt es auch dann, wenn die Entscheidung der vorgesetzten Dienststelle umfassend durch die von der Entscheidung betroffenen nachgeordneten Dienststelle vorbereitet und deren Entscheidungsvorschlag ohne Änderung von der vorgesetzten Dienststelle übernommen wurde. Allerdings kann es nach Art. 2 Abs. 1 auch der nicht entscheidungszuständigen Dienststelle obliegen, ihren Personalrat frühzeitig an allen Entwicklungen teilhaben zu lassen, die für die betroffenen Beschäftigten der Dienststelle von Bedeutung sein können. Hiernach kann sie auch **außerhalb einer förmlichen Beteiligung** verpflichtet sein, ihren Personalrat über derartige Entwicklungen zu unterrichten und diesbezügliche Anregungen und Bedenken entgegenzunehmen (vgl. BVerwG, Beschluß v. 7. 8. 1996 – 6 P 29.93 – zum BPersVG, PersR 1996, 493). **3**

(Abs. 1 Nr. 1) Einstellung ist die beabsichtigte Aufnahme eines Arbeitsverhältnisses, begründet durch die Übereinkunft zwischen dem Leiter der Dienststelle und einem Bewerber zwecks dessen Arbeitsaufnahme. Hierbei ist es für den Begriff der Einstellung unerheblich, ob die Arbeit sofort oder zu einem später vereinbarten Zeitpunkt aufgenommen wird. Der Zeitpunkt des Abschlusses des Arbeitsvertrages und die Eingliederung in der Dienststelle können daher auseinanderfallen (vgl. BVerwG – Beschluß v. 12. 9. 1983 – 6 P 1.82 –, ZBR 1984, 78; BayVGH, Beschluß v. 21. 5. 1971 – Nr. 1 X 70 –, PersV 1972, 180). Mitbestimmungsrechtlich ist der **Abschluß** eines **schriftlichen Arbeitsvertrages** für die Einstellung unerheblich. Tarifrechtlich wird allerdings die Schriftform des Arbeitsvertrages nahezu ausschließlich verlangt z. B. gem. § 4 Abs. 1 BAT, § 4 MTArb und § 4 Abs. 1 BMT-G II. Die Unterlassung der Schriftform beeinträchtigt die Wirksamkeit des Arbeitsvertrages nicht. Gem. Art. 69 **4**

Art. 75

Abs. 1 Buchst. b hat der Personalrat die Erfüllung der Tarifvorschrift (schriftlicher Abschluß des Arbeitsvertrages) zu überwachen.

Für eine Einstellung im personalvertretungsrechtlichen Sinne ist es **ohne Bedeutung,** ob ein arbeitsvertraglich geregeltes Arbeits- oder Angestelltenverhältnis begründet oder Tarifrecht darauf angewandt oder ein personalvertretungsrechtliches Wahlrecht erworben wird. So ist auch die Aufnahme der Tätigkeit einer DRK-Krankenschwester auf der Grundlage eines **Gestellungsvertrages** zwischen Krankenhausträger und Schwesternschaft eine Einstellung, die der Mitbestimmung des Personalrats unterliegt, wenn die zu beschäftigende Schwester dabei einer nicht von der Schwesternschaft gestellten Pflegedienstleitung unterstellt wird (vgl. BVerwG in Fortsetzung des Beschlusses v. 6. 9. 1995 – 6 P 9.93 –, PersR 1996, 18 ff., Beschluß v. 27. 8. 1997 – 6 P 7.95 –, PersR 1998, 22, ebenso BAG Beschluß v. 22. 4. 1997 – 1 ABR 74/96 –, NZA 1997, 1297 ff.; OVG NW, Beschluß v. 21. 6. 2001 – 1 A 280/99.PVL –, PersR 2002, 122 und zu Mitarbeitern einer Drittfirma OVG Hamburg, Beschluß v. 25. 2. 2002 – 8 Bf 260/01.PVL –, PersR 2002, 442).

Das Mitbestimmungsrecht des Personalrats bei einer Einstellung setzt zumindest eine **Eingliederung** in die Dienststelle voraus. Die Beauftragung von **freiberuflich tätigen Nachhilfelehrern** und -lehrerinnen durch die Dienststellen, bei denen sich Art und Umfang der Tätigkeit aus der jeweiligen vertraglichen Regelung ergibt und die darüber hinaus keinen Weisungen unterliegen, ist wegen der fehlenden Eingliederung in die Dienststelle keine mitbestimmungspflichtige Maßnahme der Einstellung (vgl. OVG Hamburg, Beschluß v. 29. 1. 2001 – 8 Bf 158/98.PVL –, PersR 2001, 428). Demgegenüber stellt aber der Einsatz von **ehrenamtlichen Angehörigen der freiwilligen Feuerwehr** in der ständig besetzten Feuerwache einer großen kreisangehörigen Stadt unter Einsparung von hauptamtlichen Kräften eine mitbestimmungspflichtige Einstellung dar (vgl. OVG NW, Beschluß v. 27. 10. 1999 – 1 A 5193/97.PVL –, PersR 2000, 117).

Allerdings ist eine auf sechs Wochen begrenzte **Zusatzbeschäftigung** von **Studienreferendaren** am Ende ihres Beamtenverhältnisses auf Widerruf als Krankheitsvertretung mangels Eingliederung in die Dienststelle nicht mitbestimmungspflichtig (vgl. OVG Berlin, Beschluß v. 3. 4. 2001 – OVG 60 PV 17.00 –, PersR 2002, 307).

5 Das **Mitbestimmungsrecht setzt nicht erst** bei der **tatsächlichen Arbeitsaufnahme** des Arbeitnehmers ein, sondern bereits dann, wenn die Dienststelle den Entschluß faßt, einen Arbeitnehmer einzustellen (vgl. BVerwG v. 6. 12. 1978 – 6 P 2.78 – BVerwG 57, 151). Im Rahmen der Unterrichtungspflicht hat der Dienststellenleiter auch dem Personalrat mitzuteilen, wer sich zur Einstellung beworben hat, und ihm die **Unterlagen** vorzulegen, die Auskunft über die Person der Bewerber geben (vgl. BVerwG v. 11. 2. 1981 – 6 P 44.79 –, PersV 1981, 320). Dazu gehören z. B. Bewerbungsschreiben, Lebenslauf, Zeugnisse, Personalfragebogen, ggf. Eignungstests und Niederschriften aus dem Auswahlverfahren. Er hat die Gründe für die von ihm getroffene Auswahl und deren Kriterien darzulegen. Erst die Vorlage dieser Informationen setzt den Personalrat in die Lage festzustellen, ob ein Grund oder mehrere vorliegen, nach dem oder denen die Zustimmung gem. Art. 75 Abs. 2 verweigert werden kann. Die Einstellung und die erforderlichen Unterlagen erstrecken sich auch auf die auszuübende Tätigkeit. Erst mit dieser Kenntnis kann der Personalrat beurteilen, ob der ausgewählte Bewerber geeignet ist, die für ihn vorgesehene Tätigkeit auszuüben, und ob er nicht zu Unrecht anderen Bewerbern vorgezogen werden soll (BVerwG, Beschluß v. 13. 2. 1979 – 6 P 48.78 –, PersV 1980, 236; VGH München v. 2. 3. 1979 – Nr. 4 XVIII 78 –, PersV 1980, 330; BayVGH, Beschluß v. 24. 4. 1991 – 17 P 91.378 –, PersR 1992, 80).

Ebenso mitbestimmungspflichtig ist die Einstellung von **Abrufkräften,** die in eine **Abrufliste** aufgenommen werden und bei denen der Zeitpunkt der Dienstaufnahme und die voraussichtliche Dauer der Beschäftigung nicht feststehen. Umfaßt werden die Aufnahme in die Liste und alle nachfolgenden Arbeitsverhältnisse, die auf der Grundlage der Liste für ein und dieselbe Person geschlossen werden. Der vor Aufnahme in die Liste zu stellende Zustimmungsantrag muß sich auf eine in absehbarer Zeit zu erwartende Beschäftigung beziehen und unterliegt auch sonst denselben Bestimmtheitsanforderungen wie bei der Einstellung von Dauerarbeitskräften (vgl. BVerwG, Beschluß v. 3. 2. 1993 – 6 P 28.91 –, PersR 1993, 260).

6 Der Personalrat kann die Zustimmung zur Einstellung eines Bewerbers mit der Begründung verweigern, die Dienststelle habe ohne seine Zustimmung von einer **Ausschreibung** abgesehen. Voraussetzung ist, daß nach Lage der Dinge eine dienststelleninterne Auswahl unter verschiedenen fachlich und persönlich geeigneten Beschäftigten in Betracht kommt. Ein zustimmungsbedürftiges Absehen von der Ausschreibung liegt nicht vor, wenn einzelne organisatorische oder personelle Regelungen getroffen worden sind, in deren Folge eine Ausschreibung ausscheidet, etwa wenn für sie kein Anlaß besteht oder wenn sie mit dem Zweck der Maßnahme nicht in Einklang zu bringen ist. Die Organisations- und **Personalhoheit** des Dienstherrn berechtigt ihn dagegen nicht, die Besetzung bestimmter Dienstposten generell von der Ausschreibung auszunehmen. Allerdings ist der Einwand des Personalrats, er sei nicht hinreichend über eine beabsichtigte Maßnahme unterrichtet worden, unbeachtlich, wenn die Begründung dazu ausschließlich abstrakte Kommentierungen der gesetzlichen Unterrichtungspflicht des Dienststellenleiters enthält. Erforderlich sind vielmehr einzelfallbezogene Ausführungen (vgl. BVerwG, Beschluß v. 29. 1. 1996 – 6 P 38.93 –, PersR 1996, 239).

6a Hinsichtlich der Zustimmungsverweigerung bei Einstellungen kommt es auf die Umstände des jeweiligen Einzelfalles an, so daß die **Nichtberücksichtigung von Qualifikationsmerkmalen** (hier: Abschlußnoten

Art. 75

einer Laufbahnprüfung) sowohl gerechtfertigt als auch nicht gerechtfertigt sein kann: In einem Fall kann sie die Zustimmungsverweigerung des Personalrats rechtfertigen, weil für die Nichtberücksichtigung kein sachlicher Grund besteht und sie deshalb willkürlich ist. In einem anderen Fall mag es sachlich gerechtfertigt sein, die Abschlußnoten nicht zu berücksichtigen, weil andere Qualifikationen der betreffenden Bewerberin/des betreffenden Bewerbers vom Dienststellenleiter zu Recht als so gewichtig angesehen werden, daß die Abschlußnoten dahinter zurückstehen (Hess. VGH, Beschluß v. 14. 12. 1998 – 22 TL 4248/96 –, PersR 1999, 217 ff.).

Der Einwand des Personalrats, es liege keine ausreichende **Auswahlbegründung** vor, stellt einen beachtlichen Grund für die Zustimmungsverweigerung hinsichtlich einer Personalmaßnahme dar, wenn der Dienststellenleiter seine Auswahlentscheidung zwischen verschiedenen Bewerbern allein darauf stützt, daß der von ihm ausgewählte Bewerber den gestellten Anforderungen genügt, ohne eine vergleichende Betrachtung mit den übrigen Bewerbern anzustellen. Der Einwand sachfremder **Auswahlerwägungen** betrifft den Kern des dem Personalrat bei einer auf dem Prinzip der Bestenauslese beruhenden Personalmaßnahme zustehenden Mitbestimmungsrechts und stellt deshalb einen beachtlichen Grund für Zustimmungsverweigerung dar (vgl. OVG NW, Beschluß v. 24. 11. 1999 – 1 A 3563/97.PVL –, PersR 2000, 288).

Macht ein Bewerber um eine für Angestellte ausgeschriebene Stelle des öffentlichen Dienstes geltend, er sei unter Verletzung der in der Art. 33 Abs. 2 GG festgelegten Kriterien abgewiesen worden, kann er arbeitsgerichtlichen Rechtsschutz in Anspruch nehmen mittels der sog. **arbeitsrechtlichen Konkurrentenklage**. Abweichend von der **beamtenrechtlichen Konkurrentenklage** bedarf es dazu im arbeitsgerichtlichen Urteilsverfahren nicht der Aufhebung des ablehnenden Bescheides. Prozeßziel der arbeitsrechtlichen Konkurrentenklage ist nicht die Neubescheidung i. S. v. § 113 Abs. 5 VwGO, sondern die Wiederholung der Auswahlentscheidung unter Beachtung der Kriterien des Art. 33 Abs. 2 GG. Die Erledigung der arbeitsrechtlichen Konkurrentenklage tritt ein, wenn die erstrebte Wiederholung der Auswahlentscheidung gegenstandlos wird, weil das Bewerbungsverfahren durch die endgültige Besetzung der Stelle abgeschlossen ist (vgl. BAG, Urteil v. 2. 12. 1997 – 9 AZR 445/96 –, PersR 1999, 85).

7 Beschäftigt ein **Universitätsinstitut** eine Angestellte nach dem Ende eines befristeten Beschäftigungsverhältnisses zunächst ohne schriftlichen Arbeitsvertrag weiter, ohne daß der zur Einstellung (allein) befugte Universitätsrektor dies gewußt, gewollt oder veranlaßt hat, dann soll ihm dies personalvertretungsrechtlich nicht zuzurechnen sein. Der Universitätsrektor hat durch geeignete organisatorische Maßnahmen sicherzustellen, daß auch bei Beschäftigungsverhältnissen im Zusammenhang mit sog. **Drittmittelprojekten**, die an der Universität durchgeführt werden, der Personalrat der Universität auch bei Verlängerungen, die wegen ungeklärter

Art. 75

Zusagen weiterer Drittmittel bis zuletzt offenbleiben, rechtzeitig beteiligt wird. Die Einholung einer nachträglichen Zustimmung des Personalrats zu einer mitbestimmungspflichtigen Maßnahme im Sinne einer Genehmigung ist nicht zulässig. Der Grundsatz der vertrauensvollen Zusammenarbeit verpflichtet den Dienststellenleiter, alles in seiner Macht Stehende zu unternehmen, um sicherzustellen, daß der Personalrat seine Beteiligungsrechte wahrnehmen kann (vgl. BVerwG, Beschluß v. 15. 11. 1995 – 6 P 2.94 –, PersR 1996, 278).

Der Dienststellenleiter darf die Zustimmungsverweigerung des Personalrats bei der Einstellung von Ärzten im Praktikum nicht als unbeachtlich übergehen, wenn dieser geltend macht, es werde gegen einschlägige Vorschriften des **Landesgleichstellungsgesetzes** verstoßen oder die **Frauenbeauftragte** sei bei den Bewerbungsgesprächen nicht beteiligt worden. Die Gleichstellungsregelung findet auch Anwendung, wenn sich Ärzte im Praktikum auf einen **Ausbildungsplatz** in einem Universitätsklinikum bewerben (vgl. BVerwG, Beschluß v. 20. 3. 1996 – 6 P 7.94 –, PersR 1996, 319). **Ärzte und Ärztinnen im Praktikum** sind keine wissenschaftlichen Mitarbeiter an Hochschulen. Ihre **Einstellung** durch ein **Universitätsklinikum** unterliegt der Mitbestimmung des bei der Dienststelle gebildeten Personalrats (vgl. VGH Baden-Württemberg, Beschluß v. 27. 7. 1999 – PL 15 S 3189/98 –, PersR 2000, 118). Für den **Bereich der Hochschulen** hatte das OVG Rheinland-Pfalz zu Ärzten im Praktikum geurteilt, daß sie hochschulrechtlich den wissenschaftlichen Mitarbeitern gleichgestellt sind und daher im Hochschulbereich auch personalvertretungsrechtlich als Mitarbeiter mit vorwiegend wissenschaftlicher Tätigkeit gelten (vgl. OVG Rheinland-Pfalz, Urteil v. 3. 3. 1998 – 5 A 12163/97. OVG –, PersR 1999, 355). **8**

Art. 119 EG-Vertrag ist dahin auszulegen, daß er auf öffentlich-rechtliche Dienstverhältnisse anwendbar ist. Eine nationale Bestimmung, die vorschreibt, daß bei der Berechnung von Dienstzeiten von Beamten die Zeiten einer Beschäftigung mit einer Arbeitszeit von mindestens der Hälfte bis zu zwei Dritteln der regelmäßigen Arbeitszeit nur zu zwei Dritteln gezählt werden, fällt unter Art. 119 EG-Vertrag und die Richtlinie 75/117/EWG des Rates vom 10. 2. 1975 zur Angleichung der Rechtsvorschriften der Mitgliedstaaten über die Anwendung des Grundsatzes des gleichen Entgelts für Männer und Frauen. Die Richtlinie 76/207/EWG des Rates vom 9. 2. 1976 zur Verwirklichung des Grundsatzes der **Gleichbehandlung von Männern und Frauen** hinsichtlich des Zugangs zur Beschäftigung, zur Berufsbildung und zum beruflichen Aufstieg sowie in bezug auf die Arbeitsbedingungen steht einer nationalen Regelung entgegen, die vorschreibt, daß bei der Berechnung von Dienstzeiten von Beamten die Zeiten einer Beschäftigung mit einer Arbeitszeit von mindestens der Hälfte bis zu zwei Dritteln der regelmäßigen Arbeitszeit nur zu zwei Dritteln gezählt werden, sofern diese Bestimmung nicht durch objektive Faktoren gerechtfertigt ist, die nichts mit einer Diskrimi- **8a**

Art. 75

nierung aufgrund des Geschlechts zu tun haben (vgl. EuGH, Urteil v. 2. 10. 1997 – Rs. C-1/95 –, PersR 1998, 126).

8b Art. 2 Abs. 1 und 4 der Richtlinie 76/207 EWG des Rates vom 9. 2. 1976 zur Verwirklichung des Grundsatzes der Gleichbehandlung von Männern und Frauen hinsichtlich des Zugangs zur Beschäftigung, zur Berufsbildung und zum beruflichen Aufstieg sowie in bezug auf die Arbeitsbedingungen steht einer nationalen Regelung nicht entgegen, nach der bei **gleicher Qualifikation** von Bewerbern unterschiedlichen Geschlechts in bezug auf Eignung, Befähigung und fachliche Leistung weibliche Bewerber in behördlichen Geschäftsbereichen, in denen im jeweiligen Beförderungsamt einer Laufbahn weniger Frauen als Männer beschäftigt sind, bevorzugt zu befördern sind, sofern nicht in der Person eines männlichen Mitbewerbers liegende Gründe überwiegen, vorausgesetzt,

– diese Regelung garantiert den männlichen Bewerbern, die die gleiche Qualifikation wie die weiblichen Bewerber besitzen, in jedem Einzelfall, daß die Bewerbungen Gegenstand einer objektiven Beurteilung sind, bei der alle die Person der Bewerber betreffenden Kriterien berücksichtigt werden und der den weiblichen Bewerbern eingeräumte Vorrang entfällt, wenn eines oder mehrere dieser Kriterien zugunsten des männlichen Bewerbers überwiegen, und

– solche Kriterien haben gegenüber den weiblichen Bewerbern keine diskriminierende Wirkung (vgl. EuGH, Urteil v. 11. 11. 1997 – Rs. C-409/95 –, PersR 1998, 124).

9 Zum Mitbestimmungsrecht bei der Einstellung eines Arbeitnehmers gehört untrennbar die damit verbundene erstmalige **Eingruppierung** in eine tarifliche Vergütungs- oder Lohngruppe (vgl. BVerwG Beschluß v. 13. 2. 1976 – VII P 9.74–, PersV 1977, 179; Beschluß v. 18. 12. 1979 – 6 P 1579, PersV 1981, 290; BayVGH, Beschluß v. 2. 3. 1979 – Nr. 4 XVIII 78 –, PersV 1980, 330).

10 Zu der Frage, ob der Personalrat im Rahmen dieses gesetzlichen Mitbestimmungstatbestandes »Einstellung« eine aufgespaltene und damit differenzierte Stellungnahme zu den unselbständigen Elementen »**Einstellung**« und »**Eingruppierung**« abgeben darf, ohne daß diese als unbeachtlich und die Maßnahme deshalb als gebilligt anzusehen ist, ist festzustellen, daß das »Ergebnis« der Mitbestimmung nur einheitlich »ja« oder »nein« zum gesamten Vorgang »Einstellung« sein kann. Soll aber die Mitbestimmung des Personalrats auch das Element »Eingruppierung« umfassen, muß denknotwendig auch eine differenzierte Stellungnahme möglich sein. Das Mitbestimmungsrecht bei der Einstellung bezieht sich unstreitig auch auf die mit der Einstellung des Arbeitnehmers untrennbar verbundene Eingruppierung. Die Personalvertretung kann die Einstellung eines Bewerbers als solche befürworten und gleichzeitig die Zustimmung zu dessen Eingruppierung verweigern. Im Ergebnis bedeutet dies wegen der untrennbaren Verbundenheit beider Elemente das Fehlen der Zustim-

Art. 75

mung zum Gesamtvorgang »Einstellung«, ein Ergebnis also, welches das Einigungsverfahren nach Art. 70 BayPVG auslöst. Denn eine Einstellung ohne Eingruppierung in eine Vergütungsgruppe ist nicht denkbar (vgl. BayVGH, Beschluß v. 26. 3. 1986 – Nr. 17 C 86.00391 –, ZBR 1986, S. 378; VGH Baden-Württemberg, Beschluß v. 31. 3. 1992 – 15 S 1613/91 –, PersR 1993, 143).

In dem o. a. Beschluß v. 18. 12. 1979 hat das BVerwG entgegen anderslautenden vorinstanzlichen Entscheidungen – und ohne sich mit den in der Kommentarliteratur vertretenen abweichenden Standpunkten auseinanderzusetzen – festgelegt, daß die **Zuordnung zu einer Fallgruppe** dagegen nicht zur Eingruppierung zählt und somit auch nicht der Mitbestimmung des Personalrats bei der Einstellung unterliegt. Diese Entscheidung erging zu einem Fall aus dem Geltungsbereich des PersVG für das Land NRW.   **11**

Dieser Auffassung ist zu widersprechen. Sie verkennt die Schutzfunktion des Personalrats bezüglich des Individual- und Kollektivinteresses (vgl. ABW, Art. 75 Rn. 6 m. w. N.).

Hinzu kommt folgendes: In Art. 75 Abs. 1 hat der Gesetzgeber ausdrücklich die Beteiligungspflicht des Personalrats **an allen Maßnahmen,** die eine nachhaltige Verbesserung oder Verschlechterung der Beschäftigten in ihrer eingeräumten Stellung bewirken, vorgesehen. Dazu gehören auch die Maßnahmen der Fallgruppenzuordnung bei der Einstellung und des Fallgruppenwechsels wegen ihrer besonderen materiellen Bedeutung. Das kollektive Interesse der Beschäftigten und die darauf abgestellte Schutzfunktion des Personalrats sind deswegen angesprochen, weil die zunächst materielle individuelle Bedeutung in der Praxis als solche nicht zu beschränken ist. Die Richtigkeit der Eingruppierung wird nach kollektiven Vereinbarungen bestimmt. Überwiegend ist auf die von dem Beschäftigten zu verrichtende Tätigkeit und die vom Dienststellenleiter festgesetzten Bedingungen abgestellt. Diese Bedingungen und Tätigkeitsvoraussetzungen und Erwartungen des Dienststellenleiters stellen in der Regel nicht individuell auf den einzelnen Beschäftigten ab, sondern auf den Arbeitsplatz und damit auf alle Beschäftigten, die eine mögliche Ungleichbehandlung nicht hinzunehmen haben (Art. 68 Abs. 1 und Art. 69 Abs. 1 Buchst. b).

Die **Fallgruppenzuordnung** und der **Fallgruppenwechsel** sind außerdem schon deshalb mitbestimmungsbedürftig, weil sie entweder eine positive Vorentscheidung für eine spätere Höhergruppierung bedeuten und deshalb als Höhergruppierung anzusehen sind oder weil sie eine solche positive Vorentscheidung zurücknehmen oder einschränken und deshalb als Rückgruppierung gelten müssen.   **12**

Das BayPVG verwendet die Begriffe der **Höhergruppierung** und **Rückgruppierung** aus dem Tarifrecht. Das bedeutet aber nicht, daß die genannten Begriffe sich allein und ausschließlich nach dem Tarifrecht   **13**

Art. 75

bestimmen. Ihr Inhalt muß vielmehr vor allem aus dem Sinngehalt des BayPVG gewonnen werden (vgl. BVerwG v. 17. 4. 1970 – VII P 8.69 –, PersV 1970, 277).

14 Die Eingruppierung (§ 22 BAT) hat **Auswirkungen** auf

- Vergütung (§ 26 BAT Bestandteile der Vergütung, § 27 BAT Grundvergütung, § 28 BAT Grundvergütung für Angestellte zwischen 18 und 21 bzw. 23 Jahren, § 29 BAT Ortszuschlag, § 30 BAT Gesamtversorgung),

- Versetzungsmöglichkeiten von Angestellten (§ 12 BAT),

- Urlaubsvergütung (§ 47 BAT Erholungsurlaub),

- Gewährung von Vorschuß (§ 36 Abs. 7 BAT),

- Krankenbezüge (§ 37 BAT),

- Zulagen (§ 33 BAT),

- Zeitzuschläge (§ 35 BAT Zeitzuschläge, Überstundenvergütung),

- Sterbegeld (§ 41 BAT Anspruchsvoraussetzungen, § 26 BAT Höhe der entsprechenden Vergütung),

- Reisekostenvergütung (§§ 42 und 43 BAT),

- Umzugskostenvergütung, Trennungsgeldentschädigung (§ 44 BAT),

- Dauer des Erholungsurlaubs (§ 48 BAT),

- Übergangsgeld (§ 62 BAT Voraussetzungen, § 63 BAT Bemessung, § 64 BAT Auszahlung),

- Zuwendungen (Tarifvertrag über ein Urlaubsgeld für Bund, Länder und Gemeinden, Tarifvertrag über eine Zuwendung [13. Monatsgehalt] für Bund, Länder und Gemeinden),

- Gesamtversorgung.

15 Die tarifgerechte Eingruppierung von Angestellten richtet sich ausschließlich nach den Eingruppierungsgrundsätzen der §§ 22, 23 BAT. Folgende beispielhafte Kriterien **personalwirtschaftlicher Praktiken** sind daher für eine tarifgerechte Eingruppierung **unerheblich**:

- **einseitig erlassene Eingruppierungsrichtlinien** des Arbeitgebers (vgl. BAG, Urteil v. 31. 3. 1982 – 4 AZR 1099/79 –, AP Nr. 64 zu §§ 22, 23 BAT 1975; BAG, Urteil v. 29. 8. 1984 – 4 AZR 309/82 –, AP Nr. 93 zu §§ 22, 23 BAT 1975),

- die Ausbringung einer entsprechenden Stelle im Haushalts- bzw. behördlichen **Stellenplan** (vgl. BAG, Urteil v. 15. 2. 1971 – 4 AZR 147/70 –, AP Nr. 38 zu §§ 22, 23 BAT; BAG, Urteil v. 29. 9. 1982 – 4 AZR –, 1172/79 –, AP Nr. 67 zu §§ 22, 23 BAT 1975),

- **haushaltsrechtliche Vorschriften** (vgl. BAG, Urteil v. 6. 12. 1978 – 4 AZR 321/77 –, AP Nr. 11 zu §§ 22, 23 BAT 1975),

Art. 75

- Erlasse, Dienstanweisungen, Geschäftsverteilungspläne, Beanstandungen der Rechnungsprüfung etc.,
- die »Eingruppierung« oder »Höhergruppierung« durch den Arbeitgeber mittels einer »Verfügung«,
- die tatsächlich **gezahlte Vergütung** (vgl. BAG, Urteil v. 10. 9. 1975 – 4 AZR 485/74 –, AP Nr. 12 zu § 23a BAT; BAG, Urteil v. 19. 7. 1978 – 4 AZR 31/77 –, AP Nr. 8 zu §§ 22, 23 BAT),
- die **Qualität der Leistung** der/des Angestellten (vgl. BAG, Urteil v. 2. 3. 1960 – 4 AZR 14/58 –, AP Nr. 60 zu § 3 TOA; BAG, Urteil v. 31. 10. 1961 – 4 AZR 391/60 –, AP Nr. 80 zu § 3 TOA),
- die **innerdienstliche Führung** und das **außerdienstliche Verhalten** der/des Angestellten (vgl. BAG, Urteil. v. 4. 8. 1960 – 4 AZR 541/58 –, AP Nr. 72 zu § 3 TOA),
- die **Quantität der Arbeitsleistung** der/des Angestellten (vgl. BAG, Urteil v. 23. 3. 1960 – 4 AZR 61/58 –, AP Nr. 61 zu § 3 TOA),
- die **Einarbeitung** der/des Angestellten (vgl. BAG, Urteil v. 22. 11. 1958 – 4 AZR 388/56 –, AP Nr. 45 zu § 3 TOA; BAG, Urteil v. 24. 1. 1974 – 4 AZR 104/72 AP Nr. 63 zu §§ 22, 23 BAT; BAG, Urteil v. 17. 1. 1968 – 4 AZR 111/67 –, AP Nr. 16 zu §§ 22, 23 BAT),
- ein **Vergleich** mit Angestellten, die »vergleichbare« Tätigkeiten ausüben (vgl. BAG, Urteil v. 29. 1. 1986 – 4 AZR 465/84 –, AP Nr. 115 zu §§ 22, 23 BAT 1975; BAG, Urteil v. 12. 11. 1986 – 4 AZR 718/85 –, AP Nr. 129 zu §§ 22, 23 BAT 1975),
- ein Vergleich mit der Besoldung von **Beamten** mit »vergleichbaren« Tätigkeiten (BAG, Urteil v. 15. 2. 1971 – 4 AZR 147/70 –, AP Nr. 38 zu §§ 22, 23 BAT; BAG, Urteil v. 18. 11. 1975 – 4 AZR 595/74 –, AP Nr. 91 zu §§ 22, 23 BAT),
- die Eingruppierung über- oder untergeordneter Beschäftigter, soweit dies nicht Anforderungsnorm ist (vgl. BAG, Urteil v. 15. 2. 1984 – 4 AZR 264/82 –, AP Nr. 86 zu §§ 22, 23 BAT 1975),
- die **Arbeitsplatzbeschreibung** (vgl. BAG, Urteil v. 11. 3. 1987 – 4 AZR 385/86 –, AP Nr. 135 zu §§ 22, 23 BAT 1975),
- die **analytische Stellenbewertung** (vgl. BAG, Urteil v. 14. 8. 1985 – 4 AZR 21/84 –, AP Nr. 109 zu §§ 22, 23 BAT 1975),
- der **Familienstand** (»soziale Komponente«).

Wird einem Arbeitnehmer des öffentlichen Dienstes ein **neuer Arbeitsbereich** übertragen, der sich von dem bisherigen erheblich unterscheidet, so muß der Arbeitgeber die Eingruppierung überprüfen. Bei der erforderlichen Entscheidung ist der Personalrat auch dann zu beteiligen, wenn der Arbeitgeber die bisherige Eingruppierung beibehalten will (vgl. BAG, Beschluß v. 21. 3. 1995 – 1 ABR 46/94 –, PersR 1995, 498).

16

Art. 75

16a Das Mitbestimmungsrecht beschränkt sich nicht auf die Ersteingruppierung. Wird dem Arbeitnehmer eine neue Tätigkeit zugewiesen, die sich nach ihrem Gesamtbild von der bisherigen Tätigkeit so deutlich unterscheidet, daß sie als eine andere Tätigkeit angesehen werden muß, ist eine mitbestimmungspflichtige tarifliche Neubewertung der Eingruppierung erforderlich. Ist hiernach eine Neubewertung erforderlich, kann das Beteiligungsrecht des Personalrats nicht davon abhängen, zu welchem Ergebnis der Arbeitgeber bei seiner Bewertung kommt. Auch mit der Entscheidung, an der bisherigen Eingruppierung als zutreffend festhalten zu wollen, nimmt der Arbeitgeber eine Bewertung vor. Die Richtigkeit dieser Bewertung soll nach dem Willen des Gesetzgebers der Mitbeurteilung durch die Personalvertretung unterworfen sein (vgl. VG Potsdam, Beschluß v. 15. 10. 1997 – 10 K 1542/96.PVB –, PersR 1998, 120 im Anschluß an BAG, Beschluß v. 21. 3. 1995 – 1 ABR 46/94 –, PersR 1995, 498 ff.).

Die **Überprüfung** einer bestehenden Eingruppierung aus Anlaß der Übertragung neuer Aufgaben, die auf einem (anderen) bisher noch nicht bewerteten Arbeitsplatz anfallen, unterliegt als Neu-Eingruppierung der Mitbestimmung des Personalrats. Die Mitbestimmung entfällt auch dann nicht, wenn die Neu-Eingruppierung weder zu seinem Wechsel der Vergütungsgruppe noch zu einem Wechsel der Fallgruppe mit veränderten Möglichkeiten eines Zeit- oder Bewährungsaufstiegs führt (vgl. BVerwG, Beschluß v. 8. 12. 1999 – 6 P 3.98 –, PersR 2000, 106).

Verweigert der Personalrat seine Zustimmung zu einer Eingruppierung einer ausländischen Lehrerin mit der pauschalen Rüge, die Eingruppierung verstoße gegen europäisches Recht, ist seine Ablehnung unbeachtlich, sofern – wie hier – die Rüge darauf gerichtet ist, das vorgegebene **Vergütungssystem** als solches in Frage zu stellen (vgl. OVG Berlin, Beschluß v. 23. 6. 1999 – OVG 60 PV 3.99 –, PersR 2000, 249).

17 Die Mitbestimmung bei der **Eingruppierung** umfaßt nicht das Recht, auf die Aufstellung eines neuen oder aber auf die Änderung eines vorhandenen **Vergütungssystems** hinzuwirken. Gegenstand dieses Rechts ist vielmehr nur die erstmalige Einreihung eines Beschäftigten bzw. seiner Tätigkeit in ein vorgegebenes Vergütungssystem. Auf den Inhalt der von der Tarifgemeinschaft Deutscher Länder in den Vergütungssatzrichtlinien enthaltenen Festlegungen erstreckt sich dieses Mitbestimmungsrecht ebensowenig wie darauf, ob die darin enthaltenen Festlegungen rechtmäßig sind, insbesondere, ob sie dem arbeitsrechtlichen Gleichheitssatz entsprechen (vgl. BVerwG, Beschluß v. 14. 6. 1995 – 6 P 43.93 –, PersR 1995, 428).

18 Ein zunächst nur behördenintern wirkender **Eingruppierungserlaß** bekommt unmittelbar arbeitsrechtliche Bedeutung, wenn seine Geltung zwischen öffentlichem Arbeitgeber und Arbeitnehmer vereinbart wurde. Dies kann auch erst im Laufe des Arbeitsverhältnisses und durch schlüssiges Verhalten geschehen. Das Verhalten der Parteien muß lediglich

Art. 75

darauf schließen lassen, daß der Eingruppierungserlaß insgesamt und nicht nur eine in den Arbeitsvertrag aufgenommene Vergütungsgruppe für den Entgeltanspruch des Arbeitnehmers maßgeblich sein soll. Ist die Geltung eines Eingruppierungserlasses **arbeitsvertraglich** vereinbart, kann der Arbeitnehmer auch eine höhere als die im Vertrag festgelegte Vergütung verlangen, wenn er die im Erlaß hierfür genannten Voraussetzungen erfüllt (vgl. BAG, Urteil v. 21. 7. 1993 – 1 AZR 489/92 –, PersR 1994, 138).

Unstreitig besteht das Mitbestimmungsrecht des Personalrats bei Einstellung auch für **befristete oder Teilzeitarbeitsverhältnisse** (vgl. BayVGH, Beschluß v. 5. 6. 1991 – 18 P 91.00945 –, PersR 1992, 80), ebenso bei der Umwandlung eines Teilzeitverhältnisses in ein Ganztagsarbeitsverhältnis (vgl. BVerwG v. 1. 2. 1989 – 6 P 2.86 –, PersR 1989, 198 und v. 2. 6. 1993 – 6 P 3.92 – PersR 93, 450). Streitig ist das Mitbestimmungsrecht in den **Punkten der Befristung bzw. der Teilzeitbegrenzung.** Nach Auffassung des BVerwG (Beschlüsse v. 12. 8. 1983 – 6 P 29.79 –, ZBR 1984, 77, und v. 30. 9. 1983 – AZ 6 P 11.83 –) soll das mit der Einstellung zu begründende Beschäftigungsverhältnis nicht Gegenstand der Mitbestimmung sein. Deswegen könne der Personalrat seine Zustimmung zu einer Einstellung nicht mit der Begründung verweigern, daß z. B. ein unzulässiger Zeitvertrag abgeschlossen oder statt einer Vollzeit- eine Teilzeitbeschäftigung vereinbart werden solle. Dies wird damit begründet, daß die Ausgestaltung des Arbeitsverhältnisses allein Sache der Vertragsparteien sei. **19**

Im Gegensatz zum BVerwG geht das BAG richtigerweise davon aus, daß sich das Mitbestimmungsrecht bei der Einstellung auch auf die Frage der Befristung erstreckt, da andernfalls das Mitbestimmungsrecht bei der Kündigung umgangen werden könnte (Urteil v. 11. 11. 1982 – 2 AZR 552/81 –, AP Nr. 71 zu § 620 BGB befristeter Arbeitsvertrag; Urteil v. 17. 2. 1983 – 2 AZR 208/81 –, AP Nr. 74 zu § 620 befristeter Arbeitsvertrag).

Der Auffassung des BVerwG ist in wesentlichen Punkten zu widersprechen. Wenn es ausführt, daß der **Inhalt des Beschäftigungsverhältnisses** nicht Gegenstand der Mitbestimmung sei, bleibt zu fragen, wozu die auszuübende Tätigkeit des Beschäftigten und die dementsprechende tarifliche Bewertung, die Eingruppierung, zählen. Unstreitig stehen doch diese beiden mitbestimmungspflichtigen Tatbestände zu den Hauptpflichten Arbeit und Vergütung im Arbeitsverhältnis in sehr enger Beziehung, die nicht negiert werden kann. **20**

Der von dem BVerwG konstruierte Widerspruch zwischen kollektivrechtlicher Aufgabenstellung und der Wahrung individueller Rechte der Beschäftigten enthält nicht nur eine hohe Gewichtung, sondern negiert zu Unrecht die **Schutzfunktion** des Personalrats **für einzelne Beschäftigte** und befindet sich somit auch im Widerspruch zur Systematik des Gesetzes (vgl. z. B. Art. 69 Abs. 1 Buchst. c – Anregungen und Beschwerden von Be- **21** schäftigten, Buchst. d – Eingliederung Schwerbehinderter und sonstiger schutzbedürftiger, insbesondere älterer Personen, und Buchst. f – Eingliederung ausländischer Beschäftigter; Art. 75 Abs. 1 Satz 1 alle personellen Einzelangelegenheiten, Abs. 3 Nr. 12 Ausgleich/Milderung von wirtschaftlichen Nachteilen, die **dem Beschäftigten** infolge von Rationalisierungsmaßnahmen entstehen; Art. 77 Kündigung eines Arbeitnehmers und nicht zuletzt Art. 68 Gleichbehandlungsgebot wegen höchstindividueller Aspekte wie Abstammung, Religion, Nationalität, Herkunft, Geschlecht, politische oder gewerkschaftliche Betätigung oder Einstellung).

22 Bis zum 30. 4. 1985 war das **Arbeitsverhältnis auf unbestimmte Dauer** der Normalfall und die Befristung eines Arbeitsverhältnisses nur im **Ausnahmefall** zulässig. Die Zulässigkeit selbst war von der gefestigten Rechtsprechung des BAG nur bei Bestehen eines sachlich gerechtfertigten Grundes angenommen worden. (Grundlegend BAG v. 12. 10. 1960, AP Nr. 16 zu § 620 BGB befristeter Arbeitsvertrag.)

23 Am 26. 4. 1985 wurde das »Gesetz über arbeitsrechtliche Vorschriften zur Beschäftigungsförderung« (Beschäftigungsförderungsgesetz – BeschFG – BGBl. I S. 710) erlassen. Ab dem 1. 1. 2001 wurde das bis dahin geltende Beschäftigungsförderungsgesetz 1985 durch das Gesetz über Teilzeitarbeit und befristete Arbeitsverträge und zur Änderung und Aufhebung arbeitsrechtlicher Bestimmungen (TzBfG) vom 21. 12. 2000 abgelöst. Das BeschFG 1985 war Kernstück einer arbeitsrechtlichen Deregulierungspolitik der Regierung Kohl mit der erklärten Absicht, Beschäftigung durch den Abbau von Schutzvorschriften zu fördern. Die darin liegende Aufweichung des Kündigungsschutzes wurde als Gefährdung der Rechtskultur empfunden (Herschel, AuR 1985, 265).

24 Nach Feststellung des BAG ist davon auszugehen, daß die Protokollnotiz Nr. 1 zu Nr. 1 SR 2 y BAT eine weiterhin gültige **Tarifnorm** ist, die **zugunsten des Arbeitnehmers** von den gesetzlichen Befristungsregelungen des TzBfG abweicht, weil sie die Zulässigkeit befristeter und deshalb vom Kündigungsschutzgesetz ausgenommener Arbeitsverträge von strengeren Voraussetzungen abhängig macht als das Gesetz (vgl. BAG v. 25. 9. 87, 7 AZR 315/86, PersR 1988, 132; BAG v. 15. 3. 89 – 7 AZR 449/88 –, zum BeschFG 1985 PersR 1990, 87).

25 Beachtlich ist in diesem Zusammenhang das **Gesetz über befristete Arbeitsverträge mit wissenschaftlichem Personal an Hochschulen und Forschungseinrichtungen** vom 14. 6. 1985 (BGBl. I S. 1065), nach dem kaum noch Fälle denkbar sind, in denen Arbeitsverträge nicht befristet werden dürfen. Mit diesem **Zeitvertragsgesetz** wurden eine Reihe von Vorschriften in das Hochschulrahmengesetz (HRG) eingefügt, so auch die entgegen der Auffassung des BVerfG wohl verfassungswidrige Vorschrift: »Die arbeitsrechtlichen Vorschriften und Grundsätze über befristete Arbeitsverträge sind nur insoweit anzuwenden, als sie den Vorschriften dieses Gesetzes nicht widersprechen« (§ 57a Satz 2 HRG).

Art. 75

Gegen das **Zeitvertragsgesetz** haben die Gewerkschaft ÖTV und die **26** Gewerkschaft Erziehung und Wissenschaft am 23. 6. 1986 beim BVerfG Verfassungsbeschwerde eingereicht. Nach über zehn Jahren hat das BVerfG hierüber mit einem die Tarifautonomie erheblich gefährdenden Tenor entschieden. Danach ist das Gesetz über befristete Arbeitsverträge mit wissenschaftlichem Personal an Hochschulen und Forschungseinrichtungen vom 14. 6. 1985 mit Art. 9 Abs. 3 GG vereinbar (vgl. BVerfG, Beschluß v. 24. 4. 1996 – 1 BvR 712/86 –, PersR 1997, 131 mit einer Anmerkung von Hammer, Tarifautonomie zwischen Dogmatik und Beliebigkeit?, PersR 1997, 104).

Die Befristungsmöglichkeiten des seit dem 1. 1. 2001 geltenden TzBfG **27** sind vor dem Hintergrund der Verpflichtung der Bundesrepublik Deutschland zur Umsetzung der EG-Richtlinie über befristete Arbeitsverträge (99/70/EG) zu sehen, die von den Mitgliedstaaten drei alternative Möglichkeiten zur Bindung und Beschränkung dieser Vertragsform verlangt:

1. Bindung der Befristung an sachliche Gründe,
2. Beschränkung der maximalen Dauer aufeinanderfolgender Verträge oder
3. Beschränkung der Zahl der Verlängerung derartiger Verträge.

Der deutsche Gesetzgeber hat sich für die Kombination der bestehenden Möglichkeiten der **Befristungsbindung an sachliche Gründe** mit einer gesetzlichen Höchstdauer begründungsloser Befristungen entschieden. Mit dem Gesetz über Teilzeitarbeit und befristete Arbeitsverträge wurden die von der Rechtsprechung entwickelten wichtigsten **Befristungsgründe** erstmals gesetzlich geregelt. Die Befristung eines Arbeitsvertrages ist nach § 14 Abs. 1 TzBfG zulässig, wenn sie durch einen sachlichen Grund gerechtfertigt ist. Ein sachlicher Grund liegt insbesondere vor, wenn

1. der betriebliche Bedarf an der Arbeitsleistung nur vorübergehend besteht,
2. die Befristung im Anschluß an eine Ausbildung oder ein Studium erfolgt, um den Übergang des Arbeitnehmers in eine Anschlussbeschäftigung zu erleichtern,
3. der Arbeitnehmer zur Vertretung eines anderen Arbeitnehmers beschäftigt wird,
4. die Eigenart der Arbeitsleistung die Befristung rechtfertigt,
5. die Befristung zur Erprobung erfolgt,
6. in der Person des Arbeitnehmers liegende Gründe die Befristung rechtfertigen,
7. der Arbeitnehmer aus Haushaltsmitteln vergütet wird, die haushaltsrechtlich für eine befristete Beschäftigung bestimmt sind, und er entsprechend beschäftigt wird, oder
8. die Befristung auf einem gerichtlichen Vergleich beruht.

Art. 75

28 Die kalendermäßige Befristung eines Arbeitsvertrages ohne Vorliegen eines sachlichen Grundes ist bis zur Dauer von zwei Jahren zulässig; bis zu dieser Gesamtdauer von zwei Jahren ist auch die höchstens dreimalige Verlängerung eines kalendermäßig befristeten Arbeitsvertrages zulässig. Eine Befristung nach Satz 1 ist nicht zulässig, wenn mit demselben Arbeitgeber bereits zuvor ein befristetes oder unbefristetes Arbeitsverhältnis bestanden hat. Durch Tarifvertrag kann die Anzahl der Verlängerungen oder die Höchstdauer der Befristung abweichend von Satz 1 festgelegt werden. Im Geltungsbereich eines solchen Tarifvertrages können nicht tarifgebundene Arbeitgeber und Arbeitnehmer die Anwendung der tariflichen Regelungen vereinbaren (vgl. § 14 Abs. 2 TzBfG).

Neu ist ferner, daß das Erfordernis des sachlichen Grundes nunmehr in Betrieben jeder Größenordnung gilt. Die Notwendigkeit des sachlichen Grundes wird nicht mehr aus dem Verbot der Umgehung des KSchG hergeleitet. Daneben besteht – ähnlich wie im BeschFG 1985 – die Möglichkeit einer begründungslosen Befristung, wenn der Arbeitsvertrag oder seine dreimalige Verlängerung nicht die Gesamtdauer von zwei Jahren überschreitet (§ 14 Abs. 2 TzBfG). Um eine mißbräuchliche Aneinanderkettung begründungsloser und sachlich begründeter Befristungen zu verhüten, verbietet § 14 Abs. 2 Satz 2 TzBfG die begründungslose Befristung, wenn mit demselben Arbeitgeber zuvor ein befristetes oder unbefristetes Arbeitsverhältnis bestanden hat.

Die Befristung eines Arbeitsvertrages bedarf keines sachlichen Grundes, wenn der Arbeitnehmer bei Beginn des befristeten Arbeitsverhältnisses das 58. Lebensjahr vollendet hat. Die Befristung ist nicht zulässig, wenn zu einem vorhergehenden unbefristeten Arbeitsvertrag mit demselben Arbeitgeber ein enger sachlicher Zusammenhang besteht. Ein solcher enger sachlicher Zusammenhang ist insbesondere anzunehmen, wenn zwischen den Arbeitsverträgen ein Zeitraum von weniger als sechs Monaten liegt (vgl. § 14 Abs. 3 TzBfG). Die Befristung eines Arbeitsvertrages bedarf zu ihrer Wirksamkeit der Schriftform (vgl. § 14 Abs. 4 TzBfG). Diese Vorschrift geht über § 623 BGB hinaus, der dies lediglich für den arbeitsvertraglichen Teil der Befristungsabrede verlangt. Eine rechtsunwirksame Befristung hat zur Folge, daß das Arbeitsverhältnis als unbefristetes gilt (§ 16 TzBfG). Eine hierauf gerichtete Klage muß beim Arbeitsgericht binnen drei Wochen nach dem vereinbarten Ende der Befristung erhoben werden (§ 17 TzBfG).

29 Die in den Nr. 1 und 2 SR 2y genannten **Befristungsgrundformen** des Zeitangestellten, des Angestellten für Aufgaben von begrenzter Dauer und des Aushilfsangestellten stehen selbständig nebeneinander. Der Begriff des **Zeitangestellten** ist nicht der Oberbegriff dieser drei Befristungsgrundformen. Der Sachgrund der Vertretung ist auch dann der Befristungsgrundform des Aushilfsangestellten zuzuordnen, wenn die

Befristung auf § 21 BErzGG gestützt wird (vgl. BAG, Urteil v. 29. 10. 1998 – 7 AZR 477/97 –, PersR 1999, 230).

Wird im Anschluß an eine acht Jahre lange Beschäftigung mit aneinandergereihten befristeten Arbeitsverträgen unter Berufung auf einen sachlichen **Befristungsgrund** gem. § 620 Abs. 1 BGB i. V. m. SR 2y BAT das Arbeitsverhältnis erneut befristet, so ist von Unzulässigkeit dieser Befristung nach § 14 Abs. 1 und 2 TzBfG i.V. mit § 16 TzBfG mit der Folge des Zustandekommens eines unbefristeten Arbeitsverhältnisses auszugehen, wenn für den letzten nach § 620 Abs. 1 BGB i. V. m. SR 2y zum BAT abgeschlossenen Arbeitsvertrag ein sachlicher Befristungsgrund vom Arbeitgeber nicht stichhaltig vorgetragen wurde. In diesem Fall ist von einem vorhergehenden unbefristeten Arbeitsvertrag i. S. d. § 16 TzBfG auszugehen. § 14 Abs. 1 TzBfG führt insoweit nicht zur Fiktion eines sachlichen Befristungsgrundes (vgl. ArbG Freiburg, Urteil v. 29. 10. 1998 – 11 Ca 401/98 zum BeschFG – PersR 1999, 368).

Bei der nochmaligen befristeten Verlängerung des Arbeitsverhältnisses eines bereits langjährig befristet beschäftigten Arbeitnehmers zur Vertretung muß der Arbeitgeber im Zeitpunkt des Vertragsabschlusses konkrete Anhaltspunkte für die Prognose haben, der Beschäftigungsbedarf für den befristet tätigen Mitarbeiter werde entfallen. Anzahl und Dauer der Befristungen können Indizien für das **Fehlen des Sachgrundes** der Vertretung sein (vgl. BAG, Urteil v. 11. 11. 1998 – 7 AZR 328/97 – zum BeschFG –, AiB 1999, 348).

Angesichts der aufgezeigten Schwierigkeiten ist zur Vermeidung schon des Eindrucks möglicher Ungleichbehandlung entgegen der Auffassung des BVerwG in dem Beschluß v. 30. 9. 1983 nunmehr **nach** Inkrafttreten des TzBfG davon auszugehen, daß auch die Befristung des Arbeitsvertrages von der Mitbestimmung bei der Einstellung umfaßt wird. In diesem Zusammenhang haben die Personalräte zu **prüfen**, ob die beabsichtigte Befristung gegen einen **Tarifvertrag** verstößt, weil z. B. keine sachlichen oder in der Person des Beschäftigten liegenden Gründe gegeben sind oder eine **Höchstbefristungsdauer** überschritten wird oder keine Aufgaben von **begrenzter Dauer** wahrgenommen werden sollen. Zu prüfen ist auch, ob die beabsichtigte Befristung möglicherweise gegen eine **Verwaltungsanordnung** oder ein **Gesetz** wie z. B. das TzBfG verstößt. Zu prüfen wäre auch, ob die Befristung einen besonderen **Nachteil für Frauen** (befristete Verträge vor allem mit Frauen oder nur mit jüngeren Frauen – Schwangerschaft), **ausländische Arbeitnehmer, ältere Arbeitnehmer** und **schwerbehinderte Menschen** gibt. Für den Fall, daß eine Befristung trotz des TzBfG rechtswidrig ist, bleibt dem Arbeitnehmer die Möglichkeit, vor dem Arbeitsgericht die Unbefristetheit seines Arbeitsverhältnisses feststellen zu lassen.

30

Die **Versagung des Kündigungsschutzes** bei Zeitarbeitsverträgen ohne geforderten sachlichen Anlaß ist somit nach Begründung des befristeten Arbeitsverhältnisses auch gegen den in der Rechtsprechung geäußerten

31

Art. 75

sozialpolitischen Willen des BVerwG (Beschluß v. 30. 9. 1983, a. a. O.) und des BAG rechtspolitische Realität. Insbesondere die kollektiv-rechtliche Schutzfunktion des Personalrats in bezug zum TzBfG, begründet in dem **Verweigerungskatalog** nach Art. 75 Abs. 2, ist nunmehr neu zu würdigen.

32 Zur Rechtfertigung der Befristung eines Arbeitsvertrages wegen Wahrnehmung von Aufgaben begrenzter Dauer nach den Sonderregelungen für Zeitangestellte, Angestellte für Aufgaben von begrenzter Dauer und für Aushilfsangestellte (SR 2 y BAT) kann sich der Arbeitgeber nur auf solche **Gründe** berufen, die **im Arbeitsvertrag** bezeichnet sind. Ein Verstoß gegen dieses zwingende Schriftformerfordernis (SR 2 y Nr. 2 Abs. 2 Satz 2) führt zur offensichtlichen Unwirksamkeit der Befristung (vgl. LAG Köln, Urteil v. 27. 2. 1985 – 5 Sa 1070/84 mit Anm. Peiseler, PersR 1985, 79).

Dem Personalrat steht kein Mitbestimmungsrecht bei **nachträglicher Befristung** eines Arbeitsverhältnisses unter gleichzeitiger Vereinbarung einer Teilzeitregelung zu (vgl. BayVGH, Beschluß v. 31. 7. 1996 – 17 P 96.367 –, PersR 1997, 167).

32 a Andererseits geht das BAG für eine nachträgliche Friständerung von einem unbefristeten Arbeitsverhältnis aus. Hat nämlich ein Personalrat seine Zustimmung für ein 1 Jahr dauerndes Arbeitsverhältnis erteilt und schließen die Vertragsparteien danach einen Zeitvertrag von kürzerer Vertragsdauer, so ist die **Befristung** des Arbeitsverhältnisses wegen Verletzung des Mitbestimmungsrechts **unwirksam** (Bestätigung der Senatsrechtsprechung). Zwischen den Parteien besteht ein Arbeitsverhältnis auf Dauer und nicht nur für den zunächst geplanten Zeitraum (vgl. BAG, Urteil v. 8. 7. 1998 – 7 AZR 308/97 –, PersR 1998, 483).

32 b Ein **sachlicher Grund** für die Befristung des Arbeitsvertrages liegt vor, wenn sich der Arbeitgeber bei Vertragsabschluß zur Schließung des Betriebs oder der Dienststelle entschlossen hat und wenn er die Prognose stellen kann, daß auch eine Weiterbeschäftigung des Arbeitnehmers in einem anderen Betrieb bzw. einer anderen Dienststelle nicht möglich sein wird. Bei Vorliegen eines sachlichen Grundes ist die nachträgliche Befristung eines unbefristeten Arbeitsvertrags auch dann rechtswirksam, wenn sich der Arbeitnehmer des Bestehens eines unbefristeten Arbeitsverhältnisses nicht bewußt war und deshalb auch nicht den Willen hatte, auf seinen Bestandsschutz nach dem Kündigungsschutzgesetz zu verzichten (vgl. BAG, Urteil v. 3. 12. 1997 – 7 AZR 651/96 –, PersR 1998, 389).

33 Die **Verlängerung eines Zeitvertrages** ist im Sinne des BayPVG eine Einstellung. »Die Mitbestimmung bei der Einstellung erschöpft sich nicht darin, daß der Personalrat lediglich der Aufnahme eines neuen Arbeitnehmers in der Dienststelle zustimmt.« Sie erstreckt sich auch auf die **Modalitäten** dieser Einstellung. Wird dem Personalrat vom Dienststellenleiter die Absicht mitgeteilt, eine bestimmte Person für eine genau

Art. 75

festgelegte Zeit einzustellen, dann bezieht sich die Zustimmung des Personalrats auf diesen genau festgelegten Tatbestand.

Jede **Änderung dieses Tatbestandes** ist personalvertretungsrechtlich nicht mehr durch die ursprüngliche Zustimmung gedeckt. Die Beteiligung des Personalrats an dieser Änderung kann deshalb nicht allein unter Hinweis auf die früher gegebene Zustimmung abgelehnt werden. Die Hinausschiebung der zeitlichen Begrenzung durch eine Verlängerung des Arbeitsvertrages stellt sich als eine vom Personalrat noch nicht geprüfte Einstellung dar, die seine erneute Beteiligung erfordert (vgl. BVerwG v. 13. 2. 1979 – 6 P 48.78 –, ÖTV RS III und ZBR 1979, 279; BVerwG v. 1. 2. 89 – 6 P 2.86 –, PersR 1989, 198).

Eine Einstellung ist weiterhin die Aufnahme einer Tätigkeit in der Dienststelle aufgrund einer **Arbeitsbeschaffungsmaßnahme** nach dem SGB III. Hier erfolgt sowohl eine tatsächliche Eingliederung in die Dienststelle als auch der Abschluß eines Arbeitsvertrages. Dabei bezieht sich die Mitbestimmung des Personalrats vor allem auf die Festlegung der von ABM-Beschäftigten auszuübenden Tätigkeit sowie auf die vorgesehene Dauer der Beschäftigung. Die Personalauswahl ist nur begrenzt zu beeinflussen, da die **Arbeitsverwaltung** entsprechende Vorentscheidungen treffen kann. **34**

Die Einstellung von **ABM-Kräften** bei einer Dienststelle (hier des Bundes) unterliegt auch dann der Mitbestimmung des bei dieser gebildeten Personalrats, wenn im Anschluß an die maßgebliche Eignungsbeurteilung durch diese Dienststelle zunächst ein Arbeitsverhältnis mit einer anderen Dienststelle (eines Bundeslandes) begründet wird, dessen einziger Zweck es ist, die Arbeitsbeschaffungsmaßnahme in der Einrichtung (des Bundes) zu ermöglichen (vgl. BVerwG, Beschluß v. 15. 3. 1994 – 6 P 24.92 –, PersR 1994, 288).

Zu prüfen hat der Personalrat insbesondere, ob mit der Einstellung von ABM-Kräften zusätzliche Arbeit verrichtet oder Pflichtaufgaben erfüllt werden, die Einrichtung oder Besetzung von Planstellen verhindert oder Planstellen abgebaut werden sollen. Gegebenenfalls ist die Zustimmung zu verweigern, wenn die Einstellung gegen Bestimmungen des SGB III oder eine Verwaltungsanordnung, wie z.B. die ABM-Anordnungen, verstößt, weil etwa die ABM-Kräfte zur Erledigung von Planaufgaben eingesetzt werden oder ihre arbeitsrechtliche Gleichstellung mit den Stammbeschäftigten nicht gewährleistet ist (vgl. Baumann-Czichon, Borgaes, Handlungsmöglichkeiten der Personalräte bei ABM, PersR 1985, S. 168).

Als Einstellung ist auch die Aufnahme der in einem sogenannten echten oder unechten **Leiharbeitsverhältnis** nach dem Arbeitnehmerüberlassungsgesetz vom 7. 8. 1972 stehenden oder aufgrund eines Gestellungsvertrages übernommenen Arbeitnehmer in die Dienststelle anzusehen (vgl. BAG v. 14. 5. 1974 – 1 ABR 40/73 –; BVerwG, Beschluß v. **35**

20. 5. 1992 – 6 P 4.90 –, PersR 1992, 405). Zwar ist der Leiharbeitnehmer (Überlassung nicht länger als sechs aufeinanderfolgende Monate) Arbeitnehmer des Verleihers, der die primären Gegenleistungen aus dem Arbeitsverhältnis (Lohn) zu erbringen hat, hingegen hat der Leiter der Entleiherdienststelle gegenüber dem Leiharbeitnehmer Arbeitgeberstellung und das Weisungsrecht für die Arbeitsleistung. Von besonderer Bedeutung ist vor allem der Umstand der Eingliederung in die Entleiherdienststelle, die das kollektivrechtliche Interesse des Personalrats begründet.

Wird von einem Krankenhaus die Wahrnehmung von Reinigungsaufgaben, wie z. B. Gebäudereinigung oder Spüldienst, durch Vertrag an ein Reinigungsunternehmen übertragen und verbleiben dem Krankenhaus **keine Weisungsbefugnisse** gegenüber den Beschäftigten des Reinigungsunternehmens, so steht dem Personalrat des Krankenhauses kein Mitbestimmungsrecht unter dem Gesichtspunkt der Einstellung der im Krankenhaus tätigen Beschäftigten des Reinigungsunternehmens zu (vgl. BVerwG, Beschluß v. 4. 9. 1995 – 6 P 32.93 –, PersR 1995, 525).

36 Die **Übernahme eines Leiharbeitnehmers** i. S. d. Arbeitnehmerüberlassungsgesetzes (AÜG) zur Arbeitsleistung ist eine Einstellung, die der Mitbestimmung des Personalrats der Entleiherdienststelle unterliegt. Für die Einstellung genügt die Eingliederung in die Dienststelle durch tatsächliche Aufnahme der vorgesehenen Tätigkeit auch dann, wenn nicht einmal die Absicht bestanden hat, mit dem Einzustellenden eine arbeitsvertragliche Bindung zu vereinbaren (vgl. OVG Hamburg, Beschluß v. 15. 5. 1985 – OVG BS PB 7/84 –, PersR 1987, 24; BayVGH, Beschluß v. 29. 5. 87 – Nr. 17c 87.00240 –, PersR 1988, 84).

Der Einsatz von **Fremdpersonal** in der Dienststelle ist nur dann mitbestimmungspflichtig, wenn dieses Personal in die Dienststelle eingegliedert wird. Die Eingliederung setzt voraus, daß die Dienststellenleitung auch gegenüber dem Fremdpersonal wenigstens einen Teil der Arbeitgeberstellung übernimmt. Sie ist dagegen zu verneinen, wenn nur das betriebsfremde Unternehmen die für ein Arbeitsverhältnis typischen Entscheidungen über den Arbeitseinsatz nach Zeit und Ort zu treffen hat (vgl. BAG, Beschluß v. 18. 10. 1994 – 1 ABR 9/94 –, PersR 1995, 269).

Die Aufnahme eines bei einer **Drittfirma** angestellten Arbeitnehmers in eine Dienststelle zur Arbeitsleistung kann – unabhängig von der Bezeichnung des der Arbeitsaufnahme zugrundeliegenden Vertrages zwischen Dienststelle und Drittfirma und der von diesen beabsichtigten Rechtsfolgen – als **Arbeitnehmerüberlassung** den Tatbestand der »Einstellung« im personalvertretungsrechtlichen Sinn erfüllen (BVerwG, Beschluß v. 6. 9. 1995 – 6 P 9.93 –, PersR 1996, 118). Wenn die Beschäftigten einer **Drittfirma** zur Aufgabenausführung in der Weise in die Dienststelle integriert werden, daß die Dienststelle das Direktionsrecht eines Arbeitgebers hinsichtlich Art, Zeit und Umfang wahrnimmt, handelt es sich um eine mitbestimmungspflichtige Einstellung. Dabei kommt es nicht auf die von den Vertragsparteien gewählte Typenbezeichnung des

Art. 75

Vertrages oder der von ihnen gewünschten Rechtsfolge an. Vielmehr ist der tatsächliche **Geschäftsinhalt**, der sich aus der getroffenen Vereinbarung ergibt, maßgebend (vgl. OVG Hamburg, Beschluß v. 25. 2. 2002 – 8 Bf 260/01.PVL –, PersR 2002, 442).

Die auf der Grundlage eines **Gestellungsvertrages** mit einer **Schwesternschaft** vom DRK e. V. erfolgende Aufnahme einer nicht nur vorübergehenden und geringfügigen Tätigkeit im Pflegedienst eines Klinikums durch Pflegekräfte unterliegt als Einstellung der Mitbestimmung des Personalrats. Dies gilt auch dann, wenn die bestellte Pflegedirektorin, deren Weisungen die nach dem Gestellungsvertrag zu beschäftigenden Arbeitskräfte unterstellt sind, selbst der Schwesternschaft angehört. Wesentlich ist, daß der Dienstleistende mit der ihm übertragenen Tätigkeit wie ein in der Dienststelle beschäftigter Arbeitnehmer im Rahmen der Aufbau- und Ablauforganisation der Dienststelle Aufgaben wahrnimmt (vgl. BVerwG, Beschluß v. 27. 8. 1997 – 6 P 7.95 –, PersR 1998, 22 und OVG NW, Beschluß v. 21. 6. 2001 – 1 A 280/99.PVL –, PersR 2002, 123).

Die zwischen dem Arbeitsamt und der Standortverwaltung vereinbarte Aufnahme von **Teilnehmern an der arbeitsmarktpolitischen Fortbildungsmaßnahme** »Praxistraining im Verwaltungsbereich« in das Kreiswehrersatzamt ist eine Einstellung, die der Mitbestimmung des Personalrats beim Kreiswehrersatzamt unterliegt. Für die Einstellung genügt die Eingliederung in die Dienststelle durch tatsächliche **Aufnahme der vorgesehenen Tätigkeit** auch dann, wenn **nicht** einmal die **Absicht** bestanden hat, mit dem Einzustellenden einen **Arbeitsvertrag zu schließen**. Abgesehen davon wird mit der Aufnahme von Praktikanten, die an drei Tagen der Woche an einem Praxistraining in Form praktischer Verwaltungstätigkeit in den Fach- und Sachgebieten des Kreiswehrersatzamtes unter der Verantwortung des jeweiligen Anleiters teilnehmen und dabei der Ordnung in der Dienststelle, dem vom Dienststellenleiter geregelten Organisations- und Dienstbetrieb sowie seinen Weisungen unterliegen, eine faktische Arbeitgeberstellung des Trägers dieser Dienststelle und damit zugleich ein arbeitsrechtliches Band begründet (vgl. VG Hamburg, Beschluß v. 10. 10. 1985 – 2 VG FB 13/83 –, PersR 1987, 24). 37

Eine Einstellung liegt auch vor, wenn ein **Wechsel zwischen Arbeiter-, Angestellten- und Beamtenverhältnis** erfolgt. Hierbei erfolgt nicht nur der Abschluß eines neuen Arbeitsvertrages auf der Grundlage eines anderen Tarifvertrages oder eine Beschäftigung nach beamtenrechtlichen Vorschriften, sondern es wird auch ein Wechsel zu einer anderen Personengruppe vollzogen. 38

Damit ist nach der Anlage des Gesetzes das kollektive Interesse der in der Dienststelle Beschäftigten und damit die personalvertretungsrechtliche Pflicht berührt.

Nicht zur Einstellung zählt die **Rücknahme einer Kündigung** und die Wiederaufnahme der Beschäftigung durch einen gekündigten Arbeitneh- 39

Art. 75

mer, der im Kündigungsschutzprozeß obsiegte. In beiden Fällen war das Arbeitsverhältnis nicht aufgelöst, sondern bestand fort (BVerwG v. 25. 8. 88 – 6 P 36.85 –, PersR 1988, 298). Die **Umwandlung eines Vollzeitarbeitsverhältnisses in ein Teilzeitarbeitsverhältnis** nach dem Altersteilzeitgesetz ist ebenfalls keine mitbestimmungspflichtige Einstellung (vgl. BVerwG, Beschluß v. 22. 6. 2001 – 6 P 11.00 –, PersR 2001, 422).

Allerdings ist eine nicht nur vorübergehende und geringfügige **Aufstockung eines Teilzeitbeschäftigungsverhältnisses** (BVerwG im Falle einer Aufstockung um 14,75 Stunden Wochenarbeitszeit für die Dauer von fünf Monaten) als Einstellung anzusehen. Die Aufstockung eines Teilzeitbeschäftigungsverhältnisses ist jedenfalls dann nicht nur vorübergehend und geringfügig, wenn sie für die Dauer von mehr als zwei Monaten erfolgt; eine für länger als zwei Monate vorgesehene Aufstockung wäre allerdings insbesondere dann nicht mitbestimmungspflichtig, wenn der Umfang der vorgesehenen Erhöhung der wöchentlichen Arbeitszeit so gering sei, daß dadurch keine neue Auswahlsituation auftritt, die eine Benachteiligung anderer Beschäftigter zur Folge haben könnte (vgl. BVerwG, Beschluß v. 23. 3. 1999 – 6 P 10.97 –, PersR 1999, 395).

Beachtlich ist aber auch, daß die Teilzeitbeschäftigung eines neu eingestellten Beamten auch aus arbeitsmarktpolitischen Gründen nur angeordnet werden darf, wenn dem Bewerber die Möglichkeit zur **Wahl der vollen Beschäftigung** eingeräumt worden ist (vgl. BVerwG, Urteil v. 2. 3. 2000 – 2 C 1.99 –, PersR 2000, 342, im Anschluss an BVerwG, Urteil v. 6. 7. 1989 – 2 C 52.87 –, PersR 1989, 340).

39a Seit dem 1. 1. 2001 wurde mit dem Gesetz über Teilzeitarbeit und befristete Arbeitsverträge und zur Änderung und Aufhebung arbeitsrechtlicher Bestimmungen (TzBfG) vom 21. 12. 2000 das bis dahin geltende Beschäftigungsförderungsgesetz abgelöst. Es ist vor dem Hintergrund der bereits am 20. 1. 2000 abgelaufenen Verpflichtung der Bundesrepublik Deutschland zur Umsetzung der EG-Richtlinie über Teilzeitarbeit (97/81/EWG) zu sehen. Seine Regelungen über die Teilzeitarbeit entsprechen weitgehend dem BeschFG 1985. Neu ist allerdings der Anspruch von Vollzeitbeschäftigten in Teilzeitbeschäftigung zu wechseln.

Der **Begriff Teilzeitarbeit** wird in § 2 Abs. 1 TzBfG definiert: Es handelt sich um Arbeitnehmer, deren regelmäßige Wochenarbeitszeit geringer ist als die vergleichbare Vollzeitarbeitnehmer. Es kommt nicht darauf an, um wieviel die Arbeitszeit nach unten abweicht. Nach § 2 Abs. 2 TzBfG zählen auch geringfügig Beschäftigte i. S. des § 8 Abs. 1 Nr. 1 SGB IV zu den Teilzeitbeschäftigten, auf die das Gesetz Anwendung findet.

Die bedeutende Schutzvorschrift für Teilzeitbeschäftigte ist das **Diskriminierungsverbot** des § 4 TzBfG. Danach dürfen Teilzeitbeschäftigte wegen der Teilzeitarbeit nicht schlechter behandelt werden als vergleichbare Vollzeitbeschäftigte. Insbesondere gilt dies für das **Entgelt**: Es ist dem

Teilzeitbeschäftigten mindestens in dem Umfang zu gewähren, der dem Anteil seiner Arbeitszeit an der Arbeitszeit eines vergleichbaren vollzeitbeschäftigten Arbeitnehmers entspricht. Das bedeutet, daß Teilzeitbeschäftigte nicht vom Bezug von Jahressonderzahlungen und sonstigen geldwerten Leistungen ausgeschlossen werden dürfen. Diese Leistungen sind vielmehr arbeitszeitanteilig zu gewähren.

Die unterschiedliche Behandlung von Teilzeitbeschäftigten kann auch eine mittelbare **geschlechtsspezifische Diskriminierung** darstellen, wenn überwiegend Frauen davon betroffen sind. Bei inner- und außerbetrieblichen Stellenausschreibungen muß nach betrieblicher Möglichkeit auch eine Besetzung mit Teilzeitkräften vorgesehen werden (§ 7 Abs. 1 TzBfG).

Neu ist der Rechtsanspruch eines Arbeitnehmers, seine **Wochenarbeitszeit** gem. § 8 TzBfG zu verringern. Voraussetzungen hierfür sind:

- eine Mindestbetriebsgröße von 16 Arbeitnehmern,
- eine Mindestbeschäftigungszeit von sechs Monaten und
- eine Geltendmachung der Arbeitszeitreduzierung mindestens drei Monate vor deren Beginn.

Dabei kann der Arbeitnehmer bereits teilzeitbeschäftigt sein und eine weitere Reduzierung seiner Arbeitszeit verlangen (vgl. Kittner, Arbeits- und Sozialordnung, Einleitung zum TzBfG m.w.N.).

Der Arbeitgeber hat das Verlangen des Arbeitnehmers mit diesem zu erörtern und muß es akzeptieren, wenn keine **betrieblichen Gründe** entgegenstehen. Solche Gründe liegen insbesondere darin, daß durch die Verringerung der Arbeitszeit die Organisation, der Arbeitsablauf oder die Sicherheit im Betrieb wesentlich beeinträchtigt wird. Lehnt der Arbeitgeber den Wunsch des Arbeitnehmers ab und ist dieser damit nicht einverstanden, muß der Arbeitnehmer das Arbeitsgericht anrufen. Der Arbeitnehmer kann eine erneute Verringerung seiner Wochenarbeitszeit erst wieder nach zwei Jahren geltend machen.

Will ein teilzeitbeschäftigter Arbeitnehmer seine Arbeitszeit (wieder) verlängern, muß ihn der Arbeitgeber bei der Besetzung eines entsprechenden frei werdenden Arbeitsplatzes berücksichtigen, wenn nicht betriebliche Gründe oder die Belange sozial schutzwürdigerer anderer Arbeitnehmer dagegensprechen (§ 9 TzBfG). Der Arbeitgeber ist verpflichtet, Arbeitnehmer mit Interesse an Teilzeitarbeit auf entsprechende Arbeitsmöglichkeiten hinzuweisen (§ 7 Abs. 2 TzBfG).

Jobsharing beschreibt das Teilen eines Arbeitsplatzes von zwei oder mehr Arbeitnehmern. Den grundlegenden Bedenken des unzulässigen Aufbürdens des Unternehmerrisikos für Fehlzeiten eines Beteiligten auf einen Arbeitnehmer trägt § 13 TzBfG keine Rechnung: Arbeitsplatzteilung mit Risikoübernahme durch den Arbeitnehmer wird hier erlaubt. Zwar soll der eine Partner nur dann zur Vertretung des anderen verpflich-

Art. 75

tet sein, wenn dies für jeden einzelnen Vertretungsfall gesondert vereinbart wird (§ 13 Abs. 1 Satz 1 TzBfG).

Abweichend davon läßt das Gesetz aber zu, daß die Vertretung auch vorab für den Fall eines dringenden betrieblichen Erfordernisses vereinbart wird. Ein Arbeitnehmer darf die Vertretung dann nur noch ablehnen, soweit sie ihm im Einzelfall unzumutbar ist (§ 13 Abs. 1 Satz 2 TzBfG). Aber welcher Arbeitnehmer kann sich darauf in dem Moment berufen, in dem der Arbeitgeber den Arbeitseinsatz verlangt? Die hier strittigen Fragen lassen sich allemal erst im nachhinein in einem Arbeitsgerichtsverfahren klären, und darauf wird sich kaum ein Arbeitnehmer, der einen solchen Vertrag akzeptiert hat, im konkreten Fall einlassen. Gefordert wird deshalb das Verbot solcher im voraus getroffenen Vertretungsvereinbarungen (vgl. Kittner, Arbeits- und Sozialordnung, Einleitung zum TzBfG). Allerdings ist hier ein Mitbestimmungsrecht zur Arbeitszeit nach Art. 75 Abs. 4 Nr. 1 anzunehmen.

40 Maßnahmen nach § 613a BGB (»**rechtsgeschäftlicher Übergang eines Betriebes** oder Betriebsteiles auf einen anderen Inhaber«) sind **keine** Einstellung (BAG v. 7. 11. 1975 – 1 ABR 78/74 –). Wenn eine Dienststelle eine Gesellschaft erwirbt und diese als Eigenbetrieb führt, tritt sie in vollem Umfang in die bestehenden Arbeitsverhältnisse ein, die somit durch den Betriebsübergang nicht neu begründet werden. Für die Dienststelle besteht auch wegen der Übernahme der Arbeitsverhältnisse kein Raum für eigenes Ermessen. Neben dem Fortbestehen arbeitsvertraglicher Ansprüche ist die Wirksamkeit und Geltung der möglicherweise unterschiedlichen Tarifverträge (vgl. Art. 69 Abs. 1 Buchst. b BayPVG) zu prüfen. (Der Wechsel einer Gewerkschaftsmitgliedschaft beinhaltet den Erwerb von Ansprüchen aus Tarifverträgen der Gewerkschaft, die für die Dienststelle gelten.)

41 Eine personalvertretungsrechtliche **Einstellung des Beamten** ist jede Ernennung unter Begründung eines Beamtenverhältnisses (vgl. Art. 7 Nr. 1 BayBG, § 4 Abs. 1 LbV). Somit ist es unerheblich, ob das Beamtenverhältnis auf Lebenszeit, auf Zeit, auf Probe oder auf Widerruf begründet wird. Es liegt ebenfalls eine Einstellung vor, wenn ein Arbeiter oder Angestellter in das Beamtenverhältnis übernommen wird. Hierbei erlischt das ursprüngliche Arbeitsverhältnis ohne Auflösungsvertrag und ohne Kündigung (vgl. Art. 8 Abs. 4 BayBG). Das Ausscheiden aus einem früheren Beamtenverhältnis steht nicht im Widerspruch zum Mitbestimmungsrecht bei der neuerlichen Begründung eines Beamtenverhältnisses.

Versagt der Personalrat seine Zustimmung zur Einstellung deshalb, weil zu den bei der Auswahl unter den Bewerbern angewandten **Auswahlrichtlinien** das erforderliche Mitbestimmungsverfahren nicht durchgeführt worden sei, so soll nach BayVGH die Zustimmungsverweigerung unbeachtlich sein, wenn er nicht gleichzeitig in beachtlicher Weise rügt, die Auswahl beruhe auch inhaltlich auf einem Verstoß gegen die in

Art. 75

Art. 75 Abs. 2 Nr. 1 genannten Maßstäbe (vgl. BayVGH, Beschluß v. 18. 7. 1991 – 17 P 91.1181, 91.1183, 91.1184 –, PersR 1992, 270).

Lehnt der Personalrat den Vorschlag der Dienstbehörde für die Besetzung einer Schulleiterstelle mit der Begründung ab, die dienstliche Beurteilung eines nichtberücksichtigten Bewerbers sei in ihrer **Benotung** besser als die des Berücksichtigten und dies sei an keiner Stelle des ihm vorgelegten Auswahlvermerks gewürdigt worden, so ist diese Begründung auch dann nicht unbeachtlich, wenn die Dienstbehörde bei ihrer Auswahlentscheidung wesentlich auf zusätzliche Bewertungskriterien (Beurteilung einer fremden Unterrichtsstunde, schulaufsichtliches Fachgespräch) abgestellt hat (vgl. OVG Berlin, Beschluß v. 30. 3. 1998 – OVG 60 PV 3.98 –, PersR 1998, 296).

Die **»dienstherrenübergreifende«** Versetzung eines Beamten ist für den aufnehmenden Dienstherrn eine mitbestimmungspflichtige Einstellung. Die Neubegründung eines Beamtenverhältnisses ist auch bei einem Dienstherrnwechsel anzunehmen, durch den für den neuen Dienstherrn ein Bedürfnis zur Eingliederung in die Dienststelle entsteht. Dieses rechtfertigt entsprechend dem primär kollektiv orientierten Schutzzweck des Mitbestimmungstatbestandes bei Einstellungen eine Beteiligung des Personalrats der aufnehmenden Dienststelle ohne Rücksicht auf den Status des Beschäftigten (vgl. BayVGH, Beschluß v. 30. 1. 1992 – 17 P 91.3271 –, PersR 1992, 261).

Die **erneute Ernennung** eines wegen Dienstunfähigkeit vorläufig in den Ruhestand versetzten Beamten ist ein Fall der Einstellung und unterliegt daher der Mitbestimmung des Personalrats. Eine unter Verletzung des Mitbestimmungsrechts vollzogene Ernennung ist zwar nicht unwirksam, aber rechtswidrig. Vorläufiger Rechtsschutz kann dadurch gewährt werden, daß die beamtenrechtlichen Folgen der Ernennung für die Dauer der aufschiebenden Wirkung des Rechtsbehelfs suspendiert werden (vgl. HVGH, Beschluß v. 29. 11. 1994 – 1 TG 3059/94 –, PersR 1995, 252).

Vom Mitbestimmungsrecht ausgenommen sind die Einstellung als **Dienstanfänger** sowie die Einstellung als Beamter auf Widerruf im Vorbereitungsdienst, wenn nach den Vorschriften für die betreffende Laufbahn das Beamtenverhältnis nach Ablegung der Laufbahnprüfung (vgl. Art. 43 Abs. 2 BayBG) endet und der Vorbereitungsdienst **eine allgemeine Ausbildungsstätte** im Sinne des Art. 12 Abs. 1 GG ist. Ein solcher Ausschluß des Mitbestimmungsrechts bei Einstellungen ist im BPersVG nicht vorgesehen. Die Verneinung des Mitbestimmungsrechts durch den bayerischen Gesetzgeber erstaunt um so mehr, als es sich hierbei unstreitig um eine Eingliederung in die Dienststelle handelt.

42 Ein vor Abschluß des Mitbestimmungsverfahrens abgeschlossener **Arbeitsvertrag** ist auch **ohne** die **Zustimmung des Personalrats** wirksam. Die Dienststelle darf den Eingestellten jedoch so lange nicht beschäftigen, bis der Personalrat seine Zustimmung erteilt hat oder diese durch die

Art. 75

Einigungsstelle ersetzt worden ist (vgl. BAG v. 2. 7. 1980 – 5 AZR 56/79 –, AP Nr. 5 zu § 101 BetrVG 1972; BAG v. 2. 7. 1980 – 5 AZR 1241/79 –, AP Nr. 9 zu Art. 33 Abs. 2 GG; a. A. VG Ansbach, Beschluß v. 11. 8. 1977 – Nr. AN 343 PV 77 –).

43 Die **Anstellung eines Beamten** ist eine Ernennung unter erstmaliger Verleihung eines Amtes, das in der Besoldungsordnung aufgeführt ist (vgl. Art. 7 Nr. 3 BayBG, § 4 Abs. 2 LbV). Die Anstellung erfolgt nach Bewährung des Beamten in der Probezeit; sie kann mit der Ernennung zum Beamten auf Lebenszeit zeitlich zusammenfallen. Das verliehene Amt ist durch Amtsbezeichnung, Laufbahnzugehörigkeit, Besoldungsgruppe und Endgrundgehalt gekennzeichnet. »Anstellung« bedeutet die nach Ablauf der Ausbildungs- und Probezeit erstmalige Einweisung in eine Planstelle. Die Beteiligung bei der Ernennung zum Beamten auf Lebenszeit wurde 1989 ausdrücklich in das Gesetz aufgenommen (vgl. Rn. 41).

44 **(Abs. 1 Nr. 2)** Eine **Beförderung** ist die Ernennung eines Beamten unter Verleihung eines anderen Amtes mit höherem Endgrundgehalt und anderer Amtsbezeichnung (vgl. § 4 Abs. 3 Satz 1 LbV), z. B.: Inspektor Besoldungsgruppe A 9 wird zum Oberinspektor Besoldungsgruppe A 10 ernannt. Wenn sich eine Beförderung schrittweise vollzieht, so ist bereits die **formlose Übertragung** eines entsprechenden Dienstpostens »die erste und entscheidende Stufe« einer beteiligungspflichtigen Maßnahme und daher bereits in diesem Stadium mitbestimmungspflichtig (vgl. BVerwG v. 28. 4. 1967, ZBR 1967, 274, und PersV 1966, 145).

Unterläßt eine Behörde aus Sparsamkeitsgründen Beförderungen von Beamten, so kann der Personalrat jedenfalls auch nach dem BayPVG im Wege der Wahrnehmung seines **Initiativrechts** generell darauf hinwirken, daß von den Beförderungsmöglichkeiten Gebrauch gemacht wird. Er kann jedoch nicht die Beförderung bestimmter Beamter verlangen, auch wenn diese nach den Vorstellungen des Dienststellenleiters zur Beförderung anstehen (BVerwG, Beschluß v. 11. 7. 1995 – 6 P 22.93 – zum Personalvertretungsrecht des Saarlandes, PersR 1995, 524).

Der Dienstherr kann auch bei gleichem Gesamturteil mehrerer Bewerber einen von ihnen aufgrund einzelner **Leistungs- und Befähigungsmerkmale** als besser geeignet beurteilen. Hält der Dienstherr nach einer derartigen Auswahlentscheidung einen Bewerber für besser geeignet, gilt eine beabsichtigte Beförderung als gebilligt, wenn der Personalrat zur Begründung seiner Zustimmungsverweigerung lediglich das höhere **Dienst- und Lebensalter** eines Mitbewerbers geltend macht (vgl. OVG NW, Beschluß v. 27. 3. 1998 – 1 A 7537/95.PVL –, PersR 1999, 170).

45 Die Besetzung eines Beförderungsdienstpostens mit dem Ziel einer **Erprobung** und – bei Bewährung – späterer Beförderung des ausgewählten Bewerbers steht in personalvertretungsrechtlicher Hinsicht der Beförderung gleich, so daß die Mitbestimmung bei der Beförderung bereits vor der Besetzung des Beförderungsdienstpostens durchzuführen ist (vgl. BayVGH, Beschluß v. 20. 7. 1983 – 18 C 83 A 483).

Die **Übertragung eines anderen Amtes mit höherem Endgrundgehalt ohne Änderung der Amtsbezeichnung** steht der Beförderung gleich (vgl. § 4 Abs. 3 Satz 2 LbV). Dies gilt auch für die Gewährung von Amtszulagen, da diese als Bestandteil des Grundgehaltes gelten. Die Übertragung eines Amtes mit höherem Endgrundgehalt, aber ohne Änderung der Amtsbezeichnung, liegt vor, wenn Ämter mehrerer Besoldungsgruppen unter einer Amtsbezeichnung zusammengefaßt sind. Die Übertragung einer höher zu bewertenden Tätigkeit setzt voraus, daß dem Beamten die Planstelle einer höheren Besoldungsgruppe **übertragen** wird. Dies erfordert einen Übertragungsakt, d. h. der Dienstherr muß dem Beamten mitteilen, daß er ihm die höherwertige Planstelle übertrage. Um die Übertragung einer höher bewerteten Tätigkeit handelt es sich auch, wenn dem bisherigen Dienstposten, auf dem der Beamte verbleibt, die Planstelle einer höheren Besoldungsgruppe zugeordnet wird (vgl. OVG NW, Beschluß v. 23. 10. 1985 – CB 21/83 –, PersR 1987, 43). **46**

Nach der geänderten Rechtsprechung des BVerwG (vgl. Beschluß v. 8. 10. 1997 – 6P 5.95 –, PersR 1998 158 ff.; v. Roetteken m. w. A. u. N. in PersR 1998, 397 ff.) ist es wohl sachgerecht, darauf abzustellen, ob nach den internen Dienstpostenbewertungen einem Dienstposten jederzeit nach Maßgabe der haushaltsrechtlichen Verfügbarkeit und ohne eine Änderung der dienstlichen Aufgabenstellung/Verantwortung eine höhere Planstelle als bislang **mit sich daraus ergebender Beförderungsmöglichkeit** zugeordnet werden kann. Die Übertragung eines solchen Dienstpostens, der eine weitergehende Beförderungsmöglichkeit als der bisherige Dienstposten zuläßt, ist dann die Zuweisung einer höher zu bewertenden Tätigkeit. Die Übertragung eines Dienstpostens, der künftig keine oder eine geringere Beförderung als der bisherige Dienstposten zuläßt, wäre dann die Übertragung einer geringer zu bewertenden Tätigkeit. **46a**

Die **Verleihung eines anderen Amtes mit anderer Amtsbezeichnung beim Wechsel der Laufbahngruppe** bedarf nach Art. 7 Nr. 5 BayBG einer Ernennung, die einer Beförderung insoweit gleichsteht, auch wenn das Amt mit dem gleichen Endgrundgehalt, d. h. der Besoldungsgruppe ausgestattet ist (z. B. Wechsel aus dem Spitzenamt der bisherigen Laufbahngruppe in das Eingangsamt der nächsthöheren Laufbahngruppe). **47**

(Abs. 1 Nr. 3) Maßnahmen der **Übertragung der Dienstaufgaben eines anderen Amtes mit höherem oder niedrigerem Endgrundgehalt für eine Dauer von mehr als sechs Monaten** (Novellierung zum 1. 9. 1994) gelten ausschließlich für die Beamten in der Dienststelle. Mitbestimmungspflichtig ist die Übertragung der Dienstaufgaben eines anderen Amtes mit höherem oder niedrigerem Endgrundgehalt allerdings nur, wenn die Übertragung für eine Dauer von mehr als sechs Monaten erfolgt. **48**

Soll die Übertragung nach dem Willen des Dienststellenleiters allerdings **49**

Art. 75

nur von geringerer Dauer sein, so hat er dies mitzuteilen. Die **Befristung der Übertragung** muß aus einem sachlichen Grund erfolgen. Damit der Personalrat seine Aufgaben aus Art. 69 Abs. 1 Buchst. b ordnungsgemäß wahrnehmen kann, muß er über das sachlich begründete zeitliche Ende der vorübergehenden Übertragung unterrichtet sein. Daß auf seine ausdrückliche Erklärung verzichtet werden kann, wenn sich der Wille des Dienstvorgesetzten aus dem bei der Übertragung erkennbaren Umständen ergibt, z. B. Vertretung in Fällen von Krankheit, Erholungsurlaub, Dienstbefreiung, Mutterschaftsurlaub, Kur- oder Sonderurlaub des Stelleninhabers, kann so nicht akzeptiert werden. Häufig wiederholte vorübergehende Übertragungen greifen unzulässig in die schutzwürdigen Belange des Beamten, aber auch anderer Beschäftigter ein, und zwar vergleichbar den Aspekten der Eingliederung bei Einstellung.

50 Die länger als sechsmonatige, also absehbar **dauerhafte Übertragung** der Dienstaufgaben eines anderen Amtes mit höherem Endgrundgehalt ist die Vorbereitung einer **späteren Beförderung.** Die Übertragung einer Planstelle, die einer höheren Besoldungsgruppe angehört als die, in der sich der betreffende Beamte befindet, bedeutet auch dann die Übertragung einer höher zu bewertenden Tätigkeit, wenn sich der Aufgabenkreis nicht verändert, und unterliegt damit der Mitbestimmung des Personalrats. Die hierin liegende höhere Bewertung des Aufgabengebietes hat unmittelbare Wirkung auf die rechtliche Stellung des Beamten, weil sie die entscheidende Vorstufe der vom Dienstherrn beabsichtigten Beförderung ist (vgl. BVerwG, Beschluß v. 26. 11. 1979 – 6 P 6.79 –, PersV 1981, 286).

Das Mitbestimmungsrecht darf nicht dadurch umgangen werden, daß ein Beamter auf einen Arbeitsplatz versetzt wird, für den **keine Planstelle** besteht. Wird für einen Beamten nachträglich eine Planstelle für eine Tätigkeit geschaffen, die ihm bereits zuvor übertragen wurde, ist der Personalrat bereits vor der tatsächlichen Übertragung zu beteiligen (vgl. VG Ansbach, Beschluß v. 8. 9. 1999 – AN 8 P 97.02144 –, PersR 2000, 84).

Eine interne **Dienstpostenneubewertung** unterliegt als Organisationsmaßnahme nicht der Mitbestimmung. Bei der bloßen Verlagerung – freigewordener – Dienstpostenbewertungen auf bisher niedriger bewertete Dienstposten fehlt es an personenbezogenen Elementen, die erforderlich wären, um in dieser Maßnahme eine mitbestimmungspflichtige »Übertragung eines anderen Amtes mit höherem Endgrundgehalt« oder eine »Übertragung einer höher zu bewertenden Tätigkeit« sehen zu können. Der BayVGH folgte hierbei den Erwägungen, mit denen das OVG NW mit Beschluß v. 5. 2. 1997 (PersR 1998, 33) entschieden hat, daß der Personalrat nicht unter Berufung auf sein Mitbestimmungsrecht bei der Übertragung einer höher zu bewertenden Tätigkeit (bzw. bei der Beförderung) verlangen kann, bereits beim sog. Stellenwertverlagerungsverfahren beteiligt zu werden.

Die interne Dienstpostenneubewertung als solche ist insbesondere mit keiner Ernennung des bisherigen beamteten Stelleninhabers verbunden.

Als Maßstab für die Bewertung einer einem Beamten übertragenen Tätigkeit kommt grundsätzlich nur die – auf die Besoldungsgruppe bezogene – **Stellenbewertung im Stellenplan** in Betracht. Zwar ist für die Annahme einer Höherbewertung nicht erforderlich, daß sich durch die Maßnahme der Aufgabenkreis des Beamten verändert. Erst die Maßnahme der förmlichen Übertragung der Planstelle einer höheren Besoldungsgruppe an den Beamten habe unmittelbare Wirkung auf die rechtliche Stellung des Beamten, weil sie die entscheidende Vorstufe der vom Dienstherrn beabsichtigten Beförderung sei. Weil es sich demgemäß bei der bloß internen Umbewertung eines Beamtendienstpostens um eine rein **funktionsbezogene organisatorische Maßnahme** handelt, die nicht zugleich einen personenbezogenen ausdrücklichen Übertragungsakt beinhaltet, würde es eine vom Gesetz nicht gedeckte Vorverlagerung des Beteiligungsrechts des Personalrats bedeuten, wenn man ihm ein Mitbestimmungsrecht schon bei der Verlagerung freier Bewertungen einräumen wollte (vgl. BayVGH, Beschluß v. 30. 6. 1999 – 18 P 97.1451 –, PersR 2000, 249).

Der Arbeitgeber kann sich bei der Ausübung des **Direktionsrechts** oder dessen Beschränkung auf bestimmte Fälle durch Erklärungen gegenüber dem Arbeitnehmer **selbst binden**. Überträgt der Arbeitgeber dem Arbeitnehmer **vorläufig eine höherwertige Aufgabe** und macht er die Übertragung auf Dauer nur davon abhängig, daß sich der Arbeitnehmer fachlich bewährt, so darf er dem Arbeitnehmer die höherwertige Aufgabe nicht aus anderen Gründen wieder entziehen (vgl. BAG, Urteil v. 17. 12. 1997 – 5 AZR 332/96 –, PersR 1999, 226).

Ein Dienstordnungs-Angestellter kann mit einer **Unterlassungsklage** verhindern, daß nach Abschluß des Bewerbungsverfahrens ein nach Eignung, Befähigung und fachlicher Leistung weniger qualifizierter Mitbewerber befördert werden soll. Eine den Unterlassungsanspruch rechtfertigende drohende Rechtsverletzung liegt allerdings erst dann vor, wenn das für Beförderungsangelegenheiten zuständige Organ endgültig die Auswahlentscheidung getroffen hat. Solange noch ein personalvertretungsrechtliches Mitbestimmungsverfahren betrieben wird, kann nicht von einer abschließenden Willensbildung im **Auswahlverfahren** ausgegangen werden (vgl. BAG, Urteil v. 22. 6. 1999 – 9 AZR 541/98 –, PersR 2000, 332).

Die Übertragung der Dienstaufgaben eines anderen **Amtes mit niedrigerem Endgrundgehalt** für eine Dauer von mehr als sechs Monaten ist die Vorbereitung der Dienststelle für eine Zurückversetzung. Diese Maßnahme kann grundsätzlich nur mit Zustimmung des Beamten vorgenommen werden (vgl. Art. 34 Abs. 1 Satz 2 BayBG). Ohne seine Zustimmung kann der Beamte in ein anderes Amt derselben oder einer gleichwertigen Laufbahn mit geringerem Endgrundgehalt nur im Falle der Auflösung oder Umbildung von Dienststellen versetzt werden, wenn sein Aufgabengebiet von der Auflösung oder Umbildung berührt wird und eine seinem bisherigen Amt entsprechende Verwendung nicht möglich ist (vgl. Art. 36 Abs. 1 Satz 1 BayBG). Der Dienstherr muß alle Möglichkeiten einer

Art. 75

gleichwertigen Verwendung ausschöpfen, bevor er den Beamten in einem niedrigeren Amt beschäftigen darf. Der Beamte soll sobald wie möglich entsprechend seinem bisherigen Amt wieder verwendet werden (vgl. Art. 36 Abs. 1 Satz 2 BayBG). **Kein** Mitbestimmungsrecht besteht im Falle einer Versetzung in ein Amt derselben Laufbahn mit geringerem Grundgehalt als **Disziplinarmaßnahme** nach verwaltungsgerichtlichem Urteil. Hierbei besteht lediglich in den Fällen des Art. 76 Abs. 1 Satz 1 Nr. 4 auf Antrag des Beschäftigten ein Mitwirkungsrecht.

52 Für die **Zulassung zum Aufstieg** in die nächsthöhere Laufbahngruppe gelten die §§ 35, 39, 43 und 47 LbV. Während der Aufstieg vom einfachen in den mittleren und vom mittleren in den gehobenen Dienst einer ausdrücklichen Zulassung bedarf und diese von einer Vorprüfung abhängig gemacht werden kann, erfolgt die Zulassung eines Beamten des gehobenen Dienstes zum Aufstieg in eine Laufbahn besonderer Fachrichtung des höheren Dienstes durch die aktenmäßige Feststellung des Beginns der Einführung in die Aufgaben der neuen Laufbahnen (vgl. § 43 Abs. 1 Nr. 2 LbV).

53 Der Gesetzgeber hat an dieser Stelle unterstrichen, daß eine **rechtzeitige** Beteiligung des Personalrats mit der Aussicht, Einfluß auf die zu treffende Entscheidung zu nehmen, zur wirksamen Ausübung des Mitbestimmungsrechts gehört.

54 (Abs. 1 Nr. 4) Die **Höhergruppierung und Übertragung einer höher zu bewertenden Tätigkeit** für eine Dauer von mehr als sechs Monaten gelten als Mitbestimmungsrecht nur für die Personengruppen der Angestellten und Arbeiter. Nach den für den öffentlichen Dienst geltenden Tarifverträgen richtet sich die Eingruppierung der Angestellten und Arbeiter nach Tätigkeitsmerkmalen, die in Vergütungsordnung bzw. Lohngruppenverzeichnissen (vgl. § 22 BAT und Anlage 1a und 1b zu BAT) festgelegt sind.

55 Die Eingruppierung eines **Angestellten** richtet sich nach der von ihm zu verrichtenden Tätigkeit, die im geltenden Tarifvertrag (i. d. R. BAT) einer Vergütungsgruppe zugeordnet ist. In diese Vergütungsgruppe ist der Angestellte einzugruppieren, wenn die von ihm nicht nur vorübergehend auszuübende Tätigkeit deren Tätigkeitsmerkmalen entspricht. Die Ein- bzw. Höhergruppierung richtet sich ausschließlich nach den in der Regel tarifvertraglich (ggf. durch günstigere einzelvertragliche Regelung) vereinbarten Tätigkeitsmerkmalen und deren Zuordnung zu bestimmten Vergütungsgruppen (vgl. § 22 BAT und Art. 75 Rn. 9).

Arbeitsrechtlich ist das Tarifrecht gegenüber dem Haushaltsrecht ein **höherwertiges Recht.** Die Stellenpläne einer Dienststelle sind Bestandteil des Haushaltsrechts. Leistungsgradermittlungs-, Punktebewertungssysteme und Stellenpläne haben somit **keine** Bedeutung für die tarifrechtlich und arbeitsvertraglich richtige Ein- bzw. Höhergruppierung. Für diese ist einzig die ausgeübte oder auszuübende Tätigkeit von Bedeutung. Die Mitbestimmung bei der **Höhergruppierung** umfaßt zwei voneinander zu trennende Personalmaßnahmen, nämlich die Übertragung der höher zu bewertenden Tätigkeit sowie die tarifliche Zuordnung der Tätigkeit. Deshalb kann der Personalrat seine Zustimmung z. B. in der Form splitten, daß er der Übertragung der Tätigkeit zustimmt und der tariflichen Eingruppierung widerspricht (vgl. OVG Niedersachsen, Beschluß v. 21. 11. 1994 – 18 L 1329/94 –, PersR 1995, 217). Das Mitbestimmungsrecht des Personalrats besteht darüber hinaus in allen anderen Fällen der Höhergruppierung ebenso. So bezieht sich die Mitbestimmung des Personalrats auch auf den formellen Akt der Höhergruppierung, also auch auf eine solche im Rahmen des Bewährungsaufstiegs (vgl. BVerwG, Beschluß v. 17. 4. 1970, PersV 1970, 277, Beschluß v. 6. 10. 1992 – 6 P 22.90 – zur korrigierenden Höhergruppierung, PersR 1993, 74).

Die Mitbestimmung des Personalrats ist auch gegeben, wenn die Höhergruppierung lediglich die Erfüllung eines tarifvertraglich begründeten Rechtsanspruchs des Beschäftigten – als sogenannte Tarifautomatik – eine rein **normvollziehende Maßnahme** ist. So hat auch das BVerwG in den Beschlüssen vom 13. 2. 1976 (BVerwG VII P 9.74, PersV 1977, 183; P 4.75; P 24.75, ZBR 1976, 288) das Mitbestimmungsrecht des Personalrats über den Bereich des Ermessensspielraums der Dienststelle hinaus auch auf den **formellen Akt der Höhergruppierung,** z. B. bei Korrektur der tariflichen Bewertung durch Änderung eines Tarifvertrages oder aufgrund der Feststellung einer unrichtigen Eingruppierung, erweitert, ohne daß es sich hierbei um eine Übertragung einer höher zu bewertenden Tätigkeit handelt. Das Gericht führt ausdrücklich aus: »Mitbestimmung heißt, daß zwei Partner – Dienststelle und Personalvertretung – gleichberechtigt in Erfüllung gleicher Aufgaben und Pflichten an der Entscheidungsbildung beteiligt sind. Die Mitbestimmung besteht deshalb auch bei rein normvollziehenden Maßnahmen als zusätzliche Kontrolle der Richtigkeit und begründet die vom PersVG angestrebte Mitverantwortung« (so auch BAG v. 9. 10. 1970, AP Nr. 4 zu § 63 BetrVG; vgl. RdA 1969, 194–197; BVerwG v. 13. 2. 1976 – VII P 24.75, a.a.O.).

56

Eine mitbestimmungspflichtige **Höhergruppierung** ist nach alledem **jede höhere** als die bisherige Eingruppierung. Mitzubestimmen hat der Personalrat also ebenso

57

(a) bei einer übertariflichen Höhergruppierung,

(b) bei einer Höhergruppierung als Folge

– des Hineinwachsens in eine höherwertige Tätigkeit (§ 23 BAT),

– der nachträglichen Korrektur einer unrichtigen Eingruppierung **(korrigierende Höhergruppierung),**

– der Erfüllung persönlicher Voraussetzungen (z. B. Erfüllung von Bewährungszeit, Zeitaufstieg, Bestehen einer Prüfung) und

– der Änderung tariflicher Eingruppierungsvorschriften.

Art. 75

Auch die »**korrigierende**« Übertragung einer höherwertigen Tätigkeit auf einem dafür neu geschaffenen Dienstposten zur Korrektur einer bisher nach Arbeitsvertrag und Eingruppierung unterwertigen Beschäftigung unterliegt der Mitbestimmung (OVG Hamburg, Beschluß v. 5. 3. 1999 – 7 Bf 107/98.PVB –, PersR 1999, 460).

Der Personalrat kann seine Zustimmung zu einer beabsichtigten Höhergruppierung auch mit der Begründung verweigern, es sei eine **noch höhere Eingruppierung** geboten (vgl. OVG Niedersachsen, Beschluß v. 17. 2. 1999 – 18 L 4287/97 –, PersR 1999, 364).

58 Eine mitbestimmungspflichtige Höhergruppierung ist die **Gewährung von Zulagen** nach § 24 BAT auch dann **nicht,** wenn die Zulage den Unterschiedsbetrag zwischen der Vergütungsgruppe des Arbeitnehmers und der nächsthöheren Gruppe ausmacht. Die Zahlung einer übertariflichen Zulage gilt nicht als Höhergruppierung (BAG, Beschluß v. 16. 2. 1966, PersV 1967, 188). Die wegen einer vorübergehenden oder vertretungsweisen Übertragung einer höherwertigen Tätigkeit erfolgte Zahlung einer Zulage gem. § 24 BAT stellt im personalvertretungsrechtlichen Sinn keine Höhergruppierung dar, da es an dem formalen Wechsel der Vergütungsgruppe fehlt (BVerwG, Beschluß v. 14. 12. 1962 – VII P 5.62 –, AP Nr. 9 zu § 71 PersVG; BayVGH, Beschluß v. 7. 12. 1961 – Nr. 2, 3 IX 60 –, PersV 1963, 34). Nicht der Mitbestimmung des Personalrats unterliegt die Prüfung des Dienststellenleiters, ob ein Angestellter nach der ihm übertragenen Tätigkeit in eine zu niedrige Vergütungsgruppe eingruppiert ist, mit der anschließenden Feststellung der zutreffenden Einstufung und dem Absehen von der Höhergruppierung (BVerwG, Beschluß v. 15. 12. 1972, PersV 1973, 113).

59 Die **Zuordnung in eine andere Fallgruppe** derselben tariflichen Vergütungs- oder Lohngruppe war lange Zeit nach h.M. keine mitbestimmungspflichtige Angelegenheit, da ein Wechsel der Vergütungs- oder Lohngruppe nicht vorlag (BVerwG, Beschluß v. 30. 1. 1979 – 6 P 66.78 –, BVerwGE 57, 260; OVG NW, Beschluß v. 30. 9. 1980 – Cl 25/78 –, PersV 1982, 204). Das BVerwG hat zur Bedeutung des Wechsels der Fallgruppe innerhalb derselben Vergütungsgruppe (BAT) aus Anlaß der Zuweisung einer anderen Tätigkeit seine Auffassung geändert. Ein **Fallgruppenwechsel innerhalb derselben Vergütungsgruppe** (BAT), der mit einem automatischen Zeitaufstieg in eine höhere Vergütungsgruppe verbunden ist, unterliegt nunmehr der Mitbestimmung des Personalrats (vgl. BVerwG, Beschluß v. 8. 10. 1997 – P 5.95 –, PersR 1998, 158). Damit schloß es sich der Auffassung des BAG (vgl. Urteil v. 30. 8. 1995 – 1 AZR 47/95 – zum BAT, PersR 1996, 74 ff. und Urteil v. 24. 4. 1996 – 4 AZR 976/94 – zum MTB II, PersR 1996, 378 ff.) an, das davon ausgegangen ist, daß Tätigkeiten derselben Vergütungsgruppe dann einander nicht gleichwertig sind, wenn sie unterschiedlichen Fallgruppen dieser einen Vergütungsgruppe zugeordnet sind, aber nicht aus jeder Fallgruppe ein gleicher Bewährungsaufstieg zulässig ist. Die Änderung der Tätigkeit

Art. 75

eines Arbeitnehmers, die durch den Wechsel der Fallgruppe zugleich zum Verlust der Möglichkeit eines späteren Bewährungsaufstiegs führt, ist durch das allgemeine Direktionsrecht des Arbeitgebers nicht begründet. Die darin liegende Zuweisung einer geringer zu bewertenden Tätigkeit setzt grundsätzlich die vorherige Änderung des Arbeitsvertrages durch einvernehmliche Vertragsänderung oder eine Änderungskündigung voraus. Diese Überlegungen des BVerwG gelten nach seinem Hinweis auch für den aus seiner Sicht gleich gelagerten Fall des Wechsels in eine Fallgruppe, aus der heraus künftig ein Bewährungsaufstieg in eine höhere Vergütungsgruppe nicht möglich ist. Daraus ist zu folgern, daß eine Tätigkeitsänderung, die durch Fallgruppenwechsel zum Verlust solcher bislang vorhandener Möglichkeiten führt, als Übertragung einer niedriger zu bewertenden Tätigkeit einzustufen ist.

Nach der geänderten Auffassung des BVerwG ist davon auszugehen, daß sich die Änderung seiner Rechtsprechung nicht auf den Tatbestand der Übertragung einer höher oder geringer zu bewertenden Tätigkeit beschränkt, sondern zu einer entsprechend erweiterten Auslegung der Tatbestände der Eingruppierung wie der Höher-/Rückgruppierung führen wird, so daß künftig dem Personalrat das Mitbestimmungsrecht zusteht, die Fallgruppenzuordnung innerhalb der jeweiligen Vergütungsgruppe durch den Arbeitgeber mit zu beurteilen.

Art. 119 EWG-Vertrag ist dahin auszulegen, daß er es nicht zuläßt, daß ein für den nationalen öffentlichen Dienst geschlossener Tarifvertrag vorsieht, daß für den Aufstieg in eine höhere Vergütungsgruppe die **Dienstzeit** von Arbeitnehmern, die mit mindestens drei Viertel der regelmäßigen Arbeitszeit beschäftigt sind, voll, die Dienstzeit von Arbeitnehmern, deren Arbeitszeit zwischen der Hälfte und drei Viertel der regelmäßigen Arbeitszeit beträgt, jedoch nur zur Hälfte angerechnet wird, wenn sich herausstellt, daß zu der letztgenannten Arbeitnehmergruppe erheblich weniger Männer als Frauen gehören. Außer, der Arbeitgeber weist nach, daß die betreffende Bestimmung durch objektive Kriterien gerechtfertigt ist, die insbesondere darauf abstellen, welche Beziehung zwischen der Art der ausgeübten Tätigkeit und der Erfahrung besteht, die die Ausübung dieser Tätigkeit nach einer bestimmten Anzahl geleisteter Arbeitsstunden verschafft. Im Falle einer **mittelbaren Diskriminierung** durch eine Bestimmung eines Tarifvertrages ist das nationale Gericht verpflichtet, diese Bestimmung – ohne daß es ihre vorherige Beseitigung durch Tarifverhandlungen oder auf anderen Wegen beantragen oder abwarten müßte – außer Anwendung zu lassen und auf die Angehörigen der durch diese Diskriminierung benachteiligten Gruppe die gleiche Regelung wie auf die übrigen Arbeitnehmer anzuwenden, wobei diese Regelung, solange Art. 119 EWG-Vertrag im nationalen Recht nicht ordnungsgemäß durchgeführt ist, das einzig gültige Bezugssystem bleibt (vgl. EuGH, Urteil v. 7. 2. 1991 – C 184/89 –, PersR 1992, 171). Dem sind die Tarifvertragparteien im öffentlichen Dienst gefolgt und haben mit

Art. 75

dem 69. ÄnderungsTV zum BAT § 23a Satz 2 Nr. 6 BAT neu gefaßt. Danach werden jetzt **Beschäftigungszeiten**, in denen Angestellte mit einer kürzeren als der regelmäßigen wöchentlichen Arbeitszeit eines vollbeschäftigten Angestellten beschäftigt waren, voll angerechnet. Zeiten einer Beschäftigung unter der **Sozialversicherungspflichtgrenze** werden allerdings nicht berücksichtigt.

61 Das Mitbestimmungsrecht bei der **Übertragung einer höher zu bewertenden Tätigkeit** setzt voraus, daß diese für eine **Dauer von mehr als sechs Monaten übertragen** wird. Eine zeitlich geringere Übertragung wird hiervon nicht erfaßt. Für eine nur vorübergehende oder auch vertretungsweise Übertragung einer höherwertigen Tätigkeit haben die Tarifvertragsparteien im öffentlichen Dienst keine zeitliche Begrenzung vereinbart. Sie haben sie allerdings auch nur als **Ausnahme** im § 24 BAT vorgesehen. Der Dienststellenleiter darf diese auch nur als solche und nicht mißbräuchlich verwenden und dadurch die tarifgerechte Vergütung nach §§ 22, 23 BAT verhindern. Für eine vorübergehende Tätigkeitsübertragung wird ein wirklicher sachlicher Grund vorausgesetzt. Sollte dieser fehlen, ist die Gestaltungsmöglichkeit des § 24 BAT mißbraucht worden und die Zuweisung der Tätigkeit nicht nur vorübergehend erfolgt. Die Maßnahme ist dann als mitbestimmungspflichtige Übertragung einer tariflich höherwertigen Tätigkeit auf Dauer zu werten (vgl. BAG v. 5. 9. 1973 – 4 AZR 549/72 – AP Nr. 3 zu § 24 BAT mit Anm. Fieberg). Wird eine **zunächst befristet** übertragene Tätigkeit nach Ablauf der Befristung mit Wissen und Billigung der Vorgesetzten fortgeführt, kann darin die konkludente Übertragung auf Dauer gesehen werden (vgl. BAG, Urteil v. 10. 3. 1982 – 4 AZR 541/79 –, PersV 1984, 281).

62 Eine **korrigierende Höhergruppierung**, also eine Einstufung in eine höhere Vergütungsgruppe bei gleichbleibender Tätigkeit, unterliegt der Mitbestimmung des Personalrats. Wesentlicher Bestandteil einer Höhergruppierung ist der Zeitpunkt, ab welchem diese wirksam werden soll; das Mitbestimmungsrecht des Personalrats erstreckt sich daher grundsätzlich auch auf diesen Zeitpunkt. Sieht die beabsichtigte Maßnahme eine Höhergruppierung nur für die Zukunft vor, so richtet sich die Beurteilung, ob das Schweigen zur Vergangenheit eine mitbestimmungspflichtige Ablehnung oder ein mitbestimmungsfreies Unterlassen darstellt, nach den Umständen des Einzelfalles. Eine Zustimmungsverweigerung liegt immer dann vor, wenn der Personalrat sich mit dem Ergebnis der (deklaratorischen) Eingruppierungsentscheidung des Dienststellenleiters nicht einverstanden erklärt, unabhängig davon, ob er eine andere – höhere oder niedrigere – Vergütungsgruppe für zustehend hält, oder ob er den **Zeitpunkt** der Umgruppierung als verfrüht oder verspätet für unrichtig hält. Stützt der Personalrat seine Zustimmungsverweigerung darauf, die Höhergruppierung habe auch für einen zurückliegenden Zeitraum erfolgen müssen, ist sie jedenfalls dann auf die »beabsichtigte Maßnahme« bezogen und daher beachtlich, wenn es sich bei dem für die Zukunft

Art. 75

geregelten Sachverhalt im wesentlichen um die Fortsetzung eines einheitlichen Lebensvorgangs handelt, der bereits im vorhergehenden Zeitraum begonnen hat (vgl. BVerwG, Beschluß v. 6. 10. 1992 – 6 P 22.90 –, PersR 1993, 74).

Die Entschließung der Dienststelle, die – **korrigierende** – **Höhergruppierung** von Angestellten der Textverarbeitung mit schwierigerer Tätigkeit anhand von täglichen Arbeitsaufzeichnungen über 20 Arbeitstage vorzunehmen, betrifft weder das Aufstellen von Grundsätzen für die personelle Auswahl noch Fragen der Lohngestaltung (vgl. OVG Hamburg, Beschluß vom 17. 8. 1995 – OVG Bs PH 5/94 –, PersR 1996, 72).

Bei **fehlender oder unzuständiger Beteiligung** des Personalrats ist die trotzdem durchgeführte Maßnahme unwirksam. Dies bezieht sich auf Verstöße gegen das Mitbestimmungsverfahren zwischen Dienststelle und Personalvertretung, nicht aber auf eventuelle Mängel der internen Willensbildung beim Personalrat. Es ist auch unerheblich zu prüfen, ob der Dienststellenleiter hierbei schuldhaft gehandelt hat; Voraussetzung der Wirksamkeit ist allein die Erfüllung des Mitbestimmungsrechts und die Durchführung des Mitbestimmungsverfahrens (vgl. BAG, Urteil v. 5. 9. 1973 – 4 AZR 549/72 – a. a. O.). Beachtlich ist die Zustimmungsverweigerung eines Personalrats, der rügt, daß er über die Erkenntnisse der Dienststellenleitung, die diese in einem Auswahlgespräch neu gewonnen habe, nicht informiert wurde. Hiernach kann die Dienststellenleitung nicht davon ausgehen, daß die Maßnahme als gebilligt gilt (vgl. OVG Berlin, Beschluß v. 27. 7. 1998 – OVG 60 PV 7.98 –, PersR 1998, 530 ff.). **63**

Für den Fall der Unwirksamkeit steht dem Beschäftigten jedoch für die Zeit der tatsächlichen Ausübung einer höher zu bewertenden Tätigkeit ein entsprechender **Vergütungsanspruch** zu (vgl. BAG v. 5. 9. 1973 – a. a. O., und v. 10. 3. 1982 – 4 AZR 541/79 –, AP Nr. 7 zu § 75 BPersVG).

(Abs. 1 Nr. 5) Die **Rückgruppierung** und **Übertragung einer niedriger zu bewertenden Tätigkeit** für eine **Dauer** von mehr als sechs Monaten gelten als Mitbestimmungsrechte ausschließlich für die Personengruppen der Angestellten und Arbeiter. **64**

Wie bei der Höhergruppierung (vgl. Rn. 54 ff.) ist die beteiligungspflichtige Maßnahme in dem Wechsel der Vergütungs- oder Lohngruppe zu sehen. So unterliegt auch hier neben der Zuweisung einer tariflich geringer zu bewertenden Aufgabe jede formelle Rückgruppierung der Mitbestimmung des Personalrats.

Eine **Rückgruppierung** bedarf immer der **Änderung des Arbeitsvertrages.** Der Arbeitgeber ist mittels seines Direktionsrechts nicht berechtigt, dem Arbeitnehmer eine niedriger zu bewertende Tätigkeit zuzuweisen, ihn niedriger einzugruppieren und entsprechend zu entlohnen. Ein solches Recht müßte ausdrücklich im Arbeitsvertrag oder Tarifvertrag zugelassen sein. Besteht zwischen dem Dienststellenleiter und dem Be- **65** schäftigten Einverständnis, so kann die Rückgruppierung und Änderung des Arbeitsvertrages durch eine Vereinbarung vorgenommen werden. Wenn der Arbeitnehmer mit der Vertragsänderung nicht einverstanden ist, hat der Arbeitgeber die Möglichkeit, mittels einer **Änderungskündigung** die Rückgruppierung durchzusetzen. Das Mitbestimmungsrecht des Personalrats ist sowohl bei dem einverständlichen Änderungsvertrag als auch bei der Änderungskündigung gegeben, bei der Änderungskündigung ohne Berücksichtigung der evtl. zeitlichen Befristung der Maßnahme.

66 Eine **Änderungskündigung** (§ 2 KSchG) ist eine Kündigung des Arbeitsverhältnisses durch den Arbeitgeber und das Anerbieten der Fortsetzung des Arbeitsverhältnisses zu geänderten Bedingungen wie z. B. einer niedriger zu bewertenden Tätigkeit und der Eingruppierung in eine niedrigere Vergütungs- oder Lohngruppe. Wenn der Arbeitnehmer die vom Arbeitgeber angebotene Änderung der Arbeitsbedingungen nicht annimmt, beendet die dann vom Arbeitgeber zu erwartende Kündigung das Arbeitsverhältnis. Der Arbeitnehmer hätte dann die Möglichkeit, ein Kündigungsschutzverfahren zu betreiben. Zur Verringerung des Risikos des Arbeitnehmers ist die Annahme der Änderung des Arbeitsvertrags unter **Vorbehalt** des Ausgangs eines Kündigungsschutzverfahrens zu empfehlen (vgl. § 2 KSchG).

67 Wenn die Rückgruppierung im Wege der Änderungskündigung erfolgt, liegen für den Personalrat **zwei Beteiligungstatbestände** vor: das Mitbestimmungsverfahren zur **Rückgruppierung** (vgl. Art. 70, 75 Abs. 1 Satz 1 Nr. 5) **und** das Mitwirkungsverfahren bei der **ordentlichen Kündigung** (vgl. Art. 72, 77 Abs. 1, 2). Die Verwirklichung beider Beteiligungsrechte ist nur durch ihre parallele Anwendung gegeben. Hierbei ist es durchaus zulässig, beide Verfahren zusammenzufassen (vgl. BAG, Urteil v. 6. 6. 1958 – 1 AZR 26/58 –, AP Nr. 2 zu § 61 PersVG). Will der Arbeitgeber beide Verfahren miteinander verbinden, muß er dem Personalrat zu erkennen geben, daß er mit dem Antrag auf Zustimmung zur Rückgruppierung zugleich das Mitwirkungsverfahren für die beabsichtigte Änderungskündigung einleiten will (BAG, Urteil v. 3. 11. 1977 – 2 AZR 277/76 –, AP Nr. 1 zu § 75 BPersVG).

Ebenso mitbestimmungspflichtig ist eine **korrigierende Rückgruppierung** selbst bei zwischenzeitlich rechtskräftig abgeschlossenen Individualstreitigkeiten, wenn eine Wiederholung wahrscheinlich ist und die Dienststelle an ihrer abweichenden Rechtsauffassung festhält (vgl. BAG, Urteil v. 30. 5. 1990 – 4 AZR 74/90 –, PersR 1990, 270; OVG Bremen Beschluß v. 27. 11. 1990 – OVG PV – B 3/90 –, PersR 1991, 145; BAG, Urteil v. 26. 8. 1992 – 4 AZR 210/92 –, PersR 1993, 132).

68 Bei der **Zuweisung geringer zu bewertender Tätigkeiten** oder beim Entzug ausschlaggebender Tätigkeiten für die Teilnahme am Bewährungsaufstieg ist gleichfalls das Mitbestimmungsrecht des Personalrats gegeben. Das gilt auch für die Fälle, bei denen der Beschäftigte in seiner Lohn- bzw. Vergütungsgruppe verbleibt (vgl. BVerwG, Beschluß v. 30. 1. 1970,

Art. 75

PersV 1970, S. 275). Eine Rückgruppierung liegt nicht nur vor, wenn sich durch Zuweisung einer anderen Tätigkeit die Vergütung der Lohngruppe ändert, sondern auch dann, wenn die Herabstufung in eine niedrigere Gruppe auf einer Verringerung des Umfangs der bisherigen Tätigkeit beruht oder der Korrektur einer als unrichtig erkannten Einstufung dienen soll (vgl. BVerwG v. 17. 4. 1970, PersV 1970, 277).

Die **korrigierende Rückgruppierung** unterliegt auch dann der Mitbestimmung des Personalrats, wenn dem Arbeitnehmer eine ihm einzelvertraglich nicht zustehende tarifliche Vergütung entzogen werden soll und es dazu einer Änderungskündigung nicht bedarf (vgl. OVG Lüneburg, Beschluß v. 25. 2. 1991 – 17 L 17/89 –, PersR 1992, 40). **69**

Eine korrigierende Rückgruppierung in eine niedrigere Vergütungsgruppe ist auch dann mitbestimmungspflichtig, wenn sie durch einen gleichzeitig erfolgenden **Bewährungsaufstieg** in die alte Vergütungsgruppe ausgeglichen wird (vgl. BVerwG, Beschluß v. 10. 7. 1995 – 6 P 14.93 –, PersR 1995, 491; in dem vorausgegangenen Beschluß des BayVGH, Beschluß v. 10. 12. 1992 – 18 P 92.3391 –, PersR 1993, 362, hatte dieser noch die Mitbestimmung verneint, und zwar selbst dann, wenn durch die Fallgruppenänderung ein Bewährungsaufstieg ausgeschlossen ist, der nach der bisherigen Fallgruppe möglich war). Insoweit ist der Beschluß des BVerwG wegen seiner größeren Realitätsnähe und Rechtssicherheit zu begrüßen.

Der Arbeitgeber genügt seiner **Darlegungslast** für den die korrigierende Rückgruppierung auslösenden **Irrtum**, wenn er darlegt, bei der ursprünglichen Eingruppierung sei ein Qualifizierungsmerkmal als erfüllt angesehen worden, das es in der betreffenden Fallgruppe nicht gibt (vgl. BAG, Urteil v. 18. 2. 1998 – 4 AZR 581/96 –, PersR 1999, 225).

Hat der Arbeitgeber dem Angestellten eine übertarifliche Vergütung **arbeitsvertraglich** zugesagt, so kann er **keine korrigierende Rückgruppierung** vornehmen. Die **Darlegungs- und Beweislast** dafür, daß eine übertarifliche Vergütung vereinbart worden ist, liegt bei dem, der daraus für sich Rechte herleitet. Stellt die Aufgabe/Mitteilung der Vergütungsgruppe keine wissentliche Zubilligung einer übertariflichen Vergütung dar, so kann der Arbeitgeber im Rahmen des BAT eine erneute tarifvertragliche Zuordnung der zu bewertenden Tätigkeit auch zu Lasten des Angestellten mittels der sog. korrigierenden Rückgruppierung vornehmen. Im Streitfall kann sich der Angestellte zunächst auf die ihm vom Arbeitgeber mitgeteilte Vergütungsgruppe berufen. Sodann muß der Arbeitgeber die objektive Fehlerhaftigkeit der mitgeteilten Vergütungsgruppe darlegen und beweisen (vgl. BAG, Urteil v. 16. 2. 2000 – 4 AZR 62/99 –, PersR 2001, 173).

Die **objektive Fehlerhaftigkeit** liegt bereits vor, wenn auch nur eine der tariflichen Voraussetzungen für die bisherige Eingruppierung fehlt. Hat der Arbeitgeber die Voraussetzungen für die sog. korrigierende Rück-

Art. 75

gruppierung dargelegt und ggf. bewiesen, so ist es Sache des Angestellten, die Tatsachen darzulegen und ggf. zu beweisen, aus denen folgt, daß ihm die begehrte höhere Vergütung zusteht. Aus dem Nachweisgesetz und der EG-Nachweisrichtlinie (RL 91/533/EWG des Rates vom 14. 10. 1991) ergeben sich im Rahmen des BAT für die sog. korrigierende Rückgruppierung weder eine weitergehende Darlegungs- oder Beweislast des Arbeitgebers noch weitergehende Erleichterungen der Darlegungs- und Beweislast für den Angestellten (vgl. BAG, Urteil v. 16. 2. 2000, a. a. O.).

Der Arbeitnehmer hat die Tatsachen darzulegen und ggf. zu beweisen, aus denen folgen soll, daß eine Vergütung nach einer tariflich nicht geschuldeten Vergütungsgruppe vereinbart worden ist (vgl. BAG, Urteil v. 17. 5. 2000 – 4 AZR 237/99 –, PersR 2001, 265).

70 Nach der st. Rspr. des BAG können in der Regel den Angestellten des öffentlichen Dienstes durch Arbeitgeberweisung alle Tätigkeiten übertragen werden, die die Merkmale der für sie maßgebenden Vergütungsgruppe des BAT erfüllen. Das rechtfertigt jedoch nicht die Übertragung einer Tätigkeit, die **geringerwertige Qualifikationsmerkmale** erfüllt und nur im Wege des Bewährungsaufstiegs die Eingruppierung in die ursprünglich maßgebende Vergütungsgruppe ermöglicht (vgl. BAG, Urteil v. 30. 8. 1995 – 1 AZR 47/95 –, PersR 1996, 74).

Das Direktionsrecht des Arbeitgebers des öffentlichen Dienstes erlaubt es diesem nicht, dem Arbeiter eine Tätigkeit zu übertragen, die geringerwertigen Merkmalen entspricht und nur im Wege des Bewährungsaufstiegs die Eingruppierung in die für den Arbeiter maßgebliche Lohngruppe ermöglicht. Das BAG ließ die Frage, ob in einem solchen Fall der personalvertretungsrechtliche Tatbestand der Übertragung einer niedriger zu bewertenden Tätigkeit vorliegt, unbeantwortet. Für die anzunehmende Bejahung ging es von einer Abweichung von der Rspr. des BVerwG aus (z. B. BVerwGE 57, 269), die zu einer Anrufung des Gemeinsamen Senats Anlaß gäbe (vgl. BAG, Urteil v. 24. 4. 1996 – 4 AZR 976/94-, PersR 1996, 378).

71 Ist die Geltung eines **Eingruppierungserlasses arbeitsvertraglich** vereinbart, kann ein Arbeitnehmer, wenn er auf seinen Wunsch mit einer niedriger zu bewertenden Tätigkeit betraut wird, ohne eine anderslautende Vereinbarung auch nur die sich aus dieser Tätigkeit und deren Bewertung durch den Erlaß ergebende Vergütung verlangen. Dies gilt jedenfalls dann, wenn die neue Tätigkeit noch die Merkmale der Vergütungsgruppe ausfüllt, die im Arbeitsvertrag ausdrücklich genannt wird. Auch eine auf Wunsch des Arbeitnehmers erfolgte Übertragung einer niedrigerwertigen Tätigkeit unterliegt dem Mitbestimmungsrecht des Personalrats. Eine Versetzung ohne Mitwirkung des Personalrats ist unwirksam. Dies bedeutet aber nicht, daß der Arbeitnehmer, der die übertragenen Tätigkeiten weiterhin vorbehaltlos erledigt, Gehalt nach der bisherigen Vergütungsgruppe verlangen kann, deren Merkmale er nicht mehr erfüllt. Die Versetzung kann nur als Ganzes rückgängig gemacht werden (vgl. BAG, Urteil v. 21. 7. 1993 – 1 AZR 489/92 –, PersR 1994, 138).

Der **Abbau einer übertariflichen Vergütung** ist nicht mitbestimmungspflichtig, wenn damit nicht ein Wechsel der Vergütungs- oder Lohngruppe verbunden ist. Wenn der Abbau einer übertariflichen Vergütung aus einer mit Zustimmung des Personalrats übertragenen geringer zu bewertenden Tätigkeit oder aus neuen tariflichen Vereinbarungen, die den Inhalt der Lohn- und Vergütungsgruppen ändern, erfolgt, ist jedoch die Mitbestimmung des Personalrats gegeben (vgl. BVerwG, Beschluß v. 17. 4. 1970, PersV 1970, 277). **72**

Keine mitbestimmungspflichtige Maßnahme ist die **Wegnahme von Zulagen** oder Zuschlägen (vgl. BAG, Urteil v. 29. 1. 1986 – 4 AZR 279/84 – AP Nr. 17 zu § 75 BPersVG). Eine erforderliche Änderungskündigung ist selbstverständlich mitbestimmungspflichtig. **73**

Eine **Rückgruppierung** eines Angestellten liegt immer, aber auch nur dann vor, wenn sich die für die tarifliche Mindestvergütung maßgebende Vergütungsgruppe verschlechtert. Der bloße **Fallgruppenwechsel** bei gleichbleibender Vergütungsgruppe fällt nach h. M. jedoch nicht darunter. Eine Rückgruppierung liegt danach auch dann nicht vor, wenn die Korrektur der Fallgruppe aufgrund einer Bewährungszeit sowohl praktisch wie auch rechtstheoretisch ohne Rückführung der Dienstverträge in die frühere Vergütungsgruppe und gleichzeitige Höherstufung im Wege des Zeitaufstiegs direkt möglich ist (vgl. BayVGH, Beschluß v. 14. 12. 1983 – 17 C 83 A 2433, soweit ersichtlich n. v.). Dieser Auffassung ist nicht zu folgen. Zur Bedeutung der Zuordnung zu einer Fallgruppe s. Einstellung (Rn. 11).

Eine Rückgruppierungsmaßnahme, bei der der Personalrat **nicht oder nicht ordnungsgemäß** beteiligt worden ist, ist unwirksam. Da die Maßnahme unwirksam ist, ist auch dem Arbeitnehmer die niedriger zu bewertende Tätigkeit mit der einhergehenden Rückgruppierung nicht wirksam übertragen worden. Der Arbeitnehmer hat also weiterhin Anspruch auf Bezahlung nach der bisherigen Vergütungs- oder Lohngruppe und pflichtgemäß Anspruch auf Leistung der bisherigen Tätigkeit. Auch die Wirksamkeit einer Änderungskündigung setzt voraus, daß der Personalrat an ihr beteiligt worden ist (vgl. Art. 77 Abs. 4 BayPVG). **74**

(Abs. 1 Nr. 6) Voraussetzung des Mitbestimmungsrechts bei der **Versetzung** des Personalrats der abgebenden Dienststelle ist, daß der betroffene Beschäftigte mit der Versetzung oder Umsetzung (innerhalb der Dienststelle, aber an einen anderen Dienstort) **nicht** einverstanden ist. Auch in Fällen, in denen der betroffene Beschäftigte die Umsetzung oder Versetzung beantragt hat, ist das Mitbestimmungsrecht des Personalrats nicht gegeben, obwohl seine kollektive Schutzfunktion angesprochen ist. Für die Einverständniserklärung des betroffenen Beschäftigten ist eine Formvorschrift nicht vorgeschrieben. Eine später gegebene Einverständ- **75**

Art. 75

niserklärung des betroffenen Beschäftigten, also auch während eines schon laufenden Mitbestimmungsverfahrens, hebt das Mitbestimmungsrecht des Personalrats auf und beendet das möglicherweise bereits eingeleitete Mitbestimmungsverfahren.

76 Der **Begriff** der Versetzung wird nicht geklärt. **Versetzung** im beamtenrechtlichen Sinne ist Übertragung eines anderen Amtes (funktionelles Amt im abstrakten Sinne – z. B. Oberinspektor bei einem Landratsamt –) bei einer anderen Behörde desselben oder eines anderen Dienstherrn ohne Unterbrechung des bestehenden Beamtenverhältnisses. Innerhalb einer Dienststelle kann weder eine Abordnung noch eine Versetzung im Sinne der beamtenrechtlichen Bestimmungen erfolgen, weil der Behördenwechsel wesentliches Begriffsmerkmal ist (vgl. OVG Münster, Beschluß v. 5. 7. 1965 – Cl 665 –, ZBR 1967, 63), vielmehr liegt dann eine Umsetzung vor. Da die Beamten auf Widerruf im Vorbereitungsdienst kein Amt im funktionellen Sinne innehaben, ist die Überweisung dieses Beamten in einzelne Ausbildungsabschnitte weder eine Versetzung noch eine Abordnung im Sinne der Art. 33 und 34 BayBG. Die Überweisung zu einem folgenden Ausbildungsabschnitt unterliegt auch dann nicht der Mitbestimmung des Personalrats, wenn sie einen vorübergehenden Wechsel des ständigen Aufenthaltsorts des Beamten bedingt (vgl. OVG Rheinland-Pfalz, Beschluß v. 23. 12. 1974 – 5a 4/74 – ZBR 1975, 154). **Tarifrechtlich** ist der Begriff der **Versetzung** in § 67 Nr. 41 BMT-G II bestimmt. Hiernach ist die Versetzung die Zuweisung einer dauernden Beschäftigung an einen anderen als den bisherigen Arbeitsplatz bei demselben Arbeitgeber. Umfangreichere tarifvertragliche Regelungen haben die Voraussetzung der Versetzung oder Abordnung eines Arbeitnehmers erfahren. Diese sind dann gegeben, wenn dienstliche oder betriebliche Gründe dies erfordern (vgl. § 12 BAT, § 8 Abs. 6 MTArb, § 9 Abs. 6 BMT-G II). Die Versetzung eines Angestellten oder Arbeiters ist der dauernde Übergang eines Beschäftigten zu einer anderen Dienststelle desselben Arbeitgebers unter Aufrechterhaltung der bisherigen Arbeitsverhältnisse (vgl. BAG v. 10. 11. 1955, AP Nr. 2 zu § 611 BGB Beschäftigungspflicht). Eine Versetzung zu einem anderen Arbeitgeber ist arbeitsrechtlich nicht möglich. Als Ausnahme hierzu kann der Betriebsübergang gem. § 613a BGB verstanden werden. Ansonsten bedarf ein Arbeitgeberwechsel eines Arbeitnehmers immer der Beendigung des bestehenden Arbeitsverhältnisses und die Neubegründung eines solchen mit dem neuen Arbeitgeber.

77 Der **Dienststellenwechsel** ist somit das entscheidende Merkmal für das Vorliegen einer Versetzung im Sinne des BayPVG. Dabei kommt es für die Annahme einer mitbestimmungspflichtigen Versetzung oder Abordnung auf einen Dienststellenwechsel in verwaltungsorganisatorischer Hinsicht (Behörde) an, und zwar im wesentlichen im Anschluß an den beamtenrechtlichen Versetzungsbegriff, der beim Behördenwechsel nicht auf den Begriff der Dienststelle im personalvertretungsrechtlichen Sinne

Art. 75

einschließlich verselbständigter Dienststellen abstellt (vgl. BayVGH, Beschluß v. 23. 4. 1997 – 17 P 96.1943 –, PersR 1998, 198; v. Roetteken m. w. N. in PersR 1998, 398). Das Mitbestimmungsrecht umfaßt auch den Schutz der individuellen Interessen der unmittelbar betroffenen Beschäftigten (vgl. BVerwG, Beschluß v. 27. 9. 1993 – 6 P 4.93 –, PersR. 93, 495). Zuständig für die Wahrnehmung des Mitbestimmungsrechts bei einer Versetzung ist der Personalrat bei der abgebenden Dienststelle (vgl. BVerwG v. 19. 12. 1975 – VII P 15.74 –, ZBR 1976, 197). Zuständig sind also der Personalrat, die Stufenvertretung oder der Gesamtpersonalrat in der Dienststelle, die die Versetzung anordnet.

Zur Frage des Mitbestimmungsrechts des Personalrats bei der aufnehmenden Dienststelle, bei der sich die Versetzung wie eine Einstellung auswirkt (vgl. BAG v. 30. 4. 1981 – 6 ABR 59/78 –, AuR 1981, 354), hat das BVerwG seine bisherige Rechtsprechung geändert und geht jetzt davon aus, daß bei der Versetzung eines Beamten grundsätzlich, d.h. wenn dies vom Gesetzgeber nicht ausdrücklich anders geregelt ist, auch der Personalrat der **aufnehmenden Dienststelle** mitzubestimmen hat. Eine ausdrüklich andere gesetzliche Regelung liegt auch nicht vor, wenn der Mitbestimmungstatbestand mit »Versetzung zu einer anderen Dienststelle« bezeichnet wird. Mit dem Mitbestimmungsrecht bei der Versetzung sollen nicht nur die Interessen des zu Versetzenden oder der übrigen Beschäftigten der abgebenden, sondern auch diejenigen der Beschäftigten der aufnehmenden Dienststelle geschützt werden (vgl. BVerwG, Beschluß v. 16. 9. 1994 – 6 P 32.92 –, PersR 1995, 16 und – 6 P 33.93 –, PersR 1995, 20).

Das für die Abgrenzung zwischen Umsetzung und Versetzung maßgebliche Kriterium des **Behördenwechsels** knüpft auch im Personalvertretungsrecht allein an die organisationsrechtliche – und nicht an die personalvertretungsrechtliche – Situation an. Aufgrund dessen stellt die Zuweisung eines neuen Dienstpostens/Arbeitsplatzes, die zwar mit einem Wechsel der Dienststelle im personalvertretungsrechtlichen Sinn, aber nicht mit einem Wechsel der Behörde im organisationsrechtlichen Sinn verbunden ist, keine Versetzung, sondern eine Umsetzung dar (hier: Wechsel von einer Hochschule zu den Medizinischen Einrichtungen derselben Hochschule). Wenn eine Umsetzung mit einem Wechsel der Dienststelle im personalvertretungsrechtlichen Sinn verbunden ist, steht neben dem Personalrat der abgebenden Dienststelle auch dem Personalrat der aufnehmenden Dienststelle ein Mitbestimmungsrecht zu (vgl. OVG NW, Beschluß v. 29. 1. 1999 – 1 A 2617/97.PVL –, PersR 1999, 311).

Bei den in einem Rundschreiben bekannt gegebenen **Grundsätzen für Versetzungen** von Lehrkräften handelt es sich um eine **Personalauswahlrichtlinie**, durch die das dem Dienstherrn durch Gesetz (§§ 26, 27 BBG) oder Tarifvertrag (§ 12 BAT) eingeräumte Ermessen konkretisiert und durch die mit der Folge einer **Selbstbindung der Verwaltung** festgelegt wird, nach welchen Kriterien zukünftig in einer unbestimmten

Art. 75

Vielzahl von Fällen Versetzungen durchgeführt werden dürfen oder unterbleiben müssen. Wegen ihrer Bedeutung und Auswirkungen für die Beschäftigten gehören Auswahlrichtlinien für Versetzungen zu den mitbestimmungspflichtigen Maßnahmen nach Art. 75 Abs. 4 Nr. 13 (vgl. OVG Bremen, Beschluß v. 22. 11. 2000 – PB 316/99.PVL –, PersR 2001, 424).

Wird eine angestellte Lehrerin durch **Verwaltungsakt** zur Schulleiterin bestellt, kommt spätestens durch die Aufnahme dieser Tätigkeit eine entsprechende Änderung ihres Arbeitsvertrages zustande. Durch Verwaltungsakt können einer angestellten Schulleiterin nur die Leitung einer bestimmten Schule und die damit verbundenen hoheitlichen Befugnisse, nicht aber ihre entsprechende arbeitsrechtliche Stellung entzogen werden (vgl. BAG, Urteil v. 16. 9. 1998 – 5 AZR 181/97 –, PersR 1999, 228).

Auch im BayPVG ist nicht bestimmt, daß das Mitbestimmungsrecht zur Versetzung von Beschäftigten nur dem Personalrat der abgebenden Dienststelle zusteht. Daher kommt ebenfalls nach dem BayPVG das Mitbestimmungsrecht zur Versetzung von Beschäftigten nach den Beschlüssen des BVerwG vom 16. 9. 1994 (– 6 P 32.92 – und – 6 P 33.93 –, PersR 1995, 16, 20) generell gleichzeitig sowohl dem Personalrat der abgebenden Dienststelle als auch dem Personalrat der aufnehmenden Dienststelle zu. Deswegen kann in Bayern ein Arbeitnehmer, der von seinem öffentlichen Arbeitgeber ohne vorherige Beteiligung des Personalrats der aufnehmenden Dienststelle versetzt worden ist, von seinem öffentlichen Arbeitgeber im Wege einer einstweiligen Verfügung seine **Weiterbeschäftigung** in der abgebenden Dienststelle so lange verlangen, bis auch der Personalrat der aufnehmenden Dienststelle dieser Versetzung zugestimmt hat (vgl. LAG Hamm, Urteil v. 13. 7. 1995 – 17 Sa 101/95 – zum LPVG NW, PersR 1995, 393).

77a **Kein Mitbestimmungsrecht** besteht, wenn eine (Teil-)Versetzung aus haushaltsrechtlichen Gründen lediglich formal beabsichtigt ist, ohne daß sich an der bisherigen Beschäftigungssituation tatsächlich etwas ändern soll (vgl. OVG NW, Beschluß v. 27. 3. 1998 – 1 A 1/96.PVL –, PersR 1998, 528).

77b Ebenso soll keine mitbestimmungspflichtige Versetzung bei der vollständigen **Eingliederung einer Dienststelle** in eine andere für die Beschäftigten der eingegliederten Dienststelle bestehen (vgl. OVG Niedersachsen, Beschluß v. 1. 4. 1998 – 17 L 6193/96 – zu § 75 Abs. 1 Nr. 3 BPersVG, PersR 1998, 342).

78 Wird ein Arbeitnehmer des öffentlichen Dienstes von einer Dienststelle in eine andere versetzt, ist die bei der übergeordneten Dienststelle gebildete **Stufenvertretung** zu beteiligen, wenn nur diese Dienststelle zur Entscheidung über die Versetzung befugt ist. Ist dementgegen der **örtliche Personalrat** zu beteiligen, so nicht nur der bei der **abgebenden Dienststelle** unter dem Gesichtspunkt der Versetzung, sondern auch bei der **aufnehmenden Dienststelle** unter dem Gesichtspunkt der Einstellung.

Art. 75

Das BVerwG hat seine einschränkende Rechtsprechung aufgegeben, wonach dies nur dann galt, wenn die aufnehmende Dienststelle einen »bestimmenden Einfluß« auf die Versetzung hatte, und sie ersetzt durch den Vorbehalt, »soweit die Frage vom Gesetzgeber nicht ausdrücklich anders geregelt ist«. Hat die Dienststelle im letzteren Fall nicht beide Personalräte beteiligt, ist die Versetzung auch **individualrechtlich unwirksam** (Theorie der notwendigen Mitbestimmung). Auf diese Unwirksamkeit kann sich auch der betroffene Arbeitnehmer berufen. Ist eine solche Versetzung unwirksam, bleibt der Arbeitnehmer mitbestimmungsrechtlich Bediensteter der abgebenden Dienststelle. Seine Entlassung erfordert die Beteiligung des dortigen Personalrats. Ist statt dessen nur der Personalrat der aufnehmenden Dienststelle beteiligt worden, ist die Kündigung unwirksam (vgl. LAG Köln, Urteil v. 11. 8. 1995 – 13 Sa 97/95 –, PersR 1996, 247).

79 Verweigert der Personalrat bei einer Versetzung form- und fristgerecht seine Zustimmung und läßt diese **Zustimmungsverweigerung** das Vorliegen eines Versagungstatbestandes des Abs. 2 als offensichtlich möglich erscheinen, so ist der Dienststellenleiter oder die vorgesetzte Dienststelle nicht berechtigt, das Mitbestimmungsverfahren abzubrechen. Wird das Mitbestimmungsverfahren trotzdem durch die oberste Dienstbehörde abgebrochen, so steht dem Personalrat ein im Wege der **einstweiligen Verfügung** geltend zu machender verfahrensrechtlicher Anspruch auf Fortsetzung des Stufenverfahrens und ggf. Einigungsverfahrens in der Versetzungsangelegenheit zu (vgl. VG Ansbach, Beschluß v. 28. 1. 1991 – AN 7 PE 90.02061 –, PersR 1991, 103 im Anschluß an BVerwG v. 27. 7. 1990 – 6 PB 12.89 –, PersR 1990, 297).

80 Die Versetzung eines Angestellten **gegen seinen Willen** aus dienstlichen Gründen i. S. v. § 12 Abs. 1 BAT ist nur dann gerechtfertigt, wenn das Interesse des Angestellten an der Weiterbeschäftigung am bisherigen Dienstort hinter das Interesse der Allgemeinheit an ordnungsmäßiger Durchführung der Aufgaben des öffentlichen Dienstes und damit an der Versetzung zurücktreten muß. Soll der Angestellte wegen Leistungsmängeln an einen anderen Dienstort versetzt werden, so kann die gebotene Interessenabwägung ergeben, daß der Arbeitgeber das beanstandete Verhalten zunächst gegenüber dem Angestellten unter Hinweis auf die sonst drohende Versetzung abmahnen muß und daß er die Versetzung erst vornehmen darf, wenn die Abmahnung fruchtlos geblieben ist (vgl. BAG, Urteil v. 30. 10. 1985 – 7 AZR 216/83 –, DB 1986, 2188). Eine Versetzung liegt auch dann vor, wenn dem Arbeitnehmer ein **anderer Arbeitsort** zugewiesen wird, ohne daß sich seine Arbeitsaufgabe ändert oder er in eine andere organisatorische Einheit eingegliedert wird.

Bei der Versetzung eines Landesbeamten vom Geschäftsbereich einer obersten Dienstbehörde eines Landes in den einer anderen obersten Landesbehörde hat die Stufenvertretung der aufnehmenden obersten Lan-

Art. 75

desbehörde bei der Versetzung mitzubestimmen (vgl. BVerwG, Beschluß v. 19. 7. 1994 – 6 P 33.92 –, PersR 1995, 128).

Soll ein Beamter wegen Wegfalls seiner Stelle in eine andere Dienststelle versetzt werden, so kann die Personalvertretung die Versetzung nicht mit der Begründung ablehnen, durch die Maßnahme werde einem in der aufnehmenden Dienststelle bereits vorhandenen Beschäftigten die **Beförderungschance** genommen (vgl. OVG Berlin, Beschluß v. 13. 1. 1995 – OVG PV Bund 3.94 –, PersR 1995, 439).

81 Die auf Dauer angelegte Übertragung eines anderen Arbeitsplatzes bzw. Amtes innerhalb derselben Dienststelle mit einem Wechsel des Dienstortes ist im personalvertretungsrechtlichen Sinne eine **Umsetzung**. Zum **Dienstort** gehört das Einzugsgebiet im Sinne des Umzugskostenrechts. »**Einzugsgebiet** ist das inländische Gebiet, in dem sich Wohnungen befinden, die auf einer üblicherweise befahrenen Strecke nicht mehr als 20 km von der Gemeindegrenze des Dienstortes entfernt liegen.« (Art. 2 Abs. 6 S. 2 BayUKG) Die Umsetzung ist eine Maßnahme im Rahmen des Direktionsrechts bzw. Weisungsrechts des Dienststellenleiters. Die Umsetzung muß ebenso wie die Versetzung auf Dauer angelegt sein und darf nicht nur vorübergehend oder vertretungsweise vorgenommen werden.

Umsetzung im Sinne des Personalvertretungsrechts ist nur eine Maßnahme, die auf **Dauer** angelegt ist. Ist sie dagegen zeitlich befristet, unterliegt sie auch dann nicht der Mitbestimmung, wenn diese Befristung einen Zeitraum von mehr als drei Monaten umfaßt (vgl. VG Ansbach, Beschluß v. 14. 11. 1994 – AN 7 P 94.00887 – zu § 75 Abs. 1 Nr. 3, § 76 Abs. 1 Nr. 4 BPersVG, PersR 1995, 220).

Ordnet die Dienststelle eine zeitlich unbefristete Umsetzung eines Beschäftigen mit der Maßgabe an, daß während einer Einarbeitungszeit beide Seiten die **Rückkehr** an dessen früheren Arbeitsplatz verlangen können, so stellt der »Rückruf« des umgesetzten Beschäftigten auf seinen früheren Arbeitsplatz mangels hinreichender Bewährung in der Einarbeitungszeit eine **Rückumsetzung** dar, die auch nach Sinn und Zweck § 75 Abs. 1 Nr. 3 BPersVG – entspricht dem Umsetzungsbegriff des BayPVG – diesem Mitbestimmungstatbestand unterfällt (vgl. OVG Hmb, Beschluß v. 15. 8. 1996 – OVG Bs PB 3/95 –, PersR 1996, 399).

Keine Umsetzung ist die lediglich räumliche Verlegung des Arbeitsplatzes, also die Ausübung derselben Tätigkeit in derselben Dienststelle in einem anderen Raum oder in einem anderen Gebäude des Dienstortes (vgl. OVG Münster, Beschluß v. 22. 11. 1976 – CL 12/76 –, PersV 1979, 429). Ändert sich jedoch die Tätigkeit oder das Aufgabengebiet des Beschäftigten, so ist von einer der Mitbestimmung unterliegenden Umsetzung auszugehen. Dies ist ausdrücklich gegeben, wenn der entzogene Aufgabenteil prägend für den Dienstposten ist und der Dienstposten durch den neuen **Aufgabenbereich** eine neue, andere Prägung erhält (vgl.

Art. 75

BVerwG, Beschluß v. 18. 12. 1996 – 6 P 8.95 –, PersR 1997, 364). Allerdings handelt es sich regelmäßig um eine mitbestimmungspflichtige Umsetzung, wenn einer städtischen Reinigungskraft ein Arbeitsplatz in einem anderen städtischen Gebäude zugewiesen wird, auch wenn sich an der **Art der Tätigkeit** nichts ändert (vgl. OVG NW, Beschluß v. 25. 3. 1999 – 1 A 4470/98.PVL –, PersR 2000, 80).

Auch im Falle einer auf **Antrag des Beschäftigten** erfolgten Versetzung oder auch Umsetzung gilt, daß weder die vollzogene Versetzung bzw. Umsetzung noch eine damit im Zusammenhang stehende Übertragung eines Dienstpostens Maßnahmen sind, die im Falle einer rechtswidrig unterbliebenen Mitbestimmung aus tatsächlichen oder rechtlichen Gründen nicht mehr rückgängig gemacht oder abgeändert werden könnten. Das **Rechtsschutzinteresse** der Personalvertretung an der gerichtlichen Feststellung eines konkreten Mitbestimmungsrechts ist auch in diesen Fällen nicht von der Substantiierung personalvertretungsrechtlich beachtlicher Einwendungen gegen die vollzogene Versetzung abhängig (vgl. OVG NW, Beschluß v. 18. 10. 2000 – A 4961/98.PVL –, PersR 2001, 159).

Eine dringende **ärztliche Empfehlung** zum Arbeitsplatzwechsel aus gesundheitlichen Gründen berechtigt den Arbeitgeber regelmäßig, dem Arbeitnehmer eine anderen Arbeitsbereich zuzuweisen; die Umsetzung (im Urteil zum BetrVG Versetzung) ist wirksam, wenn sie von den arbeitsvertraglichen Vereinbarungen gedeckt ist und die erforderliche Zustimmung vorliegt. Der Arbeitgeber ist nicht berechtigt, die Arbeitsleistung des arbeitswilligen und arbeitsfähigen Arbeitnehmers abzulehnen und die Zahlung des Arbeitsentgelts einzustellen, wenn der Arbeitnehmer eine ärztliche Empfehlung zum Wechsel des Arbeitsplatzes vorlegt (vgl. BAG, Urteil v. 17. 2. 1998 – 9 AZR 130/97 – zu §§ 293, 615, 618 BGB, AiB 1999, 536).

82 Die Personalvertretung hat nicht mitzubestimmen bei der Umsetzung eines Sachbearbeiters, durch die dieser (erstmals) die Befugnis zu selbständigen Entscheidungen in Personalangelegenheiten erhält (vgl. OVG Nordrhein-Westfalen, Beschluß v. 6. 11. 1985 – CL 17/84 –, PersR 1987, 43).

83 Ist eine Versetzung oder Umsetzung mit einer **weiteren** mitbestimmungs- oder mitwirkungspflichtigen Maßnahme verbunden (Beförderung, Übertragung höher oder niedriger zu bewertender Dienstaufgaben bzw. Tätigkeit, Ordnungs- oder Disziplinarmaßnahmen), liegen jeweils selbständige beteiligungspflichtige Maßnahmen vor, die jedoch sinnvoll verfahrensmäßig zusammengefaßt werden können.

Das VG Hamburg ordnete eine **Teilumsetzung** von Lehrern einer Schulart (hier: Gymnasien) in den Bereich einer anderen Schulart (hier: Haupt- und Realschulen) der Mitbestimmung zu (gem. § 87 Abs. 1 Nr. 10 HmbPersVG). Dies soll auch dann gelten, wenn sie für den einzelnen Lehrer nur mit weniger als 11 Pflichtstunden je Woche erfolgt (vgl. VG

Hmb, Beschluß v. 17. 11. 1995 – 1 VG FL 11/95 –, PersR 1996, 162). Für die Annahme eines solchen Mitbestimmungsrechts nach dieser Vorschrift des BayPVG spricht der diesem Recht zugrundeliegende **Schutzgedanke**, der bei einer Teilumsetzung noch mehr gefordert sein kann als bei einer gänzlichen Umsetzung. Evtl. ist beim Fehlen des Dienstortwechsels von einer mitbestimmungspflichtigen Abordnung auszugehen.

84 **(Abs. 1 Nr. 7) Abordnung von mehr als drei Monaten.** Während das BPersVG das Mitbestimmungsrecht des Personalrats bei Abordnung für eine Dauer von mehr als 3 Monaten vorsieht, hatte der bayerische Gesetzgeber die Mitbestimmung des Personalrats durch die Verlängerung der Dauer von ehemals 4 Monaten (BayPVG 1958) auf 6 Monate (BayPVG 1974) beschränkt. Mit der Novellierung vom 10. 8. 1994 wurde diese Beschränkung aufgehoben. Das Mitbestimmungsrecht entspricht jetzt dem des BPersVG bei Abordnungen von mehr als drei Monaten.

85 Für Arbeiter ist in § 67 Nr. 1 BMT-G II vereinbart, daß eine **Abordnung** die Zuweisung einer vorübergehenden Beschäftigung an einem anderen als dem bisherigen Arbeitsplatz bei demselben Arbeitgeber ist. Die Voraussetzungen für eine Abordnung sind das Erfordernis dienstlicher oder betrieblicher Gründe (§ 12 BAT, § 8 Abs. 6 MTArb, § 9 Abs. 6 BMT-G II).

86 Eine Abordnung ist immer die Zuweisung einer nur vorübergehenden und nicht endgültigen Beschäftigung auf einem anderen Dienstposten desselben Arbeitgebers. Der **Beamte** wird durch die Abordnung vorübergehend zu einer anderen Dienststelle desselben oder eines anderen Dienstherrn zu einer seinem Amt entsprechenden Tätigkeit zugeteilt (vgl. Art. 33 Abs. 1 BayBG).

87 Für die Bestimmung, ob eine beteiligungspflichtige Maßnahme vorhanden ist, ist der personalvertretungsrechtliche Dienststellenbegriff maßgebend. Unter einer **Abordnung** im Sinne des Personalvertretungsrechts ist die Zuweisung einer vorübergehenden Beschäftigung in einer anderen Dienststelle unter Aufrechterhaltung des bisherigen Beschäftigungsverhältnisses zu verstehen. Entscheidend ist hierbei die tatsächliche arbeitsmäßige **Eingliederung** in die Dienststelle, also die vorübergehende Begründung eines tatsächlichen Beschäftigungsverhältnisses in einer anderen Dienststelle (vgl. BVerwG, Beschluß v. 21. 11. 1958 – VII P 3.58 –, AP Nr. 1 zu § 9 PersVG; Beschluß v. 10. 10. 1991 – 6 P 23.90 –, PersR 1992, 301). Eine Abordnung ist ohne Rücksicht auf die **rechtlichen Beziehungen** des Dienstverhältnisses jedenfalls dann anzunehmen, wenn der Beschäftigte in die andere Dienststelle tatsächlich **arbeitsmäßig eingegliedert** ist (vgl. BayVGH, Beschluß v. 3. 11. 1993 – 17 P 93.2554 –, PersR 1994, 333).

88 **Mitbestimmungspflichtig** ist eine Abordnung mit einer Dauer von mehr als drei Monaten. Wird eine Abordnung, die zunächst für weniger als drei Monate ausgesprochen war, auf eine **Gesamtdauer** von mehr als drei

Art. 75

Monaten verlängert, so bedarf die **Verlängerung** auch dann der Mitbestimmung, wenn sie selbst weniger als drei Monate beträgt (vgl. BVerwG, Beschluß v. 7. 2. 1980 – 6 P 87.78 –, ZBR 1981, 67). Werden mehrere Abordnungen für einen Beschäftigten auf kürzere Zeiträume als drei Monate verfügt, ist dem Dienststellenleiter zu unterstellen, daß damit die Mitbestimmung des Personalrats umgangen werden soll. Der Versuch einer solchen Umgehung ist keinesfalls zulässig. Die Abordnung ist dann **unwirksam,** auch wenn sie weniger als drei Monate dauert, es sei denn, daß der Inhalt des Beschäftigungsverhältnisses in ständigen, kurzfristigen Beschäftigungen bei anderen Dienststellen besteht. Bei Abordnungen, die weniger als drei Monate dauern und mit denen der Beschäftigte einverstanden ist, gilt gem. Art. 68 Abs. 1 i. V. m. Art. 69 Abs. 1 Buchst. b, daß der Personalrat vor Durchführung der Maßnahme zu unterrichten ist.

Eine **Abordnung mit dem Ziel der späteren Versetzung,** bei der die Bewährung des Beschäftigten in der zugewiesenen Tätigkeit festgestellt wird, ist eine Vorbereitung für eine spätere Versetzung. Diese Maßnahme ist auch dann mitbestimmungspflichtig, wenn sie kürzer als drei Monate dauert, weil sonst das Beteiligungsrecht des Personalrats bei der Versetzung ausgehöhlt würde (vgl. BVerwG v. 18. 9. 1984 – 6 P 19.83 –, PersR 1986, 36). Das Mitbestimmungsrecht greift auch dann ein, wenn die Abordnung zunächst nur für drei Monate erfolgt, sie grundsätzlich aber in eine Versetzung übergehen soll, die längerfristig angelegt ist (vgl. OVG Berlin, Beschluß v. 27. 2. 2001 – OVG 60 PV 14.99 –, PersR 2001, 477). **89**

Angesichts der Zustimmungspflichtigkeit der Abordnung von Personalratsmitgliedern hat das betroffene Mitglied der Personalvertretung eine, der gerichtlichen Feststellung zugängliche, personalvertretungsrechtliche Rechtsposition. Eine **befristete Abordnung** endet ohne weitere personalvertretungsrechtliche erhebliche Maßnahme des Dienstherrn (vgl. VGH Baden-Württemberg, Beschluß v. 30. 3. 1999 – Pl 15 S 2568/98 –, PersR 1999, 275).

Eine Abordnung für die Dauer von mehr als drei Monaten bedarf der vorherigen Zustimmung des Personalrats auch dann, wenn die Dienststelle zuvor schon das Mitbestimmungsverfahren zur Versetzung des Betroffenen eingeleitet hatte. Mit der **Zustimmungsverweigerung** des Personalrats zur beabsichtigten Versetzung tritt bis zum Abschluß des Einigungsverfahrens eine Sperrwirkung ein, die durch eine Abordnung in der Regel auch nicht vorläufig überwunden werden kann, sofern nicht die rechtlichen Voraussetzungen der Ausnahmevorschrift für die Durchführung einer vorläufigen Regelung vorliegen und von der Dienststelle beachtet werden (vgl. VG Koblenz, Beschluß v. 26. 2. 1985 – 5 PV 2/84 – rechtskräftig –, PersR 1985, 94). **90**

Eine ohne dienstrechtliche **Zuordnung** vorgenommene Überstellung eines Beschäftigten in eine andere Dienststelle stellt sich nicht als Versetzung, sondern als Abordnung dar (Abweichung von VG Koblenz, Beschluß v. 28. 6. 1985 – 4 PV 12/84 –, PersR 1986, 120). **91**

Art. 75

92 Der Personalrat der Dienststelle, zu der eine solche Abordnung erfolgt, hat hierbei ein Mitbestimmungsrecht, auch wenn die rechtliche Gestaltung der Maßnahme zweifelhaft erscheint. Dies gilt zumindest dann, wenn die **aufnehmende Dienststelle** einen bestimmenden Einfluß auf die Durchführung der Abordnung ausgeübt hat. Die Beteiligung der Personalvertretung bei der Abordnung dient ebenso wie bei der Versetzung nicht nur dem Schutz des betroffenen Beschäftigten, sondern auch den Belangen des Personals der aufnehmenden Dienststelle (vgl. OVG Rheinland-Pfalz, Beschluß v. 15. 4. 1986 – 4 A 5/85 –, PersR 1987, 23).

93 (**Abs. 1 Nr. 8**) Die Vorschrift »**Hinausschieben des Eintritts in den Ruhestand wegen Erreichens der Altersgrenze**« betrifft nur die Gruppe der Beamten. Grundsätzlich erreichen Beamte die Altersgrenze mit Vollendung des 65. Lebensjahres (vgl. Art. 55 Abs. 1 BayBG). **Ausnahmen** von diesem Grundsatz gelten für einzelne Beamtengruppen:

– Lehrer an öffentlichen Schulen: Ende des Schuljahres, das dem Schuljahr vorangeht, in dem sie das 65. Lebensjahr vollenden (vgl. Art. 55 Abs. 1 Satz 2 BayBG),

– Polizeivollzugsbeamte, Beamte bei den Justizvollzugsanstalten, Beamte des Landesamts für Verfassungsschutz und Feuerwehrbeamte (vgl. Art. 135 bis 138 BayBG): Vollendung des 60. Lebensjahres.

94 Nach Art. 55 Abs. 4 BayBG kann nur im Einzelfall der Eintritt in den Ruhestand hinausgeschoben werden

– für eine bestimmte Frist, die jeweils ein Jahr nicht übersteigen darf,

– höchstens jedoch bis zur Vollendung des 68. Lebensjahres und

– nicht mehr als insgesamt 5 Jahre.

Das Hinausschieben des Eintritts in den Ruhestand ist nur möglich, wenn »zwingende dienstliche Rücksichten im Einzelfall die Fortführung der Dienstgeschäfte durch einen bestimmten Beamten erfordern«. Mitbestimmungspflichtig ist diese Maßnahme bei Beamten bis zur Besoldungsgruppe A 15 (vgl. Art. 78 Abs. 1 Buchst. a). Allerdings überschreitet die Hinausschiebung des Ruhestandes um ein Jahr die zeitliche Grenze einer vorläufigen Regelung nach Art. 70 Abs. 7 BayPVG (vgl. OVG Hamburg, Beschluß v. 14. 7. 1994 – OVG Bs PH 2/93 –, PersR 1995, 378).

95 Wird ein Beamter nach Eintritt in den Ruhestand wegen Erreichens der Altersgrenze auch in unmittelbarem Anschluß daran als Arbeiter oder Angestellter weiterbeschäftigt, so wird ein neues Arbeitsverhältnis begründet. Die Mitbestimmung des Personalrats ist nicht mehr nach der Nr. 8 (Gruppe der Beamten), sondern nun nach Nr. 1 (Gruppe der Angestellten oder Arbeiter) gegeben. Angesichts der beschäftigungspolitischen Lage in der Bundesrepublik Deutschland ist aus arbeitsmarktpolitischen Gründen von dieser Maßnahme grundsätzlich abzusehen.

96 (**Abs. 1 Nr. 9**) **Weiterbeschäftigung von Angestellten und Arbeitern über die Altersgrenze hinaus.** Bei Arbeitern und Angestellten endet das

Art. 75

Arbeitsverhältnis regelmäßig, ohne daß es einer Kündigung bedarf, mit Ablauf des Monats, in dem das 65. Lebensjahr vollendet wurde. Eine Weiterbeschäftigung ist zwar möglich, sie sollte aber aus arbeitsmarktpolitischen Gründen unterbleiben und ist tariflich auch nur in dringenden Ausnahmefällen bis zu 3 Jahre zugelassen (vgl. § 60 BAT, § 63 MTArb, § 55 BMT-G II).

(Abs. 1 Nr. 10) Das Mitbestimmungsrecht hinsichtlich der **Anordnungen, welche die Freiheit der Wahl der Wohnung beschränken,** betrifft alle beschäftigten Gruppen. Nach Art. 11 Abs. 1 GG genießen alle Deutschen Freizügigkeit im ganzen Bundesgebiet. Gegenstand dieser Freizügigkeit ist das Recht, an jedem Orte innerhalb der Bundesrepublik Aufenthalt und Wohnung zu nehmen. Mitbestimmungspflichtig sind **alle** Anordnungen, also sowohl die im Einzelfall als auch abstrakte Regelungsabsichten der Dienststelle. Bei Angestellten und Arbeitern kann eine solche Anordnung nur getroffen werden, wenn sie der einzelne **Arbeitsvertrag** oder eine tarifliche Regelung vorsieht. **97**

Für die Zuweisung von Dienst-/Werkdienstwohnungen und für die Bemessung der Wohnungsvergütung gelten die Bestimmungen des Arbeitgebers über Dienst-/Werkdienstwohnungen in der jeweiligen Fassung (vgl. § 65 BAT, § 60a BMT-G II, § 69 MTArb). Einschränkungen in der Freiheit der Wohnungswahl, die zum Wesen einer Berufstätigkeit gehören und im **Arbeitsvertrag** bereits festgelegt sind, sind **keine** mitbestimmungspflichtigen Maßnahmen. **98**

Gem. Art. 82 BayBG hat der **Beamte** seine Wohnung so zu nehmen, daß er in der ordnungsgemäßen Wahrnehmung seiner Dienstgeschäfte nicht beeinträchtigt wird. Wenn das Erfordernis der dienstlichen Verhältnisse tatsächlich gegeben ist, kann der Dienststellenleiter den Beamten anweisen, seine Wohnung innerhalb einer bestimmten Entfernung von der Dienststelle zu nehmen oder eine Dienstwohnung zu beziehen (vgl. Art. 82 Abs. 2 BayBG). Mit dem hier greifenden Mitbestimmungsrecht des Personalrats werden die verfassungsgeschützten Interessen dem besonderen Schutz der Personalvertretung mitverantwortet. **99**

(Abs. 1 Nr. 11) Das Mitbestimmungsrecht **Versagung oder Widerruf der Genehmigung einer Nebentätigkeit** ist für **alle** Gruppen in der Dienststelle gegeben. Ausgenommen sind nur Beamte nach Nr. 1 in den Fällen, in denen das Beamtenverhältnis nach Ablegung der Laufbahnprüfung aufgrund von Rechtsvorschriften endet (vgl. Art. 43 Abs. 2 BayBG) und der Vorbereitungsdienst eine allgemeine Ausbildungsstätte im Sinne des Art. 12 Abs. 1 Satz 1 des GG ist. Das Mitbestimmungsrecht kann weder durch Tarifvertrag noch durch Dienstvereinbarung abbedungen werden; es gilt auch dann, wenn der Beschäftigte die Beteiligung des Personalrats nicht wünscht. Mit dem Begriff »Nebentätigkeit« werden Nebenbeschäftigungen und Nebenamt gleichermaßen erfaßt. **100**

Die Nebenbeschäftigung ist nach § 67 Nr. 28 BMT-G II eine Tätigkeit, **101**

Art. 75

die der **Arbeiter** für einen anderen Arbeitgeber leistet, und jede eigene selbständige gewerbliche Tätigkeit. Hierzu zählen auch Tätigkeiten bei einem anderen öffentlichen Arbeitgeber. **Arbeiter** dürfen eine Nebenbeschäftigung nur mit der vorherigen Zustimmung des Arbeitgebers ausüben (§ 13 MTArb und § 11 BMT-G II). Für **Angestellte** ist im § 11 BAT vereinbart, daß die für die Beamten des Arbeitgebers geltenden Bestimmungen zur Nebentätigkeit sinngemäß anzuwenden sind.

102 Die Nebentätigkeit der **Beamten** ist in den Art. 73 bis 77 BayBG grundlegend geregelt. Ein Anspruch auf Erteilung der Nebentätigkeitsgenehmigung besteht immer dann, wenn keine Versagungsgründe i. S. d. Art. 73 Abs. 3 BayBG vorliegen (vgl. auch § 4 BayNV).

103 Weiterhin dürfen Nebentätigkeiten, die der Beamte nicht auf Initiative seines Dienstherrn oder im dienstlichen Interesse übernommen hat, nur **außerhalb der Arbeitszeit** ausgeübt werden. **Ausnahmen** dürfen nur in besonders begründeten Fällen (öffentliches Interesse) zugelassen werden, wenn dienstliche Gründe dem nicht entgegenstehen und die versäumte Arbeitszeit nachgeleistet wird. Ein dienstliches/öffentliches Interesse an einer Nebentätigkeit wird in der Regel im Fall von Aus- und Fortbildungssowie von Prüfungstätigkeiten vorliegen (vgl. Art. 73 Abs. 4 BayBG). Bei der Ausübung von Nebentätigkeiten dürfen Einrichtungen, Personal oder Material der Dienststelle nur bei Vorliegen eines öffentlichen oder wissenschaftlichen Interesses mit deren vorheriger Genehmigung und gegen Entrichtung eines angemessenen Entgelts in Anspruch genommen werden. Über den **Kostendeckungsgrundsatz** hinaus muß die Bemessung des Entgelts den durch die Inanspruchnahme entstehenden Vorteil berücksichtigen, nämlich daß der Beamte selbst keine Einrichtungen, Personal oder Material für die Ausübung der Nebentätigkeit vorhalten muß (vgl. Art. 73 Abs. 5 BayBG).

104 Die Gewährung einer angemessenen Aufwandsentschädigung oder einer Gegenleistung von geringem Wert schließt die **Unentgeltlichkeit** einer Nebentätigkeit gem. Art. 74 Abs. 1 Satz 1 Nr. 2 und Satz 2 BayBG n. F. nicht aus. Diese Bestimmung soll sicherstellen, daß **ehrenamtliche Tätigkeiten** für mildtätige, kirchliche, wissenschaftliche, gemeinnützige oder sonstige kulturelle oder sportliche Einrichtungen und Organisationen, für die häufig eine pauschale Aufwandsentschädigung bzw. eine geringfügige Gegenleistung gewährt wird, nicht genehmigungspflichtig sind (vgl. ABW, Art. 75 Rn. 54 m. w. N.).

105 Sinn des Gesetzes zur Änderung dienstrechtlicher Vorschriften (Nebentätigkeitsbegrenzungsgesetz) war es, einen arbeitsmarktpolitischen Beitrag des öffentlichen Dienstes zu schaffen, um zu verhindern, daß Beamte (Angestellte) Arbeitslosen im größeren Umfang Arbeitsmöglichkeiten vereiteln. Die **gewerkschaftliche Betätigung** ist aber keine auf dem Arbeitsmarkt nachgefragte Tätigkeit. Hierzu erklärte der Innenausschuß des Deutschen Bundestages in der BT-Drucks. Nr. 10/20 45 »alle Fraktionen waren sich im übrigen darin einig, daß durch die Neuregelungen

Art. 75

die rechtlich geschützte Tätigkeit in Gewerkschaften und Berufsverbänden nicht behindert werden soll. Der Ausschuß geht auch davon aus, daß die Bestimmung des § 42 Abs. 3 BRRG nicht für die gewerkschaftliche Betätigung im Sinne des § 42 Abs. 1 Satz 3 Nr. 5 des BRRG gilt.«

Für die Praxis ist davon auszugehen, daß eine **Ausforschung gewerkschaftlicher Tätigkeit** generell unzulässig ist. Die Auskunftspflicht des Beschäftigten besteht nach dem Gesetzestext für gewerkschaftliche Betätigung nur dann, wenn der Beamte/Angestellte bei gewerkschaftlicher Betätigung dienstliche Pflichten verletzt. Eine solche Pflichtverletzung muß allerdings vorliegen. Eine bloße Vermutung reicht nicht aus, eine Auskunftspflicht zu begründen. Die gewerkschaftliche Betätigung darf hinsichtlich ihres Zeitaufwandes nicht mit genehmigungspflichtiger Tätigkeit zusammengeführt werden. Die zeitliche Begrenzung auf ein Fünftel der wöchentlichen Arbeitszeit ist für den Bereich gewerkschaftlicher Tätigkeit völlig bedeutungslos. Gewerkschaftliche Tätigkeit darf auch aus verfassungsrechtlichen Gründen nicht auf Zeiten außerhalb der regulären Arbeitszeit beschränkt werden. Eine Auskunftspflicht, die dazu dient festzustellen, ob gewerkschaftliche Betätigungen innerhalb oder außerhalb der Arbeitszeiten stattfindet, besteht nicht.

106

Grundsätzlich ist ein Beamter berechtigt, eine Nebentätigkeit auszuüben. Bedarf er hierzu der vorherigen Genehmigung (BayBG), so darf diese nur aus den in Art. 74 Abs. 2 BayBG abschließend aufgezählten Gründen versagt oder widerrufen werden, da ansonsten ein Rechtsanspruch auf Erteilung der Genehmigung besteht (vgl. Weiß u. a., BayBG, Art. 74 Anm. 1, 5).

107

Eine Nebentätigkeit muß dem Arbeitgeber angezeigt werden, soweit dadurch seine Interessen bedroht sind. Dies ist der Fall, wenn die Nebentätigkeit mit der vertraglich geschuldeten Arbeitsleistung nicht vereinbar ist und die Ausübung der Nebentätigkeit somit eine **Verletzung der Arbeitspflicht** darstellt. Verweigert ein Arbeitnehmer trotz Aufforderung des Arbeitgebers über Jahre hinweg Angaben über einen Teil seiner erheblichen Nebentätigkeiten völlig und gibt er über einen anderen Teil zum Umfang seiner arbeitsmäßigen Beanspruchung keine Auskunft, sind die berechtigten Interessen des Arbeitgebers an der ordnungsgemäßen Vertragserfüllung bedroht. Der Anspruch des Arbeitgebers, ihm die Nebentätigkeiten zweier genau bezeichneter Dreimonatszeiträume nachträglich anzuzeigen, damit er sein weiteres Vorgehen (z. B. Ausübung eines bisher nicht geltend gemachten tariflichen Zustimmungserfordernisses) prüfen kann, ist in diesem Fall begründet. Der Arbeitgeber ist auch dann berechtigt, für den Fall der Nichterteilung der Auskunft eine **Abmahnung** anzudrohen (vgl. BAG, Urteil v. 18. 1. 1996 – 6 AZR 314/95 –, AiB 1996, 629).

108

Zweifelhaft ist die Auffassung des LAG Köln, nach der eine zulässige Nebentätigkeit in aller Regel auch während einer **Arbeitsunfähigkeit** ausgeübt werden darf. Ist die Nebentätigkeit nach Art und Ausmaß

109

Art. 75

geeignet, die Genesung zu verzögern, dann liegt darin in aller Regel noch kein wichtiger Grund zur außerordentlichen Kündigung. Wird durch die Ausübung einer Nebentätigkeit die im Arbeitsverhältnis vertraglich geschuldete Leistung beeinträchtigt, dann bedarf es vor einer hierauf gestützten Kündigung in aller Regel einer Abmahnung (vgl. LAG Köln, Urteil v. 7. 1. 1993 – 10 Sa 632/92 –, AiB 1993, 471).

110 Ist ein Arbeitnehmer während einer ärztlich attestierten Arbeitsunfähigkeit schichtweise einer Nebenbeschäftigung bei einem anderen Arbeitgeber nachgegangen, so kann je nach den Umständen auch eine fristlose Kündigung ohne vorherige Abmahnung gerechtfertigt sein. Ist in derartigen Fällen der **Beweiswert des ärztlichen Attestes** erschüttert bzw. entkräftet, so hat der Arbeitnehmer konkret darzulegen, weshalb er krankheitsbedingt gefehlt hat und trotzdem der Nebenbeschäftigung nachgehen konnte (vgl. BAG, Urteil v. 26. 8. 1993 – 2 AZR 154/93 –, AiB 1994, 435).

111 Das **Mitbestimmungsrecht** des Personalrats wird immer dann **wirksam,** wenn der Dienststellenleiter beabsichtigt, die Genehmigung zu versagen oder eine bereits erteilte Genehmigung zu widerrufen. Das gilt auch dann, wenn der Dienststellenleiter dem Antrag nicht in vollem Umfang stattgeben will, denn hier wird ein Teil der beantragten Nebentätigkeit versagt. Gleichermaßen gilt das Mitbestimmungsrecht bei einem teilweisen Widerruf der bereits erteilten Genehmigung.

112 **Kein** Mitbestimmungsrecht des Personalrats liegt vor, wenn der Dienststellenleiter beabsichtigt, die beantragte Genehmigung einer Nebentätigkeit zu gewähren.

113 **(Abs. 1 Nr. 12) Ablehnung eines Antrags auf Teilzeitbeschäftigung, Ermäßigung der Arbeitszeit oder Urlaub oder Widerruf einer genehmigten Teilzeitbeschäftigung**

Das Mitbestimmungsrecht des Personalrats betrifft seit 1989 alle Beschäftigtengruppen, zuvor aber ausschließlich die Gruppe der Beamten (vgl. ABW, Art. 75 Rn. 56 m. w. N). In der Bekanntmachung des Bayer. Staatsministeriums der Finanzen vom 8. 7. 1985 (FMBL, 12, 1985, S. 221) wird darauf hingewiesen, daß im Interesse der Gleichbehandlung aller Beschäftigten des Freistaats Bayern und zur Entlastung des Arbeitsmarktes darum gebeten wird, die Arbeitnehmer in sinngemäßer Anwendung der beamtenrechtlichen Regelung zu beurlauben und in verstärktem Maße Teilzeitbeschäftigungen zu ermöglichen, soweit es mit den dienstlichen bzw. betrieblichen Belangen vereinbar ist. Das Interesse der Gleichbehandlung hat es wahrlich geboten, das Mitbestimmungsrecht für Angestellte und Arbeiter zu erweitern; dem ist der Gesetzgeber erfreulicherweise gefolgt.

Mit der Novellierung zum 1. 9. 1994 hat der Gesetzgeber das Mitbestimmungsrecht um den Beteiligungstatbestand des Widerrufs einer genehmigten Teilzeitbeschäftigung erweitert.

Art. 75

Der Gesetzgeber hat im BayBG Regelungen zur Antragsteilzeit gem. Art. 80a, zur familienpolitischen Teilzeit und Beurlaubung gem. Art. 80b und zur arbeitsmarktpolitischen Beurlaubung gem. Art. 80c geschaffen. **114**

Der zeitliche Umfang zur Bewilligung von Teilzeit und Beurlaubungen darf insgesamt den Zeitraum von 12 Jahren nicht überschreiten (vgl. Art. 80b und c BayBG). Für den Schul- und Hochschuldienst kann der Bewilligungszeitraum bis zum Ende des laufenden Schulhalbjahres oder Semesters ausgedehnt werden (vgl. Art. 80b Abs. 1 Satz 2 BayBG und Art. 80c Abs. 3 Satz 2 BayBG). **115**

Der Begriff »**Beamte mit Dienstbezügen**« ist geschlechtsneutral und umfaßt Beamtinnen und Beamte im Bereich des Staates und anderer Dienstherren. Beamte mit Dienstbezügen sind im besoldungsrechtlichen Sinne Beamte, deren Dienstbezüge sich aus Grundgehalt und Ortszuschlag und ggf. auch weiteren Bestandteilen zusammensetzen. Erfaßt sind somit Beamte auf Lebenszeit, Beamte auf Zeit und Beamte auf Probe (Beurlaubung erst nach erfolgreichem Ablauf der Probezeit). **116**

Der Antrag auf Teilzeitbeschäftigung muß den **Umfang der gewünschten Arbeitszeitreduzierung** beinhalten. Die Dienststelle kann den Umfang der Arbeitszeitverkürzung nicht erweitern, aber diese verkürzt bewilligen, wenn davon auszugehen ist, daß hilfsweise auch eine kürzere als die beantragte Arbeitszeitverkürzung mitbeantragt wurde. Dabei hat der Beamte die Möglichkeit, den Antrag bis zur Entscheidung zurückzunehmen. Bei der Wahrnehmung seines Mitbestimmungsrechts hat der Personalrat für den Fall einer Ablehnung des Antrags wegen **entgegenstehender dienstlicher Belange** darauf zu achten, ob dies tatsächlich der Fall ist oder nicht, und dann ggf. zu prüfen, ob der Dienststelle zur Wahrung der dienstlichen Belange, insbesondere der Erfüllung der ihr übertragenen Aufgaben, andere Regelungen möglich und zumutbar sind. **117**

Dem Antrag auf Teilzeitbeschäftigung darf für Beamte nur entsprochen werden, »wenn der Beamte sich verpflichtet, während des Bewilligungszeitraums außerhalb des Beamtenverhältnisses berufliche Verpflichtungen nur in dem Umfang einzugehen, in dem nach Art. 73 ff. den vollzeitbeschäftigten Beamten die Ausübung von Nebentätigkeiten gestattet ist.« (Art. 80a Abs. 2 Satz 1 BayBG). Wird diese Verpflichtung schuldhaft verletzt, kann die Bewilligung widerrufen werden. Eine disziplinarrechtliche Verfolgung wird dadurch nicht ausgeschlossen. Die zuständige Dienstbehörde kann auch nachträglich die Dauer der Teilzeitbeschäftigung beschränken oder den Umfang der zu leistenden Arbeitszeit erhöhen, soweit zwingende dienstliche Belange dies erfordern (Art. 80a Abs. 3 Satz 1 BayBG). Sie soll eine Änderung des Umfangs der Teilzeitbeschäftigung oder den Übergang zur Vollzeitbeschäftigung zulassen, wenn dem Beamten die Ausübung der Teilzeitbeschäftigung im bisherigen Umfang nicht zugemutet werden kann und dienstliche Belange nicht entgegenstehen (Art. 80a Abs. 3 Satz 2 BayBG). Bei Beurlaubung kann die zuständige Dienstbehörde eine Rückkehr aus dem Urlaub zulassen, wenn **118** dem Beamten die Fortsetzung des Urlaubs nicht zugemutet werden kann und dienstliche Belange nicht entgegenstehen (Art. 80 b Abs. 1 Satz 6 BayBG).

119 Nach **Art. 80 b Abs. 1 BayBG** kann einem Beamten mit Dienstbezügen auf Antrag »wenn zwingende dienstliche Belange nicht entgegenstehen« eine **Ermäßigung der Arbeitszeit** bis auf die Hälfte der regelmäßigen Arbeitszeit **oder Beurlaubung** bis zu zwölf Jahren mit Verlängerungsmöglichkeit gewährt werden, wenn er mindestens ein Kind unter 18 Jahren oder eine nach ärztlichem Gutachten pflegebedürftige sonstige Angehörige tatsächlich betreut oder pflegt.

120 Teilzeitbeschäftigung nach Art. 80 a BayBG und Urlaub nach Art. 80 b BayBG dürfen zusammen eine **Dauer** von zwölf Jahren nicht überschreiten. Bei Beamten im Schul- und Hochschuldienst kann der Bewilligungszeitraum bis zum Ende des laufenden Schulhalbjahres oder Semesters ausgedehnt werden (Art. 80 b Abs. 1 Satz 2 BayBG, Art. 80 c Abs. 3 Satz 2 BayBG).

121 Bei der Arbeitszeitreduzierung sind **zwei Tatbestände** zu beachten: Einmal geht es um den Arbeitszeitstatus, also die Verringerung der Arbeitszeit, und zum zweiten um die Lage, also die Arbeitszeitorganisation für die verbleibende Arbeitszeit. Hierbei ist zu beachten, daß die Arbeitszeitreduzierung mitbestimmungspflichtig nach dieser Vorschrift ist und die **zeitliche Lage der verbleibenden Arbeitszeit** der Mitbestimmung nach Art. 75 Abs. 4 Nr. 1 bedarf.

122 Bei der Wahrnehmung des Mitbestimmungsrechts hat der Personalrat insbesondere zu prüfen, ob der Dienststellenleiter bei der Feststellung seines Handlungswillens alle Umstände der Antragstellung berücksichtigt, d. h. die Abwägung der persönlichen Interessen und der dienstlichen Bedürfnisse angemessen erfüllt hat. Dabei verdichtet sich der Anspruch auf fehlerfreie Ermessensausübung zu einem Anspruch auf Gewährung von Teilzeitbeschäftigung bzw. Beurlaubung, wenn sich durch die besonderen Umstände des Einzelfalles der Umfang des Ermessens so vermindert hat, daß nur eine einzige Entscheidung – nämlich die Stattgabe des Antrages – rechtmäßig ist (VGH Baden-Württemberg, Beschluß v. 21. 6. 1979 – IV 156/79 –, ZBR 1980, 123).

123 **Nicht** mitbestimmungspflichtig ist die **Genehmigung** eines Antrages auf Arbeitszeitermäßigung oder Beurlaubung. Allerdings ist dem Personalrat in beiden Fällen Kenntnis zu geben, um seiner allgemeinen Aufgabenstellung nach Art. 69 nachzukommen. Ebenso wie in Nr. 11 ist die teilweise Ablehnung eines Antrages jedoch eine mitbestimmungspflichtige Maßnahme.

124 (Abs. 1 Nr. 13) Bei der Geltendmachung von **Ersatzansprüchen gegen einen Beschäftigten** wird der Personalrat nur **auf Antrag** des Beschäftigten beteiligt; dieser ist von den beabsichtigten Maßnahmen rechtzeitig vorher in Kenntnis zu setzen (**Satz 2**). Zur Mitbestimmung des Personal-

Art. 75

rats gehören nur die von der Dienststelle geltend gemachten Ersatzansprüche, nicht aber die, welche von außenstehenden Dritten gegenüber dem Beschäftigten geltend gemacht werden. Die Maßnahme wird **nur** dann **mitbestimmungspflichtig, wenn** der betroffene **Beschäftigte** dies beim Dienststellenleiter oder Personalrat mündlich oder schriftlich **beantragt.** Der **Antrag auf Beteiligung** des Personalrats kann jederzeit bis zur Abwicklung des Ersatzanspruchs gestellt werden.

Der Mitbestimmungstatbestand der Geltendmachung von Ersatzansprüchen umfaßt in Form einer rein rechtlichen Mitkontrolle sowohl die Prüfung, ob überhaupt ein Ersatzanspruch gegen den Angehörigen des öffentlichen Dienstes besteht, als auch die Prüfung der **Rechtmäßigkeit** der Durchsetzung des festgestellten Ersatzanspruchs (vgl. OVG Hamburg, Beschluß v. 25. 11. 1997 – OVG Bs PH 5/96 –, PersR 1998, 473). Die Mitbestimmung setzt ein, wenn die Dienststelle dem Beschäftigten kundtun will, daß sie einen bestimmten Anspruch gegen ihn für gegeben hält. Auf eine **Zahlungsanforderung** kommt es nicht an (vgl. BVerwG, Beschluß v. 24. 4. 2002 – 6 P 4.01 –, PersR 2002, 398). **124a**

Der Arbeitnehmer hat dem Arbeitgeber die durch das Tätigwerden eines **Detektivs** entstandenen notwendigen Kosten zu ersetzen, wenn der Arbeitgeber anläßlich eines konkreten Tatverdachts gegen den Arbeitnehmer dem Detektiv die Überwachung des Arbeitnehmers überträgt und der Arbeitnehmer einer **vorsätzlichen vertragswidrigen Handlung** überführt wird (vgl. BAG, Urteil v. 17. 9. 1998 – 8 AZR 5/97 –, AiB 2000, 53).

Es ist zu beachten, daß ein Schaden, den ein Arbeitnehmer in Ausübung **gefahrengeneigter Arbeit** weder **vorsätzlich** noch **grob fahrlässig** verursacht, zu dem Betriebsrisiko des Arbeitgebers gehört und daher von ihm allein zu tragen ist. Das Verhalten eines Beschäftigten ist dann als grob fahrlässig zu werten, wenn die Umstände Anhaltspunkte dafür hergeben, die die Annahme rechtfertigen, der Arbeitnehmer habe die ihm obliegende Sorgfaltspflicht in einem ungewöhnlich hohen Grade verletzt und eine auch subjektiv schlechthin unentschuldbare Pflichtverletzung begangen, die das gewöhnliche, nach § 276 BGB bestimmte Maß erheblich übersteigt (vgl. BAG, Urteil v. 13. 3. 1968 – 1 AZR 362/67 –, 18. 1. 1972 – 1 AZR 125/71 –, 22. 2. 1972 – 1 AZR 223/71 –, 20. 3. 1973 – 1 AZR 337/72 – und 24. 1. 1974 – 3 AZR 488/72 –, AP Nrn. 42, 69, 70, 72 und 74 zu § 611 BGB Haftung des Arbeitnehmers). **125**

Nach der bisherigen Ansicht des BAG kam es in den Fällen der **gefahrengeneigten Arbeit** auf eine Unterteilung – leichteste bis mittlere Fahrlässigkeit – haftungsrechtlich nicht entscheidend an. **126**

Die **Beschränkung der Haftung** des Arbeitnehmers auf Vorsatz und grobe Fahrlässigkeit (BAG, Urteil v. 23. 3. 1983 – 7 AZR 391/79 –, AP Nr. 82 zu § 611 BGB Haftung des Arbeitnehmers = EzA § 611 BGB Gefahrgeneigte Arbeit Nr. 14) setzte voraus, daß der Arbeitnehmer den **127**

Art. 75

Schaden in Ausführung einer betrieblichen Tätigkeit verursacht hatte. Weicht z. B. ein Kraftfahrer von der ihm vom Arbeitgeber vorgeschriebenen Fahrtroute ab, um in der eigenen Wohnung eine Erholungspause einzulegen, so liegt dieser innere Zusammenhang jedenfalls dann vor, wenn der Arbeitnehmer den Umweg deshalb für erlaubt halten durfte, weil die Höchstlenkzeiten bereits überschritten waren bzw. bei Hinzurechnung der noch ausstehenden Fahrtstrecke in erheblichem Maße überschritten würden (vgl. BAG, 7. Senat, Urteil v. 21. 10. 1983 – 7 AZR 488/80 –, AP Nr. 84 zu § 611 BGB Haftung des Arbeitnehmers).

128 Das BAG hat seine bisherige Auffassung zu Lasten der Arbeitnehmer korrigiert. Danach sind Schäden, die ein Arbeitnehmer bei gefahrgeneigter Arbeit nicht grob fahrlässig verursacht, bei normaler Schuld (auch normale, leichte oder mittlere Fahrlässigkeit oder mittleres Verschulden genannt) in aller Regel zwischen Arbeitgeber und Arbeitnehmer zu teilen, wobei die **Gesamtumstände** von Schadensanlaß und Schadensfolge nach **Billigkeitsgrundsätzen und Zumutbarkeitsgrundsätzen** gegeneinander abzuwägen sind. Ob als Voraussetzung für die Beschränkung der Arbeitnehmerhaftung daran festzuhalten ist, daß die betriebliche Tätigkeit, bei deren Ausführung der Arbeitnehmer den Schaden verursacht hat, gefahrgeneigt war, blieb weiterhin unentschieden (vgl. BAG, Urteil v. 24. 11. 1987 – 8 AZR 524/82 –, AiB 1988, 317).

So ist auch der Arbeitgeber gegenüber dem Arbeitnehmer, der ein betriebseigenes Kraftfahrzeug zu führen hat, nicht verpflichtet, eine Kraftfahrzeugkaskoversicherung abzuschließen, wenn sich dies nicht aus dem Arbeitsvertrag oder den das Arbeitsverhältnis gestaltenden normativen Bestimmungen ergibt. Haftet der Arbeitnehmer, der als Fahrer eines Kraftfahrzeugs seines Arbeitgebers einen Unfall verschuldet hat, nach den Grundsätzen über den innerbetrieblichen Schadensausgleich für die an dem Kraftfahrzeug des Arbeitgebers entstandenen Schaden anteilig (vgl. BAG, Urteil v. 24. 11. 1987 – 8 AZR 524/82 –, a. a. O.), so kann bei Abwägung aller für den Haftumfang maßgebenden Umstände zu Lasten des Arbeitgebers ins Gewicht fallen, daß dieser für das Unfallfahrzeug keine Kaskoversicherung abgeschlossen hatte. Dies kann dazu führen, daß der Arbeitnehmer nur in Höhe einer Selbstbeteiligung haftet, die bei Abschluß einer Kaskoversicherung zu vereinbaren gewesen wäre. Ob der innerbetriebliche Schadensausgleich zu einer summenmäßigen Beschränkung der Haftung des Arbeitnehmers führt, blieb ebenso unentschieden (vgl. BAG, Urteil v. 24. 11. 1987 – 8 AZR 66/82 –, AiB 1988, 318).

So trägt auch ein beschäftigter Kraftfahrer selbst die Gefahr, wegen seiner Beteiligung an einem Verkehrsunfall strafrechtlich verfolgt zu werden. Das gilt grundsätzlich auch bei Fahrten außerhalb des Geltungsbereichs der Strafprozeßordnung. Nachteile, die ihm durch Maßnahmen der Strafverfolgung entstehen, gehören zu seinem Lebensbereich und nicht zum Betätigungsbereich des Arbeitgebers. Die Gefahr, bei einem Unfall von

Art. 75

Strafverfolgungsmaßnahmen betroffen zu werden, gehört insoweit zum Betätigungsbereich des Arbeitgebers, als diese Maßnahmen unzumutbar sind und der Arbeitnehmer für die Übernahme dieses Risikos keine angemessene Vergütung erhält. Läßt der Arbeitnehmer eine Kaution verfallen, um einer unzumutbaren Freiheitsstrafe zu entgehen, kann er für den ihm dadurch entstehenden Vermögensschaden vom Arbeitgeber entsprechend § 670 BGB Ersatz fordern. Der Arbeitgeber hat nur insoweit Ersatz zu leisten, als die Strafverfolgungsmaßnahme unzumutbar ist, die Gefahr also seinem unternehmerischen Betätigungsbereich zuzuordnen ist. Die Höhe des Ersatzanspruchs hat der Tatrichter ggf. nach § 287 Abs. 2 ZPO zu schätzen. Der Anspruch des Arbeitnehmers kann in entsprechender Anwendung von § 254 BGB ganz oder teilweise ausgeschlossen sein. Bei Beurteilung der Frage, ob und inwieweit ein mitwirkendes Verschulden des Arbeitnehmers den Ersatzanspruch mindert oder ausschließt, sind die Grundsätze über den innerbetrieblichen Schadensausgleich entsprechend anzuwenden (vgl. BAG, Urteil v. 11. 8. 1988 – 8 AZR 721/85 –, AiB 1989, 93).

Die Grundsätze über die **Beschränkung der Arbeitnehmerhaftung** gelten mittlerweile für alle Arbeiten, die durch den Betrieb veranlaßt sind und aufgrund eines Arbeitsverhältnisses geleistet werden, auch wenn diese **Arbeiten nicht gefahrgeneigt** sind (vgl. BAG, Beschluß v. 27. 9. 1994 – GS 1/89 [A] –, PersR 1995, 39).

So haftet auch eine Flugbegleiterin, die entgegen einschlägiger Dienstvorschrift bei einem Flug keinen Reisepaß mit sich führt und damit eine von der Einreisebehörde gegen das Luftfahrtunternehmen verhängte Einreisestrafe von 3 000 US-Dollar verursacht, ihrem Arbeitgeber wegen schuldhafter **Verletzung des Arbeitsvertrages** auf Schadensersatz. Die Haftung ist nach den Grundsätzen der Haftungseinschränkung des Arbeitnehmers bei betrieblicher Tätigkeit zu mildern. Ein Mitverschulden des Arbeitgebers ist zu berücksichtigen (vgl. BAG, Urteil v. 16. 2. 1995 – 8 AZR 493/93 –, AiB 1995, 804).

Übernimmt ein Arbeitnehmer in der Frühschicht (5 Uhr) das Steuer eines schweren Spezialfahrzeugs, obwohl er in der vorangegangenen Nacht erhebliche Mengen Alkohol zu sich genommen und nur wenig und schlecht geschlafen hat, und nickt er infolge des Restalkohols und der Übermüdung schon in der ersten halben Arbeitsstunde ein, so beruht ein dadurch verursachter Unfall auf **grober Fahrlässigkeit.** Von dem in diesem Fall am Fahrzeug des Arbeitgebers entstandenen Schaden von 150 000 DM hat er bei einem Monatsverdienst von 2 400 DM netto, einem Lebensalter von 24 Jahren und einer unfallfreien Betriebszugehörigkeit von drei Jahren lediglich 20 000 DM zuzüglich 9 % Verzugszinsen zu ersetzen (vgl. LAG München, Urteil v. 21. 9. 1995 –, AiB 1996, 261).

Aber hieraus ist **nicht** zu folgern, daß die Haftung des Arbeitnehmers gegenüber dem Arbeitgeber **allgemein auf grobe Fahrlässigkeit** beschränkt ist. Eine Beschränkung ergibt sich vielmehr nach Maßgabe einer

Art. 75

auf den Einzelfall bezogenen Abwägung des Verschuldens gegen das Betriebsrisiko (vgl. BGH, Urteil v. 11. 3. 1996 – II ZR 230/94 [KG] –, AiB 1996, 630).

129 Die Tarifverträge für **Arbeiter** im öffentlichen Dienst enthalten keine Vorschriften über ihre Haftung gegenüber dem Arbeitgeber. Für sie gelten die Grundsätze, Literatur und Rechtsprechung über die arbeitsvertragliche Haftung des Arbeitnehmers gegenüber dem Arbeitgeber.

130 Gem. § 14 BAT finden für die **Angestellten** die für die **Beamten** des Arbeitgebers geltenden Vorschriften (vgl. Art. 85 BayBG) für die Schadenshaftung entsprechende Anwendung. Wenn ein Angestellter in Ausübung eines ihm anvertrauten öffentlichen Amtes die ihm einem Dritten gegenüber obliegende Amtspflicht verletzt, so trifft die Verantwortlichkeit grundsätzlich den Staat oder die Körperschaft, in deren Dienst er steht (vgl. Art. 34 Satz 1 GG). Wenn also der Angestellte als Beamter im haftungsrechtlichen Sinne seine sich aus dem Amt ergebenden Pflichten verletzt, bleibt bei Vorsatz oder grober Fahrlässigkeit der Rückgriff vorbehalten. Für den Anspruch auf Schadensersatz und für den Rückgriff darf der ordentliche Rechtsweg nicht ausgeschlossen werden (vgl. Art. 34 Sätze 2 und 3 GG). Die **verfassungsrechtliche Grundlage** der Haftung eines Beamten bei Amtspflichtverletzung ist der Art. 34 GG. Verletzt ein Beamter schuldhaft seine Amtspflichten, so hat er dem Dienstherrn, dessen Aufgaben er wahrgenommen hat, den daraus entstandenen Schaden zu ersetzen. Hat er seine Amtspflicht in Ausübung eines ihm anvertrauten öffentlichen Amtes verletzt, so hat er dem Dienstherrn den Schaden nur insoweit zu ersetzen, als ihm Vorsatz oder grobe Fahrlässigkeit zur Last fällt (vgl. Art. 85 Abs. 1 Sätze 1 und 2 BayBG).

131 Der Arbeitnehmer kann entsprechend § 670 BGB den Schaden an seinem Pkw von seinem Arbeitgeber ersetzt verlangen, wenn er seinen privaten Pkw mit Wissen und Willen seines Arbeitgebers für dienstliche Zwecke eingesetzt hat. Durch die Verweisung in § 14 BAT bezüglich der Schadenshaftung der Angestellten auf die beamtenrechtlichen Regelungen kann der Angestellte im öffentlichen Dienst dann den Schaden an seinem zur Erledigung hoheitlicher Aufgaben seines Arbeitgebers benutzten privaten Pkw von seinem Arbeitgeber entsprechend § 670 BGB ersetzt verlangen, wenn er seinen Pkw nicht vorsätzlich oder grob fahrlässig beschädigt hat. Auf die arbeitsrechtlichen Kriterien der gefahrgeneigten Tätigkeit kommt es dann nicht an (vgl. LAG Hamm, Urteil v. 8. 4. 1988 – 17 Sa 1902/87 –, PersR 1988, 252).

132 Ferner besteht ein Schadensersatzanspruch gegen einen Beamten, wenn der Dienstherr **einem Dritten gegenüber** aus einer pflichtwidrigen und schuldhaften Handlung des Beamten ersatzpflichtig ist und sich seinerseits bei dem Beamten im Wege des Rückgriffs schadlos halten will (vgl. Art. 85 Abs. 2 BayBG). Weitere Anspruchsgrundlagen für einen Schadensersatzanspruch des Dienststellenleiters gegen einen Beamten sind neben Art. 85 BayBG nicht gegeben. Will der Dienststellenleiter seinen

Art. 75

Schadensersatzanspruch gegen den Beamten auf dem Klageweg realisieren, ist der Personalrat vor Klageerhebung zu beteiligen. Bei Wahrnehmung des Mitbestimmungsrechts hat der Personalrat insbesondere die Umstände bei Herbeiführung des Schadens zu würdigen, d. h. festzustellen, ob wirklich Vorsatz oder grobe Fahrlässigkeit des Beschäftigten zum Schaden der Dienststelle führten. Insbesondere wird hierbei zu prüfen sein, ob kurzfristige oder dauerhafte **Arbeitsorganisation** und möglicher **Leistungsdruck** überhaupt die Feststellung grober Fahrlässigkeit zulassen (vgl. BAG, Urteil v. 23. 3. 1983 – VII AZR 391/79 –, a.a. O.). Des weiteren bleibt die soziale Situation des betroffenen Beschäftigten zu würdigen und zu prüfen, ob die Geltendmachung des Schadensersatzanspruches pflichtgemäßem Ermessen des Dienststellenleiters entspricht.

(Abs. 1 Nr. 14) Mit der Novellierung zum 1. 9. 1994 hat der Gesetzgeber das Mitbestimmungsrecht bei der **Zuweisung** nach § 123a BRRG für eine Dauer von mehr als drei Monaten in den Art. 75 Abs. 1 eingefügt. Sie betrifft die Personengruppe der **Beamten.** Die Möglichkeit der Zuweisung ist der Abordnung nachgebildet und regelt die Fälle, in denen ein Beamter bei einer Einrichtung, für die deutsches Beamtenrecht nicht gilt, Dienst leisten soll. Die Zuweisung kann zu einer **öffentlichen oder anderen Einrichtung** erfolgen. Sie erfordert, daß die Maßnahme vorübergehend – zeitlich begrenzt – erfolgt. **133**

Von den Tatbeständen der Versetzung, Umsetzung und Abordnung unterscheidet sich die Zuweisung dadurch, daß sie nicht an eine andere Dienststelle erfolgen muß, sondern an eine öffentliche oder andere (private) Einrichtung, insbesondere im Ausland oder bei inter- oder supranationalen Institutionen, vorgenommen werden kann. Die Rechtsstellung des Beamten bleibt durch die Zuweisung unberührt. **134**

Zu einer **öffentlichen** Einrichtung setzt die Zuweisung ein dienstliches oder öffentliches Interesse voraus. Die Entscheidung muß dann auch nicht notwendig durch die oberste Dienstbehörde erfolgen. § 123a Satz 2 BRRG läßt aber auch die Zuweisung zu einer anderen Einrichtung, also **privaten** Institution, zu. Dies erfordert aber dann nicht nur ein einfaches, sondern ein dringendes öffentliches Interesse. Diese Entscheidung trifft die oberste Dienstbehörde. Die Zuweisung hat zur Folge, daß die beamtenrechtliche Beziehung zur **entsendenden Behörde** unverändert bleibt und daß bei Entscheidungen, die sie zu treffen hat, der bei ihr gebildete Personalrat zu beteiligen ist. **135**

Für die Ausübung des Mitbestimmungsrechts zuständig ist allein die Personalvertretung der **abgebenden Dienststelle.** Zuständig ist der Personalrat, der bei der Dienststelle gebildet ist, die die Zuweisung ausspricht. Ist dies die oberste Dienstbehörde, hat sie den bei ihr gebildeten örtlichen Personalrat dann zu beteiligen, wenn die Zuweisung einen Beamten betrifft, der bei ihr selbst beschäftigt ist. Betrifft die Entsendung aber einen Beamten einer nachgeordneten Dienststelle, hat sie den Hauptpersonalrat zu beteiligen. Da die Zuweisung zu Einrichtungen außerhalb **136**

Art. 75

des Geltungsbereichs des BRRG und des BPersVG bzw. des BayPVG erfolgt, kann dort keine Personalvertretung beteiligt werden.

137 (Abs. 2) **Versagungskatalog.** Gegenüber dem § 77 Abs. 2 BPersVG hat das BayPVG die Ausschließlichkeit der Versagungsgründe der Zustimmung des Personalrats durch die Aufnahme des Wortes »nur« (der Personalrat kann die Zustimmung zu diesen Maßnahmen **nur** verweigern) ausdrücklich festgestellt. Will also der Personalrat in mitbestimmungspflichtigen Personalangelegenheiten seine Zustimmung zu der beabsichtigten Maßnahme verweigern, so kann er dies nur unter den im Gesetz genau festgelegten Voraussetzungen tun. Dazu zählen strenge **Formvorschriften** (Schriftform und eine bestimmte Frist – vgl. Art. 70 Abs. 2 Sätze 3 und 4, Art. 80 Abs. 2 Satz 3) und die ausnahmslose Bestimmung der Versagungsgründe. So bedarf z. B. die Schriftform der Unterschrift der Person im Personalrat, die diesen gem. Art. 32 Abs. 3 Satz 1 in der Gesamtheit oder gem. Satz 2 in einer Gruppenangelegenheit vertritt.

138 Eine **Zustimmungsverweigerung,** die dem Dienststellenleiter nach Ablauf der Frist oder nur mündlich oder zwar fristgerecht und schriftlich, aber **ohne Begründung** zugeht, ist rechtlich ohne Bedeutung. In solchen Fällen gilt die Maßnahme als gebilligt, der Dienststellenleiter kann sich über die rechtlich unbeachtliche Zustimmungsverweigerung hinwegsetzen und die Maßnahmen durchführen (vgl. BVerwG, Beschluß v. 27. 7. 1979 – 6 P 38.78 – PersV 1981, 162; BAG v. 24. 7. 1979 – 1 ABR 78/77 –, AP Nr. 11 zu § 99 BetrVG 1972).

139 Wegen der Verpflichtung zur umfassenden Erörterung mit dem Ziel der ernsthaften Einigung (vgl. Art. 67 Abs. 1) darf der Dienststellenleiter die vorgetragenen Gründe des Personalrats nicht unbeachtet lassen. Er hat auch in diesem Fall in Verhandlungen mit dem Personalrat den Versuch zu unternehmen, eine Einigung herbeizuführen (vgl. BVerwG v. 8. 11. 1957 – VII P 2.57 –, BVerwG 5, 344).

140 Die rechtliche Wirkung der Zustimmungsverweigerung ist materiell immer nur dann gegeben, wenn einer der Versagungstatbestände erfüllt ist. Im Streitfall hat dies die Einigungsstelle zu überprüfen (vgl. Art. 70 Abs. 5 Satz 1 2. Halbsatz). Ein **Grund der Zustimmungsverweigerung** muß also mit einem der gesetzlichen Versagungsgründe identisch sein oder einem der Versagungstatbestände zugeordnet werden können. Wenn der Personalrat seine Zustimmung unter Berufung auf einen der im Versagungskatalog aufgeführten Gründe ausdrücklich verweigert, kann der Dienststellenleiter die Maßnahme nicht durchführen. Er darf die vom Personalrat zur Begründung vorgetragenen Tatsachen nicht darauf prüfen, ob sie in sich schlüssig sind und einen der im Versagungskatalog genannten Gründe auch tatsächlich ergeben (vgl. BVerwG v. 27. 7. 1979 – 6 P 38.78 – PersV 1981, 162). Die letztendliche Folge wäre andernfalls die einseitige Entscheidung des Dienststellenleiters, ob das Verfahren weiterzuführen ist. Er würde damit die allein der Einigungsstelle zustehende

Art. 75

Entscheidung vorwegnehmen, ob ein Grund zur Verweigerung der Zustimmung vorliegt (vgl. Art. 70 Abs. 5 Satz 1 2. Halbsatz).

Die Zustimmungsverweigerung muß inhaltlichen **Mindestanforderungen** genügen. Eine Begründung, die offensichtlich außerhalb irgendeines Mitbestimmungstatbestandes liegt, ist unbeachtlich. Der Personalrat ist nicht verpflichtet, mit der Zustimmungsverweigerung einen Gegenvorschlag zu verbinden (vgl. BVerwG, Beschluß v. 24. 7. 1986 – 6 P 18.83 –, PersR 1987, 23 ff.; OVG Bremen, Beschluß v. 28. 4. 1992 – OVG PV-B 9/91 –, PersR 1992, 372). 141

Versagt der Personalrat seine Zustimmung zu einer mitbestimmungspflichtigen Maßnahme wegen **unzureichender Information**, so ist dies unbeachtlich, wenn die Information objektiv den Anforderungen genügte. Die Zustimmungsverweigerung des Personalrats ist unbeachtlich, wenn die dafür angegebenen Gründe auf einen anderen als den tatsächlich angegebenen objektiven Sachverhalt gestützt sind, es sei denn, die tatsächlichen Gegebenheiten lassen objektiv verschiedene Deutungen zu und der Personalrat macht sich eine davon zu eigen (vgl. BayVGH, Beschluß v. 18. 7. 1991 – 17 P 91.1181, 91.1183, 91.1184 –, PersR 1992, 270). 142

(**Abs. 2 Nr. 1**) Gem. Abs. 2 Nr. 1 kann der Personalrat die Verweigerung seiner Zustimmung mit der **Rechtswidrigkeit der beabsichtigten Maßnahme** begründen. Dies darf nicht abstrakt geschehen. Vielmehr hat er konkrete Tatsachen, die den Schluß der Rechtswidrigkeit zulassen, auszuführen. Er darf nicht lediglich den Text der Vorschrift wiedergeben (vgl. BAG v. 24. 7. 1979 – 1 ABR 78/77 – Rn. 114). Mit dem Begriff »**Gesetz**« sind alle in der Bundesrepublik geltenden Gesetze gemeint. Insbesondere wird der Personalrat die Möglichkeit eines Verstoßes gegen ein Arbeitnehmerschutzgesetz zu prüfen haben. Ebenso liegt ein Gesetzesverstoß vor, wenn die Dienststelle bei einer Personalentscheidung den Anspruch auf gleichen Zugang zu öffentlichen Ämtern (vgl. Art. 33 Abs. 2 GG) nicht beachtet (vgl. BVerwG v. 11. 2. 1981 – 6 P 44.79 –, PersV 1981, 320). 143

Ebenso kann der Verstoß eine Bestimmung des **BayPVG** betreffen, wenn z. B. der Dienststellenleiter den Personalrat vor Durchführung der Maßnahme nicht rechtzeitig oder umfassend unterrichtet oder ihm die erforderlichen Unterlagen nicht vorgelegt hat (vgl. BAG v. 24. 9. 1968 – 1 ABR/68 –, AP Nr. 5 zu § 61 BetrVG), ferner, wenn der Dienststellenleiter gegen den Gleichheitsgrundsatz des Art. 68 Abs. 1 verstößt. Rügt der Personalrat in seiner Zustimmungsverweigerung eine Verletzung des **verfassungsrechtlichen Gebots** der Gleichbehandlung von Mann und Frau bzw. einen Fall der **Frauendiskriminierung,** so ist seine Zustimmungsverweigerung nach Art. 75 Abs. 2 Nr. 1 beachtlich. Außerdem liegt eine ungerechtfertigte Benachteiligung nach Art. 75 Abs. 2 Nr. 2 vor (vgl. VG Ansbach, Beschluß v. 22. 4. 1991 – AN 8 P 90.01986 –, PersR 1991, 304).

Art. 75

144 Bei **Ermessensentscheidungen** des Dienststellenleiters bezüglich eines Beamten kann der Gesetzesverstoß nur in der nicht sachgerechten Ausübung des Ermessens liegen. Arbeitsrechtlich führt der Gesetzesverstoß in der Regel zur Unwirksamkeit der Maßnahme (vgl. § 134 BGB). Hingegen sind **Verwaltungsakte** zur Regelung der Rechtsverhältnisse von Beamten auch bei Gesetzesverstoß i. d. R. nicht nichtig, sondern nur anfechtbar.

145 **Verordnungen** sind Regelungen, die von der Regierung oder einem Minister aufgrund einer Ermächtigung in einem Gesetz erlassen werden (vgl. Art. 80 GG). So ist z. B. das Beamtenrecht in Ergänzung der gesetzlichen Regelung in weitem Umfang durch Verordnungen geregelt. Solche Verordnungen sind z. B. die Trennungsgeldverordnungen, die Arbeitszeitverordnung und die Bundeslaufbahnverordnung. Dem Verordnungsrecht gleich steht das autonome Satzungsrecht öffentlich-rechtlicher Körperschaften, wie z. B. kommunaler Gebietskörperschaften, Anstalten und Stiftungen des öffentlichen Rechts.

146 Der Personalrat kann die Zustimmung auch beim Vorliegen eines Verstoßes gegen eine Bestimmung in einem **Tarifvertrag** verweigern. Hierzu zählen die schuldrechtlichen Bestimmungen (Rechte und Pflichten der Tarifvertragsparteien – nicht der einzelner Beschäftigter) und der normative Teil. Letzterer enthält die Rechtsnormen, die den Inhalt, Abschluß und die Beendigung von Arbeitsverhältnissen sowie betriebliche und betriebsverfassungsrechtliche Fragen ordnen können (vgl. § 1 Abs. 1 TVG). Die Wirksamkeit eines Tarifvertrages oder einzelner normativer Tarifbestimmungen kann zwischen Dienststellenleiter und Arbeitnehmer auch im Arbeitsvertrag vereinbart werden. Die Ansprüche des Arbeitnehmers gegenüber dem Dienststellenleiter erwachsen dann nicht unmittelbar aus dem Tarifvertrag, sondern aus dem **Arbeitsvertrag.** Durch eine derartige einzelvertragliche Abrede entsteht keine Normwirkung (vgl. BVerwG, Beschluß v. 13. 2. 1976 – VII P 9.74 –, PersV 1977, 179). Danach ist anzunehmen, daß der Personalrat die Verweigerung seiner Zustimmung in einem solchen Fall **nicht** begründen kann, da der Versagungskatalog den Verstoß gegen den Einzelarbeitsvertrag als Zustimmungsverweigerungsgrund nicht kennt. Folglich gilt, daß der Personalrat die Verweigerung seiner Zustimmung bei einem **nicht tarifgebundenen Arbeitnehmer** wegen fehlender zwingender geltender tariflicher Norm nicht auf einen Verstoß gegen einen Tarifvertrag stützen kann, der nur einzelvertraglich vereinbart wurde.

147 Auf eine **gerichtliche Entscheidung** kann die Verweigerung der Zustimmung gestützt werden, wenn sie die beteiligungspflichtige Maßnahme betrifft. Ist z. B. der Anspruch des Beschäftigten auf Höhergruppierung gerichtlich festgestellt worden, und der Dienststellenleiter will den Betreffenden rückgruppieren, so kann der Personalrat seine Zustimmung unter Hinweis auf diese auch noch nicht rechtskräftige Entscheidung verweigern. Grundsatzentscheidungen oder eine gefestigte höchstrichterliche Rechtsprechung sind hingegen keine gerichtlichen Entscheidungen

Art. 75

im Sinne dieser Regelungen. Eine solche Rechtsprechung zur Auslegung von Gesetzen, Verordnungen und Tarifverträgen kann der Personalrat indessen zur Begründung eines Verstoßes gegen diese Norm heranziehen. Gerichtliche Entscheidungen i. S. d. Gesetzes sind auch einstweilige Verfügungen (vgl. § 62 Abs. 2, § 64 Abs. 7 ArbGG; §§ 935 ff. ZPO) und einstweilige Anordnungen (vgl. § 123 VwGO), die in bezug auf die beteiligungspflichtige Angelegenheit erlassen worden sind.

Verwaltungsanordnungen sind Weisungen mit Wirkung für den innerdienstlichen Bereich. Es handelt sich hierbei um verwaltungsinterne Maßnahmen, die eine Behörde mit bindender Wirkung für einzelne Bedienstete oder für andere Behörden trifft. Gleichgültig ist also, wer sie erlassen hat. Der Personalrat kann auch dann seine Zustimmung verweigern, wenn der Dienststellenleiter von einer von ihm selbst erlassenen Anordnung in einer personellen Einzelangelegenheit abweichen will. Die bindende Wirkung der Anordnung endet erst dann, wenn sie ausdrücklich aufgehoben ist. Die Verwaltungsanordnung ist keine Rechtsvorschrift, sie besitzt nur verwaltungsinterne Verbindlichkeit und kann unterschiedliche Titel führen, wie z. B. Anordnungen, Anweisung, Beschluß, Dienstanweisung, Entscheidung, Verfügung (vgl. BVerwG, Beschluß v. 16. 12. 1960 – VII P 12.59 –, AP Nr. 3 zu § 67 PersVG). **148**

Der Verstoß gegen eine **Auswahlrichtlinie** begründet ebenfalls die Zustimmungsverweigerung des Personalrats. Mit der Novellierung des BayPVG 1986 hat der Gesetzgeber das Mitbestimmungsrecht des Personalrats hier gestärkt. Der Erlaß von Richtlinien über die personelle Auswahl bei Einstellungen, Versetzungen, Umgruppierungen und Kündigungen wurde aus dem Mitwirkungsrecht gelöst und in das Mitbestimmungsrecht des Personalrats überführt. Die **Richtlinien** sind allgemeine Verwaltungsanordnungen, die verwaltungsintern allgemeine Anweisungen oder generelle Grundsätze verbindlich für die Behandlung der Beschäftigten auch aller Gruppen regeln. **149**

(**Abs. 2 Nr. 2**) Der Personalrat kann seine Zustimmung zu einer Personalangelegenheit des Abs. 1 verweigern, wenn die durch **Tatsachen begründete Besorgnis** besteht, daß die von dem Dienststellenleiter beabsichtigte Maßnahme den betroffenen Beschäftigten oder andere Beschäftigte **benachteiligt,** ohne daß dies aus dienstlichen oder persönlichen Gründen gerechtfertigt ist. Der Versagungsgrund ist nicht erst dann gegeben, wenn die Benachteiligung unmittelbar und zwingend nach Durchführung der Maßnahme eintreten muß, vielmehr genügt die wirkliche Besorgnis des Personalrats hinsichtlich des möglichen Eintretens der Benachteiligung. Allerdings muß die Besorgnis des Personalrats durch Tatsachen begründet sein, die eine ungerechtfertigte Benachteiligung erwarten lassen. Der Vortrag von Vermutungen oder Gerüchten reicht nicht aus (vgl. BAG v. 21. 11. 1978 – 1 ABR 91/76 –, AP Nr. 3 zu § 101 BetrVG). **150**

§ 611 a Abs. 2 Satz 1 BGB stellt nicht auf die formale Position eines allein

Art. 75

durch die Einreichung eines Bewerbungsschreibens begründeten Status als »**Bewerber**«, sondern auf die materiell zu bestimmende objektive Eignung als Bewerber ab. Deshalb kann im Stellenbesetzungsverfahren nur benachteiligt werden, wer sich subjektiv ernsthaft beworben hat und objektiv für die zu besetzende Stelle in Betracht kommt. Eine unmittelbare **Benachteiligung wegen des Geschlechts** ist gem. § 611a Abs. 1 BGB nur zulässig, wenn die Differenzierung sich an der auszuübenden Tätigkeit orientiert und ein bestimmtes Geschlecht »unverzichtbare Voraussetzung« für diese Tätigkeit ist. Allein ein sachlicher Grund rechtfertigt keine geschlechtsbezogene Differenzierung (vgl. BAG, Urteil v. 12. 11. 1998 – 8 AZR 365/97 –, PersR 1999, 278).

151 Da **Voraussetzungen und Begrenzungen** einer Benachteiligung nicht genau zu bestimmen sind, ist das Mitbestimmungsrecht des Personalrats mit diesem Versagungsgrund weit gefaßt. Die Benachteiligungen können sich ergeben aus Verstößen gegen den Gleichbehandlungsgrundsatz des Art. 3 GG und des Verbots der unterschiedlichen Behandlung nach Art. 68 Abs. 1 BayPVG. Eine mögliche Benachteiligung kann aber auch aus anderen Gründen gegeben sein.

152 Ob eine Benachteiligung nur dann vorliegt, wenn mit der Maßnahme in eine **Rechtsposition** oder **rechtlich erhebliche Anwartschaft** eingegriffen wird, bleibt dahingestellt. Der Verweigerungsgrund ist jedenfalls offensichtlich dann nicht gegeben, wenn sich der Personalrat lediglich gegen die Beurteilung der Eignung des vorgeschlagenen Bewerbers durch den Dienststellenleiter wendet. Der Personalrat kann die Zustimmung zu einer beabsichtigten Personalmaßnahme hier nur dann verweigern, wenn die Dienststelle bei der Eignungsbeurteilung den anzuwendenden Begriff oder den gesetzlichen Rahmen, in dem sie sich frei bewegen kann, verkannt hat, von einem unrichtigen Sachverhalt ausgegangen ist oder allgemeingültige Maßstäbe nicht beachtet oder sachfremde Erwägungen angestellt hat. Bei der Festlegung der Anforderungen, die der Dienststellenleiter für die Besetzung eines freigewordenen Dienstpostens aufstellt, hat der Personalrat nicht mitzubestimmen, sondern er hat bei seiner Beteiligung von ihnen auszugehen (vgl. BVerwG, Beschluß v. 3. 7. 1986 – 6 P 27.83 –, PersR 1987, 23).

153 Für den einzelnen betroffenen Beschäftigten können **Nachteile** nur entstehen aus Übertragung von Dienstaufgaben mit niedrigerem Endgrundgehalt, Übertragung einer niedriger zu bewertenden Tätigkeit, Rückgruppierung, Versetzung, Umsetzung, Abordnung, Hinausschiebung des Eintritts in den Ruhestand, Weiterbeschäftigung über die Altersgrenze hinaus, Anordnungen, welche die Freiheit in der Wohnung beschränken, Versagung oder Widerruf von Nebentätigkeitsgenehmigungen, Versagen der Arbeitszeitreduzierung oder Beurlaubung und bei Ersatzansprüchen gegen Beschäftigte.

154 Die Benachteiligung kann sowohl in einer **tatsächlichen Verschlechterung** (Arbeitsorganisation und Rahmenbedingungen) als auch in einer

Art. 75

rechtlichen Verschlechterung, z. B. **Eingruppierung,** Dienstposten, bestehen. Bei den nach diesen Buchstaben in Frage kommenden Versagungsgründen ist davon auszugehen, daß die beabsichtigte Maßnahme rechtmäßig ist, ansonsten hätte ihr der Personalrat schon nach Buchst. a zu widersprechen.

Ein **Nachteil** liegt dann vor, wenn der Verlust eines Rechtes, einer Anwartschaft innerhalb des Dienst- bzw. Arbeitsverhältnisses oder einer anderen rechtlich erheblichen Position zu besorgen wäre. Ein Eingriff in eine rechtlich erhebliche Position ist z. B. dann anzunehmen, wenn ein Beamter aufgrund einer **Beförderungszusage** oder aufgrund einer Selbstbindung der Verwaltung durch Auswahlrichtlinien oder Auswahlgrundsätze eine rechtliche Positon erlangt hat, die den Dienstherrn zu ihrer Beachtung verpflichtet (vgl. BVerwG, Beschluß v. 2. 11. 1994 – 6 P 28.92 –, PersR 1995, 83). **155**

Ein außenstehender Bewerber für eine **Einstellung** ist kein betroffener Beschäftigter im Sinne des Gesetzes. Einer möglichen Benachteiligung eines außerbetrieblichen Bewerbers kann der Personalrat gegebenenfalls nach Buchst. a entgegentreten. **156**

Benachteiligungen **anderer Beschäftigter** können praktisch aus allen Maßnahmen des Abs. 1 entstehen und tatsächliche oder rechtliche Verschlechterungen beinhalten. Rechtliche Verschlechterungen für andere Beschäftigte können infolge einer Einstellung z. B. sein: Versetzung/Umsetzung, Übertragung einer niedriger zu bewertenden Tätigkeit, geringwertiger Dienstposten, Kündigung. Die Rechtmäßigkeit einer Maßnahme hebt den Versagungsgrund der befürchteten Benachteiligung nicht auf. **157**

Die ungerechtfertigte Benachteiligung anderer Beschäftigter kann auch die Folge einer **ungerechtfertigten Bevorzugung** eines Beschäftigten sein. Dabei kann nicht darauf abgestellt werden, ob in gesicherte Rechtspositionen der Beschäftigten eingegriffen wird (a. A. BAG v. 6. 10. 1978 – 1 ABR 51/77 –, AP Nr. 10 zu § 99 BetrVG 1972). Der Versagungsgrund des Personalrats soll nicht nur vor rechtlicher Verschlechterung schützen, sondern auch die Gleichbehandlung der Beschäftigten sicherstellen, die nicht ausschließlich von Rechtsnormen ausgehen. Z. B. benachteiligt die Übertragung einer höher zu bewertenden Tätigkeit an einen Beschäftigten andere Bewerber; ungerechtfertigt wird die Benachteiligung dann, wenn qualifiziertere Bewerber übergangen werden. **158**

Nicht ungerechtfertigt sind Nachteile infolge einer beabsichtigten Maßnahme, wenn sie aus dienstlichen oder persönlichen Gründen **gerechtfertigt** sind. Hier hat der Dienststellenleiter die Rechtfertigung nachzuweisen und kann sich nicht auf eine bloße Vermutung (z. B. Gesundheitszustand) beschränken, wenn es darum geht, daß dienstliche oder persönliche Gründe die Benachteiligung des betroffenen Beschäftigten oder anderer Beschäftigter rechtfertigen. Die Kriterien der Rechtfertigung dienstlicher Gründe sind aus der Aufgabenerfüllung bzw. Än- **159**

Art. 75

derung der Dienststelle abzuleiten. Die der persönlichen Gründe können sowohl bei den betroffenen Beschäftigten als auch bei den anderen Beschäftigten liegen. Das letztere wäre z. B. dann der Fall, wenn eine Einstellung mit der Verpflichtung zur Weiterqualifizierung verbunden wird, zu der die ansonsten in Frage kommenden Beschäftigten in der Dienststelle nicht bereit wären.

160 (Abs. 2 Nr. 3) Der Versagungsgrund des Personalrats **Besorgnis der Störung des Friedens in der Dienststelle** steht in enger Beziehung zu der Bestimmung, daß Dienststelle und Personalvertretung alles zu unterlassen haben, was geeignet ist, die Arbeit und den Frieden in der Dienststelle zu gefährden (vgl. § 67 Abs. 2 Satz 1). Gegenstand der Prüfung des Personalrats für die Inanspruchnahme des Versagungsgrundes ist die Person des Beschäftigten oder Bewerbers und ihr zu befürchtendes absehbares, unsoziales oder gesetzwidriges Verhalten. Die Besorgnis muß sich auch hierbei auf rationale Tatsachen gründen. Der Versagungsgrund ist allerdings nicht erst dann gegeben, wenn die Störung des Friedens in der Dienststelle als absehbar sicher feststeht: Es genügt die Annahme der wahrscheinlichen Störung. In allen Fällen ist der Beschäftigte oder Bewerber selbst der zu erwartende Störer.

161 Allerdings kann auch die Beeinträchtigung des Friedens in der Dienststelle von den **Beschäftigten selbst** ausgehen, wenn sie meinen, daß der betroffene Beschäftigte oder Bewerber deswegen nicht in die Dienststelle passe, weil er eine andere gewerkschaftliche oder politische Auffassung habe, einer anderen Religion angehört oder gar die Nationalität oder landsmannschaftliche Abstammung unerwünscht sei: In diesen Fällen besteht ein Zustimmungsverweigerungsgrund des Personalrats **nicht.** Vielmehr greift hier seine Pflicht übereinstimmend mit der des Dienststellenleiters nach Art. 68 Abs. 1. In dem Verfahren hat der Personalrat sich auf die beabsichtigte Maßnahme zu beschränken und seinen Versagungsgrund bzw. Versagungsgründe schriftlich mitzuteilen.

162 (Abs. 3) **Soziale Angelegenheiten.** Die in diesem Absatz aufgeführten Fälle personalvertretungsrechtlicher Beteiligung werden vom **Gesetzgeber als soziale Angelegenheiten** bezeichnet. Diese Bestimmung ist in ihrer Ausschließlichkeit eine Beschränkung der Bedeutung personalvertretungsrechtlichen Handelns und insoweit ohne rechtliche Relevanz, d. h. alle beteiligungspflichtigen Angelegenheiten beinhalten immer soziale Bezüge.

163 (Abs. 3 Nr. 1) Zu dem Beteiligungsrecht **Gewährung von Unterstützungen, Vorschüssen, Darlehen und sozialen Zuwendungen** hat der Gesetzgeber festgelegt, daß es nur dann wirksam wird, wenn die **betroffene Beschäftigte die Beteiligung des Personalrats beantragt.** Darüber hinaus kann er weiterhin beantragen, daß nur der **Vorstand** des Personalrats mitbestimmt (Abs. 3 Satz 2). Mit dieser Bestimmung wird dem Beschäftigten die Wahlmöglichkeit der Beteiligung des Personalrats eingeräumt. Er hat die Möglichkeit, seine schutzwürdigen Interessen vor dem

Art. 75

Personalrat geheimzuhalten. Wenn er allerdings die Gründe für seinen Antrag der Dienststelle ohnehin darstellen muß, ist eine absolute Geheimhaltung nicht möglich. Er wird abzuwägen haben, ob ihm die Unterstützung des Personalrats wichtiger ist als eine beschränkte Vertraulichkeit der Behandlung seines Antrages.

Die von dem Beschäftigten beantragte Beteiligung des Personalrats bezieht sich sowohl auf die **Gewährung** als auch auf die **Versagung eines Antrags** auf Gewährung. »Die Mitbestimmung über die Gewährung von Unterstützungen schließt notwendig auch die Mitbestimmung in denjenigen Fällen ein, in denen ein **Unterstützungsantrag abgelehnt** wird. Das Mitbestimmungsrecht des Personalrats würde ausgehöhlt, wenn er lediglich auf positive Entscheidungen über Unterstützungsanträge, also nie auf Entscheidungen den Grund nach mitbestimmen könnte.« (Vgl. VG Arnsberg v. 18. 7. 1961, PersV 1962, 14, zu LPVG NW 1958 – der Gesetzestext kannte nur den Begriff der Gewährung und nicht den der Versagung.) »Auch die wirksame Überwachung einer gleichmäßigen und gerechten Verteilung der im beschränkten Umfang zur Verfügung stehenden Mittel verlangt zwingend eine Mitbestimmung bei allen, sowohl den gewährenden als auch den ablehnenden Entscheidungen, sie ist anders nicht gut denkbar.« (Vgl. BVerwG v. 3. 8. 1962 – VII P 17.61 –, AP Nr. 1 zu § 60 HessPersVG.) **164**

Zugegebenermaßen ist der **Wortlaut** von Abs. 3 Nr. 1 leicht mißverständlich. Einen entsprechenden Hinweis zur o. a. Auslegung gibt der Gesetzgeber mit der Bestimmung, daß der Dienststellenleiter verpflichtet ist, dem Personalrat jährlich einen Überblick über die Unterstützungen und entsprechenden sozialen Zuwendungen zu geben und hierbei, und das ist wesentlich, **Anträge und Leistungen** gegenüberzustellen. Für eine Beteiligung im Versagungsfall spricht des weiteren das in einem solchen Fall weitaus stärker begründete **Schutzinteresse** des betroffenen Beschäftigten. **165**

Die Bestimmung »**Unterstützungen, Vorschüsse, Darlehen und entsprechende soziale Zuwendung**« umfaßt begrifflich alle Zuwendungen der Dienststelle an einen Beschäftigten, die ihrem Zwecke nach Unterstützungen vergleichbar sind. Dies sind freiwillige geldwerte Leistungen, die aus sozialen Gründen gewährt werden. **Freiwillig** sind Leistungen, auf die der Beschäftigte keinen Rechtsanspruch hat und die, soweit sie Haushaltsausgaben begründen, nur im Rahmen der bereitgestellten Haushaltsmittel gewährt werden (vgl. BayVGH, Beschluß v. 12. 1. 1979 – Nr. 3 XVIII 78 –, soweit ersichtlich n. v.). Der soziale Charakter der Unterstützungen und Zuwendungen liegt in dem Zweck, eine soziale Notlage zu beheben und eine Bedürftigkeitssituation auszugleichen (vgl. BVerwG, Beschluß v. 12. 7. 1968 – 7 P 10.67 –, PersV 1968, 277; Beschluß v. 21. 3. 1980 – 6 P 79.78 –, PersV 1981, 329). **166**

Unterstützungen sind Leistungen nach den Unterstützungsrichtlinien der einzelnen Verwaltungen, die zur Behebung einer unverschuldeten Not- **167**

lage dienen und auf deren Gewährung ein Rechtsanspruch nicht besteht (vgl. BVerwG v. 12. 7. 1968 – VII P 10.67 –, PersV 1968, 277). Die Gewährung einer Unterstützung ist an die Bedürftigkeit geknüpft, die dann als gegeben anzunehmen ist, wenn der Antragsteller unverschuldet in eine außerordentliche wirtschaftliche Notlage geraten ist, aus der er sich aus eigener Kraft nicht befreien kann.

Da die Beteiligung des Personalrats im Gesetz ausdrücklich an den Antrag des Beschäftigten geknüpft ist, ist davon auszugehen, daß die Gewährung von Zuwendungen an **ehemalige Beschäftigte nicht** dem Mitbestimmungsrecht des Personalrats unterliegt.

168 **Vorschüsse** sind Vorauszahlungen auf Lohn-, Gehalts- oder Besoldungszahlungen nach Maßgabe von Vorschußrichtlinien. Die Beteiligungspflicht des Personalrats ist nur bei Zahlungen an einzelne Beschäftigte gegeben, nicht aber, wenn Teile der Bezüge aufgrund tarifvertraglicher oder gesetzlicher Bestimmungen im voraus gezahlt werden. Für Beschäftigte des Freistaates Bayern, die einen Anspruch auf laufende Bezüge haben, ist die Gewährung unverzinslicher Vorschüsse gemäß den bayerischen Richtlinien für die Gewährung von Vorschüssen in besonderen Fällen (BayVR) v. 7. 5. 1980 die Regel.

169 **Soziale Zuwendungen** sind nicht nur solche, die zur Behebung einer in der Person des Antragstellers liegenden wirtschaftlichen Notlage dienen, sondern alle Leistungen der Dienststelle an den Beschäftigten, auf die ein gesetzlicher oder vertraglicher Rechtsanspruch nicht besteht. Ein Darlehen des Arbeitgebers für den Hausbau eines Beschäftigten unterliegt daher ebenso der Mitbestimmung wie die Gewährung eines Vorschusses an einen Schwerbehinderten zur Erstanschaffung eines Kraftfahrzeuges, obwohl in beiden Fällen keine wirtschaftliche Notlage vorliegt.

170 Das Mitbestimmungsrecht des Personalrats umfaßt ebenso **Darlehen.** Die Entscheidung über die Gewährung von Wohnungsfürsorgedarlehen an bayerische Staatsbeschäftigte gem. den bayerischen Familien-Heimrichtlinien vom 15. 9. 1975 wird nicht von der Beschäftigungsdienststelle, sondern von den regional-ressortübergreifenden zuständigen Wohnungsfürsorgestellen getroffen. Ferner erfordert die Gewährung von Darlehen an Beschäftigte die Überwachungspflicht des Personalrats nach Art. 68 und 69 BayPVG. Darlehen, die gewährt werden, unterliegen der Mitbestimmung des Personalrats. Die Gewährung zinsgünstiger Darlehen an Beschäftigte ist als betriebliche Sozialleistung und als eine Möglichkeit der betrieblichen Lohngestaltung anzusehen (vgl. BAG, Beschluß v. 9. 12. 1980 – 1 ABR 80/77 –, DB 1981, 996).

171 Kein Mitbestimmungsrecht hat der Personalrat bei der Gewährung von **Zuwendungen, auf die ein Rechtsanspruch besteht,** die nicht im Ermessen der Dienststelle stehen und zum Ausgleich einer Bedürftigkeitssituation oder einer sonstigen wirtschaftlichen oder sozialen Notlage des

Beschäftigten erfolgen (vgl. BayVGH, Beschluß v. 21. 1. 1979 – Nr. 3 XVIII 78 –, soweit ersichtlich n. v.).

Neben dem Beteiligungsrecht weist der Gesetzgeber für den Personalrat ausdrücklich ein über Art. 69 Abs. 3 hinaus konkretisiertes **Informationsrecht** in **Abs. 3 Sätze 3 bis 5** aus. Hiernach hat die Dienststelle dem Personalrat nach Abschluß eines jeden Kalenderjahres einen Überblick über die Unterstützungen und entsprechenden sozialen Zuwendungen zu geben und hierbei die Anträge und Leistungen gegenüberzustellen. Gegenstand des Berichts sind alle Anträge und alle gewährten Leistungen, also auch diejenigen, bei denen die Beteiligung des Personalrats oder des Vorstandes des Personalrats nicht beantragt worden war. Ebenso zählen die Leistungen dazu, die Personen gewährt wurden, die nicht Beschäftigte im Sinne des Gesetzes sind. **172**

Die **Leistungsarten** sind im Bericht zu differenzieren. Eine namentliche Aufführung der Empfänger von Leistungen im Bericht ist nicht zulässig (vgl. BVerwG, Beschluß v. 23. 3. 1958 – 7 P 17.57 –, AP Nr. 1 zu § 66 PersVG). Die Bestimmung des Gesetzgebers mit der ausschließlichen Benennung, daß die von den Antragstellern angeführten Gründe nicht bekanntgegeben werden dürfen, läßt allerdings den Schluß zu, daß der bayerische Gesetzgeber den Personalrat sehr wohl in die Lage versetzen wollte, umfassend über den Umfang der Anträge und die verwendeten Mittel unterrichtet zu werden. Dies steht nicht im Widerspruch zu den schutzwürdigen Interessen des Beschäftigten, den Antrag vertraulich zu behandeln und die Beteiligung des Personalrats nur auf Antrag vorzusehen. Eine **Form** für die Abgabe des Berichts ist im Gesetz nicht vorgegeben. Allerdings muß der Personalrat in der Lage sein, diesen aufzunehmen; dazu bedarf es bei einem unbestimmten Umfang, der über minimale Einzelfälle hinausgeht, der Schriftform. **173**

(**Abs. 3 Nr. 2**) Unter dem Begriff **Wohnung** sind nach überwiegender Auffassung Wohnräume im weitestgehenden Sinne zu verstehen. Wohnraum ist nach den mietrechtlichen Vorschriften des bürgerlichen Rechts (§§ 535 ff. BGB) jeder zum Wohnen, d. h. zur privaten Nutzung, bestimmte Raum. Dabei ist ohne Belang, ob es sich hierbei um eine abgeschlossene Wohnung oder um einen einzelnen, selbständig vermieteten **Wohnraum** handelt. Auch ein **Einzelraum** kann Wohnung sein (BAG, Urteil v. 3. 6. 1975 – 1 ABR 118/73 –, DB 1975, 1752). Dem Mitbestimmungsrecht des Personalrats unterliegen bei der Zuweisung oder Kündigung nur die Wohnungen bzw. Wohnräume, über die die Dienststelle verfügt. Dies sind solche, die entweder zu ihrem Eigentum zählen oder über deren Belegung sie mit zu entscheiden hat bzw. einen Einfluß ausüben kann. Für die Frage des Bestehens eines Mitbestimmungsrechtes des Personalrats ist es daher unerheblich, ob letztlich die Vergabe der Wohnung durch die Dienststelle oder durch eine andere Behörde oder gar Privatperson (zweckgebunden geförderter Wohnungsbau) erfolgt. In einer Empfehlung der Dienststelle zur Vergabe einer Wohnung liegt bereits **174**

Art. 75

eine Vorentscheidung, die auf die endgültige Entscheidung nicht ohne Einfluß ist (vgl. BVerwG v. 15. 3. 1968, PersV 1970, 15). Die Möglichkeiten personalvertretungsrechtlicher Mitbestimmung reichen dabei so weit wie der Belegungseinfluß der Dienststelle. Dazu zählt auch die Auswahl aus mehreren vorhandenen Bewerbern für eine Wohnung. Mitbestimmungspflichtig ist auch die Zuweisung eines Platzes in einem Personalwohnheim (eines Krankenhauses), auch wenn der Wohnheimplatz lediglich über eine Gemeinschaftsküche, -toilette und -dusche verfügt (vgl. OVG NW, Beschluß v. 6. 3. 97 – 1 A 1094/94.PVL –, PersR 1997, 456).

175 Das Mitbestimmungsrecht des Personalrats umfaßt nicht die Zuweisung von **Dienstwohnungen,** die aus dienstlichen Gründen erfolgt (vgl. BVerwG, Beschluß v. 21. 3. 1985 – 6 P 18.82 –, PersR 1986, 54; BVerwG, v. 16. 11. 1987 – 6 P 5.86 –, PersR 1988, 71, und BAG, Urteil v. 15. 12. 1992 – 1 AZR 308/92). Unstreitig ist allerdings die Mitbestimmung des Personalrats nach Abs. 1 Nr. 10 gegeben. Das Mitbestimmungsrecht des Personalrats wirkt nicht nur für die Zuweisung von Wohnungen an Beschäftigte, sondern über die Zuweisung von Wohnungen an jedermann, über die die Dienststelle verfügt. Der Mitbestimmungstatbestand ist auch dann erfüllt, wenn die **einzige Wohnung,** über die die Dienststelle verfügt, an den einzigen Bewerber als soziale Angelegenheit vergeben wird und deshalb dabei keine sozialen Erwägungen angestellt werden (vgl. BayVGH v. 23. 1. 1985 – 17 C 8 4 A. 30 11 –, soweit ersichtlich n. v.).

Auch die Kündigung bzw. der Widerruf der Zuweisung einer **entwidmeten Dienstwohnung** unterliegt der Mitbestimmung des Personalrats (vgl. OVG NW, Beschluß v. 9. 9. 1999 – 1 A 648/97.PVL –, PersR 2000, 115).

Die **Erhöhung von Mieten** für Wohnungen der Dienststelle unterliegt nach hamburgischem Personalvertretungsrecht auch dann nicht der Mitbestimmung des Personalrats, wenn die Wohnungen eine Sozialeinrichtung bilden. Der Personalrat hat mitzubestimmen bei der Zuweisung und Kündigung von Wohnungen, über die die Dienststelle verfügt. In Art. 75 Abs. 3 Nr. 3 ist die Mitbestimmung bei der Zuweisung von Dienst und Pachtland sowie der Festsetzung der Nutzungsbedingungen vorgesehen. Die Errichtung, Verwaltung und Auflösung von Sozialeinrichtungen ohne Rücksicht auf ihre Rechtsform ist nach Art. 75 Abs. 4 Nr. 5 mitbestimmungspflichtig. Aus dem Wortlaut, der Systematik und dem Zweck dieser Vorschriften folgt, daß die strittigen Mieterhöhungen selbst dann nicht der Mitbestimmung des Antragstellers unterliegen, wenn, was unentschieden bleiben kann, sie allgemeine Festsetzungen des Mietzinses enthalten und die betroffenen Wohnungen eine Sozialeinrichtung bilden sollten. Die Mitbestimmung erstreckt sich in Bezug auf Wohnungen, über die die Dienststelle verfügt, nur auf deren Zuweisung und Kündigung. Im Gegensatz zur Mitbestimmung bei der Zuweisung von Dienst und Pachtland wird die Festsetzung der Nutzungsbedingungen nicht erwähnt. Daraus

Art. 75

muß geschlossen werden, daß der Gesetzgeber sich gegen einen entsprechenden Mitbestimmungstatbestand bei Wohnungen entschieden hat. Da Mieterhöhungen nicht die Zuweisung von Wohnungen, sondern allenfalls die Festsetzung der Nutzungsbedingungen betreffen (vgl. Beschluß v. 15. 3. 1995 – 6 P 23.93 –, PersR 1995, 334), hat der Personalrat kein Mitbestimmungsrecht bei Mieterhöhungen.

Dies gilt auch, wenn Wohnungen, über die die Dienststelle verfügt, eine **Sozialeinrichtung** bilden oder zu einer Sozialeinrichtung gehören. Die Vorschrift enthält keine speziellere Regelung, welche aufgrund ihres Vorrangs die in dieser enthaltene Beschränkung der Mitbestimmung in Wohnungsangelegenheiten für ihren Anwendungsbereich aufhöbe. Daher sind Mieterhöhungen auch dann nicht mitbestimmungspflichtig, wenn und soweit sie als Maßnahme der Verwaltung der Sozialeinrichtung anzusehen sein sollten (vgl. zu diesem Begriff BVerwG, Beschluß v. 24. 4. 1992 – 6 P 33.90 –, PersR 1992, 308). Während die Mitbestimmung bei der Errichtung, Verwaltung und Auflösung von Sozialeinrichtungen in erster Linie die Einrichtung als die einem bestimmten Zweck dienende Einheit im Blick hat, steht bei der Mitbestimmung in Wohnungsangelegenheiten die soziale Gerechtigkeit für die Beschäftigten und zwischen ihnen, also eine personenbezogene Sichtweise im Vordergrund (vgl. BVerwG, Beschluß v. 20. 12. 2000 – 6 P 3.00 –, PersR 2001, 153).

176 Das Mitbestimmungsrecht des Personalrats bezieht sich nur auf die Zuweisung von Wohnungen, über die die Dienststelle verfügt, bei der die Personalvertretung gebildet ist. Kein Mitbestimmungsrecht besteht also bei der Zuweisung von Wohnungen, über die eine andere Dienststelle verfügt, bei der der Bewerber nicht beschäftigt ist.

177 Aufgrund seines Mitbestimmungsrechts kann der Personalrat von der Dienststelle nicht mit Erfolg verlangen, daß die Dienststelle ihren Beschäftigten überhaupt Wohnungen zur Verfügung stellt. Aber selbst wenn die Dienststelle ihren Beschäftigten Wohnungen zur Verfügung stellt, hat der Personalrat auch keinen Anspruch darauf, daß die Dienststelle diese Wohnungen ihren Beschäftigten nicht als Werkmietwohnungen, sondern als Werkdienst-/Dienstwohnungen zur Verfügung stellt. Für die Entscheidung der individualrechtlichen Frage, ob ein Arbeitnehmer die ihm von seinem Arbeitgeber überlassene Wohnung als Werkmietwohnung oder als Werkdienst-/Dienstwohnung bewohnt, ist sowohl nach den Bestimmungen des BGB als auch gemäß § 65 BAT vordergründig nicht darauf abzustellen, ob die Art der Arbeitsleistung des Arbeitnehmers in unmittelbarer Beziehung oder Nähe zur konkreten Arbeitsstätte steht. Vielmehr ist grundsätzlich ausschlaggebend, ob die Wohnung dem Arbeitnehmer seitens seines Arbeitgebers aufgrund eines zusätzlich zum Arbeitsvertrag geschlossenen **Mietvertrages** zur Verfügung gestellt worden ist oder nicht (vgl. LAG Hamm, Urteil v. 8. 2. 1996 – 17 Sa 759/95 –, PersR 1996, 324).

178 Die Mitbestimmung bei der **Kündigung** einer Wohnung kommt ebenso

Art. 75

wie bei der Zuweisung nur dann in Betracht, wenn die Dienststelle die Kündigung beeinflussen kann, sie also Eigentümer der Wohnung ist oder der Vermieter das Mietverhältnis nur mit ihrer Zustimmung kündigen kann. Eine Kündigung ist eine einseitige empfangsbedürftige Willenserklärung, durch die mit Wirksamkeit das Dauerschuldverhältnis der Miete, Pacht oder Leihe endet. Das Mitbestimmungsrecht des Personalrats setzt mit der Absicht der Dienststelle, zu kündigen, ein.

Kein Mitbestimmungsrecht besteht für eine Auflage, bei einer von dem Mieter herbeigeführten oder verschuldeten Beendigung des Mietverhältnisses die Schönheitsreparaturen auf eigene Kosten durchzuführen (vgl. BVerwG, Beschluß v. 7. 7. 1993 – 6 P 8.91 –, PersR 1993, 555).

179 (**Abs. 3 Nr. 3**) Bei der **Zuweisung von Dienst- und Pachtland** handelt es sich um die Zuweisung von Grundstücken (z. B. zur landwirtschaftlichen oder kleingärtnerischen Nutzung), über die die Dienststelle verfügt und die sie an ihre Beschäftigten zur Nutzung abgibt. Da der Zweck der Nutzung vom Gesetz nicht bestimmt ist, ist im personalvertretungsrechtlichen Sinne jede Nutzung (privat, wirtschaftlich, jagdlich, fischereilich oder baulich) von dieser Vorschrift erfaßt. Die Zuweisung und Einräumung einer solchen Nutzung unterliegt der Mitbestimmung des Personalrats bei der Zuweisung im Einzelfall aus sozialen Gründen oder unter Berücksichtigung sozialer Gesichtspunkte, bei denen die Verbesserung der wirtschaftlichen Verhältnisse des Beschäftigten eine entscheidende Rolle spielt. Die Zuweisung von Dienst- oder Pachtland im Rahmen einer **Sozialeinrichtung** fällt unter das Mitbestimmungsrecht des Abs. 4 Nr. 5.

180 Die beteiligungspflichtige **Festsetzung der Nutzungsbedingungen** erfaßt alle Vertragsbestandteile. Dazu zählen Nutzungsdauer, -entgelt, Art und Zweck der Nutzung, Haftungsfrage, Ordnungsbestimmungen und Kündigungsgründe. Beteiligungspflichtig sind die generellen Regelungen der Nutzungsbedingungen und ihre Festsetzung im Einzelfall. Hierzu zählt sowohl die Änderung als auch die neuerliche Festsetzung der Nutzungsbedingungen.

181 (**Abs. 4**) In den **mitbestimmungspflichtigen Sozialangelegenheiten nach Abs. 4** kann das Mitbestimmungsrecht und das des Abschlusses von Dienstvereinbarungen (Art. 73) durch gesetzliche oder tarifvertragliche Regelungen ganz oder teilweise ausgeschlossen sein. Ein solcher Ausschluß des Mitbestimmungsrechts trifft die Beschäftigten, die zum Geltungsbereich der gesetzlichen oder tarifvertraglichen Regelung zählen. Der Gesetzesbegriff beinhaltet auch Verordnungen, die auf einer gesetzlichen Grundlage nach Art. 80 GG beruhen, sowie autonomes Satzungsrecht öffentlich-rechtlicher Körperschaften (vgl. BAG v. 25. 5. 1982 – 1 AZR 10 73/79 –, AP Nr. 53 zu § 611 BGB Dienstordnungsangestellte).

182 Eine die Mitbestimmung des Personalrats **ausschließende gesetzliche Regelung** besteht nur dann, wenn ein Sachverhalt unmittelbar durch

Gesetz geregelt ist, es also zum Vollzug der Regelung keines besonderen Ausführungsaktes bedarf (vgl. BVerwG, Beschluß v. 31. 1. 1986 – 6 P 5.83 –, PersR 1986, 178). Eine gesetzliche Ermessensvorschrift entfaltet keine Sperrwirkung gegenüber einem Mitbestimmungstatbestand (vgl. BVerwG, Beschluß v. 15. 12. 1994 – 6 P 19.92 –, PersR 1995, 207).

Tarifverträge sind auch Protokollerklärungen, die von beiden Vertragsparteien unterschrieben wurden. Gekündigte Tarifverträge schließen nach Ablauf der Kündigungsfrist das Mitbestimmungsrecht nicht aus (vgl. BAG v. 7. 9. 1956 – 1 AZR 6 46/54 –, AP Nr. 2 zu § 56 BetrVG). Eine die Mitbestimmung des Personalrats ausschließende tarifvertragliche Regelung besteht nur dann, wenn ein Sachverhalt unmittelbar durch Tarifvertrag geregelt ist, es also zum Vollzug der Regelung keines besonderen Ausführungsaktes bedarf (vgl. BVerwG, Beschluß v. 23. 1. 1986 – 6 P 8.83 –, PersR 1986, 176). Ebenso gilt das Mitbestimmungsrecht, wenn die Maßnahme noch gestaltungsfähig ist, weil Gesetz oder Tarifvertrag eine materielle Regelung nicht treffen, sondern den Arbeitgeber ermächtigen, die Beschäftigungsverhältnisse einseitig zu gestalten (vgl. BAG v. 13. 3. 1973 – 1 ABR 16/72 –, AP Nr. 1 zu § 87 BetrVG 1972 Werkmietwohnungen). Wenn die gesetzliche oder tarifliche Regelung nicht abschließend ist, sondern Gestaltungsmöglichkeiten im Sinne von Ergänzungen oder Abweichungen zuläßt, greift das Mitbestimmungsrecht ebenfalls (vgl. BAG v. 13. 2. 1979 – 1 ABR 80/77 –, AP Nr. 2 zu § 87 BetrVG 1972 Sozialeinrichtungen). Eine tarifvertragliche Regelung schließt das Bestehen eines Mitbestimmungsrechts nur dann aus, wenn es sich bei ihr um eine konkrete Regelung des streitigen Falles handelt (vgl. VG Ansbach, Beschluß v. 14. 11. 1994 – AN 7 P 94.01253 –, PersR 1995, 141). Die Regelung des Tarifvertrages muß insoweit abschließend sein und keinen Raum für eine Gestaltung zur konkreten Anwendung lassen.

In den sozialen Angelegenheiten nach Abs. 4 hat der Personalrat ein **Initiativrecht** (Art. 70a Abs. 1). Falls der Dienststellenleiter dem Antrag des Personalrats nicht entspricht, entscheidet nach Art. 70 Abs. 5 die Einigungsstelle, soweit es sich nicht in den Fällen des Abs. 4 Satz 1 Nrn. 7, 10, 11 und 13 um Angelegenheiten von Beamten handelt. In deren Fällen beschließt die Einigungsstelle eine Empfehlung an die oberste Dienstbehörde, wenn sie sich deren Auffassung nicht anschließt. Diese entscheidet sodann endgültig (Art. 70 Abs. 6 BayPVG).

(Abs. 4 Nr. 1) Das Mitbestimmungsrecht des Personalrats **bei Beginn und Ende der täglichen Arbeitszeit, Pausen, Verteilung der Arbeitszeit auf die einzelnen Wochentage** wird durch Zustimmungserteilung zu einer Einzelregelung oder durch den Abschluß einer Dienstvereinbarung ausgeübt. Bei den Maßnahmen nach Art. 1 verfügt der Personalrat gem. Art. 70a Abs. 1 über ein Initiativrecht. Zur Ausübung des Mitbestimmungsrechts des Personalrats gehört hier in Verbindung mit Art. 69 Abs. 1 Buchst. b die Überwachung der Einhaltung bestehender Arbeitszeitschutzbestimmungen (z. B. Arbeitszeitgesetz, Sonn- und Feiertagsarbeit, Verordnung über die Arbeitszeit in bestimmten Branchen, Jugendarbeitsschutzgesetz, Mutterschutzgesetz, Arbeitszeitvorschriften in sonstigen Arbeitnehmerschutzbestimmungen sowie in tarifvertraglichen Bestimmungen).

186 Das Mitbestimmungsrecht gilt generell für **alle Beschäftigten der Dienststelle, für Gruppen von Beschäftigten und für einzelne Beschäftigte** (vgl. ABW, Art. 75 Rn. 97 m. w. N.). Bei der Mitbestimmung über Beginn und Ende der täglichen Arbeitszeit ist es Aufgabe des Personalrats, darauf zu achten, daß die **arbeitszeitrechtlichen Vorschriften** insbesondere für die Beschäftigung von Frauen und Jugendlichen bei der Festlegung der Arbeitszeit berücksichtigt und daß berechtigte **Wünsche von Beschäftigten**, die sich beispielsweise bei allzu frühem Dienstbeginn aus dem Fehlen zumutbarer Verkehrsverbindungen ergeben können, in Einklang mit den dienstlichen Erfordernissen gebracht werden (vgl. BVerwG, Beschluß v. 9. 10. 1991 – 6 P 12.90 –, PersR 1992, 16).

187 Die Mitbestimmung des Personalrats beinhaltet Regelungen über Beginn und Ende der täglichen Arbeitszeit, über Beginn und Ende der Pausen sowie über die Verteilung der Arbeitszeit auf die einzelnen Wochentage. Dieses Recht schließt die Aufstellung von **Dienstplänen,** die Beginn und Ende der täglichen Arbeitszeit für bestimmte Dienstposten, Stellen oder Arbeitsplätze enthalten, mit ein (vgl. BAG, AP Nr. 1 zu § 16 BMT-G II; BVerwG v. 16. 12. 1960; PersV 1961, 104, und OVG Lüneburg v. 6. 11. 1959, ZBR 1959, 399; BAG, Urteil v. 19. 5. 1992 – 1 AZR 418/91 –, zur »Mittagspausenregelung des Landes Baden-Württemberg«, PersR 1992, 422).

188 Liegt eine **generelle Regelung** vor – also eine Regelung, die einen abstrakt, d. h. nach seiner Funktion abgegrenzten Personenkreis betrifft –, so entfällt die Mitbestimmung auch dann nicht, wenn die Regelung nur **einzelne bestimmte Arbeitsplätze** betrifft. Die Einführung einer mehrstündigen nächtlichen Schichtunterbrechung fällt unabhängig davon, ob es sich dabei um eine Pause oder um eine Arbeitsunterbrechung anderer Art handelt, unter den Mitbestimmungstatbestand (vgl. BayVGH, Beschluß v. 20. 7. 1983 – 18 C 83 A. 1234 –, soweit ersichtlich n. v.). Die Mitbestimmung ist auch bei einer aufgrund allgemeiner sicherheitsrechtlicher Erwägungen getroffenen Arbeitszeitregelung gegeben (vgl. BayVGH, Beschluß v. 17. 9. 1992 – 17 P 92.2174 –, PersR 1993, 336).

189 Der Personalrat hat bei solchen einzelnen **Dienstplänen** mitzubestimmen, die Teil eines umfassenden Planwerkes sind, das in der Art eines Netzplanes das sachliche Ineinandergreifen der verschiedenen, in der Dienststelle oder von der Dienststelle aus wahrzunehmenden Aufgaben, ihre (überwiegend schichtweise) zeitliche Abfolge sowie – als Folge der »rollierenden« Anwendung der **Einzelpläne** – die (ebenfalls überwiegend schichtweise) personelle Besetzung der einzelnen Funktionsbereiche regelt. Die einzelnen Dienstpläne dieser Art enthalten notwendig Festle-

Art. 75

gungen über Beginn und Ende der Arbeitszeit derjenigen Beschäftigten, welche die von dem Plan erfaßten Funktionen wahrnehmen, und über die Verteilung der Arbeitszeit auf die Wochentage. Bei solchen Plänen handelt es sich um generelle Regelungen, nicht um eine Zusammenfassung individueller Anordnungen, weil der Plan, soweit er sich auf Personen bezieht, den Einsatz der während seiner Geltungsdauer für bestimmte Funktionen jeweils zur Verfügung stehenden Beschäftigten bestimmt (vgl. BVerwG, Beschluß v. 12. 3. 1986 – 6 P 5.85 –, AuR 1986, 350). »Die Verteilung der wöchentlichen Arbeitszeit, deren Dauer gesetzlich und tariflich festgelegt ist, auf die einzelnen Arbeitstage betrifft die Lage der Arbeitszeit an dem jeweiligen Tage und damit ihren Beginn und ihr Ende.« (Vgl. BVerwG, Beschluß v. 5. 2. 1971 – 7 P 16.70 –, AP Nr. 8 zu § 67 PersVG.)

Folglich berührt auch eine Regelung, nach der **Teilzeitbeschäftigte** nur an einer bestimmten Zahl von Arbeitstagen pro Woche eingesetzt werden dürfen, die Verteilung der Arbeitszeit auf die einzelnen Wochentage und ist mitbestimmungspflichtig (vgl. BVerwG, Beschluß v. 24. 4. 2002 – 6 P 3.01 –, PersR 2002, 395); der Beschluß erging zu Unterrichtstagen teilzeitbeschäftigter Lehrer nach HmbPersVG und der dortigen Mitbestimmungspflicht bei Verwaltungsanordnungen).

Überstunden für Teilzeitbeschäftigte sind mitbestimmungspflichtig. Nach Auffassung des BAG besteht ein Mitbestimmungsrecht bei der vorübergehenden Verlängerung der Arbeitszeit von Teilzeitbeschäftigten auch dann nach § 87 Abs. 1 Nr. 3 BetrVG, wenn für diese unterschiedliche Wochenarbeitszeiten gelten. Unter der betriebsüblichen Arbeitszeit ist nach dem Wortsinne die regelmäßige betriebliche Arbeitszeit für bestimmte Arbeitsplätze und Arbeitnehmergruppen zu verstehen. Damit kann es in einem Betrieb mehrere betriebsübliche Arbeitszeiten geben. Betriebsübliche Arbeitszeiten sind alle Arbeitszeiten, die die Arbeitnehmer, ein Teil von ihnen oder auch ein einzelner Arbeitnehmer jeweils individualrechtlich – sei es aufgrund arbeitsvertraglicher Vereinbarung oder kraft tariflicher Regelung – dem Arbeitgeber schulden (vgl. BAG, Beschluß v. 16. 7. 1991 – 1 ABR 69/90 –, AiB 1995, 109).

Werden **Teilzeitkräfte** vorübergehend mit **voller Arbeitszeit** eingesetzt, so ist dies mitbestimmungspflichtig. Geschieht das nicht, so erkennt das BAG einem Betriebsrat den Anspruch auf Unterlassung der Anordnung von Mehrarbeit zu (vgl. BAG, Beschluß v. 23. 7. 1996 – 1 ABR 13/96 –, AiB 1996, 569).

Das Mitbestimmungsrecht erfaßt auch die Regelung über die zeitliche Lage einer **Überstunde**, die nur für einen einzelnen Tag und eine bestimmte Uhrzeit angeordnet worden ist. Der Begriff der täglichen Arbeitszeit beinhaltet nicht, daß das Mitbestimmungsrecht nur solche Festlegungen der Arbeitszeit umfaßt, die über einen einzelnen Tag hinausreichen. Das Mitbestimmungsrecht setzt voraus, daß sich die Anordnung der Überstunde und ihre Ableistung ohne weiteres trennen lassen, und daß

Art. 75

die Anordnung genereller Natur ist, sich also auf alle Beschäftigten oder eine Gruppe von ihnen beziehen läßt.

Das Mitbestimmungsrecht wird bei der **Anordnung von Überstunden** dann durch Art. 75 Abs. 4 Satz 2 BayPVG auf die Aufstellung von **Grundsätzen** beschränkt, wenn die Überstunden für Gruppen von Beschäftigten nach Erfordernissen, die die Dienststellein den näheren Einzelheiten nicht vorsehen kann, unregelmäßig und kurzfristig festgesetzt werden müssen. Art. 70a Abs. 1 BayPVG stellt ein Initiativrecht des Personalrats dar, mit dem er den Erlaß derartiger Grundsätze durchsetzen kann (vgl. BVerwG, Beschluß v. 9. 10. 1991 – 6 P 12.90 –, PersR 1992, 16).

Das Mitbestimmungsrecht des Personalrats gem. § 75 Abs. 3 Nr. 1 BPersVG erfaßt auch die Regelung über die **zeitliche Lage von Überstunden**, die nur für einen einzelnen Tag und eine bestimmte Uhrzeit angeordnet worden ist. Voraussetzung ist u. a., daß die Anordnung generell, d. h. auf alle Beschäftigten oder eine Gruppe von Beschäftigten bezogen ist (wie Beschluß v. 9. 10. 1991, a. a. O.). Es fehlt am Merkmal einer »Gruppe« von Beschäftigten, wenn von der Bestimmung des Tages und der Uhrzeit für die Ableistung der angeordneten Überstunden zwar eine Mehrzahl von Beschäftigten betroffen ist, diese aber allein unter dem Gesichtspunkt ihrer auf entsprechende Anfrage erklärten Bereitschaft zur Ableistung der Überstunden vom Dienststellenleiter individuell ausgewählt worden sind (vgl. BVerwG, Beschluß v. 2. 6. 1992 – 6 P 14.90 –, PersR 1992, 359).

190 Mitzubestimmen hat der Personalrat auch, wenn durch eine mit der Anordnung von Überstunden/Mehrarbeitsstunden verbundene Bestimmung der Wochentage, an denen die geforderten Überstunden/Mehrarbeitsstunden geleistet werden können, die nach einer Dienstvereinbarung **zur gleitenden Arbeitszeit** lediglich von Montag bis Freitag vorgesehenen Gleitzeiten um eine Gleitzeit am Samstag erweitert werden. Eine solche Bestimmung löst ein Mitbestimmungsrecht des Personalrats dagegen nicht aus, wenn sie die in einer Dienstvereinbarung zur gleitenden Arbeitszeit festgelegten Kernarbeitszeiten und Gleitzeiten unberührt läßt. Dies auch dann, wenn sie lediglich dazu führt, daß sich der durch die Gleitzeiten für die Beschäftigten gegebene Spielraum bei der Festlegung der zeitlichen Lage ihrer Arbeitszeit am einzelnen Arbeitstag insofern tatsächlich verengt, als Beginn und Ende der täglichen Arbeitszeit im Wochendurchschnitt nicht mehr so nahe an die Kernarbeitszeit wie bisher gelegt werden können (vgl. BayVGH, Beschluß v. 13. 4. 1994 – 18 P 93.3413 –, PersR 1994, 472).

190a Werden bisher durchgehend angeordnete und bezahlte **Überstunden** in der Weise reduziert, daß zwischen dem Ende der Normalarbeitszeit und dem Beginn der Überstunden ein längerer arbeitsfreier Zeitraum entsteht, liegt grundsätzlich eine mitbestimmungspflichtige **Arbeitszeitänderung** vor. Etwas anderes gilt nur dann, wenn hinsichtlich der Lage der weiterhin angeordneten Überstunden keine Dispositionsmöglichkeit besteht (vgl. OVG NW, Beschluß v. 5. 2. 1998 – 1 A 4363/95.PVL –, PersR 1998, 525). Andererseits soll eine mitbestimmungspflichtige Arbeitszeitänderung nicht vorliegen, wenn die Arbeitszeit eines einzelnen Beschäftigten täglich um eine halbe Stunde nach hinten verschoben wird (vgl. OVG NW, Beschluß v. 5. 2. 1998 – 1 A 651/97.PVL –, PersR 1999, 28).

Die **Dauer der regelmäßigen wöchentlichen Arbeitszeit** ist im öffentlichen Dienst durch Gesetz oder Tarifvertrag festgelegt. Die Wochenarbeitszeit ist für **Angestellte** in § 15 Abs. 1 BAT, für **Arbeiter** in § 15 Abs. 1 MTArb bzw. § 14 Abs. 1 BMT-G II und für **Beamte** und Dienstanfänger in Art. 80 Abs. 1 und Art. 88 a Abs. 2 BayBG in Verbindung mit § 1, § 2 Abs. 1 und § 9 Abs. 1 der Verordnung über die Arbeitszeit für den bayerischen öffentlichen Dienst (AzV) festgelegt. Das Gesetz geht von der Bemessung der Arbeitsdauer pro Woche aus. Diese Regelungen über die **materiellen** Arbeitsbedingungen sind bestimmungsfrei. **191**

Das Mitbestimmungsrecht wird aber dann nicht ausgeschlossen, wenn Gesetz oder Tarifvertrag eine materielle Regelung nicht treffen, sondern den Arbeitgeber ermächtigen, die Beschäftigungsverhältnisse einseitig zu gestalten (vgl. BAG v. 13. 3. 1973 – 1 ABR 16/72 –, AP Nr. 1 zu § 87 BetrVG 1972 Werkmietwohnungen). Von der Wirksamkeit des Mitbestimmungsrechts ist auch dann auszugehen, wenn die gesetzliche oder tarifliche Regelung nicht abschließend ist, sondern Spielraum für Ergänzungen oder Abweichungen zuläßt (vgl. BAG v. 13. 2. 1979 – 1 ABR 80/77 –, AP Nr. 2 zu § 87 BetrVG 1972 Sozialeinrichtungen). **192**

Die Anordnung von **Überstunden** ist **keine** mitbestimmungspflichtige Maßnahme zur »**Hebung der Arbeitsleistung**«. Zwar führen Überstunden und Mehrarbeit regelmäßig zu einer erhöhten Inanspruchnahme des davon betroffenen Beschäftigten. Den Gefahren einer unzumutbaren Belastung durch Überstunden wird in erster Linie schon durch die arbeitszeitrechtlichen und tarifrechtlichen Regelungen begegnet. Die Einhaltung dieser Regelungen wird im Rahmen des Art. 75 Abs. 4 Nr. 1 BayPVG von der Personalvertretung überwacht (BVerwG, Beschlüsse v. 9. 10. 1991 – 6 P 12.90 –, PersR 1992, 16 und v. 20. 7. 1984 – 6 P 16.83 –, BVerwGE 70, 1). Weiterer **Schutzzweck** dieser Mitbestimmung zur Arbeitsdauer ist es auch, physische und psychische **Überbeanspruchungen** ebenso wie unzumutbare Freizeitverluste der betroffenen Beschäftigten durch eine Überwachung der Umsetzung der angeordneten Überstunden zu verhindern (BVerwG, Beschluß v. 6. 10. 1992 – 6 P 25.90 –, PersR 1993, 77). Nach ständiger Rechtsprechung des BVerwG ist die Anordnung von Überstunden Teil des **Direktionsrechts** des Dienststellenleiters, der damit lediglich die Erfüllung der Arbeitsverpflichtung der Beschäftigten abruft. Erst bei Konkretisierung dem Umfang nach könne ein Mitbestimmungsrecht gegeben sein (vgl. BVerwG, Beschlüsse v. 2. 6. 1992 – 6 P 14.90 –, PersR 1992, 359, v. 9. 10. 1991 und v. 20. 7. 1984, a. a. O.). Eine Mitbestimmung über das »**Ob**« der Anordnung ist selbst dann **193**

Art. 75

abgelehnt worden, wenn ein landesrechtlicher Mitbestimmungstatbestand die Anordnung von Überstunden und Mehrarbeit ausdrücklich aufführte. Der Tatbestand müsse verfassungskonform ausgelegt werden, da er sonst die staatliche Aufgabenerledigung berühre und gegen § 104 Satz 3 BPersVG verstoße (vgl. BVerwG, Beschluß v. 23. 1. 1996 – 6 P 54.93 –, PersR 1996, 199 m. w. N. und BVerwG, Beschluß v. 8. 5. 1992 – 6 P 22.91 –, PersR 1992, 357).

Arbeitsrechtlich ist bei der Anordnung von Überstunden beachtlich, daß europäische Vorschriften es nicht verbieten, daß ein Tarifvertrag die Zahlung von **Überstundenzuschlägen** nur bei Überschreiten der tarifvertraglich für Vollzeitbeschäftigte festgelegten **Regelarbeitszeit** vorsieht (vgl. EuGH, Urteil v. 15. 12. 1994 – C-399/92, C-409/92, C-425/92, C-34/93, C-50/93, C-78/93 –, AiB 1995, 200).

Bei der Ausübung des **Direktionsrechts** hat der Arbeitgeber die **Grundsätze des billigen Ermessens und der Gleichbehandlung** zu beachten. Deshalb darf er nicht ohne sachlichen Grund einen einzelnen Arbeitnehmer von der Ableistung von Überstunden ausschließen, wenn alle vergleichbaren Mitarbeiter durch die Heranziehung zu Überstunden eine erhebliche Lohnsteigerung erzielen können. Ferner kann sich aus der **Fürsorgepflicht** die Verpflichtung ergeben, nach angemessener Zeit zu überprüfen, ob eine weniger belastende **Gestaltung der Arbeitsbedingungen** herbeigeführt werden kann (vgl. LAG Köln, Urteil v. 22. 6. 1994 – 2 Sa 1087/93 –, AiB 1994, 709).

Eine **arbeitsvertragliche Verlängerung der Arbeitszeit** über die tarifliche Arbeitszeit hinaus verstößt gegen zwingende tarifliche Normen und ist **nichtig**. Sie ist für den Arbeitnehmer nicht vorteilhaft; eine Verlängerung kraft »Günstigkeitsprinzips« scheidet aus. Die über die tarifliche Arbeitszeit hinaus geleistete Arbeit ist **Mehrarbeit**. Dafür sind die entsprechende Vergütung und Zuschläge zu zahlen (vgl. ArbG Stuttgart, Urteil v. 7. 9. 1995 – 21 Ca 806/95 –, AiB 1996, 372).

Entschließt sich der Arbeitgeber, Mehrarbeit verstärkt durch **Freizeitausgleich** abzugelten, so kann dies je nach den Umständen eine Änderungskündigung mit dem Ziel, von der vereinbarten **pauschalierten Mehrarbeitsvergütung** zur »Spitzabrechnung« der tatsächlich geleisteten Mehrarbeit überzugehen, sozial rechtfertigen (vgl. BAG, Urteil v. 23. 11. 2000 – 2 AZR 547/99 –, PersR 2001, 262).

Die Neugestaltung von Beginn und Ende der Arbeitszeit, die sich daraus ergibt, daß die **Mittagspause** und die **Wegezeiten** zwischen Arbeitsplatz und Kantine aufgrund zwingender gesetzlicher und tariflicher Vorschriften nicht mehr auf die Arbeitszeit angerechnet werden, unterliegt der Mitbestimmung des Personalrats (vgl. BayVGH, Beschluß v. 9. 6. 1982 – Nr. 18 CE 82 A 866 –, soweit ersichtlich n. v.).

194 **Pausen** sind im voraus festgelegte Zeiten der Arbeitsunterbrechung, die der Erholung von Beschäftigten und der Einnahme von Mahlzeiten dienen

Art. 75

soll. Arbeit oder Arbeitsbereitschaft sind in dieser Zeit nicht zu leisten. Sie zählen nicht zur Arbeitszeit, auch nicht, wenn sie gesetzlich vorgeschrieben sind (z. B. nach § 4 ArbZG; § 11 Jugendarbeitsschutzgesetz; Ausnahmen sind die von der Dienststelle bezahlten Pausen).

Der Personalrat hat bei der **Änderung eines Dienstplans** dann mitzubestimmen, wenn sich dadurch Beginn oder Ende der täglichen Arbeitszeit oder der Pausen oder die Verteilung der Arbeitszeit auf die einzelnen Wochentage ändern. Die einer gesetzlichen oder tariflichen Regelung entsprechende Herausnahme der täglichen Pause aus der Arbeitszeit unterliegt als solche nicht der Mitbestimmung. Mitbestimmungspflichtig ist jedoch die dadurch bedingte Änderung von Beginn oder Ende der täglichen Arbeitszeit (vgl. BayVGH, Beschluß v. 19. 12. 1984 – Nr. 18 C 84 A. 2362 –, soweit ersichtlich n. v.). **195**

Die Anrechnung von dienstplanmäßig freien **Wochenfeiertagen** auf die Stundendeputate sowohl für Angestellte aus auch für Arbeiter, die in Kreiskrankenhäusern in Schicht oder in Wechselschicht arbeiten, unterliegt nicht der Mitbestimmung der Personalvertretung (vgl. VGH Baden-Württemberg, Beschluß v. 17. 3. 1998 – PL 15 S 232/96 –, PersR 1998, 340). **195a**

Mit der Festlegung von Beginn und Ende der Pausen wird die **Dauer** der Pause bestimmt, die sich somit auf Beginn, Ende und Dauer der täglichen Arbeitszeit auswirkt. Die vom Personalrat für die Verweigerung seiner Zustimmung zu einem Dienstplan für einen bestimmten Arbeitsplatz gegebene Begründung, die am Samstag vorgesehene Pause genüge nach Dauer und Lage nicht dem **Erholungsbedürfnis** der betroffenen Beschäftigten und zwischenzeitliche **Heimfahrten** seien aus Zeit- und Kostengründen unzumutbar, läßt erkennen, daß der Personalrat damit Einfluß auf Beginn und Ende der für Samstage festgestellten Dienstschichten nehmen will, und ist **nicht unbeachtlich** (BVerwG, Beschluß v. 24. 7. 1986 – 6 P 18.83 –, PersR 1987, 23). **196**

Müssen Arbeitnehmer vor und nach einer **Pause** die **Arbeitskleidung** ablegen und reinigen, zählt die hierfür aufgewandte Zeit nicht als Pause. Diese Zeit ist Arbeitszeit und somit zu vergüten (vgl. ArbG Stralsund, Urteil v. 6. 4. 1998 – 1 Ca 23/98 –, AiB 1998, 477). Eine Dienstplanregelung, nach der innerhalb des **Bereitschaftsdienstes Ruhepausen** zu nehmen sind, ist mit § 4 ArbZG unvereinbar (vgl. VG Schleswig-Holstein, Beschluß v. 19. 7. 1999 – PL 12/98 –, PersR 1999, 461). **196a**

Die Aufteilung von **Pausenzeiten**, die Festsetzung des Zeitraumes, in denen Pausen von den Mitarbeitern genommen werden müssen, und eine Vertretungsregelung für die Pausen, die zur Aufstellung von **Pausenplänen** zwingt, sind als Festsetzung der Pausen mitbestimmungspflichtige Maßnahmen (vgl. OVG Hamburg, Beschluß v. 22. 5. 2000 – 8 Bf 50/99.PVL, 8 Bf 708/98.PVL, 8 Bf 24/99.PVL –, PersR 2001, 303).

Die Regelung über die Gewährung bezahlter **Kurzpausen** während der

Art. 75

Tätigkeit an **Bildschirmgeräten** unterliegt nicht der Mitbestimmung nach Art. 75 Abs. 4 Nr. 1. Eine solche Regelung ist jedoch – auch mit Blick auf § 5 BilscharbV – als Maßnahme zur **Verhütung von Gesundheitsschädigungen** nach § 75 Abs. 4 Nr. 8 mitbestimmungspflichtig (vgl. BVerwG, Beschluß v. 8. 1. 2001 – 6 P 6.00 –, PersR 2001, 154).

197 Zur sozialpolitischen Nachbarschaft der Pausenschutzbestimmungen zählt die **Ruhezeit**. Damit wird die Zeit zwischen dem Ende der Arbeit und ihrem Wiederbeginn bezeichnet. Die Ruhezeit muß gem. § 5 ArbZG mindestens 11 Stunden betragen.

197a Der Arbeitgeber kann kraft seines Direktionsrechts die Anzahl der in Folge zu leistenden **Nachtschichten** festlegen, soweit durch Arbeitsvertrag, Betriebsvereinbarung oder Tarifvertrag keine Regelung getroffen ist. Es gibt keine gesicherten arbeitsmedizinischen Erkenntnisse darüber, ob eine kurze oder längere Schichtfolge die Gesundheit der Arbeitnehmer stärker beeinträchtigt (vgl. BAG, Urteil v. 11. 2. 1998 – 5 AZR 472/97 –, PersR 1998, 391).

198 In den **staatlichen Verwaltungen und Betrieben** sind in der AzV über die Dauer der regelmäßigen Arbeitszeit hinaus auch Beginn und Ende der täglichen Arbeitszeit und der Pausen sowie die Verteilung der Arbeitszeit auf die einzelnen Wochentage geregelt (vgl. § 6 AzV). Das Mitbestimmungsrecht des Personalrats greift immer dann, wenn eine Dienststelle von den Eckwerten der AzV abweichen will. Hierzu zählen z. B. die Einführung der durchgehenden Arbeitszeit (§ 6 Abs. 3 AzV), eine andere Einteilung der täglichen Arbeitszeit (§ 6 Abs. 4 AzV) sowie die Einführung und Einzelregelung der gleitenden Arbeitszeit (§ 7 AzV). In nicht staatlichen Betrieben und Einrichtungen sind Beginn und Ende der täglichen Arbeitszeit und der Pausen nicht durch die AzV festgelegt, so daß das Mitbestimmungsrecht des Personalrats, wie oben ausgeführt, umfassend greift.

199 Zur Mitbestimmung des Personalrats zählen insbesondere Maßnahmen wie **klimatisch** bedingte Vorverlegung der Arbeitszeit und Verkürzung der Arbeitszeit aus diesem Anlaß (Hitzefrei, Festlegung arbeitsfreier Wochentage, Regelung des sog. Wochenendfrühschlusses, Ende der wöchentlichen Arbeitszeit bereits am Freitagnachmittag), ausgleichende Verteilung der wöchentlichen Arbeitszeit vor oder nach arbeitsfreien Feiertagen, sofern eine längere als die tarifvertraglich oder gesetzlich geregelte Arbeitsbefreiung vereinbart wurde. Die Festlegung von **Öffnungs- und Besuchszeiten** einer Dienststelle bedarf ebenfalls der Mitbestimmung des Personalrats, da hierdurch die zeitliche Lage und damit Beginn und Ende der täglichen Arbeitszeit, die Pausenregelung sowie die Verteilung der Arbeitszeit auf die einzelnen Wochentage betroffen sind (vgl. BAG v. 7. 12. 1956, BB 1956, 292; einschränkend OVG NW, Beschluß v. 21. 6. 1989 – CL 55/87 –, PersR 1991, 216). Unerheblich für das Mitbestimmungsrecht ist die Geltungsdauer der Regelung.

200 Mitbestimmungspflichtig sind ebenfalls Anordnungen und zeitliche Fest-

Art. 75

legungen von **Arbeits- oder Rufbereitschaft,** nicht jedoch ihre Anrechnung auf die tägliche Arbeitszeit (vgl. OVG Münster v. 18. 11. 1968, PersV 1970, 135), weil dies tarifvertraglichen Regelungen vorbehalten bleibt.

Die Bestimmung dessen, was Arbeitszeit ist und welche Arbeitsleistung in der vorgegebenen Zeit zu erbringen ist, ist als Arbeitszeitregelung beteiligungspflichtig (vgl. VGH Kassel v. 5. 12. 1979 – BPV TK 1/79). Dies gilt ebenso bei der Aufteilung der Arbeitszeit in **Arbeits- und Dienstbereitschaft.** Führen diese Vorgaben zu einer Änderung von Beginn und Ende der täglichen Arbeitszeit oder der Lage und Dauer der Pausen, dann unterliegt das der Beteiligung. Bei der Abruf- und Dienstbereitschaft ist zu beachten, daß die Festlegung, welche Beschäftigten wie oft, wann und wie lange und in welcher Reihenfolge zur Bereitschaft herangezogen werden sollen, der Mitbestimmung nach dieser Vorschrift unterliegt.

Ist der Arbeitnehmer zur **Rufbereitschaft** verpflichtet, so ist er auch dadurch in der Gestaltung seiner Freizeit beschränkt. Er muß seinen Aufenthaltsort so wählen, daß er für den Arbeitgeber jederzeit erreichbar ist. Auch wenn der Arbeitnehmer in der Wahl seines Aufenthaltsortes grundsätzlich frei ist, folgt aus dem Sinn und Zweck einer vereinbarten Rufbereitschaft doch, daß der jeweilige Aufenthaltsort noch in angemessener Entfernung zum Arbeitsort liegt, soll der Arbeitnehmer im Bedarfsfalle seine Arbeit unverzüglich aufnehmen können. Damit ist der Arbeitnehmer an der Lage seiner Rufbereitschaftszeiten grundsätzlich ebenso interessiert wie an der Lage seiner Arbeitszeit. Es ist daher gerechtfertigt und geboten, Rufbereitschaftszeiten den Arbeitszeiten gleichzustellen, unabhängig davon, wie solche Zeiten arbeitszeit- oder vergütungsrechtlich zu bewerten sind. Mitzubestimmen ist auch über Beginn und Ende von Rufbereitschaftszeiten und die Verteilung solcher Zeiten auf die einzelnen Wochentage (vgl. BAG v. 21. 12. 1982 – 1 ABR 14/81 –, AP Nr. 9 zu § 87 BetrVG 1972 Arbeitszeit). Können sich solche Zeiten unvorhersehbar in Arbeitszeit umwandeln, so wird die beschränkte Beteiligung des Personalrats nach Satz 2 wirksam.

200a **Bereitschaftsdienst** ist – unabhängig von tatsächlich geleisteter Arbeit – **Arbeitszeit** im Sinne der §§ 3, 5 Abs. 1 und 3, 6 Abs. 2 ArbZG (vgl. LAG Hamburg, Beschluß v. 13. 2. 2002 – 8 TaBV 10/01). Eine Dienstplanregelung, nach der innerhalb des **Bereitschaftsdienstes Ruhepausen** zu nehmen sind, ist mit § 4 ArbZG unvereinbar (vgl. VG Schleswig-Holstein, Beschluß v. 19. 7. 1999 – PL 12/98 –, PersR 1999, 461).

Ein Angestellter des öffentlichen Dienstes, der verpflichtet ist, auf Anordnung seines Arbeitgebers außerhalb der regelmäßigen Arbeitszeit ein auf Empfang geschaltetes **Funktelefon** mitzuführen, um auf telefonischen Abruf Arbeit zu leisten, die darin besteht, daß er über dieses Funktelefon Anordnungen trifft oder weiterleitet, leistet während der Dauer dieser Verpflichtung Rufbereitschaft i. S. d. § 15 Abs. 6 b BAT (vgl. BAG, Urteil v. 29. 6. 2000 – 6 AZR 900/98 –, PersR 2001, 268).

Art. 75

Sollen Beschäftigte entgegen einer bisherigen jahrelangen Praxis nicht mehr zum Bereitschaftsdienst und zur Rufbereitschaft herangezogen werden, so unterliegt dies der Mitbestimmung (vgl. BVerwG, Beschluß v. 16. 11. 1999 – 6 P 9.98 zum PersVG Schleswig-Holstein, PersR 2000, 199). Der Dienststellenleiter kann nach § 15 Abs. 6a UA 3 BAT autonom bestimmen, ob er **Bereitschaftsdienste** durch Freizeit oder Vergütung abgelten will. Die allgemeinen Vorgaben, die festlegen, unter welchen Voraussetzungen im Einzelfall diese eine oder andere Alternative realisiert werden soll, sind jedoch unter dem Aspekt der »**Lohngestaltung**« mitbestimmungspflichtig (vgl. BayVGH, Beschluß v. 16. 6. 1999 – 17 P 98.2292 –, PersR 1999, 502).

Beachtlich ist hier das **europäische Gemeinschaftsrecht** zum Arbeitszeitrecht mit der RL 93/104/EG des Rates der EU vom 23. 11. 1993. Die RL gelten für öffentliche Arbeitgeber unabhängig von ihrer Rechtsform als unmittelbare Normadressaten, so daß ihnen gegenüber Rechtsansprüche direkt auf die RL gestützt werden können. Arbeitnehmer des öffentlichen Dienstes können sich also zur Begründung eines Rechtsanspruchs gegenüber Bund, Ländern, Gemeinden und deren Unternehmungen sowie Einrichtungen unmittelbar auf die RL als **Anspruchsgrundlage** berufen (vgl. BAG, Beschluß v. 2. 4. 1996 – ABR 47/95 –, AiB 1996, 561). Vorraussetzung einer Rechtswirkung der RL ist, daß sie im Vergleich mit dem nationalen Rech für den Arbeitnehmer das günstigere Recht beschreiben. Dieser Anwendungsvorrang besteht auch im Verhältnis von Gemeinschaftsrecht und Tarifvertrag (EuGH v. 7. 2. 1991 – Rs. C-184/89 –, PersR 1992, 271).

In der sog. SIMAP-Entscheidung hatte der EuGH festgestellt, daß der **Bereitschaftsdienst**, den die Ärzte der Teams zur medizinischen Grundversorgung in Form persönlicher Anwesenheit in der Gesundheitseinrichtung leisten, insgesamt als **Arbeitszeit** und ggf. als Überstunden i. S. d. RL 93/104 anzusehen ist. Beim Bereitschaftsdienst in Form ständiger Erreichbarkeit ist nur die Zeit, die für die tatsächliche Erbringung von Leistungen der medizinischen Grundversorgung aufgewandt wird, als Arbeitszeit anzusehen. Die von den Ärzten der Teams zur medizinischen Grundversorgung während des Bereitschaftsdienstes geleistete Arbeit ist **Schichtarbeit**, und diese Ärzte sind Schichtarbeiter i. S. v. Art. 2 Nr. 5 und 6 der RL 93/104.

Bei Fehlen nationaler Vorschriften zur Umsetzung von Art. 16 Nr. 2 der RL 93/104 oder ggf. zur ausdrücklichen Übernahme einer der in Art. 17 Abs. 2, 3, und 4 der RL vorgesehenen Abweichungen können diese Bestimmungen dahin ausgelegt werden, daß sie unmittelbare Wirkung haben und geben daher dem Einzelnen einen Anspruch darauf, daß der Bezugszeitraum für die Festlegung ihrer wöchentlichen **Höchstarbeitszeit** zwölf Monate nicht überschreitet. Die ausdrückliche Zustimmung der gewerkschaftlichen Verhandlungspartner in einem TV steht der Zustimmung des Arbeitnehmers selbst i. S. d. Art. 18 Abs. 1b Ziff. i erster Ge-

Art. 75

dankenstrich der RL 93/104 nicht gleich (vgl. EuGH, Urteil v. 3. 10. 2000 – Rs. C-303/98 –, PersR 2001, 134). Hieraus erfolgt die Notwendigkeit einmal nationalen gesetzgeberischen und bzw. oder auch tarifpolitischen Handelns um das Tarifrecht des öffentlichen Dienstes den gemeinschaftsrechtlichen RL, die einen Fortschritt im Gesundheitsschutz und in der Arbeitssicherheit bedeuten, anzugleichen oder auf der Grundlage dieser Mindestvorschriften weitergehende Regelungen zu gestalten.

Die Anordnung von **Bereitschaftsdienst** ist unabhängig davon, ob Überstundenvergütung oder Freizeitausgleich gewährt wird, als **Anordnung von Überstunden** mitbestimmungspflichtig. Das Mitbestimmungsrecht des Personalrats ist in den Fällen des § 104 Satz 3 BPersVG ganz ausgeschlossen, wenn der jeweilige Landesgesetzgeber verfassungsrechtlich gebotene Einschränkungen des Mitbestimmungsrechts nicht normiert hat. Die **finanzielle Tragweite** einer Maßnahme führt als solche grundsätzlich nicht zur Einschränkung der Mitbestimmung des Personalrats; ob für außerordentliche Auswirkungen Abweichendes gilt, bleibt offen (vgl. BVerwG, Beschluß v. 28. 3. 2001 – 6 P 4.00 –, PersR 2001, 343).

201 Das Mitbestimmungsrecht des Personalrats umfaßt bei der **gleitenden Arbeitszeit** die Ausgestaltung wie z. B. Dauer und Lage der Kernzeit, Zeitspanne vor und nach der Kernzeit, Ausgleich von Zeitguthaben und Zeitrückständen, Art der Arbeitszeiterfassung und die Frage, ob sie eingeführt werden soll oder nicht. Dazu zählt sowohl eine Maßnahme der Änderung einer bestehenden Gleitzeitregelung als auch deren Aufhebung (vgl. ABW, Art. 75 Rn. 103 m. w. N.; BVerwG, Beschluß v. 9. 10. 1991 – 6 P 21.89 –, PersR 1992, 20). Zur Mitbestimmung des Personalrats zählt auch die **Kontrolle** der gleitenden Arbeitszeit durch Selbstaufzeichnung. Wird für diese Kontrolle eine technische Einrichtung verwandt, so besteht darüber hinaus ein gesondertes Mitbestimmungsrecht nach Art. 75a Abs. 1 Nr. 1 (vgl. Rn. 5). Der Mitbestimmung unterliegen auch sämtliche Veränderungen des Beginns und Endes der täglichen Arbeitszeit sowie von Gleitzeitregelungen, die wegen einer tariflichen Verkürzung der Wochenarbeitszeiten erforderlich werden.

202 Mitbestimmungspflichtig ist als Maßnahme der Arbeitszeitgestaltung auch die Festlegung eines **arbeitsfreien Tages** infolge der Anpassung der allgemeinen Arbeitszeit an arbeitszeitrechtliche Bestimmungen, wie die eines Gesetzes, einer beamtenrechtlichen Verordnung oder eines Tarifvertrages. Dabei ist es unbedeutend, daß es sich bei einer solchen **Arbeitszeitverkürzung** nicht um eine Vergünstigung der Dienststelle handelt. Entscheidend ist der Aspekt der **Arbeitszeitgestaltung,** unabhängig von der Dauer der Maßnahme (vgl. VG Frankfurt, Beschluß v. 2. 12. 1996 – 9 G 3615/96 [1] –, PersR 1997, 81).

203 Muß für **Gruppen von Beschäftigten die tägliche Arbeitszeit** nach Erfordernissen, die die Dienststelle nicht voraussehen kann, **unregelmäßig und kurzfristig festgesetzt werden,** so beschränkt sich die Mitbestimmung auf die **Grundsätze** für die Aufstellung der Dienstpläne (vgl.

Art. 75

Art. 75 Abs. 4 Satz 2). Diese Vorschrift schränkt das Mitbestimmungsrecht des Personalrats auf die Grundsätze für die Aufstellung der Dienstpläne ein. Sie setzt das Bestehen einer generellen Arbeitszeitregelung voraus. Die Maßnahme muß nicht die gesamte Dienststelle oder einen Teil umfassen, sie muß allerdings für Gruppen von Beschäftigten beabsichtigt sein. Hierbei bezieht sich die Beschränkung des Mitbestimmungsrechts nur auf die betroffenen Beschäftigtengruppen.

204 Nach dem Willen des Gesetzgebers soll das Mitbestimmungsrecht nur dann wie beschrieben beschränkt werden, wenn es aus unvermeidbaren Gründen anders praktisch **nicht** zur Geltung zu bringen ist (vgl. BVerwG, Beschluß v. 16. 12. 1960 – VII P 1259 –, AP Nr. 3 zu § 67 BPersVG). Die Möglichkeit der Beschränkung des Mitbestimmungsrechts wird durch die Unregelmäßigkeit der festzusetzenden Arbeitszeit und die Kurzfristigkeit des Festsetzungszeitraumes eingeräumt. Wesentlich ist hierbei die mangelnde Voraussehbarkeit der dienstlichen Erfordernisse. Mangelnde Personalplanung oder sonstige in der Personalwirtschaft begründete Fehler der Dienststelle können **nicht** als Begründung für die Beschränkung des Mitbestimmungsrechts des Personalrats herangezogen werden.

205 Die **Grundsätze** für die Aufstellung der Dienstpläne umfassen z. B. Regelungen, denen der Personalrat nach Satz 1 Nr. 1 bereits zugestimmt hat, Festlegung, in welchem zeitlichen Turnus Dienst- oder Bereitschaftszeiten zu leisten sind, wann jeweils Beginn und Ende der **Einsatzzeiten** und der darin liegenden Pausen vorgesehen sind, welche Beschäftigten in welcher Reihenfolge herangezogen werden sollen, in welchem Verhältnis Dienstbereitschaft und Arbeitsleistung zueinander stehen, in welchem Umfang der Beschäftigte zu **Mehrarbeit** oder **Überstunden** herangezogen werden kann und wie diese auszugleichen sind.

Wird für Gruppen von Beschäftigten einer Dienststelle eine **Rufbereitschaft außerhalb der regelmäßigen Arbeitszeit** eingerichtet, so hat die Personalvertretung insoweit nur nach Art. 75 Abs. 4 Satz 2 hinsichtlich der Grundsätze für die Aufstellung der Dienstpläne mitzubestimmen. Das Mitbestimmungsrecht nach Art 75 Abs. 4 Nr. 1 bei der Festlegung der regelmäßigen Arbeitszeit bleibt hiervon unberührt (vgl. BAG, Beschluß v. 23. 1. 2001 – 1 ABR 36/00 – zu Art. 56 Abs. 9 Zusatzabkommen Nato-Truppenstatut, PersR 2001, 350).

206 Hat der Dienststellenleiter in rechtlich nicht zulässiger Weise das Mitbestimmungsverfahren über die Einteilung der Arbeitszeit abgeschnitten, so ist ihm auf Antrag des Personalrats im Wege der einstweiligen Verfügung zu untersagen, die einseitig vorgenommene Arbeitszeiteinteilung aufrechtzuerhalten, solange nicht das vorgesehene weitere Mitbestimmungsverfahren es erlaubt, die neue Arbeitszeiteinteilung zu vollziehen (vgl. BayVGH, Beschluß v. 9. 6. 1982 – 18 CE 82 A. 866 –, soweit ersichtlich n. v.).

207 Allerdings können Ausnahmeanordnungen der Dienststelle über einen vorzeitigen Arbeitseinsatz in **Notfällen** ihrer Natur nach grundsätzlich keine die regelmäßige Arbeitszeit festlegende Dienstvereinbarung verletzen (vgl. BayVGH, Beschluß v. 26. 10. 1994 – 17 P 94.1301 –, PersR 1995, 434).

Die mit dem streikbedingten Einsatz von Beschäftigten verbundene Arbeitsänderung unterfällt grundsätzlich der Mitbestimmung des Personalrats. Sind Zeit und Ort des streikbedingten Einsatzes der Beschäftigten wegen der sich tagtäglich ändernden **Streiklage** nicht voraussehbar und bedarf es deshalb unregelmäßiger und kurzfristiger Regelungen, so ist das Mitbestimmungsrecht des Personalrats auf die Grundsätze für die Aufstellung der streikbedingten Dienstpläne beschränkt. Die Dienststelle ist verpflichtet, vor dem eigentlichen Beginn des schon längere Zeit ernsthaft ins Auge gefaßten Streiks Grundsätze für Dienstpläne unter Beteiligung des Personalrats aufzustellen. Die Grundsätze der Kampfparität stehen dem Mitbestimmungsrecht des Personalrats nicht entgegen (vgl. VG Ansbach, Beschluß v. 26. 4. 1993 – AN 7 P 92.02065 – zu § 75 Abs. 3 Nr. 1, Abs. 4 BPersVG, PersR 1993, 372). **208**

(Abs. 4 Nr. 2) Die Regelung über die **Auszahlung der Dienstbezüge und Arbeitsentgelte** bezieht sich auf die Vergütung der Angestellten, die Löhne der Arbeiter und die Dienstbezüge der Beamten. Sie umfaßt alle von der Dienststelle in bezug auf die Arbeitsleistung des Beschäftigten zu erbringenden geldlichen Leistungen. Zu den **Arbeitsentgelten** gehören alle Arten der Vergütung und des Lohnes in bezug auf die erbrachte Arbeitsleistung. Dazu zählen Zulagen, Zuschläge, pauschalierte Entschädigungen, Trennungsgeld, Kindergeld und die während Arbeitsunfähigkeit oder Urlaub vom Arbeitgeber weiterzuzahlenden Bezüge. Der Begriff der **Dienstbezüge** erfaßt alle Bestandteile der Besoldung der Beamten, wie Grundgehalt, Ortszuschlag, Zulagen, Vergütungen, Anwärterbezüge, jährliche Sonderzuwendungen, vermögenswirksame Leistung und Urlaubsgeld (vgl. § 1 Abs. 2 und 3 BBesG). Zu den Dienstbezügen zählen auch pauschalierte Aufwandsentschädigungen, Trennungsgeld und Kindergeld. **209**

Die **begriffliche Bestimmung** der Vergütung in § 26 BAT und der Dienstbezüge in § 1 Abs. 2 BBesG sind im BayPVG nicht zugrunde zu legen. Eine damit verbundene Beschränkung des Mitbestimmungsrechts ist im Gesetz nicht erkennbar. Der **Begriff der Arbeitsentgelte** ist weitaus umfangreicher als der der tarifvertraglichen Bestimmung einer Vergütung. Arbeitsentgelt ist die Arbeitsvergütung einschließlich aller Zuschläge ohne Rücksicht auf Bezeichnung im Einzelfall. Der **Begriff der Dienstbezüge** wird zur Erfassung der Personengruppe der Beamten als Gegenstück zum Begriff der Arbeitsentgelte verwandt. Zu den Geld- oder geldwerten Leistungen im Sinne der Dienstbezüge und Arbeitsentgelte zählen nicht einmalige Leistungen mit oder ohne Rechtsanspruch wie Beihilfen, Reise- und Umzugskostenentschädigung, Jubiläumszuwendungen, Unterstützungen, Vorschüsse oder Darlehen. **210**

Art. 75

211 Die Regelung der **Zeit der Auszahlung** erfaßt die Festlegung des monatlichen oder wöchentlichen Tages, an dem Bezüge und Entgelte auszuzahlen sind, und des Zahlungszeitraumes (monatlich, wöchentlich oder täglich), für den die Zahlung zu erfolgen hat, sowie die Zahlungsfälligkeit, also Vorauszahlung, Zahlung während oder nach Ablauf des Zahlungszeitraumes. Die **zeitliche Auszahlung** der Vergütung der **Angestellten** ist in § 36 Abs. 1 BAT geregelt. Danach sind die Bezüge für den Kalendermonat zu berechnen und am 15. eines jeden Monats (Zahltag) für den laufenden Monat auf ein von dem Angestellten eingerichtetes Giro- oder Postgirokonto zu zahlen. Sie sind so rechtzeitig zu überweisen, daß der Angestellte am Zahltag über sie verfügen kann. Fällt der Zahltag auf einen Samstag oder auf einen Wochenfeiertag, gilt der vorhergehende Werktag; fällt er auf einen Sonntag, gilt der zweite vorhergehende Werktag als Zahltag. Für **Arbeiter** finden sich entsprechende Regelungen in § 31 MTArb, § 26a Abs. 1 BMT-G II. **Beamten** sind die Bezüge gem. § 3 Abs. 5 BBesG monatlich im voraus zu zahlen. Der Dienstherr kann durch allgemeine Anordnungen nach Art. 12 Abs. 3 BayBesG die Beamten und Richter verpflichten, ein dem Überweisungsverkehr dienendes Konto bei einem Geld- oder Kreditinstitut einzurichten, auf das die Bezüge überwiesen werden können. Die Bezüge sind so rechtzeitig zu überweisen, daß der Zahlungsempfänger über sie am letzten Werktag oder, wenn dieser ein Samstag oder der 31. Dezember ist, am letzten Werktag verfügen kann, der dem Zeitabschnitt vorhergeht, für den die Zahlung bestimmt ist.

212 Das Beteiligungsrecht zur **Festlegung des Ortes** der Auszahlung kommt nur bei der Barauszahlung zum Tragen. Nach § 2 Abs. 1 des Gesetzes über Zahlungen aus öffentlichen Kassen vom 21. 12. 1983 (BGBl. I S. 1899) sind Löhne, Gehälter und andere Dienstbezüge an der Arbeits- oder Dienststelle in Empfang zu nehmen, sofern der Empfangsberechtigte nicht Überweisung auf ein Konto beantragt hat. Nach den genannten tarif- und besoldungsrechtlichen Bestimmungen ist die Barauszahlung abgedungen und abweichend davon die Überweisung der Bezüge auf ein Konto angeordnet bzw. vereinbart worden.

213 Die Regelung der **Art der Auszahlung** umfaßt die Barzahlung und die bargeldlose Überweisung auf ein Konto. Damit ist auch die Einführung der bargeldlosen Entgeltzahlung mitbestimmungspflichtig (vgl. BAG, Beschluß v. 31. 1. 1969 – 1 ABR 11/68 –, AP Nr. 5 zu § 56 BetrVG Entlohnung).

213a Zum Mitbestimmungsrecht zählt auch die Regelung von im unmittelbaren Zusammenhang mit der bargeldlosen Zahlung bestehenden Fragen, der Erstattung von Kontoerrichtungs-, Kontoführungs- und Buchungsgebühren. Ebenfalls gehört dazu die Festlegung der Zeit, die für das Abheben der Entgelte und Bezüge vom Konto eines Geldinstituts monatlich erforderlich ist. Nach § 270 BGB ist ein Arbeitnehmer bei der Überweisung seines Lohnes auf ein Konto so zu stellen, als wenn er den Lohn in bar bekommen hätte (vgl. FKHE, BetrVG, § 87 Rn. 56; ABW, Art. 75 Rn. 109 m. w. N.).

Nach Auffassung des BVerwG steht jedoch dem Personalrat in bezug auf die Abschaffung von der Dienststelle einseitig eingeräumter »**Banktage**« kein Mitbestimmungsrecht zu, weil § 36 BAT, § 26a BMT-G II und § 17a BBesG hinsichtlich Zeit, Ort und Art der Auszahlung der Bezüge und Arbeitsentgelte eine abschließende tarifliche bzw. gesetzliche Regelung entsprechend dem Eingangssatz dieses Beteiligungsrechts treffen (vgl. BVerwG, Beschluß v. 20. 7. 1998 – 6 P 13.97 –, PersR 1998, 523). **213b**

(Abs. 4 Nr. 3) **Aufstellung des Urlaubsplans.** Der Personalrat bestimmt bei der **Aufstellung des Urlaubsplans** mit, nicht jedoch im **streitigen Einzelfall** der zeitlichen Lage des Urlaubs. **214**

Die Urlaubsdauer und die Gewährungsvoraussetzungen sind **tariflich** für Angestellte in den §§ 47 bis 49, 50, 52 BAT, für Arbeiter in den §§ 33, 48 bis 49 MTArb und den §§ 41 bis 47a BMT-G II und gesetzlich für Beamte in Art. 99 BayBG und in der UrlV geregelt. Das Mitbestimmungsrecht des Personalrats erfaßt nicht nur den Erholungsurlaub i.S.d. § 1 BUrlG, sondern jeden **planbaren Urlaub.** Zum Erholungsurlaub kommen der Zusatzurlaub, die planbaren Zeiten von Sonderurlaub als auch planbarer Urlaub aus anderen Anlässen. Hätte der Gesetzgeber die Mitbestimmung des Personalrats auf die Aufstellung eines Erholungsurlaubs beschränken wollen, so hätte die Vorschrift auch entsprechend lauten müssen. In Kenntnis der Differenzierung des BPersVG und der Betriebsverfassung zum Urlaubsplan und Erholungsurlaub in streitigen Fällen ist auch bei Nichtaufnahme des Mitbestimmungsrechts in streitigen Fällen im BayPVG davon auszugehen, daß der Begriff Urlaubsplan alle planbaren Urlaubszeiten der Mitbestimmung zuordnet. **215**

Nachdem die Dauer des Erholungsurlaubs tarifvertraglich und gesetzlich geregelt ist, geht die h. M. davon aus, daß die zeitliche Festlegung des Urlaubs dem **Direktionsrecht** des Dienststellenleiters zuzuordnen ist. Dieses Direktionsrecht des Dienststellenleiters wird mehrfach beschränkt. Die Beschränkungen können bis zur Aufhebung des alleinigen Direktionsrechts führen, sogar bis hin zur Vertragsgestaltung über die zeitliche Lage des Urlaubs. Die Beschränkungen des Direktionsrechts ergeben sich aus: **216**

(a) § 315 BGB

Wegen einseitiger Festlegung der Leistungspflicht des Dienststellenleiters hat diese **nach billigem Ermessen** zu erfolgen.

(b) § 7 Bundesurlaubsgesetz (Angestellte, Arbeiter)

Hiernach hat der Dienststellenleiter bei der zeitlichen Festlegung des Urlaubs die **Urlaubswünsche** der Arbeitnehmer zu berücksichtigen. Von dieser Pflicht ist er nur dann entbunden, wenn von ihm zu beweisende, dringende betriebliche Belange oder die Urlaubswünsche anderer Arbeitnehmer, die unter sozialen Gesichtspunkten den

Art. 75

Vorrang verdienen, einem Urlaubswunsch entgegenstehen (Abs. 1). Der Dienststellenleiter ist darüber hinaus verpflichtet, den Urlaub zusammenhängend zu gewähren; eine Aufteilung kann in dringenden betrieblichen oder in der Person des Arbeitnehmers liegenden Gründen gegeben sein (Abs. 2). Darüber hinaus hat er den Urlaub im laufenden Kalenderjahr zu gewähren; eine betrieblich oder persönlich bedingte Übertragung ist nur für die ersten drei Monate des folgenden Kalenderjahres zugelassen (Abs. 3).

(c) Tarifverträgen

Die unter Rn. 215 genannten Tarifbestimmungen im Geltungsbereich dieses Gesetzes stellen sich wiederholt auf die Urlaubswünsche der Arbeiter und Angestellten ab. Für **Arbeiter** wird der Dienststellenleiter mit den Tarifvertragsbestimmungen § 53 Abs. 3 MTArb und § 46 Abs. 4 BMT-G II **verpflichtet**, einen Urlaubsplan zu Beginn eines jeden Urlaubsjahres aufzustellen.

(d) der Mitbestimmung des Personalrats an dieser Stelle, und zwar über

– die zu erstellende Dienstvereinbarung mit dem Inhalt des Urlaubsplans,

– die **Urlaubsliste** als Bestandteil des Urlaubsplans mit bindender Wirkung als zeitlich für das Urlaubsjahr befristete **Nebenabrede** bzw. Vereinbarung zwischen Dienststellenleiter und Beschäftigten,

(e) der möglichen **arbeitsvertraglichen Festlegung** der zeitlichen Lage des Urlaubs.

217 Die Erstellung des **Urlaubsplans** erstreckt sich auf die **Zeitdauer des Urlaubsjahres.** Dies ist das Kalenderjahr. Der Urlaubsplan wird für alle Beschäftigten sowie für einzelne Gruppen aufgestellt. Die Erstellung des Urlaubsplans erfolgt in der Regel in Form einer Dienstvereinbarung. Gegenstand des Urlaubsplans können nicht nur ganz allgemeine **Regelungskriterien** sein; der Urlaubsplan muß sich vielmehr auf ein bestimmtes Urlaubsjahr beziehen. Zur Aufstellung eines Urlaubsplans gehören grundsätzliche Regelungen über die zeitliche Lage des Urlaubs in der Dienststelle oder im Betrieb, Grundsätze über die Festlegung der Urlaubszeiten der Beschäftigten unter Berücksichtigung ihrer sozialen (persönlichen und familiären Interessen) und der betrieblichen Belange. Über diese allgemeinen Grundsätze hinaus kann bzw. muß (Arbeiter) der Urlaubsplan so aufgestellt werden, daß die zeitliche Lage des Urlaubs für die Beschäftigten festgeschrieben wird. Hierzu zählt auch das **Verfahren** zur Ermittlung der Wünsche der Beschäftigten über die zeitliche Lage ihres Urlaubs, also die Bestimmung der **Verfahrensvorschriften** über den Umlauf, Eintrag und Widerspruch einer Urlaubsliste. Hier kann z.B. festgestellt werden, daß eine Urlaubsliste, abschnitts- oder abteilungsweise in einem festgelegten Zeitraum von den Beschäftigten mit den

Wünschen der zeitlichen Lage ihres Urlaubs ausgefüllt, dem Dienststellenleiter zu einem bestimmten Zeitpunkt zugestellt wird.

Die Festlegung der zeitlichen Lage des Urlaubs mittels einer **Urlaubsliste** bedarf der **konkreten Zeitangabe** des Beschäftigten. In dem Maße des Verhältnisses von konkret bis äußerst vage nimmt die Möglichkeit der einseitigen Festlegung der zeitlichen Lage des Urlaubs durch den Dienststellenleiter zu. Mit dem Eintrag des Beschäftigten in die Urlaubsliste und seiner Unterschrift sowie der Unterschrift des Leiters der Dienststelle oder dessen Beauftragten wird die Urlaubsliste zur zeitlich befristeten Nebenabrede zum Arbeitsvertrag. Beide Vertragsparteien gehen für die Geltungsdauer eine dauerhafte Verpflichtung ein. Die bindende Wirkung dieser Nebenabrede kann nur durch außerordentliche, bedeutsame und nicht in anderer Weise abstellbare Gründe aufgekündigt werden. Nach Auffassung des BayVGH sind allgemeine Grundsätze über die künftige Urlaubsgestaltung in der Dienststelle allenfalls dann mitbestimmungspflichtiger Teil eines Urlaubsplanes, wenn sie **unmittelbar** die zeitliche Lage des Urlaubs der Beschäftigten betreffen und damit eine der Mitbestimmung unterliegende innerdienstliche Maßnahme darstellen (vgl. BayVGH, Beschluß v. 25. 11. 1992 – 17 P 92.3068 –, PersR 1993, 336).

218

Nach Ansicht des VGH Baden-Württemberg gehören Vorgaben, die die zeitliche Lage des Urlaubs der Beschäftigten berühren, zur Urlaubsplanung. So unterliegt z. B. eine allgemeine Regelung des Bürgermeisters einer Gemeinde, in welcher die zeitliche Lage des Erholungsurlaubs von Beschäftigten teilweise im voraus für das Urlaubsjahr festgelegt wird, als Urlaubsplan der Mitbestimmung. Dies gilt auch dann, wenn durch eine solche Regelung für die Beschäftigten gemeindlicher Kindergärten der **Erholungsurlaub** auf die **Ferienzeiten** dieser Kindergärten gelegt wird. Die Mitbestimmung erstreckt sich aber nicht auf die Festlegung der Kindergartenferien (vgl. VGH Baden-Württemberg, Beschluß v. 15. 10. 1991 – 15 S 1934/90 –, PersR 1993, 95). Die Festlegung des jährlichen Erholungsurlaubs der **Lehrkräfte** einer städtischen Musikschule auf die **Faschingsferien** und die **Sommerferien** der allgemeinbildenden Schulen durch den Dienststellenleiter enthält eine Koordinierung der Urlaubszeiten und unterliegt deshalb als Urlaubsplan der Mitbestimmung des bei der Dienststelle gebildeten Personalrats (vgl. VGH Baden-Württemberg, Beschluß v. 20. 6. 2000 – PL 15 S 2134/99 –, PersR 2000, 431).

Nach Ansicht des BVerwG dient die Aufstellung eines **Urlaubsplanes** dazu, die Urlaubszeiten der Beschäftigten so zu koordinieren, daß nicht nur die Interessen aller Beschäftigten möglichst gleichrangig berücksichtigt werden, sondern daß vor allem auch der **Dienstbetrieb** der Dienststelle, d. h. die Erfüllung der ihr obliegenden öffentlichen Aufgaben, durch urlaubsbedingte Personalausfälle möglichst wenig gestört wird und eine ordnungsgemäße Aufgabenerledigung trotz sich überschneidender Urlaubszeiten der in gleichen Sachbereichen tätigen Beschäftigten gewährleistet bleibt. Die Anordnung einer **Urlaubssperre** dient nicht der

Art. 75

Koordinierung der individuellen Urlaubswünsche der Beschäftigten in einem Programm für die zeitliche Reihenfolge, sondern ihr Regelungsgehalt erschöpft sich darin, einen **generellen Hinderungsgrund** für die Urlaubsgewährung innerhalb bestimmter Zeiträume festzulegen. Eine vom Dienststellenleiter aus unabweisbarer dienstlicher Notwendigkeit (Durchführung der Bundestagswahl 1987 auf kommunaler Ebene sowie Durchführung der Volkszählung 1987) angeordnete **Urlaubssperre** für bestimmte Zeiträume ist nicht Bestandteil der Urlaubsplanung, sondern eine dieser **zeitlich und sachlich vorausgehende organisatorische Maßnahme**, die nicht der Mitbestimmung durch den Personalrat unterliegt (vgl. BVerwG, Beschluß v. 19. 1. 1993 – 6 P 19.90 –, PersR 1993, 167).

219 (Abs. 4 Nr. 4) Das Mitbestimmungsrecht bei **Fragen der Lohngestaltung** gilt innerhalb der Dienststelle für alle Fragen der **Lohngestaltung**: Entlohnungsgrundsätze und -methoden, Festsetzung von Akkord- bzw. Prämiensätzen einschließlich der Geldfaktoren. Ausgeschlossen ist dieses Recht, soweit eine gesetzliche oder tarifliche Regelung besteht, die abschließend die mitbestimmungspflichtige Angelegenheit regelt. Jeder Handlungsraum des Dienststellenleiters bewirkt in gleichem Maße die Mitbestimmung des Personalrats (vgl. BVerwG, Beschluß v. 26. 7. 1979 – 6 P 44.78 –, PersV 1981, 71). Das Mitbestimmungsrecht des Personalrats ist auch dann noch wirksam, wenn zwar ein Tarifvertrag nicht besteht, aber die tarifvertragliche Regelung einer der Fragen der Lohngestaltung **üblich** ist. Hier kann es jedoch **nicht** mittels des Abschlusses von Dienstvereinbarungen ausgeübt werden (vgl. Art. 79 Abs. 1 Satz 2).

220 Der Gesetzgeber hat mit der beispielhaften Aufnahme der **Festsetzung von Akkord- und Prämiensätzen** einschl. der Geltungsfaktoren die Mitbestimmung auch auf die materielle Seite der Leistungsentlohnung erweitert (vgl. BVerwG v. 20. 3. 1980 – 6 P 72.78 –, a. a. O.).

221 Mit den Fragen der Lohngestaltung und dem im personalvertretungsrechtlichen Sinne verwandten Begriff des Lohnes ist das **Arbeitsentgelt** aller Arbeitnehmer, also der **Angestellten und Arbeiter,** gemeint (vgl. BVerwG v. 23. 12. 1982 – 6 P 19.80 –, PersV 1983, 506). Daß das Mitbestimmungsrecht nicht nur die betriebliche Lohngestaltung für die Gruppe der **Arbeiter,** sondern auch für **Angestellte** erfaßt, hat sich als Auffassung in der Rechtsprechung zu Recht stärker durchgesetzt (vgl. VGH Baden-Württemberg v. 11. 3. 1980 – VIII 31 55/78 – ; BVerwG v. 23. 12. 1982 – 6 P 19.80 –, a. a. O.; BAG v. 22. 1. 1980 – 1 ABR 48/77 –, AP Nr. 3 zu § 87 BetrVG 1972 Lohngestaltung). Mit den Fragen der **Lohngestaltung in der Dienststelle** ist eine Beschränkung auf die Entlohnung der Arbeiter als einer Personengruppe und die Vergütung für Angestellte als weiterer Personengruppe nach dem Wortlaut des Gesetzes als abschließender Regelungstatbestand nicht zu erkennen. Vielmehr ist die Begrifflichkeit als Beschreibung der Lohngestaltung der Dienststelle, also als Gesamtregelung aller in der Dienststelle Beschäftigten und damit auch der **Besoldung für die Gruppe der Beamten** zu erkennen.

Art. 75

Wenn auch für **Beamte** die Besoldung durch das Gesetz abschließend geregelt wird, so bleibt es den Dienststellen doch unbenommen, z. B. im Fall von Sonderaktionen unter Einbeziehung aller beschäftigten Gruppen oder der Gruppen der Angestellten und Beamten, Prämien und vergleichbare leistungsbezogene Entgelte für Leistungen über die Arbeit in der Dienststelle hinaus – z. B. bei Heimarbeit – zu gewähren. Eine völlige Ausgrenzung der Personengruppe der Beamten ist mit dem Wortlaut und Sinn des Gesetzes also nicht in Einklang zu bringen. **222**

»**Fragen der Lohngestaltung**« ist ein **Oberbegriff,** der alle sich auf die Lohngestaltung beziehenden Maßnahmen der Mitbestimmung umfaßt. Die in Nr. 4 aufgeführten Beispiele stellen keine abschließende (»insbesondere«) Aufzählung dar, sondern erläutern den Oberbegriff. **223**

So zählen z. B. zur Lohngestaltung: die Festsetzung von Geldprämien für zeitlich und sachlich begrenzte Wettbewerbe für Beschäftigte im Außendienst, die Gewährung jederzeit widerruflicher Zulagen nach allgemeinen Richtlinien und deren Widerruf, die Gewährung zinsgünstiger Darlehen an Arbeitnehmer als betriebliche Sozialleistung, die tarifvertraglich zugewiesene nähere Ausgestaltung der Regelung über die Zahlung von Erschwerniszuschlägen, die freiwillige Einführung einer Leistungsprämie ohne die Mitbestimmung des Umfangs, des Zwecks und des zu begünstigenden Personenkreises, die Veranstaltung von Wettbewerben mit dem Ziel des Gewinns geldwerter Vorteile wie z. B. Reisen, die Festlegung eines Provisionssystems mit zu erreichenden Punktezahlen ohne die Bestimmung von Zahlbeträgen (vgl. ABW, Art. 75 Rn. 121 m. w. N.). **223 a**

Das BAG hat seine Rechtsprechung zur Mitbestimmung des Personalrats bei Fragen der Lohngestaltung grundlegend geändert, indem es die zu § 87 Abs. 1 Nr. 10, 11 BetrVG entwickelten Grundsätze auf das Personalvertretungsrecht übertrug (vgl. BAG, Beschluß des Großen Senats v. 3. 12. 1991 – GS 2/90 –, NZA 1992, 749 ff.; v. Roetteken m. w. N. in PersR 1994, 309 ff., PersR 1998, 395 ff.). **223 b**

Die Zahlung übertariflicher **Zulagen** als Ballungsraumzulage hat das BAG als Teil der Lohngestaltung eingestuft und die hälftige Anrechnung einer Tariflohnerhöhung für Beschäftigte ab einer bestimmten Gehaltshöhe nur mit Zustimmung des Personalrats für wirksam gehalten (vgl. BAG, Urteil v. 5. 7. 1996 – 6 AZR 179/95 –, PersR 1997, 262 ff.). Dagegen hat es die völlige Einstellung einer derartigen Zulagengewährung aufgrund einer Entscheidung des zuständigen Gemeindeorgans als mitbestimmungsfrei eingestuft (vgl. BAG, Urteil v. 25. 7. 1996 – 6 AZR 774/95 –, PersR 1997, 264 ff.). Innerhalb des Haushaltsrahmens kann über die Verwendung der Mittel nur in Übereinstimmung von Dienststellenleitung und Personalrat bestimmt werden, soweit dadurch die Lohngestaltung beeinflußt wird. Darauf kommt es schon deshalb an, weil innerhalb der nach Haushaltsrecht für entsprechende Zwecke zur Verfügung stehenden Mittel deren Verwendung vom Personalrat mitgestaltet werden kann, z. B. auch im Rahmen eines Initiativantrags.

Des weiteren erkennt das BAG eine Änderung einer **Ruhegeldordnung** als Mitbestimmungsrecht des (Gesamt-)Personalrats zur »Lohngestaltung innerhalb der Dienststelle« an. Das Mitbestimmungsrecht setzt einen kollektiven Tatbestand voraus. Für das Mitbestimmungsrecht ist es unerheblich, daß der gesamte Geschäftsbereich der Dienststelle betroffen ist und ein Aufsichtsorgan – hier der Gemeinderat – die Anpassungsregelungen beschlossen hat. Beim Abbau einer planwidrigen Überversorgung müssen die Anpassungsregelungen an den bisherigen Grundprinzipien ausgerichtet werden. Das Anpassungsrecht des Arbeitgebers dient nicht dazu, die **Versorgungsordnung** umzustrukturieren und geänderte Gerechtigkeitsvorstellungen zu verwirklichen. Wurde bisher ein Versorgungsgrad unabhängig von der Dienstzeit zugebilligt, so darf eine neue nach Dienstzeit gestaffelte Gesamtversorgungsobergrenze mit kürzerer Dienstzeit nicht zu einem geringeren Versorgungsgrad als ursprünglich vorgesehen führen (vgl. BAG, Urteil v. 28. 7. 1998 – 3 AZR 357/97 –, PersR 1999, 218 ff.).

224 Das Mitbestimmungsrecht des Personalrats hängt nicht davon ab, daß ein Rechtsanspruch aus Tarif- oder Arbeitsvertrag auf die zu gewährende Leistung besteht. Einführung, Änderung oder Wegfall **freiwilliger Leistungen** der Dienststelle gegenüber den Beschäftigten, wie z. B. Gratifikation, Leistungszulagen, Prämien, Provision usw. bedingen das Mitbestimmungsrecht des Personalrats ebenso. Die **Freiwilligkeit** der Leistung führt jedoch zu einer Einschränkung des Mitbestimmungsrechts in der Richtung, daß die Dienststelle allein entscheidet, in welchem Umfang sie finanzielle Mittel einsetzen, welchen Zweck sie mit der Leistung verfolgen und welchen Personenkreis sie deshalb begünstigen will. Eine Änderung der Zweckbestimmung einer freiwilligen Arbeitgeberleistung kann der Personalrat nicht mit Hilfe der Einigungsstelle gegen den Willen des Arbeitgebers durchsetzen. Er bleibt hierzu auf eine Einigung mit dem Arbeitgeber angewiesen (vgl. BAG, Beschluß v. 8. 12. 1981 – 1 ABR 55/79 –, AP Nr. 1 zu § 87 BetrVG 1972 Prämie). Die Freiwilligkeit der Maßnahme hebt das Mitbestimmungsrecht des Personalrats zwar nicht auf, beschränkt es aber.

225 **Entlohnungsgrundsätze** sind die Regeln, nach denen in einem übergeordneten System die gesamte Entlohnung für die Dienststelle, für Abteilungen, Ämter und Bereiche oder Gruppen von Beschäftigten mit Ausnahme der Lohnhöhe geordnet wird, wie z. B. Festlegung oder Wechsel von Zeitlohn und Akkordlohn, Einführung und Ausgestaltung von Prämienlöhnen (vgl. BVerwG, Beschluß v. 20. 3. 1980 – 6 P 72.78 – Rn. 187). Dabei hält das BVerwG nun nicht mehr an der Unterscheidung von materiellen und formellen Arbeitsbedingungen zum Zweck einer von den tatbestandlichen Voraussetzungen gelosten Begrenzung der Mitbestimmung fest. Die Aufstellung von Entlohnungsgrundsätzen durch Änderung von Verteilungsgrundsätzen unterliegt nur dann der Mitbestimmung, wenn Regelungsräume für eine andere Verteilung bestehen. Diese fehlen aber immer dann, wenn die Dienststellenleitung rechtlich oder tatsächlich keine Möglichkeit zu einer anderen Entscheidung hat (vgl. BVerwG, Beschluß v. 9. 12. 1998 – 6 P 6.97 –, PersR 1999, 265).

Nach § 15 Abs. 6a UA 3 BAT kann der Dienststellenleiter autonom bestimmen, ob er **Bereitschaftsdienste** durch **Freizeit oder Vergütung** abgelten will Die allgemeinen **Vorgaben**, die festlegen, unter welchen Voraussetzungen im Einzelfall die eine oder andere Alternative realisiert werden soll, sind jedoch unter dem Aspekt der »Lohngestaltung« mitbestimmungspflichtig. Eine gesetzliche oder tarifvertragliche Regelung schließt nämlich die Mitbestimmung des Personalrats nur dann aus, wenn durch sie ein Sachverhalt unmittelbar geregelt ist, es also zum Vollzug keines Ausführungsaktes bedarf. Die Regelung muß mithin Ausschließlichkeitscharakter haben, d. h. vollständig, umfassend und erschöpfend sein (vgl. BVerwG, Beschluß v. 17. 6. 1992 – 6 P 17/91 –, PersR 1992, 451). Ist indessen in der gesetzlichen oder tariflichen Regelung die Ausgestaltung der Einzelmaßnahme dem Dienstherrn oder Arbeitgeber überlassen, unterliegt dessen Entscheidung der durch Art. 75 Abs. 2 Nr. 1 vorgegebenen Richtigkeitskontrolle durch den Personalrat im Wege der Mitbestimmung (vgl. auch BVerwG, Beschluß v. 27. 11. 1991 – 6 P 7/90 –, PersR 1992, 147 und v. 19. 5. 1992 – 6 P 5/90 –, PersR 1992, 361).

225a Vorliegend greift der Tarifvorbehalt jedoch deshalb nicht ein, weil § 15 Abs. 6a UA 3 BAT dem Dienststellenleiter einen **Ermessensraum** beläßt, aufgrund dessen er entscheiden kann, ob er im Zusammenhang mit der anrechenbaren Zeit für Bereitschaftsdienste zusätzliche Vergütung oder Freizeit gewähren will. So steht dem Personalrat bei der allgemeinen Vorgabe des Dienststellenleiters, ob der Bereitschaftsdienst der Ärzte vergütet oder in Freizeit abgegolten wird, gleichwohl ein Mitbestimmungsrecht zu, damit er kontrollieren kann, ob der Dienststellenleiter sein Ermessen fehlerfrei ausübt und **ungerechtfertigte Benachteiligungen** der Beschäftigten dadurch unterbleiben. Diese vom BVerwG zur Regelung des § 15 Abs. 6b UA 4 S. 2 BAT (Ausgleich der für Rufbereitschaft abzurechnenden Zeit) vertretene Auffassung (vgl. BVerwG, Beschluß v. 30. 1. 1996, PersR 1996, 316/318) hält der BayVGH auch für die Auslegung des § 15 Abs. 6a UA 3 BAT, auf den § 15 Abs. 6b UA 4 S. 2 BAT sogar ausdrücklich verweist, für zutreffend. Im Ergebnis kann das Mitbestimmungsrecht allerdings nicht dazu führen, gewissermaßen über das »Ob« der Auswahl zugunsten des Vergütungszuschlags oder des Freizeitausgleichs zu bestimmen, denn dies würde praktisch das Direktionsrecht in Frage stellen; vielmehr kann es sinnvoll nur um die Festlegung der allgemeinen Grundsätze gehen, wonach je nach den Umständen des Einzelfalls entweder die eine oder die andere Alternative realisiert werden soll (vgl. BayVGH, Beschluß v. 16. 6. 1999 – 17 P 98.2292 –, PersR 1999, 502).

Art. 75

Ein **Einzelfall einer Lohnfestsetzung** wird von diesem Mitbestimmungsrecht nicht erfaßt, da es ausschließlich abstrakt-generelle Regelungen auf dem Gebiet der Lohngestaltung zum Gegenstand hat. Dient die **Messung von Verrichtungszeiten** lediglich der Überprüfung der Angaben der Beschäftigten und nicht der generellen Vorbereitung eines für die Vergütung maßgeblichen Richtmaßes ist der Tatbestand nach Art. 75 Abs. 4 Nr. 4 nicht erfüllt (vgl. BayVGH, Beschluß v. 12. 12. 2001 – 17 P 00.2897 –, PersR 2002, 346). Allerdings wäre eine solche Maßnahme ggf. nach den näheren Vorraussetzungen des Sachverhaltes der technisch gestützten »**Verhaltens- und Leistungsüberwachung**« nach Art. 75a Abs. 1 Nr. 1 mitbestimmungspflichtig.

Mitbestimmungspflichtig ist aber der vorbehaltene **Widerruf einer übertariflichen Zulage** nach Kabinettsbeschluß, wenn der Abbau der Leistung schrittweise mit der Verrechnung von Tariferhöhungen erfolgen soll und dabei ein Regelungsraum für eine anderweitige Anrechnung bleibt (vgl. LAG Hessen, Urteil v. 18. 6. 2001 – 13 Sa 1105/00 –, PersR 2002, 132).

226 **Entlohnungsmethoden** beinhalten Art und Weise der Entlohnungsfestsetzung gem. einem bestimmten Entlohnungsgrundsatz. Von einer genauen Abgrenzung zwischen Entlohnungsmethoden und Entlohnungsgrundsätzen ist dabei nicht zwingend auszugehen. Entlohnungsmethoden beschreiben als engerer Begriff das technische Verfahren zur Aus- und Durchführung der Entlohnungsgrundsätze (vgl. ABW, Art. 75 Rn. 124 m. w. N.).

227 Neben dem geschilderten Mitbestimmungsrecht erfährt die Beteiligungspflicht des Personalrats eine Erweiterung in der »**Festsetzung der Akkord- und Prämiensätze und vergleichbarer leistungsbezogener Entgelte einschließlich der Geldfaktoren**«. Damit wird die Mitbestimmung auf die Durchführung und Ausgestaltung der **Entlohnungs**grundsätze und **-methoden** für **leistungsbezogene Entgelte** erweitert. Die Mitbestimmung soll hier eine angemessene Berechnungsgrundlage der Vergütung sicherstellen, damit der Beschäftigte nicht zu einem Raubbau an seinen Kräften genötigt wird (vgl. BVerwG v. 23. 12. 1982 – 6 P 19.80 –, PersV 1983, 506). Das Wesen der leistungsbezogenen Entgelte wird durch die Meßbarkeit der Arbeitsleistung und die damit zu beeinflussende Höhe des Arbeitsentgelts bestimmt. Leistungs- und Entgelteinheiten müssen meßbar und berechenbar sein und in einer bestimmten Beziehung zueinander stehen (vgl. BAG, Beschluß v. 28. 7. 1981 – 1 ABR 56/78 –, AP Nr. 2 zu § 87 BetrVG 1972 Provision).

228 **Schreibprämien** sind mit Prämien und Akkordlohn vergleichbare leistungsbezogene Entgelte. Der Begriff des leistungsbezogenen Entgelts erfaßt auch Leistungsprämien an Angestellte. Eine Schreibprämie der Angestellten im Schreibdienst ist z. B. ein mit den Akkord- und Prämiensätzen vergleichbares leistungsbezogenes Entgelt. Das Wesen des Akkord- und Prämienlohnes besteht darin, daß sich die tatsächliche Arbeitsleistung unmittelbar und automatisch auf die Lohnhöhe auswirkt. Wird die Schreibprämie unmittelbar und automatisch erworben, wenn eine bestimmte Zahl von Anschlägen überschritten wird, handelt es sich um eine Leistungszulage, weil sie unmittelbar an das Arbeitsergebnis anknüpft. Der Mitbestimmung bei Fragen der Lohngestaltung liegt grundsätzlich die Unterscheidung zwischen formellen und materiellen Arbeitsbedingungen zugrunde. Eher zufällig wird bei leistungsbezogenen Entgelten durch die Einbeziehung des Geldfaktors auch eine materielle Arbeitsbedingung erfaßt (vgl. BVerwG v. 23. 12. 1982 – 6 P 19.80 –, Rn. 189).

Akkordsätze beinhalten Mengenangaben und Zeitrahmen der zu bewertenden Arbeitsleistung. Die Mitbestimmung des Personalrats beinhaltet die Festsetzung der Akkordsätze, also die für den Lohn entscheidenden Bezugswerte. Die Mitbestimmung betrifft somit nicht nur den **Zeitfaktor,** sondern auch den **Geldfaktor.** Von der Mitbestimmung ist neben der Festsetzung gleichermaßen die **Änderung** der Akkordsätze erfaßt. **229**

Eine **betriebliche Sozialleistung ist eine Frage der betrieblichen Lohngestaltung.** Der Dienststellenleiter ist jedoch bei der Entscheidung über Umfang und Zweck solcher Leistung frei. Wenn er die Gewährung der zinsgünstigen Darlehen an zweckgebundene Sondervermögen überträgt, so errichtet er damit eine »Sozialeinrichtung«. In einem solchen Fall käme zusätzlich das Mitbestimmungsrecht nach Nr. 5 zum Tragen (vgl. BAG, Beschluß v. 9. 12. 1980 – 1 ABR 80/77 –, AP Nr. 5 zu § 87 BetrVG 1972 Lohngestaltung). Hierbei ist die Mitbestimmung des Personalrats auf die Festlegung allgemeiner grundsätzlicher Regeln beschränkt. Die Auswahl der Empfänger und die Festsetzung der Leistung im Einzelfall unterliegt gem. dem o. a. Beschluß nicht der Mitbestimmung des Personalrats. Durch eine möglichst detaillierte Festlegung der Grundsätze grenzt der Personalrat jedoch den Ermessensspielraum des Dienststellenleiters im Einzelfall ein. Da die betriebliche Sozialleistung freiwillig ist und nicht nach gesetzlichen, tarifvertraglichen oder arbeitsvertraglichen Bestimmungen gewährt wird, sind der materielle Rahmen (Darlehenshöhe, Laufzeit, Zinssatz, Gesamtvolumen) und die Zweckbestimmung der Darlehensrichtlinien nicht mitbestimmungspflichtig. **230**

Gem. Art. 70 a Abs. 1 Satz 1 hat der Personalrat in dieser Mitbestimmungsangelegenheit ein **Initiativrecht.** Ebenso wie das Zustimmungs- oder Zustimmungsverweigerungsrecht des Personalrats durch den Tarifvorbehalt stark eingeschränkt ist, kommt auch das Initiativrecht hier wohl nur entsprechend gering zum Tragen. **231**

(**Abs. 4 Nr. 5**) Vgl. zu der Bestimmung bei **Errichtung, Verwaltung und Auflösung von Sozialeinrichtungen** § 75 Abs. 3 Nr. 3 BPersVG und § 87 Abs. 1 Nr. 8 BetrVG. Generell ist davon auszugehen, daß die Dienststellen ihre Mittelverwendung nach gesetzlichen und haushaltsrechtlichen Bestimmungen vorzunehmen haben. **232**

Eine **Sozialeinrichtung** ist die Zurverfügungstellung oder Ansammlung **233**

Art. 75

von Mitteln der Dienststelle, die auf eine gewisse Dauer berechnet sind und von der Dienststelle allein oder gemeinsam mit dem Beschäftigten oder dem Personalrat oder auch allein vom Personalrat mit dem Ziel betrieben wird, den Beschäftigten Vorteile zukommen zu lassen (vgl. BVerwG, Beschluß v. 5. 2. 1971 – VII P 12.70 –, AP Nr. 20 zu § 67 PersVG; BVerwG v. 16. 9. 1977 – VII P 10.75 –, ZBR 1978, 207). Die Wirksamkeit der Mitbestimmung setzt voraus, daß es sich um eine Einrichtung handelt, die eingerichtet, verwaltet und aufgelöst werden kann.

234 **Kennzeichen** einer solchen Einrichtung sind das Zurverfügungstellen zweckgebundener Mittel und eine gewisse Verwaltungsorganisation (vgl. BAG v. 13. 7. 1978 – 3 ABR 108/77 –, DB 1978, 2129; Beschluß v. 9. 12. 1980 – 1 ABR 80/77 –, DB 1981, 996; LAG Hamm, Beschluß v. 27. 11. 1975 – 8 TABV 88/75 –, DB 1976, 201). Entscheidend für den **Charakter** einer Sozialeinrichtung ist, daß die Dienststelle z. B. Zuschüsse, Räume, Mobiliar, aber auch Beschäftigte, also finanzielle, sachliche oder auch persönliche Mittel mit dem Zweck zur Verfügung stellt, den Beschäftigten Vorteile zu verschaffen (vgl. BVerwG, Beschluß v. 5. 2. 1971 – 7 P 12.70 –, a. a. O.).

235 Sozialeinrichtungen sind insbesondere Kantinen, Warenverkaufsstände und Automaten, Betriebskindergärten, Erholungs- und Ferienheime, Urlaubswerke, betriebliche Einrichtungen zur Gewährung einer zusätzlichen Altersversorgung, dienststelleninterne Unterstützungskassen, Betriebssporteinrichtungen, Fortbildungs- und Unterhaltungsbüchereien, besondere Pausen- oder Erholungsräume, Werkbusverkehr, Kleiderkassen.

236 **Weitere Sozialeinrichtungen** sind z. B. die Personalwohnunterkünfte eines Klinikums, da eine arbeitsplatznahe Wohnung im besonderen Interesse der Beschäftigten liegt und diese Wohnungen einen erheblichen Faktor im Wettbewerb der Kliniken bei der Gewinnung von Personal bedeuten. Die beabsichtigte Auflösung von Personalwohnunterkünften ist somit als Auflösung einer Sozialeinrichtung anzusehen und unterliegt daher der Mitbestimmung des Personalrats (BayVG München v. 13. 8. 1981). Die Errichtung und das Betreiben einer Kantine zählen grundsätzlich zu den Vorgängen, die als »Errichtung und Verwaltung von Sozialeinrichtungen« der Mitbestimmung des (jeweils zuständigen) Personalrats unterliegen. Dem Personalrat steht auch dann ein Mitbestimmungsrecht bei der Bestellung des Pächters und der Verwaltung der Betriebskantine zu, wenn der gleichzeitige Betrieb der Mensa durch das Studentenwerk aus wirtschaftlichen oder anderen Gründen zwingend die Wahl des Studentenwerks auch zum Betrieb der Kantine gebietet (vgl. BayVGH, Beschluß v. 25. 7. 1984 – 17 C 84 A 941 –, soweit ersichtlich n. v.).

237 Für die personalvertretungsrechtliche Bestimmung einer Einrichtung als Sozialeinrichtung ist es unerheblich, ob diese allein von der Dienststelle verwaltet wird. Eine Sozialeinrichtung kann auch von einer Dienststelle gemeinsam mit anderen Dienststellen, selbst wenn diese nicht derselben

Art. 75

obersten Dienstbehörde nachgeordnet sind oder sogar einen anderen Rechtsträger haben, oder mit privatrechtlich organisierten Betrieben errichtet oder verwaltet werden (vgl. BVerwG v. 15. 12. 1978 – 6 P 10.78 –, ZBR 1979, 342). Das Mitbestimmungsrecht des Personalrats greift in einem solchen Fall in dem Umfang, wie die Dienststelle an einer gemeinsamen Sozialeinrichtung beteiligt ist; ggf. kann der Personalrat nach entsprechender Dienstvereinbarung Vertreter in regelmäßig paritätisch besetzte Organe der Einrichtung entsenden, in denen die mitbestimmungspflichtigen Angelegenheiten abschließend entschieden werden (Organschaftliche Regelungen – vgl. BVerwG v. 16. 9. 1977 – VII P 10.75 –, ZBR 1978, 207).

Das Mitbestimmungsrecht besteht unabhängig von der **Rechtsform** (eingetragener Verein e. V., Gesellschaft des Handelsrechts, Anstalt oder Körperschaft des öffentl. Rechts, Abteilung usw.) der Sozialeinrichtung. Mit der Bestimmung »ohne Rücksicht auf ihre Rechtsform« hat der Gesetzgeber ausdrücklich festgestellt, daß ausnahmslos **alle** Sozialeinrichtungen der Mitbestimmung des Personalrats zugeordnet werden. Dazu zählen auch solche, die von der Dienststelle bereits vor Inkrafttreten des BPersVG errichtet worden sind (vgl. BVerwG, Beschluß v. 16. 9. 1977 – VII P 10.75 –, PersV 1979, 63). **238**

Das Mitbestimmungsrecht bezieht sich grundsätzlich auch auf Einzelmaßnahmen und ist einer Einschränkung durch Verwaltungsvorschriften nicht zugänglich. Zwar kann das Mitbestimmungsrecht an Einzelmaßnahmen der Verwaltung einer Sozialeinrichtung auf örtlicher Ebene dadurch insoweit verbraucht und abgegolten werden, als unter Beteiligung des Hauptpersonalrats allgemeine Regelungen für die Verwaltung getroffen werden. Beim Erlaß von Verwaltungsrichtlinien tritt ein solcher Verbrauch des Mitbestimmungsrechts an der Einzelfallregelung auf örtlicher Ebene aber nur ein, soweit die unter Beteiligung des Hauptpersonalrats erlassenen Richtlinien den Gegenstand selbst erschöpfend regeln (vgl. OVG Niedersachsen, Beschluß v. 9. 9. 1994 – 17 L 133/94 –, PersR 1994, 565). **239**

Das Mitbestimmungsrecht beinhaltet alle Stadien der Existenz einer Sozialeinrichtung von ihrer beabsichtigten **Gründung bis zu ihrer Auflösung. Errichtung** ist dabei die Beantwortung der Frage nach dem Ob und Wie der Schaffung einer **Sozialeinrichtung.** Zur **Verwaltung** zählen alle Maßnahmen der inneren Organisation der Sozialeinrichtung ebenso wie die Festlegung im Einzelfall. So die Auswahl des dort zu beschäftigenden Personals, die Anschaffung von Einrichtungsgegenständen, die etwaige Festlegung von Preisen und z. B. in einer Kantine die Bestimmung des Speiseplans. Die **Auflösung** beschreibt jede mögliche Aufgabe der Sozialeinrichtung; sie ist auch dann gegeben, wenn diese in eine andere Form übergeführt wird, ohne die Existenz aufzuheben. Keine Aufhebung oder Beschränkung erfährt das Mitbestimmungsrecht, wenn die Sozialeinrichtung in eine rechtlich selbständige oder verpachtete Einrichtung **240**

Art. 75

übergeführt wird. Der Personalrat übt es weiterhin gegenüber dem Dienststellenleiter und nicht gegenüber dem **Pächter** oder einem sonstigen Vertreter einer rechtlich selbständigen Einrichtung aus. Ein Pächter, der beabsichtigt, in der ihm verpachteten Kantine den Essenspreis zu erhöhen, bedarf der Zustimmung des Personalrats. Diese wird nicht durch ihn, sondern durch den Dienststellenleiter eingeholt (vgl. BAG v. 6. 12. 1963 – 1 ABR 9/63 – und v. 22. 1. 1965 – 1 ABR 9/64 –, AP Nr. 6 und 7 zu § 56 BetrVG Wohlfahrtseinrichtung). Stimmt der Personalrat der beabsichtigten **Preisänderung** nicht zu, so darf der Dienststellenleiter die Preisänderung gegenüber dem Pächter nicht genehmigen. Eine solche Regelung ist jedoch nur dann möglich, wenn im mitbestimmungspflichtigen Pachtvertrag Genehmigungsvorbehalte des Dienststellenleiters für Verwaltungsmaßnahmen enthalten sind. Der **Umbau** eines zu einer Dienststelle gehörenden Personalwohnhauses, durch den die Wohnverhältnisse der darin wohnenden Beschäftigten erheblich verändert werden, unterliegt der Mitbestimmung bei der Errichtung einer Sozialeinrichtung (vgl. BVerwG, Beschluß v. 24. 4. 1992 – 6 P 33.90 –, PersR 1992, 308).

Die Gewährung von Vorteilen durch eine Sozialeinrichtung setzt voraus, daß die Dienststelle selbst die Einrichtung verwaltet und der Personalrat daher an allen Verwaltungsmaßnahmen nach Art 75 Abs. 4 Nr. 5 mitbestimmen kann. Wird die Sozialeinrichtung in der **Rechtsform** einer juristischen Person des Privatrechts geführt, muß die Dienststelle auf alle Verwaltungsmaßnahmen gestaltend Einfluß nehmen können. Gibt die Dienststelle einen solchen Einfluß auf, verliert die Einrichtung ihren Charakter als Sozialeinrichtung i. S. d. Personalvertretungsrechts. Der Personalrat hat an derartigen Maßnahmen ein Mitbestimmungsrecht wegen **Auflösung** der Sozialeinrichtung, selbst wenn die Beschäftigten ähnliche Vorteile auch künftig erhalten sollen, da für eine solche Vorteilsgewährung allein das Mitbestimmungsrecht nach Art. 75 Abs. 4 Nr. 5 BPersVG gegeben ist (vgl. VG Frankfurt/Main, Beschluß v. 3. 12. 1999 – 22 K 4462/99 (V) –, PersR 2000, 124).

Zur Verwaltung einer Sozialeinrichtung gehört es, wenn die Dienststelle die Erfüllung der Aufgaben des angestellten Hausmeisters eines Schwesternwohnheimes als **Hausmeisterbetriebsservice** einer **Fremdfirma** überträgt (vgl. OVG Hamburg, Beschluß v. 11. 6. 2001 – 8 Bf 424/00.PVL).

241 Der Personalrat als solcher kann **nicht Träger** der Sozialeinrichtung Kantine sein, weil er insoweit weder rechts- noch vermögensfähig ist. Führen Personalratsmitglieder aufgrund eigenen Entschlusses oder eines Personalratsbeschlusses Rechtsgeschäfte außerhalb der ihnen gesetzlich zugewiesenen Einzelfälle durch, so entstehen Verbindlichkeiten, für die sie persönlich nach den allgemeinen Regeln des Schuldrechts gegenüber Dritten einzustehen haben. Im Regelfall ist aber davon auszugehen, daß Personalratsmitglieder nicht den Willen haben, privatrechtliche Verpflichtungen finanzieller Art einzugehen (vgl. BAG v. 24. 4. 1986 – 6 AZR 607/83 –, AuR 1986, 379).

Keine Sozialeinrichtung im personalvertretungsrechtlichen Sinne sind **242** **Selbsthilfeeinrichtungen** der Beschäftigten, die von diesen allein verwaltet werden. Dabei ist es unerheblich, ob die Dienststelle Zuschüsse gewährt oder nicht.

Ein Mitbestimmungsrecht besteht nicht, wenn die Dienststelle die Arbeit **243** einer **rechtlich selbständigen Einrichtung,** die die sozialen Belange der Beschäftigten der Dienststelle zu fördern bestimmt ist, durch finanzielle Zuwendungen sowie materielle und persönliche Hilfeleistungen unterstützt, ohne sich an deren Errichtung, Verwaltung und möglicher Auflösung zu beteiligen, mag die geleistete Unterstützung die Einrichtung auch erst in den Stand setzen, ihren Zweck zu erfüllen (vgl. BVerwG, Beschluß v. 12. 7. 1984 – 6 P 14.83 –, PersR 1986, 78).

Erhält eine als **eingetragener Verein** errichtete Sozialeinrichtung für **244** Angehörige des öffentlichen Dienstes nicht mehr die bisher von den Dienstherren ihrer Mitglieder gewährten Zuschüsse, so ist darin keine mitbestimmungsbedürftige Auflösung der Sozialeinrichtung zu sehen. Wesentliches Merkmal einer Sozialeinrichtung im Sinne des Personalvertretungsrechts ist der rechtlich gesicherte Einfluß der Dienststelle auf die Einrichtung und ihr Recht, an deren Verwaltung mitzuwirken (vgl. BVerwG, Beschluß v. 5. 9. 1986 – 6 P 10.84 –, PersR 1987, 21). Ebenso wie bei der Gewährung eines **Essenszuschusses** (vgl. OVG NW v. 26. 6. 1984 – CL 9/83 –) fehlt es auch bei der Gewährung von **Fahrtkostenzuschüssen** an einer verwaltbaren Einrichtung mit einer eigenen Organisation, so daß die Annahme einer Sozialeinrichtung ausscheidet (so auch Hess. VGH v. 15. 12. 1975 – HPV TL 2/75 –; vgl. OVG NW, Beschluß v. 6. 11. 1985 – CL 21/84 –, PersR 1987, 43).

(Abs. 4 Nr. 6) Das Beteiligungsrecht bei der **Berufsausbildung der An-** **245** **gestellten und Arbeiter** stimmt wörtlich mit § 75 Abs. 3 Nr. 6 BPersVG überein. Darüber hinaus wird den Personalräten im Geltungsbereich des BPersVG die Mitbestimmung bei der Auswahl der Teilnehmer an Fortbildungsveranstaltungen für Angestellte und Arbeiter (§ 75 Abs. 3 Nr. 7 BPersVG) und über allgemeine Fragen der Fortbildung von Angestellten, Arbeitern und Beamten (§ 76 Abs. 2 Nr. 6 BPersVG) zugestanden. Im BetrVG wird in den §§ 96 bis 98 Arbeitgeber und Betriebsrat eine ausdrückliche Förderpflicht der Berufsbildung der Arbeitnehmer übertragen, dem Betriebsrat ein Beratungsrecht über die Errichtung und Ausstattung betrieblicher Einrichtungen zur Berufsbildung, die Einführung betrieblicher Berufsbildungsmaßnahmen und die Teilnahme an außerbetrieblichen Berufsbildungsmaßnahmen sowie ein Mitbestimmungsrecht über die Maßnahmen der betrieblichen Berufsbildung zugestanden.

Berufsausbildung ist gem. § 1 Abs. 2 Satz 1 BBiG die Vermittlung einer **246** breit angelegten beruflichen Grundbildung und der für die Ausübung

Art. 75

einer qualifizierten beruflichen Tätigkeit notwendigen fachlichen Fertigkeiten und Kenntnisse in einem geordneten Ausbildungsgang. Sie hat ferner den Erwerb der erforderlichen Berufserfahrung zu ermöglichen (§ 1 Abs. 2 Satz 2 BBiG). Die Bestimmungen des Berufsbildungsgesetzes gelten für die Berufsausbildung in Dienststellen, Betrieben und Einrichtungen des öffentlichen Dienstes, wenn die Ausbildung in einem arbeitsrechtlichen Ausbildungs- oder Beschäftigungsverhältnis erfolgt. Es handelt sich auch dann um eine Berufsausbildung von Angestellten und Arbeitern, wenn nach der Ausbildung die Übernahme in ein Beamtenverhältnis erfolgt. Die Vorschriften des BBiG gelten nur dann nicht, wenn die Berufsbildung in einem öffentlich-rechtlichen Dienstverhältnis erfolgt (§ 2 Abs. 2 Nr. 1 BBiG) oder für ein Berufsausbildungsverhältnis, das ausdrücklich mit dem ausschließlichen Ziel einer späteren Verwendung als Beamter begründet wird (§ 83 BBiG). Die Durchführung der gesetzlich festgelegten Ausbildungsregeln z. B. des BBiG ist mitbestimmungsfrei, zählt jedoch zu den allgemeinen Aufgaben des Art. 69.

247 Zum **Umfang** des Mitbestimmungsrechts ist festzustellen, daß es nur insoweit besteht, als die Dienststelle selbst die Berufsausbildung durchführt oder regelt. Daher unterliegt auch die Einrichtung und Erschließung von Ausbildungswerkstätten der Mitbestimmung (vgl. OVG Münster v. 11. 1. 1979 – ZB 26/78 –, ZBR 1980, 131). Die mitbestimmungspflichtige Durchführung der Berufsausbildung in der Dienststelle umfaßt den Einsatz der Auszubildenden in Ausbildungsstellen und den berufsbildenden Unterricht, der von der Dienststelle zusätzlich zum Berufsschulunterricht erteilt wird. Das Mitbestimmungsrecht ist nicht auf die Aufstellung genereller Regelungen für die Berufsausbildung beschränkt, sondern umfaßt **jede Einzelmaßnahme,** die mit der Durchführung der Berufsausbildung im Zusammenhang steht, wie z. B. eine Einzel- oder auch Sammelzuweisung der Auszubildenden an die einzelnen Ausbildungsplätze (vgl. BVerwG, Beschluß v. 15. 12. 1972 – VII P 4.71 –, PersV 1973, 111; BVerwG v. 3. 11. 1978 – 6 P 74.78 –, ZBR 1979, 214).

Das Mitbestimmungsrecht des Personalrats an der Durchführung der Berufsausbildung betrifft nur die unmittelbar damit zusammenhängenden Maßnahmen. Dies ist bei der Festsetzung von **Ausbildungsquoten** an den einzelnen Arbeitsämtern durch ein Landesarbeitsamt nicht der Fall (vgl. BVerwG, Beschluß v. 10. 11. 1999 – 6 P 12.98 –, PersR 2000, 70).

Nicht mitbestimmungspflichtig dagegen ist die direkte Durchführung der Ausbildung durch die beauftragten Ausbilder im Einzelfall. Allerdings hat der Personalrat gem. Art. 69 Abs. 1 Buchst. b die Überwachungspflicht hinsichtlich aller geltenden Vorschriften zur Berufsausbildung. Mit Ausnahme der Gestaltung von Lehrveranstaltungen und der Auswahl von Lehrpersonen erstreckt sich das Mitbestimmungsrecht auf alle Maßnahmen, die den Gesamtverlauf oder Einzelheiten der Berufsausbildung regeln und die darauf gerichtet sind, unmittelbar in die Gestaltung oder Durchführung der Berufsausbildung in den nicht von der Mitbestimmung ausgenommenen Bereichen einzugreifen. Das ist z. B. der Fall bei der Festlegung des zeitlichen Ablaufs der Berufsausbildung, der Bestimmung des Ortes und der Räumlichkeiten, in denen sie durchgeführt wird, und der Regelung der Art und Weise, wie die Teilnehmer an der Berufsausbildung in den Dienstablauf innerhalb der ausbildenden Dienststellen oder Betriebe eingegliedert werden (vgl. BVerwG, Beschluß v. 28. 12. 1984 – 6 P 5.84 –, PR 1986, 79).

Die Forderung der Personalvertretung (Initiativrecht nach Art. 70 a) nach einer bestimmten Zahl von qualifizierten und hauptamtlich tätigen Ausbildern betrifft nur mittelbar die »Durchführung der Berufsbildung«; unmittelbar zielt sie auf eine Beteiligung an Maßnahmen der Haushaltswirtschaft, die der »Durchführung der Berufsbildung« vorgeschaltet sind (vgl. BVerwG, Beschluß v. 24. 3. 1998 – 6 P 1.96 –, PersR 1998, 331; der Beschluß erging zu §§ 79 Abs. 3 Satz 1, 86 Abs. 1 Nr. 6 HmbPersVG, das dem Personalrat kein Initiativrecht hierzu einräumt).

248 Zum Mitbestimmungstatbestand zählt neben der Berufsausbildung auch die berufliche **Umschulung.** Das Beteiligungsrecht des Personalrats bei den Fragen der Fortbildung der Beschäftigten und der Aufstellung von Grundsätzen für die Auswahl von Teilnehmern an Fortbildungsveranstaltungen findet sich beschränkt als Recht der Mitwirkung in Art. 76 Abs. 1 Nrn. 7 und 8.

249 (Abs. 4 Nr. 7) Im BPersVG wird das Mitbestimmungsrecht des Personalrats bei der **Bestellung von Vertrauens- oder Betriebsärzten** als Angestellte in § 75 Abs. 3 Nr. 10 und als Beamte in § 76 Abs. 2 Nr. 4 geregelt. Der Mitbestimmungstatbestand ist nicht von der Begründung eines Vertragsverhältnisses als Angestellter oder Ernennung als Beamter abhängig, sondern umfaßt **alle** möglichen Formen der Bestellung. Im BetrVG hat der Betriebsrat gem. § 87 Abs. 1 Nr. 7 bei Regelungen über die Verhütung von Arbeitsunfällen und Berufskrankheiten sowie über den Gesundheitsschutz im Rahmen der gesetzlichen Vorschriften oder der Unfallverhütungsvorschriften mitzubestimmen. Hier wird das Mitbestimmungsrecht in § 9 Abs. 3 Arbeitssicherheitsgesetz (ASiG) konkretisiert.

250 **Vertrauensärzte** sind Ärzte, die Feststellungen hinsichtlich des Gesundheitszustandes, der Erkrankung oder der Erholungsbedürftigkeit von Beschäftigten oder Einstellungsbewerbern (§ 7 BAT, § 10 MTArb, § 10 BMT-G II) im Auftrage der Dienststelle treffen. Nicht zu den Vertrauensärzten i. S. d. Gesetzes zählen die von den Trägern der Sozialversicherung bestellten Vertrauensärzte.

251 **Betriebsärzte** haben die Aufgabe, den Arbeitgeber beim Arbeitsschutz und bei der Unfallverhütung in allen Fragen des Gesundheitsschutzes zu unterstützen, die Beschäftigten medizinisch zu betreuen und zu beraten. Zu den Aufgaben der Betriebsärzte im einzelnen vgl. § 3 ASiG. Nicht zu den Aufgaben der Betriebsärzte gehört es, Krankmeldungen der Arbeit-

Art. 75

nehmer auf ihre Berechtigung zu überprüfen (vgl. § 3 Abs. 3 ASiG). Beide Funktionen können nicht von **einem** Arzt ausgeübt werden.

252 Gem. § 16 ASiG ist in **Verwaltungen und Betrieben des Bundes, der Länder, der Gemeinden und der sonstigen Körperschaften, Anstalten und Stiftungen des öffentlichen Rechts** ein den Grundsätzen dieses Gesetzes **gleichwertiger arbeitsmedizinischer und sicherheitstechnischer Arbeitsschutz** zu gewährleisten. Hierzu zählt insbesondere die Bestellung von Betriebsärzten und Fachkräften für Arbeitssicherheit. Zum Mitbestimmungsrecht des Personalrats zählt somit auch die Entscheidung, ob und welcher überbetriebliche ärztliche Dienst verpflichtet werden soll.

253 Das Mitbestimmungsrecht bei der **Bestellung** umfaßt verschiedene **Fallgestaltungen.** Der Begriff der Bestellung umfaßt nicht nur die **Einstellung eines Vertrauens- oder Betriebsarztes** als Angestellter oder Beamter, sondern auch die **vertragliche Abmachung** zwischen Dienststelle und Arzt zur Wahrnehmung der Aufgaben als Vertrauens- oder Betriebsarzt. Dabei kann es sich um frei praktizierende Ärzte, um Ärzte, die in anderen Dienststellen beschäftigt sind, und um Ärzte der eigenen Dienststelle, die bisher andere Aufgaben wahrgenommen haben bzw. die Aufgaben des Vertrauens- oder Betriebsarztes zusätzlich übernehmen sollen, handeln. Bei der mitbestimmungspflichtigen Bestellung eines freiberuflich tätigen Arztes (vgl. BVerwG, Beschluß v. 25. 1. 1995 – 6 P 19.93 –, PersR 1995, 300) ist es auch denkbar, daß eine entsprechende Vereinbarung mit einer Ärztegemeinschaft getroffen wird.

254 Für den Fall einer Einstellung als Vertrauens- oder Betriebsarzt liegen **zwei gesonderte Beteiligungsrechte** vor: einmal das Mitbestimmungsrecht bei einer **Einstellung** nach Abs. 1 Satz 1 Nr. 1 und außerdem das der **Bestellung** nach Abs. 4 Satz 1 Nr. 7. Das Beteiligungsrecht bei einer Einstellung ist eine **Gruppenangelegenheit,** die der Zustimmung der Angestellten- **oder** Beamtengruppe bedarf, während das der Bestellung eine **gemeinsame Angelegenheit** ist, die die Zustimmung des gesamten Organs des Personalrats voraussetzt.

255 Die **Abberufung** von Vertrauens- und Betriebsärzten findet sich nicht wörtlich im Gesetz. Allerdings wird in § 9 Abs. 3 Satz 1 ASiG ausdrücklich bestimmt, daß nicht nur die **Bestellung,** sondern auch die **Abberufung** der Betriebsärzte der Zustimmung des Betriebsrats bedarf. In der inhaltlichen und rechtlichen Gesamtwürdigung des Mitbestimmungstatbestands wird mehrheitlich in den Kommentaren davon ausgegangen, daß die Abberufung der sog. »actus contrarius« zur Bestellung ist (vgl. ABW, Art. 75 Rn. 14 m. w. N.). Das Beteiligungsrecht der Bestellung schließt somit auch die Beteiligung bei der Abberufung ein. Zu diesen Mitbestimmungstatbeständen hat der Personalrat das Initiativrecht nach Art. 70a Abs. 2, wobei die oberste Dienstbehörde endgültig entscheidet.

256 (Abs. 4 Nr. 8) Der Mitbestimmungstatbestand bei **Maßnahmen zur Ver-**

Art. 75

hütung von Unfällen und sonstigen Gesundheitsschädigungen ist wörtlich und inhaltlich gleich mit dem des § 75 Abs. 3 Nr. 11 BPersVG. Zum Beteiligungsrecht des Betriebsrats gem. § 87 Abs. 1 Nr. 7 BetrVG vgl. Art. 79 Rn. 1 ff. Während Art. 79 die besonderen Aufgaben des Personalrats in der Dienststelle bei Unfallverhütung und Arbeitsschutz beschreibt, wird hier das förmliche Mitbestimmungsrecht mit dem Initiativrecht nach Art. 70 a Abs. 1 und der endgültigen Entscheidung der Einigungsstelle eingeräumt (vgl. auch Art. 79 Rn. 1 ff.).

Zur Verhütung von Dienst- und Arbeitsunfällen sowie von sonstigen **257** Gesundheitsschädigungen, die durch die Berufstätigkeit entstehen können, ist der **Dienststellenleiter** gem. § 618 BGB und kraft seiner Fürsorgepflicht nach Art. 86 BayBG verpflichtet. Die Beteiligung des Personalrats ergibt sich aus dem Mitbestimmungstatbestand, seinen Aufgaben nach Art. 79 und seiner Überwachungspflicht nach Art. 69 Abs. 1 Buchst. b BayPVG. Mitbestimmungsrecht, besondere Aufgaben und Überwachungspflicht des Personalrats berühren jedoch nicht die rechtliche Alleinverantwortlichkeit des Dienststellenleiters und die Verpflichtung, evtl. entstandene Schäden (§§ 823 bis 847 BGB) zu ersetzen (vgl. Graßl, Arbeitssicherheit und Unfallverhütung, PersV 1985, 4).

Die Mitbestimmung des Personalrats **umfaßt nicht nur allgemeine Maß- 258 nahmen** zur Verhütung von Dienst- und Arbeitsunfällen und sonstigen Gesundheitsschädigungen, sondern auch die Beteiligung in allen Einzelmaßnahmen, die die Entstehung von Schäden verhindern sollen (vgl. OVG Münster v. 30. 4. 1979 – CL 5/79 –). So ist ein absolutes Alkoholverbot für Kraftfahrer i. S. dieses Mitbestimmungsrechts beteiligungspflichtig (vgl. BAG, Urteil v. 23. 9. 1986 – 1 AZR 83/85 –, PersR 1987, 61, und AP Nr. 20 zu § 75 BPersVG).

Zu diesen beteiligungspflichtigen Maßnahmen gehören auch Regelungen **259** zur Verhütung von Gesundheitsschädigungen, die bei der Einführung **neuer Technologien** und Arbeitsmethoden auftreten können (z. B. Einrichtung und Benutzung von Bildschirmarbeitsplätzen: ergonomische Gestaltung der Arbeitsmittel, augenärztliche Untersuchungen, Kurzpausen und Begrenzung der Arbeitszeit). Die Maßnahmen können sowohl technischer Art sein als auch zum Bereich des sozialen Arbeitsschutzes zählen (Arbeitszeit, Jugendarbeitsschutz, Mutterschutz), soweit ihr Ziel der Unfallverhütung und dem Gesundheitsschutz dient.

Das Beteiligungsrecht **umfaßt** alle Maßnahmen, die in Erfüllung ent- **260** sprechender gesetzlicher Auflagen seitens der Dienststelle durchzuführen sind, ist aber im Gegensatz zu § 87 Abs. 1 Nr. 7 BetrVG darauf nicht beschränkt (vgl. OVG Hamburg v. 20. 1. 1979 – OVG Bs PB 5/79 –, ZBR 1980, 259). Ist der Mitbestimmungstatbestand durch zwingende gesetzliche oder tarifvertragliche Normen erschöpfend erfüllt, besteht anstelle der Mitbestimmung die Überwachungspflicht nach Art. 69. Sind jedoch von der Dienststelle die allgemeinen gesetzlichen und tarifvertraglichen Bestimmungen auf die Situation bzw. den Einzelfall in der Dienststelle

Art. 75

anzuwenden, so ist der hierbei gegebene Entscheidungsspielraum für eigene Maßnahmen der Dienststelle mitbestimmungspflichtig. Sind solche Vorschriften nicht vorhanden, bezieht sich das Mitbestimmungsrecht auf die Entscheidung über Art und Umfang der Maßnahme und auf ihren Vollzug.

261 Nicht der Mitbestimmung der Personalvertretung sollen Maßnahmen zur **Asbestsanierung** von Schulräumen wegen ihrer erheblichen organisatorischen Bedeutung unterliegen (vgl. BVerwG, Beschluß v. 2. 10. 1995 – 6 P 27.93 –, PersR 1996, 151). Ebenso soll der Personalvertretung ein Initiativrecht zur Einleitung von Maßnahmen zur Asbestsanierung von Schulräumen nicht zustehen, weil solche die Aufgabenerfüllung nach außen berührenden Maßnahmen als organisatorische Angelegenheit nach § 104 Satz 3 BPersVG nicht der Mitbestimmung der Personalvertretung unterliegen (vgl. BVerwG, Beschluß v. 29. 1. 1996 – 6 P 1.93 –, PersR 1996, 280).

Weiterhin sollen Maßnahmen zur Beseitigung von Schaben und zur **Entgiftung** von insektengiftbelasteten Räumen in Schulen wegen ihrer erheblichen organisatorischen Bedeutung nicht der Mitbestimmung der Personalvertretung unterliegen, weil sie der Erfüllung der der Schule obliegenden Aufgabe der ordnungsgemäßen Unterrichtung der Schüler dienen (vgl. BVerwG, Beschluß v. 31. 10. 1995 – 6 P 30.93 –, PersR 1996, 154).

Beide Beschlüsse vermögen schon wegen des Gesetzeswortlauts der Bestimmung unter Beachtung des Gesetzesvorbehalts in keinster Weise überzeugen. Für Personalräte und Dienststellen, die mit dem Willen Dienst- und Arbeitsunfälle und sonstige Gesundheitsschädigungen kooperativ verhindern wollen und die gesetzliche Verpflichtung nicht als lästige Pflicht, sondern als wichtige Aufgabe empfinden, sind die Auffassungen des BVerwG wenig hilfreich. Allerdings steht dem Arbeitnehmer das Recht gem. §§ 618 Abs. 1 und 273 Abs. 1 BGB zu, die **Arbeit** in Räumen zu **verweigern**, die über das baurechtlich zulässige Maß hinaus mit Gefahrstoffen belastet sind (vgl. BAG, Urteil v. 19. 2. 97 – 5 AZR 982/94, PersR 1997, 412).

Keine mitbestimmungspflichtige Maßnahme ist die Anweisung, die am Dienstgebäude angebrachten – windempfindlichen – Außenjalousien, die dem Blendschutz dienen und eine übermäßige Erwärmung der Arbeitsräume verhindern sollen, zur Vermeidung von Nutzungseinschränkungen und Reparaturkosten stets nach Dienstschluß sowie während der Dienstzeit bei starker Windbelastung einzurollen. Dies geht nicht über die Verfügung zur Beachtung der **Gebrauchsanweisung für ein technisches Gerät** hinaus und stellt deshalb keine mitbestimmungspflichtige Maßnahme dar. Die Aufhebung einer mitbestimmungspflichtigen Maßnahme zur Verhütung von Arbeits-/Dienstunfällen oder sonstigen Gesundheitsschädigungen unterliegt ihrerseits einer Mitbestimmung nur, wenn sie selbst auf die Verhütung von Dienst-/Arbeitsunfällen oder sonstigen Ge-

Art. 75

sundheitsschädigungen zielt (vgl. OVG NW, Beschluß v. 3. 2. 2000 – 1 A 5029/98.PVL –, PersR 2001, 25).

Nimmt der Arbeitgeber oder die zuständige Stelle die gebotene fachkundige Überprüfung der **Unbedenklichkeit des Arbeitsplatzes** einer schwangeren Arbeitnehmerin nicht vor und bestehen aus ärztlicher Sicht ernstzunehmende Anhaltspunkte dafür, daß vom Arbeitsplatz Gefahren für Leben oder Gesundheit von Mutter und Kind ausgehen können, so darf der Arzt bis zu einer Klärung ausnahmsweise ein vorläufiges **Beschäftigungsverbot** aussprechen (vgl. BAG, Urteil v. 11. 11. 1998 – 5 AZR 49/98 –, AiB 2000, 222).

Das Beteiligungsrecht erstreckt sich grundsätzlich auch auf die Bestellung von **Sicherheitsbeauftragten** und **Arbeitsschutzausschüssen** i. S. d. § 22 SGB VII, § 9 UVV (VBG 1) und § 11 ASiG sowie auf die Einstellung von Fachkräften für Arbeitssicherheit (§ 5 ASiG) wie z. B. Unfallverhütungsbeamte, Sicherheitsingenieure oder die Beauftragung vorhandener Beschäftigter mit dieser Aufgabe. **262**

Die **Bestellung** von Sicherheitsbeauftragten oder Fachkräften für Arbeitssicherheit ist **keine Gruppenangelegenheit.** Bei der evtl. Zustimmungsverweigerung ist der Personalrat nicht auf Abs. 2 beschränkt. Nach § 11 ASiG ist ein Arbeitsschutzausschuß zu bilden. Die Beteiligungstatbestände können zwischen Maßnahmen zur Verhütung von Dienst- und Arbeitsunfällen und sonstigen Gesundheitsschädigungen einerseits und der Unfallverhütung und des Arbeitsschutzes andererseits fließend sein. Zu den Maßnahmen zur Verhütung von sonstigen Gesundheitsschädigungen zählen die Vorkehrungen der Verhütung von Unfällen und Berufskrankheiten, Überwachung der Beschaffenheit der Arbeitsräume, damit deren Unzulänglichkeit nicht zu einer Gesundheitsgefährdung führt. Nicht als mitbestimmungspflichtige Maßnahme hat das BVerwG die Neufestsetzung der Reinigungshäufigkeit in Diensträumen gewertet (vgl. BVerwG, Beschluß v. 25. 8. 1986 – 6 P 16.84 –, PersR 1986, 235; ABW, Art. 75 Rn. 149 m. w. N. zum Problem »Hygiene«).

Der Mitbestimmungstatbestand des Abs. 4 Nr. 8 erfaßt nur solche Maßnahmen, deren unmittelbarer **Zweck** die Verhütung von Gesundheitsschädigungen ist, die den Beschäftigten am Arbeitsplatz drohen. Dabei kommt es auf den erklärten Zweck der Maßnahme an. Dient eine Maßnahme allgemeinen Schutzzwecken, nicht in erster Linie dem Schutz der Beschäftigten, so findet dabei eine Mitbestimmung nach Art. 75 Abs. 4 Nr. 8 BayPVG oder ein Initiativverfahren nicht statt; die Personalvertretung ist vielmehr auf ihr Beteiligungsrecht nach Art. 69 BayPVG beschränkt. **263**

Beispiel: Die (allgemeine) Regelung bzw. Beschränkung der Höchstgeschwindigkeit an Arbeitsstellen in den bundeseinheitlichen Richtlinien für die Sicherung von Arbeitsstellen auf Straßen (RSA) richtet sich wie die konkrete Einzelanordnung (Allgemeinverfügung) zunächst aus-

Art. 75

schließlich an die Verkehrsteilnehmer und dient von ihrer allgemeinen straßenverkehrsrechtlichen Zweckrichtung her in erster Linie der Sicherheit des Straßenverkehrs. Das gilt auch für den in den RSA geregelten Einsatz von Warnposten an Arbeitsstellen und für den beantragten Wegfall solcher Warnposten (vgl. BayVGH, Beschluß v. 31. 7. 1985 – Nr. 17 C 85 A. 1946 –, PersR 1986, 199 mit Anm. Ruf).

Die Auswahl von **Schutzkleidung** z. B. für Beschäftigte eines Krankenhauses unterliegt der Mitbestimmung. Dies gilt auch, wenn die Dienststelle auf ein einheitliches Erscheinungsbild einzelner Beschäftigungsgruppen im Krankenhaus Wert legt. Die Auswahl von Schutzkleidung unterliegt aber nicht der Mitwirkung nach Art. 76 Abs. 1 Nr. 2 BayPVG – Regelung der Ordnung in der Dienststelle und des Verhaltens der Beschäftigten – (vgl. VGH Baden-Württemberg, Beschluß v. 27. 9. 1994 – PL 15 S 2844/93 –, PersR 1995, 214).

264 Bei der Behandlung einzelner Tatbestände sind auch die Sachverhalte und Ausführungen zu Art. 76 Abs. 2 Nr. 3 (Gestaltung der Arbeitsplätze) und Art. 79 (Unfallverhütung und Arbeitsschutz) ggf. beteiligungsrelevant. Nicht mitbestimmungspflichtig ist die Anordnung der amts- oder vertrauensärztlichen Untersuchung zur Klärung der Dienstfähigkeit (vgl. BVerwG, Beschluß v. 23. 1. 1986 – 6 P 8.83 –, PersV 1986, 323).

265 Im Falle des **Zusammentreffens mehrerer Beteiligungsrechte** gelten die Rechtsfolgen grundsätzlich nebeneinander; keinesfalls ist allgemein davon auszugehen, daß das schwächere Beteiligungsrecht das stärkere verdrängt. Dies widerspräche dem geäußerten Willen des Gesetzgebers (a. A. BVerwG, Beschluß v. 7. 2. 1980 – 6 P 35.78 –, PersV 1980, 238). In der zum Berliner PersVG ergangenen Entscheidung hat das BVerwG die Auffassung vertreten, daß bei einer Konkurrenz eines eingeschränkten Mitbestimmungsrechts bei Maßnahmen zur Hebung der Arbeitsleistung und Erleichterung des Arbeitsablaufs und eines Mitwirkungsrechts bei Einführung grundlegend neuer Arbeitsmethoden das schwächere Mitwirkungsrecht dem stärkeren Mitbestimmungsrecht mit verdrängender Wirkung vorgehen müsse, weil so dem Verfassungsprinzip der Regierungsverantwortung am besten Rechnung getragen werde. Eine solche Folgerung für die Konkurrenz zwischen Beteiligungsrechten unterschiedlicher Qualität läßt sich jedoch aus der Rahmenvorschrift des Satzes 3 nicht ziehen. Der Satz 3 entzieht lediglich der Einigungsstelle in bestimmten Angelegenheiten die Letztentscheidung, stellt aber keine Regeln für die Konkurrenz von Beteiligungsrechten unterschiedlicher Qualität auf. Nach den üblichen Konkurrenzregeln gelten die Rechtsfolgen grundsätzlich nebeneinander, wenn ein Sachverhalt mehrere Tatbestände erfüllt. Das gilt auch dann, wenn einer dieser Tatbestände eine organisatorische Angelegenheit i. S. d. Satzes 3 ist (vgl. ABW, Art. 75 Rn. 151 m. w. N.).

266 Individualrechtlich ist auch das **Zurückbehaltungsrecht der Beschäftigten** nach § 273 BGB zu beachten, wenn ganz allgemein Arbeitgeber ihre Verpflichtungen nicht erfüllen, wie z. B. die Beschäftigten während der Arbeitszeit gegen Gefahren für Leben und Gesundheit zu schützen (vgl. § 618 Abs. 1 BGB, § 62 Abs. 1 HGB). Zu dieser allgemeinen Bestimmung ist zum 26. 10. 1993 die Verordnung zum Schutz vor gefährlichen Stoffen (Gefahrstoffverordnung – GefStoffV, BGBl. I S. 1782, geänd. durch Verordnung vom 12. 6. 1998, BGBl. I S. 1286) hinzugekommen. Nach § 21 Abs. 6 GefStoffV haben einzelne Arbeitnehmer das Recht, ihre Arbeitsleistung zurückzuhalten, wenn an deren Arbeitsplätzen die Maximale Arbeitsplatzkonzentration oder die Technische Richtkonzentration oder der Biologische Arbeitsplatztoleranzwert nicht unterschritten werden und durch die Überschreitung eine unmittelbare Gefahr für Leben und Gesundheit besteht (vgl. Boettcher, Zurückbehaltungsrecht nach der GefStoffV, Schein oder Wirklichkeit? AiB 1987, 34).

Zum Begehren eines Beamten hat das BVerwG entschieden, daß die Fürsorgepflicht des Dienstherrn nur einen Anspruch umfaßt, an seinem jeweiligen Arbeitsplatz vor gesundheitlichen Beeinträchtigungen durch **Tabakrauch** geschützt zu werden. Ein Anspruch auf Erlaß eines allgemeinen **Rauchverbots** in der Dienststelle steht dem **Nichtraucher** nicht zu (vgl. zur Bundeswehr BVerwG, Urteil v. 25. 2. 1993 – 2 C 14.91 –, PersR 93, 573). Arbeitnehmer haben nach § 618 Abs. 1 BGB einen arbeitsvertraglichen Anspruch auf einen **tabakfreien Arbeitsplatz**, wenn das für sie aus gesundheitlichen Gründen geboten ist (vgl. BAG, Urteil v. 17. 2. 1998 – 9 AZR 84/97 –, PersR 1999, 44).

Bei erheblicher Asbestbelastung kann ein Zurückbehaltungsrecht der Beschäftigten bis zur endgültigen Sanierung des Arbeitsplatzes bei Beweislast der Dienststelle gegeben sein (vgl. LAG Köln, Urteil v. 22. 1. 1993 – 12 Sa 872/92 –, PersR 1993, 421).

(Abs. 4 Nr. 9) Der Mitbestimmungstatbestand »**Bewertung von anerkannten Vorschlägen im Rahmen des betrieblichen Vorschlagswesens**« ist wortgleich mit dem des § 75 Abs. 3 Nr. 12 BPersVG; im BetrVG wird den Betriebsräten ein weitgefaßtes Beteiligungsrecht zu den Grundsätzen über das betriebliche Vorschlagswesen in § 87 Abs. 1 Nr. 12 BetrVG eingeräumt. **267**

Mit dem Begriff »**betriebliches Vorschlagswesen**« wird das Einreichen von Verbesserungsvorschlägen seitens der Beschäftigten mit dem Ziel technischer, kaufmännischer oder organisatorischer Verbesserung innerhalb der Dienststelle beschrieben. Diese Vorschläge zielen direkt auf die Interessensphäre der Dienststelle, die Wirtschaftlichkeit zu erhöhen. Die Vorschläge haben sich jedoch nicht darauf zu beschränken, sondern können alle Angelegenheiten beinhalten, die innerhalb der Dienststelle für die Arbeitsorganisation, aber auch die sozialen Interessen der Beschäftigten von Bedeutung sind. Die Anerkennung und Bewertung von Vorschlägen mit dem Ziel des Erhalts einer Belohnung soll die Beschäftigten motivieren, Verbesserungsvorschläge einzureichen. **268**

Das Mitbestimmungsrecht des Personalrats erstreckt sich nur auf die **269**

Art. 75

Grundsätze der Bewertung bereits von der Dienststelle anerkannter Vorschläge; die Anerkennung eines eingereichten Vorschlags und dessen einzelne Bewertung sind nicht mitbestimmungspflichtig. So wie die Grundsätze zählen auch deren Änderungen, Ergänzungen oder Aufhebung zum Mitbestimmungstatbestand zu den Grundsätzen über die Bewertung von Vorschlägen.

270 Der Mitbestimmungstatbestand umfaßt die Festlegung der Grundsätze der Bewertung und die Grundsätze für die Bemessung der **Prämie** (z. B. Geld, freie Tage, Sachpreise wie Bücher, Eintrittskarten für kulturelle Veranstaltungen, Reisen). Nicht mitbestimmungspflichtig ist das Gesamtvolumen der finanziellen Aufwendungen der Dienststelle. Die Gewährung der Prämie als Anerkennung oder Äquivalent für den anerkannten Vorschlag ist eine **freiwillige** Leistung der Dienststelle: Das Mitbestimmungsrecht des Personalrats beinhaltet nicht das Erzwingen der Bereitstellung finanzieller Mittel gegen den Willen der Dienststelle. Durch die Richtlinien für das Vorschlagswesen in der Bayer. Staatsverwaltung – VWR – (Bekanntmachung der Bayer. Staatsregierung vom 25. 11. 1975, StAnz. Nr. 49, FMBl. S. 657) und die hierzu ergangenen Anlagen wird das Mitbestimmungsrecht des Personalrats nicht beschränkt.

271 Diese **Richtlinien** und die dort ebenfalls festgelegte Methode der Prämienberechnung beschränken den Mitbestimmungstatbestand nicht auf deren Anerkennung. Darüber hinaus sind auch weitere Kriterien als Ergebnis des Mitbestimmungsverfahrens denkbar, wie z. B. Erleichterung des Arbeitsablaufs, Auswirkungen auf andere Beschäftigte und die Bildung eines paritätisch besetzten Ausschusses. Die VWR lösen auch für den Bereich der Staatsverwaltung nicht den Vorrang des Gesetzes aus und beschränken somit nicht das Mitbestimmungsrecht der dort betroffenen Personalräte. Das Verfahren der Beteiligung zur Vertretung im Prüfungsausschuß nach Nr. 5 Abs. 1 VWR stellt somit auch keine abschließende Regelung dar, sondern bedarf der uneingeschränkten Mitbestimmung der Art. 70 und 70a Abs. 1.

272 Von den Verbesserungsvorschlägen abzugrenzen sind **Arbeitnehmererfindungen** i. S. d. Gesetzes über Arbeitnehmererfindungen (ArbnErfG v. 25. 7. 1957), das auch für die Beschäftigten im öffentlichen Dienst gilt (§ 1 ArbnErfG). Da hier der Vorrang des Gesetzes gilt, fallen Arbeitnehmererfindungen nicht unter den Mitbestimmungstatbestand. Dies gilt für patent- oder gebrauchsmusterfähige Erfindungen, die nach dem ArbnErfG von der Dienststelle zu vergüten sind, nicht aber für technische Verbesserungsvorschläge, da das Gesetz diese nicht abschließend regelt, sondern nur Vorschriften über die Vergütung, für die auch bei sonstigen Verbesserungsvorschlägen kein Mitbestimmungsrecht besteht, enthält. Denkbar sind jedoch auch solche Verbesserungsvorschläge von Beschäftigten, die gleichzeitig Arbeitnehmererfindungen im Sinne des ArbnErfG sind. Wegen des Gesetzesvorrangs sind sie dann als Erfindung im Sinne des Gesetzes zu behandeln; sollte später die Feststellung eines Vorschlags

Art. 75

als Erfindung erfolgen, wäre als mögliche Regelung im Mitbestimmungstatbestand der Verzicht der Dienststelle auf Rückleistung der Prämie, unbeschadet tarifvertraglicher oder gesetzlicher Ausschlußfristen, aufzunehmen.

Das Mitbestimmungsrecht des Personalrats schließt hier das **Initiativrecht** nach Art. 70a Abs. 1 ein. Da die Bewertungsgrundsätze eine generelle Regelung darstellen, ist die Mitbestimmung durch den Abschluß einer **Dienstvereinbarung** auszuüben. 273

(Abs. 4 Nr. 10) Der Mitbestimmungstatbestand »Inhalt von Personalfragebogen« ist im BPersVG in § 75 Abs. 3 Nr. 8 Inhalt von Personalfragebogen für Angestellte und Arbeiter und in § 76 Abs. 2 Nr. 2 Inhalt von Personalfragebogen für Beamte gespalten. Hier besteht für die Personengruppe der Beamten nur das eingeschränkte Mitbestimmungsrecht. Im BetrVG ist in § 94 das Mitbestimmungsrecht derart geregelt, daß Personalfragebogen der Zustimmung des Betriebsrats bedürfen und im Falle der Nichteinigung die Einigungsstelle entscheidet. Gleichermaßen sind persönliche Angaben in schriftlichen Arbeitsverträgen, die allgemein für den Betrieb verwendet werden sollen, mitbestimmungspflichtig. 274

Ziel des Mitbestimmungstatbestandes ist die Wahrung und Verstärkung des Schutzes der Persönlichkeitsrechte und der Würde der Beschäftigten, der Einstellungsbewerber und ggf. freier Mitarbeiter. Das Mitbestimmungsrecht des Personalrats bezieht sich **nicht** auf die **Einführung** oder Abschaffung von Personalfragebogen, sondern auf die Gestaltung ihres **Inhalts**. Diese Beschränkung ist jedoch unerheblich, da der Personalfragebogen erst durch den Inhalt der Fragen seinen Sinn erhält. Die Beteiligung des Personalrats soll sicherstellen, daß die Fragen auf die Inhalte und den Umfang beschränkt bleiben, für die ein berechtigtes Auskunftsbedürfnis der Dienststelle besteht, damit ein nicht gerechtfertigtes Eindringen in die Persönlichkeitssphäre des einzelnen verhindert wird (vgl. BVerwG, Beschluß v. 15. 2. 1980 – 6 P 80.78 –, PersV 1981, 294; Beschluß v. 26. 3. 1985 – 6 P 31.82 –, ZBR 1985, 174). 275

Ein **Personalfragebogen** ist ein Erhebungsbogen, der Fragen nach der Person, den persönlichen Verhältnissen, dem beruflichen Werdegang, den fachlichen Kenntnissen und sonstigen Fähigkeiten eines Bewerbers oder Beschäftigten enthält. Sinn und Zweck des Mitbestimmungsrechts ist es zu verhindern, daß der Beschäftigte Fragen des Arbeitgebers beantworten muß, die erkennbar in keinem sachlichen Zusammenhang mit dem Beschäftigungsverhältnis stehen. Die formularmäßige Erhebung von personenbezogenen Daten der Beschäftigten fällt nur dann unter den Mitbestimmungstatbestand, wenn der Arbeitgeber dadurch Erkenntnisse über den Beschäftigten gewinnt, die ihm noch nicht bekannt sind. 276

Das Überwachungsrecht des Personalrats nach Art. 69 Abs. 1 Buchst. b erstreckt sich auch auf die Vorschriften des Bundesdatenschutzgesetzes und des Bayerischen Datenschutzgesetzes. Die **Datenschutzgesetze** sind

Art. 75

Rechtsvorschriften »zugunsten der Mitarbeiter«, auch wenn sie nicht speziell dazu bestimmt sind, die Beschäftigten des öffentlichen Dienstes vor Mißbrauch personenbezogener Daten zu schützen. Das Überwachungsrecht gibt dem Personalrat die Befugnis, bei dem Dienststellenleiter auf die Beachtung der begünstigenden Vorschrift hinzuwirken (vgl. BVerwG, Beschluß v. 26. 3. 1985 – 6 P 31.82 –, PersR 1986, 95 m. Anm. Dehe, 87 f.).

277 Unerheblich ist die **Form der Fragestellung** und deren Beantwortung: So können die personenbezogenen Auskünfte in einem besonderen Fragebogen formularmäßig gestellt und hierauf beantwortet werden; denkbar ist aber auch das Einholen der Antworten bei Einstellungstests oder sonstigen Eignungsprüfungen und mittels des Eintrags persönlicher Angaben in schriftlichen Arbeitsverträgen. Entscheidend für die Anwendung des Beteiligungsrechts ist der personenbezogene Inhalt und die Verwertbarkeit und Verwendung in der Dienststelle. Zum Mitbestimmungsrecht des Personalrats gehört nicht nur die erstmalige Erstellung eines Fragebogens, sondern auch jede weitere inhaltliche Veränderung. Dies gilt für alle Personalfragebogen, unabhängig von Anlaß und Zweck ihrer Verwendung. Das gilt auch für Angaben, die in einem **Assessment-Center** gewonnen wurden und in einen Personalfragebogen einfließen oder gesondert erfaßt werden sollen (vgl. Art. 69 Rn. 18).

278 Von dem mitbestimmungspflichtigen Personalfragebogen ist die mitbestimmungsfreie **Arbeitsplatzbeschreibung** zu unterscheiden. Sie ist aber **nur dann mitbestimmungsfrei,** wenn sie rein sachbezogene Fragen enthält, die sich nur auf Inhalt, Umfang und Bedeutung der auf dem jeweiligen Arbeitsplatz zu verrichtenden Tätigkeiten ohne Rücksicht auf den jeweiligen Inhaber dieses Arbeitsplatzes beziehen. Hingegen ist ein Erhebungsbogen, der neben sachbezogenen Fragen auch personenbezogene Fragen enthält, als Personalfragebogen anzusehen. Die sachbezogenen Fragen erhalten durch die personenbezogenen Fragen ebenfalls einen personenbezogenen Charakter. Auf den erklärten Zweck des Erhebungsbogens kommt es dabei nicht an. Maßgebend ist allein sein Inhalt (vgl. BVerwG v. 15. 2. 1980 – 6 P 80.78 –, a. a. O., und VGH Baden-Württemberg, Beschluß v. 2. 3. 1993 – PL 15 S 2133/92 –, PersR 1993, 360).

279 Ein von den Beschäftigten auszufüllendes und abzugebendes Formular **»Stellenbeschreibung«,** mit dem nicht nur funktionsbezogene Daten, sondern zugleich auch persönliche Verhältnisse, Kenntnisse und Fähigkeiten erhoben werden, ist ein Personalfragebogen, über dessen Inhalt der Personalrat mitzubestimmen hat. Eine ohne Zustimmung des Personalrats gegebene Anweisung an Beschäftigte einer Dienststelle, das Formular »Stellenbeschreibung« auszufüllen und abzugeben, ist rechtswidrig. Der betroffene Arbeitnehmer hat Anspruch auf Unterlassung der rechtswidrigen Datenerhebung.

280 Ein Personalfragebogen ist auch dann gegeben, wenn mit Wissen und

Billigung der Dienststelle ein **von Dritten verwendeter Fragebogen** von dieser unmittelbar an die Beschäftigten der Dienststelle versandt wird; dies bleibt eine Maßnahme der Dienststelle. Ob ein Fragebogen ein »Personalfragebogen« ist, hängt von seinem Inhalt ab. Bei Fragen von einigem Gewicht, die Eigenschaften und Verhaltensweisen des Befragten betreffen, ist im **Zweifel** ein Personalfragebogen anzunehmen (vgl. VG Köln, Beschluß v. 24. 4. 1995 – 34 K 6490/94. PVL –, PersR 1995, 352).

Zur Abgrenzung zwischen **zulässigen und unzulässigen Fragen** nach den persönlichen Verhältnissen ist festzustellen, daß nur solche **Fragen zulässig** sind, die einen tatsächlichen sachlichen Zusammenhang mit dem Beschäftigungsverhältnis haben, d. h., daß im Hinblick auf die Tätigkeit und den Arbeitsplatz ein berechtigtes, billigenswertes und schutzwürdiges Interesse des Arbeitgebers an der Beantwortung der Frage besteht (vgl. BAG v. 5. 12. 1957, 22. 9. 1961, AP Nr. 2, 5 zu § 123 BGB). **281**

Hierbei wird dem Bewerber zugestanden, auf **unzulässige Fragen** wahrheitswidrige Antworten zu geben, ohne sich dem Vorwurf der arglistigen Täuschung auszusetzen. Jedenfalls kann er die Beantwortung derartiger Fragen ablehnen (vgl. BAG v. 5. 12. 1957 – AP Nr. 2 zu § 123 BGB). Rechtlich unzulässige Fragen werden auch durch die Zustimmung des Personalrats **nicht rechtmäßig.** Für die Praxis ist allerdings davon auszugehen, daß bei der Arbeitsmarktlage mit hoher Arbeitslosigkeit Bewerber sich genötigt fühlen, auch rechtlich unzulässige Fragen zu beantworten, um nicht Gefahr zu laufen, schon wegen lückenhafter Ausfüllung des Personalfragebogens die begehrte Stelle nicht zu erhalten. Unbeschadet dessen bliebe bei unzulässigen Fragen der Vorwurf des rechtswidrigen Verhaltens des Fragenden: Unzulässig sind z.B. Fragen nach **Krankheiten**; zulässig sind sie nur dann, wenn sie für die Belastung des Arbeitnehmers mit bestimmten Arbeiten von besonderer Bedeutung sind (vgl. BAG v. 7. 2. 1964 – AP Nr. 6 zu § 276 BGB – Verschulden bei Vertragsabschluß). Die **fehlende Zustimmung** des Personalrats zu einem Personalfragebogen gibt dem Arbeitnehmer nicht das Recht, eine in dem Fragebogen individualrechtlich zulässigerweise gestellte Frage **wahrheitswidrig** zu beantworten (vgl. BAG, Urteil v. 2. 12. 1999 – 2 AZR 724/98 –, PersR 2000, 336). **282**

Nach **Vorstrafen** darf nur dann gefragt werden, wenn sie für den zu besetzenden Arbeitsplatz von Bedeutung sind, wie z.B. Kraftfahrer – Verkehrsdelikte –, Kassierer – Eigentumsdelikte – (vgl. BAG v. 5. 12. 1957 – AP Nr. 2 zu § 123 BGB). Selbst das Bekanntwerden von Vorstrafen darf nicht ohne weiteres dazu führen, daß die beabsichtigte Einstellung eines Bewerbers unterbleibt, da unter Berücksichtigung des Resozialisierungsgedankens auch im öffentlichen Dienst ehemals straffällig gewordene Bürger beschäftigt werden sollten. Unzulässig sind in jedem Fall Fragen nach Strafen, die nicht im Bundeszentralregister eingetragen sind, nicht in das Führungszeugnis aufgenommen werden dürfen oder der Tilgung unterliegen und bei denen deshalb nach § 51 Bundes- **283**

Art. 75

zentralregistergesetz (vgl. BZRG i. d. F. v. 21. 9. 1984) keine Offenbarungspflicht besteht. Vielmehr muß bei der Fragestellung nach Vorstrafen im Fragebogen darauf hingewiesen werden, daß diese Strafen nicht mitgenannt werden.

Die Frage nach **Vorstrafen** bleibt – je nach einzugehendem Arbeitsverhältnis – statthaft. Dies gilt auch für die Verpflichtung des Bewerbers, während eines längeren Bewerbungsverfahrens dem Arbeitgeber anhängig werdende Ermittlungsverfahren mitzuteilen. Lassen die nicht offenbarten Gesetzesverletzungen Rückschlüsse auf die **Nichteignung des Bewerbers** für die in Aussicht genommene Tätigkeit zu (hier: Polizeivollzugsdienst), ist der Arbeitgeber zur **Anfechtung des bereits abgeschlossenen Arbeitsvertrages** berechtigt. Die Anfechtung ist nicht bereits deshalb treuwidrig, weil zwischen der Offenbarung der Umstände bis zur Erklärung der Anfechtung ein längerer (hier: zehn Monate) Zeitraum liegt (vgl. BAG, Urteil v. 20. 5. 1999 – 2 AZR 320/98 –, AiB 2000, 220).

284 Nicht zulässig sind Fragen betreffs der **Zugehörigkeit** zu einer **politischen Partei** außer den verfassungswidrigen. Eine unzulässige Benachteiligung wegen des Geschlechts enthält in der Regel die Frage nach der **Schwangerschaft** vor Einstellung einer Arbeitnehmerin und verstößt damit gegen das Diskriminierungsverbot des § 611a BGB, gleichgültig, ob sich nur Frauen oder auch Männer um den Arbeitsplatz bewerben (vgl. BAG, Urteil v. 15. 10. 1992 – 2 AZR 227/92 –, PersR 1993, 330).

285 Zulässig ist dagegen die Frage nach der **Schwerbehinderteneigenschaft. Nicht bei Bewerbern,** wohl **aber bei Beschäftigten** sind Fragen nach der **Kinderzahl, Religions- und Gewerkschaftszugehörigkeit** zulässig, da diese Gesichtspunkte nach Art. 33 Abs. 2 GG bei der Einstellung unberücksichtigt zu bleiben haben, für die Auszahlung des Kindergeldes, des Kirchensteuerabzuges und der Tarifbindung jedoch von Bedeutung sind.

286 Wenn die aus dem Fragebogen gewonnenen Informationen in der Dienststelle in **automatisierten Verfahren** bearbeitet werden (vgl. Art. 75a Abs. 1 Nr. 2), werden die Bestimmungen des Bayerischen Datenschutzgesetzes (BayDSG v. 28. 4. 1978 – BayRS 204 – 1 I) wirksam.

287 Nicht zum Mitbestimmungstatbestand zählen Personalfragebogen, deren inhaltliche Bestimmungen und Verwendung **nicht** in die **Zuständigkeit der Dienststelle** fallen, bei denen sie aber verpflichtet ist, sie von dem Bewerber oder Beschäftigten ausfüllen zu lassen. Die Beteiligungsrechte des Personalrats beziehen sich nur auf solche Maßnahmen, die in die Zuständigkeit des Dienststellenleiters fallen. Nur soweit der Dienststellenleiter zur Regelung befugt ist, kann er auch mit dem Personalrat eine Dienstvereinbarung abschließen (vgl. BAG v. 17. 5. 1983 – 1 AZR 1249/79 –, AP Nr. 11 zu § 75 BPersVG).

288 Gem. Art. 70a hat in dieser Mitbestimmungsangelegenheit der Personalrat im Unterschied zum BPersVG (eingeschränkt) **kein Initiativrecht.** Da Personalfragebogen nicht für den Einzelfall, sondern auf Dauer für eine

Art. 75

unbestimmte Anzahl von Bewerbern oder Beschäftigten benutzt werden sollen, ist die Festlegung der Inhalte des Personalfragebogens eine generelle Regelung, bei der das Mitbestimmungsrecht grundsätzlich durch den Abschluß einer **Dienstvereinbarung** ausgeübt wird. Die Ausübung des Mitbestimmungsrechts geschieht im Personalrat grundsätzlich als **gemeinsame Angelegenheit.** Im Falle der Nichteinigung zwischen Dienststelle und Personalrat entscheidet die Einigungsstelle gem. Art. 70 Abs. 5 endgültig.

Um eine **gemeinsame Angelegenheit** handelt es sich dann **nicht** mehr, wenn Personalfragebogen speziell für eine oder jede **einzelne Gruppe** erstellt werden sollen. Ein solches Verfahren ist aber grundsätzlich nicht sinnvoll: Es ergibt nur dann einen Sinn, wenn die Dienststelle beabsichtigt, über den (Teil-)Personalfragebogen für die Gruppe der Beamten im Streitfall nicht letztendlich durch die Einigungsstelle entscheiden zu lassen. **289**

(Abs. 4 Nr. 11) Im Unterschied zum Mitbestimmungstatbestand Nr. 10 – Inhalt von Personalfragebögen – ist das Mitbestimmungsrecht über **Beurteilungsrichtlinien** nicht auf deren Inhalt beschränkt. Mitbestimmungspflichtig ist hier die erstmalige **Einführung,** eine spätere **Änderung, die Abschaffung** und der gesamte Inhalt der von der Dienststelle beabsichtigten Regelungen. Mitbestimmungspflichtig sind **alle** Beurteilungsrichtlinien, also auch die für alle Beschäftigten (Angestellten, Arbeiter, Beamte und die zu ihrer Berufsausbildung Beschäftigten) und Personen, die nicht beschäftigt sind oder nicht als solche gelten, und für Personen, die nicht in einem Beschäftigungsverhältnis in der Dienststelle tätig sind, wie z. B. freie Mitarbeiter. **290**

Werden **einheitliche Beurteilungsrichtlinien** verwandt, so handelt es sich um eine gemeinsame Angelegenheit; Beurteilungsrichtlinien für nur eine oder einzelne Gruppen sowie eine Richtlinie für zwei Gruppen zusammen bedeuten, daß die Beteiligung als Gruppenangelegenheit erfolgt. **291**

Das Mitbestimmungsrecht ist ein Beitrag zur konkreten Durchsetzung des **Gleichbehandlungsgebotes** des Art. 68 Abs. 1 Satz 1 bei der beruflichen Weiterentwicklung der Beschäftigten in der Dienststelle. Des weiteren soll verhindert werden, daß unzulässig in die **Persönlichkeitssphäre** der Beschäftigten eingegriffen wird. Es dient der Verwirklichung des Verfassungsgebotes des Art. 33 Abs. 2 GG, das jedem Deutschen nach seiner Eignung, Befähigung und fachlichen Leistung gleichen Zugang zu jedem öffentlichen Amt gewährleistet: Beurteilungsrichtlinien sollen mittels einheitlicher und objektiver Maßstäbe die Bewertung von Eignung, Befähigung und Leistung der Beschäftigten gewährleisten. **292**

Beurteilungsrichtlinien sind **innerdienstliche Verwaltungsvorschriften,** die sich auf die Festlegung der materiellen Beurteilungsmerkmale und der Verfahren, die für deren Festlegung maßgebend sein sollen, beziehen. **293**

Art. 75

Beurteilungsrichtlinien enthalten **Regelungen** über die Notwendigkeit von Beurteilungen, den Kreis der Beurteilenden, die Beurteilungsanlässe (Regel oder Verwendungsbeurteilung), Beurteilungszeiträume, das Verfahren (Beteiligung des Beurteilten, Beschwerdeverfahren) und die Beurteilungsmerkmale (wie z. B. Ermittlung der Arbeitsleistung nach Qualität und Quantität des Arbeitsergebnisses), die Prüfung der Eignung für bestimmte Aufgaben, die Feststellung des individuellen Leistungsprofils und Vergleiche mit den für die Aufgabe erforderlichen persönlichen Voraussetzungen (vgl. OVG Münster v. 10. 12. 1979 – ÖTV – RS III). Beurteilungen müssen sich stets auf die Person des Arbeitnehmers beziehen. Dazu zählen analytische Arbeitsplatzbewertungen nicht. Nicht mitbestimmungspflichtig ist die **Beurteilung im Einzelfall.** Der Personalrat kann die Beurteilung eines einzelnen Beschäftigten aber dann überprüfen, wenn sie Grundlage einer Maßnahme ist, die seiner Beteiligung unterliegt, wie z. B. Höhergruppierung, Rückgruppierung, Übertragung einer höher oder niedriger zu bewertenden Tätigkeit auf Dauer, Kündigung. Ein von einer Dienststelle aufgestelltes **Programm zur Einarbeitung** neu eingestellter Mitarbeiter kann eine mitbestimmungspflichtige Beurteilungsrichtlinie darstellen (vgl. OVG NW, Beschluß v. 20. 11. 1995 – 1 A 15/ 92.PVL –, PersR 1996, 364). Dies gilt auch für das Veranstalten von **Assessment-Centern** und die dabei erworbenen Erkenntnisse (vgl. Art. 69 Rn. 18).

294 Für **Angestellte** und **Arbeiter** sind im **Tarifrecht** Beurteilungen nicht vorgesehen. Darüber hinaus sind sie zur Erfüllung der Interessen des beruflichen Fortkommens auch weder erforderlich noch sinnvoll. Die Eingruppierung in eine bestimmte Vergütungs- oder Lohngruppe richtet sich nach der ausgeübten Tätigkeit und den tariflich vereinbarten Tätigkeitsmerkmalen. Das Erlangen eines bestimmten Beurteilungsergebnisses ist keine tarifliche Voraussetzung für eine höhere Vergütung. Das gilt auch für den Bewährungsaufstieg der Angestellten nach § 23 a BAT.

295 **Wenn auch die Tarifverträge im öffentlichen Dienst Beurteilungen nicht vorsehen, so schließen sie diese auch nicht aus.** Demnach darf die Dienststelle Eignung, Befähigung und fachliche Leistung der bei ihr beschäftigten Arbeitnehmer beurteilen und die Beurteilung in den Personalakten festhalten. Auf Verlangen des betroffenen Arbeitnehmers muß die Dienststelle ihre Beurteilung aber **begründen.** Dazu gehört die Angabe von **Tatsachen,** die eine ungünstige Beurteilung rechtfertigen sollen. Nur durch diese **Begründungspflicht** wird sichergestellt, daß das zusammenfassende Werturteil eines Dienstvorgesetzten sachlich richtig ist. Auch für einen möglichen Rechtsstreit ist die Begründungspflicht von Bedeutung, da nur die Angabe von Tatsachen, auf die der Vorgesetzte seine Beurteilung stützen will, den Arbeitnehmer in die Lage versetzt, sich gegen unrichtige dienstliche Beurteilungen wehren zu können (vgl. BAG, Urteil v. 28. 3. 1979 – 5 AZR 80/77 –, AP Nr. 3 zu § 75 BPersVG). Darüber hinaus wird in dieser Entscheidung festgestellt, daß der Anspruch

Art. 75

auf Entfernung einer dienstlichen Beurteilung aus den **Personalakten** auch dann begründet ist, wenn die Dienststelle hier Beurteilungsrichtlinien zugrunde legte, bei deren Erlaß nicht das Mitbestimmungsverfahren gewahrt wurde. Oder wenn sie gegenüber dem Arbeitnehmer nicht ihrer Verpflichtung nachgekommen ist, die maßgeblichen Tatsachen für die Bewertung anzugeben.

Personalräte sollten in Mibestimmungsverfahren bedenken, daß Regelbeurteilungen eine **permanente Kontrolle** und Beobachtung der Beschäftigten bedeuten und Anpassung und Einschüchterung zur Folge haben können. Da, wo Beurteilungsrichtlinien nicht erforderlich sind, sollte das Risiko der Umkehrung des Schutzgedankens dieses Mitbestimmungstatbestandes vermieden, d. h. ihrer Einführung nicht zugestimmt werden. **296**

Die Beförderung des **Beamten** soll nach seiner charakterlichen Eignung, nach seiner Befähigung und nach seinen Leistungen erfolgen. Dem Leistungsgrundsatz des Art. 12 Abs. 2 BayBG entsprechend sind Eignung, Befähigung und fachliche Leistung der Beamten dienstlich zu beurteilen (vgl. §§ 48 ff. LbV). Mitbestimmungspflichtig sind die Beurteilungsrichtlinien der einzelnen Staatsministerien für ihren jeweiligen Geschäftsbereich gem. Art. 155 BayBG. Sinngemäß ebenso die Beurteilungsrichtlinien der Gemeinden, Gemeindeverbände und der sonstigen unter der Aufsicht des Staats stehenden Körperschaften, Anstalten und Stiftungen des öffentlichen Rechts, auch wenn sie die materiellen Beurteilungsrichtlinien des Staates für ihre Dienststelle übernehmen wollen. **297**

Ein **Initiativrecht** steht dem Personalrat nach Art. 70a **nicht** zu. Im **Mitbestimmungsverfahren** kann der Personalrat die Beurteilungsrichtlinien **insgesamt** wegen fehlender Erforderlichkeit oder mangelnder Zweckmäßigkeit ablehnen. Er kann aber auch **einzelnen Kriterien** seine Zustimmung versagen, wenn er sie für rechtlich unzulässig, dienstlich für nicht erforderlich oder persönlichkeitsverletzend hält. Im Falle der Nichteinigung entscheidet die Einigungsstelle gem. Art. 70 Abs. 5, es sei denn, daß es sich um eine Gruppenangelegenheit der Beamten handelt; hier schlägt sie die Empfehlung an die oberste Dienstbehörde gem. Art. 70 Abs. 6 vor. **298**

(Abs. 4 Nr. 12) Der Mitbestimmungstatbestand »**Aufstellung von Sozialplänen**« entspricht dem Wortlaut des § 75 Abs. 3 Nr. 13 BPersVG. Wegen des in § 70 Abs. 1 BPersVG vorgesehenen Initiativrechts des Personalrats bis zur endgültigen Entscheidung der Einigungsstelle ist das Beteiligungsrecht des BPersVG stärker ausgestattet als im BayPVG. Im BetrVG ist in § 112 die Beteiligung des Betriebsrats vorgesehen bei einem Interessenausgleich über geplante Betriebsänderungen und bei der Aufstellung eines Sozialplans zum Ausgleich oder zur Milderung der wirtschaftlichen Nachteile, die den Arbeitnehmern infolge der geplanten Betriebsänderung entstehen. Die Qualität der Beteiligungsrechte ist unterschiedlich. **299**

Art. 75

300 Mit diesem Mitbestimmungstatbestand werden den Personalräten **Einflußmöglichkeiten** auf den Ausgleich oder die Milderung wirtschaftlicher Nachteile wie Verlust oder Verschlechterung des Arbeitsplatzes infolge von Rationalisierungsmaßnahmen gegeben. Die weiter wirksamen Beteiligungsrechte des Personalrats bei personellen Einzelangelegenheiten werden mit diesem Beteiligungsrecht um eine kollektivrechtliche Ausgleichs- oder Abmeldungsregelung erweitert. Der Sozialplan ist eine kollektivrechtliche Ergänzung des Schutzes der Beschäftigten aus dem Beamten- oder Arbeitsverhältnis (BVerwG, Beschluß v. 23. 6. 1986 – 6 P 38.82 –, PersR 1986, 220). Er kann aber auch für eine **Einzelmaßnahme** aufgestellt werden (vgl. VG Ansbach, Beschluß v. 14. 11. 1994 – AN 7 P 94.01253 –, PersR 1995, 141).

301 **Sozialplan** ist jede Regelung des Dienststellenleiters, die bezweckt, nachteilige Folgen von Rationalisierungsmaßnahmen für einzelne oder mehrere Beschäftigte auszugleichen oder zu mildern. Ein Sozialplan i. S. d. Gesetzes liegt auch vor, wenn er die nachteiligen Folgen einer Rationalisierungsmaßnahme nicht vollständig ausgleicht. Eine Umorganisation einer Arbeitsorganisationseinheit, die einem bestimmten Betriebszweck dient (hier Postzustellbetrieb), kann eine Rationalisierungsmaßnahme darstellen.

Ein Sozialplan ist auf Grund der **Vorbehaltsklausel** des Art. 75 Abs. 4 nicht bereits deshalb der Mitbestimmung entzogen, weil er auf der Anwendung tarifvertraglicher Regelungen beruht. Der **Wegfall eines Arbeitsplatzes** ist für den darauf Beschäftigten ein wirtschaftlicher Nachteil. Die Zuweisung eines Ersatzarbeitsplatzes durch einen Sozialplan stellt einen Ausgleich oder eine Milderung dieses wirtschaftlichen Nachteils dar (vgl. OVG Bremen, Beschluß v. 9. 7. 1991 – OVG PV – B 2/91 –, PersR 1992, 58). Ob das Mitbestimmungrecht des Personalrats wegen des Vorrangs des Tarifvertrages ausgeschlossen ist, bestimmt sich danach, welche konkreten inhaltlichen Regelungen der Tarifvertrag enthält (vgl. BVerwG, Beschluß v. 17. 6. 1992 – 6 P 17.91 –, PersR 1992, 451).

Entläßt ein Arbeitgeber alle Arbeitnehmer und löst er damit die betriebliche Organisation auf, so kann er einen Sozialplan nicht später mit der Begründung verweigern, die Kündigungen seien unwirksam gewesen, weil in Wirklichkeit ein **Betriebsübergang** vorgelegen habe (vgl. BAG, Beschluß v. 27. 6. 1995 – 1 ABR 62/94 –, AiB 1996, 47).

302 Entscheidendes **Merkmal** einer **Rationalisierungsmaßnahme** im personalvertretungsrechtlichen Sinne ist es, daß durch sie die Leistungen des Betriebes bzw. der Dienststelle verbessert werden sollen, indem der Aufwand an menschlicher Arbeit oder auch an Zeit, Energie, Material und Kapital herabgesetzt wird. Wird die Effektivitäts- und Leistungssteigerung durch eine Organisationsmaßnahme, die auf sie folgende Personalbemessung und schließlich durch eine Arbeitszeitverringerung oder einen Stellenabbau als Folgemaßnahme herbeigeführt und handelt es sich dabei um eine untrennbare Einheit, so liegen die Merkmale einer Rationalisierungsmaßnahme vor (vgl. BVerwG, Beschluß v. 17. 6. 1992 – 6 P 17.91 –, PersR 1992, 451; VG Ansbach, Beschluß v. 14. 11. 1994 – AN 7 P 94.01253 –, PersR 1995, 141).

Rationalisierungsmaßnahmen sind alle Maßnahmen, die der Verbesserung der Wirtschaftlichkeit, Senkung der Kosten, Steigerung der Quantität oder Qualität von Dienstleistungen oder ggf. auch Produkten dienen. Während der Begriff der Rationalisierung ursprünglich eine vernünftige Gestaltung bezeichnete, mag dies mittlerweile nur noch als weiteres Kriterium zur Bestimmung von Maßnahmen als planerische Überlegung ohne Beachtung anderer gesellschaftlicher Rahmenbedingungen dienen. Rationalisierungsmaßnahmen beinhalten arbeitsorganisatorische, technologische oder personalwirtschaftliche Veränderungen. Bei einer organisatorischen Änderung im Dienstbetrieb mit dem Ziel einer **Arbeitszeitverringerung** handelt es sich um eine Rationalisierungsmaßnahme (vgl. OVG Rheinland-Pfalz, Beschluß v. 7. 4. 1992 – 4 A 10818/91.OVG –, PersR 1994, 367). Eine Rationalisierungsmaßnahme liegt auch vor, wenn sie insgesamt nur **unwesentlich** in die Struktur oder die Arbeitsweise der Dienststelle eingreift.

303

Voraussetzung für die Aufstellung eines Sozialplans ist, daß die Rationalisierungsmaßnahme, die die wirtschaftlichen Nachteile für Beschäftigte auslöst, bereits durchgeführt oder zumindest beschlossen ist. Lehnt der Dienststellenleiter einen Initiativantrag nicht in der Sache, sondern allein deshalb ab, weil er ein Initiativrecht für nicht gegeben erachtet, kann der Personalrat nicht auf die Einleitung des Stufenverfahrens verwiesen werden, sondern hat ein schutzwürdiges Interesse daran, daß die insoweit aufgetretenen Meinungsverschiedenheiten in einem personalvertretungsrechtlichen Beschlußverfahren geklärt werden (vgl. BayVGH, Beschluß v. 5. 4. 1995 – 18 P 94.4196 –, PersR 1995, 346).

304

Die Rationalisierungsmöglichkeiten werden durch Tätigkeiten in und außerhalb des öffentlichen Dienstes ständig gemehrt. So werden z.B. neue Entwicklungen der Postdienste und Informations- und Kommunikationstechnik mit leistungsfähigeren computergerechten und computergesteuerten öffentlichen Fernmeldenetzen mit dem Leistungsumfang, Sprache, Daten, Texte und Bilder zwischen Dienststellen, Betrieben und Haushalten zu übertragen, die Voraussetzungen für neue, vielfältige Rationalisierungsmaßnahmen bieten (vgl. Kubicek, Rolf, in: Mikropolis, S. 19, 144; Warga, in: Gnade-Festschrift, S. 245).

305

Der Begriff der Rationalisierungsmaßnahmen muß nicht einen Maßnahmenkomplex mit dem Ziel zu rationalisieren kennzeichnen. Vielmehr kann sich eine Rationalisierungsmaßnahme auch aus **mehreren Einzelmaßnahmen** zusammensetzen, die wegen ihrer **Vielschichtigkeit** auch in zeitlichen Abständen und zunächst in unterschiedlichen Tätigkeitsbereichen ansetzen können. Deshalb können wegen einer möglichen unzureichenden Erfüllung der Informationspflicht der Dienststelle Personalräte oft erst nach dem Vollzug der Maßnahme mit den möglicherweise nicht

306

Art. 75

ausgeglichenen oder gemilderten Nachteilen eine Vielzahl ursprünglicher Einzelangelegenheiten als Rationalisierungsmaßnahme erkennen. Das umfassende Informationsrecht des Personalrats gem. Art. 69 Abs. 2 und Art. 67 Abs. 1 Sätze 1 und 2 erhält deshalb auch bei diesem Mitbestimmungstatbestand eine besondere Bedeutung.

307 Ein **Sozialplan** ist die Gesamtheit der Regelungen, also die Zusammenfassung einzelner Maßnahmen, die dem Ausgleich oder der Milderung von wirtschaftlichen Nachteilen infolge von Rationalisierungsmaßnahmen dienen sollen. Sozialpläne sind grundsätzliche Regelungen, die für **einzelne Beschäftigte, Teile der Beschäftigten, Bereiche** der Dienststelle oder die **Dienststelle insgesamt** gelten und die wirtschaftlichen Nachteile infolge von Rationalisierungsmaßnahmen ausgleichen oder mildern sollen. Im Gesetz wird der mögliche Inhalt von Sozialplänen nicht geregelt. **Umschulungspläne** werden beispielhaft als ausdrücklicher Bestandteil von Sozialplänen erwähnt. In Sozialplänen können u. a. folgende Regelungen getroffen werden: Ausgleich von finanziellen Einbußen, finanzieller Ausgleich für zukünftig längere Wegezeiten zur Dienststelle, Grundsätze für die Umsetzungen auf gleich oder geringer bewertete Stellen, einmalige oder laufende Ausgleichsleistungen bei Versetzungen oder Umsetzungen, soweit gleichwertige oder zumutbare Stellen nicht vorhanden sind, Beihilfen zu Umzugskosten, Trennungsentschädigungen, Erstattung zusätzlicher Fahrtkosten, Ausgleich wirtschaftlicher Nachteile durch den Wegfall vorhandener Aufstiegsmöglichkeiten oder regelmäßiger Zusatzverdienste, Einstufung bestimmter Arbeitsplätze, die infolge von Rationalisierungsmaßnahmen geschaffen und besetzt werden, Weitergewährung oder Ausgleich von Sozialleistungen, Übertragung oder Weiterleitung von Ansprüchen der Beschäftigten gegenüber der Dienststelle, Behandlung von Darlehen bei Ausscheiden aus der Dienststelle, Erhalt des Wohnrechts in Werkswohnungen, Weitergewährung des Deputatbezugs (Waren oder Dienstleistungen), bei Umschulungen (vgl. § 1 Abs. 4 BBiG) alle entstehenden Kosten (Lohnausfall, Schulungskosten, Gebühren, Schulungsmaterial, Fahrtkosten).

308 Bei der Feststellung des **wirtschaftlichen Nachteils** geht der Gesetzgeber davon aus, daß es sich um Nachteile handelt, die dem Beschäftigten entstehen, was bedeutet, es müssen absehbare Nachteile sein, die noch nicht entstanden sein dürfen. Dies ist auch nicht möglich, da die Aufstellung des Sozialplans **vor** dem Eintritt der Nachteile infolge von Rationalisierungsmaßnahmen zwischen Dienststelle und Personalrat erfolgt. Hierbei ist zu beachten, daß der **Verlust** des Arbeitsplatzes selbst einen wirtschaftlichen Nachteil darstellt und eine Abfindung nicht davon abhängig ist, ob der Arbeitnehmer etwa keinen wirtschaftlich in jeder Hinsicht gleichwertigen Arbeitsplatz gefunden hat.

309 Damit hat der Sozialplan auch die Aufgabe, die in der Entlastung liegende Verschlechterung der Rechtsposition des Arbeitnehmers, also den Verlust des sozialen Besitzstandes, mittels eines »**sozialen Schmerzensgeldes**«

Art. 75

auszugleichen (vgl. Nikisch, Lehrbuch des Arbeitsrechts, Band 1 § 51 IX 6, S. 791). In diesem Sinn ist wirtschaftlich jeder Nachteil, der in Geld ausdrückbar ist, ohne daß es darauf ankommt, ob die Beeinträchtigung sich unmittelbar gegen wirtschaftliche Güter oder gegen Persönlichkeitsgüter richtet. So erkannte das Bundesarbeitsgericht bereits 1972 die Zusprechung eines Betrages von 5000 DM für angemessen (vgl. BAG v. 29. 2. 1972 – AP Nr. 9 zu § 72 BetrVG 1952). Als Anhaltspunkt mag auch die lang gefestigte Rechtsprechung des Bundesgerichtshofes zu Eingriffen in das allgemeine Persönlichkeitsrecht dienen (vgl. ABW, Art. 75 Rn. 184 m. w. N.).

Bei einer Aufstellung des für die Betriebsstillegung geltenden Sozialplans müssen auch die von der **ersten Maßnahme** betroffenen Arbeitnehmer **(Teilstillegung)** berücksichtigt werden, wenn für den für sie aufgestellten Sozialplan wegen der beabsichtigten teilweisen Fortführung des Unternehmens im Verhältnis zum zweiten Sozialplan erheblich geringere Mittel zur Verfügung gestellt waren (vgl. BAG, Urteil v. 9. 12. 1981 – 5 AZR 549/79 –, AP Nr. 14 zu § 112 BetrVG 1972).

310 Die Aufstellung eines Sozialplans und das damit verbundene Mitbestimmungsrecht werden durch den Umstand fehlender Mittel für Sozialpläne im **Haushaltsplan** nicht behindert, da die Mitbestimmung über die Aufstellung von Sozialplänen eine gesetzliche Verpflichtung für Dienststelle und Personalrat begründet, die durch den Haushaltsplan nicht aufgehoben wird (vgl. Dietz/Richardi, BPersVG, § 75 Rn. 173, 450; a. A. BSFE, BayPVG, Anm. 564).

311 Ein Sozialplan in Form der **Dienstvereinbarung** unterliegt der gerichtlichen **Billigkeitskontrolle.** Dabei ist nur zu prüfen, ob die vereinbarte Regelung in sich der Billigkeit entspricht oder ob einzelne Beschäftigte oder Gruppen von ihnen in unbilliger Weise benachteiligt werden. Soweit der Sozialplan die Form einer Dienstvereinbarung hat, kann die unter Umständen gebotene Anpassung der Bestimmungen des Sozialplans an geänderte Verhältnisse nur im Zusammenwirken derjenigen geschehen, die die Dienstvereinbarungen abgeschlossen haben. Demgegenüber ist der Personalrat bei Maßnahmen des Dienststellenleiters, die lediglich dem **Vollzug eines Sozialplans** dienen, nicht zu beteiligen. Der Charakter der Dienstvereinbarung als einer beiderseits verbindlichen vertraglichen Regelung schließt es aus, Ansprüche oder Abwehrrechte, die einer der Vertragspartner aus der Vereinbarung herleitet, in anderer Weise als in dem dafür vorgesehenen personalvertretungsrechtlichen Beschlußverfahren geltend zu machen (BVerwG, Beschluß v. 26. 3. 1986 – 6 P 38.82 –, PersR 1986, 220).

312 Nach der Rechtsauffassung des BAG werden Sozialpläne durch den Abschluß einer **Dienstvereinbarung** aufgestellt (vgl. BAG, Urteil v. 27. 8. 1975 – 4 AZR 454/74 –, AP Nr. 2 zu § 112 BetrVG 1972). Angesichts der Bedeutung der wirtschaftlichen Nachteile spricht auch die unmittelbare und zwingende normative Wirkung der Dienstvereinbarung

Art. 75

für einen solchen Abschluß. Die Beschäftigten erhalten so bei entsprechender Gestaltung aus dem Sozialplan Rechtsansprüche. Da dem Personalrat in diesem Mitbestimmungstatbestand ein Initiativrecht nicht zusteht, hat im Falle der Nichteinigung die Dienststelle bzw. die oberste Dienstbehörde die **Einigungsstelle** anzurufen. Diese **entscheidet** in allen Fällen auch für die ggf. betroffene Gruppe der Beamten **endgültig** (vgl. Art. 70 Abs. 6 Satz 1). Der Sozialplan kann Regelungen für **alle** Beschäftigtengruppen, also der Angestellten, Arbeiter und Beamten, enthalten. Bei Beamten ist zu beachten, daß ihr Dienstverhältnis durch Gesetz oder Rechtsverordnung geregelt ist. Dies ist jedoch kein Hinderungsgrund, auch Beamte einzubeziehen, wenn im Rahmen eines Sozialplanes Pläne für Umschulungen aufgestellt werden.

313 Zum **Vorbehalt der gesetzlichen oder tariflichen Regelungen** des Abs. 4 und des Art. 73 Abs. 1 zum Abschluß von Dienstvereinbarungen, nach dem diese nur dann zulässig sind, soweit eine tarifliche oder gesetzliche Regelung nicht besteht und Arbeitsentgelte und sonstige Arbeitsbedingungen nicht Gegenstand einer Betriebsvereinbarung sein können, wenn diese üblicherweise im Tarifvertrag geregelt sind – mit Ausnahme tarifvertraglicher Öffnungsklauseln –, ist festzustellen, daß die gleichlautenden Bestimmungen des § 77 Abs. 3 BetrVG für den Fall der Sozialpläne in § 112 Abs. 1 Satz 4 ausgenommen wurden.

314 Für die zum Geltungsbereich des BAT, MTArb oder BMT-G II gehörenden Angestellten und Arbeiter stellen die ab 1. 1. 1987 wirksamen **Rationalisierungsschutztarifverträge** entsprechende tarifliche Regelungen dar. Allerdings haben die Tarifvertragsparteien zu betrieblichen Regelungen in den Anrechnungsvorschriften und in § 2 der TV bestimmt, daß die vorgenommenen Regelungen nicht abschließend sein sollen und daß die sich aus dem PersV bzw. BetrVG ergebenden Rechte der Personal- bzw. Betriebsräte unberührt bleiben. Das **Mitbestimmungsrecht** des Personalrats wird **durch die Tarifverträge also ausdrücklich nicht aufgehoben**, sondern ist für all die Regelungsinhalte wirksam, die nicht Gegenstand der Tarifverträge sind (ABW zu Art. 76 m. w. N.; BVerwG, Beschluß v. 17. 6. 1992 – 6 P 17.91 –, PersR 1992, 451).

315 Wenn auch dem Personalrat ein Initiativrecht zu diesem Mitbestimmungstatbestand fehlt, er also die **zeitliche Lage** der Einleitung des Beteiligungsverfahrens nicht bestimmen kann, so ergibt sich doch aus der Bestimmung, daß dem Beschäftigten Nachteile ausgeglichen oder gemindert werden sollen, die Folge, daß die Dienststelle das Beteiligungsverfahren zeitlich so zu führen hat, daß der Zeitpunkt des Beschäftigungsendes im Falle der Kündigung noch nicht eingetreten ist. Diese Annahme bezieht sich allerdings lediglich auf eine mögliche zeitliche Lage des Beteiligungsverfahrens, nicht aber auf einen Anspruchsausschluß evtl. betroffener Beschäftigter bzw. ehemals Beschäftigter, da hiermit der Wille des Gesetzgebers ad absurdum geführt würde. Die Abhängigkeit der Durchführung dieses Beteiligungsverfahrens von anderen ist weder im

Art. 75

Gesetz vorgesehen noch sachdienlich, darüber hinaus würde die Dienststelle gehindert, mögliche parallele Aufgaben aus dem Gesetz zu erfüllen.

Hierbei ist auch nicht zu verkennen, daß die **Beteiligungsverfahren** für die Durchführung der **Rationalisierungsmaßnahmen** wie bereits angesprochen sehr **vielschichtig** sein können. Denkbar sind Beteiligungsverfahren zu Beginn und Ende der täglichen Arbeitszeit und Verteilung der Arbeitszeit auf die einzelnen Wochentage (vgl. Art. 75 Abs. 4 Nr. 1), Fragen der Lohngestaltung (vgl. Art. 75 Abs. 4 Nr. 4), Auflösung von Sozialeinrichtungen (Art. 75 Abs. 4 Nr. 5), personelle Einzelangelegenheiten des Art. 75 Abs. 1 (z. B. Einstellung, Übertragung niedriger zu bewertender Tätigkeit, Versetzung, Umsetzung und Abordnung), Maßnahmen des Art. 75a (z. B. Verhaltens- und Leistungskontrollen, automatisierte Verfahren zur Personalverwaltung), Maßnahmen der Mitwirkung aus Art. 76 Abs. 1 (z. B. Vorbereitung von Verwaltungsanordnungen, Regelung der Ordnung in der Dienststelle, die vorzeitige Versetzung eines Beamten in den Ruhestand und allgemeine Fragen der Fortbildung), alle Beteiligungsrechte des Art. 76 Abs. 2 (Einführung grundlegend neuer Arbeitsmethoden, Nr. 1; Maßnahmen zur Hebung der Arbeitsleistung und zur Erleichterung des Arbeitsablaufs, Nr. 2; Gestaltung der Arbeitsplätze, Nr. 3; Auflösung, Verlegung und Zusammenlegung von Dienststellen oder wesentlichen Teilen von ihnen, Nr. 4; Aufstellung von Grundsätzen über die Personalbedarfsberechnung, Nr. 5) sowie auch das Anhörungsrecht nach Art. 76 Abs. 3 zum Haushaltsvoranschlag einschließlich der Neu-, Um- und Erweiterungsbauten von Diensträumen und zur Kündigung nach Art. 77.

316

Es ist zulässig, daß ein Sozialplan bei der Berechnung der Abfindungshöhe nur auf die **Arbeitszeit** abstellt, die der Arbeitnehmer zum **Zeitpunkt der Beendigung des Arbeitsverhältnisses** zu leisten hatte. Zeiten der ganztägigen Beschäftigungen können außer Betracht bleiben, wenn der Arbeitnehmer zuletzt in Teilzeit gearbeitet hat. Der Sozialplan soll eine **Überbrückungshilfe** bis zum Antritt eines neuen Arbeitsplatzes bieten, nicht aber vergangene Leistungen honorieren (vgl. BAG, Urteil v. 28. 10. 1992 – 10 AZR 129/92 –, AiB 1993, 641).

317

Die Betriebspartner sind bei der Aufstellung eines Sozialplans in ihrer Entscheidung frei, welche Nachteile der von einer Betriebsänderung betroffenen Arbeitnehmer sie in welchem Umfang ausgleichen oder mildern wollen. Arbeitnehmer, die durch einen vom Arbeitgeber veranlaßten **Aufhebungsvertrag** oder durch eine vom Arbeitgeber veranlaßte **Eigenkündigung** aus dem Arbeitsverhältnis ausscheiden, sind allerdings hinsichtlich der Folgen der Betriebsänderung den gekündigten Arbeitnehmern gleichzustellen. Voraussetzung für einen Anspruch auf die Sozialplanabfindung bei Abschluß eines Aufhebungsvertrages oder Ausspruch einer Eigenkündigung ist jedoch, daß diese vom Arbeitgeber gerade im Hinblick auf eine geplante Betriebsänderung veranlaßt sind (vgl. BAG, Urteil v. 5. 4. 1995 – 10 AZR 554/94 –, AiB 1995, 618).

318

Art. 75

Eine »**Veranlassung**« in diesem Sinne liegt nur dann vor, wenn der Arbeitgeber den Arbeitnehmer im Hinblick auf eine konkret geplante Betriebsänderung bestimmt, selbst zu kündigen oder einen Aufhebungsvertrag zu schließen, um so eine sonst notwendig werdende Kündigung zu vermeiden. Ein bloßer Hinweis des Arbeitgebers auf eine unsichere Lage des Unternehmens, auf notwendig werdende Betriebsänderungen oder der Rat, sich eine neue Stelle zu suchen, genügt nicht. Auch die Unterscheidung zwischen Arbeitnehmern, die ihr Arbeitsverhältnis selbst kündigen und solchen, die aufgrund eines von ihnen gewünschten Aufhebungsvertrages ausscheiden, ist in der Regel sachlich gerechtfertigt. Der Arbeitgeber kann so entscheiden, ob er den Arbeitnehmer für die ordnungsgemäße Durchführung der Betriebsänderung oder noch darüber hinaus benötigt oder ob ihm das freiwillige Ausscheiden des Arbeitnehmers nur eine ohnehin notwendig werdende Kündigung erspart (vgl. BAG, Urteil v. 19. 7. 1995 – 10 AZR 885/94 –, AiB 1996, 51).

319 Es verstößt nicht gegen die **Grundsätze von Recht und Billigkeit** (Art. 68 Abs. 1), wenn ein Sozialplan Arbeitnehmer von seinem Geltungsbereich ausnimmt, die im Zeitpunkt des Inkrafttretens des Sozialplans, der in einem zeitlich nahen Zusammenhang zum Abschluß des Interessenausgleichs steht, ihr Arbeitsverhältnis im Hinblick auf eine vom Arbeitgeber angekündigte Betriebsstillegung selbst beendet haben (vgl. BAG, Urteil v. 24. 1. 1996 – 10 AZR 15/95 –, AiB 1996, 261). Ist der Arbeitgeber aufgrund eines wirksamen Sozialplans verpflichtet, an eine Gruppe von Arbeitnehmern eine Sozialplanabfindung zu zahlen, können andere Arbeitnehmer, für die der Sozialplan aufgrund einer zulässigen Differenzierung keine Abfindung vorsieht, einen entsprechenden Abfindungsanspruch nicht auf den arbeitsrechtlichen Gleichbehandlungsgrundsatz stützen (vgl. BAG, Urteil v. 17. 4. 1996 – 10 AZR 606/95 –, AiB 1996, 672).

320 Zur **steuerrechtlichen und sozialversicherungsrechtlichen Bedeutung** von Leistungen aus einem Sozialplan vgl. ABW, Rn. 190 zu Art. 75 m. w. A.

Eine Vereinbarung in einem Sozialplan, nach der die Fälligkeit von Abfindungen auf den Zeitpunkt des rechtskräftigen Abschlusses eines **Kündigungsrechtsstreits** hinausgeschoben und bestimmt wird, daß eine Abfindung nach den Vorschriften des Kündigungsschutzgesetzes auf die Sozialplanabfindung anzurechnen ist, ist zulässig (BAG v. 20. 6. 1985 – 2 AZR 427/84 –, AuR 1985, 398).

321 Die **Insolvenzordnung** (InsO) – in Kraft seit 1. 1. 1999, die §§ 113, 120 und 125 bis 128 InsO in den alten Bundesländern in Kraft seit 1. 10. 1996 – sieht vor, daß in einem **Sozialplan, der nach der Eröffnung des Insolvenzverfahrens** aufgestellt wird, für den Ausgleich oder die Milderung der wirtschaftlichen Nachteile, die den Arbeitnehmern infolge der geplanten Betriebsänderung entstehen, ein Gesamtbetrag von bis zu zweieinhalb Monatsverdiensten (§ 10 Abs. 3 KSchG) der von einer Ent-

lassung betroffenen Arbeitnehmer vorgesehen werden kann (vgl. § 123 Abs. 1 InsO). Die Verbindlichkeiten aus einem solchen Sozialplan sind Masseverbindlichkeiten. Jedoch darf ohne Insolvenzplan für die Berichtigung von Sozialplanforderungen nicht mehr als ein Drittel der Masse verwendet werden, die ohne einen Sozialplan für die Verteilung an die Insolvenzgläubiger zur Verfügung stünde. Übersteigt der Gesamtbetrag aller Sozialplanforderungen diese Grenze, so sind die einzelnen Forderungen anteilig zu kürzen (vgl. § 123 Abs. 2 InsO). Sooft hinreichende Barmittel in der Masse vorhanden sind, soll der Insolvenzverwalter mit Zustimmung des Insolvenzgerichts Abschlagszahlungen auf die Sozialplanforderungen leisten. Eine Zwangsvollstreckung in die Masse wegen einer Sozialplanforderung ist unzulässig (vgl. § 123 Abs. 3 InsO).

Ein Sozialplan, der **vor der Eröffnung des Insolvenzverfahrens,** jedoch nicht früher als drei Monate vor Eröffnungsantrag aufgestellt worden ist, kann sowohl vom Insolvenzverwalter als auch vom Betriebsrat widerrufen werden. Wird er widerrufen, so können forderungsberechtigte Arbeitnehmer bei der Aufstellung eines Sozialplans im Insolvenzverfahren berücksichtigt werden. Leistungen, die ein Arbeitnehmer vor der Eröffnung des Verfahrens auf seine Forderung aus dem widerrufenen Sozialplan erhalten hat, können nicht wegen des Widerrufs zurückgefordert werden. Bei der Aufstellung eines neuen Sozialplans sind derartige Leistungen an einen von einer Entlassung betroffenen Arbeitnehmer bei der Berechnung des Gesamtbetrags der Sozialplanforderungen nach § 123 Abs. 1 InsO bis zur Höhe von zweieinhalb Monatsverdiensten abzusetzen (vgl. § 124 InsO).

Ein **unwirksamer Sozialplan**, der Abfindungszahlungen an gekündigte Arbeitnehmer vorsieht, enthält als Gesamtzusage jedenfalls das Versprechen des Arbeitgebers, die vorgesehenen Abfindungen an diejenigen gekündigten Arbeitnehmer zu zahlen, die keine Kündigungsschutzklage erheben. Ein Arbeitgeber, der seiner Verpflichtung zur Zahlung der Abfindung entgehen will, muß daher spätestens bei Ausspruch der Kündigung klar zum Ausdruck bringen, daß er den abgeschlossenen Sozialplan für unwirksam hält. Andernfalls hindert er den Arbeitnehmer in treuwidriger Weise an der Erhebung einer Kündigungsschutzklage und muß sich so behandeln lassen, als wenn der Sozialplan wirksam wäre (vgl. ArbG Berlin, Urteil v. 22. 9. 1992 – 48 Ca 3632/92 –, AiB 1993, 330). **322**

Ein für eine bestimmte Betriebsänderung vereinbarter Sozialplan kann, soweit nichts Gegenteiliges vereinbart ist, nicht ordentlich gekündigt werden. Anderes kann für Dauerregelungen in einem Sozialplan gelten. Im Falle einer zulässigen ordentlichen und auch außerordentlichen **Kündigung eines Sozialplanes** wirken seine Regelungen nach, bis sie durch eine neue Regelung ersetzt werden. Die ersetzende Regelung kann Ansprüche der Arbeitnehmer, die vor dem Wirksamwerden der Kündigung entstanden sind, nicht zuungunsten der Arbeitnehmer abändern. Das gilt auch dann, wenn die Arbeitnehmer aufgrund bestimmter Umstände nicht **323**

Art. 75

mehr auf den unveränderten Fortbestand des Sozialplanes vertrauen konnten. Ist die **Geschäftsgrundlage** eines Sozialplanes weggefallen und ist einem Betriebspartner das Festhalten am Sozialplan mit dem bisherigen Inhalt nach Treu und Glauben nicht mehr zuzumuten, so können die Betriebspartner die Regelungen des Sozialplanes den veränderten tatsächlichen Umständen anpassen. Verweigert der andere Betriebspartner die Anpassung, entscheidet die Einigungsstelle verbindlich. Die anpassende Regelung kann aufgrund des anzupassenden Sozialplanes schon entstandene Ansprüche der Arbeitnehmer auch zu deren Ungunsten abändern. Insoweit genießen die Arbeitnehmer keinen Vertrauensschutz (vgl. BAG, Beschluß v. 10. 8. 1994 – 10 ABR 61/93 –, AiB 1995, 471).

323 a Ist bei Kündigung eines Auftrags über bestimmte Dienstleistungen und Neuvergabe dieses Auftrags an einen anderen Auftragnehmer ungewiß, ob ein **Betriebsübergang** vom bisherigen auf den neuen Auftragnehmer vorliegt oder ob der bisherige Auftraggeber (richtig: Auftragnehmer) seinen Arbeitnehmern – vorsorglich – betriebsbedingt kündigen muß, so können die Betriebspartner vorsorglich für den Fall, daß kein Betriebsübergang gegeben ist, einen Sozialplan vereinbaren. Die zwischen ihnen streitige Frage, ob von einer **Betriebsstillegung** oder von einem Betriebsübergang auszugehen ist, können die Betriebspartner in einem Rechtsstreit über die Wirksamkeit des Sozialplanes zur Entscheidung stellen. Die Höhe der in einem Spruch der Einigungsstelle über einen Sozialplan festgelegten Abfindungen kann vom Arbeitgeber auch dann nur innerhalb von zwei Wochen nach Zuleitung des Spruchs angefochten werden, wenn die Einigungsstelle bei der Festsetzung der einzelnen Faktoren für die Berechnung der Abfindungen einem Rechtsirrtum – insbesondere bzgl. des Haushaltsrechts – unterlegen ist (vgl. BAG, Beschluß v. 1. 4. 1998 – 10 ABR 17/97 –, AiB 1999, 231).

Auch wenn ein Arbeitnehmer unter den persönlichen Geltungsbereich eines Sozialplans fällt, besteht ein Anspruch auf Sozialplanleistungen nur, wenn er **wirtschaftliche Nachteile** erleidet, die durch die **Betriebsänderung** entstanden sind, für die der Sozialplan abgeschlossen worden ist (vgl. LAG Hamm, Urteil v. 30. 7. 1997 – 18 Sa 429/97 –, AiB 1998, 529).

324 (Abs. 4 Nr. 13) **Auswahlrichtlinien.** Der **Zweck** der Auswahlrichtlinien beinhaltet die Konkretisierung des Gleichbehandlungsgebots des Art. 68 bei der Behandlung der personellen Einzelangelegenheiten des Art. 75 Abs. 1. Der **Verstoß** gegen die Auswahlrichtlinien berechtigt den Personalrat gem. Abs. 2 Nr. 1, seine Zustimmung zu einer personellen Einzelangelegenheit des Abs. 1 zu verweigern. Für den Fall, daß eine ordentliche Kündigung gegen eine Auswahlrichtlinie verstößt, kann der Personalrat seine Einwendungen nach Art. 77 Abs. 1 Satz 1 Nr. 2 darauf stützen. Umfangreiche Auswahlrichtlinien stellen eine Möglichkeit dar, eine möglichst objektive Behandlung der Einzelfallentscheidung zu erreichen. Die Auswahlrichtlinien legen fest, nach welchen persönlichen, fachlichen und sozialen Gesichtspunkten Bewerber oder Beschäftigte bei Einzelmaßnahmen ausgewählt werden sollen. Sie schränken die Befugnisse der Dienststelle bei der Auswahl der von solchen Maßnahmen betroffenen Personen weiter ein.

Zu den besonderen **Aufgaben des Personalrats** zählt hierbei die Berücksichtigung von Bewerbern oder Beschäftigten mit besonderer **Schutzbedürftigkeit**, wie z. B. Schwerbehinderte, Jugendliche und ausländische Beschäftigte (vgl. Art. 69 Abs. 1 BayPVG i. V. m. Art. 57 Abs. 2). Gem. Art. 68 Abs. 1 Satz 1 i. V. m. Art. 69 Abs. 1 Buchst. h zählt die Sicherung der Gleichbehandlung von Frauen und Männern ebenfalls zu den besonderen Aufgaben des Personalrats und der Dienststelle bei der Aufstellung der Auswahlrichtlinien. Hierbei gilt für Dienststelle und Personalrat die Erfüllung des Grundsatzes der Behandlung aller Beschäftigten nach Recht und Billigkeit (vgl. Art. 68 Abs. 1 Satz 1). Zusammen mit den Personalfragebogen (Nr. 10), den Beurteilungsrichtlinien (Nr. 11), den Fortbildungsregelungen (vgl. Art. 76 Abs. 1 Satz 1 Nr. 7 und 8) und den Grundsätzen für die Personalbedarfsberechnung (vgl. Art. 76 Abs. 2 Nr. 5) tragen sie nicht nur dazu bei, objektivierte Grundlagen für personelle Einzelmaßnahmen zu schaffen, sondern erlangen erhebliche Bedeutung für die Personalplanung der Dienststelle. **325**

Die **Einstellungsrichtlinien** regeln im Rahmen der Personalplanung die fachlichen, persönlichen und sozialen Auswahlgesichtspunkte für die Einstellung von Beschäftigten und deren Verfahrensfragen. Hierzu zählen insbesondere die Richtlinien über die Ausschreibung von Dienstposten, die Kriterien, ob und unter welchen Voraussetzungen von diesen abzusehen ist, das Verfahren bei der Durchführung von Einstellungsgesprächen, Berufsanfängereignungstests und der Beteiligung des Personalrats zusätzlich zu der der JA-Vertretung, ärztliche Untersuchungen, Umfang und Auswertung der Bewerbungsunterlagen, Fragen des Grundsatzes und der Art und Weise psychologischer Eignungstests sowie die Bewertung der verschiedenen Maßnahmen. Ein Erlaß, der im Rahmen des Verfahrens für die Einstellung von Lehrern an Sonderschulen die Nichtberücksichtigung der zweiten Fachrichtung bei der Festlegung der einstellungsrelevanten Fachrichtungen vorsieht, stellt eine mitbestimmungspflichtige Auswahlrichtlinie dar, sofern in dem Erlaß nicht alle in Betracht kommenden ersten Fachrichtungen als einstellungsrelevant aufgeführt sind (vgl. OVG NW, Beschluß v. 28. 8. 1995 – 1 A 3709/91.PVL –, PersR 1996, 159). **326**

Nach Auffassung des BAG sind **Anforderungsprofile,** in denen die Anforderungen für einen bestimmten Arbeitsplatz festgelegt werden, **keine Auswahlrichtlinien.** Dies gelte auch für den Fall, daß diese Vorstellungen bei personellen Maßnahmen zur Besetzung einer Stelle in die Entscheidung einfließen, gleichgültig, ob die Beachtung dieser Vorstellungen ausnahmslos vorgeschrieben oder lediglich empfohlen sei oder nur rein faktisch sich von selbst ergäbe (vgl. BAG, Beschluß v. 31. 5. 1983 – 1 **327**

Art. 75

ABR 6/80 –, AP Nr. 2 zu § 95 BetrVG 1972). Hierbei verkennt das BAG, daß die vorgeschriebene ausnahmslose Anwendung von Anforderungsprofilen bei personellen Einzelmaßnahmen eine ohne Mitbestimmung zustande gekommene Regelung von der Mitbestimmung unterliegenden Angelegenheiten, nämlich der fachlichen und persönlichen Voraussetzungen, beinhaltet. Die Entscheidung steht damit im Widerspruch zu dem ansonsten vom BAG vertretenen Grundsatz, daß eine mitbestimmungspflichtige Angelegenheit ohne Mitbestimmung eines Betriebsrats nicht wirksam geregelt werden kann. Ein weiterer Widerspruch besteht zur Auffassung des BAG, wonach die Überbetonung einer Richtlinie (hier AP Nr. 2 zu § 95 BetrVG 1972 fachliche Gesichtspunkte) im Verhältnis zu anderen (persönliche und soziale Aspekte) unzulässig sein soll (vgl. BAG v. 11. 3. 1976 – 2 AZR 43/75 –, AP Nr. 1 zu § 95 BetrVG 1972 – Kündigungsrichtlinien, betriebsbedingte Kündigung und § 1 Abs. 3 Satz 1 KSchG).

328 Die Auswahlrichtlinien für **Versetzungen** beinhalten insbesondere personelle und soziale Gesichtspunkte, wie z. B. familiäre Verhältnisse, insbesondere schulische Verhältnisse der Kinder, Zumutbarkeit des Weges vom Wohnort zum neuen Dienstort oder des Umzuges. Nicht eindeutig ist der **Umfang** der Versetzung im Gesetz geklärt. Die Entstehung des Mitbestimmungstatbestands (vgl. Rn. 75) läßt jedoch die begründete Annahme zu, daß die Versetzung nicht im engeren beamtenrechtlichen oder personalvertretungsrechtlichen Sinn (vgl. Abs. 1 Satz 1 Nr. 6), sondern im weiteren Sinn des § 95 Abs. 3 BetrVG zu verstehen ist. Deshalb beziehen sich die Richtlinien nicht nur auf die Versetzung zu einer anderen Dienststelle, sondern umfassen auch sonstige **Veränderungen** der Tätigkeit, soweit sie personalvertretungsrechtliche Bedeutung haben, wie z. B. die Übertragung einer höher oder niedriger zu bewertenden Tätigkeit oder die Umsetzung innerhalb der Dienststelle, wenn sie mit einem Wechsel des Dienstortes verbunden ist. Hätte der Gesetzgeber die Behandlung und den Umfang der Auswahlrichtlinien in engerem Sinne gewünscht, wären die erforderlichen Verweisungen – wie ansonsten in der Gesetzessystematik auch – nicht ausgeblieben.

329 Der Begriff der **Umgruppierung** verdeutlicht noch einmal die **Entleihe des Begriffs und den Bezug zu § 95 BetrVG,** da dieser Begriff im öffentlichen Dienstrecht keine Verwendung findet. Naheliegend ist, ihn als Oberbegriff für Höher- und Rückgruppierungen zu verstehen. Die Ein-, Höher- und Rückgruppierung der Arbeitnehmer erfolgt nach den Tarifbestimmungen; bei Beamten wird das Gehalt nach der Besoldungsgruppe des ihnen verliehenen Amtes bestimmt. Unter »Umgruppierung« ist hier jede personalvertretungsrechtlich bedeutsame Veränderung der bisherigen Tätigkeit von Beschäftigten zu verstehen, also z. B. auch die Übertragung von höher oder niedriger zu bewertenden Tätigkeiten oder die Beförderung.

330 Da die Rechtsansprüche der Arbeitnehmer auf ihre Vergütung sich aus

Tarifverträgen ergeben, haben Umgruppierungsrichtlinien keine unmittelbare rechtliche Bedeutung für die Richtigkeit der Eingruppierung. Für die Frage, welcher Beschäftigte in welche Lohn- oder Vergütungsgruppe eingestuft wird, sind sie in der Praxis aber von erheblicher Bedeutung.

Bei den **Kündigungsrichtlinien** haben die sozialen Belange eindeutigen Vorrang. Hierbei ist der soziale Schutz des § 1 KSchG und des Art. 77 zu beachten. Kündigungsrichtlinien können die sozialen Gesichtspunkte bei der Auswahl von Arbeitnehmern im Falle betriebsbedingter Kündigungen regeln. Sie dürfen aber nicht gegen § 1 Abs. 3 Satz 1 KSchG verstoßen und etwa allein auf die Dauer der Betriebszugehörigkeit abstellen, während das Lebensalter, die Familienverhältnisse usw. außer Betracht bleiben. In einem solchen Falle sind die Auswahlrichtlinien unbeachtlich, und es ist allein danach zu entscheiden, wie es durch § 1 Abs. 3 Satz 1 KSchG in seiner Ausgestaltung durch die Rechtsprechung vorgeschrieben ist (vgl. BAG, Urteil v. 11. 3. 1976 – 2 AZR 43/75 –, AP Nr. 1 zu § 95 BetrVG 1972). Kündigungsrichtlinien können nicht nur für **betriebsbedingte,** sondern auch für **personen- und verhaltensbedingte Kündigungen** aufgestellt werden, soweit es um eine Konkretisierung der Merkmale geht, die für die Personen- oder Verhaltensbedingtheit von Bedeutung sind. Gegenstand der Auswahlrichtlinien können auch Verfahrensfragen, wie z. B. Abmahnungen als Voraussetzung für eine Kündigung, sein. Wenn bei einer betriebsbedingten Kündigung die soziale Auswahl gemäß den Auswahlrichtlinien erfolgt, hatten bislang die Arbeitsgerichte die Auswahl nur darauf zu überprüfen, ob die Inhalte des § 1 Abs. 3 Satz 1 und 2 KSchG eingehalten wurden und eine individuelle Überprüfung der Auswahl stattgefunden hat, um unbillige Härten, die die Anwendung eines jeden Schemas mit sich bringen kann, zu vermeiden (vgl. BAG, Urteil v. 20. 10. 1983 – 2 AZR 211/82 –, BB 1984, 671). Mit dem Arbeitsrechtlichen Beschäftigungsförderungsgesetz vom 25. 9. 1996 wurde der Kündigungsschutz mehrfach abgebaut. Diese Änderungen sind aktuell nach dem Regierungswechsel im September 1998 mit dem »**Gesetz zu Korrekturen in der Sozialversicherung und zur Sicherung der Arbeitnehmerrechte**« vom 19. Dezember 1998 (BGBl. I S. 3843), in Kraft ab 1. 1. 1999, weitestgehend wieder rückgängig gemacht worden. Unstreitig können Kündigungsrichtlinien für Arbeitnehmer vereinbart werden. Sie stellen für den Personalrat die Möglichkeit dar, Einwendungen gegen eine Kündigung auf den Verstoß gegen sie zu stützen (vgl. Art. 75 Abs. 1 Satz 1 Nr. 2).

Der **Vorbehalt der gesetzlichen oder tariflichen Regelung** gilt auch bei diesem Mitbestimmungstatbestand. Die sachnahe Kenntnis der dienstlichen, personalpolitischen und sozialen Belange einer Dienststelle setzt die Beteiligten in die Lage, unter allen Aspekten bedarfsorientierte Auswahlrichtlinien festzustellen, die dabei aus dem bezeichneten Grund aber nicht gegen die gesetzlichen und tariflichen Bestimmungen verstoßen dürfen. In der Praxis wird es jedoch aus Gründen der Überschaubarkeit und Korrektheit der Rechtsanwendung sinnvoll sein, auch die gesetzlichen und tariflichen Regelungen in den Katalog der ansonsten differenzierteren von den o. a. Kriterien geprägten Auswahlrichtlinien mit aufzunehmen, ohne daß die gesetzlichen oder tariflichen Regelungen hierdurch Gegenstand der Mitbestimmung werden.

Artikel 75a
Mitbestimmung bei Organisationsmaßnahmen zur Personalverwaltung

(1) **Der Personalrat hat, soweit eine gesetzliche oder tarifliche Regelung nicht besteht, mitzubestimmen bei**

1. **Einführung, Anwendung und erheblicher Änderung technischer Einrichtungen zur Überwachung des Verhaltens oder der Leistung der Beschäftigten,**

2. **Einführung, Anwendung und erheblicher Änderung von automatisierten Verfahren zur Personalverwaltung.**

(2) **Der Personalrat ist von der Erteilung von Aufträgen für Organisationsuntersuchungen, die Maßnahmen nach Absatz 1 vorausgehen, rechtzeitig und umfassend zu unterrichten. Das Ergebnis dieser Organisationsuntersuchungen ist mit ihm zu erörtern.**

1 (Abs. 1) Vorbemerkung: Die Mitbestimmungstatbestände dieses Artikels wurden 1986 in das Gesetz aufgenommen. Gegenüber dem alten Mitwirkungsrecht hat der Gesetzgeber bei der Neufassung des Mitbestimmungsrechts in Abs. 1 Nr. 1 auf den Wortlaut »die dazu bestimmt sind« verzichtet. Hierzu hatte das BAG festgestellt, daß eine technische Einrichtung dann dazu **bestimmt** ist, das Verhalten oder die Leistung der Arbeitnehmer zu überwachen, wenn die Einrichtung zur Überwachung objektiv und unmittelbar geeignet ist, ohne Rücksicht darauf, ob der Arbeitgeber dieses Ziel verfolgt und die durch die Überwachung gewonnenen Daten auch auswertet (vgl. BAG, Beschluß v. 9. 9. 1975 – 1 ABR 20/74 –, AP Nr. 2 zu § 87 BetrVG 1972 Überwachung). Jedoch ist der Mitbestimmungstatbestand klarer und erfaßt **alle technischen Einrichtungen zur Überwachung** des Verhaltens oder der Leistung der Beschäftigten. Das Mitbestimmungsrecht steht unter dem **Gesetzes- oder Tarifvorbehalt**.

2 Das Mitbestimmungsrecht umfaßt das **Initiativrecht** nach Art. 70a Abs. 2, nach dem die oberste Dienstbehörde im Falle der Nichteinigung endgültig entscheidet, und den Abschluß von **Dienstvereinbarungen** (Art. 73 Abs. 1 Satz 1).

3 Den **Zweck des Mitbestimmungstatbestandes** beschrieb die Bundesregierung zum BetrVG so, daß die Vorschrift dem Persönlichkeitsschutz des einzelnen Arbeitnehmers gegen anonyme Kontrolleinrichtungen, die stark

Art. 75 a

in den persönlichen Bereich des Arbeitnehmers eingreifen, dient (vgl. Begründung zum RE, Bt.-Drucks. VI – 1786 S. 48 f.). Ohne dem zu widersprechen, aber mit Akzentuierung auf andere Vorzeichen, will der Gesetzgeber des Freistaats mit der Neuregelung des Art. 75 a die Informationsrechte des Personalrats verbessern, ein Initiativrecht geben und den Abschluß von Dienstvereinbarungen ermöglichen. Die Mitwirkung des Personalrats reiche bis zur Einigungsstelle, deren Empfehlung allerdings für den Dienstherrn nicht bindend sei, weil bei organisatorischen Maßnahmen, die die Leistungsfähigkeit der Verwaltung sicherstellten, der Dienstherr die endgültige Entscheidung haben müsse. Insgesamt sei die Neuregelung ein bedeutender Schritt nach vorn und geeignet, »die **Akzeptanz technischer Neuerung** bei den Bediensteten zu verbessern« (vgl. Protokoll des Ausschusses für Fragen des öffentlichen Dienstes des Bayerischen Landtages 15. 4. 1986, 61. Sitzung am 8. 4. 1986, S. 23).

Die Ausführungen zur **Beschränkung der Mitbestimmung** können als Begründung nicht überzeugen, sagen sie doch in der Umkehrung nichts anderes aus, als daß das Entscheidungsrecht der Einigungsstellen die Leistungsfähigkeit der Verwaltung gefährdet. Die Einschätzung des Demokratieverständnisses und Rechtsempfindens der bayerischen Personalvertretungen und der Vorsitzenden von Einigungsstellen durch den Gesetzgeber als auch seiner selbst bedarf damit keiner weiteren Bewertung. Die Unsinnigkeit dieser Beschränkung wird besonders deutlich, wenn man in Betracht zieht, daß die Betriebe und Verwaltungen im Geltungsbereich des BetrVG und die Dienststellen im Geltungsbereich des BPersVG seit 1972 bzw. 1974 unter einer Leistungsunfähigkeit wegen dieses Mitbestimmungstatbestandes nicht gelitten haben. Darüber hinaus darf die Leistungsfähigkeit der Verwaltung nicht auf Kosten von Persönlichkeitsverletzungen gehen. Dieses Risiko wird aber durch die Beschränkung der Mitbestimmung eingegangen; zumindest sind die Möglichkeiten der Verhinderung insoweit nicht voll ausgeschöpft worden. 4

(Abs. 1 Nr. 1) Einführung, Anwendung und erhebliche Änderung technischer Einrichtungen zur Überwachung des Verhaltens oder der Leistung. Die Personalvertretungen haben mit diesem Mitbestimmungsrecht die beschränkte Möglichkeit, einen präventiven Schutz gegen unzulässige Eingriffe in den Persönlichkeitsbereich der Beschäftigten zu schaffen und rechtlich zulässige Eingriffe auf das durch die dienstlichen Notwendigkeiten unbedingt erforderliche Maß zu beschränken. 5

Mit der Novellierung 1994 wurde das Beteiligungsrecht um die **erhebliche Änderung** konkretisiert. Bei der zur Ermittlung der Überwachungsfunktion technischer Einrichtungen gebotenen objektiven, finalen Betrachtungsweise ist nicht ausschließlich auf die technische Einrichtung als solche, deren Funktionsweise und Benutzungsbedingungen abzustellen, sondern auch auf den dafür vorgesehenen Arbeitsplatz und insbesondere die dazu gehörigen Tätigkeitsgebiete. Später mögliche Änderungen der für die Beschäftigten erkennbaren objektiven Einsatzbedingungen 6

451

Art. 75 a

können das Mitbestimmungsrecht erst dann auslösen, wenn sie konkret vorgenommen werden (vgl. BVerwG, Beschluß v. 23. 9. 1992 – 6 P 26.90 –, PersR 1993, 28).

7 Zur **Einführung** einer technischen Einrichtung zählt nicht nur die Art und Weise, also die näheren Rahmenbedingungen der Inbetriebnahme, sondern auch die Beantwortung der grundsätzlichen Frage, **ob** überhaupt eine Einführung einer technischen Einrichtung vorgenommen werden soll. Die Zustimmung kann der Personalrat bei Einführung und Anwendung solcher Anlagen davon abhängig machen, daß sie nicht als Hilfsmittel zur individuellen Leistungs- und Verhaltenskontrolle eingesetzt werden und daß darauf ausgerichtete Programme nicht durchgeführt werden (vgl. BAG v. 14. 9. 1984 – 1 ABR 23/82 –, DB 84, 2513, welches das Mitbestimmungsrecht dahingehend bejaht, »ob und ggf. welche Verhaltens- und Leistungsdaten erhoben und zu welchen Zwecken sie verwendet werden sollen«). Dem kann nicht entgegengehalten werden, solche Kontrollmöglichkeiten seien im Interesse der Funktionsfähigkeit der öffentlichen Verwaltung unerläßlich und der Mitbestimmungstatbestand setze immanent voraus, daß eine Entscheidung zur Einführung und Anwendung solcher Kontrollinstrumente bereits getroffen sei (so Goeres, PersV 1980, 394). Nach dem Wortlaut des Gesetzes ist nämlich nicht nur die Anwendung, sondern auch die Einführung Gegenstand der Mitbestimmung, was bedeutet, daß das Mitbestimmungsrecht sich gerade auch auf das Ob der Einführung erstreckt.

8 Das Beteiligungsrecht des Personalrats ist nicht nur bei der Einführung der Einrichtung gegeben, sondern auch bei jedem Fall der **Anwendung.** Ausgenommen sind die Fälle, für die er bereits seine Zustimmung erteilt hat. Auf die Dauer und Häufigkeit der Benutzung der Einrichtung kommt es dabei nicht an, sie kann auch für nur eine einmalige Benutzung bestimmt sein. Ist die Einrichtung ohne Zustimmung des Personalrats vor der Einführung des Mitbestimmungsrechts (also vor dem 1. 8. 1986) geschaffen worden, so bedarf ihre Anwendung jetzt der Zustimmung des Personalrats. Hierbei erfährt auch das Initiativrecht nach Art. 70 a Abs. 2, soweit es um die Anwendung bereits bestehender technischer Einrichtungen geht, eine besondere Bedeutung. Mittels des Initiativrechts hat der Personalrat auch die Möglichkeit, die **Abschaffung** technischer Einrichtungen zum Zwecke der Verhaltens- und Leistungskontrolle zum Gegenstand eines Mitbestimmungsverfahrens zu machen.

9 Für die **Wirksamkeit** des Beteiligungsrechts ist auch ohne Belang, ob alle **Gruppen von Beschäftigten** oder auch nur ein **einziger oder einzelne Beschäftigte** von der Maßnahme betroffen sind. Nicht zu folgen ist der Auffassung, daß die Verhaltens- oder Leistungskontrolle immer auf einen einzelnen Beschäftigten beziehbar sein muß. Dies ist schon deswegen abzulehnen, weil zum einen die Verletzung bzw. Beschränkung der Persönlichkeitsrechte nicht nur für einen einzelnen, sondern auch für eine

Art. 75a

Beschäftigtengruppe möglich ist und zum anderen die Dienststelle vielfältige Maßnahmen auch für eine Beschäftigtengruppe im Sinne einer Arbeitsgruppe betreiben kann.

Eine technische Überwachung der Arbeitnehmer ist zu sehen, wenn der von der technischen Einrichtung ausgehende Überwachungsdruck auf die Gruppe auch auf den **einzelnen Arbeitnehmer** durchschlägt. Dies ist z. B. dann der Fall, wenn die Arbeitnehmer in einer überschaubaren Gruppe im Gruppenakkord arbeiten (vgl. BAG, 18. 2. 1986 – 1 ABR 21/84 –, AuR 1986, 283). **10**

Die Einführung und Anwendung eines **Personalcomputers** ist zur Überwachung des Benutzers nicht »bestimmt«, wenn es diesem zum einen freigestellt ist, ob und in welchem Umfange er überhaupt in kontrollierter Weise Daten bearbeitet und speichert oder wieder löscht, und zum anderen aus der Verhinderung einer Kontrolle auch keine Rückschlüsse auf die Leistung und das Verhalten des Beschäftigten gezogen werden können. Ein Personalcomputer ist dann nicht zur Überwachung der anderen Beschäftigten »bestimmt«, wenn nach den Tätigkeitsgebieten am Arbeitsplatz des allein zugelassenen Benutzers keine Daten anderer Beschäftigter zu bearbeiten sind und aus der Sicht eines objektiven Betrachters auch keine Veranlassung zu der Befürchtung besteht, daß eine Überwachung erfolgt (vgl. BVerwG, Beschluß v. 23. 9. 1992 – 6 P 26.90 –, PersR 1993, 28). **11**

Jedenfalls stellt die Auswertung von Leistungsdaten mittels eines PC grundsätzlich dann eine Überwachung durch eine technische Einrichtung dar, wenn die Leistungsdaten **einzelnen Beschäftigten** zugeordnet werden können (vgl. OVG Hamburg, Beschluß v. 21. 9. 1995 – OVG Bs PH 2/94 –, PersR 1996, 242).

Der **Begriff** der **technischen Einrichtung** wird im Gesetz nicht erläutert. Technische Einrichtung ist alles, was außerhalb der menschlichen Sinne, der Registrierung des Verhaltens oder der Leistung der Beschäftigten dient. Man kann den Begriff nicht auf elektrische oder mechanische Apparate (z. B. Kameras, Computer, Abhörschaltung des Telefons, Stechuhr, Fahrtenschreiber, Produktograph) eingrenzen: Auch diese Apparate überwachen im eigentlichen Sinne nicht selbst, sondern dies geschieht durch Menschen, die von solchen Einrichtungen gesammelte Informationen auswerten oder Auswertungen nützen bzw. darauf zugreifen können. Allerdings sind herkömmliche Schreibgeräte, mit deren Hilfe der Arbeitnehmer bestimmte Daten auf Papier festzuhalten hat, keine technischen Einrichtungen (vgl. BAG, Beschluß v. 24. 11. 1981 – 1 ABR 108/79 –, AP Nr. 3 zu § 87 BetrVG 1972 Ordnung des Betriebes). **12**

Eine **datenverarbeitende Anlage** ist auch dann eine zur Überwachung von Leistung oder Verhalten der Arbeitnehmer bestimmte technische Einrichtung, wenn die leistungs- oder verhaltensbezogenen Daten nicht auf technischem Wege (durch die Einrichtung selbst) gewonnen werden, **13**

Art. 75a

sondern dem System zum Zwecke der Speicherung und Verarbeitung eingegeben werden müssen. Eine solche technische Einrichtung ist jedenfalls dann dazu bestimmt, Verhalten oder Leistung der Arbeitnehmer zu überwachen, wenn diese Daten programmgemäß zu Aussagen über Verhalten oder Leistung einzelner Arbeitnehmer verarbeitet werden (BAG, Beschluß v. 14. 9. 1984 – 1 ABR 23/82 –, AP Nr. 9 zu § 87 BetrVG 1972 Überwachung; BayVGH, Beschluß v. 1. 4. 1992 – 17 P 91.2137 –, PersR 1992, 413).

14 Die Einführung oder Anwendung einer technischen Einrichtung, die nach dem zur Anwendung kommenden EDV-Programm dazu bestimmt ist, Verhaltens- und/oder Leistungsdaten bestimmter Arbeitnehmer zu verarbeiten, unterliegt auch dann dem Mitbestimmungsrecht, wenn diese Aussagen erst in Verbindung mit weiteren Daten und Umständen zu einer vernünftigen und sachgerechten Beurteilung der Arbeitnehmer führen können (BAG v. 23. 4. 1985 – 1 ABR 39/81 –, AuR 1986, 60 mit Anm. Kupferle).

15 Zu **technischen Einrichtungen im Sinne des Gesetzes** zählen:

– die Verwendung von **Multimoment-Filmkameras,** die in regelmäßigen Abständen Aufnahmen von Arbeitsplätzen machen (vgl. BAG, Beschluß v. 14. 5. 1974 – AP Nr. 1 § 67 BetrVG 1972 Überwachung);

– **Fahrtenschreiber** (vgl. BAG, Beschluß v. 10. 7. 1979 – 1 ABR 50/78 –, AP Nr. 3 zu § 87 BetrVG 1972 Überwachung);

– **Filmkameras,** mit denen die Tätigkeit von Arbeitnehmern an ihren Arbeitsplätzen gefilmt wird, auch dann, wenn nur kurzzeitige Filmaufnahmen der einzelnen Arbeitsplätze von jeweils 4–12 Minuten Dauer gemacht werden (vgl. BAG, Beschluß v. 10. 7. 1979 – 1 ABR 97/77 –, AP Nr. 4 zu § 87 BetrVG 1972 Überwachung);

– **Computerpersonalinformationssysteme** (vgl. ArbG München, Beschluß v. 19. 12. 1980 – 1 BV 95/80 –, AP Nr. 5 zu § 87 BetrVG 1972 Überwachung; neuer Mitbestimmungstatbestand nach Abs. 1 Nr. 2);

– **Datensichtgeräte in Verbindung mit einem Rechner** sind dann zur Überwachung von Verhalten und Leistung der Arbeitnehmer bestimmt, wenn aufgrund vorhandener Programme Verhaltens- und Leistungsdaten ermittelt und aufgezeichnet werden, die bestimmten Arbeitnehmern zugeordnet werden können, unabhängig davon, zu welchem Zweck diese Daten erfaßt werden (vgl. BAG, Beschluß v. 6. 12. 1983 – 1 ABR 43/81 –, Rn. 9; der Hinweis auf die Zuordnung zu bestimmten Arbeitnehmern ist durch Entscheidung v. 18. 2. 1986 – 1 ABR 21/84 –, vgl. Rn. 10, i. S. e. Gruppenbetroffenheit mit Folgewirkung für einzelne Arbeitnehmer erweitert worden);

– die Einführung eines **EDV-Programms für Außendiensttechniker,** in dem Personalnummer, Bezirk, Einsatzdatum, Einsatzzeit, Fahrtzeiten,

Art. 75a

Art der Arbeiten und der dafür benötigten Zeiten erfaßt werden, auch wenn mit diesem Programm andere Ziele als die der Arbeitnehmerkontrolle verfolgt werden (vgl. BAG, Beschluß v. 14. 9. 1984 – 1 ABR 23/ 82, Rn. 13);

- die Einführung einer EDV-gestützten **Parkerlaubnisverwaltung**, bei der auch Parkverstöße, Abmahnungen, Verwarnungen und Entscheidungen über den Entzug der Parkerlaubnis gespeichert werden, und zwar auch dann, wenn diese Daten von Hand eingegeben sowie Schreibaufträge manuell erteilt und ausgeführt werden. Weder die Überwachung noch deren Umfang oder Inhalt, sondern allein der Übergang zur Überwachung mittels einer technischen Einrichtung löst das Mitbestimmungsrecht aus (vgl. BVerwG, Beschluß v. 9. 12. 1992 – 6 P 16.91 –, PersR 1993, 212);

- **Fotokopiergeräte mit elektronischer Zugangsberechtigung** und automatischem Zählwerk, wenn Codenummern an einzelne Beschäftigte oder kleinere Gruppen von Beschäftigten ausgegeben werden (vgl. OVG NW, Beschluß v. 11. 3. 1992 – CL 43/88 –, PersR 1993, 33);

- die Einführung eines neuen elektronischen Systems zur **Erfassung der Arbeitszeit** (vgl. VGH Baden-Württemberg, Beschluß v. 30. 6. 1992 – 15 S 1578/91 –, PersR 1993, 173); auch die probeweise und befristete Einführung eines elektronischen Zeiterfassungssystems unterliegt der Mitbestimmung, selbst wenn die Beschäftigten selbst über die Teilnahme entscheiden können (vgl. OVG NW, Beschluß v. 30. 10. 1996 – 1 A 2348/93.PVL –, PersR 1997, 212);

- **Zugangskontrollsystem** in Verbindung mit Code-Karten zur Öffnung von Türen, wobei jede Bewegung des Arbeitnehmers gespeichert und ausgewertet werden kann (vgl. ArbG Düsseldorf v. 9. 11. 1980 – AZ 10 BV 79/79);

- Inbetriebnahme einer **elektronischen Schließanlage** (vgl.OVG NW, Beschluß v. 17. 2. 2000 – 1 A 199/98.PVL –, PersR 2001, 30).

- **Datensichtgeräte** in Verbindung mit einem Netzsystem, bei denen verschiedene Niederlassungen durch Postleitungen und Terminals verbunden und die an den Terminals durchgeführten Operationen von dem **zentralen Rechner aufgezeichnet werden** (vgl. LAG Düsseldorf, Köln v. 28. 11. 1980 – AZ 16 CTa, BV 13/80);

- **Universal-Terminal-System,** bei dem jeder Arbeitsgang mittels eines Druckers unter Angabe der persönlichen Code-Nummer dokumentiert wird (vgl. ArbG Mannheim v. 24. 3. 1980 – AZ 1 BV Ga 1/80);

- **einseitig durchsichtige Spiegel oder Fenster,** Stechuhren oder sonstige automatische **Zeiterfassungsgeräte,** wie z.B. Zeitstempler.

15a Das BVerwG revidierte die Auffassung der Vorinstanz zur Erfassung und Auswertung der **Fragebögen für Schülerinnen und Schüler** im Zuge der Erhebung »Aspekte der Lernausgangslage und Lernentwicklung«. Das OVG Hamburg ging davon aus, daß diese Fragebögen, soweit dort Fragen

Art. 75 a

nach Lehrerleistungen und Lehrergehalten gestellt worden sind, der Mitbestimmung der Personalräte unterliegen (vgl.OVG Hamburg, Beschluß v. 28. 2. 2000 – 8 Bf 338/99.PVL –, PersR 2001, 248). Demgegenüber stellte das BVerwG fest, daß die im Rahmen einer wissenschaftlichen Untersuchung zur Lernentwicklung an Schulen erfolgende Befragung von Schulkindern nach einzelnen Aspekten des Unterrichts im zurückliegenden Schuljahr und die anschließende maschinelle Auswertung der Befragungsergebnisse nicht dazu bestimmt sind, **Verhalten oder Leistung der Lehrkräfte** zu überwachen, so daß eine Mitbestimmung des Personalrats entfällt (vgl. BVerwG, Beschluß v. 29. 8. 2001 – 6 P 10.00 –, PersR 2001, 521).

Das BVerwG hält es für zweifelhaft, ob mit dem Einsatz einer Datenverarbeitungsanlage zur Auswertung von Ergebnissen einer Schülerbefragung durch eine mit einem wissenschaftlichen Projekt beauftragte Universität eine **technische Einrichtung** im Sinne dieser Vorschrift eingeführt und angewandt wird. Allerdings handelt es sich um technische Einrichtungen im Sinne des in Rede stehenden Mitbestimmungstatbestandes nicht nur dann, wenn unmittelbar mit ihrer Hilfe Informationen über das Verhalten oder die Leistung der Beschäftigten erhoben werden. Ein technisches Überwachungssystem liegt vielmehr auch dann vor, wenn es Verhaltens- oder Leistungsdaten verarbeitet, die auf nichttechnischem Wege gewonnen und dem System lediglich zum Zwecke der Speicherung und Verarbeitung eingegeben werden. Angesichts dessen wird nicht zu verlangen sein, daß die zur Datenverarbeitung eingesetzte technische Einrichtung im Eigentum des Dienstherrn steht oder sich in den Räumen der Dienststelle befindet. Ansonsten könnte sich die Dienststelle durch Übertragung der **Datenverarbeitung auf einen Dritten** der Mitbestimmung entziehen (vgl. Beschluß v. 16. 12. 1987 – 6 P 32.84 –, PersR 1988, 51 und Beschluß v. 9. 12. 1992 – 6 P 16.91 –, PersR 1993, 212).

Unter **Überwachung** ist sowohl das Sammeln von Informationen als auch das Auswerten bereits vorliegender Informationen im Hinblick auf eine Beurteilung des zu überwachenden Objektes zu verstehen. Auch die hier allein in Rede stehende zweite Variante, nämlich die **Informationsverarbeitung**, muß demnach stets als mögliche Grundlage einer Beurteilung überhaupt in Betracht kommen. Eine technische Einrichtung ist daher zur Überwachung von Verhalten oder Leistung der Beschäftigten bestimmt, wenn sie verhaltens- oder leistungsbezogene **Daten der Beschäftigten** zu Aussagen über bestimmte Verhaltensweisen oder Leistungen verarbeitet, die eine Beurteilung von Verhalten oder Leistung ermöglichen. Die Auswertung der Antworten auf die streitigen Fragen im allgemeinen wie in den fachspezifischen Fragebögen läßt jedoch keine Aussagen entstehen, die die Beurteilung von Verhalten oder Leistung der Lehrkräfte ermöglichen. Die umstrittenen Fragen sind nicht auf eine **objektive Verhaltens- oder Leistungsbeschreibung** ausgerichtet. Sie zielen lediglich auf die subjektive Wahrnehmung einzelner Aspekte der Unterrichtsgestaltung.

Art. 75a

Die durch die Auswertung der Fragebögen gewonnenen Aussagen ermöglichen weder für sich allein noch in Verbindung mit weiteren Erkenntnissen eine vernünftige und sachgerechte Beurteilung der Lehrkräfte (vgl. BVerwG, Beschluß v. 29. 8. 2001 – 6 P 10.00 –, PersR 2001, 521). Allerdings ist schon nach dem Wortlaut des BayPVG **nicht** das Erfordernis einer objektiven **Verhaltens- oder Leistungsbeschreibung** als Mitbestimmungsvorrausetzung gegeben. Ferner schließt auch eine subjektive Wahrnehmung als Eingabedatum die Mitbestimmung nicht aus.

Das Mitbestimmungsrecht des Personalrats soll sicherstellen, daß die Beeinträchtigungen und Gefahren für den Schutz der Persönlichkeit des Beschäftigten am Arbeitsplatz, die von der Technisierung der Verhaltens- und Leistungskontrolle ausgehen, auf das erforderliche Maß beschränkt bleiben. Denn ein Beschäftigter, der befürchten muß, während der Arbeit mit Hilfe technischer oder elektronischer Kontrolleinrichtungen jederzeit beobachtet oder in anderer Weise fortlaufend kontrolliert zu werden, kann unter einen **Überwachungsdruck** geraten, der ihn in der freien Entfaltung der Persönlichkeit behindert, ihn insbesondere unter Anpassungsdruck setzt und ihn in eine erhöhte Abhängigkeit bringt (Beschluß v. 31. 8. 1988 – 6 P 35.85 –, PersR 1988, 271 und Beschluß v. 23. 9. 1992 – 6 P 26.90 –, PersR 1993, 28).

Die vom Mitbestimmungstatbestand allein erfasste technische Überwachung zeichnet sich nach Auffassung des BVerwG dadurch aus, daß sie die praktisch dauernde und ununterbrochene Ermittlung von Informationen über den Beschäftigten erlaubt. Darin unterscheidet sie sich von nichttechnischen Formen der Leistungskontrolle, die nur gelegentlich, stichprobenhaft stattfinden. Der Schutzgedanke kommt in gleicher Weise zum Tragen, wenn technische Geräte auf nichttechnischem Wege erhobene Daten verarbeiten. Die dazu ergangenen Entscheidungen des BVerwG (Beschluß v. 16. 12. 1987 – 6 P 32.84 – zum »Mitarbeiter-Berichtswesen, PersR 1988, 51) wie des BAG (Beschluß v. 14. 9. 1984 – 1 ABR 23/82 –, BAGE 46, 367 zum »Technikerberichtssystem«) hatten gemeinsam, daß die betroffenen Beschäftigten arbeitstäglich Erhebungsbögen auszufüllen hatten, die in regelmäßigen Abständen maschinell ausgewertet wurden. Bei der Fragebogenaktion kann nicht von einer vergleichbaren Erzeugung von Anpassungsdruck und erhöhter Abhängigkeit ausgegangen werden (vgl. BVerwG, Beschluß v. 29. 8. 2001 – 6 P 10.00 – mit zahlreichen übereinstimmenden Verweisungen auf die Rechtsprechung des BAG zum BetrVG, PersR 2001, 521).

Die Einrichtung einer technischen **Telefondaten-Erfassung** unterliegt der Mitbestimmung. Eine Regelung, die Erfassen und Speichern von Telefonnummern der Angerufenen beinhaltet, verstößt gegen §§ 3, 23 BDSG und ist daher rechtsunwirksam. Die **Telefonnummer** des Angerufenen zählt zu den personenbezogenen Daten gem. § 1 Abs. 1 BDSG. Die Kontrolle der Telefonkosten kann zwar als berechtigtes Interesse des Arbeitgebers angesehen werden, hierfür ist allerdings die Speicherung der

16

Art. 75 a

Telefonnummer des Angerufenen nicht erforderlich. Eine solche Speicherung beeinträchtigt auch die schutzwürdigen Belange des Angerufenen und ist daher nach dem BDSG unzulässig (vgl. ArbG Hamburg v. 3. 10. 1984 – 23 BV 6/84). Das BayDSG enthält vergleichbare Regelungen.

Mit seinem Beschluß vom 27. 5. 1986 hat das BAG festgestellt, daß Erfassung von Daten über die von Arbeitnehmern geführten **Telefongespräche** der Mitbestimmung unterliegt.»Daten über von Arbeitnehmern geführte Telefongespräche sind personenbezogene Daten des Arbeitnehmers i. S. d. BDSG. Sie können, wenn die Zielnummer erfaßt wird, auch personenbezogene Daten des Angerufenen sein. Die Verarbeitung von personenbezogenen Daten der Arbeitnehmer ist datenschutzrechtlich schon dann zulässig, wenn sie durch eine Betriebsvereinbarung oder durch Einspruch der Einigungsstelle erlaubt wird. Betriebsvereinbarungen oder Spruch der Einigungsstelle können auch **zuungunsten** der Arbeitnehmer von den Vorschriften des BDSG abweichen. Sie müssen sich im Rahmen der **Regelungskompetenz der Betriebspartner** halten und den Grundsätzen über den **Persönlichkeitsschutz** des Arbeitnehmers im Arbeitsverhältnis Rechnung tragen. Gegen eine Betriebsvereinbarung, die die Erfassung der vollen Dienstnummer bei Dienstgesprächen und Privatgesprächen aus dienstlichem Anlaß erlaubt, bestehen jedenfalls dann keine Bedenken, wenn daneben **Privatgespräche** geführt werden dürfen, bei denen die Zielnummer nicht erfaßt wird.« In diesem Beschluß blieb unentschieden, ob die Erfassung der Zielnummer der Angerufenen datenschutzrechtlich zulässig ist. Allerdings wurde festgestellt, daß eine Betriebsvereinbarung oder ein Spruch der Einigungsstelle zur Regelung von Telefondaten nicht schon deswegen unwirksam ist, weil die geregelte Telefondatenerfassung gegenüber dem Angerufenen datenschutzrechtlich unzulässig ist (vgl. BAG, Beschluß v. 27. 5. 1986 – 1 ABR 48/84 –, mit Anm. Kappes; BB 1986, 2333, Anm. Hexel Datenspeicherung mit Telefoncomputer; AiB 1986, 272; OVG NW, Beschluß v. 4. 11. 1991 – CL 77/88 –, PersR 1992, 410).

17 Zur Frage, ob die Erfassung der **Zielnummer** datenschutzrechtlich zulässig ist, hat das BAG mit seinem Urteil v. 13. 1. 1987 ergänzend zu dem o. a. Beschluß festgestellt, daß bei dienstlichen Telefongesprächen mit Bürgern, die eine gewisse Vertraulichkeit zu erwarten haben, eine Erfassung der Zielnummer der Angerufenen **unzulässig** sei. Das Urteil erging zur Klage eines **Diplom-Psychologen,** der in einer Beratungsstelle für Erwachsene, Jugendliche und Kinder beschäftigt ist. Das BAG stellte fest, daß schon der Arbeitsvertrag des Klägers dazu führt, daß der Landkreis die Telefonnummern der angerufenen Personen des Klägers nicht erfassen darf. Inhalt des Arbeitsvertrages sei, daß der Kläger seine Beratungstätigkeit als Psychologe unter den anerkannten Bedingungen für eine fachgerechte Beratung und Behandlung ausüben darf. Dazu gehöre auch, daß die **Vertraulichkeit** gegenüber den Klienten in jedem Fall gewahrt

Art. 75 a

bleibe. Dies sei jedoch nicht immer gewährleistet, wenn die Telefonnummer der vom Kläger angerufenen Person erfaßt werde. Dritte könnten so erfahren, wen der Kläger angerufen habe. Eine Kontrolle der Dienstgespräche des Klägers über die **Telefondatenerfassungsanlage**, die notwendig zum Bekanntwerden dieses Geheimnisses führe, sei daher nicht zulässig. Damit halte sich die Erfassung der Zielnummer nicht mehr im Rahmen der Zweckbestimmung des Arbeitsverhältnisses im Sinne von § 23 BDSG. Darüber hinaus gäbe es auch aus haushaltsrechtlichen Gründen kein berechtigtes Interesse an der Erfassung der Dienstgespräche mit der Zielnummer des Angerufenen, da dem Kläger nach § 203 des Strafgesetzbuches die Offenbarung der Tatsache, mit wem er gesprochen habe, verboten sei (vgl. BAG, Urteil v. 13. 1. 1987 – 1 AZR 267/85 –, PersR 1987, 26; s. a. Wohlgemuth/Mostard, Rechtsfragen der betrieblichen Telefondatenverarbeitung, AuR 1986, 138; zu beachten ist, daß das BayDSG Regelungen enthält, die denen des BDSG – zu denen die Rechtsprechung erging – entsprechen).

Der Personalrat einer Dienststelle, die an eine bei einer anderen Dienststelle eingerichtete Fernsprechstaatszentrale angeschlossen ist, hat kein Mitbestimmungsrecht, wenn dort die Gesprächsdatenerfassung mittels Lochkarten nunmehr elektronisch erfolgt. Das Antragsrecht (Initiativrecht) des Personalrats erstreckt sich nur auf Maßnahmen, hinsichtlich welcher die Dienststelle eine **Entscheidungszuständigkeit** hat (vgl. VGH Baden-Württemberg, Beschluß v. 26. 4. 1994 – PL 15 S 162/93 –, PersR 1994, 561). **18**

Ob ein **Bildschirmgerät** in Verbindung mit einem Rechner eine technische Einrichtung zur Überwachung ist, kann nach Auffassung des BAG nur anhand der im jeweiligen System **verwendeten Programme** beantwortet werden, da erst ein Programm die sog. Hardware als technische Einrichtung im Betrieb überhaupt verwendbar und zu einem Mittel, mit dem eine Arbeitsaufgabe bewältigt oder eine Funktion ausgeübt werden kann, macht. Erst ein Programm, das Verhaltens- und Leistungsdaten erfaßt und aufzeichnet, macht Bildschirmgeräte und Rechner geeignet, Arbeitnehmer zu überwachen. Den Einwand, lediglich auf das Programm abzustellen, nimmt das Gericht selbst vorweg und führt dazu aus: »Stellt man auf das jeweilige Anwendungsprogramm ab, das im Regelfall erst zur Ermittlung und Aufzeichnung von Verhaltens- und Leistungsdaten führen wird, so kann dessen Funktion und Arbeitsweise nicht verheimlicht werden. Der Arbeitgeber will mit diesem Programm das System zur Erledigung einer bestimmten Arbeitsaufgabe nutzen. Schon von daher ist erforderlich, daß dieses Programm, dessen Anwendung und die Arbeit mit ihm dargestellt und erläutert wird. Diese Darstellung und Erklärung ist auch dem Betriebsrat zugänglich. Der Betriebsrat (Personalrat – Anm. d. Verf.) kann nach § 80 Abs. 2 BetrVG (vgl. Art. 75a Abs. 2 BayPVG 1986 – Anm. d. Verf.) darüber hinaus vom Arbeitgeber eine rechtzeitige und umfassende Unterrichtung über das Programm auch über das Be- **19**

Art. 75a

triebsprogramm und dessen Arbeitsweise verlangen. Er kann daher auch Auskunft verlangen, welche Verhaltens- und Leistungsdaten der Arbeitnehmer durch diese Programme zu welchem Zweck erfaßt und aufgezeichnet werden. Der Betriebsrat kann, soweit ihm die erforderliche Sachkunde fehlt, nach § 80 Abs. 3 BetrVG einen Sachverständigen hinzuziehen.« Damit sei der Betriebsrat im Regelfall in der Lage, sich ausreichende Kenntnisse zu verschaffen, um beurteilen zu können, ob die Voraussetzungen für die Geltendmachung von Mitbestimmungsrechten vorliegen (vgl. BAG, Beschluß v. 6. 12. 1983 – 1 ABR 43/81 – Bildschirmarbeitsplatzentscheidung –, AP Nr. 7 zu § 87 BetrVG 1972 Überwachung).

20 Bei der Anwendung des Mitbestimmungsrechts gibt es seit 1989 einen Gesetzes- oder Tarifvorbehalt. Wird das Mitbestimmungsrecht durch den Abschluß einer **Dienstvereinbarung** ausgeübt, gilt ebenso der Gesetzes- oder Tarifvorbehalt. Dabei ist zu beachten, daß die Datenschutzgesetze (gem. § 45 BDSG, Art. 2 Abs. 2 BayDSG) dem BayPVG nachgeordnet sind.

21 **Gegenrechte der Beschäftigten** bei einseitiger Einführung durch die Dienststelle bestehen insoweit, daß bei einer Verhaltens- oder Leistungskontrolle des Beschäftigten ohne ordnungsgemäße Beteiligung des Personalrats der betroffene Beschäftigte das Recht hat, seine Arbeitsleistungen zu verweigern (vgl. ABW, Art. 75a Rn. 18 m.w.N.)

22 (Abs. 1 Nr. 2) Der Mitbestimmungstatbestand »**Einführung, Anwendung und erhebliche Änderung von automatischen Verfahren zur Personalverwaltung**« soll die Personalvertretung in die Lage versetzen, die vielfältigen möglichen Gefahren einer Personaldatenverarbeitung für das Persönlichkeitsrecht der Beschäftigten abzuwehren. Eine vergleichbare Vorschrift gibt es wörtlich weder im BPersVG noch im BetrVG. Dort wird dieser Mitbestimmungstatbestand insoweit durch die Bestimmungen über technische Einrichtungen zum Zwecke der Verhaltens- und Leistungskontrolle der Beschäftigten miterfaßt, mit der Folge, daß z.B. Personalinformationssysteme als ein Element der Personaldatenverarbeitung nur insoweit mitbestimmungspflichtig sind, als sie leistungs- oder verhaltensbezogene Daten der Arbeitnehmer speichern oder sonstwie verarbeiten.

Diese Beschränkung kennt das BayPVG mit dem neuen Mitbestimmungstatbestand nicht mehr. Der Personalrat ist nunmehr bei **jedwedem automatisierten Verfahren zur Personalverwaltung,** also im Bereich der gesamten Personaldatenverarbeitung, zu beteiligen.

23 Besonders deutlich hat das BVerfG u.a. auch auf die aus einer **Personaldatenverarbeitung** resultierenden Gefahren für die **Persönlichkeitsrechte** in seiner Entscheidung zum Volkszählungsgesetz hingewiesen; danach wird unter den Bedingungen der modernen Datenverarbeitung der Schutz des einzelnen gegen eine unbegrenzte Erhebung, Speicherung, Verwen-

Art. 75a

dung und Weitergabe seiner persönlichen Daten von dem allgemeinen Persönlichkeitsrecht des Art. 2 Abs. 1 GG i. V. m. Art. 1 Abs. 1 GG erfaßt. Das Grundrecht gewährleiste insoweit die Befugnis des einzelnen, grundsätzlich selbst über die Preisgabe und Verwendung seiner persönlichen Daten zu bestimmen. Es kritisierte, daß durch die Möglichkeiten der modernen Datenverarbeitung »teilweise oder weitgehend vollständige Persönlichkeitsbilder zusammengefügt werden können, ohne daß der Betroffene deren Richtigkeit und Verwendung zureichend kontrollieren kann«. Weiter »mit dem Recht auf informationelle Selbstbestimmung seien eine Gesellschaftsordnung und eine diese ermöglichende Rechtsprechung nicht vereinbar, in der die Bürger nicht mehr wissen können, wer was, wann und bei welcher Gelegenheit über sie weiß«. Deshalb setze ein Zwang zur Angabe personenbezogener Daten voraus, »daß der Gesetzgeber den Verwendungszweck bereits spezifisch und präzise bestimmt und daß die Angaben für diesen Zweck geeignet und erforderlich sind« (vgl. BVerwG v. 15. 12. 1983 – 1 BvR 209/83 –, NJW 1984, 419, 422).

Der Begriff der **Einführung** beschreibt die erstmalige Einführung bzw. den ersten Einsatz dieser Maßnahme. Die Einführung bezieht sich nicht nur auf die Art und Weise der Personaldatenverarbeitung, sondern auch auf die grundsätzliche Frage, ob eine Personaldatenverarbeitung eingeführt wird. **24**

Der Begriff der **Anwendung** umfaßt alle Mitbestimmungstatbestände bei der laufenden Praxis. Hierzu zählen die Art und Weise der Verarbeitung jeweiliger personenbezogener Daten sowie erhebliche Erweiterung und Änderung der Personaldatenverarbeitung, wie z. B. neuer Datenbestand, neue Auswertungsmöglichkeiten, neue Programme, die Einbeziehung neuer Dienststellenteile und weiterer Beschäftigtengruppen, Ausdehnung bzw. Verringerung des Kreises möglicher Adressaten und Zugriffsberechtigter. **25**

Mit der Novellierung zum 1. 9. 1994 hat der Gesetzgeber das Beteiligungsrecht mit der Ergänzung »und **erhebliche Änderung**« konkretisiert und zur größeren Klarheit hinsichtlich des Beteiligungsumfangs, der mit dem Begriff »Anwendung« schon beschrieben war, beigetragen.

Im Mitbestimmungstatbestand werden keine Daten der Personaldatenverarbeitung ausgegrenzt mit der Folge, daß alle Daten ohne Ausnahme ebenso wie alle automatisierten Verfahren zur Personalverwaltung der Mitbestimmung des Personalrats bedürfen.

Das Mitbestimmungsrecht wird gemäß dem Willen des Gesetzgebers durch den **Gesetzes- oder Tarifvorrang** beschränkt. Nicht mitzuentscheiden hat der Personalrat darüber, ob die Dienststelle ihren **Auskunfts- und Meldepflichten** nachkommt. Über die Frage, ob die Auskunfts- und Meldepflichten **mittels der Personaldatenverarbeitung** erfüllt werden, und für den Fall, daß dies so sein soll, besteht das Mitbestimmungsrecht bei den Regelungen der Erhebung, der Einsicht, der Auskunft, der Zugriffsberechtigung, Ergänzung, Entfernung, Sperrung, Löschung, Menge **26**

Art. 75 a

sowie Arten und Möglichkeiten der Verknüpfung von Systemen mit den Schnittstellen der Hard- und Software, der Übertragung sowie zwischen Benutzern und der Personaldatenverarbeitung.

27 **Personaldaten können, aber müssen nicht** Daten in automatisierten Verfahren zur Personalverwaltung sein. Solche sind z. B. Daten im Rahmen von Besoldungs-, Gehalts-, Lohn- und Versorgungsleistungen; die Angaben im Personalfragebogen (Art. 75 Rn. 274 ff.); Ergebnisse von Einstellungstests (Art. 75 Rn. 5); persönliche Angaben im Arbeitsvertrag (Art. 75 Rn. 4); Informationen über den Bewerber aus dem Vorstellungsgespräch; arbeitsmedizinische Daten des Betriebsarztes (Art. 75 Rn. 251); arbeitsmedizinische Daten, die einem Beschäftigten zuzuordnen sind, sind hier nicht gemeint, da ein unberechtigter Zugriff, z. B. durch das Personalamt, einen Verstoß gegen die ärztliche Schweigepflicht darstellt (s. a. § 8 Abs. 1 Satz 2 ASiG, § 203 StGB, Strafbarkeit des Bruchs der Schweigepflicht); Daten aus Arbeits- und Wirtschaftlichkeitsuntersuchungen, soweit sie für die Personalverwaltung von Bedeutung sind; Daten zur Arbeitszeiterfassung und -kalkulation wie z. B. An- und Abwesenheitszeiten, Sonderzeiten, Mehrarbeit, Gleitzeit, Personaldispositionen, Zeitkontenführung, Urlaubszeiten, AU- und sonstige Fehlzeiten; Daten aus Beurteilungen gem. den Beurteilungsrichtlinien (Art. 75 Rn. 290 ff.); Kontrolldaten über den Einsatz von Beschäftigten im Außendienst (Art. 75 a Rn. 15); Daten der Fahrtenschreiber aus Dienstkraftfahrzeugen (Art. 75 a Rn. 15); Kantinendaten zur Abrechnung und zu Erkenntnissen über Verbrauchs- und Verzehrgewohnheiten der Beschäftigten (Art. 75 Rn. 234 f., 240); alle Daten der Überwachung des Verhaltens oder der Leistung der Beschäftigten (Art. 75 Rn. 1 ff.); Daten über die private Nutzung einer Betriebstankstelle und der damit verbundenen Erkenntnis über Verbrauchsgewohnheiten von Beschäftigten; Daten über Unterstützungen und entsprechende soziale Zuwendungen, Wohnungen, über die die Dienststelle verfügt, und Zuweisung von Dienst- und Pachtland (Art. 75 Rn. 179 f.); Daten zur dienstlichen und privaten Telefonnutzung (Art. 75 a Rn. 16); Daten der Zugangskontrollen wie z. B. zur Datenverarbeitungsanlage (Art. 75 a Rn. 15).

28 Automatisierte Verfahren zur Personalverwaltung stellen für die Dienststelle eine erhebliche Stütze für jedwede **Personalplanung** dar. Hierzu zählen die Planung des Personalbedarfs, der Personalbeschaffung, der Personalentwicklung, des Personaleinsatzes, des Personalabbaus sowie der Personalkosten. Zur Personalentwicklung gehören Ausbildung, Fortbildung, Umschulung und sonstige Bildungsmaßnahmen.

29 Die Personalverwaltung in der Personaldatenverarbeitung kann mittels Software-Programmen von **Personalinformationssystemen** erfolgen; diese dienen nicht nur der Stellenbewirtschaftung, Personalstatistik, dem Altersaufbau, der Einkommensstruktur, Fehlzeitenstatistik, Fluktuationsstatistik, sondern bieten eine Vielfalt von weiteren Statistiken und Auswertungen wie z. B. das Erstellen von Ranglisten für Entlassungen

Art. 75a

und Umsetzungen, Vergleiche von Beschäftigten in bezug auf Leistungsquantitäten und -qualitäten, Auswertungen über Beschäftigte, die besonderen Schutzvorschriften unterliegen wie Jugendliche, Behinderte, Frauen, Leistungsgeminderte usw. (vgl. ABW, Art. 75a Rn. 27 m. w. N.).

Die **Bedeutung,** die der Gesetzgeber der **Datenverarbeitung** beimißt (vgl. auch Volmer, Automatisierte Datenverarbeitung im öffentlichen Dienst, PersR 1987, 27), wird auch in dem Gesetz über die Organisation der elektronischen Datenverarbeitung im Freistaat Bayern (EDVG) v. 12. 10. 1970, geändert durch Gesetz v. 30. 3. 1982 (GVBl. S. 186) sichtbar. Angesichts dieser Bedeutung und des umfangreichen Interesses an der Nutzung von Datenverarbeitungsanlagen muß es nicht weiter verwunderlich erscheinen, daß der Gesetzgeber mit der Neuschaffung dieses Mitbestimmungstatbestandes **über die bisherige Personenbezogenheit von Daten deutlich hinausging.** 30

Während die **Aufgabe** des **Datenschutzes** definiert wird, durch den Schutz **personenbezogener** Daten vor Mißbrauch bei ihrer Speicherung, Übermittlung, Veränderung und Löschung (Datenverarbeitung) der Beeinträchtigung schutzwürdiger Belange der Betroffenen entgegenzuwirken (vgl. § 1 Abs. 1 BDSG und Art. 1 Abs. 1 des Gesetzes zum Schutz von Mißbrauch personenbezogener Daten bei der Datenverarbeitung, BayDSG), verlangt der bayerische Gesetzgeber **nicht die Personenbezogenheit** als Bedingung für das Auslösen des Mitbestimmungstatbestandes. Er hat statt dessen die **Personalverwaltungsbezogenheit** von automatisierenden Verfahren vorausgesetzt. Das Gesetz nennt die »**Personalverwaltung**« ganz allgemein und bezeichnet damit umfassend all ihre Aufgaben. 31

Angesichts des dargestellten Umfangs und der Bedeutung dieses Mitbestimmungstatbestandes soll die angewandte Mitbestimmung ihr Ergebnis im Abschluß von **Dienstvereinbarungen** finden (vgl. Art. 73 Abs. 1). Für Dienstvereinbarungen gilt der Gesetzes- oder Tarifvorbehalt, es sei denn, daß es sich nicht um vorrangiges Recht (vgl. § 1 Abs. 4 BDSG; Art. 2 Abs. 2 BayDSG) handelt oder Tarifverträge ergänzende Dienstvereinbarungen ausdrücklich zulassen (vgl. Art. 73 Abs. 1 Satz 2 Halbs. 2). **Sinnvolle Inhalte** entsprechender **Dienstvereinbarungen** können sein: die Verpflichtung der Dienststelle zur umfassenden Unterrichtung zum einen in Erfüllung des Abs. 2 und des weiteren bei Konkretisierung des Art. 69 Abs. 2, ferner, daß Vorstudien zur Verfügung gestellt werden, einschließlich der Zielbestimmung der EDV-Projekte, Ist-Analysen, Wirtschaftlichkeitsberechnung/Kosten-Nutzen-Analyse, Abschätzung der Auswirkung, Durchführbarkeitsstudie, Gesamtkonzept, Arbeitssystemplanung und Personalplanung, Detailplanung einschließlich der Übersicht über die Hardware-Konfiguration und die System-Software, Anforderungsdefinition, funktionelle Spezifikation und, soweit **personenbezogene oder -beziehbare Daten** verarbeitet werden, ein **Datenkatalog,** der Angaben enthält über 32

Art. 75a

1. Bezeichnung der Datenfelder,
2. Feldlänge,
3. Zweck der Speicherung (Erforderlichkeit),
4. Auswertungen, in denen die Daten verwendet werden,
5. ggf. die Stellen außerhalb des Betriebs, an die Daten übermittelt werden, und die Nennung der Rechtsgrundlagen der Übermittlungszeitpunkte,
6. Löschungsfristen bzw. Ereignisse, aufgrund deren die Daten zu löschen sind,
7. ggf. verwendete Schlüssel und deren Bedeutung,

Dokumentationen, Bedienerhandbücher, Kurzbeschreibungen der Programme, Dokumentation der Probeläufe und der organisatorischen Umstrukturierung. Des weiteren müssen die Unterlagen Angaben enthalten über die Zielsetzung und Einführungsgründe, die betroffenen Dienststellenbereiche, Ämter, Abteilungen und Arbeitsplätze, den Umfang möglicher Veränderungen bisheriger Arbeitsplätze, Arbeitsabläufe und -aufgaben, Veränderungen der Arbeitsbedingungen der Betroffenen z. B. hinsichtlich der Belastung und Beanspruchung sowie der Qualifikationsanforderung, der Qualifizierungsmöglichkeiten, Tätigkeitsbeschreibungen, die sich auf die Verteilung der Arbeit zwischen Mensch und Maschine beziehen, Konsequenzen für den materiellen und sozialen Besitzstand der Betroffenen, mögliche Kopplung und Vernetzungen mit anderen bereits bestehenden oder geplanten Informationstechnologien sowie deren Anwendungen, Maßnahmen des Datenschutzes und der Datensicherung, insbesondere der Zugriffsrechte und des Zugriffsschutzes, eine Auflistung und Beschreibung der Geräte. Zur Erfüllung des Mitbestimmungstatbestandes »Anwendung von Personaldatenverarbeitung« hat der Personalrat als Grundlage der Mitbestimmung das Unterrichtungsrecht, das die Einsichtnahme in die System- und Programmdokumentation beinhaltet.

33 Darüber hinaus kann dem Personalrat eingeräumt werden, die **Einhaltung der Dienstvereinbarungen** jederzeit in jeder ihm geeignet erscheinenden Weise zu **überprüfen** und zu diesem Zweck Betroffene oder alle dienstlich zuständigen Stellen auch ohne Hinzuziehung der Dienststelle anzuhören. Zur Erfüllung seiner Aufgaben kann der Personalrat jederzeit Sachverständige seiner Wahl hinzuziehen, deren Kosten die Dienststelle zu tragen hat. Der Personalrat und/oder seine Sachverständigen haben hierbei Zugriff auf alle die Informationstechnologien betreffenden Unterlagen und Dokumente. Zur Überprüfung von Sachverhalten stellt die Dienststelle Programmier- und Rechnerkapazität zur Verfügung (vgl. Döbele-Berger u. a., a. a. O., S. 287, 290, 296).

34 Angestellte und Arbeiter haben ein Recht auf **Einsicht in ihre vollständigen Personalakten** (vgl. § 13 Abs. 1 Satz 1 BAT; § 11a Abs. 1 Satz 1 BMT-G). Der Beamte hat, auch nach Beendigung seines Beamtenver-

Art. 75 a

hältnisses, ein Recht auf Einsicht in seine vollständigen Personalakten (vgl. Art. 100 Abs. 3 Satz 1 BayBG). Nach Art. 7 Abs. 1 BayDSG kann jedermann in das vom Landesbeauftragten für den Datenschutz geführte Datenschutzregister Einsicht nehmen. Für die Einsichtnahme werden Kosten nicht erhoben. Weiter ist bestimmt, daß der Landesbeauftragte für den Datenschutz mindestens einmal im Jahr eine Übersicht über den Inhalt des Datenschutzregisters veröffentlicht (Abs. 3) und daß jeder, der ein berechtigtes Interesse glaubhaft macht, sich Auszüge aus dem Datenschutzregister anfertigen lassen kann (Abs. 4).

»Dem Betroffenen ist auf Antrag von der speichernden Stelle **Auskunft zu** erteilen über die zu seiner Person gespeicherten Daten und die Stellen, denen Daten im automatisierten Verfahren regelmäßig übermittelt werden.« (Vgl. Art. 8 Abs. 1 Satz 1 BayDSG.) Ähnlich den Ansprüchen zur Personalaktenführung erkennt das BayDSG auch Ansprüche auf **Berichtigung** (Art. 9), auf **Sperrung** (Art. 10), auf **Löschung** und **Beseitigung** (Art. 12). Zum Recht der Personalakteneinsicht durch ein Mitglied der Personalvertretung mit schriftlicher Zustimmung des Beschäftigten (vgl. Art. 69 Abs. 2 Satz 4) hatte der BayVGH zum BPersVG beschlossen: »Der Regelung des § 68 Abs. 2 Satz 3 BPersVG liegt der **materielle** Personalaktenbegriff zugrunde. Danach gehören zu den **Personalakten unabhängig von der Art ihrer Verwahrung** alle auf die persönlichen und dienstlichen Verhältnisse des Beamten bezogenen Urkunden und aktenmäßig festgehaltenen Vorgänge. Auch **Stellungnahmen** der Leiter nachgeordneter Dienststellen, die zur Eignung von Bewerbern um die Teilnahme der Fortbildungsmaßnahme abgegeben werden, gehören zu den Personalakten. Sie unterscheiden sich von den nicht als **Personalakten**-Bestandteile anzusehenden sog. **Besetzungsberichten,** die zu dem Zweck einer optimalen Besetzung eines Dienstpostens erstellt werden und deren Ausführungen über verschiedene Bewerber so eng verknüpft sind, daß sie kaum trennbar sind. Demgegenüber werden die genannten Stellungnahmen im Zusammenhang mit der Auswahl von Bewerbern für eine Fortbildungsmaßnahme erstellt, die in erster Linie dazu dient, den geeigneten Bewerbern die Möglichkeit zu geben, sich um einen höher bewerteten Dienstposten zu bewerben. Vorgänge, die die berufliche Fortbildung und Förderung einer Dienstkraft betreffen, gehören aber regelmäßig zu den Personalakten im materiellen Sinne. Unterlagen, die die tatsächlichen Grundlagen ergeben, auf denen die der Beteiligung des Personalrats unterliegende Entscheidung des Dienststellenleiters beruht, müssen dem Personalrat zugänglich gemacht werden, sofern nicht ein gesetzlicher Ausschlußgrund besteht.« (BayVGH, Beschluß v. 17. 7. 1985 – Nr. 18 c 85 a, S. 668 –, soweit ersichtlich n. v.)

In der Entscheidung des BAG v. 11. 3. 1986, der sog. **PAISY-Entscheidung,** hat das Gericht in seinen Entscheidungsgründen ausgeführt, daß der **Erfassung von Arbeitsunfähigkeit und Fehlzeiten** und diesbezüglichen **Aussagen in der Vergangenheit** auch heute noch dadurch genügt werden

35

36

Art. 75a

kann, daß solche Aussagen und Erkenntnisse auch ohne Einsatz technischer Hilfsmittel erarbeitet wurden. In der Entscheidung heißt es: »Es ist aber auch ein berechtigtes Interesse des Arbeitgebers, sich diejenigen Kenntnisse, die er berechtigterweise benötigt, in wirtschaftlich sinnvoller Weise schnell und kostengünstig zu beschaffen. Schutzwürdige Belange der Arbeitnehmer machen eine solche Datenverarbeitung auch nicht unzulässig. Zwar werden dadurch auch schutzwürdige Belange der Arbeitnehmer berührt, als der Arbeitgeber Erkenntnisse gewinnen kann, die ihm, wenn auch berechtigterweise, zum Nachteil gereichen können. Das allein macht die Datenverarbeitung noch nicht unzulässig. Die Grenze für die **Zulässigkeit** einer Datenverarbeitung ergibt sich vielmehr erst aus einer Abwägung der berechtigten Interessen des Arbeitgebers und der schutzwürdigen Belange des Arbeitnehmers.« (BAG, Beschluß v. 11. 3. 1986 – 1 ABR 12/84 –, a. a. O.)

Der BayVGH hat mit Beschluß v. 3. 5. 2000 – 17 P 99.1908 – das Mitbestimmungsrecht des jeweils zuständigen Personalrats bzw. der Stufenvertretung bei der Einführung und Weiterentwicklung eines **Datensystems zur Personalverwaltung** bestätigt. Nach Art. 75 a Abs. 1 Ziff. 2 hat der Personalrat, soweit eine gesetzliche oder tarifliche Regelung nicht besteht, mitzubestimmen bei Einführung, Anwendung und erheblicher Änderung von automatisierten Verfahren zur Personenverwaltung. In Angelegenheiten, in denen die Übergeordnete Dienststelle zur Entscheidung befugt ist, ist nach Art. 80 Abs. 2 anstelle des (örtlichen) Personalrats die bei der zuständigen Dienststelle gebildete Stufenvertretung zu beteiligen. Vor einem Beschluß in Angelegenheiten, die einzelne Dienststellen betreffen, gibt die Stufenvertretung dem Personalrat Gelegenheit zur Äußerung. Vorliegend hat das Bayerische Staatsministerium der Justiz (StMJ) kraft seiner Organisationsgewalt für seinen Geschäftsbereich (Justizverwaltung bei Gerichten und Staatsanwaltschaften) den Einsatz des Programmsystems VEWA bestimmt und dabei – zutreffend – den Hauptpersonalrat als die beim Ministerium gebildete Stufenvertretung gemäß Art. 80 Abs. 2 Satz 1 beteiligt. Kraft seiner Organisationshoheit konnte das Ministerium auch festlegen, an welchen Gerichten und Staatsanwaltschaften das System zunächst erprobt werden sollte. Desshalb steht dem »örtlichen« Personalrat weder bei der Erprobung, Einführung und Anwendung – noch allein bei der Anwendung – ein originäres Mitbestimmungsrecht gemäß Art. 75 a Abs. 1 Nr. 2 zu (vgl. BayVGH, Beschluß v. 3. 5. 200 – 17 P 99.1908 –, PersR 2001, 255).

37 **Empfehlung:** Ausgehend von den **Rechten der Beschäftigten** auf Einsichtnahme in ihre Personalakte, den Rechten nach dem BayDSG und der technischen Entwicklung der Personalverwaltung erscheint es hier dringend geboten, bei Einführung oder Betrieb einer Personaldatenverarbeitung zu vereinbaren, daß jeder Beschäftigte jährlich unaufgefordert eine schriftliche **Übersicht** in allgemeinverständlicher Form über die zu seiner Person **gespeicherten Daten** einschließlich ihrer jeweiligen rechtlichen

Grundlagen mit einer Zusammenstellung derjenigen Stellen – inner- und außerhalb der Dienststelle –, an die seine Daten übermittelt wurden, und zwar mit Angabe der übermittelten Daten, erhält. Zeitgemäß – weil dem Vermögen derzeitiger Personalverwaltungssysteme entsprechend und den unabdingbaren Datenschutzrechten der Betroffenen Rechnung tragend – wäre allerdings zur Mitteilung der Daten, ihrer Verwendungszwecke und Weitergabe die Nutzung der Selfservicefunktionen der Personalverwaltungssysteme durch die Beschäftigten für jeweils ihre persönlichen Daten. Wenn schon z. B. revisionsfähige Reisekostenabrechnungen der Beschäftigten aber auch Urlaubskonten und Antragswesen im Selfservice in den Systemen wie z. B. in SAP R/3 HR angeboten werden, gibt es keinen Grund einen Lesezugriff auf die eigenen Daten mit bedarfsweiser Korrekturmitteilung zu unterdrücken.

(Abs. 2) Die Bestimmung »**Rechtzeitige Unterrichtung sowie Erörterung bei Organisationsuntersuchungen**« stellt im wesentlichen eine Konkretisierung des Art. 69 Abs. 2 Sätze 1 und 2 dar. Bedeutend ist hier die Erörterungspflicht der Dienststelle. Ziel einer solchen Erörterung kann nur ein **umfassender Kenntnisstand** des Personalrats sein. Der erforderliche Umfang (evtl. Klausurtagungen, Unterrichtungsveranstaltungen, Informationsbesuche in anderen Dienststellen u. a.) wird daran zu messen sein. Unter **Organisationsuntersuchung** sind all jene Untersuchungen zu verstehen, die der Dienststelle selbst die Sachkenntnis zur Entscheidung über Art, Weise und Umfang einer Maßnahme nach Abs. 1 vermitteln. Diese Sachkenntnis hat sie an den Personalrat derart weiterzugeben, daß dem Personalrat, das bedeutet jedem Mitglied des Personalrats, die gleiche Sachkenntnis zu geben ist. Dabei ist es unerheblich, ob die Aufträge für Organisationsuntersuchungen an Ämter oder einzelne Beschäftigte im Hause vergeben werden oder an Externe. Die Erörterungspflicht stellt auf die Mitgestaltungsmöglichkeit des Personalrats ab (vgl. im übrigen ABW, Art. 69 Rn. 12 bis 17 und Art. 67 Rn. 3 f.). **38**

Artikel 76
Mitwirkung in sozialen und persönlichen Angelegenheiten

(1) Der Personalrat wirkt mit in sozialen und persönlichen Angelegenheiten bei

1. **Vorbereitung von Verwaltungsanordnungen einer Dienststelle für die innerdienstlichen sozialen oder persönlichen Angelegenheiten der Beschäftigten ihres Geschäftsbereichs;**

2. **Regelung der Ordnung in der Dienststelle und des Verhaltens der Beschäftigten;**

3. **Erlaß von Disziplinarverfügungen und bei Einleitung des förmlichen Disziplinarverfahrens gegen einen Beamten, wenn dem**

Art. 76

Disziplinarverfahren eine auf den gleichen Tatbestand gestützte Disziplinarverfügung nicht vorausgegangen ist;

4. Verlängerung der Probezeit;
5. Entlassung von Beamten auf Probe oder auf Widerruf, wenn sie die Entlassung nicht selbst beantragt haben;
6. vorzeitiger Versetzung in den Ruhestand;
7. allgemeinen Fragen der Fortbildung der Beschäftigten;
8. Aufstellung von Grundsätzen für die Auswahl von Teilnehmern an Fortbildungsveranstaltungen.

Satz 1 Nr. 2 gilt nicht für Polizei, Berufsfeuerwehr und Strafvollzug im Fall eines Notstands. In den Fällen des Satzes 1 Nrn. 3 bis 6 wird der Personalrat nur auf Antrag des Beschäftigten beteiligt; in diesen Fällen ist der Beschäftigte von der beabsichtigten Maßnahme rechtzeitig vorher in Kenntnis zu setzen. Der Personalrat kann bei der Mitwirkung nach Satz 1 Nr. 3 Einwendungen auf die in Art. 75 Abs. 2 Nrn. 1 und 2 bezeichneten Gründe stützen.

(2) Der Personalrat wirkt mit bei

1. Einführung grundlegend neuer Arbeitsmethoden,
2. Maßnahmen zur Hebung der Arbeitsleistung und zur Erleichterung des Arbeitsablaufs,
3. Gestaltung der Arbeitsplätze,
4. Auflösung, Verlegung und Zusammenlegung von Dienststellen oder wesentlichen Teilen von ihnen,
5. Aufstellung von Grundsätzen für die Personalbedarfsberechnung.

(3) Vor der Weiterleitung von Personalanforderungen zum Haushaltsvoranschlag ist der Personalrat anzuhören. Gibt der Personalrat einer nachgeordneten Dienststelle zu den Personalanforderungen eine Stellungnahme ab, so ist diese mit den Personalanforderungen der übergeordneten Dienststelle vorzulegen. Das gilt entsprechend für Neu-, Um- und Erweiterungsbauten von Diensträumen.

1 Die Vorschrift faßt die Maßnahmen zusammen, bei denen der Personalrat **mitwirkt**. (Die Mitwirkung bei Kündigungen ist darüber hinaus eigenständig in Art. 77 geregelt.)

2 Das Mitwirkungs**verfahren** ist in Art. 72 im einzelnen ausgestaltet:

Kommt nach der Erörterung der Maßnahme keine Einigung zwischen Personalrat und Dienststelle zustande, so wird die Angelegenheit innerhalb von zwei Wochen den übergeordneten Dienststellen, bei denen Stufenvertretungen bestehen, vorgelegt (**Stufenverfahren**). Die abschließende Entscheidung trifft die übergeordnete Dienststelle nach Verhand-

Art. 76

lung mit der Stufenvertretung, ohne daß eine Einigungsstelle gebildet werden kann.

Die **Mitwirkung** ist somit gegenüber der **Mitbestimmung** die **schwächere** Beteiligungsform: Materiell handelt es sich nicht um ein Mitentscheidungsrecht durch das Zustimmungserfordernis des Personalrats, sondern **um ein Beratungs- und Erörterungsrecht,** wobei im Nichteinigungsfall die Maßnahme bis zum Abschluß des Stufenverfahrens und der Letztentscheidung der obersten Dienstbehörde **auszusetzen** ist. Der Personalvertretung soll »in besonders nachdrücklicher Weise Gehör verschafft« werden. Dabei soll sie nicht nur formal angehört werden, sondern ihre Überlegungen sind in die Entscheidung der Dienststelle einzubeziehen (BVerwG v. 22. 3. 1990 – 6 P 17.88 –, fgr. 1990 Nr. 9).

Allerdings muß im Mitwirkungsverfahren **innerhalb der Äußerungsfrist** von zwei Wochen (gem. Art. 72 Abs. 2 Satz 1) vom Personalrat Stellung genommen werden. Nach Abschluß der Erörterung beginnt die Äußerungsfrist nicht erneut zu laufen (BAG v. 14. 1. 1993 – 2 AZR 387/92 –).

Ein **eingeschränktes Initiativrecht** ist **nur** in den Fällen des Art. 76 Abs. 2 Nr. 1 bis 3 (»Einführung grundlegend neuer Arbeitsmethoden«, »Maßnahmen zur Hebung der Arbeitsleistung und zur Erleichterung des Arbeitsablaufs« und »Gestaltung der Arbeitsplätze«) vorgesehen (Art. 70a Abs. 3). Durch den **Antrag** des Personalrats wird das Mitwirkungsverfahren nach Art. 72 Abs. 4 ausgelöst, d.h. die oberste Dienstbehörde entscheidet nach Verhandlung mit der Stufenvertretung, ohne daß eine Einigungsstelle gebildet wird. **3**

In diesen Fällen ist auch eine **Dienstvereinbarung** (gem. Art. 73 Abs. 1 Satz 1) möglich, soweit nicht die Sperrwirkung von Gesetz oder Tarifvertrag zum Tragen kommt.

Ein **Anhörungsrecht** des Personalrats ist in Abs. 3 Satz 1 vor der Weiterleitung von Personalanforderungen zum Haushaltsvoranschlag und bei Neu-, Um- und Erweiterungsbauten von Diensträumen vorgesehen. **4**

Zu **Ausnahmen** und **besonderen Voraussetzungen** der Mitwirkung des Personalrats in den Sätzen 2 bis 4 des Abs. 1 vgl. ABW, Art. 76 Rn. 2. Das Mitwirkungsrecht kennt **keinen Tarifvorbehalt** wie etwa die Mitbestimmungsrechte gem. Art. 75 Abs. 4 (BVerwG v. 22. 3. 1990 – 6 P 17.88 –, fgr. 1990 Nr. 9). **5**

(Abs. 1 Nr. 1) Verwaltungsanordnungen sind Regelungen, die im Unterschied zu Gesetzen im materiellen Sinn keine Außenwirkung entfalten, aber innerdienstlich bindende Rechtswirkung haben. Dazu gehören auch allgemeine Weisungen und Vorschriften, die ihre Rechtsgrundlage in dem der Dienststelle zustehenden Direktionsrecht haben und sich auf innerdienstliche soziale und persönliche Angelegenheiten der Beschäftigten beziehen (vgl. BayVGH v. 7. 12. 1961 – Nr. 2, 3 IX.60 –, PersV 1963, 34). **6**

Für das Mitwirkungsrecht ist nicht **Voraussetzung,** daß sich die Verwal-

Art. 76

tungsanordnung auf Gegenstände beziehen muß, bei denen der Personalrat im konkreten Einzelfall ein Beteiligungsrecht hat. Nach dem Wortlaut und dem erkennbaren Ziel des Gesetzes sind alle Verwaltungsanordnungen in den Bereichen der »innerdienstlichen, sozialen und persönlichen« Angelegenheiten in die Mitwirkung einbezogen. Geschäftsordnungsmäßige Regelungen einer Dienststelle über Urlaub und Arbeitsbefreiung sowie Anzeige und Nachweispflicht bei Erkrankung und Unfall der Beschäftigten und über die Sicherung der Diensträume betreffen demnach die innerdienstlichen und persönlichen Angelegenheiten der Beschäftigten. Eine entsprechende Geschäftsordnung unterliegt deshalb bei ihrer Vorbereitung der Mitwirkung (vgl. VG Berlin, Beschluß v. 14. 4. 1986 – VG FK [Bund] – A – 2.85 –, PersR 1987, 24).

Verwaltungsordnung im personalvertretungsrechtlichen Sinne ist jede Regelung, welche die Dienststelle in Wahrnehmung ihrer Aufgaben und Rechte als Dienstherr oder Arbeitgeber gegenüber allen ihren Beschäftigten, jedenfalls aber gegenüber einer unbestimmten Anzahl ihrer Beschäftigten trifft, ohne daß es auf ihre Form ankommt. Eine Verwaltungsanordnung des Leiters der Dienststelle, die der Mitwirkung des Personalrats bedarf, liegt auch dann vor, wenn damit eine tarifwidrige, für die Beschäftigten günstige Praxis beendet wird, es sei denn, die bisherige (rechtswidrige) Handlung war bei verständiger Würdigung aller in Betracht kommender Umstände offenkundig unzulässig (vgl. BVerwG, Beschluß v. 22. 3. 1990 – 6 P 17.88 –, PersR 1990, 225).

Der Begriff der Verwaltungsanordnung schließt auch **allgemeine Weisungen** und solche Anordnungen ein, die im Rahmen des **Direktionsrechts** ergehen. Eine Anordung einer vorgesetzten Dienststelle bedarf nicht immer einer konkreten Maßnahme zur Umsetzung der Weisung auf der Ebene der Dienststelle. Ob eine Verwaltungsanordnung eine Angelegenheit unmittelbar regelt, ist eine Frage der Auslegung der Maßnahme im Einzelfall. Die Beteiligungsbefugnis einer Personalvertretung wird nicht dadurch beseitigt, daß das Handeln der Dienststelle, bei der sie gebildet ist, von internen Weisungen einer übergeordneten Behörde ganz oder teilweise bestimmt wird (BVerwG, Beschluß v. 22. 2. 1991 – 8 PB 8.90 –, PersR 1991, 409).

7 Mitwirkungspflichtig sind alle innerdienstlichen Verwaltungsanordnungen, die zugleich soziale oder persönliche Angelegenheiten der Beschäftigten betreffen sowie Verwaltungsanordnungen zum sozialen oder persönlichen Bereich der Beschäftigten, die gleichzeitig innerdienstlicher Art sind. Das Mitwirkungsrecht setzt nicht voraus, daß sich die Verwaltungsanordnung auf Tatbestände beziehen muß, bei denen der Personalrat auch im konkreten Einzelfall ein Beteiligungsrecht hat (vgl. im einzelnen ABW, Art. 76 Rn. 7 bis 9).

Beispiele sind Kantinenrichtlinien, Organisations- und Geschäftsverteilungspläne, Regelungen zur Erteilung von Dienstbefreiung sowie zur Gewährung von Bildungs- oder Sonderurlaub, Beförderungs- und Auf-

Art. 76

stiegsrichtlinien, Unterstützungs-, Verpflegungs- oder Beihilferichtlinien u. v. a. sowie auch die **Aufhebung** von Verwaltungsanordnungen, die den Zweck der Abschaffung einer Vergünstigung beinhalten.

Ein **Konzept zur Personalentwicklung** kann auch eine Verwaltungsanordnung darstellen, wobei einzelne **Instrumente** einer **Personalentwicklungsplanung** wie Regelungen zu Vorgesetzten-Mitarbeiter-Gesprächen, zur Einarbeitungsqualifizierung und Führungskräfteentwicklung als Regelungen über Grundsätze der Fortbildung der Mitbestimmung bzw. der Mitwirkung unterliegen können (vgl. VG Frankfurt/Main, Beschluß v. 22. 5. 2000 – 23 L 960/00 (V) –, PersR 2001, 120). **7a**

Mitwirkungspflichtig sind auch Verwaltungsanordnungen, die ausschließlich **auslegende Regelungen** treffen, weil die Dienststelle die Beschäftigten an eine bestimmte von ihr zu treffende und vorgesehene Anwendung der interpretierten Vorschriften binden will, wie z. B. Erläuterungen einer übergeordneten Dienststelle zur Anwendung eines Tarifvertrags durch Runderlaß (BVerwG v. 14. 12. 1962 – VII P.62 –, AP Nr. 9 zu § 71 PersVG). **8**

Keine Verwaltungsanordnungen sind Anordnungen, die nur einzelne Beschäftigte betreffen. Der Mitwirkungstatbestand erfaßt nicht schlechthin alle Verwaltungsanordnungen einer Dienststelle. Eine Verwaltungsanordnung ist dann mitwirkungspflichtig, wenn sie sich an die Beschäftigten der Dienststelle in ihrer Gesamtheit oder an einen unbestimmten, nach abstrakten Merkmalen abgegrenzten Teil von ihnen richtet. Ein allgemeiner **Geschäftsverteilungsplan**, der sämtliche Beschäftigte der Dienststelle oder einen größeren Teil von ihnen namentlich anspricht, stellt keine allgemeine Regelung dar, sondern eine Zusammenfassung von Einzelweisungen, die jeweils den einzelnen Beschäftigten betreffen. Eine Maßnahme der innerbetrieblichen Organisation berührt nicht unmittelbar die Dienstaufgaben der einzelnen Beschäftigten (vgl. VGH BW, Beschluß v. 17. 7. 1990 – 15 S 1183/89 –, PersR 1991, 394). **9**

Die alleinige Wiedergabe oder Bekanntmachung einer umittelbaren geltenden tarifvertraglichen Bestimmung ist keine Regelung mit verwaltungsintern anordnendem Charakter (vgl. BVerwG, Beschluß v. 22. 3. 1990 – 6 P 17.88 –, PersR 1990, 225).

Das Mitwirkungsrecht findet seine Grenze dort, wo die Erfüllung der Aufgaben der Dienststelle, insbesondere die Dienstausübung im eigentlichen Sinn, im **Vordergrund** steht (BVerwG v. 19. 6. 1990 – 6 P 3.87 –, ZTR 1990, 444). **10**

Das Mitwirkungsrecht besteht nur bei solchen Verwaltungsanordnungen, die von der Dienststelle für die Beschäftigten ihres **Geschäftsbereichs** erlassen werden. Dies ist aber auch bei der **Übernahme** einer Verwaltungsanordnung einer anderen obersten Dienstbehörde durch die Dienststelle ohne zwingende Verpflichtung der Fall. **11**

Zweck des Mitwirkungsrechts ist, daß durch die Beteiligung des (gesam- **12**

ten) Personalrats im Bereich der innerdienstlichen persönlichen oder sozialen Angelegenheiten der Bediensteten eine ausgewogene, ihre anerkennenswerten Belange wahrende Regelung getroffen wird (BVerwG v. 5. 2. 1972 – VII P 17.70 –, AP Nr. 1 zu § 58 PersVG). Dies soll dadurch sichergestellt werden, daß der Personalrat schon bei der **Vorbereitung**, d. h. im Stadium der Willensbildung der Dienststelle, beteiligt wird.

13 Nach h. M. soll die **Wirksamkeit** einer Verwaltungsanordnung nicht von der ordnungsgemäßen Beteiligung der Personalvertretung abhängen, da aufgrund der **Weisungsbefugnis** des Dienststellenleiters die Anordnung gegenüber den Beschäftigten zunächst verbindlich sei. Diese Auffassung überzeugt nicht, da das Direktionsrecht der Dienststelle in diesem Fall ja gerade durch die zwingende Verpflichtung zur vorherigen Erörterung mit dem Personalrat eingeschränkt ist. Deshalb ist im Ergebnis die ordnungsgemäße Personalratsbeteiligung **Rechtmäßigkeitsvoraussetzung** einer Verwaltungsanordnung i. d. S.

14 (Abs. 1 Nr. 2) Mitwirkungspflichtig sind alle Maßnahmen, die die allgemeine **Ordnung der Dienststelle** und/oder das **Verhalten der Beschäftigten** regeln. Es handelt sich um **zwei nebeneinanderstehende Tatbestände**, deren Vorliegen **unabhängig** voneinander das Beteiligungsrecht des Personalrats auslöst (vgl. ausführlich ABW, Art. 76 Rn. 19). Auf die **Form** der Regelung kommt es nicht an.

Inhaltlich gemeint sind die **allgemeinen Fragen** der Ordnung in der Dienststelle und das allgemeine Verhalten der Dienstgemeinschaft als eines Ganzen, dessen Teil auch der einzelne Beschäftigte ist (BVerwG v. 19. 6. 1990 – 6 P 3.87 –, a. a. O.). Insofern können auch Maßnahmen, die das **Verhalten einzelner Beschäftigter** betreffen, mitwirkungspflichtig sein, wenn sie sich auf das allgemeine Verhalten der Dienstgemeinschaft auswirken. Dies wird regelmäßig der Fall sein.

15 Nicht mitwirkungspflichtig sind lediglich Regelungen, die **allein** und **unmittelbar** die Dienstausübung (das Arbeitsverhalten) in Erfüllung der nach außen gerichteten Aufgaben der Dienststelle betreffen. Diese unterliegen insofern dem Direktionsrecht des Arbeitgebers (BVerwG v. 11. 3. 1983 – 6 P 25.78 –, fgr. 1983 Nr. 21).

Die Anweisung, Aufzeichnungen über die Arbeitsleistung (arbeitsbegleitende Papiere) zu fertigen, unterliegt aber dann der Beteiligung des Personalrats, wenn die Aufzeichnungen Rückschlüsse auf das Verhalten der Beschäftigten (z. B. die Häufigkeit von Arbeitsunterbrechungen) zulassen (ABW, Art. 76 Rn. 26).

Bei dieser Vorschrift handelt es sich um einen einheitlichen Tatbestand, der die Gesamtheit der Regelungen umfaßt, die einen störungsfreien, reibungslosen Ablauf des Lebens in der Dienststelle gewährleisten sollen. Das Verbot, während der Dienstzeit in den Diensträumen **Radio** zu hören, regelt das allgemeine Verhalten der Beschäftigten innerhalb der Dienst-

Art. 76

stelle und ihr Verhalten bei ihrer Tätigkeit (vgl. BVerwG, Beschluß v. 30. 12. 1987 – 6 P 20.82 –, PersR 1988, 53).

Im Freistaat Bayern hat allein die oberste Dienstbehörde generell und einheitlich zu entscheiden, ob Anordnungen über das **äußere Erscheinungsbild** uniformierter Beamter wegen der Funktion der Dienstkleidung erforderlich sind. Nachgeordnete Behörden dürfen **Ohrschmuck** und lange **Haartracht** zur Dienstkleidung nicht eigenständig verbieten. Gemäß Art. 83 BayBG ist der Beamte verpflichtet, nach näherer Bestimmung der obersten Dienstbehörde Dienstkleidung zu tragen, wenn es sein Amt erfordert. Die Regelungsbefugnis der obersten Dienstbehörde aufgrund des Art. 83 BayBG schließt das Recht ein, festzulegen, welche **persönlichen Accessoires** Beamte aus Gründen der Wahrung eines einheitlichen äußeren Erscheinungsbildes im Dienst nicht tragen dürfen. Fehlen **generelle Regelungen** der obersten Dienstbehörde über das äußere Erscheinungsbild uniformierter Beamter, dürfen nachgeordnete Behörden, namentlich die jeweiligen Dienstbehörden der Beamten, das äußere Erscheinungsbild der Träger von Dienstkleidung nicht eigenständig regeln. Die im angefochtenen Beschluß erwähnte **Gehorsamspflicht** (Art. 64 Abs. 2 Satz 2 BayBG) erlegt dem Beamten lediglich auf, Weisungen des Dienststellenleiters Folge zu leisten. Sie besagt nichts über den zulässigen Regelungsgehalt solcher Weisungen.

Die gesetzliche Konzentration der **Regelungsbefugnis** bei der obersten Dienstbehörde hat ihren guten **Sinn**. Die durch Art. 83 BayBG begründete Pflicht zum Tragen von Dienstkleidung schränkt das **Grundrecht auf freie Entfaltung der Persönlichkeit** (Art. 2 Abs. 1 GG) ein. Das muß durch ein sich aus dem jeweiligen Amt ergebendes Bedürfnis für eine Dienstkleidung gerechtfertigt sein. Es besteht in der Regel, wenn die Legitimation des Beamten für dienstliche Maßnahmen schon äußerlich kundgetan werden muß. Die Befugnis des Dienstherrn, das äußere Erscheinungsbild der Träger von Dienstkleidung zu regeln, insbesondere das Tragen von persönlichen Accessoires und die Gestaltung der Haartracht einzuschränken, ist noch enger begrenzt. Das gilt vor allem dann, wenn sich die Einschränkungen nicht wie bei Schmuckstücken allein auf die Dienstzeit erstrecken, sondern wie beim Kürzen der Haare unausweichlich auf die **Privatsphäre** fortwirken. Das Tragen von Ohrschmuck zur Dienstkleidung männlicher Uniformträger kann der Dienstherr namentlich nicht allein deshalb verbieten, weil er es für unpassend, unästhetisch oder nicht schicklich hält (vgl. BVerfG, Beschluß v. 10. 1. 1991 – 2 550/1477 [1478]). Für das Kürzen der Haare trifft dies erst recht zu. Ob derartige Eingriffe mit Blick auf die Funktion der Dienstkleidung erforderlich und auch verfassungsrechtlich gerechtfertigt sind, hat der Dienstherr im Rahmen der ihm zukommenden Entscheidungsprärogative unter Abwägung der dienstlichen und der privaten Belange zu beurteilen. Dazu ist die oberste Dienstbehörde am besten in der Lage. Ihr obliegt es zudem, die Wahrung des Gleichheitssatzes (Art. 3 Abs. 1 GG) innerhalb

Art. 76

des Zuständigkeitsbereichs des Verwaltungsträgers sicherzustellen. Dem trägt Art. 83 BayBG dadurch sachgerecht Rechnung, daß Entscheidungen von der obersten Dienstbehörde generell und einheitlich zu treffen sind und nicht in unterschiedlicher Weise von verschiedenen Dienstbehörden erlassen werden können (vgl. BVerwG, Urteil v. 15. 1. 1999 – 2 C 11.98 –, PersR 1999, 415).

Führt der Leiter einer Dienststelle ein **Formular** ein, auf dem die Beschäftigten die Notwendigkeit eines **Arztbesuches** während der Arbeitzeit begründen und sich bereit erklären müssen, auf Anforderung eine ärztliche Bescheinigung nachzureichen, so trifft er damit eine Regelung der Ordnung in der Dienststelle und des Verhaltens der Beschäftigten, bei der der Personalrat mitzubestimmen hat (vgl.OVG NW, Beschluß v. 3. 2. 2000 – A 426/98.PVL –, PersR 2000, 518, im Anschluß an BAG, Beschluß v. 21. 1. 1997 – 1 ABR 53/96 –, BB 1997, 1690).

Der Personalrat hat beim Erlaß eines allgemeinen **Alkoholverbotes** durch den Leiter der Dienststelle jedenfalls dann mitzuwirken, wenn im Vordergrund die Regelung des allgemeinen Verhaltens der Beschäftigten und der Ordnung in der Dienststelle steht. Das ist insbesondere dann der Fall, wenn die Anordnung ersichtlich über die Sicherstellung der Erfüllung konkreter dienstlicher Aufgaben hinaus generell eine Maßnahme gegen jegliche alkoholbedingte Ausfallerscheinungen treffen will und wenn die Beschäftigten der Dienststelle eine allgemeine Verwaltungstätigkeit ohne Besonderheiten ausüben (vgl. BVerwG, Beschluß v. 5. 10. 1989 – 6 P 7.88 –, PersR 1989, 364).

Bei einer Regelung über ein Rauchverbot in der Dienststelle, um Nichtraucher vor den Gesundheitsgefahren und Belästigungen des Passivrauchens zu schützen; müssen Dienststelle und Personalrat den Verhältnismäßigkeitsgrundsatz beachten, weil ihre Regelung die allgemeine Handlungsfreiheit der Raucher beeinträchtigt. Die erforderliche Abwägung der Belange der Dienststelle sowie der Raucher und der Nichtraucher hängt weitgehend von den dienstlichen Gegebenheiten und Besonderheiten der jeweiligen Belegschaft ab. Ein generelles Rauchverbot im Freien kann in der Regel nicht mit dem Gesundheitsschutz der Nichtraucher begründet werden. Ein Rauchverbot mit dem Ziel, Arbeitnehmer von gesundheitsschädlichen Gewohnheiten abzubringen, überschreitet die Regelungskompetenz der Dienststelle und des Personalrats (vgl. BAG, Urteil v. 19. 1. 1999 – 1 AZR 499/98 –, PersR 2000, 36).

Die Führung formalisierter **Krankengespräche** zur Aufklärung eines überdurchschnittlichen Krankenstandes mit einer nach abstrakten Kriterien ermittelten Mehrzahl von Arbeitnehmern ist mitwirkungspflichtig. Es geht dabei um das Verhalten der Arbeitnehmer in bezug auf die Ordnung in der Dienststelle und nicht um das Verhalten bei der Arbeitsleistung selbst (vgl. BAG, Beschluß v. 8. 11. 1994 – 1 ABR 22/94 –, PersR 1995, 267).

Art. 76

Nach Auffassung des VGH Baden-Württemberg (vgl. Beschluß v. 9. 5. 2000 – Pl 15 S 2514/99 –, PersR 2000, 291) sollen **Mitarbeitergespräche mit Zielvereinbarungen** zumindest dann nicht mitwirkungspflichtig sein, wenn die Beschäftigten unterschiedlich betroffen sind und die Anordnung so konkret ist, daß ein Gestaltungsraum bei Führung der Mitarbeitergespräche nicht mehr gegeben ist.

Eine mit der Abschrankung von Teilen des Geländes einer Hochschule einhergehende Zuweisung von **Parkplätzen** an Mitglieder der Hochschule zum Abstellen privater Pkws unterliegt als Regelung der Ordnung in der Dienststelle und des Verhaltens der Beschäftigten der Beteiligung des Personalrats. Der Kanzler einer Hochschule hat in seiner ihm gegenüber dem Personalrat der nichtwissenschaftlichen Beschäftigten zustehenden Eigenschaft eines Dienststellenleiters für die Beachtung von Mitbestimmungsrechten dieses Personalrats Sorge zu tragen; auf hochschulrechtliche Vorschriften über Zuständigkeitsverteilungen innerhalb der Dienststelle kommt es insoweit nicht an (vgl. OVG NW, Beschluß v. 20. 11. 1997 – 1 A 2731/95.PVL – zu § 72 Abs. 4 Nr. 9 LPVG NW, entspr. § 75 Abs. 3 Nr. 15 BPersVG, PersR 1998, 383).

Keine Regelung der Ordnung in der Dienststelle und des Verhaltens der Beschäftigten stellt die Schaffung eines für **jedermann nutzbaren gebührenpflichtigen Parkplatzes** in einem Teilbereich einer ansonsten auch von den Beschäftigten der Dienststelle genutzten freien Parkfläche dar (vgl.OVG NW, Beschluß v. 28. 2. 2002 – 1 A 146/00.PVL –, PersR 2002, 350).

Wird in einer Hochschule gestattet, personenbezogene Daten wissenschaftlicher Mitarbeiter auf dem **World Wide Web-Server** eines Instituts für den Abruf über das hochschuleigene Netz oder aus dem **Internet** bereitzustellen, unterliegt dies der Mitbestimmung des Personalrats. Verantwortlich für die Beachtung der dem Personalrat der wissenschaftlichen und künstlerischen Mitarbeiter zustehenden Mitbestimmungsrechte ist der **Rektor einer Hochschule** (vgl.OVG NW, Beschluß v. 20. 1. 2000 – 1 A 128/98, PVL –, PersR 2000, 456).

Die nicht zu unterschreitende Rahmengesetzgebung des Bundesdatenschutzgesetzes sieht auch im Erlaubnistatbestand der vertragsgemäßen Datenverarbeitung (§ 28 Abs. 1 BDSG) nicht die Überschreitung der Verträge vor. Wenn also der **räumliche Geltungsbereich eines Arbeitsvertrages** nicht weltweit sondern eher kommunal, landes- oder bundesweit bestimmt ist, ist davon auszugehen, daß die Regelungskompetenz von Dienststelle und Personalrat bezüglich der im Internet weltweit zur Verfügung gestellten Beschäftigtendaten arbeits-, dienst- und datenschutzrechtlich überschritten ist und hierfür die nach dem BDSG förmliche **Einverständniserklärung** der/des Beschäftigten – mit folgenfreiem **Verweigerungsrecht** – unabdingbar ist. Zu den personenbezogenen Daten gehören auch Fotos als Bilddateien. Für verschiedene Beschäftigtengruppen dürften durch eine Internetveröffentlichungen nach dem

Art. 76

Sicherheitsstufenkonzept des Bundesamtes für Sicherheit in der Informationstechnik und der Konferenz des Bundes- und der Landesbeauftragten für den Datenschutz auch erhöhte **Risiken für die Gesundheit und das Leben** gegeben sein (weitere Hinweise hierzu unter www.datenschutz.de).

Das heimliche **Mithörenlassen von Telefongesprächen** zwischen Arbeitnehmer und Arbeitgeber ist im allgemeinen unzulässig. Es verletzt das Persönlichkeitsrecht des Gesprächspartners. Auf diese Weise erlangte Beweismittel dürfen nicht verwertet werden. Wer jemanden mithören lassen will, hat seinen Gesprächspartner vorher darüber zu informieren. Dieser ist nicht gehalten, sich seinerseits vorsorglich zu vergewissern, daß niemand mithört (vgl. BAG, Urteil v. 29. 10. 1997 – 5 AZR 508/96 –, PersR 1998, 342).

16 **Weitere Beispiele** für mitwirkungspflichtige Regelungen der Ordnung in der Dienststelle sind Meldepflichten in Krankheitsfällen, Bestimmungen über gegenseitige Vertretung, Bekleidungsvorschriften, Regelungen zur Benutzung der Telefoneinrichtungen, Anwesenheitskontrolle bei gleitender Arbeitszeit, Parkplatzverteilung in Garagen, Rauchverbot u. v. m.

17 Entgegen der umstrittenen Auffassung des BVerwG (Beschlüsse v. 11. 11. 1966 – VII P 9.59 –, BVerwGE 11, 238, und v. 6. 2. 79 – 6 P 20.78 –, ZBR 1980, 30) fallen wohl auch alle Formen der **Betriebsbußen** (Verwarnung, Verweis, Geldbuße) unter das Mitwirkungsrecht des Personalrats. Das Mitwirkungsrecht umfaßt sowohl die Aufstellung einer Betriebsbußenordnung als auch die Verhängung der Betriebsbuße im Einzelfall. Die Einhaltung des Beteiligungsrechts des Personalrats ist **Wirksamkeitsvoraussetzung** für die Verhängung einer Betriebsbuße (vgl. BAG v. 22. 2. 1978 – 5 AZR 801/76 –, AP Nr. 84 zu § 611 BGB).

18 Eine arbeitsrechtliche **Abmahnung** liegt vor, wenn der Arbeitgeber in einer für den Arbeitnehmer hinreichend deutlich erkennbaren Art und Weise Leistungsmängel beanstandet und damit den Hinweis verbindet, daß er im Wiederholungsfalle **individualrechtliche Konsequenzen** ziehen werde. In diesem Fall ist nicht von einer beteiligungspflichtigen Maßnahme der Dienststelle auszugehen. Fehlt aber die Anordnung von Rechtsfolgen für die Zukunft, handelt es sich um eine bloße Anmahnung der vertraglichen Leistungspflicht in der Form einer Mahnung, Ermahnung oder Mißbilligung. Die Mißbilligung der Verletzung einer Verhaltenspflicht (hier: verspätete Krankmeldung) stellt keine beteiligungspflichtige Abmahnung – ohne Sanktionscharakter – dar (vgl. OVG NW, Beschluß v. 11. 3. 1992 – 1 A 621/91.PVL –, PersR 1993, 144).

Werden in einem Abmahnungsschreiben **mehrere Pflichtverletzungen** gleichzeitig gerügt und treffen davon nur einige (aber nicht alle) zu, so muß das Abmahnungsschreiben auf Verlangen des Arbeitnehmers vollständig aus der Akte entfernt werden und kann nicht teilweise aufrechterhalten bleiben. Es ist dem Arbeitgeber überlassen, ob er statt dessen eine

Art. 76

auf die zutreffenden Pflichtverletzungen beschränkte Abmahnung aussprechen will (vgl. BAG, Urteil v. 13. 3. 1991 – 5 AZR 133/90 –, PersR 1992, 36).

Nimmt der Arbeitgeber eine **Abmahnung ohne vorherige Anhörung** des Angestellten gemäß § 13 Abs. 2 Satz 1 BAT zu den Personalakten, so hat der Angestellte wegen Verletzung einer Nebenpflicht einen schuldrechtlichen Anspruch auf Entfernung der Abmahnung aus den Personalakten. Die nachträgliche Anhörung des Angestellten in Form der Übersendung des zu den Akten genommenen Abmahnungsschreibens heilt den Mangel nicht. Der Angestellte kann auch nicht auf sein Recht zur Gegendarstellung (§ 13 Abs. 2 Satz 2 BAT) oder auf sein Recht zur Überprüfung der inhaltlichen Unrichtigkeit der Abmahnung verwiesen werden (vgl. BAG, Urteil v. 16. 11. 1989 – 6 AZR 64/88 –, PersR 1990, 195).

Der Anspruch des Arbeitnehmers auf **Entfernung** einer Abmahnung aus der **Personalakte** verfällt nicht nach § 70 BAT sechs Monate nach Kenntnis von der Abmahnung (vgl. BAG, Urteil v. 14. 12. 1994 – 5 AZR 137/94 –, PersR 1995, 231 – [Aufgabe von BAG, EzBAT § 70 BAT Nr. 28]).

Das Mitwirkungsrecht entfällt gem. **Abs. 1 Satz 2** im Fall eines **Notstands** bei Polizei, Berufsfeuerwehr und im Strafvollzug. Unter »Notstand« sind hier zu verstehen: 19

- der **polizeirechtliche Notstand** (Abwendung einer Gefahr für die öffentliche Sicherheit und Ordnung durch Festnahme),
- Notstand durch **Naturkatastrophen** oder besonders schwere Unglücksfälle (Art. 35 Abs. 2, Abs. 3 GG, Art. 1 BayKSG-Katastrophenschutzgesetz v. 31. 6. 1970, GVBl. S. 360),
- der **innere Notstand** wegen eines Zustandes drohender Gefahren eines Landes (Art. 91 GG),
- der **äußere Notstand:** der Spannungsfall (Verteidigung und Schutz der Zivilbevölkerung nach Art. 80a GG) oder der Verteidigungsfall (Maßnahmen nach Art. 115a bis k GG).

Auch bei Regelungen der Ordnung in der Dienststelle und des Verhaltens der Beschäftigten ist entgegen h. M. die ordnungsgemäße Beteiligung des Personalrats Rechtmäßigkeitsvoraussetzung und damit **Wirksamkeitsvoraussetzung** der jeweiligen Anordnung.

(**Abs. 1 Nr. 3**) Die Beteiligung des Personalrats bei **Disziplinarmaßnahmen** gegen Beamte setzt die **Beantragung** durch den betroffenen Beschäftigten voraus. Zu diesem Zweck ist dieser vor Einleitung der Maßnahme rechtzeitig in Kenntnis zu setzen (**Abs. 1 Satz 3 Halbs. 2**). 20

Der Personalrat kann sich im Falle seiner Beteiligung nach Abs. 1 Satz 1 Nr. 3 nur auf die in Art. 75 Abs. 2 Nr. 1 und 2 bezeichneten Versagungsgründe stützen (**Abs. 1 Satz 4**).

Disziplinarmaßnahmen infolge einer schuldhaften Pflichtverletzung ei- 21

Art. 76

nes Beamten sind gem. Art. 6 Abs. 1 BayDO i. V. m. Art. 84 Abs. 3 BayBG Verweis, Geldbuße, Gehaltskürzung, Versetzung in ein Amt derselben Laufbahn mit geringerem Endgrundgehalt, Entfernung aus dem Dienst, Kürzung des Ruhegeldes oder Aberkennung des Ruhegehalts.

22 Zum Beteiligungsrecht des Personalrats zählt nicht eine Beteiligung bei den Vorermittlungen und eine Beteiligung im Sinne eines Verfahrensbeteiligten im Disziplinarverfahren. Somit verfügt der Personalrat auch nicht über ein Teilnahme-, Anhörungs- und Antragsrecht. Die Mitwirkung bezieht sich ausschließlich auf den Erlaß von **Disziplinarverfügungen** (vgl. Art. 30 bis 33 BayDO) und die **Einleitung des förmlichen Disziplinarverfahrens** gegen einen Beamten (vgl. Art. 34 bis 37 BayDO), wenn dem Disziplinarverfahren eine auf den gleichen Tatbestand gestützte Disziplinarverfügung nicht vorausgegangen ist.

Allerdings ist die Beteiligung des Personalrats auch an disziplinarrechtlichen Entscheidungen des Dienstvorgesetzten **außerhalb** des förmlichen Disziplinarverfahrens **zulässig;** als Beteiligungsform kommt die Anhörung durch den Disziplinarvorgesetzten in Betracht.

Das Mitwirkungsrecht ist auch dann gegeben, wenn der Beamte die Einleitung eines förmlichen Disziplinarverfahrens gegen sich selbst beantragt, um sich vom Verdacht eines Dienstvergehens zu reinigen (Art. 35 BayDO).

23 Dem zu beteiligenden Personalrat sind auf sein Verlangen die erforderlichen **Unterlagen** nach Art. 69 Abs. 2 Satz 2 vorzulegen. Dazu gehören die Vorermittlungsakten (Art. 27 BayDO), die Beiakten des Disziplinarverfahrens (z. B. Strafakten) und die Personalakten des betroffenen Beamten. Diese dürfen jedoch nur mit schriftlicher Zustimmung des Betroffenen nach Art. 69 Abs. 2 Satz 4 von einem von ihm bestimmten Personalratsmitglied eingesehen werden. Auch die disziplinarrechtlichen Vorermittlungsakten sind bereits vor Abschluß des Verfahrens Personalakten im materiellen Sinn (OVG Hamburg v. 13. 5. 1986 – OVG Bs PH 6/85 –, ZBR 1986, 380).

24 Ist ein Dienstvergehen erwiesen, ist es jedoch ausnahmsweise gerechtfertigt, von einer Disziplinarmaßnahme abzusehen, wenn das **Gesamtverhalten** des Beamten dies rechtfertigt (vgl. BVerwG, Beschluß v. 7. 5. 1993 – 1 D 92.85 –, PersR 1993, 519).

25 Es ist disziplinarrechtlich nicht zu beanstanden, wenn ein Beamter als Personalratsmitglied die Interessen der Beschäftigten gegenüber dem Behördenleiter prononciert und mit Nachdruck vertritt und sich dabei einer **Sprechweise** bedient, die sonst im Umgang zwischen Vorgesetzten und Untergebenen nicht üblich ist. Das das Personalvertretungsrecht beherrschende Partnerschaftsprinzip gestattet sachliche Kritik an den Maßnahmen der Amtsleitung und eine entsprechende Schärfe in der Redewendung. Bei der Bestimmung, wo die Schwelle der disziplinar relevanten und deshalb nicht mehr hinnehmbaren Injurien überschritten

Art. 76

ist, fällt ins Gewicht, wenn Differenzen von beiden Seiten mit erheblicher Schärfe ausgetragen wurden (vgl. BDiG, Beschluß v. 17. 8. 1993 – VI BK 8/93 –, PersR 1994, 28).

(Abs. 1 Nr. 4) Das Mitwirkungsrecht bei der **Verlängerung der Probezeit** wurde durch die Novellierung zum 1. 9. 1994 eingefügt. Der Gesetzgeber hat das neue Beteiligungsrecht lediglich der Mitwirkung zugeordnet. Im BPersVG fehlt eine entsprechende Bestimmung. Nach dem Wortlaut ist es auf **alle Beschäftigtengruppen** anzuwenden, so wie die Mitwirkungsrechte Nrn. 1, 2, 7 und 8 von Abs. 1. Für die Annahme, daß dieses Mitwirkungsrecht lediglich auf die Beamten anzuwenden sei (so aber Ballerstedt Rn. 123 b zu Art. 76 BayPVG), reicht ein Kommentarhinweis auf andere beamtenspezifische Mitwirkungen in den Nrn. 3, 5 und 6 von Abs. 1 nicht aus. Dem Gesetzgeber war bekannt, daß es im Tarif- und Gesetzesrecht gleichermaßen Probezeitbestimmungen gibt. Hätte er das neue Mitwirkungsrecht tatsächlich auf die Beamten beschränken wollen, wäre eine entsprechende Benennung erforderlich gewesen. Da es aber im Wortlaut des Gesetzes daran fehlt, ist mit Recht von einem neuen Mitwirkungsrecht für alle Personengruppen auszugehen.

26

Sinn und Zweck dieser Bestimmung ist die Beteiligung des Personalrats bei neubegründeten Beschäftigungsverhältnissen, ergänzend zur Einstellung die Richtigkeit der Maßnahme mittels einer Überprüfung der Meinungsfindung hinsichtlich der Eignung zwecks Eingliederung in die Dienststelle zu überprüfen. Die gesetzlichen und tarifrechlichen Bestimmungen beschränken die Möglichkeiten einer solchen Maßnahme, die auch nicht als Regelfall personalwirtschaftlicher Tätigkeit, sondern eher als deren Ausnahme zu verstehen ist. Nach Abs. 1 Satz 3 wird der Personalrat hier nur auf **Antrag des Beschäftigten** beteiligt.

27

(Abs. 1 Nr. 5) In das **Beamtenverhältnis auf Probe** wird berufen, wer zur späteren Verwendung als Beamter auf Lebenszeit eine Probezeit zurückzulegen hat (Art. 6 Abs. 1 Nr. 3 und Art. 11 Abs. 1 Nr. 3a BayBG).

28

Ein **Beamtenverhältnis auf Widerruf** wird begründet, wenn der Beamte den vorgeschriebenen oder üblichen Vorbereitungsdienst leisten oder nur nebenbei oder vorübergehend zur Wahrnehmung hoheitlicher Aufgaben verwendet werden soll (Art. 6 Abs. 1 Nr. 4 BayBG).

Die Mitwirkung der zuständigen Personalvertretung hängt von einem entsprechenden **Antrag** des betroffenen Beschäftigten ab (Art. 1 Satz 3). Die Dienstbehörde ist verpflichtet, den Beamten auf die Möglichkeit der Beantragung hinzuweisen.

29

Die Entlassung des Beamten auf Probe ist keine Ermessensentscheidung. Ob das Festhalten am Beamtenverhältnis unzumutbar ist, unterliegt in vollem Umfange verwaltungsgerichtlicher Kontrolle und ist auf der Grundlage einer einzelfallbezogenen, auf die Eignung abstellenden Würdigung zu beurteilen (vgl. BVerwG, Urteil v. 3. 12. 1998 – 2 C 26/97 –, PersR 1999, 231).

Art. 76

30 Das Mitwirkungsrecht des Personalrats besteht bei jeder **Entlassung** eines Beamten auf Probe oder auf Widerruf unabhängig vom Entlassungsgrund, auch wenn Entlassungsgründe gesetzlich zwingend vorgeschrieben sind. In diesem Falle hat der Personalrat im Sinne einer Richtigkeitskontrolle mitzuwirken (Hess. VGH v. 5. 3. 1986 – 1 TH 349/86 –, PersR 1986, 140).

31 Nach **Beantragung der Beteiligung** des Personalrats durch den Betroffenen ist der Personalrat bei der Erhebung möglicher Einwendungen im Unterschied zu Abs. 1 Satz 1 Nr. 3 nicht auf den Versagungskatalog des Art. 75 Abs. 2 beschränkt, sondern kann alle ihm geeignet erscheinenden **Einwendungen** vorbringen.

32 Für **Beamte auf Widerruf im Vorbereitungsdienst** ist besonders zu beachten, daß nach den Beamtengesetzen des Bundes und der Länder Gelegenheit zur Ableistung des Vorbereitungsdienstes und zur Ablegung der Prüfung zu geben ist, weshalb eine vorzeitige Entlassung nur aus besonders schwerwiegenden Gründen möglich ist. Andererseits endet das Beamtenverhältnis mit der Ablegung der Prüfung, so daß eine Mitwirkung des Personalrats insofern ausscheidet.

33 Der **Ausschluß der Beteiligung** ist im Gesetz dann vorgesehen, wenn der betroffene Beamte seine Entlassung selbst beantragt (Abs. 1 Satz 1 Nr. 5).

34 Wird der Personalrat **nicht oder nicht rechtzeitig beteiligt**, ist die **Entlassungsverfügung fehlerhaft,** aber nicht nichtig. Der Beamte kann Anfechtungsklage vor dem Verwaltungsgericht gem. § 42 VwGO erheben. Auf Klage des Beamten muß das Verwaltungsgericht die Entlassungsverfügung schon wegen des formellen Mangels der unterbliebenen Personalratsbeteiligung aufheben, ohne daß es auf die sachliche Richtigkeit der Entlassungsgründe ankommt. Die unterbliebene Mitwirkung kann jedoch bis zum Abschluß des Widerspruchsverfahrens nachgeholt werden.

35 Vor der Entlassung eines **schwerbehinderten Beamten** auf Probe oder Widerruf sind die Schwerbehindertenvertretung und das Integrationsamt zu hören (vgl. § 128 Abs. 2 SGB IX).

36 (Abs. 1 Nr. 6) **Vorzeitige Versetzung in den Ruhestand.** Das Beteiligungsrecht umfaßt nur die Gruppe der Beamten. Eine Versetzung in den Ruhestand ist immer dann vorzeitig, wenn sie vor Erreichen der Altersgrenze (Art. 54 a, 55 BayBG) erfolgt.

37 Bei Beamten auf Lebenszeit kann die vorzeitige Versetzung in den Ruhestand erfolgen, wenn diese infolge körperlichen Gebrechens oder wegen Schwäche der körperlichen oder geistigen Kräfte zur Erfüllung der Dienstpflichten dauernd unfähig sind (vgl. Art. 56 Abs. 1 BayBG).

38 Wegen **Dienstunfähigkeit** kann der Antrag auf vorzeitige Versetzung in den Ruhestand von dem Beamten (vgl. Art. 57 BayBG) oder von den Dienstvorgesetzten (Zwangspensionierung gem. Art. 58 BayBG) gestellt werden. Mit Vollendung des 62. Lebensjahres – bei schwerbehinderten

Art. 76

Menschen des 60. Lebensjahres – bedarf der Antrag nicht mehr des Nachweises der Dienstunfähigkeit.

Mitwirkungspflichtig ist ebenfalls die Versetzung in den **einstweiligen** **39** **Ruhestand** gem. Art. 36 Abs. 3 i. V. m. Abs. 1 Satz 1 BayBG, wenn eine **Behörde aufgelöst** oder durch Gesetz oder Verordnung in ihrem Aufbau **wesentlich geändert** oder mit einer anderen Behörde **verschmolzen** wird.

Bei der beabsichtigten Versetzung eines Beamten in den Ruhestand **40** (Zwangspensionierungsverfahren gem. Art. 58 BayBG) ist der Personalrat, sofern der Beamte seine Mitwirkung **beantragt** hat (gem. Art. 76 Abs. 1 Satz 3 BayPVG), bereits zu dem Zeitpunkt zu beteiligen, zu dem der Beamte von der beabsichtigten Maßnahme erfährt und Gelegenheit erhält, seine Einwendungen vorzubringen. Das Zwangspensionierungsverfahren kann nicht fortgesetzt werden, bevor das Mitwirkungsverfahren abgeschlossen ist (vgl. BVerwG v. 19. 11. 1965 – VII P 15.64 –, PersV 1966, 61).

Der Personalrat ist im Unterschied zu Abs. 1 Satz 1 Nr. 3 nicht auf das **41** Vorbringen von Einwendungen des Versagungskatalogs gem. Art. 75 Abs. 2 beschränkt.

Wird der Personalrat **nicht oder nicht rechtzeitig beteiligt,** ist die vor- **42** zeitige Versetzung in den Ruhestand nicht nichtig, kann aber nach § 42 VwGO durch Anfechtungsklage vor dem Verwaltungsgericht angefochten werden. Dieses muß die Versetzung in den Ruhestand auf Klage des Beamten wegen des formellen Mangels der unterbliebenen Beteiligung des Personalrats aufheben, ohne daß es auf die sachliche Richtigkeit der Gründe ankommt. Die unterbliebene Mitwirkung kann jedoch bis zum Abschluß des Widerspruchverfahrens nachgeholt werden.

Das Mitwirkungsrecht des Personalrats nach Art 76 Abs. 1 Nr. 6 umfaßt auch die **Entlassung des Beamten auf Lebenszeit wegen Dienstunfähigkeit.** Die Aufhebung einer dienstlichen Maßnahme, die wegen eines Fehlers des personalvertretungsrechtlichen Beteiligungsverfahrens rechtswidrig ist, kann ausgeschlossen sein, wenn sich der Mangel nicht ausgewirkt hat. Der Informationspflicht nach Art. 76 Abs. 1 Satz 3 2. Halbsatz genügt der Dienstherr, wenn der Beschäftigte klar erkennen kann, daß er die ihm anheimgestellte Entscheidung über sein personalvertretungsrechtliches Antragsrecht zu treffen hat (vgl. BVerwG, Beschluß v. 9. 12. 1999 – 2 C 4.99 –, PersR 2000, 210).

Sollen **schwerbehinderte Beamte** oder Beamtinnen vorzeitig in den **43** Ruhestand versetzt oder entlassen werden, wird vorher nach § 128 Abs. 2 SGB IX das Integrationsamt gehört, das für die Dienststelle zuständig ist, die den Beamten oder die Beamtin beschäftigt, es sei denn, der schwerbehinderte Beamte oder die schwerbehinderte Beamtin hat die vorzeitige Versetzung in den Ruhestand oder die Entlassung selbst beantragt. Die Beteiligung der Schwerbehindertenvertretung gemäß § 95 Abs. 2 SGB IX bleibt unberührt. Sie kann nicht mit heilender Wirkung

Art. 76

nachgeholt werden (vgl. HVGH, Beschluß v. 17. 8. 1999 – UE 4164/98 –, PersR 2000, 34).

44 (Abs. 1 Nr. 7) **Fortbildung** im personalvertretungsrechtlichen Sinn ist jede Vermittlung von Kenntnissen, die nach Abschluß der Ausbildung erfolgt, unabhängig davon, ob sie der Berufsausübung oder dem beruflichen Fortkommen dient (vgl. BVerwG v. 19. 10. 1983 – 6 P 16.81 –, Buchholz 238.31 § 79 Nr. 4 BPersVG).

45 **Allgemeine Fragen** der Fortbildung sind alle Fragen, die im Rahmen der beruflichen oder dienstlichen Fortbildung eine Rolle spielen, **beispielsweise** schon die Entscheidung der Dienststelle, ob eigene Fortbildungsmaßnahmen durchgeführt werden sollen oder ob den Beschäftigten die Teilnahme an Fortbildungsmaßnahmen Dritter ermöglicht wird. Weiter fallen hierunter die Errichtung und Ausgestaltung von Bildungseinrichtungen durch die Dienststelle, Festlegungen, für welche Beschäftigtengruppen welche Arten von Fortbildungsmaßnahmen angeboten werden sollen, Voraussetzungen und Kriterien für die Teilnahme von Beschäftigten an **internen und externen Fortbildungsveranstaltungen** sowie Fragen der Kostenübernahme durch die Dienststelle, weiterhin auch Kriterien für die Auswahl der zu unterrichtenden Sachgebiete und der Lehrkräfte, **Inhalte** der Fortbildung sowie deren Umfang und Intensität, **Lernziele** und **Methoden, Programmgestaltung** und die Bereitstellung von **Lehrmitteln,** schließlich die Frage der Einführung von **Prüfungen** oder abschließenden **Beurteilungen.**

Der Mitbestimmungstatbestand im BPersVG »Durchführung der **Fortbildung**« ist enger gefaßt als dieser Mitwirkungstatbestand des BayPVG und umfaßt dort nicht die Entscheidung, ob und gegebenenfalls nach welchen Regeln anläßlich einer Fortbildung Fahrtkosten zu erstatten sind (vgl. BVerwG, Beschluß v. 15. 12. 1994 – 6 P 19.92 –, PersR 1995, 207). Für das hier bestimmte Mitwirkungsrecht ist dieser Beschluß des BVerwG schon nach dem Wortlaut nicht maßgeblich.

46 Fortbildungsmaßnahmen in diesem Sinne sind auch **Angestellten-Lehrgänge** gem. § 25 BAT i. V. m. Anlage 3 zum BAT (»Ausbildungs- und Prüfungspflicht der Angestellten im kommunalen Verwaltungs- und Kassendienst sowie im Sparkassendienst«) und Vorbereitungskurse zur Ablegung der »Werkprüfung« gem. BAT und BMT-G II. Vermittelt die Dienststelle in einer gesonderten Veranstaltung ausgewählten Beschäftigten Kenntnisse des Arbeitsrechts und Fertigkeiten, die für die Ausübung ihrer Tätigkeiten nicht erforderlich sind, handelt es sich um eine der Mitwirkung unterliegende Maßnahme der Fortbildung (vgl. OVG Hamburg, Beschluß v. 26. 11. 2001 – 8 Bf 373/00.PVL –, PersR 2002, 308).

47 **Keine Fortbildung** ist die fachliche Unterrichtung zur Aufrechterhaltung des dienstlich erforderlichen Leistungsstandes und zur Anpassung der Fertigkeiten der Bedienkräfte an eine technische Neuerung (BVerwG v. 27. 11. 1991 – 6 P 7.90 –, PersR 1992, 147).

Art. 76

(**Abs. 1. Nr. 8**) **Aufstellung von Grundsätzen für die Auswahl von Teilnehmern an Fortbildungsveranstaltungen.** Mitwirkungspflichtig sind nur die **Grundsätze** für die Teilnehmerauswahl an Fortbildungsveranstaltungen, also die Aufstellung allgemeiner Auswahlkriterien und -regeln, nach denen die Teilnehmerauswahl erfolgt, nicht jedoch die Teilnehmerauswahl im Einzelfall (im Gegensatz zum BPersVG). 48

Werden allerdings Teilnehmer für Beförderungslehrgänge ausgewählt und stellt die Teilnahme an einem solchen Lehrgang den ersten Akt einer späteren Beförderung oder Höhergruppierung dar, besteht ein Anspruch auf Mitbestimmung nach Art. 75 Abs. 1 Nr. 2 bzw. Nr. 4 (vgl. BVerwG v. 10. 2. 1967 – VII P 6.66 –, AP Nr. 3 zu § 74 PVG NRW). 49

(**Abs. 2**) Abs. 2 umfaßt im wesentlichen die **organisatorischen Angelegenheiten,** die dem Mitwirkungsrecht des Personalrats unterliegen. Zu beachten ist, daß in den Fällen des Abs. 2 Nr. 1 bis 3 **Dienstvereinbarungen** abgeschlossen werden können (vgl. Art. 73 Abs. 1 Satz 1) und der Personalrat ein förmliches **Initiativrecht** gem. Art. 70a Abs. 3 besitzt. Das Letztentscheidungsrecht liegt bei der obersten Dienstbehörde. 50

(**Abs. 2 Nr. 1**) **Einführung grundlegend neuer Arbeitsmethoden.** Der Begriff der **Arbeitsmethode** legt fest, auf welchem Bearbeitungsweg und mit welchen Arbeitsmitteln durch welche Beschäftigten die der jeweiligen Dienststelle vom Gesetz oder auf andere Weise gestellte Aufgabe erfüllt werden soll (BVerwG v. 24. 9. 1991 – 6 P 6.90 –, PersR 1991, 469). 51

Grundlegend neu ist die Einführung einer Arbeitsmethode nicht nur dann, wenn die Gesamtheit der den Arbeitsablauf an einem Arbeitsplatz bestimmenden Regelungen neu gestaltet wird, sondern auch dann, wenn sie sich auf bestimmte Abschnitte des Arbeitsablaufs beschränkt, sofern die Änderung für die Beschäftigten ins Gewicht fallende körperliche oder geistige Auswirkungen hat. Das Mitwirkungsrecht setzt auch nicht voraus, daß diese Methode für die gesamte Dienststelle eingeführt wird. Abzustellen ist auf die tatsächliche Betroffenheit derjenigen Beschäftigten, die die neue Arbeitsmethode anzuwenden haben (vgl. BVerwG v. 27. 11. 1991 – 6 P 7.90 –, a. a. O.). 52

Beispiele für die Einführung grundlegend neuer Arbeitsmethoden in diesem Sinn sind 53

– die Einführung von DV-Anlagen aller Art (auch PCs und einzelne Bildschirmarbeitsplätze),
– der Übergang von Hand- zu Maschinenarbeit,
– wesentliche Umorganisationen des Arbeitsablaufs (z. B. Einrichtung eines zentralen Schreibdienstes),
– die Einführung neuer Führungsmethoden (z. B. von der hierarchischen Führung zur Teamarbeit).

Auch die **versuchsweise** oder **probeweise** Einführung grundlegend neuer Arbeitsmethoden unterliegt gem. Art. 72 Abs. 1 Satz 2 dem Mitwir- 54 kungsrecht (vgl. auch BVerwG v. 15. 1. 1978 – 6 P 13.78 –, PersV 1980, 145).

55 Nach h. M. ist die Einführung grundlegend neuer Arbeitsmethoden als organisatorische Angelegenheit auch ohne Mitwirkung des Personalrats wirksam und für die Beschäftigten verbindlich. Allerdings kann der Personalrat sein Mitwirkungsrecht auch in Form einer **einstweiligen Anordnung** mit einem Ausspruch **verfahrensrechtlichen Inhalts** vor den Verwaltungsgerichten geltend machen (vgl. BVerwG v. 27. 7. 1990 – 6 PB 12.89 –, PersR 1990, 297).

56 (Abs. 2 Nr. 2) **Maßnahmen zur Hebung der Arbeitsleistung und zur Erleichterung des Arbeitsablaufs.** Das Beteiligungsrecht umfaßt **zwei verschiedene Tatbestände**, die alternativ nebeneinanderstehen. Es besteht also schon dann, wenn die Voraussetzungen eines der Tatbestände erfüllt sind (vgl. BVerwG v. 15. 12. 1978 – 6 P 13.78 –, ZBR 1980, 59).

57 Der Begriff der **Hebung der Arbeitsleistung** erfordert, daß die beabsichtigte Maßnahme das Ziel verfolgt, auf einem oder mehreren Arbeitsplätzen einen höheren mengenmäßigen Arbeitsertrag zu erzielen oder die Qualität des Arbeitsproduktes zu verbessern (BVerwG v. 27. 11. 1991, a. a. O.). Dabei muß die Hebung der Arbeitsleistung nicht unmittelbarer und erklärter Zweck der Maßnahme sein, sondern es genügt, daß diese Hebung zwangsläufig und für die Betroffenen unausweichlich (mittelbar) damit verbunden ist, etwa weil bestimmte Tätigkeiten in unverminderter Menge und Güte in verringerter, minutengenauer Zeit verrichtet werden müssen (BVerwG v. 10. 3. 1992 – 6 P 13.91 –, PersR 1992, 247). Maßnahmen, die allein dazu dienen, die **individuellen Dienst- oder Arbeitspflichten** aus dem Beschäftigungsverhältnis der einzelnen Mitarbeiter festzulegen, unterliegen nicht der Mitwirkung des Personalrats. Ist diese Festlegung aber mit der Übertragung zusätzlicher Aufgaben und damit mit einer Erhöhung der Arbeitsleistung verbunden, besteht ein Beteiligungsrecht. Wird den Sachbearbeitern einer Widerspruchsstelle aufgegeben, die Wiedervorlage der von ihnen auf Frist gelegten Vorgänge zu überwachen, so liegt darin eine Maßnahme zur Hebung der Arbeitsleistung und Erleichterung des Arbeitsablaufs (vgl. OVG Berlin, Beschluß v. 13. 1. 1995 – OVG PV Bund 7.93 –, PersR 1995, 438).

58 **Weitere Beispiele** für beteiligungspflichtige Maßnahmen in diesem Sinne sind

– regelmäßig die Errichtung einer zentralen Schreibkanzlei (vgl. BayVGH v. 12. 12. 1990 – 17 P 90.3416 –, PersR 1991, 222);

– Rationalisierungsmaßnahmen, durch die mit demselben Personalbestand eine größere Arbeitsmenge bewältigt oder eine bessere Arbeitsgüte erreicht werden soll (vgl. BayVGH v. 27. 1. 1988 – Nr. 18 P 87.03599 –, PersR 1988, 223);

– die Aufstellung und Inbetriebnahme von Geldausgabeautomaten in Sparkassen, wenn der Einsatz dieser Automaten auf die Einsparung

Art. 76

von Personal zielt (vgl. OVG NRW v. 6. 6. 1983 – CL 11/82 –, PersV 1984, 463);

– die Zuweisung einer höheren Zahl von Auszubildenden an einen Ausbilder (vgl. OVG Berlin v. 29. 6. 1987 – OVG PV Bln. 4.86 –, PersR 1988, 112);

– die Kürzung der Zeiten für notwendige Vor- und Nacharbeiten in einem Dienstplan, der Schalteröffnungszeiten festlegt, obwohl der Umfang dieser Arbeiten sich nicht verändert hat (VGH Baden-Württemberg v. 13. 11. 1990 – 15 S 1248/90 –, PersR 1991, 97).

Das BVerwG hat seine Rechtsprechung (vgl. BVerwG, Beschluß v. 13. 6. 1997 – 6 P 1.95 –, PersR 1997, 451 ff.) zu den Voraussetzungen einer Hebung der Arbeitsleistung als Mitbestimmungstatbestand zusammengefaßt und bestätigt. Entscheidend ist danach das Ziel der Dienststelle, die Effektivität der Arbeit qualitativ und/oder quantitativ zu fördern, also **Güte und/oder Menge der Arbeit zu erhöhen.** Die stärkere Inanspruchnahme der Beschäftigten muß als Mehrbelastung bei Veränderungen der Aufgabenstellung von Beschäftigten innerhalb eines gleichen Zeitraums eintreten und unausweichlich sein. Das ist der Fall, wenn eine gleichzeitige Entlastung entweder nicht möglich ist oder alle gleichzeitig möglichen Entlastungen von vornherein und eindeutig geringer als die Mehrbelastungen sind.

Eine mögliche Entlastung in diesem Sinne soll auch die **Anordnung von Mehrarbeit bzw. Überstunden** sein (vgl. BVerwG, Beschluß v. 23. 1. 1996 – 6 P 54.93 –, PersR 1996, 199). Ebenso kommen andere Maßnahmen in Betracht, wie z. B. das Angebot, die Erledigung weniger bedeutender Dienstgeschäfte zurückzustellen oder die Qualität der entsprechenden Leistungen abzusenken. Ausgangsbetrachtung hierfür ist, daß die Verantwortung für Inhalt und Qualität der zu erbringenden Dienstleistungen die Dienststellenleitung trägt, nicht aber der einzelne Beschäftigte. Qualitätsverluste, Bearbeitungsrückstände als Folge dieser Maßnahmen fallen nicht in die Zuständigkeit der einzelnen Beschäftigen, sondern müssen von der Dienst- und Fachaufsicht verantwortet werden.

Eine **Arbeitsumverteilung**, die für bestimmte Dienstkräfte mit einer Erhöhung der von ihnen zu erledigenden Fallzahlen verbunden ist, stellt keine Maßnahme zur Hebung der Arbeitsleistung dar, wenn diese Dienstkräfte von anderen Aufgaben entlastet werden (vgl. OVG Berlin, Beschluß v. 14. 9. 1999 – OVG 60 PV 13.98 –, PersR 2000, 286).

Die **Verlagerung von Verwaltungsaufgaben** von einer Hauptverwaltung auf eine nachgeordnete Behörde (hier: Justizverwaltungsanstalten) stellt für die dort Beschäftigten keine Maßnahme zur Hebung der Arbeitsleistung dar, wenn die Verlagerung der Stärkung der Eigenverantwortlichkeit der nachgeordneten Behörde dient und die Beschäftigten für die Erledigung der Aufgaben Gestaltungsmöglichkeit haben, durch die sie die Mehrarbeit ausgleichen können (vgl. OVG Berlin, Beschluß v. 27. 4.

Art. 76

2000 – OVG PV 10.98 –, PersR 2001, 33). Nach dem BayPVG beinhalten Sinn und Zweck dieses Mitwirkungsrechts schon nach dem Wortlaut und Sinnzusammenhang des Abs. 2 nicht die Stärkung der Eigenverantwortlichkeit einer Dienststelle. Hätte der Gesetzgeber dies gewollt, so hätte er eine entsprechende Mitwirkungsbeschränkung vergleichbar der des Abs. 1 Satz 2 und 3 aufgenommen.

Ein solcher Widerspruch trifft auch für die Auffassung des OVG Hamburg zu. Die Anordnung, zeitweilig von der Bearbeitung zurückgestellte Ermittlungsvorgänge der Kriminalpolizei nunmehr der Bearbeitung zuzuführen (Abbau einer »Vorgangshalde«), soll wegen »*fehlender Unausweichlichkeit einer Mehrbelastung*« für die Mitarbeiter keine Maßnahme zur Hebung der Arbeitsleistung (i. S. v. § 86 Abs. 1 Nr. 5 HmbPersVG) darstellen, wenn die Dienststelle gleichzeitig deutliche Möglichkeiten der Entlastung der Mitarbeiter schafft und anbietet. Ob die Kompensationsmöglichkeit in jedem Fall tatsächlich zur Entlastung der Mitarbeiter geführt hat, ist dabei unerheblich (vgl. OVG Hamburg, Beschluß v. 28. 2. 2000 – 8 Bf 334/99.PVL –, PersR 2001, 300).

Hier wird besonders deutlich, daß mittels restriktiver Handhabung dieses Mitwirkungsrechts die **hohe Kompetenz der Personalräte** bezüglich der intimen Kenntnis der Arbeitsprozesse und der realen Arbeitsorganisationsabläufe in den Dienststellen in Negation des Gebots der vertrauensvollen Zusammenarbeit zurücktreten soll und auch eine Beteiligung einer **Folgenabschätzung** der Maßnahme bzw. Maßnahmebündel bezüglich der tangierten Arbeitsabläufe zurückgewiesen wird, selbst wenn die seitens der Dienststelle aufgezeigten und angebotenen Kompensationsmöglichkeiten sich in der Praxis als potemkinsche Dörfer entpuppen. Neben anderen möglichen Schlußfolgerungen nährt dies die urgeschichtliche Anschauung, daß Arbeitsorganisations- und Personalplanungen keine ernsthafte betriebswirtschaftliche Tätigkeit sondern Sandkastenspiele sind oder dem Bau von Luftschlössern dienen.

Andererseits sieht das BVerwG keine beteiligungspflichtige Maßnahme zur Hebung der Arbeitsleistung, wenn in Ausnahmefällen von der nach schulorganisatorischen Richtlinien bestehenden Möglichkeit Gebrauch gemacht wird, an Grundschulen die **Schülerzahl** pro Klasse geringfügig über die vorgegebene Frequenzbreite hinaus zu erhöhen (vgl. BVerwG, Beschluß v. 17. 5. 1995 – 6 P 47.93 –, PersR 1995, 426). Dabei erfordert letztere Maßnahme sowohl einen pädagogischen Mehraufwand während des zeitgleichen Unterrichts als auch ein Mehr an Zeit für z. B. Korrekturarbeiten, Schüler- und Elterngesprächen etc.

Die bei der Umsetzung der **Arbeitszeitverkürzung** für Lehrkräfte der Berliner Schulen vorgenommene Streichung von Ermäßigungsstunden für Klassenleiter und die Kürzung der Anrechnungsstunden um eine wöchentliche Unterrichtsstunde für Schulleiter und andere Funktionsträger sind keine Maßnahmen zur Hebung der Arbeitsleistung (vgl. BVerwG, Beschluß v. 26. 9. 1995 – 6 P 18.93 –, PersR 1996, 149).

Art. 76

Anders, nämlich mitbestimmungspflichtig, wird eine einstündige wöchentliche **Stundenerhöhung** bewertet, wenn damit aus finanzwirtschaftlichen Gründen die Lehrerzahl reduziert wird, ohne daß anderweitige Entlastungen konkret angegeben sind. Diese Entlastungsangabe wird nicht durch ein stillschweigendes Vertrauen auf eine evtl. weniger gründliche Unterrichtsvorbereitung ersetzt (vgl. BVerwG, Beschluß v. 28. 12. 1988 – 6 P 1.97 –, PersR 1999, 271 ff.).

Eine Dienstanweisung zur **vorübergehenden Intensivierung** der Leistungskontrollen ist nicht auf eine Hebung der Arbeitsleistung ausgerichtet, wenn sie gleichzeitig anordnet, daß für diesen Zeitraum alle sonstigen Aufgabenerledigungen auf ein unerläßliches Maß zurückzunehmen sind (vgl. OVG Niedersachsen, Beschluß v. 20. 9. 1995 – 17 L 4839/94 –, PersR 1996, 366).

Die Reduzierung der **Reinigungshäufigkeit** stellt keine Maßnahme zur Hebung der Arbeitsleistung dar, wenn die je Zeiteinheit geschuldete Arbeitsleistung unverändert bleibt und der Dienstherr eine Verringerung des Reinigungsstandards in Kauf nimmt (vgl. HVGH, Beschluß v. 28. 9. 1995 – TL 2776/94 –, PersR 1996, 367).

Eine **Erleichterung des Arbeitsablaufs** bewirken Maßnahmen, die durch Weiterentwicklung, Verbesserung, Vereinfachung oder Verfeinerung bereits in der Dienststelle angewandter Arbeitsmethoden zu einer körperlichen und/oder geistigen Entlastung der Beschäftigten bei ihrer konkreten Aufgabenerledigung führen (vgl. ABW, zu Art. 76 Rn. 71). **60**

Unter dem Begriff des **Arbeitsablaufs** versteht man die zeitliche und räumliche Aufeinanderfolge von Arbeitsvorgängen zur Erzielung eines bestimmten Arbeitsergebnisses. **61**

Beispiele für solche Maßnahmen sind organisatorische Maßnahmen, die den Umlauf eines Vorgangs oder die Beteiligung von Stellen verringern, die Berechnungsmethode erleichtern oder die Arbeit mechanisieren (vgl. BayVGH v. 11. 7. 1984 – Nr. 18 C 84 A.946 –). **62**

Gem. Art. 72 Abs. 1 Satz 2 unterliegen auch diejenigen Maßnahmen zur Hebung der Arbeitsleistung und zur Erleichterung des Arbeitsablaufs der Mitwirkung der Personalvertretung, die lediglich als **Versuch** oder zur **Erprobung** durchgeführt werden sollen. **63**

Zur Wirksamkeit von Maßnahmen ohne ordnungsgemäße Personalratsbeteiligung s. Rn. 54. **64**

(Abs. 2 Nr. 3) **Gestaltung der Arbeitsplätze.** Der Begriff des **Arbeitsplatzes** ist organisatorisch und arbeitstechnisch zu verstehen. **65**

Arbeitsplatz ist der räumliche Bereich, in dem der Beschäftigte tätig ist, sowie dessen unmittelbare Umgebung. Gegenstand der Mitbestimmung bei der **Gestaltung des Arbeitsplatzes** ist die Ausgestaltung von – vorhandenen oder künftig einzurichtenden – Arbeitsplätzen, also insbesondere ihre räumliche Unterbringung, ihre Ausstattung mit Geräten und

Art. 76

Einrichtungsgegenständen sowie ihre Beleuchtung und Belüftung (vgl. BVerwG v. 17. 7. 1987 – 6 P 6.85 –, PersR 1987, 220).

66 Der Personalrat hat durch seine Beteiligung darauf einzuwirken, daß der Arbeitgeber durch eine menschengerechte Gestaltung des Arbeitsplatzes die schutzwürdigen Belange der Beschäftigten wahrt, insbesondere die arbeitswissenschaftlichen Erkenntnisse über die menschengerechte Gestaltung der Arbeit berücksichtigt (vgl. OVG Hamburg v. 20. 11. 1979 – OVG BsPB 5/79 –, PersV 1982, 27).

67 Die Gestaltung des Arbeitsplatzes umfaßt sowohl die erstmalige Ausgestaltung und deren Unterhaltung sowie die spätere Umgestaltung.

68 Zur Gestaltung von Arbeitsplätzen gehören u. a. folgende Faktoren:

– Arbeitsräume (Büroraum, Halle, Werkstatt, auch Fahrzeuge),

– Anordnung und Beschaffenheit von Arbeitsplätzen (Stuhl, Tisch, Arbeitsmaterial),

– Klima (Temperatur, Luftfeuchtigkeit, Strahlungswärme, Luftgeschwindigkeit),

– Lärm,

– Beleuchtung (vgl. ausführlich ABW, Art. 76 Rn. 84 bis 95).

69 Die Aufstellung von **Raumplänen** als Voraussetzung der Verlegung einer Dienststelle oder eines Teils davon ist dann eine mitwirkungspflichtige Gestaltung eines Arbeitsplatzes, wenn damit nicht unbedeutende Veränderungen des Arbeitsplatzes, insbesondere hinsichtlich räumlicher Unterbringung, Ausstattung mit Geräten und Einrichtungsgegenständen, Beleuchtung und Belüftung u. ä., vorgenommen werden sollen (vgl. BVerwG, Beschluß v. 16. 12. 1992 – 6 P 29.91 –, PersR 1993, 164).

Als Arbeitsplatz kommen alle innerhalb der Räumlichkeiten einer Dienststelle nach deren Aufteilung, der Untergliederung ihrer Räumlichkeiten oder der Zuordnung bestimmter Raumzonen zu einem Arbeitsgerät abgrenzbaren Bereiche in Betracht, in denen von einem Beschäftigten zugleich oder nacheinander einzelne **Arbeitsschritte** oder ineinandergreifende **Arbeitsvorgänge** verrichtet werden. Als Gestaltung der Arbeitsplätze sind alle Maßnahmen zu werten, die ihrer Eigenart nach oder wegen ihrer Auswirkungen auf die dort Beschäftigten objektiv geeignet sind, das **Wohlbefinden** oder die **Leistungsfähigkeit** der- bzw. desjenigen Beschäftigten zu beeinflussen, die bzw. der auf dem Arbeitsplatz eingesetzt ist oder werden soll (vgl. OVG NW, Beschluß v. 31. 5. 2001 – 1 A 2277/99.PVL –, PersR 2002, 215).

Werden **Patientenzimmer** in eine spezialisierte kardiologische Überwachungseinheit unter Aufstellung der entsprechenden Überwachungsgeräte und sonstiger Einrichtungsgegenstände umgewandelt, liegt darin eine mitbestimmungspflichtige Gestaltung der Arbeitsplätze (vgl. VG Köln, Beschluß v. 22. 8. 1990 – PVL 21/90 –, PersR 1991, 316).

Art. 76

Zur Gestaltung von **Bildschirmarbeitsplätzen** hat der Rat der **Europäischen Gemeinschaft** eine Einzelrichtlinie über die Mindestvorschriften bezüglich der Sicherheit und des Gesundheitsschutzes bei der Arbeit an Bildschirmgeräten erlassen (Fünfte Einzelrichtlinie 90/270/EWG v. 29. 5. 1990, Amtsbl. Nr. L 156 v. 21. 6. 1990, S. 14). Diese Richtlinie verpflichtet den Arbeitgeber, sich über den neuesten Stand der Technik und der wissenschaftlichen Erkenntnisse auf dem Gebiet der Gestaltung der Arbeitsplätze zu informieren, um eine bessere Sicherheit und einen besseren Gesundheitsschutz der Arbeitnehmer gewährleisten zu können. Sie beinhaltet weitere Verpflichtungen, wie die Einhaltung konkreter **Mindestvorschriften** zum Gerät, der Arbeitsumgebung und der Mensch-Maschine-Schnittstelle. Weiter enthält sie die **Unterrichtungspflicht** gegenüber den Arbeitnehmern hinsichtlich gesundheitlicher, sicherheitsrelevanter und arbeitsorganisatorischer Aspekte und vor allem die Pflicht zur Durchführung einer Arbeitsplatzanalyse mit vollständiger Dokumentation der Arbeitsbedingungen und festgestellten Arbeitsbelastungen einschließlich psychischer Belastungen. 70

Diese EG-Richtlinie gilt in der Bundesrepublik Deutschland für den öffentlichen Dienst **unmittelbar**, da sie hinreichend bestimmbare Rechtspositionen zugunsten einzelner enthält, die der Staat als Arbeitgeber gegenüber den Beschäftigten des öffentlichen Dienstes zu beachten hat. Die Personalräte können deshalb die vorgeschriebene Arbeitsplatzanalyse, die Einhaltung der Mindestvorschriften, die arbeitsorganisatorischen Regelungen zu Mischarbeit und Pausen im Rahmen ihrer Beteiligung bei der Gestaltung der Arbeitsplätze einfordern.

Mit fast vierjähriger Verspätung ist am 20. 12. 1996 auf der Basis des § 19 ArbSchG (seit 21. 8. 1996 in Kraft) die EG-Bildschirmrichtlinie (90/270/EWG) mit der **Bildschirmarbeitsverordnung** (BildscharbV) in deutsches Recht umgesetzt worden. Sie schafft in Verbindung mit dem ArbSchG einen verbesserten Gesundheitsschutz an Bildschirmarbeitsplätzen (vgl. Fischer, Schierbaum, Die Bildschirmarbeitsverordnung, PersR 1997, 95).

Bei der Gestaltung von Bildschirmarbeitsplätzen sind auch **andere Beteiligungsrechte** des Personalrats, v. a. die Mitbestimmungsrechte gem. Art. 75 Abs. 4 Satz 1 Nr. 8 (Maßnahmen zur Verhütung von Dienst- und Arbeitsunfällen und sonstigen Gesundheitsschädigungen), zu beachten. 71

Die in den Personalvertretungsgesetzen geregelten Beteiligungsrechte sind grundsätzlich nebeneinander gegeben, so daß beim **Zusammentreffen verschiedenartiger Beteiligungsrechte** der Personalrat regelmäßig in allen in Betracht kommenden Beteiligungsformen zu beteiligen ist (BVerwG v. 17. 7. 1987, a. a. O.). 72

(Abs. 2 Nr. 4) Auflösung, Verlegung und Zusammenlegung von Dienststellen oder wesentlichen Teilen von ihnen. Dienststellen i. S. v. Nr. 4 sind alle in Art. 6 genannten Einrichtungen, also auch Neben- 73

Art. 76

stellen und Teile einer staatlichen Dienststelle, die räumlich weit von dieser entfernt liegen oder durch Aufgabenbereich und Organisation eigenständig sind, wenn die wahlberechtigten Beschäftigten einen entsprechenden Verselbständigungsbeschluß gefaßt haben.

74 **Wesentlicher Teil** einer Dienststelle ist ein solcher, der in organisatorischer und räumlicher Hinsicht über eine gewisse Selbständigkeit verfügt (vgl. BVerwG v. 13. 3. 1964 – VII P 15.62 –, AP Nr. 4 zu § 73 PersVG). Hierzu zählen Nebenstellen und Dienststellenteile, die zwar die in Art. 6 Abs. 3 und Abs. 5 genannten Voraussetzungen erfüllen, aber nicht durch Beschluß der Beschäftigten oder durch Organisationsbeschluß gem. Art. 6 Abs. 5 Satz 3 verselbständigt wurden. Die Beschäftigtenzahl des betreffenden Dienststellenteils ist dabei ein maßgeblicher, aber nicht ausschließlich entscheidender Gesichtspunkt.

Auch ein quantitativ, gemessen an der Beschäftigtenzahl, geringerer Teil der Dienststelle kann fachlich oder funktionell prägende Bedeutung für die Aufgabenerfüllung der Gesamtdienststelle haben und insofern wesentlicher Teil der Dienststelle sein.

Wesentliche Teile einer Dienststelle sind abgrenzbare Organisationseinheiten, deren Fortfall oder Veränderung sich auf den Aufgabenbereich oder die Struktur der Dienststelle derart auswirkt, daß sie zu einer wesensmäßig »anderen« Dienststelle wird. Allerdings erfährt das Wesen einer Dienststelle dadurch, daß ihre innere Organisation bei gleichbleibender Aufgabenstellung umgestaltet wird, keine Veränderung (vgl. BVerwG, Beschluß v. 30. 9. 1987 – 6 P 19.85 –, PersR 1988, 70).

75 Das Umwandlungsgesetz vom 28. 10. 1994 (BGBl. I S. 3210; ber. BGBl. 1995 I S. 428), am 1. 1. 1995 in Kraft getreten, mit vollständiger Neufassung des Umwandlungsrechts, erfaßt – teils zur Klarstellung, teils zur erstmaligen Regelungsmöglichkeit – alle denkbaren Fälle einer Umwandlung für alle Unternehmensformen, Körperschaften des öffentlichen Rechts, Vereine etc. Es verweist auch auf die Anwendung des § 613a BGB beim Betriebsübergang. Es ist nunmehr zwischen rechtsgeschäftlichem Betriebsübergang, auf den § 613a BGB unmittelbar anwendbar ist, und gesetzlicher Unternehmensumwandlung zu unterscheiden, für die das Umwandlungsgesetz die Anwendung des § 613a BGB – mit geringen Einschränkungen – anordnet.

Das Umwandlungsgesetz teilt alle Umwandlungen in verschiedene Arten ein. Dies sind die **Verschmelzung** (Fusion), die **Spaltung** (Aufspaltung, Abspaltung und Ausgliederung), die **Vermögensübertragung** sowie der **Rechtsformwechsel.** Die generelle Einführung der sogenannten Unternehmensspaltung ist als **Ausgliederung** eines kommunalen Unternehmens (z. B. eines Eigenbetriebs) bei Umwandlung z. B. in eine GmbH, AG oder KG vor allem im öffentlichen Dienst von Bedeutung, zumal Privatisierungen grundsätzlich nicht verboten sind. Dies ergibt sich aus der umfassenden Organisationshoheit der Kommunen nach Artikel 28

Art. 76

Abs. 2 GG. Nach der Privatisierung bleibt die Stadt/Gemeinde allerdings weiterhin verantwortlicher Aufgabenträger. Das Privatunternehmen ist also nur Erfüllungsgehilfe der staatlichen Stelle, welche hinsichtlich der Aufgabenerfüllung und der tatsächlichen Durchführung ihren Einfluß behalten und weiterhin geltend machen muß (vgl. Hammer, Handbuch Outsourcing; Arbeitsrecht bei Unternehmensumwandlungen von Bachler, Köstler, Trittin, Trümner; Outsourcing und Arbeitsrecht von Balze, Rebel, Schuck).

Umwandlungsrecht ist Gesellschaftsrecht (Unternehmensrecht) und zunächst getrennt vom Tarifrecht, Betriebsverfassungsrecht und Individualarbeitsrecht zu betrachten. Umwandlungsvorgänge können zu einer Gesamtrechtsnachfolge führen. Damit ist an sich ein Betriebsübergang gemäß § 613a BGB nicht gegeben, der eine Einzelrechtsnachfolge voraussetzt. Für umwandlungsrechtliche Umstrukturierungen durch **Verschmelzung, Spaltung oder Vermögensübertragung** erklärt jedoch § 324 UmwG die Abs. 1 und 4 des § 613a BGB für anwendbar. Bei bloßem **Formwechsel** gemäß §§ 190 bis 304 UmwG liegt weder ein Betriebsübergang gemäß § 613a BGB vor noch sind dessen Abs. 1 und 4 über § 324 UmwG anwendbar.

Umwandlungsrechtlich kommt es für die Anwendung des **§ 613a BGB** entscheidend auf die Struktur des Betriebes an. **Tarifverträge** gelten normativ weiter, wenn auch der neue Rechtsträger Mitglied desselben Arbeitgeberverbandes ist wie der bisherige. Sonst erfolgt, ggf. über § 324 UmwG, die Überführung des Tarifrechts in Einzelvertragsrecht mit den Ablösungsregeln gem. § 613a Abs. 1 Sätze 2 bis 4 BGB. **Betriebsvereinbarungen** gelten normativ weiter, wenn die arbeitstechnisch-organisatorische Einheit des Betriebes ohne wesentliche Änderung fortbesteht. Sonst erfolgt, ggf. in Verbindung mit § 324 UmwG, die Überführung der Dienst- bzw. Betriebsvereinbarungen in Einzelvertragsrecht mit den Ablösungsregeln gem. § 613a Abs. 1 Sätze 2 bis 4 BGB.

Das **Einzelarbeitsverhältnis** geht mit Schutz vor Kündigung wegen des Übergangs gemäß § 613a Abs. 1 und 4 BGB, ggf. bei Umwandlungsfällen in Verbindung mit § 324 UmwG, auf den neuen Rechtsträger über. Dabei richten sich die Einzelheiten hinsichtlich des Übergangs bezüglich tariflicher und in Dienst- bzw. Betriebsvereinbarungen geregelter Ansprüche nach den Umständen des Einzelfalles.

Nach der mittlerweile übereinstimmenden Rechtsprechung des EuGH und des BAG ist im Rahmen einer Gesamtwürdigung auf folgende Aspekte hinsichtlich des Vorliegens eines Betriebsüberganges abzustellen:

- Art des betreffenden Unternehmens oder Betriebes;
- die den Übergang betreffenden materiellen Aktiva wie Gebäude und bewegliche Güter;
- Wert der immateriellen Aktiva zum Zeitpunkt des Übergangs;

Art. 76

- Übernahme des wesentlichen Teils der Beschäftigten durch den neuen Inhaber;
- Übergang oder Nichtübergang der Kundschaft;
- Grad der Abhängigkeit zwischen der vor und nach dem Übergang verrichteten Tätigkeiten sowie
- die Dauer einer eventuellen Unterbrechung dieser Tätigkeit (vgl. Pakirnus, Seminarmaterial Outsourcing m. w. N., Bochum – Kochel 1998).

Art. 1 Abs. 1 der Richtlinie 77/187/EWG des Rates vom 14. 2. 1977 zur Angleichung der Rechtsvorschriften der Mitgliedstaaten über die Wahrung von Ansprüchen der Arbeitnehmer beim Übergang von Unternehmen, Betrieben oder Betriebsteilen ist nach jüngster Rechtsprechung dahin auszulegen, daß der Begriff »Übergang von Unternehmen, Betrieben oder Betriebsteilen« nicht die Übertragung von Verwaltungsaufgaben einer Gemeinde auf eine Verwaltungsgemeinschaft erfaßt, wie sie im Ausgangsrechtsstreit erfolgt ist. Eine Kommunalbehörde falle nicht in den Anwendungsbereich der Richtlinie, wenn sie hauptsächlich oder ausschließlich Tätigkeiten ausübe, wie sie für den öffentlichen Dienst typisch seien. Wie sich aus der Präambel der Richtlinie, insbesondere der ersten Begründungserwägung, ergibt, soll diese die Arbeitnehmer vor den Nachteilen schützen, die sich für sie aus den Änderungen in den Unternehmensstrukturen ergeben können, welche durch die wirtschaftliche Entwicklung auf einzelstaatlicher und gemeinschaftlicher Ebene bedingt und u. a. Folge des Übergangs von Unternehmen, Betrieben oder Betriebsteilen auf einen anderen Inhaber durch vertragliche Übertragung oder durch Verschmelzung sind. Somit stellt die strukturelle Neuordnung der öffentlichen Verwaltung oder die Übertragung von Verwaltungsaufgaben von einer öffentlichen Verwaltung auf eine andere keinen »Unternehmensübergang« im Sinne der Richtlinie dar. Nach dem Sachverhalt des Ausgangsverfahrens betraf die Übertragung, die zwischen der Gemeinde und der Verwaltungsgemeinschaft stattfand, offensichtlich nur hoheitliche Tätigkeiten. Selbst wenn diese Tätigkeiten wirtschaftliche Aspekte eingeschlossen haben sollten, wären diese nur von untergeordneter Bedeutung (vgl. EuGH, Urteil v. 15. 10. 1996 – C 298/94 –, PersR 1997, 85 mit Anmerkung von Zoller).

Ein **Betriebsübergang** i. S. d. § 613 a BGB ist im öffentlichen Dienst durch die Entscheidung des EuGH nicht ausgeschlossen. Wie sich aus zahlreichen gerichtlichen Entscheidungen entnehmen läßt, gibt es bereits Schwierigkeiten, den Betriebsbegriff i. S. d. § 613 a BGB einzugrenzen. Der Betriebsbegriff des § 613 a BGB ist ein anderer als der im BetrVG geltende (vgl. BAG, Beschluß v. 22. 5. 1979 – 1 ABR 17/77 –, AiB 1993, 110).

Das nationale Recht kann über die Richtlinie hinaus Schutzrechte zugunsten der Beschäftigten bei Betriebsübergang auch im Bereich von öffentlichen Verwaltungen vorsehen. In diesem Sinne hat das BAG den § 613 a BGB bereits ausgelegt, indem es feststellte, daß Inhaber des Betriebs auch eine juristische Person des öffentlichen Rechts sein kann und der Zweck des § 613a BGB, bestehende Arbeitsverhältnisse bei einem Wechsel des Betriebsinhabers zu schützen, von der Rechtsform des Betriebs unabhängig ist (vgl. BAG, Urteil v. 7. 9. 1995 – 8 AZR 928/93 –, NZA 1996, 424).

So wird kein Betriebsübergang bei Fortführung eines **Bauauftrages** mit Übernahme zweier Lehrlinge und eines Angestellten sowie des bisherigen Materials angenommen, weil dies nur eine zeitlich beschränkte Tätigkeit sei (vgl. EuGH, Urteil v. 19. 9. 1995, Rs. C 48/94 – Rygaard –, NZA 1995, 1031 f.).

Ein Wechsel der Vertriebsberechtigung mit Werbung bei bisherigen Kunden durch den Übernehmer ist ein Betriebsübergang (vgl. EuGH, Urteil v. 7. 3. 1996 – Rs. C 171/94 und C 172/94 –, DB 1996, 683 = NZA 1996, 413).

Kein Unternehmens- oder Betriebsübergang liegt vor bei Übertragung von **Verwaltungsaufgaben** einer Gemeinde auf eine **Verwaltungsgemeinschaft** (vgl. EuGH, Urteil v. 15. 10. 1996 – Rs. C 298/94 – Henke/Gemeinde Schierke und der Verwaltungsgemeinschaft »Brocken« –, NZA 1996, 1279).

Es ist kein Betriebsübergang, wenn ein Auftraggeber den Vertrag über die Ausführung von **Reinigungsarbeiten** mit dem Auftragnehmer kündigt und zur Durchführung ähnlicher Arbeiten mit einem neuen Unternehmer einen neuen Vertrag schließt, sofern dieser Vertrag weder mit einer Übertragung relevanter materieller oder immaterieller Betriebsmittel von dem einen auf den anderen Unternehmer noch mit der Übernahme eines nach Zahl und Sachkunde wesentlichen Teils des zur Durchführung des Vertrages eingesetzten Personals verbunden ist (vgl. EuGH, Urteil v. 11. 3. 1997 – Rs. C 13/95 – Ayse Süzen/Zehnacker Gebäudereinigung GmbH –, NZA 1997, 433f.).

Eine **Funktionsnachfolge** allein ist kein Betriebsübergang. Endet ein Reinigungsauftrag und liegen keine greifbaren Anhaltspunkte dafür vor, daß nach der Rechtsprechung des EuGH von der Wahrung der Identität auszugehen ist, weil der neue Auftragnehmer kraft eigenen Willensentschlusses eine organisierte Gesamtheit von Arbeitnehmern übernehmen will, kann der frühere Auftragnehmer solchen Arbeitnehmern wirksam betriebsbedingt kündigen, für die er keine Beschäftigungsmöglichkeit mehr hat. Kommt es **nach Zugang der Kündigung** zu einem Betriebsübergang, haben die gekündigten Arbeitnehmer, die in der übergegangenen Einheit beschäftigt waren, einen Anspruch gegen den neuen Auftragnehmer, zu unveränderten Arbeitsbedingungen unter Wahrung ihres Besitzstandes eingestellt zu werden (vgl. BAG v. 13. 11. 1997 – 8 AZR 295/95 –, DB 1998, 316).

Ein Betriebsübergang kann bei Übernahme des **wesentlichen Teils der eingespielten Belegschaft** vorliegen, auch wenn besondere Fachkenntnisse nicht vorliegen. Das BAG hat seine Rechtsprechung, wonach allenfalls bei Know-how-Trägern der Übergang von Personal für die Annahme

Art. 76

eines Betriebsübergangs als tatbestandsbegründendes Merkmal geeignet war, aufgegeben (vgl. BAG, Urteil v. 11. 12. 1997 – 8 AZR 729/96 –, DB 1998, 84).

75a Der **Verschmelzungsvertrag** muß Angaben über die **Folgen der Verschmelzung für die Arbeitnehmer und ihre Vertretung** enthalten, ohne daß es darauf ankommt, ob die Folgen für den einzelnen Arbeitnehmer vorteilhaft oder nachteilig sind. Das Registergericht hat zumindest ein formelles Prüfungsrecht. Es ist berechtigt, die begehrte Eintragung abzulehnen, wenn der Verschmelzungsvertrag jeder nachvollziehbaren Darstellung der arbeitsrechtlichen Folgen entbehrt (vgl. OLG Düsseldorf, Beschluß v. 15. 5. 1998 – 3 Wx 156/98 –, AiB 1998, 594).

Wird in einem Kündigungsrechtsstreit zwischen Arbeitnehmer und bisherigem Betriebsinhaber rechtskräftig die **Unwirksamkeit** der von diesem ausgesprochenen **Kündigung** wegen Betriebsübergangs (§ 613a Abs. 4 BGB) festgestellt, wirkt diese Entscheidung nicht gegenüber dem neuen Betriebsinhaber, wenn der behauptete Betriebsübergang vor der Klageerhebung vollzogen wurde. Zu der Hauptbelegschaft eines Betriebes können auch »**freie Mitarbeiter**« gehören. Für den **rechtsgeschäftlichen Übergang des Betriebes** kann ausreichend sein, daß der Betriebserwerber mit den Vertragspartnern des Betriebsveräußerers (»mittelbare Vertragsübernahme«) neue Verträge abschließt (vgl. BAG, Urteil v. 18. 2. 1999 – 8 AZR 485/97 –, AiB 1999, 655).

Tarifvertraglich kann im Falle einer Privatisierung dem ehemaligen **Personalrat** nicht das Recht eingeräumt werden, nach der Privatisierung für eine **Übergangszeit als Betriebsrat** zu fungieren. § 321 UmwG kann auf den Fall der Privatisierung öffentlicher Unternehmen nicht analog angewendet werden (vgl. LAG Köln, Beschluß v. 11. 2. 2000 – 4 TaBV 2/00 –, PersR 2000, 378). Bei einer privatisierenden Umwandlung besteht kein **gesetzliches Übergangsmandat** des früheren Personalrats zur Wahrnehmung betriebsverfassungsrechtlicher Rechte. In einem solchen Fall der privatisierenden Umwandlung kann ein Übergangsmandat auch nicht durch tarifliche Bestimmungen geschaffen werden. Dem steht der zwingende Charakter der Organisationsbestimmungen des BetrVG entgegen. § 3 BetrVG ist nicht einschlägig. Ein derartiges Recht der **Tarifvertragsparteien** folgt vor Ablauf der bis zum 17. 7. 2001 andauernden Umsetzungsfrist auch nicht aus der EG-Richtlinie 98/50/EG. Streiten zwei auf unterschiedliche Weise entstandene Wahlvorstände um die Berechtigung zur Durchführung einer Betriebsratswahl, kann im Wege der einstweiligen Verfügung ein korrigierender gerichtlicher Eingriff erreicht werden, der ggf. den **Abbruch** eines bereits begonnenen **Wahlverfahrens** bewirken kann. Letzteres ist der Fall, wenn ein Wahlvorstand von einem ohne wirksame Rechtsgrundlage gebildeten »Übergangsbetriebsrat« bestellt worden ist (vgl. LAG Köln, Beschluß v. 10. 3. 2000 – 13 TaBV 9/00 –, PersR 2000, 380).

Die **Umwandlung** ist nicht der gegenüber dem Betriebsübergang spe-

Art. 76

ziellere Tatbestand. Die Voraussetzungen des § 613a BGB sind auch im Zusammenhang mit einer Umwandlung selbständig zu prüfen. Soll ein Unternehmen ausgegliedert werden (§ 168 UmwG), kommt ein Betriebsübergang auf den übernehmenden Rechtsträger schon **vor Eintritt der Wirkung der Ausgliederung** in Betracht. Das **Widerspruchsrecht des Arbeitnehmers** gegen den Übergang seines Arbeitsverhältnisses besteht auch bei einem Betriebsübergang im Zusammenhang mit einer Umwandlung. Widerspricht ein **Mitglied der Personalvertretung** des übergehenden Betriebes dem Übergang seines Arbeitsverhältnisses, so scheidet es mit dem Betriebsübergang aus der Personalvertretung aus. Diese ist bei einer Kündigung des betreffenden Arbeitsverhältnisses nicht mehr zu beteiligen, auch wenn der Arbeitnehmer in dem übergegangenen Betrieb aufgrund einer **Arbeitnehmerüberlassung** weiterbeschäftigt wird (vgl. BAG, Urteil v. 25. 5. 2000 – 8 AZR 416/99 –, PersR 2001, 92).

Die **Auflösung** einer Dienststelle oder eines wesentlichen Teils von ihr ist dann gegeben, wenn sie aufhört zu bestehen, d.h. die eigenständige Organisation der Dienststelle aufgelöst wird und ihre Aufgaben und ihr Zweck entfallen oder vollständig auf eine andere Dienststelle übertragen werden. Eine Auflösung i. S. d. Vorschrift liegt auch vor, wenn die Errichtung der Dienststelle bzw. des Dienststellenteils von vornherein zeitlich befristet war (vgl. ausführlich ABW, Art. 76 Rn. 101). Ausgenommen sind lediglich die regelmäßigen Betriebspausen von sog. Saisonbetrieben, wie z. B. Freibäder und Erholungsheime. **76**

Auch die Übertragung auf einen anderen Inhaber durch Rechtsformänderung (Privatisierung) stellt eine beteiligungspflichtige Auflösung dar (vgl. ABW, Art. 76 Rn. 101 mit ausführlicher Begründung). Mit der Auflösung der Dienststelle fällt auch deren Personalvertretung weg. Die Auflösung einer Dienststelle bedeutet das **Ende jeglicher personalvertretungsrechtlicher Befugnisse** des dort gebildeten Personalrats. Denn der Personalrat wird bei einer Dienststelle gebildet und verliert daher seine Rechtsstellung mit deren Fortfall (ebenso OVG NW v. 17. 2. 2000, ZfPR 2000, 272). Mit dem Ende der eigenständigen Organisationsform einer Dienststelle ist auch sein Zweck als Personalrat entfallen, weil es dort keine personalvertretungsrechtlichen Aufgaben mehr gibt (vgl. BayVGH v. 31. 7. 1996, PersR 1997, 79 m.w.N.). Auch die **Mitgliedschaft im Personalrat** erlischt durch das – faktische – Ausscheiden aus der Dienststelle. Allerdings setzt der Wegfall der Personalvertretung die **endgültige Auflösung** der Dienststelle voraus (vgl. BayVGH, Beschluß v. 28. 6. 2000 – 18 P 98.2995 –, PersR 2001, 86).

Die **Verlegung einer Dienststelle** bedeutet ihre Ortsveränderung, wobei der Ort nicht mit der jeweiligen politischen Gemeinde gleichzusetzen ist. Die Ansicht, eine Verlegung liege nur dann vor, wenn die Ortsveränderung von gewisser Bedeutung für die Beschäftigten sei, findet im Gesetz keine Stütze. **77**

Eine **Zusammenlegung von Dienststellen** liegt vor, wenn eine oder **78**

Art. 76

mehrere bisher selbständige Dienststellen oder Betriebe unter Aufhebung ihrer Eigenständigkeit in eine oder mehrere Dienststellen oder Betriebe eingegliedert werden oder wenn durch Verschmelzung von zwei oder mehreren Dienststellen/Betrieben eine neue Dienststelle bzw. ein neuer Betrieb gebildet wird.

79 Ergeben sich aus der Änderung der Dienststelle Konsequenzen für die personellen Verhältnisse der Beschäftigten (z. B. Versetzungen, Umsetzungen oder Entlassungen), bleiben die Mitbestimmungsrechte des Personalrats in diesen personellen Angelegenheiten unberührt. Ggf. ist ein **Sozialplan** aufzustellen, bei dem die Personalvertretung gem. Art. 75 Abs. 4 Nr. 12 mitzubestimmen hat, soweit keine abschließende gesetzliche oder tarifliche Regelung besteht. Für die Angestellten und Arbeiter bei Bund, Ländern und Gemeinden im Geltungsbereich des BAT und MTArb wurden mit Wirkung ab 1. 1. 1987 **Rationalisierungsschutztarifverträge** zwischen der Gewerkschaft ÖTV und den Arbeitgeberverbänden vereinbart.

80 **(Abs. 2 Nr. 5) Grundsätze für die Personalbedarfsberechnung** sind einerseits all die Faktoren, die für die **Ermittlung** des Personalbedarfs erforderlich sind (z. B. Personalbestand, geplanter Personalbestand, Änderungen der personellen Zusammensetzung im Planungszeitraum), und andererseits die **Rechnungseinheiten,** aus denen sich die **Methodik** der Personalbedarfsberechnung ergibt (z. B. Arbeitsfallzahlen, Bewertungsfaktoren und daraus errechnete Zahl der erforderlichen Arbeitskräfte).

81 Auch die Änderung oder Neueinführung von solchen **Grundsätzen** unterliegt der Mitwirkung des Personalrats, nicht jedoch die konkrete Ermittlung des Personalbedarfs für einzelne Dienststellen.

82 Datenerhebungen mittels bestimmter Erfassungsbogen, die Grundlage für eine Personalbedarfsberechnung sein können, unterliegen mithin dem Mitwirkungsrecht. Dies gilt jedenfalls für **planmäßige Erhebungen zur Gewinnung neuer Erkenntnisse** über die interne Ablauforganisation (hier: Geschäftsablauf der Laboratorien nach Techniken, Methoden und dem organisatorischen Rahmen). Hierbei spielt es keine Rolle, daß die Erhebungen nicht auf die Ermittlung eines optimalen Soll-Zustandes gerichtet sind, sondern auf den Ist-Zustand der bestehenden Organisation abstellen (vgl. OVG Rheinland-Pfalz, Beschluß v. 7. 6. 1989 – 5 A 23/88 –, PersR 1989, 333).

83 **(Abs. 3) Personalanforderungen zum Haushaltsvorschlag.** Gem. Art. 70 Abs. 2 BV, Art. 1 Satz 1 BayHO muß der Staatshaushalt durch **formelles Gesetz** festgestellt werden. Der so geschaffene **Haushaltsplan** dient der Feststellung und Deckung des Finanzbedarfs zur Erfüllung der Staatsaufgaben. Wegen der Folgewirkung des Haushaltsplans auf die sozialen Interessen der Beschäftigten und die personelle Zusammensetzung der Dienststellen wurde dem Personalrat ein **Anhörungsrecht** vor der Weiterleitung von **Personalanforderungen zum Haushaltsvoranschlag** (Satz 1) sowie das Recht, zu den Personalanforderungen der

Art. 76

Dienststelle eine **Stellungnahme** abzugeben (Satz 2), eingeräumt. Diese Stellungnahme ist mit den Personalanforderungen der übergeordneten Dienststelle vorzulegen.

Unter **Personalanforderungen** sind nicht nur Stellengewährungen, sondern auch Stellenanhebungen, Stellenumwandlungen und Stellenübertragungen zu verstehen. »Allgemeine« **Grundsätze** für die Bemessung des Personalbedarfs sind abstrakt-generelle Regeln, die ermöglichen, die erforderliche Personalausstattung einer Dienststelle (Personal-Soll) zu ermitteln. Eine Stellenentwicklungsplanung, mit der bezogen auf einen bestimmten Planungszeitraum ein Zielwert von Stellen festgelegt wird, die für ein Stellenabzugsverfahren sowie zur Realisierung dringender Ausbau- und Entwicklungserfordernisse aufgebracht werden sollen, und die Aufforderung, Vorschläge für die abzugebenden Stellen zu machen, sowie die Entwicklung eines »Modells zur Ermittlung der Stellenabgaben« für einen bestimmten Zeitraum stellt keine Aufstellung von nach dem HPVG »allgemeinen« Grundsätzen für die Bemessung des Personalbedarfs dar (vgl. HVGH, Beschluß v. 14. 12. 1999 – 22 TL 4113/98 –, PersR 2000, 462). Da das BayPVG die zusätzliche Anforderung von allgemeinen Grundsätzen nicht kennt, kann die Entscheidung des HVGH in Bayern nicht sinngemäß herangezogen werden. Hier gelten eben alle Grundsätze – sowohl spezielle als auch allgemeine. **84**

Die Überlassung einer **Kopie der Personalbedarfsberechnung** und des **Stellenplans** auf Dauer dient der Informationsverpflichtung der Dienststelle aus Art. 69 Abs. 2 (vgl.OVG NW, Beschluß v. 24. 1. 2001 – 1 A 1538/99.PVB –, PersR 2001, 391.

Ein **Konzept zur Personalentwicklung** kann auch eine Verwaltungsanordnung darstellen, wobei einzelne **Instrumente** einer **Personalentwicklungsplanung** wie Regelungen zu Vorgesetzten-Mitarbeiter-Gesprächen, zur Einarbeitungsqualifizierung und Führungskräfteentwicklung als Regelungen über Grundsätze der Fortbildung der Mitbestimmung bzw. der Mitwirkung unterliegen können (vgl. VG Frankfurt/Main, Beschluß v. 22. 5. 2000 – 23 L 960/00 [V] –, PersR 2001, 120).

Der Personalrat ist auch anzuhören, wenn die Dienststelle auf Personalanforderungen verzichtet, da er bezüglich der Belastung der einzelnen Beschäftigten anderer Meinung als der Dienststellenleiter sein kann. Im Rahmen der Anhörung kann der Personalrat nicht von der Dienststelle verlangen, daß ihm eine sog. Standardberechnung vorgelegt wird, nach der die Arbeitsleistung aller Angestellten der Dienststelle nach einheitlichen Wertzahlen bewertet wird (vgl. BVerwG, Beschluß v. 10. 1. 1993, PersR 1993, 557; OVG Berlin, Beschluß v. 30. 8. 1996 – OVG 70 PV 6.93 –, PersR 1997, 121). **85**

Das **Verfahren der Anhörung** ist im Gesetz nicht geregelt. Eine ordnungsgemäße Anhörung setzt jedenfalls voraus, daß der Personalrat rechtzeitig und umfassend unterrichtet wird und ihm die erforderlichen Unterlagen (z.B. Anträge auf Stellenmehrungen, -hebungen, -umwandlungen **86**

Art. 76

und -übertragungen, gegliedert nach Besoldungs-, Vergütungs- und Lohngruppen) zur Verfügung gestellt werden (Art. 69 Abs. 2 Sätze 1, 2).

In der **Praxis** wurden und werden die Anhörungs- und Beratungsrechte von der Verwaltung eher als lästige Pflichtübung mit zu meist vorgefertigter Entscheidung erfüllt. Der Einfluß bei diesen Beteiligungsmöglichkeiten muß im Gegensatz zu den Mitbestimmungs- und Mitwirkungsrechten als äußerst gering bewertet werden. Angesichts des verfahrensrechtlichen Charakters des Personalvertretungsrechts ist dies grundsätzlich keineswegs gerechtfertigt.

Bei in der **Gesellschaft** umstrittenen Vorhaben, wie z.B. die Errichtung eines Kernkraftwerks, die Ansiedlung einer Deponie oder einer Müllverbrennungsanlage, dem Neubau oder Ausbau eines Flughafens, wird mittels einer nur oberflächlichen Anhörung keineswegs die **Akzeptanz beim Bürger** hergestellt, die bei allen gesellschaftlich relevanten Verwaltungsentscheidungen anzustreben ist. Gefordert ist zunehmend eine akzeptanzfördernde Gestaltung des Verwaltungsverfahrens, damit im Rahmen der Anhörung betroffener Bürger und deren Einbeziehung Entscheidungen der Verwaltung erarbeitet werden, die einen breiten gesellschaftlichen Konsens finden.

Daß ein solches Vorgehen der Verwaltung nicht nur bei Verwaltungsentscheidungen im Verhältnis zum Bürger angezeigt ist, sondern selbstverständlich auch dann, wenn es um **interne Verwaltungsentscheidungen** geht, durch die die mit Grundrechten ausgestatteten Beschäftigten betroffen sind, ist folgerichtig. Die verfahrensrechtliche Struktur des BayPVG und der Grundsatz der vertrauensvollen Zusammenarbeit gebieten geradezu ein solches Vorgehen des Dienststellenleiters bei diesen internen Angelegenheiten.

Die vom Gesetzgeber bereits vorgesehene Folge sind Verwaltungsentscheidungen, die sowohl dem Ziel des »Wohls der Beschäftigten« als auch der »Erfüllung der dienstlichen Aufgaben« in optimaler Weise jeweils gerecht werden. Mit dem verfahrensrechtlichen Charakter des Personalvertretungsrechts steht aber auch fest, daß Beratungs- und Anhörungsrechte den Personalvertretungen einen Anspruch darauf geben, nicht nur zu einem **Zeitpunkt** an vorgesehenen Entscheidungen der Verwaltung beteiligt zu werden, zu dem die betreffende Maßnahme noch gestaltungsfähig ist. Vielmehr besteht darüber hinaus auch das Recht, im Rahmen der Erörterung mit alternativen Möglichkeiten bekanntgemacht, im Rahmen einer sachlichen Auseinandersetzung an einem wirklichen Verwaltungsgespräch beteiligt zu werden und auf der Grundlage einer rechtzeitigen und umfassenden Information mögliche Kompromißvorschläge zu erhalten bzw. solche – einer ernsthaften Beachtung sicher – vortragen zu können.

Auch die Beratungs- und Anhörungsrechte sind im umfassenden Sinne zu verstehen. Umfassende und rechtzeitige Information vorausgesetzt, muß hier im gegenseitigen Respekt und Achtung nach wirklichen Kompro-

Art. 76, 77

missen gesucht und nicht einseitig von der Verwaltung entschieden werden. Dies bedeutet, daß im streitigen Fall die Verwaltungsentscheidung nach Anhörung und Beratung mit der Interessenvertretung der Beschäftigten nicht in der ursprünglichen umstrittenen Form, sondern als Kompromiß ergehen kann. Das beinhaltet, daß auch in den Tatbeständen der Anhörungs- und Beratungsrechte **Überlegungen der Personalvertretung** in die Entscheidung Eingang finden (vgl. Aufhauser, Die verfahrensrechtliche Struktur des Personalvertretungsrechts in Arbeit und Recht, Festschrift für A. Gnade).

Im Bereich der **Gemeinden** hat der Gemeinderat eine Haushaltssatzung zu erlassen, deren Hauptbestandteil der Haushaltsplan und als Teil davon der **Stellenplan** ist. Der Personalrat ist vor der Weiterleitung des Stellenplanentwurfs zum Haushaltsplan an den Gemeinderat, Kreistag oder Bezirkstag anzuhören. Dieses Anhörungsrecht kann der Personalrat auch unmittelbar gegenüber dem zuständigen Beschlußgremium wahrnehmen. 87

Zweck der Anhörung des Personalrats bei **Neu-, Um- und Erweiterungsbauten** von Diensträumen (Satz 3) ist die Berücksichtigung der Interessen der Beschäftigten vor allem bei der menschengerechten Gestaltung der Arbeitsplätze im Rahmen der arbeitswissenschaftlichen Erkenntnisse. 88

Die Anhörung hat so rechtzeitig im **Planungsstadium** zu erfolgen, daß die Personalvertretung noch Einfluß auf die Gestaltung der Bauplanung und -vorbereitung nehmen kann. 89

Streitigkeiten über den **Inhalt** und **Umfang** des **Mitwirkungsrechts** und des **Anhörungsrechts** sind nach Art. 81 Abs. 1 Nr. 3 von den Verwaltungsgerichten zu entscheiden. 90

Artikel 77
Mitwirkung bei Kündigungen und Entlassungen

(1) Der Personalrat wirkt bei der ordentlichen Kündigung durch den Arbeitgeber mit. Der Personalrat kann gegen die Kündigung Einwendungen nur erheben, wenn nach seiner Ansicht

1. **bei der Auswahl des zu kündigenden Arbeitnehmers soziale Gesichtspunkte nicht oder nicht ausreichend berücksichtigt worden sind,**

2. **die Kündigung gegen eine Richtlinie im Sinn des Art. 75 Abs. 4 Satz 1 Nr. 13 verstößt,**

3. **der zu kündigende Arbeitnehmer an einem anderen Arbeitsplatz in derselben Dienststelle oder in einer anderen Dienststelle desselben Verwaltungszweigs an demselben Dienstort einschließlich seines Einzugsgebiets weiterbeschäftigt werden kann,**

4. **die Weiterbeschäftigung des Arbeitnehmers nach zumutbaren Umschulungs- oder Fortbildungsmaßnahmen möglich ist oder**

5. **eine Weiterbeschäftigung des Arbeitnehmers unter geänderten**

Art. 77

Vertragsbedingungen möglich ist und der Arbeitnehmer sein Einverständnis hiermit erklärt.

Wird dem Arbeitnehmer gekündigt, obwohl der Personalrat nach Satz 2 Einwendungen gegen die Kündigung erhoben hat, so ist dem Arbeitnehmer mit der Kündigung eine Abschrift der Stellungnahme des Personalrats zuzuleiten, es sei denn, daß die Stufenvertretung in der Verhandlung nach Art. 72 Abs. 4 Satz 2 die Einwendungen nicht aufrechterhalten hat.

(2) Hat der Arbeitnehmer im Fall des Absatzes 1 Satz 3 nach dem Kündigungsschutzgesetz Klage auf Feststellung erhoben, daß das Arbeitsverhältnis durch die Kündigung nicht aufgelöst ist, so muß der Arbeitgeber auf Verlangen des Arbeitnehmers diesen nach Ablauf der Kündigungsfrist bis zum rechtskräftigen Abschluß des Rechtsstreits bei unveränderten Arbeitsbedingungen weiterbeschäftigen. Auf Antrag des Arbeitgebers kann das Arbeitsgericht ihn durch einstweilige Verfügung von der Verpflichtung zur Weiterbeschäftigung nach Satz 1 entbinden, wenn

1. die Klage des Arbeitnehmers keine hinreichende Aussicht auf Erfolg bietet oder mutwillig erscheint oder

2. die Weiterbeschäftigung des Arbeitnehmers zu einer unzumutbaren wirtschaftlichen Belastung des Arbeitgebers führen würde oder

3. der Widerspruch des Personalrats offensichtlich unbegründet war.

(3) Vor fristlosen Entlassungen und außerordentlichen Kündigungen ist der Personalrat anzuhören. Der Dienststellenleiter hat die beabsichtigte Maßnahme zu begründen. Hat der Personalrat Bedenken, so hat er sie unter Angabe der Gründe dem Dienststellenleiter unverzüglich, spätestens innerhalb von drei Arbeitstagen schriftlich mitzuteilen.

(4) Eine Kündigung ist unwirksam, wenn der Personalrat nicht beteiligt worden ist.

1 (Abs. 1) Das Beteiligungsrecht des Personalrats bei **ordentlichen Kündigungen** ist als **Mitwirkungsrecht** ausgestaltet. Insofern ist das **Mitwirkungsverfahren** des Art. 72 BayPVG anzuwenden.

2 Das Mitwirkungsrecht erstreckt sich grundsätzlich auf **alle Arbeitnehmer** im Anwendungsbereich des BayPVG. **Ausgenommen** ist nur der Personenkreis, der in Art. 78 Abs. 1 beschrieben ist (vgl. Art. 78 Rn. 2). Für die in Art. 14 Abs. 3 und 4 bezeichneten Beschäftigten (Dienststellenleiter und ständiger Vertreter sowie Beschäftigte, die zu selbständigen Entscheidungen in Personalangelegenheiten der Dienststelle befugt sind; Angehörige der obersten Organe von Gemeinden und Gemeindeverbänden) und Beamte auf Zeit gilt das Mitwirkungsrecht des Personalrats nur, wenn sie es beantragen (Art. 78 Abs. 2).

Der Personalrat hat bei **jeder Art** der ordentlichen Kündigung mitzuwirken, also sowohl bei Kündigungen gem. § 1 KSchG als auch bei sog. **Änderungskündigungen** nach § 2 KSchG. Der Personalrat kann seine Zustimmung zu einer Änderungskündigung (hier: Einführung einer anderen Abrechnung für Überstunden) nur aus **Gründen** verweigern, die innerhalb des Rahmens der Mitwirkung liegen (vgl. LAG Köln, Urteil v. 7. 7. 1999 – 7 Sa 286/99 –, PersR 2000, 85). Auch die **Beendigung des Arbeitsverhältnisses eines Arbeiters während der Probezeit** unterliegt dem Mitwirkungsrecht des Personalrats. Die Kündigung eines **Berufsausbildungsverhältnisses** während der Probezeit ist auch dann eine ordentliche Kündigung, wenn sie ohne Einhaltung einer Frist und ohne Angabe von Gründen erfolgt (vgl. BVerwG v. 5. 7. 1984 – 6 P 27.82 –, PersR 84, 79). **3**

Mit dem äußerst umstrittenen »Arbeitsrechtlichen Beschäftigungsförderungsgesetz« vom 25. 9. 1996 wurde der Kündigungsschutz mehrfach abgebaut. Der **Geltungsbereich** des **KSchG** (§ 23 Abs. 1 Satz 2 KSchG) wurde bis Dezember 1998 auf Betriebe mit mehr als zehn anstatt der bisherigen fünf Beschäftigten verringert. Des weiteren wurde die Sozialauswahl reduziert. Diese Änderungen sind im September 1998 nach dem Regierungswechsel mit dem »**Gesetz zu Korrekturen in der Sozialversicherung und zur Sicherung der Arbeitnehmerrechte**« vom 19. Dezember 1998 (BGBl. I S. 3843), in Kraft ab 1. 1. 1999, weitestgehend wieder rückgängig gemacht worden. Es gilt: **4**

– § 1 Abs. 3 Satz 1 KSchG (Sozialauswahl bei betriebsbedingten Kündigungen): Der Maßstab »soziale Gesichtspunkte« ist maßgebliches Kriterium der Sozialauswahl. Im Rahmen des unbestimmten Rechtsbegriffs »soziale Gesichtspunkte« sind nun alle Gesichtspunkte des Einzelfalls zu berücksichtigen, die für die soziale Schutzbedürftigkeit eines Arbeitgebers von Bedeutung sind. Dazu gehören insbesondere Betriebszugehörigkeit, Lebensalter und Unterhaltspflichten – aber nicht ausschließlich.

– § 23 Abs. 1 Satz 2 KSchG (Kleinbetriebsklausel): Der Kündigungsschutz setzt ab einer Betriebsgröße von mehr als 5 Arbeitnehmern ein.

Beschäftigt eine Verwaltung des öffentlichen Rechts mehr als fünf Arbeitnehmer, sind gem. § 23 Abs. 1 KSchG die Vorschriften des 1. Abschnitts des Kündigungsschutzgesetzes auch dann anzuwenden, wenn in der einzelnen Dienststelle **weniger Arbeitnehmer** beschäftigt sind. Dies gilt auch für **Verwaltungen eines ausländischen Staates**, die in Deutschland die Voraussetzungen des § 23 Abs. 1 KSchG erfüllen, wenn nach dem Arbeitsvertrag deutsches Kündigungsrecht anzuwenden ist (vgl. BAG, Urteil v. 23. 4. 1998 – 2 AZR 489/97 –, PersR 1999, 42). **4a**

Verpflichtet sich ein Arbeitnehmer in einem dem deutschen Recht unter-

Art. 77

liegenden Vertrag, seine Arbeitsleistung im Rahmen eines ergänzenden Dienstvertrages mit einem **ausländischen, konzernzugehörigen Unternehmen** zu erbringen, und behält sich der Vertragspartner vor, dem Arbeitnehmer selbst Weisungen und dienstliche Anordnungen zu erteilen und jederzeit ein neues zum Konzern gehörendes Unternehmen für den weiteren Auslandseinsatz des Arbeitnehmers zu bestimmen, so ist der Vertragspartner selbst Arbeitgeber und bei der Kündigung dieses Vertrages hat er **deutsches Kündigungsschutzrecht** zu beachten. Beruft sich in diesem Fall der Arbeitgeber darauf, für den Arbeitnehmer sei die bisherige Beschäftigungsmöglichkeit bei dem konzernzugehörigen Unternehmen weggefallen, so hat er dies nach allgemeinen Grundsätzen im Bestreitensfall substantiiert darzulegen und ggf. zu beweisen. Auch für fehlende Einsatzmöglichkeiten bei anderen zum Konzern gehörenden Unternehmen, bei denen der Arbeitnehmer vereinbarungsgemäß beschäftigt werden könnte, obliegt dem Arbeitgeber eine gesteigerte Darlegungslast (vgl. BAG, Urteil v. 21. 1. 1999 – 2 AZR 648/97 –, AP Nr. 9 zu § 1 KSchG 1969).

4 b Jede ordentliche, mit der geltenden Kündigungsfrist ausgesprochene Kündigung bedarf zu ihrer Wirksamkeit der sozialen Rechtfertigung. Sie ist sozial gerechtfertigt, wenn sie **personenbedingt** (z. B. dauernde Arbeitsunfähigkeit), **verhaltensbedingt** (z. B. stetige Unpünktlichkeit) oder **betriebsbedingt** (z. B. Arbeitsmangel bzw. Rationalisierung) ist und nicht durch Umschulung oder Umsetzung des Arbeitnehmers abgewendet werden kann (vgl. § 1 Abs. 2 KSchG). Das BAG hält grundsätzlich jedoch bei »betriebsbedingten« Kündigungen die zu den betrieblichen Veränderungen führende unternehmerische Entscheidung für gerichtlich nicht nachprüfbar. Während der Arbeitgeber die Gründe für die Kündigung zu beweisen hat (§ 1 Abs. 2 letzter Satz KSchG), hat der Arbeitnehmer andererseits zu beweisen, daß ein anderer Arbeitnehmer sozial weniger schutzbedürftig ist und statt seiner entlassen werden könnte (§ 1 Abs. 3 KSchG; vgl. Kittner, Arbeits- und Sozialordnung, 24. Aufl. 1999, KSchG, Einleitung m. w. A. u. N.).

4 c **Voraussetzungen** für die Anwendung des KSchG sind das Bestehen des Beschäftigungsverhältnisses von ununterbrochen länger als sechs Monaten nach § 1 Abs. 1 KSchG und einer Beschäftigtenzahl von in der Regel mehr als fünf Arbeitnehmern ausschließlich der zu ihrer Berufsausbildung Beschäftigten. Ermittelt wird nun gemäß § 23 Abs. 1 Satz 3 KSchG die Zahl der Beschäftigten, indem Teilzeitbeschäftigte mit einer regelmäßigen wöchentlichen Arbeitszeit von nicht mehr als 20 Stunden mit 0,5 und nicht mehr als 30 Stunden mit 0,75 berechnet werden.

5 Die **Kündigungsfristen,** die bei ordentlichen Kündigungen stets einzuhalten sind, ergeben sich aus den einschlägigen **Tarifverträgen** (z. B. BAT, MTArb, BMT-G) und dort, wo diese keine Regelungen treffen, aus dem **Gesetz zur Vereinheitlichung von Kündigungsfristen von Arbei-**

tern und Angestellten v. 8. 10. 1993 (Grundkündigungsfrist von vier Wochen zum 15. und zum Ende eines Kalendermonats).

Das Mitwirkungsrecht ist beschränkt auf den Fall der **Kündigung durch den Arbeitgeber,** also auf die Beendigung des Arbeitsverhältnisses durch dessen einseitige empfangsbedürftige Willenserklärung. Alle anderen Fälle der Beendigung des Arbeitsverhältnisses (z. B. Auflösungsvertrag in beiderseitigem Einvernehmen, Kündigung durch den Arbeitnehmer) unterliegen nicht der Mitwirkung des Personalrats. Den Arbeitgeber treffen jedenfalls dann **erhöhte Hinweis- und Aufklärungspflichten,** wenn er im betrieblichen Interesse den **Abschluß eines Aufhebungsvertrages** vorschlägt, der Arbeitnehmer offensichtlich mit den Besonderheiten der ihm zugesagten Zusatzversorgung des öffentlichen Dienstes nicht vertraut ist, sich der baldige Eintritt eines **Versorgungsfalles** (Berufs- oder Erwerbsunfähigkeit nach längerer Krankheit) bereits abzeichnet und durch die vorzeitige Beendigung des Arbeitsverhältnisses außergewöhnlich hohe **Versorgungseinbußen** drohen (Versicherungsrente statt Versorgungsrente). Unter diesen Umständen reichen der allgemeine Hinweis auf mögliche **Versorgungsnachteile** und die bloße Verweisung an die **Zusatzversorgungskasse** unter Einräumung einer Bedenkzeit nicht aus. In einem solchen Fall ist der Arbeitnehmer darauf hinzuweisen, daß sich seine Zusatzversorgung bei Abschluß des Aufhebungsvertrages beträchtlich verringern kann. Auch über die Ursache dieses Risikos (Ausscheiden aus dem Arbeitsverhältnis vor Eintritt eines Versorgungsfalles) hat der Arbeitgeber den Arbeitnehmer in groben Umrissen zu unterrichten (vgl. BAG, Urteil v. 18. 10. 2000 – 3 AZR 605/99 –, PersR 2001, 270). 6

Das Mitwirkungsverfahren ist nur dann ordnungsgemäß eingeleitet, wenn der Dienststellenleiter den Personalrat mindestens über die **Person** des zu kündigenden Arbeitnehmers, die **Art der Kündigung** (personen-, verhaltens- oder betriebsbedingt) und ggf. den **Kündigungstermin** sowie über die **Kündigungsgründe** unterrichtet (vgl. BAG v. 12. 3. 1986 – 7 AZR 20/83 –, PersR 1986, 240). Dies gilt auch bei einer Kündigung **in den ersten sechs Monaten** des Arbeitsverhältnisses und in Betrieben mit weniger als sechs Beschäftigten, auf welche das Kündigungsschutzgesetz noch keine Anwendung findet, da insoweit **keine geringeren Anforderungen** an die Mitteilungspflicht des Arbeitgebers zu stellen sind (vgl. BAG v. 12. 3. 1986, a. a. O.). 7

Die **Unterrichtung** des Personalrats ist über alle Aspekte, Tatsachen und subjektive Vorstellungen geboten, die den Arbeitgeber zur Kündigung veranlaßt haben. Der Personalrat ist über die vom Arbeitgeber herangezogenen Umstände so genau und umfassend zu informieren, daß dieser ohne eigene zusätzliche Nachforschungen selbst über die Stichhaltigkeit der Kündigungsgründe urteilen kann, falls ihm die Umstände oder Unterlagen nicht bereits anderweitig bekanntgeworden sind. Zu den anzugebenden Umständen gehört nur das, was der Arbeitgeber selbst erwogen und berücksichtigt hat, nicht aber, was er womöglich hätte berücksich- 7a

Art. 77

tigen oder feststellen müssen. Es bleibt also Sache des Personalrats, entsprechende Einwände im Rahmen der Zustimmungsverweigerung geltend zu machen. Trifft der Arbeitgeber eine Auswahl unter verschiedenen Beschäftigten, muß der Personalrat über die tatsächlich angestellten Auswahlüberlegungen ebenfalls unterrichtet werden. Dagegen erstreckt sich der Informationsanspruch des Personalrats nach der Auffassung des BAG nicht auf die Angabe der Rechtsnorm, nach der eine Kündigung erfolgen soll (vgl. BAG, Urteil v. 11. 9. 1997 – 8 AZR 4/96 –, PersR 1998, 39; v. Roetteken m. w. A. in PersR 1998, 399).

7b Wird das Verfahren zur Beteiligung des Personalrats nicht durch den Dienststellenleiter, sondern durch einen personalvertretungsrechtlich nicht zuständigen **Vertreter des Dienststellenleiters** eingeleitet, so führt dies nicht zur Unwirksamkeit der Kündigung, wenn der Personalrat den Fehler nicht gerügt, sondern zu der beabsichtigten Kündigung abschließend Stellung genommen hat (vgl. BAG, Urteil v. 25. 2. 1998 – 2 AZR 226/97 –, PersR 1998, 298; insoweit Aufgabe der Rechtsprechung in den Urteilen v. 10. 3. 1982 – 2 AZR 356/81 – AP Nr. 1 zu § 66 LPVG NW und v. 21. 7. 1977 – 3 AZR 158/76 – AP Nr. 1 zu Art. 8 BayPersVG).

8 Bloße **Werturteile** oder eine nur pauschale **schlag- oder stichwortartige Bezeichnung der Kündigungsgründe** (z. B. ungeeignet, faul), genügen nicht (vgl. BAG v. 5. 2. 1981 – 2 AZR 1135/78 –, AP Nr. 1 zu § 72 LPVG NW). Der Personalrat hat demnach bei einer beabsichtigten **verhaltensbedingten Kündigung** Anspruch auf Mitteilung der konkreten Vertragsverstöße, die dem Arbeitnehmer angelastet werden sollen, etwa ausgesprochene Abmahnungen auch vom Inhalt her, sowie Anspruch auf Mitteilung der nach der letzten Abmahnung angeblich erfolgten weiteren Vertragsverstöße. Bei einer **krankheitsbedingten Kündigung** (als Hauptfall der personenbedingten Kündigung) sind dem Personalrat mitzuteilen der Umfang der bisherigen Fehlzeiten, die Art der Erkrankung (soweit dem Arbeitgeber bekannt) sowie Anhaltspunkte für eine negative Zukunftsprognose und der wirtschaftlichen und/oder betrieblichen Belastungen infolge der Ausfallzeiten des Arbeitnehmers. Bei einer **betriebsbedingten Kündigung** bezieht sich der Anspruch der Personalvertretung auf Mitteilung der konkreten Gegebenheiten, die zum Wegfall des Arbeitsplatzes führen sollen und ggf. der Gründe zur Rechtfertigung der sozialen Auswahl nach § 1 Abs. 3 KSchG. Ist eine **soziale Auswahl** unter mehreren Arbeitnehmern zu treffen, hat der Arbeitgeber von sich aus die dafür entscheidenden Tatsachen wie z. B. Alter, Dauer der Betriebszugehörigkeit, Familienverhältnisse usw. zu nennen. Ein **Nachschieben** dem Personalrat ursprünglich nicht mitgeteilter Kündigungsgründe im Kündigungsschutzprozeß ist nicht möglich. Die Beteiligung kann im Hinblick auf diese Gründe auch nicht nachgeholt werden.

9 Die **nicht ordnungsgemäße** und unzureichende **Unterrichtung** des Personalrats über wesentliche Kündigungstatsachen in solcher Weise führt zur **Unwirksamkeit** der Kündigung (BAG v. 5. 2. 1981, a. a. O.). Eine unrichtige oder unvollständige **Mitteilung** der für den Kündigungsentschluß maßgeblichen tatsächlichen Umstände an den Personalrat ist wie eine **Nichtinformation** zu behandeln und führt daher zur **Unwirksamkeit der Kündigung** wegen Fehlerhaftigkeit des Anhörungsverfahrens. **Maßgebliche Umstände** im vorgenannten Sinne sind bei einer verhaltensbedingten Kündigung auch die tatsächlichen Umstände der **Erklärungs-, Entschuldigungs- oder Rechtfertigungsversuche des Arbeitnehmers**, die dieser im Rahmen einer Stellungnahme zu den Kündigungsvorwürfen dem Arbeitgeber mitteilt und die der Arbeitgeber in seine abwägende Bewertung bei der Kündigungsentscheidung hat einfließen lassen. Diese Umstände sind dem Personalrat für dessen Meinungsbildungsprozeß inhaltlich zur Kenntnis zu geben. Unterbleibt dies, so ist das Anhörungsverfahren fehlerhaft und die Kündigung daher unwirksam (vgl. LAG Köln, Urteil v. 5. 6. 2000 – 8 (11) Sa 1545/99 –, PersR 2001, 224).

Im gerichtlichen Verfahren zur Ersetzung der Zustimmung des Personalrats kann ein **Kündigungsgrund** nur dann geltend gemacht werden, wenn er schon Gegenstand des an den Personalrat gerichteten Zustimmungsantrags war. Der an den Personalrat gerichtete Antrag hat für das weitere Verfahren sowohl im Hinblick auf den berücksichtigungsfähigen Sachverhalt als auch im Hinblick auf die Wertung als Kündigungsgrund begrenzende Funktion (vgl. BayVGH, Beschluß v. 23. 10. 1991 – 17 P 91.1947 –, PersR 1993, 95).

10

Die bloße Mitteilung »**Sicherheitsbedenken**« als Kündigungsgrund für die Entlassung eines Angestellten auf einem »sicherheitsempfindlichen« Dienstposten genügte jedenfalls bis zum Inkrafttreten des Sicherheitsüberprüfungsgesetzes (SÜG) am 29. 4. 1994 nicht, um der Darlegungslast des Arbeitgebers im Kündigungsschutzprozeß und/oder seiner Informationspflicht in der Personalanhörung zu genügen – jedenfalls dann nicht, wenn der Dienststelle wie auch der personalführenden Dienststelle die Hintergünde bekannt waren. Daran ändert nichts, daß schon die seinerzeitigen »Richtlinien für die Sicherheitsüberprüfung von Personen im Rahmen des Geheimschutzes« (Sicherheitsrichtlinien – SiR) – umgesetzt für den Geschäftsbereich des BMVg durch die Zentrale Dienstvorschrift (ZDv) 2/30 VS NfD – ebenso wie heute das SÜG eine strenge Abtrennung des Sicherheitsüberprüfungsverfahrens von den übrigen Personalangelegenheiten vorsahen. Hat die personalführende Dienststelle den Angestellten zu den im Sicherheitsüberprüfungsverfahren aufgetauchten Gründen für ein Sicherheitsbedenken angehört und dessen rechtfertigende **Stellungnahme** in einem Aktenvermerk zu den Personalakten genommen, so gehört auch die Information über diese Stellungnahme zu einer ordnungsgemäßen **Personalratsanhörung** (vgl. LAG Köln, Urteil v. 28. 4. 1995 – 13[2] Sa 1380/94 –, PersR 1996, 166).

Der **unerlaubte Zugriff auf gesicherte Dateien** – auch wenn er nur aus Neugier erfolgt – stellt einen schwerwiegenden Vertrauensbruch (Verletzung der allgemeinen **Treuepflicht**) dar, der eine fristgemäße Kündigung

10a

rechtfertigen kann (vgl. LAG Schleswig-Holstein, Urteil v. 15. 11. 1989 – 5 Sa 335/89 –, AiB 1992, 419).

Eine außerordentliche oder ordentliche Kündigung ist trotz Verstoßes des Arbeitnehmers gegen **Sicherheitsvorschriften** im Betrieb unwirksam, wenn der Arbeitnehmer nicht zuvor eine **konkrete arbeitsplatzbezogene Unterweisung** über Sicherheit und Gesundheitsschutz erhalten hat (vgl. LAG Hamm, Urteil v. 11. 9. 1997 – 12 Sa 964/97 –, AiB 1998, 596).

Eine Kündigung wegen **Diebstahls geringwertiger Sachen** bedarf der vorherigen Abmahnung. Eine solche Kündigung ist bei einem Erstverstoß stets unverhältnismäßig. Es fehlt an dem erforderlichen **Gewicht der Vertragsverletzung** (vgl. ArbG Hamburg, Urteil v. 27. 8. 1998 – 27 Ca 262/98 –, AiB 1998, 652).

Sinngemäß beachtlich für das Mitwirkungsrecht der Personalvertretung ist auch die Frage der Zumutbarkeit der Weiterbeschäftigung (§ 9 Abs. 4 BPersVG, hier Art 62 i. V. m. Art. 47) bei festgestelltem erheblichen **Haschischkonsum**. Haschischkonsum rechtfertigt selbst in einem **besondere Arbeitssicherheit** erfordernden Arbeitsbereich (BW Systeminstandsetzungszentrum) die Auflösung eines (nach § 9 Abs. 2 BPersVG begründeten) Arbeitsverhältnisses jedenfalls dann nicht, wenn keine Auswirkungen des Haschischkonsums auf die **Arbeitsleistung** festgestellt wurden, eine **Drogenabhängigkeit** nicht erhärtet ist, keine Abmahnungen erfolgt sind und an der Arbeitsstelle keine Drogenaufklärung mit Sanktionsandrohungen stattfindet. Allein der Konsum von Cannabis begründet noch nicht die Unzumutbarkeit der Weiterbeschäftigung eines Jugendvertreters und die Auflösung des Arbeitsverhältnisses. Das gilt auch für den Fall des bloßen Verdachts **chronischen Gebrauchs**, wenn die Dienststelle es unterlassen hat, die dort beschäftigten Jugendlichen über das **Gefährdungspotential für die Arbeitswelt** aufzuklären sowie die Ächtung des Konsums in der Dienststelle auszusprechen. Solange eine **Verhaltensänderung durch Abmahnung** möglich ist, kann nicht von einer Drogenabhängigkeit ausgegangen werden, die andererseits an sich geeignet wäre, den Auflösungsantrag der Dienststelle zu begründen (vgl. OVG Saarland, Beschluß v. 11. 12. 1998 – 4 P 1/98 –, PersR 1999, 214 = AiB 1999, 463).

11 **Daten,** die für die Berechnung der Kündigungsfrist und ggf. der zu zahlenden Abfindung von Bedeutung sind, hat der Dienststellenleiter dem Personalrat immer unaufgefordert mitzuteilen, es sei denn, er darf davon ausgehen, daß diese dem Personalrat bereits bekannt sind. Daten über **Unterhaltsverpflichtungen** des zu kündigenden Beschäftigten hat er mitzuteilen, wenn er davon ausgehen muß, daß die Daten für den Personalrat bedeutend sind, oder wenn dieser diese Daten begründet anfordert (vgl. BVerwG, Beschluß v. 9. 10. 1996 – 6 P 1.94 –, PersR 1997, 116).

12 Für die Ausübung des Mitwirkungsrechts ist die Personalvertretung **zuständig,** die bei der zur Entscheidung befugten Dienststelle gebildet ist.

Art. 77

Auf seiten der Dienststelle ist in der Regel der Dienststellenleiter zur Entscheidung befugt, der auch bei der Einstellung den Arbeitsvertrag abgeschlossen hat. Dieser hat das Mitwirkungsverfahren einzuleiten. Nur wenn der Leiter einer Mittelbehörde oder obersten Dienstbehörde **selbst und unmittelbar** für den Ausspruch einer Kündigung einer nachgeordneten Dienststelle zuständig ist, hat er die bei ihm gebildete Stufenvertretung zu beteiligen, die ihrerseits dem örtlichen Personalrat Gelegenheit zur Stellungnahme gem. Art. 80 Abs. 2 Satz 2 geben muß. In diesem Fall verlängert sich die Mitwirkungsfrist des Art. 72 (zwei Wochen) um eine weitere Woche (Art. 80 Abs. 2 Satz 3). Der Personalrat und nicht der Gesamtpersonalrat hat jedenfalls bei der Kündigung eines **Betriebsarztes** mitzuwirken, wenn dieser vom Arbeitgeber einer Dienststelle zugeordnet worden ist. Dagegen ist wohl eine **Zuständigkeit des Gesamtpersonalrats** bei der von der Einstellung und Kündigung abstrakten Frage der Bestellung und Abberufung des Betriebsarztes anzunehmen, wenn der Betriebsarzt **dienststellenübergreifend** tätig wird (vgl. ArbG Kiel, Urteil v. 1. 7. 1999 – 1 Ca 2633 c/98 –, PersR 1999, 546).

Nach § 102 Abs. 2 Satz 4 BetrVG soll der Betriebsrat vor seiner Stellungnahme den **betroffenen Arbeitnehmer hören**. Eine vergleichbare Vorschrift findet sich im BayPVG zwar nicht, dennoch sollte der Personalrat den Betroffenen auf jeden Fall im Rahmen seiner eigenen Willensbildung hören. Zwingend vorgeschrieben ist die Verpflichtung des Dienststellenleiters, dem betroffenen Beschäftigten Gelegenheit zur Äußerung zu geben, wenn der Personalrat Beschwerden oder Behauptungen tatsächlicher Art vorträgt, die für den Beschäftigten ungünstig sind oder ihm nachteilig werden können (Art. 72 Abs. 2 Satz 3 i. V. m. Art. 70 Abs. 2 Satz 6). **13**

Dienststellenleiter und Personalrat haben die beabsichtigte Kündigung nach der Unterrichtung des Personalrats durch den Dienststellenleiter vor deren Ausspruch mit dem Ziel einer Verständigung **rechtzeitig und eingehend zu erörtern**. Unterläßt der Dienststellenleiter diese Erörterung, so ist die Kündigung mangels Beachtung eines bei dem Beteiligungsverfahren wesentlichen Erfordernisses rechtsunwirksam (vgl. LAG Frankfurt/Main v. 2. 6. 1976 – 10/2 Sa 767/75 –, NJW 1978, 127). Allerdings hat der Personalrat zu beachten, daß nach jüngster Rechtsprechung des BAG (vgl. Urteil v. 14. 1. 1993 – 2 AZR 387/92) nach Abschluß der Erörterung die **Äußerungsfrist** des Art. 72 von zwei Wochen **nicht erneut** zu laufen beginnt. Die Erörterung hat also **innerhalb** der Frist von zwei Wochen nach der ordnungsgemäßen Einleitung des Mitwirkungsverfahrens stattzufinden. **14**

Das Gesetz zählt in **Abs. 1 Satz 2 Nrn. 1 bis 5 abschließend** die **Gründe** auf, aus denen der Personalrat einer Kündigung **widersprechen** kann. **Nur** dem **Einwendungskatalog entsprechende Einwendungen** geben dem Personalrat die Möglichkeit, eine beabsichtigte Kündigung gem. Art. 72 Abs. 4 innerhalb einer Woche auf dem Dienstweg der übergeord- **15** neten Dienststelle vorzulegen, bei der eine Stufenvertretung besteht (Stufenverfahren im Rahmen des Mitwirkungsverfahrens; vgl. BAG v. 24. 8. 1989 – 2 AZR 592/88 –, PersR 1990, 67). Auch die Rechtsfolgen nach Abs. 2 (Weiterbeschäftigung des Arbeitnehmers auf sein Verlangen bis zum Abschluß des Kündigungsschutzprozesses, s. Rn 21 bis 23) treten nur ein, wenn sich der Personalrat ausdrücklich auf die im Abs. 1 genannten Einwendungen stützt. Diese dürfen darüber hinaus nicht einfach lapidar wiederholt werden. Vielmehr ist im einzelnen **ausführlich** darzulegen, inwieweit und warum dieser oder jener Einwand zutrifft. Umgekehrt kann der Dienststellenleiter **Einwendungen**, die sich auf die **Gründe des Einwendungskatalogs** stützen, **keinesfalls** einseitig als **unbeachtlich** ansehen und das weitere Mitwirkungsverfahren abbrechen (vgl. BayVGH v. 4. 10. 1989 – 18 P 89.02632 –, PersR 1990, 142).

16 (Abs. 1 Nr. 1) **Auswahlfehler** des Arbeitgebers können Einwendungen des Personalrats auslösen. Zu den wichtigsten sozialen Gesichtspunkten, die bei der Abwägung zu berücksichtigen sind, gehören die Dauer der Betriebs- bzw. Dienststellenzugehörigkeit, das Lebensalter, der Familienstand mit den sich daraus ergebenden Unterhaltspflichten, die wirtschaftliche Lage des Arbeitnehmers und seiner Familie (Vermögen, Einkünfte usw.) und Gesundheitsschäden, insbesondere Schäden aufgrund der Arbeit.

Falls der Personalrat einer betriebsbedingten Kündigung unter dem Gesichtspunkt fehlerhafter Sozialauswahl widerspricht, braucht er – anders als der Arbeitnehmer im Kündigungsschutzprozeß – nicht den oder die anderen Arbeitnehmer zu bezeichnen, denen gegenüber die Kündigung sozial weniger hart wäre. Ein Auswahlfehler kann auch bei einer **verhaltensbedingten** Kündigung vorliegen.

17 (Abs. 1 Nr. 2) Sind **Auswahlrichtlinien** gem. Art. 75 Abs. 4 Satz 1 Nr. 13 vereinbart worden und verstößt der Arbeitgeber dagegen, so kann der Personalrat der Kündigung widersprechen. Insoweit kann sich der Personalrat auch auf Auswahlrichtlinien berufen, die die Stufenvertretung mit einer übergeordneten Dienststelle vereinbart hat.

Für anstehende betriebsbedingte Kündigungen können die Betriebspartner im Zusammenhang mit einem Interessenausgleich Auswahlrichtlinien vereinbaren, die eine Vorauswahl nach einem Punkteschema vorsehen; die Richtlinien müssen aber für eine Berücksichtigung individueller Besonderheiten bei der abschließenden Würdigung des Einzelfalles Raum lassen (Bestätigung von BAGE 64, 34 = AP Nr. 19 zu § 1 KSchG 1969 Soziale Auswahl). Bei der individuellen Abschlußprüfung der Auswahl darf der Arbeitnehmer das Angebot eines sozial schutzwürdigeren und deshalb nicht zur Kündigung vorgesehenen Arbeitnehmers berücksichtigen, für den Fall einer Weiterbeschäftigung seines zur Kündigung vorgesehenen Sohnes auf seinen Arbeitsplatz zu verzichten, weil im Verhältnis des Vaters zum Sohn letzterer vorrangig zum Unterhalt verpflichtet ist (§ 1606 BGB). Nimmt der Arbeitgeber ein solches Angebot an, begründet die Weiterbeschäftigung des Sohnes in der Regel nicht die Sozialwidrig-

Art. 77

keit anderer Kündigungen aus dem Gesichtspunkt einer fehlerhaften Sozialauswahl (vgl. BAG, Urteil v. 7. 12. 1995 – 2 AZR 1008/94 –, AiB 1996, 567).

Ob bei der Kündigung teilzeitbeschäftigter Arbeitnehmer **Vollzeitbeschäftigte** und bei der Kündigung vollzeitbeschäftigter Arbeitnehmer **Teilzeitbeschäftigte** in die Sozialauswahl nach § 1 Abs. 3 KSchG einzubeziehen sind, hängt von der betrieblichen Organisation ab: **17a**

a) Hat der Arbeitgeber eine **Organisationsentscheidung** getroffen, aufgrund derer für bestimmte Arbeiten Vollzeitkräfte vorgesehen sind, so kann diese Entscheidung als sog. **freie Unternehmerentscheidung** nur darauf überprüft werden, ob sie offenbar unsachlich, unvernünftig oder willkürlich ist. Liegt danach eine bindende Unternehmerentscheidung vor, sind bei der Kündigung einer Teilzeitkraft die Vollzeitkräfte nicht in die Sozialauswahl einzubeziehen.

b) Will der Arbeitgeber in einem bestimmten Bereich lediglich die Zahl der insgesamt geleisteten **Arbeitsstunden abbauen**, ohne daß eine Organisationsentscheidung im Sinne von a) vorliegt, sind sämtliche in diesem Bereich beschäftigten Arbeitnehmer **ohne Rücksicht auf ihr Arbeitszeitvolumen** in die Sozialauswahl einzubeziehen.

Das **Benachteiligungsverbot** der §§ 4, 5 und 11 TzBfG gegenüber teilzeitbeschäftigten Arbeitnehmern, das für den Arbeitgeber eine gesetzliche Kündigungsbeschränkung, d. h. ein gesetzliches Verbot i. S. des § 134 BGB und damit bei einem Verstoß einen sonstigen Unwirksamkeitsgrund nach § 13 Abs. 3 KSchG darstellt, wird durch die vorliegend vertretene **Beschränkung der Vergleichbarkeit** auf den Umfang des Direktionsrechts nicht verletzt, wenn das dringende betriebliche Erfordernis zur Kündigung in einem **außerbetrieblichen Grund**, wie z. B. des Rückgangs der Buchhaltungsarbeiten bei der Dienststelle (Betrieb) liegt. Eine solche Ursache steht demzufolge mit der Teilzeitbeschäftigung in keinem Zusammenhang. In einem solchen Fall wird die Beschäftigte nicht um der Dauer ihrer Arbeitszeit willen benachteiligt, nicht diese bildet das **soziale Auswahlkriterium**, sondern die auf private, eigene Wünsche zurückzuführende besondere Vertragsgestaltung und die damit verbundene eingeschränkte, durch einseitiges Direktionsrecht nicht mehr ermöglichte Einsetzbarkeit auf Vollzeitarbeitsposten schließen die Vergleichbarkeit aus. Das BAG hätte anders entschieden, wenn der Arbeitgeber bei Kündigungsgründen, die sich gleichermaßen auf Teilzeit- und Vollzeitkräfte beziehen, lediglich Teilzeitarbeitnehmer entließe, ohne daß hierfür sachliche Gründe bestünden. Im übrigen gilt nichts anderes für Vollzeitbeschäftigte, die sich ihrerseits nicht auf ihre **Vergleichbarkeit** mit Teilzeitbeschäftigten berufen können, wenn die Herstellung der Vergleichbarkeit eine Vertragsänderung erfordern würde (vgl. BAG, Urteil v. 3. 12. 1998 – 2 AZR 341/98 –, AiB 1999, 415).

Die **Konzeption der Rechtsprechung** stellt nicht darauf ab zu prüfen, ob ein **bestimmter Arbeitsplatz** weggefallen ist, sondern ob und in welchem

Art. 77

Umfang das Beschäftigungsbedürfnis entfallen ist (ständige Rechtsprechung seit BAG, Urteil v. 30. 5. 1985 – 2 AZR 321/84 –, AP Nr. 24 zu § 1 KSchG 1969 Betriebsbedingte Kündigung [B II 1 der Gründe]; Urteil v. 19. 5. 1993 – 2 AZR 584/92 –, BAGE 73, 151 = AP Nr. 31 zu § 2 KSchG 1969). Daraus folgt, daß bei bloßer **Verringerung des Beschäftigungsvolumens** bei im übrigen gegebener arbeitsplatzbezogener Vergleichbarkeit Arbeitnehmer grundsätzlich **ausschließlich nach Maßgabe der Sozialdaten** auszuwählen sind und bei **verbleibenden Weiterbeschäftigungsmöglichkeiten** im Teilzeitbereich statt einer Beendigungskündigung eine **Änderungskündigung** auszusprechen ist (vgl. BAG, Urteil v. 3. 12. 1998 – 2 AZR 341/98 –, a. a. O.).

Die obenstehenden **Grundsätze**, die das BAG zur Vergleichbarkeit von teilzeitbeschäftigten und vollzeitbeschäftigten Arbeitnehmern bei der Sozialauswahl nach § 1 Abs. 3 KSchG im Urteil v. 3. 12. 1998 (2 AZR 341/98 –, a. a. O.) aufgestellt hat, wonach es entscheidend auf die betriebliche Organisation der Arbeitszeitgestaltung ankommt, gelten auch **im öffentlichen Dienst**. So sagt danach die Streichung einer Halbtagsstelle im öffentlichen Haushalt danach für sich genommen noch nichts dazu aus, ob nicht lediglich eine Überkapazität im Umfang einer Halbtagsstelle abgebaut werden soll, so daß dem durch eine entsprechende Änderungskündigung gegenüber einer sozial weniger schutzbedürftigen Vollzeitkraft Rechnung getragen werden könnte (vgl. BAG, Urteil v. 12. 8. 1999 – 2 AZR 12/99 –, PersR 2000, 132).

Bei einer seitens der Dienststelle erstellten **Personalüberhangliste** handelt es sich **nicht** um eine **rein haushaltswirtschaftliche Maßnahme.** Vielmehr bedarf es hierfür Kriterien, die sich nach den bei der **betriebsbedingten Kündigung** üblichen **Sozialkriterien** richten, für die Auswahl auf die Überhangliste. Die Aufnahme in die Personalüberhangliste hat Auswirkungen auf das Rechtsverhältnis zwischen Arbeitgeber und Arbeitnehmer. Daher besteht für eine Klage auf Feststellung der **Rechtswidrigkeit der Aufnahme in die Personalüberhangliste** das für den Feststellungsantrag erforderliche **Feststellungsinteresse** (vgl. AG Berlin, Urteil v. 13. 8. 1999 – 96 Ca 13558/99 –, PersR 2000, 134).

Die Organisationsentscheidung des öffentlichen Arbeitgebers, eine **Angestelltenstelle**, auf der hoheitliche Aufgaben erledigt werden, in eine **Beamtenstelle umzuwandeln** und mit einem Beamten zu besetzen, kann ein dringendes betriebliches Erfordernis zur Kündigung des bisherigen Stelleninhabers darstellen, wenn dieser die Voraussetzungen für eine Übernahme in ein Beamtenverhältnis nicht erfüllt. Erfüllt der bisherige Stelleninhaber jedoch das **Anforderungsprofil** der neu geschaffenen Beamtenstelle, besteht kein dringendes betriebliches Erfordernis zur Kündigung des bisherigen Stelleninhabers. Der öffentliche Arbeitgeber kann sich nach dem in § 162 Abs. 1 und 2 BGB normierten Rechtsgedanken nicht darauf berufen, daß er die Stelle mit einem – möglicherweise aus seiner Sicht geeigneteren – **externen Bewerber** besetzt hat. Der Besetzung der Stelle mit einem externen Bewerber steht es gleich, wenn der öffentliche Arbeitgeber dem bisherigen Stelleninhaber unwirksam gekündigt, dann eine Ersatzkraft eingestellt hat und diese Ersatzkraft nunmehr anstelle des bisherigen Stelleninhabers auf der neu geschaffenen Beamtenstelle zum Beamten ernennt (vgl. BAG, Urteil v. 21. 9. 2000 – 2 AZR 440/99 –, PersR 2001, 127).

(Abs. 1 Nr. 3) Der Widerspruchsgrund wegen vorhandener **Weiterbeschäftigungsmöglichkeit**, ggf. durch Umsetzung innerhalb der Dienststelle oder in eine andere Dienststelle desselben Verwaltungszweigs am selben Dienstort einschließlich seines Einzugsgebiets, erfaßt auch den Fall, in dem der Arbeitnehmer auf seinem **bisherigen** Arbeitsplatz weiterbeschäftigt werden kann. Soweit es um echte Umsetzungen geht, muß sich die Weiterbeschäftigungsmöglichkeit auf einen **freien Arbeitsplatz** beziehen. Allerdings übt der Personalrat sein Widerspruchsrecht auch dann zutreffend aus, wenn er mangels genauer Kenntnis keinen konkreten freien Arbeitsplatz angeben kann. Die Möglichkeit der Weiterbeschäftigung nach Nr. 3 hat Vorrang vor Weiterbeschäftigungsmöglichkeiten nach Nr. 4 und 5. **18**

(Abs. 1 Nr. 4) Die Verweisung auf die Weiterbeschäftigungsmöglichkeiten nach zumutbaren **Umschulungs- oder Fortbildungsmaßnahmen** kommt insbesondere bei betriebsbedingten Kündigungen wegen Wegfalls des Arbeitsplatzes in Betracht, wenn andere freie Arbeitsplätze zur Verfügung stehen, der betroffene Arbeitnehmer jedoch die dafür notwendige Qualifikation erst erwerben muß. Auch bei geplanten Kündigungen aus gesundheitlichen Gründen oder wegen Leistungsminderung ist dieser Widerspruchsgrund von Bedeutung. **Zumutbar** ist eine Umschulungsmaßnahme, wenn sie einerseits nicht einen unverhältnismäßig hohen Kostenaufwand für den Arbeitgeber notwendig macht und andererseits die körperliche oder geistige Leistungsfähigkeit des Arbeitnehmers nicht überfordert. Auch hier dürfen keine übersteigerten Anforderungen an die Konkretisierungspflicht des Personalrats gestellt werden. **19**

(Abs. 1 Nr. 5) Eine Prüfungspflicht des Arbeitgebers besteht auch dahingehend, ob der Arbeitnehmer mit seinem Einverständnis mit **geänderten**, das heißt in der Regel verschlechterten **Vertragsbedingungen** weiterbeschäftigt werden kann. Dieser Einwendungsgrund ist nachrangig gegenüber den Nrn. 3 und 4. Beim Widerspruch des Personalrats unter Berufung auf diese Einwendung sollte der betroffene Arbeitnehmer zur Wahrung seiner Kündigungsschutzrechte sein Einverständnis mit geänderten Vertragsbedingungen nur vorbehaltlich der sozialen Rechtfertigung gem. § 2 KSchG erklären und diese in einem Kündigungsschutzverfahren vor dem Arbeitsgericht nachprüfen lassen. **20**

Versagt der Personalrat die Zustimmung zur Kündigung aus den in Nrn. 1 bis 5 bezeichneten Gründen und entspricht der Dienststellenleiter den Einwendungen des Personalrats nicht oder nicht in vollem Umfang, so hat der Personalrat die Möglichkeit und das Recht, **innerhalb einer Woche** **21**

(Art. 72 Abs. 4 Satz 1) nach Zugang der **schriftlichen** Entscheidung des Dienststellenleiters die Angelegenheit den übergeordneten Dienststellen, bei denen Stufenvertretungen bzw. ein Gesamtpersonalrat bestehen, mit dem Antrag auf Entscheidung vorzulegen (Stufenverfahren). Im Falle der Nichteinigung entscheidet die oberste Dienstbehörde mit endgültiger Wirkung. Die örtliche Dienststelle muß nach Art. 72 Abs. 5 die Kündigung bis zur endgültigen Entscheidung nach Abschluß des Mitwirkungsverfahrens **aussetzen**.

22 Wird dem Arbeitnehmer nach Abschluß des Beteiligungsverfahrens gekündigt, obwohl der Personalrat nach Art. 77 Abs. 1 Satz 2 Einwendungen aus den unter den Nrn. 1 bis 5 bezeichneten Gründen erhoben hat, so ist dem Arbeitnehmer nach Abs. 1 Satz 3 mit der Kündigung eine **Abschrift der Stellungnahme des Personalrats** zuzuleiten, soweit die Stufenvertretung bzw. der Gesamtpersonalrat diese Einwendungen bei ihren Verhandlungen aufrechterhalten haben.

23 (Abs. 2) Die von einem gekündigten Arbeitnehmer erhobene **Kündigungsschutzklage** nach § 4 KSchG, die jeder Betroffene stets unabhängig von der Entscheidung des Personalrats innerhalb einer **Frist von drei Wochen** nach Zugang des Kündigungsschreibens beim zuständigen **Arbeitsgericht** erheben kann, führt dazu, daß der Beschäftigte auf sein Verlangen auch nach Ablauf der Kündigungsfrist bis zum rechtskräftigen Abschluß des Rechtsstreits bei unveränderten Arbeitsbedingungen **weiterzubeschäftigen** ist, wenn der Personalrat auf Abs. 1 Satz 2 Nrn. 1 bis 5 gestützte Einwendungen erhoben hat und diese auch von den Stufenvertretungen aufrechterhalten worden sind. Der Arbeitnehmer kann seinen Weiterbeschäftigungsanspruch gegen den Arbeitgeber im Klagewege, in Eilfällen auch im Wege der einstweiligen Verfügung durchsetzen.

24 Umgekehrt kann nach **Abs. 2 Satz 2** das Arbeitsgericht den Arbeitgeber durch einstweilige Verfügung von der Verpflichtung zur Weiterbeschäftigung entbinden, wenn

– die Klage des Arbeitnehmers keine hinreichende Aussicht auf Erfolg bietet oder mutwillig erscheint (Nr. 1) oder

– die Weiterbeschäftigung zu einer unzumutbaren wirtschaftlichen Belastung des Arbeitgebers führen würde (Nr. 2) oder

– der Widerspruch des Personalrats offensichtlich unbegründet war (Nr. 3).

Das Verfahren setzt einen entsprechenden **Antrag** des Arbeitgebers voraus, wobei die Tatsachen, auf denen der Antrag beruht, glaubhaft zu machen sind. Dringt der Arbeitgeber mit dem Antrag nicht durch, ist er in jedem Fall zur Weiterbeschäftigung des Arbeitnehmers verpflichtet.

25 Das **Weiterbeschäftigungsverhältnis** ist rechtlich einzuordnen als ein besonderes gesetzliches Beschäftigungsverhältnis, während dessen Bestehen der **bisherige Vertragsinhalt** weiter gilt. Das Weiterbeschäfti-

gungsverhältnis ist also zu behandeln wie ein fortbestehendes Arbeitsverhältnis. Es endet erst mit Rechtskraft einer arbeitsgerichtlichen Entscheidung des Inhalts, daß das Arbeitsverhältnis mit Ablauf der Kündigungsfrist seine Beendigung gefunden hat. Gelangt dagegen der Arbeitnehmer zu einer rechtskräftigen obsiegenden Entscheidung (Feststellung, daß das Arbeitsverhältnis nicht wirksam aufgelöst ist), so besteht das mit der Kündigung angefochtene Arbeitsverhältnis nahtlos weiter fort. Entschließt sich der Arbeitgeber zur Weiterbeschäftigung des gekündigten Arbeitnehmers und sei es infolge der Hinnahme einer Kündigungschutzentscheidung, so ist er verpflichtet, die Auszahlung der Vergütungsnachzahlung nach § 615 BGB ohne schuldhaftes Zögern (§ 121 Abs. 1 BGB) durchzuführen. Erwächst hierbei dem Arbeitnehmer wegen eines vom Arbeitgeber zu vertretenen Umstands eine höhere Steuerschuld, so kann der steuerliche Nachteil vom Arbeitnehmer als Verzögerungsschaden gem. §§ 284 Abs. 2, 286 Abs. 1 BGB geltend gemacht werden. Ein solcher Ersatzanspruch unterliegt nicht den tarifvertraglichen (hier: TV AL II) Ausschlußfristen (vgl. Hess. LAG, Urteil v. 6. 5. 1996 – 10 Sa 314/95 –, PersR 1997, 129).

Die ordentliche Kündigung eines **Personalratsmitglieds,** eines Mitglieds der **JA-Vertretung**, eines Mitglieds des **Wahlvorstands** vom Zeitpunkt seiner Bestellung an und von **Wahlbewerbern** vom Zeitpunkt der Aufstellung des Wahlvorschlags an ist nach § 15 KSchG grundsätzlich ausgeschlossen und unzulässig. **26**

(Abs. 3) Vor **fristlosen Entlassungen** und **außerordentlichen Kündigungen** ist der Personalrat nur **anzuhören**, d. h. ein Mitwirkungsrecht besteht hier nicht (Abs. 3 Satz 1). **27**

Eine **außerordentliche Kündigung** liegt stets vor, wenn ein Arbeitsverhältnis ohne Einhaltung der gesetzlich, tariflich oder einzelvertraglich vorgeschriebenen Frist beendet werden soll. Dies setzt einen **wichtigen Grund** i. S. d. § 626 BGB voraus, der es dem Arbeitgeber unzumutbar macht, das Arbeitsverhältnis wenigstens bis zum Ablauf der Kündigungsfrist fortzusetzen. Eine solche Kündigung muß binnen zwei Wochen ab Kenntnis des Kündigungsberechtigten vom Kündigungsgrund ausgesprochen werden. Diese Frist wird nicht durch die Anhörung des Personalrats gehemmt. Der Begriff der **fristlosen Entlassung** ist weitgehend mit dem der außerordentlichen Kündigung identisch. **28**

Die Begriffe der außerordentlichen Kündigung bzw. fristlosen Entlassung beziehen sich **nicht** auf **Beamte,** da hier nur die Beteiligung des Personalrats bei der Beendigung von **Arbeitsverhältnissen** geregelt wird. Werden Beamte auf Probe oder auf Widerruf fristlos entlassen wegen eines Verhaltens, das bei Beamten auf Lebenszeit eine Disziplinarstrafe zur Folge hätte, das nur im förmlichen Disziplinarverfahren verhängt werden kann, so hat der Personalrat gem. **Art. 76 Abs. 1 Satz 1 Nr. 5** ein **Mitwirkungsrecht.** **29**

Art. 77

30 Autoritärer Führungsstil und mangelnde Fähigkeit zur Menschenführung können bei einem sog. **unkündbaren Arbeitnehmer** eine außerordentliche Kündigung nach § 55 Abs. 1 BAT rechtfertigen (vgl. BAG, Urteil v. 31. 1. 1996 – 2 AZR 158/95 –, PersR 1996, 413).

30a Eine Tarifnorm, die wie § 53 Abs. 3 BAT den Ausschluß der ordentlichen Kündigung (sogenannte **tarifliche Unkündbarkeit**) Teilzeitbeschäftigten nur dann gewährt, wenn deren Arbeitszeit mindestens die Hälfte der regelmäßigen Arbeitszeit eines Vollbeschäftigten beträgt, verstößt gegen Art. 3 Abs. 1 GG (vgl. BAG, Urteil v. 18. 9. 1997 – 2 AZR 592/96 –, PersR 1998, 303).

30b Die außerordentliche Kündigung gegenüber einem **tariflich unkündbaren Arbeitnehmer** kann aus betriebsbedingten Gründen ausnahmsweise unter Einhaltung der ordentlichen Kündigungsfrist zulässig sein, wenn der Arbeitsplatz des Arbeitnehmers weggefallen ist und der Arbeitgeber den Arbeitnehmer auch unter Einsatz aller zumutbaren Mittel, ggf. durch Umorganisation seines Betriebes, nicht weiterbeschäftigen kann. Für die Anwendung der Ausschlußfrist des § 626 Abs. 2 BGB ist in solchen Fällen kein Raum, da der Wegfall der Beschäftigungsmöglichkeit einen Dauertatbestand darstellt. Hinsichtlich der Sozialauswahl und der Personalratsbeteiligung steht diese außerordentliche Kündigung einer ordentlichen Kündigung gleich (vgl. BAG, Urteil v. 5. 2. 1998 – 2 AZR 227/97 –, PersR 1998, 387).

Eine **außerordentliche Kündigung** wegen **krankheitsbedingter Fehlzeiten** kommt in der Regel nur dann in Betracht, wenn eine ordentliche Kündigung tariflich oder vertraglich ausgeschlossen ist, wobei grundsätzlich eine der ordentlichen Kündigungsfrist entsprechende Auslauffrist einzuhalten ist. Die Umdeutung einer außerordentlichen fristlosen Kündigung in eine außerordentliche Kündigung mit notwendiger **Auslauffrist** setzt grundsätzlich eine Beteiligung des Personalrats nach den für eine ordentliche Kündigung geltenden Bestimmungen voraus (vgl. BAG, Urteil v. 18. 10. 2000 – 2 AZR 627/99 –, PersR 2001, 125).

31 Eine **sexuelle Belästigung** am Arbeitsplatz kann nach den Umständen des Einzelfalles ohne vorherige Abmahnung des Arbeitnehmers eine ordentliche und sogar eine außerordentliche arbeitgeberseitige Kündigung rechtfertigen. In den Fällen, in denen es die von einer sexuellen Belästigung Betroffenen dabei haben bewenden lassen, sich die Zudringlichkeiten gegenüber dem Arbeitnehmer/der Arbeitnehmerin zu verbitten, und nicht ihre Vorgesetzten unterrichtet haben, kann nicht gefolgert werden, daß dem Arbeitgeber/der Arbeitgeberin die Fortsetzung des Arbeitsverhältnisses mit dem Arbeitnehmer/der Arbeitnehmerin deswegen zumutbar sei, weil der Betriebsablauf durch das Verhalten des Arbeitnehmers/der Arbeitnehmerin nicht wesentlich beeinträchtigt worden sei (vgl. BAG, Beschluß v. 9. 1. 1986 – 2 ABR 24/85 – AP Nr. 20 zu § 626 BGB Ausschlußfrist).

Art. 77

Eine sexuelle Belästigung einer Auszubildenden am Arbeitsplatz im Sinne des § 2 Abs. 2 Nr. 2 Beschäftigtenschutzgesetz (BeschSchG) stellt das Umlegen des Armes um die Schultern der Auszubildenden durch den Ausbilder auch dann dar, wenn zwar der Ausbilder mit diesem Verhalten keine sexuellen Absichten verfolgt, wenn sich aber die Auszubildende gegenüber dem Ausbilder gegen ein solches Verhalten ausgesprochen hat. Denn nach § 2 Abs. 2 Nr. 2 BeschSchG sind sämtliche körperliche Berührungen, die nach ihrem äußeren Erscheinungsbild für das allgemeine Verständnis eine Beziehung zum Geschlechtlichen aufweisen und die von dem/der hiervon Betroffenen erkennbar abgelehnt werden, untersagt. Da aber gemäß § 4 Abs. 1 Nr. 1 BeschSchG vom Arbeitgeber bei seiner Reaktion auf sexuelle Belästigungen am Arbeitsplatz ebenfalls der allgemein im Arbeitsrecht geltende Grundsatz der **Verhältnismäßigkeit** zu beachten ist, darf der Arbeitgeber auf ein solches Armumlegen des Ausbilders grundsätzlich gegenüber dem Ausbilder zunächst nur mit einer Abmahnung und nicht bereits mit einer außerordentlichen fristlosen Kündigung reagieren (vgl. LAG Hamm, Urteil v. 13. 2. 1997 – 17 Sa 1544/96 –, PersR 1997, 462).

Hat der Arbeitnehmer auf einem **Personalfragebogen** Angaben über eine frühere Mitarbeit für das MfS gemacht, die eine außerordentliche Kündigung rechtfertigen, so darf der Dienstherr damit in der Regel nicht bis zum Eingang eines angeforderten Berichts des **Bundesbeauftragten für Stasiunterlagen** warten. Er darf allerdings auch nach Eingang des Berichts des Bundesbeauftragten eine außerordentliche Kündigung noch unter Berücksichtigung der früheren Angaben des Arbeitnehmers aussprechen, wenn sich aus dem Bericht neue Umstände ergeben, welche die persönliche Belastung des Arbeitnehmers insgesamt in einem anderen Licht erscheinen lassen (vgl. BVerwG, Beschluß v. 3. 5. 1999 – 6 P 2.98 –, PersR 1999, 494).

Eine **Gleitzeitmanipulation** kann je nach den Umständen – vor allem, wenn der Arbeitnehmer vorsätzlich falsche Zeitangaben auch noch beharrlich leugnet – einen wichtigen Grund für eine außerordentliche Kündigung darstellen (vgl. BAG, Urteil v. 12. 8. 1999 – 2 AZR 832/98 –, AiB 2000, 449).

Kündigt der Arbeitgeber nicht schon aufgrund des **Verdachts einer strafbaren Handlung,** sondern wartet er das **Ergebnis des Strafverfahrens** ab, so wird die Ausschlußfrist des § 626 Abs. 2 BGB jedenfalls dann gewahrt, wenn der Arbeitgeber die außerordentliche Kündigung binnen zwei Wochen seit Kenntniserlangung von der Tatsache der Verurteilung ausspricht. Stellt der Arbeitgeber allein hierauf ab, ohne die schriftlichen Gründe des **Strafurteils** zu kennen, so genügt eine entsprechende Information gegenüber dem Personalrat jedenfalls dann den Anforderungen an die Mitteilungspflicht, wenn der Personalrat die näheren Umstände des Tatvorwurfs bereits kennt (vgl. BAG, Urteil v. 18. 11. 1999 – 2 AZR 852/98 –, PersR 2000, 175).

Art. 77

Der objektive Verstoß gegen einen **Straftatbestand** rechtfertigt nicht zwingend eine fristlose Kündigung; entscheidend ist, ob eine **Wiederholungsgefahr** besteht oder die begangene Rechtsverletzung sich in Zukunft weiterhin belastend im Arbeitsverhältnis auswirkt. Bei **unbeabsichtigter bzw. nur fahrlässiger Rechtsgutsverletzung** ist das Risiko von weiteren Verletzungshandlungen oder ein Rückschluß auf einen nachhaltigen Vertrauensverlust in die **Redlichkeit des Arbeitnehmers** nicht ohne weiteres möglich. Daher ist in diesem Fall vor Ausspruch einer Kündigung in der Regel eine **Abmahnung** erforderlich (vgl. LAG Düsseldorf, Urteil v. 30. 11. 1999 – 6 Sa 1244/99 –, AiB 2000, 170).

Die Weiterbeschäftigung eines Kassierers als **Kassierer** in einer Sparkasse ist nicht zumutbar, wenn er vorsätzlich und trotz Abmahnung sich permanent über das Vier-Augen-Prinzip hinwegsetzt, zu diesem Zweck er sich unberechtigten Zugang zur EDV-Anlage mit Hilfe einer abgeschauten, ihm an sich verwehrten Geheimnummer Dritter verschafft und sein Handeln dadurch verschleiert, daß er Dokumente seines Handelns vernichtet, die zwecks Transparenz und Beweisbarkeit der EDV-Zugriffe vom System erstellt werden. Auf die **Motivation**, die zu diesem Handeln verleitet haben mag, kommt es grundsätzlich nicht an (vgl. LAG Köln, Urteil v. 19. 11. 1999 – 11 Sa 768/99 –, PersR 2000, 474).

Das Ergebnis einer ohne Kenntnis und Einwilligung des Betroffenen erhobenen **DNA-Analyse** kann für eine **außerordentliche Verdachtskündigung**, die wegen der Verbreitung anonymer Schreiben mit beleidigendem Inhalt in der Dienststelle ausgesprochen werden soll, nicht verwertet werden (vgl. VGH Baden-Württemberg, Beschluß v. 28. 11. 2000 – PL 15 S 2838/99 –, PersR 2001, 166).

32 Die **nachträgliche Befristung** eines zunächst auf unbestimmte Zeit eingegangenen Arbeitsverhältnisses kann im Wege der Änderungskündigung erfolgen (Aufgabe der Senatsrechtsprechung, Urteil v. 17. 5. 1984 – 2 AZR 109/83 – AP Nr. 21 zu § 1 KSchG 1969 Betriebsbedingte Kündigung). Die Änderung der Arbeitsbedingungen ist allerdings unter anderem dann unwirksam, wenn die Befristung nicht aus sachlichen Gründen gerechtfertigt ist (vgl. BAG, Urteil v. 25. 4. 1996 – 2 AZR 609/95 –, PersR 1996, 401).

33 Der Dienststellenleiter hat das **Anhörungsverfahren** rechtzeitig vor der beabsichtigten Maßnahme durch die **Unterrichtung** des Personalrats einzuleiten. Gem. **Abs. 3 Satz 2** hat der Dienststellenleiter die beabsichtigte Maßnahme zu begründen. Dabei treffen ihn hinsichtlich der Gründe für die beabsichtigte Kündigung dieselben Mitteilungspflichten wie bei der Kündigung nach Abs. 1 (vgl. Rn. 7).

34 Hat der Arbeitgeber zur fristlosen Kündigung eines schwerbehinderten Arbeitnehmers vor Einschaltung der **Hauptfürsorgestelle** den Personalrat angehört, so ist bei unverändertem Sachverhalt eine erneute Personalratsanhörung auch dann nicht erforderlich, wenn die Zustimmung der

Hauptfürsorgestelle erst nach jahrelangem verwaltungsgerichtlichen Verfahren erteilt wird (vgl. BAG, Urteil v. 18. 5. 1994 – 2 AZR 626/93 –, PersR 1994, 436).

Das **Nachschieben** eines dem Arbeitgeber bekannten **Kündigungsgrundes** zweieinviertel Jahre nach Ausspruch der Kündigung verstößt gegen Treu und Glauben (Verwirkung, § 242 BGB), wenn der nachgeschobene Grund in keinem inneren Zusammenhang mit dem zunächst genannten steht und der Arbeitnehmer sich in seiner Prozeßführung auf den erstgenannten Grund eingestellt hat. Bestand bei Ausspruch der Kündigung kein Personalrat, wohl aber im Zeitpunkt des Nachschiebens des Kündigungsgrundes, bedarf das Nachschieben wie eine erneute Kündigung der gesetzlichen Beteiligung des Personalrats, wenn der nachgeschobene Grund nicht auch Grundlage des Kündigungsentschlusses des Arbeitgebers war (vgl. LAG Sachsen-Anhalt, Urteil v. 15. 11. 1995 – 3 Sa 1016/94 –, PersR 1996, 323). **35**

Hat der Personalrat **Bedenken**, so hat er diese dem Dienststellenleiter unter Angabe der Gründe unverzüglich, **spätestens innerhalb von drei Arbeitstagen**, schriftlich mitzuteilen (**Abs. 3 Satz 3**). Der Dienststellenleiter ist seinerseits verpflichtet, die Stellungnahme des Personalrats **entgegenzunehmen** und sich mit ihr **schriftlich** auseinanderzusetzen. Hierbei verlangt das Gebot der vertrauensvollen Zusammenarbeit, daß wohlfundierten Stellungnahmen der Personalvertretung so weit wie möglich Rechnung zu tragen ist (vgl. BVerwG v. 5. 2. 1971 – VII P 17.70 –, PersR 1971, 271). Der zur Entscheidung befugte Dienststellenleiter entscheidet dann endgültig über den Ausspruch der außerordentlichen Kündigung. **36**

Die Annahme von **Schmiergeldern** ist in der Regel auch ohne vergebliche Abmahnung an sich geeignet, eine außerordentliche Kündigung zu begründen. Auch in einem solchen Fall erfordert eine ordnungsgemäße Anhörung des Personalrats die Mitteilung der Personaldaten des Arbeitnehmers, soweit der Personalrat diese nicht bereits kennt. Dies gilt insbesondere bei tariflicher **Unkündbarkeit** des Arbeitnehmers. In diesem Fall ist zu erwägen, ob dem Arbeitgeber die Einhaltung der fiktiven Kündigungsfrist zumutbar wäre. So kann eine außerordentliche Kündigung dann nur unter Einräumung einer entsprechenden **Auslauffrist** erfolgen, zu der der Personalrat wie bei einer ordentlichen Kündigung zu beteiligen wäre (vgl. BAG, Urteil v. 21. 6. 2001 – 2 AZR 30/00 –, PersR 2002, 261). **36a**

Die **Umdeutung** einer außerordentlichen Kündigung in eine ordentliche Kündigung ist bei fehlender Mitwirkung des Personalrats zur hilfsweisen ordentlichen Kündigung unzulässig. Andererseits ersetzt die Durchführung des Mitwirkungsverfahrens wegen einer ordentlichen Kündigung nicht die notwendige Anhörung zu einer außerordentlichen Kündigung. **37**

Die Nichtbeteiligung oder die fehlerhafte Beteiligung des Personalrats führt auch bei einer beabsichtigten außerordentlichen Kündigung zur **38**

Art. 77

Unwirksamkeit der Kündigung. Der vorgeschriebenen Anhörung des Personalrats ist nicht genügt, wenn die Dienststelle trotz erkennbar **nicht ordnungsgemäßen Zustandekommens der Beteiligung** des Personalrats vor Ablauf der gesetzlichen Äußerungsfrist die Kündigung ausspricht. Eine **telefonische Unterrichtung** der Personalratsmitglieder im Umlaufverfahren ist keine ordnungsgemäße Beschlußfassung. Der Arbeitgeber trägt das **Risiko eines Verfahrensfehlers**, wenn er die Äußerungsfristen nicht einhält und kündigt, solange nicht (nach Auffassung des LAG Düsseldorf soll schon der äußere Anschein reichen) eine ordnungsgemäß zustande gekommene Stellungnahme des Personalrats aufgrund wirksamer Beschlußfassung gegeben ist (vgl. LAG Düsseldorf, Urteil v. 22. 11. 2001 – 13 (18) Sa 1001/01 –, PersR 2002, 265).

39 Die außerordentliche Kündigung von **Mitgliedern des Personalrats**, der **JA-Vertretung**, des **Wahlvorstands** sowie **Wahlbewerbern** ist gem. Art. 47 Abs. 2 i. V. m. Art. 62 nur mit **Zustimmung** des Personalrats zulässig. Verweigert der Personalrat seine Zustimmung oder äußert er sich nicht **innerhalb von drei Tagen** nach Eingang des Antrags, so muß der **Arbeitgeber** eine **rechtskräftige verwaltungsgerichtliche Entscheidung** zur Ersetzung der Zustimmung des Personalrats herbeiführen. Erst danach kann er ggf. die Kündigung aussprechen (Art. 47 Abs. 2 Satz 2). Ein **wichtiger Grund**, der das Verwaltungsgericht zur Ersetzung der Zustimmung des Personalrats zur außerordentlichen Kündigung des Arbeitsverhältnisses berechtigt, ist z. B. ein vollendeter **Diebstahl** zu Lasten des Arbeitgebers, mit dem das für die Fortsetzung des Arbeitsverhältnisses erforderliche Vertrauen zerstört wurde (vgl. VGH Baden-Württemberg, Beschluß v. 11. 12. 2001 – PL 15 S 715/01 –, PersR 345). Der Beschluß erging zu einem Fall, in dem ein Hausmeister Heizöl der Stadtverwaltung gestohlen hatte.

40 (Abs. 4) Eine ohne Beteiligung des Personalrats ausgesprochene Kündigung ist gem. Abs. 4 in jedem Fall **rechtsunwirksam**. Eine nicht ordnungsgemäße Beteiligung steht der Nichtbeteiligung gleich (vgl. BAG v. 5. 2. 1981 – 2 AZR 1135/78 –, AP Nr. 1 zu § 72 LPVG NW). Der Arbeitgeber trägt die **Darlegungs- und Beweislast** dafür, daß die Verfahrensregeln eingehalten wurden (vgl. BAG v. 18. 9. 1975 – 2 AZR 594/74 –, AP Nr. 6 zu § 102 BetrVG 1972). Die **nachträgliche** Zustimmung des Personalrats zu einer vom Arbeitgeber ohne Beteiligung des Personalrats ausgesprochenen Kündigung ändert an der Rechtsunwirksamkeit der Kündigung nichts (vgl. BAG v. 28. 2. 1974 – 2 AZR 455/73 –, AP Nr. 2 zu § 102 BetrVG 1972).

Auf die Berechtigung einzelner Kündigungsgründe kommt es dabei nicht an.

41 **Streitigkeiten** über Inhalt und Umfang des Mitwirkungs- und Anhörungsrechts sind nach Art. 81 Abs. 1 Nr. 3 von den Verwaltungsgerichten zu entscheiden. Dagegen ist ein von einer Kündigung betroffener Arbeitnehmer nicht berechtigt, bei den Verwaltungsgerichten die Zuständigkeit und die Personalratsbeteiligung an der Kündigung feststellen zu lassen (BayVGH v. 23. 5. 1990 – Nr. 18 PC 90.1430 –, PersR 1991, 234). Er ist auf die Einleitung des **Kündigungsschutzprozesses** vor dem zuständigen **Arbeitsgericht** zu verweisen.

Artikel 78
Keine Beteiligung an Angelegenheiten bestimmter Beschäftigter

(1) Art. 70a Abs. 2, Art. 75 Abs. 1, Art. 76 Abs. 1 Satz 1 Nrn. 3, 4, 5 und 6 und Art. 77 gelten nicht für

a) die Beamten und Beamtenstellen der Besoldungsgruppe A 16 und höher sowie die Angestellten in entsprechender Stellung,

b) Lehrpersonen an Einrichtungen der Lehrerausbildung, der Fachlehrerausbildung und der Ausbildung Pädagogischer Assistenten,

c) das nicht zu den habilitierten Personen zählende wissenschaftliche Personal an Forschungsstätten, die keine wissenschaftlichen Hochschulen sind,

d) durch Bühnendienstvertrag oder Gastspielvertrag verpflichtete Mitglieder von Theatern sowie durch Sondervertrag verpflichtete Personen in leitender Stellung an Theatern,

e) Leiter sowie Mitglieder von Orchestern mit Ausnahme der technischen Beschäftigten,

f) sonstige Beschäftigte mit vorwiegend wissenschaftlicher oder künstlerischer Tätigkeit sowie wissenschaftliche und künstlerische Mitarbeiter und Lehrkräfte für besondere Aufgaben (Art. 2 Abs. 1 Nrn. 4 und 5 und Abs. 2 Nr. 4 BayHSchLG),

g) leitende Angestellte, wenn sie nach Dienststellung und Dienstvertrag

1. zur selbständigen Einstellung und Entlassung von in der Dienststelle oder in ihrer Abteilung beschäftigten Arbeitnehmern berechtigt sind oder

2. Generalvollmacht oder Prokura haben oder

3. im wesentlichen eigenverantwortlich Aufgaben wahrnehmen, die ihnen regelmäßig wegen deren Bedeutung für den Bestand und die Entwicklung der Dienststelle im Hinblick auf besondere Erfahrungen und Kenntnisse übertragen werden.

(2) Art. 75 Abs. 1 und Art. 76 Abs. 1 Satz 1 Nrn. 3, 4, 5 und 6 und Art. 77 gelten für die in Art. 14 Abs. 3 und 4 bezeichneten Beschäftigten und für die Beamten auf Zeit nur, wenn sie es beantragen.

(3) Von Einstellungen und vor Versetzungen und Kündigungen soll der Personalrat in den Fällen des Absatzes 1 Buchst. d bis g eine Mitteilung erhalten.

Art. 78

1 Die Vorschrift enthält zusätzlich zu der Regelung des Art. 4 Abs. 5, der einen bestimmten Personenkreis vollständig vom Schutz durch das BayPVG ausschließt (vgl. Art. 4 Rn. 10 - 14), weitere Einschränkungen hinsichtlich der Beteiligung der Personalvertretung in bestimmten Angelegenheiten leitender Beschäftigter in Arbeitgeberfunktionen sowie künstlerischer und wissenschaftlicher Mitarbeiter einschließlich bestimmter Lehrkräfte.

2 **(Abs. 1)** Abs. 1 bestimmt, daß in Angelegenheiten des unter Buchst. a bis g genannten Personenkreises der Personalrat in folgenden Angelegenheiten nicht zu beteiligen ist:

– in allen Fällen des Art. 75 Abs. 1 Nr. 1 bis 14,

– in den Fällen des Art. 76 Abs. 1 Satz 1 Nr. 3 bis 6,

– in allen Fällen des Art. 77 (ordentliche und außerordentliche Kündigungen und Entlassungen).

In all diesen Fällen hat der Personalrat auch **kein Initiativrecht** gem. Art. 70a Abs. 2.

3 Nach **Buchst. a** sind die **Beamten** in der **Besoldungsgruppe A 16 und höher** sowie die Angestellten in entsprechender Stellung (dabei kommt es auf die **Funktionsgleichwertigkeit** mit den von der Mitbestimmung ausgenommenen Beamtenstellen an; vgl. BVerwG v. 2. 10. 1978 – 6 P 11.78 –, PersV 1979, 464) und Vergütung – von der Verg.Gr. I BAT aufwärts – von der Personalratsbeteiligung in ihren personellen Angelegenheiten ausgenommen. Der Ausschluß jeglicher Beteiligung des Personalrats bei Kündigungen gegenüber Angestellten auf mit Beamtenstellen von der Besoldungsgruppe A 16 an aufwärts vergleichbaren Stellen in den Personalvertretungsgesetzen verstößt nicht gegen **höherrangiges Recht** (vgl. BAG, Urteil v. 26. 3. 2000 – 2 AZR 138/99 –, PersR 2000, 338).

Der Ausschluß der Beamtenstellen von Besoldungsgruppe A 16 an aufwärts von der Mitwirkung erfaßt auch **Angestellte**, die zwar keine Beamtenstelle innehaben, aber eine Stellung bekleiden, die unter Berücksichtigung der **Bedeutung der Ausnahmevorschrift** einer Beamtenstelle ab A 16 entspricht. Für die Frage, ob es sich um eine entsprechende Angestelltenstelle i.S.d. Art. 78 handelt, kommt es auf die Funktionsgleichwertigkeit mit der von der Mitbestimmung ausgenommenen Beamtenstelle an. Entscheidend für die Anwendung des Art. 78 auf nach privatrechtlichen Grundsätzen geführte öffentlich-rechtliche Anstalten ist der Vergleich mit der besoldungsmäßigen Einstufung der Spitzenpositionen und der darunter befindlichen Leitungsebenen entsprechender Landesbehörden und von der Bersoldungsordnung erfaßter Anstalten des öffentlichen Rechts. **Landesrundfunkanstalten** sind insoweit mit Bundesoberbehörden vergleichbar (BAG, Urteil v. 7. 12. 2000 – 2 AZR 532/99 –, PersR 2001, 221).

Die Ausnahme von der Mitbestimmung bezieht sich nicht auf eine Auswahl unter mehreren Beamten der Besoldungsgruppen A 15 und A 16, die

Art. 78

sich um eine ausgeschriebene Stelle nach A 16 bewerben. Bei einer solchen Auswahl zwischen mehreren im wesentlichen gleich geeigneten Bewerbern muß die mit der Beschreibung des Anforderungsprofils vorweggenommene Gewichtung berücksichtigt werden (vgl. OVG Niedersachsen, Beschluß v. 25. 11. 1996 – 2 M 4952/96 –, PersR 1997, 125).

Nach **Buchst. b** sind von der Personalratsbeteiligung in ihren Personalangelegenheiten ausgenommen die **Lehrpersonen** an Einrichtungen der Lehrerausbildung, der Fachlehrerausbildung und der Ausbildung pädagogischer Assistenten. Es handelt sich insoweit vor allem um das Lehrpersonal, das die im Bayer. Lehrerbildungsgesetz (BayLBG) vorgesehenen Ausbildungen vermittelt. **4**

Das unter Buchst. c bis f bezeichnete **wissenschaftliche und künstlerische Personal** hat – anders als im Bundesrecht – auch auf eigenen Antrag hin nicht das Recht, den Personalrat in mitbestimmungs- bzw. mitwirkungspflichtigen Angelegenheiten zur Wahrung seiner Interessen einzuschalten. Beschäftigter mit **vorwiegend wissenschaftlicher Tätigkeit** i. S. v. Art. 78 Abs. 1 f ist für den Bereich der Hochschulen derjenige, der hochschulrechtlich ein wissenschaftlicher Mitarbeiter ist (vgl. OVG Rheinland-Pfalz, Urteil v. 3. 3. 1998 – 5 A 12163/97.OVG –, PersR 1999, 355). **5**

Ärzte und Ärztinnen im Praktikum sind **keine wissenschaftlichen Mitarbeiter** an Hochschulen. Ihre **Einstellung** durch ein **Universitätsklinikum** unterliegt der Mitbestimmung des bei der Dienststelle gebildeten Personalrats (vgl. VGH Baden-Württemberg, Beschluß v. 27. 7. 1999 – PL 15 S 3189/98 –, PersR 2000, 118). Für den **Bereich der Hochschulen** hatte das OVG Rheinland-Pfalz zu Ärzten im Praktikum geurteilt, daß sie hochschulrechtlich den wissenschaftlichen Mitarbeitern gleichgestellt sind und daher im Hochschulbereich auch personalvertretungsrechtlich als Mitarbeiter mit vorwiegend wissenschaftlicher Tätigkeit gelten (vgl. OVG Rheinland-Pfalz, Urteil v. 3. 3. 1998 – 5 A 12163/97.OVG –, a. a. O.).

Forschungsstätten, die keine wissenschaftlichen Hochschulen sind und deren nicht habilitiertes Personal nach **Buchst. c** vom Geltungsbereich der in Rn. 2 bezeichneten Mitbestimmungstatbestände ausgeschlossen ist, sind alle Forschungseinrichtungen, die nicht in Art. 1 Abs. 2 Ziff. 1 bis 4 Bayerisches Hochschulgesetz (BayHSchG) genannt sind. Nichthabilitierte Personen (habilitiertem Personal fehlt nach Art. 4 schon die Beschäftigteneigenschaft) sind solche, die das in Art. 74 BayHSchG vorgesehene Habilitationsverfahren **nicht** abgeschlossen haben. **6**

Mitglieder von **Theatern** i. S. d. **Buchst. d** sind solche Künstler, die auf der rechtlichen Grundlage eines Dienstvertrages oder eines Gastspielvertrages zu künstlerischen Leistungen verpflichtet wurden (z. B. Schauspieler, Sänger, Tänzer). Durch Sondervertrag verpflichtete Personen in leitender Stellung an Theatern sind solche, die vertraglich mit der künstlerischen Leitung betraut wurden (z. B. Intendanten). Nicht ausge- **7**

Art. 78

nommen vom Geltungsbereich der in Abs. 1 bezeichneten Mitbestimmungstatbestände sind somit die Beschäftigten, deren vertragliche Rechte und Pflichten sich nach BAT, MTArb oder BMT-G richten.

7a Der Bühnenpersonalrat hat hinsichtlich fester monatlicher Gehälter der von ihm vertretenen Mitarbeiter ein Recht auf **Einsichtnahme** in die Bruttogehalts- und -gagenlisten, um seinen Auftrag erfüllen zu können, darüber zu wachen, daß die Tarifverträge durchgeführt werden. Hingegen kann der Personalrat eine solche Einsichtnahme nicht zu dem Zweck beanspruchen, daß er ein Initiativrecht in Fragen der Gestaltung von Gehältern und Gagen vorbereiten wolle. In Angelegenheiten der durch Bühnendienstvertrag oder Gastspielvertrag verpflichteten Mitglieder von Theatern sowie durch Sondervertrag verpflichtete Personen in leitender Stellung an Theatern ist ein solches Initiativrecht nach Art. 78 Abs. 1 Buchst. d i. V. m. Art. 70a ausgeschlossen (vgl. BVerwG, Beschluß v. 22. 4. 1998 – 6 P 4.97 –, PersR 1998, 461).

8 Nach **Buchst. e** gelten die bezeichneten Mitbestimmungstatbestände auch nicht für die Leiter und Mitglieder von Orchestern mit Ausnahme der technischen Beschäftigten. Auch insoweit ist also nur das künstlerische Personal von der Einschränkung der Mitbestimmung betroffen.

9 Außer dem unter Buchst. b bis e ausdrücklich bezeichneten wissenschaftlichen und künstlerischen Personal sind nach **Buchst. f** auch alle anderen Personen mit vorwiegend, d. h. überwiegend künstlerischer Tätigkeit von der Ausnahmeregelung betroffen. Diese Eigenschaft hängt davon ab, ob der Beschäftigte wissenschaftliche oder künstlerische Aufgaben zu erfüllen hat und ob diese seinen Aufgabenbereich prägen, weil sie das Schwergewicht seiner Tätigkeit bilden (vgl. BVerwG v. 7. 10. 1988 – 6 P 30.85 –, PersR 1989, 47; VG Köln, Beschluß v. 10. 12. 1997 – 34 K 3199/97. PVL –, PersR 1998, 205). Dies gilt insbesondere auch für die wissenschaftlichen und künstlerischen Mitarbeiter, die nach Art. 2 Abs. 1 Ziff. 4 BayHSchLG zum **hauptberuflichen** wissenschaftlichen und künstlerischen Personal gehören, die **nebenberuflich** wissenschaftlich oder künstlerisch Tätigen, die nach Art. 2 Abs. 2 Ziff. 4 BayHSchLG zu den »nebenberuflich wissenschaftlich und künstlerisch Tätigen« gehören, und die »**Lehrkräfte für besondere Aufgaben**«, die nach Art. 2 Abs. 1 Ziff. 5 BayHSchLG ebenfalls zum wissenschaftlichen und künstlerischen Personal zu zählen sind.

10 **Leitende Angestellte** sind nach **Buchst. g** vom Geltungsbereich der in Abs. 1 bezeichneten Mitwirkungs- und Mitbestimmungstatbestände ausgenommen, wenn sie

– berechtigt sind, Arbeitnehmer der Dienststelle oder ihrer Abteilung selbständig einzustellen oder zu entlassen – es handelt sich insoweit um denselben Personenkreis, der nach Art. 14 Abs. 3 2. Alt. nicht in Personalvertretungen wählbar ist, oder

– zu denjenigen leitenden Angestellten gehören, die **Generalvollmacht** oder **Prokura** haben, wobei dies die Personen sind, die als Prokuristen und Generalbevollmächtigte für Betriebe (z. B. Energieversorgungsunternehmen) auftreten, die in den Geltungsbereich des BayPVG fallen, oder

– Personen sind, die im wesentlichen **eigenverantwortlich Aufgaben wahrnehmen**, die ihnen regelmäßig wegen deren Bedeutung für den Bestand und die Entwicklung der Dienststelle mit Blick auf besondere Erfahrungen und Kenntnisse übertragen werden. Letzteres könnten z. B. Mitglieder einer besonderen, vom Stadtrat eingesetzten Sachverständigenkommission sein, welche die Aufgabe hat, regelmäßig die Möglichkeiten von Personaleinsparungen zu prüfen.

In allen drei Fällen sind Angestellte der in Buchst. g bezeichneten Art aber nur anzunehmen, wenn sie auch nach dem **Gesamtbild** ihrer Tätigkeit Aufgaben wahrnehmen, die denen von leitenden Angestellten entsprechen.

(Abs. 3) Zu beachten ist, daß nach **Abs. 3** für den Fall, daß Personen aus dem unter Abs. 1 Buchst. d bis g umrissenen Beschäftigtenkreis eingestellt, versetzt oder gekündigt werden, der Personalrat hier jedenfalls **zu unterrichten** ist, damit er wenigstens über die personellen Entwicklungen in diesem Bereich im Bilde ist. **11**

(Abs. 2) Nach **Abs. 2** ist der Personalrat in mitbestimmungs- bzw. mitwirkungspflichtigen Angelegenheiten der in Art. 75 Abs. 1, Art. 76 Abs. 1 Satz 1 Nrn. 3, 4, 5 und 6 und Art. 77 bezeichneten Art **nur auf Antrag der Betroffenen** zu beteiligen, wenn von der beabsichtigten Maßnahme Personen betroffen sind, die in Art. 14 Abs. 3 und 4 bezeichnet sind. Es handelt sich insoweit im wesentlichen um **Personal in Arbeitgeberfunktionen.** **12**

Streitigkeiten über die Zuständigkeit der Personalvertretungen in Angelegenheiten der bezeichneten Art entscheiden die zuständigen Fachkammern der Verwaltungsgerichte im Beschlußverfahren nach Art. 81 Abs. 1 Nr. 3. **13**

Artikel 79
Beteiligung bei Unfallverhütung und Arbeitsschutz

(1) Der Personalrat hat bei der Bekämpfung von Unfall- und Gesundheitsgefahren die für den Arbeitsschutz zuständigen Behörden, die Träger der gesetzlichen Unfallversicherung und die übrigen in Betracht kommenden Stellen durch Anregung, Beratung und Auskunft zu unterstützen und sich für die Durchführung der Vorschriften über den Arbeitsschutz und die Unfallverhütung in der Dienststelle einzusetzen.

(2) Der Dienststellenleiter und die in Absatz 1 genannten Stellen sind verpflichtet, bei allen im Zusammenhang mit dem Arbeitsschutz oder der Unfallverhütung stehenden Besichtigungen und Fragen und bei

Art. 79

Unfalluntersuchungen den Personalrat oder die von ihm bestimmten Personalratsmitglieder derjenigen Dienststelle hinzuzuziehen, in der die Besichtigung oder Untersuchung stattfindet. Der Dienststellenleiter hat dem Personalrat unverzüglich die den Arbeitsschutz und die Unfallverhütung betreffenden Auflagen und Anordnungen der in Absatz 1 genannten Stellen mitzuteilen.

(3) An den Besprechungen des Dienststellenleiters mit den Sicherheitsbeauftragten oder dem Sicherheitsausschuß nach § 719 Abs. 4 der Reichsversicherungsordnung nehmen vom Personalrat beauftragte Personalratsmitglieder teil.

(4) Der Personalrat erhält die Niederschriften über Untersuchungen, Besichtigungen und Besprechungen, zu denen er nach den Absätzen 2 und 3 hinzuzuziehen ist.

(5) Der Dienststellenleiter hat dem Personalrat eine Durchschrift der nach § 1552 der Reichsversicherungsordnung vom Personalrat zu unterschreibenden Unfallanzeige oder des nach beamtenrechtlichen Vorschriften zu erstattenden Berichts auszuhändigen.

1 Die Regelungen in Art. 79 sind nur im Zusammenhang und in Verbindung mit anderen Vorschriften, die erst in ihrer Gesamtheit die Arbeitssicherheit und den Arbeitsschutz in den Betrieben und Dienststellen gewährleisten, richtig zu verstehen:

Die Regelung ist **Teil eines Gesamtkonzeptes,** das den Schutz von **Leben und Gesundheit** der in den Dienststellen und Betrieben Beschäftigten und die **Erhaltung ihrer Arbeitskraft**, also der höchsten Rechtsgüter der für den öffentlichen Arbeitgeber Tätigen, sicherstellt.

Die einzelnen Vorschriften wurden von der Gewerkschaftsbewegung in mehr als hundertjährigen Auseinandersetzungen Schritt für Schritt erkämpft. Aus diesem Grunde finden sich die einschlägigen Vorschriften und Regelungen, welche die **Arbeitssicherheit** gewährleisten, **in den verschiedensten Gesetzen und Verordnungen.**

2 **Verantwortlich** für die Arbeitssicherheit und damit die insoweit erforderliche Abwendung aller Unfallgefahren in den Betrieben und Dienststellen ist in erster Linie der Unternehmer bzw. die Dienststelle, d. h. im öffentlichen Dienst in der Regel der **Dienststellenleiter** (Rn. 7).

Daneben sind als Verantwortliche für die Arbeitssicherheit aber auch **betriebliche Führungskräfte** (Rn. 8), **die Personalräte** (Rn. 10), **die Betriebsärzte und Sicherheitsfachkräfte** (Rn. 12) **sowie die Sicherheitsbeauftragten** (Rn. 9) **und der Arbeitssicherheitsausschuß** und u. U. besondere Beauftragte nach Spezialvorschriften, z. B. Immissionsschutzbeauftragte, Strahlenschutzbeauftragte, zu nennen. Hinzu kommen überbetriebliche Einrichtungen.

3 **Überbetrieblich** sind es die Gewerbeaufsichtsbehörden (Rn. 4) und die gesetzlichen Unfallversicherungsträger (Rn. 5), die für den Arbeitsschutz verantwortlich sind:

a) Die Gewerbeaufsicht

Die Gewerbeaufsicht nimmt heute allgemein folgende drei Sachgebiete **4** wahr, die in fast allen Betrieben und Verwaltungen vorkommen.

1. Arbeitsschutz,
2. technischer Öffentlichkeitsschutz,
3. Umweltschutz.

Arbeitsschutz: Seit Inkrafttreten des Arbeitsschutzgesetzes vom 7. 8. 1996 (BGBl. I S. 1246) gehört es auch im öffentlichen Dienst zur Aufgabe der Gewerbeaufsichtsbehörden, darüber zu wachen, daß die Regelungen und Vorschriften des Arbeitsschutzes auch hier eingehalten werden. Zum technischen Arbeitsschutz gehören der Unfallschutz und die Arbeitshygiene, zum sozialpolitischen Arbeitsschutz der Arbeitsschutz und der Schutz besonderer Personengruppen (z. B. Jugendschutz, Frauenschutz, Mutterschutz, Heimarbeiter). Gesetzliche Grundlage für den Unfallschutz und die Arbeitshygiene bilden §§ 1 ff. ArbSchG, für die Erfüllung der Rahmenbestimmungen für die Einrichtung der Arbeitsräume die Arbeitsstättenverordnung, im Hinblick auf die Arbeit an Bildschirmen die Bildschirmarbeitsverordnung usw. (Einzelheiten vgl. bei HA, Arbeitsschutzgesetz, Vorb. vor § 1).

Technischer Öffentlichkeitsschutz: Hier handelt es sich um einen wesentlichen Faktor für den arbeitenden Menschen und die Sicherheit der Bevölkerung insgesamt. Die sicherheitsgerechte Gestaltung der Maschinen und Arbeitsplätze gehört ebenso hierher wie die Beschaffenheit von Arbeitsstoffen, mit denen bei der Arbeit umgegangen wird, wie z. B. Farben, Lacke, Lösungsmittel, Reinigungsmittel.

Umweltschutz: Dieser Aufgabenbereich betrifft die Kontrolle und Überwachung des Umweltschutzes.

b) Die Unfallversicherungsträger

Die überbetrieblich tätigen Unfallversicherungsträger haben nach **5** §§ 121 ff. SGB VII u. a. die Aufgabe, mit allen geeigneten Mitteln dafür zu sorgen, daß Arbeitsunfälle, Berufskrankheiten und arbeitsbedingte Gesundheitsgefahren verhütet werden und daß für eine wirksame Erste Hilfe gesorgt ist (vgl. § 14 SGB VII). Unfallversicherungsträger sind die gewerblichen und landwirtschaftlichen Berufsgenossenschaften, der Bund, die Eisenbahn-Unfallkasse, die Unfallkasse Post und Telekom, die Unfallkasse der Länder, die Gemeindeunfallversicherungsverbände und Unfallkassen der Gemeinden, die Feuerwehrunfallkassen und die gemeinsamen Unfallkassen für den Landes- und den kommunalen Bereich (vgl. § 14 SGB II).

In den §§ 29 ff. SGB VII hat der Gesetzgeber geregelt, wie die Träger der Unfallversicherung zu organisieren sind und welche rechtliche Stellung sie haben. Mit Ausnahme des Bereichs der Bundesdienststellen wird

Art. 79

insoweit festgelegt, daß es sich hierbei um rechtsfähige Körperschaften des öffentlichen Rechts handelt, die als Selbstverwaltungsorgane eine Vertreterversammlung und einen Vorstand zu bilden haben. Die Vertreterversammlung beschließt die Satzung und u. a. jede Unfallverhütungsvorschrift (VBG), die von der Berufsgenossenschaft bzw. der Unfallkasse nach § 15 SGB VII erlassen wird. Diese enthalten zwingende Regelungen zum Unfall- und Arbeitsschutz.

Mit Inkrafttreten des neuen SGB VII am 1. 1. 1997 bzw. nach Ablauf der in § 218 SGB VII vorgesehenen Übergangsfrist bis zum 31. 12. 1997 wurde der gesamte einschlägige Bereich der Länder und Kommunen in der gleichen Weise organisiert wie bisher schon die gewerblichen Berufsgenossenschaften und die ähnlich strukturierten Gemeindeunfallversicherungsverbände, Feuerwehr-Unfallkassen u. a. Die Aufgaben und Befugnisse sind ebenfalls angeglichen. Landesausführungsbehörden für Unfallversicherung darf es nach Ablauf der Übergangsfrist nicht mehr geben. Es besteht lediglich die Möglichkeit, im Rahmen der §§ 116, 117 SGB VII gewisse Freiräume zu nutzen, die der Gesetzgeber gelassen hat. So kann im Bereich des Freistaates entweder

a) eine gemeinsame Landesunfallkasse Bayern (KdöR) oder

b) eine gemeinsame Landesunfallkasse Bayern (KdöR) und daneben eine Unfallkasse der Landeshauptstadt München (KdöR) oder

c) ein Bayerischer Gemeindeunfallversicherungsverband (KdöR) und daneben eine Unfallkasse des Freistaates Bayern sowie eine Unfallkasse der Landeshauptstadt München errichtet werden.

Sind Kommunen Träger der Eigenunfallversicherung, so haben sie nach § 117 SGB VII die Möglichkeit (falls keine gemeinsame Unfallkasse für den kommunalen und den Landesbereich eingerichtet wird), für mehrere Gemeinden von zusammen wenigstens 500 000 Einwohnern einen Gemeindeunfallversicherungsverband zu bilden. Dieselbe Möglichkeit besteht für Gemeinden mit mehr als 500 000 Einwohnern (vgl. § 117 Abs. 1 bis 4 SGB VII).

Im Hinblick auf die Beamten gilt das Arbeitsschutzrecht nicht unmittelbar. Wo Angehörige dieser Beschäftigtengruppe die gleiche Tätigkeit verrichten wie versicherte Arbeitnehmer, besteht aber tatsächlich eine reflexartige Schutzwirkung. (Zur Pflicht des Dienstherrn, einen vergleichbaren Schutz zu gewährleisten, vgl. § 16 ASiG und die Kommentierung bei ABl, ASiG).

6 **Innerbetrieblich** ist für die Arbeitssicherheit und die insoweit erforderliche Abwendung aller Unfallgefahren in den Betrieben und Dienststellen in erster Linie der Unternehmer bzw. der Dienststellenleiter verantwortlich (vgl. § 3 ArbSchG und § 21 SGB VII). Diese sind aber innerbetrieblich nicht die einzigen, denen insoweit Rechte und Pflichten durch Gesetz zugewiesen sind. Weitere Verantwortliche, deren Tätigkeit sich wechselseitig ergänzen und vervollständigen soll und die ebenfalls innerbetrieblich verantwortlich und tätig sind, werden im Arbeitssicherheitsgesetz und anderen Vorschriften bestimmt. Im einzelnen handelt es sich um folgende Personen bzw. Einrichtungen:

a) **Betriebs- bzw. Dienststellenleiter**

Für die Durchführung der Sicherheitsvorschriften im Betrieb bzw. in der Dienststelle sind nach § 21 SGB VII in erster Linie der Unternehmer, d. h. der Arbeitgeber und seine Führungskräfte verantwortlich. Im öffentlichen Dienst sind es die Leiter der Behörden, Betriebe und Einrichtungen oder die von ihnen Beauftragten (vgl. § 13 Abs. 1 ArbSchG). 7

Sie haben alle Baulichkeiten, Arbeitsstätten, Betriebseinrichtungen, Maschinen und Geräte so einzurichten und zu erhalten, daß die Versicherten gegen Unfälle und Berufskrankheiten geschützt sind. Solange Betriebseinrichtungen, Maschinen und Geräte Mängel aufweisen, die eine Gefahr für Leben oder Gesundheit der Versicherten bedeuten, sind sie der Benutzung zu entziehen. Die Leiter der Behörden, Betriebe und Einrichtungen oder die von ihnen Beauftragten haben auch die erforderlichen Anweisungen und Belehrungen für eine gefahrlose Gestaltung des Dienstbetriebes und für ein gefahrloses Verhalten der Versicherten zu geben. Sie haben die Versicherten insbesondere zur Benutzung der Schutzeinrichtungen und der Schutzmittel anzuhalten.

Die Verantwortung des Arbeitgebers ergibt sich aus § 3 und § 13 Abs. 1 ArbSchG sowie aus § 21 SGB VII und § 15 SGB VII i. V. m. § 2 Unfallverhütungsvorschriften – Allgemeine Vorschriften – (VBG I). Ein besonderes Direktions- und Organisationsrecht des Arbeitgebers im Betrieb folgt aus §§ 618, 619 BGB und aus § 62 HGB.

Die Verantwortung des Dienststellenleiters ist umfassend und kann nicht vollständig auf andere Personen übertragen werden.

Die nach dem Arbeitssicherheitsgesetz zu bestellenden Sicherheitsfachkräfte und Betriebsärzte können den Arbeitgeber bei der Unfallverhütung nur unterstützen. Sie können die Verantwortung des Unternehmers nicht vollständig übernehmen.

Betriebliche Führungskräfte können dem Dienststellenleiter einzelne Aufgaben abnehmen, doch muß er sich in Fällen einer Übertragung von Pflichten von der Zuverlässigkeit der Vorgesetzten und davon überzeugen, daß die Aufgaben auch wahrgenommen werden.

Der Arbeitgeber hat trotz weitreichender Delegation eine Aufsichtspflicht, die sogenannte Oberaufsicht. Er hat sich zu vergewissern, daß alle Vorkehrungen zur Arbeitssicherheit in seinem Unternehmen getroffen werden, etwa durch regelmäßige Unterrichtung. Ferner kann nur er die Auswahl unter jenen leitenden Mitarbeitern treffen, denen grundsätzliche Entscheidungen über betriebliche Einrichtungen übertragen werden sollen, die aufgrund von Unfallverhütungsvorschriften geschaffen oder erhalten werden müssen. Auch ist es allein seine Pflicht, dafür zu sorgen,

Art. 79

daß entsprechende finanzielle Mittel für Maßnahmen der Arbeitssicherheit zur Verfügung stehen. Die Verantwortung für die sinnvolle Verwendung dieser Mittel kann er delegieren.

Die Verantwortung des Dienststellenleiters für den Bereich des öffentlichen Dienstes, also die Verwaltungen und Betriebe des Bundes, der Bundesländer, der Gemeinden und der sonstigen Körperschaften, Anstalten und Stiftungen des öffentlichen Rechts ergibt sich selbst für den Fall, daß keine eigenständigen Anweisungen erlassen sind, letztlich aus § 2 der »Allgemeinen Unfallverhütungsvorschriften« (VBG I = Sammlung der Vorschriften der gewerblichen Berufsgenossenschaften).

Dies ergibt sich aus § 120 SGB VII und § 218 SGB VII sowie daraus, daß im öffentlichen Dienst, solange keine eigenständigen Anweisungen erlassen waren, nach § 767 Abs. 2 Nr. 5 RVO grundsätzlich die Unfallverhütungsvorschriften der gewerblichen Berufsgenossenschaften galten, die nach § 708 RVO erlassen wurden.

§ 2 der »Allgemeinen Unfallverhütungsvorschriften« (VBG I = Sammlung der Vorschriften der gewerblichen Berufsgenossenschaften) lautet:

1. Der Unternehmer hat zur Verhütung von Arbeitsunfällen Einrichtungen, Anordnungen und Maßnahmen zu treffen, die den Bestimmungen dieser Unfallverhütungsvorschrift und den für ihn sonst geltenden Rechtsvorschriften entsprechen. Soweit in anderen Rechtsvorschriften, insbesondere in Arbeitsschutzvorschriften, Anforderungen gestellt werden, bleiben diese Vorschriften unberührt.

2. Tritt bei der Einrichtung ein Mangel auf, durch den für die Versicherten sonst nicht abzuwendende Gefahren entstehen, ist die Einrichtung stillzulegen.

b) Verantwortung der betrieblichen bzw. dienstlichen Führungskräfte

8 In großen Betrieben ist der Unternehmer in der Regel nicht allein in der Lage, seiner Verantwortung für die Arbeitssicherheit in vollem Umfang und in angemessener Weise nachzukommen. Er ist auf die Mithilfe anderer Betriebsangehöriger angewiesen und muß sich von seinen Betriebsleitern, Meistern und Vorarbeitern unterstützen lassen. Nach § 13 Abs. 2 ArbSchG kann der Arbeitgeber zuverlässige und fachkundige Personen schriftlich damit beauftragen, ihm nach dem ArbSchG obliegende Aufgaben in eigener Verantwortung wahrzunehmen. Die Gesamtverantwortung des Arbeitgebers bleibt hiervon aber unberührt. Eine besondere Form der Unterstützung wird ihm dabei durch Betriebsärzte und Sicherheitsfachkräfte, die nach dem Arbeitssicherheitsgesetz zu bestellen sind, zuteil.

In ähnlicher Weise wie der Unternehmer ist der betriebliche Vorgesetzte verantwortlich. Er darf seine Aufgaben nicht nur in der Beaufsichtigung und Lenkung der Produktion sehen, sondern er hat auch die Verpflich-

Art. 79

tung zur Arbeitssicherheit, die für ihn unmittelbar mit dem technischen Ablauf verbunden ist. Als Beauftragter des Arbeitgebers muß er den auftretenden Gefährdungen, die er erkennen kann und muß, sofort mit geeigneten Maßnahmen begegnen. Er hat dafür zu sorgen, daß Mängel in der Arbeitssicherheit, soweit ihm dies möglich ist, sofort beseitigt werden, andernfalls besteht die Verpflichtung, sicherheitswidrige Zustände und sicherheitswidriges Verhalten dem nächsten Vorgesetzten bzw. dem Dienststellenleiter zu melden und darauf zu drängen, daß diese abgestellt werden.

Die Verantwortung für die Arbeitssicherheit ist untrennbar mit der Weisungsbefugnis der Führungskräfte verbunden. Betriebliche Führungskräfte ohne Verantwortung sind nicht denkbar, was sich u. a. auch aus dem Ordnungswidrigkeitengesetz (OWiG) ergibt.

In der DA zu § 12 VGB I heißt es: »Vorgesetzte und Aufsichtsführende sind aufgrund ihres Arbeitsvertrages verpflichtet, im Rahmen ihrer Befugnis die zur Verhütung von Arbeitsunfällen erforderlichen Anordnungen und Maßnahmen zu treffen und dafür zu sagen, daß sie befolgt werden. Insoweit trifft sie eine zivilrechtliche und strafrechtliche Verantwortlichkeit; diese besteht unabhängig von einer Verantwortung aus § 9 Abs. 2 Nr. 2 OWiG.

Betrieb oder Unternehmen im Sinne des Ordnungswidrigkeitengesetzes ist auch das öffentliche Unternehmen.«

Aus dem Ausgeführten ergibt sich, daß Personen, die mit Führungsaufgaben vom Unternehmer beauftragt wurden, automatisch die Verantwortung für die Unfallverhütung aus dieser Funktion heraus zu übernehmen haben.

Der Unternehmer hat nicht nur das Recht, sondern auch die Pflicht, nach § 13 der Unfallverhütungsvorschrift (VBG I) »Allgemeine Vorschriften« verantwortliche Aufsichtspersonen zu bestellen und die ihm hinsichtlich des Arbeitsschutzes und der Unfallverhütung obliegenden Pflichten, die sich aus § 3 ArbSchG, § 9 Abs. 2 Nr. 2 OWiG sowie § 14 Abs. 2 Nr. 2 StGB ergeben, schriftlich an den obengenannten Personenkreis zu übertragen.

Für den Bereich der Gemeinden und des übrigen öffentlichen Dienstes folgt die Pflicht des Dienststellenleiters, betriebliche Führungskräfte zu bestellen, letztlich aus §§ 2 und 12 der »Unfallverhütungsvorschrift« zu VBG I »Allgemeine Vorschriften« (= Sammlung der Vorschriften der gewerblichen Berufsgenossenschaften) i. V. m. §§ 120 und 218 SGB VII, die im Rahmen der Ermächtigung nach § 15 SGB VII erlassen wurden, und wonach der Unternehmer, der in der Regel nicht allein in der Lage ist, seiner Verantwortung für die Arbeitssicherheit in vollem Umfang und in angemessener Weise nachzukommen, sich von Betriebsleitern, Meistern und Vorarbeitern unterstützen lassen muß. Betriebsärzte und Sicherheitsfachkräfte treten insoweit nur hinzu.

Art. 79

In diesem Zusammenhang ist zu beachten, daß die Verantwortung für die Arbeitssicherheit auch hier untrennbar mit der Weisungsbefugnis der dienstlichen Führungskräfte verbunden ist. Dienstliche Führungskräfte ohne Verantwortung sind nicht denkbar. Auch für alle Führungskräfte in öffentlichen Unternehmen und Dienststellen ist § 130 OWiG zu beachten.

c) Sicherheitsbeauftragte

9 Jeder Unternehmer und jeder Dienststellenleiter muß nach § 22 SGB VII sowie nach § 9 der UVV (VGB I) »Allgemeine Vorschriften« (unter Mitwirkung des Betriebs- bzw. Personalrates) sogenannte Sicherheitsbeauftragte bestellen, wenn in dem Unternehmen bzw. der Dienststelle regelmäßig mehr als 20 Beschäftigte tätig sind. Für den Bereich des öffentlichen Dienstes ergibt sich eine entsprechende Verpflichtung in der Regel aus Verwaltungsvorschriften zur Durchführung der Unfallversicherung.

Sicherheitsbeauftragte haben ähnlich wie die Sicherheitsfachkräfte eine beratende und unterstützende Funktion. Mit dieser Eigenschaft haben sie es neben der Erfüllung ihrer arbeitsvertraglichen Verpflichtung übernommen, freiwillig den Unternehmer/Dienststellenleiter bzw. seinen Beauftragten nach den Vorschriften des § 22 Abs. 2 SGB VII bei der Durchführung des Unfallschutzes zu unterstützen (zur Schulungsmöglichkeit vgl. § 23 SGB VII).

Als Aufgabenbeispiel sei hier nur genannt, daß sie sich ständig davon überzeugen müssen, daß die vorgeschriebenen Schutzvorrichtungen vorhanden sind und ordnungsgemäß benutzt werden. Selbst wenn die Sicherheitsbeauftragten auch bei völliger Untätigkeit von jeder Haftung befreit bleiben, so verpflichtet sie doch die Moral ihres Mandates, die besonderen Pflichten auf dem Gebiet der Arbeitssicherheit gewissenhaft zu erfüllen.

Die Tätigkeit ist darauf gerichtet, die im Betrieb vorhandenen Mängel an den Unternehmer/Dienststellenleiter bzw. deren Beauftragte heranzutragen, das Sicherheitsbewußtsein der Mitarbeiter zu wecken und zu vertiefen, und zwar mit dem Ziel, die Unfallverhütungsarbeit zu verbessern. Sie sollen ihren Arbeitskollegen außerdem Hinweise und Ratschläge zu einem sicherheitsgerechten Verhalten mitgeben. In dem Moment, in dem sie durch den Unternehmer mit unternehmerischen Teilaufgaben betraut werden, scheiden sie aus dem Kreis der Sicherheitsbeauftragten aus.

Für eine ordnungsgemäße Durchführung der Aufgaben ist den Sicherheitsbeauftragten ausreichend Arbeitszeit zur Verfügung zu stellen. Die Sicherheitsbeauftragten sind ebenso wie die Sicherheitsfachkräfte nicht mit Weisungsbefugnissen ausgestattet. Zum Zwecke des Informations- und Erfahrungsaustausches treffen der Unternehmer/Dienststellenleiter bzw. deren Beauftragte einmal monatlich unter Hinzuziehung des Personalrates mit den Sicherheitsbeauftragten zusammen.

Art. 79

d) Personalräte

Im System und nach dem Gesamtkonzept des Arbeitsschutzes in den Dienststellen sind auch den Personalräten besondere Aufgaben zugewiesen, deren Erfüllung unabdingbar dafür ist, daß der Gesamtplan des Arbeitsschutzes verwirklicht wird. Die Mitverantwortung der Personalräte erschöpft sich keineswegs in der **Überwachungs- und Kontrollfunktion.** Vielmehr haben Personalräte eigenständige Rechte und Pflichten auf dem Gebiet der Arbeitssicherheit und der Unfallverhütung, nach denen sie gleichfalls für das Leben und die Gesundheit der Beschäftigten mitverantwortlich sind. Diese Rechte und Pflichten sind im Personalvertretungsgesetz geregelt. Zu den grundsätzlichen Aufgaben aller Personalräte gehört es, über die Durchführung und Einhaltung der zugunsten der Beschäftigten geltenden Gesetze, Verordnungen, Vereinbarungen und Tarifverträge zu wachen. Eine besondere Aufgabe verbunden mit einem Initiativrecht kommt ihnen bei der Bekämpfung von Unfall- und Gesundheitsgefahren zu. Bei der Wahrnehmung dieser Aufgaben haben die Beschäftigtenvertreter u. a. auch zur Bekämpfung von Unfall- und Gesundheitsgefahren in Dienststelle und Betrieb mit den für den Arbeitsschutz zuständigen außerbetrieblichen Stellen zusammenzuarbeiten. Dies sind z. B. die Beamten der Gewerbeaufsicht oder diejenigen der Träger der gesetzlichen Unfallversicherung (Berufsgenossenschaft bzw. Unfallkasse; vgl. Rn. 4 und 5). Bei der Wahrnehmung ihrer Verantwortung für den Arbeitsschutz im Betrieb erwartet der Gesetzgeber von den Personalräten, daß sie mit den vorgenannten Beamten **zusammenarbeiten,** ihnen Auskünfte erteilen und Anregungen geben, wie die Durchführung der Vorschriften für den Arbeitsschutz in Dienststelle und Betrieb besser und wirkungsvoller durchgesetzt werden kann. Dieses besondere Aufgabengebiet setzt voraus, daß die Personalräte sich umfassend über die Angelegenheiten des Arbeitsschutzes und der Unfallverhütung informieren. Aus diesem Grunde sieht das Personalvertretungsgesetz eine enge Zusammenarbeit zwischen Personalrat und Arbeitgeber vor.

Dem Recht der Personalräte, sich in allen Angelegenheiten der Arbeitssicherheit an den Dienststellenleiter zu wenden und sich für notwendige Maßnahmen der Unfallverhütung und Arbeitssicherheit einzusetzen, steht die Verpflichtung gegenüber, den Personalrat in allen Fragen des Arbeitsschutzes **zu beteiligen.**

Soweit gesetzliche oder tarifliche Regelungen für einzelne Maßnahmen nicht bestehen, haben Personalräte die Möglichkeit, durch Abschluß von **Dienstvereinbarungen** mit dem Unternehmer bzw. Dienststellenleiter über die Maßnahmen zur Unfallverhütung und zur Abwendung von Gesundheitsgefahren bei der Arbeit mitzubestimmen. Form und Verfahren der Mitbestimmung sind im BayPVG geregelt. Im einzelnen ergeben sich für die Personalräte folgende Rechte und Pflichten im Zusammenhang mit der Verwirklichung der Arbeitssicherheit:

– Nach Art. 69 Abs. 1 Buchst. b gehört es zu den vornehmsten Aufgaben

Art. 79

des Personalrats, dafür zu sorgen, daß die zugunsten der Beschäftigten geltenden **Gesetze, Verordnungen, Tarifverträge, Dienstvereinbarungen** und **Verwaltungsanordnungen** durchgeführt werden.

- Nach Art. 75 Abs. 4 Nr. 8 hat der Personalrat eine besondere Aufgabe, verbunden mit einem Initiativrecht, wenn es darum geht, **Maßnahmen zur Verhütung von Dienst- und Arbeitsunfällen** und **sonstigen Gesundheitsschädigungen** einzuleiten und zu bewirken, um auf diese Weise die Unfall- und Gesundheitsgefahren zu bekämpfen. Darüber, ob eine vom Personalrat für richtig gehaltene Maßnahme durchgeführt wird, entscheidet letztlich die Einigungsstelle.

- Dasselbe gilt mit gewissen Einschränkungen (vgl. die Anm. zu Art. 70a Abs. 2), wenn es darum geht, daß Vertrauens- und Betriebsärzte bestellt werden (vgl. Art. 75 Abs. 4 Nr. 7).

- Nach Art. 79 BayPVG hat der **Personalrat** bei der Bekämpfung von Unfall- und Gesundheitsgefahren die für den Arbeitsschutz zuständigen **Behörden,** die **Träger der gesetzlichen Unfallversicherung** und die übrigen in Betracht kommenden Stellen durch **Anregung, Beratung** und **Auskunft** zu unterstützen (vgl. Art. 79 Abs. 1).

Soweit der Personalrat die bezeichneten Aufgaben wahrnimmt, erwartet der Gesetzgeber, daß mit den außerbetrieblich Zuständigen zusammengearbeitet wird, daß diesen Auskünfte erteilt und Anregungen gegeben werden, wie die Vorschriften für den Arbeitsschutz in der Dienststelle besser und wirkungsvoller durchgesetzt werden können.

Dies kann der Personalrat nur dann ordnungsgemäß tun, wenn er sich umfassend über die Angelegenheiten des Arbeitsschutzes und die Unfallverhütung in der Dienststelle informiert.

Das Recht des Personalrats, sich in allen Angelegenheiten der Arbeitssicherheit an den Dienststellenleiter zu wenden, um sich für notwendige Maßnahmen der Unfallverhütung und der Arbeitssicherheit einzusetzen, wird durch die Pflicht des Dienststellenleiters und der bezeichneten Stellen ergänzt, den Personalrat in allen Angelegenheiten zu beteiligen, die im Zusammenhang mit dem Arbeitsschutz oder der Unfallverhütung stehen.

Nach den bezeichneten mitbestimmungsrechtlichen Bestimmungen nimmt der Personalrat überdies an den **Besprechungen des Dienststellenleiters mit dem Arbeitsschutzausschuß** teil.

Um alle sich aus den gesetzlichen Regelungen und Unfallverhütungsvorschriften ergebenden Verpflichtungen erfüllen zu können, bedarf es einer engen Zusammenarbeit des Personalrates mit dem Arbeitnehmern, den Sicherheitsbeauftragten, den Sicherheitsfachkräften, den Betriebsärzten und dem Arbeitgeber. In diesem Zusammenhang ist der Personalrat im besonderen Maße auf die Mithilfe der Arbeitnehmer und Sicherheitsbeauftragten angewiesen, die in den Betrieben über exakte Kenntnisse

Art. 79

der Arbeits- und Organisationsabläufe verfügen und Mängel bezüglich des Arbeitsschutzes gezielt erkennen können.

Auch die Tätigkeit des Sicherheitsbeauftragten ist für den betrieblichen Arbeitsschutz von wesentlicher Bedeutung. Der Personalrat hat deshalb bei der **Bestellung des Sicherheitsbeauftragten** ein Mitbestimmungsrecht.

Der Personalrat ist außerdem verpflichtet, zwei seiner Mitglieder in den **Arbeitsschutzausschuß** zu entsenden.

e) Der einzelne Arbeitnehmer

Jeder Arbeitnehmer ist nach § 15 ArbSchG auch selbst zur Aktivität in der Unfallverhütung verpflichtet. Er hat nicht nur ein Recht auf Sicherheit am Arbeitsplatz, sondern auch die Pflicht, sich sicherheitsgerecht zu verhalten und grundsätzlich alle der Arbeitssicherheit dienenden Maßnahmen zu unterstützen. Nach § 14 der Unfallverhütungsvorschrift »Allgemeine Vorschriften« (VBG I) sind Weisungen des Unternehmers oder seines Beauftragten – auch die zur Unfallverhütung –, vom Arbeitnehmer zu befolgen, es sei denn, es handelt sich um Weisungen, die offensichtlich unbegründet sind. Die Beschäftigten müssen gemäß der Unterweisung und Weisung des Arbeitgebers für ihre Sicherheit und Gesundheit bei der Arbeit Sorge tragen (vgl. § 15 Abs. 1 Satz 1 ArbSchG).

11

Auch aus einer Betriebsvereinbarung können sich Weisungen des Unternehmers zum Zwecke der Unfallverhütung ergeben.

Die zur Verfügung gestellten persönlichen Schutzausrüstungen sind nach § 15 Abs. 2 ArbSchG zu benutzen. Maschinen, Geräte, Werkzeuge, Arbeitsstoffe, Transportmittel und sonstige Arbeitsmittel sowie Schutzvorrichtungen sind nach derselben Vorschrift bestimmungsgemäß zu verwenden. Sicherheitswidrige Weisungen des Dienststellenleiters oder seiner Beauftragten dürfen nach der bezeichneten Unfallverhütungsvorschrift vom einzelnen Arbeitnehmer nicht befolgt werden.

Auch nach § 15 VBG I sind von den Arbeitnehmern alle Einrichtungen bestimmungsgemäß zu verwenden. Stellt ein Arbeitnehmer sicherheitstechnische Mängel an einer Einrichtung fest, so muß er diese unverzüglich beseitigen (vgl. § 16 VBG I). Nach dieser Vorschrift hat der Arbeitnehmer in den Fällen, in denen die Mängelbeseitigung nicht zu seiner Aufgabe gehört oder er nicht über die erforderliche Sachkunde verfügt, die festgestellten Mängel unverzüglich, d. h. ohne schuldhaftes Zögern, dem Vorgesetzten zu melden (§ 16 VBG I).

Nach § 17 VBG I muß jede unbefugte Benutzung von Einrichtungen und Arbeitsstoffen unterbleiben.

Die Arbeitnehmer haben sicherheitsgerechte Arbeitskleidung zu tragen und dürfen sich z. B. auch nicht durch Alkoholgenuß in einen Zustand versetzen, in dem sie sich selbst oder andere gefährden können. Für die Erfüllung dieser Pflichten sind alle Beschäftigten, also auch Führungs-

Art. 79

kräfte, Sicherheitsbeauftragte, Fachkräfte für Arbeitssicherheit und Betriebsärzte selbst verantwortlich.

Die Pflichten der Arbeitnehmer können nicht auf andere Mitarbeiter übertragen werden. Sie sind auch unabdingbar.

Gemäß § 16 Abs. 1 ArbSchG sind die Beschäftigten verpflichtet, dem Arbeitgeber oder dem zuständigen Vorgesetzten jede von ihnen festgestellte unmittelbare erhebliche Gefahr für die Sicherheit und Gesundheit sowie jeden an den Schutzsystemen festgestellten Defekt ohne schuldhaftes Zögern zu melden.

Nach § 16 Abs. 2 Satz 1 ArbSchG müssen die Beschäftigten gemeinsam mit dem Betriebsarzt und der Fachkraft für Arbeitssicherheit den Arbeitgeber darin unterstützen, die Sicherheit und den Gesundheitsschutz der Beschäftigten bei der Arbeit zu gewährleisten und seine Pflichten entsprechend den behördlichen Auflagen zu erfüllen.

Die Beschäftigten sollen von ihnen festgestellte Gefahren für Sicherheit und Gesundheit und Mängel an den Schutzsystemen auch den Sicherheitsfachkräften, dem Betriebsarzt oder dem Sicherheitsbeauftragten nach § 22 SGB VII mitteilen (§ 16 Abs. 2 Satz 2 ArbSchG).

Nach § 17 ArbSchG haben die Beschäftigten darüber hinaus das Recht und eine entsprechende moralische Verpflichtung, dem Arbeitgeber Vorschläge zu allen Fragen der Arbeitssicherheit zu machen. Sind sie der Meinung, daß bestimmte Vorkehrungen des Arbeitgebers nicht ausreichen, können sie sich bei diesem beschweren. Erfolgt keine Abhilfe, können sich die Beschäftigten an die zuständige Behörde wenden (vgl. hierzu Rn. 4 und 5), ohne daß ihnen hierdurch Nachteile entstehen dürfen.

f) Betriebsärzte und Sicherheitsfachkräfte

12 Schließlich sind für den innerbetrieblichen Bereich natürlich auch die nach dem Arbeitssicherheitsgesetz zu bestellenden Betriebsärzte und Fachkräfte für Arbeitssicherheit für die Sicherheit am Arbeitsplatz und den Arbeitsschutz verantwortlich.

Die Betriebsärzte und die Sicherheitsfachkräfte haben keine unmittelbare Verantwortung für das Unfallgeschehen im Betrieb. Sie haben vielmehr im wesentlichen die Aufgabe, den Dienststellenleiter und die Personen, die mit der Verantwortung für die Arbeitssicherheit betraut sind, zu **beraten** und zu **unterstützen.** Sie sind also nicht dazu bestimmt, dem Dienststellenleiter die Verantwortung für die Durchführung der Unfallverhütung und des Gesundheitsschutzes abzunehmen. Aus diesem Grunde müssen die Betriebsärzte und Fachkräfte für Arbeitssicherheit auch nur den von ihnen erteilten sicherheitstechnischen Rat verantworten. Sie können nur zur Verantwortung gezogen werden, wenn sie schuldhaft untätig geblieben sind und dadurch Unfälle oder Berufskrankheiten eingetreten sind.

Nach § 16 des »Gesetzes über Betriebsärzte, Sicherheitsingenieure und andere Fachkräfte für Arbeitssicherheit« vom 12. 12. 1973 (BGBl. I

Art. 79

S. 1885 – ASiG) muß in den Verwaltungen und Betrieben des Bundes, der Länder und Gemeinden ein dem im Arbeitssicherheitsgesetz vorgesehenen Schutz gleichwertiger arbeitsmedizinischer und arbeitstechnischer Arbeitsschutz gewährleistet werden. Dies erlaubt es den Personalvertretungen, stets sicherzustellen, daß die Vorschriften des Arbeitssicherheitsgesetzes auch eingehalten werden, nachdem jede andere Vorgehensweise der öffentlichen Arbeitgeber mit der Rechtsordnung nicht im Einklang wäre.

Selbständige Anordnungen, z. B. die Anordnung, ein schlecht verlegtes elektrisches Kabel, von dem eine unmittelbare Gefahr ausgeht, zu sichern bzw. aus dem Stromkreislauf zu nehmen, sind durch die Betriebsärzte und Sicherheitsfachkräfte jederzeit zulässig und möglich, allerdings nur, soweit gewissermaßen »ein übergesetzlicher Notstand« vorliegt. In diesen Fällen hat aber jeder Beschäftigte eben dieses Recht und dieselbe Verpflichtung, sobald die Gefährdung erkannt ist. Die beratende und unterstützende Aufgabenstellung der Betriebsärzte und Fachkräfte für Arbeitssicherheit ändert sich hierdurch dem Grunde nach nicht.

Der **Gesamtplan** des Gesetzgebers, der die Arbeitssicherheit und den Schutz vor Unfall- und Gesundheitsgefahren in den Dienststellen und Betrieben verwirklichen soll, ist nach dem in Rn. 1 bis 11 Ausgeführten nur zu verwirklichen, wenn alle bezeichneten Verantwortlichen die ihnen obliegenden Pflichten erfüllen und die ihnen eingeräumten Rechte auch wahrnehmen und ausschöpfen und sich so ordnungsgemäß an dem durch das Gesetz vorgesehenen »Mit- und Gegeneinander« (= Interaktion) der verschiedenen Träger von Rechten und Pflichten beteiligen. Da nur so der bezweckte Schutz erreicht wird, ist es auch unverzichtbar, daß alle Beschäftigten und vor allem die Personalräte die ihnen zugewiesenen Rechte und Pflichten auch kennen. Letzteres ist erforderlichenfalls durch Schulung sicherzustellen. **13**

Verstöße gegen die bezeichneten Vorschriften können Geldbußen und bei Personalratsmitgliedern deren Ausschluß aus dem Gremium und sogar die Auflösung des gesamten Gremiums zur Folge haben. **14**

(**Abs. 1**) Abs. 1 Satz 1 begründet die Pflicht des Personalrats, bei der Bekämpfung von Unfall- und Gesundheitsgefahren bestimmte Stellen durch Anregung, Beratung und Auskunft zu unterstützen. **15**

Die vom Personalrat zu unterstützenden und für den Arbeitsschutz zuständigen **Behörden** sind die unter Rn. 5 bezeichneten Unfallversicherungsträger und Unfallkassen. Hinzu kommen die Gewerbeaufsichtsämter (vgl. Rn. 4). **Übrige in Betracht kommende Stellen**, die der Personalrat zu unterstützen hat, sind die in Rn. 7 bis 10 und Rn. 12 bezeichneten Stellen.

Die **Unfallverhütungsvorschriften** für die einzelnen Bereiche können jederzeit z. B. bei dem Bayer. Gemeindeunfallversicherungsverband bzw. den anderen in Rn. 5 bezeichneten Stellen angefordert werden. **16**

Zunehmende Bedeutung im Bereich des Arbeits- und Gesundheitsschut- **17**

Art. 79

zes erhalten auch die **Normen der EU.** So ist auf der Grundlage des Art. 118a EWG-Vertrag am 12. 6. 1989 die **Richtlinie** über die Durchführung von Maßnahmen zur Verbesserung der Sicherheit und des Gesundheitsschutzes der Arbeitnehmer bei der Arbeit erlassen worden (Amtsblatt der EG v. 26. 9. 1989 Nr. L 183/1). Sie wurde als Arbeitsschutzgesetz in nationales Recht überführt und umgesetzt (vgl. hierzu ausführlich Rn. 4).

18 Die vom Personalrat zu gewährende Unterstützung in Form von Anregungen, Beratung und Auskunft ist im Hinblick auf das genannte **System des Schutzes vor Unfall- und Gesundheitsgefahren** unabdingbare Voraussetzung dafür, daß das Gesamtkonzept des Gesetzes (vgl. Rn. 13) verwirklicht wird und damit ein wirklich umfassender Schutz vor Unfällen gewährleistet ist.

19 Aktiver Einsatz des Personalrats für die **Durchführung der Schutzvorschriften** kann sich keinesfalls darauf beschränken, lediglich darüber zu wachen, ob die bezeichneten Vorschriften von den betreffenden Stellen auch beachtet und eingehalten werden. Vielmehr ist der Personalrat verpflichtet, alle ihm auferlegten Pflichten zu erfüllen und alle Rechte, auch soweit diese durch andere einschlägige Gesetze und Vorschriften zugewiesen werden, **auszuschöpfen**, damit das **Gesamtkonzept** des BayPVG zur Arbeitssicherheit erreicht und verwirklicht wird (vgl. zum Gesamtkonzept des Arbeitsschutzes Rn. 1 bis 13).

20 (**Abs. 2**) Nach **Abs. 2 Satz 1** sind der Dienststellenleiter und die in Abs. 1 bezeichneten Stellen verpflichtet, bei allen **Besichtigungen** und **zu erörternden Fragen**, die im Zusammenhang mit dem Arbeitsschutz oder der Unfallverhütung stehen, sowie bei **Unfalluntersuchungen** den Personalrat oder die von ihm bestimmten Mitglieder derjenigen Dienststelle hinzuzuziehen, in der die betreffende Besichtigung oder Untersuchung stattfindet. Die Vorschrift stellt insoweit sicher, daß der Personalrat über alle Probleme und Fragen im Zusammenhang mit dem Gesundheitsschutz und der Unfallverhütung **informiert** ist. Er wird hierdurch in die Lage versetzt, die ihm obliegenden Rechte und Pflichten, wie z.B. die Ausübung des in Art. 75 Abs. 4 Nr. 8 festgestellten Mitbestimmungsrechts, mit Initiativmöglichkeiten wahrzunehmen. Die Pflicht, den Personalrat hinzuzuziehen, besteht für den **Dienststellenleiter** und die in Abs. 1 **bezeichneten Stellen** in gleicher Weise.

21 Nach § 9 Abs. 2 ASiG sind die Betriebsärzte und die Fachkräfte für Arbeitssicherheit verpflichtet, den Personalrat über wichtige Angelegenheiten des Arbeitsschutzes und der Unfallverhütung zu unterrichten; dies erfolgt zweckmäßig mittels Abschriften aller Mitteilungen, die sie dem Arbeitgeber machen.

22 Im Rahmen der an dem bezeichneten Zweck orientierten **möglichst frühzeitigen Beiziehung des Personalrats** nimmt dieser an den Beratungen und Erörterungen teil und kann von sich aus auch durch Information zur Auf-

Art. 79

klärung beitragen. Er kann Vorschläge machen, wie Arbeitsunfälle in Zukunft vermieden werden können, und auch zu allen anderen Fragen des Arbeitsschutzes Stellung nehmen. Es besteht ein Anspruch darauf, daß diese Vorschläge ernsthaft geprüft und nach Möglichkeit verwirklicht werden.

Abs. 2 Satz 2 begründet die Pflicht des Dienststellenleiters, dem Personalrat unverzüglich, d. h. ohne schuldhaftes Zögern, alle **Auflagen** und **Anordnungen** mitzuteilen, welche die Unfallverhütung und den Arbeitsschutz in der Dienststelle betreffen und die von den in Abs. 1 bezeichneten Stellen erlassen wurden. Diese Mitteilung, die den Personalrat u. a. in die Lage versetzt, die ihm nach Art. 69 Abs. 1 Buchst. b obliegenden Kontroll- und Überwachungspflicht zu erfüllen, kann zunächst **mündlich** erfolgen, sollte aber anschließend **schriftlich** nachgeholt werden. 23

(Abs. 3) Nach **Abs. 3** haben vom Personalrat beauftragte Personalratsmitglieder das Recht, an folgenden Besprechungen teilzunehmen: 24

– Besprechung des Dienststellenleiters mit den Sicherheitsbeauftragten und

– Besprechung des Dienststellenleiters mit dem Sicherheitsausschuß nach § 719 Abs. 4 RVO. Die Vorschrift findet sich nun – nach Überführung der RVO in den SGB VII – in § 22 Abs. 2 SGB VII. Ein Sicherheitsausschuß ist dort nicht mehr vorgesehen.

(Abs. 4) Über sämtliche Untersuchungen, Besichtigungen und Besprechungen, zu denen der Personalrat hinzuzuziehen ist, erhält der Personalrat nach **Abs. 4** die Niederschriften. 25

Er hat auch Anspruch auf die Niederschriften, wenn Mitglieder des Personalrats nicht an den Untersuchungen, Besichtigungen und Besprechungen teilgenommen haben sollten.

(Abs. 5) Der Personalrat hat nach **Abs. 5** das Recht, vom Dienststellenleiter die gem. § 1552 RVO (die Vorschrift wurde durch § 193 Abs. 5 SGB VII ersetzt = Anm. d. Verf.) oder den entsprechenden beamtenrechtlichen Bestimmungen zu erstellenden Unfallanzeigen in einer Durchschrift zu erhalten. 26

Nach § 1552 RVO (und seit 7. 8. 1996 nach § 193 Abs. 5 SGB VII) sind die Unfallanzeigen durch den Personalrat, d. h. durch den Vorsitzenden oder seinen Stellvertreter, **zu unterzeichnen**. Auf diese Weise wird sichere Kenntnis des Personalrats von allen Unfällen im Betrieb erreicht, so daß der Personalrat in die Lage versetzt wird, die Maßnahmen einzuleiten, die erforderlich sind, um Arbeitsunfälle in Zukunft zu verhindern. Insoweit kommen vor allem Initiativen im Rahmen des Mitbestimmungsrechts nach Art. 75 Abs. 4 Nr. 8 in Betracht.

Streitigkeiten über das Bestehen und den Umfang von Rechten und Pflichten aus Art. 79 entscheiden die Verwaltungsgerichte nach Art. 81 Abs. 1 Nr. 3. 27

Art. 80

Vierter Abschnitt

Beteiligung der Stufenvertretungen und des Gesamtpersonalrats

Artikel 80
Beteiligung der Stufenvertretungen und des Gesamtpersonalrats

(1) In Angelegenheiten, in denen die Dienststelle zur Entscheidung befugt ist, ist der bei ihr gebildete Personalrat zu beteiligen.

(2) In Angelegenheiten, in denen die übergeordnete Dienststelle zur Entscheidung befugt ist, ist an Stelle des Personalrats die bei der zuständigen Dienststelle gebildete Stufenvertretung zu beteiligen. Vor einem Beschluß in Angelegenheiten, die einzelne Beschäftigte oder Dienststellen betreffen, gibt die Stufenvertretung dem Personalrat Gelegenheit zur Äußerung. In diesem Fall verlängern sich die Fristen der Art. 70 und 72 um eine Woche.

(3) Absatz 2 gilt entsprechend für die Verteilung der Zuständigkeit zwischen Personalrat und Gesamtpersonalrat. Der Personalrat kann Angelegenheiten, die in seiner Zuständigkeit liegen, allgemein oder im Einzelfall dem Gesamtpersonalrat mit dessen Zustimmung übertragen. Sind Angelegenheiten dem Gesamtpersonalrat übertragen, so gibt dieser vor einem Beschluß dem Personalrat Gelegenheit zur Äußerung.

(4) In Angelegenheiten, in denen eine andere als die Körperschaft, der die Dienststelle angehört, zur Entscheidung berufen ist, ist der Personalrat der Dienststelle zu beteiligen, auf die oder deren Beschäftigte sich die Maßnahme erstreckt. Ist ein Gesamtpersonalrat gebildet, so tritt dieser an die Stelle des Personalrats.

(5) Für die Befugnisse und Pflichten der Stufenvertretungen und des Gesamtpersonalrats gelten die Art. 67 bis 79 mit Ausnahme des Art. 67 Abs. 1 Satz 1 entsprechend.

(6) Ist der bei der Dienststelle gebildete Personalrat oder Gesamtpersonalrat zeitweilig an der Wahrnehmung der Beteiligungsrechte gemäß Absatz 1 verhindert, wird die bei der übergeordneten Dienststelle gebildete Stufenvertretung beteiligt. Dies gilt auch in den Fällen des Art. 47 Abs. 2 und 3.

(7) Ist eine Dienststelle neu errichtet und ist bei ihr ein Personalrat noch nicht gebildet worden, wird bis auf die Dauer von längstens 6 Monaten die bei der übergeordneten Dienststelle gebildete Stufenvertretung beteiligt.

1 Die Regelung bestimmt, bei bzw. mit jeweils welchen Stellen in der hierarchischen mehrstufigen Verwaltung des Freistaates Bayern und den

Art. 80

sonstigen Verwaltungen, insbesondere den Gemeindeverwaltungen mit einer oft großen Anzahl kleinerer Dienststellen, Nebenstellen usw., die im BayPVG vorgesehenen Beteiligungs-, Mitwirkungs- oder Mitbestimmungsverfahren stattfinden.

Zu beachten ist in allen Fällen, daß es nicht darauf ankommt, wer die Entscheidung einer Dienststelle letztlich verantwortet, ob also z. B. behördenintern Weisungen, Anordnungen, Genehmigungen oder Zustimmungen erforderlich sind, weil etwa mit anderen Stellen Einvernehmen herzustellen ist (vgl. BVerwG v. 16. 6. 1989 – V-6 P 10.86 –, PersR 1989, 296). Vielmehr ist stets allein maßgeblich, welche Dienststelle die Entscheidung gegenüber der Betriebsöffentlichkeit, also in Beziehung zu den Beschäftigten, trifft und vertritt (vgl. wie hier BVerwG v. 22. 9. 1967 – VII P 14.66 –, ZBR 1968, 22). **2**

Daß eine Maßnahme der Zustimmung der vorgesetzten Behörde bedarf, ändert nichts an der Zuständigkeit der nach außen hin entscheidungsbefugten Dienststelle (vgl. BVerwG v. 11. 2. 1981 – 6 P 44.79 –, PersV 1981, 320).

Etwas anderes gilt nur, wenn eine übergeordnete Stelle eine bestimmte Sache im Rahmen einer rechtlichen Befugnis an sich zieht, also z. B. das Ministerium selbst über die Vergabe von günstigen Darlehen des Dienstherrn an Beschäftigte entscheidet.

Erfordert aber die Durchführung einer Maßnahme auch **selbständige Entscheidungen nachgeordneter Dienststellen**, so entscheiden trotz der Beteiligung einer Stufenvertretung auch die Personalvertretungen bei dieser nachgeordneten Dienststelle mit. **3**

(**Abs. 1**) Nach **Abs. 1** ist bei jeder Maßnahme einer Dienststelle diejenige Personalvertretung zur Mitbestimmung bzw. Mitwirkung befugt, die bei der betreffenden Dienststelle gebildet wurde und die die in dem betroffenen Bereich tätigen Beschäftigten der Dienststelle gegenüber vertritt. Wird eine Entscheidung also bei einer bestimmten Dienststelle getroffen und sind davon alle Beschäftigten in ihrem Organisationsbereich betroffen, so ist nach Abs. 1 der bei ihr gebildete örtliche Personalrat zu beteiligen. **4**

(**Abs. 2**) Wird die Entscheidung bei der übergeordneten Dienststelle getroffen und betrifft sie Belange der Beschäftigten einer **nachgeordneten Dienststelle**, so bestimmt nach **Abs. 2 Satz 1** die bei der übergeordneten Dienststelle gebildete Personalvertretung mit (das ist die **Stufenvertretung**). Dies gilt auch für die Fälle, in denen der Personalrat lediglich anzuhören ist (vgl. BVerwG v. 1. 4. 1986 – 6 P 7.82 –, AuR 1986, 349). **5**

Nach **Abs. 2 Satz 2** gibt die Personalvertretung (Stufenvertretung) bei der übergeordneten Dienststelle davor aber dem örtlichen Personalrat, in dessen Zuständigkeitsbereich die betroffene Maßnahme fällt, Gelegenheit zur Stellungnahme, d. h. der örtliche Personalrat wird **angehört**, sofern die Angelegenheit einzelne Dienststellen oder Beschäftigte betrifft. **6**

Art. 80

Die Stufenvertretung ist verpflichtet, dem örtlichen Personalrat den Zustimmungsantrag des Dienststellenleiters vollständig zur Stellungnahme innerhalb einer angemessenen Frist zuzuleiten (BVerwG v. 2. 10. 2000 – 6 P 11.99 –, PersR 2001, 80 ff.).

Versäumt die Stufenvertretung die Pflicht des Abs. 2 Satz 2, so wird der Beschluß der Stufenvertretung intern **unwirksam**, weil es regelmäßig nicht nur theoretisch möglich ist, daß diese Personalvertretung anders entschieden hätte, wenn die Anhörung ordnungsgemäß erfolgt wäre. Es treten deshalb dieselben Rechtsfolgen ein wie für den Fall, daß Erklärungen des Vorsitzenden nicht von Beschlüssen gedeckt sind. Eine Bindung der Stufenvertretung/des Gesamtpersonalrats an das Votum der nachgeordneten Dienststelle besteht aber nicht. Die Anhörung verlängert nach **Abs. 2 Satz 3** die Fristen der Art. 70 und 72 um **eine Woche**.

Die Stellungnahme des örtlichen Personalrats gehört zu den notwendigen Informationen, deren Kenntnis die Stufenvertretung vor der Beschlußfassung bedarf. Eine Beschlußfassung der Stufenvertretung auf »Vorbehalt« bei noch nicht abgeschlossener Anhörung des örtlichen Personalrats verletzt Sinn und Zweck der Regelung des Abs. 2 Satz 2 (vgl. OVG NW v. 10. 2. 1992 – CB 260/88 –, PersR 1992, 369).

7 Die Stufenvertretung ist nach st. Rspr. nicht zu beteiligen, wenn es sich um eine Maßnahme einer übergeordneten Dienststelle handelt, die nur und ausschließlich **ihren eigenen Organisationsbereich** und nicht auch denjenigen nachgeordneter Dienststellen betrifft. In diesem Fall wird nach Abs. 1 der bei der übergeordneten Dienststelle gebildete »örtliche Personalrat« tätig (vgl. BVerwG v. 19. 12. 1975 – VII 15.74 –, ZBR 1976, 197; BVerwG v. 7. 2. 1980 – 6 P 87.78 –, ZBR 1981, 67). Betrifft eine bestimmte Entscheidung sowohl die Beschäftigten der übergeordneten Dienststelle als auch diejenigen der nachgeordneten Stellen, so ist danach nach Abs. 2 Satz 2 wiederum nur die Stufenvertretung zuständig.

Richtigerweise ist für die Abgrenzung darauf abzustellen, ob der Leiter der Dienststelle, bei der die Stufenvertretung besteht, aufgrund seiner Kompetenz als Leiter der **übergeordneten Dienststelle** oder aber als Dienststellenleiter mit derselben Kompetenz wie derjenigen des **Leiters einer nachgeordneten Behörde** tätig wird.

Die Stufenvertretung muß den örtlichen Personalrat nach Maßgabe von Abs. 2 Satz 2 vor der Entscheidung ebenfalls **anhören**.

8 (Abs. 3) Nach **Abs. 3 Satz 1** gelten die obigen Ausführungen (Rn. 5–7) sinngemäß für die Beteiligung des **Gesamtpersonalrats**. Die Zuständigkeit des Gesamtpersonalrats ist ebenfalls auf solche Angelegenheiten beschränkt, an denen die Personalräte in einzelnen personalvertretungsrechtlich verselbständigten Dienststellenteilen mangels Legitimation nicht mitbestimmen oder mitwirken können.

Betrifft die Entscheidung des Leiters der Gesamtdienststelle nur die

Art. 80

Stammdienststelle, so ist der bei ihr bestehende Personalrat zu beteiligen (vgl. BVerwG v. 27. 2. 1986 – 6 P 32.82 –, PersR 1986, 120).

Betrifft eine Maßnahme lediglich einen personalvertretungsrechtlich verselbständigten Dienststellenteil, so steht dem örtlichen Personalrat bei diesem Dienststellenteil, nicht etwa dem Gesamtpersonalrat das Beteiligungsrecht zu (vgl. BVerwG v. 30. 1. 1985 – 6 P 41.82 –, PersV 1987, 516).

Zusätzlich besteht nach **Abs. 3 Satz 2** im Verhältnis zwischen örtlichem Personalrat und Gesamtpersonalrat die Möglichkeit, letzterem mit dessen Zustimmung die Entscheidung in bestimmten Angelegenheiten **allgemein** oder für den **Einzelfall** zu übertragen. **9**

Erforderlich sind insoweit entsprechende Beschlüsse **beider** Gremien. Nach **Abs. 3 Satz 3** hört der Gesamtpersonalrat in solchen »übertragenen Angelegenheiten« vor seiner Entscheidung ebenfalls den örtlichen Personalrat an. Die obigen Ausführungen zu diesem Verfahren gelten insoweit entsprechend.

(Abs. 4) Nach **Abs. 4 Satz 1** ist zur Mitwirkung bzw. Mitbestimmung in Angelegenheiten, in denen nicht der Leiter der Dienststelle selbst zur Entscheidung berufen ist, zu dessen Kompetenz- bzw. Organisationskreis die betreffende Angelegenheit oder Maßnahme gehört, gleichwohl der örtliche Personalrat zu beteiligen. Dies folgt unmittelbar daraus, daß nur die vom **örtlichen Personalrat** vertretenen Beschäftigten von der Maßnahme betroffen sind. **10**

Für den Fall, daß für den Bereich der betroffenen örtlichen Beschäftigten auch ein Gesamtpersonalrat errichtet ist, muß ausschließlich dieser nach **Abs. 4 Satz 2** bei der Entscheidung beteiligt werden.

(Abs. 5) Nach **Abs. 5** haben die Stufenvertretungen und die Gesamtpersonalratsgremien dieselben Rechte und Pflichten, wie sie den Personalräten nach Art. 67 bis 79 zugewiesen sind (vgl. jeweils die Anmerkungen zu diesen Vorschriften). **11**

Eine Ausnahme gilt nur für die »**Monatsbesprechungen**« aus Art. 67 Abs. 1 Satz 1, die zwischen den Stufenvertretungen bzw. Gesamtpersonalräten und den Dienststellenleitern der Behörden und Stellen, bei denen diese Gremien gebildet wurden, stattfinden. Diese Gespräche **müssen** zwar **nicht stattfinden**, können aber im Rahmen der vertrauensvollen Zusammenarbeit selbstverständlich auch häufiger als im Monatsrhythmus vorgenommen werden. **12**

(Abs. 6) **Abs. 6 Satz 1** begründet das Recht und die Pflicht der Dienststellen, bei denen ein örtlicher Personalrat oder ein Gesamtpersonalrat gebildet wurde, an einer Entscheidung bzw. Maßnahme in einer bestimmten Angelegenheit die bei der übergeordneten Dienststelle gebildete Personalvertretung zu beteiligen, wenn die zuständigen örtlichen Gremien **zeitweise** an der Beteiligung, Mitwirkung oder Mitbestimmung gehindert sind. **13**

Art. 80

Für die betreffende Stufenvertretung besteht eine korrespondierende Verpflichtung, die Vertretung wahrzunehmen, deren Nichtbeachtung die Folgen aus Art. 28 zeitigen kann.

Die Stufenvertretung ist befugt – wie in **Abs. 6 Satz 2** nochmals ausdrücklich festgestellt wird –, auch in den Fällen des Art. 47 Abs. 2 (außerordentliche Kündigung von Mitgliedern des Personalrats) und des Art. 47 Abs. 3 (Versetzung und Abordnung von Personalratsmitgliedern gegen deren Willen) vertretungsweise tätig zu werden und die den örtlichen Personalräten zugewiesene Entscheidung **verbindlich** zu treffen.

14 (**Abs. 7**) Nach **Abs. 7** besteht das Recht und die Pflicht einer übergeordneten Dienststelle, die bei ihr gebildeten Stufenvertretungen in Angelegenheiten und bei Maßnahmen zu beteiligen, die in den Bereich einer **neu errichteten** örtlichen Dienststelle fallen.

Die Stufenvertretung trifft eine entsprechende Beteiligungspflicht, deren Verletzung Folgen nach Art. 28 haben kann.

Die bezeichneten Fristen gelten nur für einen Zeitraum von **sechs Monaten**, nachdem der Organisationsakt, welcher die neue Dienststelle begründete, erfolgt ist. Der Organisationsakt kann hierbei auch in einer Änderung der bisherigen Organisationsstruktur bestehen.

15 Wird eine unzuständige Personalvertretung beteiligt, so liegt keine ordnungsgemäße Beteiligung vor. Dies hat z. B. bei Kündigungen die Rechtsunwirksamkeit dieser Personalmaßnahme zur Folge.

Art. 81

SECHSTER TEIL
Gerichtliche Entscheidungen

Artikel 81
Zuständigkeit und Verfahren

(1) Die Verwaltungsgerichte entscheiden außer in den Fällen der Art. 9 Abs. 4, Art. 25, 28 und 47 Abs. 2 über

1. Wahlberechtigung und Wählbarkeit;
2. Wahl, Amtszeit und Zusammensetzung der Personalvertretungen und der in Art. 57 genannten Vertreter;
3. Zuständigkeit, Geschäftsführung und Rechtsstellung der Personalvertretungen und der in Art. 57 genannten Vertreter;
4. Bestehen oder Nichtbestehen von Dienstvereinbarungen;
5. Streitigkeiten nach Art. 71 Abs. 3 Satz 4.

(2) Die Vorschriften des Arbeitsgerichtsgesetzes über das Beschlußverfahren mit Ausnahme des § 89 Abs. 1 und der §§ 92 bis 96a gelten entsprechend. Die Entscheidung des Verwaltungsgerichtshofs ist endgültig.

Entgegen den Vorstellungen und Vorschlägen des Deutschen Gewerkschaftsbundes ist nach § 106 BPersVG für Streitigkeiten aus dem Personalvertretungsrecht die **Zuständigkeit der Verwaltungsgerichte** und nicht diejenige der Arbeitsgerichte, wie dies bei Streitigkeiten aus dem Betriebsverfassungsgesetz der Fall ist, begründet. **1**

(Abs. 1) Die Fälle, in denen die Verwaltungsgerichte zur Entscheidung berufen sind, werden in **Abs. 1** abschließend aufgezählt. **2**

Hinsichtlich der in **Abs. 1 Halbs. 1** angesprochenen vier Fälle, bei denen die Zuständigkeit der Verwaltungsgerichte bereits durch andere Vorschriften begründet ist, handelt es sich um **3**

– die Anträge des Arbeitgebers nach Art. 9 Abs. 4, wenn er das Beschäftigungsverhältnis mit einem JA-Vertreter nicht weiter fortsetzen will;
– Wahlanfechtung nach Art. 25;
– die Anträge nach Art. 28 auf Ausschluß eines Mitglieds aus dem Personalrat oder die Auflösung des Personalrats und
– den Antrag des Arbeitgebers auf Ersetzung der verweigerten Zustimmung des Personalrats zur beabsichtigten außerordentlichen Kündigung nach Art. 47 Abs. 2 durch das Verwaltungsgericht.

(Abs. 1 Nr. 1) Nach **Abs. 1 Nr. 1** entscheiden die Verwaltungsgerichte über alle Verstöße und Streitigkeiten hinsichtlich der Wahlberechtigung **4**

Art. 81

von Beschäftigten (aktives Wahlrecht) und deren Wählbarkeit zu den Personalvertretungen bzw. JA-Vertretungen (passives Wahlrecht).

Vor Abschluß der Wahl, also noch während eines laufenden Wahlverfahrens, ist eine Entscheidung der Verwaltungsgerichte im Wege des einstweiligen Rechtsschutzes dann sinnvoll und zulässig, wenn durch eine frühzeitige Klärung bestimmter Rechtsfragen eine spätere Wahlanfechtung und die damit gegebenenfalls erforderlich werdende Wahlwiederholung überflüssig und entbehrlich werden (a. A. BayVGH, vgl. Nachweis in Art. 13 Rn. 25).

Nach Abschluß der Wahl können Streitigkeiten hinsichtlich Wahlberechtigung und Wählbarkeit nur im Rahmen eines Wahlanfechtungsverfahrens nach Art. 25 entschieden werden.

5 **(Abs. 1 Nr. 2)** Nach **Abs. 1 Nr. 2** entscheiden die Verwaltungsgerichte auch über Streitigkeiten und Verstöße im Zusammenhang mit der **Durchführung der Wahl** der Personalvertretungen (= Personalrat, Stufenvertretungen und Gesamtpersonalräte sowie JA-Vertretungen) sowie im Zusammenhang mit der **Amtszeit** und der **Zusammensetzung** der bezeichneten Vertretungsorgane.

Dies können z. B. Streitigkeiten sein über

– die Dienststelleneigenschaft nach Art. 12 Abs. 1, deren Zuteilung zu einer benachbarten Dienststelle nach Art. 12 Abs. 2 und die Verselbständigung von Dienststellen nach Art. 6 Abs. 3 bis 6;

– die Zugehörigkeit von Beschäftigten zu einer bestimmten Gruppe nach Art. 17 und die Verteilung der vorhandenen Personalratssitze auf die Gruppen nach Art. 17 und 18;

– Verstöße gegen Art. 19 (Wahlgrundsätze), Art. 24 Abs. 1 (Wahlbehinderung, Wahlbeeinflussung) und Art. 24 Abs. 2 (Kosten der Wahl);

– Streitigkeiten im Zusammenhang mit der Bestellung und Amtsführung des Wahlvorstandes nach Art. 20 bis 23;

– Streitigkeiten über den Bereich, für den ein Gesamtpersonalrat oder eine Stufenvertretung zu bilden ist (Art. 53 Abs. 1 und Art. 55);

– die Sitzverteilung im Personalrat (Art. 17) und das Nachrücken von Ersatzmitgliedern (Art. 31);

– die Amtszeit des Personalrats und seiner Mitglieder (Art. 20 bis 30), insbesondere im Zusammenhang mit der Fortführung der Geschäfte nach Ablauf der Amtszeit.

6 Die Zuständigkeit der Verwaltungsgerichte hinsichtlich einer gerichtlichen Nachprüfung erstreckt sich auch auf die Wahl der Personalratsmitglieder, der Mitglieder von Stufenvertretungen und Gesamtpersonalräte sowie der Mitglieder von JA-Vertretungen.

7 Streitigkeiten im Zusammenhang mit der **Zusammensetzung** der Personalvertretungen usw. sind z. B.

Art. 81

- Streitigkeiten über die Frage, ob ein Mitglied verhindert oder ausgeschieden ist,
- welches Ersatzmitglied nicht nachrückt und
- ob ein Ersatzmitglied zu einer Sitzung einzuladen ist.

(**Abs. 1 Nr. 3**) Nach **Abs. 1 Nr. 3** entscheiden die Verwaltungsgerichte außerdem über Streitigkeiten und Verstöße im Zusammenhang mit **8**

- der **Zuständigkeit,**
- der **Geschäftsführung** und
- der **Rechtsstellung**

der Personalvertretungen und der in Rn. 6 bezeichneten Personen. Es handelt sich insoweit um alle Schwierigkeiten im Verhältnis zwischen Personalvertretung und Dienststelle einerseits sowie zwischen den Mitgliedern der Personalvertretungen andererseits.

Zur **Zuständigkeit** der Personalvertretungen gehören alle Streitigkeiten darüber, ob eine bestimmte, von der Dienststelle beabsichtigte oder von der Personalvertretung initiierte Maßnahme beteiligungspflichtig ist und in welchem Umfang dies angenommen werden muß. Auch Streitigkeiten zwischen den Personalvertretungen über ihre Zuständigkeiten gehören hierzu. Ein Beschlußverfahren kann von den Personalvertretungen also stets eingeleitet werden, wenn eine nach Art. 75 bis 80 vorgesehene Beteiligung wahrscheinlich nicht oder nicht in der gesetzlich vorgesehenen Form erfolgt ist. **9**

Zur **Geschäftsführung** gehören Angelegenheiten, die in Art. 32 bis 45 und in Art. 46 und 47 sowie in den Art. 48 bis 52 geregelt sind, soweit es sich um Streitigkeiten zwischen Dienststelle und Personalvertretung oder auch um Streitigkeiten innerhalb von Personalvertretungen handelt. **10**

Hierher gehören z. B. Streitigkeiten über

- die Bildung des Vorstands nach Art. 32 Abs. 1,
- den Umfang und die Führung der laufenden Geschäfte nach Art. 32 Abs. 3,
- die Vertretung des Personalrats gegenüber Dritten nach Art. 32 Abs. 3,
- Freistellungen nach Art. 46 Abs. 2 bis 5,
- Umfang und Zeitpunkt der Sprechstunden (Art. 43),
- die Pflicht der Dienststelle, Kosten nach Art. 44 zu tragen,
- Streitigkeiten im Zusammenhang mit der Personalversammlung nach Art. 48 bis 52.

Die **Rechtsstellung** der Personalvertretungen und der in Rn. 6 bezeichneten Personen ist nur die **personalvertretungsrechtliche Stellung**, nicht auch die dienst- oder arbeitsrechtliche Rechtsstellung. Im einzelnen geht es vor allem um die Rechtspositionen, die sich aus den Vorschriften zur **11**

Art. 81

»inneren und äußeren Unabhängigkeit« sowie der **»materiellen Grundlage«** für die Tätigkeit des bezeichneten Personenkreises ergeben:

Was die **materielle Grundlage** dafür betrifft, daß die im bezeichneten Kreis durch das Gesetz zugewiesenen Aufgaben, Rechte und Pflichten ordnungsgemäß erfüllt werden, kommen z. B. Streitigkeiten in Betracht

- über die Rechte aus Art. 44 Abs. 1 bis 3, Art. 24 Abs. 2, Art. 43 Abs. 3, Art. 46 Abs. 2 bis 5 und Art. 50 Abs. 1,

- über die durch Art. 46 Abs. 1 und Art. 45 begründete Rechtsstellung im Hinblick auf die Vorschriften über die **»innere Unabhängigkeit«** des bezeichneten Personenkreises und

- wegen der Regelungen über die **»äußere Unabhängigkeit«** des bezeichneten Personenkreises z. B. Streitigkeiten im Zusammenhang mit dem Inhalt der Vorschriften in Art. 8, 46 Abs. 2 bis 5, 47 Abs. 1 bis 4, Art. 9 und Art. 24 Abs. 1.

Daneben kommen auch Streitigkeiten über das Recht der Personalratsmitglieder, sich gewerkschaftlich zu betätigen, über den Umfang berechtigter Kritik auf Personalversammlungen und ähnliches in Betracht.

12 (Abs. 1 Nr. 4) Nach **Abs. 1 Nr. 4** sind die Verwaltungsgerichte dazu berufen, in Streitigkeiten darüber zu entscheiden, ob eine Dienstvereinbarung besteht oder nicht. Konkret können insoweit vor allem Streitigkeiten im Zusammenhang mit der Regelungsmaterie des Art. 73 Abs. 1 bis 4 in Betracht kommen. Denkbar sind insoweit Fälle, in denen es darum geht, ob eine beschlossene Dienstvereinbarung gültig ist, ob ihr Inhalt Gegenstand einer Dienstvereinbarung sein konnte und ob ihr Inhalt höherrangiges Recht, insbesondere Tarifverträge, Gesetze oder die Verfassung selbst, verletzt. Außerdem entscheiden die Verwaltungsgerichte nach Abs. 1 Nr. 4 über die Auslegung von Dienstvereinbarungen.

13 (Abs. 1 Nr. 5) Nach **Abs. 1 Nr. 5** sind die Verwaltungsgerichte auch zuständig, wenn es darum geht, Entscheidungen der Einigungsstelle nach Art. 71 Abs. 3 Satz 4 daraufhin zu überprüfen, ob sich diese im Rahmen der geltenden Rechtsvorschriften, insbesondere des Haushaltsrechts, halten.

Außerdem entscheiden die Verwaltungsgerichte nach dieser Vorschrift auch darüber, ob die Einigungsstelle richtig zusammengesetzt und für eine Entscheidung zuständig ist bzw. war und ob die Entscheidung in einem ordnungsgemäßen Verfahren zustande gekommen ist.

14 (Abs. 2) Nach **Abs. 2 Satz 1** wird das verwaltungsgerichtliche Beschlußverfahren nicht nach der sonst in Verwaltungsrechtsstreitigkeiten geltenden Verwaltungsgerichtsordnung (VwGO), sondern nach den Vorschriften des Arbeitsgerichtsgesetzes über das Beschlußverfahren durchgeführt.

Eine **Ausnahme** gilt nach Abs. 2 Satz 1 insoweit, als der Grundsatz, wonach das Beschlußverfahren in drei Rechtszügen abläuft, nicht gilt. Vielmehr entscheidet nach **Abs. 2 Satz 2** der VGH endgültig.

Art. 81

Der dritte Rechtszug vor das BVerwG ist damit ausgeschlossen, so daß auch die diesbezüglichen Regelungen in §§ 92 bis 96a des ArbGG nicht anwendbar sind.

Nicht anwendbar auf das verwaltungsgerichtliche Beschlußverfahren ist nach Abs. 2 Satz 1 auch die Regelung in § 89 Abs. 1 ArbGG, wonach die Beschwerdeschrift, mit welcher der zweite Rechtszug vor dem VGH eingeleitet wird, von einem Rechtsanwalt oder einer nach § 11 Abs. 2 Satz 2, 4 und 5 ArbGG vertretungsbefugten Person unterzeichnet sein muß. Folglich kann die Beschwerdeschrift auch von jeder anderen Person unterzeichnet und eingereicht werden, welche die sonstigen Voraussetzungen erfüllt. **15**

Eingeleitet wird das **Beschlußverfahren** dadurch, daß ein Antrag beim zuständigen VG – das ist das VG München für die Regierungsbezirke Oberbayern, Niederbayern und Schwaben und das VG Ansbach für die Regierungsbezirke Oberpfalz, Oberfranken, Mittelfranken und Unterfranken – eingereicht wird, und zwar schriftlich oder mündlich zur Niederschrift der Geschäftsstelle des betreffenden Gerichts (vgl. § 81 Abs. 1 ArbGG). **16**

An **bestimmte Fristen** ist der Antrag, mit Ausnahme der 14-Tage-Frist bei Anfechtung der Wahl nach Art. 25, nicht gebunden. Es kann aber unter dem Gesichtspunkt der Verwirkung (§ 242 BGB) ein Anspruch ausgeschlossen sein, wenn der Eindruck erweckt wurde, der Antrag werde nicht mehr gestellt.

Gegenstand des Antrags kann eine Leistung oder Verpflichtung, eine Feststellung oder die Gestaltung eines bestimmten Rechtsverhältnisses sein. **17**

Im Beschlußverfahren bestimmt zwar in erster Linie der Sachvortrag des Antragstellers den **Verfahrensgegenstand,** dies gilt daneben aber auch für den gestellten Antrag mit der Folge, daß ein Antragsteller, der eine Entscheidung nicht nur über einen bestimmten konkreten Vorgang, sondern außerdem über die dahinterstehende personalvertretungsrechtliche Frage begehrt, dies in seinem Antrag auch deutlich machen muß (vgl. BVerwG v. 12. 3. 1986 – 6 P 5.85 –, PersR 1986, 116 und zuletzt BVerwG v. 2. 6. 1993 –, PersR 1993, 444 und 450).

Das **Rechtsschutzinteresse** ist zu bejahen, wenn Wiederholungsgefahr besteht oder zu erwarten ist, daß Rechte des Personalrats auch künftig verletzt werden, etwa weil sich der Dienststellenleiter eines bestimmten Rechts gerühmt hat (vgl. BVerwG v. 12. 3. 1986, a. a. O.). Zur Wiederholungsgefahr vgl. BVerwG, Beschluß v. 17. 9. 1996 – 6 P 5.94 –, PersR 1997, 113 m. w. N. und BAG v. 11. 12. 2001 – 1 ABR 9/01 –, PersR 2002, 351 wonach das Bestehen, der Inhalt oder der Umfang eines Beteiligungsrechts auch dann geklärt werden kann, wenn der konkrete Ausgangsfall abgeschlossen ist, sich aber voraussichtlich in gleicher Weise künftig wiederholen wird. **18**

Art. 81

19 Das Beschlußverfahren ist ein objektives Verfahren, das vom Antragsteller lediglich in Gang gesetzt wird. Es gilt nicht die **Dispositionsmaxime**, sondern die sogenannte **Untersuchungsmaxime**. Antragstellern und Beteiligten ist es deshalb verwehrt, Inhalt und Umfang des Verfahrens selbst zu bestimmen, also über den Gegenstand des Prozesses zu disponieren. Es ist vielmehr so, daß das Gericht entsprechend dem Untersuchungsgrundsatz alles von sich aus aufklärt, was ihm erforderlich erscheint, also aus eigenem Entschluß Sachverständige heranzieht, Augenschein einnimmt, Zeugen anhört, Urkunden einsieht und Auskünfte einholt.

20 Das Gericht entscheidet durch **Beschluß**, der in der Regel in der Sitzung des VG verkündet wird (vgl. §§ 60, 84 ArbGG). Durch diesen Beschluß wird nicht einem Beteiligten etwas zugesprochen, sondern die Rechtslage wird durch das Gericht her- bzw. festgestellt.

Die Beschlußausfertigung muß eine **Rechtsmittelbelehrung** enthalten, die das Rechtsmittel und dessen Form ebenso bezeichnen muß wie das Gericht, bei dem das Rechtsmittel einzulegen ist. Des weiteren ist die Frist anzugeben, innerhalb der das Rechtsmittel einzulegen ist.

Gegen die Beschlüsse der VG München und Ansbach steht das Rechtsmittel der Beschwerde zum BayVGH zu (vgl. § 83 ArbGG).

21 Die **Zwangsvollstreckung** findet aus rechtskräftigen Beschlüssen und Vergleichen statt, soweit hierdurch einem Beteiligten eine Leistung oder Verpflichtung auferlegt wird (vgl. § 85 Abs. 1 ArbGG).

22 Gem. der entsprechend anzuwendenden Bestimmung des § 85 Abs. 2 Satz 1 ArbGG ist auch im verwaltungsgerichtlichen Beschlußverfahren in eiligen Fällen der Erlaß einer **einstweiligen Anordnung** zulässig. Dies ist unumstritten, soweit unmittelbare Ansprüche der Beteiligten – z. B. Freistellungsansprüche von Personalratsmitgliedern oder das Teilnahmerecht an Schulungsveranstaltungen – in Frage stehen (vgl. z. B. OVG NW, Beschluß v. 15. 1. 1997 – 1 B 2834/96 PVB). Nach h. M. soll aber in **Beteiligungsangelegenheiten**, also soweit Mitbestimmungs- oder Mitwirkungsansprüche des Personalrats streitig sind, eine einstweilige Anordnung in der Form, daß der Dienststelle die **Durchführung einer beteiligungspflichtigen Maßnahme ohne Zustimmung der Personalvertretung untersagt** wird, nicht möglich sein (vgl. zuletzt BVerwG v. 29. 10. 1991 – 6 PB 19.91 –, PersR 1992, 24; a.A. OVG Sachsen-Anhalt v. 26. 5. 1999 – A 5 S 3/99 –, PersR 2000, 162). Dies wird damit begründet, daß der Charakter des Beschlußverfahrens als eines objektiven Verfahrens einem **materiell-rechtlichen Unterlassungsanspruch** des Personalrats auf Nichtdurchführung oder gar Rückgängigmachung einer unter Verletzung des Beteiligungsrechts der Personalvertretung vollzogenen Maßnahme der Dienststelle entgegenstehe (so zuletzt auch BayVGH v. 5. 6. 1991 – 18 P 91.00944 –, PersR 1991, 350).

Damit wird den Personalvertretungen in allen Beteiligungsangelegen-

Art. 81, 82

heiten – anders als den Betriebsräten im Geltungsbereich des BetrVG (vgl. BAG, Beschluß v. 3. 5. 1994 – 1 ABR 24/9 –), denen ein Unterlassungsanspruch zugestanden wird – letztendlich ein **durchsetzbarer Rechtsanspruch verweigert** und die Fachkammern für personalvertretungsrechtliche Angelegenheiten zu Begutachtungsinstanzen zur Lösung akademischer Streitfragen gemacht.

An dieser unbefriedigenden Situation vermag auch die Feststellung des BVerwG wenig zu ändern, das Fehlen eines Unterlassungsanspruchs hindere nicht den Erlaß einer **einstweiligen Verfügung verfahrensrechtlichen Inhalts** in dem Sinne, daß der Dienststellenleiter verpflichtet wird, das Beteiligungsverfahren einzuleiten und/oder ihm einstweiligen Fortgang zu geben (BVerwG v. 27. 7. 1990 – PB 12. 89 –, PersR 1990, 297 ff.). Dieser Rechtsprechung haben sich auch die bayerischen VGe (vgl. VG Ansbach v. 28. 1. 1991 – AN 7 PE 90.02061 –, PersR 1991, 103) und der BayVGH (vgl. BayVGH v. 19. 2. 1992 – 18 PC 92.236 –, PersR 1992, 459 ff.) angeschlossen. Letzterer allerdings mit der bedeutsamen Einschränkung, daß es nicht möglich sei, dem Dienststellenleiter wegen Verletzung von Beteiligungsrechten im Wege der **einstweiligen Verfügung** zu gebieten, das unterlassene oder abgebrochene Beteiligungsverfahren einzuleiten bzw. fortzusetzen, **wenn eine Maßnahme bereits vollzogen** ist (vgl. BayVGH v. 26. 4. 1991 – Nr. 17 PE 91.01199 –, PersR 1991, 103). 23

Zum Rechtsschutz der Personalvertretungen von Mitbestimmungsangelegenheiten vgl. die Ausführungen von Bosch in PersR 1997, 94 ff., wo maßnahmebezogene Verpflichtungsbeschlüsse zum Verwaltungsverfahren als nach Art. 70 BayPVG gerechtfertigt erachtet werden.

Artikel 82
Besetzung der Fachkammern und des Fachsenats

(1) Für die nach diesem Gesetz zu treffenden Entscheidungen sind bei den Verwaltungsgerichten Fachkammern und beim Verwaltungsgerichtshof ein Fachsenat zu bilden. Die Zuständigkeit einer Fachkammer kann auf die Bezirke anderer Gerichte oder Teile von ihnen erstreckt werden.

(2) Die Fachkammer besteht aus einem Vorsitzenden und ehrenamtlichen Beisitzern, der Fachsenat aus einem Vorsitzenden und richterlichen und ehrenamtlichen Beisitzern. Die ehrenamtlichen Beisitzer müssen Beschäftigte der in Art. 1 genannten Körperschaften sein. Sie werden je zur Hälfte von

1. **den unter den Beschäftigten vertretenen Gewerkschaften und**
2. **den Staatsministerien und den kommunalen Spitzenverbänden**

vorgeschlagen und durch das Staatsministerium des Innern berufen. Hierbei sind Frauen und Männer gleichermaßen zu berücksichtigen.

Art. 82

Für die Berufung und Stellung der Beisitzer und ihre Heranziehung zu den Sitzungen gelten die Vorschriften des Arbeitsgerichtsgesetzes über die ehrenamtlichen Richter bei den Arbeitsgerichten und Landesarbeitsgerichten entsprechend.

(3) Die Fachkammer wird tätig in der Besetzung mit einem Vorsitzenden und je zwei nach Absatz 2 Nrn. 1 und 2 berufenen Beisitzern. Unter den in Absatz 2 Nr. 1 bezeichneten Beisitzern muß sich je ein Beamter und ein Angestellter oder Arbeiter befinden.

(4) Der Fachsenat wird tätig in der Besetzung mit einem Vorsitzenden, zwei richterlichen und je einem nach Absatz 2 Nrn. 1 und 2 berufenen Beisitzer, unter denen sich ein Beamter und ein Angestellter oder Arbeiter befinden muß.

1 Personalvertretungsrechtliche Streitigkeiten sind von den VGen nicht nur in einem gesonderten **Verfahren** zu entscheiden, das demjenigen vor den Arbeitsgerichten weitestgehend entspricht. Auch die **Spruchkörper** müssen der Regelung bei den Arbeitsgerichten entsprechend auch aus Beschäftigten des öffentlichen Dienstes zusammengesetzt sein.

2 Aus diesem Grund muß die Berufung der ehrenamtlichen Beisitzer (Laienrichter) nach Abs. 2 Satz 3 je zur Hälfte aus Vorschlägen der unter den Beschäftigten vertretenen Gewerkschaften und der Staatsministerien und kommunalen Spitzenverbände erfolgen.

3 (Abs. 1) Nach **Abs. 1** werden bei den VGen München und Ansbach Fachkammern gebildet und beim BayVGH ein Fachsenat eingerichtet, denen die Entscheidung über die nach Art. 81 zu behandelnden Probleme obliegt.

Nach Art. 1 Abs. 3 VwGO v. 28. 11. 1960 ist hierbei die Fachkammer des VG München für die Regierungsbezirke Oberbayern, Niederbayern und Schwaben, die Fachkammer des VG Ansbach für die Regierungsbezirke Mittelfranken, Ober- und Unterfranken sowie für die Oberpfalz zuständig.

4 (Abs. 2) Nach **Abs. 2** bestehen die bei den VGen München und Ansbach zu bildenden **Fachkammern** jeweils aus einem Vorsitzenden und ehrenamtlichen Richtern, die

– Beschäftigte der in Art. 1 BayPVG bezeichneten Körperschaften sind **und**

– je zur Hälfte von den unter den Beschäftigten der bezeichneten Körperschaften vertretenen Gewerkschaften bzw. den Staatsministerien und den kommunalen Spitzenverbänden vorgeschlagen und durch das Staatsministerium des Innern berufen wurden. Frauen und Männer müssen gleichermaßen berücksichtigt werden.

5 (Abs. 3) Nach **Abs. 3** werden die **Fachkammern** tätig in der Besetzung mit einem Berufsrichter als Vorsitzenden und jeweils zwei nach Abs. 2

Art. 82

Nr. 1 (von den Gewerkschaften) und nach Abs. 2 Nr. 2 (von den Staatsministerien und kommunalen Spitzenverbänden) vorgeschlagenen und vom Staatsministerium des Innern berufenen Beisitzern (= insgesamt vier Laienrichter). Hierbei muß sich unter den von den Gewerkschaften vorgeschlagenen Beisitzern je ein Beamter und ein Angestellter oder Arbeiter befinden.

(**Abs. 4**) Nach **Abs. 4** wird der **Fachsenat** tätig in der Besetzung mit einem Berufsrichter als Vorsitzenden, zwei weiteren Berufsrichtern als Beisitzern und zwei Beisitzern, die nach Abs. 2 Nr. 1 und 2 berufen werden. Unter den ehrenamtlichen Beisitzern muß sich je ein Beamter und ein Angestellter oder Arbeiter befinden. Wegen der Berufung und Bestellung der Beisitzer sowie ihrer Heranziehung zu den Sitzungen gelten die einschlägigen Bestimmungen des ArbGG über die ehrenamtlichen Richter bei den ArbGen (§§ 20 bis 31 ArbGG) und LAGen (§§ 37 bis 39 ArbGG) entsprechend.

6

SIEBTER TEIL
Vorschriften für besondere Verwaltungszweige und die Behandlung von Verschlußsachen

Erster Abschnitt
Vorschriften für besondere Verwaltungszweige und für den Bayerischen Rundfunk

Artikel 83
Bayerischer Rundfunk

Für Beschäftigte des Bayerischen Rundfunks gilt dieses Gesetz mit folgenden Abweichungen:

1. Beschäftigte des Bayerischen Rundfunks im Sinn dieses Gesetzes sind die durch Arbeitsvertrag unbefristet oder auf Zeit festangestellten Mitarbeiter des Bayerischen Rundfunks einschließlich der zu ihrer Berufsausbildung Beschäftigten.

2. Die Dienststelle im Sinn dieses Gesetzes ist der Bayerische Rundfunk; Art. 6 Abs. 3 gilt entsprechend.

3. Für den Bayerischen Rundfunk handelt der Intendant.

4. Wählbar sind alle Wahlberechtigten, die am Wahltag seit mindestens zwölf Monaten dem Bayerischen Rundfunk angehören. Nicht wählbar ist, wer infolge Richterspruchs die Fähigkeit, öffentliche Ämter zu bekleiden und Rechte aus öffentlichen Wahlen zu erlangen, nicht besitzt.

5. a) Art. 14 Abs. 2 gilt entsprechend.

   b) Nicht wählbar zum Personalrat sind der Intendant, sein ständiger Vertreter, die Direktoren, die Studioleiter, der Leiter der Personalabteilung und Beschäftigte, die zu selbständigen Entscheidungen in Personalangelegenheiten des Bayerischen Rundfunks befugt sind.

   c) Nicht wählbar sind ferner auf Zeit angestellte Beschäftigte, wenn ihre Amtszeit in der Personalvertretung über das Ende ihres Arbeitsverhältnisses hinausreichen würde.

6. Die Einigungsstelle gemäß Art. 70 Abs. 5 wird beim Bayerischen Rundfunk errichtet. Kommt eine Einigung über die Person des Vorsitzenden nicht zustande, so bestimmt ihn das Verwaltungsgericht München.

Art. 83

7. Soweit es sich in den Fällen des Art. 75 Abs. 1 um Angelegenheiten von Redakteuren, Programmgestaltern, Leitern sowie Mitarbeitern von Orchestern mit Ausnahme der technischen Beschäftigten handelt, beschließt die Einigungsstelle, wenn sie sich nicht der Auffassung des Intendanten anschließt, eine Empfehlung an diesen; der Intendant entscheidet sodann endgültig.

8. Art. 70a Abs. 2, Art. 75 Abs. 1, Art. 76 Abs. 1 Satz 1 Nrn. 3 bis 6 und Art. 77 gelten nicht für den Intendanten, die Direktoren, die Hauptabteilungsleiter und andere Beschäftigte, zu deren Einstellung der Verwaltungsrat gemäß der Satzung des Bayerischen Rundfunks seine Zustimmung zu erteilen hat.

9. Von Einstellungen und vor Versetzungen und Kündigungen soll der Personalrat in den Fällen der Nummer 8 eine Mitteilung erhalten.

Die Sondervorschrift für den Bayerischen Rundfunk soll den Besonderheiten Rechnung tragen, die sich aus dessen Struktur und Aufgabenstellung ergeben und die im Bayerischen Rundfunkgesetz geregelt sind. **1**

Beim Bayerischen Rundfunk handelt es sich um eine Anstalt des öffentlichen Rechts, die wegen ihrer besonderen Aufgabe nicht ohne weiteres mit anderen Anstalten des öffentlichen Rechts vergleichbar ist: Sie ist nicht nur mit dem Recht der Selbstverwaltung, sondern auch mit unabhängigen Aufsichtsorganen ausgestattet.

(**Nr. 1**) Beschäftigte i. S. d. Personalvertretungsrechts sind nur diejenigen Mitarbeiter des Bayerischen Rundfunks, die durch Arbeitsvertrag unbefristet oder auf Zeit festangestellt sind. Der Personalvertretung unterliegen nicht die freien Mitarbeiter, die im Rahmen von Dienst- oder Werkvertragsverhältnissen selbständig für den Bayerischen Rundfunk tätig werden. **2**

Beschäftigte des Bayerischen Rundfunks sind auch die zu ihrer Berufsausbildung Beschäftigten i. S. d. BBiG.

(**Nr. 2**) In **Nr. 2** wird festgehalten, daß der Bayerische Rundfunk eine Dienststelle i. S. d. Art. 6 darstellt. Entsprechend Art. 6 Abs. 3 kann jedoch die personalvertretungsrechtliche Verselbständigung von Nebenstellen und Teilen durch die Mehrheit ihrer wahlberechtigten Beschäftigten in geheimer Abstimmung beschlossen werden. **3**

(**Nr. 3**) In **Nr. 3** wird geklärt, daß der Intendant Leiter der Dienststelle Bayerischer Rundfunk ist und ihn als solcher vertritt. **4**

(**Nr. 4**) Zwar werden in **Nr. 4** die Regeln der Wählbarkeit des Art. 14 sinngemäß auf den Bayerischen Rundfunk übertragen. Davon abweichend werden Beschäftigtenzeiten in anderen öffentlichen Verwaltungen oder auch anderen Rundfunkanstalten jedoch nicht auf die zwölfmonatige Wartezeit angerechnet. **5**

Art. 83

6 (Nr. 5) Nicht wählbar zum Personalrat sind

– der Intendant und sein ständiger Vertreter,

– die Direktoren,

– die Studioleiter,

– der Leiter der Personalabteilung,

– Beschäftigte, die zu selbständigen Entscheidungen in Personalangelegenheiten befugt sind,

– Zeitangestellte, wenn ihre Amtszeit in der Personalvertretung über das Ende ihres Arbeitsverhältnisses hinausreichen würde.

7 (**Nr. 6**) Auch beim Bayerischen Rundfunk wird eine Einigungsstelle gem. Art. 70 Abs. 5 errichtet. Abweichend von Art. 71 Abs. 1 BayPVG ist jedoch für den Fall der Nichteinigung über die Person des Vorsitzenden festgehalten, daß dieser dann vom Verwaltungsgericht München bestimmt wird.

8 (**Nr. 7**) Art. 75 Abs. 1 wird dahingehend abgeschwächt, daß bei Angelegenheiten von Redakteuren, Programmgestaltern, Leitern und Mitarbeitern von Orchestern mit Ausnahme der technischen Beschäftigten, die Einigungsstelle zwar grundsätzlich beschließen kann. Wenn sie sich jedoch nicht der Auffassung des Intendanten anschließt, ist sie lediglich befugt, eine Empfehlung an diesen abzugeben. Die endgültige Entscheidung trifft damit der Intendant.

9 (**Nr. 8**) Mitbestimmung und Mitwirkung sind eingeschränkt für

– den Intendanten,

– die Direktoren,

– die Hauptabteilungsleiter sowie

– für Beschäftigte, zu deren Einstellung der Verwaltungsrat gemäß der Satzung des Bayerischen Rundfunks seine Zustimmung erteilen muß.

Für diese Personengruppen gelten die Regelungen des BayPVG

– zum Initiativrecht des Personalrats (Art. 70a Abs. 2),

– zur Mitbestimmung in Personalangelegenheiten (Art. 75 Abs. 1),

– zur Mitbestimmung in Disziplinarangelegenheiten, bei Entlassung und Versetzung in den Ruhestand (Art. 76 Abs. 1 Nr. 3 bis 6),

– zur Anhörung bei der ordentlichen Kündigung (Art. 77)

ausdrücklich nicht.

10 (**Nr. 9**) Bei Einstellungen sowie vor Versetzungen und Kündigungen, die diese Personengruppen betreffen, erhält der Personalrat folglich lediglich eine entsprechende Mitteilung.

Artikel 83a
Beschäftigte des Bayerischen Jugendrings

Für die Beschäftigten des Bayerischen Jugendrings gilt dieses Gesetz mit der Maßgabe, daß die Untergliederungen des Bayerischen Jugendrings (Art. 19 Abs. 2 des Bayerischen Kinder- und Jugendhilfegesetzes) als selbständige Dienststellen gelten. Art. 55 findet keine Anwendung.

Durch Artikel 57 des Gesetzes v. 18. 6. 1993 (GVBl. S. 392) wurde Art. 83a neu in das Bayerische Personalvertretungsgesetz eingefügt. Damit wird den Untergliederungen des Bayerischen Jugendrings (Bezirks- und Kreisjugendringe) der Status **selbständiger Dienststellen** eingeräumt. Dort sind, soweit die Voraussetzungen des Art. 12 BayPVG gegeben sind, örtliche Personalräte zu wählen.

Nach **Satz 2** wird aber **kein Gesamtpersonalrat** für den Bayerischen Jugendring gebildet.

Diese Sonderregelung wurde von den Gewerkschaften kritisiert, weil damit nicht für alle Beschäftigten des Bayerischen Jugendrings, insbesondere in Dienststellen, die die Voraussetzungen des Art. 12 BayPVG nicht erfüllen, eine Vertretung durch Personalräte ermöglicht ist. Darüber hinaus findet keine Beteiligung in Angelegenheiten statt, die **alle** Beschäftigten des Bayerischen Jugendrings betreffen und bei denen ein Gesamtpersonalrat zuständiger Ansprechpartner wäre.

Artikel 83b
Allgemeine Ortskrankenkasse – AOK – Bayern

Für die Beschäftigten der AOK Bayern gilt dieses Gesetz mit der Maßgabe, daß

1. **die Direktionen und die Zentrale der AOK Bayern als selbständige Dienststellen gelten und**
2. **bei den Direktionen und der Zentrale Gesamtpersonalräte gebildet werden, wenn in deren Bereich Geschäftsstellen oder andere Einrichtungen gemäß Art. 6 Abs. 5 Satz 2 verselbständigt werden.**

Die im Nachgang zu der zum 1. 6. 1995 vorgenommenen Vereinigung der bisherigen 39 Allgemeinen Ortskrankenkassen in Bayern erfolgte Einfügung von Art. 83b in das BayPVG trägt der dezentralen Organisationsstruktur der AOK Bayern Rechnung.

Zum einen wird bestimmt, daß die Direktionen und die Zentrale der AOK Bayern als selbständige Dienststellen im Sinne des BayPVG gelten. Verselbständigungsbeschlüsse der Beschäftigten zur Bildung örtlicher Personalräte sind damit entbehrlich.

Zum anderen ist die Bildung von Stufenpersonalräten bei den Direktionen

Art. 83 b, 84

und bei der Zentrale der AOK Bayern vorgesehen, wenn sich den Direktionen nachgeordnete Geschäftsstellen oder sonstige der Zentrale nachgeordnete Einrichtungen gemäß Art. 6 Abs. 5 Satz 2 durch einen entsprechenden Beschluß der dort tätigen wahlberechtigten Beschäftigten verselbständigen. In einer Vielzahl von mitbestimmungsrechtlich relevanten Maßnahmen werden damit nicht der bei der Zentrale gebildete Gesamtpersonalrat, sondern die sachlich und örtlich näheren Stufenpersonalräte zur Mitbestimmung berufen.

Die Einfügung des Art. 83 b wurde von der Gewerkschaft ÖTV mit auf den Weg gebracht. Die Gesetzesänderung entspricht den gewerkschaftlichen Vorstellungen und Vorschlägen.

Artikel 84
Gemeinsame Angelegenheiten bei Gerichten

In Angelegenheiten, die sowohl Richter oder Staatsanwälte als auch andere Beschäftigte des Gerichts bzw. der Staatsanwaltschaft betreffen (gemeinsame Angelegenheiten im Sinn des Art. 17 Abs. 1 Nr. 2 oder des Art. 47 des Bayerischen Richtergesetzes), gilt Art. 34 mit folgender Maßgabe:

1. **Sind an einer Angelegenheit sowohl der Personalrat als auch der Richterrat (Staatsanwaltsrat) beteiligt, so teilt der Vorsitzende dem Richterrat (Staatsanwaltsrat) den entsprechenden Teil der Tagesordnung mit und gibt ihm Gelegenheit, Mitglieder in die Sitzung des Personalrats zu entsenden (Art. 32 Abs. 1 und 2 des Bayerischen Richtergesetzes).**

2. **Der Vorsitzende des Personalrats hat auf Antrag des Richterrats (des Staatsanwaltsrats) oder des aufsichtführenden Richters des Gerichts (des Leiters der Staatsanwaltschaft) eine Sitzung des Personalrats anzuberaumen und die gemeinsame Angelegenheit, deren Beratung beantragt ist, auf die Tagesordnung zu setzen.**

1 Bei Gerichten kann sowohl ein Richter- und Staatsanwaltsrat wie ein Personalrat für die sonstigen Beschäftigten gebildet werden. Art. 84 regelt die Erledigung der dabei auftretenden gemeinsamen Angelegenheiten der Dienststelle.

Im Bayerischen Richtergesetz i.d.F. v. 11. 1. 1977 (BayRiG) ist die Vertretung der Richter und Staatsanwälte geregelt. Neben Richter- und Präsidialräten gibt es nicht nur bei jeder Staatsanwaltschaft Staatsanwaltsräte, sondern es sind auch Stufenvertretungen in Form von Bezirks- und Hauptstaatsanwaltsräten vorgesehen. (Vgl. Art. 17 bis 45 und Art. 46 bis 55 BayRiG.)

Die Regelung erstreckt sich nicht auf die Landesanwälte in der Verwaltungsgerichtsbarkeit. Diese gehören folglich in die allgemeine Zuständig-

Art. 84, 85

keit der Personalräte, entsprechend ihrer Besoldung in die Gruppe der Beamten.

Gemeinsame Angelegenheiten i. S. d. Art. 17 Abs. 1 Nr. 2 und des Art. 47 des BayRiG, die sowohl Richter und Staatsanwälte wie auch andere Beschäftigte des Gerichts betreffen, sind

– einige soziale Angelegenheiten i. S. d. Art. 76 und
– einige allgemeine Angelegenheiten i. S. d. Art. 75.

Für sie gilt eine Modifikation der Personalratssitzungen gem. Art. 84: Dem Richter- bzw. Staatsanwaltsrat muß nicht nur der entsprechende Teil der Tagesordnung zugeschickt, sondern er muß ihm auch die Möglichkeit zur Entsendung von eigenen Mitgliedern in die betreffende Personalratssitzung eingeräumt werden (Art. 32 Abs. 1 und 2 BayRiG). Darüber hinaus sind Richter- und Staatsanwaltsrat im Rahmen von gemeinsamen Angelegenheiten berechtigt, eine Sitzung des Personalrats zu beantragen.

2

Artikel 85
Bayerische Bereitschaftspolizei

(1) Für die Beschäftigten der Bayerischen Bereitschaftspolizei gilt dieses Gesetz mit folgenden Abweichungen:

1. **Personalvertretungen sind auch die Vertrauenspersonen der Beamten in Ausbildung und der nicht zum Stammpersonal gehörenden Beamten der Einsatzstufen.**

2. **Nicht wählbar ist ein Beamter auch, wenn gegen ihn im letzten Jahr vor dem Tag der Wahl wegen eines Verstoßes gegen die Verhaltensgebote der Art. 62 Abs. 2 BayBG (Verfassungstreue), Art. 63 Abs. 2 BayBG (Streikverbot) und Art. 64 Abs. 2 Satz 2 BayBG (Gehorsamspflicht) eine Disziplinarmaßnahme verhängt worden ist, die nur im förmlichen Disziplinarverfahren ausgesprochen werden kann. Die Mitgliedschaft im Personalrat erlischt außer in den Fällen des Art. 29, wenn gegen den Beamten eine in Satz 1 bezeichnete Disziplinarmaßnahme verhängt wird.**

3. **Vertreter der Arbeitgebervereinigung und Beauftragte der Gewerkschaften nehmen an den Sitzungen des Personalrats und an den Personalversammlungen der Bereitschaftspolizei nicht teil.**

4. **In den Fällen des Art. 75 Abs. 1 Satz 1 Nr. 1 (Einstellung) und Art. 76 Abs. 2 Nr. 4 wird der Personalrat nicht beteiligt. Art. 75 Abs. 4 Satz 1 Nr. 1 gilt nicht bei Beamten. In den Fällen des Art. 75 Abs. 1 Satz 1 Nr. 10 tritt an Stelle der Mitbestimmung die Mitwirkung des Personalrats; dasselbe gilt in den Fällen des Art. 75 Abs. 1 Satz 1 Nrn. 2 und 3 für die Beamten des höheren Dienstes. Art. 75 Abs. 1 Satz 1 Nrn. 6 und 7 gelten nicht für die Beamten in Ausbildung; nach Abschluß der Ausbildung tritt für die Beamten**

Art. 85

auf Probe in diesen Fällen an Stelle der Mitbestimmung die Mitwirkung.

5. Die Vorschriften über die Jugend- und Auszubildendenvertretung gelten nicht für die Polizeivollzugsbeamten.

(2) Für die Stufenvertretungen gelten die Vorschriften des Absatzes 1 Nrn. 2 und 4, für den Bezirkspersonalrat außerdem die Nummer 3 entsprechend.

(3) Die Beamten in Ausbildung und die nicht zum Stammpersonal gehörenden Beamten der Einsatzstufen sind für die Personalvertretung nicht wählbar; sie wählen in jeder Hundertschaft eine Vertrauensperson und zwei Stellvertreter. Für die Wahl, die Amtszeit und die Rechte und Pflichten der Vertrauensperson gilt folgendes:

1. a) Wahlberechtigt und wählbar in der jeweiligen Hundertschaft sind alle Beamten, die sich in Ausbildung befinden und der Hundertschaft angehören oder zu ihr abgeordnet sind und die nicht zum Stammpersonal gehörenden Beamten der Einsatzstufen.

   b) Die Wahl der Vertrauensperson und ihrer Stellvertreter ist geheim und unmittelbar. Gewählt ist, wer mehr als die Hälfte der abgegebenen gültigen Stimmen erhalten hat. Wird diese Mehrheit im ersten Wahlgang von keinem Bewerber erreicht, so ist eine Stichwahl unter den beiden Bewerbern mit der höchsten Stimmenzahl vorzunehmen. Bei Stimmengleichheit in der Stichwahl entscheidet das Los.

   c) Zur Wahl der Vertrauensperson können die wahlberechtigten Beamten in Ausbildung Wahlvorschläge machen. Jeder Wahlvorschlag darf nur einen Bewerber enthalten und muß von mindestens 10 Wahlberechtigten unterzeichnet sein. Jeder Bewerber kann nur auf einem Wahlvorschlag benannt werden.

   d) Spätestens vier Wochen vor Ablauf der Amtszeit der Vertrauensperson benennt der für die Hundertschaft zuständige Personalrat drei Wahlberechtigte als Wahlvorstand und einen von ihnen als Vorsitzenden. Dem Wahlvorstand obliegt die Durchführung der Wahl. Art. 24 Abs. 1 Sätze 1 und 2 sind entsprechend anzuwenden.

2. a) Die Amtszeit der Vertrauensperson beträgt ein Jahr. Für ihren Beginn gilt Art. 26 Abs. 1 Satz 2 entsprechend.

   b) Das Amt der Vertrauensperson endet vor Ablauf der Amtszeit durch Niederlegung des Amts, Beendigung des Dienstverhältnisses oder Versetzung und Abordnung von länger als drei Monaten.

   c) Die Vertrauensperson ist neu zu wählen, wenn ihr Amt vorzeitig endet und kein Stellvertreter vorhanden ist oder wenn seit

Art. 85

dem Tag der Wahl in der Hundertschaft mehr als die Hälfte der Beamten in Ausbildung gewechselt hat.

3. a) Die Vertrauensperson nimmt Anregungen, Anträge und Beschwerden der Beschäftigten in innerdienstlichen Angelegenheiten und der Fürsorge entgegen und vertritt sie gegenüber dem Führer der Hundertschaft und dem Personalrat. Sie soll zur vertrauensvollen Zusammenarbeit zwischen dem Führer der Hundertschaft und den Beschäftigten innerhalb seiner Hundertschaft beitragen. Für die Vertrauensperson gelten die Bestimmungen der Art. 34 Abs. 2 Satz 3 und Abs. 3, Art. 39 Abs. 1 und 2, Art. 40 Abs. 1 und Art. 62 Satz 1 sinngemäß.

b) Der Führer der Hundertschaft hat die Vertrauensperson mit Vorschlägen in Fragen des inneren Dienstbetriebs und der Fürsorge zu hören, soweit nicht die Angelegenheit über den Bereich hinausgeht, für den die Vertrauensperson gewählt ist. Er hat die Vorschläge sorgfältig zu prüfen und, soweit sie ihm geeignet erscheinen, zu berücksichtigen.

c) Bei Beschlüssen des Personalrats, die die Personalangelegenheiten, die sozialen oder persönlichen Angelegenheiten der Beamten in Ausbildung und der nicht zum Stammpersonal gehörenden Beamten der Einsatzstufen betreffen, hat die jeweilige Vertrauensperson ein Stimmrecht.

d) Die Vertrauensperson darf gegen ihren Willen nur versetzt oder abgeordnet werden, wenn es auch unter Berücksichtigung ihres Amts aus wichtigen dienstlichen Gründen unvermeidbar ist. Für den Führer der Hundertschaft und die Vertrauensperson gelten im übrigen Art. 8, 10, 11, 67, 68, 74, 76 Abs. 1 Nr. 1 und Abs. 2 Nr. 2 sinngemäß.

(4) Die Mitglieder der Personalvertretungen sind, sofern sie nicht völlig von ihrer dienstlichen Tätigkeit freigestellt sind, von der Teilnahme an einem Einsatz und an einer Übung, die außerhalb des Dienstorts durchgeführt wird, nicht befreit: während dieser Zeit ruhen ihre Befugnisse. Kann eine Personalvertretung deshalb ihre Befugnisse nicht wahrnehmen, so ist der Lauf der Fristen nach Art. 70, 72 und 80 solange gehemmt. In diesem Fall dürfen Entscheidungen, an denen die Personalvertretung zu beteiligen ist, nur getroffen werden, wenn sie keinen Aufschub dulden.

Die Sondervorschrift ersetzt die seinerzeitige sondergesetzliche Regelung für die Bayerische Bereitschaftspolizei, auf die das Personalvertretungsrecht ursprünglich gem. Art. 81 keine Anwendung fand, da das Gesetz insgesamt nicht für Verbände gelten sollte, die nicht nur vorübergehend in Gemeinschaftsunterkünften untergebracht waren. 1

Art. 85

Die Aufnahme in das Gesetz erfolgte aus gesetzessystematischen Gründen, ohne die Verbesserungsvorschläge des DGB hinreichend zu berücksichtigen. Die Sondervorschrift enthält wesentliche Abweichungen vom allgemeinen Personalvertretungsrecht, die aus den besonderen Aufgaben der Bayerischen Bereitschaftspolizei und ihrer Organisationsstruktur gerechtfertigt werden sollen.

2 Die Bereitschaftspolizei ist einem ständigen Personalwechsel unterworfen. Für die Beamten in Ausbildung und die nicht zum Stammpersonal gehörenden Beamten der Einsatzstufen gilt deshalb eine Sonderregel: Neben der Personalvertretung sind ein Vertrauensmann der Beamten in jeder Hundertschaft sowie zwei Stellvertreter zu wählen.

3 Die Durchführung der **Wahl** ist in **Abs. 3 Nr. 1 Buchst. a bis d** geregelt.

Der Wahlvorstand wird von dem für die Hundertschaft zuständigen Personalrat benannt. Für die Wahl gilt das Vorschlagsrecht der Gewerkschaften (vgl. WO-BayPVG). Wahlvorschläge können auch von den wahlberechtigten Beamten in Ausbildung unterbreitet werden.

Der Wahlmodus mit eventuell notwendigem Losentscheid ist in Nr. 1 Buchst. b enthalten.

Wahlberechtigung und Wählbarkeit ergeben sich aus Nr. 1 Buchst. a.

Die Amtszeit des **Vertrauensmanns** ist grundsätzlich auf ein Jahr begrenzt (Nr. 2 Buchst. a). Vorzeitig kann sie bei Vorliegen der in Nr. 2 Buchst. b aufgeführten Bedingungen enden.

Die Aufgaben des Vertrauensmanns sind in Nr. 3 Buchst. a geregelt. Als besonderen Verhandlungspartner erhält er den jeweiligen Führer der Hundertschaft. Art. 67 ist auch insoweit anzuwenden, als monatliche Gespräche stattfinden sollen. Im übrigen ist der Vertrauensmann im Rahmen der Nr. 3 Buchst. c bei Beschlüssen des Personalrats, die seine Hundertschaft betreffen, zu beteiligen.

Schutzrechte des Vertrauensmanns sind in Nr. 3 Buchst. d geregelt.

4 Die Wählbarkeit in den Personalrat (**Abs. 1 Nr. 2**) entfällt zwar nicht mehr nach jeder im förmlichen Verfahren verhängten Disziplinarmaßnahme, aber immer noch wegen eines Verstoßes gegen Verfassungstreue (vgl. Art. 62 Abs. 2 BayBG), Streikverbot (vgl. Art. 63 Abs. 2 BayBG) und Gehorsamspflicht (vgl. Art. 64 Abs. 2 Satz 2 BayBG). Allerdings muß die diesbezügliche Disziplinarmaßnahme, die im übrigen nur im förmlichen Verfahren ausgesprochen werden kann, innerhalb des letzten Jahres vor dem Tag der Wahl erfolgt sein.

Wird eine derartige Maßnahme während der Amtszeit verhängt, so erlischt die Mitgliedschaft im Personalrat.

5 An den Sitzungen des Personalrats und an den Personalversammlungen der Bereitschaftspolizei können gem. **Abs. 1 Nr. 3** Beauftragte der Gewerkschaften und Vertreter der Arbeitgebervereinigung nicht teilnehmen.

Ausgeschlossen und beschränkt wird die Beteiligung des Personalrats 6
gem. **Abs. 1 Nr. 4.** Dementsprechend wird
- bei Einstellungen (vgl. Art. 75 Abs. 1 Satz 1 Nr. 1) und
- bei Auflösung, Verlegung und Zusammenlegung von Dienststellen bzw. wesentlichen Teilen von ihnen (vgl. Art. 76 Abs. 2 Nr. 4)

der Personalrat ausdrücklich nicht beteiligt.

An Entscheidungen über Beginn und Ende der täglichen Arbeitszeit, Pausen und Verteilung der Arbeitszeit auf die einzelnen Wochentage wird der Personalrat lediglich dann nicht beteiligt, wenn es dabei um Beamte geht.

An die Stelle der Mitbestimmung tritt die Mitwirkung des Personalrats bei Anordnungen, durch die die Freiheit in der Wahl der Wohnung beschränkt wird.

Für die Beamten des höheren Dienstes besteht nur ein Mitwirkungsrecht bei Beförderungen o. ä. (vgl. Art. 75 Abs. 1 Satz 1 Nr. 2) und bei Übertragung anderer Dienstaufgaben usw. (vgl. Art. 75 Abs. 1 Satz 1 Nr. 3).

Bei Versetzung und Abordnung (vgl. Art. 75 Abs. 1 Satz 1 Nr. 6 und 7) entfällt die Mitbestimmung für die Beamten in Ausbildung. Nach Abschluß der Ausbildung wird das Recht des Personalrats für die Beamten auf Probe auf die Mitwirkung beschränkt.

JA-Vertretungen werden für die Polizeivollzugsbeamten nicht gebildet. Statt dessen enthält die Vorschrift den besonderen Vertrauensmann der Beamten.

Das Teilnahmeverbot des **Abs. 1 Nr. 3** gilt für den Bezirkspersonalrat, nicht jedoch für die Stufenvertretungen. An deren Sitzungen und Personalversammlungen können also Vertreter der Arbeitgebervereinigungen und Gewerkschaften grundsätzlich teilnehmen.

Das vorübergehende Ruhen der Befugnisse der Personalvertretung ist in **Abs. 4** geregelt: Dies tritt ein, wenn die Personalvertretung an einem Einsatz oder einer Übung außerhalb des Dienstortes teilnimmt. Von dieser Regelung nicht betroffen sind allerdings völlig von ihrer dienstlichen Tätigkeit freigestellte Personalräte.

Artikel 86
Bayerisches Landesamt für Verfassungsschutz

Für das Landesamt für Verfassungsschutz gilt dieses Gesetz mit folgenden Abweichungen:

1. Der Leiter des Landesamts für Verfassungsschutz kann nach Anhörung des Personalrats bestimmen, daß Beschäftigte, bei denen dies wegen ihrer dienstlichen Aufgaben dringend geboten ist, nicht an Personalversammlungen teilnehmen.

Art. 86, 86 a

2. **Die Vorschriften über eine Beteiligung von Vertretern oder Beauftragten der Gewerkschaften und Arbeitgebervereinigungen (Art. 20 Abs. 1, Art. 34 Abs. 4 Satz 2, Art. 36, 39 Abs. 1, Art. 52) sind nicht anzuwenden.**

3. **Bei der Beteiligung der Stufenvertretung und der Einigungsstelle sind Angelegenheiten, die lediglich Beschäftigte des Landesamts für Verfassungsschutz betreffen, wie Verschlußsachen des Geheimhaltungsgrades »VS-vertraulich« zu behandeln (Art. 88), soweit nicht das Staatsministerium des Innern etwas anderes bestimmt.**

1 Grundsätzlich findet das BayPVG auch im Landesamt für Verfassungsschutz Anwendung.

2 (Nr. 1) Die Teilnahme an Personalversammlungen kann für Beschäftigte eingeschränkt werden, bei denen dies wegen ihrer dienstlichen Aufgaben dringend geboten ist. Der Leiter des Landesamtes für Verfassungsschutz trifft die diesbezüglichen Entscheidungen nach Anhörung des Personalrats.

3 (Nr. 2) Eine Beteiligung von Vertretern der Gewerkschaften und Beauftragten der Arbeitgebervereinigungen ist ausgeschlossen. Begründet wird dies damit, daß Außenstehende keine Kenntnisse über personelle Angelegenheiten in dieser Behörde erlangen sollen.

4 (Nr. 3) Eine Beteiligung an der Stufenvertretung und der Einigungsstelle ist vorgesehen. Angelegenheiten, die lediglich Beschäftigte des Landesamts für Verfassungsschutz betreffen, sind wie Verschlußsachen des Geheimhaltungsgrades »VS-vertraulich« zu behandeln (Art. 88). Das Staatsministerium des Innern kann Ausnahmen zulassen.

Artikel 86a
Personalvertretung für Staatsanwälte

Für die Personalvertretung der Staatsanwälte gelten die besonderen Vorschriften des Dritten Abschnitts des Bayerischen Richtergesetzes; die Bestimmungen dieses Gesetzes finden nur Anwendung, soweit im Bayerischen Richtergesetz darauf verwiesen wird.

Eine besondere Personalvertretung für Staatsanwälte gibt es seit 1976, geregelt im Dritten Abschnitt des Bayerischen Richtergesetzes. Staatsanwalts-, Bezirksstaatsanwalts- und Hauptstaatsanwaltsrat sind grundsätzlich den Richterräten nachgebildet. Für gemeinsame Angelegenheiten mit Richter- und Personalräten findet sich eine Sonderregelung in Art. 84 (vgl. die Kommentierung dort).

Artikel 87
Dienststellen im Ausland

Für Dienststellen im Ausland gilt dieses Gesetz mit folgenden Abweichungen:
1. Ortskräfte sind nicht Beschäftigte im Sinn des Art. 4;
2. für gerichtliche Entscheidungen nach Art. 81 ist das Verwaltungsgericht zuständig, in dessen Bezirk die oberste Dienstbehörde ihren Sitz hat.

Die Geltung des BayPVG für Dienststellen des Freistaats Bayern im Ausland ergibt sich aus Art. 1, der keine räumliche Beschränkung des Geltungsbereichs dieses Gesetzes enthält. **1**

(Nr. 1) Ausgenommen von der Geltung des BayPVG werden Ortskräfte, die nicht als Beschäftigte i. S. d. Art. 4 gelten. Wenngleich der Vorschrift nur geringe Bedeutung zukommt, weil es nur wenige Betroffene geben wird, stellt sie doch eine grundsätzliche Ungereimtheit dar, da ausländische Beschäftigte im Staatsgebiet des Freistaats Bayern andere Rechte haben (vgl. Art. 13). **2**

(Nr. 2) Die ausdrückliche Zuständigkeitsregelung für das VG ist erforderlich, da vergleichbare Regelungen ansonsten fehlen. Der Sitz der obersten Dienstbehörde führt daher zur jeweiligen örtlichen verwaltungsgerichtlichen Zuständigkeit. **3**

Zweiter Abschnitt
Vorschriften für die Behandlung von Verschlußsachen

Artikel 88
Behandlung von Verschlußsachen

(1) Soweit eine Angelegenheit, an der eine Personalvertretung zu beteiligen ist, als Verschlußsache mindestens des Geheimhaltungsgrades »VS-vertraulich« eingestuft ist, tritt an die Stelle der Personalvertretung ein Ausschuß. Dem Ausschuß gehört höchstens je ein in entsprechender Anwendung des Art. 32 Abs. 1 gewählter Vertreter der im Personalrat vertretenen Gruppen an. Die Mitglieder des Ausschusses müssen nach den dafür geltenden Bestimmungen ermächtigt sein, Kenntnis von Verschlußsachen des in Betracht kommenden Geheimhaltungsgrades zu erhalten. Personalvertretungen bei Dienststellen, die Behörden der Mittelstufe nachgeordnet sind, bilden kei-

Art. 88

nen Ausschuß; an ihre Stelle tritt der Ausschuß des Bezirkspersonalrats.

(2) Wird der zuständige Ausschuß nicht rechtzeitig gebildet, ist der Ausschuß der bei der Dienststelle bestehenden Stufenvertretung oder, wenn dieser nicht rechtzeitig gebildet wird, der Ausschuß der bei der obersten Dienstbehörde bestehenden Stufenvertretung zu beteiligen.

(3) Die Einigungsstelle (Art. 71) besteht in den in Absatz 1 Satz 1 bezeichneten Fällen aus je einem Beisitzer, der von der obersten Dienstbehörde und der bei ihr bestehenden zuständigen Personalvertretung bestellt wird, und einem unparteiischen Vorsitzenden, die nach den dafür geltenden Bestimmungen ermächtigt sind, von Verschlußsachen des in Betracht kommenden Geheimhaltungsgrades Kenntnis zu erhalten.

(4) Die Art. 40, 80 Abs. 2 Sätze 2 und 3 und die Vorschriften über die Beteiligung der Gewerkschaften und Arbeitgebervereinigungen in den Art. 34 Abs. 4 Satz 2 und Art. 36 sind nicht anzuwenden. Angelegenheiten, die als Verschlußsachen mindestens des Geheimhaltungsgrades »VS-vertraulich« eingestuft sind, werden in der Personalversammlung nicht behandelt.

(5) Die oberste Dienstbehörde kann anordnen, daß in den Fällen des Absatzes 1 Satz 1 dem Ausschuß und der Einigungsstelle Unterlagen nicht vorgelegt und Auskünfte nicht erteilt werden dürfen, soweit dies zur Vermeidung von Nachteilen für das Wohl der Bundesrepublik Deutschland oder eines ihrer Länder oder auf Grund internationaler Verpflichtungen geboten ist. Im Verfahren nach Art. 81 sind die gesetzlichen Voraussetzungen für die Anordnung glaubhaft zu machen.

1 (Abs. 1) Die Bestimmung in **Abs. 1** soll grundsätzlich die Beteiligung der Personalvertretung auch dann sicherstellen, wenn die zur Entscheidung anstehende Angelegenheit als Verschlußsache, mindestens des Geheimhaltungsgrades »VS-vertraulich«, eingestuft worden ist. An die Stelle der Personalvertretung tritt jedoch nur ein Ausschuß, der aus höchstens drei Mitgliedern besteht. Über seine Zusammensetzung entscheidet die Personalvertretung. Deren Entscheidung ist aber erst dann endgültig, wenn die für die Sicherheit der Bundesrepublik Deutschland zuständigen Stellen (Verfassungsschutz) keine Bedenken gegen die vorgesehenen Mitglieder des Ausschusses haben.

Zu beachten ist jedoch, daß bei den örtlichen Personalräten keine Ausschüsse gebildet werden, sondern erst bei den Bezirkspersonalräten.

2 (Abs. 2) In **Abs. 2** wird klargestellt, daß im Falle des Fehlens eines Ausschusses beim Bezirkspersonalrat der beim Hauptpersonalrat bestehende Ausschuß zu beteiligen ist. Im übrigen ist die Regelung mißverständlich, da nach Abs. 1 letzter Satz beim örtlichen Personalrat kein Ausschuß zu bilden ist.

Art. 88

(Abs. 3) Die Einigungsstelle muß nach **Abs. 3** aus Mitgliedern bestehen, **3**
die einer Überprüfung durch die Sicherheitsorgane der Bundesrepublik
Deutschland standhalten.

(Abs. 4) Nach **Abs. 4** der Regelung können eine Reihe von Vorschriften **4**
nicht zur Anwendung kommen. Das gilt für die Teilnahme von Gewerkschaften an den Sitzungen der Personalräte und für die Einschaltung der Gewerkschaften, wenn wegen eines Antrages der Beschluß des Personalrats vorübergehend ausgesetzt wurde. Angewendet werden ferner nicht die Bestimmungen über die Teilnahme von Vertretern der JA-Vertretung und der der Schwerbehindertenvertretung an den Sitzungen des Personalrats. Dasselbe gilt für das Äußerungsrecht der örtlichen Personalräte gegenüber der Stufenvertretung.

(Abs. 5) Eine Beteiligung des Ausschusses und damit indirekt auch eine **5**
Beteiligung der Personalvertretung entfällt nach **Abs. 5** dann, wenn nach Auffassung der obersten Dienstbehörde durch Auskunft und Einsichtnahme in Unterlagen Nachteile für das Wohl der Bundesrepublik Deutschland oder eines ihrer Länder zu erwarten sind, oder wenn internationale Verpflichtungen dem entgegenstehen. Die Personalvertretungen haben die Möglichkeit, das VG anzurufen und die Anordnung auf ihre Zulässigkeit überprüfen zu lassen. Die oberste Dienstbehörde ist dann verpflichtet, »die gesetzlichen Voraussetzungen für die Anordnung glaubhaft zu machen«.

Die Mitglieder der VS-Ausschüsse haben über die ihnen in diesen Ausschüssen bekanntgewordenen Angelegenheiten und Tatsachen auch gegenüber den anderen Mitgliedern der Personalvertretung Stillschweigen zu bewahren.

ACHTER TEIL
Strafvorschriften

Artikel 89
(gegenstandslos)

NEUNTER TEIL
Ergänzende Vorschriften

Artikel 90
Durchführungsvorschriften – Wahlordnung

(1) Die Staatsregierung erläßt die zur Durchführung dieses Gesetzes erforderlichen Rechts- und Verwaltungsvorschriften.

(2) Zur Regelung der in den Art. 12 bis 24, 53, 55 bis 59, 64 bis 66 und 85 Abs. 3 bezeichneten Wahlen erläßt die Staatsregierung binnen zwei Monaten nach Inkrafttreten dieses Gesetzes durch Rechtsverordnung Vorschriften über

a) die Vorbereitung der Wahl, insbesondere die Aufstellung der Wählerlisten und die Errechnung der Vertreterzahl,

b) die Frist für die Einsichtnahme in die Wählerlisten und die Erhebung von Einsprüchen,

c) die Vorschlagslisten und die Frist für ihre Einreichung,

d) das Wahlausschreiben und die Fristen für seine Bekanntmachung,

e) die Stimmabgabe,

f) die Feststellung des Wahlergebnisses und die Fristen für seine Bekanntmachung,

g) die Aufbewahrung der Wahlakten,

h) die Durchführung von Teilwiederholungswahlen (Art. 53a).

Die Bayerische Staatsregierung hat auf der Grundlage der Ermächtigung von Abs. 2 die »Wahlordnung zum Bayerischen Personalvertretungsgesetz« (WO-BayPVG) v. 12. 12. 1995 (GVBl. S. 868) erlassen.

Artikel 91
Personalvertretung bei Um- oder Neubildung von Dienststellen

Die Staatsministerien und der Oberste Rechnungshof werden ermächtigt, für ihren Geschäftsbereich im Einvernehmen mit dem

Art. 91

Staatsministerium der Finanzen durch Verordnung Vorschriften zu erlassen, die die Personalvertretung für den Fall sicherstellen oder erleichtern, daß Gemeinden, Gemeindeverbände und sonstige Körperschaften, Anstalten und Stiftungen des öffentlichen Rechts oder Dienststellen umgebildet oder neu gebildet werden. Dabei können insbesondere Bestimmungen getroffen werden über

a) die vorübergehende Fortführung der Geschäfte durch die bisherigen Personalräte,

b) die vorübergehende Wahrnehmung der Aufgaben neu zu wählender Personalräte durch die bisherigen oder deren Vorstände,

c) die Mitgliedschaft in Personalräten, wenn der Gewählte in Vollzug der Umbildung bei einer anderen Dienststelle verwendet wird,

d) besondere Beteiligungsrechte der Personalvertretungen an den durch die Umbildung veranlaßten personellen Maßnahmen,

e) die Dauer der Wahlperiode und die Verlängerung der Amtszeit der Personalräte,

f) die Voraussetzungen und den Zeitpunkt für die Neuwahl der Personalräte,

g) die Bestellung der Wahlvorstände für Neuwahlen.

Die Vorschrift ermächtigt die Staatsministerien und den Obersten Rechnungshof im Einvernehmen mit dem Staatsministerium der Finanzen, für ihren Geschäftsbereich Verordnungen zu erlassen für den Fall, daß Gemeinden, Gemeindeverbände und sonstige Körperschaften, Anstalten und Stiftungen des öffentlichen Rechts oder Dienststellen umgebildet oder neu gebildet werden. **1**

Damit ist es nicht erforderlich, daß der Gesetzgeber erneut tätig wird, falls die bezeichneten Änderungen eintreten. Die Vorschrift kann praktische Bedeutung erlangen bei künftigen Umorganisationen, die im Rahmen einer Verwaltungsreform notwendig werden können, wenn es darum geht, die Regelung der personalvertretungsrechtlichen Fragen vorzunehmen, wie das z. B. bei der kommunalen Gebietsreform in Art. 10 des Maßnahmengesetzes v. 25. 5. 1972 (GVBl. S. 169) geschehen ist. **2**

Die Vorschrift hat mit den derzeit durchgeführten Umstrukturierungen in allen Verwaltungsbereichen eine besondere Bedeutung erlangt im Hinblick auf **Überleitungsbestimmungen**. Beispiele sind z. B. der »Umbau« der AOK, die Neustrukturierung des Bezirks Oberfranken u. v. a. m. **3**

Nach höchstrichterlicher Rechtsprechung soll die Vorschrift die Erfüllung der Aufgaben des Personalrates nach Art. 69 sicherstellen und erleichtern. Das Gesetz bezweckt in Art. 91 nicht, den Staat von finanziellen Belastungen durch zu häufige Personalratswahlen zu befreien (BayVGH v. 27. 5. 1998 – 7 NE 98.1097 – n. v.).

Art. 92

Artikel 92
Religionsgemeinschaften

Dieses Gesetz findet keine Anwendung auf Religionsgemeinschaften und ihre karitativen und erzieherischen Einrichtungen ohne Rücksicht auf ihre Rechtsform; ihnen bleibt die selbständige Ordnung eines Personalvertretungsrechts überlassen.

1 Die Regelung verwirklicht die bundesgesetzliche Vorgabe für die Bundesländer in § 112 BPersVG und entspricht dieser Vorschrift inhaltlich.

2 Damit wird i. V. m. § 118 Abs. 2 BetrVG, wonach die in diesem Gesetz geregelte Mitbestimmung in den Betrieben der Wirtschaft nicht für Religionsgemeinschaften und ihre karitativen und erzieherischen Einrichtungen gilt, und zwar unabhängig von der Rechtsform, in der sie betrieben werden, **verhindert**, daß die bezeichneten Gemeinschaften und Einrichtungen in gleicher Weise wie alle anderen Betriebe und Dienststellen in Staat, Wirtschaft und Gesellschaft nicht nur dem Wohl ihrer Betreiber, sondern auch demjenigen der Beschäftigten in gleicher Weise dienen (vgl. hierzu z. B. Art. 2 Abs. 1 BayPVG, § 2 Abs. 1 BPersVG und § 2 Abs. 1 BetrVG 1972).

3 Die den 600 000 Arbeitnehmern in Betrieben der Kirche und ihren Organisationen durch die Rechtsprechung eingeräumte, in Staat, Wirtschaft und Gesellschaft einmalige **Sonderstellung** und die damit verbundene Unanwendbarkeit der staatlichen Mitbestimmungsgesetze haben zur Folge, daß die Rechte der dort beschäftigten Arbeitnehmer durch staatliche Gesetze nicht geschützt sind. Vom BVerfG wird dies mit Art. 137 Abs. 3 der Weimarer Reichsverfassung (WRV) begründet, deren Bestimmungen nach Art. 140 GG Bestandteile des Grundgesetzes seien.

Nach Ansicht dieses Gerichts sind die bezeichneten Gemeinschaften und Organisationen berechtigt, ihre Angelegenheiten selbst zu ordnen und zu verwalten, wobei sich Schranken nur durch die für **alle** geltenden Gesetze ergeben.

Zu diesen Gesetzen seien aber weder das BetrVG noch die Personalvertretungsgesetze des Bundes und der Länder zu zählen, weil § 118 Abs. 2 (um dessen Auslegung es bei der Entscheidung des Gerichtes ging) lediglich Rücksicht auf das verfassungsrechtlich ohnehin Gebotene nehme (vgl. BVerfG v. 21. 9. 1976 – 2 BvR 350/75 –, BVerfGE 46, 73).

Diese Rechtsprechung wird überwiegend (zu Unrecht) dahingehend verstanden, daß den Kirchen vom Grundgesetz ein Freiheitsraum garantiert wird, der es nicht erlaubt, den Geltungsbereich des staatlichen Betriebsverfassungs- und Personalvertretungsrechts auf die Religionsgemeinschaften und ihre karitativen sowie erzieherischen Einrichtungen anzuwenden.

4 Zutreffenderweise muß im Gegenteil davon ausgegangen werden, daß die Herausnahme der Religionsgemeinschaften aus den staatlichen Mitbestimmungsgesetzen mit dem verfassungsrechtlichen **Gleichbehandlungsgrundsatz aus Art. 3** nicht zu vereinbaren und deshalb verfassungswidrig ist. Ein am Tendenzschutz des § 118 Abs. 1 BetrVG orientierter Schutz der tendenzbedingten Interessen der Religionsgemeinschaften würde alle verfassungsrechtlich schützenswerten und geschützten Rechtspositionen der bezeichneten Organisationen umfassend genug wahren (vgl. ausführlich ABW, Art. 92 Rn. 1).

Religionsgemeinschaften sind nach Art. 137 WRV i. V. m. Art. 140 GG die **Kirchen** als christliche Religionsgemeinschaften, die **nichtchristlichen Religionsgemeinschaften** und die **Weltanschauungsgemeinschaften**. 5

Die bezeichneten Gemeinschaften – soweit sie nicht ohnehin zu den Körperschaften des öffentlichen Rechts gehören – haben nach Art. 140 GG i. V. m. Art. 137 Abs. 5 WRV das Recht, auf Antrag die Rechte einer Körperschaft des öffentlichen Rechts zu erwerben, wenn sie die Gewähr der **Dauer** bieten. 6

Zu den Religionsgemeinschaften, die Körperschaften des öffentlichen Rechts sind, gehören u. a. im Bereich der Röm.-Kath. Kirche der Verband der Diözesen Deutschlands, die Bistümer (Erzdiözesen und Diözesen), die katholischen Kirchengemeinden (Pfarreien), ferner die Orden und Kongregationen; im Bereich der Evangelische Kirche in Deutschland (EKD) ihre Gliedkirchen (Territorial- oder Landeskirchen), die Zusammenschlüsse von Gliedkirchen innerhalb der EKD, nämlich die Vereinigte Evang.-Luth. Kirche Deutschlands (VELKD) und die Evangelische Kirche der Union (EKU), die evangelischen Kirchengemeinden und teilweise auch die evangelischen Kirchenkreise, im Bereich der evangelischen Freikirchen insbesondere die »Selbständige Evangelische Lutherische Kirche«, die »Evangelisch-Methodistische Kirche« und der »Bund Evang.-Freikirchlicher Gemeinden«, außerdem das »Bistum der Altkatholischen Kirche in Deutschland«, die »Neuapostolische Kirche«, die »Heilsarmee« und die jüdischen Gemeinden und der »Zentralrat der Juden in Deutschland«. 7

Zu den nichtchristlichen Religionsgemeinschaften gehören z. B. der Islam, der Buddhismus und der Hinduismus.

Weltanschauungsgemeinschaften sind jene Lehren, welche das Weltganze universell zu begreifen und die Stellung des Menschen in der Welt zu erkennen und zu bewerten suchen. 8

Karitative Einrichtungen sind solche Institutionen, in denen auf der Grundlage einer bestimmten religiösen Gesinnung Wohltätigkeit gegenüber Hilfsbedürftigen, insbesondere Kranken und Behinderten, geübt werden soll (z. B. Krankenhäuser, Waisenhäuser, Kinderheime, Altenheime). 9

Erzieherische Einrichtungen sind in der Regel solche, die der Ausbildung des kirchlichen Nachwuchses dienen (z. B. die kirchlichen Hoch- 10

Art. 92

und Fachhochschulen für geistliche und für soziale Berufe), sowie als allgemeine Schulen und Aus- und Fortbildungseinrichtungen unterhaltene Anstalten u. a.

11 Ob es sich bei einer karitativen oder erzieherischen Einrichtung um die **Einrichtung** einer Religionsgemeinschaft handelt, hängt hierbei allerdings nicht allein vom Selbstverständnis der Gemeinschaft ab, sondern muß sich aufgrund der institutionellen Verbindung zwischen Religionsgemeinschaft und Einrichtung und damit mit Rücksicht auf objektive Gesichtspunkte ergeben.

12 Der Auffassung des BVerfG, wonach das verfassungsrechtlich gewährleistete kirchliche Selbstbestimmungsrecht schon für solche Einrichtungen gelten soll, die **nach kirchlichem Selbstverständnis** ihrem Zweck und ihrer Aufgabe entsprechend berufen sind, ein Stück Auftrag der Kirche in dieser Welt wahrzunehmen und zu erfüllen, kann deshalb nicht gefolgt werden, weil hier jedes **objektiv feststellbare und rationale Merkmal** fehlt, aus dem sich die Zuordnung ergibt (vgl. hierzu BVerfG v. 11. 10. 1977 – 2 BvR 209/76 –, BVerfGE 46, 73).

13 Unter das **BayPVG** fallen eindeutig **unselbständige kirchliche Wirtschaftsbetriebe**, wie z.B. der Brauereibetrieb des Klosters Andechs, für die dort tätigen **weltlichen Arbeitnehmer.** Das Recht dieser Beschäftigten auf eine **Personalvertretung** wird weder durch das autonome Vermögensverwaltungsrecht der Kirchen noch durch deren Dienstrecht hinsichtlich kirchlicher Mitarbeiter eingeschränkt (vgl. BayVGH v. 13. 9. 1989 – 17 P 89. 00759 –, PersR 1990, 72). Zur Qualität eines Verlages als »erzieherische Einrichtung« vgl. BayVGH v. 16. 6. 1999 – 17 P 98.1241 –, PersR 2000, 20.

14 Die Kirchen haben zur Verwirklichung der Mitwirkung und Mitbestimmung im kirchlichen Bereich **freiwillig** ein Mitarbeitervertretungsrecht eingerichtet.

15 Streitigkeiten entscheiden die Verwaltungsgerichte nach Art. 81 Abs. 1 Nr. 2 und 3, weil es sich insoweit um Fragen im Zusammenhang mit Wahl, Zuständigkeit und Geschäftsführung der Personalvertretung handelt.

ZEHNTER TEIL
Schlußvorschriften

Artikel 93
(aufgehoben)

Artikel 94
(aufgehoben)

Artikel 95
Verweisungen oder Bezeichnungen in anderen Vorschriften

Soweit in anderen Vorschriften auf Vorschriften verwiesen wird oder Bezeichnungen verwendet werden, die durch dieses Gesetz aufgehoben oder geändert werden, treten an ihre Stelle die entsprechenden Vorschriften dieses Gesetzes.

Artikel 96
(aufgehoben)

Artikel 97
Inkrafttreten

Dieses Gesetz ist dringlich. Es tritt am 1. Mai 1974 in Kraft.

Diese Vorschrift betrifft das Gesetz in der ursprünglichen Fassung vom 29. 4. 1974 (GVBl. S. 157). Der Zeitpunkt des Inkrafttretens der späteren Änderungen ergibt sich aus den jeweiligen Änderungsgesetzen. Art. 97 ist somit gegenstandslos.

§ 1 WO-BayPVG

Wahlordnung zum Bayerischen Personalvertretungsgesetz (WO-BayPVG)

vom 12. Dezember 1995 (GVBl. S. 868)

ERSTER TEIL
Wahl des Personalrats

Erster Abschnitt
Gemeinsame Vorschriften über Vorbereitung und Durchführung der Wahl

§ 1 Wahlvorstand und Wahlhelfer

(1) Der Wahlvorstand führt die Wahl des Personalrats durch. Bei seinen Entscheidungen, die in Sitzungen getroffen werden, haben sämtliche Mitglieder, im Verhinderungsfall die jeweiligen Ersatzmitglieder, mitzuwirken. Er faßt seine Beschlüsse mit einfacher Stimmenmehrheit seiner Mitglieder; Stimmenthaltung ist nicht zulässig.

(2) Der Vorsitzende des Wahlvorstands führt die laufenden Geschäfte und vertritt den Wahlvorstand im Rahmen der von diesem gefaßten Beschlüsse. Soweit im folgenden nichts anderes bestimmt ist, ist der Vorsitzende zur alleinigen Unterzeichnung von Aushängen und Bekanntmachungen des Wahlvorstands befugt.

(3) Der Wahlvorstand fertigt über jede Sitzung, in der über Einsprüche gegen das Wählerverzeichnis (§ 3), über die Ermittlung der Zahl der zu wählenden Personalratsmitglieder und die Verteilung der Personalratssitze auf die Gruppen (§ 5), über die Zulassung von Wahlvorschlägen und die Gewährung von Mängelbeseitigungsfristen (§ 10) entschieden wird, eine Niederschrift. Sie ist von sämtlichen Mitgliedern des Wahlvorstands zu unterzeichnen.

(4) Die Dienststelle hat den Wahlvorstand bei der Erfüllung seiner Aufgaben zu unterstützen. Sie hat insbesondere

a) die notwendigen Unterlagen (Beschäftigtenlisten u. a.) zur Verfügung zu stellen und zu ergänzen,
b) über personelle Veränderungen laufend zu informieren,
c) die sonst erforderlichen Auskünfte zu erteilen,
d) für die Vorbereitung und Durchführung der Wahl in erforderlichem Umfang Räume, den Geschäftsbedarf und etwa benötigte Schreibkräfte zur Verfügung zu stellen.

(5) Der Wahlvorstand gibt die Namen seiner Mitglieder, deren dienst-

liche Anschrift, dienstliche Telefonnummer und Telefaxnummer sowie die Namen etwaiger Ersatzmitglieder innerhalb von sieben Kalendertagen nach seiner Bestellung, Wahl oder Einsetzung, und spätestens einundneunzig Kalendertage vor dem ersten Tag der Stimmabgabe, in der Dienststelle durch Aushang bis zum Abschluß der Stimmabgabe bekannt.

(6) Der Wahlvorstand kann wahlberechtigte Beschäftigte zu seiner Unterstützung bei der Durchführung der Stimmabgabe und bei der Stimmenzählung bestellen (Wahlhelfer); dabei soll er Frauen und Männer sowie die in der Dienststelle vertretenen Gruppen angemessen berücksichtigen.

§ 2 Feststellung der Beschäftigtenzahl, Wählerverzeichnis

(1) Der Wahlvorstand stellt die Zahl der in der Regel tätigen Beschäftigten und ihre Verteilung auf die Gruppen zum Zeitpunkt des Erlasses des Wahlausschreibens fest.

(2) Der Wahlvorstand stellt ein Verzeichnis der wahlberechtigten Beschäftigten (Wählerverzeichnis), getrennt nach den Gruppen, auf. Er stellt den Anteil an Frauen und Männern bei den wahlberechtigten Beschäftigten insgesamt und in den einzelnen Gruppen fest. Er hat bis zum Abschluß der Stimmabgabe mit Unterstützung der Dienststelle das Wählerverzeichnis auf dem laufenden zu halten und zu berichten.

(3) Das Wählerverzeichnis oder eine Abschrift ist unverzüglich, spätestens jedoch fünf Kalendertage nach dem Erlaß des Wahlausschreibens bis zum Abschluß der Stimmabgabe an geeigneter Stelle zur Einsicht auszulegen.

§ 3 Einsprüche gegen das Wählerverzeichnis

(1) Die Beschäftigten können beim Wahlvorstand schriftlich binnen dreißig Kalendertagen seit Auslegung des Wählerverzeichnisses (§ 2 Abs. 3) Einspruch gegen seine Richtigkeit einlegen.

(2) Über den Einspruch entscheidet der Wahlvorstand unverzüglich. Die Entscheidung ist der Person, die den Einspruch eingelegt hat, unverzüglich, spätestens jedoch fünf Kalendertage vor dem ersten Tag der Stimmabgabe mitzuteilen. Ist der Einspruch begründet, so hat der Wahlvorstand das Wählerverzeichnis zu berichtigen.

(3) Nach Ablauf der Einspruchsfrist hat der Wahlvorstand das Wählerverzeichnis nochmals auf seine Vollständigkeit zu prüfen. Danach ist das Wählerverzeichnis nur bei Schreibfehlern, offenbaren Unrichtigkeiten, zur Erledigung rechtzeitig eingelegter Einsprüche, bei Eintritt oder Ausscheiden von Beschäftigten und bei Änderung der Gruppenzugehörigkeit bis zum Abschluß der Stimmabgabe zu berichtigen oder zu ergänzen.

§§ 4, 5 WO-BayPVG

§ 4 Vorabstimmungen

(1) Soll die Verteilung der Mitglieder des Personalrats auf die Gruppen abweichend von Art. 17 BayPVG geordnet werden (Art. 18 Abs. 1 BayPVG) oder soll, wenn der Personalrat aus mehr als einer Person besteht, die gemeinsame Wahl durchgeführt werden (Art. 19 Abs. 2 BayPVG), so sind hierzu entsprechende Vorabstimmungen erforderlich. Die Durchführung derartiger Vorabstimmungen obliegt nicht dem Wahlvorstand.

(2) Das Ergebnis dieser Vorabstimmungen wird nur berücksichtigt, wenn es dem Wahlvorstand innerhalb von sieben Kalendertagen nach der Bekanntgabe der Namen seiner Mitglieder (§ 1 Abs. 5), spätestens jedoch vierundachtzig Kalendertage vor dem ersten Tag der Stimmabgabe vorliegt. Hierbei ist dem Wahlvorstand glaubhaft zu machen, daß das Ergebnis unter Leitung eines aus mindestens drei wahlberechtigten Beschäftigten bestehenden Abstimmungsvorstands in geheimen und nach Gruppen getrennten Abstimmungen zustandegekommen ist. Dem Abstimmungsvorstand muß ein Mitglied jeder in der Dienststelle vertretenen Gruppe angehören.

§ 5 Ermittlung der Zahl der zu wählenden Personalratsmitglieder; Verteilung der Sitze auf die Gruppen

(1) Der Wahlvorstand ermittelt die Zahl der zu wählenden Mitglieder des Personalrats (Art. 16 und 17 Abs. 4 BayPVG). Ist eine von Art. 17 BayPVG abweichende Verteilung der Mitglieder des Personalrats auf die Gruppen (Art. 18 Abs. 1 BayPVG) nicht beschlossen worden, so errechnet der Wahlvorstand die Verteilung der Personalratssitze auf die Gruppen (Art. 17 Abs. 1 bis 5 BayPVG) nach dem Höchstzahlverfahren (Absätze 2 und 3).

(2) Die Zahlen der der Dienststelle angehörenden Beamten, Angestellten und Arbeiter (§ 2 Abs. 1) werden nebeneinandergestellt und der Reihe nach durch 1, 2, 3 usw. geteilt. Auf die jeweils höchste Teilzahl (Höchstzahl) wird solange ein Sitz zugeteilt, bis alle Personalratssitze (Art. 16 Abs. 1 und 17 Abs. 4 BayPVG) verteilt sind. Jede Gruppe erhält soviele Sitze, wie Höchstzahlen auf sie entfallen. Ist bei zwei oder drei gleichen Höchstzahlen nur noch ein Sitz oder sind bei drei gleichen Höchstzahlen nur noch zwei Sitze zu verteilen, so entscheidet das Los.

(3) Entfallen bei der Verteilung der Sitze nach Absatz 2 auf eine Gruppe weniger Sitze, als ihr nach Art. 17 Abs. 3 BayPVG zustehen, so erhält sie die in Art. 17 Abs. 3 BayPVG vorgeschriebene Zahl von Sitzen. Die Zahl der Sitze der übrigen Gruppen vermindert sich entsprechend. Dabei werden die jeweils zuletzt zugeteilten Sitze zuerst gekürzt. Ist bei gleichen Höchstzahlen nur noch um einen Sitz zu kürzen, entscheidet das Los, welche Gruppe den Sitz abzugeben hat. Sitze, die einer Gruppe nach dem BayPVG mindestens zustehen, können ihr nicht entzogen werden.

(4) Haben in einer Dienststelle alle Gruppen die gleiche Anzahl von Angehörigen, so erübrigt sich die Errechnung der Sitze nach dem Höchstzahlverfahren; in diesem Fall entscheidet das Los, wem die höhere Zahl von Sitzen zufällt.

§ 6 Wahlausschreiben

(1) Nach Ablauf der Frist für die Bekanntgabe des Ergebnisses etwaiger Vorabstimmungen (§ 4 Abs. 2) und spätestens siebenundsiebzig Kalendertage vor dem ersten Tag der Stimmabgabe erläßt der Wahlvorstand ein Wahlausschreiben. Es ist von sämtlichen Mitgliedern des Wahlvorstands zu unterschreiben.

(2) Das Wahlausschreiben muß enthalten:

a) Ort und Tag seines Erlasses;

b) die Zahl der zu wählenden Mitglieder des Personalrats, getrennt nach Beamten, Angestellten und Arbeitern;

c) Angaben über die Anteile von Frauen und Männern bei den wahlberechtigten Beschäftigten in der Dienststelle insgesamt und getrennt nach Beamten, Angestellten und Arbeitern;

d) Angaben darüber, ob die Beamten, Angestellten und Arbeiter ihre Vertreter in getrennten Wahlgängen wählen (Gruppenwahl) oder vor Erlaß des Wahlausschreibens gemeinsame Wahl beschlossen worden ist;

e) die Angabe, wo und wann das Wählerverzeichnis und diese Wahlordnung zur Einsicht ausliegen;

f) den Hinweis, daß nur Beschäftigte wählen können, die in das Wählerverzeichnis eingetragen sind;

g) den Hinweis, daß Frauen und Männer entsprechend ihrem Anteil an den wahlberechtigten Beschäftigten in der Dienststelle vertreten sein sollen;

h) den Hinweis, daß Einsprüche gegen das Wählerverzeichnis nur binnen dreißig Kalendertagen seit Auslegung des Wählerverzeichnisses (§ 2 Abs. 3) schriftlich beim Wahlvorstand eingelegt werden können; der letzte Tag der Einspruchsfrist ist anzugeben;

i) die Mindestzahl von wahlberechtigten Beschäftigten, von denen ein Wahlvorschlag unterzeichnet sein muß, soweit er nicht von einer der in der Dienststelle vertretenen Gewerkschaften gemacht wird, und den Hinweis, daß jede sich bewerbende Person (Bewerber) für die Wahl des Personalrats nur auf einem Wahlvorschlag benannt werden kann;

k) den Hinweis, daß der Wahlvorschlag einer in der Dienststelle vertretenen Gewerkschaft von zwei Beauftragten, die Beschäftigte der

§ 6, 7 WO-BayPVG

Dienststelle sein und einer der in der Dienststelle vertretenen Gewerkschaft angehören müssen, unterzeichnet sein muß (Art. 19 Abs. 7 BayPVG);

l) die Aufforderung, Wahlvorschläge innerhalb von fünfundzwanzig Kalendertagen nach dem Erlaß des Wahlausschreibens und spätestens am zweiundfünfzigsten Kalendertag vor dem ersten Tag der Stimmabgabe beim Wahlvorstand einzureichen; der letzte Zeitpunkt der Einreichungsfrist ist anzugeben;

m) den Hinweis, daß nur fristgerecht eingereichte Wahlvorschläge berücksichtigt werden und daß nur gewählt werden kann, wer in einen solchen Wahlvorschlag aufgenommen ist;

n) den Ort, an dem die Wahlvorschläge bekanntgegeben werden;

o) den Ort und die Zeit der Stimmabgabe;

p) einen Hinweis auf die Möglichkeit der schriftlichen Stimmabgabe (§ 17);

q) einen Hinweis darauf, für welche nachgeordneten Stellen, Nebenstellen oder Teile einer Dienststelle die schriftliche Stimmabgabe angeordnet wird (§ 19 Abs. 1), und wann und wo die Wahlunterlagen entgegengenommen werden können;

r) Ort und Zeit der Sitzung, in der das Wahlergebnis festgestellt wird;

s) den Ort, an dem Einsprüche, Wahlvorschläge und andere Erklärungen gegenüber dem Wahlvorstand abzugeben sind.

(3) Der Wahlvorstand hat eine Abschrift oder einen Abdruck des Wahlausschreibens und dieser Wahlordnung vom Tag des Erlasses bis zum Abschluß der Stimmabgabe an einer oder an mehreren geeigneten, den Wahlberechtigten zugänglichen Stellen auszuhängen.

(4) Offenbare Unrichtigkeiten des Wahlausschreibens können vom Wahlvorstand jederzeit berichtigt werden.

(5) Mit Erlaß des Wahlausschreibens ist die Wahl eingeleitet.

§ 7 Wahlvorschläge, Einreichungsfrist

(1) Zur Wahl des Personalrats können die wahlberechtigten Beschäftigten und die in der Dienststelle vertretenen Gewerkschaften Wahlvorschläge machen. Die nach Art. 14 Abs. 3 BayPVG nicht wählbaren Beschäftigten dürfen keine Wahlvorschläge machen oder unterzeichnen (Art. 19 Abs. 4 Satz 5 BayPVG).

(2) Die Wahlvorschläge sind innerhalb von fünfundzwanzig Kalendertagen nach dem Erlaß des Wahlausschreibens, spätestens jedoch am zweiundfünfzigsten Kalendertag vor dem ersten Tag der Stimmabgabe einzureichen. Bei Gruppenwahl sind für die einzelnen Gruppen getrennte

Wahlvorschläge auf getrennten Schriftstücken einzureichen. Der Wahlvorstand kann die Einreichungsfrist am letzten Tag auf das Ende der üblichen Dienstzeit begrenzen.

§ 8 Inhalt der Wahlvorschläge

(1) Jeder Wahlvorschlag soll mindestens doppelt so viele Bewerber enthalten wie

a) bei Gruppenwahl Gruppenvertreter,

b) bei gemeinsamer Wahl Personalratsmitglieder zu wählen sind.

(2) Die Zahl der Bewerber soll

a) bei Gruppenwahl das Zehnfache der Zahl der Gruppenvertreter,

b) bei gemeinsamer Wahl das Zehnfache der Zahl der Personalratsmitglieder nicht überschreiten.

(3) Jeder Wahlvorschlag soll mindestens so viele Bewerberinnen und Bewerber enthalten wie erforderlich sind, um die anteilige Verteilung der Sitze im Personalrat auf Frauen und Männer zu erreichen.

(4) Die Namen der einzelnen Bewerber sind auf dem Wahlvorschlag untereinander aufzuführen und mit fortlaufenden Nummern zu versehen. Außer dem Familiennamen sind der Vorname, die Amts-, Berufs- oder Funktionsbezeichnung und die Beschäftigungsstelle anzugeben. Bei gruppenfremden Bewerbern ist zusätzlich die Gruppenzugehörigkeit anzugeben. Bei gemeinsamer Wahl sind im Wahlvorschlag die Bewerber jeweils nach Gruppen zusammenzufassen. Der Wahlvorschlag darf keine Änderungen enthalten; ggf. ist ein neuer Wahlvorschlag zu fertigen und zu unterzeichnen.

(5) Jeder Wahlvorschlag der Beschäftigten muß

a) bei Gruppenwahl von mindestens einem Zwanzigstel der wahlberechtigten Gruppenangehörigen, jedoch mindestens von drei wahlberechtigten Gruppenangehörigen,

b) bei gemeinsamer Wahl von mindestens einem Zwanzigstel der wahlberechtigten Beschäftigten, jedoch mindestens von drei wahlberechtigten Beschäftigten,

c) bei gemeinsamer Wahl, bei der für eine Gruppe gruppenfremde Bewerber vorgeschlagen werden, von mindestens einem Zwanzigstel der wahlberechtigten Angehörigen der Gruppe, für die sie vorgeschlagen sind,

unterzeichnet sein. In jedem Fall genügen bei Gruppenwahl die Unterschriften von fünfzig wahlberechtigten Gruppenangehörigen, bei gemeinsamer Wahl die Unterschriften von fünfzig wahlberechtigten Beschäftigten und bei gemeinsamer Wahl, bei der für eine Gruppe gruppenfremde

Bewerber vorgeschlagen werden, die Unterschriften von fünfzig wahlberechtigten Angehörigen der Gruppe, für die sie vorgeschlagen sind. Nach Einreichung des Wahlvorschlags kann eine Unterschrift nicht mehr zurückgenommen werden. § 10 Abs. 4 bleibt unberührt.

(6) Aus dem Wahlvorschlag der Beschäftigten soll zu ersehen sein, welche der unterzeichnenden Personen zur Vertretung des Vorschlags gegenüber dem Wahlvorstand und zur Entgegennahme von Erklärungen und Entscheidungen des Wahlvorstands berechtigt ist (Listenvertreter). Fehlt eine Angabe hierüber, gilt die unterzeichnende Person als berechtigt, die an erster Stelle steht.

(7) Der Wahlvorschlag einer der in der Dienststelle vertretenen Gewerkschaften muß von zwei in der Dienststelle beschäftigten Beauftragten, die Mitglied einer in der Dienststelle vertretenen Gewerkschaft sind, unterzeichnet sein. Im Fall der Verselbständigung von Dienststellenteilen oder Nebenstellen ist es ausreichend, wenn die Gewerkschaftsbeauftragten Beschäftigte der Gesamtdienststelle sind. Bei Zweifeln an der Beauftragung oder der Mitgliedschaft kann der Wahlvorstand eine schriftliche Bestätigung der Gewerkschaft verlangen. Die Gewerkschaft hat auf dem Wahlvorschlag zu vermerken, wer von den Unterzeichnern der Listenvertreter ist. Fehlt eine solche Bezeichnung, gilt die unterzeichnende Person, die an erster Stelle steht, als Listenvertreter.

(8) Der Wahlvorschlag kann mit einem Kennwort versehen werden.

§ 9 Sonstige Erfordernisse

(1) Jeder Bewerber kann für die Wahl des Personalrats nur auf einem Wahlvorschlag vorgeschlagen werden.

(2) Dem Wahlvorschlag ist die schriftliche Zustimmung der in ihm aufgeführten Bewerber zur Aufnahme in den Wahlvorschlag beizufügen; die Zustimmung kann nicht widerrufen werden.

(3) Jede vorschlagsberechtigte Person (§ 8 Abs. 5) kann ihre Unterschrift zur Wahl des Personalrats rechtswirksam nur für einen Wahlvorschlag abgeben. Jede in der Dienststelle vertretene Gewerkschaft kann bei gemeinsamer Wahl nur einen, bei Gruppenwahl für jede Gruppe nur einen Wahlvorschlag machen.

(4) Eine Verbindung von Wahlvorschlägen ist unzulässig.

§ 10 Behandlung der Wahlvorschläge durch den Wahlvorstand; ungültige Wahlvorschläge

(1) Der Wahlvorstand vermerkt auf den Wahlvorschlägen den Tag und die Uhrzeit des Eingangs. Im Fall des Absatzes 5 ist auch der Zeitpunkt des Eingangs des berichtigten Wahlvorschlags zu vermerken.

(2) Wahlvorschläge, die ungültig sind, insbesondere weil sie bei der Einreichung nicht die erforderliche Anzahl von Unterschriften aufweisen, weil sie nicht fristgerecht eingereicht worden sind oder weil sie Änderungen enthalten (§ 8 Abs. 4 Satz 5), gibt der Wahlvorstand unverzüglich nach Eingang unter Angabe der Gründe zurück. Die Zurückziehung der Unterschriften nach Einreichung des Wahlvorschlags beeinträchtigt dessen Gültigkeit nicht (§ 8 Abs. 5 Satz 3); Absatz 4 bleibt unberührt.

(3) Der Wahlvorstand hat einen Bewerber, der mit seiner schriftlichen Zustimmung auf mehreren Wahlvorschlägen benannt ist, aufzufordern, innerhalb von drei Kalendertagen zu erklären, auf welchem Wahlvorschlag er benannt bleiben will. Gibt der Bewerber diese Erklärung nicht fristgerecht ab, so wird er von sämtlichen Wahlvorschlägen gestrichen.

(4) Der Wahlvorstand hat vorschlagsberechtigte Beschäftigte (§ 8 Abs. 5), die mehrere Wahlvorschläge unterzeichnet haben, aufzufordern, innerhalb von drei Kalendertagen zu erklären, welche Unterschrift sie aufrechterhalten. Wird diese Erklärung nicht fristgerecht abgegeben, zählt keine Unterschrift. Entsprechendes gilt bei Gewerkschaften, die bei gemeinsamer Wahl mehrere, bei Gruppenwahl für eine Gruppe mehrere Wahlvorschläge gemacht haben.

(5) Wahlvorschläge, die

a) den Erfordernissen des § 8 Abs. 4 nicht entsprechen,

b) ohne die schriftliche Zustimmung der Bewerber eingereicht sind,

c) infolge von Streichungen gemäß Absatz 4 nicht mehr die erforderliche Anzahl von Unterschriften aufweisen,

hat der Wahlvorstand mit der Aufforderung zurückzugeben, die Mängel innerhalb einer Frist von fünf Kalendertagen zu beseitigen. Werden die Mängel nicht fristgerecht beseitigt, sind diese Wahlvorschläge ungültig.

§ 11 Fehlen gültiger Wahlvorschläge

(1) Ist nach Ablauf der in § 7 Abs. 2 und § 10 Abs. 3 bis 5 genannten Fristen bei Gruppenwahl nicht für jede Gruppe ein gültiger Wahlvorschlag, bei gemeinsamer Wahl überhaupt kein gültiger Wahlvorschlag eingegangen, so gibt der Wahlvorstand durch Aushang bis zum Abschluß der Stimmabgabe an den gleichen Stellen, an denen das Wahlausschreiben ausgehängt ist, sofort bekannt

a) bei Gruppenwahl, für welche Gruppe oder für welche Gruppen keine Vertreter gewählt werden können,

b) bei gemeinsamer Wahl, daß diese Wahl nicht stattfinden kann.

(2) Gleichzeitig gibt der Wahlvorstand im Fall des Absatzes 1 Buchst. a die sich hieraus ergebenden Abweichungen bei der Sitzverteilung im Personalrat und bei der den Wahlberechtigten zustehenden Stimmenzahl bekannt.

§§ 12, 13, 14 WO-BayPVG

§ 12 Vergabe von Ordnungsnummern, Bezeichnung der Wahlvorschläge

(1) Spätestens am dritten Arbeitstag nach Ablauf der in § 7 Abs. 2 und § 10 Abs. 3 bis 5 genannten Fristen ermittelt der Wahlvorstand durch das Los die Reihenfolge der Wahlvorschläge auf dem Stimmzettel (Vergabe von Ordnungsnummern). Finden mit der Wahl der örtlichen Personalräte gleichzeitig Wahlen zu den Stufenvertretungen oder zu Gesamtpersonalräten statt, ist für Wahlvorschläge mit demselben Kennwort für die Wahlen auf allen Stufen bzw. Ebenen die Losentscheidung auf der obersten Stufe oder, sofern keine Stufenvertretung gewählt wird, die Losentscheidung auf der Ebene des Gesamtpersonalrats maßgebend; für die Wahl der Personalvertretungen bei den Landratsämtern und den Regierungen entscheidet das Los auf der obersten Stufe im Geschäftsbereich des Staatsministeriums des Innern im Bereich der Allgemeinen Inneren Verwaltung. Für Wahlvorschläge, die an der Losentscheidung auf der obersten Stufe bzw. auf der Ebene des Gesamtpersonalrats nicht beteiligt sind, werden die folgenden Plätze auf dem Stimmzettel ausgelost.

(2) Der Wahlvorstand bezeichnet die Wahlvorschläge mit dem Familien- und Vornamen der in dem Wahlvorschlag an erster und zweiter Stelle benannten Bewerber, bei gemeinsamer Wahl mit dem Familien- und Vornamen der für die Gruppen an erster Stelle benannten Bewerber. Bei Wahlvorschlägen, die mit einem Kennwort versehen sind, ist die Angabe des Kennworts ausreichend.

§ 13 Bekanntgabe der Wahlvorschläge

(1) Unverzüglich nach Ablauf der in § 7 Abs. 2 und § 10 Abs. 3 bis 5 genannten Fristen, spätestens jedoch einundzwanzig Kalendertage vor dem ersten Tag der Stimmabgabe, gibt der Wahlvorstand die als gültig anerkannten Wahlvorschläge durch Aushang bis zum Abschluß der Stimmabgabe an den gleichen Stellen wie das Wahlausschreiben bekannt. Die Stimmzettel sollen in diesem Zeitpunkt vorliegen.

(2) Die Bekanntgabe der Namen der Unterzeichner der Wahlvorschläge ist unzulässig.

§ 14 Ausübung des Wahlrechts, Stimmzettel

(1) Wählen kann nur, wer in das Wählerverzeichnis eingetragen ist.

(2) Das Wahlrecht wird durch Abgabe eines Stimmzettels, der mindestens einmal gefaltet sein muß, ausgeübt. Bei Gruppenwahl müssen die Stimmzettel für jede Gruppe, bei gemeinsamer Wahl alle Stimmzettel dieselbe Größe, Farbe, Beschaffenheit und Beschriftung haben.

(3) Ist nach den Grundsätzen der Verhältniswahl zu wählen (§ 25 Abs. 1), so kann die Stimme für den gesamten Wahlvorschlag (Vorschlagsliste)

oder für Bewerber, deren Namen in demselben Wahlvorschlag enthalten sind, abgegeben werden. Ist nach den Grundsätzen der Personenwahl zu wählen (§ 28 Abs. 1), so wird die Stimme für die zu wählenden einzelnen Bewerber abgegeben.

§ 15 Ungültige und unbrauchbare Stimmzettel

(1) Ungültig sind Stimmzettel,

a) die nicht mindestens einmal gefaltet sind,

b) die bei schriftlicher Stimmabgabe nicht in einem Wahlumschlag abgegeben sind,

c) die nicht vom Wahlvorstand ausgegeben worden sind,

d) aus denen sich der Wille des Wählers nicht zweifelsfrei ergibt,

e) die ein besonderes Merkmal, einen Zusatz oder einen Vorbehalt enthalten.

(2) Mehrere bei schriftlicher Stimmabgabe in einem Wahlumschlag enthaltene Stimmzettel, die gleich lauten, werden als eine Stimme gezählt.

(3) Hat die abstimmende Person (Wähler) einen Stimmzettel verschrieben oder versehentlich unbrauchbar gemacht, so ist ihr auf Verlangen gegen Rückgabe des unbrauchbaren Stimmzettels ein neuer Stimmzettel auszuhändigen. Der Wahlvorstand hat den zurückgegebenen Stimmzettel unverzüglich in Gegenwart des Wählers zu vernichten.

§ 16 Wahlhandlung

(1) Der Wahlvorstand trifft Vorkehrungen, daß der Wähler den Stimmzettel im Wahlraum unbeobachtet kennzeichnen und zusammenfalten kann. Für die Aufnahme des Stimmzettels sind Wahlurnen zu verwenden. Vor Beginn der Stimmabgabe hat der Wahlvorstand festzustellen, daß die Wahlurnen leer sind und sie zu verschließen. Sie müssen so eingerichtet sein, daß die eingeworfenen Stimmzettel nicht vor Öffnung der Urne entnommen werden können. Findet Gruppenwahl statt, so kann die Stimmabgabe nach Gruppen getrennt durchgeführt werden; in jedem Fall sollen getrennte Wahlurnen verwendet werden. Die wahlberechtigten Beschäftigten können während der Abstimmung im Wahlraum anwesend sein.

(2) Ein Wähler, der durch körperliches Gebrechen an der Stimmabgabe behindert ist, bestimmt eine Person seines Vertrauens, der er sich bei der Stimmabgabe bedienen will, und gibt dies dem Wahlvorstand bekannt. Die Hilfeleistung hat sich auf die Erfüllung der Wünsche des Wählers zur Stimmabgabe zu beschränken. Die Vertrauensperson darf gemeinsam mit dem Wähler die Wahlzelle aufsuchen, soweit dies zur Hilfestellung erforderlich ist. Die Vertrauensperson ist zur Geheimhaltung der Kenntnisse

verpflichtet, die sie bei der Hilfeleistung von der Wahl eines anderen erlangt hat. Wahlbewerber, Mitglieder des Wahlvorstands und Wahlhelfer dürfen nicht zur Hilfeleistung herangezogen werden.

(3) Solange der Wahlraum zur Stimmabgabe geöffnet ist, müssen mindestens zwei Mitglieder des Wahlvorstands im Wahlraum anwesend sein; sind Wahlhelfer bestellt (§ 1 Abs. 6), genügt die Anwesenheit eines Mitglieds des Wahlvorstands und eines Wahlhelfers.

(4) Vor Einwurf des Stimmzettels in die Urne ist festzustellen, ob der Wähler im Wählerverzeichnis eingetragen ist. Ist dies der Fall wirft der Wähler den mindestens einmal zusammengefalteten Stimmzettel in die Wahlurne. Die Stimmabgabe ist im Wählerverzeichnis zu vermerken.

(5) Wird die Wahlhandlung unterbrochen oder wird das Wahlergebnis nicht unmittelbar nach Abschluß der Stimmabgabe festgestellt, so hat der Wahlvorstand für die Zwischenzeit die Wahlurne so zu verschließen und aufzubewahren, daß der Einwurf oder die Entnahme von Stimmzetteln ohne Beschädigung des Verschlusses unmöglich ist. Bei Wiedereröffnung der Wahl oder bei Entnahme der Stimmzettel zur Stimmenzählung hat sich der Wahlvorstand davon zu überzeugen, daß der Verschluß unversehrt ist.

(6) Nach Ablauf der für die Abstimmung festgesetzten Zeit dürfen nur noch diejenigen Wahlberechtigten abstimmen, die sich in diesem Zeitpunkt im Wahlraum befinden. Sodann erklärt der anwesende Wahlvorstand die Wahlhandlung für beendet.

§ 17 Schriftliche Stimmabgabe, Briefwahl

(1) Beschäftigten, die im Zeitpunkt der Wahl verhindert sind, ihre Stimme persönlich abzugeben, hat der Wahlvorstand auf Verlangen

1. den Stimmzettel und den Wahlumschlag,

2. einen größeren Freiumschlag, der die Anschrift des Wahlvorstands und als Absender den Namen und die dienstliche Anschrift des Wahlberechtigten sowie den Vermerk »Schriftliche Stimmabgabe« trägt,

auszuhändigen oder zu übersenden. Der Wahlvorstand hat die Aushändigung oder Übersendung im Wählerverzeichnis zu vermerken.

(2) Der Wähler gibt seine Stimme in der Weise ab, daß er den Wahlumschlag, in den der Stimmzettel gelegt ist, unter Verwendung des Freiumschlags so rechtzeitig an den Wahlvorstand absendet oder übergibt, daß er vor Abschluß der Stimmabgabe vorliegt. Der Wähler kann, soweit unter den Voraussetzungen des § 16 Abs. 2 erforderlich, die in Satz 1 bezeichneten Tätigkeiten durch eine Person seines Vertrauens verrichten lassen.

(3) Beschäftigte, die zu einer auswärtigen Dienststelle abgeordnet sind, ohne in ihr wahlberechtigt zu sein, können ihre Stimme nur nach Maßgabe der Absätze 1 und 2 abgeben. Gleiches gilt für die Studierenden an der

Bayerischen Beamtenfachhochschule und die Lehrgangsteilnehmer an der Bayerischen Verwaltungsschule und den Verwaltungsschulen des Freistaates Bayern. Die Übersendung der Wahlunterlagen nach Absatz 1 erfolgt nur auf Verlangen der Wahlberechtigten.

§ 18 Behandlung der schriftlich abgegebenen Stimmen

(1) Während des für die Stimmabgabe vorgesehenen Zeitraums entnimmt der Wahlvorstand die Wahlumschläge den bis zu diesem Zeitpunkt eingegangenen Wahlbriefen und legt sie nach Vermerk der Stimmabgabe im Wählerverzeichnis in die Wahlurne.

(2) Verspätet eingehende Briefumschläge hat der Wahlvorstand mit einem Vermerk über den Zeitpunkt des Eingangs ungeöffnet zu den Wahlunterlagen zu nehmen. Die Briefumschläge sind einen Monat nach Bekanntgabe des Wahlergebnisses ungeöffnet durch den Personalrat zu vernichten, wenn die Wahl nicht angefochten worden ist.

§ 19 Stimmabgabe bei Schichtbetrieb und bei Nebenstellen und Teilen von Dienststellen

(1) Für die Beschäftigten von Dienststellen, Teilen von Dienststellen oder Nebenstellen mit Schichtbetrieb kann der Wahlvorstand die schriftliche Stimmabgabe anordnen.

(2) Für die Beschäftigten von

a) nachgeordneten Stellen einer Dienststelle, die nicht nach Art. 6 Abs. 2 Satz 1 Halbsatz 2 BayPVG selbständig sind, oder

b) Nebenstellen oder Teilen einer Dienststelle, die räumlich weit vom Sitz der Dienststelle entfernt liegen und nicht als selbständige Dienststellen nach Art. 6 Abs. 3 und Abs. 5 Sätze 2 und 3 BayPVG gelten,

hat der Wahlvorstand die Stimmabgabe in diesen Stellen durchzuführen oder die schriftliche Stimmabgabe anzuordnen.

(3) Für die Gesamtheit der Volksschulen innerhalb des Bereichs eines staatlichen Schulamts gilt der Sitz des Schulamts, für die Gesamtheit der der Aufsicht einer Regierung unterstehenden Sonderschulen gilt der Sitz der Regierung als Sitz der Dienststelle im Sinn des Absatzes 2 Buchst. b.

(4) Im Fall der Anordnung der schriftlichen Stimmabgabe nach Absatz 1 oder Absatz 2 hat der Wahlvorstand die Briefwahlunterlagen von Amts wegen zur Verfügung zu stellen.

(5) Für die Beschäftigten der Landes- und Grenzpolizeistationen kann der Wahlvorstand die Stimmabgabe auch in den Inspektionen durchführen.

(6) Für die Beschäftigten der Forstämter, die nicht unmittelbar am Forstamt selbst eingesetzt sind, kann der Wahlvorstand die Stimmabgabe auch in den Forstämtern oder an anderen, von ihm bestimmten, günstig gelegenen Orten durchführen.

§§ 20, 21 WO-BayPVG

§ 20 Feststellung des Wahlergebnisses

(1) Unverzüglich, spätestens am vierten Kalendertag nach Beendigung der Stimmabgabe, stellt der Wahlvorstand das Wahlergebnis fest.

(2) Nach Öffnung der Wahlurne entnimmt der Wahlvorstand hieraus und aus den Wahlumschlägen die Stimmzettel und prüft ihre Gültigkeit.

(3) Der Wahlvorstand zählt

a) im Fall der Verhältniswahl die auf sämtliche Bewerber einer jeden Vorschlagsliste sowie die auf die einzelnen Bewerber innerhalb der Vorschlagsliste,

b) im Fall der Personenwahl die auf jeden einzelnen Bewerber

entfallenen gültigen Stimmen zusammen.

(4) Stimmzettel, über deren Gültigkeit oder Ungültigkeit der Wahlvorstand beschließt, weil sie zu Zweifeln Anlaß geben, sind mit fortlaufender Nummer zu versehen und von den übrigen Stimmzetteln gesondert bei den Wahlunterlagen aufzubewahren.

(5) Die Sitzung, in der das Wahlergebnis festgestellt wird, ist für die Beschäftigten öffentlich.

§ 21 Wahlniederschrift

(1) Über das Wahlergebnis fertigt der Wahlvorstand eine Niederschrift, die von sämtlichen Mitgliedern des Wahlvorstands zu unterzeichnen ist. Die Niederschrift muß enthalten

a) bei Gruppenwahl die Summe der von jeder Gruppe abgegebenen Stimmzettel und Stimmen, bei gemeinsamer Wahl die Summe aller abgegebenen Stimmzettel und Stimmen,

b) bei Gruppenwahl die Summe der von jeder Gruppe abgegebenen gültigen Stimmzettel und Stimmen, bei gemeinsamer Wahl die Summe aller abgegebenen gültigen Stimmzettel und Stimmen,

c) die Zahl der ungültigen Stimmzettel,

d) die für die Gültigkeit oder Ungültigkeit zweifelhafter Stimmzettel maßgebenden Gründe,

e) im Fall der Verhältniswahl die Zahl der auf sämtliche Bewerber einer jeden Vorschlagsliste sowie die auf die einzelnen Bewerber innerhalb der Vorschlagsliste entfallenen gültigen Stimmen, die Errechnung der Höchstzahlen und ihre Verteilung auf die Vorschlagslisten, im Fall der Personenwahl die Zahl der auf jeden Bewerber entfallenen gültigen Stimmen.

f) die Namen der gewählten Bewerber.

(2) Besondere Vorkommnisse bei der Wahlhandlung oder der Feststellung des Wahlergebnisses sind in der Niederschrift zu vermerken.

(3) Dem Dienststellenleiter und den in der Dienststelle vertretenen Gewerkschaften übersendet der Wahlvorstand eine Abschrift der Niederschrift.

§ 22 Benachrichtigung der gewählten Bewerber

Der Wahlvorstand benachrichtigt die als Personalratsmitglieder Gewählten unverzüglich schriftlich von ihrer Wahl.

§ 23 Bekanntmachung des Wahlergebnisses

(1) Der Wahlvorstand gibt die Namen der als Personalratsmitglieder gewählten Bewerber durch zweiwöchigen Aushang an den gleichen Stellen wie das Wahlausschreiben bekannt.

(2) Die öffentliche Bekanntmachung des Wahlergebnisses muß enthalten

a) die Zahl der Wahlberechtigten,

b) die Zahl der Wähler,

c) die Zahl der gültigen und ungültigen Stimmzettel,

d) die Zahl der gültigen Stimmen,

e) die Verteilung der Stimmen auf die Vorschlagslisten bzw. auf die Bewerber,

f) die Namen und die Reihenfolge der als Personalratsmitglieder gewählten Bewerber und die Namen der jeweiligen ersten Ersatzmitglieder.

§ 24 Aufbewahrung der Wahlunterlagen

Die Wahlunterlagen (Niederschriften, Bekanntmachungen, Stimmzettel usw.) werden vom Personalrat mindestens bis zur Durchführung der nächsten Personalratswahl aufbewahrt.

§ 25 WO-BayPVG

Zweiter Abschnitt
Besondere Vorschriften für das Wahlverfahren

Erster Unterabschnitt
Wahlverfahren bei Vorliegen mehrerer Wahlvorschläge (Verhältniswahl)

§ 25 Voraussetzungen für Verhältniswahl, Stimmzettel, Stimmabgabe

(1) Nach den Grundsätzen der Verhältniswahl (Listenwahl) ist zu wählen, wenn

a) bei Gruppenwahl für die betreffende Gruppe mehrere gültige Wahlvorschläge,

b) bei gemeinsamer Wahl mehrere gültige Wahlvorschläge

eingegangen sind. In diesen Fällen hat jeder Wähler so viele Stimmen, wie bei Gruppenwahl Vertreter der Gruppe, der er angehört, bei gemeinsamer Wahl Personalratsmitglieder insgesamt zu wählen sind. Er kann jedoch auch bei gemeinsamer Wahl für die Bewerber der einzelnen Gruppen nur so viele Stimmen abgeben, als Vertreter dieser Gruppen zu wählen sind.

(2) Der Wähler kann seine Stimme nur Bewerbern geben, deren Namen in demselben Wahlvorschlag enthalten sind. Andere Namen dürfen nicht hinzugefügt werden. Der Wähler kann entweder einen Wahlvorschlag (Vorschlagsliste) durch Ankreuzen der Vorschlagsliste unverändert annehmen oder innerhalb der Gesamtzahl der für jede Gruppe zulässigen Stimmen einzelnen Bewerbern bis zu drei Stimmen geben (Stimmenhäufung).

(3) Auf dem Stimmzettel sind die Vorschlagslisten in der Reihenfolge der Ordnungsnummern unter Angabe von Familienname, Vorname, Amts-, Berufs- oder Funktionsbezeichnung und Beschäftigungsstelle der Bewerber aus dem Wahlvorschlag nebeneinander aufzuführen; jeder Bewerber kann hierbei nur einmal aufgeführt werden. Bei gruppenfremden Bewerbern ist zusätzlich die Gruppenzugehörigkeit anzugeben. Die Bezeichnung der Vorschlagslisten bestimmt sich nach § 12 Abs. 2. Der Stimmzettel muß einen Hinweis auf die dem Wähler zustehende Stimmenzahl (Absatz 1 Sätze 2 und 3) und auf die Möglichkeit der Stimmenhäufung enthalten. Ferner muß er einen Hinweis darauf enthalten, daß der Wähler seine Stimme nur Bewerbern geben kann, deren Namen in demselben Wahlvorschlag aufgeführt sind (Absatz 2).

(4) Will der Wähler einen Wahlvorschlag unverändert annehmen, so hat er auf dem Stimmzettel die Vorschlagsliste anzukreuzen, für die er seine Stimme abgeben will. In diesem Fall wird auf die Bewerber in ihrer

Reihenfolge auf dem Wahlvorschlag solange jeweils eine Stimme zugeteilt, bis die Gesamtstimmenzahl ausgeschöpft ist.

(5) Will der Wähler innerhalb eines Wahlvorschlags einzelnen Bewerbern mehr als eine Stimme geben, so hat er dies durch Beifügen der Zahl der Stimmen, die er den Bewerbern geben will (zwei oder drei), oder einer entsprechenden Anzahl von Kreuzen zu den Namen der Bewerber zu kennzeichnen.

(6) Kreuzt der Wähler eine Wahlvorschlagsliste an, die weniger Bewerber enthält, als ihm Stimmen zustehen, so verzichtet er auf seine weiteren Stimmen.

(7) Kreuzt der Wähler eine Vorschlagsliste an und gibt er zugleich einzelnen Bewerbern in dieser Vorschlagsliste Stimmen, ohne die ihm zustehende Stimmenzahl voll auszuschöpfen, so werden die noch verbleibenden Reststimmen auf die nicht angekreuzten Bewerber in ihrer Reihenfolge auf dem Wahlvorschlag von oben nach unten verteilt.

(8) Gibt der Wähler einzelnen Bewerbern eines Wahlvorschlags weniger Stimmen, als ihm insgesamt zustehen, ohne dabei die Vorschlagsliste anzukreuzen, so verzichtet er damit auf seine weiteren Stimmen.

(9) Gibt der Wähler einzelnen Bewerbern insgesamt mehr Stimmen, als ihm nach der Gesamtstimmenzahl zustehen, so sind die Stimmen der Bewerber in der Reihenfolge auf dem Wahlvorschlag von unten nach oben solange unberücksichtigt zu lassen, bis die Gesamtstimmenzahl nicht mehr überschritten ist. Gibt der Wähler bei gemeinsamer Wahl den Bewerbern einer Gruppe mehr Stimmen, als ihm insgesamt für jede Gruppe zustehen, gilt Satz 1 entsprechend.

(10) Stimmen, die einem Bewerber im Weg der Stimmenhäufung über die zulässige Häufungszahl hinaus oder durch Beifügung einer nicht lesbaren Häufungszahl gegeben werden, sind ungültig.

§ 26 Ermittlung der gewählten Vertreter der Gruppen bei Gruppenwahl

(1) Bei Gruppenwahl werden die auf sämtliche Bewerber einer jeden Vorschlagsliste entfallenen Stimmen zusammengezählt, die so ermittelten Gesamtstimmenzahlen der einzelnen Vorschlagslisten jeder Gruppe nebeneinandergestellt und der Reihe nach durch 1, 2, 3 usw. geteilt. Auf die jeweils höchste Teilzahl (Höchstzahl) wird solange ein Sitz zugeteilt, bis alle der Gruppe zustehenden Sitze (§ 5) verteilt sind. Ist bei gleichen Höchstzahlen nur noch ein Sitz oder sind bei drei gleichen Höchstzahlen nur noch zwei Sitze zu verteilen, so entscheidet das Los.

(2) Enthält eine Vorschlagsliste weniger Bewerber, als ihr nach den Höchstzahlen Sitze zustehen würden, so fallen die überschüssigen Sitze

§§ 26, 27, 28 WO-BayPVG

den übrigen Vorschlagslisten in der Reihenfolge der nächsten Höchstzahlen zu.

(3) Innerhalb der Vorschlagslisten sind die Sitze auf die Bewerber in der Reihenfolge der von ihnen erreichten Stimmenzahlen zu verteilen. Haben mehrere Bewerber die gleiche Stimmenzahl erhalten, entscheidet die Reihenfolge der Benennung im Wahlvorschlag (§ 8 Abs. 4).

§ 27 Ermittlung der gewählten Vertreter der Gruppen bei gemeinsamer Wahl

(1) Bei gemeinsamer Wahl werden die auf sämtliche Bewerber gleicher Gruppenzugehörigkeit einer jeden Vorschlagsliste entfallenen Stimmen zusammengezählt, die Gesamtstimmenzahl der Bewerber gleicher Gruppenzugehörigkeit einer jeden Vorschlagsliste nebeneinandergestellt und der Reihe nach durch 1, 2, 3 usw. geteilt. § 26 Abs. 1 Sätze 2 und 3 gelten entsprechend.

(2) Enthält eine Vorschlagsliste weniger Bewerber einer Gruppe, als dieser nach den Höchstzahlen Sitze zustehen würden, so fallen die restlichen Sitze dieser Gruppe den Angehörigen derselben Gruppe auf den übrigen Vorschlagslisten in der Reihenfolge der nächsten Höchstzahlen zu.

(3) Innerhalb der Vorschlagslisten werden die den einzelnen Gruppen zustehenden Sitze auf die Angehörigen der entsprechenden Gruppe in der Reihenfolge der von ihnen erreichten Stimmenzahlen verteilt. § 26 Abs. 3 Satz 2 gilt entsprechend.

Zweiter Unterabschnitt

Wahlverfahren bei Vorliegen eines Wahlvorschlags sowie für die Wahl eines Personalratsmitglieds oder eines Gruppenvertreters (Personenwahl)

§ 28 Voraussetzungen für Personenwahl, Stimmzettel, Stimmabgabe

(1) Nach den Grundsätzen der Personenwahl ist zu wählen, wenn

a) bei Gruppenwahl für die betreffende Gruppe nur ein gültiger Wahlvorschlag eingegangen ist oder nur ein Vertreter zu wählen ist,

b) bei gemeinsamer Wahl nur ein gültiger Wahlvorschlag eingegangen ist oder insgesamt nur ein Personalratsmitglied zu wählen ist.

(2) Ist bei Gruppenwahl nur ein Gruppenvertreter oder bei gemeinsamer Wahl nur ein Personalratsmitglied zu wählen, so werden in den Stimmzettel die Bewerber aus den Wahlvorschlägen in alphabetischer Reihen-

folge unter Angabe von Familienname, Vorname, Amts-, Berufs- oder Funktionsbezeichnung und Beschäftigungsstelle übernommen. Weitere Angaben dürfen die Stimmzettel nicht enthalten.

(3) Ist bei Gruppenwahl für die betreffende Gruppe oder bei gemeinsamer Wahl insgesamt nur ein gültiger Wahlvorschlag eingegangen, so werden in den Stimmzettel die Bewerber aus dem Wahlvorschlag in unveränderter Reihenfolge unter Angabe von Familienname, Vorname, Amts-, Berufs- oder Funktionsbezeichnung und Beschäftigungsstelle übernommen. Bei gruppenfremden Bewerbern ist auch die Gruppenzugehörigkeit aufzunehmen. Weitere Angaben dürfen die Stimmzettel nicht enthalten.

(4) Jeder Bewerber kann in dem Stimmzettel nur einmal aufgeführt werden.

§ 29 Stimmabgabe und Ermittlung der gewählten Bewerber bei Wahl nur eines Gruppenvertreters oder nur eines Personalratsmitglieds

(1) Der Wähler hat auf dem Stimmzettel den Namen des Bewerbers anzukreuzen, für den er seine Stimme abgeben will. Kreuzt der Wähler mehrere Bewerber an, ist der Stimmzettel ungültig (§ 15 Abs. 1 Buchst. d).

(2) Gewählt ist der Bewerber, der die meisten Stimmen erhalten hat. Bei gleicher Stimmenzahl entscheidet das Los.

§ 30 Stimmabgabe und Ermittlung der gewählten Bewerber bei Vorliegen eines Wahlvorschlags

(1) Der Wähler hat auf dem Stimmzettel den Namen der Bewerber anzukreuzen, für die er seine Stimme abgeben will. Einem Bewerber kann nicht mehr als eine Stimme gegeben werden. Der Wähler darf

a) bei Gruppenwahl nicht mehr Namen ankreuzen, als Gruppenvertreter zu wählen sind,

b) bei gemeinsamer Wahl nicht mehr Namen ankreuzen, als Personalratsmitglieder zu wählen sind.

Kreuzt der Wähler mehr Namen an, als Bewerber zu wählen sind, ist der Stimmzettel ungültig (§ 15 Abs. 1 Buchst. d).

(2) Bei Gruppenwahl sind die Bewerber in der Reihenfolge der jeweils höchsten auf sie entfallenen Stimmenzahlen gewählt. Bei gleicher Stimmenzahl entscheidet das Los.

(3) Bei gemeinsamer Wahl werden die den einzelnen Gruppen zustehenden Sitze mit den Bewerbern dieser Gruppe in der Reihenfolge der jeweils höchsten auf sie entfallenen Stimmenzahlen besetzt. Absatz 2 Satz 2 findet Anwendung.

§§ 31, 32 WO-BayPVG

Dritter Abschnitt

Wahl der Jugend- und Auszubildendenvertretung

§ 31 Jugend- und Auszubildendenversammlung

(1) Vor der Wahl der Jugend- und Auszubildendenvertretung hat der Vorsitzende des Personalrats die zur Jugend- und Auszubildendenvertretung wahlberechtigten Beschäftigten (Art. 58 Abs. 1 BayPVG) in einer Jugend- und Auszubildendenversammlung in geeigneter Weise über Bedeutung, Zweck und Aufgaben der Jugend- und Auszubildendenvertretung und über den Wahlvorgang zu unterrichten. Die Jugend- und Auszubildendenversammlung wird vom Vorsitzenden der Jugend- und Auszubildendenvertretung oder, wenn eine Jugend- und Auszubildendenvertretung nicht besteht, vom Vorsitzenden des Wahlvorstands einberufen und geleitet.

(2) Für die Studierenden an der Bayerischen Beamtenfachhochschule und die Lehrgangsteilnehmer an den Verwaltungsschulen des Freistaates Bayern findet die Jugend- und Auszubildendenversammlung vor den regelmäßigen Wahlen zu den Jugend- und Auszubildendenvertretungen an der jeweiligen Schule statt. Die Jugend- und Auszubildendenversammlung wird vom Vorsitzenden der Hauptjugend- und Auszubildendenvertretung oder, wenn eine Hauptjugend- und Auszubildendenvertretung nicht besteht, vom Vorsitzenden des Hauptwahlvorstands einberufen und geleitet; die Unterrichtung im Sinn des Absatzes 1 Satz 1 ist Aufgabe des Hauptpersonalrats, der hierfür ein Mitglied bestimmt.

(3) Für die Lehrgangsteilnehmer an der Bayerischen Verwaltungsschule findet die Jugend- und Auszubildendenversammlung vor den regelmäßigen Wahlen zu den Jugend- und Auszubildendenvertretungen an den Ausbildungsorten der Schule statt. Die Jugend- und Auszubildendenversammlung wird vom Vorsitzenden der Bezirksjugend- und Auszubildendenvertretung bei der jeweiligen Bezirksregierung oder, wenn eine Bezirksjugend- und Auszubildendenvertretung nicht besteht, vom jeweiligen Vorsitzenden des Bezirkswahlvorstands einberufen und geleitet; die Unterrichtung im Sinn des Absatzes 1 Satz 1 ist Aufgabe des Bezirkspersonalrats bei der jeweiligen Bezirksregierung, der hierfür ein Mitglied bestimmt.

(4) Wahlbeeinflussung in der Jugend- und Auszubildendenversammlung ist unzulässig.

§ 32 Vorbereitung und Durchführung der Wahl

(1) Für die Vorbereitung und Durchführung der Wahl der Jugend- und Auszubildendenvertretung gelten die §§ 1 bis 3, 6 bis 25, 28, 29 und 30 Abs. 1 entsprechend mit der Abweichung, daß sich die Zahl der zu

wählenden Mitglieder der Jugend- und Auszubildendenvertretung ausschließlich aus Art. 59 Abs. 1 BayPVG ergibt und daß die Vorschriften über Gruppenwahl (Art. 19 Abs. 2 BayPVG), über den Minderheitenschutz (Art. 17 Abs. 3 und 4 BayPVG), über die Zusammenfassung der Bewerber in den Wahlvorschlägen nach Gruppen (§ 8 Abs. 4 Satz 4) und über die Begrenzung der Zahl der abzugebenden Stimmen durch die Zahl der zu wählenden Gruppenvertreter bei der Stimmenhäufung (§ 25 Abs. 1 Satz 3 und Abs. 2 Satz 3) keine Anwendung finden. Der Wahlvorstand besteht aus drei Beschäftigten; ihm muß mindestens eine nach Art. 14 BayPVG wählbare Person, die nicht zur Jugend- und Auszubildendenvertretung wahlberechtigt ist, angehören.

(2) Sind mehrere Mitglieder der Jugend- und Auszubildendenvertretung zu wählen und ist die Wahl auf Grund mehrerer Vorschlagslisten durchgeführt worden, so werden die auf sämtliche Bewerber einer jeden Vorschlagsliste entfallenen Stimmen zusammengezählt, die Gesamtstimmenzahlen der einzelnen Vorschlagslisten nebeneinandergestellt und der Reihe nach durch 1, 2, 3 usw. geteilt. – Auf die jeweils höchste Teilzahl (Höchstzahl) wird solange ein Sitz zugeteilt, bis alle Sitze (Art. 59 Abs. 1 BayPVG) verteilt sind. Ist bei gleichen Höchstzahlen noch ein Sitz oder sind bei drei gleichen Höchstzahlen nur noch zwei Sitze zu verteilen, so entscheidet das Los. § 26 Abs. 2 und 3 finden Anwendung.

(3) Sind mehrere Mitglieder der Jugend- und Auszubildendenvertretung zu wählen und ist die Wahl auf Grund eines Wahlvorschlags durchgeführt worden, so sind die Bewerber in der Reihenfolge der jeweils höchsten auf sie entfallenen Stimmenzahlen gewählt; bei Stimmengleichheit entscheidet das Los.

ZWEITER TEIL
Wahl des Bezirkspersonalrats und der Bezirksjugend- und Auszubildendenvertretung

Erster Abschnitt
Wahl des Bezirkspersonalrats

§ 33 Entsprechende Anwendung der Vorschriften über die Wahl des Personalrats

Für die Wahl des Bezirkspersonalrats gelten die Vorschriften der §§ 1 bis 30 entsprechend, soweit sich aus den §§ 34 bis 42 nichts anderes ergibt.

§§ 34, 35, 36, 37, 38 WO-BayPVG

§ 34 Leitung der Wahl

(1) Der Bezirkswahlvorstand leitet die Wahl des Bezirkspersonalrats. Die Durchführung der Wahl in den einzelnen Dienststellen übernehmen die örtlichen Wahlvorstände im Auftrag und nach Richtlinien des Bezirkswahlvorstands.

(2) Der örtliche Wahlvorstand gibt die Namen der Mitglieder des Bezirkswahlvorstands, deren dienstliche Anschrift, dienstliche Telefonnummer und Telefaxnummer sowie die Namen etwaiger Ersatzmitglieder in der Dienststelle durch Aushang bis zum Abschluß der Wahl bekannt.

§ 35 Feststellung der Beschäftigtenzahl, Wählerverzeichnis

(1) Die örtlichen Wahlvorstände stellen die Zahl der in den Dienststellen in der Regel tätigen Beschäftigten und ihre Verteilung auf die Gruppen fest und teilen diese Zahlen unverzüglich schriftlich dem Bezirkswahlvorstand mit.

(2) Die Aufstellung der Wählerverzeichnisse und die Behandlung von Einsprüchen ist Aufgabe der örtlichen Wahlvorstände. Sie teilen dem Bezirkswahlvorstand die Zahl der wahlberechtigten Beschäftigten, getrennt nach den Gruppen, unverzüglich schriftlich mit. Der Anteil an Frauen und Männern bei den wahlberechtigten Beschäftigten insgesamt und in den einzelnen Gruppen ist festzustellen.

§ 36 Ermittlung der Zahl der zu wählenden Bezirkspersonalratsmitglieder, Verteilung der Sitze auf die Gruppen

(1) Der Bezirkswahlvorstand ermittelt die Zahl der zu wählenden Mitglieder des Bezirkspersonalrats und die Verteilung der Sitze auf die Gruppen.

(2) Ist eine abweichende Verteilung der Mitglieder des Bezirkspersonalrats auf die Gruppen nicht beschlossen worden und entfallen bei der Verteilung der Sitze nach § 5 Abs. 2 auf eine Gruppe weniger Sitze, als ihr nach Art. 53 Abs. 5 BayPVG mindestens zustehen, so erhält sie die in Art. 53 Abs. 5 BayPVG vorgeschriebene Zahl von Sitzen.

§ 37 Gleichzeitige Wahl

Die Wahl des Bezirkspersonalrats soll möglichst gleichzeitig mit der Wahl der Personalräte in demselben Bezirk stattfinden.

§ 38 Wahlausschreiben

(1) Der Bezirkswahlvorstand erläßt das Wahlausschreiben.

(2) Der örtliche Wahlvorstand gibt das Wahlausschreiben in der Dienststelle an einer oder mehreren geeigneten, den Wahlberechtigten zugäng-

§ 38 WO-BayPVG

lichen Stellen durch Aushang in gut lesbarem Zustand bis zum Abschluß der Stimmabgabe bekannt.

(3) Das Wahlausschreiben muß enthalten

a) Ort und Tag seines Erlasses;

b) die Zahl der zu wählenden Mitglieder des Bezirkspersonalrats, getrennt nach den Gruppen;

c) Angaben über die Anteile von Frauen und Männern bei den wahlberechtigten Beschäftigten im Geschäftsbereich insgesamt und in den einzelnen Gruppen;

d) Angaben darüber, ob die Gruppen ihre Vertreter in getrennten Wahlgängen wählen (Gruppenwahl) oder vor Erlaß des Wahlausschreibens gemeinsame Wahl beschlossen worden ist;

e) den Hinweis, daß nur Beschäftigte wählen können, die in das Wählerverzeichnis eingetragen sind;

f) den Hinweis, daß Frauen und Männer im Bezirkspersonalrat entsprechend ihrem Anteil an den wahlberechtigten Beschäftigten im Geschäftsbereich vertreten sein sollen;

g) die Mindestzahl von wahlberechtigten Beschäftigten, von denen ein Wahlvorschlag unterzeichnet sein muß, soweit er nicht von einer in einer Dienststelle des Geschäftsbereichs vertretenen Gewerkschaft gemacht wird, und den Hinweis, daß jeder Bewerber nur auf einem Wahlvorschlag benannt werden kann;

h) den Hinweis, daß der Wahlvorschlag einer im Geschäftsbereich der Mittelbehörde vertretenen Gewerkschaft von zwei Beauftragten, die Beschäftigte im Geschäftsbereich der Mittelbehörde sein und einer dort vertretenen Gewerkschaft angehören müssen, unterzeichnet sein muß;

i) die Aufforderung, Wahlvorschläge innerhalb von fünfundzwanzig Kalendertagen nach dem Erlaß des Wahlausschreibens und spätestens am zweiundfünfzigsten Kalendertag vor dem ersten Tag der Stimmabgabe beim Bezirkswahlvorstand einzureichen; der letzte Zeitpunkt der Einreichungsfrist ist anzugeben;

k) den Hinweis, daß nur fristgerecht eingereichte Wahlvorschläge berücksichtigt werden und daß nur gewählt werden kann, wer in einen solchen Wahlvorschlag aufgenommen ist;

l) Ort und Zeit der Sitzung, in der das Wahlergebnis festgestellt wird.

(4) Findet die Wahl des Bezirkspersonalrats nicht gleichzeitig mit der Wahl des örtlichen Personalrats statt, ergänzt der örtliche Wahlvorstand das Wahlausschreiben durch die folgenden Angaben:

a) die Angabe, wo und wann das für die örtliche Dienststelle aufgestellte Wählerverzeichnis und diese Wahlordnung zur Einsicht ausliegen;

§§ 38, 39, 40 WO-BayPVG

b) den Hinweis, daß Einsprüche gegen das Wählerverzeichnis nur binnen dreißig Kalendertagen seit Auslegung des Wählerverzeichnisses (§ 2 Abs. 3) schriftlich beim örtlichen Wahlvorstand eingelegt werden können; der letzte Tag der Einspruchsfrist ist anzugeben;

c) den Ort, an dem die Wahlvorschläge bekanntgegeben werden;

d) den Ort und die Tageszeit der Stimmabgabe;

e) einen Hinweis auf die Möglichkeit der schriftlichen Stimmabgabe (§§ 17, 42);

f) einen Hinweis darauf, für welche nachgeordneten Stellen, Nebenstellen oder Teile einer Dienststelle die schriftliche Stimmabgabe angeordnet wird (§ 19 Abs. 1 und 2), und wann und wo die Wahlunterlagen entgegengenommen werden können;

g) den Ort, an dem Einsprüche und andere Erklärungen gegenüber dem Wahlvorstand abzugeben sind.

(5) Bei gleichzeitiger Wahl von Bezirkspersonalrat und örtlichem Personalrat kann der Wahlvorstand die Angaben nach Absatz 4 durch einen Hinweis auf die entsprechenden Angaben im Wahlausschreiben des örtlichen Wahlvorstands ersetzen.

(6) Der örtliche Wahlvorstand vermerkt auf dem Wahlausschreiben den ersten und letzten Tag des Aushangs.

(7) Offenbare Unrichtigkeiten des Wahlausschreibens können vom Bezirkswahlvorstand, offenbare Unrichtigkeiten der Ergänzung des Wahlausschreibens vom örtlichen Wahlvorstand jederzeit berichtigt werden.

(8) Mit Erlaß des Wahlausschreibens ist die Wahl eingeleitet.

§ 39 Bekanntmachung des Bezirkswahlvorstands

Bekanntmachungen nach den §§ 11 und 13 sind in gleicher Weise wie das Wahlausschreiben in den Dienststellen auszuhängen.

§ 40 Sitzungsniederschriften

(1) Der Bezirkswahlvorstand fertigt eine Niederschrift über jede Sitzung, in der über die Ermittlung der Zahl der zu wählenden Mitglieder des Bezirkspersonalrats und die Verteilung der Sitze im Bezirkspersonalrat auf die Gruppen sowie über die Zulassung von Wahlvorschlägen entschieden wird. Die Niederschrift ist von sämtlichen Mitgliedern des Bezirkswahlvorstands zu unterzeichnen.

(2) Die Niederschrift über die Sitzungen, in denen über Einsprüche gegen das Wählerverzeichnis entschieden wird, fertigt der örtliche Wahlvorstand.

§ 41 Stimmabgabe, Stimmzettel

Findet die Wahl des Bezirkspersonalrats zugleich mit der Wahl der Personalräte statt, so sind für die schriftliche Stimmabgabe zu beiden Wahlen derselbe Wahlumschlag und derselbe Freiumschlag zu verwenden. Für die Wahl des Bezirkspersonalrats sind Stimmzettel von anderer Farbe als für die Wahl des Personalrats zu verwenden.

§ 42 Schriftliche Stimmabgabe, Briefwahl

(1) Gehören in einer Dienststelle einer Gruppe in der Regel nicht mehr als fünf wahlberechtigte Beschäftigte an, so können diese ihre Stimme zur Wahl des Bezirkspersonalrats nur schriftlich beim Bezirkswahlvorstand abgeben. Der örtliche Wahlvorstand hat die Wahlpapiere (§ 17 Abs. 1) von Amts wegen zur Verfügung zu stellen.

(2) Der örtliche Wahlvorstand vermerkt die Aushändigung oder Versendung der Wahlpapiere jeweils im Wählerverzeichnis und setzt den Bezirkswahlvorstand hiervon in Kenntnis, der auf Grund dieser Mitteilung ein besonderes Wählerverzeichnis aufstellt. § 17 Abs. 1 und 2 und § 18 finden entsprechende Anwendung.

§ 43 Feststellung und Bekanntmachung des Wahlergebnisses

(1) Die örtlichen Wahlvorstände zählen die abgegebenen Stimmen gemäß § 20 Abs. 3 zusammen. Sie fertigen eine Wahlniederschrift gemäß § 21.

(2) Die Niederschrift ist unverzüglich nach Feststellung des Wahlergebnisses dem Bezirkswahlvorstand eingeschrieben oder fernschriftlich und mit nachfolgendem einfachen Brief zu übersenden. Die bei der Dienststelle entstandenen Unterlagen für die Wahl des Bezirkspersonalrats (§ 24) werden zusammen mit einer Abschrift der Niederschrift vom Personalrat aufbewahrt.

(3) Der Bezirkswahlvorstand zählt unverzüglich, spätestens am achten Kalendertag nach Beendigung der Stimmabgabe, im Fall der Verhältniswahl die auf sämtliche Bewerber, bei gemeinsamer Wahl auch die auf sämtliche Bewerber gleicher Gruppenzugehörigkeit einer jeden Vorschlagsliste sowie die auf die einzelnen Bewerber innerhalb der Vorschlagsliste, im Fall der Personenwahl die auf jeden einzelnen Bewerber entfallenen Stimmen zusammen und stellt das Ergebnis der Wahl fest.

(4) Sobald die Namen der als Mitglieder des Bezirkspersonalrats gewählten Bewerber feststehen, teilt sie der Bezirkswahlvorstand den örtlichen Wahlvorständen mit. Die örtlichen Wahlvorstände geben sie durch zweiwöchigen Aushang in der gleichen Weise wie das Wahlausschreiben bekannt.

§§ 44, 45, 46 WO-BayPVG

Zweiter Abschnitt

Wahl der Bezirksjugend- und Auszubildendenvertretung

§ 44 Bestellung des Bezirkswahlvorstands

Der Bezirkspersonalrat bestellt den Bezirkswahlvorstand und seinen Vorsitzenden (Art. 64 Abs. 1 in Verbindung mit Art. 60 Abs. 1 Satz 1 BayPVG). Dem Bezirkswahlvorstand muß mindestens eine nach Art. 14 BayPVG wählbare Person, die nicht zur Bezirksjugend- und Auszubildendenvertretung wahlberechtigt ist, angehören.

§ 45 Vorbereitung und Durchführung der Wahl

(1) Für die Vorbereitung und Durchführung der Wahl der Bezirksjugend- und Auszubildendenvertretung gelten die §§ 1 bis 3, 6 Abs. 1, §§ 7 bis 25, 28, 29, 30 Abs. 1, 34 bis 43 entsprechend mit der Abweichung, daß sich die Zahl der zu wählenden Mitglieder der Bezirksjugend- und Auszubildendenvertretung ausschließlich aus Art. 59 Abs. 1 BayPVG ergibt und daß die Vorschriften über Gruppenwahl (Art. 19 Abs. 2 BayPVG), über den Minderheitenschutz (Art. 17 Abs. 3 und 4 BayPVG), über die Zusammenfassung der Bewerber in den Wahlvorschlägen nach Gruppen (§ 8 Abs. 4 Satz 4) und über die Begrenzung der Zahl der abzugebenden Stimmen durch die Zahl der zu wählenden Gruppenvertreter bei der Stimmenhäufung (§ 25 Abs. 1 Satz 3 und Abs. 2 Satz 3) keine Anwendung finden.

(2) § 32 Abs. 2 und 3 gelten entsprechend.

DRITTER TEIL

Wahl des Hauptpersonalrats und der Hauptjugend- und Auszubildendenvertretung

Erster Abschnitt

Wahl des Hauptpersonalrats

§ 46 Entsprechende Anwendung der Vorschriften über die Wahl des Bezirkspersonalrats

Für die Wahl des Hauptpersonalrats gelten die Vorschriften der §§ 33 bis 43 entsprechend, soweit sich aus den §§ 47 bis 50 nichts anderes ergibt.

§ 47 Leitung der Wahl

(1) Der Hauptwahlvorstand leitet die Wahl des Hauptpersonalrats. Die Durchführung der Wahl in den einzelnen Dienststellen übernehmen die örtlichen Wahlvorstände im Auftrag und nach den Richtlinien des Hauptwahlvorstands.

(2) Der örtliche Wahlvorstand gibt die Namen der Mitglieder des Hauptwahlvorstands, deren dienstliche Anschrift, dienstliche Telefonnummer und Telefaxnummer sowie die Namen etwaiger Ersatzmitglieder in der Dienststelle durch Aushang bis zum Abschluß der Wahl bekannt.

§ 48 Durchführung der Wahl nach Bezirken

(1) Der Hauptwahlvorstand kann die bei den Mittelbehörden bestehenden Bezirkswahlvorstände oder die auf sein Ersuchen dort bestellten örtlichen Wahlvorstände beauftragen,

a) die von den örtlichen Wahlvorständen im Bereich der Mittelbehörde festzustellenden Zahlen der in der Regel tätigen Beschäftigten und ihre Verteilung auf die Gruppen zusammenzustellen,

b) die Zahl der im Bereich der Mittelbehörde wahlberechtigten Beschäftigten, getrennt nach den Gruppen, sowie den Anteil an Frauen und Männern bei den wahlberechtigten Beschäftigten insgesamt und in den einzelnen Gruppen festzustellen,

c) die bei den Dienststellen im Bereich der Mittelbehörde festgestellten Wahlergebnisse zusammenzustellen,

d) Bekanntmachungen des Hauptwahlvorstands an die übrigen örtlichen Wahlvorstände im Bereich der Mittelbehörden weiterzuleiten.

Die Wahlvorstände bei den Mittelbehörden unterrichten in diesen Fällen die übrigen örtlichen Wahlvorstände im Bereich der Mittelbehörden darüber, daß die in den Buchstaben a bis c genannten Angaben an sie einzusenden sind.

(2) Die Wahlvorstände bei den Mittelbehörden fertigen über die Zusammenstellung der Wahlergebnisse (Absatz 1 Buchst. c) eine Niederschrift.

(3) Die Wahlvorstände bei den Mittelbehörden übersenden dem Hauptwahlvorstand unverzüglich eingeschrieben oder fernschriftlich und mit nachfolgendem einfachen Brief die in Absatz 1 Buchst. a und b genannten Zusammenstellungen und die Niederschrift über die Zusammenstellung der Wahlergebnisse (Absatz 2).

§ 49 Schriftliche Stimmabgabe, Briefwahl

(1) Gehören in eine Dienststelle im Geschäftsbereich der obersten Dienstbehörde einer Gruppe in der Regel nicht mehr als fünf wahlberechtigte Beschäftigte an, so können diese ihre Stimme zur Wahl des

§§ 49, 50, 51, 52, 53 WO-BayPVG

Hauptpersonalrats nur schriftlich beim Hauptwahlvorstand abgeben. Der örtliche Wahlvorstand hat die Wahlpapiere (§ 17 Abs. 1) von Amts wegen zur Verfügung zu stellen.

(2) Der örtliche Wahlvorstand vermerkt die Aushändigung oder Versendung der Wahlpapiere jeweils im Wählerverzeichnis und setzt den Hauptwahlvorstand hiervon in Kenntnis, der auf Grund dieser Mitteilung ein besonderes Wählerverzeichnis aufstellt. § 17 Abs. 1 und 2 und § 18 finden entsprechende Anwendung.

§ 50 Feststellung des Wahlergebnisses

Für die Feststellung des Wahlergebnisses verlängert sich die Frist des § 43 Abs. 3 um weitere vier Kalendertage.

Zweiter Abschnitt

Wahl der Hauptjugend- und Auszubildendenvertretung

§ 51 Bestellung des Hauptwahlvorstands

Der Hauptpersonalrat bestellt den Hauptwahlvorstand und seinen Vorsitzenden (Art. 64 Abs. 1 in Verbindung mit Art. 60 Abs. 1 Satz 1 BayPVG). Dem Hauptwahlvorstand muß mindestens eine nach Art. 14 BayPVG wählbare Person, die nicht zur Hauptjugend- und Auszubildendenvertretung wahlberechtigt ist, angehören.

§ 52 Vorbereitung und Durchführung der Wahl

Für die Wahl der Hauptjugend- und Auszubildendenvertretung gelten die Vorschriften der § 45 und 47 bis 50 entsprechend.

VIERTER TEIL

Wahl des Gesamtpersonalrats und der Gesamtjugend- und Auszubildendenvertretung

§ 53 Entsprechende Anwendung der Vorschriften über die Wahl des Personalrats

(1) Für die Wahl des Gesamtpersonalrats gelten die Vorschriften der §§ 1 bis 30 und 34 bis 43 entsprechend.

(2) Für die Wahl der Gesamtjugend- und Auszubildendenvertretung gilt § 45 entsprechend. Der Gesamtpersonalrat bestellt den Wahlvorstand für die Wahl der Gesamtjugend- und Auszubildendenvertretung und dessen Vorsitzenden (Art. 64 Abs. 2 und Abs. 1 Satz 2 in Verbindung mit Art. 60 Abs. 1 Satz 1 BayPVG). Dem Wahlvorstand für die Wahl der Gesamtjugend- und Auszubildendenvertretung muß mindestens eine nach Art. 14 BayPVG wählbare Person, die nicht zur Gesamtjugend- und Auszubildendenvertretung wahlberechtigt ist, angehören.

FÜNFTER TEIL
Durchführung von Teilwiederholungswahlen

§ 54

(1) Die Durchführung von Teilwiederholungswahlen in den von der Wahlanfechtung betroffenen Dienststellen (Art. 53a BayPVG) obliegt auf allen Stufen den mit der Durchführung der teilweise angefochtenen Wahlen betrauten Wahlvorständen. Das Amt des Wahlvorstands endet insoweit mit der Bestellung des Wahlleiters in der konstituierenden Sitzung (Art. 34 Abs. 1 Satz 2 BayPVG).

(2) Spätestens am dritten Arbeitstag nach Rechtskraft der Entscheidung (Art. 53a Abs. 2 Satz 3 BayPVG) gibt der Wahlvorstand für die Wahl der Stufenvertretung die Namen seiner Mitglieder, deren dienstliche Anschrift, dienstliche Telefonnummer und Telefaxnummer sowie die Namen etwaiger Ersatzmitglieder in den Dienststellen, für deren Bereich die Wahl für ungültig erklärt worden ist, durch Aushang bis zum Abschluß der Stimmabgabe bekannt.

(3) Die Teilwiederholungswahl findet nach denselben Vorschriften, denselben Wahlvorschlägen und auf Grund derselben Wählerverzeichnisse statt, soweit nicht die Entscheidung hinsichtlich der Wahlvorschläge und Wählerverzeichnisse Abweichungen vorschreibt. Diejenigen Schritte des Wahlverfahrens, die von der Wahlanfechtung und der Entscheidung nicht betroffen sind, hat der Wahlvorstand nicht zu wiederholen; die Gesamtdauer des Wahlverfahrens verkürzt sich entsprechend. Die Auslegung des Wählerverzeichnisses, der Erlaß des Wahlausschreibens und die Bekanntgabe der Wahlvorschläge haben stets zu erfolgen. Vorabstimmungen nach § 4 finden nicht statt.

(4) Die Bekanntmachung des Wahlergebnisses auf Grund der Teilwiederholungswahl erfolgt in allen Dienststellen des Geschäftsbereichs der jeweiligen Mittelbehörde oder obersten Dienstbehörde.

(5) Ergibt sich durch die Teilwiederholungswahl keine Änderung in der Zusammensetzung der Mitglieder der Stufenvertretung, so erübrigt sich eine neuerliche konstituierende Sitzung (Art. 34 Abs. 1 Satz 1 BayPVG).

§§ 54, 55–59, 60 WO-BayPG

(6) Die vorstehenden Regelungen gelten für die Teilwiederholungswahl des Gesamtpersonalrats sowie der Stufen- und Gesamtjugend- und Auszubildendenvertretung entsprechend.

SECHSTER TEIL
Wahl der Vertrauensperson der ausländischen Beschäftigten, die nicht die Staatsangehörigkeit eines Mitgliedstaats der Europäischen Gemeinschaften besitzen

§§ 55–59 *(außer Kraft)*

SIEBTER TEIL
Wahl der Vertrauensperson der Beamten in Ausbildung und der nicht zum Stimmpersonal gehörenden Beamten der Einsatzstufen bei der Bayerischen Bereitschaftspolizei

§ 60

(1) Für die Wahl der Vertrauensperson und ihrer Stellvertreter gelten § 1 Abs. 1 bis 4, Abs. 6, § 2 Abs. 1 und 2, §§ 3 und 6, § 7 Abs. 2, § 8 Abs. 4 Satz 2 und Abs. 6, §§ 9 bis 16, 20, 22, 23 und 61 sinngemäß, soweit nachfolgend nichts anderes bestimmt ist, und mit der Abweichung, daß die Vorschriften über die Gruppenwahl (Art. 19 Abs. 2 BayPVG) und die Feststellung der Anteile von Frauen und Männern an den Wahlberechtigten insgesamt und in den einzelnen Gruppen (Art. 17 Abs. 2 BayPVG) keine Anwendung finden.

(2) Die Frist in § 3 Abs. 1 wird auf zehn Kalendertage, die Frist in § 6 Abs. 1 auf einundzwanzig Kalendertage, die Fristen in § 6 Abs. 2 Buchst. 1 und § 7 Abs. 2 auf neun Kalendertage, die Frist in § 10 Abs. 5 auf drei Kalendertage und die Frist in § 13 Abs. 1 auf fünf Kalendertage gekürzt.

(3) Der Wahlvorstand gibt die Namen seiner Mitglieder, deren dienstliche Anschrift, dienstliche Telefonnummer und Telefaxnummer sowie die Namen etwaiger Ersatzmitglieder unverzüglich nach seiner Benennung in der Dienststelle durch Aushang bis zum Abschluß der Wahl bekannt.

(4) Das Wählerverzeichnis oder eine Abschrift davon ist unverzüglich nach Einleitung der Wahl bis zum Abschluß der Stimmabgabe an geeigneter Stelle zur Einsicht auszulegen.

(5) Wahlvorschläge können nur für die Wahl der Vertrauensperson eingereicht werden. Jeder Wahlvorschlag der wahlberechtigten Beamten muß von zehn Wahlberechtigten unterzeichnet sein. Bei Wahlvorschlägen der in der Dienststelle vertretenen Gewerkschaften ist die Unterzeichnung durch eine beauftragte Person ausreichend; die unterzeichnende Person, die an erster Stelle steht, gilt als Listenvertreter. Die Vertrauensperson und jede ihrer Stellvertreter werden in besonderen Wahlgängen gewählt. Aus den nicht zur Vertrauensperson gewählten Bewerbern wird der erste Stellvertreter, aus den restlichen Bewerbern der zweite Stellvertreter gewählt. Dieses Verfahren ist im Wahlausschreiben bekanntzugeben. Bei jedem Wahlgang sollen Stimmzettel von verschiedener Farbe verwendet werden.

(6) Über das Wahlergebnis fertigt der Wahlvorstand eine Niederschrift, die von sämtlichen Mitgliedern des Wahlvorstands zu unterzeichnen ist. Die Niederschrift muß die Zahl der abgegebenen Stimmen, die Namen der gewählten Bewerber, die für jeden Bewerber abgegebene Zahl der Stimmen und die Zahl der ungültigen Stimmen enthalten.

(7) Die Wahlunterlagen (Niederschriften, Bekanntmachungen, Stimmzettel usw.) werden von dem für die Hundertschaft zuständigen Personalrat mindestens bis zur nächsten Wahl der Vertrauensperson aufbewahrt.

ACHTER TEIL
Schlußvorschriften

§ 61 Berechnung von Fristen

Für die Berechnung der in dieser Verordnung festgelegten Fristen finden die §§ 186 bis 193 des Bürgerlichen Gesetzbuchs entsprechende Anwendung. Arbeitstage im Sinn dieser Verordnung sind die Wochentage Montag bis Freitag mit Ausnahme der gesetzlichen Feiertage.

§ 62 Inkrafttreten

(1) Diese Verordnung tritt am 1. Februar 1996 in Kraft.

(2) Gleichzeitig tritt die Wahlordnung zum Bayerischen Personalvertretungsgesetz (WO-BayPVG) vom 2. Mai 1974 (BayRS 2035-2-F) außer Kraft.

(3) Die §§ 55 bis 59 treten mit Ablauf des 31. Juli 1998 außer Kraft.

Stichwortverzeichnis

Die fett gedruckten Zahlen beziehen sich auf die jeweiligen Artikel des BayPVG, die mager gedruckten Zahlen auf die jeweiligen Randnummern.

ABM-Beschäftigte **4**, 14
Abordnung **47**, 10; **75**, 84
– arbeitsmäßig eingegliedert **75**, 87
– aufnehmende Dienststelle **75**, 92
– Beamte **75**, 86
– Beschäftigungsverhältnis **75**, 87
– Eingliederung **75**, 87
– Gesamtdauer **75**, 88
– Gründe **75**, 85
– kürzere Zeiträume **75**, 88
– mehrere **75**, 88
– rechtliche Beziehungen **75**, 87
– Sperrwirkung **75**, 90
– unwirksam **75**, 88
– Verlängerung **75**, 88
– vorläufige Regelung **75**, 90
– Ziel der späteren Versetzung **75**, 89
– Zuordnung **75**, 91
– Zustimmungsverweigerung **75**, 90
Abschlagpflicht **46**, 6
Abstimmung **6**, 10a
Abstimmungsvorstand **18**, 3
Abweichende Verteilung der Sitze **18**, 1
Akkord- und Prämiensätze **75**, 227
Alle erforderlichen Unterlagen **69**, 15
Allgemeine Ortskrankenkasse **83 b**
– Gesamtpersonalrat **83 b**
– Organisationsstruktur **83 b**
– Stufenpersonalräte **83 b**
Allgemeines Persönlichkeitsrecht **68**, 2
– Belästigungen **68**, 2
– Persönlichkeits- oder Freiheitssphäre **68**, 2
Altersversorgung **75**, 223 b

Amtszeit Vor Art. 26–28; **26**, 1, 2, 3, 4
– Beginn Vor Art. 26–28; **26**, 2
– Dauer **26**, 1
– Ende Vor Art. 26–28; **26**, 3
– Verkürzung **26**, 4
Änderungskündigung **75**, 66
– Begründetheit **25**, 8
– unter Vorbehalt **75**, 66
Anfechtbarkeit **25**, 2
– Ausschlußfrist **25**, 4
– Nichtigkeit **25**, 2
Anfechtung **25**, 5
– Beteiligter **25**, 6
– Wahl einer Gruppe **25**, 9
– Wählbarkeit **25**, 8
– Wahlrecht **25**, 8
– Wahlverfahren **25**, 8
– Wiederholung der Wahl **25**, 9
– Zulässigkeit **25**, 7
Angestellte **4**, 8; **75**, 55
Anrufbeantworter **44**, 8
Anschläge **44**, 15
Anstalten des öffentlichen Rechts **1**, 2; **6**, 13
Arbeiter **4**, 9
Arbeitgeberverbände **2**, 6
– TdL **2**, 6
– VkA **2**, 6
Arbeitgebervereinigungen **2**, 1
Arbeitsentgelte **75**, 209
Arbeitskampf **67**, 1, 10
Arbeitsmittel **79**, 11
Arbeitsschutz **79**, 1, 4
– Dienststellenleiter **79**, 2
– Gesamtkonzept **79**, 1
Arbeitsschutzausschuß **79**, 10
Arbeitssicherheit **79**, 6, 8

Stichwortverzeichnis

Arbeitssicherheitsgesetz **79**, 6
Arbeitsstoffe **79**, 11
Arbeitsunfälle **79**, 5
Arbeitsverhältnis **4**, 1
Arbeitsversäumnis **46**, 3
– Beurteilungsspielraum **46**, 3
– Genehmigung **46**, 6
Arbeitszeit **75**, 185
– alle Beschäftigten **75**, 186
– Angestellte **75**, 191
– Anordnung von Überstunden **75**, 193
– Arbeiter **75**, 191
– Arbeits- oder Rufbereitschaft **75**, 200
– Arbeits- und Dienstbereitschaft **75**, 200
– arbeitsfreier Tag **75**, 202
– Arbeitsleistung **75**, 200
– Arbeitsplätze **75**, 188
– Arbeitszeitgestaltung **75**, 202
– Arbeitszeitverkürzung **75**, 202
– Aufenthaltsort **75**, 200
– Beamte **75**, 191
– Beginn und Ende **75**, 187
– Dienstpläne **75**, 187, 189
– Einsatzzeiten **75**, 205
– einstweilige Verfügung **75**, 206
– einzelne Beschäftigte **75**, 186, 190
– Einzelpläne **75**, 189
– Geltungsdauer **75**, 199
– generelle Regelung **75**, 188
– gleitende Arbeitszeit **75**, 190, 201
– Grundsätze **75**, 203, 205
– Gruppen von Beschäftigten **75**, 186, 203
– Kernarbeitszeit **75**, 190
– klimatisch bedingte Vorverlegung **75**, 199
– Kontrolle **75**, 201
– Kurzarbeit **75**, 190
– Lage **75**, 193
– materielle Arbeitsbedingungen **75**, 191
– Mehrarbeit **75**, 190, 205
– Mittagspause **75**, 193
– Notfälle **75**, 207
– Öffnungs- und Besuchszeiten **75**, 199
– Personalplanung **75**, 204
– Rufbereitschaft **75**, 200
– staatliche Verwaltungen und Betriebe **75**, 198
– Streiklage **75**, 208
– Tarifvertrag **75**, 191
– Überstunden **75**, 190, 205
– Überstunden/Mehrarbeitsstunden **75**, 190
– Unregelmäßigkeit **75**, 204
– unvermeidbare Gründe **75**, 204
– Wegezeiten **75**, 193
– zeitliche Lage **75**, 193
Arbeitszeitermäßigung **75**, 114
– arbeitsmarktpolitische Regelung **75**, 114
– Beamte **75**, 116
– Dauer **75**, 120
– dienstliche Belange **75**, 117
– familienpolitische Regelung **75**, 114
– Genehmigung **75**, 123
– Gesamtdauer **75**, 120
– gewünschte Arbeitszeitreduzierung **75**, 117
– Nebentätigkeiten **75**, 118
– öffentliches Interesse **75**, 114
– verbleibende Arbeitszeit **75**, 121
– zwei Tatbestände **75**, 121
Ärzte im Praktikum **75**, 8
Assessment-Center **75**, 277, 293
Auflösung des Personalrats **28**, 1
Aushilfskräfte **4**, 3
Ausländische Beschäftigte **69**, 8
Ausnahmen von der Beteiligung **78**, 1
– Antrag der Betroffenen **78**, 12
– Beamte **78**, 3
– Bewerber **78**, 3
– eigenverantwortliche Aufgaben **78**, 10
– Forschungsstätten **78**, 6
– Generalvollmacht **78**, 10
– kein Initiativrecht **78**, 2
– künstlerische Tätigkeit **78**, 9
– Lehrkräfte für besondere Aufgaben **78**, 9
– Lehrpersonen **78**, 4
– leitende Angestellte **78**, 10

Stichwortverzeichnis

- Mitglieder in Theatern **78**, 7
- Mitglieder von Orchestern **78**, 8
- Personal in Arbeitgeberfunktionen **78**, 12
- Personenkreis **78**, 2
- Prokura **78**, 10
- wissenschaftliches und künstlerisches Personal **78**, 5

Ausschluß eines Mitglieds des Personalrats **28**, 2
- antragsberechtigt **28**, 2
- grobe Verletzung der gesetzlichen Pflichten **28**, 4
- schuldhafte Vernachlässigung **28**, 5

Außenstehende Stellen **67**, 11
Außerordentliche Personalversammlungen **49**, 7; **50**, 8
Aussetzung von Beschlüssen **39**, 1
- Antragsrecht **39**, 1
Ausstattung der Personalratsmitglieder **44**, 1
Auswahlrichtlinien **75**, 324
- Abmahnungen **75**, 331
- Anforderungsprofile **75**, 327
- Aufgaben des Personalrats **75**, 325
- Ausschreibung von Dienstposten **75**, 326
- Berufsanfängereignungstests **75**, 326
- Einstellungsgespräche **75**, 326
- Einstellungsrichtlinien **75**, 326
- Kündigungsrichtlinien **75**, 331
- Lehrer **75**, 326
- objektive Behandlung **75**, 324
- ordentliche Kündigung **75**, 324
- Praxis **75**, 332
- psychologischer Eignungstest **75**, 326
- Schutzbedürftigkeit **75**, 325
- Stechuhren **75a**, 15
- Tarifverträge **75**, 330
- Umfang **75**, 328
- Umgruppierung **75**, 329
- unbillige Härten **75**, 331
- Veränderungen **75**, 328
- Versetzungen **75**, 328
- Verstoß **75**, 324

- Vorbehalt der gesetzlichen oder tariflichen Regelung **75**, 332
- Zweck **75**, 324

Auszahlung Dienstbezüge, Arbeitsentgelte **75**, 211
- Angestellte **75**, 211
- Arbeiter **75**, 211
- Art der Auszahlung **75**, 213
- Beamte **75**, 211
- Festlegung des Ortes **75**, 212
- Konto **75**, 213

Auszubildende **4**, 5b; **9**, 5; **58**, 3
- Antrag **9**, 6

Automatische Verfahren zur Personalverwaltung **75a**, 22
- alle automatisierten Verfahren **75a**, 25
- alle Daten **75a**, 25
- Anwendung **75a**, 25
- Arbeitsunfähigkeit **75a**, 36
- Aufgabe des Datenschutzes **75a**, 31
- Auskunft **75a**, 35
- Auskunfts- und Meldepflichten **75a**, 26
- Bedeutung **75a**, 30
- Berichtigung **75a**, 35
- Beseitigung **75a**, 35
- Datenkatalog **75a**, 32
- Dienstvereinbarungen **75a**, 32
- Einführung **75a**, 24
- Einhaltung der Dienstvereinbarungen **75a**, 33
- Einsicht in vollständige Personalakten **75a**, 34
- Einsichtnahme **75a**, 32
- Empfehlung **75a**, 37
- erhebliche Änderung **75a**, 25
- Fehlzeiten **75a**, 36
- Gesetzes- oder Tarifvorrang **75a**, 26
- Löschung **75a**, 35
- materieller Personalaktenbegriff **75a**, 35
- PAISY-Entscheidung **75a**, 36
- Personaldaten **75a**, 27
- Personaldatenverarbeitung **75a**, 23

Stichwortverzeichnis

- Personalinformationssysteme **75a**, 29
- Personalplanung **75a**, 28
- Personalverwaltungsbezogenheit **75a**, 31
- Personenbezogenheit von Daten **75a**, 30
- Persönlichkeitsbilder **75a**, 23
- Persönlichkeitsrechte **75a**, 23
- Rechte der Beschäftigten **75a**, 37
- Sachverständige **75a**, 33
- schutzwürdige Belange **75a**, 36
- Sperrung **75a**, 35
- Volkszählungsgesetz **75a**, 23
- Zulässigkeit **75a**, 36

Banktage **75**, 213 b
Bayerische Bereitschaftspolizei **85**, 1
- Sondervorschrift **85**, 1

Bayerisches Datenschutzgesetz **68**, 2; **69**, 16
- Arbeitnehmer **68**, 2
- Arbeitszeugnis **68**, 2
- transsexuell **68**, 2

Bayerischer Jugendring **83a**
- Gesamtpersonalrat **83b**
- Stufenpersonalräte **83b**

Bayerischer Rundfunk **83**
Beamtenanwärter **58**, 3
Beamtenfachhochschule **1**, 2; **4**, 7
Beamtenverhältnis auf Probe **76**, 28
Beamtenverhältnis auf Widerruf **76**, 28
- Antrag des betroffenen Beschäftigten **76**, 29
- Ausschluß der Beteiligung **76**, 33
- Beamte auf Widerruf im Vorbereitungsdienst **76**, 32
- Beantragung der Beteiligung **76**, 31
- Einwendungen **76**, 31
- Entlassung **76**, 30
- Entlassungsverfügung fehlerhaft **76**, 34

- Richtigkeitskontrolle **76**, 30

Beamter **4**, 7
beamtetes Personalratsmitglied **67**, 10
- Pflichtverletzung **67**, 10

Beförderung **75**, 44
- Erprobung **75**, 45
- formlose Übertragung **75**, 44
- Übertragung **75**, 46
- Verleihung **75**, 47

Beförderungsmöglichkeiten **70a**, 3
Begünstigungsverbot **8**, 3
Behörde **6**, 2
Beiträge **45**, 2
Bekanntmachungen **44**, 15
Benachteiligungsverbot **8**, 2
Berufsausbildung **75**, 245
- Art und Weise **75**, 247
- Ausbildungsplätze **75**, 247
- Ausbildungsquoten **75**, 247
- Ausbildungsregeln **75**, 246
- Ausbildungsstellen **75**, 247
- der Angestellten **75**, 245
- der Arbeiter **75**, 245
- Dienstablauf **75**, 247
- Gestaltung von Lehrveranstaltungen **75**, 247
- jede Einzelmaßnahme **75**, 247
- nicht mitbestimmungspflichtig **75**, 247
- Räumlichkeiten **75**, 247
- Umfang **75**, 247
- zeitlicher Ablauf **75**, 247

Berufsbildungsgesetz **75**, 246
Berufsfachschule **4**, 5a
Berufsgenossenschaften **79**, 5
Berufskrankheiten **79**, 5, 7
Beschäftigte **4**, 1; **13**, 3
Beschlüsse **37**, 1; **38**, 9
- Abstimmung **37**, 2
- Abstimmungsergebnis **37**, 2
- Beschlußfähigkeit **37**, 1
- Beschlußfassung **37**, 1
- Betroffenheit **37**, 7
- Ersatzmitglied **37**, 8
- gemeinsame Angelegenheiten **38**, 2
- Gruppenangelegenheiten **38**, 3
- Personalratssitzungen **37**, 1
- rechtzeitige Ladung **37**, 1
- Sitzungsniederschrift **37**, 4
- Sollstärke **37**, 2
- Stimmenmehrheit **37**, 1
- Umlaufverfahren **37**, 5

Stichwortverzeichnis

Beschlußverfahren **75**, 2
– Ausgangsfall **75**, 2
– gutachterliche Klärung **75**, 2
– Haltlosigkeit **75**, 2
– Haushaltsentwicklungen **75**, 2
– Kosten einer anwaltlichen **75**, 2
 Rechtsvertretung **75**, 2
– Mutwilligkeit **75**, 2
– Prozeßkostenhilfe **75**, 2
Besichtigungen **79**, 25
Besprechungen **79**, 25
Bestehen oder Nichtbestehen **75**, 2
Bestellung eines Wahlvorstandes durch den Dienststellenleiter **22**, 1
– Antrag **22**, 1
Beteiligungsbefugnis **75**, 3
Betriebe **1**, 2; **6**, 6
Betriebliches Vorschlagswesen s. Vorschlagswesen
Betriebsärzte **79**, 8, 12
Betriebsführung **1**, 2
Beurlaubung **75**, 113
Beurteilungsrichtlinien **75**, 290
– Abschaffung **75**, 290
– alle Beschäftigten **75**, 290
– Änderung **75**, 290
– Angestellte **75**, 294
– Anpassung **75**, 296
– Arbeiter **75**, 294
– Beamte **75**, 297
– begründen **75**, 295
– Begründungspflicht **75**, 295
– Beurteilung im Einzelfall **75**, 293
– Einführung **75**, 290
– einheitliche – **75**, 291
– Einschüchterung **75**, 296
– einzelne Kriterien **75**, 298
– Gleichbehandlungsgebot **75**, 292
– Inhalt **75**, 290
– innerdienstliche Verwaltungsvorschriften **75**, 293
– Leistungsprofil **75**, 293
– Mitbestimmungsverfahren **75**, 298
– permanente Kontrolle **75**, 296
– Personalakten **75**, 295
– Persönlichkeitssphäre **75**, 292
– Programm zur Einarbeitung **75**, 293
– Regelungen **75**, 293

– Tarifrecht **75**, 294
– Tatsachen **75**, 295
Bewerber **69**, 15
Bezirke **1**, 2; **6**, 13
Bezirks-JA-Vertretungen **64**, 1, 2
Bezirkspersonalräte **53**, 1
Bezirkstag **6**, 13
Bildungsveranstaltung **46**, 27
– Dauer **46**, 28
– Erforderlichkeit **46**, 28
– zeitliche Lage **46**, 28
Bruttogehaltslisten **69**, 4; **78**, 7 a
Büroarbeit **44**, 14
Bundesdatenschutzgesetz **68**, 2

Computer **44**, 8

Darlehen **75**, 163, 170
Datenschutz **10**, 11; **69**, 4
– Bedeutung **69**, 4
– Entfaltungschancen **69**, 4
– Rechtsquellen **69**, 4
– unabdingbare Rechte **69**, 4
– Verfassungsrang **69**, 4
Datenweitergabe **69**, 16
Dienst- und Pachtland **75**, 179
– Änderung **75**, 180
– Einzelfall **75**, 180
– Festsetzung **75**, 180
– Nutzungsbedingungen **75**, 180
– Regelungen **75**, 180
– Sozialeinrichtung **75**, 179
Dienstanfänger **4**, 7; **58**, 3
Dienstaufsichtsbeschwerde **67**, 12
Dienstbefreiung **46**, 11
Dienstbetrieb **74**, 3
Dienstbezüge und Arbeitsentgelte **75**, 209
Dienstplan **75**, 195
Dienststelle **1**, 1
Dienststellen des Freistaats Bayern im Ausland **87**, 1
– Ortskräfte **87**, 2
Dienststellenleiter **2**, 1; **7**, 1; **79**, 7
– Abwesenheitsvertreter **7**, 4
– Aufbau der Behörde **7**, 2
– ständiger Vertreter **7**, 4
– Unfallverhütungsvorschriften **79**, 7

Stichwortverzeichnis

Dienstvereinbarungen **3**, 4; **73**, 1, 5, 18
- Bekanntmachung **73**, 9, 11
- Beschlußverfahren **73**, 18
- Dienstabsprachen **73**, 4
- erzwingbar **73**, 8
- Geltung **73**, 15
- Geltungsbereich **73**, 12
- Kassenverlustentschädigung **73**, 5
- Kündigung **73**, 13
- Leistungsprämie **73**, 5
- Mitwirkung **73**, 3
- Nachwirkung **73**, 17
- Normenkontrollverfahren **73**, 18
- Öffnungsklausel **73**, 5
- Regelungstatbestände **73**, 1
- Schriftform **73**, 11
- unzulässig **73**, 12
- Vorrang **73**, 5
- Zulässigkeit **73**, 1

Diskriminierungsverbot **68**, 2
Disziplinarmaßnahmen **76**, 20
- Beamte **76**, 20
- Beamter als Personalratsmitglied **76**, 25
- Beantragung **76**, 20
- Disziplinarverfügungen **76**, 22
- Einleitung **76**, 22
- Gesamtverhalten **76**, 24
- Pflichtverletzung **76**, 21
- Sprechweise **76**, 25
- Unterlagen **76**, 23

Disziplinierung **67**, 8
DO-Angestellte **4**, 7
Drittmittelprojekte **75**, 7
Durchführungsbefugnis **74**, 2

Ehrenamt **46**, 1
Eigenständigkeit **6**, 10
Eigenunfallversicherung **79**, 5
Eingruppierung **75**, 9, 16a
- analytische Stellenbewertung **75**, 15
- Arbeitsplatzbeschreibung **75**, 15
- außerdienstliches Verhalten **75**, 15
- Auswirkungen **75**, 14
- Beamte **75**, 15
- Einarbeitung **75**, 15
- Eingruppierungserlaß **75**, 18
- Eingruppierungsrichtlinien **75**, 15
- Erholungsurlaub **75**, 14
- europäisches Recht **75**, 16a
- Fallgruppe **75**, 11
- Fallgruppenwechsel **75**, 12
- Fallgruppenzuordnung **75**, 12
- Familienstand **75**, 15
- Gesamtversorgung **75**, 14
- Geschäftsverteilungspläne **75**, 15
- gezahlte Vergütung **75**, 15
- haushaltsrechtliche Vorschriften **75**, 15
- innerdienstliche Führung **75**, 15
- Krankenbezüge **75**, 14
- neuer Arbeitsbereich **75**, 16
- personalwirtschaftliche Praktiken **75**, 15
- Qualität der Leistung **75**, 15
- Quantität der Arbeitsleistung **75**, 15
- Reisekostenvergütung **75**, 14
- Stellenplan **75**, 15
- Sterbegeld **75**, 14
- Übergangsgeld **75**, 14
- Überprüfung **75**, 16a
- Umzugskostenvergütung **75**, 14
- Urlaubsgeld **75**, 14
- Urlaubsvergütung **75**, 14
- Verfügung **75**, 15
- Vergleich **75**, 15
- Vergütung **75**, 14
- Vergütungssystem **75**, 16a, 17
- Versetzungsmöglichkeiten **75**, 14
- Vorschuß **75**, 14
- Zeit- oder Bewährungsaufstieg **75**, 16a
- Zeitzuschläge **75**, 14
- Zulagen **75**, 14

Einigungsstelle **70a**, 2; **71**, 1, 7, 9, 10
- Antrag **71**, 2
- Aufwendungsersatz **71**, 7
- Befähigung zum Richteramt **71**, 5
- Begründung **71**, 9
- Beisitzer **71**, 3
- Beratung **71**, 8
- Beschlußfassung **71**, 8
- Beschlußformel **71**, 10
- betroffene Gruppe **71**, 4
- Einigungsstellenbeschlüsse **71**, 10

608

Stichwortverzeichnis

- Empfehlung **71,** 8, 10
- Entscheidungskompetenz **70,** 31
- Ergebnis **71,** 9
- Ermessensentscheidung **71,** 10
- Fall zu Fall **71,** 1
- Frauen und Männer **71,** 4
- Haushaltsgesetz **71,** 10
- Honoraranspruch **71,** 7
- Kosten **71,** 7
- Kostenaufwand **71,** 7
- Letztentscheidung **70 a,** 3
- Mitbestimmung **71,** 9
- Mitglieder **71,** 7
- Nebentätigkeitsverordnung **71,** 4
- nicht öffentlich **71,** 8
- Präsident des Bayerischen Verwaltungsgerichtshofs **71,** 6
- Rechtmäßigkeit **71,** 10
- Rechtsinstanz **71,** 1
- Rechtsvorschriften **71,** 9, 10
- Schriftform **71,** 9
- unabhängig **71,** 7
- unparteiischer Vorsitzender **71,** 5
- Unzuständigkeit **71,** 7
- Verfassungsmäßigkeit **70,** 31
- Verhandlung **71,** 8
- Versagungskatalog **70 a,** 3; **71,** 9
- Verschwiegenheit **71,** 7
- Verwaltungsaufbau **71,** 1
- Verwaltungsgericht **71,** 10
- Weg **71,** 1

Einstellung **75,** 4
- ABM-Kräfte **75,** 34
- Abrufkräfte **75,** 5
- Arbeitnehmerüberlassung **75,** 36
- Arbeitsaufnahme **75,** 5
- Arbeitsbeschaffungsmaßnahme **75,** 34
- Arbeitsverhältnis auf unbestimmte Dauer **75,** 22
- Arbeitsvertrag **75,** 4, 32, 42
- Arbeitsverwaltung **75,** 34
- Ausbildungsplatz **75,** 8
- Ausbildungsstätte **75,** 41
- ausländische Arbeitnehmer, ältere Arbeitnehmer **75,** 30
- Ausschreibung **75,** 6
- Auswahlrichtlinien **75,** 41
- Auswahlverfahren **75,** 5
- auszuübende Tätigkeit **75,** 5
- Befristung **75,** 19
- begrenzte Dauer **75,** 30
- Beschäftigungsförderungsgesetz **75,** 23
- Bewerbungsschreiben **75,** 5
- Dienstanfänger **75,** 41
- »dienstherrenübergreifende« Versetzung **75,** 41
- Dienstposten **75,** 6
- Drittfirma **75,** 36
- Eignungstests **75,** 5
- Eingliederung in die Dienststelle **75,** 37
- erneute Ernennung **75,** 41
- Frauen **75,** 30
- Fremdpersonal **75,** 36
- Gesetz **75,** 30
- Grundrechtsschutz **75,** 29
- Höchstbefristungsdauer **75,** 30
- Inhalt des Beschäftigungsverhältnisses **75,** 20
- Kündigung **75,** 19
- Lebenslauf **75,** 5
- Leiharbeitsverhältnis **75,** 35
- Modalitäten **75,** 33
- nachträgliche Befristung **75,** 33
- Personalfragebogen **75,** 5
- Personalhoheit **75,** 6
- Qualifikationsmerkmale **75,** 6 a
- rechtsgeschäftlicher Übergang **75,** 40
- Rücknahme einer Kündigung **75,** 39
- Schutzfunktion **75,** 21
- schwerbehinderte Menschen **75,** 30
- Teilzeitarbeitsverhältnisse **75,** 19
- Teilzeitbegrenzung **75,** 19
- Übernahme eines Leiharbeitnehmers **75,** 36
- Unterlagen **75,** 5
- Verlängerung eines Zeitvertrages **75,** 33
- Verwaltungsanordnung **75,** 30
- Verweigerungskatalog **75,** 31
- Wechsel zwischen Arbeiter-, Angestellten- und Beamtenverhältnis **75,** 38

Stichwortverzeichnis

- Weisungsbefugnisse **75**, 35
- Zeitvertragsgesetz **75**, 29
Einstufige Verwaltung **53**, 2
Einstweilige Verfügung **75**, 2
Entscheidungsfreiheit **74**, 1
Entsendungsbeschluß **46**, 27
Erleichterung des Arbeitsablaufs **76**, 60
- andere Beteiligungsrechte **76**, 71
- Arbeitsräume **76**, 68
- arbeitswissenschaftliche Erkenntnisse **76**, 66
- Auflösung **76**, 76
- Ausstattung **76**, 65
- Begriff **76**, 61, 65
- Beispiele **76**, 62
- Beleuchtung **76**, 65, 68
- Beschaffenheit **76**, 68
- Betriebsübergang **76**, 75
- Bildschirmarbeitsplätze **76**, 70
- Bildschirmarbeitsverordnung **76**, 70
- Erprobung **76**, 63
- Fusion **76**, 75
- Klima **76**, 68
- Lärm **76**, 68
- Mindestvorschriften **76**, 70
- Patientenzimmer **76**, 69
- räumliche Unterbringung **76**, 65
- Raumpläne **76**, 69
- Rechtsformwechsel **76**, 75
- Sozialplan **76**, 79
- Spaltung **76**, 75
- Umwandlungsbereinigungsgesetz **76**, 75
- Unterrichtungspflicht **76**, 70
- Verlegung einer Dienststelle **76**, 77
- Vermögensübertragung **76**, 75
- Verschmelzung **76**, 75
- Versuch **76**, 63
- wesentliche Teile **76**, 74
- Zusammenlegung von Dienststellen **76**, 78
- Zusammentreffen verschiedenartiger Beteiligungsrechte **76**, 72
Ermäßigung der Arbeitszeit **75**, 113
Ersatzansprüche gegen einen Beschäftigten **75**, 124
- Amtspflicht **75**, 130
- Angestellte **75**, 130
- Antrag auf Beteiligung **75**, 124
- Arbeiter **75**, 129
- Arbeitsorganisation **75**, 132
- Beamte **75**, 130
- Beschränkung der Haftung **75**, 127
- gefahrengeneigte Arbeit **75**, 125, 126
- grob fahrlässig **75**, 125
- Leistungsdruck **75**, 132
- privater Pkw **75**, 131
- schuldhafte Handlung **75**, 132
- verfassungsrechtliche Grundlage **75**, 130
- Vorsatz **75**, 127
Ersatzmitglieder **31**, 1
- Ausscheiden eines Mitgliedes **31**, 2
- Dauer des Nachrückens **31**, 1
- gemeinsame Wahl **31**, 8, 10
- Gruppenwahl **31**, 7, 9
- Rechte und Pflichten **31**, 5
- Wechsel der Gruppenzugehörigkeit **31**, 11
- zeitweilige Verhinderung **31**, 3
Erstattungsanspruch **46**, 52
Erzieherische Gründe **4**, 14
Erziehung **4**, 14

Fahrkosten **24**, 9; **46**, 10
- Ausschlußfrist **25**, 4
- Nichtigkeit **25**, 2
Fallgruppenwechsel **75**, 59
Feiertage **75**, 195a
Feuerwehrunfallkassen **79**, 5
Finanzielle Nachteile **46**, 3
Fortbildung **76**, 44
- allgemeine Fragen **76**, 45
- Angestellten-Lehrgänge **76**, 46
- Beurteilungen **76**, 45
- erster Akt einer späteren Beförderung **76**, 49
- Fahrtkosten **76**, 45
- Grundsätze **76**, 48
- Inhalte der Fortbildung **76**, 45
- keine Fortbildung **76**, 47
- Lehrmittel **76**, 45
- Lernziele **76**, 45

Stichwortverzeichnis

- Methoden **76**, 45
- Programmgestaltung **76**, 45
- Prüfungen **76**, 45

Fragen der Lohngestaltung **75**, 219
Frauenbeauftragte **75**, 8
Frauenförderung **68**, 2
- objektive Beurteilung **68**, 2
- Vorrang **68**, 2
- Zielvorgaben des Frauenförderplans **68**, 2

Frauenförderpläne **68**, 2
Freiheit der Wahl der Wohnung **75**, 97
- alle Anordnungen **75**, 97
- Arbeitsvertrag **75**, 97
- Beamte **75**, 99
- Dienst-/Werkdienstwohnungen **75**, 98

Freistellung **46**, 14
- Auswahl **46**, 17
- Freistellungsstaffel **46**, 15
- Mindestzahl **46**, 15
- rollierender Wechsel **46**, 17
- Teilfreistellungen **46**, 16

Freistellungsbeschluß **46**, 20
Freiwillige Leistungen **75**, 166
Freizeitausgleich **46**, 12
Friedenspflicht **67**, 1, 9
- Verstöße **67**, 9

Führungskräfte **79**, 7

Geldsammlungen **45**, 2
Geltungsbereich **1**, 1
Gemeinden **1**, 2; **6**, 13
Gemeinderat **6**, 13
Gemeindeunfallversicherungsverbände **79**, 5
Gemeindeverbände **1**, 2; **6**, 13
Gemeinsame Dienststellen **6**, 14
Gemeinsame Wahl **13**, 1; **19**, 1, 7, 9
- Abstimmungsvorstand **19**, 9
- Vorabstimmung **19**, 9

Generalklausel **67**, 1; **69**, 1
Geräte **79**, 11
Gerichte **1**, 2; **6**, 4
Gesamt-JA-Vertretungen **60**, 1; **64**, 3
- verselbständigte Dienststellen **64**, 3

Gesamtkonzept **2**, 1

Gesamtpersonalrat **55**, 1; **56**, 5; **80**, 8
- Amtszeit **56**, 3
- Aufgabenbereich und Organisation selbständig **55**, 1
- Beteiligung **55**, 3
- Beteiligungsrecht **80**, 8
- Bildung **57**, 1
- einzelne Dienststellen **55**, 1
- Gemeinderat **55**, 2
- Geschäftsführung **56**, 3
- Nebenstelle **55**, 2
- Rathauspersonalrat **55**, 4
- räumlich weit voneinander entfernt **55**, 1
- Rechte und Pflichten **80**, 11
- rechtliche Stellung seiner Mitglieder **56**, 3
- Referatspersonalräte **55**, 2
- Stadtrat **55**, 2
- Verselbständigungsbeschluß **55**, 1
- Wahl **56**, 1
- Zusammensetzung **56**, 1

Gesamtpersonalratsgremien **80**, 11
- Rechte und Pflichten **80**, 11
- Verwaltungsgerichte **81**, 1
- Zuständigkeit **81**, 1

Geschäftsbedarf **44**, 6
Geschäftsordnung **34**, 17; **42**, 1
Gesetze **44**, 9
Gestellungsvertrag **4**, 13
Gesundheitsgefahren **79**, 18
Gewerkschaft **2**, 1, 6, 7, 8; **19**, 17a; **52**, 3
- Beschluß **52**, 4
- Personalrat **52**, 5
- Personalversammlung **52**, 4
- Vertrauensleute **2**, 14
- Zugangsrecht **2**, 8
- Zutritt **52**, 3

Gewerkschaftliche Arbeitskämpfe **67**, 10
Gewerkschaftliche Betätigung **68**, 5
Gewerkschaftliche Tätigkeit **75**, 106
Gleichbehandlung **57**, 12; **68**, 1; **69**, 11
- Witterungseinflüsse **68**, 1

Gleichbehandlungsgrundsatz **68**, 2
- Diskriminierungen aufgrund des Geschlechts **68**, 2

611

Stichwortverzeichnis

- Gruppenbildung **68,** 2
- Job-Ticket **68,** 2
- Lehrkräfte **68,** 2
- Schwangerschaft **68,** 2
- Gleichheitsgedanke **68,** 2
- Gleichheitssatz **68,** 2
- Systemwidrigkeit **68,** 2
- Zuständigkeitsbereich **68,** 2
- Größe des Personalrats **16,** 1
- Feststellung der Stärke **16,** 1
- Höchstzahl der Mitglieder **16,** 3
- in der Regel **16,** 2
- Grundrecht der freien Meinungsäußerung **68,** 4
- Grundsatz der Verhältnismäßigkeit **2,** 13
- Gewerkschaftsbeauftragte **2,** 14
- koalitionsspezifische Aufgaben **2,** 14
- Vertrauensleute **2,** 14
- Grundsatz der vertrauensvollen Zusammenarbeit **2,** 2
- Grundsätze für die Personalbedarfsberechnung **76,** 80, 81
- Akzeptanz **76,** 86
- Anhörungsrecht **76,** 83
- Ermittlung **76,** 80
- Gemeinden **76,** 87
- Haushaltsplan **76,** 83
- interne Verwaltungsentscheidungen **76,** 86
- Ist-Zustand der bestehenden Organisation **76,** 82
- Methodik **76,** 80
- Personalanforderungen **76,** 84
- planmäßige Erhebungen **76,** 82
- Praxis **76,** 86
- Rechnungseinheiten **76,** 80
- Staatshaushalt **76,** 83
- Standardberechnung **76,** 85
- Stellenanhebungen **76,** 84
- Stellenübertragungen **76,** 84
- Stellenumwandlungen **76,** 84
- Stellungnahme **76,** 83
- Überlegungen der Personalvertretung **76,** 86
- Verfahren der Anhörung **76,** 86
- Verzicht **76,** 85
- Zeitpunkt **76,** 86

Grundschulung **46,** 32
Gruppen **5,** 1
- Gruppenangelegenheiten **5,** 2
- Gruppenprinzip **5,** 2
- Gruppenvertreter **5,** 2
Gruppen im Personalrat **17,** 1
- Beschäftigungsarten **17,** 14
- besonders starke Gruppe **17,** 3
- Geschlechter **17,** 14
- Höchstzahlensystem **17,** 9
- Kleinstgruppen **17,** 13
- Mehrheitsgruppe **17,** 12
- Minderheitsgruppen **17,** 2
- zahlenmäßige Stärke **17,** 5
Gruppenfremde Kandidatur **18,** 1, 12
Gruppenprinzip **32,** 6
Gruppenwahl **19,** 1, 7, 8

Haupt-JA-Vertretungen **64,** 1, 2
- Ministerien **64,** 2
Hauptpersonalrat **53,** 1, 6
- Anfechtung der Wahl **53a,** 16
- Beschäftigtengruppen **53,** 10
- Bezirkswahlvorstand **53,** 14
- Größe **53,** 7
- Gruppen **53,** 11
- Hauptwahlvorstand **53,** 14
- Minderheitenschutz **53,** 9, 11, 15
- Personalversammlungen **53,** 13
- Verteilung der Personalratssitze **53,** 11
- Wahl **53,** 12
- Wahlrecht **53,** 8
- Wahlvorstand **53,** 13
Hausrecht **34,** 17; **52,** 7
Hebung der Arbeitsleistung **76,** 57
- Arbeitszeitverkürzung **76,** 59
- Bearbeitungsdauer **76,** 59
- bessere Arbeitsgüte **76,** 58
- Geldausgabeautomaten **76,** 58
- größere Arbeitsmenge **76,** 58
- höhere Zahl von Auszubildenden an einen Ausbilder **76,** 58
- individuelle Dienst- oder Arbeitspflichten **76,** 57
- Kürzung der Zeiten **76,** 58
- Mehrarbeit bzw. Überstunden **76,** 59

Stichwortverzeichnis

- Qualität des Arbeitsproduktes **76**, 57
- Reinigungshäufigkeit **76**, 59
- Schülerzahl **76**, 59
- vorübergehende Intensivierung der Leistungskontrollen **76**, 59
- zentrale Schreibkanzlei **76**, 58

Heilung **4**, 14

Hinausschieben des Eintritts in den Ruhestand **75**, 93
- arbeitsmarktpolitische Gründe **75**, 95
- Ausnahmen **75**, 93
- Gruppe der Beamten **75**, 93
- neues Arbeitsverhältnis **75**, 95
- vorläufigen Regelung **75**, 94

Hochschulassistenten **4**, 11

Hochschulen **1**, 2

Hochschullehrer **4**, 11

Höher zu bewertende Tätigkeit **75**, 54

Höhergruppierung **75**, 13, 54
- Arbeitsaufzeichnungen **75**, 62
- Ausnahme **75**, 61
- Auswirkungen **75**, 14
- Beschäftigungszeiten **75**, 60
- Beteiligung **75**, 63
- Bewährungsaufstieg **75**, 59
- Dienstzeit **75**, 60
- Fallgruppe **75**, 59
- fehlende Beteiligung des Personalrats **75**, 63
- formeller Akt **75**, 55
- Gewährung von Zulagen **75**, 58
- Korrektur **75**, 56
- korrigierende Höhergruppierung **75**, 57, 62
- Lohngestaltung **75**, 62
- mittelbare Diskriminierung **75**, 60
- normvollziehende Maßnahme **75**, 56
- Rechtsanspruch **75**, 56
- Rückgruppierung **75**, 13
- Sozialversicherungspflichtgrenze **75**, 60
- Tarifautomatik **75**, 56
- übertarifliche Zulage **75**, 58
- Übertragung auf Dauer **75**, 61
- Unwirksamkeit **75**, 63
- Vergütungsanspruch **75**, 63
- Zeitaufstieg **75**, 59
- Zeitpunkt **75**, 62

Humanisierung des Arbeitslebens **68**, 1

Information **57**, 11
- Ausbildungsrahmenpläne **57**, 14
- Berufsbildungsgesetz **57**, 14
- Beurteilungsrichtlinien **57**, 14
- Gleichbehandlung **57**, 12
- Jugendarbeitsschutzgesetz **57**, 14
- Krankenpflegegesetz **57**, 14
- Mutterschutzgesetz **57**, 14
- Tarifverträge **57**, 14
- Überwachungsaufgaben **57**, 13

Initiativrecht **70a**, 1

Insolvenzordnung **75**, 321

Interaktion **2**, 2; **79**, 13

JA-Stufenvertretungen **60**, 1; **64**, 5
- Aufgabe **64**, 5
- Entscheidungsbefugnis **64**, 5

JA-Versammlung **63**, 1
- Arbeitgebervereinigung **63**, 11
- Auskunftsperson **63**, 12
- außerordentliche – **63**, 5
- Fahrtkosten **63**, 13
- Freizeitausgleich **63**, 13
- Gewerkschaften **63**, 11
- Hausrecht **63**, 7
- Information **63**, 4
- Minderung des Entgelts **63**, 13
- ordentliche – **63**, 3
- Organ der Dienststellenverfassung **63**, 1
- Personalratsvorsitzender **63**, 10
- Räumlichkeiten **63**, 9
- Rednerliste **63**, 7
- Tagesordnung **63**, 10
- Tätigkeitsbericht **63**, 4
- Teilnehmer **63**, 10
- Teilversammlungen **63**, 6
- Terminierung **63**, 3
- verselbständigte Dienststellen **64**, 3

JA-Vertretung **8**, 2; **57**, 1, 18; **59**, 1; **60**, 1; **69**, 10
- Abordnungen **62**, 10

613

Stichwortverzeichnis

- allgemeine Aufgaben **57**, 3
- Amtszeit **60**, 1, 8
- Anschläge **62**, 6
- Anträge **57**, 6
- Anwesenheitsliste **61**, 11
- Anzahl der Mitglieder **59**, 2
- Arbeitsentgelt **62**, 7
- Arbeitszeit **57**, 4
- Arbeitszeitversäumnisse **62**, 7
- Auflösung **60**, 9
- Auskunftspersonen **61**, 9
- Beeinträchtigung des beruflichen Werdegangs **62**, 8
- Befugnisse **61**, 1
- Beschlüsse **61**, 10
- Beschwerden **57**, 3
- Besprechungen **57**, 10
- Bildung **57**, 1
- Dauer der Sprechstunden **62**, 5
- Dienstbefreiung **62**, 5
- Dienstbezüge **62**, 7
- Doppelmitgliedschaft **58**, 2
- Ehrenamt **62**, 7
- Einberufung **61**, 8
- Einladungen **61**, 8; **62**, 4
- Einstellung **57**, 4
- Erlöschen der Mitgliedschaft **60**, 11
- Ersatzmitglieder **60**, 12; **61**, 10
- Fragebogenaktion **69**, 10
- Freistellung **62**, 8
- Gegenstände der Sprechstunden **62**, 5
- gemeinsame Wahl **59**, 3
- Geschäftsbedarf **61**, 8; **62**, 5
- Größe **59**, 1
- Information **62**, 4
- Kosten **62**, 6
- Kosten der Wahl **60**, 5
- Kündigungen **62**, 10
- Leitung der JA-Versammlungen **62**, 4
- Leitung der Sitzungen **62**, 4
- Maßnahmen **57**, 4
- Nachteile **62**, 7
- Neuwahl **60**, 8
- Nichtöffentlichkeit **61**, 9
- Niederschrift **61**, 11
- Ort **62**, 5

- parteipolitische Betätigungen **62**, 11
- Personalratssitzung **57**, 7
- Räume, Geschäftsbedarf **62**, 5, 6
- Rechte gegenüber Personalrat **61**, 2
- Ruhen der Mitgliedschaft **60**, 11
- Sachverständige **61**, 9
- Schreibkräfte **61**, 8, 9; **62**, 6
- Schulungs- und Bildungsveranstaltungen **62**, 9
- Schwerbehindertenvertreter **61**, 9
- Sitzungszeitpunkt **62**, 4
- Stimmrecht **57**, 9
- Streitigkeiten **62**, 12
- Tagesordnung **61**, 8; **62**, 4
- Unterzeichnung der Niederschriften **62**, 4
- Urlaubsregelungen **57**, 4
- Versetzungen **62**, 10
- Wahl **60**, 1
- Wahl eines Vorsitzenden **60**, 13
- Wahlanfechtung **60**, 7
- Wahlberechtigung **58**, 1
- Wahlgrundsätze **60**, 3
- Wahlvorschläge **59**, 3; **60**, 3
- Wahlvorstand **60**, 2
- Weiterbeschäftigungsanspruch **62**, 10
- Zeit **62**, 5
- Zeitpunkt **61**, 8
- Zusammenarbeit mit dem Personalrat **57**, 18
- Zusammensetzung **59**, 1

Kalenderhalbjahresversammlungen **50**, 1
Kanzler **7**, 6
Kliniken **6**, 16; **7**, 6
Koalitionsfreiheit **68**, 6
Kommentare **44**, 9
Körperschaften **1**, 2; **6**, 13
Kosten der Personalratstätigkeit **44**, 1, 2
- Anwalt **44**, 2
- Fernsprechbenutzung **44**, 1
- Informationsblätter **44**, 3
- Prozeßkosten **44**, 1
Krankenpflegeschule **4**, 5a

Stichwortverzeichnis

Kreise **6**, 13
Kreistag **6**, 13
Kündigungen **77**, 1
- Abmahnung **77**, 10
- Abschrift der Stellungnahme des Personalrats **77**, 22
- alle Arbeitnehmer **77**, 2
- Änderungskündigungen **77**, 3, 17a
- Anforderungsprofil **77**, 17a
- Anhörungsverfahren **77**, 33
- Arbeitsleistung **77**, 10a
- Arbeitsverhältnisse **77**, 29
- Arbeitszeitvolumen **77**, 17a
- Art der Kündigung **77**, 7
- Aufhebungsvertrag **77**, 6
- ausländische, konzernzugehörige Unternehmen **77**, 4a
- Auslauffrist **77**, 30b, 36a
- außerordentliche – **77**, 27, 28
- Äußerungsfrist **77**, 14
- Auswahlfehler **77**, 16
- Auswahlkriterium **77**, 17a
- Auswahlrichtlinien **77**, 17
- autoritärer Führungsstil **77**, 30
- Beamte **77**, 29
- Bedenken **77**, 36
- Benachteiligungsverbot **77**, 17a
- Berufsausbildungsverhältnis **77**, 3
- Beschäftigungsbedürfnis **77**, 17a
- Beschäftigungsvolumen **77**, 17a
- Betriebsarzt **77**, 12
- betriebsbedingte – **77**, 4, 8
- Buchst. c bis f **78**, 5
- Bundesbeauftragte für Stasiunterlagen **77**, 31
- Darlegungs- und Beweislast **77**, 40
- Daten **77**, 11
- deutsches Kündigungsschutzrecht **77**, 4a
- Diebstahl **77**, 10a, 39
- DNA-Analyse **77**, 31
- Drogenabhängigkeit **77**, 10a
- Einwendungskatalog **77**, 15
- externe Bewerber **77**, 17a
- fehlerhafte Sozialauswahl **77**, 17
- Feststellungsinteresse **77**, 17a
- freier Arbeitsplatz **77**, 18
- fristlose Entlassungen **77**, 27
- Gefährdungspotential **77**, 10a
- Gleitzeitmanipulation **77**, 31
- Gründe **77**, 3
- Haschischkonsum **77**, 10a
- Hauptfürsorgestelle **77**, 34
- Hinweis- und Aufklärungspflichten **77**, 6
- Hochschulen **78**, 5
- höherrangiges Recht **78**, 5
- individuelle Besonderheiten **77**, 17
- Interessenausgleich **77**, 17
- JA-Vertretung **77**, 39
- Kassierer **77**, 31
- Konzeption der Rechtsprechung **77**, 17a
- krankheitsbedingte Fehlzeiten **77**, 30b
- krankheitsbedingte – **77**, 8
- Kündigung durch den Arbeitgeber **77**, 6
- Kündigung eines Personalratsmitglieds **77**, 26
- Kündigungsfristen **77**, 5
- Kündigungsgründe **77**, 7, 10, 35
- Kündigungsschutzklage **77**, 23
- Kündigungsschutzprozeß **77**, 41
- Kündigungstermin **77**, 7
- Maßgebliche Umstände **77**, 30b
- Mitglieder des Personalrats **77**, 39
- Mitwirkungsrecht **77**, 1
- Motivation **77**, 31
- Nachschieben **77**, 8, 35
- nachträgliche Befristung **77**, 32
- nachträgliche Zustimmung **77**, 40
- Nichtinformation **77**, 9
- ohne Beteiligung des Personalrats **77**, 40
- Organisationsentscheidung **77**, 17a
- Person **77**, 4
- Personalfragebogen **77**, 31
- Personalüberhangliste **77**, 17a
- Probezeit **77**, 3
- Rechtfertigungsversuche **77**, 9
- Rechtsgutsverletzung **77**, 31
- rechtsunwirksam **77**, 4
- rechtzeitig **77**, 14
- Redlichkeit **77**, 31
- Schmiergelder **77**, 36a

Stichwortverzeichnis

- sexuelle Belästigung **77**, 31
- Sicherheitsbedenken **77**, 10
- Sicherheitsvorschriften **77**, 10a
- Sozialdaten **77**, 17a
- soziale Auswahl **77**, 8
- Sozialkriterien **77**, 17a
- Stellungnahme **77**, 10
- Straftatbestand **77**, 31
- Strafurteil **77**, 31
- Stufenvertretung **77**, 12
- Teilzeitbeschäftigte **77**, 17a
- telefonische Unterrichtung **77**, 38
- Treuepflicht **77**, 10a
- übergeordnete Dienststellen **77**, 21
- Umdeutung **77**, 30b, 37
- Umschulungs- oder Fortbildungsmaßnahmen **77**, 19
- Universitätsklinikum **78**, 5
- unkündbarer Arbeitnehmer **77**, 30
- Unkündbarkeit **77**, 36a
- Maßgebliche Umstände **77**, 9
- unrichtige oder unvollständige Mitteilung **77**, 9
- Unterhaltsverpflichtungen **77**, 11
- Unternehmerentscheidung **77**, 17a
- Unterrichtung **77**, 9
- Unterweisung **77**, 10a
- Unwirksamkeit **77**, 9, 38
- Verdacht einer strafbaren Handlung **77**, 31
- Verfahrensfehler **77**, 38
- Vergleichbarkeit **77**, 17a
- Verhalten **77**, 4
- verhaltensbedingte – **77**, 8
- Verhältnismäßigkeit **77**, 31
- verschlechterte Vertragsbedingungen **77**, 20
- Versorgungseinbußen **77**, 6
- Versorgungsfall **77**, 6
- Versorgungsnachteile **77**, 6
- Vertragsverletzung **77**, 10a
- Verwaltungen eines ausländischen Staates **77**, 4a
- Verzögerungsschaden **77**, 25
- Vollzeitbeschäftigte **77**, 17a
- Wahlbewerber **77**, 39
- Wahlvorstand **77**, 39
- Weiterbeschäftigung **77**, 24, 25
- Weiterbeschäftigungsmöglichkeit **77**, 18
- Weiterbeschäftigungsverhältnis **77**, 25
- weniger Arbeitnehmer **77**, 4a
- Werturteile **77**, 8
- Wiederholungsgefahr **77**, 31
- wissenschaftliche Tätigkeit **78**, 5
- Zugriff auf gesicherte Dateien **77**, 10a
- zumutbar **77**, 19
- Zusatzversorgungskasse **77**, 6
- Zuständigkeit **77**, 12

Kündigungsschutz **47**, 4
- Änderungskündigungen **47**, 6
- Ausschlußfrist **47**, 9
- außerordentliche Kündigung **47**, 8
- Beamtenverhältnis **47**, 8
- Ersatzmitglieder **47**, 5
- Personalrat **47**, 7
- Wahlbewerber **47**, 7
- Wahlvorstand **47**, 7

Landesgleichstellungsgesetze **75**, 8
Landkreise **1**, 2
Landratsämter **6**, 14
Laufende Geschäfte **32**, 11
- Vertretung nach außen **32**, 15
Leiharbeitsverhältnis **4**, 2
- Leiharbeitnehmer **4**, 2
Leistungsbezogene Entgelte einschließlich der Geldfaktoren **75**, 227
Literatur **44**, 9
Lohnausfallprinzip **46**, 8, 26
Lohngestaltung **75**, 219
- Akkordsätze **75**, 229
- Akkord- und Prämiensätze **75**, 220
- Arbeitsentgelt **75**, 221
- Beamte **75**, 222
- betriebliche Sozialleistung **75**, 230
- Darlehen **75**, 223
- Dienststelle **75**, 221
- Entlohnungsgrundsätze **75**, 225
- Entlohnungsmethoden **75**, 226
- Erschwerniszuschläge **75**, 223
- freiwillige Leistungen **75**, 224
- Geldfaktor **75**, 228
- Geldprämien **75**, 223

Stichwortverzeichnis

- geldwerte Vorteile **75**, 223
- Gratifikation **75**, 224
- Initiativrecht **75**, 231
- leistungsbezogene Entgelte **75**, 227
- Leistungsprämien **75**, 223, 228
- Leistungszulagen **75**, 224
- Oberbegriff **75**, 223
- Prämien **75**, 224
- Provisionssystem **75**, 223
- Schreibprämien **75**, 228
- Zeitfaktor **75**, 229
- Zweckbestimmung **75**, 224

Maschinen **79**, 11
Maßnahmen zur Verhütung von Unfällen und sonstigen Gesundheitsschädigungen **75**, 256
- Alkoholverbot **75**, 258
- allgemeine Maßnahmen **75**, 258
- Asbestbelastung **75**, 266
- Asbestsanierung **75**, 261
- Dienststellenleiter **75**, 257
- Einzelmaßnahmen **75**, 258
- Entgiftung **75**, 261
- Fürsorgepflicht **75**, 266
- Gefahren für Leben und Gesundheit **75**, 266
- Gefahrstoffe **75**, 261
- Gefahrstoffverordnung **75**, 266
- Höchstgeschwindigkeit **75**, 263
- keine Gruppenangelegenheit **75**, 262
- Konkurrenz von Beteiligungsrechten **75**, 265
- neue Technologien **75**, 259
- Nichtraucher **75**, 266
- Rauchverbot **75**, 266
- Reinigungshäufigkeit **75**, 262
- Schutzkleidung **75**, 263
- Sicherheitsbeauftragte und Sicherheitsausschüsse **75**, 262
- sozialer Arbeitsschutz **75**, 259
- Tabakrauch **75**, 266
- Zurückbehaltungsrecht der Beschäftigten **75**, 266
- Zusammentreffens mehrerer Beteiligungsrechte **75**, 265
- Zweck **75**, 263

Materielle Grundlage **8**, 1; **44**, 1
Minderung des Arbeitsentgelts **46**, 8
Mit- und Gegeneinander **67**, 1
Mitbestimmung **70**, 4; **75**, 4
- Anfechtung **75**, 283
- Anspruchsgrundlage **75**, 200 a
- Arbeitskleidung **75**, 196 a
- Arbeitsvertrag **75**, 283
- Arbeitszeit **75**, 200 a
- arbeitszeitrechtliche Vorschriften **75**, 186
- Art der Tätigkeit **75**, 81
- Ärzte **75**, 8
- ärztliche Empfehlung **75**, 81
- Aufstockung eines Teilzeitbeschäftigungsverhältnisses **75**, 39
- Ausbildungsquoten **75**, 247
- Auswahlbegründung **75**, 6 a
- Auswahlerwägungen **75**, 6 a
- befristete Abordnung **75**, 89
- Begriff Teilzeitarbeit **75**, 39
- Behördenwechsel **75**, 77
- Benachteiligung **75**, 77
- Benachteiligungen **75**, 150, 225
- Bereitschaftsdienst **75**, 200 a
- Bereitschaftsdienste **75**, 196 a, 225 a
- Beschäftigungsverbot **75**, 261
- Betriebsänderung **75**, 323 a
- Betriebsstillegung **75**, 323 a
- Betriebsübergang **75**, 323 a
- Beweislast **75**, 69
- Bewerber **75**, 150
- Darlegungslast **75**, 69
- Daten der Beschäftigten **75 a**, 15 a
- Datensystem zur Personalverwaltung **75 a**, 36 a
- Datenverarbeitung auf einen Dritten **75 a**, 15 a
- Detektiv **75**, 124 a
- Dienst- und Lebensalter **75**, 44
- Dienstbetrieb **75**, 218 a
- Dienstpostenneubewertung **75**, 50
- Direktionsrecht **75**, 50, 193
- Diskriminierungsverbot **75**, 39
- Drittfirma **75**, 36
- ehrenamtliche Angehörige der freiwilligen Feuerwehr **75**, 4
- Eingliederung **75**, 4

617

Stichwortverzeichnis

- elektronische Schließanlage 75 a, 15
- Entgelt 75, 39
- entwidmete Dienstwohnung 75, 175
- Erholungsurlaub 75, 218 a
- Ermessensraum 75, 225 a
- Erprobung 70, 4
- europäisches Gemeinschaftsrecht 75, 200 a
- Faschingsferien 75, 218 a
- fehlende Zustimmung 75, 282
- Fehlerhaftigkeit 75, 69
- Ferienzeiten 75, 218 a
- finanzielle Tragweite 75, 200 a
- Fragebögen 75 a, 15 a
- Freizeit 75, 225 a
- Freizeitausgleich 75, 193
- Funktelefon 75, 200 a
- Fürsorgepflicht 75, 193
- Gebrauchsanweisung 75, 261
- Gefahren 75, 261
- Gesamturteil 75, 44
- Geschäftsinhalt 75, 36
- geschlechtsspezifische Diskriminierung 75, 39
- Gestellungsvertrag 75, 36
- Gleichbehandlung 75, 193
- Grundsätze des billigen Ermessens 75, 193
- Grundsätze für Versetzungen 75, 77
- Hochschulen 75, 8
- Höchstarbeitszeit 75, 200 a
- höherwertige Aufgabe 75, 50
- Informationsverarbeitung 75 a, 15 a
- Jobsharing 75, 39
- Konkurrentenklage 75, 6 a
- korrigierende Rückgruppierung 75, 69
- korrigierende Übertragung 75, 57
- Kurzpausen 75, 196 a
- Lehrkräfte 75, 218 a; 75 a, 15 a
- Leistungs- und Befähigungsmerkmale 75, 44
- Lohnfestsetzung 75, 225 a
- Lohngestaltung 75, 200 a
- Mehrarbeit 75, 193

- Mieten 75, 175
- Mieterhöhungen 75, 175
- Nachhilfelehrern 75, 4
- Nichteignung des Bewerbers 75, 283
- Nutzungsbedingungen 75, 175
- objektive Verhaltens- oder Leistungsbeschreibung
- pauschalierte Mehrarbeitsvergütung 75, 193
- Pause 75, 196 a
- Pausenpläne 75, 196 a
- Personalauswahlrichtlinie 75, 77
- Personalfragebogen 75, 282
- Planstelle 75, 50
- Rechtsschutzinteresse 75, 81
- Regelarbeitszeit 75, 193
- Rufbereitschaft 75, 205
- Ruhepausen 75, 196 a
- Schichtarbeit 75, 200 a
- Schutzzweck 75, 193
- Schwesternschaft 75, 36
- Selbstbindung der Verwaltung 75, 77
- Selfservice
- Selfservicefunktionen der Personalverwaltungssysteme 75 a, 77
- Sommerferien 75, 218 a
- Sozialplan 75, 323 a
- Stellenbewertung 75, 50
- tabakfreier Arbeitsplatz 75, 266
- Teilzeitarbeitsverhältnis 75, 39
- Teilzeitbeschäftigte 75, 189
- Überbeanspruchungen 75, 193
- Überstunden 75, 189, 193
- Überwachung 75 a, 15 a
- Überwachungsdruck 75 a, 15 a
- Unbedenklichkeit des Arbeitsplatzes 75, 261
- Universitätsklinikum 75, 8
- Urlaubsplan 75, 218 a
- Urlaubssperre 75, 218 a
- Vergütung 75, 225 a
- Verhaltens- und Leistungsbeschreibung 75 a, 15 a
- Verhaltens- und Leistungsüberwachung 75, 225 a
- Verrichtungszeiten 75, 225 a
- Versuch 70, 4

Stichwortverzeichnis

- vertragswidrige Handlung **75**, 124 a
- Verwaltungsakt **75**, 77
- wahrheitswidrig **75**, 282
- Widerruf einer übertariflichen Zulage **75**, 225 a
- wirtschaftliche Nachteile **75**, 323 a
- Wünsche von Beschäftigten **75**, 186
- Zahlungsanforderung **75**, 124 a
- Zusatzbeschäftigung **75**, 4

Mitbestimmungsgesetz Schleswig-Holstein **70**, 5
Mitbestimmungsrecht **75**, 1
Mitbestimmungsverfahren **70**, 4
- Ausnahmeregelung **70**, 33
- Ausschlußfrist **70**, 24
- Äußerungen über Beschäftigte **70**, 27
- Beamte **70**, 20
- Begründung **70**, 22
- Beschlußfassung **70**, 25
- Beschlußverfahren **70**, 9, 30
- Dauer **70**, 32
- Dienstaufsichtsbeschwerde **70**, 9
- Dienststundenplan **70**, 33
- Dringlichkeitsfall **70**, 24
- einstweilige Verfügung **70**, 33
- Entscheidung der Einigungsstelle **70**, 17
- Entscheidung der obersten Dienstbehörde **70**, 15
- Entscheidungsbefugnisse **70**, 30
- Entscheidungskompetenz **70**, 31
- Erklärungsfrist **70**, 22
- Erlaß einer einstweiligen Verfügung **70**, 9
- Erprobung **70**, 10
- Fallgruppe a **70**, 5
- Fallgruppe b **70**, 5
- Fallgruppe c **70**, 5
- Fallgruppen der Beteiligung **70**, 5
- Faustformel **70**, 27
- Fiktion **70**, 25
- förmliches Initiativrecht **70 a**, 3
- Formvorschrift **70**, 26
- Fortbestehen **70**, 12
- funktionsunfähig **70**, 33
- Geltungsdauer **70**, 33
- Gesetzesverstoß **70**, 8
- Informationsrechte **70**, 30
- Initiativrecht des Personalrats **70**, 16
- Lehrer **70**, 33
- Maßnahme ohne Aufschub **70**, 33
- Maßnahme ohne Beteiligung **70**, 12
- mehrere Streitfälle **70**, 31
- Mittelbehörde **70**, 30
- nachträgliche Einleitung **70**, 12
- nachträgliche Zustimmung **70**, 11
- Nichtigkeit **70**, 22
- Notwendige **70**, 33
- objektive Gegebenheiten **70**, 33
- öffentlich-rechtliche Erklärung **70**, 12
- Personalangelegenheiten **70**, 18
- rechtsgeschäftliche Maßnahmen **70**, 8
- Regelfall **70**, 22
- sachliche oder zeitliche Einschränkung **70**, 33
- Schriftform **70**, 22
- schriftliche Begründung **70**, 22
- stärkstes Beteiligungsrecht **70**, 6
- Stufenverfahren **70**, 30, 31
- tragende Entscheidungsgründe **70**, 5
- übergeordnete Stellen **70**, 29
- Unterrichtungspflicht **70**, 22
- Verfassungsmäßigkeit **70**, 31
- Verfassungsorgane **70**, 5
- Verlängerung **70**, 24
- Verletzung **70**, 12
- Versagungskatalog **70**, 19
- Versagungstatbestände **70**, 26
- Versäumnisse der Dienststelle **70**, 33
- Versuch **70**, 10
- Verwaltungsakt **70**, 9
- Voraussetzung **70**, 33
- Vorbehaltsbeschlüsse **70**, 30
- vorherige Zustimmung **70**, 6
- vorläufige Regelung **70**, 32, 33
- Vorschlagsrecht **70 a**, 3
- Wirksamkeitsvoraussetzung **70**, 8
- zeitliche Begrenzung **70**, 33
- Zustimmungserfordernis **70**, 16

Stichwortverzeichnis

- Zustimmungsverweigerung **70**, 24
- Zweiwochenfrist **70**, 24
- Mittelbare Beteiligung **53**, 4
- Mittelbehörden **6**, 7; **53**, 1, 2; **64**, 2
  - Oberfinanzdirektion **64**, 2
  - Oberlandesgericht **64**, 2
  - Regierung **64**, 2
- Mitwirkung **70 a**, 4; **72**, 1
  - Accessoires **76**, 15
  - Arbeitnehmerüberlassung **76**, 15 a
  - Arbeitsschritte **76**, 69
  - Arbeitsumverteilung **76**, 59
  - Arbeitsvorgänge **76**, 69
  - Arztbesuch **76**, 15
  - Auflösung der Dienststelle **76**, 76
  - Äußerungsfrist **72**, 7
  - Billigung **72**, 1
  - Dienstunfähigkeit **76**, 43
  - Einverständniserklärung **76**, 15
  - Ermessensentscheidung **76**, 29
  - Erörterung **72**, 5
  - Erscheinungsbild **76**, 15
  - Fehler im Mitwirkungsverfahren **72**, 10
  - Folgenabschätzung **76**, 59
  - freie Mitarbeiter **76**, 59
  - Frist **72**, 7
  - Fristenberechnung **72**, 7
  - Gehorsamspflicht **76**, 15
  - Geltungsbereich eines Arbeitsvertrages **76**, 15
  - gesetzliches Übergangsmandat
  - Gesundheitsschutz **76**, 15, 15 a
  - Grundrecht auf freie Entfaltung der Persönlichkeit **76**, 15
  - Grundsätze **76**, 84
  - Haartracht **76**, 15
  - Initiativrecht **72**, 2
  - Integrationsamt **76**, 43
  - Internet **76**, 15
  - Kenntnisse des Arbeitsrechts **76**, 46
  - Kompetenz **76**, 59
  - Konzept zur Personalentwicklung **76**, 7 a, 84
  - Kündigung **76**, 75 a
  - Leistungsfähigkeit **76**, 69
  - Mitarbeitergespräche **76**, 15
  - Mitwirkungsverfahren **72**, 2
  - Nichtraucher
  - Ohrschmuck **76**, 15
  - ordnungsgemäße Beschlußfassung **72**, 5
  - Parkplatz **76**, 15
  - Personalbedarf **76**, 84
  - Personalbedarfsberechung **76**, 84
  - Personalentwicklungsplanung **76**, 7 a, 84
  - Privatsphäre **76**, 15
  - Raucher **76**, 15
  - Rauchverbot **76**, 15
  - Rauchverbot im Freien **76**, 15
  - Räumlichkeiten **76**, 69
  - Raumzonen **76**, 69
  - rechtsgeschäftliche Maßnahmen **72**, 10
  - Regelungsbefugnis **76**, 15
  - Rektor **76**, 15
  - Risiken für die Gesundheit und das Leben **76**, 15
  - schwächere Beteiligung **72**, 1
  - Übergang **76**, 75 a
  - Übergangszeit als Betriebsrat **76**, 75 a
  - übergeordnete Dienststelle **72**, 7
  - Unausweichlichkeit einer Mehrbelastung **76**, 59
  - Unterlagen **72**, 2
  - Verlagerung von Verwaltungsaufgaben **76**, 59
  - Verschmelzungsvertrag **76**, 75 a
  - verspätete Vorlage **72**, 4
  - Versuchs- und Erprobungsmaßnahmen **72**, 1
  - Verwaltungsakt **72**, 10
  - Verweigerungsrecht **76**, 15
  - vorläufige Regelungen **72**, 1, 9
  - Widerspruchsrecht des Arbeitnehmers **76**, 75 a
  - Wohlbefinden **76**, 69
  - World Wide Web-Server **76**, 15
  - Ziel der Verständigung **72**, 5
  - Zielvereinbarungen **76**, 15
- Mobbing **68**, 2
  - Beweisnot **68**, 2
  - Diskriminierung **68**, 2
  - Ehre **68**, 2
  - Gesundheit **68**, 2

Stichwortverzeichnis

- Schikane **68**, 2
- Täter-Opfer-Beziehung **68**, 2
Monatsgespräch **67**, 2

Nachtschichten **75**, 197a
Nebenstellen **6**, 8
Nebentätigkeit **75**, 100
- Abmahnung **75**, 108
- Angaben **75**, 108
- Angestellte **75**, 101
- Arbeiter **75**, 101
- Arbeitsunfähigkeit **75**, 109
- Aufwandsentschädigung **75**, 104
- Ausforschung **75**, 106
- Ausnahmen **75**, 103
- außerhalb der Arbeitszeit **75**, 103
- Beamte **75**, 102
- Beweiswert des ärztlichen Attestes **75**, 110
- ehrenamtliche Tätigkeiten **75**, 104
- fristlose Kündigung **75**, 110
- Genehmigung **75**, 107
- gewerkschaftliche Betätigung **75**, 105
- grundsätzlich **75**, 107
- Interessen **75**, 108
- kein Mitbestimmungsrecht **75**, 112
- Kostendeckung **75**, 103
- Nebenamt **75**, 100
- Nebenbeschäftigungen **75**, 100
- Unentgeltlichkeit **75**, 104
- Verletzung der Arbeitspflicht **75**, 108
Neu-, Um- und Erweiterungsbauten **76**, 88
- Planungsstadium **76**, 89
Neuwahl **27**, 1
- gerichtliche Entscheidung **27**, 6
- Rücktritt **27**, 5
Niederschrift **41**, 1; **79**, 25
- Abschrift **41**, 5
- Anwesenheitsliste **41**, 4
- Bestätigung **41**, 3

Oberste Dienstbehörden **53**, 1, 2
Ordnung der Dienststelle **76**, 14
Organisationsuntersuchungen **75a**, 38

- Anhörungsrecht **76**, 4
- Aufträge **75a**, 38
- Ausnahmen **76**, 5
- Äußerungsfrist **76**, 2
- eingeschränktes Initiativrecht **76**, 3
- Erörterungspflicht **75a**, 38
- Kenntnisstand **75a**, 38
- Mitgestaltungsmöglichkeit **75a**, 38
- schwächere Beteiligungsform **76**, 2
- Stufenverfahren **76**, 2
- Voraussetzungen **76**, 5
Organisatorische Angelegenheiten **76**, 50
- Beispiele **76**, 53
- einstweilige Anordnung **76**, 55
- grundlegend neu **76**, 52
- probeweise **76**, 54
- versuchsweise **76**, 54

Parkplätze **75**, 16
Parteipolitische Aktivitäten **68**, 4
Pausen **75**, 185, 194
- Arbeitsbereitschaft **75**, 194
- Arbeitsunterbrechung **75**, 194
- Dauer **75**, 196
- Erholungsbedürfnis **75**, 196
- Heimfahrten **75**, 196
- Ruhezeit **75**, 197
Personalakte **10**, 4
Personalfragebogen **75**, 274
- Arbeitsplatzbeschreibung **75**, 278
- automatisierte Verfahren **75**, 286
- Datenschutzgesetze **75**, 276
- Dienstvereinbarung **75**, 288
- Einführung **75**, 275
- einzelne Gruppe **75**, 289
- Erhebungsbogen **75**, 276
- Form der Fragestellung **75**, 277
- formularmäßige Erhebung **75**, 276
- Fragen **75**, 281
- gemeinsame Angelegenheit **75**, 289
- Gestaltung **75**, 275
- Inhalt **75**, 275, 279
- Krankheiten **75**, 282
- Offenbarungspflicht **75**, 283

Stichwortverzeichnis

- Partei **75**, 284
- Persönlichkeitssphäre **75**, 275
- rechtswidrige Datenerhebung **75**, 279
- Schwangerschaft **75**, 284
- Schwerbehinderteneigenschaft **75**, 285
- Stellenbeschreibung **75**, 279
- unzulässige Fragen **75**, 282
- Veränderung **75**, 277
- Vorstrafen **75**, 283
- Ziel **75**, 275
- Zuständigkeit der Dienststelle **75**, 287

Personalrat **12**, 1; **29**, 1; **32**, 17; **34**, 6; **79**, 9, 10, 24
- ABM-Kräfte **12**, 3
- Arbeitsschutz **79**, 10
- Arbeitssicherheit **79**, 10
- Aushilfskräfte **12**, 3
- benachbarte Kleindienststelle **12**, 4
- Beschlüsse **32**, 17a
- Besprechungen **79**, 24
- Erlöschen der Mitgliedschaft **29**, 1
- Ersatzmitglied **29**, 1; **34**, 14
- in der Regel **12**, 2
- kleine Dienststellen **12**, 4
- Maßregelungsverbot **67**, 10
- Notdienstvereinbarungen **67**, 10
- Streik **67**, 10
- Unfallverhütung **79**, 10
- Unfallversicherung **79**, 10
- Wirkung der Beschlüsse **32**, 17b
- Zuteilung **12**, 4

Personalratssitzungen **34**, 7
- Arbeitgebervereinigung **36**, 1
- dienstliche Erfordernisse **35**, 3
- Einladung **34**, 10
- einzelne Tagesordnungspunkte **34**, 13
- konstituierende Sitzung **34**, 7
- nicht öffentlich **35**, 1
- Schichtdienst **35**, 2
- Schreibkraft **35**, 1
- Tagesordnung **34**, 10
- weitere Sitzungen **34**, 7

Personalratszimmer **44**, 8

Personalversammlung **48**, 1; **49**, 1, 4; **50**, 4; **52**, 1, 5
- Ablauf **49**, 8
- andere Personen **48**, 5
- Anträge **51**, 1
- Arbeitgebervereinigung **48**, 3; **52**, 1
- Arbeitszeit **49**, 7
- außerordentliche – **48**, 6
- Auszubildende **48**, 1
- Beschäftigte **48**, 1
- Beschluß **49**, 1
- Besprechungspunkte **49**, 6
- Dienstbefreiung **50**, 7
- Dienstbezüge **50**, 4
- dienststellenfremde Auskunftsperson **48**, 5
- Dienststellenleiter **48**, 2; **49**, 6; **51**, 4; **52**, 7
- Einladung **49**, 8
- Fahrtkosten **50**, 5
- Freizeitausgleich **50**, 7
- Gegenstand der Erörterung **51**, 4
- Gewerkschaften **48**, 4; **52**, 1
- gewerkschaftliche Betätigung **51**, 4
- Gewerkschaftsbeauftragte **48**, 4
- Halbjahresrhythmus **49**, 1
- Hausrecht **48**, 7; **52**, 7
- Jugendliche **48**, 1
- Kosten **49**, 4
- Neutralität **51**, 4
- Nichtöffentlichkeit **48**, 7
- Niederschrift **49**, 5
- ordentliche – **48**, 6
- sachbezogene Information **48**, 5
- Schweigepflicht **48**, 3
- Tagesordnung **48**, 7; **49**, 2
- Teilnahmepflicht **52**, 2
- Themen **49**, 2; **51**, 3
- Tonbandaufnahmen **48**, 8
- Unfallschutz **50**, 6
- Verbot der parteipolitischen Betätigung **51**, 3
- Video **48**, 8
- ein Viertel der wahlberechtigten Beschäftigten **49**, 6
- Zeitpunkt **50**, 1

Personalversammlung zur Wahl

Stichwortverzeichnis

eines Wahlvorstandes **21**, 1
Personalvertretung **1**, 5; **2**, 1
Personenwahl **19**, 1, 12
Planungsvorhaben **69**, 14
Politische Betätigung **68**, 3
Praktikanten **4**, 8; **58**, 3
Privatdozenten **4**, 11
Protokollführung **67**, 4
– Leiter der Dienststelle **67**, 5
– Teilnehmerkreis **67**, 5
Prüfungen **69**, 18
– Fairneßgebot **69**, 18
– Grundrechte der Beschäftigten **70**, 1
– Lächerlichkeit **69**, 18
– politische Demokratie **70**, 1
– Prüfungsbescheid **69**, 18
– Prüfungsverlauf **69**, 18
– Teilnahme- und Beratungsrecht **69**, 18
– wirtschaftlich-soziale Demokratie **70**, 1

Räume **44**, 6
Räumlich weit entfernt **6**, 9
Recht und Billigkeit **68**, 1
Rechtsanspruch **75**, 171
Rechtspositionen der Beschäftigten **67**, 1
Referatspersonalräte **6**, 13
Rehabilitation **4**, 14
Reisekostenersatz **44**, 4
Religionsgemeinschaften **1**, 2; **92**, 2
– Einrichtung **92**, 11
– erzieherische Einrichtungen **92**, 10
– Gleichbehandlungsgrundsatz **92**, 4
– karitative Einrichtungen **92**, 9
– Kirchen **92**, 5
– Weltanschauungsgemeinschaften **92**, 8
Richter **4**, 4; **84**, 1
Richter- und Staatsanwaltsrat **84**, 1
– gemeinsame Angelegenheiten **84**, 1
Richterrat **84**, 1
Rückgruppierung **75**, 13, 64
– Änderung des Arbeitsvertrages **75**, 65
– Änderungskündigung **75**, 65

– Anspruch auf Bezahlung **75**, 74
– Bewährungsaufstieg **75**, 68, 69
– Direktionsrecht **75**, 65
– Eingruppierungserlaß **75**, 71
– Fallgruppenwechsel **75**, 73
– geringerwertige Qualifikationsmerkmale **75**, 70
– Herabstufung **75**, 68
– korrigierende Rückgruppierung **75**, 67, 69
– Übertragung einer Tätigkeit mit geringerwertigen Qualitätsmerkmalen **75**, 70
– unwirksam **75**, 74
– Vereinbarung **75**, 65
– Verfahren zusammenfassen **75**, 67
– Versetzung **75**, 71
– Zuweisung geringer zu bewertender Tätigkeit **75**, 68
– zwei Beteiligungstatbestände **75**, 67

Sach- und Rechtsauskünfte **67**, 11
Sachschäden **11**, 3
Sachwalter **4**, 6
Schadensersatzansprüche **67**, 9
Schreibkräfte **44**, 6
Schreibmaschine **44**, 8
Schreibmaterial **44**, 8
Schulen **1**, 2; **6**, 5
Schülerinnen und Schüler **4**, 5a
Schutzausrüstungen **79**, 11
Schutzvorrichtungen **79**, 11
Schutzwürdige Belange **68**, 1
Schweigepflicht **10**, 2, 7
– Aussageverbot **10**, 9
– Bedeutung **10**, 7
– Gesetzesverstöße **10**, 8
– offenkundige Tatsachen **10**, 7
– Teilnehmer an Personalversammlungen **10**, 2a
Schwerbehinderte Menschen **69**, 6
Schwerbehindertenvertretung **40**, 5
Selbständige **4**, 6a
Sicherheitsbeauftragte **79**, 8, 9
– Arbeitszeit **79**, 9
– Haftung **79**, 9
– Pflichten **79**, 9
Sicherheitsfachkräfte **79**, 8, 12

Stichwortverzeichnis

Sozialangelegenheiten **75**, 181
- ausschließende gesetzliche Regelung **75**, 182
- Ermessensvorschrift **75**, 182
- Gestaltungsmöglichkeiten **75**, 183
- Initiativrecht **75**, 184
- Sperrwirkung **75**, 182
- Tarifverträge **75**, 183

Soziale Angelegenheiten **75**, 162
Soziale Zuwendungen **75**, 163, 169
Sozialeinrichtungen **75**, 232, 240
- alle Sozialeinrichtungen **75**, 238
- Auflösung **75**, 240
- Automaten **75**, 235
- Betriebskindergärten **75**, 235
- Betriebssporteinrichtungen **75**, 235
- Büchereien **75**, 235
- Charakter **75**, 234
- eingetragener Verein **75**, 244
- Einzelmaßnahmen **75**, 239
- Erholungs- und Ferienheime **75**, 235
- Errichtung **75**, 240
- Essenszuschuß **75**, 244
- Fahrtkostenzuschüsse **75**, 244
- Fremdfirma **75**, 240
- gemeinsame Sozialeinrichtung **75**, 237
- Gründung **75**, 240
- Hausmeisterbetriebsservice **75**, 240
- Kantinen **75**, 235, 236
- Kennzeichen **75**, 234
- Kleiderkassen **75**, 235
- Pächter **75**, 240
- Pausen- oder Erholungsräume **75**, 235
- Personalwohnunterkünfte **75**, 236
- Preisänderung **75**, 240
- rechtlich selbständige Einrichtung **75**, 243
- Rechtsform **75**, 238, 240
- Selbsthilfeeinrichtungen **75**, 242
- Träger **75**, 241
- Umbau **75**, 240
- Unterstützungskassen **75**, 235
- Urlaubswerke **75**, 235
- Verwaltung **75**, 240
- Warenverkaufsstände **75**, 235
- Werkbusverkehr **75**, 235
- zusätzliche Altersversorgung **75**, 235

Sozialpläne **75**, 299
- Arbeitszeit **75**, 317
- Arbeitszeitverringerung **75**, 303
- Aufhebungsvertrag **75**, 318
- Ausgleich von finanziellen Einbußen **75**, 307
- Beteiligungsverfahren **75**, 316
- Betriebsänderung **75**, 299
- Betriebsübergang **75**, 301
- Billigkeitskontrolle **75**, 311
- Darlehen **75**, 307
- Dienstvereinbarung **75**, 311
- Effektivitäts- und Leistungssteigerung **75**, 302
- Eigenkündigung **75**, 318
- Einigungsstelle **75**, 312
- Einzelmaßnahmen **75**, 300, 306
- Fahrtkosten **75**, 307
- Gesamtheit der Regelungen **75**, 307
- Gesamtzusage **75**, 322
- Geschäftsgrundlage **75**, 323
- Grundsätze von Recht und Billigkeit **75**, 319
- Haushaltsplan **75**, 310
- Informations- und Kommunikationstechnik **75**, 305
- Konkursforderung **75**, 321
- konkursrechtlicher Vorrang **75**, 321
- Kündigung eines Sozialplanes **75**, 323
- Kündigungsrechtsstreit **75**, 320
- Rationalisierungsschutztarifverträge **75**, 314
- soziales Schmerzensgeld **75**, 309
- Sozialleistungen **75**, 307
- sozialversicherungsrechtliche Bedeutung **75**, 320
- steuerrechtliche Bedeutung **75**, 320
- Teilstillegung **75**, 309
- Trennungsentschädigungen **75**, 307
- Überbrückungshilfe **75**, 317

Stichwortverzeichnis

- Umschulungspläne **75**, 307
- Umsetzungen **75**, 307
- Umzugskosten **75**, 307
- unwirksamer Sozialplan **75**, 322
- Verlust des Arbeitsplatzes **75**, 308
- Vertrauensschutz **75**, 323
- Vollzug eines Sozialplans **75**, 311
- Voraussetzung **75**, 304
- Vorbehalt der gesetzlichen oder tariflichen Regelungen **75**, 313
- Vorbehaltsklausel **75**, 301
- Wegezeiten **75**, 307
- Wegfall eines Arbeitsplatzes **75**, 301
- wirtschaftliche Nachteile **75**, 300, 308
- Wohnrecht **75**, 307
- zeitliche Lage **75**, 315

Sparsamkeitsgründe **70a**, 3; **75**, 44
Spezialgebiete des Personalvertretungsrechts **46**, 32
Spezialschulungen **46**, 32, 34
- Arbeitsrecht **46**, 35
- Arbeitssicherheit, Arbeitswissenschaft **46**, 38
- Datenverarbeitung **46**, 43
- Fahrtkosten **46**, 51
- Grundsatz der Verhältnismäßigkeit **46**, 47
- Lohnsteuerrecht **46**, 40
- PC-Schulungen **46**, 45
- Personalplanung – Arbeitsorganisation **46**, 44
- Rationalisierung in der Textbe- und -verarbeitung **46**, 39
- Rhetorik **46**, 41
- Stellung der Gewerkschaften **46**, 37
- Tarifrecht **46**, 36
- Teilnehmergebühren **46**, 51
- Übernachtung **46**, 51
- Verpflegung **46**, 51
- Wahlordnung **46**, 42
- zentrale Schulungsveranstaltungen **46**, 47

Sprechstunden **69**, 5
- Durchführung **43**, 3
- Ort **43**, 1
- Zeitpunkt **43**, 1

Staat **1**, 2
Staatsanwälte **4**, 5; **84**, 1; **86a**
- besondere Personalvertretung **86a**
Staatsanwaltsrat **84**, 1
Stempel **44**, 8
Stiftungen **1**, 2; **6**, 13
Störung des Friedens **67**, 6
Straßenmeistereien **6**, 14
Streikaufruf **67**, 10
Stufenvertretungen **6**, 7; **53**, 4; **53a**, 1; **54**, 1; **80**, 5, 11, 27
- Amtszeit **54**, 1
- Anfechtung der Wahl **53a**, 3
- Anhörung **80**, 6
- Beteiligungsrechte **80**, 27
- Bindung **80**, 6
- Entscheidung der übergeordneten Behörde **80**, 5
- Freistellung **54**, 1
- Freistellungsstaffel **54**, 2
- Fristen **80**, 6
- Geschäftsführung **54**, 1
- konstituierende Sitzung **54**, 1
- Mitbestimmungsverfahren **80**, 1
- Organisationsbereich **80**, 7
- Personalversammlungen **54**, 1
- Rechte und Pflichten **80**, 8
- Rechtsstellung der Mitglieder **54**, 1
- Sprechstunden **54**, 1
- Stellungnahme des örtlichen Personalrats **80**, 6
- Wiederholungswahl **53a**, 2

Tagesspesen **46**, 10
Tarifvertrag **2**, 5; **3**, 16
- tarifvertragliche Regelungen **3**, 2
Tätigkeitsbericht **49**, 3
- Berichtszeitraum **49**, 3
- Schweigepflicht **49**, 3
Teile staatlicher Dienststellen **6**, 8
Teilfreistellungen **46**, 23
Teilversammlungen **48**, 9; **50**, 2
Telefon **44**, 8
- Mithören von Gesprächen **76**, 16
Transportmittel **79**, 11
Treu und Glauben **68**, 2

Über-Zeit-Arbeit **70**, 33

Stichwortverzeichnis

Überstunden **46**, 8, 12; **75**, 190a; **76**, 59
Übertragung der Dienstaufgaben **75**, 48
- Befristung der – **75**, 49
- dauerhafte – **75**, 50
- Disziplinarmaßnahme **75**, 51
- Zulassung zum Aufstieg **75**, 52
- Zurückversetzung **75**, 51
- Zustimmung des Beamten **75**, 51
Übertragung einer niedriger zu bewertenden Tätigkeit **75**, 64
Überwachung des Datenschutzes **69**, 16
Überwachungspflicht **57**, 15, 16; **69**, 4
- Anregungen **57**, 17
- Bekanntmachungen **57**, 15
- Beschwerden **57**, 17
- Gespräche **57**, 16
- Sprechstunden **57**, 15
- Stichproben **57**, 16
- Verdachtsmomente **57**, 16
Umschüler **4**, 8
Umschulung **75**, 248
Umsetzung **47**, 10; **75**, 81
- Aufgabenbereich **75**, 81
- Befristung **75**, 81
- auf Dauer **75**, 81
- Dienstort **75**, 81
- Direktionsrecht **75**, 81
- Einzugsgebiet **75**, 81
- Maßnahme **75**, 83
- mitbestimmungspflichtige Abordnung **75**, 83
- räumliche Verlegung **75**, 81
- Rückkehr **75**, 81
- Rückumsetzung **75**, 81
- Schutzgedanke **75**, 83
- Teilumsetzung **75**, 83
- Umsetzungsbegriff **75**, 81
- vertretungsweise **75**, 81
- vorübergehend **75**, 81
- weitere Maßnahmen **75**, 83
- zeitlich unbefristete – **75**, 81
Umweltschutz **79**, 4
Unabhängigkeit **8**, 1
- äußere **8**, 1
- innere **8**, 1

Unentgeltlichkeit **46**, 2
Unfall **11**, 1; **46**, 54
- Ausschlußfrist **11**, 2
- Beamte **11**, 1
- Personalratsmitglieder **11**, 1
- Teilnehmer an Personalversammlungen **11**, 1
- Wahlbewerber **11**, 1
- Wahlvorstandsmitglieder **11**, 1
Unfallanzeigen **79**, 26
Unfallgefahren **79**, 6
Unfallkasse **79**, 5
Unfalluntersuchungen **79**, 20
Unfallverhütung **79**, 8
Unfallverhütungsvorschriften **79**, 16
Ungleichbehandlung **68**, 2
Universitätsinstitut **75**, 7
Unkündbarkeit **77**, 30a
Unmittelbare Beteiligung **53**, 4
Unterlagen **69**, 15
- auf Dauer zu überlassen **69**, 15
- Personalbedarfsberechnung **69**, 15
- Stellenplan **69**, 15
Unterlassungsklage **75**, 50
- Auswahlverfahren **75**, 50
Unterrichtung **69**, 13
- Bestenauslese **69**, 15
- Beurteilungen **69**, 17
- Leistung der Bewerber **69**, 15
- Personalakten **69**, 17
- persönliche Verhältnisse **69**, 17
- Prüfungs- und Disziplinarakten **69**, 17
- rechtzeitige **69**, 13
- umfassende **69**, 13
- Unterlagen **69**, 15
Unterschriftenquorum **19**, 17
Unterstützungen **75**, 163, 167
Unterstützungen, Vorschüsse, Darlehen **75**, 163
Unterstützungsantrag **75**, 164
Untersuchungen **79**, 25
Urlaub **75**, 114
- arbeitsmarktpolitische Regelung **75**, 114
- Beamte **75**, 116
- Dauer **75**, 120
- dienstliche Belange **75**, 117

Stichwortverzeichnis

- familienpolitische Regelung **75**, 114
- Genehmigung **75**, 123
- Gesamtdauer **75**, 120
- gewünschte Arbeitszeitreduzierung **75**, 117
- Nebentätigkeiten **75**, 118
- öffentliches Interesse **75**, 114
- verbleibende Arbeitszeit **75**, 121
- zwei Tatbestände **75**, 121

Urlaubsplan **75**, 214
- Aufstellung **75**, 214
- billiges Ermessen **75**, 216
- Direktionsrecht **75**, 216
- einseitige Festlegung **75**, 218
- Einzelfall **75**, 214
- Erholungsurlaub **75**, 215
- Grundsätze **75**, 217
- konkrete Zeitangabe **75**, 218
- Nebenabrede **75**, 216
- planbarer Urlaub **75**, 215
- Regelungskriterien **75**, 217
- Sonderurlaub **75**, 215
- Urlaubsliste **75**, 216, 218
- Urlaubswünsche **75**, 216
- Verfahren **75**, 217
- Zeitdauer **75**, 217
- Zusatzurlaub **75**, 215

Vereinigungsfreiheit **68**, 7
Verfahren **70**, 4
Verfassungsschutz **86**, 1
Verhalten der Beschäftigten **76**, 14
- Abmahnung **76**, 18
- Abmahnung ohne vorherige Anhörung **76**, 18
- Alkoholverbot **76**, 15
- äußerer Notstand **76**, 19
- Beispiele **76**, 16
- Betriebsbußen **76**, 17
- Dienstausübung **76**, 15
- Häufigkeit von Arbeitsunterbrechungen **76**, 15
- individualrechtliche Konsequenzen **76**, 18
- innerer Notstand **76**, 19
- Krankengespräche **76**, 15
- Krankmeldung **76**, 18
- mehrere Pflichtverletzungen **76**, 18
- Naturkatastrophen **76**, 19
- Notstand **76**, 19
- polizeirechtlicher Notstand **76**, 19
- Radio **76**, 15
- Verletzung einer Verhaltenspflicht **76**, 18
- Wirksamkeitsvoraussetzung **76**, 17

Verhaltens- oder Leistungsüberwachung **75a**, 1
- Abschaffung **75a**, 8
- Akzeptanz technischer Neuerung **75a**, 3
- Anwendung **75a**, 8
- Begriff **75a**, 12
- Beschränkung der Mitbestimmung **75a**, 4
- Bildschirmgerät **75a**, 19
- Computerpersonalinformationssysteme **75a**, 15
- Datensichtgeräte **75a**, 15
- datenverarbeitende Anlage **75a**, 13
- Dienstvereinbarungen **75a**, 2, 20
- Diplom-Psychologe **75a**, 17
- EDV-Programm für Außendiensttechniker **75a**, 15
- Einführung **75a**, 7
- einseitig durchsichtige Spiegel oder Fenster **75a**, 15
- einzelne Arbeitnehmer **75a**, 10
- einzelne Beschäftigte **75a**, 9, 11
- elektronisches Zeiterfassungssystem **75a**, 15
- Erfassung der Arbeitszeit **75a**, 15
- Erfassung der Zielnummer **75a**, 17
- Fahrtenschreiber **75a**, 15
- Filmkameras **75a**, 15
- Fotokopiergeräte mit elektronischer Zugangsberechtigung **75a**, 15
- Funktionsfähigkeit der öffentlichen Verwaltung **75a**, 7
- Gesetzes- oder Tarifvorbehalt **75a**, 1
- Gruppen von Beschäftigten **75a**, 9

627

Stichwortverzeichnis

- Initiativrecht **75a**, 2
- Multimoment-Filmkameras **75a**, 15
- Parkerlaubnisverwaltung **75a**, 15
- Personalcomputer **75a**, 11
- Persönlichkeitsschutz **75a**, 16
- präventiver Schutz **75a**, 5
- Privatgespräche **75a**, 16
- Telefondatenerfassung **75a**, 16
- Telefondatenerfassungsanlage **75a**, 17
- Telefongespräche **75a**, 16
- Telefonnummer **75a**, 16
- überschaubare Gruppe **75a**, 10
- Universal-Terminal-System **75a**, 15
- Verbindung mit weiteren Daten **75a**, 14
- Vertraulichkeit **75a**, 17
- verwendete Programme **75a**, 19
- Wirksamkeit **75a**, 9
- Zeiterfassungsgeräte **75a**, 15
- Zugangskontrollsystem **75a**, 15
- Zweck **75a**, 3;

Verhältniswahl **19**, 1, 19
Verhandlungsleitung **67**, 4
Verhinderung **7**, 7; **31**, 3
- Verhinderungsgrund **7**, 7

Verlängerung der Probezeit **76**, 26
- alle Beschäftigtengruppen **76**, 26
- Antrag des Beschäftigten **76**, 27
- Zweck **76**, 27

Versagungskatalog **75**, 137
- andere Beschäftigte **75**, 157
- Arbeitsvertrag **75**, 146
- Auswahlrichtlinie **75**, 149
- BayPVG **75**, 143
- Beförderungszusage **75**, 155
- Begrenzungen **75**, 151
- begründete Besorgnis **75**, 150
- Beschäftigte selbst **75**, 161
- Deutungen **75**, 142
- Einigungsstelle **75**, 140
- Einstellung **75**, 156
- einstweilige Verfügungen **75**, 147
- Ermessensentscheidungen **75**, 144
- Formvorschriften **75**, 137
- Frauendiskriminierung **75**, 143
- gerichtliche Entscheidung **75**, 147
- Gesetz **75**, 143
- Gleichbehandlungsgrundsatz **75**, 151
- Grund **75**, 140
- Gründe **75**, 159
- Mindestanforderungen **75**, 141
- Nachteile **75**, 153
- nicht tarifgebundene Arbeitnehmer **75**, 146
- rationale Tatsachen **75**, 160
- rechtlich erhebliche Anwartschaft **75**, 152
- Rechtsposition **75**, 152
- Rechtswidrigkeit **75**, 143
- Richtlinien **75**, 149
- Störung des Friedens **75**, 160
- Tarifvertrag **75**, 146
- tatsächliche Verschlechterung **75**, 154
- ungerechtfertigte Bevorzugung **75**, 158
- unzureichende Information **75**, 142
- verfassungsrechtliches Gebot **75**, 143
- Verordnungen **75**, 145
- Versagungsgrund **75**, 158
- Verwaltungsakte **75**, 144
- Verwaltungsanordnungen **75**, 148
- Voraussetzungen **75**, 151
- Zustimmungsverweigerung **75**, 138

Verschlußsache **10**, 4; **88**, 1
- Ausschuß **88**, 1
- Mitglieder des Ausschusses **88**, 1

Verselbständigungsbeschlüsse **6**, 13; **13**, 1
- Aufhebung **6**, 13

Versetzung **47**, 10
- abgebende Dienststelle **75**, 78
- anderer Arbeitsort **75**, 80
- Angestellte **75**, 76
- Arbeiter **75**, 76
- aufnehmende Dienststelle **75**, 77
- aufnehmende oberste Landesbehörde **75**, 80
- Beförderungschance **75**, 80
- Betriebsübergang **75**, 76
- Dienststellenwechsel **75**, 77

Stichwortverzeichnis

– im beamtenrechtlichen Sinne **75**, 76
– indiviualrechtlich **75**, 78
– Stufenvertretung **75**, 78
– tarifrechtlich **75**, 76
– Weiterbeschäftigung **75**, 77
– Zustimmungsverweigerung **75**, 79
Versetzungs- und Abordnungsschutz **47**, 10; **75**, 75
– Dienstanfänger **47**, 15
– Ersatzmitglieder **47**, 13
– Gesamtpersonalrat **47**, 14
– Mitglieder einer Stufenvertretung **47**, 14
Verteilung der Arbeitszeit auf die Wochentage **75**, 185
Vertrauens- oder Betriebsärzte **75**, 249
– Abberufung **75**, 255
– arbeitsmedizinischer und sicherheitstechnischer Arbeitsschutz **75**, 252
– Bestellung **75**, 249, 253
– Betriebsärzte **75**, 251
– Einstellung **75**, 253
– freiberuflich tätiger Arzt **75**, 253
– gemeinsame Angelegenheit **75**, 254
– Gruppenangelegenheit **75**, 254
– Krankmeldungen **75**, 251
– vertragliche Abmachung **75**, 253
– Vertrauensärzte **75**, 250
Vertrauensmann der Zivildienstleistenden **40**, 7
Verwaltungen **1**, 2
Verwaltungsanordnungen **76**, 6
– allgemeine Weisungen **76**, 6
– Aufgaben der Dienststelle **76**, 10
– Aufhebung **76**, 7
– auslegende Regelungen **76**, 8
– Beispiele **76**, 7
– Beteiligungsbefugnis **76**, 6
– Direktionsrecht **76**, 6
– einzelne Beschäftigte **76**, 9
– Geschäftsbereich **76**, 11
– Geschäftsordnung **76**, 6
– Geschäftsverteilungsplan **76**, 9
– Rechtmäßigkeitsvoraussetzung **76**, 13

– tarifvertragliche Bestimmung **76**, 9
– übergeordnete Behörde **76**, 6
– Voraussetzung **76**, 6
– Vorbereitung **76**, 12
– Weisungsbefugnis **76**, 13
– Wirksamkeit **76**, 13
– Zweck **76**, 12
Verwaltungsgemeinschaften **1**, 2
Verwaltungsgerichte **81**, 2
– Amtszeit **81**, 5
– Anträge des Arbeitgebers nach Art. 9 Abs. 4 **81**, 3
– Anträge nach Art. 28 Abs. 1 **81**, 3
– Beschlußverfahren **81**, 14, 16
– Dienstvereinbarung **81**, 12
– Einigungsstelle **81**, 13
– einstweilige Anordnung **81**, 22
– Entscheidung **81**, 2
– Fachkammern **82**, 4
– Fachsenat **82**, 6
– Frist **81**, 16
– Geschäftsführung **81**, 10
– Rechtsstellung der Personalvertretungen **81**, 11
– Spruchkörper **82**, 1
– Streitigkeiten **81**, 4
– Unterlassungsanspruch **81**, 22
– Verfahren **82**, 1
– Verfahrensgegenstand **81**, 17
– Verstöße **81**, 4
– Wahlanfechtung **81**, 3
– Wählbarkeit **81**, 4
– Wahlrecht **81**, 4
– Zusammensetzung **81**, 5
– Zuständigkeit der Personalvertretungen **81**, 9
– Zuständigkeit der – **81**, 1
Verwaltungsstellen **6**, 3
Volontäre **4**, 6
Vorgesetzte **79**, 8
– Arbeitssicherheit **79**, 8
Vorgesetztenfunktion **74**, 3
Vorschlagswesen **75**, 267
– Arbeitnehmererfindungen **75**, 272
– Belohnung **75**, 268
– Dienstvereinbarung **75**, 273
– freiwillige Leistung **75**, 270
– Gesamtvolumen **75**, 270

Stichwortverzeichnis

- Grundsätze **75**, 270
- Grundsätze der Bewertung **75**, 269
- Initiativrecht **75**, 273
- Kriterien **75**, 271
- Prämie **75**, 270
- Richtlinien **75**, 270, 271
- technische Verbesserungsvorschläge **75**, 272
- Wirtschaftlichkeit **75**, 268

Vorschüsse **75**, 163, 168
Vorsitzender **32**, 6, 11
- laufende Geschäfte **32**, 11
- Stellvertreter des Vorsitzenden **32**, 6
- Vertretung nach außen **32**, 13, 15

Vorstand **32**, 1; **33**, 1
- erweiterter – **33**, 1
- Wahl **33**, 1

Vorstandsmitglied **32**, 4b
- Rücktritt **32**, 5

Vorzeitige Versetzung in den Ruhestand **76**, 36
- Beamte auf Lebenszeit **76**, 37
- Dienstunfähigkeit **76**, 38
- einstweiliger Ruhestand **76**, 39
- körperliches Gebrechen **76**, 37
- schwerbehinderte Beamte **76**, 35, 43
- Widerspruchverfahrens **76**, 42
- Zwangspensionierungsverfahren **76**, 40

Wahl **24**, 7
- Kosten **24**, 7

Wahl des Vorsitzenden **32**, 7
- Stimmengleichheit **32**, 9
- Wahlvorschläge **32**, 8

Wahlanfechtung **13**, 1; **25**, 1
Wählbarkeit **14**, 1
- Ausnahme **15**, 1
- ein Jahr in öffentlichen Verwaltungen **14**, 4
- Lehrkräfte **14**, 8
- Leiharbeitnehmer **14**, 10
- mindestens sechs Monate im Geschäftsbereich der obersten Dienstbehörde **14**, 3
- Wahlvorstand **14**, 7
- weniger als 18 Stunden **14**, 8

Wahlbeeinflussung **24**, 3
Wahlbehinderung **24**, 2
Wahlberechtigung **13**, 1
- Abordnung **13**, 13
- ausländische Beschäftigte **13**, 6
- Auszubildende **13**, 19
- Beamte im Vorbereitungsdienst **13**, 19
- Beschäftigte **13**, 9
- Beschäftigungsverbote nach dem Mutterschutzgesetz **13**, 7
- beurlaubt **13**, 18
- Dienstanfänger **13**, 19
- einstweilige Anordnung **13**, 25
- Entlassung **13**, 10
- Erholungsurlaub **13**, 5
- Ersatzdienst **13**, 8
- Erziehungsurlaub **13**, 7
- förmliches Disziplinarverfahren **13**, 10
- Freistellung **13**, 16
- gekündigte Beschäftigte **13**, 11
- Grundwehrdienst **13**, 8
- in mehreren Dienststellen **13**, 9
- Krankheit **13**, 5
- längere Krankheit **13**, 18
- Leiharbeitnehmer **13**, 23
- Ort der – **13**, 22
- Referendare **13**, 20
- Teilnahme an Lehrgängen **13**, 17
- Wehrübung **13**, 8
- wiederkehrend beschäftigt **13**, 19

Wahlbewerber **8**, 2; **24**, 6
Wahlleiter **32**, 3
Wahlordnung **90**
Wahlvorschlag einer Gewerkschaft **19**, 15

Wahlvorschläge **13**, 1; **19**, 13
- gemeinsame Wahl **19**, 13
- Gruppenwahl **19**, 13

Wahlvorstand **13**, 1; **20**, 1; **23**, 1
- Bestellung des – **20**, 4
- Bestellung von Ersatzmitgliedern **20**, 5
- Kosten **20**, 8
- Personalversammlung **20**, 7
- Pflichten **23**, 1

Wahlvorstandsmitglieder **8**, 1; **24**, 8

630

Stichwortverzeichnis

- Arbeitsentgelt **24**, 8
- Dienstbezüge **24**, 8
- Freizeitausgleich **24**, 8
- Reisekostenvergütung **24**, 8
- Schulung **24**, 8
Weisungsbefugnis **79**, 8
Weisungsrecht **74**, 3
Weiterbeschäftigung **9**, 4, 6
- Antrag **9**, 6
- Ersatzmitglieder **9**, 4
- JA-Vertretung **9**, 6
- Schriftform **9**, 8
- unzumutbare **9**, 11
- Weiterbeschäftigungsverlangen **9**, 7
Weiterbeschäftigung von Angestellten und Arbeitern über die Altersgrenze **75**, 96
Werdegang **46**, 21
Widerruf einer genehmigten Teilzeitbeschäftigung **75**, 113
Wiedereingewöhnung **4**, 14
Willensbildungsprozeß **69**, 14
Wohl der Beschäftigten **2**, 4
Wohnung **75**, 174
- Belegungseinfluß **75**, 174
- Bewerber **75**, 174
- Dienstwohnungen **75**, 177
- Einzelraum **75**, 174
- einzige Wohnung **75**, 177
- Kündigung **75**, 178

- Mietvertrag **75**, 177
- Personalwohnheim **75**, 174
- Schönheitsreparaturen **75**, 178
- Vergabe **75**, 174
- Vorentscheidung **75**, 174
- Werkdienst-/Dienstwohnungen **75**, 177
- Werkmietwohnungen **75**, 177
- Wohnheimplatz **75**, 174
- Wohnraum **75**, 174Zeit der Auszahlung **75**, 211

Zeitschriften **44**, 11
Zugangsrecht **2**, 9
- Gewerkschaftsbeauftragter **2**, 10
Zuweisung **75**, 133
- abgebende Dienststelle **75**, 136
- andere Einrichtung **75**, 135
- Beamte **75**, 133
- entsendende Behörde **75**, 135
- öffentliche Einrichtung **75**, 135
- private Institution **75**, 135
- Rechtsstellung des Beamten **75**, 134
Zuwendungen **46**, 2; **75**, 171
- Berichtsform **75**, 173
- Informationsrecht **75**, 173
- Leistungsarten **75**, 172
- Rechtsanspruch **75**, 171
Zweckverbände **1**, 2

Tarifverträge transparent

Wolfgang Hamer

Bundes-Angestelltentarifvertrag

Basiskommentar
3., überarbeitete und ergänzte Auflage
2003. 450 Seiten, kartoniert

In dritter Auflage erläutert der bewährte Basiskommentar ausführlich die Regelungen des BAT und des BAT-O. Er enthält die aktuellen Textfassungen. Die Rechtsprechung wird bis Mitte 2002 berücksichtigt. Der Basiskommentar macht die Tarifverträge transparent und verdeutlicht durch zahlreiche Querverweise den Zusammenhang der Regelungen. Ein ausführliches Stichwortverzeichnis erleichtert die Orientierung.

Besuchen Sie uns im Internet: www.bund-verlag.de

Bund-Verlag

Praxishandbuch Eingruppierungsrecht

Klaus Krasemann

Das Eingruppierungsrecht des BAT / BAT-O

Praxishandbuch zur Tätigkeitsbewertung
7., aktualisierte Auflage
2001. 631 Seiten, kartoniert

Die 7. Auflage des anerkannten Standardwerks enthält unter anderem folgende Schwerpunkte: der Grundsatz der Tarifautomatik, der Aufbau der Wertfaktoren, Struktur und Aufbau der Tätigkeitsmerkmale, Auslegung von Eingruppierungsnormen, Fragen der Rückgruppierung und des Bewährungsaufstiegs, Bewertungsverfahren, Beteiligung der Personalvertretung sowie die Eingruppierungsfeststellungsklage.

Das Handbuch ist für eine Vielzahl von Bewertern, Personalrats- und Betriebsratsmitgliedern sowie Rechtsanwälten zum unverzichtbaren Rüstzeug in Eingruppierungsfragen geworden.

Besuchen Sie uns im Internet: www.bund-verlag.de

Courier-Verlag

Praxisnah kommentiert

Heinz Köhler / Günter Ratz

BDG – Bundesdisziplinargesetz und materielles Disziplinarrecht

Kommentar für die Praxis
fortgeführt von Dieter Hummel, Daniel Köhler,
Dietrich Mayer. 3., überarbeitete und aktualisierte
Auflage 2002. 592 Seiten, gebunden

Das Disziplinarrecht befindet sich im Umbruch. Seit 1.1.2002 ersetzt das neue Bundesdisziplinargesetz die alte Bundesdisziplinarordnung. Damit einhergehen erhebliche Veränderungen im behördlichen und gerichtlichen Disziplinarverfahren. Der Kommentar erläutert das neue Bundesdisziplinargesetz sowie die Neuerungen im materiellen Disziplinarrecht.

Er setzt damit die bisherige, in der Praxis bewährte Bearbeitung der BDO fort. Das Werk bietet einen kompletten Überblick über das zukünftig geltende Bundesdisziplinarrecht. Eine Synopse erleichtert zudem den Vergleich zwischen BDO und BDG.

Besuchen Sie uns im Internet: www.bund-verlag.de

Bund-Verlag

Frauengleichstellungsgesetze

Dagmar Schiek / Heike Dieball / Inge Horstkötter /
Lore Seidel / Ulrike M. Vieten / Sibylle Wankel

Frauengleichstellungsgesetze des Bundes und der Länder

Kommentar für die Praxis
2., überarbeitete Auflage
2002. 1.200 Seiten, gebunden

Die zweite, stark überarbeitete Auflage des Kommentars für die Praxis erläutert das gesamte Recht der Gleichstellung im öffentlichen Dienst nach einer neuen, bisher einmaligen Konzeption: Auf die systematische Darstellung des Gleichstellungsrechts im öffentlichen Dienst folgt je eine geschlossene Kommentierung des neuen Bundesgleichstellungsgesetzes, der einzelnen Ländergesetze sowie die Darstellung relevanter personalvertretungsrechtlicher Vorschriften. Der Kommentar enthält nun auch Erläuterungen zum Landesrecht von Baden-Württemberg, Bayern und Thüringen.

Besuchen Sie uns im Internet: www.bund-verlag.de

Bund-Verlag